MARSILE FICIN

(1433-1499)

MARSILE FICIN
médaille attribuée à Niccolo Fiorentino
(Au revers : PLATONE)

LES CLASSIQUES DE L'HUMANISME
COLLECTION PUBLIÉE SOUS LE PATRONAGE DE
L'ASSOCIATION GUILLAUME BUDÉ

RAYMOND MARCEL

Attaché de Recherches
au Centre National de la Recherche Scientifique

MARSILE FICIN

(1433-1499)

PARIS
SOCIÉTÉ D'ÉDITION « LES BELLES LETTRES »
95, BOULEVARD RASPAIL

1958

A

MADAME J. L. DEMOGE

Hommage de ma filiale gratitude.

Ouvrage publié sous les auspices de
L'ASSOCIATION INTERNATIONALE
DES HISTORIENS DE LA RENAISSANCE

AVANT-PROPOS

Quand après avoir longuement pratiqué les théologiens du Moyen Age on ouvre pour la première fois les œuvres d'un Descartes, d'un Malebranche ou d'un Spinoza, on est d'abord surpris, puis, bientôt séduit, on éprouve soudain le besoin de faire le point. Ce n'est pas qu'on se sente perdu, mais l'impression que l'on ressent est si étrange qu'elle impose réflexion. Certes, de quelque côté que l'on se tourne en ce monde, l'horizon reste le même, mais l'atmosphère a changé. L'air que l'on respire semble plus léger, la langue qu'on y parle moins sévère et les vérités qu'on y découvre plus humaines. On voudrait y demeurer tant la vie semble facile. Mais peut-on vraiment, sans renier les maîtres du Moyen Age, suivre ces hérauts de la pensée moderne? Avant de s'engager l'esprit doit répondre et pour cela mesurer les distances et, si possible, rétablir les points de contact pour éviter toute équivoque et tout malentendu.

Longtemps le problème parut insoluble. On s'était habitué, plus ou moins consciemment, avec d'Alembert, à considérer « l'illustre Descartes » comme « un chef de conjurés qui a eu le courage de s'élever le premier contre une puissance despotique et arbitraire », entendons « qui a osé montrer aux bons esprits à secouer le joug de la scolastique, de l'opinion, de l'autorité, en un mot, des préjugés et de la barbarie » et l'on en concluait qu' « avec le Cartésianisme, la pensée philosophique tout entière avait fait peau neuve, et que, dans le vaste champ des idées, le « Cogito » marquait la borne frontière qui sépare le temps de la scolastique, de l'ère de la Philosophie moderne » [1].

A tous ces « esprits forts » qui sacrifiaient trop volontiers l'histoire de la Philosophie à une certaine philosophie de l'histoire, dont la lettre d'ailleurs n'a jamais pu cacher l'esprit, M. Gilson a tout d'abord répondu qu'une telle conclusion « était en contra-

---

[1]. J. D'ALEMBERT, *Discours préliminaire de l'Encyclopédie*, éd. L. Ducros, Paris, Ch. Delagrave, 1893, p. 104.

diction avec cette loi très générale que tout produit de la pensée
humaine dépend étroitement du milieu où il a pris naissance et
des conditions dans lesquelles il s'est développé ». Puis, avec une
probité et une maîtrise qui laissaient déjà deviner sa vocation
et son talent d'historien de la Philosophie, il a démontré, en comparant les textes, que chez Descartes « tout se passe en général
comme s'il s'était proposé d'adapter aux exigences de la physique
nouvelle les thèses de la théologie traditionnelle en leur faisant
subir le minimum de déformation » et il en a conclu qu'il y aurait
tout intérêt à « déterminer pour chacune de ses doctrines ce qu'elle
apportait de nouveau et dans quelle mesure elle n'était qu'un
reflet du passé »[1].

Dès lors, parler de la venue de Descartes comme d'une rupture
complète avec la philosophie du passé devenait un non-sens.
Entre « les ténèbres du XIIIe siècle » et le Discours de la Méthode,
le contact était, sinon rétabli, du moins rendu possible. La brèche
était ouverte. Il ne restait plus qu'à s'engager sur la voie étroite
et tortueuse qui, du XVIIIe siècle remontait jusqu'au Moyen Age,
pour y chercher avec prudence et méthode tout ce qui pouvait
combler un intervalle, servir d'intermédiaire ou créer une transition.

Persuadé de l'importance d'une telle entreprise, nous n'avons
pas hésité à nous mettre en chemin. Nous y étions d'ailleurs fort
encouragé par un regret, qui était presque un vœu, exprimé
par M. Gilson lui-même. « On ne s'est jamais demandé, dit-il,
quelle avait pu être l'influence de saint Thomas sur la Renaissance italienne; il y aurait pourtant bien à chercher et probablement à trouver de ce côté »[2]. Attiré vers cet inconnu qui semblait plein de promesses, nous avons orienté nos recherches dans
ce sens et c'est alors qu'après avoir interrogé bien des hommes
et jugé bien des événements, nous avons rencontré Marsile Ficin
et sa *Théologie platonicienne*, et compris que sa vie et son œuvre
pouvaient servir de lien entre ces philosophes qui avaient cherché
à définir les droits de Dieu et la dignité de l'homme.

Il ne s'agit pas bien entendu, pour nous, de mettre en parallèle
les doctrines de saint Thomas, de Ficin et de Descartes. Nous
nous proposons simplement d'apporter une humble contribution
au problème de l'évolution de la pensée philosophique, en posant

1. E. GILSON, *La doctrine cartésienne de la liberté et de la théologie*, Paris,
Alcan, 1913, p. 2.
2. E. GILSON, *Les idées et les lettres*, Paris, Vrin, 1932, *Humanisme médiéval
et Renaissance*, p. 190.

Ficin comme un point de repère entre le Moyen Age et la Philosophie moderne, pour nous permettre de mieux comprendre à la fois ce qui les sépare et ce qui les unit.

Quand M. Gilson écrit que « quel que soit le système de philosophie étudié, l'hypothèse d'une génération spontanée se trouve démentie par les faits » et « que même pour des philosophies aussi lointaines que celle de Platon et dont l'origine nous échappe, il devient de plus en plus évident qu'elles étaient des réponses à des questions posées par un état donné de la science et de la société » [1], il pose un principe dont la résonance dépasse largement la vie d'un philosophe. Si toute philosophie est une « réponse à des questions posées par un état donné de la science et de la société », il paraît indispensable, pour la bien comprendre, de déterminer sur quoi se fonde cet « état donné » qui est nécessairement une résultante, ce qui revient à dire qu'il faut en définir les composantes. Or, si nous appliquons ce principe à Descartes, quelle lumière va-t-il projeter sur sa philosophie?

Est-il vrai qu'il mettait une certaine coquetterie à ne se réclamer d'aucune autorité antérieure et que, de ce fait, on a pu dire « qu'il n'avait pas de maîtres et même que l'Antiquité ne jouissait d'aucun prestige à ses yeux »? On sait cependant que la « Somme » de saint Thomas et les *Disputationes Metaphysicae* de Suarez ne le quittaient guère et qu'il fréquentait assidûment « l'Oratoire et Bérulle, qui sont les fils d'Augustin ». Enfin, si grand que fut son génie, il ne pouvait rester indifférent à ce qui se passait autour de lui et il faut bien dire que dans ce Paris qu'il appelait « le plus grand livre du monde » [2], comme dans l'Europe qu'il a parcourue en tous sens, on respirait un air fort différent de celui qu'avaient respiré les contemporains de saint Thomas et c'est précisément cette ambiance qu'il faudrait analyser pour connaître « l'état donné de la science et de la société » aux questions desquelles il a dû répondre.

On a dit et répété que l'Europe au XIVe siècle avait découvert le Monde, la Nature et l'Homme. C'est beaucoup à la fois et sans nul doute quelque peu prétentieux. La vérité, par contre, c'est qu'elle avait retrouvé Platon et que, pendant des années, les penseurs, les poètes, les artistes et même les saints, n'ont fait que traduire ou transposer dans leurs œuvres la doctrine du fonda-

1. E. GILSON, *Rôle de la philosophie dans l'histoire de la civilisation*, Revue de Métaphysique et de Morale, 1927.

2. H. GOUHIER, *La pensée religieuse de Descartes*, Paris, Vrin, 1924, p. 266.

teur de l'Académie. Comme le xvᵉ siècle en Italie, le xviᵉ siècle
en France a été le siècle de Platon, et c'est un fait d'une importance capitale pour qui veut comprendre et en même temps
réduire la distance qui sépare le Moyen Age du Monde moderne.

Si saint Thomas, au lieu de connaître Platon à travers Aristote, saint Augustin, saint Grégoire de Nysse et le pseudo-Aréopagite, avait pu lire les *Dialogues*, la *Somme contre les Gentils*
comme la *Somme Théologique* auraient peut-être une tout autre
résonance et si Descartes avait vécu dans un siècle ignorant
Platon, il est fort probable qu'il n'aurait pas eu à répondre aux
mêmes questions. Évidemment quand on écrit l'histoire — que
ce soit celle des hommes ou celles des idées — la vérité commande de s'en tenir aux dates, aux faits et aux textes, et ce
serait la trahir que de vouloir écrire ce qui aurait pu être au lieu
de rapporter ce qui fut. Néanmoins la critique a des droits et
c'est pourquoi, si téméraire que cela puisse paraître, on peut se
demander, en constatant à la fois ce qui manque à saint Thomas
et ce que Descartes lui doit, si l'absence et le retour de Platon
n'ont pas créé dans l'histoire de la pensée une incidence majeure,
dont la diversité des doctrines manifeste les conséquences.

Ce n'est évidemment qu'une hypothèse, mais quelle que soit sa
valeur, il n'en est pas moins vrai que c'est en la formulant que
nous avons trouvé Marsile Ficin sur notre chemin. « Ce fut, en
effet, dit L. Robin, par la traduction latine de Marsile Ficin, en
1483-1484, que l'ensemble de l'œuvre de Platon fut pour la première fois révélé au monde occidental » [1]. L'événement était d'une
telle importance qu'il devait naturellement retenir l'attention de
tous les historiens de la Philosophie, qui, attirés par cette traduction et celle de Plotin, ont eu la tentation d'ouvrir les deux in-
folios, que forment les œuvres de Ficin. Ont-ils été déçus ou simplement découragés par la diversité et l'ampleur de cette Somme
platonicienne? Ce qui est certain, c'est que pendant des siècles nul
n'en comprit l'importance et qu'il fallut attendre ces dernières
années pour que Ficin retrouve peu à peu la place qu'il méritait.
Il faut reconnaître d'ailleurs que ce n'est pas sans peine, car s'il
est vrai que de plus en plus les historiens de la Philosophie, des
Lettres et même des Arts se réfèrent à sa pensée, les jugements
que l'on porte sur son œuvre et même sur sa personne sont souvent contradictoires.

Traducteur, les uns le disent habile, élégant et fidèle, les autres

---

1. L. Robin, *Platon*, Paris, Alcan, 1935, p. 34.

barbare, sec et sans valeur [1]. Commentateur, on l'estime généralement peu orthodoxe [2]. Penseur, les uns le disent peu original [3],
alors que les autres voient en lui, non seulement « le plus grand
penseur de la première Renaissance italienne », mais « le héraut
et la pierre milliaire de la pensée moderne » [4]. Prêtre enfin, on en
fait tour à tour un païen, un mage, un théosophe ou au contraire
on s'incline devant lui comme devant un apologiste qui, « croyant
de la tête aux pieds et prêtre sans reproche » [5] a compris les périls
de l'Humanisme et tenté de lui donner une nouvelle orientation,
et s'il en est qui de ce fait « estiment qu'il est impossible de comprendre l'important mouvement de la Renaissance du Christianisme, si l'on n'accorde pas son attention à sa personne et à son
œuvre » [6], il en est d'autres qui en font « le précurseur de la Réforme » [7]. Il est vrai que dans la plupart des cas, on se contente
d'affirmer tout cela sans en apporter des preuves décisives. Le
fait n'en est pas moins inquiétant, car les auteurs admettant
trop souvent, sans en faire la critique, les dires de leurs devanciers, l'Histoire peu à peu consacre des erreurs qui, non seulement défigurent les hommes, mais encore faussent leur doctrine.

Il n'est point dans notre intention présentement d'exposer et
au besoin de réfuter les raisons ou les motifs qui commandent
ou inspirent ces divers jugements. La Berthonnière disait : « La
plupart des gens lisent les phrases d'un auteur en les comprenant comme si c'était eux qui les avaient écrites, ne se rendant
pas compte que des phrases matériellement les mêmes peuvent
avoir des sens absolument différents, selon le milieu où elles bai-
gnent et la perspective dans laquelle elles ont été écrites » [8].
Cette simple remarque qui juge et condamne tant d'historiens,
devrait être gravée dans tous les esprits qui se proposent de

1. Cf. Ch. Huit, *La vie et l'œuvre de Platon*, Paris; Thorin, 1893, I, p. 441-
44, *Les traductions latines*. — J. Festugière, *La philosophie de l'amour
de Marsile Ficin*. Paris, Vrin, 1941. Appendice I, p. 140-152 : *Notes sur la
valeur de Marsile Ficin, traducteur de Platon et Plotin*.

2. *Ibid.*, p. 145.

3. E. Bréhier. *Histoire de la Philosophie*. Paris, Alcan, 1928, I, p. 750.

4. G. Saitta. *Marsilio Ficino e la filosofia dell'Umanesimo*. Bologna
1954, p. 190, 195. *Id. L'educazione dell'Umanesimo in Italia*. Venezia 1928,
p. 236.

5. L. Pastor. *Histoire des Papes*, trad. F. Raynaud. Paris, Plon V,
p. 150.

6. H. J. Hak. *Marsilio Ficino*. Amsterdam, 1934, p. 3-4.

7. G. Saitta. *Op. cit.*, p. 69, 180. — W. Dress. *Die Mystik des Marsilio
Ficino*. Berlin und Leipzig, 1925, passim.

8. La Berthonnière. *Œuvres. Études sur Descartes*. Paris, Vrin, I, p. 3.

ranimer des textes et si tous ceux qui ont jugé Ficin s'en étaient pénétrés, il est bien probable qu'ils auraient compris que sa doctrine avait une tout autre valeur que celle que dans certains cas ils lui ont si généreusement attribuée. C'est pourquoi avant d'entreprendre l'Essai sur la pensée religieuse de Ficin, que nous nous proposions tout d'abord d'écrire, il nous a paru indispensable de retracer sa vie pour tenter de définir, en fonction de l'état donné de la science et de la société du xve siècle, à Florence, l'inspiration et le sens de ses divers travaux.

Depuis longtemps déjà divers historiens se sont penchés sur la vie de Marsile Ficin et les timides essais que la plupart lui ont consacrés ne sont pas sans mérites [1]. Il fallut pourtant attendre le xxe siècle pour voir posé dans son ensemble avec della Torre le problème de l'Académie platonicienne de Florence [2], dont Ficin fut le chef incontesté. Ce fut le signal d'un réveil des études ficiniennes et après les multiples et savants travaux de M. P. O. Kristeller [3], qui éclairent d'un jour si nouveau la personne et l'œuvre de Ficin, il peut paraître superflu et même téméraire d'écrire une biographie du grand humaniste florentin. Nous pensons cependant qu'elle reste à faire et qui plus est, qu'elle s'impose pour la compréhension de son œuvre et même si nous ne devions rien ajouter aux précieux documents que della Torre et M. Kristeller ont patiemment accumulés, sans songer d'ailleurs à écrire une vie de Ficin, il nous resterait à les coordonner, à les remettre dans leur cadre, en un mot à leur rendre vie pour reconstituer le personnage, dont chacun de ces textes nous révèle d'une manière fragmentaire et comme à regret l'étonnante histoire et la prodigieuse activité. Au surplus, suivant la trace de nos devanciers, nous avons poursuivi les recherches et, bien que notre légitime curiosité n'ait pas pu toujours être satisfaite, nous avons acquis maintes certitudes, qui nous ont amené peu à peu à remettre en question certaines dates, à formuler de nouvelles hypothèses et à rectifier certains jugements.

1. Voir à la fin de cet ouvrage notre *Essai de Bibliographie Ficinienne*.
2. A. DELLA TORRE. *Storia dell'Academia Platonica di Firenze*. Firenze, G. Carnesechi, 1902.
3. P. O. KRISTELLER. *Supplementum Ficinianum Marsilii Ficini Florentini Philosophi Platonici opuscula inedita et dispersa*. Florentiae. L. S. Olschki, 1937. — *The Philosophy of Marsilio Ficino*, tranlated into english by Virginia Conant. Columbia University, 1943. — Édit. italienne Firenze, Sansoni, 1943. — *Studies in Renaissance Thought and Letters*, Roma, Edizioni di Storia e Letteratura, 1956. Cet ouvrage contient avec quelques additions les divers articles publiés par l'auteur dans différentes revues depuis 1936.

Comme il se doit, cette biographie sera avant tout fondée sur la Correspondance de Ficin, qui chaque année s'enrichit [1]. Au risque d'importuner, nous n'avons pas hésité à multiplier les citations et à en donner en note le texte original, car tant que l'on n'a pas de raisons sérieuses de douter de la sincérité d'un auteur, nul témoignage n'a plus de valeur que le sien.

Presque aussi précieux, mais hélas assez rares, sont les témoignages de ses contemporains et nous ne devons en négliger aucun. C'est pour en chercher l'écho que nous retiendrons les trois essais biographiques qui furent composés, le premier en 1506 par Giovanni Corsi [2], le second, fort modeste, dans la deuxième moitié du XVIe siècle, attribué à Piero Caponsachi [3], le troisième enfin, quelques années plus tard par un auteur dont l'identification demeure incertaine.

Ficin étant mort en 1499, ce devrait être pour l'historien une heureuse aubaine de trouver ainsi moins de sept ans après une première biographie. Mais la critique est passée par là et sous prétexte que cette *Vie de Ficin* par Corsi n'est pas exempte d'erreurs, M. Kristeller en est arrivé à lui préférer celle de Caponsachi et à jeter sur elle une véritable suspicion. « L'un et l'autre auteur (Corsi et Caponsachi) ont rapporté de précieux renseignements, dit-il, mais si Corsi est plus ancien et en dit davantage, il est aussi inférieur en jugement et son récit corrompu par un plus grand nombre d'erreurs. Bien des choses fondées sur son autorité et qui ont été admises sans discernement par des savants de notre temps doivent donc être bannies » [4]. Comme on en peut juger la sentence est sévère pour l'auteur et la conclusion, qui vise

1. Cf. KRISTELLER. *Studies*, p. 35, 139, 150. — Notre article intitulé : *Les découvertes d'Érasme en Angleterre*. Bibliothèque d'Humanisme et Renaissance, XIV, Genève, E. Droz, 1952, p. 116-123.

2. *Marsilii Ficini Vita per Ioannem Corsium ad Bindaccium Recasulanum*. Il existe quatre manuscrits de cet essai : trois à Florence (*Magliabech.* IX, 123, *Marucell.* A 226 et 227 (ce dernier étant l'exemplaire de Bandini avec ses notes) et un à la bibliothèque Estense à Modène *Campori. Appendice 310 γ T, VI, 16*, qui est un manuscrit revu et corrigé par l'auteur. Ce précieux manuscrit découvert par M. KRISTELLER (*Studies*, p. 205-211) nous a servi à établir le texte que nous publions Appendice I.

3. *Vita di Marsilio Ficino*. Firenze. Biblioth. Naz. Ms. *Palat. 488*. Ce manuscrit inédit, que nous publions (Appendice II) est anonyme. Il fut pour la première fois signalé par M. KRISTELLER, *Sup. Fic.* I, CLXXVIII. Il est étroitement lié au *Sommario della vita di Marsilio Ficino raccolta da Messer Piero Caponsachi, Filosofo aretino*, publié par Ph. Villani, op. cit. p. 264-266.

4. KRISTELLER. *Sup. Fic.* CLXXVIII-XIX. — *Studies. Per la biografia di M. Ficino*. p. 191-205.

della Torre et ceux qui l'ont suivi, se double d'un sérieux avertissement pour quiconque serait tenté de faire confiance à Corsi.
Nous l'avons accepté comme tel. Mais la comparaison des textes,
l'étude des sources et surtout des motifs qui ont inspiré Corsi
nous ont amené à poser à nouveau le problème du crédit que l'on
peut accorder à son récit et accessoirement à celui de Caponsachi.

La première question qui se pose est de savoir si vraiment
Corsi a manqué de jugement et si le nombre et l'importance de
ses erreurs rendent son témoignage suspect. L'examen des points
litigieux que M. Kristeller catalogue soigneusement ne pourra
évidemment être fait qu'au fur et à mesure que nous les trouverons sur notre chemin, mais dès maintenant nous pouvons et
même nous devons exposer les arguments sur lesquels nous pensons pouvoir nous appuyer pour réhabiliter en quelque sorte
Giovanni Corsi. Ces arguments sont de deux ordres : les uns
concernent l'homme et son œuvre, les autres, ses sources et leur
valeur.

Giovanni Corsi [1] est né à Florence en 1472. Il avait donc vingt-
sept ans quand Ficin est mort. Il passa toute sa jeunesse à Florence et nous savons qu'il y reçut une culture littéraire et philosophique assez sérieuse, puisque d'une part il a traduit quatre
dialogues de Plutarque et que d'autre part, résidant à Naples,
il vécut dans l'amitié de Pontan, qui lui permit de copier son
de Prudentia, qu'il devait d'ailleurs publier à Florence en 1508.
Nous avons donc à faire à un humaniste florentin, contemporain de Ficin. Or M. Kristeller pense qu'il n'a pas connu Ficin [2].
C'est pour le moins étrange. Qu'il n'ait pas été son élève, c'est
possible [3], mais qu'il ne l'ait jamais vu, nous paraît invraisemblable. Comment admettre, en effet, que cet homme qui a grandi
dans l'entourage des Médicis et des amis de Ficin n'ait jamais
connu Ficin en personne. Qu'il n'ait pas lu ou même vu toutes
ses œuvres, dont la plupart étaient encore manuscrites, en 1506,
c'est encore possible, que les précieux renseignements qu'il nous
donne ne soient pas l'écho de ses conversations avec Marsile,
qui pour lui était alors un respectable vieillard, c'est certain,

---

1. Kristeller, *Studies. Un uomo di Stato e umanista fiorentino* : Giovanni Corsi, p. 175-190.
2. *Id. Sup. Fic.* « Nam Corsium neque discipulum fuisse plane constat,
neque ipsum cognovisse. »
3. Bandini a tenté d'en faire l'élève de Ficin, mais son argument n'est
pas valable. Cf. *Kristeller, Studies*, p. 192, n. 4. — Salvini dans ses notes
écrit également : « Giov. di Bardo Corsi, nato del 1472, stato suo disce-
pole... », mais sans apporter de preuves.

mais quand on lit tous les détails qui composent le portrait physique[1] qu'il nous a laissé de Ficin, on a peine à croire en vérité qu'il ne l'ait jamais vu, ni entendu.

Il y a plus. On nous dit qu'il avait pour maîtres et amis des hommes, qui après avoir été les élèves et les admirateurs de Ficin, ne se consolaient de sa mort qu'en entretenant son souvenir et en essayant de sauver son œuvre[2]. Pour admettre que Corsi n'ait pas connu Ficin, il faudrait donc supposer ou qu'il n'a connu ces hommes qu'après la mort de leur maître, ce qui est pratiquement impossible[3], ou que son propre maître n'a pas voulu ou n'a pas pu lui faire connaître celui qu'on appelait alors le nouveau Platon, ce qui est inconcevable, surtout quand on sait l'estime et l'affection que Ficin avait pour celui que l'on considère comme le maître de Corsi : Francesco Cattani da Diaceto[4].

Né à Florence le 16 novembre 1466, Cattani, qui n'était donc l'aîné de Corsi que de six ans, avait étudié la philosophie d'Aristote à Pise en 1491 avec Arduino, puis, nous dit son biographe, « il écouta Ficin avec ferveur, mais pas longtemps, et devint non seulement un platonicien, mais un excellent platonicien »[5]. Toute son œuvre est là pour en témoigner et l'empreinte ficinienne que révèlent ses divers traités montre jusqu'à quel point maître et disciple avaient su se comprendre. En lui prêtant un de ses précieux manuscrits de Platon[6], Ficin montrait d'ailleurs toute l'estime qu'il avait pour ce brillant disciple, sur lequel sans doute il comptait. Son espoir ne fut pas déçu, car Cattani n'oublia jamais ce qu'il devait à son maître : « Tout ce que nous sommes, si nous sommes quelque chose, écrit-il dans la Préface de son

1. Corsi. *Vita*, XV.
2. *Ibid. Epistol. ad B. Recasulanum* : « Nam cum statuissem de vita deque moribus eius (Ficini) optima quaeque et memoratu dignissima carptim describere, tu mihi visus es in primis hoc munere dignus, qui recordatione illius viri posses hanc animi molestiam et acerbitatem non solum abstergere, sed mollem etiam et iucundam solitudinem suam efficere.
3. Ficin est mort en Octobre 1499 et Corsi a séjourné à Naples de 1501 à 1504. Cf. Kristeller. *Studies*, p. 176.
4. Kristeller. *Studies*, p. 287-337 : *Francesco Diaceto and Florentine Platonism in the Sixteenth Century*.
5. Deux biographies de F. Cattani da Diaceto ont été écrites, l'une en langue vulgaire par Benedetto Varchi, publiée avec *I tre libri d'Amore di M. Francesco Cattani da Diacceto, Filosofo et gentil'Huomo Fiorentino con un'Panegerico d'Amore*, Venise, 1561; l'autre en latin par Frosino Lapini que l'on trouve dans *Opera omnia F. C. D...* Bâle, 1563. Le texte cité est emprunté à la première. Sur ces biographies, cf. G. Manacorda. *B. Varchi*. Pisa, 1903 et Kristeller. *Studies*, p. 295-296.
6. *Testamentum Ficini.* cfr. Appendice IV.

De Pulchro, nous le devons à Ficin. Marsile donc, comme notre démon familier, exprime sur le beau par notre bouche, ce qui est conforme à l'Académie », et s'attribuant par avance tout ce qu'il pourrait y avoir de douteux dans son entreprise « aussi audacieuse que le vol d'Icare », il termine en nous disant qu'il n'a qu'un souhait « révéler d'une manière sensée ce que l'âme féconde de Ficin a enfanté dans la sienne » [1]. Voilà ce que Corsi a dû entendre bien des fois, et l'on voudrait nous faire croire qu'entendant parler ainsi de Ficin il n'ait pas eu au moins la curiosité de l'aller voir et entendre. Ce serait d'autant plus étrange que lui-même voyait surtout dans son maître un platonicien émérite et un fidèle défenseur de Ficin [2]. Donc, à moins d'admettre que Corsi n'est devenu l'élève de Cattani qu'après la mort de Ficin, ce qui encore une fois est invraisemblable, tout nous porte à croire qu'il a vu et entendu celui dont il entreprit d'écrire la vie, pour consoler l'un de ses amis.

Cette vie de Ficin est, en effet, adressée à Bindaccio Ricasolani (1444-1524) pour le consoler du départ de Bernardo Rucellai (1448-1514), qui, déçu et inquiet de la politique de Piero Soderini, s'était volontairement exilé en France [3]. La chose en soi pourrait nous laisser indifférent, mais il se trouve que la Correspondance de Ficin nous révèle que ces deux hommes, après avoir été ses élèves, étaient demeurés ses meilleurs amis. Corsi lui-même nous en assure, puisqu'il nous dit, qu'avec Giovanni Cannaci, autre élève et ami de Marsile, B. Ricasolani et B. Rucellai se réunissaient presque chaque jour avec Ficin, qui très souvent discutait avec eux de graves problèmes de philosophie, mais savait aussi les distraire et les amuser [4]. Nous voilà donc de nouveau en présence de trois témoins irrécusables, car Corsi ne nous le cache

---

1. F. C. DIACETTO. *Opera;* éd. cit. p. 2.
2. Cf. Dédicace de sa traduction du traité de Plutarque, *Sur la création de l'Ame, d'après le Timée :* Jo. Cursius Francisco Diaceto Patritio Florentino viro doctissimo. S.-E. Plutarchi thesauris adamantem parvulum quidem prime (ni fallor) pulchritudinis cum Latio nuper intulissem, mittendum statui ad te qui cognoscendis huiuscemodi gemmis et es et haberis artifex egregius. Magnum illi procul dubio ex Plutarcho accedit pondus, longe vero maius ex Platone tuo cui id omne acceptum refert Plutarchus ipse. Tuum est igitur quecumque Platonis et ex Platone sunt diligenter perspicere aperteque ostendere, siquid forte detrimenti ex hac traslatione res Platonica acceperit, id utri tribuendum sit, latorine an adulterino (quod spe accidit) lapillo. Vale. *Cod. Naz. Firenze* II, IV, 192, fol. 148, cité par P. O. KRISTELLER, *Studies,* p. 189.
3. CORSI. *M. F. Vita.* Dédicace. — Sur B. Rucellai, cf. L. PASSERINI. *Genealogia e storia della famiglia Rucellai.* Florence, 1861.
4. CORSI, *M. F. Vita,* XX.

pas : son essai n'est que le résumé de ce que ses amis, beaucoup
plus âgés que lui, racontaient de Ficin [1]. Cela est si vrai qu'il
fait parfois des réserves sur ses informations : c'est « ce que l'on
dit » *(ferunt)* ou ce qu'on lui a dit *(ut accepi)*. Il se montre si scru-
puleux que lorsqu'il est question de la mort de Ficin, il écrit :
« Il est mort de vieillesse ou, comme certains le disent, de coliques, mais personnellement, je n'ai pas suffisamment étudié la
question *(non mihi exploratum satis)* » [2]. Pour ce qui est des
œuvres de Ficin, il prend soin de nous avertir qu'il n'a parlé que
des œuvres connues à l'époque à laquelle il écrivait. Une fois il
note « comme disait Ficin » *(ut ipse dicebat)*, mais ce peut être
la citation d'un texte [3]. En fait, et cela se conçoit, étant donné
son âge, il a surtout rapporté ce qu'on lui a dit. Il termine d'ailleurs son essai par une formule qui à la fois l'honore et dégage
sa responsabilité : *Haec fere sunt quae hactenus de Marsilio acceperim* [4]. Dès lors pour récuser son témoignage, il faut supposer
ou que ses amis l'ont trompé ou que lui-même les a plus ou moins
trahis, à moins que nous admettions que d'un commun accord
ils se soient faits complices de mensonges au profit d'une cause
qui leur était chère. Corsi ayant dédié son œuvre à Ricasoli,
il semble bien qu'il faille écarter a priori la seconde hypothèse,
car en tout état de cause lui ou ses amis auraient pu protester
si l'auteur avait travesti leurs propos, soit en les interprétant,
soit en les corsant de légendes dont on aurait pu les croire garants.
Mais que dire des histoires que tous ces gens auraient pu inventer
à l'insu de Corsi ou d'accord avec lui pour un motif plus ou moins
avoué? A première vue c'est assez étrange, et cependant la critique ayant en quelque sorte retenu cette dernière hypothèse,
il est indispensable de savoir ce qu'elle vaut.

« Il est évident, dit, en effet, M. Kristeller, que Corsi a composé
la vie de Ficin avant tout pour faire plaisir à Ricasoli et pour
exalter la famille des Médicis et ses propres amis [5]. » Apparemment, seul Corsi est en cause, mais nous connaissons désormais
suffisamment ses sources pour deviner à quel point ses amis se
trouvent compromis. Une chose du moins est certaine : Corsi

---

1. *Ibid.*, VI.
2. *Ibid.*, XXIV.
3. *Ibid.*, XV.
4. *Ibid.*, XXIV.
5. KRISTELLER. *Studies*, p. 193 : « ...sono cosi numerose ed esplicite nella
Vita che sorge senz'altro il sospetto che il Corsi sia stato spinto da un interesse piu politico che filosofico o storico a comporre questa biografia, elo-
giando i Medici nella persona del loro grande protetto. »

a voulu faire plaisir à Ricasoli. Lui-même l'a dit. Mais il a également pris soin de préciser qu'en écrivant cette *Vie de Ficin*, il avait voulu compenser l'absence d'un ami par le souvenir d'un autre, qui n'était pas moins cher[1]. Tout cela nous est dit en des termes aussi clairs qu'émouvants et voici qu'au mépris de si louables sentiments, on nous demande de ne voir en tout cela que flatterie et politique. C'est pour le moins inattendu et en vérité nous ne voyons pas comment Corsi lui-même aurait pu concilier son désir d'être agréable à B. Ricasoli et de plaire à ses amis avec l'intention purement politique qu'on lui prête, puisqu'en fait ce serait pour exalter les Médicis qu'il se serait fait l'écho des erreurs qu'on lui reproche. Encore une fois, loin de plaire à ses amis, il risquait fort de les irriter.

Que Corsi et ses témoins aient été partisans des Médicis en 1506, c'est peut-être beaucoup dire. Évidemment Bernardo Rucellai avait épousé en 1466 la sœur de Laurent de Médicis et on pourrait croire de ce fait que lui et ses amis étaient restés fidèles à ce que l'on peut appeler la dynastie des Médicis. Or la réalité est tout autre. Dès la mort de Laurent, nous voyons un des fils de Bernardo compromis dans un complot contre l'héritier de Laurent, qui était son propre neveu[2], et après que Pierre eut été chassé de Florence, on le voit avec Canacci et Corsi lui-même prêter son concours au nouveau régime[3]. On peut même dire qu'il s'y était installé confortablement, puisque c'est à cette époque qu'il créa les fameux jardins qui devaient porter son nom, les Orti Oricellari, et où quelques années plus tard les humanistes tant florentins qu'étrangers devaient se donner rendez-vous

1. CORSI. *Vita*. Dédicace. Voir n. 26.
2. F. GUICCIARDINI. Storia d'Italia. L. I : « E accade per avventura che pochi di innanzi che gli oratori francese (estate 1493) arrivassero in Firenze, erano venute a luce alcune pratiche le quali Lorenzo e Giovanni de'Medici, giovanni richissimi e congiuntissimi a Piero di sangue (alienati per cause ch'ebbero origini giovanili da lui) avevano, per mezzo di Cosimo Rucellai, fratello cugino di Piero, tenute con Lodovico Sforza, et per introduzione sua col re di Francia, le quali tendevano direttamente contro alla grandezza di Piero. Per il che ritenuti dai Magistrati furono con leggerissima punizione relegati nelle loro ville, delle quali fuggiti occultamente vennero al re il di medesimo; che si mosse da Piacenza. » Cité par G. L. MONCALLERO. *Documenti inediti sulla guerra di Romagna nel 1494. Rinascimento.* Juin 1955. p. 44, n. 1.
3. Cf. F. T. PERRENS. *Histoire de Florence, depuis la nomination des Médicis jusqu'à la chute de la République.* Paris. Thorin, 1890, II, *passim.* — B. Rucellai fut du Conseil des Dix en 1497 et en 1498 avec J. Canacci, qui l'année précédente était du Collège des Prieurs. Pour CORSI, cf. KRISTELLER, *Studies*, p. 176, n. 3.

pour discuter de philosophie avec Diaceto ou parler politique
avec Machiavel [1]. Ce n'est donc que les excès et les incertitudes
du gouvernement de Piero Soderini, élu gonfalonnier à vie en
1502, qui avaient ramené Bernardo Rucellai et les siens dans le
camp des Médicis et s'il s'exila d'abord en 1503 pour quelques
mois; puis en 1506 pour plusieurs années, c'est avant tout parce
qu'il se sentait menacé et qu'après avoir en quelque sorte cau-
tionné le nouveau régime, il désespérait de Florence, où pendant
un demi-siècle il avait été témoin des efforts et des succès des
Médicis [2].

C'est d'ailleurs ce regret qu'exprime Corsi lui-même clairement
après avoir évoqué l'heureux temps où Florence était une nouvelle Athènes. « Si le malheur de notre temps est si déplorable,
c'est qu'en notre cité on voit s'imposer l'ignorance et la sottise
à la place des sciences et des arts, l'ambition et la luxure à la
place de la modestie et de la tempérance, la cupidité à la place de la
générosité. La situation est telle que rien ne se fait dans le respect de la République et des lois, mais tout par caprice, à tel
point que tout homme de qualité se trouve en butte aux moque-
ries de la populace. » Et il conclut : « Maudissant cette ville comme
une marâtre si cruelle, Bernardo Rucellai préféra récemment
s'exiler, plutôt que de vivre plus longtemps à Florence, d'où
furent bannies avec les Médicis l'étude de toutes les disciplines
honnêtes et les meilleures institutions des ancêtres [3]. » Les motifs
du départ de Rucellai, quinze ans après la chute des Médicis, sont
donc clairement définis et si ses amis ne l'ont pas suivi, nous
savons du moins quel était leur état d'esprit. Mais de là à conclure que Corsi a composé la *Vie de Ficin* à la gloire des Médicis
il y a loin, et rien dans son texte ne nous autorise à lui prêter une
telle intention. Inspiré par un motif si déterminé, il n'aurait pas
manqué d'y faire allusion dans sa dédicace. Or il ne l'a pas fait
et ce qu'il vient de nous dire à propos du départ de B. Rucellai,
n'est que l'expression désabusée d'un homme qui se tournant
vers son passé, se voit cruellement déçu dans ses espérances et
contraint de condamner ceux qu'il avait cru capables de sauvegarder l'héritage des Médicis.

Sans doute a-t-il mis en lumière le rôle de Cosme, de Pierre et
de Laurent dans la vie de Ficin, mais on ne voit vraiment pas

---

1. Cf. L. PASSERINI. *Degli Orti Oricellari*, Florence, 1854. — H. HAUVETTE,
Luigi Alamanni (1495-1556), Paris, 1903, p. 13 et suiv.
2. PERRENS, *Op. cit.*, II, p. 415.
3. CORSI, *Vita*, IX.

comment il aurait pu écrire cette Vie, sans souligner les heureuses
coïncidences qui ont concouru à la résurrection du Platonisme à
Florence. Il suffit de comparer sans idée préconçue son texte
avec ceux de Ficin et de ses contemporains pour se rendre compte
que sur ce point il n'a rien dit de trop. C'est d'ailleurs ce qu'a su
faire au xviie siècle le savant bibliothécaire de la Bibliothèque
Laurentienne, le chanoine M. Bandini, qui avait peut-être des
éléments d'appréciation que nous n'avons plus aujourd'hui, et
la précieuse concordance qu'il nous propose entre le texte de Corsi
et ceux qui le pouvaient illustrer montre assez le crédit qu'il
accordait à cette biographie [1]. Sans doute lui-même s'est-il sur
certains points abusé, mais pour l'instant il suffit que nous puissions faire appel à son autorité pour contester le bien-fondé du
procès d'intention que l'on fait à Corsi. Encore une fois une seule
chose est certaine, c'est qu'il a voulu faire plaisir à son ami
B. Ricasoli : d'abord il le dit et le choix de son sujet le prouve. S'il
n'avait voulu qu'exalter les Médicis, il aurait pu aussi bien écrire
la vie d'un Landino ou d'un Politien et la dédier à un Médicis. En
écrivant la vie de Ficin il a donc eu un but précis : résumer les
entretiens qu'il avait eus avec ses amis et bien que la vocation
platonicienne de Ficin soit une éloquente illustration de la magnificence des Médicis, il est bien évident que si elle n'avait été
qu'un prétexte, Corsi n'aurait pas manqué de le souligner, alors
que son texte traduit avant tout la nostalgie d'un temps révolu.

C'est d'ailleurs le même sentiment qu'il exprime dans sa dédicace à Cosimo Pazzi, du *de Prudentia* de Pontan. L'occasion
pourtant était belle pour rappeler à ce Pazzi, petit-fils de Laurent
de Médicis, l'heureuse influence que ses aïeux avaient exercée
pendant un siècle sur les lettres et les arts. Mais là encore, après
s'être recommandé de Bernardo Rucellai, dont il se dit d'ailleurs
le protégé, il se contente de souligner en quelques mots l'intérêt
que ses concitoyens auraient à lire dans le *de Providentia* les
exploits de Laurent pour apprendre comment dans la conduite
d'une République la prudence doit dominer la sottise, l'habileté,
l'ignorance, la générosité, la cupidité. Nous retrouvons là presque

---

1. *Commentarius de Platonicae philosophiae post renatas litteras apud
Italos instauratione, sive Marsilli Ficini Vita, auctore Ioanne Corsio, Patricio
Florentino eius familiari et discipulo. Nunc primum in lucem eruit Angelus
Maria Bandini, Laurent, Bibliothecae Reg. prefectus et moderator, qui Adnotationes uberrimas ex ipsius Ficini Epistolis desumtas adiecit.* Pisis MDCCLXXI
apud A. Pizzorno. — Réédité successivement dans *Miscellanei di varia letteratura*, VII, Lucca, 1772, p. 245, et dans Ph. VILLANI, *Liber de civitatis Florentiae famosis civibus*, ed. G. C. Galetti, Florentiae, 1847, p. 183-214.

les mêmes termes que dans la *Vie de Ficin*, et c'est peu[1]. Il est vrai qu'en cherchant bien on ne trouve dans le traité de Pontan qu'une seule fois le nom de Cosme de Médicis et deux références à Laurent[2]. Mais, même en supposant qu'il n'y avait pas là matière à développement, s'il avait eu vraiment l'intention d'écrire pour vanter les Médicis, il aurait pu en trouver l'occasion, ne fut-ce qu'en dédiant à l'un d'entre eux une de ses traductions de Plutarque. La vérité est que cet homme n'est vraiment entré dans la politique qu'après le retour des Médicis à Florence et ce n'est pas parce qu'il leur fut fidèle après 1512, qu'on en peut induire que c'est pour faire leur apologie qu'il a écrit une vie de Ficin en 1506.

Nous en tenant donc strictement au texte, nous examinerons cette biographie sans nous laisser aveugler par de prétendus jeux de lumière que l'auteur aurait savamment calculés pour ne nous montrer Ficin qu'en fonction des Médicis. Là où ils apparaîtront, nous verrons, pièces en mains, si la place qu'on leur fait est conforme ou non au rôle qu'ils ont réellement joué dans la vie de leur protégé. En un mot nous essaierons, en toute objectivité, de rendre à ce document sa valeur de témoignage, car les erreurs et les variantes du texte prouvent clairement que Corsi, comme il a pris soin de nous en avertir, a surtout rapporté ce qu'on lui avait dit. Certes, on a pu établir en certains cas une concordance entre son récit et certains textes de Ficin, mais cette concordance, inscrite dans les faits, ne prouve pas nécessairement que l'auteur s'est reporté à ces textes, dont on prétend d'ailleurs qu'il récusait la valeur.

Après della Torre, M. Kristeller s'est ému, en effet, de ce que

---

1. *Opera Ioannis Ioviani Pontani; Impressum Lugduni expensis Bartholomei Troth. MDXIIII anno salutis, Mense Februario, regnante divo Ludovico XII, huius nominis rege Francorum.* — *De Prudentia. Ioannes Corsius Cosmo Paccio Pontifici Florentino.* Neapoli cum essem, quo visendi pariter atque ociandi, ut aiunt, gratia secesseram, fractis non tum penitus gallorum rebus, nihil mihi erat potius, quam ut Io. Pontanum convenirem, virum nempe cum primis tibi amiccissimum atque, ut aetate iam consumptum, ita in omnibus, quod ipse scis, bonarum artium disciplinis, nec minus in repu. undequaquam solertissimum. A quo cum ex ea quae illi cum Bernardo Oricellario tuo, cuius me alumnum fateor, intercedebat amicitia, essem perbenigne acceptus, haud facile dixerim, quot quantisque mihi sim visus discedere praeceptis auctior et documentis ornatior. Sed inter alios ingenii cultus rerumque monumenta, libros mihi *de prudentia*, quos novissimo foetu ediderat, non tantum legendos, sed etiam exscribendos exhibuit. In iis cum laurentio Med. avunculi tui viri amplissimi nonnulla praeclarissima facinora agnosceretur possentque ea nostris civibus optimo esse.

2. *Id.* Lib. III, ch. 10 : *Quae sit differentia inter sapientiam et prudentiam.* — Lib. IV, ch. 17. *De ingenio.* — Lib. V, ch. 5. *De Laurentio Florentino.*

Corsi laisse entendre au sujet des lettres de Ficin [1], et l'un et l'autre en ont conclu que sauf de rares exceptions, il les considérait comme apocryphes. Ce serait évidemment très grave, si c'était vrai, mais l'erreur elle-même a des limites et a priori il semble bien invraisemblable que Corsi ait pu douter à ce point de l'authenticité de la Correspondance de Ficin [2], alors que nul n'ignorait qu'elle avait été publiée du vivant de l'auteur. L'erreur, si erreur il y a, repose donc sur une équivoque qu'un examen attentif des textes devrait nous permettre de dissiper.

Voici donc ce que dit Corsi : « Il y a aussi en circulation douze Livres de lettres dédiées faussement à bon nombre d'amis de Marsile avec des titres qui ne sont pas de lui; à part quelques-unes dispersées çà et là, qui traitent de la philosophie spéculative et qui ont pour titre : les cinq clés de la théologie de Platon avec un résumé de celle-ci, du ravissement de Paul au troisième ciel, de la lumière, de l'étoile des Mages et quelques autres du même genre, tout le reste doit être attribué au neveu de Ficin, fils de son frère [3]. » Le texte assurément gagnerait à être mieux construit, mais tel est le style de Corsi et il serait vain de croire que la tournure équivoque de cette phrase est née de la difficulté que l'auteur aurait éprouvée à traiter de cette délicate question. En fait, pour lui, il n'y avait pas de problème et il ne pouvait pas y en avoir.

Il n'a jamais douté de l'authenticité des lettres de Ficin. Mais il ne faut pas oublier, premièrement que chacune de ces lettres a un destinataire, en second lieu que chacune, également, sans doute au moment d'être éditée, a reçu un titre, qui la classe dans une catégorie déterminée ou en résume le thème et enfin que les douze Livres de la Correspondance sont dédiés à différents personnages, ayant joué un rôle plus ou moins important dans la vie de Ficin. Or quand Corsi nous parle de *tituli adulterini*, il est clair qu'il ne conteste que l'authenticité des titres qui ont été donnés aux lettres, puisqu'il prend soin d'en mentionner quelques-uns qu'il juge authentiques, et lorsqu'il souligne que les *Epistolarum volumina* ont été *ad amicos quamplures falso ins-*

---

1. A. DELLA TORRE, *op. cit.*, p. 42 et suiv. — KRISTELLER, *Studies*, p. 193. — *Sup. Fic.*, I, LXXXVII et suiv.

2. La première édition de la Correspondance de Ficin fut achevée le 11 Mars 1495 à Venise : *Impensa providi Hieronymi Blondi, Florentini Venetiis commorantis, opera vero et diligentia Matthei Capcasae Parmenensis, impressae Venetiis aequinoctium vernale, Phoebo introeunte, escendente Iove, die et hora Mercurii, vigilia divi Gregori, Anno salutis MCCCCLXXXXV.*

3. CORSI, *Vita*, XIII.

cripta, il ne s'inscrit en faux que contre les prétendus destinataires des Livres ou des lettres.

Réduit aux justes proportions qu'impose le texte, le problème est assurément moins grave, mais n'en mérite pas moins notre attention. C'est en vain que della Torre a tenté de justifier Corsi en faisant intervenir dans la rédaction des lettres un cousin de Ficin, qui fut son secrétaire, Sebastiano Salvini[1]. Là encore nul besoin de forcer le texte, puisque Ficin avait effectivement un neveu qui portait le même nom que lui et qui était le fils de son frère Cherubino. Il y a plus, nous savons que ce neveu vivait avec lui et que pour le récompenser de ses services il lui laissa par testament la plupart de ses livres et la jouissance de sa propriété de Careggi[2]. Dès lors on peut fort bien supposer que ce Ficin prit une part active à l'édition des lettres de son oncle en 1495, quand Hieronimo Rossi offrit généreusement d'en assurer les frais. C'est d'ailleurs ce que déclare Corsi dans un autre passage de son essai, quand il dit : « Il est facile de connaître combien Ficin eut d'amis et quels ils étaient, d'après ses dédicaces et d'après les Livres de lettres qui, comme nous l'avons dit, ont été pour la plupart groupées *(compositos)* et mises en ordre *(in ordine redactos)* par son neveu Ficin[3]. » Ce qui est manifeste, par conséquent, c'est moins l'erreur de Corsi, que l'interprétation abusive ou erronée que l'on a donnée de son texte. Jamais il n'a pu croire et jamais il n'a dit que les lettres publiées sous le nom de Ficin avaient été rédigées par son neveu. Au reste, beaucoup savaient fort bien que les différents Livres de la Correspondance avaient été établis par Ficin lui-même depuis 1475 et existaient pour la plupart en manuscrits dans plusieurs bibliothèques. Quant à l'édition, si son neveu avait pu se vanter d'avoir aidé son oncle à la mise en ordre des lettres qui forment les derniers livres de cette Correspondance, avant de confier l'ensemble à l'éditeur, il n'aurait pas manqué de protester contre une attribution, qui pour être flatteuse, n'en était pas moins une erreur grossière.

De cette histoire de faussaire, il ne reste donc que l'accusation portée par Corsi au sujet des titres des lettres et des dédicaces des différents Livres. Sur quoi repose-t-elle? M. Kristeller suggère des motifs politiques. A vrai dire, ils ne s'imposent pas. Pourquoi, en effet, supposer que Corsi « ne voulait pas croire aux rapports

---

1. A. della Torre, *op. cit.*, p. 102 et suiv. — Kristeller, *Sup. Fic.*, I, XC.
2. Kristeller, *Sup. Fic.*, II, p. 196-197 et 236-237.
3. Corsi, *Vita*, XX.

étroits entre Ficin et les ennemis du parti médicéen, comme les
Soderini et les Valori, rapports dont témoigne précisément la
Correspondance [1] »? Les Valori ont joué dans la vie de Ficin un
tel rôle, qu'il serait bien difficile d'écrire sa vie sans en tenir compte.
En revanche, il est certain, car les manuscrits en témoignent, que
certaines lettres ont changé de destinataires en passant dans
l'édition [2], et il n'est pas exclu que le neveu de Ficin ait écrit ou
se soit vanté d'avoir rédigé les titres des lettres ou certaines
préfaces ajoutées en dernière heure à certains livres de la Correspondance [3]. Ce serait assez pour que les intéressés, au moins
dans le premier cas, se soient étonnés de ces substitutions et en
aient accusé le neveu de Ficin et comme en fait les lettres dans
leur forme primitive n'avaient pas de titres, il est fort possible
qu'on ait cru qu'il en était l'auteur. En tout état de cause,
même si on a pu croire que l'édition de la Correspondance avait
été revue et corrigée par son neveu, l'erreur dut de bonne heure
être reconnue et dénoncée, car les deux autres essais biographiques
qui furent consacrés à Ficin n'ont tenu aucun compte de cette
équivoque, où la critique a voulu voir une erreur grossière. Il est
vrai que ni l'un, ni l'autre de ces biographes, pas plus d'ailleurs
que le traducteur des Lettres, F. Figliucci [4], n'ont fait allusion
au texte de Corsi, demeuré dans l'ombre des bibliothèques, mais,
si une telle erreur avait circulé en 1506, elle n'aurait pas manqué
de se transmettre, à moins que le neveu de Ficin avant d'être
décapité en 1529 [5], ait tenu lui-même à réfuter cette invraisemblable allégation, pour rendre toute sa valeur à une Correspondance, que le cours du temps rendait chaque jour plus précieuse
pour ceux qui pouvaient être tentés d'écrire à leur tour une vie
de Ficin.

---

1. KRISTELLER. *Studies*, p. 193-194.
2. L'une d'elles, qui dans l'édition porte précisément l'adresse à Bernardo Rucellai, fut en fait adressée à Bernardo Pulci. (FICINI. *Op.* I, 661).
Voir également diverses variantes (748,2-750,1-774,2-781,2-788,2-855,1).
Cf. KRISTELLER. *Sup. Fic.* I, 25-36. Nos références à l'œuvre de Ficin correspondent à l'édition de Bâle 1561. *Marsilii Ficini, Philosophi, Medici atque
Theologi omnium praestantissimi opera.* Basilae. Per Henricum Petri, Mense
Martio. Anno MDLXI.
3. En particulier la dédicace des Livres X et XI à Valori (904,4) et celle
du Livre XII à Hieronimo Rossi (945,1) auquel est également dédié l'ensemble de Correspondance (607 et 954,3).
4. *Divine lettere del gran Marsilio Ficino, tradotte in lingua toscana per*
M. FELICE FIGLIUCCII, *Senese.* In Vinegia, appresso Gabriel Giolito de Ferrari. MDXLVI.
5. Cf. B. VARCHI, *Storia Fiorentina;* éd. L. ARBIB, Florentia, 1843, II,
p. 203.

Né à Arezzo vers 1530, il est bien évident que Piero Caponsachi ne pouvait prétendre au rôle de témoin [1]. Tout au plus pouvait-il rapporter les propos des derniers contemporains de Ficin et au besoin interroger les lieux où il avait vécu pour compléter ou illustrer ce qu'il avait écrit. Il faut dire d'ailleurs que si on doit se contenter des quelques pages que constitue le *Sommario della vita di Marsilio Ficino raccolta da Messer Piero Caponsachi, filosofo aretino*, son ambition fut modeste. Mais ici se pose un problème d'attribution de textes, qui n'est pas facile à résoudre.

Depuis fort longtemps il est fait mention et on a publié le *Sommario* de Caponsachi, qui logiquement laissait supposer que le dit Caponsachi lui aussi avait écrit une *Vita Ficini*. C'est en vain que della Torre la chercha, tout en affirmant, assez gratuitement d'ailleurs, qu'elle avait été connue au XVIIe siècle par un historien de Florence, Ferdinando Leopoldo del Migliore [2]. Plus heureux que l'historien de l'Académie platonicienne de Florence, M. Kristeller signala dans son *Supplementum Ficinianum*, un manuscrit de la Bibliothèque Nationale de Florence, le *Palatino 488*, qui avait pour titre *Vita di Marsilio Ficino* [3]. Le manuscrit était anonyme, mais tout naturellement on pensa qu'il ne pouvait s'agir que du texte de Caponsachi et effectivement M. Garin ne devait pas tarder à déclarer que la comparaison avec le *Sommario* et les indications offertes par le manuscrit ne laissaient aucun doute sur l'identité de l'auteur, qui ne pouvait être que Caponsachi [4].

Cherchant d'abord la concordance des deux textes, nous avons nous-même été frappé par leur indéniable et étroite parenté, mais, préparant l'édition critique de cet inédit, que nous publions en Appendice, avec celui de Corsi, nous n'avons pas tardé à découvrir certains détails, qui nous ont convaincu, si étrange

---

1. Cf. FABRONI, *Historia Academiae Pisanae*, Pisa, 1792, II, p. 345.
2. DELLA TORRE, *op. cit.*, p. 478, n. 1. — Il est vrai que F. L. DEL MIGLIORE dans son *Firenze, citta nobilissima illustrata* (Firenze, 1684), dit à propos de Ficin : « Ne scrisse la vita ex professo M. Pier. Caponsachi, filosofo aretino, da noi veduta negli spogli di Mariano Cecci, in cui noto egli esser nato nel 1433 di Maestro Ficino, medico, et d'Alessandra di Montevarchi, originato, secundo Don Silvano Pazzi, nella Vita del Varchi, da Fighline et che i primi suoi studi di filosofia fossero sotto la disciplina di Niccolo Tignoso da Foligno (p. 22-23), mais ces deux renseignements, comme les deux allusions faites par cet auteur à la petite taille de Ficin (p. 111 et 390) peuvent aussi bien dériver du *Sommario*. — S. RAZZI dans sa *Vita di B. Varchi* dit seulement : « Marsilio Ficino, cioe da Fighine di Valdarno ». Cf. B. VARCHI, *op. cit.*, p. 8.
3. KRISTELLER, *Sup. Fic.*, I, p. CLXXVII.
4. E. GARIN, *La vita di M. F.*, dans Rinascimento, 1951, I, p. 94-95.

que cela puisse paraître, que cette *Vita di Ficino* pouvait difficilement être attribuée à Caponsachi.

On trouvera, en préambule de ce texte, les arguments et les
hypothèses que son étude attentive nous a amené à formuler.
Évidemment la concordance avec le *Sommario* n'en est pas moins
troublante, et rien jusqu'à présent ne nous a permis d'en proposer une explication valable. Quoi qu'il en soit, ces deux textes,
qui pratiquement n'en font qu'un, sont pour nous pleins d'intérêt, car il est bien évident que l'auteur de cette seconde *Vie
de Ficin*, qui encore une fois a ignoré celle de Corsi, n'a rien négligé
pour faire revivre son personnage et donner à son récit toutes
les garanties de l'authenticité. Dans l'impossibilité où nous sommes
de donner une solution au problème posé par le *Sommario* et la
Vita, nous maintiendrons l'attribution du premier à Caponsachi
et nous désignerons la seconde sous le titre de *Vita secunda*.

Une dernière source de renseignements nous fut offerte par les
notes du chanoine Salvini, qui sont conservées aux Archives
Capitulaires de l'Archevêché de Florence et qui furent mises à
notre disposition avec tant de bienveillance par Mgr Iosia. Le
chanoine S. Salvini, contemporain de son savant collègue M. A.
Bandini, avait formé le projet d'écrire l'histoire des chanoines de
Sainte Marie de la Fleur, et pour ce faire avait glané çà et là
une somme considérable de renseignements. La maladie l'empê-
chant de réaliser son projet, il remit en 1749 au Chapitre métropolitain l'ensemble de ses notes, dont on se contenta de tirer
un *Catalogue chronologique des chanoines florentins* [1]. Mais les
notes demeurent et le Tome VI renferme tous les renseignements
qui ont pu être recueillis sur les chanoines du Quattrocento. Il
s'agit le plus souvent de citations d'archives ou d'auteurs les
plus divers. On y trouve même en quelques pages une chronique
sur Ficin, qui pourrait être un commencement d'exécution du
projet de Salvini. Ces notes, qui ne sont pas paginées, sont groupées suivant l'ordre chronologique de la nomination des chanoines.
Celles concernant Ficin se trouvent à l'année 1487 et forment un
ensemble d'une cinquantaine de pages de divers formats et d'écritures différentes. Elles ne nous ont à vrai dire appris que fort peu
de choses. Néanmoins dans certains cas elles nous ont permis de

---

1. *Catalogo cronologico de' canonici della Chiesa metropolitana fiorentina,
compilato l'anno 1751 da Salvino Salvini, canonico fiorentino del titolo di
S. Zanobi, estratto delle copiose memorie istoriche dei medesimi raccolte in
molti anni dal suddetto autore e consegnate al reverendisso capitolo fiorentino
l'anno 1749 in una sua pericolosa malattia, senza ordine di tempo.* Firenze
l'anno MDCCLXXXII per Gaetano Cambiagi.

préciser certains détails et nous ont mis sur quelques pistes intéressantes.

Nous devons aussi beaucoup à l'amitié du Marquis Filippo Serlupi Crescenzi, qui depuis vingt ans nous reçoit si généreusement dans sa propriété, qui fut celle de Ficin, et où avec un zèle digne des humanistes du Quattrocento, il a réuni avec de précieux manuscrits une collection unique des éditions des différentes œuvres de Ficin. En nous donnant la faculté de travailler dans cette bibliothèque, qui nous est doublement chère, et en nous autorisant à publier divers documents inédits, M. le Marquis F. Serlupi Crescenzi nous a prouvé que l'esprit de Marsile Ficin reste vivant à Careggi et nous sommes particulièrement heureux de lui en témoigner dans cette Préface notre profonde et affectueuse gratitude.

Bénéficiant de ces différentes sources de renseignements et surtout des récents travaux de M. P. O. Kristeller et de M. E. Garin, nous avons donc entrepris d'écrire cette biographie de Marsile Ficin, qui, dans notre esprit ne doit être qu'une Préface à une édition critique de ses principales œuvres et à une étude approfondie de sa pensée religieuse. Jean de Saint-Thomas a écrit au Prologue de son Introduction à la Théologie de saint Thomas : « Pour découvrir la pensée du Docteur Angélique et pour s'en pénétrer, la voie la meilleure et la plus efficace consiste avant tout à reconnaître l'ordre qu'il a observé dans la composition de la Somme, en passant d'une question à l'autre et en reliant en quelque sorte la suite des traités par des liens d'or. Celui, en effet, qui ignore l'ordre de la science qu'il étudie ne mérite pas le nom de sage et de savant.[1] » La remarque vaut également pour l'œuvre de Ficin. Il est essentiel de voir l'ordre qu'il a observé dans la composition de ses œuvres et de lire chacun des traités qui les composent en se laissant uniquement guider par le « lien d'or » qui les unit.

Nous publierons donc tout d'abord cette étrange trilogie que forment l'*In Convivium* ou Commentaire sur le Banquet de Platon, la *Theologia Platonica*, traité de l'Immortalité des âmes et le *De Christiana Religione*. Puis nous la compléterons par un ensemble de textes, tirés pour la plupart de sa Correspondance, que nous appellerons les Essais de Ficin. Enfin pour achever d'éclairer

---

1. J. DE ST-THOMAS, *Introduction à la Théologie de saint Thomas*, trad. Lavaud, Paris, Blot, 1928; Prologue.

sa pensée nous publierons également son *de Triplici Vita* auquel nous joindrons son *Contra judicium Astrologorum*.

Chemin faisant, nous nous efforçerons de préciser sa méthode en le suivant dans ses Commentaires qui vont de Pléthon à saint Paul, en passant par Julien l'Apostat et Denys l'Aréopagite, sans négliger naturellement ceux qu'il a consacrés à Platon et à Plotin et qui auraient suffi à lui mériter le titre de commentateur. Ainsi pourvu de textes indiscutables et éclairé tant sur ses intentions que sur sa méthode, nous pensons pouvoir alors être en mesure de tenter un essai sur la pensée religieuse de Ficin, pour exposer nos conclusions sur cet homme, qui demeure une des plus grandes figures de l'humanisme, parce qu'après avoir cherché de toute son âmc la Vérité partout où il en trouvait trace, il n'a rien négligé pour transmettre à ses contemporains tout ce qu'il croyait et tout ce qu'il savait.

Qu'il nous soit permis, au terme de cette première et longue étape de notre entreprise, de rendre hommage à la mémoire de M. Émile Bréhier, qui après avoir favorisé nos tardives études, avait approuvé l'esquisse de ce travail, qu'il a suivi avec intérêt jusqu'à sa mort. Après lui et M. R. Bayer, auquel nous adressons l'expression de notre compassion, M. M. de Gandillac a bien voulu suivre l'élaboration de ce travail, si souvent compromis par des circonstances indépendantes de notre volonté. Nous l'en remercions d'autant plus vivement que non content de nous faire bénéficier de ses conseils, il a fait preuve à notre endroit d'une bienveillante compréhension, en nous autorisant à présenter ce premier bilan de nos recherches et en nous faisant confiance pour ce qui nous reste à faire.

Cette confiance nous l'avons également trouvée au Centre National de la Recherche scientifique. Que tous les membres de la Commission de Philosophie trouvent en ce travail l'expression de notre gratitude et qu'il me soit permis d'y associer le souvenir de M. Georges Jamati, qui pendant tant d'années m'honora de son amitié et me prodigua ses encouragements. Merci aussi à tous ceux qui, à Florence comme à Rome, à Paris comme à Oxford et dans tant d'autres bibliothèques, ont orienté nos recherches et favorisé nos découvertes. Enfin que tous nos Supérieurs et ceux qui furent nos maîtres au séminaire de Tours sachent, qu'en publiant cet ouvrage, nous n'oublions pas tout ce que nous leur devons.

INTRODUCTION

I. Renaissance et Platonisme

Les préjugés historiques ont, en général, une extraordinaire vitalité et si l'on néglige de les écarter, dès qu'ils se glissent en la matière que l'on traite, le malentendu qu'ils créent risque fort d'engendrer un doute là où l'on voudrait convaincre. Celui qui pendant si longtemps opposa le Moyen Age et la Renaissance est de ceux-là et bien qu'il ne trouve plus aujourd'hui que de timides ou inoffensifs défenseurs, il importe que nous soyons fixés sur sa valeur, si nous voulons exactement situer Marsile Ficin et juger son œuvre en toute objectivité.

« Il n'est pas mauvais, comme le recommande M. Gilson, de soumettre de temps en temps à l'épreuve des faits les classifications reçues, de faire subir à nos conceptions une épreuve de résistance et de voir jusqu'à quel point elles sont capables de supporter le poids de la réalité... », car « en histoire comme en science, le droit des théories à l'existence est exactement proportionnel à leur pouvoir d'interpréter les faits »[1].

Il n'est pas dans notre intention, évidemment, de remettre en question cette prétendue découverte de l'homme, du monde et de la nature, que tant d'auteurs, après Burckardt, attribuent à la Renaissance italienne[2]. Désormais la cause est entendue. Le Moyen Age, aujourd'hui, s'impose avec sa pensée vivante et

---

1. E. Gilson, *Les Idées et les Lettres*, Paris, Vrin, 1932. — *Humanisme médiéval et Renaissance*, p. 171-172.
2. J. Burckhardt, *La civilisation en Italie au temps de la Renaissance*, trad. M. Schmitt, Paris, Plon, 8e éd. Voir en particulier t. II, chap. III et IV. — Cette thèse avait déjà été esquissée par Michelet qui dans *Renaissance* (Introduction, p. II) avait écrit : « L'homme s'y est retrouvé lui-même. Il a sondé les bases profondes de sa nature. Il a commencé à s'asseoir dans la justice et la raison. » Sous une forme plus atténuée, cette thèse fut également adoptée et défendue par Hoffding (*Histoire de la philosophie moderne*, Paris, 1916, p. 17). Voir également M. Hauser, *De l'Humanisme et de la Réforme en France*, dans *Études sur la Réforme française*, Paris, 1909.

hardie et même s'il n'est pas toujours compris, il ne veut plus être ignoré. Sans doute entendrons-nous Ficin, comme tous les humanistes de son temps, célébrer « les éclatantes découvertes » de son siècle, qu'il n'hésite pas à qualifier de « siècle d'or », sous prétexte que « tous les arts libéraux presque éteints y furent rendus à la lumière »[1], mais, comme le dit si justement H. Bremond, ce sont là des « enfantillages » auxquels il ne faut attacher qu'une importance secondaire dès que l'on étudie la Renaissance. Qu'ils s'appellent Érasme ou Rabelais, qu'ils soient français ou italiens, catholiques ou protestants, tous ces humanistes sont des « enfants drus et bien nourris qui battent leur nourrice, le Moyen Age »[2]. A ceux donc qui croiraient encore « aux ténèbres Cimmériennes de l'âge gothique » et seraient tentés de faire de la période dite Renaissance le foyer de la civilisation européenne, nous rappellerons simplement que « pour savoir ce que furent le Moyen Age et la Renaissance, il ne faut pas les définir a priori, puis en écrire l'histoire, mais en écrire l'histoire et puis les définir »[3].

1. Marsilii Ficini, *Opera omnia*, Bâle, 1561, 2e édition. — *Id.* 1576 (cette édition est plus complète que la précédente). — 3e édition, Paris, Guillaume Pelé 1641. Nos citations se réfèrent à la 1re édition. Pour faciliter l'identification des références, nous donnerons pour la Correspondance avec l'indication de la page, un chiffre correspondant à la place occupée par la lettre dans cette même page. Ainsi dans l'occurrence I, 944,3.

2. H. Bremond, *Histoire littéraire du sentiment religieux en France depuis la fin des Guerres de Religion jusqu'à nos jours*, Paris, Bloud et Gay, 1929, t. I : *L'Humanisme dévot*, p. 3.
Érasme, *Epistolae*, éd. P. S. Allen, t. II, p. 479 : « Deum immortalem, quod saeculum video brevi futurum! Utinam contingat rejuvenescere! ». Cité par A. Renaudet, *Préréforme et Humanisme à Paris pendant les premières guerres d'Italie*, Paris, Champion, 1916, p. 688.
Rabelais, *Œuvres*, éd. Moland, revue par H. Clouzot, Paris, Garnier, II, p. 396 : « Qui fit, Tiraquelle doctissime, ut in hac tanta seculi nostri luce quo disciplinas omneis meliores, singulari quodam deorum munere postliminio receptas videmus, passim inveniantur, quibus sic affectis esse contigit ut e densa illa gothici temporis caligine quam Cimmeria ad conspicuam solis facem oculos attollere aut nolint aut nequeant? ». Citée par A. Lefranc, Ronsard, Paris, Boivin, 1932, p. 3.
Ulrich von Hutten, *Gespraech buechlin*, 1521, p. 3-4 :
Die warheit ist von newen geborn
Und hatt der btrugk sein schein verlorn
Des sag Gott yeder lob und eer
Und acht nit fuerter lugen meer,
Ja, sag ich, warheit was vertruckt
Ist wider nun haerfuer geruckt.
Cité par A. Humbert, *Les origines de la théologie moderne*, I, *La Renaissance de l'Antiquité chrétienne (1450-1521)*, Paris, J. Gabalda, 1911, p. 9.

3. E. Gilson, *art. cit.*, p. 194.

En suivant cette méthode, fondée sur la logique la plus élémentaire, on ne tarde pas à se rendre compte qu'il n'y a pas eu seulement une Renaissance, mais des Renaissances, et que toutes ont les mêmes caractères que ceux que l'on réserve ordinairement à cette « Révolution intellectuelle qui commence en 1495 et se termine en 1520 ». Imbart de la Tour qui définit et limite ainsi la Renaissance, d'une manière d'ailleurs assez arbitraire, nous dit, en effet, que ses caractères sont : le retour à l'Antiquité, la réaction contre le Moyen Age et la conception de l'homme[1]. Or, chacun sait désormais qu'au IXᵉ siècle, comme au XIIᵉ, on a également vécu des Anciens, cherché à définir l'homme, et que si on n'a pas eu à réagir contre le Moyen Age — et pour cause — on a cependant réagi contre tout ce que, dans l'occurrence, ce terme représentait : une langue, une méthode et une éducation.

Deux questions cependant méritent d'être posées à propos de chacune de ces Renaissances. La première est une question de fait. Quels sont les auteurs latins et grecs que ces différents humanistes ont connus ? Elle est pour nous du plus haut intérêt, car il ne s'agit de rien de moins que de savoir ce que le Moyen Age, dans son ensemble, a pu connaître de Platon. Quant à la seconde, elle constitue, comme dirait Montaigne, un « instrument judicatoire » car ce qui provoque une Renaissance, ce n'est pas seulement les textes que l'on retrouve ou que l'on découvre, ni même l'enthousiasme avec lequel on les accueille, c'est avant tout l'esprit avec lequel on les lit et la « substantifique moelle » qu'on en tire. C'est ainsi que Virgile a pu passer, en un temps, comme un prophète du Christ et qu'il s'est trouvé des moines pour commenter l'Art d'aimer d'Ovide et en faire un livre d'édification. Que les Anciens demeurent pour tous ceux qui les goûtent « éternellement jeunes parce qu'ils sont éternellement humains », c'est aussi vrai aujourd'hui qu'hier, mais l'Humanisme qui en dérive est nécessairement fonction de l'ambiance dans laquelle il s'épanouit et c'est pourquoi, malgré sa définition générique, on peut aussi bien prouver l'existence d'un Humanisme médiéval que d'un Humanisme de la Renaissance.

Est-ce à dire que les textes eux-mêmes n'exercent pas une influence directe sur les mouvements qu'ils créent ? Ce serait aussi naïf que ridicule de le nier et c'est ici précisément que se pose pour nous un problème très délicat.

---

[1]. IMBART DE LA TOUR, *Les Origines de la Réforme*, t. II, *L'Église catholique, la crise et la Renaissance*, Paris, Hachette, 1909, Livre III, chap. I : *Caractères généraux de la Révolution intellectuelle*, p. 314-330.

« L'Humanisme, a-t-on dit, c'est à la fois le culte de l'antiquité grecque et romaine, le sentiment de la valeur et de la beauté de la forme prise en elle-même, c'est enfin le sentiment correspondant de la valeur, de la dignité de la nature et de l'homme comme tels [1]. » Cette définition est rigoureusement exacte. Mais ce qu'il faudrait également définir, ou plutôt déterminer, ce sont les conditions dans lesquelles un tel mouvement se produit, à quels besoins il correspond et quelle est la doctrine qui répond à ces besoins. Or, si, comme il se doit, nous en référons à l'histoire, nous voyons d'une part que toute Renaissance succède, en fait, à une période d'ignorance ou d'oppression durant laquelle « le sentiment de la valeur, de la dignité de la nature et de l'homme » s'est trouvé pratiquement étouffé ou philosophiquement contesté, et nous constatons, d'autre part, que pour porter remède à cet état d'esprit, c'est toujours vers l'Antiquité et en particulier vers Platon et les platoniciens latins, que les hommes inquiets se sont tournés, comme si le Platonisme était pour l'Humanisme le seul climat dans lequel il puisse trouver son plein épanouissement. Ce n'est pas une hypothèse. C'est un fait et le démontrer nous paraît indispensable, non seulement pour caractériser les diverses Renaissances, mais encore et surtout pour montrer que s'il est vrai que « l'Humanisme de la Renaissance n'est que la continuation et l'épanouissement de l'Humanisme médiéval », cette « continuation » est due au courant platonicien et cet « épanouissement » à la découverte des œuvres de Platon. Voyons tout d'abord brièvement ce qui se passe à la cour de Charlemagne.

Ayant soumis les Saxons et les Lombards, l'Empereur « à la barbe fleurie », estimant qu'il a charge d'âmes, a décidé de s'attaquer à de nouveaux ennemis qui, en deçà de ses frontières, règnent en maîtres sur le cœur de ses sujets. Depuis que Grégoire de Tours avait jeté en 580 son cri d'alarme : « Vae diebus nostris, quia periit studium litterarum a nobis », l'ignorance n'avait fait que croître et, à sa faveur, les fables du paganisme avaient plongé le peuple dans les ténèbres de la superstition. Pour vaincre de tels ennemis, il fallait des armes puissantes et des hommes de talent. Charlemagne sut trouver les unes et les autres et il n'est pas douteux qu'un de ses plus beaux titres de gloire est d'avoir choisi Alcuin pour mener ce combat dont l'issue devait donner tant de lustre à son empire [2].

1. E. Gilson, art. cit., p. 175.
2. Cf. J.-J. Ampère, Histoire littéraire de la France sous Charlemagne, Paris, 1868. — B. Haureau, Charlemagne et sa cour, Paris, Hachette, 1868.

Digne héritier des écoles de Wearmouth, de Yarrow et d'York, où l'on parlait, dit-on, le latin et le grec comme sa langue maternelle, Alcuin était un moine et tous ceux qui partagèrent sa tâche étaient ses frères en religion [1]. Or, quelle fut sa méthode? Allait-il se mettre, avec les siens, à prêcher l'Évangile pour renverser les autels d'Odin et de Wotan? Il semble que ç'eût été logique. Eh bien, non. Il réclame tout d'abord qu'on apporte en France toutes « les fleurs britanniques » qui n'étaient autres que les chefs-d'œuvre de l'Antiquité, pour qu'en Touraine pousse, comme à York, un rejeton de l'arbre du Paradis et pour que souffle sur les jardins de la Loire le vent d'Est qui remplit tout de son parfum » [2]. Puis il ouvre des écoles, offrant aux uns « le miel de l'Écriture », aux autres « les fruits de la subtilité grammaticale ». « Il en est même, ajoute-t-il, que j'enivre du vin des sciences antiques et un petit nombre que j'éclaire de la splendeur de l'ordre des astres » [3] et bientôt, semble-t-il, tous ceux qui le suivent ont en main, avec saint Augustin, dont l'Empereur faisait ses délices [4], les livres dits platoniciens.

Sans doute ne s'agit-il encore que de Cicéron *(ingens Tullius)*, d'Apulée, de Macrobe, de Boèce, mais ne nous y trompons pas : à travers tous ces Latins qui forment la bibliothèque de l'Empereur [5], Alcuin cherchait surtout Platon,

« Groecia vel quidquid transmisit clara Latinis » [6],

Paris devient pour lui une nouvelle Athènes [7]. Dans tout l'empire

---

1. Cf. F. HAMELIN, *Essai sur la vie et les ouvrages d'Alcuin*, Paris, 1873. — G. BRUNHES, *La Foi chrétienne et la Philosophie au temps de Charlemagne*, Paris, 1903. — J. B. GASKOIN, *Alcuin, his life and his work*, London, 1904. — Arthur KLEINCLAUSZ, *Alcuin*, Paris, Belles Lettres, 1948. — Sur son éducation, due à Hechbert, disciple de Bède le Vénérable, voir son *Poema de Pontific. Eboracensis ecclesiae*, traduit par F. Monnier dans *Alcuin et son influence*, Paris, 1863, p. 6.

2. *Monumenta Alcuiniana*, éd. Ph. Jaffé, Berlin, 1873, Epist. 121.

3. *Id.*, lettre 38. — Charlemagne lui-même était passionné d'astronomie. Voir ALCUINI *Opera*, Ep. LXX.

4. B. HAUREAU, *op. cit.*, p. 35, rapporte ce vœu de Charlemagne : « Ah! si j'avais seulement autour de moi douze clercs instruits dans toutes les sciences, comme l'étaient Jérôme et Augustin. »

5. EGINHARD, *op. cit.*, ch. XXXIII : « Similiter et de libris quorum magnam in bibliotheca sua copiam congregavit. » Cité par B. HAUREAU, *op. cit.*, p. 38, n. 2.

6. ALCUINI, *Poema de Pontif. Eubor. eccles.*, v. 1549.

7. *Monumenta Alcuiniana, Epist.* 73, p. 449-450 : « Nec fastidiosa segnities egentium benivolentiae magistri iuste deputari debebit; si, plurimis inclitum vestrae intentionis studium sequentibus, forsan Athenae nova perficeretur in Francia; immo multo excellentior. Quia haec, Christi domini nobilitata

la langue se renouvelle et pour célébrer Charlemagne qui parlait latin et entendait le grec[1], il ne trouve pas de plus juste éloge que de saluer en lui le maître qu'eût souhaité Platon pour gouverner sa République[2]. Il y a plus. Tous les membres de l'Académie palatine, qui d'ailleurs ont emprunté un nom à l'Antiquité grecque ou latine, se nomment entre eux « Platonici »[3]. On dira que ce sont là « jeux de princes érudits ». C'est possible. Mais cela témoigne d'un état d'esprit et d'une ambiance dont la critique doit tenir compte, surtout quand elle peut s'appuyer sur une preuve aussi formelle que celle que constitue le *de Virtutibus*[4] d'Alcuin qui nous montre à quel point son auteur, tout en ignorant la doctrine de Platon, s'était cependant laissé séduire par la méthode socratique qu'il se plaisait à résumer par ces simples mots : « Sapienter interrogare docere est[5]. »

Tels sont les faits. Ils parlent d'eux-mêmes. « Jamais humanisme chrétien, dit M. Gilson, ne fut plus conscient de ses fins, plus voulu et pour tout dire plus intelligent » et il nous est particulièrement agréable de le voir considérer Alcuin comme le digne successeur de ce saint Justin, martyr, qui, dès le IIe siècle, posant en principe au nom des chrétiens que « tout ce qui est beau est nôtre », réclamait Socrate comme un disciple du Christ et lui attribuait une illumination spéciale du Verbe »[6]. N'est-ce pas déjà

---

magisterio, omnis academicae exercitationis superat sapientiam. Illa tantummodo Platonicis erudita disciplinis, septenis informata claruit artibus : haec, etiam insuper septiformi sancti Spiritus plenitudine ditata, omnem saecularis sapientiae excellit dignitatem. » — Cf. A. Ebert, *Allgemeine Geschichte der Litteratur des mittelalters in Abenlande*, Leipzig 1874.

1. Eginhard, *op. cit.*, ch. XXV. Cité par B. Haureau, *op. cit.*, p. 25.

2. *Monum. Alcuin*, p. 613 : « Beata gens, cui divina clementia tam pium et prudentem previdebat rectorem ; felix populus, qui sapiente et pio regitur principe, sicut in illo Platonico legitur proverbio dicente : felicia est regna, si philosophi, idest amatores sapientiae, regnarent, vel reges philosophiae studerent. »

3. *Id.*, p. 775-776 : « ...sed talem mihi inesse voluntatem de vestrae excellentiae Platonicis video, qualis de Aristippo philosopho scribitur qui, naufragio perditis omnibus, suis vivus evasit ad litus. Dixisse suis legitur : Ite Athenis et dicite discipulis nostris eas congregare divitias quae naufragio perire non possint, sapientiam volens intellegere. » Les noms que se donnaient entre eux ces académiciens étaient empruntés aussi bien à l'Écriture Sainte qu'à la littérature profane : Charlemagne (David), Alcuin (Flaccus), Angilbert (Homère), Moduin (Naso), Riculf (Dametas), Audulf (Ménalque), Eginhard (Beseleel), Théodulfe (Pindare). Les femmes elles-mêmes avaient un surnom : sa sœur (Lucie), sa fille (Délie).

4. Cf. Migne, *P. L.*, Tom. C, col. . — Cf. E. Gilson, *art. cit.*, p. 181-182.

5. *Monum. Alcuin, Epist.* 308. — *Id.*, *Rhetorica*, éd. Halm, p. 543.

6. Cf. E. Gilson, *art. cit.*, p. 180-181.

la preuve implicite que l'Humanisme est inséparable du Platonisme et qu'il n'y a vraiment Renaissance que là où ces deux termes se conjuguent pour rendre à l'homme le sens de sa dignité en lui révélant son origine divine et son immortelle destinée.

Alcuin, qui d'ailleurs a composé un *De animae ratione*, n'a pas eu d'autre ambition et c'est un fait que pour faire « renaître » un peuple sans culture, sans dogme et sans morale, il n'a pas trouvé de meilleur moyen que de lui rendre tous les auteurs latins et les Pères de l'Église que la doctrine de Platon avait plus ou moins séduits. Que ce Platonisme ne fut qu'une contrefaçon : c'est très possible et même certain. Mais présentement cette objection n'infirme pas notre hypothèse. Le climat de la première Renaissance fut aussi platonicien qu'il pouvait l'être et c'est, à n'en pas douter, parce qu'Alcuin n'a jamais cessé de creuser ce sillon jusqu'à sa mort (806), que l'Occident accueillit avec ferveur vingt ans plus tard les œuvres du pseudo-Denys. Ce fut le couronnement de cette Renaissance. Nous n'avons pas à chercher pourquoi elle porta si peu de fruits. Ce qui est certain, c'est que pendant plus de deux siècles, le feu allumé par Alcuin ne cessa de couver sous la cendre et qu'il faudra une nouvelle Renaissance pour lui rendre sa puissance et sa fécondité.

Picavet a écrit dans l'*Histoire de la Nation Française* : « La période qui s'étend du IXe au XIIIe siècle est à la fois une des plus glorieuses, des plus tourmentées et des plus vivantes de l'histoire de l'Humanité... L'Occident latin a sa première Renaissance avec Charlemagne. Et si ensuite la France cesse d'occuper la première place, elle reprend avec les Capétiens du XIIe siècle sa marche ascendante et prépare la deuxième Renaissance qui fera du XIIIe siècle un des plus grands de notre vie nationale [1]. »

Il y a là une erreur d'optique qu'il nous faut immédiatement corriger pour éviter toute équivoque, car s'il est vrai que « le XIIIe siècle fut un des plus grands de notre vie nationale », nous pensons que c'est une erreur de le considérer comme une Renaissance.

Qui dit Renaissance dit renouvellement, retour, régénération. Un tel phénomène suppose donc un état antérieur qui doit nécessairement se traduire par les termes de décadence, d'abandon, d'épuisement ou de mort. Pour que le XIIIe siècle fut une Renaissance, il faudrait donc admettre, et surtout prouver, non pas qu' « avec les Capétiens du XIIe la France a repris sa marche ascen-

---

1. *Histoire de la Nation française*, publiée par G. HANOTAUX, t. XII. E. PICAVET, *Histoire des Lettres*, p. 81.

dante », mais qu'au contraire elle avait touché le fond de l'abîme vers lequel les siècles précédents l'auraient fatalement conduite. Or il n'en est rien. « Le mouvement intellectuel du XIIᵉ siècle, dit M. Gilson, se présente comme la préparation d'un âge nouveau. Dès le XIIᵉ siècle, Paris et ses écoles jouissent d'une célébrité universelle... » et pour tout dire, « ce qu'il y a de plus original dans l'esprit de ce siècle, c'est que cette époque de fermentation intellectuelle si intense, qui voit le développement extraordinaire des chansons de gestes, l'ornementation sculpturale des abbatiales clunisiennes et bourguignonnes, la construction des premières voûtes gothiques, la floraison des écoles et le triomphe de la Dialectique, est une époque d'humanisme religieux ». Et notons que cet humanisme, fondé sur « la première hellénisation de la conscience occidentale », n'est pas seulement un humanisme de la forme, mais encore « cet humanisme profond qui refuse de sacrifier aucune valeur spirituelle et humaine »[1]. Nous avons bien là apparemment le caractère d'une véritable Renaissance. Il est vrai que l'on pourra dire que le siècle de saint Thomas n'a lui-même sacrifié aucune valeur spirituelle et humaine. C'est certain. Mais la question n'est pas là.

Ce que nous voulons strictement fixer, c'est le point de départ de l'Humanisme médiéval pour qu'aucune équivoque ne se glisse dans notre définition de l'Humanisme proprement dit. Or, si l'on compare le XIIᵉ siècle au « grand siècle de la Scolastique », nous constatons immédiatement — et nous invoquerons à nouveau l'autorité de M. Gilson dont les opinions sur le XIIIᵉ siècle ne sauraient être suspectes — « que si le XIIᵉ siècle apparaît moins puissant et moins systématique que le XIIIᵉ, il possède en propre une élégance, une grâce, une aisance dans l'acceptation de la vie dont l'époque suivante, plus pédante et plus formelle n'a pas maintenu la tradition »; que « les contemporains (de Jean de Salisbury) ont été généralement plus sensibles aux beautés de la civilisation gréco-latine que ne le seront les contemporains de saint Thomas »; que « pendant le cours du XIIIᵉ siècle, le goût raffiné pour la culture littéraire, cet amour de la forme pour la forme même qui annoncent l'Humanisme de la Renaissance, vont se trouver, sinon étouffés, du moins refoulés par l'extraordinaire développement des études purement philosophiques et théologiques » et, soulignons-le bien, que « l'esprit du XIIᵉ siècle est plus proche de celui du XVᵉ et du XVIᵉ que ne le sera l'esprit du

1. Cf. E. Gilson, *Philosophie du Moyen Age*, Paris, Payot, 1944, chap. VI, *Le Bilan du XIIᵉ siècle*, p. 337 et suiv.

siècle suivant » [1]. La conclusion qui s'impose est donc que la deuxième Renaissance doit être datée du XIIᵉ siècle et nous allons voir que ce qui est vrai dans l'ordre des idées ne l'est pas moins dans l'ordre des faits.

Évidemment la seconde Renaissance se présente dans des conditions très différentes de la Renaissance carolingienne. Les bourgeois du XIIᵉ siècle n'étaient plus les preux de Charlemagne. Certes la chute du Saint-Empire avait engendré l'anarchie et plongé la nation divisée et envahie dans une nuit comparable à celle du haut Moyen Age. Cependant tout n'était pas perdu, même quand les institutions s'effondrent, les fruits qu'elles ont portés demeurent et parfois se perpétuent. C'est ainsi que, malgré les misères de ce « siècle de fer », les écoles conventuelles, isolées au fond des campagnes, avaient continué leur besogne silencieuse, tandis que les barons ferraillaient et que les Normands pillaient et brûlaient. Partout on avait mis en honneur la règle magnifique que saint Ferréol dictait à ses moines : *Paginam pingat digito, qui terram non proscindit aratro* et c'est grâce au patient labeur de tous ces moines qu'une bibliothèque comme celle de Saint-Vincent de Laon comptait 11.000 volumes au XIIᵉ siècle alors que celle de Saint-Gall en 860 n'en comptait que 400.

La hantise de l'Antiquité révélée par Alcuin continuait à occuper bien des esprits, que, seules, les circonstances empêchaient de donner toute leur mesure. C'est ainsi que nous voyons notre grand Gerbert d'Aurillac, qui devait un jour être pape sous le nom de Sylvestre II, organiser dans toute l'Europe, dès le Xᵉ siècle, une véritable chasse aux manuscrits et troquer au besoin une de ces sphères qu'il avait construites sur les « canons » de Ptolémée pour l'*Achilléide* de Stace [2]. On peut donc dire avec D. Leclercq que « ce mot trop légèrement employé de « Renaissance » des Lettres ne saurait s'appliquer aux Lettres latines... Elles n'ont point ressuscité, parce qu'elles n'étaient point mortes... » Peu s'en fallut, ajoute-t-il, que nous eussions déjà la littérature au Moyen Age, telle que nous l'avons aujourd'hui » et s'excusant d'être incomplet, il dresse une liste de quatre-vingt-treize noms d'auteurs latins, dont aucun des plus grands n'est exclu [3].

1. *Ibid.*, p. 339 et 343.
2. Cf. E. Picavet, *Gerbert, un Pape philosophe*, Paris, 1887. — J. Havet, *Lettres de Gerbert*, Paris, 1889. — A. Fliche, *Un précurseur de l'Humanisme au Xᵉ siècle : le moine Gerbert*, dans *Quelques aspects de l'Humanisme médiéval*, Paris, Belles Lettres, 1943. — J. Leflon, *Gerbert*, éd. de Fontenelle, Abbaye de St. Wandrille, 1946, chap. II, p. 43-49.
3. *Histoire littéraire de la France*, t. XXIV, p. 42.

Pour les Grecs, la situation était moins brillante, mais néanmoins s'était sensiblement améliorée. A la « Logica vetus » représentée par l'*Isagoge* de Porphyre, traduit par Marius Victorinus, et par les *Catégories* et le *Perihermeneias* d'Aristote traduits et commentés par Boèce, devaient s'ajouter vers 1120 dans la traduction d'un clerc vénitien, nommé Jean, les éléments de la « Logica nova », c'est-à-dire les *Premiers* et les *Seconds Analytiques*, les *Topiques*, y compris le IXe Livre, connu sous le nom de *Réfutation des arguments sophistiques* [1]. A vrai dire, on s'étonne un peu de voir Jean de Salisbury saluer l'apparition de ces livres comme une renaissance [2], car déjà Gerbert utilisait les *Topiques* traduits par Cicéron et commentés par Boèce. Mais le témoignage de l'auteur de la *Métalogique* n'en est pas moins significatif [3].

Par ailleurs, vers 830, un moine de Saint-Denis, Hilduin, avait traduit le *Corpus Areopagiticum*, offert par l'empereur Michel le Bègue à Louis le Pieux [4]. C'était une révélation. L'enthousiasme

1. L. DELISLE, *Société d'Histoire de Normandie*, I, p. 177. On lit dans la Chronique de Robert de Torigny, à l'année 1128 : « Iacobus clericus de Venecia transtulit de greco in latinum quosdam libros Aristotelis et commentatus est, scilicet *Topica, Analyticos Priores et Posteriores* et *Elencos*, quamvis antiquior translatio super eosdem libros haberetur. » Cité par G. PARÉ, A. BRUNET, P. TREMBLAY, *La Renaissance du XIIe siècle. Les Écoles et l'Enseignement*, Paris, Vrin, 1933.

2. Jean de SALISBURY, *Metalogicum*, lib. III, chap. V, éd. Webb, p. 140 : « Cum itaque tam evidens sit utilitas Topicorum, miror quare cum aliis (i. e. Analyticis et Elenchis) a maioribus tam diu intermissus sit Aristotelis liber, ut omnino aut fere in desuetudinem abierit, quando etate nostra, diligentis ingenii pulsante studio, quasi a morte vel a somno excitatus est, ut revocaret errantes et viam veritatis querentibus aperiret. » *Id.*, IV, ch. II et ch. VI.

3. Cf. E. GILSON, *Philosophie du Moyen Age*, p. 228 : Un texte de l'historien Richer nous renseigne exactement sur le programme qu'il (Gerbert) suivait en enseignant la Logique : « Parcourant la Dialectique dans l'ordre des livres, il élucidait le sens des phrases. Gerbert expliquait d'abord l'*Isagoge* de Porphyre, c'est-à-dire son Introduction, en suivant la traduction du rhétoricien Victorinus, puis le même texte selon celle de Boèce. Il élucidait les *Catégories ou Prédicaments*, qui sont un livre d'Aristote, mais quant au *Periermeneias ou de l'Interprétation*, il en montrait fort bien toute la difficulté. Passant alors aux *Topiques*, c'est-à-dire aux Lieux des Arguments, livre traduit du grec en latin par Cicéron et élucidé par le consul Boèce en six Livres de Commentaires, il le communiquait ensuite à ses auditeurs. »

4. Cf. P. THÉRY, *Études Dionysiennes*. T. I. *Hilduin, traducteur de Denys*. T. II. *Traduction du Corpus par Hilduin*, Paris, Vrin, 1932 et 1937. A vrai dire le Pseudo-Denys n'était pas totalement inconnu. Le P. Théry (*op. cit.*, I, p. 3) note, en effet, qu' « en 758, Paul Ier avait déjà adressé les œuvres de Denys à Pépin le Bref », et bien qu'il ajoute : « Ces ouvrages écrits en grec trouvèrent-ils quelque lecteur à la cour de Pépin le Bref ? C'est fort douteux. En tout cas l'histoire ne nous livre sur ce point aucune indication et pour entendre à nouveau parler de Denys, il faudra attendre un demi-

de Jean Scot Érigène en est la preuve. Il devait d'ailleurs compléter cette somme néo-platonicienne par la traduction des *Ambigua* de Maxime le Confesseur et le *De hominis opificio* de Grégoire de Nysse[1]. Enfin, s'il faut en croire Gunzon, moine de Saint-Gall au xᵉ siècle, c'est à cette époque et grâce à lui que la Gaule aurait connu la traduction partielle (17a-53c) et le commentaire du *Timée* de Platon par Chalcidius[2].

Aristote n'en conservait pas moins l'avantage, mais il n'était plus seul. Bien plus, Boèce interprétant Aristote « modifiait déjà les perspectives originelles de l'aristotélisme : d'abord parce que, touché par le néo-platonisme, il interprétait spontanément Aristote en néo-platonicien, entretenant même explicitement le dessein de réconcilier Aristote et Platon; ensuite, parce que, même dans les sections proprement philosophiques de son œuvre, il ne laisse pas de bénéficier de notions de positions, de dénominations inspirées par le christianisme[3] ». Le succès de son *de Consolatione Philosophiae* inspiré de Proclus, d'Ammonius et d'Olympiodore en est la meilleure preuve. Il en est une autre, trop longtemps négligée, qui mériterait qu'on s'y attardât. C'est la polémique de Manegold de Lautenbach contre un certain Wolfem de Cologne. L'*Opusculum contra Wolfemum Coloniensem*, remis en lumière par M. E. Garin[4], prouve, en effet, que Platon, ou du moins ce que son nom représentait, avait fait de tels progrès que Manegold, qui le connaissait bien, puisqu'il avait composé un commentaire platonicien[5], le tenait pour responsable de

siècle, le second envoi de ses œuvres par Michel le Bègue » (824). Nous pensons qu'Alcuin a dû connaître les œuvres de l'Aréopagite, puisque nous trouvons dans ses œuvres, à propos de la dédicace d'un autel au martyr, qu'il identifie avec le philosophe, les quatre vers suivants :

Sanguine martyrii praesul Dyonisius aram
 hanc ornet pariter cum sociisque suis
Magnificus doctor, verbi qui semina sparsit
 imbribus aetheriis arida rura rigans.

1. Cf. E. GILSON, *op. cit.*, p. 201 et suiv.

2. Cf. *Histoire littéraire*, t. VI, p. 389-393. Gunzon, fort maltraité par un religieux de St. Gall et même chassé de l'abbaye pour avoir fait un solécisme, écrit une longue lettre pour prouver son savoir et rappelle à cette occasion que les Français lui doivent la connaissance du *Timée* de Platon qu'aucun d'eux avant lui n'avait jamais cité. — Sa lettre est reproduite dans MIGNE, *P. L.*, T. col. 1283-1302.

3. G. PARÉ..., *op. cit.*, p. 159.

4. E. GARIN, *Contributi alla storia del platonismo medievale. Annali della Scuola Normale Superiore di Pisa*, vol. XX, fasc. I-II. — Cet opuscule se trouve dans MIGNE, *P. L.*, CLV, col. 152 et suiv.

5. M. MANITIUS, *Geschichte der lateinische Literatur des Mittelalters*, Munich 1931, vol. III, p. 179.

toutes les « extravagances » qui circulaient sur l'âme du monde et qui conduisaient fatalement à un monopsychisme radical. Scot Érigène n'était d'ailleurs pas étranger à ce mouvement [1]. Mais Manegold ne veut connaître que les Anciens et le texte dans lequel il condamne en fait Platon prouve à quel point il les connaissait [2]. L' « œil platonicien » avait besoin d'être purifié et il ne pouvait l'être qu'à la condition que soit dissipé le mystère qui pratiquement demeurait entier [3]. Ce n'était d'ailleurs pas un

1. *Opusculum cit.*, *P. L.*, CLV, col. 153-154 : « Inter quos Plato, acutius ceteris rerum primordia perscrutatus, compositionem animae quibusdam involucris praegravavit et ex individua et dividua essentia, natura eadem et diversa eam constare affirmans, sic coelestia et terrestria corpora per eam vivificari commentatus est, ut « ille vigor » perpetui ignis pro natura corporum a se vivificatorum propriae virtutis dispendia pateretur. Quod Macrobius Ciceronem, Virgilium et alios Latinos philosophicae disciplinae sectatores sensisse testatur, sicut manifestius cognoscere poterit, qui tractatum eius *de somnio Scipionis* videre curabit. Hic itaque, sicut per introductum discipulum suum Thimaeum commemorat, ut per quaedam quasi deliramenta a numeris tracta consideratione eandem animam quodlibet animatum corpus indistincte penetrare et vivificare ostenderet, « cum de Deo fabricante animam loqueretur » praedictarum essentiarum commissionem fermentum appellans, « primam, inquit, ex omni fermento partem tulit, hinc sumpsit duplam partem prioris, tertiam vero hemioliam secundae », et alia quaedam, quae pro nihilo ad memoriam reduceremus, quoniam ipsa suae obscuritatis insolentia animum auditoris obtundunt. Si quis vero ea audire desiderat, ab eodem Platone, sive a Macrobio qui easdem tenebras elucidandas suscepit, haec animadvertere poterit; mirum tamen erit, si non audita contemnat ». Cf. E. GARIN, *art. cit.*, p. 6.

2. *Ibid.* : « Habes ibidem coadunatos Pythagoram, Platonem, Xenocratem, Aristotelem, Posedonium, Hippocratem, Heraclitum, Zenonem, Democritum, alium Heraclitum, Crisolaum, Hypantum, Anaximenem, Empedoclem, Parmenidem, Xenophontem, Boetem atque Epicurum, quorum plures diversis erroribus spiritibus devii, et sensu carnis suae inflati, tamquam per quaedam abrupta disperditi, contra se dissonas et controversas sententias in animae suae iudicio ediderunt. Quorum Plato, qui ad verum satis videtur accedere, animam definivit essentiam se moventem, alius numerum se moventem, alius entelechiam, quod interpretatur corporis formam, alius ideam, alius exercitium quinque sensuum, alius tenuem spiritum, alius lucem, alius stellaris essentiae scintillam, alius spiritum concretum corpori, alius spiritum insertum atomis, alius de quinta essentia, alius ignem, alius aerem, alius sanguinem, alius ex terra et igne, alius ex terra et aqua, alius ex aere et igne et spiritu mixtam. In tam varia igitur divisione, considera si te cum omnibus sano sensu accommodare possis; ac si consentire potes animam tuam iure sanguinem nuncupari, dic, rogo, quae caelorum regna expectes? Hoc modo tu constans, sanguis et caro regnum Dei possidere non potes. » Cf. E. GARIN, *art. cit.*, p. 7.

3. L'expression « platonicus oculus » apparaît dans divers textes de cette époque. Cf. *Monumenta Germ. Historica, Epist.*, VI, p. 184 : « ...nos autem necesse est fide purgari corda ad artes videndas; verum ipsis artibus purgatur Platonicus oculus, quo videatur creator omnium Deus ». — *Lettre philosophique d'Almane* : « Sicque spiritu omnia hec metientes et facili im-

de ses moindres attraits et en face des inférences métaphysiques de l'*Organon* et en dépit des énigmes posées par le *Timée*, nombreux étaient ceux qui lui faisaient confiance. Les absents n'ont pas toujours tort, surtout quand ils ont pour témoins un saint Augustin, un Denys et même un Chalcidius. Mais qu'étaient devenus tous ces traités auxquels se référaient nommément les auteurs latins, les Pères de l'Église et même Aristote? Avaient-ils péri dans la débâcle de l'empire macédonien ou dans l'incendie de la bibliothèque d'Alexandrie? On pouvait se le demander quand, tout à coup, une lueur d'espoir éclaira cette sombre perspective.

Vainqueurs des Visigoths à Tolède (1085), les Maures avaient apporté avec eux une grande partie de la littérature grecque qui depuis le décret de Justinien (529) avait suivi la fortune de l'Islam. En France, Toulouse, Béziers, Narbonne devinrent des centres de traduction d'où sortirent tout au long du XIIe siècle Ptolémée, Euclide, Archimède, Hippocrate et la plus grande partie des œuvres d'Aristote, sans compter tout ce qu'on lui attribuait et en particulier le fameux *Liber de causis* qui devait faire de Proclus, pourrait-on dire, le parrain d'Aristote! Mais de Platon toujours rien : *Platonis opera non cognovit latinitas nostra*, dit alors Abélard [1]. En fait, au XIe siècle comme au IXe, Platon était un auteur que l'on ne pouvait encore lire qu'en filigrane à travers Cicéron, Macrobe, Apulée, Capella, Boèce, saint Augustin et de rares auteurs grecs. Pourtant si les textes étaient les mêmes, on les lisait déjà dans un tout autre esprit, et la manière de les interpréter nous dit assez ce qu'on y cherchait pour éclairer les esprits et aider les hommes à remonter la pente sur laquelle le siècle de fer les avait entraînés.

Pour en juger, nul témoignage ne nous a paru plus complet et plus digne de foi que celui de Jean de Salisbury, dont la vie et les œuvres résument admirablement ce que furent les hommes et les œuvres de son siècle [2]. Ce pauvre étudiant anglais qui un jour traversa le détroit pour venir s'instruire à Paris, fut, en effet,

pulsu calcantes in campis memorie cum latissimis tum profundissimis adgrediemur figere gradus, quibus in lege domini, meditemur die ac nocte (Ps. 1, 2); qua corde mundato per fidem et sanato oculo, non iam Platonico, sed divino, videamus superessentialem causam omnium deum... ». Cf. André WILMART, *La lettre philosophique d'Almane et son contexte historique. Arch. hist. doctr. et litt. du M. A.*, III, 1928, p. 289-319.

1. Cf. V. COUSIN, *Ouvrages inédits d'Abélard*, Paris, 1836, p. XLVI.
2. Cf. M. DEMIMUID, *Jean de Salisbury*, Paris, Thorin, 1873. L. DENIS. *Un humaniste au Moyen Age : J. de S.*, Nova et Vetera, 1940-41, p. 5-23, 125-52. Pour ses œuvres, voir MIGNE, *P. L.*, CXCIX et les excellentes éditions critiques de C. C. J. Webb, auxquelles nous nous référons : *Polycraticus*, 2 vol., Oxford, 1909 et *Metalogicum*, Oxford, 1909.

tour à tour élève des plus grands maîtres de son siècle, ami de
saint Bernard, secrétaire des évêques de Cantorbéry, ambassadeur
d'Henri II, confident et censeur du Pape Adrien IV et enfin, en
1176, évêque de Chartres, foyer de la culture intellectuelle.

Arrivant dans ce Paris que l'on regardait à nouveau comme une
seconde Athènes et que l'on nommait, par une curieuse réminiscence hébraïque, Cariath Sepher ou la cité des Livres [1], il avait
étudié la dialectique avec Abélard « ce péripatéticien Palatin qui
avait effacé la renommée de tous les logiciens de son temps au
point de passer pour jouir, à l'exclusion des autres, de l'entretien
d'Aristote [2] ». Il n'en commentait pas moins Platon comme on
commentait la Bible et rien ne résume mieux sa pensée que la
lettre dans laquelle il disait à Héloïse : « Je ne veux pas être philosophe en contredisant saint Paul, ni être un Aristote en me séparant du Christ, car il n'y a pas d'autre nom sous le ciel dans lequel
je puisse me sauver [3]. » Après la dialectique, car tel était l'ordre
du *Trivium*, Jean de Salisbury avait appris la grammaire avec
Guillaume de Conches dont l'œuvre est une des plus belles mani-
festations de l'esprit chartrain [4]. Commentateur du *Timée* et de
la *Consolation* de Boèce, Guillaume avait écrit un traité de morale
inspiré du *de Officiis* de Cicéron et du *de Beneficiis* de Sénèque et
composé une *Philosophia Mundi*, véritable métaphysique de la
nature dans laquelle nous voyons les théories de Démocrite et
d'Épicure mises au service de la foi. On ne s'étonnera donc pas
de le voir accusé de panthéisme naturaliste, mais quand lui-
même se définit : *Christianus, non academicus sum*, on soupçonne que déjà Platon était en cause. Après la grammaire, l'éloquence. Elle était alors enseignée par Thierry de Chartres [5] qui
non seulement était un « artiste » de qualité, comme en témoigne
son *Heptateuchon*, mais encore un métaphysicien platonicien. On

---

1. Lettre de Philippe de Harveng, Migne, *P. L.*, CCIII, col. 31, cité par
Demimuid, *op. cit.*, p. 9.
2. J. de Salisbury, *Metal.*, II, p. 10 : « Ad pedes eius prima artis huius
rudimenta accepi. » — *Id.*, I : Peripateticus palatinus, qui logicae opinionem
praeripuit omnibus coaetaneis suis, adeo ut solus Aristotelis crederetur usus
colloquio.
3. Cf. *Lettres d'Abélard*, XVIII (Migne, CLXXVIII, col. 000).
4. Cf. A. Clerval, *Les Écoles de Chartres au Moyen Age*, Paris, Picard,
1895, p. 264. — R. L. Poole, *The masters of the schools at Paris and Chartres
in John of Salisbury's time*, dans *Engl. Histor. Review*, XXXV (1920),
p. 321-342. — E. Gilson, *op. cit.*, p. 273-274.
5. Cf. A. Clerval, *op. cit.*, p. 169-172 et p. 254-259. — E. Jeauneau,
Un représentant du Platonisme au XIIᵉ siècle, Maître Thierry de Chartres,
Mémoires de la Société archéologique d'Eure-et-Loir, XX (1954) et *Id.*,
Vᵉ Congrès G. Budé, 1953, p. 289-292. — E. Gilson, *op. cit.*, p. 268-273.

disait même un « Platon ressuscité ». De fait, il avait, dans son *De sex dierum operibus*, tenté d'accorder la « littera », c'est-à-dire la Bible, avec la « physica », c'est-à-dire le commentaire du Chalcidius et pour ce faire n'avait pas hésité à considérer Moïse comme un « philosophe divin » dont la pensée s'harmonisait aussi bien avec Platon qu'avec Hermès Trismégiste et Virgile. Enfin pour la logique, Jean de Salisbury avait suivi les leçons de Gilbert de la Porrée qui, dans ses Commentaires sur Boèce, avait manifestement interprété dans une perspective platonicienne la conception aristotélicienne de l'être [1].

Si l'on en juge par ce simple « curriculum » que nous avons cru bon d'illustrer en mettant en valeur la pensée des maîtres qui en marquèrent les étapes, il apparaît nettement que ce siècle était vraiment hanté par la doctrine platonicienne, que ses interprètes considéraient comme la plus susceptible de s'harmoniser avec les données de la foi. Il n'y a pas lieu de s'en étonner puisque tous ces hommes avaient eu pour maître ce Bernard de Chartres que l'on appelait « le plus parfait platonicien de son temps [2] », mais il nous faut en chercher les causes. L'œuvre de Jean de Salisbury nous aidera à les découvrir, car, nous dit son biographe, « il a apprécié tout le monde avec un tact si sûr qu'on ne saurait mieux faire encore aujourd'hui que de traduire et de respecter ses jugements » [3].

Familier de la Cour, il composa le *Policratique* pour en flétrir la vanité. Élève tour à tour des disciples d'Aristote et des admirateurs de Platon, il écrivit le *Métalogique* pour dénoncer les uns et rendre hommage aux autres. Enfin ami de la mesure et fervent apôtre, il a laissé dans l'*Enthétique*, la définition de la vraie philosophie, en la faisant suivre d'une intéressante et précieuse esquisse de tous les systèmes que l'on pouvait connaître en son temps. Il y a là vraiment tout ce que nous pouvons souhaiter.

Du *Policratique* dont Juste-Lipse disait : « C'est un centon où l'on rencontre quantité de lambeaux de pourpre et de fragments d'un meilleur siècle [4] », retenons seulement les sarcasmes de notre guide contre les courtisans qui, au lieu de chercher la sagesse, préféraient faire appel aux formules magiques de l'enchanteur Merlin.

---

1. Cf. E. GILSON, *op. cit.*, p. 266. — J. DE SALISBURY, *Metalog.*, II, p. 17. — A. CLERVAL, *op. cit.*, p. 261-264.
2. J. DE SALISBURY, *Metalog.*, IV, p. 35, éd. Webb, p. 205. — Cf. A. CLERVAL, *op. cit.*, p. 158-163 et p. 248-254. — E. GILSON, *op. cit.*, p. 259-262.
3. Cf. M. DEMIMUID, *op. cit.*, p. 285
4. JUSTE LIPSE, *In Tacitum Annotationes*, XII, cité par M. DEMIMUID, *op. cit.*, p. 123.

Avec le *Métalogique*, Jean de Salisbury nous transporte sur la montagne Sainte-Geneviève. Là, depuis un siècle, s'il faut l'en croire, d'orgueilleux sophistes, mutilant la grammaire, supprimant la rhétorique et défigurant la dialectique, érigeaient en doctrine une ignorance systématique dont ils tenaient école [1]. Et comme l'ignorance, hélas! porte autant de fruits que la science, leurs vaines disputes ne restaient pas sans écho : ils plantent la forêt d'Aristote auprès de l'autel du Seigneur, disait Pierre de Celle, et les mystères de la foi risquent fort d'en être obscurcis [2].

Pour pouvoir traiter sans ménagement tous ces philosophes, aussi creux que pédants, l'auteur du *Métalogique* n'a rien trouvé de mieux que de nous les présenter sous un même titre : celui de Cornificiens. Le nom était bizarre, mais l'idée était bonne, car Cornificius dont Donat nous révèle le mauvais caractère et la médiocrité jalouse, avait été le détracteur de Virgile [3]. Son patronage était donc tout indiqué pour flétrir des hommes qui se moquaient de ceux qui avec Bernard de Chartres s'appliquaient à l'étude des anciens [4]. « Nous sommes, disait Bernard en parlant de ces auteurs, comme des nains assis sur des épaules de géants. » Formule magnifique, qui résume d'un trait ce qu'un chrétien peut attendre des auteurs païens. Nous ne sommes que des nains, soit, mais des nains sur des épaules de géants sont encore plus grands qu'eux et c'est pourquoi, poursuit Bernard, « Nous voyons plus de choses que les Anciens et de plus éloignées [5] ». Mais, il faut le reconnaître, que verrions-nous sans eux? Il n'est besoin, pour le savoir, que de regarder ces « purs philosophes » comme les appelle Jean de Salisbury qui, non contents de suivre l'exemple de Cornificius sont aussi les descendants d'Hippias. C'est ainsi qu'ils passent des heures et des jours à se demander, par exemple, si « quand on mène un porc au marché, il est conduit par la corde ou par

---

1. J. DE SALISBURY, *Metalog.*, I, ch. III et IV; II, ch. X.
2. Cf. *Histoire littéraire de la France...*, IX, p. 23.
3. DONAT, *Vita Virgilii*, ch. LXV et LXXVI.
4. J. DE SALISBURY, *Metalog.*, I, ch. III, éd. Webb, p. 11 : « Si quis incombebat labor antiquorum, notabatur, et non modo asello Archadiae tardior, sed obtusior plumbo vel lapide, omnibus erat in risum. » — *Id.*, *Entheticus*, v. 41 et suiv. et v. 65 et suiv.
Sur l'étude des auteurs anciens, voir *Metalog.*, I, ch. XXIV, éd. Webb, p. 55 : « Excute Virgilium aut Lucanum, et ibi cuiuscumque philosophie professor sis, eisdem invenies condituram. » — *Id.*, *Polycrat.*, VII, ch. IX, éd. Webb, p. 125.
5. J. DE SALISBURY, *Metalog.*, III, ch. IV, éd. Webb, p. 136. L'image a été reprise par Pierre de BLOIS, *Epist.* 92 (MIGNE, *P. L.*, CCVII, col. 290) et Alex. de NECKAM, *De naturis rerum*, ch. LXXVIII, ed. Wright, p. 123.

l'homme qui la tient » et qui, pour savoir si les particules qu'ils emploient dans leurs arguments ne se détruisent pas elles-mêmes, sont obligés de les compter avec des fèves [1].

De cette dialectique-là, les humanistes de Chartres ne veulent plus. Certes, ils aiment Aristote — l'*Heptateuchon* de Thierry en est la meilleure preuve — mais s'ils ne s'étonnent pas que les grands esprits se soient fait gloire de baiser la trace de ses pas, ils n'en jugent pas moins sa doctrine insuffisante et même fallacieuse [2]. Au reste, n'oublions pas qu'ils ignoraient encore la *Physique* et la *Métaphysique* du Stagyrite qui cent ans plus tard donneront une autre orientation à la Philosophie. Mais en attendant, si « la dialectique, utile auxiliaire des autres sciences, languit, stérile et sans vie, dès qu'elle est réduite à ses seules forces [3] », il faut, de toute évidence, donner une autre philosophie aux âmes pour satisfaire leurs besoins et répondre à leurs espérances. Or, qu'est-ce que la Philosophie?

Si verus Deus est hominum sapientia vera
Tunc amor est veri Philosophia Dei [4].

« La Philosophie, c'est l'amour du vrai Dieu », ou plus simplement « la science du vrai ». Et nous avons dans cette formule de Jean de Salisbury, tout l'esprit de l'humanisme de son siècle, qui devait chercher en Platon son maître et son exemple.

Comme l'auteur de l'*Imitation de Jésus-Christ*, Jean de Salisbury aurait pu écrire : « Quid curae nobis de generibus [5]. » Entre réalistes et nominalistes, il n'a pas pris parti, pas plus qu'il n'a approfondi l'étude du *Timée*, mais il a retenu que pour Socrate « l'âme est un dieu, le monde son temple, la chair son esclave [6] »

---

1. J. DE SALISBURY, *Metalog.*, I, 3, ed. Webb, p. 10.
2. *Id.*, *Metalog.*, II, 16-IV, 6 : Quare Aristotiles nomen philosophi pre ceteris meruerit. « ...Hinc commune nomen sibi quodam proprietatis jure vendicaret... Si michi non creditur, audiatur vel Burgundio Pisanus, a quo istud accepi. » Par contre, dans ce même livre, le ch. XXVII a pour titre : *Quod Aristotiles in multis erravit, sed in logica eminet.*
3. *Id.*, *Metalog.*, II, 10, ed. Webb, p. 83 : « Sicut dialectica alias expedit disciplinas, sic, si sola fuerit, iacet exanguis et sterilis, nec ad fructum philosophie fecundat animam, si aliunde non concipit. »
4. *Id.*, *Entheticus*, v. 305.
5. *De Imitatione Christi*, I, 3.
6. J. DE SALISBURY, *Entheticus*, v. 773-778 :
    At Socrates hominum curas contemnit inanes
    Et latebras cordis quemque videre monet
    Extera cuncta notat et contemplatur ad usum
    Et quanti novit singula, tanta facit.
    Contrahit in sese mentis radios; Deus illi
    Est animus, mundus victima, serva caro.

et que « par la vigueur de son génie, l'étendue de ses connaissances,
la grâce et l'abondance de sa parole, Platon s'est élevé si haut
qu'il a pris, en quelque sorte, possession du trône de la Sagesse
d'où on le voit commander en maître aux philosophes de tous les
siècles, à ceux qui l'ont précédé comme à ceux qui l'ont suivi [1] ».
Ce sont là des textes dont il n'est même pas besoin de souligner
l'importance, car ils disent assez clairement ce que nous pourrions
leur faire dire. Que cette science et cette admiration soient fondées
sur une connaissance très relative de Platon, nous ne le savons que
trop, et cependant Jean de Salisbury nous dit que Platon a écrit
« beaucoup de livres ». D'autres, il est vrai, avant lui l'avaient dit
et avaient même cité, au moins de nom, certains dialogues. Mais
en fait l'auteur de la *Métalogique* a sans doute « vu » les œuvres
de Platon et il est même fort probable qu'il a « pu » lire deux dialogues que nul en Occident n'avait lus avant lui.

On sait que Jean de Salisbury était très lié avec le Pape
Adrien IV, qui était son compatriote. Dix fois, nous dit-il, il avait
traversé les Alpes en mission diplomatique [2] et il ne manqua
certainement pas d'en profiter pour enrichir son savoir. C'est
ainsi qu'en 1155 il fut amené en Calabre, où le Pape, en guerre
avec le Roi des Deux-Siciles, était assiégé dans Bénévent. Or, au
cours de ce séjour, il eut la bonne fortune de rencontrer « un
traducteur grec, de San Severina », qu'il considère comme « disciple d'Aristote [3] » et la preuve est désormais faite que ce grec
n'était autre que le fameux archidiacre de Catane, chancelier du
Roi Roger II, Henri Aristippe, qui s'est assuré une place dans
l'histoire de la philosophie en donnant à l'Occident en 1154 la
traduction du *Ménon* et en 1156 celle du *Phédon* [4].

1. *Id.*, *Polycraticus*, VII, 6.
2. *Id.*, *Metalog.*, III, 1 : « ...Siquidem Alpium juga transcendi decies
egressus Angliam, Apuliam secundo peragravi, dominorum et amicorum
negotia in Ecclesia Romana saepius gessi et emergendis variis causis non
modo Angliam, sed et Galliam multoties circumivi. »
3. *Ibid.*
4. Cf. M. Th. MANDALARI, *Enrico Aristippo, Arcidiacono di Catania nella
vita culturale et politica del sc. XII*, *Bol. Stor. Catanese* 1939, XVIII, p. 86-123.
Il traduisit sans doute quelques œuvres de St. Grégoire de Nazianze et une
parties des Vies de Diogène Laerce.
Jean DE SALISBURY (*Metalog.* II, 20) mentionne une traduction de l'*Apo-
diticque d'Aristote*. Il a également traduit le *IVe livre des Météorologiques* et
l'*Almageste* de PTOLÉMÉE. (Cf. L. MINIO-PALUELLO, *H. Aristippe, Guillaume
de Moerbeke et les traductions latines médiévales des Météorologiques*, *Rev.
phil. de Louvain*, LXV, Mai-Août 1945, p. 206-235). Ces deux traductions
ont été publiées dans le *Corpus Platonicum Medii Aevi*, sous la direction
de R. KLIBANSKY, Londres, Institut Warburg, *Meno* éd. V. KORDEUTER,
1940, *Phaedo*, éd. L. Minio Patuello 1950.

Il y aurait beaucoup à dire sur le climat dans lequel grandit et vécut cet homme et sur l'ensemble de ses traductions. Élevé sans doute par les moines basiliens qui avaient fait de leur abbaye de Santa Maria del Patire le rendez-vous de tous les esprits cultivés, il avait trouvé à la cour des Rois de Sicile un climat d'humanisme qui ne pouvait que favoriser sa vocation. Roger II, en introduisant le latin à la cour, avait su provoquer la synthèse des éléments arabes et grecs qui s'affrontaient entre la Sicile et la Calabre. Pour la favoriser, il s'était entouré de savants représentant les tendances les plus diverses : un arabe, Edristi, des grecs, Théophane Ceraneo et Nilos Doxopatrios et enfin des latins, au moins de culture, Guarino et Roberto, qui devaient se succéder en qualité de chanceliers [1]. Or, il se trouve que ces deux chanceliers, comme le Pape et comme Jean de Salisbury, étaient anglais et nous voyons par ailleurs que c'est à ce Roberto, partant pour l'Angleterre, que fut dédiée par Aristippe sa traduction du *Phédon* [2]. Nous avons donc de bonnes raisons de penser que Jean de Salisbury, qui d'ailleurs se trouvait à Bénévent à l'époque où ce dialogue fut traduit, a pu lire et voir d'autres livres de Platon. Mais ce qui est pour nous d'un grand prix, c'est de voir que cet homme qui en savait tout de même assez pour considérer Platon comme « Symmystes veri [3] » et pour affirmer qu'il était vain de vouloir le concilier avec Aristote [4], n'a pas hésité à faire de la doctrine de l'Académie la seule Philosophie qui répondait au principe de saint Justin : « In sapientia religio, in religione sapientia [5] » et qui pouvait assurer le salut de l'homme en lui donnant une lumière, une loi et une douce béatitude [6]. Peu importe qu'il ait prêché le stoïcisme de Sénèque et de Cicéron. C'était même dans l'ordre. Il n'y a pas eu de Renaissance sans que le Stoïcisme s'imposât comme le complément du Platonisme et, s'il en était besoin, nous aurions là une nouvelle preuve que le XIIe siècle fut vraiment le plus grand siècle de l'humanisme médiéval.

Au reste toute notre littérature en témoigne et ce serait vraiment abuser de la patience de nos lecteurs de leur rappeler que le

1. Cf. A. DE STEFANO, *La cultura in Sicilia nel periodo normanno*, Palermo 1938.
2. Cf. R. KLIBANSKY, *The continuity of the platonic tradition during the Middle Age*, Warburg, Instit. London, p. 20-21.
3. J. DE SALISBURY. *Entheticus*, 937 (P. L. 199. col. 985 c).
4. *Id.*, *Metalog.*, II, 17, ed. Webb, p. 94.
5. St. JUSTIN, *Apologie*, I.
6. J. DE SALISBURY, *Entheticus*, v. 277-278 :
    Philosophia quid est, nisi fons, via duxque salutis
    Lux animae, vitae regula, grata quies.

xiie siècle fut le siècle d'Ovide et de Virgile et que le Roman de Troie ne fit que traduire « ce que dit Daires et Ditis ». Humanistes, assurément tous ces hommes le furent et s'il est vrai, comme le veut M. Hauser [1], que l'Humanisme se caractérise par l'idée que l'homme est à lui seul un digne sujet d'étude, par l'idée et le désir de la gloire, par celle de la continuité du monde antique dans le monde actuel et celle de la beauté, il est difficile de trouver dans l'histoire des Lettres une période où ces sentiments se traduisent avec autant d'ensemble et de perfection qu'au xiie siècle. Qu'on relise Abélard, le *Mégacosme* et le *Microcosme* de Bernard Silvestre, les poèmes de l'archevêque de Tours, Hildebert de Lavardin et les fameux *Carmina Burana*, et l'on aura la preuve que tous ces penseurs et poètes ont appris à l'école de l'Antiquité, non seulement à réciter des fables, mais à traduire, en prose comme en vers, et avec une élégance raffinée, la plupart des thèmes qui font la richesse de l'Humanisme et qui ne pourront trouver qu'une nouvelle expression, dans cette ère brillante et féconde à laquelle on réserve ordinairement le nom de Renaissance et dont le héraut fut Pétrarque.

II. Le message de Pétrarque.

« Ayant motif de m'affliger sans avoir la consolation d'ignorer, je me trouve, disait Pétrarque, aux confins des peuples et regardant à la fois vers le passé et vers l'avenir, j'ai voulu transmettre à la postérité la plainte que je n'avais pas reçu de mes aïeux [2]. » Il y a là une constatation si étrange et un regret si amer, qu'il n'y a pas lieu de s'étonner si tant d'auteurs, après Renan, ont cru devoir réserver à Pétrarque « le mérite d'être appelé le premier homme moderne ». Mais, au fait, de quoi s'agit-il? Lorsque Renan nous dit que Pétrarque « inaugura chez les Latins le sentiment délicat de la culture antique, source de toute notre civilisation », nous savons désormais à quoi nous en tenir. Mais lorsqu'il ajoute que « le Moyen Age, malgré son admiration pour l'Antiquité, ne la comprit jamais dans ce qu'elle a de vivant et de fécond » et que Pétrarque fut le premier homme moderne parce qu' « il fut véritablement un ancien [3] », nous sommes tout disposés à souscrire à son jugement.

1. Cf. Hauser, *art. cit.*, p. 00.
2. Pétrarque, *Opera omnis, Rerum memorandarum*, I, 2 : « Ego itaque cui nec dolendi ratio deest, nec ignorantiae solamen adest, velut in confino populorum constitutus ac simul ante retroque prospiciens, hanc non acceptam a patribus querelam ad posteros deferre volui. »
3. Cf. E. Renan, *Averroes et l'Averroisme*, 3e éd., Paris, M. Levy, 1866, p. 328.

Dire, en effet, de la Renaissance italienne, qu'elle n'est qu' « une branche fleurie sur l'arbre puissant de la culture médiévale [1] », c'est évidemment traduire en un langage charmant les conclusions que peut suggérer une étude sérieuse de la Renaissance carolingienne et surtout de l'Humanisme du XIIᵉ siècle, mais n'exagérons rien, car ce serait une erreur fâcheuse d'en tirer argument pour refuser à la Renaissance italienne sa puissante originalité.

Qu'au IXᵉ siècle, comme au XIIᵉ, on ait lu Ovide, Virgile, Cicéron et ce qu'on appelait les livres platoniciens, qu'on ait trouvé dans leur sens harmonieux ou leur prose savante, des sentiments et des doctrines qui n'avaient laissé personne indifférent, cela n'est pas douteux. Mais il faut bien admettre que tous les humanistes que nous avons rencontrés, malgré leur affinité avec la race latine, n'étaient pas des latins. Et comme c'est, avant tout, en lisant l'histoire d'un peuple que l'on sent battre son cœur et que l'on comprend ses œuvres, il faut bien admettre que la lecture des Anciens n'avait pu faire naître chez les contemporains de Charlemagne et des premiers Capétiens les regrets et l'enthousiasme que nous allons trouver dans les œuvres de Pétrarque. Certes, il est faux de dire que « le premier il eut la conscience de ce je ne sais quoi de noble, de généreux, de libéral, qui avait disparu du monde depuis le triomphe de la barbarie » et que c'est à cause de cela qu' « il devait détester le Moyen Age et tout ce qui s'y rattachait » [2], mais il ne serait pas moins tendancieux de ne voir dans son attitude que puérile vanité ou de prétendre que son œuvre de polémiste se réduit à d'injustes critiques ou à de ridicules prétentions. Au moment où Pétrarque s'écrie : « Quand donc régna un plus grand ordre que lorsque l'univers n'eût qu'une seule tête et que cette tête fut Rome? [3] » il exprime assurément sa conviction la plus profonde et s'il arrive trop souvent qu'on l'interprète comme la manifestation d'un fol orgueil, c'est peut-être que l'on réalise mal ce que fut Pétrarque et ce qu'était son temps.

Pétrarque n'était pas seulement un latin, il se voulait romain, et il y a là plus qu'une nuance, car Rome, pour lui, n'était pas seulement la source d'une langue et d'une culture qui avaient porté tant de fruits, elle restait, dans sa mémoire, le centre d'un monde dont le souvenir était exaltant et devait demeurer le foyer d'une

1. Cf. J. NORDSTRÖM, *Moyen Age et Renaissance*, Paris, Stock, p. 8.
2. E. RENAN, *op. cit.*, p. 329.
3. PÉTRARQUE, *Epist. sine titulo*, IV.

religion qui, jusqu'alors, avait résisté aux plus furieux assauts. Or, à l'aube de son siècle, Pétrarque voyait tout autour de lui chacune de ces valeurs menacées. Partout le latin peu à peu s'effaçait devant la langue vulgaire qui savait s'adapter aux disciplines les plus diverses. Rome, éclipsée par ses rivales et méconnue par les siens, sombrait chaque jour davantage dans l'oubli, et le Pape, non seulement était à Avignon, mais la religion qu'il représentait voyait son autorité discutée et son unité compromise. Dès lors, comment ne pas comprendre que Pétrarque, en se tournant vers le passé et vers l'avenir [1], ait pu croire qu'il se trouvait à la « croisée » des temps et qu'il était de son devoir comme latin, comme romain et comme chrétien, de s'opposer de toutes ses forces au progrès des maux qui avaient déjà causé de tels ravages et qui, logiquement, devaient tôt ou tard, réduire à néant tout ce qui était pour lui une raison de vivre : sa patrie et sa foi !

En revanche, ce qui peut nous paraître inconcevable, c'est qu'en 1340 — date moyenne de la vie de Pétrarque (1304-1374) — c'est-à-dire moins de cent ans après la mort de saint Thomas (1274) et moins de vingt ans après celle de Dante (1321), Pétrarque ait pu considérer les auteurs anciens comme perdus. Et pourtant « autant j'évoque de noms illustres de l'Antiquité, dit-il, autant je rappelle de crimes du temps qui les a suivis ! Accablé de la honte de sa stérilité propre, il a même laissé perdre les livres nés des veilles de nos ancêtres et le fruit de leur génie. Cette époque qui n'a rien produit, n'a pas craint de gaspiller l'héritage paternel [2] ». Les coupables, il est vrai, ne sont pas nommés et le texte reste susceptible d'une large interprétation, mais n'oublions pas que Pétrarque s'est proposé de « transmettre à ses descendants la plainte que ses pères ne lui ont pas fait entendre » et, à défaut de textes, il suffirait de le suivre dans sa recherche des manuscrits et de juger de son enthousiasme pour n'avoir aucun doute sur les hommes et le siècle qu'il accuse et qui ne sont autres que ceux qui l'ont précédé.

« L'illustre Pétrarque, mon maître, écrit Boccace, négligeant le principe de certains écrivains... commença à prendre la route de l'Antiquité avec une telle force de caractère, un tel enthousiasme et une telle perspicacité, qu'il ne fut arrêté par aucun obstacle,

1. Id. *Epist. famil.*, XXIV, 8, éd. Rossi, XIII, p. 243-244. Lettres à Tite-Live.

2. Id. *Epist. fam.*, XXIV, 4 et suiv., éd. Rossi, XIII, p. 230. Lettre à Cicéron. Cité par P. de NOLHAC, Pétrarque et l'Humanisme, Paris, Champion, 1907, I, p. 13.

ni effrayé par la raideur du chemin. Loin de là, écartant les ronces et les broussailles dont il le trouva couvert par la négligence des mortels, et réparant par une chaussée solide les roches à demi rongées par les inondations, il se fraya un passage à lui et à ceux qui l'ont suivi [1]... » La tâche, s'il faut en croire le chantre de Laure, était d'autant moins facile que les princes s'étaient laissé ravir le trône de l'esprit et que, « n'aimant pas ce qu'ils craignent, ils faisaient la guerre aux Lettres [2] ». C'est dire que son siècle était vraiment un siècle de ténèbres et qu'une Renaissance à nouveau s'imposait.

Il ne faut cependant pas s'abuser. Tout n'était pas perdu et il est pour le moins imprudent de croire, avec P. de Nolhac, que Pétrarque fut « le premier homme de lettres » et que « la littérature latine classique fut embrassée par lui dans son ensemble comme elle ne l'avait été par personne depuis l'époque des Pères de l'Église [3] ». Qu'il ait pillé couvents et châteaux, qu'il ait envoyé « autant de prières que d'argent en Italie, en Gaule, en Allemagne, en Espagne, en Angleterre et même en Grèce [4] », pour doter sa bibliothèque qu'il appelait sa fille, c'est vrai. Mais outre qu'avant lui nous avons déjà vu Gerbert, sinon piller les monastères, du moins mendier des manuscrits, comment aurait-il pu constituer la dot de sa riche héritière, si, comme il le dit, « accablé de la honte de sa stérilité propre, le Moyen Age — car c'est bien de lui qu'il s'agit — avait laissé perdre les livres nés des veilles de nos ancêtres » ? Trouver ce que l'on cherche, et même découvrir ce que l'on ignore, cela, en aucun cas, ne peut s'appeler une résurrection, tout au plus, est-ce une révélation et même si Pétrarque s'était contenté de révéler à ses contemporains ce qu'ils croyaient perdu ou ce qu'ils ignoraient, ses titres à notre reconnaissance seraient déjà suffisants, car ce qui est vrai, c'est qu'il était temps, suivant l'image de Boccace, de « nettoyer la fontaine de l'Hélicon pour rendre à son onde sa limpidité première et d'ouvrir la fontaine de Castalie fermée par un entrelac de rameaux sauvages [5] ». L'Antiquité n'était pas morte, mais elle avait pour ainsi dire cessé de porter des fruits.

Depuis plus d'un siècle, en effet, tous les esprits s'étant portés

1. Cf. F. Corrazzini, *Le lettere edite e inedite di messer Giovanni Boccacio tradotte e commentate, con nuovi documenti*, Firenze, Sansoni, 1877, p. 196. Voir dans *Genealogia Deorum*, XV, 15, l'éloge de Pétrarque.
2. *Epist. Famil.*, VII, 15, éd. cit. p. 128.
3. Cf. P. de Nolhac, *op. cit.*, p. 30 et 11.
4. *Epist. Sen.*, VI, 5. — *Epist. Famil.*, III, 18, éd. cit. p. 687, XVI, 1.
5. Boccace, Lettre citée ci-dessus.

de préférence vers la théologie, la jurisprudence et la médecine, les « humanités » s'étaient trouvées fatalement négligées, et c'est ce qui explique que peu à peu un latin barbare s'était imposé et que, pour s'en affranchir, Dante avait dû rimer sa « Comédie » en langue vulgaire. Comme latin, Pétrarque a donc rendu à ses contemporains leur langue maternelle. Comme romain, il entendait leur rendre leur héritage.

Vivant au contact des anciens, autant dans le passé que dans le présent [1], il ne pouvait se contenter ni d'admirer en eux la perfection de la forme, ni les imiter en parlant en latin aussi bien d'amour que de philosophie. Il était de ces esprits qui savent « estre sages, comme disait Rabelais, pour fleurer, sentir et estimer les beaulx livres de haulte graisse » et toute son œuvre témoigne qu'il avait su « par curieuse leçon et méditation fréquente, rompre l'os et ronger la substantifique mouelle [2] ». A travers les Latins, il ne devait donc pas tarder à apercevoir les Grecs. Persuadé qu'ils avaient été les maîtres des Latins, il se mit à leur recherche et un heureux hasard ayant permis qu'il trouvât un des rares manuscrits contenant la plupart des Dialogues de Platon et un Homère complet, il rêva, comme le vieux Caton, d'apprendre leur langue pour pénétrer les secrets du prince des philosophes et du prince des poètes. Son rêve, hélas! ne devait jamais être exaucé [3]. Ayant rencontré à la cour d'Avignon un moine calabrais du nom de Barlaam, qui connaissait le grec, il se mit à son école et « si la fortune, dit-il, n'eut envié mes commencements par la mort fâcheuse de mon excellent maître, je serais peut-être aujourd'hui quelque chose de plus qu'un grec qui en est à l'alphabet » [4]. Son admiration n'en demeura pas moins vive et rien n'est plus émouvant que de le voir embrasser son Homère, muet, où il pensait avec Macrobe que Virgile avait puisé son inspiration, car, pour lui,

---

1. *Epist. ad posteros.*
2. RABELAIS, Prologue au *Gargantua*, éd. A. LEFRANC, I, p. 11-12.
3. Cf. P. DE NOLHAC, *Les études grecques de Pétrarque*, Paris, 1888. — F. FIORENTINO, *Fra Barlaamo Calabrese, maestro del Petrarca*, Roma, Verdesis 1888. — F. LO PARCO, *Gli ultimi anni di Barlaam e la verita storica sullo studio del greco di F. Petrarca*, Napoli, Pierro 1910. — M. JUGIE, art. *Barlaam, Dict. Hist. et Geo. Eccl.*, VI, p. 817-823. Voir également nos conclusions dans notre rapport au Vᵉ congrès G. Budé, *Le Platonisme de Pétrarque à Léon l'Hébreu*, p. 299 et suiv.
4. *Epist. Famil.*, XVIII, 2 (éd. cit., XII, p. 277) : « ...Homerus tuus apud me mutus, imo vero ego apud illum surdus sum. Gaudeo tamen vel aspectu solo et sepe illum amplexus ac suspirans dico : « O magne vir, quam cupide « te audirem! Sed aurium mearum alteram mors obstruxit, alteram lon-« ginquitas invisa terrarum. »

Virgile était le meilleur ami et l'*Énéide*, le livre des vrais romains [1]. Sans doute était-il convaincu que dans le royaume des poètes, « le vieillard de Méonie occupait la première place et le berger de Mantoue la seconde [2] », mais ce qu'il cherchait avant tout dans l'*Iliade* c'est ce qu'Homère avait bien pu dire de l'Italie et quand le calabrais Léonce Pilate, que Boccace saura attirer à Florence, en donnera une traduction complète, qui d'ailleurs est d'une médiocrité déconcertante, c'est en fonction de l'*Énéide* que Pétrarque l'annotera d'un bout à l'autre, faisant de ce commentaire marginal un document historique et psychologique de la plus haute importance, puisqu'il nous prouve que son auteur jugeait de l'antiquité, non seulement en fonction de l'homme, mais encore et surtout en fonction de Rome [3]. Il n'en est pas moins vrai, comme le dit G. Voigt, que « c'est bien à lui que revient l'honneur impérissable d'avoir, le premier, introduit Homère dans le monde occidental et c'est à n'en pas douter une des plus grandes dates de l'histoire de l'Humanisme [4] ». Assurément on eût préféré qu'il y cherchât autre chose que l'histoire de Rome, mais ce n'est là qu'une incidence relative qui se trouve largement compensée, car il n'est pas douteux qu'en nous donnant Homère et en encourageant l'étude du grec, Pétrarque a ouvert de nouveaux horizons à l'esprit humain et jeté la première pierre de cette Renaissance dont Ficin devait être un des principaux artisans.

Au reste, son humanisme, même en restant romain, devait, pour ainsi dire, se dilater en devenant chrétien. Pour Pétrarque, en effet, Rome n'était pas seulement la capitale des César que Cola di Rienzo avait tenté de réveiller, c'était aussi la cité des Papes et pour restaurer sa grandeur il n'a jamais séparé l'une de l'autre. Pour juger son Humanisme, il ne faut donc pas seulement

---

1. *Epist. Sen.*, XI, 9 (Macrobe, Saturn., I, XXIV, 10-12). — *Epist. Famil.*, XXIV, 12. Il regrette la traduction d'Homère par Cicéron, à laquelle Horace semble faire allusion (*Art Poétique*, 141-142).

2. *Epist. Famil.* Voir l'éloge d'Homère dans *Africa*, IX, 146-158, éd. N. Festa, Firenze, Sansoni, p. 266-267.

3. Le manuscrit de cette traduction annoté par Pétrarque est conservée à la Biblioth. Nat. de Paris. *Par. Lat. 7880, 1 et 2.* — Il écrit par ailleurs : « J'ai toujours été amoureux de cette traduction et de la littérature grecque en général. » Il avait demandé à Sigeros de lui envoyer Hérodote, Euripide et Hésiode (*Familiares*, XVIII, 2) et quand Léonce Pilate rentrant de Grèce sera victime d'un naufrage, il regrettera surtout, « Euripide, Sophocle et d'autres ».

4. Cf. G. Voigt, *Die Wiedergelebung des Classischen Alterthums*, trad. D. Valbusa, p. 53. Les deux premiers livres de cet ouvrage ont été traduits en français par M. A. Le Monnifr, Paris, Welter, 1894.

voir en lui le disciple de Cicéron et l'admirateur de Virgile, l'auteur de *L'Africa* ou le chantre de Laure, il faut chercher avant tout l'homme qu'il fût, le chrétien qu'il voulait être et ne jamais oublier que sa vie et son œuvre se résument en ces simples mots : « Je prie et supplie pour que, de toutes nos forces, nous chassions l'ignorance et évitions d'apprendre sur terre ce qui ne nous conduira pas au ciel [1]. » Ce n'est pas seulement une profession de foi, c'est tout un programme et nous allons voir comment en luttant contre l'ignorance et en évitant d'apprendre sur terre ce qui ne conduit pas au ciel, il a donné à la Renaissance une orientation qui devait fatalement la conduire au Platonisme.

Lutter contre le « monstre Ignorance » est évidemment le premier devoir qui s'impose à tout esprit qui rêve de rendre à ses contemporains le goût des lettres et le sens de l'histoire. Nous savons que Pétrarque n'a rien négligé pour accomplir cette tâche sur le plan littéraire et sur le plan national. Mais, pour induire les esprits en erreur, ce « monstre » sait au besoin emprunter bien des visages et s'il faut en croire Pétrarque, astrologues, alchimistes, juristes ou médicastres étaient alors autant de charlatans. Ils ont contre eux, dit-il, « la vérité, la raison, l'expérience, et des volumes entiers, non seulement de saints personnages, mais encore de graves philosophes [2] » et cependant ils continuent à bénéficier de la crédulité des uns et de la complaisance des autres. Certes, ce ne sont pas des ignorants, bien au contraire. « Ils sont, dit Pétrarque, instruits et affables, ils causent parfaitement, raisonnent bien, pérorent avec assez de véhémence, mais bien qu'ils mêlent quelques aphorismes d'Hippocrate aux pensées de Cicéron, on s'aperçoit bien vite qu'ils connaissent tout, mieux que ce qu'ils professent, et que tout en donnant aux maladies des noms grecs, ils ne guérissent pas à la grecque, mais tuent doucettement [3]. » Quant aux juristes « sourds aux cris des plaideurs, ils ne veulent, comme les médecins d'ailleurs, qu'entendre parler de Virgile et d'Homère... » et Pétrarque ajoute « cette peste autrefois si rare

1. *Epist. Famil.*, I, 7.
2. Id. *Epist. Sen.*, III, 1 : « Fixum est enim praeteritorum atque praesentium ignaris, ventura praenoscere, seu verius quasi praecognita praenunciare credentibus, quorum iam non infoelicitas solum, atque impietas, sed ruditas intellectus, verique omnis in capacitas nota est, his fidem habentium, contra quos veritas et ratio, experientia et non sancti tantum viri, sed Philosophi etiam graves totis voluminibus accingitur. »
3. *Epist. Sen.*, XV, 3 : « ...ad funesta remedia, quae peregrinis nominibus adumbrata delitescant, et Latinam mortem Graeco velamine obvolutam crudelis invehant. »

est commune aujourd'hui[1] ». Est-ce là la plainte d'un homme désabusé ? En vérité on serait tenté de le croire, car lorsqu'on l'entend nous dire : « c'est principalement dans notre siècle que s'est vérifiée cette prédiction du vieux Caton qui annonçait que la corruption serait générale lorsque les Grecs nous auraient transmis leur science et surtout leur médecine[2] », on a vraiment l'impression de se trouver en face d'un maître qui regretterait amèrement d'avoir prodigué à d'indignes disciples d'inestimables richesses dont ils n'auraient pas compris la valeur. Est-ce la condamnation de l'Humanisme? Certainement non. Pétrarque reste l'homme qui jusqu'à la fin tonnera contre « un siècle sans gloire, qui méprise sa mère, l'Antiquité[3] ». Mais il ne suffit pas pour être un humaniste de découvrir des textes, il faut encore savoir en tirer une doctrine susceptible de rendre à l'homme toute sa valeur et sa dignité. En dénonçant tous ces hommes « qui cachaient leur ignorance sous des mots sonores, ou qui vendaient de funestes mensonges pour des vérités[4] », Pétrarque était plus que jamais un humaniste, car derrière toute cette fausse science qu'il accablait d'invectives, c'était toujours les ennemis du nom chrétien qu'il combattait sans merci.

Sans nous attarder aux invectives proférées contre les astrologues et contre les médecins — ce qui déjà témoignait d'une certaine audace, puisque, dans l'occurrence, ces médecins étaient ceux du Pape et que l'astrologie était enseignée officiellement à Bologne et à Padoue — nous ne retiendrons que la raison même de cette querelle qui, comme nous allons le voir, visait beaucoup plus des principes que des hommes. Or, cette raison, Pétrarque ne nous la dissimule pas. « Ce charlatanisme, dit-il, en parlant des astrologues, est non seulement contraire à la vraie foi et à notre religion, mais encore aux saines doctrines philosophiques[5]. » Quant aux médecins « ils mettent le nom du Christ et celui de Pythagore sur le même plan avec une obstination scandaleuse », alors que « des gens instruits doivent avoir la sagesse ou du moins la pudeur de ne pas les confondre dans leurs éloges[6] ». Les termes

---

1. *Epist. Famil.*, XIII, 7 (*ed. cit.*, III, p. 81 et suiv.).
2. *Epist. Famil.*, V, 19 (*ed. cit.*, II, p. 44).
3. *Epist. Sen.*, V, 3 : « O aetas ingloria, tu ne antiquitatem matrem tuam, honestarum omnium artium repertricem spernis ? Teque illi non aequere tantum sed praeferre audes. » Toute cette lettre est une étonnante peinture de son siècle.
4. *Epist. Sen.*, XV, 3.
5. *Epist. Sen.*, III, 1.
6. *Epist. Sen.*, XV, 3.

du problème étaient donc très clairs. D'un côté l'ignorance ou la fausse science, de l'autre, la religion et une saine philosophie. Ce qui était en jeu pour Pétrarque, c'était donc avant tout la vérité, et comme cette vérité est en même temps l'apanage de la vraie foi et d'une saine philosophie, il fallait, pour la faire triompher, non seulement s'attaquer aux hommes et les vaincre par le ridicule, mais encore dénoncer leur doctrine, et proposer à sa place une nouvelle science en harmonie avec les données de la foi.

On peut se demander en voyant le débat porté sur le terrain purement philosophique, si Pétrarque était vraiment qualifié pour une telle tâche, et si, cherchant en lui à définir l'Humanisme à travers sa vie et son œuvre, nous ne risquons pas de nous laisser abuser par des formules aussi creuses que celles qu'il reprochait à ses adversaires. Pour écarter toute équivoque et prévenir toute désillusion, écoutons-le nous dire simplement ce qu'il pense du rôle que nous prétendons lui faire jouer. « Quel est mon art, dit-il? Philosopher? C'était autrefois un substantif très modeste, bientôt il devint un titre d'orgueil, aujourd'hui c'est une désignation vaniteuse et vide de sens. A ceux qui s'en affublent, amateurs de disputes où s'étalent leur ostentation et leur bouffissure, je n'ai qu'un mot à dire. Sans doute, je ne suis pas professionnel en cet art, mais je le désire afin qu'il me rende meilleur [1]... Je ne suis pas un scolastique, mais un homme des bois, un sauvage, habitué à crier je ne sais quelle sottise parmi les hêtres au front perdu dans l'air. Je me moque des sectes, je n'aime que le vrai... me défiant de moi-même, je préfère m'en tenir au doute plutôt qu'à la vérité pour ne pas tomber dans l'erreur. C'est en ce sens que je suis académicien, ne m'attribuant rien, n'affirmant rien, doutant de tout, à moins qu'il ne s'agisse de choses dont on ne peut pas douter sans être sacrilège... [2] » Toutefois « l'objet de mon culte, ce n'est point telle ou telle école, c'est la vérité. Je me range tantôt parmi les disciples d'Aristote, tantôt j'adhère aux opinions des Stoïciens, quelquefois je suis de l'Académie, souvent je ne

---

1. *Epist. Sen.*, I, 5.
2. *Ibid.* : « Quid ergo ? Scolasticus et ne id quidem, sed sylvicola, solivagus, inter aerias fagos, nescio quid insulsum strepere solitus, quaeque praesumptionis et audaciae summa est... sum sectarum negligens, veri appetens, quod quoniam quaesitu arduum, ego quaesitor infimus atque infirmus, sed diffidens mei, ne erroribus impliciter dubitationem ipsam pro veritate complector. Ita sensim Academicus, advena unum ex plurimis atque in humili plebe novissimus evasi, nil mihi tribuens, nil affirmans dubitansque de singulis, nisi de quibus dubitare sacrilegium reor. »

reconnais aucune de ces autorités, car nous ne pouvons aimer et approuver ces divers systèmes de philosophies qu'autant qu'ils ne renferment rien de contraire, ni rien de suspect aux vérités de la foi [1] ». Nous ne saurions évidemment souhaiter plus de précision sur sa pensée. Nous sommes désormais fixés. Pétrarque n'est pas un philosophe professionnel, c'est uniquement un humaniste et un chrétien. Or, que trouve-t-il devant lui? Déjà nous le soupçonnons, en le voyant couvrir de ridicule ceux qui s'affublaient du titre de philosophe. Mais ce sont moins les hommes qui nous intéressent que le climat dans lequel ils vivaient.

Depuis que les Chartrains avaient tenté de donner à la Renaissance du XIIᵉ siècle une philosophie répondant à ses aspirations, l'Occident avait vécu une de ces périodes majeures durant lesquelles on voit s'affronter des peuples, des hommes ou des idées, sans que nul pouvoir puisse mettre fin au conflit, ni en prévoir l'issue. Ce conflit, Aristote en était la cause et la foi chrétienne l'enjeu. Amené en Espagne par les Arabes, le Stagyrite, qui n'était plus seulement l'auteur de l'*Organon*, mais celui de la *Physique* et de la *Métaphysique*, n'avait pas tardé à trouver audience près des philosophes et des théologiens qui, déjà imbus de sa méthode, se réjouissaient de connaître enfin sa doctrine. Elle offrait bien, il est vrai, quelques difficultés et créait quelques équivoques. On eut tôt fait cependant de l'adapter aux exigences de la foi et il semble que son règne n'eut pas été troublé de sitôt, si au texte tant attendu n'étaient venus s'ajouter les commentaires de ses disciples arabes et juifs et en particulier celui du « Commentateur » par excellence, Averroès. Dès qu'il fut connu, la lutte s'engagea. Elle était inévitable, car, partant des mêmes textes, saint Thomas et Averroès avaient abouti à des conclusions fort différentes, et parce que ces conclusions permettaient d'affirmer ou de nier la Providence et l'immortalité de l'âme, la lutte fut implacable et pendant des siècles se poursuivit sans merci. Or, c'est précisément au milieu de ce conflit qui mettait la religion en péril, en ruinant la puissante synthèse établie par saint Thomas entre la raison et la foi, que Pétrarque apparut. Paris, sous sa plume, n'est plus l'Athènes d'Alcuin ou de Jean de Salisbury, elle est devenue un foyer de disputes *(contentiosa Pariseos ac strepidulus Stramimum*

---

1. *Epist. Famil.*, VI, 2 (*ed. cit.*, II, p. 55) : « ...ex opinionibus (Perypateticorum) quedam placent, alie autem minime; non etenim sectas amo, sed verum. Itaque nunc perypateticus, nunc stoicus sum, interdum achademicus; sepe autem nichil horum, quotiens quicquam occurrit apud eos, quod vere ac beatifice fidei adversum suspectumve sit. »

vicus) [1], dont Padoue et Bologne se faisaient volontiers l'écho, et il se devait de dénoncer à son tour les dangers d'une doctrine qui se prêtait si facilement à de telles interprétations.

Pleinement conscient du mal qu'une telle erreur pouvait engendrer, non seulement chez des esprits médiocres qui trouvaient enfin dans cette doctrine la justification de leur impiété, mais encore chez des esprits cultivés qui pouvaient être tentés de conformer leur conduite aux principes d'un philosophe qu'ils estimaient, Pétrarque, sans même discuter les textes incriminés, mit résolument la cognée à la racine de l'arbre et, sans pitié pour les sophistes comme pour les scolastiques, il n'hésita pas, pour rétablir l'équilibre menacé ou détruit, à faire appel à Platon que ses maîtres, Cicéron et saint Augustin, lui avaient appris à aimer comme le prince des philosophes.

Fidèle à la doctrine de saint Thomas, quoi qu'en disent certains dantologues, Dante avait, dans son *Paradiso* [2] établi un ordre qui engageait son auteur et ne pouvait passer inaperçu. Autour du trône de Béatrice il avait placé comme une guirlande fleurie, Thomas d'Aquin, Albert le Grand, Gratien, Pierre Lombard, Salomon, Paul Orose, Isidore de Séville, Bède le Vénérable, Richard de Saint-Victor et « l'éternelle lumière de Siger de Brabant qui, enseignant dans la rue du Fouarre, se fit haïr, syllogisant le vrai [3] ». Étrange couronne en vérité, car outre que la présence de Siger nous étonne puisqu'il fut un des plus hardis défenseurs de la doctrine d'Averroès, l'absence de saint Augustin nous consterne. Il faut croire que pour Dante « son parler n'était pas semblable à celui de Béatrice [4] ». Mais il est des silences qui, parfois en disent long et il nous suffira pour comprendre cet étrange oubli d'entrer dans ce « château, entouré de sept murailles où les héros et les philosophes de l'Antiquité partagent leur éternelle récompense ». Il y a là Hector, Énée, César, Saladin et puis, nous dit Dante, « quand j'eus levé un peu plus haut les cils, je vis le maître de ceux qui ont science siéger parmi la gent philosophique. Tous l'admirent, tous lui rendent honneur. Et je vis ensuite et Socrate et Platon qui, plus qu'autrui, auprès de lui

---

1. *De sui ipsius et multorum ignorantia*, éd. L. M. Capelli, Paris, Champion, 1906, p. 68. Voir traduction J. Bertrand, Paris, Alcan, 1929.
2. Cf. E. Gilson, *Dante et la Philosophie*, Paris, Vrin, 1939, ch. IV, p. 226 et suiv. — P. Mandonnet, *Dante le Théologien*, Paris, Desclée de Brouwer, 1935, IV, p. 263.
3. Dante, *Divina Commedia, Paradiso*, X, 97 et suiv.
4. *Ibid.*, XIV, 7-8.

demeurent [1] ». Il n'est donc pas douteux qu'en philosophie Aristote, pour Dante, est à la première place et que tous les autres, depuis Socrate jusqu'à Averroès, qui lui aussi est là, ne sont nommés que pour former sa cour [2].

Que s'il en est encore qui doutent de cette primauté, qu'ils relisent patiemment le *Convito*, trop souvent négligé, et ils verront que Dante ne ménage pas les titres pour justifier l'admiration qu'il a pour Aristote. Il est « le maître de la raison humaine », « le glorieux philosophe auquel la nature a le plus ouvert ses secrets », « le maître de notre vie », « le conducteur du genre humain, très digne de foi et d'obéissance » [3] et si l'on veut savoir enfin par comparaison ce que représentait pour lui Platon, il n'est besoin que de retenir ce texte qui, à lui seul, est une page d'histoire : « Parce que la morale, dit Dante, fut conduite à sa perfection par Aristote, le nom d'Académicien s'éteignit et celui de Péripatéticien désigna les adhérents de cette école (d'Aristote) qui tient *aujourd'hui, en tout,* le gouvernement intellectuel du monde et on peut appeler ses opinions catholiques ». Donc, en 1308, date de composition du *Convito* et en 1320, date de composition du *Paradiso*, les jeux étaient faits : Aristote avait une primauté incontestable devant laquelle les autres philosophes n'avaient qu'à s'incliner [4]. Or, en 1352, Pétrarque rimant le *Trionfo della Fama*, n'hésita pas à renverser l'idole :

1. Dante, *Inferno*, IV, 130 :
> Poiche' malzai un poco piu le ciglia
> Vici 'l maestro di color che sanno
> Seder tra filosofica famiglia
> Tutti l'ammiran tutti nor li fanno
> Quidi vid'io e Socrate e Platone
> Che' nnanzi agli altri piu presso gli stanno

2. *Ibid.*, 144 :
> Averroes che l'gran comento feo.

3. Dante, *Il Convivio* (éd. Busnelli e G. Vandelli, Firenze, Le Monnier, 1934), III, ch. V, 7 : Quello glorioso filosofo al quale la natura piu aperse li suoi segreti. — *Id.*, IV, ch. 2, 16 : Il maestro de la umana ragione. — *Id.*, IV, ch. III, 8 : Lo maestro de la nostra vita. — *Id.*, IV, 6, 16 : Additore e conduttore de la gente.

4. *Ibid.*, IV-VI, 6-16 : « Che Aristotile sia dignissimo di fede e d'obedienza, cosi provare si puo... E peroche la perfezione di questa moralitade per Aristotile terminata fue, lo nome de li Academici si spense e tutti quelli che a questa setta si presero Peripatetici sono chiamati; e tiene questa gente oggi lo reggimento del mondo in dottrina per tutte parti, e puotesi appellare quasi cattolica oppinione. Per che si puo Aristotile essere additore e conduttore de la gente a questo segno. E questo mostrare se volea! »

Volsimi da man manca; e vidi Plato
Che in quella schiera, ando piu presso, al segno,
Al quale aggiunge, a chi dal cielo e dato.
Aristotele poi piu d'alto ingegno [1].

Platon désormais avait donc la première place, et pendant les
vingt ans qui lui restèrent à vivre, Pétrarque n'eut d'autre souci
que de la justifier et de la défendre.

C'est, en effet, jusqu'à ce « Triomphe » qu'il faut remonter pour
comprendre la renaissance du Platonisme au XVe siècle. Cent ans
avant que Ficin écrive sa *Theologia platonica*, Pétrarque avait
clairement posé le problème, et nous allons voir, en en formulant
les termes, qu'il s'agissait beaucoup moins du prestige de deux
hommes que de l'avenir d'une civilisation.

Le XIIIe siècle qui avait donné à l'Italie saint François d'Assise
et saint Dominique pour épurer le culte, Giotto et Dante pour
créer un art et une poésie, ne lui avait point réservé, quoi qu'on
en dise [2], saint Thomas pour achever l'édifice de la métaphysique,
car, si c'est en Italie qu'il est né et qu'il est mort (1224-1274),
c'est en France qu'il a régné. Certes la *Divine Comédie* prouve
éloquemment que sa doctrine avait exercé une profonde influence
sur ses compatriotes, mais si l'on veut se faire une idée exacte
du drame de la pensée qui agitait l'Italie en ce temps-là, c'est
surtout vers Padoue qu'il faut tourner ses regards et c'est à Pietro
d'Abano qu'il faut demander de nous éclairer [3]. Étudiant à Paris,
où il avait été témoin de la lutte qui opposait les Averroïstes aux
disciples de saint Thomas, ce génie hardi et singulier avait introduit Averroès en Italie et son *Conciliator differentiarum inter
philosophos et medicos*, qui n'est qu'une apologie du « Commentateur», était bien vite devenu le bréviaire de la scolastique padouane,
et quand on sait que ce philosophe éminent était en même temps
un savant médecin, un subtil astrologue et même, disait-on, un
magicien puissant, on comprend mieux pourquoi Pétrarque, s'est

---

1. PÉTRARQUE, *I Trionfi, Trionfo della Fama*, III, 4-8. Sa référence à
Plotin est assez étrange. *Ibid.*, 46-50.
          Poi vidi 'l gran Platonico Plotino
          Che credendosi in ozio viver salvo
          Prevento fu dal suo fiero destino
          Il qual seco venia dal matern'alvo
          e pero providenzia ivi non valse
2. L. MABILLEAU, *Étude historique sur la Philosophie de la Renaissance en
Italie. Cesare Cremonini*, Paris, Hachette, 1881, p. 87.
3. SANTE FERRARI, *I tempi, la vita, la dottrina di P. d'Abano*, Genova,
1900. — *Id., Per la biografia e per gli scritti di P. d'Abano, Note ed aggiunte*,
Roma, 1918.

si souvent attaqué aux gens qui, en invoquant Averroès ou ses commentateurs, faisaient profession de science. Un rapide coup d'œil sur son *De suiipsius et multorum ignorantia* (1367) achèvera de nous en convaincre.

Ce traité est le procès en bonne et due forme de quatre Padouans que Pétrarque ne nomme pas, mais que nous connaissons et dont la qualité et les prétentions nous permettent une idée de la mentalité des « bourgeois » de Padoue. Le premier était soldat, le second marchand, le troisième noble, le quatrième médecin [1]. Ces hommes « qui se croyaient grands parce qu'ils étaient riches », se disaient les amis de Pétrarque, mais n'entendant rien aux lettres ou à peu près « suivant la mode philosophique actuelle », ils ne lui accordaient ni science, ni éloquence. « Instruits par contre de la loi, non point mosaïque ou chrétienne », ces scribes s'étaient un jour fâchés, sous prétexte que Pétrarque avait osé condamner leur hérésie, et, réunis en conseil, ils avaient porté sur lui ce jugement bref et sommaire, qu'il était un brave homme, mais un ignorant [2]. A vrai dire cette boutade était trop lourde pour tirer à conséquence. Mais Pétrarque était aussi fin que susceptible et il dut se réjouir de voir ses détracteurs lui donner eux-mêmes l'occasion de les confondre. D'où le traité *Sur sa propre ignorance et celle de beaucoup d'autres*.

Ayant donc démontré qu'effectivement il pouvait être un brave homme « car c'est déjà un peu de bonté que de vouloir être bon », il se refuse à être déclaré « non seulement ignorant, mais stupide et fou », « car, dit-il, je ne pourrais sans honte, me montrer privé de raison comme de lettres [3] ».

1. *Sen.*, XV, 14 : « Soleo enim contra quos loquer nominibus destinere ne vel famae vel infamiae illis sim. »
Une note du *Ms. Marcianus C IV, 36* a permis de les identifier : Leonardus Dandolus, Thomas Talentus, dominus Zacharias Contarenus, omnes de Venetiis et magister Guido de Bagnolo de Regio, primus miles, secundus simplex mercator, tertius simplex nobilis, quartus medicus physicus. (Cité par CAPELLI, *op. cit.*, p. 7). M. P. O. KRISTELLER, dans un article intitulé *Petrarch's Averroists* (*Humanisme et Renaissance*, T. XIV, p. 58-65) a démontré que Pétrarque n'avait pu ignorer les Averroïstes qui enseignaient à Venise et à Bologne, mais le problème des destinataires de son traité reste le même.
2. *De suip. ignor.*, p. 21 : « Virum bonum, imo optimum dicunt, qui o utinam non malus utinamque non pessimus in iudicio Dei sim ! Eundem tamen illiteratum prorsus et ydiotam ferunt. »
3. *Id.*, p. 37 : « ...et si quod idem alibi dixisti, ut sin bonus, opus est velle, sive hoc perficit, bonum erit, sive inchoat, et pars est bonitatis velle bonum fieri : pro ea saltem parte titulum verum spero... Neque enim ut illiteratus sic et amens ac stupidus dici velim. Litere enim sunt adventitia ornamenta, ratio autem insita ipsiusque hominis pars est ; non ergo ut illis, ita et hac non me pudeat caruisse. »

Vivement ému d'avoir été ainsi traité par ces hommes qu'il recevait « comme il aurait reçu des anges de Dieu », il entreprit donc de montrer à Donato degli Albanzani auquel il adresse son traité, que s'il est des ignorants, c'est dans les rangs de ceux qui l'accusent qu'il faut les chercher. Pourquoi, au fait, l'ont-ils traité avec un tel dédain? Tout simplement parce que, lorsqu'ils proposaient, comme sujet de conversation, suivant leur habitude, quelque problème de philosophie aristotélicienne ou quelque question relative aux animaux, il se taisait. Pour ces hommes, ce silence était un blasphème. Ils ne pouvaient pas admettre qu'avant de croire, on demandât autre chose que l'autorité d'Aristote [1]. Toute leur science était fondée sur cette coutume ridicule qui empêchait alors de rien demander, si ce n'est : L'a-t-il dit? « Certes, dit Pétrarque, je crois qu'Aristote a été un grand homme, un homme très savant, mais un homme, et que, par conséquent, il a pu ignorer différentes choses et même beaucoup de choses [2]». C'est ainsi que sur les questions qui concernent le salut éternel « il s'est, comme on dit, complètement fourvoyé ». Qu'il ait, dans son *Éthique*, cherché à nous donner la loi du bonheur, c'est possible, mais il n'a pas dit le dernier mot, car il n'y a pas de bonheur sans la foi et l'immortalité, et la félicité qu'il nous propose n'en pouvait être que l'image, car « la lumière qui éclaire tout homme à sa venue en ce monde » n'avait pas encore lui sur cette terre au siècle d'Aristote [3] et c'est pour cela qu'il n'a vu le bonheur que

---

1. *Id.*, p. 39 : « Solebant illi vel aristotelicum problema vel de animalibus aliquid in medium iactare. Ego autem vel tacere, vel iocari, vel ordiri aliud, interdumque subridens querere quonam modo id scire potuisset Aristotiles, cuius et ratio nulla esset et experimentum impossibile. Stupere illi, et taciti subirasci, et blasphemum velut aspicere, cui ad fidem rerum aliud quam viri illius autoritas quereretur, ut iam plane de philosophis et sapientie studiosis amatoribus Aristotelici seu verius Pithagorici facti simus, renovato illo more ridiculo quo querere aliud non licebat, nisi an ille dixisset. Ille autem erat Pithagoras, ut ait Cicero. » (CICÉRON, *De Natura Deorum*, I, 5 : « Cum ex iis quereretur quae ita esset, respondere solitos : Ipse dixit. Ipse autem erat Pythagoras. » Cf. P. DE NOLHAC, *op. cit.*, II, p. 147.)

2. *Id.*, p. 40 : « Ego vero magnum quemdam virum ac multiscium Aristotelem, sed fuisse hominem, et idcirco aliqua, imo et multa nescire potuisse arbitror... Credo, hercle, nec dubito, illum non in rebus tantum parvis, quarum parvus et minime periculosus est error, sed in maximis et spectantibus ad salutis summam aberasse tota, ut aiunt, via... ».

3. *Id.*, p. 40 : « ...illa vero non intellexerit, sive intellecta neglexerit, sine quibus prorsus esse felicitas non potest, fidem scilicet atque immortalitatem, quas ab illo vel non intellectas vel neglectas iam me penitet; alterum enim tantum dicere debui. Non intellecte erant, nec noverat eas ille, nec nosse potuerat aut sperare; nondum enim vera lux terris illuxerat, que illuminat omnem hominem venientem in hunc mundum. »

comme la chauve-souris peut voir le soleil... » Cela saint Augustin,
saint Jérôme l'ont démontré et « Dieu m'ôtera la vie et tout ce
que j'ai de plus cher avant que je renie ma croyance qui est une
croyance pieuse, vraie et salutaire, avant que je renie le Christ
pour l'amour d'Aristote ». « Qu'ils soient philosophes, qu'ils soient
péripatéticiens..., je ne leur envie pas ces titres dont ils s'enor-
gueillissent tout en ne les méritant pas. » Pétrarque préfère « l'ap-
pellation humble et méritée de chrétien et de catholique, bien
que ces titres soient méprisés par ses ennemis, comme trop simples et trop bas, inadéquats à leur intelligence et indignes d'eux [1] ».

Nous voilà donc fixés. Ces hommes « pour qui Aristote était un
Dieu », « méprisaient tout ce qui est céleste et qui plus est, pour
dire la chose telle qu'elle est, tout ce qui est conforme à la foi
catholique [2] ». Et cependant, qu'Aristote ait ébloui par sa lumière
« beaucoup de gens aux yeux faibles et chassieux », est-ce une
raison suffisante pour le rendre responsable d'une telle impiété?
Assurément non. Tous les Anciens ont rapporté ou professé de
fausses doctrines et Pétrarque, qui tient à montrer qu'il n'est pas
un ignorant, rappelle successivement les erreurs de Cicéron sur
les dieux, celles de Pythagore sur l'âme, celles de Démocrite et
d'Épicure sur la constitution et la pluralité des mondes [3]. Et
pourtant ces gens-là étaient des savants et des hommes de bon
sens. Il arrive même à Cicéron de parler plutôt en apôtre qu'en
philosophe païen [4]. Ce n'est donc pas parce qu'un auteur de l'Antiquité ne nous enseigne pas une vérité, qu'il ne pouvait pas connaître, qu'il faut le condamner. Néanmoins, si grand qu'il soit, nous
serions sans excuse de le suivre tête baissée dans la voie de l'erreur.

Pour illustrer ce principe, Pétrarque ouvre une parenthèse en
dénonçant la mauvaise foi de ses adversaires qui, sur le problème

---

1. *Id.*, p. 41 : « ...priusque michi vitam et quicquid carum habeo Deus
abstulerit, quam sententiam hanc, piam, veram, salutiferam, aut quam
amore Aristotilis Cristum negem. Sint plane philosophi, sint aristotelici,
cum procul dubio neutrum sint, sed ut sint utrumque; neque enim clara
hec nomina illis invideo, quibus falsis etiam tument; non michi invideant
humile verumque cristiani nomen et catholici... Non quidem nobis hec invi-
dent, sed contemnunt tamquam simplicia et abiecta, ingeniisque suis impa-
ria et indigna. » (Cf. SAINT AUGUSTIN, *De Trinitate*, XIII, 70, *P. L.*, XLII,
1032. — SAINT JÉRÔME, *Dial. contra Pelag.*, I, 14, *P. L.*, XLV, 1701.)
2. *Id.*, p. 42 : « ...ex equo enim spernunt quicquid celitus, imo, ut dicam
quod est, quicquid catholice dictum sciunt. »
3. *Id.*, p. 44, 45, 53 : Cicéron; p. 57 : Pythagore (CICÉRON, *De Officiis*,
I, 30; p. 57 : Démocrite et Épicure (CICÉRON, *Academ.*, II, 17-18 et *De Divin.*,
XV, 16).
4. *Id.*, p. 45 : « ...quantis ingenii alis attollitur, ut interdum non paganum
philosophum sed apostolum loqui putes... ».

de l'éternité du Monde, « ne craignent pas de s'opposer, non seulement à ce que dit sur la création du monde Platon dans le *Timée*, mais encore à la *Genèse* de Moïse, à la foi catholique, à toute la doctrine sainte et salutaire du Christ ». Bravant la justice divine, « ils combattent sans témoins vérité et religion, et, dans les coins, sans se faire voir, tournent le Christ en ridicule pour adorer Aristote qu'ils ne comprennent pas [1] ». Qu'ils n'écoutent pas le Christ, les Apôtres, les docteurs catholiques qu'ils méprisent, ce n'est pas étonnant; mais qu'ils n'écoutent pas, ou qu'ils méprisent un philosophe comme Pythagore qui prouve que Dieu peut faire quelque chose de rien, je m'en étonne. Peut-être ne l'ont-ils pas lu, mais alors qu'ils le lisent dans le second livre du Commentaire de Chalcidius au *Timée* de Platon [2] ».

Il est vrai « qu'ils ont coutume de protester, qu'ils dissertent indépendamment de la foi et en la laissant de côté », mais « on ne peut rien imaginer de plus insensé ». « Ce n'est qu'une habileté pour nier autrement ce qu'ils n'osent pas nier ouvertement, et qui leur permet de hurler ou plutôt d'aboyer passionnément, audacieusement, incessamment contre le Maître et ses disciples. » La vérité est que « si grande est leur violence, si grande est leur témérité, si grande et si vaine aussi la fierté qu'ils attachent à cette réputation de philosophe, et l'obstination dont ils font preuve dans leurs discussions vides et dans leurs dogmes étrangers, que même si Aristote en personne voulait serrer leur frein quand ils s'attaquent aux disciples du Christ, ils refuseraient de lui prêter l'oreille [3] ». Ne prouvent-ils pas, d'ailleurs, leur mauvaise foi en se moquant même de Platon? La conclusion qui s'impose « c'est

1. *Id.*, p. 58 : « ...ut illum famosissimum sive infamem Persii versiculum defendant : Gigni de nichilo nichil, in nichilum nil posse reverti, non modo mundi fabricam Platonis in Thimeo, sed Mosaicam Genesim, fidemque catholicam, totumque Cristi dogma sanctissimum ac saluberrimum et celesti rore mellifluum oppugnare non metuant, nisi humano magis quam divino supplicio terreantur. Quo cessante, submotisque arbitris, oppugnant veritatem et pietatem, clanculum in angulis irridentes Cristum, atque Aristotilem, quem non intelligunt, adorantes... ». (Cf. MACROBE, *Saturn.*, III, 83-84.)

2. *Id.*, p. 59 : « Non miror, si Cristum, si apostolos, si doctores catholicos non audiunt, quos contemnunt : hunc philosophum (Pithagoram) non audire vel spernere illos miror. Sed nec non legisse hec tantos aliorum iudices fas est suspicari; que si tamen forsitan non legerunt, legant; si quis est pudor, apud Calcidium, in Thimeum Platonis secundo commentario. »

3. *Ibid.*, p. 62 : « ...non si ipse frenum stringat Aristotiles, quiescent : tantus est impetus, tanta animi temeritas, tantus tumor, tanta philosophici nominis, et tam vana iactantia, tanta denique opinionum pervicacia, et peregrinorum dogmatum ventoseque disputationis improbitas! ».

que dans toutes ces choses-là, c'est d'Aristote qu'il faut le plus s'écarter, non qu'il ait commis plus d'erreurs que les autres, mais parce qu'il a plus d'autorité et plus de partisans [1] ».

Il faut avouer que cette conclusion dépasse largement les prémisses, car ce n'est pas parce qu'un auteur « a plus d'autorité et plus de partisans » qu'il faille nécessairement s'en écarter. Ce serait condamner toute doctrine. Mais il n'est pas douteux que Pétrarque veuille ici dénoncer l'emprise qu'Aristote avait exercée sur son siècle, où l'on n'hésitait pas à condamner tous ceux qui se refusaient à l'adorer. « C'est un autre que j'adore, leur répond Pétrarque, et plût au Ciel que mes juges l'adorassent, car ils sauraient que les philosophes ont souvent menti. » Il n'y a que « les philosophes véritables qui disent toujours la vérité et je ne compte parmi eux ni Aristote, ni même Platon, bien que, sur tout l'ensemble des philosophes anciens, ce soit lui, aux dires de nos philosophes, qui s'est approché le plus du vrai [2] ».

Il est d'ailleurs un critère infaillible pour juger de leur valeur. Ce ne sont pas les mots auxquels la plupart des ignorants s'attachent « comme les naufragés aux planches », ni même leur style, c'est tout simplement le bénéfice moral que l'on tire de leurs œuvres. « Que tous les Aristotéliciens m'écoutent, dit Pétrarque, et puisque aussi bien la Grèce est sourde à notre langue, que nous écoute tout ce que peut renfermer d'aristotéliciens l'Italie, la Gaule et Paris discuteur et la bruyante rue du Fouarre. J'ai lu, si je ne me trompe, toutes les œuvres morales d'Aristote; j'en entendis même exposer certaines. Avant que l'on eut découvert mon ignorance, il me semblerait y comprendre quelque chose et devenir ainsi plus savant, peut-être, mais non meilleur, ainsi qu'il fallait s'y attendre. » « Je me suis souvent plaint en moi-même et parfois avec les autres, que ce philosophe n'avait pas tenu la promesse qu'il met en tête du premier Livre de son *Éthique*, en disant qu'on doit apprendre cette partie de la philosophie, non pour devenir plus savant, mais pour devenir meilleur... C'est

---

1. *Id.*, p. 65 : « Quo in genere toto (ut iam tandem, sero licet, unde discessi redeam; evectus enim sum rerum coherentium cathena), maxime vitandus Aristotiles, non quod plus errorum, sed quod plus autoritatis habet ac sequacium. »

2. *Id.*, p. 66 : « Sed alium quem adorem habeo... quem pie utinam et iudices mei colant! Quod si faciunt, sciunt philosophos multa mentitos, eos dico qui philosophi dicuntur; veri enim philosophi vera omnia loqui solent. Horum tamen ex numero nec Aristotiles certe, nec Plato est, quem ex omni prisca illa philosophorum acie ad verum proprius accessisse nostri dixere philosophi. »

qu'autre chose est savoir, autre chose, aimer; autre chose,
comprendre, autre chose, vouloir. Il apprend, je ne le nie pas, ce
qu'est la vertu, mais sa lecture ne donne pas (ou si peu que rien),
cet aiguillon interne et cette ardeur qui poursuivent et enflamment
l'esprit et lui font aimer la vertu et haïr le vice [1]. Volontiers on
les trouverait plus chez Cicéron, Sénèque ou même Horace. Vraiment ce n'était pas la peine qu'il raillât et méprisât Socrate [2].
Il vaut mieux former une volonté pieuse et bonne qu'une intelligence vaste et claire. Certes il ne pouvait pas nous inspirer l'amour
de la vertu et de la vraie sagesse vers laquelle nous porte Platon,
car nul ne peut l'acquérir « sans une abondante gorgée, non point
de la fameuse source située dans les vallées du Parnasse, et que fit
jaillir Pégase, mais de cette eau unique qui a sa source dans le
ciel, pour retourner à la vie éternelle ». C'est une raison de plus
de ne le considérer, si grand soit-il, que comme un homme, et
« je ne parlerais pas ainsi, conclut Pétrarque, si je ne le savais pas
très grand [3] ».

Mais alors s'il n'est qu'un homme, pourquoi lui donner une
telle autorité. Il n'a pas tout dit et c'est ici que Pétrarque va nous
révéler toute sa pensée qui jusqu'alors était plus ou moins voilée.
« Avant qu'Aristote écrivit, dit-il, avant même qu'il naquit, je
ne doute pas qu'il y eut des hommes qui surent beaucoup de
choses, tels qu'Homère, Hésiode, Pythagore, Anaxagore, Démocrite,
Diogène, Solon, Socrate et enfin le prince de la philosophie : Pla-

1. *Id.*, p. 67-68 : « Audiant Aristotelici, inquam, omnes, et quoniam Grecia
nostris sermonibus surda est, audiant quos Italia omnis, et Gallia et contentiosa Pariseos ac strepidulus Straminum vicus habet. Omnes morales, nisi
fallor, Aristotilis libros legi, quosdam etiam audivi, et antequam hec tanta
detegeretur ignorantia, intelligere aliquid visus eram, doctiorque his forsi-
tam nonnunquam, sed non qua decuit; melior factus ad me redii... Aliud
est enim scire atque aliud amare, aliud intelligere atque aliud velle. ».

2. *Id.*, p. 69 : « Neque est mirari si in excitandis atque erigendis ad virtutem animis sit parcior, qui parentem philosophie huius Socratem circa
moralia negotiantem, ut verbo eius utar, irriserit, et, si quid Ciceroni credimus, contempserit. » Cicéron, *Academ.*, I, 4.

3. *Id.*, p. 69 : « ...virtus internis spectata oculis formaque et tanquam
honesti visa facies, ut vult Plato, miros sapientie, miros sui pariat amores.
Que licet preter Cristi doctrinam atque auxilium omnino fieri non posse
non sim nescius, neque sapientem neque virtuosum neque bonum aliquem
evadere, nisi largo haustu, non de fabuloso illo Pegaseo, qui est inter con-
vexa Parnasi, sed de vero illo et unico et habente in celo scatebras fonte
potaverit aque salientis in vitam eternam; quam qui gustat, amplius non
sitit. » (Saint Jean, IV, 13.) — Le « ut vult Plato » se réfère à Cicéron,
Academ., I, 5.

Id., p. 72 : « Ipsum vero Aristotilem (nisi maximum quemdam virum
scirem, non hec dicerem) scio maximum, sed ut dixi, hominem. »

ton [1]. » Cette fois, la cause est entendue. Toute cette polémique
n'avait qu'un but : remettre Aristote à sa place et rendre à Platon
la première. Encore faut-il pouvoir la justifier et cela ne semble
pas facile, car si Pétrarque a pu souligner, en passant, les erreurs
métaphysiques d'Aristote, et les insuffisances de son *Éthique*,
en s'appuyant plus ou moins sur ses œuvres, on ne voit pas sur
quoi il pouvait fonder la primauté de Platon qui, pratiquement
lui restait inconnu. A défaut de textes, il fait appel à l'autorité.
« On me demande, dit-il, qui a décerné ce principat à Platon? Ce
n'est pas moi qui vais répondre : la Vérité, comme on dit, répondra
pour moi. Car s'il ne l'a pas appréhendée, il l'a vue et approchée
de plus près que les autres. Aussi, voit-on le reconnaître des
hommes comme Cicéron, le premier, puis Virgile, qui ne le nomme
pas, mais le suit, puis Pline, Plotin, Apulée, Macrobe, Porphyre,
Censorinus, Josèphe et parmi nos philosophes chrétiens Ambroise,
Augustin, Jérôme et beaucoup d'autres. On le prouverait bien
facilement si cela n'était connu de tous. D'ailleurs qui donc lui
refuse le primat, sinon le sot et bruyant troupeau des scolastiques [2]? » En vérité, on ne pouvait souhaiter une déclaration plus
claire pour être fixé sur la pensée de Pétrarque [2].

Il en mesure d'ailleurs toute l'importance. « Je n'ignore pas,
dit-il, que je viens d'aller donner contre un gros écueil, en ne me
contentant pas de mentionner, mais en comparant entre eux
d'aussi grands philosophes. » Mais, poursuit-il, « puisque je ne sais
quel vent m'a poussé jusque-là, je m'en tirerai comme je pourrai
et je vais dire ce que je me rappelle avoir souvent répondu à
ceux qui me posaient cette question et qui étaient parfois de
grands personnages. Certes, nul ne pourra jamais trancher la
question par une sentence définitive. Cependant si l'on me demande lequel des deux est le plus admiré, je répondrai tout d'abord
que l'on dit, il me semble, que l'un des deux l'est de l'élite et

---

1. *Ibid.* : « Scio in libris eius multa disci posse, sed extra sciri aliquid
posse credo et antequam Aristotiles scriberet, antequam disceret, antequam
nasceretur, multa aliquos scisse non dubito, Homerum, Hesiodum, Pithagoram, Anaxagoram, Democritum, Dyogenem, Solonem, Socratem, et philosophie principem Platonem ».
2. *Ibid.* : « Et quis, inquient, principatum hunc Platoni tribuit? Ut pro
me respondeam, non ego, sed veritas, ut aiunt, etsi non apprehensa, visa
tamen illi, propiusque adita, quam ceteris. Dehinc magni tribuunt auctores
(sic), Cicero primum et Virgilius, non hic quidem nominando illum, sed
sequendo, Plinius preterea, et Plotinus, Apuleius, Macrobius, Porphirius,
Censorinus, Iosephus, et ex nostris Ambrosius, Augustinus et Ieronimus,
multique alii. Quod facile probaretur, nisi omnibus notum esset. Et quis
non tribuit, nisi insanum et clamosum scolasticorum vulgus? »

l'autre du vulgaire. Platon est loué par les plus grands alors qu'Aristote l'est par le plus grand nombre, et tous deux sont dignes d'être loués et par les plus grands et par le plus grand nombre. Car en fait de choses humaines et de choses naturelles, tous deux sont arrivés au plus haut point que puissent atteindre le génie et l'effort humain. Quant aux choses divines, Platon et les Platoniciens sont montés plus haut et bien que ni l'un ni l'autre n'aient pu atteindre leur but, Platon s'en est approché davantage [1]. » Tout cela évidemment est du saint Augustin, et même quand Pétrarque fait dire aux Grecs qu'ils appellent Aristote un démon et Platon le divin Platon, c'est encore au grand Docteur de l'Église qu'il se réfère. Il est cependant un argument que nul avant lui n'avait invoqué et il est d'une extrême importance, car, si comme ses devanciers, il ne peut justifier sa préférence et son choix par la qualité des œuvres de Platon, il peut, du moins, témoigner de leur quantité. Il n'a pas entendu Platon, mais il l'a vu.

C'était, en effet, un argument facile pour ses ennemis d'opposer aux nombreux écrits d'Aristote les deux ou trois livres de Platon que l'on pouvait alors lire en latin. Or voici que Pétrarque leur répond : « J'ai chez moi seize livres de Platon et plus. Je ne sais pas si mes amis en ont jamais entendu nommer les titres. Ils seront donc bien étonnés d'apprendre cela. S'ils ne me croient pas, qu'ils viennent me voir... Ils verront dans ma bibliothèque non seulement des livres en langue grecque, mais encore quelques-uns traduits en latin qu'ils n'ont jamais vus autre part... Et ce n'est là qu'une petite partie des œuvres de Platon, car j'en ai vu de mes yeux un plus grand nombre, en particulier chez le Calabrais Barlaam [2]. » On ne pourra donc plus dire que Platon est un mythe

---

1. *Id.*, p. 74-75 : « Scio, ut dixi, durum me fame scopulum adisse, tantorum non modo mentione philosophorum, sed comparatione proposita... Quando ergo, quolibet flatu pulsus, huc prodii, emergam ut potero, et id dicam, quod me sepe et interdum magnis quesitoribus respondisse memor sum... At si queritur uter sit laudatior, incuntanter expediam inter hos referre, quantum ego arbitror, quod inter duos, quorum alterum principes proceresque, alterum universa plebe laudet. A maioribus Plato, Aristotiles laudatur a pluribus; et a magnis et a multis, imo ab omnibus dignus uterque laudari. Eo enim ambo naturalibus atque humanis in rebus pervenerunt, quo mortali ingenio ac studio perveniri potest. In divinis altius ascendit Plato ac Platonici, quamquam neuter pervenire potuerit quo tendebat. Sed, ut dixi, propius venit Plato... »

2. *Id.*, p. 76 : « At Platonem, prorsum illis et incognitum et invisum, nil scripsisse asserunt, preter unum atque alterum libellum; quod non dicerent, si tam docti essent, quam me predicant indoctum. Nec literatus ego, nec Grecus, sedecim vel eo amplius Platonis libros domi habeo; quorum

autour duquel toute l'Antiquité grecque et romaine a brodé une
doctrine sans pouvoir en apporter les preuves. Désormais, on allait
même pouvoir juger de l'honnêteté d'Aristote, car « s'il est toujours facile de discuter avec un mort », la chose devient plus dan-
gereuse quand ses héritiers ont ses textes. C'est donc une ère
nouvelle qui s'annonçait. La tradition platonicienne qui pendant
des siècles avait tenté de sauver l'esprit des Dialogues allait
faire place à la lettre et c'est à armes égales que l'on espérait
pouvoir bientôt se mesurer.

Mais en attendant, ne va-t-on pas retourner contre Pétrarque
le reproche qu'il faisait à ses adversaires et l'accuser d'adorer
Platon, comme ils adoraient Aristote? Non. « Si d'aventure, dit
Pétrarque et ce sera en fait son dernier mot, je m'entendais reprocher ce que Jérôme rapporte lui avoir été reproché : « Tu mens,
tu es cicéronien, tu n'es pas chrétien, là où est ton trésor, là
est ton cœur », je répondrais que mon trésor, que la partie la plus
incorruptible et la plus noble de mon cœur, sont dans le Christ...
Je ne suis pas cicéronien ou platonicien; je suis chrétien... et j'aurais beaucoup plus de foi en n'importe quel catholique, même
illettré, qu'en Platon ou en Cicéron en personne... », car « si on
abandonne la connaissance de la foi, qui est de toutes les sciences,
la plus profonde, la plus certaine et la plus heureuse, toutes les
autres ne sont plus des buts, mais des précipices. Paul a paru fou
aux Pharisiens et aux prêtres. Je puis donc me consoler de cette
ignorance que l'on me reproche et je pourrais de même me consoler
de la folie que l'on pourrait me reprocher, en excellente compagnie.
Et sic facio [1] ».

nescio an ullius isti unquam nomen audierint. Stupebunt ergo si hec audiant.
Si non credunt, veniant et videant. » — « Neque Grecos tantum, sed in
latinum versos aliquot nunquam alias visos aspicient literatissimi homines...
Et quota ea pars librorum est Platonis, quorum ego his oculis multos vidi,
precipue apud Barlaam Calabrum... »
    1. *Id.*, p. 77 : « Etsi enim forsitan audire possim quod obiectum sibi Iero-
nimus refert : Mentiris, Ciceronianus es, non Cristianus. Ubi enim thesaurus
tuus, ibi et cor tuum. Respondebo, et thesaurum meum incorruptibilem,
et supremam cordis mei partem apud Cristum esse... » *Id.*, p. 78 : « ...non
Ciceronianus certe nec Platonicus, sed Cristianus sum; ...Ceterum multo
hac in parte plus fidei apud me habiturus fuerit pius quisque catholicus,
quamvis indoctus, quam Plato ipse vel Cicero. » *Id.*, p. 81 : « ...vere autem
fidei notitia et altissima et certissima et postremo felicissima sit scientiarum
omnium! Qua deserta, relique omnes non vie, sed devia, non termini, sed
ruine, non scientie, sed errores sunt... (Paulus) omnino et Phariseis et pon-
tificibus insanire visus olim sit, quod de lupo agnus, de persecutore cristiani nominis factus essent apostolus Cristi, et his nostris nunc etiam videatur. Possum ergo ignorantiam michi obiectam (possim, et si obiciatur, insa-
niam) magnis comitibus consolari et sic facio... ».

Ce traité, dont nul ne pourrait contester l'importance puisqu'il est tout ensemble un manifeste philosophique et une profession de foi, nous laisse cependant une impression assez inquiétante. Il est vrai que Pétrarque nous dit qu'il l'a composé « dans un petit bateau au milieu des flots du Pô » et qu'il s'excuse « si la main et l'expression flottent quelque peu », mais ce qui « flotte » surtout, c'est l'ordre de ses pensées. On aurait souhaité qu'oubliant son orgueil blessé, il portât le débat sur un plan plus général, en soulignant plus nettement le mal dont souffrait son siècle et le remède qu'il proposait. Ce remède, nous le savons, c'était un humanisme rénové. Encore eût-il fallu clairement le définir et le fonder sur une méthode aussi claire que les puissants motifs qui l'inspiraient. Nous ne serons donc pleinement satisfaits que lorsque nous saurons, d'une part, l'étendue du mal et ses causes, et, d'autre part, la nature du remède et sa valeur. Or, tout cela ce n'est pas seulement dans le *De suiipsius et multorum ignorantia* qu'il faut le chercher, mais dans l'œuvre tout entière de Pétrarque qui, toute sa vie, a lutté inlassablement pour faire triompher la vérité qui, pour lui, humaniste, ne pouvait se trouver que dans une harmonieuse synthèse des désirs et des espérances de l'homme.

Sur l'étendue du mal, il ne nous a laissé aucun doute : « Semblables à une armée de fourmis noires, dit-il, ceux qu'il combat sortent de je ne sais quel chêne vermoulu et ravagent tous les champs de la doctrine [1]. » Quant à ses causes, elles sont nombreuses. Il y a d'abord l'ignorance qui, nous l'avons vu, se déguise en fausse science. « Ces hommes, en effet, condamnent Platon et Aristote, rient de Socrate et de Pythagore et pour obéir à des chefs inconnus, dédaignent Cicéron, méprisent Varron et Sénèque, rejettent Tite-Live et Salluste et trouvent que Virgile est prodigue de conjonctions [2]. » A coup sûr ce ne sont donc pas des humanistes. Mais quels sont donc ces « chefs inconnus dont on devrait rougir » et que l'on préfère « à des chefs à qui l'on peut se fier »? Pétrarque hésite à les nommer. Ce sont des hommes « qui ont peut-être appris quelque chose après leur mort, mais qui, de leur vivant, n'ont eu ni savoir, ni réputation ». Il ne peut donc s'agir ni d'un saint Thomas, ni d'un Pietro d'Abano, dont la renommée était encore

---

1. *Rer. Sen.*, V, 3 : « ...Surgunt his diebus dialectici non ignari tantum, sed insani et quasi formicarum nigra acies, nescio cuius cariosae quercus e latebris erumpunt, omnia doctrinae melioris arva vastantes. Hi Platonem atque Aristotilem damnant. Socratem ac Pithagoram rident, haec Deus bone, quibus haec ducibus, quam ineptis agunt? »

2. *Rer. Sen.*, V, 3.

si grande. Il s'agit tout d'abord de « dialecticiens » qui ne sont pas de vrais philosophes, « mais seulement des animaux orgueilleux et vains, infatués d'eux-mêmes [1] », qui cherchent des « broussailles pour obstruer le chemin de la Vérité » et « qui n'ont à la bouche que cet « ergo » endiablé des Universités de Paris et d'Oxford qui a fait tant de milliers d'imbéciles [2] ». « J'avoue, dit Pétrarque, qu'on ne peut rien trouver d'assez mordant contre ce fléau des études. » Est-ce à dire qu'il condamne la dialectique? Non. « Je sais, écrit-il, qu'elle est un degré à franchir pour ceux qui visent haut et pour ceux qui marchent dans les sentiers difficiles de la philosophie. Ce n'est point une armure inutile. Elle excite l'intelligence, elle marque la route de la vérité, elle enseigne à éviter les pièges et rend les esprits agiles et ingénieux », mais si on a raison de passer par là, on aurait tort de s'y arrêter. « Si nous devions, même étant vieux, continuer l'étude de la dialectique comme des enfants, pourquoi ne pas continuer aussi comme eux à jouer au cheval sur un bâton [3]. » Nous avons autre chose à faire. « Les arts libéraux sont un moyen et non pas une fin et c'est folie d'en rester là, alors que la Vie nous presse et que d'un jour à l'autre la Mort peut apporter une conclusion inattendue à ce raisonnement dont nous nous obstinons à ne pas dépasser les prémisses [4]. » Cependant si une telle méthode suffit pour créer des ignorants, il faut quelque chose de plus pour en faire des impies. Or, ceux dont nous parle Pétrarque ne sont pas seulement des adversaires de l'Humanisme et de la saine philosophie, ils sont aussi les ennemis de la vraie religion. Si fragile et si méprisable qu'elle soit, ils ont donc une doctrine.

A vrai dire, la réplique à ses adversaires nous a déjà fixés à ce sujet, au moins d'une manière négative. Niant la création,

---

1. *Rer. Sen.*, XIII, 5.
2. *De suiipsius... ign.*, ed. cit., p. 88.
3. *Epist. Famil.*, I, 7 (ed. cit., I, p. 37-38) : « ...Ergo inquiunt, dyalecticam tu condemnas? Absit; scio enim quantum illi Stoici tribuant, secta philosophorum fortis et mascula... scio quod una liberalium est et gradus ad alta nitentibus interque philosophorum dumeta gradientibus non inutilis armatura. Excitat intellectum, signat veri viam, monstrat vitare fallacias; denique, si nichil aliud, promptos et perargutulos facit... Dyalectica pars esse potest, utique terminus non est; et potest pars esse matutina, non serotina. Plurima quidem honeste facimus, que turpissime faceremus; si enim dyalectice scolas, quod in eis pueri lusimus, senes relinquere nescimus, eodem iure nec par impar ludere nec arundine tremula equitare pudent nec rursum cunis infantilibus agitari. »
4. *Ibid.* : « Viatoris insani est amenitate viarum metam quam destinaverat oblivisci; multa cito transisse et nunquam citra terminum substitisse, viatoris laus est. » *Ibid., Secretum.*

l'éternité du monde, la toute-puissance et la souveraine félicité
de l'homme, ils affirmaient par conséquent que Dieu ne pouvait
être conçu que comme un principe et que l'âme humaine ne pouvait être que mortelle. Or, de qui est cette doctrine? Ils répondent :
« Aristote l'a dit, et cette ridicule coutume leur tient lieu de foi[1]. »
Mais nous savons ce que Pétrarque en pense et il n'est pas douteux
que derrière Aristote qu'il flatte et qu'il excuse, il vise un mauvais
génie qui a abusé du nom du Stagyrite pour donner à ses propres
erreurs beaucoup plus de poids. Ce mauvais génie, ne cherchons
pas davantage, c'est Averroès. Certes, on peut s'étonner que dans
son traité, il ne l'attaque pas de face. Une seule fois, il le nomme
pour déclarer suspects ses Commentaires qui ne sont qu'une
preuve de sa pauvreté intellectuelle et de son orgueil, car « il n'y a
que ceux qui n'osent rien écrire de personnel qui se font par envie
commentateurs d'autrui[2] ». Mais ce n'est là qu'un jugement
bénin, simple haussement d'épaules, qui inspire plus de dédain
que d'aversion. Il est vrai qu'il attribue à ses accusateurs une
attitude qu'ils ne peuvent avoir héritée que d'Averroès ou, du
moins, de ses disciples : celle de la double vérité. Mais si formelle
que soit, dans l'occurrence, sa condamnation, elle ne saurait
atteindre un maître qui n'est pas nommé[3]. Si donc nous n'avions
que ce texte, nous en serions réduits à conclure que la racine du
mal avait échappé à Pétrarque et qu'il avait frappé dans le vide.
Ce serait lui faire injure. A travers les médecins, les astrologues,
les dialecticiens, il n'a vu qu'une secte : les Arabes et il n'a condamné qu'un homme : Averroès.

« Je te prie de grâce, écrit-il à l'un de ses médecins, de ne tenir
aucun compte, en ce qui me concerne, de tes Arabes... Je hais
toute cette race... Je connais leurs poètes; on ne peut rien imaginer
de plus mou, de plus énervé, de plus obscène... On me persuadera
difficilement qu'il puisse sortir quelque chose de bon de l'Arabie[4]. »
Il s'indigne contre sa patrie dont le génie doit être assoupi et éteint
pour admettre que ni les Grecs ni les Latins n'ont surpassé les
Arabes[5]. Et que dire d'Averroès? Écoutons plutôt le récit de
cette visite que lui fit un jour un Averroïste dans sa bibliothèque
de Venise, et qui ressemble fort à cet « homme de grand renom »,
que nous avons déjà rencontré dans la préface de son *De suiipsius
et multorum ignorantia*. Comme il était de ceux « qui selon la cou-

1. *De suip. ign.*, p. 39.
2. *Ibid.*, p. 72.
3. *Ibid.*
4. *Epist. Sen.*, XI, 2.
5. *Rer. Sen.*, V, 3.

tume des modernes philosophes, pensent n'avoir rien fait s'ils
n'aboient contre le Christ et sa doctrine surnaturelle », Pétrarque
tenta de le confondre en citant saint Paul : « Garde-toi des docteurs
de cette espèce, répondit l'autre, j'ai mon maître et je sais à
qui je crois. » Et comme Pétrarque essayait de défendre l'Apôtre,
« le malpropre », dans un éclat de rire, s'écria : « Allons, reste bon
chrétien. Moi je ne crois pas un mot de toutes ces fables. Ton
Paul, ton Augustin et tous ces gens dont tu fais tant de cas,
n'étaient que des bavards. Ah! si tu étais capable de lire Averroès...
Tu verrais combien il est supérieur à tous ces conteurs de bali-
vernes [1]... » Une telle anecdote montre à quel point le mal était
profond. A n'en pas douter, les adversaires de Pétrarque étaient
bien de purs averroïstes et s'il ne s'est pas attaqué à leur maître,
c'est que, hélas! comme de coutume, il ne le connaissait qu'à travers les mécréants qui se disaient ses disciples.

Conscient de son ignorance à ce sujet et n'ayant pu y remédier
à temps pour répondre à l'imposteur, il écrivit quelques jours
avant que la plume ne lui tombât des doigts, à un moine augustin
pour le supplier de continuer la lutte et d'accomplir ce que lui-
même n'avait pu faire : « Je te demande une dernière grâce, lui
dit-il, c'est de bien vouloir, dès que tu le pourras, te retourner contre
ce chien enragé d'Averroès, qui, transporté d'une fureur aveugle,
ne cesse d'aboyer contre le Christ et contre la religion catholique.
J'avais, tu le sais, commencé à recueillir çà et là, ses blasphèmes,
mais des occupations nombreuses et le manque de temps, aussi
bien que de science, m'en ont détourné. Applique toutes les forces
de ton esprit à cette entreprise qui a été jusqu'ici si indignement
négligée et dédie-moi ton opuscule que je sois vivant ou mort [2]. »

---

1. *Rer. Sen.*, V, 2 : « Fui nuper in hac nostra Bibliotheca unus horum non
quidem habitu religiosus... moderno more philosophantium quique nihil
actum putant nisi aliquid contra Christum et coelestam Christi doctrinam
latrant, cui cum nescio quid e sacris libris ingerem, ille spumans rabie, ac
natura foeda ira et contemptus supercilio frontem turpans. Tuos inquit et
Ecclesiae doctorculos tibi habe. Ego quam sequar habeo, et scio cui credidi :
...Et tu, inquit, esto Christianus bonus, ego horum omnium nihil credo, et
Paulus et Augustinus tuus, hique omnes alii quos predicas loquacissimi
homines fuere; utinam tu Averroim pati posses, ut videres quanto ille tuis
his nugatoribus major sit! »

2. *Epist. sine titulo*, XXII : « Ad quemdam doctum adolescentem et elo-
quentem : illum qui in juvenili aetate religionem ingressus fuerat com-
mendantis et ut Christi gloria militet et contra Averroim qui contra Christi
catholicamque fidem latrat : aliquid scribat hortantis...

« ...Extremum quaeso : ut cum primum perveneris quo suspiras, quod
cito fore confido, contra canem illum rabidum Averroim qui furore actus
infando contra dominum suum Christum contraque catholicam fidem

Christi inimico hostis esto Averroï. Voilà le dernier vœu de Pétrarque et ce mot, à lui seul, suffirait pour montrer jusqu'à quel point il avait compris la gravité du mal et le ferme propos qu'il avait d'y porter remède.

La tâche n'était pas facile. La fausse science s'appuie toujours sur la mauvaise foi et il n'est pires sourds que ceux qui ne veulent pas entendre. D'autre part, il faut avouer que réfuter cette erreur, qui mettait en jeu des dogmes comme la Providence divine et l'immortalité de l'âme, aurait dû revenir aux théologiens et il est curieux de voir Pétrarque se plaindre qu'on ait « si indignement négligé » de répondre à Averroès. Il ignorait sans doute les traités que saint Albert le Grand (1256) et saint Thomas (1270) avaient consacrés à l'unité de l'intellect et il faut croire, si l'on en juge par le portrait qu'il a esquissé des théologiens de son temps, que nombre d'entre eux s'étaient laissés séduire par l'erreur : « Quelle engeance que ces hommes qui, religieux par l'envie, mais profanes par les mœurs et les sentiments, appellent eux aussi Ambroise, Augustin et Jérôme des bavards plutôt que des savants. Je ne sais d'où viennent ces nouveaux théologiens qui ne respectent pas les Docteurs et qui bientôt ne respecteront ni les Apôtres, ni l'Évangile, prêts à déchaîner enfin leur langue téméraire contre le Christ lui-même, si Celui dont la cause est en jeu n'accourt et ne met un frein à ces animaux indomptés... [1]. » Décidément tout le corps était gangréné et, même en faisant la part de l'exagération, il est clair qu'on ne pouvait trouver une solution qu'en transposant la question du plan purement scolastique sur le plan humain. Comme le soulignait si justement Pétrarque, Aristote pouvait n'être pas coupable, il n'en était pas moins vrai que sa doctrine métaphysique était assez équivoque pour avoir engendré l'erreur et que sa morale était insuffisante. Troublant l'esprit au point de lui faire admettre deux vérités et trompant le cœur qu'elle ne conduisait ni à l'amour de Dieu, ni à celui de la vertu, cette doctrine avait fait faillite et les excès mêmes qu'elle engendrait montraient suffisamment que, malgré la logique de ses principes, elle ne répondait plus au besoin de l'homme qui devait pouvoir être humaniste sans cesser d'être chrétien. Telle était la position de Pétrarque.

---

latrat; collectis undique blasphemis ejus, quod ut scis jam exceperamus, sed me ingens semper et nunc solito major occupatio, nec minor temporis quam scientia retraxit inopia, totis ingenii viribus ac nervis incumbens, rem a multis magnis viris impie neglectam, opusculum unum scribas et mihi illud inscribas, seu tunc vivus ero, seu interim abiero. »

1. *Epist. Sen.*, V, 3.

Pour la défendre, il devait donc chercher d'autres maîtres que ceux qui avaient perverti son siècle et c'est ainsi que tout naturellement Platon fut appelé une fois de plus à rétablir l'équilibre. Comme les « platoniciens » de l'Académie Palatine et de l'École de Chartres, Pétrarque avait lu Macrobe et Apulée, Boèce et Chalcidius, saint Ambroise et saint Jérôme, mais c'est Cicéron et saint Augustin qui devaient l'orienter vers un platonisme, dont leur autorité les dispensait d'en discuter la valeur. Sans cesse ces deux noms reviendront sous sa plume comme si le romain devait confirmer le chrétien et réciproquement.

A son avis, saint Augustin ne saurait être égalé par personne. « Il a été sous tous les aspects, trop grand et trop inaccessible [1] » et quand dans son *Secretum* la Vérité encourage l'auteur des *Confessions* à aider Pétrarque à se relever, elle lui dit simplement : *Quidquid ex te audiet, ex me dictum putet.* C'était une belle revanche sur Dante. Pétrarque après avoir couronné Platon rendait à saint Augustin sa place dans le « ciel du Soleil ». Au reste n'était-ce pas logique, puisque l'auteur du *De vera Religione* était devenu « le philosophe du Christ, en lisant les livres platoniciens »? Mais c'était aussi en lisant l'*Hortensius*. La preuve était donc faite que l'on pouvait trouver la vérité par Platon, en passant par Cicéron et c'est sur ce chemin suivi par le maître que le disciple s'engagera, à la différence toutefois que les *Tusculanes* remplaceront avantageusement l'*Hortensius*.

Que l'Humanisme se mette au service de la foi, non seulement c'était une tradition, mais c'était pour lui dans l'ordre. « Si j'aime les poètes et les philosophes, dit-il, je suis en cela l'exemple de saint Augustin. Il n'aurait pas fait son traité de la *Cité de Dieu* s'il n'avait pas été plein de leurs écrits... Saint Paul lui-même n'a pas rougi d'alléguer et de se fier aux profanes et il ne l'interdit point. » Pourquoi d'ailleurs l'interdire? « Les sages de l'Antiquité, semblables à des astres brillants, peuvent encore diriger sur les ondes nos barques frêles agitées par la tempête [2]. » « C'est d'eux que nous tenons la vraie Philosophie qui ne s'élève pas avec des ailes de cire pour tomber en montant au ciel, et ne s'enfle point par de vaines disputes qui cachent la vérité en faisant semblant de la découvrir. » « Doués d'une excellente nature, ils se sont élevés à la contemplation des vérités éternelles, autant que le permet notre humanité. Ils préparèrent le monde à l'enseignement divin. Ils ont acquis des droits à notre reconnaissance et à notre affec-

1. *Ibid.*, XVII, 2.
2. *Epist. Famil.*, I, 2.

tion. Mais ils n'ont pas été éclairés par ce soleil sans lequel nul ne saurait parvenir ici-bas à son plein exercice... Ils n'ont pas vu Celui qui, confondant l'orgueil des Sages, se révèle aux petits et aux ignorants. Entourés de ténèbres, ils ont souvent erré et ont souvent blessé leurs pieds aux ronces du chemin. » C'est pourquoi d'ailleurs : « ils sont plus malheureux que coupables », car « malgré leurs contes sur les dieux, ils ne blasphèment point, puisqu'ils n'ont point connu le vrai Dieu [1] ». En vérité, on croirait lire saint Justin ou Lactance et encore ces textes que l'on pourrait multiplier sont-ils souvent plus vivants que ceux des Apologistes. Quoi de plus émouvant, en effet, que ces simples mots, écrits de la main de Pétrarque à l'adresse de Platon, sur le dernier feuillet du Chalcidius : *Felix miser, qui haec sciens, unde ista nescisti!* et ce regret formulé à propos de Cicéron : « Je voudrais pouvoir, dit-il, le mettre au nombre des catholiques. Plût au ciel que Celui qui lui donna un tel génie eût daigné se faire connaître à lui comme il daigna se faire chercher par lui! [2] »

Évidemment ce ne sont là que des échos de la *Cité de Dieu* mais le fait n'en est pas moins important, car même si ces textes étaient depuis longtemps connus, c'est vraiment à Pétrarque que l'on doit de les avoir non pas ressuscités, mais singulièrement actualisés et le fait que cette initiative émanait d'un laïque prouvait qu'il y avait vraiment quelque chose de changé.

La méthode de Pétrarque n'était d'ailleurs pas moins claire que ses intentions. Puisque la doctrine d'Aristote ou du moins celle qu'on lui attribuait et qui le compromettait, engendrait l'erreur, il fallait ou lui en substituer une autre ou renoncer à mettre la raison en harmonie avec la foi. Or, pour Pétrarque cette alternative ne se posait même pas. A vingt-et-un ans, une de ses premières acquisitions de bibliophile avait été une *Cité de Dieu* [3]

1. *De suipsius ignor.*, ed. cit., p. 44 : « Pagni enim illi veteres, etsi multa de diis fabulentur, non blasphemant tamen, quia veri Dei notitiam nullam habent, neque nomen Christi audierunt — fidem ex auditu est — et quamvis in omnem terram exiuerit sonus eorum et in fines orbis terra eorum, Apostolorum tamen verbis ac doctrinis tote orbe sonantibus, illi iam mortui ac sepulti erant, miseri magis quam culpabiles. » *Id., Epist. Famil.*, XXI, 10. — LACTANCE, *De morto persecutorum.* — MIGNE, *P. L.*, VII, 195. — SAINT AUGUSTIN, *Enarratio in Psalm.*, CXXVI, c. 9.

2. *Ibid.*, p. 44 : « Ciceronemne ideo catholicis inseram ? Vellem posse. Et o utinam liceret! utinam qui tale illi ingenium dedit, et se ipsum cognoscendum prebuisset, ut querendum prebuit! »

3. Ce manuscrit est aujourd'hui à la bibliothèque de Padoue (n. 1490). Il porte en marge du f. 1 : Anno Domini MCCCXXV mense februario in Avinione emi istum librum de Civitate Dei ab exequutoribus domini Cinthii cantoris Turonensis pro pretio florenorum XII. — P. DE NOLHAC, *op. cit.*, II, p. 195-196.

qu'il avait achetée à Avignon à un chantre de Tours. Quelques années plus tard (1333), il avait eu la bonne fortune de rencontrer à Avignon un moine augustin, Dionigi de Borgo S. Sepolcro, qui lui avait offert un exemplaire des *Confessions*, et il avait pu longuement s'entretenir avec cet ancien maître de Sorbonne qui mieux que personne pouvait l'éclairer sur les querelles de ce Paris, dont il était revenu profondément choqué. N'était-ce pas assez pour décider de l'orientation de sa pensée et de toute sa vie? On serait tenté de le croire en lisant sa lettre sur l'ascension du Mont Ventoux le 26 avril 1336 et dans laquelle il nous fait part précisément des « saintes pensées » que lui inspirait la lecture du Livre Xe des *Confessions* [1]. N'en doutons pas, c'est là qu'il a trouvé :

> ...*altro sentier di gire al cielo*
> *E di far frutto, non pur fior'e frondi.*

Sa position dès lors était nettement définie. « Pour nous, qui, avant tout, sommes chrétiens, écrit-il à Jean Colonna, la Philosophie ne doit être que l'amour de la Sagesse. Or, la Sagesse de Dieu, c'est son Verbe, c'est le Christ. C'est donc lui que nous devons aimer pour être vraiment philosophe [2]. » C'est cette philosophie « qui nous mène au salut par une voie sûre et abrégée et non celle des écoles qui, nous élevant dans l'air sur des ailes trompeuses, nous laisse retomber sans nous avoir rien appris, après nous avoir fait voltiger au gré des vents des disputes frivoles [3] ». Définissant la philosophie, amour de la Sagesse, Pétrarque, comme tous les humanistes qui l'avaient précédé, la ramenait à ses origines, et parce qu'il était chrétien, tout naturellement il identifiait cette Sagesse au Verbe de Dieu. Avant lui, il nous en souvient Jean de Salisbury avait dit :

> *Si verus Deus est hominum sapienta vera,*
> *Tunc amor est veri Philosophia Dei* [4].

et Dante lui-même n'avait-il pas écrit dans son *Convito* : « *Filosofia e uno amoroso uso di Sapienza, il quale massimamente e in Dio perroche im lui e somma Sapienza e sommo amore e sommo atto* [5] ? » C'est vrai. Mais comme le dit si justement P. de Nolhac : « Peu importe que les idées en lui ne soient pas originales puisque ses

---

1. *Epist. Famil.*, IV, 1 (ed. Rossi, I, p. 153-161).
2. *Epist. Famil.*, IV, 4. — *Id.*, X, 5; XVII, 1.
3. *De sera sapientia*, I, 4.
4. Jean DE SALISBURY, *Entheticus*, v. 305.
5. DANTE, *Convivio*, III, 12.

aspirations le sont à un degré si rare [1]. » Or une de ces aspirations fut précisément de montrer que le culte de l'Antiquité n'était valable qu'en tant qu'il préparait ou confirmait la vérité chrétienne. Sans doute s'est-il réjoui de retrouver les chefs-d'œuvre de la littérature de ses aïeux pour restaurer la langue latine, que les scolastiques avaient quelque peu desséchée, mais ne nous y trompons pas, cet humanisme superficiel ne pouvait lui suffire. Il n'était pas de ces « ignorants qui s'attachent aux mots comme le naufragé aux planches », c'est lui-même qui nous le dit. C'est avant tout pour vivre qu'il voulait faire revivre les textes et c'est pourquoi il a adopté d'enthousiasme et préconisé la méthode, ou plutôt les remèdes proposés par saint Augustin qui, lui aussi, avait eu à faire face à l'erreur et en était sorti vainqueur en lisant Cicéron et les Platoniciens. La sagesse était donc de le suivre, et cela était d'autant plus facile que, pour Pétrarque, Cicéron était retrouvé et que Platon, même s'il était muet, était cependant ressuscité.

Fidèle au principe fondamental de l'Humanisme que saint Justin avait formulé et que saint Augustin devait si magnifiquement expliciter : « Tout ce qui est beau est nôtre [2] », Pétrarque n'avait donc qu'à puiser à pleines mains dans les trésors de l'Antiquité pour montrer à son siècle tout ce qu'on en pouvait tirer pour atteindre et aimer la Sagesse et, par ce moyen, être un vrai philosophe. Peu lui importent les disputes sans fin des dialecticiens de son temps qui sont le plus souvent des sophistes. A quoi bon chercher la Vérité sous des textes équivoques quand on en a de si clairs sous les yeux? « Les considérations philosophiques de Platon et de Cicéron sur Dieu, sur l'âme, sur les misères et les erreurs des hommes, sur le mépris de cette vie et le désir d'une autre, sont telles, écrit-il à Boccace, que l'on jurerait, si le nom de l'auteur manquait, qu'elles ont été écrites par saint Ambroise ou saint Augustin [3]. » Les problèmes qui l'intéressaient se trouvent donc nettement définis et c'est pour lui une joie et un soulagement de pouvoir les résoudre en s'abreuvant à des sources où son esprit et son cœur trouvent une égale satisfaction. Point n'est besoin pour lui de connaître les subtilités de la dialectique platonicienne, qu'il n'est pas à même d'apprécier, il fait confiance à ses maîtres et se réjouit de pouvoir en invoquant Platon, confondre ceux qui s'obstinent à nier ce qui les dépasse. A un épicu-

1. Cf. P. DE NOLHAC, op. cit., I, 2.
2. SAINT JUSTIN, Apol., II, ch. XIII.
3. Epist. Sen., II, 1.

rien dont Cicéron nous rapporte une de ces « petites ritournelles impies » sur la façon dont Platon a pu contempler la construction du monde, Pétrarque répond : « Avec les yeux de l'âme, qui nous font apercevoir l'invisible et grâce auxquels ce philosophe, soutenu par une vue très nette et très perçante, a vu bien des choses. » Et il ajoute : « Ce n'est pas que les nôtres — entendons : les philosophes chrétiens — ne s'en soient approchés davantage, mais ce n'est pas leur vue, c'est la lumière qui était plus claire [1]! » « Nous voyons plus de choses que les Anciens et de plus éloignées, disait Bernard de Chartres, non par la pénétration de notre propre vue ou par l'élévation de notre taille, mais parce qu'ils nous soulèvent et nous exhaussent de toute leur hauteur gigantesque [2]. » Étrange rapprochement qui suffirait à nous montrer qu'avant « le premier homme moderne », il y avait eu des humanistes qui ne manquaient ni de savoir, ni d'audace.

Ainsi une fois de plus, coïncidence pour le moins étrange, des hommes inquiets des conclusions que l'on tirait d'Aristote, se retrouvaient unis dans une même admiration pour l'Antiquité et se tournaient d'instinct vers Platon pour trouver la solution des problèmes qui se posaient impérieusement à leur esprit et à leur conscience. Comme autrefois à Chartres un climat platonicien s'imposait et timidement les artistes représentaient le triomphe de saint Augustin [3]. Platonisme d'intention, dira-t-on. C'est

---

1. *De suiips. ignor.*, p. 62 : « Ubi profanas illas cantiunculas gravi non sine stomaco solitus sum audire, quas hi nostri in triviis passim, apud Ciceronem vero Velleius, Epicuri partium defensor, querit his verbis : « Quibus enim, inquit, oculis animi intueri potuit Plato fabricam illam tanti operis, qua construi a deo atque edificari mundum facit? ». Potest utcumque hec interrogatio tolerari, nisi quod iam querendo responsum est, quibus hec oculis vidit Plato, nempe animi, quibus invisibilia cernuntur, et quibus ipse, ut philosophus fretus acerrimis atque clarissimis, multa vidit; quamvis ad hanc visionem nostri propius accesserint, non visu quidem sed lumine clariore. »

2. Jean DE SALISBURY, *Metalog.*, III, 4.

3. Le plus beau témoignage est sans doute la fresque conservée à la Pinacothèque de Ferrare et qui a pour thème l'Apothéose de saint Augustin, cf. *Officina ferrarese* di R. LONGHI, Firenze, Sansoni, 1956, p. 5.

Saint Augustin est représenté entre les représentants de la Sagesse chrétienne : Moïse, saint Paul, saint Jean l'Évangéliste et saint Jérôme, et ceux de la Sagesse païenne Aristote, Platon, Socrate et Sénèque. Au-dessous sont les 6 vertus, écrasant ceux qui les ont pratiquement combattues : Justice (Néron), Prudence (Sardanapale), Foi (Arius), Charité (Hérode), Force (Holoferne), Tempérance (Épicure). Enfin au plan inférieur, les Arts libéraux et leurs représentants. Il est à noter que dans le triomphe de saint Thomas de la Chapelle des Espagnols à Florence, le Docteur Angélique est entouré uniquement des saints de l'Ancien Testament.

vrai. Mais même s'il est moins bien défini dans l'esprit de Pétrarque que dans celui des Chartrains et même des Carolingiens, il n'en représente pas moins un progrès, car, désormais, Platon est là. Incapable d'ajouter quoi que ce soit aux platoniciens latins, Pétrarque ne s'est pas contenté de jeter un cri d'alarme, il a dit ce que nul n'avait pu dire avant lui : « J'ai chez moi seize dialogues de Platon et même plus. » Et ce n'était pas une vantardise puisque Boccace nous assure qu'il a vu le « grandissimo volume » qui contenait « ou tout ou la majeure partie ou les plus importants écrits de Platon [1] », et qu'au surplus la critique moderne a pu identifier le manuscrit en cause et apporter la preuve que Pétrarque n'avait rien dit de trop [2]. De tels propos ne pouvaient évidemment pas demeurer sans écho. Il y avait trop longtemps qu'on attendait ces textes pour ne pas retenir cette promesse. Mais qui pouvait alors prétendre livrer à l'Occident les secrets du « prince des philosophes? »

III. LES HÉRITIERS DE PÉTRARQUE.

Pétrarque, en mourant, avait laissé à son ami Boccace cinquante florins d'or pour s'acheter un vêtement chaud, lui permettant de travailler à son aise pendant les longues soirées d'hiver [3]. Ce dernier témoignage d'amitié pouvait à juste titre être interprété comme le symbole d'une mission à poursuivre. Faut-il s'en étonner? Pour qui ne connaît Boccace qu'à travers le *Décaméron*, dont tant de traducteurs et surtout d'illustrateurs ont méconnu

---

1. BOCCACE, *Commenti sopra la Comedia*, ed. Milanesi, 1863, Lez. XV.

2. Il est généralement admis qu'il s'agit du Platon grec signalé dans le catalogue de 1459 de la bibliothèque Visconti-Sforza. Il comprenait : Disputatio Socratis cum Clitofonte (le *Clitophon*); Politie (la *République*), *Timeus* Platonis; *Chritias* Platonis; *De Lege* (le Minos); *Leges* Platonis; Ph(ilosoph)us Platonis (l'*Epinomis*); *Epistole* Platonis; *Diffinitiones* Platonis; *Confabulationes* Platonis; *Demodocus* de consilio; *Erixias* de divitiis; *Axiochus* de morte, et la 8e et 9e Tétralogie de Thrasille. Cf. G. GENTILE, *Studi sul Rinascimento*, p. 73. Cf. E. PELLEGRIN, *La bibliothèque des Visconti et des Sforza*, Paris, C.N.R.S., 1955, n. 120.

Par ailleurs, on sait qu'il possédait le *Timée* de Chalcidius *(Par. Lat. 6280)* et le Phédon *(Par. Lat. 6567 a)*. Cf. L. MINIO-PALUELLO, *Il « Fedone » latino con note autografe del Petrarca*, Accad. Naz. dei Lincei, Scienze morale, storiche e filologiche, Serie VIII, vol. IV, fasc. I-II, 1949, p. 107 à 113.

3. Cf. A. FABRONI, *Francisci Petrarchae vita*, Parme, 1799, p. 185 : « D. Ioanni de Certaldo seu Boccacio, verecunde admodum tanto viro tam modicum lego : quinquaginta florenos auri de Florentia pro una veste hiemali, ad studium lucubrationesque nocturnas. »

le sens, quand ils ne l'ont pas systématiquement trahi, il peut assurément paraître singulier que Pétrarque en ait fait son héritier spirituel. La vérité est que ces deux hommes, qui ne s'étaient pourtant rencontrés que cinq fois au cours de leur vie [1], s'étaient immédiatement compris. Traitant leurs œuvres en langue vulgaire comme de simples divertissements, qu'ils devaient d'ailleurs l'un et l'autre renier, ils avaient pour l'antiquité latine et grecque une même passion et bien qu'on ne l'ait pas toujours compris, il est certain que tous les deux, par des chemins en apparence assez différents tendaient vers un même but.

Persuadé qu'avec Pétrarque l'Italie avait tourné le dos au Moyen Age, de Sanctis voyait en effet dans les contes de Boccace l'illustration la plus éclatante d'une Renaissance. « Avec Boccace, dit-il, le Moyen Age se trouve non seulement nié, mais bafoué... Le *Décaméron* n'est pas le signe d'une évolution, mais une catastrophe ou une révolution. Le céleste et le divin sont proscrits de la conscience au profit de l'humain et de la nature... Dante a clos un monde, Boccace en ouvre un autre [2]. » De tels jugements ont pu évidemment retenir l'attention de lecteurs du *Décaméron*, qui peut-être ignoraient la matière et le ton de nos fabliaux du XIIIᵉ siècle. Mais passons. Outre que Boccace n'a pas écrit que le *Décaméron*, qui eut été moins exploité, s'il avait été mieux compris, comment pourrait-on admettre que Pétrarque eut pour meilleur ami un homme qui, à en croire nos critiques, se serait appliqué à « bannir de la conscience humaine le céleste et le divin », alors que lui, Pétrarque, avait passé sa vie à démontrer la majesté de Dieu et la valeur de la vertu?

On dira évidemment qu'ils étaient liés par l'amour des lettres et que Boccace s'est converti. Mais Pétrarque n'était pas l'homme à composer sur les principes et si Boccace a pu un moment être impressionné par les révélations du bienheureux Pietro Petroni, qui lui avait demandé de renoncer à la poésie profane, nous savons que Pétrarque lui a vivement conseillé de n'en pas tenir compte et de poursuivre au contraire ses études pour être mieux à même

---

1. G. DOMINICI, *Lucula Noctis*, ed. cit., p. 369-370 : « Ego quidem fateor in conscientia vera, teste Spiritu Sancto, non solum me non esse rethorem, sed nunquam gramaticam sub praeceptore vidisse; nullas gramaticorum regulas legi, Donatum non didici, niminum verborumque differencias penitus ignoro, et solo exercio formaos, ut possum, quas studui per memetipsum, ethnicos et catholicos antiquos et modernos métris et prosa currentes loquor imitatus doctorum ».

2. F. DE SANCTIS, *Storia della Letter, italiana*, cité par F. OLGIATI, *L'Anima del Umanesimo e del Rinascimento*, Milan, 1924, p. 115.

de glorifier Dieu. La solution n'est donc pas là. Elle est tout simplement dans l'œuvre de Boccace qui, comme son maître, fut trahi par le latin et dont la renommée pour beaucoup repose aujourd'hui uniquement sur les œuvres dont l'un et l'autre attendaient le moins de gloire.

Boccace, ce Rabelais avant la lettre, était lui aussi un véritable humaniste et ceci, jusqu'à un certain point, peut expliquer cela. Décidé « à suivre le plus modestement possible les traces de son Silvanus [1] » qui n'est autre que Pétrarque, comme lui, et on serait même tenté de dire plus que lui, il a retrouvé et pillé les chefs-d'œuvre de l'Antiquité et si nous avons pu dire de Pétrarque qu'il avait le premier introduit Homère dans le monde occidental, il ne faut pas oublier que pour une large part, le mérite en revient à Boccace et il n'est pas douteux que si Pétrarque s'était montré peu compréhensif, Boccace aurait fait également traduire à Léonce Pilate les Dialogues de Platon que son maître possédait [2].

Comme Pétrarque il a également écrit en latin tous les traités qui, à son sens, avaient une valeur universelle. Or dans ces traités que trouvons-nous? Un savant et un chrétien qui, l'un et l'autre, pour défendre à la fois l'Antiquité et la Religion, dénoncent et fustigent sans pitié tous ceux qui méprisaient l'une ou trahissaient l'autre.

Certes il ne saurait être question, dans le domaine des idées, de comparer Boccace à Pétrarque. Comme le dit justement Voigt : « il ne prend que quelques fils de la toile ourdie par le maître pour travailler dessus, et il en est beaucoup qui lui échappent sans qu'il s'aperçoive de leur importance dans l'ensemble [3] ». Ces fils cependant furent bien choisis et le canevas magnifiquement interprété. Comme son maître, en effet, il a composé des Églogues à la manière de Virgile, écrit un *De Casibus virorum illustrium* auquel il ajouta un *De claris mulieribus*, mais ce n'est pas tout. Ce que Pétrarque avait mis dans ses Lettres, ses *In-*

---

1. BOCCACE, *Lettere*, ed. Corrazini, p. 140.
2. Il ressort de la lettre de Pétrarque en date du 18 Août 1360 (*Epist. Variae*, 25) que Boccace lui avait demandé de lui prêter ses manuscrits d'Homère et de Platon pour entreprendre et mener de front les deux traductions. Mais Pétrarque se contenta de signaler à son ami qu'il y avait un Homère à vendre à Padoue, ajoutant toutefois qu'il prêterait le sien, si Boccace ne pouvait pas acheter celui qu'il lui signalait. Quant au Platon il se refusa à le prêter, tant que la traduction d'Homère ne serait pas achevée. Cf. H. HAUVETTE, *Boccace*, Étude biographique et littéraire, Paris, A. Colin, 1914, p. 364-366.
3. G. VOIGT, *op. cit.*, p. 174.

vectives et son *De suiipsius et multorum Ignorantia*, Boccace nous l'a laissé, en partie, dans son *de Genealogia deorum gentilium* qui s'apparente aussi bien au *de Natura deorum* de Cicéron qu'aux *Institutions divines* de Lactance, et c'est là qu'il faut chercher la clé de son œuvre et le secret de sa pensée.

Certes si nos amateurs de récits égrillards et de gravures grivoises pouvaient lire les livres XIV et XV *de la Généalogie des dieux païens*, ils seraient sans doute aussi scandalisés que nous pouvons l'être nous-mêmes en lisant le *Décaméron*, et cependant, si étrange que cela puisse paraître, le thème reste le même. Boccace en tout et toujours reste un humaniste et c'est à ce titre qu'il combat sans merci tour à tour l'hypocrisie et l'ignorance de tous ceux qui, sous le couvert de la religion ou de la science, ou à l'abri de l'une et l'autre, portaient atteinte à la dignité humaine en dédaignant les lettres et en se moquant de la vertu.

Ce que nous considérons aujourd'hui comme un divertissement parfois cynique était, en fait, un véritable drame qui mettait en péril toutes les valeurs de l'humanité et de la foi et c'est pourquoi certaines « nouvelles » de cette « comédie humaine », ont, pour ainsi dire, imposé à l'auteur un ton pathétique, parfois même tragique, que l'on ne saurait trop souligner et que l'on chercherait en vain dans les *Contes* de La Fontaine ou dans ceux de Voltaire. Au reste, comme le dit H. Cochin, « c'est dans l'histoire ecclésiastique, plutôt que dans le *Décaméron*, qu'il faut chercher les preuves de la triste décadence où étaient tombés certains monastères par l'absence du Saint-Siège et l'universelle licence et... ce n'est pas un bon mot qui peut suffire à contre-balancer les professions de foi chrétienne que l'on rencontre même dans le *Décaméron* où il n'y a pas un mot qui soit décidément contraire à la foi chrétienne [1] ». Boccace devait d'ailleurs sans équivoque, nous dire un jour ce qu'il croyait et il n'est pas sans intérêt de voir cet homme que l'on nous présente comme un sceptique de qualité, non seulement nous déclarer qu' « il a toujours tenu pour très certain... toutes les vérités enseignées par saint Paul, saint Jérôme, saint Augustin et saint Thomas d'Aquin, mais encore soumettre ses œuvres à tous les gens honnêtes, pieux et catholiques, et en particulier au célèbre François Pétrarque, son insigne précepteur, pour en corriger, par amour du précieux sang de Jésus-Christ, toutes les erreurs qu'il aurait pu commettre par inadvertance » [2].

1. H. Cochin, *Boccace*, Paris, 1890, p. 87.
2. Boccace, *De geneal. deorum*, XV, cap. IX, cité par H. Cochin, *op. cit.*, p. 86, n. 1.

Il est donc indiscutable que Boccace avait compris que l'idéal vers lequel il fallait tendre était celui de Pétrarque qui, « le premier, disait-il, avait atteint le sommet où la Sagesse et la Foi s'embrassent comme deux amies et célèbrent à l'unisson les mêmes vérités qui se cachent aussi bien sous les versets de la Bible que sous les vers de Musée, de Linos et d'Orphée [1] », car pour Boccace, comme pour le chantre de Laure, poète et prophète parlaient la même langue et devenaient déjà sous sa plume ceux que l'on appellera bientôt les « antiques théologiens ».

Mais hélas, celui que Pétrarque en mourant (18 juillet 1374) pouvait légitimement considérer comme son héritier, ne devait pas lui survivre longtemps. Le 21 décembre 1375, Boccace mourait, léguant ses livres à son confesseur Fra Martino da Signa, moine augustin, du couvent San Spirito où il avait demandé d'être inhumé, s'il mourait à Florence [2]. Cette mort était un désastre pour les humanistes et le plus illustre d'entre eux, laissant parler son âme, s'écriait avec une indicible émotion : « Pleure, illustre Florence, pleure la perte à jamais irréparable des deux astres que t'enviait le ciel et auxquels l'Antiquité n'a rien à comparer [3]. » Tout cependant n'était pas perdu, et c'est précisément à l'auteur de cette plainte, qui n'était autre que Coluccio Salutati, que devaient échoir l'honneur et la charge, non seulement d'entretenir, mais de faire briller d'un vif éclat la flamme séculaire que depuis cinquante ans Pétrarque avait ranimée et dont Boccace avait voulu enrichir la patrie de ses aïeux.

Les périodes obscures sont toujours sacrifiées par les historiens qui, éblouis par les hauts faits ou les grandes figures, oublient ou négligent les antécédents apparemment secondaires qui ont permis à la lumière ou au génie de faire son chemin. Ainsi Florence ne serait sans doute jamais devenue le foyer incontestable de l'Huma-

1. *Id.*, XV, 6.
2. Nous lisons dans le testament de Boccace, publié par F. CORRAZZINI, p. 426 : « In primis quidem recomendavit (Ioannes Boccacius) animam suam Deo omnipotenti et beatae Mariae semper Virgini gloriosae et sepulturam sui corporis si eum mori contigerit in civitate Florentiae elegit in ecclesia Fratrum Sancti Spiritus Ordinis Eremitarum Sancti Augustini de Florentia. Si autem mori contigerit in castro Certaldi iudicavit corpus suum sepelliri in ecclesia Sancti Iacobi de Certaldo in ea parte ubi videbitur actinentibus et vicinis suis. » En fait c'est à Certaldo que Boccace mourut et fut inhumé comme il l'avait souhaité.
3. *Epistolario di Coluccio Salutati*, ed. NOVATI, I, p. 223. Lettre à Fr. de Brossano, gendre de Pétrarque. — *Id.*, I, p. 174-187. Lettre au comte Guido de Battifol, écrite au moment même où Salutati apprit la mort de Pétrarque et dans laquelle il fait son éloge et juge son œuvre.

nisme, si, bien avant Salutati, Boccace n'avait pas inlassablement travaillé de toutes ses forces à instaurer dans sa patrie d'adoption le culte des lettres. C'est une chose qu'on oublie trop et ce n'est pourtant pas le moindre de ses mérites.

En bannissant le 3 octobre 1302 Dante Alighieri et le père de Pétrarque [1], Florence avait commis une injustice et une imprudence qui auraient dû logiquement la priver de ce qui constitue aujourd'hui une part précieuse de son héritage. Or si Dante et Pétrarque ont en fait retrouvé droit de cité dans le cœur des florentins, c'est à Boccace qu'ils le doivent, car c'est lui qui le premier à Florence se fit le commentateur de la *Divine Comédie* et c'est également lui qui après avoir tout tenté pour ramener Pétrarque dans cette ville-fleur où tous les deux auraient dû naître, a su faire apprécier à ses contemporains les qualités de son génie et la valeur de son message.

A l'époque où Boccace, sur les injonctions de son père [2], quitta la cour du roi Robert de Naples pour Florence (1341), il y trouva la vie des lettres pratiquement nulle. La transition était brutale, mais nourri de Virgile, d'Ovide et de Stace, il se consola en composant son *Amorosa Visione* et surtout son *Ninfale Fiesolano*, qu'il ne voulut point achever sans célébrer les origines mythologiques et romaines de sa nouvelle patrie [3]. N'était-ce pas déjà un discret appel aux maîtres de Florence pour qu'ils ne restassent pas indifférents à la renaissance des Lettres, qui peu à peu, s'affirmait dans les autres villes d'Italie. En vérité on serait tenté de le croire, car dès que la peste eut cessé ses ravages, la Seigneurie, qui en 1321 avait vainement essayé d'instaurer un « Studio generale » [4] pour rivaliser avec celui de Bologne, prit des dispositions pour faire aboutir son projet. C'est, en effet, le 29 août 1348 qu'elle chargea pour deux ans huit de ses principaux citoyens pour que son décret de 1321 fut mis à exécution, « afin, disait-elle, de former les habitants et leurs fils aux bonnes mœurs et à la vertu, et de remplir la ville d'hommes sages et prudents ». Elle précisait qu'en ce Studio devaient être enseignés le droit civil et canonique, la philosophie, la médecine et les « autres sciences » [5], c'est-à-dire, à n'en pas douter, les lettres latines, qui partout ailleurs attiraient les esprits les plus distingués. On pourrait s'étonner, si notre

---

1. PERRENS, *op. cit.*, III, p. 66-67.
2. H. HAUVETTE, *op. cit.*, p. 106.
3. G. BOCCACIO, *Ninfale Fiesolano*, ed. Berthold WIESE, Heidelberg, 1913.
4. PREZZINER, *Storia del pubblico Studio e delle società scientifiche et letterarie di Firenze*, I, p. 217. — F. T. PERRENS, *op. cit.*, V, p. 420.
5. PREZZINER, I, p. 1. — PERRENS, p. 422, note 2.

hypothèse est valable, que Boccace ne soit pas nommé parmi les membres de la délégation, qui déjà comprenait avec un Corsini et un Lippi, un Médicis. Nous en trouvons la raison dans son *Commentaire de Dante* et elle est simple : il n'était pas à Florence en 1348 [1]. Il devait y revenir dès l'année suivante, et ce fut pour constater, on devine avec quelle joie, que le Studio avait été effectivement ouvert le 6 novembre 1348 dans la maison des Tedaldini [2], avant même que la bulle de Clément VI (31 mai 1349) ait accordé à l'Université naissante les droits et privilèges dont jouissaient celles de Paris, Bologne et autres cités chrétiennes [3].

On se mit en devoir de chercher des maîtres. La bulle recommandait de n'engager pour l'enseignement du droit et de la théologie que des docteurs de Bologne ou de Paris. Mais c'est peut-être dans le domaine des « autres sciences » que Florence voulait s'imposer pour rivaliser avec la cour de Naples et les autres Universités et elle ne devait pas tarder à faire appel à Pétrarque lui-même pour assurer le succès de son entreprise. Nul doute que Boccace ne joua un rôle important dans la décision de la Seigneurie, mais il faut dire pour être juste que des événements assez inattendus favorisèrent un rapprochement de Pétrarque avec Florence, que la présence et l'amitié de Boccace pouvaient seules rendre durable et fécond.

C'est au cours de l'année 1349 que Pétrarque pour la première fois avait écrit au gouvernement et au peuple florentin, à propos de l'assassinat d'un de ses meilleurs amis, Mainardo Accursio, perpétré sur le territoire de la République [4]. A vrai dire l'occasion semblait peu propice à un rapprochement. Mais la douleur peut être éloquente et pour mettre les Florentins en face de leurs responsabilités, Pétrarque n'avait trouvé rien de mieux que de leur rappeler que depuis ses origines, romaines naturellement, Florence avait mérité son nom, parce que toutes les vertus y fleurissaient. La Seigneurie ne pouvait pas rester indifférente. Le corps du

---

1. G. BOCCACIO, *Comento sopra Dante*, éd. Milanesi, Florence, 1863, ch. II, p. 19 : « E se io ho il vero inteso perciocche in quei tempi io non c'era, io odo che in questa città avenne a molti nell'anno pestifero MCCCXLVIII...».

2. PERRENS, *op. cit.*, V, p. 422, note 4 : « Ce bâtiment situé entre les maisons Donati et Visdomini devint le collège Eugénien qui subsista jusqu'en 1810. »

3. PREZZINER, *op. cit.*, I, p. 227, doc. 3.

4. Cf. DE SADE, *op. cit.*, III, p. 20 et suiv. L'ouvrage de l'Abbé de Sade publié sans nom d'auteur a pour titre : *Mémoires pour la vie de Fr. Pétrarque*, Amsterdam, 1764, 3 vol.

malheureux ayant été retrouvé, on lui fit des obsèques solennelles et l'on profita de l'occasion pour exterminer en moins de deux mois les Ubaldini qui régnaient par la terreur sur le Mugello[1]. Mais, l'émotion dissipée, Florence sans doute se félicita de cet incident, qui avait amené Pétrarque à lui témoigner une sympathie, dont elle pouvait à bon droit douter, puisque la sentence qui avait frappé son père n'avait jamais été rapportée. Depuis des années pourtant les quelques admirateurs qu'il comptait déjà dans la cité n'avaient cessé de dénoncer l'erreur judiciaire dont avait été victime le malheureux Petracco et l'on comprenait mal que son fils, dont Florence aurait pu être si fière, n'obtînt pas réparation.

Il faut dire qu'à l'encontre de tant d'exilés, Pétrarque n'avait jamais manifesté le désir de revenir dans cette ville, qu'il appelait cependant sa patrie et qu'au surplus il restait persuadé de la culpabilité de son père. Mais aujourd'hui Florence était devenue la patrie de Boccace et les deux hommes, qui s'étaient connus par l'intermédiaire de Dionigi da Borgo San Sepolcro[2], n'attendaient qu'une occasion favorable pour se rencontrer. Elle se présenta à l'automne de 1350, quand Pétrarque, deux ans après la mort de Laure, décida de se rendre à Rome pour gagner l'indulgence du Jubilé. Que cette visite eût été sérieusement préparée par les deux amis, il suffit pour en juger de se reporter au souvenir que Pétrarque en avait gardé. « Poussé par un violent désir de rencontrer un homme que vous n'aviez pas encore vu, écrivait-il à Boccace en 1359, vous vous êtes fait précéder par une belle poésie. Vous avez ainsi montré d'abord la forme de votre esprit, puis celle de votre corps à celui que vous vous promettiez d'aimer. C'était le soir, le jour était sur son déclin, quand de retour d'un long exil et m'arrêtant enfin dans les murs de ma patrie, vous m'avez accueilli en des termes plus courtois et plus affectueux que je ne le méritais, renouvelant ainsi l'entrevue poétique d'Anchise avec le roi d'Arcadie[3]. »

1. *Epist. Famil.*, VIII, 9, ed. cit., p. 186-193. Cette lettre dans les *Epist. Variae* (53) est adressée : « Nobilibus et potentibus dominis prioribus artium et Vexillifero justitiae, communis et populi civitatis Florentiae » : « ...A quo superbie invidieque minus eo laudis et glorie plus erat in nomine. Non ergo dominium dicebatur, sed auxilium ac profugium vicinorum, ut non immerito censeretur floridum illud nomen sortita in qua flos virtutum omnium et gloriosorum actuum exemplaria visibiliter abundarent... »

2. Dionigi da Borgo San Sepolcro que Pétrarque avait rencontré à Paris en 1333 était à Naples en même temps que Boccace en 1338. Cf. H. HAUVETTE, *op. cit.*, p. 197.

3. *Epist. Famil.*, XXI, 15, éd. cit., XIII, p. 100.

On imagine aisément la scène et l'on sait que Boccace profita de cette première rencontre pour présenter à celui qu'il considérait depuis dix ans comme son maître, ceux qui comme lui s'intéressaient au culte de l'Antiquité. Ils s'appelaient Francesco Nelli († 1363), Zanobi da Strada (1315-1361), Lapo da Castiglionchio († 1381). Le premier, après avoir occupé de hautes fonctions à l'archevêché de Florence, était prieur de l'église des saints Apôtres et Pétrarque [1] n'hésitera pas à le nommer Simonide, parce qu'il était prêtre et poète ; l'autre, succédant à son père, était professeur de grammaire et devait un jour, comme Pétrarque, recevoir la couronne de laurier [2] ; le troisième, enfin, qui avait abandonné les Muses pour se consacrer à l'étude du droit, était par surcroît le brillant érudit, qui devait trouver pour Pétrarque les *Institutiones* de Quintilien et quelques discours de Cicéron [3].

On ne saurait dire si la Seigneurie se fit un devoir de recevoir l'illustre exilé : c'est fort probable. En tous cas nous savons d'une façon certaine, puisque c'est lui-même qui nous le dit, qu'à son retour de Rome en décembre Pétrarque fut reçu par le Sénat florentin [4]. C'est dire que Boccace et ses amis n'étaient pas demeurés inactifs, et leurs efforts devaient bientôt faire naître une grande espérance. Trois mois plus tard, en effet, Boccace partait pour Padoue, porteur d'un message que le prieur des Arts et le Gonfalonnier de Justice adressaient au « Révérend Seigneur François Pétrarque, chanoine de Padoue, poète couronné, notre très cher concitoyen ». Et que disait ce message ? « Il y a longtemps, illustre rejeton de notre patrie, que votre renommée a frappé nos oreilles et touché nos cœurs. Le succès de vos travaux et cet art admirable dans lequel vous excellez, vous ont enrichi de ce laurier qui ceint votre front et vous rendent digne de servir de modèle et d'encouragement à la postérité. Vous trouverez dans les cœurs de vos compatriotes tous les sentiments d'estime que vous méritez ; mais afin qu'il n'y ait rien dans votre patrie qui puisse blesser vos yeux, de notre propre libéralité et par un mouvement de la tendresse

---

1. *Epist. Sen.*, I, 3. — *Epist. Famil.*, XXIII, 18, ed. cit., p. 202-203. Cf. H. COCHIN, *Un ami de Pétrarque. Lettres de F. Nelli à Pétrarque*, Paris, Champion, 1892.

2. Il fut couronné à Pise le 15 mai 1355 par Charles IV sur les instances du sénéchal Niccolo Acciaiuoli. Cf. H. HAUVETTE, *op. cit.*, 316 et 325. — Auteur de poésies médiocres, da Strada a traduit les *Œuvres morales* de saint Grégoire de Nysse jusqu'au ch. XVIII du Livre XIX.

3. *Ibid.*, p. 201.

4. *Epist. Famil.*, XI, 5 (Avril 1351), ed. cit., XI, p. 334 : « Anno altero Roma reducem, inter clarissimos illos viros qui tum frena Reipublicae gubernabant dixisse me recolo. »

paternelle que nous avons toujours eue pour vous, nous vous rendons sans exceptions tous les biens de vos ancêtres, qui ont été rachetés des deniers publics... Vous pourrez donc habiter, quand il vous plaira, cette ville où vous êtes né... » Les guelfes avaient donc fini par céder et semblaient même feindre d'ignorer que Pétrarque était né en exil. Mais le passé n'était effacé que pour préparer l'avenir. Aussi après une nouvelle page de compliments, où Virgile, Ennius, Salluste et Lucain étaient appelés à témoigner en faveur des hommes de lettres, celui qui prêtait sa plume savante à la Seigneurie, poursuivait : « Nous avons résolu, après une mûre délibération, de relever notre ville, en y faisant fleurir les sciences et les arts, persuadés qu'ils lui donneraient comme à Rome, notre mère, une espèce d'empire sur tout le reste de l'Italie. Ce que nous désirons, ce qui était rare chez les anciens, il n'y a que vous qui soyez en état de le faire. Votre patrie vous conjure par ce qu'il y a de plus sacré, par tous les droits qu'elle a sur vous, de lui consacrer votre temps, de présider à ces études et de les diriger de façon qu'elles l'emportent sur toutes les autres. Vous serez libre de choisir le livre qu'il vous plaira d'expliquer et vous ferez à cet égard tout ce qui conviendra le mieux à votre gloire et à vos occupations... Les magistrats et le peuple, les grands et les petits vous désirent, vos dieux pénates, votre champ recouvré vous attendent avec impatience. Si vous trouvez dans notre style quelque chose qui vous blesse, c'est une raison de plus pour vous rendre aux désirs de votre patrie. Vous faites sa gloire; vous nous êtes cher à ce titre et vous le serez encore davantage, si vous obéissez à nos ordres. » Et la lettre se terminait : « Nous aurions encore beaucoup de choses à vous dire, qui ont été confiées à Jean Boccace, porteur de cette lettre, notre envoyé, à qui nous vous prions de faire confiance comme à nous-mêmes [1]. »

Il est facile d'imaginer la joie de Boccace, qui certainement n'était pas étranger à cette initiative et qui peut-être avait lui-même rédigé cette lettre. Pétrarque en fut fort touché et la réponse qu'il confia au porteur le 6 avril ouvrait sur l'avenir de brillantes perspectives. Sans doute était-ce avant tout une lettre de remer-ciements, mais la fin ne semblait laisser place à aucune équi-voque : « Jean Boccace, porteur de votre lettre et de vos ordres vous dira combien je désire vous obéir et quels sont mes projets pour mon retour; je les lui ai confiés pour laisser quelque chose à son ministère. En vous remettant cette lettre il vous fera con-

---

1. Cette lettre est publiée par FRACASSETTI, *Lettere volgare*, III, p. 40-43, et traduite, comme la précédente, dans DE SADE, *op. cit.*, III, p. 125-129.

naître mes sentiments. Je vous prie de croire ce qu'il vous dira de ma part, comme si je parlais moi-même. Fasse le Ciel que votre République soit toujours florissante [1]. » Elle n'attendait que lui pour le devenir davantage. Mais, hélas, l'espérance fut de courte durée, car le 1er juin suivant Boccace recevait de Vérone une lettre de Pétrarque lui annonçant, sans l'ombre d'un motif, qu'il regagnait sa retraite de Provence, d'où il ne devait revenir que deux ans plus tard [2]. On conçoit l'indignation de la Seigneurie. Elle confisqua les biens qu'elle avait rendus [3] et ce simple fait nous donne à penser que Boccace et ses amis durent pour un temps renoncer à voir leur beau rêve se réaliser.

Ils ne se découragèrent pas pour autant. La précieuse Correspondance de Francesco Nelli [4] est là pour nous témoigner qu'en dépit de leur déception les amis de Pétrarque, chaque jour plus nombreux, se réunissaient en de joyeux banquets pour lire ses lettres et commenter ses poésies dans l'enthousiasme [5]. Parmi ceux qui, selon les propres termes de Nelli, « se félicitaient de vivre sous la gloire du nom de Pétrarque et professaient sa très révérende amitié [6] », nous voyons nommés à côté de « notre » Boccace, Zanobi da Strada et Lapo da Castiglionchio, « l'apostat des Muses [7] », Francesco Bruni, qui était alors notaire des prieurs, Forese de'

1. *Epist. Famil.*, XI, 5, éd. cit., p. 331-335. Ad Florentinos gratiarum actio pro restituto seu verius donato rure.

2. *Epist. Famil.*, XI, 6, ed. cit., XI, p. 335-337. Son silence sur les motifs de son départ est d'autant plus étrange qu'en terminant sa lettre il remercie le Sénat florentin et salue ses amis.

3. PERRENS, *op. cit.*, V, p. 424.

4. L'ouvrage déjà cité comprend trente lettres reproduites d'après le *Ms. lat. 8631* de la Bibl. Nat. de Paris et accompagnées d'une importante introduction et de notes. Le manuscrit avait été signalé et utilisé par DE SADE, *op. cit.*, p. 79, 95, etc.

5. Voir en particulier les lettres II, p. 164-167 (banquet en l'honneur de F. Bruni); XI, p. 194-198 (banquet offert à Nelli et aux neveux de l'évêque de Florence).

6. *Ibid.* Lettre II, p. 166 : « Congregato equidem *cetu tuo* ad cenam splendidam extollendi viri Francisci Bruni de Florentia, dudum cancellarii et notarri dilecti, prefati domini Jacobi; hi precipue qui sub fama tui nominis congratulanter vivunt et tuam reverendissimam amicitiam profitentur, intellige melius queso quam proferam, unusquisque suum munusculum, ymo munus perfectum, cum de perfecto exiliat pectore deduxit in publicum; et in cene introitu nobis corda laxantibus, nunc dulcedo refovet lectionis, nunc amaritudo conquassat. Metrum tuum non minus delectabile quam fraternum avidissime vidimus legimusque. »

7. *Ibid.*, Lettre X, p. 195 ; « Lappatum tuum aut Lapum de Castiglionchio qui apostavit a Musis... ». — Cf. *Epistola a Ragionamento di mes. Lapo da Castiglionchio, colla vita composta da* MEHUS, Bologna, 1753. — VOIGT, *éd. cit.*, p. 164, 141, 239.

Donati, curé de San Stefano in Botena, que Nelli considérait comme son maître, et familier d'Angelo Acciaiuoli, archevêque de Florence. La lettre ajoute « et d'autres qui ne sont différents ni de toi, ni de moi [1] ». Ils formaient une « assemblée de pétrarquistes [1] », une « légion dévote qui pouvait comprendre ce qui échappait au vulgaire [2] ». Tout cela est plein d'intérêt et s'il est téméraire, à propos de ces banquets et de ces réunions, de parler d'Académie, il faut néanmoins reconnaître que les termes *coetus tuus* et *legio devota* [2] autorisent l'analogie et en tout état de cause nous montrent avec quelle ferveur l'Humanisme s'implantait à Florence où le Studio languissait. Boccace ne devait pas tarder à lui donner un nouvel attrait. Ayant réussi à attirer et à retenir chez lui en 1359 le calabrais Léonce Pilate, qui se disait grec, il le fit nommer professeur au Studio, où pendant trois ans cet homme hirsute et grossier « lut publiquement les livres d'Homère » qu'il traduisait pour le compte de Boccace et de Pétrarque [3]. Il avait beau connaître peu de latin, son enseignement plein de fantaisie mérite cependant d'être retenu, car, d'une part c'est à lui que Boccace devait le peu qu'il savait de grec et surtout de littérature grecque et d'autre part, parce que les trois élèves qui eurent le courage de suivre son cours et dont nous ignorons le nom formèrent sans doute le levain qui devait un jour soulever tout un monde [4]. « Cesse de t'étonner, écrivait

---

1. *Ibid.*, p. 195. Forensem instructorem meum, ad quem usque afficior et alios nec tibi, nec mihi dissimiles. Sur ce personnage, voir *Ibid.*, p. 184, note 10.

2. *Ibid.* Lettre XVI, p. 226-227 : « Quas autem tibi gratias referam de literis ad me te abiente, te redeunte transmissis ? Nihil praeter solitum habeo. Meipsum devovi petrarce meo, idipsum devoveo. Quam dulciter quam suaviter questus es de quadam epistola mea ad te proficiscente, medio prerepta itinere et que incompta aut mediocri amictu securior ad te isset : nihil dulcius, penetrabilius nichil. Age, age tuis modulationibus urbem excita et quod non capit vulgus *legio devota* suscipiet. » *Id.*, voir page précédente n. 6.

3. H. HAUVETTE, *op. cit.*, p. 361-367. — P. G. RICCI, *La prima cattedra di greco in Firenze*, Rinascimento, III, 1952. Sur la traduction, cf. Bruce Ross, *Leontius Translation*, dans *Classical Philology*, XXII, 1927.

4. O. HECKER, *Boccacio-Funde*, Braunschweig, 1902, qui a apporté tant de précisions sur le séjour de L. Pilate à Florence (p. 272 et suiv.) a relevé quarante-cinq citations d'Homère dans la *De Genelogia deorum gentilium*, dont il faut lire tout le chap. 7 du Livre XV, consacré à la culture grecque, pour juger du chemin parcouru dans ce domaine depuis Pétrarque : « Ego in hoc latinitati compatior, que sic omnino greca abiecit studia ut etiam non noscamus caracteres licterarum. Nam, etsi sibi suis sufficiat licteris et in eas omnis occiduus versus sit orbis, sociate grecis lucidiores procul dubio apparerent. Nec preterea omnia secum a Grecia veteres traxere latini;

un jour Pétrarque à Homère, que la vallée de Fiesole et les rives de l'Arno ne t'aient donné que trois amis. C'est assez, c'est beaucoup, je ne pensais pas trouver plus de trois esprits de Piérie dans cette ville vouée au profit. Et cependant ne te décourage pas : la ville est grande et peuplée; si tu cherches bien tu en trouveras un quatrième » et il ajoutait que si la Babylone transalpine, entendons Avignon, ne l'avait pas attiré, il aurait pu en ajouter un cinquième. Au reste, plutôt que de se décourager, qu'Homère regarde plutôt ce qui se passe ailleurs, et à ce propos Pétrarque précisait qu'on ne trouvait alors qu'un étudiant en grec à Bologne, deux à Vérone, un à Sulmona, un à Mantoue, sans oublier celui qui de Pérouse était passé en Espagne [1]. Ainsi, dès 1360, date approximative de cette lettre, Florence occupait déjà la première place dans l'étude du grec et cela, il faut bien le souligner, grâce à Boccace. La *legio devota* n'avait cependant pas tardé à se désagréger et le rôle de Pétrarque en la circonstance est assez étrange. C'est, en effet, sur ses instances que Zanobi da Strada accepta de quitter Florence pour Naples où régnait en fait Niccolo Acciaiuoli (1309-1365) [2]. C'est à ce florentin, dont la conscience semblait s'être aisément adaptée à ses ambitions, que Catherine de Valois avait confié son fils Louis de Tarente et il n'avait pas

---

multa supersunt et profecto nobis incognita, quibus possemus scientes effici meliores. » Comparer avec le texte de Pétrarque (*Epist. Sen.*, XII, 2, inspiré par le *De Finibus*, I, 3. Textes cités par V. BRANCA, dans *Boccacio Medievale*, Sansoni, 1956, VI, *Motivi preumanistici*, p. 186, et n. 7.)

1. *Epist. Famil.*, XXIV, 12, ed. cit., XIII, p. 253-265. Responsio ad epystolam magnam multaque continentem sub Homeri poete missam nomine et apud inferos datam : « Quod autem fesulana vallis et Arni ripe nonnisi tres tibi amicos tulerint, mirari desine; satis est, multum est, plus est quam sperabam in patria lucro dedita tres pyerios spiritus invenisse. Et tamen, ne diffidas, magna frequensque est civitas quartum, si queris, invenies, quintum his adderem et meretur, peneia seu alphea redimitus lauro; sed nescio qualiter transalpina Babilon illum nobis eripuit... Quere alias. Tua illa Bononia quam suspiras, studiorum licet hospes amplissima, funditus ut excutias, unum habet; Verona duos, Sulmo unum atque unum Mantua, nisi illum celum terris abduceret, tuis namque desertis ad Ptholomei signa transfugit; ipsa rerum caput Roma, mirum quam pene ad unum talibus incolis sit exhausta; Perusia unum tulit, futurum aliquid nisi se ipse negligeret, sed ille non Parnasso tantum, verum Apennino etiam atque Alpibus relictis, lucrosamque calamo papirum sulcans, nunc senior Hispanias pervagatur... Noster tibi Arnus nostrique colles placeant, ubi et nobiles ingeniorum scaturigines erumpunt et dulces nidificant philomene; pauce ille quidem, fateor, sed, ut dictum est, vicina pariter ac longinqua circumspicis, multe sunt... » Pour l'identification des hellénistes auxquels Pétrarque fait allusion, cf. RICCI, *op. cit.*, et M. VATASSO, *Del Petrarca e di alcuni suoi amici* Roma-Vaticano, 1904.

2. *Epistol. Famil.*, XII, 3, ed. cit., XII, 17-22.

tardé à en faire le second mari de la fameuse reine Jeanne [1]. Nommé grand Sénéchal du royaume et appréciant à sa juste valeur le rôle que peuvent jouer dans une cour princière des hommes de lettres et surtout des poètes, il dut de bonne heure faire appel à Pétrarque et à Boccace qui n'étaient pas des inconnus pour lui. En fait, il fallut se contenter de Zanobi da Strada, et si l'auteur de l'*Africa* favorisa ce projet que Boccace critiqua avec mauvaise humeur [2], l'un et l'autre le regrettèrent peut-être le jour où ce poète médiocre reçut pour récompense de ses services la couronne de laurier (15 mai 1355). Poursuivant sa brillante carrière da Strada fut même par la suite nommé secrétaire apostolique, sans pouvoir toutefois en apprécier les avantages, puisqu'il mourut quelques mois après son arrivée à Avignon (1361), où il devait d'ailleurs être remplacé par un autre membre du groupe florentin, Francesco Bruni [3].

Da Strada parti, l'Acciaiuoli voulut sans attendre combler le vide et cette fois ce fut Francesco Nelli qui se laissa séduire. Pétrarque en fut-il averti? Tout porte à le croire. Il avait reçu l'année précédente à Milan le Sénéchal et, flatté de cette visite, ne tarissait pas d'éloges à son endroit. Ainsi Boccace se voyait peu à peu abandonné et bien qu'il se fut promis en 1353, de ne jamais revoir « le royaume d'Ausonie, tant que durerait la toute puissance du Sénéchal [4] », il accepta après la mort du « tyran », Louis de Tarente (26 mai 1362), de reprendre le chemin de Naples. Triste épisode de sa vie! Celui que l'Acciaiuoli avait un jour nommé « Johannes tranquilitatum », se vit traiter comme le dernier des courtisans par son ami Nelli, que l'on avait nommé « dépensier du grand Sénéchal [5] ». Las de se plaindre et à bout d'arguments, Boccace ne trouva d'autre solution que de partir avec éclat, laissant derrière lui la réputation d'un « homme de verre ». Cette boutade de Nelli le blessa profondément. L'interminable lettre qu'il lui écrivit pour se justifier en est le pénible témoignage, et quand on songe à la vieille amitié de ces deux hommes on se félicite que cette philippique, pleine de fiel, ne soit jamais parvenue à son

---

1. Cf. Chronique de M. VILLANI, III, 63 et *Vita de N. Acciaiuoli*, de M. PALMIERI (MURATORI, *Rer. ital. Script.* XIII).
2. Cf. S. CIAMPI, *Monumenti d'un manoscritto autografo di mess. Giovanni Boccaci*, Firenze, 1827, p. 36 et suiv. — Id., *Lettera a maestro z. da Strada*, Firenze, 1827.
3. Cf. H. COCHIN, *op. cit.*, p. 301, n. 24. — Voir la lettre de Boccace sur le mort de da Strada : *Traversari Epist.*, ed. Mehus, p. CXCIII.
4. DE SADE, *op. cit.*, III, 533-534.
5. Cf. HAUVETTE, *op. cit.*, p. 371-379.

destinataire [1]. Pétrarque, chez qui Boccace s'était alors réfugié, y fut sans doute pour quelque chose et quand deux mois plus tard (7 septembre 1363) « l'homme de verre », de retour à Florence, apprit que Nelli avait été emporté par la peste, il ne refusa sans doute point à son maître, qui les considérait « l'un et l'autre, comme un autre Varius et un autre Tucca », de recueillir ses œuvres et d'entretenir la mémoire de ce dernier témoin de la *legio devota* [2].

En dépit de toutes ces vicissitudes, le malheureux Boccace avait cependant trouvé le temps de composer son *De claribus mulieribus* et son *De Genealogia deorum gentilium*, mais, déçu et malade, il dut se sentir bien seul quand la Seigneurie, à la suite d'un vote massif du Conseil, lui confia la charge de « lire Dante » publiquement, c'est-à-dire, de commenter la *Divine Comédie* [3]. Florence ayant compris son erreur et pressenti sa mission réhabilitait donc celui qu'elle avait banni et elle s'était grandie en confiant cette lecture à Boccace, qui n'avait pas craint dans sa *Vie de Dante* de souligner l'iniquité d'une sentence qui avait condamné « sans raison légitime, sans offense et sans péché » celui dont « quelques jours auparavant la même rumeur portait les louanges jusqu'aux étoiles [4] ».

Mais déjà la Mort qui était venue, à la faveur de la nuit, surprendre Pétrarque à sa table de travail, rôdait autour de Boccace. Comme son maître, il devait mourir dans la retraite, sans cesser de travailler. Quelques mois plus tôt il avait dû interrompre sa « lecture » au dix-septième Chant de *l'Enfer* et ses ultimes « canzoni » furent des réponses à ceux qui lui reprochaient de révéler au vulgaire les secrets de Dante [5]. Un de ses derniers soucis fut aussi de sauver la bibliothèque de Pétrarque et il n'est pas sans intérêt de relire ce qu'il écrivait à ce sujet en novembre 1374 au gendre du poète. Après lui avoir dit que lui et ses amis étaient désormais « comme un vaisseau sans pilote sur une mer agitée », il poursuivait : « Je vous prie de m'apprendre ce qu'est devenue la bibliothèque précieuse de cet homme illustre : on en parle ici différemment. Ce qui m'intéresse le plus ce sont ses ouvrages et surtout son *Africa*, que je considère comme un poème divin. A-t-il été livré aux flammes, comme il l'en avait souvent menacé

1. *Pistola di G. Boccacci a Mes. Francesco*, ed. B. GAMBA, Milano, 1829. — *Id.*, CORAZZINI, *op. cit.*, 131-148.
2. *Epist. Sen.*, III, 1. — Varius et Tucca étaient les amis de Virgile qui, après sa mort, publièrent l'Énéide.
3. BOCCACIO, *De Genealogia deor.*, XV, 7, ed. Rom., p. 766.
4. *Id.*, *Vita Dantis*, trad. Pierre GAUTHIEZ, Paris, Taillandier, p. 40.
5. Cf. H. HAUVETTE, *op. cit.*, p. 455-456.

par excès de délicatesse et de rigueur pour ses œuvres? On dit qu'il y a des gens commis pour les examiner et décider de leur sort. J'admire l'ignorance du commettant et la témérité des commissaires. Quel mortel oserait condamner ce que mon maître a approuvé? Je crains que cette commission n'ait été confiée à des juristes qui croient tout savoir quand ils ont étudié les lois. Que Dieu conserve les poésies de notre maître! On dit que les docteurs ont fait brûler ses *Triomphes*, je voudrais savoir si cela est vrai. J'en ai peur. La science n'a pas de plus grands ennemis que les ignorants. Je connais les envieux de la réputation de ce grand homme. Si on les laisse faire, ils corromperont tout, cacheront le meilleur, condamneront ce qu'ils ne comprendront pas. Tout ira de travers. C'est à vous d'y veiller. Quelle perte ce serait pour les lettres en Italie [1]. »

Il n'eut pas assez de vie pour voir arriver à Florence le manuscrit de l'*Africa*, mais il était parti tranquille. Coluccio Salutati veillait et quand Niccolo Niccoli, envoyé à Padoue pour en rapporter le précieux poème regagna Florence [2], ce fut comme un symbole. On eut l'impression qu'il apportait avec lui l'esprit même de Pétrarque. L'héritage était en bonnes mains et si profond que fût le vide, tous les espoirs étaient permis : l'Humanisme à Florence avait trouvé son centre de gravité et ne devait plus s'en écarter.

Chose étrange, Coluccio Salutati (1331-1406) n'avait jamais vu Pétrarque et rien dans ses débuts difficiles ne semblait le destiner au rôle capital qu'il fut appelé à jouer pour faire de Florence la capitale de l'Humanisme. Né à Stignano, près de Pescia, il avait de bonne heure suivi sa famille exilée à Bologne et c'est là qu'il avait eu la bonne fortune d'avoir pour maître un ami de Pétrarque, Pietro da Muglio, qui devait bientôt le mettre en relation épistolaire avec l'auteur de l'*Africa* [3]. C'est dans ce poème, qu'il considérait comme le chef-d'œuvre de Pétrarque, qu'il devait d'ailleurs découvrir la valeur de l'histoire et ce sens politique qui fit de lui le plus distingué et le plus puissant des chanceliers de Florence. Quelle joie c'eût été pour le maître de voir accéder à une des plus hautes charges de la République et avec tant d'autorité, un fils de ses œuvres. Mais Salutati avait dû faire un long apprentissage avant de se voir confier au début de 1374 une charge de notaire

---

1. Texte cité par DE SADE, *op. cit.*, III, p. 805.
2. *Ibid.*, p. 807-808. Dans le *Dialog. ad P. P. Histrum*, ed. Kirner, Livorno, 1888, p. 72, L. Bruni fait dire à Niccoli : « Ego enim primus omnium Africam illam huc adduxi, cuius quidem rei Colucius testis est. »
3. La première lettre adressée par Salutati à Pétrarque est datée du 11 Septembre 1368. *Epistol. di G. Salutati*, éd. Novati, I, 61.

à la chancellerie, et quand le 25 avril 1375 il devint chancelier, celui qu'il jugeait digne de se mesurer avec l'Antiquité et d'éclairer l'avenir avait disparu [1]. Boccace était là pour le consoler, mais la consolation fut de courte durée. Tout espoir n'était cependant pas perdu. Le puissant Nicolo Niccoli était là pour favoriser ses goûts et ses projets et pour s'assurer qu'il demeurait fidèle à la pensée de « l'astre disparu », il n'avait qu'à traverser l'Arno, pour retrouver au couvent San Spirito celui qui restait le dépositaire du vœu peut-être le plus cher de l'auteur du *De suiipsius et multorum ignorantia*.

Depuis quelques années déjà, ce couvent des ermites de saint Augustin était devenu, semble-t-il, le rendez-vous de toute une élite qui rêvait d'avancer hors des sentiers battus. Ce n'est pas par hasard que Boccace était venu chercher dans ce monastère le confident de sa conscience inquiète et c'était pour témoigner sa reconnaissance au « vénérable Maître en théologie, Martino da Signa », qu'il avait légué tous ses livres à ce couvent San Spirito, où il voulait que l'on priât pour son âme [2]. Le fait que Boccace ait précisé dans son testament que ses livres pouvaient être copiés par qui le demanderait prouve déjà que le couvent était ouvert à tous ceux qui s'intéressaient aux lettres [2]. Ce fut donc une très grande joie pour les amis de Pétrarque de voir arriver à San Spirito, vers 1379, le moine auquel il avait demandé d'écrire un traité contre Averroès, Luigi Marsigli [3] (1342-1394).

Il faut dire que l'homme était de qualité et pouvait effectivement se vanter sans forfanterie d'avoir été un véritable ami de Pétrarque. Le maître lui-même, quelques mois avant de mourir, avait tenu à lui rappeler l'étonnante histoire de leur amitié. « Tu étais encore presque un enfant, écrivait-il, quand ton excellent père, mon très cher ami, voulut t'amener chez moi, qui, étant

---

1. *Epist.*, I, p. 183 : « Salve itaque, summe vir, qui tibi fame eternitatem tum virtutibus, tum sapientie splendore, tum eloquentie lumine quesivisti, cui etiam se tota equare non potest antiquitas! etas nostra, iubare tui nominis illustrata, admirabilis, ni fallor, pertransibit in posteros : fame quidem immortalitatem nedum tibi, sed nostris etiam temporibus peperisti! ».

2. Cf. F. CORRAZZINI, *op. cit.*, p. 416 : « Ancora lascio che tutti i miei libri sieno dati e conceduti ad ogni suo piacere al venerabile mio Maestro Martino dell'Ordine de' frati Eremitani di sancto Agostino e del convento di sancto Spirito di Firenze; li quali esso debba e possa tenere ad uso suo mentre vive; si veramente che il decto Maestro Martino sia tenuto e debba pregare Iddio per l'anima mia et oltre cio far copia ad qualunque persona li volesse di quegli libri, li quali furono da me composti... »

3. Cf. U. MARIANI, *Il Petrarca e gli Agostiniani*, Roma, Storia e Letteratura 1946, p. 66-97.

donné ton jeune âge, était peu disposé à t'accueillir. Mais à peine
t'ai-je vu que je conçus à ton sujet les plus belles espérances, et
contrairement à mon habitude, je me liais à toi d'amitié, autant
que notre différence d'âge le permettait. Puis, comme tu revins
souvent me visiter, j'éprouvais toujours un plus grand plaisir à
te voir et m'étonnant que si jeune tu puisses avoir tant d'affection pour moi, souvent en moi-même ou m'entretenant avec les
autres je répétais cette parole de saint Ambroise : « Ce petit, s'il
vit, deviendra quelque chose de grand [1]. »

En fait l'homme fut plus grand que l'œuvre qu'il nous a laissée,
et malheureusement l'homme est fort mal connu. Il est certain
qu'il est né en 1342, puisque Pétrarque souligne dans sa lettre,
qui ne peut être que de 1373, que c'est à son âge que saint Augustin
s'est attaqué aux erreurs et aux vices [2]. Or saint Augustin avait
à peine trente-quatre ans quand il se convertit. Il est non moins
certain, d'après cette lettre, que le jeune Luigi, doué des dons les
plus divers, « emprunta de très bonne heure le noble et dur chemin
de la religion, sur les traces de celui après qui nul ne s'est égaré,
sinon celui qui l'a voulu : saint Augustin [3] ». Mais le mystère reste
entier sur les fréquentes visites que l'enfant fit à Pétrarque, et
c'est d'autant plus regrettable que ce silence nous prive du nom
des maîtres, auxquels Luigi fut confié. Est-ce que les Marsigli,
qui pourtant étaient florentins, habitaient alors à Milan, où
Pétrarque résida de 1353 à 1361? Il faut bien le supposer, car
on ne voit pas où ils auraient pu avoir de si fréquentes occasions
de se rencontrer et Pétrarque semble confirmer l'hypothèse,
puisqu'il ajoute : « lorsque tu as regagné ta patrie, je fus plusieurs
années sans te voir [4] ». En fait ils ne devaient se retrouver qu'en

1. *Epistol. Sen.*, XV, 6 : « ...Adhuc pene puer eras dum consanguineo illo
tuo viro bono et amico meo instante ad me perductus aliquamdiu pro tuorum
tunc annorum imbecillitate recusantem bona spe ilico implesti; ut morem
prepositusque meum tanto imparem amicitiam amplexus. Sepe exinde
ad me redeuntem indies letius te viderem admirans, unde tibi etatis nostre
amicitie tanta cupiditas et sepe mecum in silentio post etiam cum amicis
illud patris Ambrosii repetens : puer iste si vixerit aliquid magni erit. »

2. *Ibid.* : « Utrique tamen unus suffecerit Augustisnus domesticus tuus
dux, quem vides hac ipsa tua etate cum erroribus ac vitiis generoso impetu
magnificentissime colluctantem. »

3. *Ibid.* : « Tu omnibus hiis instructus et favore Dei fultus et hominum,
mane primo altum inter dure religionis ingressus es, eo duce post quem
nemo unquam erravi nisi qui voluit : Augustinus dico. »

4. *Ibid.* : « Transiverunt interim anni plures, nihil enim tam tacite tamque
velociter transit; diuque te in patriam reverso tuo conspectu carui. » — Il
est également possible que Marsigli ait connu Pétrarque à Avignon en 1370.
Cf. MEHUS, *Vita A. Traversari*, p. CCLXXXV.

1373, à Padoue, où Pétrarque était venu chercher le calme et où Marsigli avait été envoyé par ses supérieurs pour suivre les cours du Studio. Nous n'avons qu'un écho de leurs entretiens, mais il est éloquent, puisque c'est un mot de Luigi, déclarant qu'il n'y a que « le loisir consacré aux lettres *(otium litteratum)* — le mot est de Cicéron — qui n'est pas une distraction, parce qu'on y parle de l'autre vie [1] ».

C'est sans doute à cette époque que Pétrarque, qui avait regagné sa solitude d'Arquà, lui écrivit sa première lettre, bientôt suivie (7 janvier 1374) de l'envoi du précieux manuscrit des *Confessions* de saint Augustin, qu'un autre moine augustin lui avait offert quarante ans plus tôt et dans lequel il avait trouvé le chemin de son salut [2]. Il est à remarquer que c'est Luigi, qui avait sollicité cet envoi et la raison en est sans doute que, désigné pour se rendre à Paris où il devait conquérir ses grades théologiques, il souhaitait emporter avec lui cet émouvant souvenir de son vieil ami, dont il pressentait peut-être la fin prochaine. En fait, c'est à Bruges, où il s'était rendu pour une cause qui nous échappe, qu'il devait apprendre sa mort et les deux lettres adressées à son ami Guido da Palagio, le 19 septembre 1374 et le 20 août 1375 prouvent à quel point Luigi Marsigli était digne de l'amitié que Pétrarque lui avait témoignée : « Sa seule présence, écrivait-il, était un éperon suffisant pour entraîner dans le chemin de la vertu, si nombreuses étaient celles que l'on trouvait réunies en lui... [3]. » C'est tout ce que nous savons de leurs relations, mais nous avons de précieux témoignages, qui mis en parallèle avec les conseils qu'il avait reçus de Pétrarque, prouvent assez l'ineffaçable empreinte laissée par Pétrarque sur l'âme de Marsigli.

On pourrait s'attarder aux quelques pages qu'il nous a laissées. Elles témoignent à la fois de son culte pour Pétrarque, puisqu'il a commenté deux des plus célèbres de ses poèmes, de leur communauté de vue, puisqu'il a écrit une violente critique des mœurs de la cour d'Avignon, et d'une même indépendance d'esprit puisque sa lettre au roi de France, Charles V, avait pour but de

---

1. Ses six lettres à Guido del Palagio sont éditées dans *Lettere* del B. GIO-VANNI DELLE CELLE (Ed. P. SORIO, Roma, 1845). Cf. p. 20, cité par U. MA-RIANI, *op. cit.*, p. 16. Cf. CICÉRON, *Tuscul.*, V, 105.

2. *Epistol. Sen.*, XV, 7 : « Libellum tibi quem poscis libens dono dona-remque libentius si esset qualis erat, dum eum adolescenti mihi donavit Dionysius ille tui ordinis sacrarum professor egregius... Sic eundo et re-deundo mecum senuit, ita ut iam senex a sene sine ingenti difficultate legi nequeat. Et nunc tandem ab Augustini domo disgressus ad eamdem redit, nunc quoque tecum peregrinaturus, ut reor. »

3. Cf. U. MARIANI, *op. cit.*, p. 79-80, éd. Sorio, p. 22.

faire taire ses ennemis en Sorbonne, qui pour le punir d'avoir pris parti pour Florence contre le Pape, lui avaient refusé en 1377, le titre de Docteur [1]. Mais c'est surtout en fonction des conseils qu'il avait reçus de son vieil ami qu'il convient de le juger, pour nous assurer que revenu à Florence vers 1379, c'est bien l'esprit de Pétrarque qu'il sut faire revivre et prévaloir.

Le voyant se consacrer à la théologie, et sans doute à son départ pour Paris, Pétrarque l'avait effectivement mis en garde contre ceux qui tenteraient de le détourner de l'étude des lettres, lui rappelant que si Lactance et saint Augustin les avaient négligées, l'un n'aurait pas pu vaincre si facilement les superstitions, l'autre bâtir sur de solides assises la cité de Dieu. « Il faut, disait-il, que le théologien connaisse en dehors de la théologie beaucoup de choses et même si c'était possible, presque tout. » Il lui avait également rappelé qu'un théologien, n'est ni un poète, ni un philosophe, à moins que l'on définisse le vrai philosophe comme l'amant de la vraie Sagesse, la vraie Sagesse de Dieu le Père étant le Christ. Puis il l'avait mis en garde contre cette « folle engeance » qui parle surtout de ce que ni elle-même, ni les autres ne comprennent. « Comme la vérité est l'objet de l'intelligence, écrivait-il, la clarté en est la félicité. » Enfin après avoir ainsi multiplié les conseils, auxquels s'ajoutaient ses encouragements et les exemples les plus divers, il avait conclu, avant de lui demander de composer un traité contre Averroès : « En toute sainteté et en toute vertu ne quitte jamais la voie facile et la plus courte de Socrate qui mène à la gloire, et qui exige que tu t'appliques à être tel que tu veux paraître... *ut talis esse studeas, qualis vis videri* [2]. »

---

1. Pour les manuscrits et éditions de ses œuvres. Cf. U. MARIANI, *op. cit.*, p. 92-93.

2. *Epistol. Sen.*, XV, 6 : « Unum tamen non omiserim, ne illis aurem aut animum accomodes, qui obtentu studii theologici te nituntur a notitia litterarum secularium dehortari, qua ut sileam reliquos si Lactantius atque Augustinus caruissent neque ille superstitiones paganorum tam facile subruisset, neque iste civitatem Dei tanta arte, tantique molibus erexisset... Expedit theologo praeter theologiam etiam multa nosse, immo si fieri possit pene omnia, quibus contra insultus carnalium sit instructus... Memineris esse theologum non poetam aut philosophum, nisi in quantum verus philosophus verae sapientiae est amator, vera autem Dei Patris sapientia Christus est... Hiis illud addiderim ut in omni doctrina illa tibi praecipua cura sit : non quae abdita, quaeque obscura, sed quae vera, quae clara sint quibus animum intendis. Sunt enim qui de hiis maxime, quae nec ipsi, nec alii intelligunt inaniter gloriantur : stultum genus. Nam ut veritas objectum, sic, ni fallor, claritas est felicitas intellectus... In omni autem sanctitate ac virtute expeditam illam et compendiariam Socratis ad gloriam viam numquam deseras, ut scilicet talis esse studeas, qualis vis videri ...»

Être tel qu'on veut paraître, c'était pour l'humaniste ne rien
sacrifier de ce qui pouvait aider l'homme à apprécier la richesse
de sa nature et les moyens capables d'assurer son plein épanouissement. Or le portrait que nous ont laissé les amis de Marsigli
répond pleinement à cet idéal et montre à quel point il avait su
profiter des conseils de Pétrarque.

« Quand j'étais avec lui, dit Salutati dans un dialogue de Bruni,
mon âme ne pouvait pas se rassasier de sa présence. Dieux immor-
tels, quelle éloquence! quelle culture! quelle mémoire! Il connaissait toutes les questions intéressant aussi bien notre religion que
celles que nous appelons païennes. Sans cesse il avait à la bouche
Cicéron, Virgile, Sénèque et les autres auteurs anciens. Non content
de rapporter leurs propos ou leurs opinions, très souvent il citait
leurs propres paroles, à tel point que ce qu'il disait semblait non
pas emprunté à un autre poète, mais venait de lui-même. Jamais
je n'ai pu rien lui apprendre qui lui parût nouveau. Il savait et
devinait tout. J'ai, en revanche, entendu et appris beaucoup de
choses de lui et dans bien des cas, où j'hésitais, son avis m'a
convaincu [1]. » On dira peut-être que Bruni, dans l'occurrence s'est
laissé entraîner par sa plume et que son témoignage n'a qu'une
valeur relative. Mais si l'on prend la Correspondance de Salutati
lui-même, on s'aperçoit que Bruni n'a été qu'un modeste écho.

Ainsi quand Salutati écrit à Marsigli, il le nomme le « père le
plus cher et le meilleur [2] ». Si Giovanni da San Miniato, avec lequel
nous le verrons bientôt aux prises, lui demande conseil avant
d'entrer chez les Camaldules, il le renvoie à Marsigli « cet esprit
vraiment angélique [3] » et quand il adressera à Poggio, en 1405,
son second plaidoyer en faveur de Pétrarque et de son temps, le
portrait qu'il tracera de son « vénérable père, maître Luigi di
Marsigli » sera un de ses meilleurs arguments. S'il faut l'en croire,
en effet, rien ne manquait à cet homme en fait d'érudition ou
de vertu. Orateur incomparable, il savait émouvoir et persuader.
En histoire, il connaissait tout, en théologie, nul n'était plus bril-

1. L. Bruni, *Dialog. ad P. P. Histrum*, ed. cit., p. 12 : « Nequibat enim
animum meum illius viri explere presentia. Quanta in illo, dii immortales,
dicendi vis! quanta copia! quanta rerum memoria! Tenebat enim non
solum ea quae ad religionem spectant, sed etiam ista quae appellamus gen-
tilia. Semper ille Ciceronem; Vergilium, Senecam aliosque veteres habebat
in ore; nec solum eorum opiniones atque sententias, sed etiam verba per-
saepe sic proferebat, ut non ab alio sumpta sed ab ipso poeta viderentur.
Nihil unquam ad illum poteram affere, quod sibi novum videreretur, omnia
iam pridem spectata habebat et cognita. »

2. Cf. *Epistolario* di C. Salutati, ed. cit., I, p. 243.
3. *Id.*, II, 469.

lant, dans les arts libéraux comme en philosophie, il était le plus
subtil, et « qui donc, ajoutait-il, fut plus instruit de l'antiquité
et plus savant de ces choses que cette nouvelle école croit connaître
(quae callere creditur ista modernitas); enfin, qui donc connaît
mieux les orateurs et les poètes et qui saurait dénouer plus clairement les nœuds des textes ou des ouvrages et éclairer les obscurités de n'importe quel livre [1] ». Après un tel éloge, nul ne s'étonnera de voir Poggio lui-même vanter hautement la science et les
mérites de ce savant moine, dont « la cellule, disait-il, était pleine
de jeunes gens distingués, qui prenaient pour exemple sa vie et
ses mœurs ». Et il ajoutait : « Il recevait aussi la visite d'hommes
nobles et excellents qui venaient à lui de partout comme vers un
oracle divin [2]. » En tout cela évidemment il faut faire la part de
l'amitié et de la rhétorique, mais ce sont tout de même de sérieux
témoins et si nous avions encore besoin d'une preuve du rôle de
premier plan que Marsigli a joué dans la vie florentine, il nous
suffirait d'ouvrir le *Paradiso degli Alberti* pour nous en convaincre.

Giovanni da Prato, auteur de cet ouvrage, sur lequel nous aurons
à revenir, a fait de Marsigli le meneur de jeu des entretiens qu'il
nous rapporte, et c'est peut-être dans son livre qu'il faut chercher
ce que cet homme « aussi connu pour l'étendue de sa science que
pour la sainteté de sa vie [3] », avait de plus original, car dans tous
les débats auxquels il prend part, son attitude et sa pensée traduisent une telle personnalité, qu'il n'y a pas à s'étonner de son
succès. Dialecticien, il met de l'ordre dans les discussions [4], his-

---

1. *Id.*, IV, 138-139 : « ...Quid eloquentiae deficiebat venerabili patri meo,
supercoetano nostro, magistro Loisio de Marsiliis? sic enim vulgo dicebatur,
licet Ludovico sibi nomen foret. Quid, inquam, illi homini deficiebat vel
eruditionis vel eloquentie vel virtutis? Quis unquam orator vehementius
permovit animos aut quod voluit persuasit? Quis plura tenuit atque scivit,
sive humana sive divina requiras? Quis hystoriarum etiam Gentilium copio-
sior, promptior atque tenacior? Quis theologie illuminatior, quis artium et
philosophie subtilior; quis eruditior antiquitatis vel eorum peritior, que
callere creditur ista modernitas? Quis oratorum aut poetarum doctior quique
sciret argutius textuum et librorum nodos solvere vel obscuritates quorun-
cunque voluminum declarare? ».

2. POGGIO BRACCIOLINI, *Oraz. in morte di N. Niccoli* (Op. Om., p. 102) :
« Frequentabatur ab optimis ac praestantissimis viris huius civitatis, qui
ad eum velut ad divinum quoddam oraculum undique confluebant. »

3. Giovanni DA PRATO, *Paradiso degli Alberti*, ed. A. Wesselofski, Bologna,
1867, I, p. 174 : « di grandissima reverenza si per la sua grande e meritevole
fama della sua scienza, come per la laudabile e santa vita ». — *Ibid.*, III,
3 : « divino intelletto... tanto famosa maestro, teologo sommo e preclarissimo
oratore. A la cui laude di bisogno sarebbe il mare dell'eloquenza di Demos-
tene e di Cicerone. »

4. *Ibid.*, III, 37.

torien, il expose les origines de Florence ; philosophe, il interprète
le mythe de Circé [1] ; théologien, il pose la question de la félicité
de l'homme et ce n'est pas par hasard qu'il s'adresse alors à Biagio
Pelacani da Parma, qu'il savait averroïste et avec lequel Salutati
prend soin de nous avertir qu'il n'était pas d'accord. Son opposition n'était cependant point systématique et si Salutati tient à
la souligner, c'est que précisément le susdit Biagio venait de
démontrer que « la foi était en grande partie conforme à la philosophie naturelle et métaphysique », et que ce discours avait
beaucoup plu à Marsigli [2]. Il faut dire que dans ce domaine, il
ne manquait pas d'audace à son époque, puisqu'il déclarait que
« pour convertir les pécheurs les bonnes paroles des philosophes
et des poètes n'étaient pas moins efficaces que les Saintes Écritures [3] ». Son zèle qui le portait à mettre les mystères de la foi
à la portée de tous devait d'ailleurs amener de violentes réactions [4], qui, la politique aidant, devaient l'écarter de l'archevêché
de Florence, pour lequel il avait été proposé par Salutati au nom
de la République [5]. Il n'en garda pas moins l'estime de ses concitoyens, puisqu'il mourut « certainement dans la grâce des hommes »
et que Florence décida de lui élever un monument dans sa cathédrale [6].

Sans chercher à le justifier, en invoquant, comme Salutati,
l'exemple de Pythagore, de Socrate et du Christ, nous regrette-

1. *Ibid.*, III, 230 ; II, 175.
2. *Ibid.*, II, 113-III, 7 : « ...impero che con sue prove e demostrazioni
vuole la fede essere in magior parte conforme colla filosofia naturale e meta-
fisica, e à dato tanti piacere al maestro Luigi che più a lui s'oponea che à
usato dire che mai tale si l'ebbe ». Texte cité par G. SAITTA, *L'educazione
dell'umanesimo*, Venezia 1928, p. 28-29.
3. Cf. VESSELOFSKI, *op. cit.*, I, n. 18 : « nè nelle divine commemorazioni
é da essere taciuto della santa Iscrittura onore egregio e di vita santissima
Maestro Luigi de' Marsilii, il quale con si abondantissimo parlare al popolo
la santa Iscrittura insegno, che tutti cosi begli, come buoni i detti de' filosofi e
de' poeti, in comentazione della fede e conversione de' peccatori predico. »
4. Voir le sonnet d'Angelo TORRINI (*Ibid.*, I, 86), pour protester contre
l'enseignement donné aux femmes :

> Ne credo che 'l valor sommo raccolto
> Per Agustin, Geronimo e Gregoro
> Per questo usar li fesse si famosi
> Non à visto qual d'esto oprar si carca
> L'ozio religioso del Petrarca ?

5. U. MARIANI, *op. cit.*, p. 96.
6. *Ibid.* Le 21 Août 1394, un notaire de Florence écrivait à un de ses
amis : « Oggi è morto il maestro Luigi in grazia di Dio, si crede, e degli
huomini certo. » — Le monument se réduit à une très belle fresque que l'on
voit dans le bas-côté droit, immédiatement avant le buste de Ficin. Cf.
MARIANI, *op. cit.*, p. 96.

rons que ce dernier témoin de Pétrarque n'ait pas écrit [1]. Sans
doute la tâche que lui avait fixée son maître était-elle au-dessus
de ses forces, mais les quelques propos qu'on lui prête sont là
pour nous prouver qu'il avait beaucoup à dire. Il reste qu'il a
formé à son école les Niccoli, les Rossi et surtout le grand Salutati, qui malgré les lourdes obligations de sa charge composait
sur les sujets les plus divers de précieux traités, que Pétrarque
n'aurait point désavoués et qui pour la plupart étaient, sans aucun
doute, l'émouvant écho des fécondes pensées qu'il avait échangées
avec Marsigli sous les cloîtres gothiques de San Spirito. C'est ainsi
qu'en marge de sa Correspondance diplomatique, qui faisait trembler les chancelleries d'Europe et des centaines de lettres, dont
l'Humanisme n'est jamais absent, cet héritier légitime de l'auteur
de l'*Africa* a trouvé le temps d'écrire un *De seculo et religione*, un
De fato, fortuna et casu, un *De nobilitate legum et medicinae*, un
De verecundia, un *De Tyranno* et un *De sensibus allegoricis fabularum Herculis*. Chacun de ses traités, sans doute, mériterait
qu'on s'y attardât mais ce qu'il nous en dit lui-même [2] doit suffire

1. *Epistol.*, éd. cit., IV, 139.
2. *Epistolario*, IV, p. 73-75 : « cum enim exundantissimus, multus et
multiplex in publicis epistolis fuerim et aliquanto, imo sine comparatione
contractior in privatis, ceteris in operibus parum vel nichil expaciatus sum ;
tum quia per occupationes domesticas minus licet, tum quia consecranda
Minerve non calleo. Utrumque tamen devotum libellum scripsi *De seculo
et religione* ad virum optimum fratrem Hieronymum de Angelis, qui postea
fuit generalis ordinis Camaldulensis, in quo duobus libris de mundo prius,
quem ille fugerat, disputavi, suas insidias declarando ; altero vero de religione, quam sequendam duxerat, religionisque votis exquisite disserui,
quoad per me fieri potuit atque scivi, ad cepti voti perseverantiam exhor-
tando ; quem tam ipse quam multi confratres sui carissimum habuerunt,
fecique librum *De fato, fortuna et casu*, duobus similiter distinctum voluminibus, quorum primo de causis atque fato, necessitate, libero arbitrio
Deique providentia et sanctorum predestinatione ; secundo vero explicui de
fortuna et casu, diffiniendo quid sint ; et tandem, quod venerabilis pater
abbas Sancti Salvatoris de Septimo petiit, respondi cur civitas Perusina
tam atroci bello civico dissideret. Feci et alium librum, quo *De nobilitate
legum et medicine* longa disputatione discussi, quo nobilitatem active specu-
lativeque vite meo iudicio verissime diffinivi, voluntatem intellectui pre-
ferendo. Feci libellum etiam *De verecundia*, cuius primis partibus an medicis
liceat studere rethorice ventilavi ; secundis vero de verecundia digessi, dis-
tinguens diligentius an passio sit, an virtus debeat reputari ; composuique
tractatulum *De tyranno*, quo videri potest quid tyrannus, an cum occidere
liceat, an principatus Cesaris iustus debeat an tyrannicus appellari ; et
tandem nunquid Dantes iuste Brutum et Cassium, occisores Cesaris, infimo
posuerit in inferno. Respondi cuidam magna satis, imo maxima oratione,
invectivo stilo, qui belli secundi principio, quod cum duce Mediolani gessi-
mus, acerrime contra commune nostrum more canis rabide delatravit. Et

pour nous éclairer sur ses intentions qui demeuraient identiques à celles de son maître. Sans doute nul n'avait encore écrit contre celui qu'il appelait lui-même l' « impie Averroès [1] », mais il n'oubliait pas que Pétrarque avait cherché ou du moins tenté de confondre les Averroïstes en leur opposant Platon, et tout nous porte à croire que c'est avant tout pour traduire les Dialogues, que Salutati mit tout en œuvre, pour que ses contemporains puissent apprendre le grec.

Depuis que le calabrais Léonce Pilate avait sombré dans l'Adriatique (1367), emportant avec lui de précieux manuscrits [2], nul ne s'était présenté pour déchiffrer les fameux livres de Platon que Pétrarque avait jetés comme un défi à la face de ses détracteurs. Or, en février 1395, on apprit que Manuel Chrysoloras, en compagnie de Demetrius Kydones, avait débarqué à Venise où il venait au nom de l'empereur Paléologue implorer assistance contre les Turcs.

Comment la renommée de ces deux savants s'était-elle répandue jusqu'à Florence? Sans doute par quelque messager qui déjà travaillait à l'union des églises grecque et latine. Toujours est-il que dès le 20 février, Salutati écrivait à Demetrius pour lui exposer son projet et que, sans attendre, deux florentins, Roberto dei Rossi et Jacopo Angeli da Scarperia partaient à la rencontre des deux savants pour leur demander de leur apprendre leur langue. La

---

hec preter epistolas hucusque facta sunt, pedestri quidem stilo, non quali tibimet, ut video, persuasisti. Opus autem ingens cepi *De sensibus allegoricis fabularum Herculis*, quod quatuor distinxi voluminibus, quorum primum quid sit poeta discutit quidque poetica et multa circa dictam materiam; secundum expedit conceptum, nativitatem et nutritivam Herculis; tertium vero labores eius amplectitur; ultimum autem de inferno est, de descensibus in ipsum, de uxoribus Herculis, monte Oetha et secunda captura Troie : et ibi, Deo dante, quicquid circa hoc concepimus, terminabit, secundum completum, non tamen correctum est; cetera, licet ad magnitudinem multam creverint, nec completa sunt nec ultimam limam per consequens habuerunt, quem librum, si dederit Deus compleri, spero fore gratum et utilem studiosis. » — Le *De seculo et religione* est encore inédit (*Plut. LIII, 4; Riccard. 872; Ambrosianus D inf.* 43...; il existe également un manuscrit de cette œuvre à la bibliothèque de Melun); *De fato*, inédit (*Plut. LIII, 4; Vat. Lat. 2928* et *Vat. Lat. 3460*); le *De nobilitate legum et medicine* et le *De verecundia* ont été publiés par E. GARIN, Florence, Vallecchi; le *De tyranno*, a été publié par VON MARTIN, Leipzig, 1913, et le *De sensibus allegoricis fabularum Herculis* a été publié par B. L. ULLMANN, Zurich, Thesaurus Mundi 1951.

1. *Epistolario*, III, p. 191 : « ...Irreligiosum tamen Averroym non sine motu cachinnationis admiror, qui cum de Deo et anime eternitate pessime senserit, ad quem refertur cuncta religio... »
2. *Epist. Sen.*, VI, 1.

mission des Grecs hélas devait être de courte durée. Mais tandis
que Rossi rentrait à Florence enthousiasmé du peu qu'il avait
appris, Scarperia voguait avec ses maîtres vers Constantinople,
décidé à ne revenir dans sa patrie que le jour où il pourrait lire et
enseigner le grec. Quant à Salutati, sa déception ne devait pas le
décourager. En février 1396, grâce à la munificence de Palla
Strozzi, qui offrait cent florins d'or par an, il obtenait du Studio
de Florence que Chrysoloras soit nommé professeur de grec pour
dix ans et le titulaire ayant accepté, le 2 février 1397, il commençait à enseigner aux Florentins la langue d'Homère et de
Platon [1].

L'enthousiasme était à son comble. Enfin on allait connaître
« les lettres grecques que, depuis sept cents ans, personne n'avait
possédées en Italie [2] », et qui, pourtant « étaient la source de tout
ce que possédait le Latium d'érudition et de doctrine ». Toute
l'élite florentine se mit à l'étude. Tel le vieux Caton qui à soixante
ans avait abordé « la discipline argolique », on vit le chancelier,
entraîné par l'intrépide Scarperia, se mêler à toute une jeunesse
avide de savoir. En vérité le vieux chancelier pouvait être fier
de son initiative car il y avait là non seulement ceux de la première
heure, mais bien des nouveaux venus : Leonardo Bruni (1374-
1444), Paolo Vergerio (1370-1444), le Pogge (1380-1459), Carlo
Marsuppini (1398-1453), Gianozzo Manetti (1396-1459), sans
doute le moine camaldule, Ambrogio Traversari (1386-1439), et
tous dans leur domaine respectif devaient ouvrir à l'Humanisme
de brillantes perspectives.

Certes on peut regretter que Salutati se soit découragé ou que
les événements politiques, dont le poids reposait sur lui, ne lui
aient pas permis d'apprendre assez de grec pour lire Platon. Il
eut cependant avant de mourir (4 mai 1406) la consolation de voir
la traduction de quelques Dialogues entreprise par celui qu'il
avait désigné pour lui succéder à la Chancellerie et qui avait été
un des meilleurs élèves de Chrysoloras : Leonardo Bruni, que l'on
appelait aussi l'Aretino, parce qu'il était d'Arezzo.

Né l'année même de la mort de Pétrarque, ce benjamin des
humanistes avait découvert sa vocation en méditant sur un portrait du maître qui se trouvait dans une prison où les Gibelins,

---

1. Cf. G. CAMMELLI, *Manuele Crisolora*, Firenze, Vallecchi, 1941, p. 43
et suiv.
2. L. BRUNI, *Commentarius rerum suo tempore gestarum.* — MURATORI,
XIX, p. 909 : « Septingentis jam annis nemo per Italiam graecas litteras
tenuit et tamen doctrinas omnes ab iis esse confitemur. »

conduits par le sieur de Coucy, l'avaient jeté tout enfant (1484) [1].
Venu ensuite à Florence pour y apprendre le droit, la rhétorique
et l'éloquence, car il se destinait à la carrière diplomatique, il
avait eu la bonne fortune d'y avoir pour maître Giovanni Malpaghini de Ravenna (1346-1417), qui avait été un familier de Pétrarque et que Salutati venait de faire nommer au Studio pour
y remplacer Marsigli. Enthousiasmé par ce maître qui, dit-il,
avait reçu « comme une faveur particulière du ciel le don d'exciter ses auditeurs au culte des belles-lettres [2] », il estima, à l'arrivée de Chrysoloras, qu'il ne pouvait négliger « l'occasion qui
lui était offerte de connaître Platon, Homère, Démosthène et
tous les autres poètes, philosophes et orateurs ». « Les professeurs
de droit ne manquent pas, se dit-il, tu peux l'apprendre quand
tu voudras, mais pour le grec il n'y a qu'un seul maître [3] » et c'est
en le suivant qu'il prit le chemin de sa renommée, car si les Florentins le jour de sa mort (mars 1444) l'ont couronné de laurier
parce qu'il avait écrit une histoire de Florence, aujourd'hui
oubliée, c'est à ses traductions de Plutarque, de Démosthène, de
saint Basile, d'Aristote et surtout de Platon qu'il doit la place
qu'il occupe aujourd'hui dans l'histoire des lettres et de la philosophie.

Une fois encore Salutati avait eu la main heureuse et ce fut
cette fois pour lui moins un succès qu'un réconfort, car non seulement l'enthousiasme des premières heures avait sensiblement
décliné, mais Chrysoloras fuyant la peste (1399) était parti pour
Pavie et Salutati avait eu fort à faire pour défendre et la cause de
l'Humanisme contre ses détracteurs et l'idéal même de Pétrarque
contre ses propres amis.

Deux incidents suffiront à nous éclairer sur l'opposition qu'il
rencontrait chez ceux qui se prétendaient les défenseurs de la foi.
Amateur de manuscrits, il avait demandé, en 1378, à son ami
Giuliano Zonarini, chancelier de Bologne, de lui acheter un Virgile, qu'il savait à vendre dans cette ville. Or, en quelques lignes
qui pour nous prennent un relief singulier, celui-ci lui répondit

---

1. I. MANETTI, *Oratio funebris*. — MEHUS, *Epist. L. Aretini*, I, p. 92. —
H. BARON, L. BRUNI ARETINO, *Humanistisch-philosophische Schriften mit
einer Chronologie seiner Werke und Briefe*, Leipzig, 1928.

2. Cf. MEHUS, G. SALUTATI, *Epist.*, p. XLI. — *Ambr. Traversarii Vita*,
p. CCCXLVIII-CCCLIII.

3. L. BRUNI, *Commentarius*, éd. cit., p. 912 : « Tu, cum tibi liceat Homerum, Platonem, Demosthenem, caeterosque poetas et philosophos et oratores, de quibus tanta ac tam mirabilia circumferuntur, intueri atque una
colloqui, ac eorum mirabili disciplina imbui, te ipsum deseres atque desti-
tues? Tu occasionem hanc divinitus tibi oblatam praetermittes? »

que Virgile n'était qu'un poète mensonger *(vates mentificus)*,
que lire un tel livre était contraire aux décrets *(talis libri in decre-*
tis occupatio prohibetur) et qu'en conséquence il ne pouvait en
conscience acheter ce manuscrit, qu'il proposait de remplacer
gracieusement par quelques manuscrits des Livres Saints [1]. On
devine la surprise de Coluccio! Sans attendre il prit la plume pour
venger le « prince des poètes », démontrant à son ami trop scrupu-
leux que non seulement la lecture des païens ne devait pas être
un crime, puisqu'on lisait dans les écoles Donat, Priscien, Aristote
et Platon, mais encore que la lecture de Virgile se justifiait pleinement tant par l'incomparable richesse de son style que par
l'étonnante coïncidence de ses propos avec les vérités chrétiennes [2].
Zonarini fut-il convaincu ou du moins ébranlé par cette apologétique virgilienne? On pouvait le croire puisqu'il ne répondit pas.
Mais un regrettable incident ne devait pas tarder à ranimer le
différend, à l'insu de Salutati. Ayant appris que le chancelier de
Bologne avait refusé d'acheter le Virgile, un ami de Salutati,
qui était notaire de la chancellerie florentine, Domenico Silvestri
avait cru bon d'adresser au pieux Zonarini, une épître assez sévère
pour qu'elle fut jugée blessante. Le chancelier la renvoya donc à
Salutati et la lettre qui accompagnait l'envoi ne laissait aucun
doute sur ses sentiments [3]. Regrettant sincèrement le ton agressif
que Silvestri avait introduit dans cette polémique amicale, Salutati tint à se justifier et à présenter les excuses de celui qui le
considérait comme son maître et son père, mais, comme à nouveau
Virgile avait été mis en cause, il joignit à ces excuses un nouveau
plaidoyer en faveur du « vates » de la huitième Églogue, dont la
condamnation pouvait à son avis compromettre les Pères de
l'Église eux-mêmes et limiter dangereusement l'interprétation des
Saintes Écritures [4].

Le second incident est né d'un échange de lettres entre Salutati
et un moine camaldule, Giovanni da San Miniato, qui lui avait en

---

1. C. SALUTATI, *Epistol.*, ed. cit., I, p. 300-301 : « ...placet mihi stilus
quem hactenus nemo versibus adequavit, nec putem posse ad eius altitu-
dinem atque dulcedinem humanis viribus pervenire. Miror sermonis sui
maiestatem, proprietatem vocabulorum, concinnitatem versuum, pleni-
tudinem orationis, compositionis venustatem et denique verba coniugatione
melliflua maritata.
2. *Ibid.*, 301-303.
3. La lettre de Domenico Silvestri, qui se trouve dans le *cod. Magliab.*,
II, IV, 109, p. 74 est en partie reproduite par NOVATI, *op. cit.*, I, p. 322, n. 2
et 3, et analysée par R. COULON dans son Introduction à l'édition de la
Lucula Noctis de G. DOMINICI, p. XXX et suiv.
4. *Ibid.*, 321-333.

1401 écrit pour le mettre en garde contre les « studia humanitatis ». Salutati qui sans doute n'ignorait pas ce que Pétrarque avait écrit pour rassurer Boccace dans une circonstance analogue, lui répondit qu'il n'avait pas lieu de s'inquiéter : « Ne crois pas, écrit-il, que l'on quitte les voies du Seigneur lorsque l'on cherche la vérité dans les poètes et les livres païens, car toute vérité vient de Dieu et qui plus est, est quelque chose de Dieu [1] » et l'ayant rassuré sur le langage divin des poètes, il terminait en déclarant que condamner les poètes ne pouvait être que le fait d'une « sainte rusticité » [2] *(quod sanctae rusticitatis est solum tibi prodest)*. Le mot était de saint Jérôme, mais semblait vraiment d'actualité et l'on pouvait croire que le moine ainsi mis en face de son ignorance se le tiendrait pour dit. Il semble bien qu'il n'en fut rien. Mais le chancelier qui entretenait d'excellentes relations avec le monastère de Sainte-Marie des Anges, où régnait son ami Traversari, jugea prudent de ne point répondre pour éviter que cette querelle académique ne s'envenimât. Charitable, son silence fut hélas interprété comme une faiblesse : ce qui était un comble [3]. Aussi pouvait-on s'attendre à voir le moindre incident ranimer le débat et le rendre plus sévère.

Pour illustrer les idées de son maître, Leonardo Bruni traduisit alors l'exhortation de saint Basile « aux jeunes gens sur l'utilisation de la littérature païenne » et la dédia à Salutati [4]. Or il suffit de lire cette dédicace pour être fixé sur ses véritables intentions,

---

1. *Ibid.*, III, 539 : « Noli, venerabilis in Christo frater, sic austere me ab honestis studiis revocare. Noli putare quod, cum vel in poetis vel in aliis Gentilium libris veritas queritur, in vias Domini non eatur. »

2. *Ibid.*, 542 : « ...Nec me putes unquam ad inanis fame gloriam, ut sentire te video, laborasse; sed cupiditate sciendi communicandique quod Deus tradidit, ut aliis et posteris, sicut alii nobis suisque temporibus profuerunt, sic aliquid et ego prodessem, quid mihi videtur scientibus non minus debitum, quam arbores, que pervenire debeant ad nepotes. Tu, quod sancte rusticitatis est, solum tibi prodest, ego michi prodesse conor et aliis. » — SAINT JÉRÔME, *Epist. ad Paul.*, LIII (Op., I, 542). Salutati se référait sans doute à son maître Pétrarque (*Epist. Sen.*, I, 5 : « Scio multos ad sanctitatem eximiam sine litteris pervenisse. Nullum litteris hinc exclusum scio... Ita sentio : planum forsitan, sed ignavum iter per ignorantiam ad virtutem. Unus est finis, omnium bonorum multiplices autem viae, eodemque tendentium multorum varietas. Ille tradius, hic ocius. Ille obscurius, hic clarius. Ille depressius incedit, hic altius. Quorum quidem omnium peregrinatio est beata, sed ea certe gloriosior que clarior, suae altior. Unde fit ut litterate devotioni comparabilis non sit, quamvis devota, rusticitas. »

3. Cf. NOVATI, *op. cit.*, IV, 170, n. 1.

4. Cette traduction connut un succès considérable. Elle fut traduite deux fois en langue vulgaire au XVe siècle, une première fois par Antonio di Lorenzo Ridolfi (1409-1486), éditée par P. STROMBOLI et G. MILANESI, Firenze, Landi 1889; une seconde fois par Donato COCCHI (1454-15). Cf. NOVATI, *op. cit.*, IV, 184, note 1.

puisqu'il déclarait qu'il avait entrepris cette tâche « parce qu'il souhaitait par l'autorité d'un si grand homme faire échec à l'ignorance et à la perversité de ceux qui méprisaient les « studia humanitatis » et estimaient qu'il faut absolument s'en écarter ». Il ajoutait même : « C'est le fait de tous ceux qui sont si bornés qu'ils ne peuvent rien comprendre de ce qui est grand et supérieur, comme de tous ceux qui ne pouvant s'élever à aucun degré de l'humanité, estiment que les autres doivent en faire autant. » Mais laissons-les à leur ignorance, concluait Bruni. Ils ne sont pas dignes de ce qu'il y a dans ce livre [1]. « Si le Camaldule, dit Novati, ne s'est pas reconnu dans ce portrait peu flatteur, il a certainement fait preuve d'une grande bonne volonté [2]. » A la vérité, c'était excessif, car Salutati lui-même déclarait Giovanni da San Miniato « non mediocriter eruditus ». Il dut néanmoins se sentir visé, car à quelque temps de là, sans toutefois oser s'attaquer de face au chancelier, qu'il se vantait imprudemment d'avoir réduit au silence, il renouvela ses attaques plus ou moins déguisées, en conseillant à un ami de Salutati, Angelo Corbinelli, d'abandonner la lecture des poètes et de se consacrer à l'étude de la Sainte Écriture [3].

Comme le souhaitait sans doute son auteur, le chancelier lut la lettre, qui l'amusa fort et la réponse ne se fit pas attendre. « Vidi et risi », écrit-il, et après cette flèche bien aiguisée, sa réponse était un véritable traité en quatre points, dans lequel il définissait la poésie, expliquait ses rapports avec les Saintes Écritures, prouvait que l'on ne devait pas interdire la lecture des auteurs païens et répondait aux objections du moine, dont le zèle avait sans doute exaspéré sa patience, puisqu'il terminait brutalement : « Si cela vous plaît et si vous le pouvez, bannissez la poésie de vos

---

1. H. Baron, *op. cit.*, p. 99-100 : « Prologus in Basilii Epistolam ad nepotes de utilitate studii in libros gentilium, ad Coluccium Salutatum : Ego tibi hunc librum ex media, ut aiunt, Graecia delegi, ubi ejusmodi rerum magna copia est et infinita poene multitudo.... nos in praesentia hunc potissimum delegimus, quod maxime eum conducere ad studia nostra arbitrati sumus. Atque ideo libentius, id fecimus, quod auctoritate tanti viri ignaviam ac perversitatem eorum cupiebamus refringere, qui studia humanitatis vituperant atque ab his omnino abhorrendum censent. Quod his contigit fere qui ea tarditate ingenii sunt, ut nihil altum neque egregium valeant intueri, qui cum ad nullam partem humanitatis aspirare ipsi possint, nec alios quidem in debere facere arbitrantur. Sed hos cum sua ignorantia relinquamus; neque enim digni sunt, de quibus verba fiant. »

2. Novati, *op. cit.*, IV, 184, note 1.

3. Une copie de cette lettre se trouve à la Bibl. Nat. de Paris, *Fonds latin 8573* et a pour titre : « Ut discedat a lectura poetarum et sacre pagine innitatur. »

cloîtres mais au-delà, ce n'est pas votre affaire [1]. » L'apostrophe
dut piquer l'adversaire au vif et comme elle visait en fait tous les
moines, on vit entrer en scène l'homme qui représentait alors à
Florence l'idéal monastique avec un singulier éclat : Giovanni
Dominici.

Entré de bonne heure au couvent des dominicains de Santa
Maria Novella, où on avait hésité à le recevoir à cause de son
manque d'instruction, le jeune Giovanni s'était bientôt imposé
à ses pairs comme réformateur de son ordre et ses prédications
furent si appréciées à Florence que la République lui confia la
charge d'enseigner l'Écriture Sainte au Studio, avant que le Pape
Grégoire XII en fasse un évêque de Ravenne et un cardinal (1408).
C'est dire l'estime dont il jouissait et il faut croire qu'il la méritait
grandement puisque l'Église l'a inscrit au catalogue de ses Bienheureux. N'ayant point lui-même provoqué la querelle, il aurait pu
se contenter de rappeler à l'ordre le chancelier qui semblait prendre
plaisir à fustiger les moines. Mais le problème posé était si lourd
de conséquences que le zélé prieur crut bon d'écrire en prenant
pour épigraphe le texte de saint Jean : *Lux in tenebris lucet et tene-
brae eam non comprehenderunt,* un long traité, formant acrostiche,
pour défendre les droits de l'Église sur l'éducation (1405) [2].

Dans ce livre qui porte le nom des lucioles qui, les soirs d'été,
vagabondent dans le ciel des villas florentines, le savant Dominici
essaya donc de prouver à force de syllogismes rigoureux, que « pour
un chrétien, labourer la terre valait mieux que lire les auteurs
païens ». S'en tenant aux disciplines du Moyen Age, il ne pouvait
admettre que dans des écoles chrétiennes, on offre à des enfants,
affamés de savoir, Cicéron, Virgile, Homère et Sénèque qui ne
pouvaient les rassasier. C'est assez pour juger de l'esprit de cette
Lucula noctis [3], qui, malgré l'oubli dans lequel elle devait bientôt

---

1. *Epistolario,* ed. cit., 170-205 : « Prohibeatis hec, si placet sique potestis
vobis in claustris, nec cura sit vobis de his que extra sunt. Non est enim
hoc vestri iuris vestreque potentie prohibere; sed inhibeatis hoc vobis, si
potestis, ut dixi, videteque quotiens in die contra legis vestre seriem faciatis.»
2. G. DOMINICI, *Lucula Noctis,* éd. R. COULON, Paris, Picard, 1908. Une
nouvelle édition de cette œuvre a été faite sur le manuscrit ayant appartenu à Salutati (ed. E. HUNT, University Notre-Dame, Indiana, 1940).
3. *Id.,* ch. XV : « Sed circumvallant hodie pueri Tullium et Virgilium,
Homerum, Aristotilem et Anneum, eorum panes querentes, receduntque
famelici, falsa cortice pasti... Aliud est ad liberales artes transire, sine quibus
humana societas bene conservari non potest... aliud est legere codices illos
qui falsam religionem docent commendant, et fortassis vere preferunt sive
resistunt... Et hii maxime in gignasiis Christianorum leguntur, quod sustinere non possum. »

sombrer, reste un document capital de l'histoire de l'Humanisme. La Mort (4 mai 1406) ne laissa pas au chancelier le temps de la riposte ou du moins la plume lui tomba des mains avant qu'il l'eût achevée. Ce qui nous reste [1] et les corrections grammaticales et philologiques que l'on trouve dans les marges de son manuscrit de la *Lucula Noctis* prouvent que Salutati n'avait rien à ajouter à son précédent plaidoyer, et la partialité dont il fait preuve dans ses observations pour tenter de mettre Dominici en contradiction avec lui-même, montre clairement l'embarras dans lequel il se trouvait pour répondre au savant dominicain, qui le premier parlait en connaissance de cause, puisqu'on le voyait à chaque page de son ouvrage citer les auteurs contre lesquels il mettait les chrétiens en garde.

Mais un autre danger menaçait l'Humanisme et il était d'autant plus inattendu qu'il venait d'hommes sur lesquels Salutati semblait pouvoir compter. Le dialogue dont Bruni s'est fait l'écho à l'intention de son ami Pier Paolo Vergerio (1370-1444) nous permet utilement d'en juger [2]. S'il faut en croire l'auteur du dialogue *ad Petrum Histrum*, un débat sévère aurait, en effet, opposé le jour et le lundi de Pâques 1401, Salutati et Bruni à Roberto de' Rossi et Niccolo Niccoli, les uns défendant tout l'héritage du passé, les autres sacrifiant sans ménagement tout ce qui ne respectait pas la grammaire ou n'était pas latin.

De cette dispute académique, dont la passion n'est pas exclue, nous ne pouvons retenir ici que les grandes lignes, mais elles sont pleines d'enseignement. Tous étaient évidemment d'accord pour condamner sans appel la logomachie, qui depuis tant d'années avait, pour ainsi dire, stérilisé la pensée et dénaturé la langue de Cicéron. Mais était-ce une raison suffisante pour bannir tout ce qui n'était pas écrit en latin et pour sacrifier à un chant de Virgile *la Divine Comédie* de Dante, *les Triomphes* de Pétrarque ou *les Églogues* de Boccace [3]? Le vieux Salutati ne pouvait pas l'ad-

---

1. *Epistol., ed. cit.*, IV, p. 205-240.
2. Ces dialogues sont les *Dialogi ad Petrum Histrum*, déjà cités. Publiés partiellement à Bâle en 1536, ils ont été édités successivement par G. KIRNER (Livorno, Giusti), par T. KLETTE (*Beitrage zur Gesch. und Litter. der Italien. Gelerhrtenrenaissance*, Greifswald, 1888, vol. II) et par R. WOTKE (Wien, Tempsky), sous le titre *Dialogus de tribus vatibus florentinis*). E. Garin a réédité ce texte avec une traduction italienne dans *Prosatori Latini del Quattrocento*, Milano, Ricciardi, p. 43-99. C'est à cette dernière édition que nous nous référons.
3. L. BRUNI, *Dialogi, ed. cit.*, p. 68 : « Quos tu mihi Dantes, inquit, commemoras? Quos Petrarchas? Quos Boccacios? An tu putas me vulgi opinio-

mettre. Sans doute était-il regrettable de voir tant de philosophes et de théologiens déshonorer leurs arguments par des solécismes [1], mais ce n'était pas un critère suffisant pour les condamner sans appel et si le temps de l' « Ipse dixit » était révolu, Aristote ne devait pas pour autant être rendu responsable des abus et des erreurs que des disciples trop zélés avaient intérêt à couvrir de son nom [2].

Fidèle à la pensée de Pétrarque, Bruni dans ce dialogue et dans son précieux traité *de Litteris et studiis* [3] tint à définir l'idée même des « studia humanitatis » et les principes de l'érudition. Il y a une connaissance qui a pour objet la vie et les mœurs et c'est parce qu'elles perfectionnent et enrichissent l'homme qu'on appelle les sciences qui ont un tel but « studia humanitatis [4] ». A quoi

nibus juidicare, ut ea probem aut improbem quae ipsa multitudo? », p. 74 : « Heu miseros, quanta caligo obcoecat! Ego, mehercule, unam Ciceronis epistolam atque unum Vergilii carmen omnibus vestris opusculis longissime antepono. »

1. *Ibid.*, p. 54 : « O praeclaros nostri temporis philosophos! siquidem ea docent ipsi nesciunt; quos ego nequeo satis admirari, quo pacto philosophiam didicerint, cum litteras ignorant, nam plures soloecismos quam verba faciunt cum loquuntur, itaque illos stertentes quam loquentes audire mallem. »

2. *Ibid.*, p. 56 : « Hos tamen si quis roget, cuius auctoritate ac praeceptis in hac sua praeclara sapientia nitantur : philosophi, dicunt. Hoc autem dicunt, Aristotelis intelligi volunt atque cum quidpiam confirmare opus est, proferunt dicta in his libris, quos Aristotelis esse dicunt : verba aspera, inepta, dissona, quae cuiusvis aures obtundere ac fatigare possent... » Haec dicit, inquiunt, philosophus : huic contradicere nefas est idemque apud illos valet et Ipse divit et Veritas : quasi vero aut ille solum philosophus fuerit aut eius sententiae ita fixae sint, quasi eas Pythius Apollo ex sanctissimo adito suo ediderit. Nec ego nunc, me hercule, ista dico, ut Aristotelem insecter, nec mihi cum illo sapientissimo homine bellum ullum est, sed cum istorum amentia, qui si tantum ignorantiae vitio obnoxii essent, illi quidem non laudandi, sed tamen in hac temporum conditione ferendi : nunc vero cum ignorantiae eorum tanta arrogantia iuncta sit, ut se sapientes et appellent et existiment, quis eos aequo animo ferre possit?

3. L. BRUNI, *De litteris et studiis*, Roma, Schurener 1477, trad. ital. — E. GARIN, dans *L'Educazione umanistica in Italia*, Bari, Laterza 1949, p. 28-38.

4. L. BRUNI, *De lit. et stud.*, p. 64-65 : « Eruditionem autem intelligo non vulgarem istam et perturbatam; quali utuntur nunc, qui theologiam profitentur, sed legitimam illam et ingenuam, quae literarum peritiam cum rerum scientia coniungit, qualis in Lactantio Romano, qualis in Aurelio Augustino, qualis in Hieronymo, summis profecto theologis ac perfectis in literatura viris. » — *Id. Epist.*, VI, 49 : « Studium vero tibi sit duplex, alterum in litterarum peritia non vulgari ista et communi, sed diligentiori quadam atque recondita... alterum in cognitione earum rerum, quae pertinent ad vitam et mores, quae propterea humanitatis studia nuncupantur, quod hominem perficiant atque exornent. »

son ami Vergerio répondra : « Nous appelons libérales, les études qui sont dignes d'un homme libre [1]. » Bruni par ailleurs n'hésitait pas à se nommer « l'Épicure des lettres » tant il prenait de plaisir à lire une période cicéronienne, mais il n'en était pas moins persuadé qu'une littérature sans savoir était vaine et stérile [2]. Ce que Pétrarque avait avant tout cherché dans l'Antiquité, c'était d'abord ce qui pouvait rendre les hommes meilleurs en leur rappelant leur origine divine et leur destinée humaine. Il ne fallait donc pas, sous prétexte d'érudition ou de pédantisme risquer de compromettre son œuvre en sacrifiant l'esprit à la lettre.

Fort heureusement ces hommes avaient trouvé sous les brillantes périodes de Cicéron de sérieux jugements sur la philosophie, « mère de tous les arts et source de l'humanité [3] », et c'est parce qu'ils admiraient sans réserve le grand Tullius qu'ils crurent sur parole, ce qu'on ne tarda pas d'ailleurs à leur reprocher [4], que Platon méritait plus d'estime qu'Aristote, parce qu'il parlait une langue plus châtiée. Ainsi l'esprit de Pétrarque se trouvât-il sauvegardé. Bien plus on admit qu'Aristote avait dû être défiguré par ses traducteurs et certains n'hésitaient pas à dire que s'il voyait maintenant ses livres, il serait capable, comme les chiens d'Actéon, trompés par la métamorphose de leur maître, de les déchirer [5]. On était donc tout disposé à donner à Aristote la place qu'il méritait, mais l'écho du *Triomphe de la Renommée* se perpétuait :

---

1. P. P. Vergerio, *De ingenuis moribus*, ed. A. Gnesotto, Padova, 1918. — P. 23 : Philosophia idcirco est liberalis, quos eius studium liberos homines efficit.

2. L. Bruni, *Epistol.*, ed. Mehus, IV, 20, p. 134 : « Me profecto Epicureum litterarum factum esse scito : voluptatem in illis festivitatemque consector. » — *Id.*, *De litter. et stud.*, p. 91 : « Nam et litterae sine rerum scientia, steriles sunt et inanes... Scientia rerum quamvis ingens, si splendore careat, literarum abdita quaedam obscuraque videtur. »

3. *Id.*, *Dialogi, ed. cit.*, p. 54 : « Vide, quaeso, philosophiam, ut eam potisime consideremus, quae est omnium bonarum artium parens et cuius ex fontibus haec omnis nostra derivatur humanitas. Fuit philosophia olim ex Graecia in Italiam a Cicerone traducta, atque aureo illo eloquentiae flumine irrigata ; erat in eius libris cum omnis philosophiae exposita ratio, tum singulae philosophorum scholae diligenter explicatae. »

4. Cf. *Invettiva contro a certi calunniatori di Dante e di messer Francesco Petrarca e di messer Giovanni Boccaci, i nomi de' quali per onestà si tacciono, composta pello iscientifico e ciercuspetto uomo Cino di messer Francesco Rinuccini, cittadino fiorentino, ridotta di gramatica in vulgare*, ed. A. Wesselofski, *op. cit.*, I, p. 313 : « ...Dicono che Platone è maggior filosofo che Aristotele, allegando Sant'Agostino, diciente Aristote le principe de' filosofi, ecietto sempre Platone ».

5. L. Bruni, *Dialogi, ed. cit.*, p. 58.

.... *vidi Plato*
....
Aristotele poi ....

Cependant, pour qui ne voulait plus se contenter des platoniciens latins, la preuve de cette primauté restait encore à faire et c'est peut-être pour l'esquisser que Bruni entreprit de traduire les dialogues de Platon qui répondaient le mieux à ce que l'on attendait du « prince des philosophes ».

Il traduisit d'abord, en 1405, le *Phédon*, qui à vrai dire n'apportait rien de nouveau, puisque ce dialogue était déjà connu par la traduction d'Aristippe de Catane. C'était pourtant de bon augure et l'on pouvait espérer qu'il ne tarderait pas à s'attaquer aux autres dialogues dogmatiques. En fait, on attendit longtemps la suite, car si, en 1409, il donna le *Gorgias*, ce n'est qu'en 1424 qu'il traduisit *le Phèdre*, *l'Apologie de Socrate* et *le Criton*, qui devaient être suivis en 1427 par les *Lettres* et en 1437 par une partie du *Banquet* (215 a-222 a). Il faut dire qu'entre temps il avait traduit *les Philippiques* et *les Olynthiennes*, de nombreuses *Vies* de Plutarque, *l'Éthique à Nicomaque*, *les Économiques*, qu'il croyait d'Aristote, quelques vers d'Homère et *la Politique* d'Aristote.

Manifestement, il n'avait donc jamais eu l'intention de traduire tout Platon et si l'on se reporte aux dédicaces qui sont jointes à quelques-unes de ces traductions il devient évident que le choix des textes qu'il a traduits fut le plus souvent dicté par des motifs d'intérêt personnel. Sa traduction du *Phédon*, dédiée à Innocent VII, coïncide, en effet, avec sa nomination à la curie romaine (1405), celle de l'*Éthique à Nicomaque*, dédiée à Martin V, avec l'élection de ce nouveau Pape (1417), la traduction des *Lettres* de Platon, dédiée à Cosme de Médicis, avec sa nomination à la chancellerie de Florence (1427) et celle de *la Politique* d'Aristote, dédiée à Eugène IV, avec l'installation du Pape à Florence (1434). Rien, en revanche, ne nous permet de justifier le choix du *Gorgias*, mais nous savons que c'est parce qu'il a trouvé dans *le Phèdre* la théorie de la « fureur poétique » qu'il l'a traduit et dédié à son ami Antonio Loschi [1], qui rimait à ses heures et qui, comme lui, était alors secrétaire apostolique, en même temps d'ailleurs que

---

1. *Ibid.*, p. 127 : « Nunc autem librum Platonis qui inscribitur *Phaedrus*, admirabilem profecto atque divinum, quadam ex parte in Latinum converti tuoque illum nomini dedicavi, cum propter alia multa divinitus in eo perscripta, quibus te gavisurum esse putabam, tum maxime, quia poeticae vis naturaque in illo describitur, quod ad te unicum ac summum nostri temporis poetam vel peculiari quodam jure pertinere videbatur. »

Gianozzo Manetti, qui pour écrire sa *Vie de Socrate*, lui demanda sans doute de traduire *l'Apologie* et *le Criton*. Nous avons d'ailleurs déjà signalé leur parfaite identité de vues[1], et plus que ces motifs, ce qu'il nous faut retenir, ce sont les réflexions que ces différents textes lui ont inspirées.

Adressant au Pape Innocent VII le *Phédon*, auquel il donne pour sous-titre : *de Immortalitate animarum*, il écrivait : J'ai trouvé dans ce livre tant de choses correctement et pieusement énoncées, que j'ai pensé qu'il était bon que toi qui as la charge des âmes, tu saches ce que pense de l'âme le « Summus philosophus ». De plus, c'est un livre qui peut être utile à tous pour confirmer notre foi. Sans doute la Religion chrétienne n'a-t-elle besoin d'aucun secours pour démontrer l'immortalité de l'âme, qui est un dogme fondamental, mais peut-être ceux qui en doutent seront-ils convaincus en voyant que « le philosophe le plus pénétrant et le plus sage du monde païen » pense la même chose que nous. Quelques-uns pourront s'en étonner, mais peut-être a-t-il connu certains de nos Livres Saints et en tout cas, conclut-il, « ce que je veux te prouver c'est qu'il ne condamne absolument rien des vérités que nous croyons[2] ».

Ce texte, qui dut réconforter Salutati à la veille de sa mort, suffirait à lui seul pour nous prouver que l'esprit de Pétrarque demeurait vivant et si nous voulons savoir, pour compléter cette préface à l'œuvre de Ficin, qui de bonne heure a su inspirer à Cosme de Médicis tant d'admiration pour Platon, il nous suffira de relire la dédicace que composa Bruni pour lui présenter les

1. Cf. notre article « *Saint* » *Socrate, Patron de l'Humanisme, Revue internationale de Philosophie*, n. 16, 1951, fasc. II. — *Atti del Congresso Internazionale di Studi Umanistici*, Roma 1951, p. 521-529.

2. H. BARON, *op. cit.*, p. oo : « Itaque rem pretiosam et valde luculentam sanctissime ac beatissime pater ad te mitto : Platonis librum « de immortalitate animarum ». Nam cum illum apud Graecos legerem multaque in eo libro pie ac salubriter dicta intuerer, digna mihi res visa est, quam in Latinum converterem et maiestati tunc destinarem ut cui animarum cura caelitus mandata est, intelligere possit, quia summus philosophus de animo sentiret. Erit igitur hic liber ut opinor tibi, viro doctissimo atque humanissimo, non ingratus ceteris vero hominibus valde utilis cum doctrinam et intelligentiam tum ad rectae fidei confirmationem. Neque enim minima pars religionis est quae ad animas nostras post mortem hominis pertinet. Qua in re, licet Christiana doctrina nullo indigeat adiumento, cum omnia usque adeo plena ac firma sint, ut in neminem penitus nisi omnino insipientem ulla dubitatio iam cadere possit, tamen erit ista non mediocris ad recte credendum accumulatio, si videbunt hominem philosophum ex omni gentilitate acutissimum ac sapientissimum idem quod nostri de anima sensisse. »

Lettres de l'auteur des Dialogues. « La traduction de ces Lettres, écrit-il, m'a procuré un plaisir si intense que j'avais l'impression de me trouver devant Platon et de m'entretenir avec lui... Souvent les grands hommes ont une manière de vivre et prescrivent aux autres beaucoup de choses qu'ils ne peuvent eux-mêmes réaliser dans leurs actes, ce qui fait qu'ils disent d'une façon et agissent d'une autre. Or, dans ses Lettres, j'ai trouvé Platon n'exigeant rien des autres, mais agissant lui-même. J'ai vu l'honnêteté irréprochable de l'homme, sa liberté d'esprit, la sainteté de sa foi, j'ai trouvé dans ses *Lettres* une prudence extraordinaire, une justice exceptionnelle, et cette fidélité qui n'est ni insolente et inhumaine, laisse à chacun la liberté de penser et de manifester à ses amis une telle bienveillance qu'il semble que l'on fasse passer ses propres intérêts après ceux d'autrui. » Puis après avoir souligné tout ce que supposent de telles vertus, il concluait qu'il y avait dans ces lettres l'exemple le plus grand et le plus parfait de l'honnête homme et que, pour sa part, il y avait trouvé plus de choses que dans tout ce qu'il avait lu jusqu'alors [1]. A n'en pas douter, Florence, une fois de plus avait choisi un chancelier, digne de sa grandeur et le père de Cosme dut se réjouir de voir offrir, et pour ainsi dire confier, à son héritier le plus bel exemple de cette sagesse antique qu'il avait vu renaître depuis des années à l'ombre de sa fortune et qui devait assurer la gloire de son nom.

Giovanni di Bicci de Médicis s'était acquis un grand prestige à Florence en conduisant ses affaires avec autant de prudence que de modestie [2]. Son blason disait son état : besants de gueule sur

---

1. *Ibid.*, p. 135 : « Traductio autem harum epistolarum ita vehementer mihi jucunda fuit, ut cum Platone ipso loqui eumque intueri coram viderer, quod eo magis in his accidit mihi quam in ceteris illius libris, quia hic neque fictus est sermo nec alteri attributus, sed procul ab ironia atque pigmento in re seria actionem exigente ab illo summo ac sapientissimo homine perscriptus. Saepe enim prestante viri, doctrinam vivendi aliquam prosecuti, multa praecipiunt aliis, quae ipsi, dum agunt, praestare non possunt : ex quo fit ut aliter loquantur, aliter vivant. Platonem ego in his epistolis non praecipientem aliis, sed ipsum agentem perspicio. Cerno integritatem hominis incorruptam, libertatem animi, fidei sanctitatem; inter haec prudentiam eximiam, justitiam singularem, constantiam vero non protervam neque inhumanam, sed quae et consuli sibi et suaderi permittat, in amicos vero tantam benivolentiam, ut commoda sua propria illorum commodis post habere videatur. Ad haec autem, dii boni, quae consiliorum suorum explicatio! quae circumspectio! quae observatio! quae modestia! Iam vero de adeunda re publica quae appetitio! quae ratio! quae consideratio! quae religio! Fateor in his magnum et absolutum quemdam virum bonum mihi ad imitandum proponi. »

2. Cf. G. PIERACCINI, *La stirpe de Medici di Cafaggiolo*, Firenze, Vallecchi, 1947, p. 7 et suiv.

fond d'or; c'était un banquier et au début du XVᵉ siècle, où l'or
commençait à devenir roi, il avait su en quelques années établir
ses comptoirs, des Iles Britanniques aux échelles du Levant,
prêtant aussi bien au Pape qu'aux plus humbles artisans. Sa
fortune était devenue immense et dans la République florentine,
qui supportait mal l'inégalité, cette fortune était respectée parce
que, dispersée, invisible et insaisissable, et parce que celui qui la
gérait s'était acquis des droits sur tous sans offenser personne.
C'était un bourgeois ni plus ni moins, mais c'était aussi un fin
diplomate. Un seul homme l'avait deviné : son ennemi, celui qui
disait de Florence : « Ville à vendre ». On le comprit trop tard, le
vieux Giovanni l'avait acquise. « Il ne brigua jamais les charges,
dit Machiavel, il les eut toutes [1]. » C'était enfin un esprit cultivé, et
en cet âge où tous les arts prenaient un nouvel essor, il se montra
généreux à la mesure de sa fortune. Donatello sculptait les statues
du campanile, Ghiberti coulait les portes du baptistère. Brunelleschi lançait dans le ciel bleu son audacieuse coupole. Pour tous,
le Médicis avait des ducats, pourvu que l'on travaillât à la gloire
de Florence qui peu à peu se confondait avec la sienne, et celle de
ses enfants. « Soyez populaires, dit-il à ses fils en mourant, mais
ne troublez pas la République » et il s'endormit en 1429 sans penser
qu'il avait fondé une dynastie qui devait occuper le trône des
ducs de Toscane et donner deux reines à la France.

On devine, dès lors, quelle éducation cet homme avait pu donner
à ses enfants et il n'y a pas lieu de s'étonner de voir le jeune Cosme
au milieu de cette jeunesse dorée qui rêvait de ressusciter l'Antiquité. Sans se départir de la modestie et de la prudence paternelle,
il avait partout sa place et comme ceux qui veulent vraiment
s'instruire, il regardait et il écoutait. Dans la boutique de son père,
pendant qu'il entassait les monnaies de toutes les contrées, il
avait entendu les « clients » parler du cours de la laine sur le marché
de Londres, de ce qui se passait au Louvre, ou des récentes découvertes des humanistes. Au Studio, il avait écouté Malpaghini parlant de Dante ou de Tite-Live, chez Rossi il avait appris quelques
notions d'Aristote et pour occuper ses loisirs, il s'en allait voir çà
et là les artistes corrigeant une cire perdue, dessinant un cloître
ou peignant une fresque. Entre temps, il était allé à Constance
défendre et racheter un Pape, Jean XXIII, et au cours de ce voyage
mouvementé il avait acquis une expérience politique, qui devait
maintes fois lui servir. Rien donc ne lui manquait pour devenir
le maître de Florence, car il avait autant d'ambition que de

---

1. MACHIAVEL, *Istorie Florentine*, VII.

moyens pour la satisfaire, et c'est en mettant son expérience au service des affaires et sa fortune au service des humanistes qu'il sut donner un prestige incomparable à sa patrie et une gloire fort enviable à son nom.

Ce fut l'âge d'or. L'Église ne tarda pas à favoriser le mouvement, en acceptant comme secrétaires apostoliques les meilleurs latinistes que l'Humanisme avait fait naître et les Conciles qui se succédaient donnèrent à chacun l'occasion de recherches et de rencontres, dont les résultats se révélèrent bientôt aussi fructueux qu'inattendus. Certes, il y eut de ces excès que l'enthousiasme rend inévitables, surtout quand l'autorité n'est pas sans faiblesse. Mais à Florence l'Humanisme restait fidèle à ses origines. Un moine camaldule, Ambrogio Traversari, veillait d'ailleurs sur son orthodoxie, tout en traduisant les Pères grecs et Diogène Laerce, Denys l'Aréopagite et Plutarque. Son couvent, Sainte-Marie des Anges, comme autrefois celui de San Spirito, était devenu le sanctuaire des lettres, et comme on y faisait du grec, la joie y fut grande, quand on apprit, en 1423, qu'Aurispa, débarquant à Venise, rapportait trois cents manuscrits de Constantinople. Pour que Florence pût s'enorgueillir de telles richesses, rien ne fut négligé. Palla Strozzi et Niccoli rivalisèrent de générosité avec les Médicis. Ce que l'on ne put retenir on le copia et c'est ainsi que l'Humanisme de Pétrarque, après avoir suscité des apôtres et des mécènes, n'attendait plus qu'une occasion pour s'épanouir et porter ses fruits.

Chapitre i

NAISSANCE ET VOCATION

I. Sous le signe de Saturne.

Marsile Ficin, que l'on dit florentin, naquit à Figline, dans la partie du Val d'Arno qui s'étend d'Arezzo aux portes de Florence. Lui-même nous a révélé la date de sa naissance dans une lettre à un de ses meilleurs amis, Martin Preninger, dit Uranio : « Tu me demandes, lui écrit-il, quand je suis né. Or bien que Plotin ne l'ait jamais dit à ses amis qui l'en suppliaient, ton affection pour moi est si grande et j'en suis si touché que je ne peux rien te refuser. Mon jour de naissance est le 19 octobre de l'an 1433 de notre salut, et bien que mon père, médecin, ne l'ait pas noté, je crois, d'après ce que lui-même et ma mère disaient, qu'il était vingt et une heure [1]. » On ne pouvait souhaiter un texte plus précis et comme, en diverses occasions, cette date se trouve confirmée par l'auteur lui-même il nous paraît sans intérêt de discuter de la valeur des quelques actes administratifs qui font naître Marsile en 1435 ou même 1438 [2].

1. Ficini *Op.*, I, 901, 2 : « Martino Uranio, Praeningero Constantiensi : « ...Natalem praeterea nostrum poscis. Etsi Plotinus noster amicis frequenter id flagitantibus concessit numquam, ego tamen ingenti quodam amore erga me tuo ita sum affectus, ut nihil tibi aliquando sim negaturus, nisi quod forsan facultatis nostrae fuerit denegatum. Nonus ergo supra decimum Octobris dies mihi natalis fuit, anno videlicet a salute nostra millesimo quadragentesimo tertio, hora vero diei, quamvis a patre Ficino medico descripta fuerit, eius tamen matrisque verbis coniecimus fuisse una supra vigesimum... »

Cette date est confirmée par la suscription au *de Voluptate* : M. Ficini Florentini de Voluptate liber absolutus est Fighini III Calendas Ianuarias 1457, anno aetatis suae XXIV. *Id.*, Préface de la traduction de Plotin (II, 1557). « ...Post haec autem anno millesimo quadragentesimo sexagesimo tertio, quo ego trigesimo agebam aetatis annum. » *Id.*, I. 929, 2 ; 955, 2. Corsi. Appendice i, § iii.

2. Cfr. Della Torre, *op. cit.*, 485-86.

De ses aïeux on sait fort peu de choses. L'enquête à laquelle nous nous sommes livré à Figline nous a cependant permis, à la lumière de documents d'archives, de compléter utilement les précieux renseignements que l'auteur de la *Vita secunda* avait lui-même recueillis sur place de la bouche même des arrière-neveux de Ficin.

Tout d'abord il est certain que sa famille jouissait dans ce coin du Val d'Arno d'une certaine considération. L'épée d'argent flanquée de deux étoiles d'or sur champ d'azur que le jeune Marsile a tracée d'une main malhabile sur ces premiers manuscrits témoigne d'une noblesse dont son père semblait très fier [1]. Ce blason ornait, en effet, le tombeau qu'il s'était fait construire à Florence dans l'église de sa paroisse, San Pier Maggiore [2] aujourd'hui détruite, et si le temps l'avait respecté, nous l'aurions sans doute également trouvé sur le sépulcre de sa femme dans l'église de San Francesco de Figline [3]. On le devine encore sur la tour penchée du palais communal avec l'inscription : « Al tempo di Marsilio di Zanobi Ficini, P. di Figline MDLX. » C'est dire qu'à cette époque les héritiers du nom de Ficin restaient fidèles à ce blason et l'histoire témoigne qu'ils avaient su se montrer dignes de cette marque de noblesse en se mettant au service de leurs concitoyens. C'était d'ailleurs une tradition séculaire dans la famille des Diotifeci. Ils étaient là quand une délégation du « Castello di Feghine », conduite par son podestat, Verde, vint à Florence en 1198 pour jurer fidélité à la Commune dans l'église Santa Reparata [4] et quand en 1529 le peuple florentin décida de résister aux Impériaux et au Pape, nous voyons un Ficin décapité pour avoir osé dire que Florence était plus heureuse sous les

---

1. On trouve les armes de Ficin dans les manuscrits autographes : *Laur. Plut. XXVIII*, 9 (en couleurs) *Riccard.* 85, *Riccard.* 135. Cf. *Armolario delle famiglie nobili Fiorentine o che goderono gli onori della Republica.* Bibl. Naz. di Firenze. *Mss. Passerini,* 3, p. 129.

2. Cf. Bibl. Naz. Firenze. *Mss. Roselli. Sepoltuario fiorentino* (II; I, 125), p. 138 : « Appiè del lastrone de' Canocchi, lastrone antico di marmo e chiusino del medesimo, con quest'arme campo azzurro e pugnale bianco, stelle d'oro e quest'inscrizione consumata. Il sepoltuario del 1580 mette le due stelle d'oro, che non si veggano e questa inscrizione : SEP... FICINO MEDICO... »

3. *Vita Secunda.* Appendice II, 10.

4. On trouve les noms des cinquante citoyens de Castello di Fighine qui vinrent à Florence du 15 au 19 avril 1198 pour jurer fidélité à la République dans un document de l'*Archivio di Stato di Firenze. Capitoli. Reg. XXVI,* c. 48; *Reg. XXIX,* c. 45. Cf. SANTINI. *Documenti di Storia italiana: Dell'antica costituzione del Comune di Firenze.* Tom. X. — DAVIDSOHN. *Storia di Firenze.* Firenze, 1909, p. 474-475. — F. T. PERRENS, *op. cit.,* I, p. 257.

Médicis [1]. Toutefois à l'époque qui nous intéresse, c'est dans un tout autre domaine que les Diotifece avaient un rôle à jouer.

La première fois que nous trouvons dans les archives le nom du père de Marsile, Diotifeci d'Agnolo di Giusto, c'est pour apprendre qu'en 1433 il a vingt-neuf ans, qu'il est étudiant en médecine, qu'il possède une maison que lui a donnée un certain Giovanni di Giusto, convers à Vallombreuse et qu'il y vit avec sa mère, Lorenza, sa femme Monna Sandra et un fils de six mois, Carlo [2]. S'il faut en croire ce document, Diotifeci serait donc né en 1404, mais, si étrange que cela puisse paraître, là encore les textes administratifs ne sont pas d'accord et pour la plupart font naître le père de Marsile en 1401 [3]. C'est la date que nous retiendrons, comme la plus vraisemblable et comme il est fait mention dans cet acte de la présence de sa femme et de son fils de six mois, nous en conclurons qu'il a dû se marier vers 1432.

Sa femme, Alexandra Giovanni di Lodovico Nannocio était la fille d'un citoyen florentin, habitant Montevarchi [4], et bien que l'acte précité nous dise qu'elle avait seize ans en 1433, il est certain qu'elle était née en 1413, puisque dans une de ces lettres Ficin lui-même nous dit qu'au cours de l'automne 1493 elle a eu quatre-vingts ans, alors que lui-même en avait soixante [5]. On sait

1. Cf. SCIPIONE AMMIRATO. *Istorie Fiorentine*, cap. XXX : « Sulla porta della Torre del Palazzo Pretorio era un marmo con l'arme di un Podesta di Figline, che dichiarava di essere stato posto : AL TEMPO DI MARSILIO DI ZANOBI FICINI P. di FIGLINE l'ANNO MDLX. Tale documento ci fà conoscere un oriundo figlinese pronipote del famoso M. Ficino, filosofo platonico e nipote di quel Ficino à cui nel 1530 fu mozza la testa in Firenze, mentre la città era assediata dall'esercito imperiale al comando di Clemente VII. Il Ficino si era espresso che Cosimo di Medici meritava il titolo di Padre della Patria. — *Id.*, B. VARCHI. *Storia Fiorentina*, éd. L. ARBIB. Firenze, 1843. Tom. II, p. 202-203.

2. Appendice IV, 1.

3. *Ibid.* 3.

4. FICINI *Op.*, I, 615, 3 : « Alexandra mater mea nata est ex patrie Ioanne et matre Angela. » — Salvini, établissant l'arbre généalogique de la famille de M. Ficin, mentionne Nannoco, comme citoyen florentin.

5. *Id.*, 955, 2. Remerciant le médecin Mazzinghi, qui lui avait envoyé quelques bonnes bouteilles de vin, il écrit, méditant sur le miracle de Cana : « Cur noluit illa vitae Magister in prima mensa vinum hoc afferre, sed adeo distulit? Voluit forsitan admonere vinum virtute vigens ferventi iuventuti minime concedendum, sed recreandae potius frigidiori senectuti servandum. Cur denique non partem, sed totam prorsus aquam permutavit in vinum? Ut videlicet bonum vinum in senectute praesertim bibatur et merum. Itaque cum haec circa meridiem meditarer, exoptare coepi atque iam inquirere vinum eiusmodi, quo et senectutem meam et matris senium confoverem. Nam praeterito autumno, illa quidem octuaginta, ego autem sexaginta iam annos implevimus, tu vero tanquam vates eadem hora vinum ad me misisti... » Ianuarii XIII M.CCCC.XCIII.

qu'elle avait deux frères et des neveux et qu'elle reçut en dot trois pièces de terre situées à Montevarchi, que nous retrouvons d'ailleurs dans le testament de Ficin [1]. Mais ce qui pour nous a plus d'intérêt est de savoir qu'en cette année 1433, année même de la naissance de Marsile, son père était étudiant en médecine et pratiquement installé à Figline, où il est fort possible qu'il ait succédé comme médecin à l'un de ses oncles.

Nous savons, en effet, que son grand-père s'appelait Giusto. Or nous trouvons d'une part, à la date du 22 octobre 1407 un certain Giovanni di Giusto comme médecin et infirmier à l'hôpital Santa Croce à Figline [2] et nous avons vu que c'est également un Giovanni di Giusto, frère convers à Vallombreuse, qui a donné à Diotifeci la maison qu'il habitait. Peut-on supposer que ces deux Giovanni di Giusto ne sont qu'un seul et même personnage et qu'il s'agit d'un oncle de Diotifeci, qui se serait retiré à Vallombreuse, dès qu'il avait jugé son neveu en état de lui succéder? C'est pour le moins possible. En tout cas comme la commune de Figline était beaucoup plus peuplée qu'aujourd'hui et qu'il n'y avait pas moins de six hôpitaux dans la ville, tant pour recueillir les malades que pour loger les pèlerins [3], on conçoit fort bien que le jeune médecin soit demeuré quelques années dans son pays avant de devenir ce Maître Ficin dont les Médicis et la noblesse florentine devaient faire leur médecin.

C'est lui sans aucun doute qui le premier prit le nom de Ficin et cela suffit pour qu'il n'y ait pas de problème sur l'origine de ce nom. Vouloir le faire dériver d'une forme archaïque de Figline, (Fighino) est aussi faux que superflu, car nombreux sont les actes dans lesquels le père de Marsile est nommé Diotifeci detto Ficino de Figline et quand le nom fut vraiment consacré nous verrons Marsile lui-même se dire simplement fils de Magistro Ficino d'Agnolo [4]. Il est donc hors de doute que ce nom est un diminutif de Diotifeci, dont les deux dernières syllabes ont pu devenir d'abord Fecinus et ensuite Ficino. L'auteur de la *Vita secunda* pense que cette substitution s'opéra en raison de l'excel-

1. Appendice IV. — Salvini esquissant dans ses Notes une généalogie des Nannoci di Montevarchi, nous apprend que Monna Sandra avait deux frères, l'un Giovanmaria, citoyen florentin, l'autre Marchione qui eut trois fils : Pietropaolo, Lodovico et Antonio. — Les trois pièces de terre sont mentionnées au cadastre de 1447. Appendice IV, 1.
2. P. DAMIANO NERI. *La Compagnia della Croce in Figline Valdarno. Studi Francescani.* Serie III, n. 4-1934, p. 402.
3. *Id.*, p. 400-401.
4. Cf. *Testamentum Ficini.* Appendice IV, 14.

lence avec laquelle l'homme pratiquait son art. Ce n'est pas impossible. Est-ce à la même époque qu'il devint citoyen florentin? C'est assez vraisemblable. En fait un seul acte nous révèle sa qualité de citoyen florentin et il est daté du 4 décembre 1462 [1], mais dès 1458 nous voyons dans le cadastre de Florence, où d'ailleurs il est mentionné depuis 1446, qu'il possède une maison d'habitation, rue Santa Maria Nuova dans le quartier San Pier Maggiore [2]. Sans doute ne suffisait-il pas d'être propriétaire à Florence pour avoir l'honneur de se dire florentin, mais, outre que Figline est dans la province de Florence, il y a tout lieu de penser que Cosme de Médicis en faisant de Diotifeci son médecin lui assura droit de cité dans la ville du lys. En tout cas ce n'est que vers 1456 que Marsile, qui jusqu'alors se disait « Marsilius Feghinensis », commençât à signer lettres et traités « Marsilius Ficinus », ajoutant « Florentinus » en 1457. Ce qui prouve qu'à cette époque ce nouveau nom était consacré et ce privilège, acquis.

Mais nous sommes le 19 octobre 1433. Marsile est le second fils d'un jeune médecin qui vit sans doute aux dépens de sa mère et des maigres revenus de la dot de sa jeune femme. Peut-être sa naissance fut-elle une consolation, car nulle part on ne trouvera désormais mention du jeune Carlo, qui dans les premiers mois de 1433 était recensé comme ayant six mois. Mais sans que nul ne s'en doutât, en cette nuit du 19 octobre, les astres étaient tous en conjonction néfaste et l'horoscope, qu'en tirera plus tard Marsile était assez inquiétant [3]. En fait, coïncidence singulière, en ce même mois d'octobre, Cosme de Médicis, prisonnier des Albizzi, comparaissait devant la Seigneurie et s'entendait condamner à dix ans d'exil. Tel Socrate, il avait plaidé coupable et offert tous ses biens à la ville et au peuple. Mais son exécution était pratiquement décidée et s'il n'avait su tromper la vigilance de ceux qui avaient juré sa perte, il est fort probable qu'au lieu de se retrouver exilé à Venise, il aurait pris, par des sentiers obscurs, le chemin de l'éternelle patrie. Or quand on sait le rôle que Cosme devait jouer dans la vie de Marsile Ficin, on se doit de reconnaître, qu'à sa naissance les augures étaient peu favorables. Ce mauvais sort fut heureusement bien vite conjuré. Florence ne

1. Appendice IV, 9.
2. *Ibid.*, 5.
3. Ficini *Op.*, I, 901, 2 : « Ascendisse tunc Aquarium ferme medium una cum Piscibus arbitror, Saturnum in Aquario tunc angulum tenuisse, Martem in eodem, Cancerem duodecim tenuisse, in Scorpione Solem atque Mercurium in domo nona, Lunam in Capricorno, in Leone Iovem in septima. Ibidem in Virgine, Venerem in Ariete fortunam. » *Id.*, 888, 2.

tarda pas à comprendre son erreur et un an plus tard, le 4 octobre 1434, celui que les puissants d'un jour avaient banni, revenait plus fort que jamais, et l'Humanisme n'y avait rien perdu, puisqu'en compagnie de son ami Michelozzo Michelozzi, Cosme avait occupé ses loisirs à chercher des manuscrits et à construire une première bibliothèque dans la cité des doges [1].

Pendant ce temps Diotifeci, sur sa mule, s'en allait visiter ses malades. On le sait de condition modeste, mais on nous dit qu'il devait cependant jouir d'une certaine aisance, puisque, chose peu commune, il put mettre ses enfants en nourrice. La vérité est que son patrimoine aurait pu lui permettre de faire vivre sa famille sans trop d'inquiétude si elle ne s'était pas accrue si rapidement et surtout s'il avait su gérer ses biens. Mais la terre est vite ingrate quand on la néglige et, il faut le dire à sa louange, Diotifeci était peut-être plus préoccupé des choses de son art que de la culture de ses vignes ou de ses oliviers. Au demeurant il savait pourtant défendre ses intérêts et son fils s'est fait l'écho d'une étrange histoire où il nous apparaît comme assez peu charitable. Appelé un jour au chevet d'un paysan, Thomas Pasquino, grièvement blessé à la tête, il jugea le cas sans remède et partit sans avoir même l'intention de revenir. Abandonnés par le médecin, les parents du blessé, désespérés, se mirent en devoir de prier la Sainte Vierge. Or à l'heure même où ils priaient, Diotifeci, qui sur le chemin du retour s'était assoupi sous un chêne, vit apparaître une très belle dame qui l'interpella : « Pourquoi, Ficin, dit-elle, es-tu si ingrat envers Dieu et ne donnes-tu pas gratuitement ce que gratuitement tu as reçu de Lui? » « Chaque jour, je donne du pain aux mendiants », répondit le médecin. Mais la dame ajouta : « Il faut donner aussi et largement à ceux qui en ont besoin les secours de ton art » et elle disparut. Trois jours plus tard le père de Pasquino revenant supplier Diotifeci de faire

---

1. Corsi. Appendice I, § III. — G. Pieraccini, *op. cit.*, p. 19-20. — F. T. Perrens, *op. cit.*, I (6), p. 390-425. — W. Roscoe, *Vie de Laurent de Médicis*, trad. F. Thurot, Paris, I, p. 20 et 26. — *Vita secunda*, 7.

Sur le retour triomphal de Cosme. Cf. Machiavel, *Istorie Fiorentine*, IV, 66. — Poggio Bracciolini lui écrivait plus tard, à ce sujet : « Quanta alacritate, Dii boni, quanta exultatione, quanto gaudio, etiam infirmorum concursus est ad Palatium factus omnium aetatum, ordinum, nationum. Nemo non solum civem se, sed ne hominem quidem arbitrabatur, qui non huic causae interesset, qui non manu, voce, vultus denique, ac gestus significatione faveret. Existimabant omnes non de tua, sed de publicae salute agi, non deprivata unius domo, sed de communi omnium causa certari. » Poggii, *Epist.*, 340, éd. Basil, 1538. — Vasari a immortalisé ce retour dans une peinture du Palazzo Vecchio de Florence.

une nouvelle visite au malade, Ficin fut d'abord stupéfait, car il le croyait mort, puis répondant à la fois à l'apparition qu'il avait eue et au vœu des parents, il se rendit gratuitement au chevet du blessé. Ce fut pour apprendre qu'à l'heure même où la belle dame lui était apparue, le paysan avait fait un vœu à la Sainte Vierge. Contre toute attente le malade fut guéri et Marsile conclut : « A partir de ce moment-là mon père fit souvent des vœux à la Sainte Vierge pour la santé de ceux qui lui étaient confiés[1]. » Ainsi l'homme était avare de ses deniers ou de son temps, et le moins que l'on puisse dire est qu'il avait une conception assez singulière de ses responsabilités. En le rappelant à son devoir le Ciel lui prouvait du moins qu'un médecin ne doit jamais abandonner son malade. La leçon était sévère, mais ne fut perdue pour personne. Le fait qu'on ait si fidèlement rapporté cette histoire assez pénible à Marsile prouve l'importance qu'on lui accordait dans la famille et il n'y a pas lieu de s'en étonner, car Diotifeci avait pour épouse une pieuse femme qui ne pouvait que se réjouir de cette intervention céleste.

Monna Sandra nous est fort peu connue. Vivant dans l'ombre de son foyer ou dans celle de Marsile elle a modestement rempli son rôle et ce n'est qu'incidemment que nous est révélé ce qu'elle fût et, par inférence. ce qu'elle dut être pour son fils. On sait par divers actes administratifs qu'elle eut au moins huit enfants[2]

---

1. FICINI *Op.*, I, 644, 3. — Après avoir raconté sa propre guérison miraculeuse à Francesco Marescalchi de Ferrare il ajoute : « Audi si placet et aliud mirabile atque verum. Pater meus Ficinus Chirurgus Florentiae suo seculo singularis, ductus olim fuit a rustico quodam, nomine Pasquino, ad curandum filium eius Thomam caput gravissime vulneratum. Medicus inspecto incurabili vulnere, puerum paulo post proculdubio periturum existimans, recessit inde tanquam non rediturus. Parentes infirmi medico destituti, divam Mariam pro nati sanitate supplices obsecrarunt. Igitur eadem qua illi orabant hora, Ficino in itinere sub quercu vel oscitanti vel certe levissime dormienti, mulier quaedam visa est aspectu admodum veneranda, ita eum compellans : Quid ingratus erga Deum es Ficine? Quae ab eo gratis accepistis, non das gratis? Respondit ille, panem do quotidie mendicantibus. Subiunxit illa : Artis quoque tuae munera egentibus abunde largire. Post triduum rediit ad medicum rusticus ille orans, ut ad filium curandum reverteretur. Quod quidem valde miratus est Ficinus, nam obiisse illum arbitrabatur. Accessit gratis, tum praeterito somnio, tum voto parentum admonitus. Narravit enim rusticus quae vota et qua hora fecisset. Denique puer praeter spem medici artemve medendi sanus evasit. Ex eo tempore Ficinus saepe pro salute eorum qui curae suae commissi sunt, vota Mariae fecit feliciterque successit. »

2. Les divers actes administratifs que nous publions en Appendice (III) permettent d'affirmer la naissance de huit enfants : huit garçons : Carlo, Marsilio, Cherubino, Daniello, Anselmo, Archangelo et deux filles : Beatrice et Angiola. Mais l'auteur de la *Vita Secunda*, après avoir mentionné la

et Corsi nous dit qu'elle fut de la part de Marsile l'objet d'une attention affectueuse et vigilante et que bien que de santé délicate elle vécut quatre-vingt quatre ans [1]. De son côté, Marsile nous éclaire quelque peu sur son tempérament et cela est d'une extrême importance. Il nous rapporte, en effet, que dans sa jeunesse elle apprit en songe que sa mère, qui la veille lui avait écrit de Florence pour lui annoncer son retour, était morte. Jeune mère elle apprit de la même façon que l'enfant qu'elle avait mis en nourrice était mort étouffé. Une autre fois elle vit également en songe son mari tombé de cheval et Marsile ajoute : « j'en passe beaucoup d'autres ». Tout cela évidemment est assez étrange. Mais plus que les faits, ce qui éclaire la physionomie de Monna Sandra [1], ce sont les conclusions qu'en tire son fils. « C'est la preuve, dit-il, que les âmes qui vivent en quelque sorte séparées de leur corps en raison de leur tempérament bien équilibré, de la pureté de leurs mœurs et de leur détachement « devinent » beaucoup de choses, comme il est naturel à des âmes divines [2]. »

naissance de Marsile écrit : « Hebbe Mag. Ficino sei altri figliuoli Pagolo, Antonio, Arcangelo, Cherubino, Daniello e Piero e delle femine. » La lettre citée ci-dessous n. 23 nous apprend qu'un fils est mort à dix-sept jours. Anselmo est mort le 19 octobre 1462 et nous savons que Daniello et Cherubino étaient morts quand Marsile fit son testament le 29 septembre 1499. Cf. DELLA TORRE, *op. cit.*, p. 96.

1. Voir ci-dessus note II.

2. FICINI *Op.*, I, 615, 3 a Matteo Corsini : Alexandra, mater mea nata est ex patre Ioanne et matre Angela. Alexandra Feghini erat. Ioannes in Varchi oppido, Angela vero Florentiae. Haec ad Ioannem et Alexandram scripsit bene valere ac die sequenti redituram. Illi lectis litteris et nocte facta dormientes, Angelam viderunt eadem hora ambo. Alexandrae quidem in vestibulo domus apparuit, et cum filia matri tanquam reverenti congratularetur, mater filiae amplexus effugiens : « Vale, ait, et da operam, ut pro me sacerdotes Deum orent. Ioanni autem, inquit, o quantum fortunam tuam doleo, mi Ioannes, vale et jube pro me Deum orari. Repente ambo iis visis excitati exclamaverunt, eam mortuam judicantes Florentiam miserunt. Renuntiatum est illam ea nocte ex hac vita migrasse. Miraris haec, Corsine, audi et aliud aeque mirandum. Mater mea filium statim natum nutrici rusticae tradidit, decimaseptima inde die dormiens meridie, videtur ipsa sibi maxima cordis anxietate premi atque a matre sua iampridem mortua sublevari, dicente : noli te afflictare filia. Sequenti die rustici ad eam filium a nutrice suffocatum referunt. Mitto quod somnians praevidit futurum mariti eius Ficini medici casum ex equo et locum ubi casurus erat. Ex quibus duo praecipue confirmari videntur, unum videlicet animas hominum quae propter temperatam complexionem, vitae puritatem, sui abstractionem a corpore quodammodo separantur, quam plurima divinare, utpote quae natura sua divinae sunt et quando in se revertuntur, suam exercent divinitatem, alterum vero animas defunctorum solutas a corporum vinculis nosse nonnihil et humana curare. Quod Hesiodus cecinit et Plato noster in Legibus confirmavit. »

Certes, ce sont là des théories néo-platoniciennes que Marsile ne se lassera pas d'exposer, mais la référence à sa mère nous est précieuse et il n'est peut-être pas nécessaire, comme le fait della Torre, de faire appel à la psychiatrie pour justifier tous ces phénomènes. Tout au plus pourrait-on dire que Monna Sandra, dont nous retrouverons sans doute la parfaite image dans Marsile, était d'une sensibilité excessive et partant d'une nature mélancolique et inquiète. En faire une névrosée est donc pour le moins imprudent et cette conclusion devient même suspecte quand on associe à cette « prescience hypnotique propre aux systèmes nerveux anormaux » une « profonde religiosité »[1].

Rien ne permet, en effet, de qualifier sa piété d'une manière aussi équivoque. Nous avons même tout lieu de croire qu'elle était fort éclairée. Un jour un de ses neveux, Sebastiano Salvini, ayant écrit un discours sur la prière de Jésus au jardin des Oliviers l'adressa à un des frères de Marsile, et comme s'il souhaitait un jugement sain et désintéressé sur son essai il écrivait en guise de conclusion : « Lisez-le donc à votre très prudente mère Monna Sandra qui, comme vous le savez, se délecte par-dessus tout des choses de Dieu[2]. » C'est assez, semble-t-il pour nous rassurer et nous faire entrevoir dans quel climat grandit Ficin.

On ne sait rien de ses premières années, mais on imagine aisément comment s'écoula son enfance dans ce pays où « le paysan vit de peu, mais pense beaucoup ». La maison paternelle, dont il reste encore un portail en plein cintre, occupait un coin de la place de la Pieve, devenue depuis quelques années la place Marsilio Ficino[3]. Dans chaque quartier des couvents, des oratoires, des

---

1. Cf. DELLA TORRE, *op. cit.*, p. 484 : « Noi troviamo in monna Alessandra oltre una profonda religiosita quella specie di antivegganza ipnotica, che e propria dei sistemi nervosi anormali... »

2. *Cod. Magliabech.* B. 5, 29. *Oratio pulcherrima quam in orto Christus habuit ad patrem*, dédié al Nobil ciptadino Daniel del maestro Ficino cugino nostro. f. iii r. « E leggiete questa nostra dichiaratione brieve alla prudentissima vostra madre monna Sandra, la quale delle cose di Dio, come sapete, sommamente si dilecta. » Texte cité par della Torre, *op. cit.*, p. 95-96. Sebastiano Salvini était le fils de Ser Bartolomeo d'Andrea di Salvini et d'une sœur du père ou de la mère de Ficin. Né vers 1430, il fut sur les instances de Marsile ordonné prêtre en 1474. Précepteur des enfants de Th. Minerbetti, il devint par la suite secrétaire de Ficin. Il écrivit quelques opuscules théologiques de circonstances et traduisit en langue vulgaire les *Psaumes* et Rabbi Manuel. Cf. *Sup. Ficin.* II, 291-304.

3. La maison décrite dans le cadastre de 1447 (Appendice IV, 3) est située au coin de la piazza Marsilio Ficino et du Chiasso della Brucciatoia, qui s'appelait alors della Beccheria. — Nous remercions bien vivement M. Luigi Bossini que la Providence a mis sur notre chemin au cours d'une de nos

œuvres charitables. Ici ou là les grandes familles monastiques
étaient représentées, mais c'était surtout l'église San Francesco
qui s'imposait à la piété des fidèles, d'abord parce qu'on y vénérait une insigne relique de la vraie Croix et ensuite parce qu'elle
était le siège d'une importante confrérie, dont les membres fort
nombreux, s'apparentaient aux frères de la Miséricorde et aux
tertiaires de Saint François[1]. Nul doute que c'est cette église
que fréquentait la famille Ficin, puisqu'on y voyait encore à la
fin du XVIe siècle le tombeau de Monna Sandra[2] et comme au
surplus il est fort probable que c'est au célèbre hôpital Santa
Croce, qui dépendait de la confrérie franciscaine, que Diotifeci
exerçait son art, il est très vraisemblable qu'après sa mère, c'est
aux Frères Mineurs que Marsile dut les premiers élans de sa foi.

Mais l'heure était venue pour lui d'ouvrir un de ces manuscrits,
dont la bibliothèque de son père était remplie. On aimerait savoir
quels furent ses premiers maîtres. Corsi nous dit qu'ils furent
sans valeur et sans enthousiasme. On avait dû s'en contenter,
parce que Diotifeci, gérant mal ses biens, n'avait pas les moyens
d'en payer de meilleurs[3]. En fait Ficin n'y fait aucune allusion,
mais sans vouloir excuser son père, il est fort possible que les
choses se soient passées comme le dit l'auteur de la *Vita secunda*.
Ayant remarqué de bonne heure que son fils avait une intelligence très vive et un certain goût pour l'étude, Diotifeci ne voulut
pas en faire un marchand. Il décida donc de l'orienter vers les
sciences et cela d'autant plus volontiers que l'enfant était d'une
santé déficiente, et, ajoute le narrateur, les leçons que donnent
les pères à leurs fils étant plus faciles et plus agréables, il lui
apprit lui-même à lire[4]. A vrai dire tout cela est assez logique et
comme Monna Sandra savait également lire, elle pouvait elle-
même aider son mari dans cette tâche. Mais tandis que le jeune
Marsile apprenait à lire et à compter, Florence, où devait se jouer
sa vie, était le théâtre d'un événement historique, sur lequel

visites à Figline et qui a orienté nos recherches, en nous faisant bénéficier
aimablement de son érudition.

1. Cf. D. NERI, *art. cit.*, p. 386-395. La relique de la vraie Croix, cadeau
de Philippe le Bel à Musciatto Franzesi, est toujours vénérée dans l'église
San Francesco.

2. Le tombeau de Monna Sandra comme beaucoup d'autres a disparu,
au XVIIe siècle, quand on construisit de nombreux autels le long des murs
de la nef. Leur emplacement a été mis à jour au moment de la restauration
de l'église. Cf. *La Chiesa di S. Francesco in Figline. Notizie storiche e res-
tauri* (D. Neri), Firenze, 1931, p. 17 et n. 16.

3. CORSI. Appendice I, § III.

4. *Vita secunda*. Appendice II, 13.

nous devons insister, avant de poursuivre notre route, car il n'est pas douteux que ses incidences furent déterminantes sur la vocation de Ficin.

Mais à l'heure où Ficin apprenait à lire et se familiarisait avec les préceptes de Donat et de Priscien, Florence était le théâtre d'un événement qui devait décider de son avenir.

II. Byzance chez les Latins

Le péril turc grandissant, l'empire byzantin aux abois n'avait plus qu'une ressource : se tourner vers l'Occident qui, lui-même, prenait peu à peu conscience du danger. Dès 1399, Manuel II avait quitté sa capitale pour se rendre en France et en Angleterre, mais n'avait rapporté de la cour de Charles VI et du duc de Lancastre que de belles promesses. La victoire de Tamerlan sur le sultan Bajazet (1402) avait un instant dissipé les inquiétudes, mais en 1422 Murad II mettant le siège devant Constantinople, l'empereur pensa que pour gagner l'Europe à sa cause il devait se concilier les bonnes grâces du pape et mettre fin au schisme qui divisait l'Église depuis la déposition de Photius (869). Il avait contre lui la majorité du clergé, dont l'influence était prépondérante sur le peuple, mais la chute de Thessalonique (1430) avait quelque peu ébranlé les adversaires de l'union des églises latine et grecque et Jean VIII avait alors décidé son entourage à répondre à l'invitation d'Eugène IV qui, en 1437, lui avait proposé de se rendre à Ferrare pour mettre fin à leur différend.

Il n'est dans notre dessein ni de rappeler les pénibles intrigues qui décidèrent les Grecs à répondre à l'invitation du Pape plutôt qu'à celle du Concile de Bâle, ni de redire les fastidieuses passes d'armes de ce tournoi théologique où la politique le disputait au dogme et où les arrière-pensées neutralisaient les meilleures intentions. Ce que nous devons retenir de ce Concile [1], c'est qu'il mit

---

1. Sur l'histoire de ce Concile, nous avons consulté, outre les ouvrages classiques : Mansi, 31 A et B, et Hefele-Leclercq, VII, 951-1051, 1079-1080, 1084-1088, 1104-1106, les travaux de L. Petit. *Documents relatifs au Concile de Florence*, Paris, 1920-1923; *Patrologia Orientalis*, 16, 1 et 17, 2. — De G. Hofmann, dans *Orientalia Christiana Periodica*, III (1937), *Die Konzilsarbeit in Ferrara;* IV (1938), *Die Konzilsarbeit in Florenz;* et du même auteur dans les *Acta Academiae Velehradensis*, XV (1939), *Humanismus in Concilio Florentino.* — Les études consacrées à Bessarion, H. Vast, *Le Cardinal Bessarion*, Paris, 1878. — L. Möhler, *Kardinal Bessarion als Theologe, Humanist and Staatsmann, Funde und Forschungen.* I. *Darstellung*, Paderborn, 1923. — E. Candal, *Bessarion Nicenus in Concilio fiorentino*, dans *Orientalia Christiana periodica*, VI (1940), p. 417-466.

en présence pour la première fois en Occident et finalement à Florence, les représentants les plus qualifiés de la pensée grecque et les héritiers de Pétrarque. Si l'Empereur de Byzance n'avait amené avec lui que les hauts dignitaires de sa cour et quelques patriarches dociles ou résignés, cette rencontre n'aurait sans doute pour nous qu'une importance secondaire, mais partisans et adversaires de l'Union avaient tenu à accompagner leur maître pour défendre avec lui, et au besoin contre lui, les principes ou les conditions qu'ils jugeaient indispensables pour maintenir leurs privilèges et l'indépendance de leur patrie.

Le 8 février 1438 on vit donc débarquer à Venise l'Empereur, son frère le despote Démétrius, le patriarche de Constantinople et un étonnant cortège de prélats, de moines et de laïques, dont la plupart étaient à la fois des théologiens avertis et des philosophes distingués. A vrai dire ils étaient attendus. Ceux qui les premiers étaient partis à la recherche des manuscrits grecs avaient témoigné de la culture intellectuelle et artistique dont Byzance était encore le centre et récemment Cyriaque d'Ancône, qui avait fait escale en Morée, avait révélé que Mistra était devenue le véritable refuge de la culture grecque [1]. Or tous ceux dont les Filelfe et les Aurispa avaient vanté la science et l'érudition étaient là. L'occasion était donc propice et l'on conçoit que les humanistes italiens aient alors mis tout en œuvre pour entrer en contact avec ces savants qu'ils considéraient à juste titre comme les fidèles dépositaires de la pensée de Platon et d'Aristote.

« C'est en effet un trait digne d'attention, dit Ch. Diehl, que dans cette Byzance qui, si longtemps, s'était désintéressée de la Grèce antique, brusquement, à la veille de la catastrophe, reparaît le souvenir des lointaines origines helléniques... et c'est à la cour de Mistra que se sont exprimées ses aspirations [2]. »

Fondée par Guillaume de Villehardouin, au-dessus de la plaine de Sparte, Mistra était devenue sous les Paléologues une capitale où non seulement l'art byzantin étalait ses richesses, mais où la culture grecque s'affirmait avec une nouvelle vigueur. Les Latins ne devaient pas tarder à en avoir la preuve, car les Grecs qui au Concile allaient jouer un rôle de premier plan, étaient

---

1. Cf. R. Sabbadini, *Ciriaco d'Ancona e la sua descrizione autographa del Peloponneso*, dans *Miscellanea Cerianni*, Milan, 1910, p. 203. — L. Berra, *Per la biografia di Ciriaco d'Ancona*. Giorn. st. Let. it. 63, 1914, p. 461-462. Sur Mistra, cf. D. A. Zakythinos, *Le Despotat grec de Morée*, t. II, Athènes, 1953, p. 310-337.

2. Ch. Diehl, *Histoire de l'Empire byzantin*, Paris, Picard, 1919, p. 215.

tous, de près ou de loin, en relation avec Mistra et il est de la plus
haute importance de souligner que dans la plupart des cas leur
attitude fut la conséquence de cette renaissance hellénique dont
Mistra était le centre et Gémiste Pléthon le héraut.

Georges Gémiste qui, sans doute, à l'époque du Concile traduisit
son nom en Pléthon, était né à Constantinople vers 1360 [1]. S'il
faut en croire Georges Scholarius qui fut son adversaire implacable, mais l'estimait à sa juste valeur, il se serait adonné de bonne
heure à la lecture des poètes et des philosophes grecs et se serait
bientôt enthousiasmé pour leur croyance (ἡττήτο τῶν ἑλληνικῶν
δοξῶν). Puis quittant son pays pour la cour du sultan, il aurait
suivi les leçons, à Andrinople ou à Brousse, d'un certain juif,
Élisée, qui commentait Aristote d'après Averroès et autres philosophes arabes et, par surcroît, enseignait la religion de Zoroastre.
Ce mystérieux personnage était donc, dit Scholarios, un polythéiste
(πολύθεος) et un païen (ἑλληνικός), et il nous en donne une preuve
brutale en affirmant qu'il fut brûlé. Toujours est-il que de retour à
Constantinople, le jeune Gémiste ne tarda pas à se rendre suspect
en étalant sa science et l'Empereur Manuel II, qui avait renom de
philosophe, cédant sans doute à la demande des autorités ecclésiastiques, lui enjoignit bientôt de quitter les rives du Bosphore.
Il est regrettable, conclut Scholarios, qu'on ne l'ait pas alors
banni de l'Empire [2]!

Le ton même de ce témoignage appelle sûrement des réserves.
Nous verrons d'ailleurs qu'il s'agit en fait d'un véritable réquisitoire. Quoi qu'il en soit, l'œuvre de Pléthon tout entière prouve
sans aucun doute qu'il connaissait fort bien et admirait sans
réserve ce que l'on considérait comme la doctrine de Zoroastre
et il est non moins vrai qu'il quitta Constantinople, puisque nous
le trouvons à Mistra dès 1409. Une chose pourtant peut paraître
étrange, c'est que la première fois que nous rencontrons dans la
capitale de la Morée cet homme jugé indésirable à Constantinople,
il est à la cour du despote où il a déjà réputation d'un sage (ἀνὴρ
σοφός) et il en donne la preuve en prononçant un discours qui sert
d'introduction à la lecture solennelle d'une lettre-panégyrique que
l'empereur Manuel écrivait à la mémoire de son frère Théodore Ier,
mort en 1407 [3]. Il y a plus, le prince régnant, Théodore II, qui

---

1. Nous suivons pour les faits et les dates, ZAKYTHINOS, *op. cit.*, 320 et
suiv. Nous signalons également le récent ouvrage de F. MASAI, *Pléthon et le
Platonisme de Mistra* (Paris, Belles-Lettres, 1956).
2. G. SCHOLARIOS, *Œuvres complètes*, éd. L. PETIT, X. A. Sideridès,
M. JUGIE, Paris, 1928-1936, t. IV, p. 151-155.
3. Cf. LAMBROS, Παλαιολογεια και Πελοποννησιακα, T. III, p. 3 et suiv.

était le fils de Manuel, dira en 1433, que Gémiste vint en Morée
par ordre de l'empereur et que, depuis, il est à son service. Or,
on sait que déjà du vivant de son oncle, Théodore II avait été
envoyé en Morée pour s'initier aux affaires du despotat qui fut
en fait gouverné par l'Empereur lui-même jusqu'à la majorité du
jeune Porphyrogénète. Il est, par ailleurs, non moins certain que
Manuel qui fondait tant d'espoirs sur son fils, avait tenu à le faire
entourer d'hommes de lettres et de philosophes dont les leçons ne
furent point perdues puisque le jeune prince nous a laissé un traité
de Logique [1]. Si donc Pléthon avait été suspect il est peu probable
que l'empereur ait supporté qu'il fût au service de son fils et,
étant donné le rôle que le philosophe devait jouer dans la conduite
des affaires du Péloponnèse et la confiance que lui témoignèrent le
despote et l'empereur lui-même, on est plutôt tenté de croire que
si son départ de Constantinople fut jugé nécessaire, le monarque
sut tirer un heureux parti de cet exil fort enviable.

« En effet, dit M. Zakythinos, Pléthon est partout respecté.
Membre de la noblesse sénatoriale, il est le conseiller des empe-
reurs et despotes sur les affaires les plus graves, il rédige à leur
intention de longs mémoires, il tient un poste important dans
l'administration judiciaire du despotat. Eu égard à ses services,
le despote lui consentira en 1427 des concessions de terre à Brysis
et Phanarion et cette donation sera par la suite confirmée par des
chrysobulles impériaux et par des actes du despote en 1428, 1433,
1449 et 1450 [2]. » Cette même année d'ailleurs, c'est-à-dire deux ans
avant sa mort, Scholarios lui-même dans sa correspondance le
qualifiait de χρηστός et allait même jusqu'à lui écrire qu'il était
pour lui φίλων ἄριστος καὶ σοφώτατος [3]. En vérité cette vie est
remplie d'énigmes et cependant s'il est vrai que ce curieux et
puissant personnage fut à l'origine de la renaissance de l'Hellénisme en Morée et contribua à l'épanouissement du platonisme en
Italie, il est urgent que nous soyons fixés, sinon sur sa doctrine,
du moins sur les mobiles de son activité.

Un mot les résume tous et nous le trouvons dans son premier
mémoire à l'empereur : « Nous sur qui vous régnez, dit-il, nous
sommes de race grecque, comme le prouvent notre langue et notre

---

1. Un ms. de ce traité se trouve à la bibl. de Naples 332. III. E. 10. Cf.
LAMBROS, *op. cit.*, IV, p. 112.
2. ZAKYTHINOS, *op. cit.*, p. 325.
3. Ceci d'une part dans le rapport à Démétrius (LAMBROS, p. 64) et
d'autre part dans une lettre à Pléthon lui-même. SCHOLARIOS, t. IV, p. 118;
cf. ZAKYTHINOS, p. 324, n. 3.

éducation. » 'Εσμὲν γὰρ οὖν ὧν ἡγεῖσθε τε καὶ βασιλεύετε Ἕλληνες τὸ γένος, ὡς ἥ τε φωνὴ καὶ ἡ πάτριος παιδεία μαρτυρεῖ[1].

Voilà le mot de l'énigme. Né à Constantinople où il fut témoin et peut-être victime de stupides querelles qui conduisaient l'empire à sa ruine, Pléthon, patriote fervent, a cru trouver en Morée les conditions du relèvement qui s'imposait pour résister à l'envahisseur dont il connaissait la puissance et dont surtout il appréciait la valeur morale. Pour lui, la prospérité de l'ennemi reposait avant tout sur sa foi en la Providence. Pour lutter avec lui et s'opposer à ses ambitions, il fallait donc avant tout réveiller chez les défenseurs de l'empire les énergies latentes de leur race en leur rappelant leurs lointaines origines et les croyances de leurs aïeux. En dépit de son prestige et de son indépendance, Byzance était en fait la capitale d'un empire latin. Le salut était donc de renier Rome et de ranimer la puissance créatrice de l'Hellénisme. Tout naturellement Pléthon, inquiet des conclusions néfastes que l'on pouvait tirer de la *Métaphysique* d'Aristote, trouva dans la *République* et les *Lois* de Platon, la doctrine qu'il cherchait pour rétablir l'ordre dans l'État, assurer sa défense et donner à chacun un idéal religieux et social dans lequel il pouvait découvrir des raisons d'espérer.

Le point de départ de toutes les propositions de Pléthon, comme le souligne très justement M. Zakythinos, est la défense du pays[2]. Il est vain de chercher ailleurs l'inspiration de sa doctrine, les raisons de son attitude et les motifs de son succès. C'est parce qu'il ne voulait pas être romain qu'il a tenté de faire de la Morée une république platonicienne, qui dans son esprit devait être le dernier bastion de la liberté; c'est parce qu'il ne voulait pas être romain, qu'il fut l'adversaire implacable de l'Union des Églises et c'est sans doute aussi parce qu'il ne voulait pas être romain qu'il fut un vrai platonicien, alors que son disciple Bessarion qui se fit romain sans cesser d'être byzantin ne fut, en fin de compte, qu'un platonicien latin.

Mais revenons sur le quai des Esclavons où Pléthon vient de fouler pour la première fois et à contre cœur le sol de l'Occident. Autour de lui, moines et prélats sont tous ses élèves, ou du moins le connaissent, et s'il en est qui ne partagent pas ses opinions, tous néanmoins ont pour lui une profonde admiration.

Le plus connu est Bessarion, que le chroniqueur du Concile nous présente « aetate juvenis, sed doctrinae et gravitate venera-

---

1. Lambros, III, 247, cité par Zakythinos, *op. cit.*, p. 350.
2. Zakythinos, *op. cit.*, p. 351.

bilis » [1]. Né à Trébizonde le 2 janvier 1402, et se destinant à l'état
ecclésiastique, il fut envoyé de bonne heure à Constantinople par
son évêque Dosithée, qui le prit sous sa protection. Il avait jadis
rencontré Philelphe chez le rhéteur Chrysococcés [2]. Puis, en compagnie de Scholarios, il avait suivi les leçons de Chortasmenos
qui, semble-t-il, enseignait les rudiments de la théologie et initiait
aux méthodes de la vie spirituelle. « Avant l'âge de vingt-quatre
ans, dit-il, je fus comblé d'honneurs et de dignités au-dessus de
mon âge par les premiers personnages de notre nation... et par
les Grecs eux-mêmes [3]. » L'histoire n'en a point gardé le souvenir.
On sait néanmoins qu'il acquit de bonne heure une certaine réputation à la cour, puisqu'il composa l'oraison funèbre de l'empereur [4], mort le 25 juin 1425 et trois monodies pour la mort de l'im-
pératrice, décédée le 17 novembre de l'année suivante [5].

Diacre en 1426 et prêtre en 1431, il se rendit en Morée. Il est
fort probable qu'il y accompagnait son évêque Dosithée récemment nommé évêque de Monemvasie [6]. Mais il est également
possible que son maître Chrysococcés, grand sacellaire, c'est-à-dire
administrateur de tous les monastères de l'empire, lui ait confié
un des nombreux monastères de Mistra. Toujours est-il que toute
son activité témoigne que c'est dans cette ville qu'il résida pendant son séjour en Morée « qui fut déterminant tant pour sa
carrière que pour sa formation intellectuelle [7] ». Sa rencontre avec
Pléthon fut, en effet, décisive. On ne saurait dire si le philosophe
y tenait école, il est plus probable qu'à l'exemple de son maître
Platon, il aimait à « dialoguer » sur les sujets les plus divers avec
les savants et les moines qui vivaient dans l'entourage du despote
et dont la cour était ainsi devenue la capitale intellectuelle de
l'empire. La politique était sans doute le leit-motiv de leurs
entretiens, mais comme nous l'avons dit, cette politique impli-

1. Andrea de Santa Croce, dans LABBE, t. XIII, col. 909, cité par VAST,
op. cit., p. 66, n. 1.
2. PHILELPHI, *Epistolae*, VI, 35. Dans une lettre adressée à Bessarion
de Milan (février 1448), il écrit : « Te autem pater reverendissime majorem
in modum miror qui me, cum ab orbe Constantinopoli noris vel in publico
discendi ludo, ubi post obitum mei soceri Chrysoloroe, fuimus apud Chryso-
coccem discipuli... » Jean Chrysoloras, père de Manuel, est mort en 1425
et Philelphe a quitté Constantinople en 1428. C'est donc dans l'intervalle
qu'il connut Bessarion. Cf. VAST, *op. cit.*, p. 17.
3. *Encyclique aux Grecs*, MIGNE, *P. G.*, CLXI, 461 et 486.
4. LAMBROS, III, p. 284-290. Traduction latine MIGNE, *P. G.*, CLXI,
615-620.
5. LAMBROS, IV, p. 94-95.
6. ZAKYTHINOS, II, p. 332. — VAST, p. 17-18.
7. ZAKYTHINOS, p. 333.

quait une philosophie et même une religion dont Pléthon se faisait l'apôtre. Tous ces byzantins pouvaient en témoigner.

Isidore de Kiew, qui sans doute était Moréote et qui en tout cas avait précédé Dosithée sur le siège de Monemvasie, l'avait certainement entendu. Marc d'Éphèse avait été son disciple et son frère Eugénikos, dit-on, habitait Sparte. Scholarios lui-même fait allusion à un de ses séjours dans la péninsule avant le Concile. Et si l'on ajoute à ces théologiens les savants copistes comme Démétrius Trivolis, Raoul Kavakès, Pierre Bua, on conçoit qu'on ait pu parler à propos de Pléthon, d'une certaine Académie, qui aurait préfiguré celle de Florence [1].

Pour juger de l'influence profonde et durable que la puissante personnalité de Pléthon exerça sur Bessarion, qu'il nous suffise de citer présentement l'hommage que ce dernier devait lui rendre après sa mort, en dépit des graves divergences qui les avaient opposés l'un à l'autre : « Je me réjouis, dit-il, d'avoir vécu avec un tel homme. Depuis Platon (je fais aussi exception pour Aristote), jamais la Grèce n'a engendré un tel sage. » Et il ajoutait : « S'il était permis de croire aux idées de Pythagore et de Platon sur les voyages et les migrations sans fin des âmes, j'ajouterais volontiers que l'âme de Platon, enchaînée par les arrêts immuables du destin et contrainte de revenir sur cette terre, a emprunté le corps de Gémiste et choisi de vivre en lui [2]. »

A l'instar de son maître, Bessarion crut dans les forces morales de l'Hellénisme et lutta toute sa vie pour les faire renaître et les défendre. L'un et l'autre étaient conseillers du despote et l'on peut juger de leur réalisme, puisé à la même source, par les nombreuses lettres et mémoires qu'ils lui adressèrent pour assurer la défense et la grandeur du Péloponnèse [3]. Leurs vues pourtant n'étaient pas identiques. Depuis la quatrième croisade, qui, comme le dit Léon Bloy, fut « le premier coup de hache sur la nuque de Constantinople [4] », des rapports constants et souvent étroits s'étaient établis entre les despotes de Morée et les condottieri italiens qui les avaient aidés à chasser les Francs. « Les événements, dit Charles Diehl, avaient transplanté dans l'Orient grec une multitude de familles et de dynasties latines. Des Florentins,

1. *Ibid.*, p. 329-336.
2. Lettre à Secondinos accompagnant la lettre au fils de Pléthon et les deux épitaphes qui sont jointes. Möhler, III, p. 470. Trad. lat. Migne, *P. G.*, CLXI, 697-698.
3. Cf. Zakythinos, II, p. 349-358.
4. Léon Bloy, *Constantinople et Byzance*, Paris, Grès 1917, p. 5.

les Acciaiuoli, régnaient sur le duché d'Athènes, fondé par saint
Louis, des Gênois, les Gattilusi, étaient princes de Lesbos et une
grande compagnie gênoise possédait l'île de Chio; d'autres Italiens,
les Zaccaria, étaient seigneurs de Morée. De là vinrent ces mariages
qui, durant le dernier siècle de l'empire grec, unirent tant de fois
dans un but politique les filles des princes latins d'Orient et les
membres de la famille des Paléologues [1]. »

Théodore II, en effet, s'efforçant de nouer des relations amicales
avec les puissances occidentales, s'était mis en rapport avec la
papauté et avait obtenu de Martin V, pour lui et pour les siens,
la permission d'épouser des princesses italiennes [2]. Son mariage
avec Cléopé Malatesta (19 janvier 1421) et celui de son frère avec
Sophie de Montferrat, étaient autant de preuves que la Morée,
au carrefour des civilisations grecque et latine, se tournait résolument vers l'Occident et en particulier vers l'Italie. Or, alors que
Pléthon s'indignait de cette colonisation et de ces unions qui compromettaient l'unité de la patrie et introduisaient dans les mœurs
d'étranges et séduisantes manières de vivre, Bessarion voyait
dans ce voisinage un élément de salut. On en peut juger par les
monodies que l'un et l'autre composèrent à l'occasion de la mort
de Cléopé (1433). Alors que Bessarion ne songe qu'à célébrer
la beauté et les vertus de la despine [3], manifestement Pléthon
souligne avec une secrète joie qu'elle avait, en dépit des garanties
exigées par le Pape, abjuré le catholicisme et changé « ses habitudes italiennes molles et relâchées, pour apprendre la sévérité et
la modestie des mœurs grecques, au point qu'elle ne le cédait à
aucune des femmes de Mistra [4] ».

Cette opposition d'ailleurs ne devait pas tarder à se manifester
plus brutalement, à propos de l'union des Églises. Dès 1428,
Pléthon avait pris position. A l'empereur qui lui avait demandé
conseil, il avait répondu « que cette rencontre n'était pas souhaitable, qu'elle serait contraire aux intérêts des Grecs et qu'en tout
état de cause, il convenait si l'on se rendait à l'appel du Pape,
de faire souscrire aux Latins des engagements qui assureraient
les pleins droits de la délégation grecque [5] ». A vrai dire, cette

1. Ch. Diehl, *Figures byzantines*, II, p. 284.

2. Cf. Zakythinos, I, p. 188-190.
Ch. Diehl, *Figures byzantines*, II, p. 285-286.

3. La monodie composée par Bessarion et conservée dans le *Par. graecus*
2540, fol. 61 r-70 r, éd. par Lambros, IV, 154-160.

4. Pléthon, Migne, *P. G.*, CLXI, col. 940-952. Citation : col. 944 et
Lambros, IV, p. 161-175.

5. Sylvestre Syropoulos, éd. R. Creygton, *Historia vera unionis non
vere*, La Haye, 1660, p. 155, cité par Zakythinos, II, p. 325.

méfiance reflétait un état d'esprit général. Mais il est fort probable que la chute de Thessalonique et la ruine de la muraille d'Hexamilion, sur laquelle Pléthon fondait tant d'espérances, troublèrent bien des esprits. En tout cas, c'est alors que l'empereur, qui avait pris contact avec les représentants du Pape dès 1423, entama de nouvelles et longues négociations qui devaient aboutir à la convocation du Concile. Il faut dire aussi qu'entre temps Bessarion, partisan de l'Union, avait quitté Mistra et avait mérité toute la confiance de l'empereur en le réconciliant avec la cour de Trébizonde [1]. Son dévouement et sa diplomatie avaient d'ailleurs été récompensés. Nommé d'abord abbé du Monastère de Saint-Basile à Constantinople, il devait bientôt devenir métropolite de Nicée, et il n'est pas douteux que son influence, en faveur du Concile, fut déterminante.

La décision de l'Empereur n'étonna point Pléthon. Il n'avait cependant pas dit son dernier mot et quand Jean VIII l'invita à l'accompagner au Concile, en qualité de conseiller, il se montra aussi loyal que son prince et partit, bien décidé à défendre sa politique qui se confondait avec sa religion. Au reste, partisans ou adversaires de l'Union, tous s'étaient réjouis de voir l'Empereur rendre un tel hommage au patriotisme de Pléthon et chacun éprouvait une légitime fierté de présenter, et au besoin d'opposer aux Latins, celui qu'ils considéraient à juste titre comme le témoin le plus fidèle de la pensée grecque.

Il ne faudrait cependant pas croire que cette première rencontre de l'élite intellectuelle de l'Orient et de l'Occident fut un rendez-vous de philosophes. Les Latins ne pouvaient avoir qu'une vague idée de la science de Pléthon et de ses disciples. Leurs écrits n'étaient point connus et au demeurant avaient pour la plupart un caractère si particulier que la pensée philosophique de leurs auteurs n'avait pu s'y exprimer que d'une manière indirecte et diffuse. Tout au plus savait-on que les uns étaient platoniciens, les autres aristotéliciens. Les Grecs toutefois n'ignoraient pas que depuis des années les Latins, et en particulier les Florentins, cherchaient par tous les moyens à s'initier à la langue et à la culture grecque. Certains avaient rencontré Philelfe, Aurispa, Guarino de Vérone sur les routes d'Orient en quête de précieux manuscrits; d'autres s'étaient trouvés en contact avec les envoyés du Pape, dont Nicolas de Cuse, et beaucoup d'entre eux avaient entendu parler de Salutati, de Traversari, de Bruni et des savants mécènes qui, comme Palla Strozzi, Niccolo Niccoli et Cosme de

1. H. Vast, *op. cit.*, p. 33.

Médicis, entretenaient si généreusement l'enthousiasme et le zèle
des nouveaux pionniers de la culture antique [1].

Mais on était à Venise et le Concile était convoqué à Ferrare.
Rien ne pouvait donc laisser supposer que ces solennelles assises
donneraient aux humanistes italiens et aux Florentins en particulier, l'occasion tant souhaitée d'engager d'utiles entretiens avec
les Grecs. Sans doute y avait-il pour les recevoir Traversari [2]
Nicolas de Cuse, Guarino, Aurispa et peut-être Palla Strozzi,
mais tous les autres étaient des politiciens ou des gens d'église
qui ne l'étaient pas moins, et nul, assurément, ne songeait alors à
parler philosophie. Il n'y avait pas à s'en formaliser : on n'était
pas venu pour cela et pour tout dire les Grecs n'avaient qu'une
idée : en finir au plus vite pour regagner leur pays. Ils ne devaient,
en fait, ne le revoir que dix-huit mois plus tard et de part et
d'autre les humanistes n'eurent pas à le regretter.

III. Dans les coulisses du Concile

La rencontre du Pape Eugène IV et de l'Empereur Jean VIII
Paléologue eut lieu le 7 mars 1438 à Ferrare, où le Concile fut solennellement ouvert le 9 avril. Pour des raisons diverses qu'il ne nous
appartient pas de préciser, il ne tarda pas à s'enliser, à tel point
qu'il fallut attendre le 8 octobre pour tenir la seconde session. On
nomma une commission chargée de préparer le travail et si possible
d'aplanir les difficultés. Les Grecs choisirent dix membres, parmi
lesquels, aux côtés de Marc d'Éphèse et de Bessarion, nous trouvons Pléthon qui, tout en n'ayant que voix consultative, apportait aux adversaires de l'Union le poids de sa science et de son
autorité. Les problèmes secondaires furent tant bien que mal
résolus, mais dès qu'on aborda la question du « Filioque » qui
avait provoqué le schisme quand les Latins l'avaient ajouté au
symbole de Nicée en 869 pour affirmer que le Saint-Esprit procédait à la fois du Père et du Fils, on s'engagea dans une impasse.
Les textes invoqués par les Latins étant contestés, la rupture

1. Sur les préliminaires du Concile, voir H. Vast, *op. cit.*, p. 37 et suiv.
Nicolas de Cues débarqua à Constantinople en septembre 1437. Cf. E.
Vansteenberghe, *Le cardinal Nicolas de Cues*, p. 61, Paris, H. Champion,
1920.
2. Traversari devait prononcer un discours d'accueil en grec mais il en
fut empêché. Cf. A. Dini Traversari, *Ambrogio Traversari et suoi tempi*,
Florence, 1912, p. 281. — Méhus, *op. cit.*, Lettre n. 355-140-867.

paraissait inévitable si la diplomatie romaine n'avait pas mis tout en œuvre pour maintenir le contact entre les parties en cause.

Persuadé que pour venir à bout de l'obstination de ces brillants adversaires, il fallait non seulement les flatter, mais s'en faire des amis, le Cardinal Cesarini, qui présidait les débats et qui en avait vu bien d'autres au Concile de Bâle, provoqua en marge du Concile des réunions brillantes et savantes, dont l'intérêt ne tarda pas à se manifester. En mettant ainsi en présence ceux qui s'affrontaient au Concile on leur donnait évidemment l'occasion de se mieux connaître et, par surcroît, les uns et les autres pouvaient parler librement, en présence d'invités de marque, des problèmes divers que posait la renaissance des lettres grecques. Ceux que le dogme divisait pouvaient effectivement trouver dans la philosophie un trait d'union. Les Latins naturellement ne se firent pas prier et, après quelque hésitation, les Grecs dominant leur méfiance et leur mauvaise humeur, finirent par répondre aux invitations qui leur étaient adressées par le Cardinal, le duc de Ferrare ou les savants qui vivaient dans son entourage [1].

L'écho d'un de ces colloques nous est heureusement parvenu. Eneas Sylvius, dans son *de Europa*, nous rapporte en effet qu'un certain Hugo de Sienne [2], qui, à cette époque, était considéré comme « le prince des médecins » avait invité chez lui tous les Grecs qui faisaient profession de philosophie et qui, à ce titre, pouvaient se mesurer avec lui. Il les traita avec magnificence et dès que le repas fut achevé, sans en avoir l'air, il les amena peu à peu à discuter. Nicolas d'Este était là et comme tous les membres du Concile que l'on considérait comme d'excellents philosophes étaient venus se joindre à eux, la conversation s'engagea sur les problèmes, qui, depuis des siècles opposaient les commentateurs de Platon et d'Aristote. Hugo déclara qu'il était prêt à défendre l'opinion que les Grecs jugeraient bon d'attaquer, qu'il s'agisse de l'un ou l'autre philosophe. Comme ils refusaient le débat, la conversation se prolongea pendant des heures. Finalement Hugo, héros de ce banquet, « les ayant successivement réduits au silence par ses arguments et son éloquence, il apparut au grand jour que

---

1. R. Creygton, *op. cit.*, sect. V, chap. 2. Francesco Barbaro écrivait à ce propos à l'évêque de Florence : « Coi greci bisogna far si che non paiano vinti da noi ma da loro stessi; essendo gente avezza a contendere per essere lodata e gloriosa bisogna vincerla non con argomenti nelle disputi, ma con arte e con beneficii. Coi maggiorenti sopra tutto occorre farseli amici o almeno non averli avversari. »

2. Dean P. Lockwood, *Ugo Benzi, Medieval Philosopher and Physician* 1376-1439, University of Chicago Press 1951).

les Latins qui jusqu'alors avaient dépassé les Grecs dans l'art de
la guerre et la gloire des armes, les dépassaient aussi à notre époque
dans le domaine des lettres et de la philosophie » [1].

A la simple lecture, on conçoit que ce texte n'ait pas toujours
été pris au sérieux. Il est par trop évident que le futur pape Pie II
qui était Siennois, a écrit cette page pour honorer la mémoire d'un
de ses compatriotes et souligner la supériorité des Latins. Mais
cette complaisance mise à part, ce texte mérite néanmoins d'être
retenu comme un document précieux pour l'histoire de l'Humanisme.

De l'avis de ses contemporains, Hugo était effectivement le
premier médecin de son temps [2]. Il avait enseigné à Padoue et à
Paris et comme tout médecin de son siècle faisait profession de
philosophe [3]. Est-ce à dire qu'il était capable de se mesurer en
cette matière avec les Grecs et, qui plus est, de tenir cette prétentieuse et ridicule gageure de défendre ou de combattre Platon ou
Aristote, au gré de ses interlocuteurs? C'est pour le moins douteux.
Il est en effet peu probable qu'il ait connu le grec. Il ne pouvait
donc interpréter Platon qu'à travers les platoniciens latins ou à la

1. AENEAS SYLVIUS, *Europae Descriptio*, éd. 1460, chap. 52; cf. *Vita*, 26
« Eugenius Pontifex dum Ferrariae cum Graecis concilium ageret, Ugo
Senensis, qui per id tempus medicorum princeps habitus est, omnes qui ex
Graecis studiosi philosophiae eo convenisse crediti sunt apud se invitavit
quos cum opipare magnificeque pavisset, finito prandio, epulis mensisque
remotis, eos in disputationem pedetentim placideque pellexit. Cum jam
Marchio Nicolaus adesset, et multi in synodo excellentes philosophi adven-
tassent, cunctos in medium philosophiae locos adduxit de quibus inter se
Plato et Aristoteles in suis operibus contendere ac magnopere dissentire
videntur, dicens eam se partem defensurum quam Graeci oppugnandam
ducerent, sive Platonem illi, sive Aristotelem sequendum arbitrarentur
cum Graeci certamen minime recusassent, protracta est ad multas hora
disputatio. Postremo cum rex convivii Ugo Graecorum philosophos alterum
post alterum argumentis et dicendi copia victos tacere compulisset, palam
factum est Latinos homines, qui iam pridem bellicis artibus et armorum
gloria Graecos superaverant, aetate nostra etiam litteris et omnium doctrinarum genere anteire. »
2. D. P. LOCKWOOD, p. 27-30. Appendice X, p. 147-156. — BARTOLOMEO
FAZIO, *De viris illustribus*, éd. MÉHUS, 1745, p. 37 : « Ugo Senensis magno in
primis vir ingenio, ac memoria singulari, tum scientia incredibili, dialecticae
atque omnium artium peritissimus Senis, Bononiae, Papiae, Paduae, Florentiae ingenti Auditorum frequentia medicas artes adolescentes publice
docuit, magisque eam scientiam ad docendum, quam ad medendum junio
contulit ».
3. Outre ses commentaires sur Gallien, Hippocrate et Avicenne, il avait
composé un « de Logicae Artis Ratione », un commentaire des « Parva Natu
ralia » d'Aristote et des « Questiones Naturales ». Cf. D. P. LOCKWOOD
op. cit., p. 33 et suiv.

lumière des quelques dialogues traduits. Quant à la doctrine d'Aristote, il la connaissait certainement bien, puisque nous savons qu'il
engagea une polémique à son sujet avec Bruni, qui avait traduit le
τἀγαθόν de l'*Éthique à Nicomaque* par « summum bonum »[1], mais
de là à faire la leçon aux Grecs il y avait loin. On peut même se
demander si tout cela n'est pas pure invention. A vrai dire nous
ne le pensons pas.

A l'époque du Concile, Hugo, médecin particulier de Nicolas
d'Este, était certainement à Ferrare[2] et le Cardinal Césarini a
fort bien pu profiter de sa réputation de savant et de philosophe
pour organiser, pour ainsi dire en terrain neutre, ce banquet
diplomatique, dont le but était avant tout de créer une détente.
Or, comme il est certain, nous allons le voir, que Pléthon a rencontré Hugo, rien ne nous autorise à mettre en doute l'existence
de ce banquet. Il n'en est pas de même du déroulement du débat,
car nous avons pour en juger le récit d'un témoin, qui, quoique
intéressé, peut être considéré comme valable. Le témoin n'est
autre, en effet, que Pléthon lui-même et son texte, surtout placé
dans son contexte, est dans l'occurrence d'une importance exceptionnelle.

C'est en répondant au plaidoyer de Scholarios en faveur d'Aristote, plein d'insinuations malveillantes à son adresse, que Pléthon
répondant du tac au tac nous éclaire incidemment sur les réunions
savantes auxquelles les Grecs se trouvaient mêlés en marge du
Concile. Scholarios ayant, en effet, affirmé que le plus grand nombre des Latins s'occupant de philosophie n'étaient pas de l'avis
de Pléthon sur les différences qui, selon lui, existaient entre Platon
et Aristote et ayant même précisé qu'il en avait personnellement
rencontré beaucoup[3], Gémiste, piqué au vif, commence par contester son témoignage : « Quand avez-vous rencontré ces savants
occidentaux, lui demande-t-il, et lesquels? Tous ceux qui se sont
trouvés avec nous lors de notre séjour là-bas le savent : vous
fuyiez les réunions des gens qui avaient la réputation de savants.
La raison en est claire : c'était pour ne pas paraître inférieur à
ce que vous vouliez paraître. Ainsi donc, ou bien vous n'avez pas
rencontré de savants, ou, si même vous en avez rencontré, vous

---

1. Cf. *Leonardi Aretini Epist.*, éd. Méhus, V, 1. Le débat eut lieu entre
octobre 1423 et décembre 1428. Cf. D. P. Lockwood, *op. cit.*, p. 185-187. —
E. Garin, *Le traduzione umanistische di Aristotile nel secolo XV*. dans *Atti
dell'Academia fiorentina... La Colombaria*, VIII (1950).
2. Il fut médecin de Nicolas d'Este de 1431 à 1439. D. P. Lockwood,
op. cit., p. 30.
3. Scholarios, *Œuvres*, IV, p. 4.

n'avez pas été capable de juger de leur science [1] ». La réponse était brutale et sans doute injuste, mais Pléthon ne s'en tient pas là. A des jugements qu'il prétend sans fondement et qui en tout cas sont anonymes, il oppose son propre témoignage en citant ses sources.

« Nous en avons rencontré, nous, des savants et nous savons ce que vaut leur science. Et, certes, ils sont bien supérieurs à vous. Mais pour la précision des connaissances ils laissent beaucoup à désirer. Du reste, les meilleurs d'entre eux portent, eux aussi, un jugement sévère sur la science de leurs compatriotes : c'est le cas de Pierre de Calabre, bien au courant des deux langues et en même temps bon juge en ces matières. Or il m'a dit que leurs commentateurs étaient bien inférieurs aux Grecs, en ce qui concerne l'intelligence de la pensée d'Aristote. C'est le cas également de Hugues, qui est aussi parmi les plus savants de là-bas. Il nous a montré la traduction d'un passage, faite par eux. Ce passage était tiré du livre d'Aristote *sur la Génération et la Corruption*. Il dit qu'il n'en était pas satisfait, elle n'était effectivement pas bonne du tout ; mais après qu'il eût entendu de nous la traduction correcte, il l'accepta et n'en méprisa que plus celle des siens. » Et il conclut : « Comment donc ceux qui ne comprennent pas suffisamment Aristote et qui sont parfaitement ignorants de Platon et de ses doctrines (sauf ce qu'ils en ont appris par Aristote qui dénature et calomnie ses opinions), comment ces gens-là seraient-ils les juges compétents de ces philosophes [2] ? »

Scholarios était donc de mauvaise foi, à moins qu'il n'ait été dupe : « En réalité, lui dit Pléthon, vous paraissez vous appuyer sur les suffrages de ceux qui jugent avant d'avoir entendu la parole des deux philosophes, puisque là aussi ceux qui ont goûté à Platon le préfèrent de beaucoup à Aristote [3]. » Ainsi à la faveur d'une polémique, que l'on souhaiterait moins acerbe nous voilà du moins fixés sur les rencontres entre Grecs et Latins, et bien qu'il ne soit pas ici question de banquet, on peut considérer que la référence à Hugi Benzi confirme en quelque sorte le témoignage plus ou moins désintéressé de Piccolomini.

On pardonnerait cependant bien volontiers à Eneas ce morceau d'éloquence, s'il nous avait dit qui, de part et d'autre, assistait

1. *Réplique. Marcianus grec.* 517, f. 31 r. (éd. GASS., 11-12). Nous empruntons nos références et la traduction des passages cités à F. MASAI, *op. cit.*, p. 333-334.

2. *Ibid.*, f. 31 r-31 v. (éd. GASS. 12-16).

3. *Ibid.*, f. 31 v. (éd. GASS. 17).

à ce débat. Il est hélas plutôt discret, et pour cause : il a écrit son traité vingt ans après le Concile et, ce qui est plus grave, il n'y avait pas assisté. Pléthon, lui, cite Pierre le Calabrais, que l'on a longtemps confondu avec Pomponius Letus, alors qu'il s'agit en réalité d'un abbé des moines basiliens de Grotaferrata, Pierre Vitali. Mais on aimerait savoir qui entourait Pléthon et Benzi. S'il est vrai qu'il y avait « omnes qui ex Graecis studiosi philosophiae crediti sunt », nous pouvons à coup sûr nommer Bessarion, le fidèle Amiroutzès, Théodore de Gaza, Scholarios, Eugénikos, sans compter les patriarches qui, au besoin, savaient parler philosophie. Quant aux Latins qu'Eneas présente « multi in synodo excellentes philosophi », on les cherche avec anxiété. Il y avait à Ferrare et au Concile des hommes connaissant le grec, Traversari qui servait d'interprète, Thomas Parentucelli qui devait devenir le pape des humanistes, Aurispa et Guarino qui étaient à cette époque professeurs de grec au Studio, mais, en l'absence de Nicolas de Cues, qui ne fit au Concile que de rares apparitions, on ne voit vraiment que les deux personnages cités par Pléthon : Pierre le Calabrais et Hugo Benzi [1]. L'essentiel pour nous est cependant que ces réunions aient eu lieu, car elles ne devaient pas rester sans lendemain.

L'histoire nous apprend, en effet, que Cosme de Médicis représentait près du Concile la République florentine. Curieuse coïncidence! A vrai dire, quand on sait quelles étaient alors les inquiétudes de Florence et les sentiments de Cosme à l'endroit de ce Concile, qui, contre son gré, se tenait à Ferrare, on arrive à se demander s'il n'y a pas confusion. En fait en avril 1438, il était à Venise mais avec de tels soucis qu'il est peu probable qu'il profita de l'occasion pour passer par Ferrare. Il est certain pourtant qu'il se rendit à Ferrare dès que les circonstances lui parurent favorables pour obtenir le transfert du Concile à Florence. On peut même approximativement en fixer la date. On sait qu'il était alors gonfalonier de justice et que c'est, pour cette raison, que n'ayant pu s'attarder à Ferrare, il y fut remplacé par son frère Laurent qui poursuivit les négociations et amena le Pape à accepter les conditions que la Seigneurie avait approuvées le 8 décembre 1438 [1]. Or, les gonfalonniers étaient élus pour deux mois et nous trouvons effectivement dans les Archives que Cosme fut investi de ce titre

1. Cf. DELLA TORRE, *op. cit.*, p. 440, n. 2.
2. Nul doute que Traversari se fit complice de Cosme pour ramener le concile sur le territoire florentin. Voir sa lettre à Cosme, MÉHUS, *op. cit.*, Lettre 262. — DINI TRAVERSARI, *op. cit.*, 302-303.

pour les mois de janvier et février 1439 [1]. Et comme par ailleurs nous savons que le Pape a quitté Ferrare le 16 janvier, on peut légitimement supposer que Cosme était à Ferrare quand il fut nommé gonfalonnier, ce qui nous autorise à penser qu'il a pu participer à des réunions qui, en tout état de cause, se seraient déroulées avant le 16 janvier. Ce ne sont là que des points de repère, mais si cette hypothèse pouvait se vérifier nous serions fixés sur la première rencontre de Cosme avec Pléthon.

L'arrivée des Grecs à Florence, en dépit d'un malencontreux orage, suscita de part et d'autre une légitime curiosité. Florence étalant ses richesses semblait un Paradis et quand Leonardo Bruni, alors chancelier de la République, salua l'Empereur et sa suite en leur langue, on pouvait croire que tous ces descendants d'Homère et de Platon arrivaient à Florence pour transmettre à leurs admirateurs le flambeau de la culture antique. C'est cette impression que devait traduire vingt ans plus tard Bennozzo Gozzoli sur les murs de la chapelle Médicis. La chevauchée des Mages devait lui fournir l'heureux prétexte pour faire revivre au gré de son intarissable fantaisie le souvenir du brillant cortège qui avait ébloui ses contemporains. Mais, ne nous y trompons pas, ce n'est plus de l'Union des Églises qu'il est ici question, mais uniquement de l'union de la culture latine et grecque. Sans doute y a-t-il l'Empereur et le patriarche, mais ce qui compte pour nous ce sont ces personnages aux traits étranges et ces vénérables vieillards à la barbe opulente qui s'avancent au milieu des florentins à la longue lévite. A n'en pas douter ce sont des Grecs et pour la première fois nous les voyons, non seulement se mêler aux Latins, mais en marche vers un même but et par surcroît c'est sur les pentes de Fiesole que l'artiste a donné rendez-vous à tous ces humanistes dont la présence ici témoigne leur reconnaissance aux Médicis. Il est vrai qu'en 1459 Gozzoli pouvait juger de l'heureuse influence que Cosme et ses fils avaient exercée sur les destinées de l'Humanisme, mais au moment où le Concile reprenait ses sessions à Florence, nul ne savait quels en seraient les fruits.

Pour sa part Cosme était certainement décidé à exploiter son succès. En offrant ses besants d'or au Pape ruiné et à l'Empereur aux abois, ce fin politique avait certainement fortifié son autorité et grandement servi le prestige de ses concitoyens, mais cela ne lui suffisait pas. Sans se soucier des controverses dogmatiques qui

---

1. *Catalogo delli Gonfalonieri di Giustitia, che hanno seduto nel supremo magistrato della Citta di Fiorenza,* dans *Historie della citta di Fiorenza* di M. IACOPO NARDI, Lyon, 1582, p. 17. — ROSCOE, *op. cit.*, I, 44.

se poursuivaient sur le bord de l'Arno, il ne manqua certainement pas de favoriser ou de reprendre à son propre compte l'heureuse initiative du Cardinal Cesarini. La chose était d'autant plus facile que de tout temps Florence avait eu le goût de ces réunions académiques. Des palais à la boutique des antiquaires, de Careggi au « toit des Pisans », les lieux de rendez-vous ne manquaient pas et les interlocuteurs encore moins. Nous savons, en effet, par Scholarios, que ceux qui fréquentaient Pléthon étaient nombreux. Il précise même, comme pour en faire fi, qu'ils s'adonnaient à l'étude d'Homère et de Virgile, que certains étudiaient aussi Cicéron et Démosthène et que leur philosophie ne dépassait pas l'exactitude (ἀκρίβεια) des mots grecs. A la vérité, c'était plutôt flatteur, même si le champ d'action était limité. En tout cas, à travers ce texte il est aisé de reconnaître après Hugo et le Calabrais : Leonardo Bruni, Lapo da Castiglionchio, Carlo Marsuppini, le Pogge, Filelfe, Traversari et peut-être déjà toute une pléiade de jeunes qui ne devaient pas tarder à s'affirmer : Leo Alberti, Matteo Palmieri, Bartolomeo Fazio, Gianozzo Manetti et même Cristoforo Landino qui, cette même année, arrivait à Florence.

Il est vrai, qu'ils avaient jusqu'alors plus volontiers discuté sur les avantages de la langue latine et la valeur des différentes disciplines, mais les traducteurs, chaque jour plus nombreux, remettaient plus ou moins consciemment à l'ordre du jour les grands problèmes de la philosophie platonicienne et aristotélicienne. Bruni, qui avait dédié, ne l'oublions pas, ses principales traductions au Pape Eugène IV et à Cosme de Médicis, avait posé dans ses préfaces, comme dans ses différentes biographies et son *Isagogicon moralis disciplinae*, bien des questions qui appelaient une réponse. Ses traductions elles-mêmes étaient fort discutées. Cencio de Rustici en traduisant l'*Axiochus* (1436) [2] avait ramené l'attention sur l'éternelle question de l'immortalité de l'âme, déjà posée par la traduction faite par Traversari de l'opuscule d'Eneas Gaza sur le même sujet [3], et Pier Candido Decembrio, encouragé par le duc de Gloucester, venait de reprendre la traduction de la *République* que son père avait traduite vers 1402 en collaboration

1. SCHOLARIOS, *Œuvres*, IV, p. 4.
2. Paris, Bibliothèque Nationale, *Cod. Lat. 6729 a* et *6582*. PLATO, *De morte contemnenda*. Cette traduction est dédiée au Cardinal Orsini. — Il existe une traduction de l'*Axiochus* de RINUTIUS ARETINUS qui paraît antérieure à celle de CENCIO (*Vat. Lat. 9441* et *Riccard. 162*).
3. AENEAS GAZA, *Della immortalita dell'anima e della resurrezione del corpo*. Venise, 1513.

avec Chrysoloras [1]. Bref il est certain que, les appréciant à leur juste valeur, ils ne se firent point prier pour répondre à leurs invitations.

Mais tandis que Pléthon, semble-t-il, s'entretenait avec ses hôtes des mystères platoniciens et leur révélait la philosophie de Zoroastre, les Pères du Concile, réunis à Santa Maria Novella, poursuivaient patiemment leurs laborieuses discussions. Le 3 juin l'addition du « Filioque » au symbole était en principe admise, mais la mort subite du patriarche risquait de tout remettre en question [2]. Pléthon en tout cas en prit prétexte pour quitter Florence en compagnie de Démétrius et de Georges Scholarios [3]. Enfin, après de nouvelles et dramatiques discussions sur l'épineuse question de la primauté du Pape, on finit par se mettre d'accord sur l'ensemble. Le 6 juillet 1439, le décret d'Union fut lu dans la cathédrale de Florence, en présence du Pape et de l'Empereur [4] entourés de cinq cents prélats mitrés, en chape rouge ou bleue et un poète, témoin de ce triomphe, pouvait chanter :

> *Lætentur cæli et exsultet terra*
> *Nova Sion facta est Florentia.*

La joie, hélas, fut de courte durée. L'union que l'on avait célébrée avec tant d'éclat ne devait pas durer plus longtemps que les intérêts qui l'avaient commandée. La « nouvelle Sion » fut bien vite oubliée, mais Cosme, qui peut-être n'était pas dupe, demeurait

---

1. Cf. E. DITT. *Pier Candido Decembrio*, dans *Memorie del R. Istituto lombardo di Scienze e Lettere*, XXIV, 1931, p. 30-33.

2. Le patriarche fut enterré à Santa Maria Novella, où se trouve encore son tombeau, sur lequel on peut lire l'inscription suivante en lettres capitales : Ecclesiae Antistes fueram qui magnus eoae : hic iaceo magnus religione Ioseph : hoc unum optabam miro inflammatus amore : unum ut Europae cultus ut una fides : Italiam petii foedus percussimus unum : iunctaque romanae eam me duce Graia fides : nec mora decubui nunc me Florentia servat : qua tunc concilium floruit urbe sacrum : Felix qui tanto donarer munere vivens : qui morerer voti compos et ipse mei. — Suit son nom et son titre en grec et en turc.

3. R. CREYGTON, *op. cit.*, p. 268. — L. PETIT, Documents relatifs au Concile de Florence. Patrologie orientale, XVII, 2, Paris, 1929, p. 490.

4. L'événement est rappelé par une inscription que l'on peut lire encore dans le Dôme de Florence : Ad perpetuam rei memoriam. Generali Concilio Florentiae celebrato post longas disputationes unio Grecorum facta est in hac ipsa ecclesia die VI Iulii MCCCCXXXVIII, presidente eidem concilio Eugenio Papa IIIIᵒ cum Latinis episcopis et prelatis et Imperatore Constantinopolitano cum episcopis et prelatis et proceribus Grecorum copioso numero. Sublatisque erroribus in unam eandem idemque rectam fidem quam Romana tenet ecclesia consenserunt.

néanmoins satisfait, car, grâce à ses efforts, Florence allait devenir, comme il le souhaitait depuis longtemps, une « nouvelle
Athènes ».

Ficin devait un jour rappeler « qu'à l'époque où le Concile, convoqué par Eugène IV, était réuni à Florence, le grand Cosme
avait eu très souvent l'occasion d'entendre le philosophe grec,
nommé Gémiste et surnommé Pléthon, comme un autre Platon,
discuter sur les mystères platoniciens ». Et il ajoutait : « Il fut si
profondément ému et bouleversé par la parole fervente de ce philosophe, que son grand esprit conçut dès cette époque l'idée d'une
Académie, qu'il devait créer dès que les circonstances le permettraient. [1] »

Ce texte, si souvent cité, a donné lieu à tant de malentendus,
qu'il est indispensable de l'étudier dans son contexte, pour savoir
s'il mérite vraiment créance. On conçoit qu'il ait pu paraître suspect. Il est en effet manifeste que l'auteur, étant donné son âge,
pouvait se porter garant de l'authenticité du fait qu'il rapportait,
et comme ce témoignage est une magnifique introduction à son
entrée en scène, on est tout naturellement porté à croire que Ficin,
victime de son imagination, a volontiers cédé au désir de flatter
son protecteur.

Présentement les événements que nous avons passés en revue
nous permettent d'affirmer qu'il est certain que Pléthon est venu
à Florence à l'occasion du Concile et qu'il est pour le moins vraisemblable qu'en marge du Concile il eut l'occasion de rencontrer Cosme de Médicis qui, non seulement était déjà la providence des humanistes, mais s'intéressait personnellement aux problèmes philosophiques. Toute la question est de savoir si de cette
rencontre est née l'Académie platonicienne de Florence et s'il
est vrai que Ficin fut chargé de l'organiser. Nous n'avons pratiquement que son texte pour en juger, car il est par trop évident
que tous ceux qui font allusion à ce projet se réfèrent à cette même
et unique source [2]. Dès lors, comment apprécier sa valeur? Faisant abstraction au moins provisoirement des sentiments plus ou
moins intéressés qui ont pu dans l'occurrence inspirer Ficin, il

1. FICINI *Op.* II, 1537. Magus Cosmus senatus consulto patriae pater,
quo tempore concilium in Graecos atque Latinos sub Eugenio Pontifice
Florentiae tractabatur, philosophum graecum nomine Gemistum, cognomine Plethonem, quasi Platonem alterum de mysteriis Platonicis disputantem frequenter audivit, e cuius ore ferventi sic afflatus est protinus, sic
animatus, ut inde Academiam quandam alta mente conceperit, hanc opportuno primum tempore pariturus.

2. CORSI. Appendice I, § III.

convient tout d'abord de faire la critique de ce texte pour juger de l'ordre des faits qui y sont rapportés, puis de l'examiner à la lumière des données de l'histoire pour voir si cet ordre est non seulement logique, mais correspond à la suite des événements.

Pour juger du problème dans son ensemble, complétons d'abord le texte en le soumettant à une analyse grammaticale. Donc, il nous est dit que Cosme, écoutant Pléthon, en fut immédiatement si ému et si enthousiasmé qu'il conçut dès cette époque l'idée d'une Académie *(sic afflatus est protinus sic animatus, ut inde Academiam quamdam... conceperit)*, puis, qu'il devait créer cette Académie, dès que les circonstances le permettraient *(hanc opportuno primum tempore pariturus)* et enfin il ajoute : « Par la suite, alors qu'il cherchait à réaliser ce projet, moi, qui n'étais que le fils de son médecin préféré, il me choisit alors que j'étais encore enfant pour réaliser cette si grande œuvre et à cette fin veilla chaque jour sur mon éducation » *(Deinde, cum conceptum tantum... quodam modo parturiret, me... adhuc puerum tanto operi destinavit... ad hoc ipsum educavit in dies[1])*.

On dit que Ficin écrivant cette page a voulu flatter son protecteur. C'est bien possible, mais il faudrait le démontrer et préciser au moins de quel protecteur il s'agit. Or, si l'on replace le texte dans son contexte, on constate que cette citation est tirée d'une longue et précieuse dédicace à Laurent de Médicis, donc, s'il s'agit de flatter quelqu'un, ce ne peut être que Laurent et non Cosme. Par ailleurs, il s'agit de la dédicace de la traduction de Plotin, que l'on peut dater de 1490 et que Ficin considérait comme le couronnement de son œuvre. On pourrait donc supposer qu'il a jugé bon de faire à cette occasion l'historique de ses relations avec les Médicis pour montrer qu'il avait accompli la mission que Cosme lui avait confiée. Mais en fait ce rappel avait plutôt pour but de montrer à Laurent, qui, comme nous le verrons, prodiguait plus volontiers les encouragements que ses écus, qu'il était de son devoir de se charger de l'édition de cette traduction pour parfaire l'œuvre de son grand-père et de son père. Ce qui, dans l'hypothèse, serait beaucoup moins flatteur qu'on pouvait le supposer.

Quant à l'authenticité des faits, notre tâche est de leur assurer un maximum de vraisemblance. Sans doute Ficin n'avait que six ans à l'époque du Concile et ce n'est que cinquante ans plus tard qu'il nous relate les circonstances de sa vocation platoni-

---

1. FICINI *Op.* II, 1537. « Deinde dum conceptum tantum magnus ille Medices quodammodo parturiret, me electissimi medici sui Ficini filium, adhuc puerum tanto operi destinavit... »

cienne. Mais il suffit de lire le texte attentivement pour se rendre compte que jamais Ficin n'a tenté de nous faire croire que Cosme l'avait choisi à l'époque du Concile pour réaliser son projet. Ce qu'il nous dit paraît au contraire fort logique. Cosme était d'ailleurs trop réaliste pour se lancer dans une aventure sans lendemain, et c'est pourquoi Ficin souligne avec tant d'à-propos que le Prince qui avait conçu à l'époque du Concile l'idée de fonder une Académie, devait la créer dès que les circonstances le permettraient. La question n'est donc pas de savoir si cette Académie fut vraiment conçue par Cosme, car dès qu'on parle de Platon on rêve d'Académie, mais de déterminer à quel moment Cosme jugea opportun de la créer, car c'est certainement à cette époque qu'il choisit Ficin pour être l'artisan de son rêve.

Cette Académie n'étant pas une institution ayant ses statuts, mais plutôt un symbole qui unissait sous le signe de Platon ses nouveaux disciples, nous n'avons évidemment aucun document qui puisse ressembler à un acte de fondation. Comme par surcroît nous ne savons pas exactement quand Ficin est venu à Florence et a pu rencontrer Cosme, nous ne pouvons procéder que par inférences pour déterminer et d'une manière approximative la date à laquelle l'Académie entra dans la voie des réalisations.

Voyons d'abord comment se posait le problème au lendemain du Concile. Fonder sur les bords de l'Arno une Académie qui fut vraiment platonicienne supposait un ensemble de conditions dont dépendait le succès de l'entreprise. Tout d'abord, il fallait que le Platonisme ait effectivement séduit toute une élite; en second lieu, il fallait avoir des textes, et non seulement ceux de Platon, mais encore ceux des sages, dont on prétendait qu'il s'était inspiré et ceux des disciples qui avaient interprété sa pensée ou commenté ses dialogues. Puis il fallait trouver un traducteur vraiment qualifié, car il est fort possible que, dès cette époque, on ait contesté la valeur des traductions existantes [1], ce qui impliquait le choix de traducteurs qui ne fussent pas seulement des philologues ou des philosophes amateurs, mais de vrais platoniciens. Enfin il

---

1. Les avis étaient fort partagés. Argyropoulos louait Bruni. Pléthon et Bessarion par contre jugeaient sévèrement les traductions de Platon en général. Argyropoulos, dans sa préface du *De Dialectica*, composé à l'usage de Pierre de Médicis, dénonce la barbarie de ceux qui ont traduit Aristote, mais en excepte Bruni : « Praeter enim ea quae Leonardus Aretinus traduxit, vir quo aetas nostra in dicendo cum antiquitate possit contendere. Nihil fere perypateticum latine conscriptum videtur quae res eloquentiae latinae studiosos a dyalectica deterret vehementius quam oporteat. » Cf. G. CAMELLI, *G. Argyropoulos*, Florence, 1941, p. 223.

était au moins souhaitable que les circonstances politiques soient
favorables pour que Cosme ait le loisir de suivre le développement
de son heureuse initiative.

Que le Platonisme ait trouvé audience près des humanistes
florentins, la chose n'est pas douteuse. Ils étaient depuis des années
préparés à écouter un Pléthon et son succès n'est pas une hypothèse, puisqu'après avoir quitté l'Italie son premier soin fut
d'adresser son Περὶ ὧν Ἀριστοτέλης πρὸς Πλάτωνα διαφέρεται ou
De differentiis Platonicae atque Aristotelicae philosophiae, à « ceux
qui, au dire de Scholarios, se faisaient alors en Italie les disciples
de Platon ». Pour ce qui est des textes le problème était en partie
résolu. Cosme, qui déjà avait réuni un grand nombre de manuscrits, restait à l'affût de toute nouvelle découverte et pouvait,
dès cette époque, disposer des huit cents manuscrits de son ami
Niccolli, mort en 1437. Mais où étaient les hommes capables d'entreprendre la tâche si belle, mais si ingrate qui s'imposait? Traversari était mort quelques semaines après la clôture du Concile,
Bruni avait abandonné ses traductions pour se consacrer à son
Histoire de Florence que la mort devait d'ailleurs interrompre
(1444). Celui qui devait lui succéder, Carlo Marsuppini, s'était
voué à Homère. Philelphe semblait à jamais banni de Florence,
Decembrio était au service des Visconti, et tous les autres que
nous avons déjà nommés, semblaient plus préoccupés de s'assurer
une place à la cour pontificale que d'entreprendre des traductions,
qui, au demeurant, exigeaient des connaissances et des qualités
qu'ils n'avaient sans doute pas. Il est donc manifeste qu'au lendemain du Concile, Cosme n'avait ni l'homme, ni les hommes
susceptibles de répondre à ses désirs et par surcroît il avait alors
bien d'autres soucis.

Son implacable ennemi, Rinaldo d'Albizzi, qui, pour ne pas
déplaire au Pape, avait rongé son frein pendant la durée du Concile, ne tarda pas à reprendre la lutte. Il savait qu'il pouvait
compter sur la protection d'Eugène IV, qui était dans la place.
Puis, il avait dans le Casentino un allié précieux dans la personne
du Comte de Poppi et Piccinino était à ses ordres. Dès le 7 février
1440, nous voyons donc le fameux condottière entrer en campagne
et le 10 avril il campait dans les montagnes de Fiesole, après avoir
ravagé toute la contrée dans un rayon de trois milles autour de
Florence. « Les Florentins, écrit Perrens, qui cite Cavalcanti,
s'agitaient comme des poissons dans une mer empoisonnée. Leurs
rues encombrées de contadini et de bestiaux, étaient dans une
confusion très propre au désordre. La disette se faisait sentir et le

soupçon planait sur tout. Grâce à cet appoint de gens du dehors, en tout temps réputés peu fidèles, les ennemis de Cosme, en minorité la veille, semblaient devenir majorité [1]. » Cosme proposa même pour sauver la République, de quitter Florence. Ce n'était guère le moment de fonder une Académie. Mais la panique fut de courte durée. Nero Capponi, revenu de Venise, pour se mettre au service des Médicis, remonta par sa seule présence le moral des Florentins et profitant des hésitations de l'ennemi qui s'était retiré à Borgo san Sepolcro, il lui livra bataille le 29 juin dans la plaine d'Anghiari et le contraignit à battre en retraite. La victoire d'Anghiari, que Léonard de Vinci fut chargé d'immortaliser en 1503 sur un des murs de la salle du Grand Conseil de Florence, assura indiscutablement la fortune des Médicis. La paix ne fut signée qu'un an plus tard (20 juin 1441) à Cavriana, mais dès que la menace fut écartée, Florence retrouva sa bonne humeur. On exécuta moralement sur la façade du Bargello et en de pauvres vers les ennemis de la République [2] et l'on se donna rendez-vous pour un tournoi poétique à Sainte-Marie de la Fleur [3] !

Est-ce à dire que le moment était venu pour Cosme de réaliser son projet? On serait tenté de le croire. Mais la paix de Cavriana avait créé d'amers ressentiments à la cour pontificale et des incidents aussi graves que le meurtre de Baldaccio d'Anghiari (6 septembre 1441) que le Pape avait pris à sa solde la veille, et la mise à l'écart de Nero Capponi, prouvent assez que tout n'allait pas pour le mieux. Tout donne même à penser que Cosme ne se sentit vraiment le maître que le jour où Eugène IV prit le chemin de Sienne, emmenant avec lui ses quinze cardinaux et toute sa suite (6 avril 1443) [4]. Ce départ pourtant ne fut pas sans l'inquiéter, car il risquait de compromettre le prestige de Florence et la cause

---

1. PERRENS, *op. cit.*, p. 47.
2. *Ibid.*, p. 57-58. Le peintre chargé de l'exécution de cette sentence (eorum figuris et pitturis ad naturale detrahendis) fut Andrea del Castagno, que l'on surnomma par la suite « degli impiccati ». Cf. VASARI, *Vite*. Les vers d'Antonio del Palagio se trouvent dans G. MANSI, *Testi di Lingua inediti*, Rome, 1816.
3. Le sujet du concours organisé par Pierre de Médicis et Alberti était « De la véritable amitié ». Les compositions furent remises le 18 octobre; le 22 eut lieu la lecture publique devant la seigneurie, le corps diplomatique et un grand concours de peuple. Les concurrents étaient Francesco Alberti, Antonio Agli, Mariotto Davanzati, Francesco Malecarni, Benedetto d'Arezzo, Michele de Gigante, Leonardo Dati. Plusieurs ayant mérite égal, les juges décernèrent la couronne d'argent, travaillée en branches d'olivier, à la basilique elle-même. Cf. TIRABOSCHI, VI, Ire Partie, L. I, chap. 2.
4. C'est Leonardo Bruni qui obtint du grand conseil qu'on laissât partir le pape en conflit avec Florence. Cf. DELLA TORRE, *op. cit.*, p. 241.

de l'Humanisme. Avec le Pape, qui s'était installé le 23 juin 1434
au couvent Santa Maria Novella et y avait presque toujours résidé,
Florence perdait beaucoup de son attrait et les vides créés par son
départ semblaient difficiles à combler. Sans parler des nombreux
ambassadeurs, laïques ou ecclésiastiques, qui avaient suivi avec
intérêt les progrès de l'Humanisme, la cour pontificale comptait
alors nombre de cardinaux qui, pour la plupart, étaient des savants
et souvent des mécènes. Cesarini, dont on connaît les talents de
diplomate vantait aussi « la science des honnêtes études, qu'on
appelle humanités »[1] ; le dominicain Jean de Torquemada était
aussi connu comme philosophe que comme théologien[2] et l'on
disait que le chartreux Albergati « réservait aux études humaines
autant de temps que le permettait la dignité des Saintes Écritures »[3]. Il avait d'ailleurs avec son protégé Thomas Parentucelli,
dit de Sarzane, constitué une bibliothèque qu'il devait laisser à
la chartreuse de Galluzo[4]. Il y avait encore Capranica, dont la
vaste érudition était connue de tous[5] et Bessarion qui, de retour
à Florence, s'était fait le vivant trait-d'union entre les Latins
et les Grecs. Enfin, le Pape avait entraîné à sa suite tous les humanistes qui, éventuellement, auraient pu s'associer au projet plus
ou moins avoué de Cosme. C'est ainsi qu'on avait vu partir, non
sans regret, le Pogge, Flavio Biondo, Lapo da Castiglionchio,
Cencio de Rustici, Aurispa et même Georges de Trébizonde.
C'était, semble-t-il, la fin des doctes entretiens qui, depuis des
années, se déroulaient dans la paix des cloîtres ou à l'ombre des
palais, et quand, le 18 mars 1444, Manetti prononça l'éloge funèbre
de Leonardo Bruni, en qui, disait-il, s'étaient trouvés réunis « le
génie poétique d'Ennius et d'Homère et le génie philosophique

---

1. A. TRAVERSARI, *Epistolae*, Firenze, 1759, II, col. 1119 : « ...rectorum
studiorum peritus praecipue eorum qui adpellantur humanitatis ». LE
POGGE, qui prononça son éloge funèbre, dit : « Nam juris tum divini, tum
humani, tum omnium artium quas liberales appellant, mira quaedam
scientia et doctrina in eo domicilium videbantur effecisse. » — MEHUS,
Introduction à l'Epistolario de Traversari. Texte cité par DELLA TORRE,
op. cit., p. 243.

2. VESPASIANO, *Vite*, éd. cit., p. 117 : « Fu ne'tempi di papa Eugenio
il cardinale di Santo Sisto (Turrecremata), gentile uomo catalano, uomo
dottissimo in filosofia e in teologia. »

3. LE POGGE écrit dans son éloge : « Humanis quoque studiis tantam
operam dedit, quantum sacrarum litteratum dignitas patiebatur. » *Opera*,
éd. 1511, p. 101, verso.

4. VESPASIANO, *Vite*, éd. cit., p. 77. « Lascio alla Certosa di Firenze piu
libri, in fra quali fu una Bibbia, che era costa ducati cinquecento. »

5. Cf. M. CATALANI, *De vita et scriptis Dominici Capranicae Card. Antistitis
Firmani comentarius*, Fermo 1790, p. 120-131.

d'Aristote et de Platon » [1], peut-être avait-il compris, comme le dit della Torre, que « cette solennité où l'on semblait attester et reconnaître la renaissance totale des lettres, devait être le début d'une période de déclin de près de trois lustres, si on la compare à la splendeur de l'âge précédent ». [2]

En toute vérité on avait pu graver sur la tombe de cet homme, couronné de laurier : « l'histoire pleure, l'éloquence se tait et les Muses latines et grecques ne peuvent retenir leurs larmes ». Tout espoir n'était cependant pas perdu [3]. La philosophie que l'on avait omis d'associer à cet hommage, n'en était pas moins reconnaissante au traducteur de Platon et d'Aristote. Dépositaire de l'idéal et des volontés de Pétrarque, que lui avait transmis son maître Salutati, Bruni n'avait pas failli à sa tâche et si les Latins pouvaient s'entretenir utilement avec les Grecs, c'est à lui qu'ils le devaient. Il avait semé. Le printemps était venu plein de promesses et aujourd'hui, en dépit des nuages menaçants qui rendaient l'horizon assez sombre, on ne négligeait rien pour assurer le succès de la moisson. Depuis le départ des Grecs, tous ceux qui avaient bénéficié de leurs leçons n'étaient pas demeurés inactifs et, de part et d'autre, le contact avait été pratiquement maintenu.

Dans la perspective de la fondation de l'Académie deux événements s'étaient produits, depuis le Concile, qui doivent retenir notre attention. D'une part, le Pape, qui n'avait pu retenir Bessarion à Florence à l'issue du Concile, l'avait nommé cardinal le 18 décembre 1439 et dès la fin de 1440 l'évêque de Nicée était revenu s'installer au couvent de Santa Croce [4], d'autre part Pléthon avait écrit à l'intention de ses hôtes son opuscule *sur la différence entre la doctrine d'Aristote et de Platon* [5], qui, du point de vue même de l'histoire, est pour nous plein d'intérêt. On a dit que ce traité avait été probablement composé à la demande de Cosme de Médicis lui-même [6]. Ce serait un argument de poids

---

1. L. Bruni, *Epist.*, éd. Méhus, I, p. LXXXIX et CXIII.
2. A. della Torre, *op. cit.*
3. L'épitaphe gravée sur le socle du splendide monument de Bernardo Rosellino en l'église Santa Croce :
   > Postquam Leonardus e vita migravit
   > Historia luget, eloquentia muta est
   > Ferturque Musas tum Graecas tum
   > Latinas lacrimas tenere non potuisse.
4. Vespasiano, *Vite* (Lauro Quirino), p. 353 : « ...istando Lauro in Santa Croce in casa del Cardinale Niceno. » Une discussion s'engagea sur la traduction du « *summum bonum* » de Bruni.
5. Migne, *P. G.*, CLX, col. 889-932. — C. Alexandre, *Pléthon, Traité des Lois*, Paris, 1858, app. III, p. 281-288.
6. Alexandre, *op. cit.* Notice préliminaire, p. XVII.

pour confirmer le témoignage de Ficin, mais ce n'est qu'une hypothèse. Ce qui est sûr, c'est que Pléthon l'a composé à Florence,
à une époque où il était malade et l'on donne même comme *ter-
miuus ad quem* la date du 29 mars 1439[1]. C'est déjà une sérieuse
présomption en faveur du souhait de Cosme. Quant au but de
ce mémoire, il est nettement défini par l'auteur lui-même. « Les
Anciens, dit-il, tant Grecs que Romains préféraient Platon à
Aristote. Mais de notre temps il en est, surtout ceux qui vivent
en Occident et se croient plus sages que les Anciens, qui admirent
plus Aristote que Platon, ayant été convaincus de cette supériorité par un Arabe, du nom d'Averroès, qui considère Aristote
comme le chef-d'œuvre unique et parfait de la nature en sa matière. » « Or, poursuit Pléthon, si Averroès avait une autorité
indiscutable sur tous les autres problèmes dont il traite, j'hési-
terais à le contredire, mais en fait il est si nul en psychologie,
qu'il n'a pas craint d'affirmer que l'âme était corruptible. Après
une telle erreur, peut-on encore émettre un jugement sur un problème d'importance? En fait il ne semble pas qu'Aristote ait personnellement professé pareille erreur. » « Aussi, conclut-il, il faut
savoir dire ce qui est vrai et ne pas calomnier Aristote, même
s'il a calomnié ceux qui l'ont précédé... et parce qu'en notre
temps il y en a encore qui donnent la palme à Platon, nous allons
exposer brièvement la différence des deux philosophes et l'inféro-
rité de l'un par rapport à l'autre, pour faire plaisir aux uns et
corriger les autres, à moins qu'ils préfèrent la dispute... [2]. » Il
n'y a donc aucun doute sur le problème qui fut l'objet des entretiens de Pléthon à Florence et ceci est pour nous d'une importance
capitale, puisque l'Académie, conçue par Cosme et réalisée par
Ficin, se fixera pour tâche ce qu'en fait avait demandé Pétrarque :
confondre Averroès en démontrant l'immortalité de l'âme et ce
faisant affirmer la primauté de Platon.

Mais que pouvait-on faire, en attendant le « moment opportun »?
Pléthon, nous l'avons dit, avait quitté Florence dès le 13 juin
1439 et ne devait plus y revenir. Avant de s'embarquer à Venise
avec l'Empereur le 19 octobre, il avait eu pourtant le loisir de se
rendre dans d'autres villes d'Italie, pour y poursuivre ses conversations avec les humanistes italiens. En fait Philelphe nous révèle
qu'il passa à Bologne, où il a dû séjourner pendant quelque
temps, puisque le témoin nous dit qu'il a pu apprécier sa vertu

---

1. ZAKYTHINOS, *op. cit.*, p. 361.
2. PLÉTHON, *De differentiis*, MIGNE, *P. G.*, CLX, col. 889. — ALEXANDRE,
op. cit., p. 281-282. Trad. F. MASAI, *op. cit.*, p. 330.

et sa science. Il lui a même offert un petit livre sur l'Ame, agrémenté d'un épigramme fort élogieux, daté du 16 août [1]. Est-il allé ailleurs? On a supposé qu'il avait pu descendre jusqu'à Rimini pour faire visite à Sigismond Malatesta. L'hypothèse n'a rien d'invraisemblable étant donné les rapports de la cour de Mistra avec cette famille et qui plus est, le suprême honneur que ce prince devait un jour rendre au philosophe en ramenant ses cendres à Rimini [2]. Mais tous ces motifs ne font pas une preuve et s'il est vrai qu'il était, le 16 août, à Bologne, il est probable qu'il y demeura pour attendre l'Empereur qui quitta Florence le 26 du même mois pour se rendre à Venise. Quoi qu'il en soit, s'il est vrai que « son traité devait allumer la plus vive controverse du siècle » [3], pour l'heure il était surtout un précieux encouragement pour les humanistes florentins que ses propos avaient séduits.

Bien qu'aucune allusion n'y soit faite, il est permis de supposer que le geste de Pléthon fut apprécié à sa juste valeur, puisqu'il n'existe pas moins de vingt-sept manuscrits de son texte. Les Platoniciens naturellement s'en réjouirent, mais Aristote avait de fervents défenseurs et il est possible que dès cette époque ce premier manifeste en faveur de Platon ait donné lieu à d'amicales polémiques entre des hommes comme Bessarion, Bruni, Georges de Trébizonde et Thomas de Sarzane. Il ne suffisait pourtant pas de discuter, il fallait agir. Or que faire? Si on avait eu des traducteurs qualifiés, on aurait pu poursuivre les traductions, mais en fait aucune traduction ne fut entreprise à Florence avant celle de Ficin. Pouvait-on même apprendre encore le grec? Sans doute, mais pratiquement il faudra attendre l'arrivée d'Argyropoulos en 1456, pour que le grec soit de nouveau enseigné au Studio. Aussi pendant cette période ne trouve-t-on point d'élèves qui se soient distingués en cette manière. La cour pontificale absorbait à ce point les esprits que le seul traité dont on parlait alors était le *De monachis erudiendis* [4] de G. Aliotti, qui, d'ailleurs, faisait suite au *de Curiae commodis* [5] de Lapo da Castiglioncho et qui l'un et

1. E. LEGRAND, *Cent dix lettres grecques de Philelphe*, Paris, 1892, p. 48-49. — B. KNÖS, *G. Pléthon et son souvenir*, dans *Lettres d'Humanité*, IX, mars 1950, p. 139.

2. La despine Cleopé était une Malatesta. ZAKYTHINOS, *op. cit.*, I, 188-190 et II, *passim*.

3. ZAKYTHINOS, *op. cit.*, II, p. 361.

4. HIERONYMI ALIOTTI ARETINI *ordinis S. Benedicti, Epistolae et Opuscula*, Vol. II, p. 180-292. Cf. DELLA TORRE, *op. cit.*, 249-250.

5. *Cod. Magl.*, XXIII, 126, 65 r. Ad clementissimum patrem, fratrem Gondolmarium Sacrosanctae Romanae Ecclesiae presbuterum Cardinalem. Cf. DELLA TORRE, *op. cit.*, 246-248.

l'autre avaient pour but de démontrer que la Curie était l' « alma mater studiorum ». Cela ne veut pas dire que les humanistes de l'entourage de Cosme restaient inactifs. Carlo Marsuppini professant au Studio y connaissait un légitime succès [1]. Alberti publiait son *de Tranquilitate animae* en 1442, son *Momus* [2] en 1444, et de Naples étaient venus les derniers ouvrages de Valla, les uns attirant l'attention des philosophes, le *de libero arbitrio* et les fameuses *Disputationes dialecticae* (1439), les autres suscitant sans doute de violentes polémiques : le *de falso credita et ementita Constantini donatione declamatio* et le *de Professione religiosorum* [3] (1442). Mais les *Disputationes* mises à part, tout cela était bien loin des problèmes posés par Pléthon. Cosme n'en poursuivait pas moins son idée et sachant qu'un bon architecte et de bons ouvriers ne peuvent bâtir un édifice solide que s'ils ont de bons matériaux, il préparait l'avenir en organisant les premières bibliothèques publiques.

Les manuscrits se faisant plus rares et les amateurs plus nombreux, on ouvrit comme au Moyen Age des ateliers de copistes. Dès 1440, alors qu'il n'avait que dix-neuf ans, Vespasiano da Bisticci était entré au service de Cosme pour répondre à ce besoin, et nous savons qu'il eut par la suite dans son atelier jusqu'à quarante-cinq calligraphes qui, en vingt-deux mois, copièrent deux cents volumes, généreusement prêtés par les uns et les autres [4].

1. VESPASIANO, *Vite* (Carlo d'Arezzo), éd. cit., p. 316 : « ...fu condotto dagli ufficiali dello Istudio con buonissimo salario. Era cosa mirabile a vedere il concorso grande ch'egli aveva nelle sua lezioni, e non solo di quelli della citta, ma di piu luoghi, e nipoti del pontefice e di cardinali. Fu fama che in Firenze non fusse uomo, che avesse letto come messer Carlo. La prima mattina che lesse, che vi fu uno numero infinito di uomini dotti, fece grande pruova di memoria, perche non ebbono i greci ne i latini scrittore ignuno, che messer Carlo non allegasse quella mattina. Fu tenuta da tutti cosa maravigliosa. »

2. Le dialogue *Momus* est des plus étonnants témoignages de la pensée de l'auteur sur ses contemporains. Une édition critique de cet ouvrage avec traduction a été publiée à Bologne en 1943 par G. MARTINI. Pour les autres œuvres, v. éd. BONUCCI, Firenze, 1843-1849 et G. MANCINI, *Opera inedita*, Firenze, 1890. — Sur le *Momus*, cf. P. H. MICHEL, *La pensée de L. Alberti*, Paris, 1930, p. 246-255-509-512.

3. *De libero arbitrio*, éd. crit., M. ANFOSSI, Firenze, 1934. *De Professione religiosorum*, éd. WAHLEN, *L. Vallae tria opuscula*, Wien, 1869. — Cf. F. GAETA, *Lorenzo Valla. Filologia e storia nell'umanesimo italiano*, Napoli, 1955.

4. Cf. E. FESTA, *Umanesimo*, p. 42. — VESPASIANO, *Vite* (Cosimo de Medici), éd. cit., p. 414 : « ...fece pensiero di farvi una degna liberia; e uno di, sendo io in camera sua, mi disse : che modo mi dai tu a fornire questa libreria? Gli risposui, che avendogli a comperare, sarebbe impossibile perche non se ne troverebbe. Dissemi : che modo si potrebbe tenere a fornirla? Dissigli che bisognava farli scrivere. Rispuose : se io volevo pigliare questa cura. Io gli repuosi esser contento. Dissemi che io cominciassi a mia posta,

Et ces richesses n'étaient pas seulement motif de vaine gloire. Ces bibliophiles avertis avaient conscience de leur devoir et songèrent de bonne heure à mettre leurs trésors à la disposition des savants. On créa donc des bibliothèques. Cosme, le premier, pendant son exil à Venise, en avait fait construire une au couvent Saint-Georges, mais c'est à Niccolli que revint l'initiative de mettre à la disposition des humanistes les précieux manuscrits qu'il avait achetés ou copiés lui-même. Bien qu'il en eût sans doute profité, il avait souffert, à la mort de Pétrarque et de Salutati, de voir leurs livres dispersés et quand Martino da Signa était mort (5 juin 1387) au couvent San Spirito, il avait fait le nécessaire pour que la bibliothèque de Boccace fut sauvegardée[1]. La mort et les embarras financiers sans doute ne lui permirent pas toutefois d'organiser la sienne comme il l'entendait pour lui assurer le rayonnement qu'elle méritait. Mourant (4 février 1437), il avait alors désigné, pour réaliser son projet, seize citoyens dont les aptitudes et les goûts répondaient pleinement à ses intentions. Il y avait parmi eux le chancelier Bruni, l'évêque Antonin, Manetti, Boninsegni, le Pogge, Traversari et fort heureusement Cosme de Médicis et son frère Laurent[2]. Avant toute chose il

che tutto rimetteva in me... Cominciata la libraria, perche la sua volunta era che si facesse con ogni celerita che fusse possibile, e per danari non mancassi tolsi in poco tempo quarantacinque scrittori, e finii volumi ducento in mesi ventidua. »

1. VESPASIANO, *Vite* (Niccolo Niccoli), éd. cit., p. 442 : « ...sendo morto messer Giovanni Boccaccio, e avendo lasciati tutti i sui libri a Santo Spirito, sendo posti in casse e armari, parve a Nicolao ch'egli stessino bene in sua libraria che fusse publica a ognuno; e per questo delle sua sustanze fece fabricare una libraria, a fine che cosi potessino mettere i detti libri, si per la loro conservazione, il simile ancora per onore di messer Giovanni, e a fine che fussino comuni a chi n'avesse di besogno... ».

2. VESPASIANO, *Ibid.*, p. 441. « Avendo Nicolao fatto tanti beni e congregato tanto numero di libri in ogni faculta, cosi in latino come in greco, nel tempo che visse volle che fussino comuni a ognuno, e non aveva da lui se non chi non gliene domandava; e dopo la sua fine volle che fussino come erano istati nella vita; e per questo nel suo testamento gli lego a quaranta cittadini, che ordinassino che se ne facesse una libraria publica, a fine che ognuno ne potesse avere, chi n'avesse bisogno. Furono il numero de' libri volumi ottocento, tra latini e greci, in ogni faculta. Ordinorono questi quaranta cittadini, che questi libri si dessino a Cosimo de' Medici, che gli mettesse in Santo Marco, per adempire la volunta del testatore, che fussino in luogo publico, con questa condizione, che fussino comuni a tutti quelli che n'avessino bisogno. »

A propos de cette bibliothèque, le POGGE écrivit à CARLO MARSUPINI : « Nemo Florentiam, qui aliquid sapit, unquam adiit quin potius in primis Nycholai domum et libros sibi visendos putaret. » POGGI *Op.* 1513, fol. 129 v. — Pour l'histoire de cette bibliothèque, voir F. BLUMES, *Iter italicum*, Berlin, 1824, t. II, p. 42.

fallait en effet payer les dettes du défunt et si Cosme ne s'en
était point chargé, il est fort probable que les manuscrits de
Niccolli auraient été dispersés comme ceux de Salutati. Il obtint
de ce fait le droit d'en disposer à son gré. Toutefois la volonté du
testateur était formelle : ses manuscrits devaient être déposés dans
un lieu public où chacun pourrait à loisir venir les consulter.

Allait-on les installer au palais de la via Larga? On aurait pu
croire que Cosme tentait de se les approprier. Il fallait donc les
confier à un couvent. On choisit tout naturellement Saint-Marc,
qui bénéficiait si largement de la générosité du Prince et comme
il n'y avait pas de bibliothèque digne du dépôt qu'on voulait lui
confier, Michelozzo reçut à nouveau l'ordre de construire une
« librairie » longue de quatre-vingts brasses, que de gracieuses
colonnettes partagèrent en deux nefs et qui fut garnie de trente-
deux armoires de cyprès [1]. C'est ainsi qu'en 1444 s'ouvrit la première bibliothèque publique à Florence.

On y plaça tout d'abord les huit cents manuscrits de Niccoli.
Puis Cosme y ajouta bientôt quatre cents volumes de sa collection et Giuliano Lapaccini, aidé de Vespasiano da Bisticci, sur les
conseils de Thomas de Sarzane qui avait établi un plan biblio-
graphique par matières, furent chargés de la compléter à tel point
que le dévoué copiste a pu dire « qu'il n'y manquait aucun des
ouvrages nécessaires [2] ». Mais maintenant que sur leurs rayons,
fleurant la cire, les belles reliures de cuir ou de velours rouge,
blanc ou vert, étaient solidement enchaînées, il fallait trouver
l'homme qui se révélerait capable d'exploiter de telles richesses,
et l'on devine aisément que Cosme, qui avait de la suite dans les
idées, devait le chercher. Existait-il? Apparemment, non. Alors
il fallait le créer et c'est pourquoi sans doute Ficin nous dit que
Cosme, non seulement l'avait choisi encore enfant, mais encore
que, comme un second père, il l'avait fait « renaître ».

---

1. R. MORÇAY, op. cit., p. 77-78.
2. VESPASIANO, Vite (Cosimo de' Medici), éd. cit., p. 411-15 : « Avuti Cosimo
i libri di Nicolao, volle vedere l'inventario per conoscere quelli che mancas-
sino alla libraria; e mando in piu luoghi per averne; e dove ne pote trovare
ne compero, e molti ne fece scrivere; e tutte queste spese della libraria si
pagavano al banco, per polizza di frate Giuliano Lapacino... dove si servo
mirabile ordine, seguitando la libraria di papa Nicola, d'uno ordine che
aveva dato a Cosimo, per uno inventario di sua mano... » suit le catalogue.
Et il termine : « E tutte l'altre opere necessarie a una libraria, che non ve
ne manco ignuna. »

IV. « RENAISSANCE » DE FICIN

C'est dans la Préface de son *de Triplici Vita*, écrite en 1480, que Ficin nous révèle cette « renaissance ». « Les poètes, dit-il, chantent que Bacchus, qui était à la fois pontife souverain et prêtre, est né deux fois. Ce qui peut vouloir dire ou bien que celui qui va devenir prêtre doit renaître, dès qu'il est initié, ou bien qu'après être devenu un prêtre accompli, son âme, complètement ivre de Dieu, apparaît désormais comme si elle était née une deuxième fois, à moins qu'ils veuillent dire tout simplement que comme Bacchus est né successivement de sa mère Sémélé et de la cuisse de Jupiter, le vin naît dans la grappe et dans le verre. » Mais quelle que soit l'intention du poète, ce que nous devons retenir, c'est que Bacchus « dux sacerdotum » a eu deux mères, alors que Melchisédech « summus sacerdos » eut à peine un père et une mère. Par contre, poursuit Ficin, moi qui ne suis que « sacerdos minimus », j'ai eu deux pères : « Ficinum medicum » et « Cosmum Medicem ». De l'un, je suis né, de l'autre je suis rené. Le premier me confia à Galien, médecin et platonicien, le second me consacra au divin Platon, mais en fait tous les deux me destinèrent à la médecine, car si Galien est le médecin des corps, Platon est celui des âmes [1]. »

A la vérité, ce texte, écrit d'une plume « alerte et joyeuse », pourrait n'être qu'une aimable facétie, provoquée par un jeu de

---

[1]. FICINI *Op.*, I, 493. *In librum de Vita*, ad magnanimum Laurentium Medicem, Patriae servatorem. Epistola dedicatoria : « Bacchum Poetae, summum Antistitem, sacerdotem, bis natum canunt. Forte significantes vel futurum sacerdotem statim initiatum oportere renasci, vel perfecti tandem sacerdotis mentem Deo penitus ebriam, iam videri renatam. Aut forsan humiliore sensu, vinum Bacchi germen generari semel in vite quasi Semele, maturis sub Phaebo racemis, regenerari rursum post ipsum vindemiae fulmen in suo vase vinum, velut in Jovis femore merum... Quocumque vero sensu, vel illa, vel haec acceperis, dux ille sacerdotum Bacchus, geminas quasi matres habuisse fertur. Melchisedech autem summus sacerdos, unam vix matrem, unum vix patrem habuit. Ego sacerdos minimus, patres habui duos : Ficinum Medicum, Cosmum Medicem. Ex illo natus sum, ex eo renatus. Ille quidem me Galeno, tum Medico, tum Platonico commendavit, hic autem divino consecravit me Platoni. Et hic similiter atque ille Marsilium Medico destinavit. Galenus quidem corporum, Plato vero Medicus animorum. » Cette idée de « renaissance » est reprise par Ficin bien des années plus tard à propos de son ami Bartholomeo Scala chancelier de la République : « Salve, dilectissime Scala, fer alter ego, ego quater mihi frater : in Cosmo, in genio, in amore, in Lauro. Uterque quondam ex magno Cosmo renatus... » (*Sup. Fic.*, I, 60). Nous verrons Landino demander également à Pierre de Médicis d'être son « second père ». Voir chapitre II, p. 194, n. 3.

mots trop facile, mais la vocation de Ficin est pour nous encore si mystérieuse qu'aucun élément, susceptible de nous éclairer, ne doit être négligé. Bien que ce texte éclaire et même confirme le précédent, il ne nous apporte cependant aucun élément qui nous permette de préciser la date de l'entrée en scène du jeune Marsile. Corsi qui sans aucun doute lui emprunte la genèse de l'Académie, nous dit que le projet de Cosme fut réalisé « peu d'années après » *(non multis post annis)* [1]. C'est encore très vague, mais étant donné que Ficin nous assure qu'il était encore « enfant » lorsque Cosme le choisit, il y a tout lieu de croire que l'arrivée de Ficin à Florence, qui dut passer bien inaperçue, s'est révélée par la suite comme une date importante de l'histoire de l'Académie.

Il est bien évident que Cosme ne pouvait pas fonder d'espoirs sérieux sur un enfant de douze ou quinze ans. Mais il n'est pas interdit de penser qu'après son succès Ficin et même Cosme aient pu légitimement se féliciter de leur première rencontre, en la considérant comme un de ces facteurs apparemment sans importance qui déterminent l'orientation d'une vie et le succès d'une entreprise. Là encore nous en sommes réduits aux conjectures. Les données du problème se trouvent même faussées par l'interprétation d'un texte de Corsi, dont l'analyse s'impose immédiatement pour dissiper toute équivoque.

« Un jour, dit-il, que Marsile, par une faveur divine évidente, s'était rendu (de Bologne) à Florence, son père l'emmena en visite chez Cosme, et l'on rapporte que Cosme voyant les dispositions du jeune homme *(juvenis)* et celui-ci lui ayant fait part du grand désir d'apprendre qui l'enflammait, il en fut étonnamment heureux, comme s'il avait pleinement compris que ce jeune homme serait sans aucun doute celui qu'il avait destiné depuis longtemps *(jampridem)* à mettre en lumière la philosophie de Platon. Voilà le premier acte. « Puis, poursuit Corsi, à quelque temps de là, ayant fait appeler Ficin (le père), il exhorta l'homme à consentir aux études de Marsile, pour ne point blesser Minerve, ajoutant qu'il n'y avait pas lieu de prétexter de la modicité de ses ressources, qu'il ne le laisserait manquer de rien et lui fournirait largement tout le nécessaire. « Le ciel, dit-il, t'a envoyé toi, Ficin, pour guérir les corps, mais Marsile a été envoyé pour guérir les âmes. » Et Corsi conclut : « Sur les conseils d'un si haut personnage, Marsile, rempli d'espoir, s'adonna à l'étude de Platon de toute son âme et de tout son esprit. Il avait alors vingt-six ans [2]. »

---

1. CORSI, Appendice 1, § IV.
2. *Ibid.*, V-VI.

Pour la première fois une date nous est offerte : 1459. Malheureusement, en supposant d'ailleurs gratuitement que cette visite à Cosme fut la première rencontre du Prince avec Marsile, on n'a pas manqué de mettre cette date en contradiction avec des textes de Ficin, que l'on ne saurait évidemment récuser. Marsile nous dit, en effet, qu'il a eu le bonheur de philosopher avec Cosme pendant plus de douze ans *(cum illo plures quam duodecim feliciter philosophatus sum)* [1]. Or, Cosme étant mort le 1er août 1464, ce texte suppose que Ficin était en relations avec lui au moins depuis 1452, car même avec beaucoup d'audace ou de bonne volonté il est peu vraisemblable qu'il ait pu philosopher avec un homme tel que Cosme du jour au lendemain. Et comme par ailleurs nous savons que Marsile fut dès sa plus tendre enfance un disciple du divin Platon *(Ego a teneris annis divinum Platonem, quod nullus ignorat, sectatus sum)* [2], on ne voit pas pourquoi Cosme aurait attendu dix ou douze ans pour favoriser l'éducation de ce jeune homme qui manifestait des goûts et des aptitudes répondant pleinement à ses vues.

Est-ce à dire que le texte de Corsi n'est qu'une anecdote sans valeur et sans fondement? Nous ne le pensons pas. Il serait à écarter purement et simplement, s'il ne se prêtait pas à une interprétation plus conforme à la logique des faits. Or ce n'est pas le cas, car en fait Corsi n'a jamais prétendu nous raconter la première visite de Ficin à Cosme. Ce n'est pas lui qui a créé une équivoque, mais Ficin, en employant le mot « puer » dans ce que nous appellerons l'acte de fondation de l'Académie. Mais les limites de l'acception d'un mot varient parfois avec le temps. Dante dans son *Convito* [3], traitant des quatre âges de la vie humaine dit, par exemple, que tous les sages sont d'accord pour fixer les limites de l'adolescence, qui est le premier âge de l'homme, à vingt-quatre ans. En toute hypothèse, nous pouvons donc interpréter le mot « puer » dans un sens aussi large et il s'en faut de peu qu'il coïncide avec le terme « juvenis » employé par Corsi, pour qui, au demeurant, Ficin à vingt-six ans était tout de même un enfant par rapport à Cosme, qui, à soixante-dix ans était déjà le vieillard voûté au visage ascétique qu'a voulu immortaliser Pontormo. Ficin lui-même a d'ailleurs précisé sa pensée en rappelant que

1. FICINI *Op.*, I, 649, 1. Lettre à Laurent de Médicis sur les vertus de son père.
2. FICINI *Op.*, I, 618, 1.
3. DANTE, *Il Convito*, IV-XXIV, 2, éd. G. BUSNELLI e G. VANDELLI, Firenze, 1937, p. 304-305 : « De la prima (eta) nullo dubita, ma ciascuno savio s'accorda ch'ella dura in fino, al venticinquesimo anno. »

bien qu'il ait été *a tenera aetate nominis Platonici cultor* [1], ce n'est que parce que Cosme s'est chargé de son éducation qu'il a pu entreprendre la lourde tâche de répandre chez les Latins la lumière vraiment salutaire de Platon. Il était donc platonicien avant que Cosme le choisît pour réaliser son rêve et qui plus est, c'est précisément parce qu'il le savait platonicien et qu'il avait pu juger personnellement de ses aptitudes et de son enthousiasme qu'il l'a choisi. Il n'y a donc aucune contradiction entre les textes de Ficin et celui de Corsi et il est absolument certain que la visite qui décida de sa vocation ne fut pas comme l'a cru della Torre [2], la première que Ficin fit à Cosme. La conclusion de cette entrevue décisive laisse même supposer que déjà la question de l'éducation de Marsile avait dû se poser entre son père et Cosme, puisqu'on nous laisse entendre que Maître Diotifeci s'était jusqu'alors opposé aux goûts de son fils, en invoquant l'excuse de ses maigres ressources. Tout naturellement on se trouve donc amené à penser que, dès qu'il avait été question pour le père de Marsile de donner à son fils l'enseignement qu'il souhaitait, il avait fait part de ses intentions et de ses soucis au maître de Florence, dont il était devenu le médecin et l'ami.

Au témoignage de Ficin qui, déjà, nous a dit que son père, qu'il nous présente au demeurant comme un chirurgien célèbre en son temps, était le médecin préféré *(electissimus medicus suus)* de Cosme, s'ajoutent, en effet, plusieurs textes qui ne laissent aucun doute sur le caractère amical de leurs relations. Corsi, nous apprenant que la réputation dont jouissait le médecin de Fighline l'avait mis en relation avec la plupart des membres de la noblesse florentine, souligne qu'il était pour Cosme *apprime carus* [3]. Il entretenait d'ailleurs avec les deux fils du maître de Florence, Pierre et Jean, des relations fort amicales, si l'on en juge par les lettres qu'il joignait un jour à l'envoi de quelques bonnes bouteilles de ce chaud Trebbiano, qu'il récoltait sans doute dans ses vignes de la vallée du Cesto. Le fait en lui-même est assez suggestif et il s'éclaire singulièrement quand on voit que dans cette correspondance Pierre est nommé *circumspectus ac singularis amicus* et Jean *dilectissimus ac suavissimus tanquam frater* [4]. L'une et l'autre lettre témoignent au reste de la part du père de Ficin, d'un dévouement total aux deux frères. Il semble toutefois qu'une plus grande amitié le liait à Jean, dont le caractère et la

1. FICINI *Op.*, II, 1129.
2. DELLA TORRE, *op. cit.*, p. 528.
3. CORSI, Appendice I, § II.
4. Cf. DELLA TORRE, *op. cit.*, p. 482, n. 2.

culture avaient de bonne heure séduit les Florentins [1]. Né le 3 juin
1421, cinq ans après son frère Pierre, il s'était fait remarquer par
son amour des Lettres et des Arts. Musicien et poète il fréquentait
Squarcialupi et della Stufa. Bibliophile passionné et amateur de
tapisseries, il s'était fait construire une magnifique villa par
Micchelozzi sur les pentes de Fiesole pour y jouir des trésors
d'art qu'amassaient pour lui de Bruges à Rome tous ceux qui
lui proposaient leurs services pour enrichir ses collections. Cela est
si vrai que l'on a pu dire que « mieux que Pierre, il représentait
la période de transition entre la première et seconde phase de
la Renaissance et que déjà, il annonçait dans ses tendances, le
Magnifique ».

On comprend dès lors quelles espérances le vieux Cosme, inquiet
de la santé de Pierre, pouvait fonder sur ce cadet, qui partageait
ses goûts et connaissait certainement ses projets. Comment les
deux frères sont-ils entrés en relation avec le père de Marsile? On
ne saurait le dire. Il est possible que ce soit à propos de leur santé.
Quand on compare les deux bustes, que Mino da Fiesole nous
a laissés des deux frères, il est bien évident que Jean paraissait
plus solide que Pierre, mais, victime de son tempérament il ne
devait pas tarder à payer les excès d'une vie sans frein. Dès 1442
on le trouve aux eaux de Petriolo et jusqu'à sa mort prématurée,
le 1er novembre 1463, il fut souvent affligé de maux, qui peut-être
auraient été sans conséquence, s'il avait consenti à s'imposer
un régime sévère [2]. A vrai dire les bonnes bouteilles de Trebbiano
que lui envoyait Maître Diotifeci ne semblaient pas particulièrement indiquées pour lui rendre la santé, puisque dans le même
temps sans doute un autre de ses amis lui adressait un sonnet
pour lui prêcher l'abstinence :

> *Nulla cosa è, più lo stomaco uccida,*
> *se la sentenza d'Avicenna accogli,*
> *che 'l cibo e 'l vin sanza regola o guida.*
> *Amor proprio m'afida*
> *adirti, d'ogni error torni all'amenda,*
> *e che tu stesso di te pietà prenda* [3].

1. Sur ce personnage trop peu connu, voir V. Rossi, *L'indole e gli studi di
Giovanni di Cosimo de' Medici*, dans *Rendiconti della R. Accademia dei Lincei*,
1893, série V, col. II, fasc. I, p. 40, et G. Pieraccini, *op. cit.*, I, p. 81-92.
2. W. Roscoe, *op. cit.*, I, p. 59 : « Molti vogliono che tal morte di Giovanni
derivasse del soverchio bere e mangiare, perche era di natura caldissimo, e
bevando et mangiando tutte robe calde furono poi la cagione della sua morte. »
3. Le sonnet dont ces vers sont extraits a été publié par F. Flamini,
La lira toscana, p. 381. V. Rossi l'attribue à Gigante. Cité par G. Pieraccini, *op. cit.*, I, p. 89.

Médecin ou complice, le père de Marsile était en tout cas un ami très cher puisqu'il se permettait de le traiter « comme un frère » et agissait avec lui comme tel. « Si tu veux faire quelque chose pour moi lui écrivait-il, je suis prêt à faire tout ce qui pourrait te faire plaisir. » La lettre, dont nous extrayons ces lignes, n'est pas datée mais l'envoi qui l'accompagne est un témoignage de « parfaite amitié et vieux dévouement »[1]. Jean n'était donc plus tout jeune. Au reste, nous savons que pratiquement ce n'est qu'après son mariage en 1453, qu'il s'est fixé à Florence, où il faisait partie du collège des Prieurs dans les deux premiers mois de 1454. On le trouve également dans la délégation, présidée par l'évêque Antonin, qui se rendit à Rome en 1455, pour présenter au pape Callixte III les vœux de la République. C'est dire que ce jeune prince, qui pendant les premières années de sa vie avait occupé le temps que lui laissaient ses plaisirs à gérer les intérêts de la banque Médicis à Ferrare ou à Rome, participait désormais plus ou moins directement à la gestion des affaires publiques. Que Diotifeci ait cherché à bénéficier de son influence, n'est pas douteux, mais on ne saurait dire si c'est au profit de son fils qu'il sollicitait son patronage. En tout cas dans la liste de ses bienfaiteurs Marsile n'a pas oublié de nommer Jean et nous avons une lettre à son adresse, qui malgré son mystère, nous révèle que le jeune Marsile lui devait beaucoup.

Quoique mutilée et non datée, cette lettre n'en mérite pas moins toute notre attention et comme elle est pour nous le seul témoignage de ses rapports avec Jean, qui ont pu être déterminants, et qu'au surplus elle est le seul élément qui nous permette de juger du style du jeune Marsile, à l'époque de ses « humanités », nous pensons qu'il est préférable de la traduire intégralement que d'en faire une analyse qui la priverait de sa saveur originale. « A l'illustre Jean de Médicis, Marsile de Fighline, salut !

« J'ai beau prolonger mes réflexions et m'appliquer à examiner ce que je pourrais t'écrire qui soit à la fois agréable et digne de ton excellence, jamais rien ne me vient à l'esprit qui ne soit au-dessous de ton très grand mérite. C'est au prix d'une plus grande

---

1. De la lettre publiée par DELLA TORRE (p. 482, n. 2), nous extrayons le passage suivant : « Mando un poco di trebbiano per colatione al quale son certo non e tale che sia idoneo a sodifare come si richiede e non e tale quale merita tale amico. Ma sopplisca la buona e amichevole volonta inverso di te e non mando sotto nome di presente, ma per un ricordo di perfecto amore e antica benivolentia. Altro non accade. Se per me si puo fare alcuna cosa so presto e apparechiato, a fare cosa che ti sia in piacere. Vale die XX 3° Iunii. Tuus magister fecinus feghini.

sagesse et d'un plus grand savoir qu'il faudrait acquérir le pouvoir de répondre, même imparfaitement à ta grandeur.

« Bien sûr, ma jeunesse ignorante et ignorée est encore moins capable d'écrire un hommage digne de ta valeur, mais même un orateur, j'entends ce fameux orateur, avec ses lettres si élégantes et son langage doux comme le miel, pourrait difficilement aborder le sujet de ton éloquence unique et serait incapable d'exprimer toute la bienveillance et l'estime que tu témoignes (aux jeunes). Assurément, en te suppliant de toute manière, je compte sur ta gravité et ta fermeté pour que tu oublies mes hésitations, ma résistance volontaire et le silence de ma voix comme de ma plume. Tant d'affaires importantes assiègent mon esprit, le tiraillent en divers sens et ne cessent de le torturer, que ma parole, ma pensée, ma mémoire et ma plume n'ont plus rien à exprimer. Si l'on voulait savoir quel est cet obstacle si puissant et si funeste, j'oserais dire que ce n'est rien d'autre que ta supériorité, ta bonté et mon incapacité. Oui, depuis longtemps un violent débat s'est ouvert dans mon esprit pour savoir si j'écrirais ou non. De part et d'autre des forces puissantes s'affrontaient, exposant, discutant, cherchant à découvrir une solution en se livrant un odieux combat. Mon esprit s'agitait en tous sens pour savoir comment.

C'est tout cela que j'ai reçu cette année même, pendant mon voyage à Florence, quand tu m'as si aimablement promis ta très haute considération. Car si jamais tu m'as témoigné ta bienveillance, je dois dire que c'est en cette circonstance que tu l'as manifestée d'une manière indiscutable. Aussi tant que je vivrai, est-ce normal que tu comptes sur moi. Si seulement, en retour, j'étais capable d'un acte de reconnaissance! C'est ce que je souhaite de réaliser par tous les moyens et de toutes mes forces. Et puisque je n'arriverai jamais à m'exprimer assez élégamment, ni à te rendre de bons services sans rester très inférieur à ton intelligence et à ta bonté, je vais mettre un terme à cette lettre stupide en éprouvant pour toi une reconnaissance profonde, que dis-je, infinie et en comptant sur ton appui.

« Adieu, espoir et gloire de notre cité. Figline. 20 octobre »[1].

1. *Ioanni de Medicis inclito viro Marsilius Feghinensis salutem.* Cogitanti mihi diu assidueque memoria agitanti, quid grati quidque prestantia tua digni scriberem, nunquam sane aliquid in mentem evenit, id quin eximia virtus tua potissimum excellat. Maiori enim sapientia scientiaque redimitum esse admodum oporteret ut paulisper excellentie tue satisfieri posset. Atque nedum ignorans ignotaque adolescentia mea scribendo virtuti tue idonea sit, summus inquam orator ille singularitatem eloquentiamque tuam pene litteris elegantissimis suis mellifluitateque sermonis satisfa-

Écrite par Ficin, qui se nomme encore « Marsile de Fighline »,
ce qui prouve qu'elle est antérieure à l'année 1456, date à laquelle
il semble avoir pris le nom de Ficin, cette lettre nous prouve manifestement que Jean a dû être d'un puissant secours pour permettre
au jeune Marsile « ignorant et ignoré » d'envisager l'avenir avec
confiance. Il est donc hors de doute que Jean a dû être d'un puissant secours pour permettre à Ficin de faire face aux difficultés
qui risquaient de compromettre son avenir.

Ainsi, alors que nous cherchions comment Diotifeci avait pu
présenter son fils à Cosme, voici que nous trouvons sur notre
chemin, dans la personne de Jean, l'héritier présomptif, un ami et
protecteur qui, s'il en était besoin, aurait pu fort bien préparer les
voies. A vrai dire, ce n'était même pas nécessaire. Cosme n'ignorait certainement pas la situation de son ami médecin. Il est donc
fort possible que lui ou les siens soient intervenus d'une manière
plus ou moins directe pour que son fils trouvât en arrivant à Florence les maîtres qui, jusqu'alors, lui avaient manqué.

Mais où pouvait-on à cette époque recevoir à Florence un enfant
de douze ou quinze ans qui, avant d'entreprendre ses études de
médecine, devait obligatoirement s'initier aux lettres et à la philosophie? Les écoles ne manquaient pas. Traversari dans une de
ses lettres à Eugène IV, datée de 1435, dit qu'il y avait dans la
ville de nombreuses sociétés d'enfants, les unes pour les enfants
nobles, les autres pour les enfants de condition moyenne, d'autres
enfin pour les pauvres [1]. Sans doute s'agit-il de ces « Doctrines »,

ciendo minime perbenignam reverentiam adoriri valeret... Que quidem
omnia lepidissimis pollicitis tuis in itinere ad urbem prestantissime reve-
rentie tue hoc quidem anno accepi. Nam si unquam benignitatem in me tuam
indicasti, tum liquido expedisse autumo. Quamobrem dum degam, summopere tibi niti me decet, modo aliquid grati ob hoc agam, quod quidem manibus pedibus totis denique viribus fiendum quippe reor. Et quoniam numquam tam elegantissime loqui neque in te officiis conari possem, quin excellentia humanitasque tua id vehementissime superet, ineptis litteris meis
calcem obdabo tibique non modo magnas, at etiam ingentes gratias habeo,
alias autem presidium tuum operior. Vale spes ac decus urbis nostre. Ex
Feghino die XX ottubris.. — DELLA TORRE, op. cit., p. 527-528. — Sup. Fic.,
I, 79-80.

1. AMBROSII TRAVERSARI, Epistolae, op. cit., éd. MÉHUS, col. 40. « ...Habet
civitas nostra puerorum plurimas societates, nobilium, mediocrium, inopum.
Singulis proefectus est laicus, fidelis, gravis religiosus ac timens Deum, qui
hos enutriat et in saeculari habitu ad aeterni Regis militiam tyrones exer-
ceat. Servant ex instituto suo continentiam in omnibus, spectacula inania
ludosque omnes fugiunt, atque ab ipsis quoque otiosis verbis abstinent.
Confitentur saepius plerumque communicant et quum diebus reliquis
suam quisque artem jussi a parentibus innocue exerceant, Dominicis ac
festis diebus coeunt omnes ad designatum locum, ibique divinis laudibus

dans lesquelles on recevait les enfants de treize à vingt-quatre ans pour leur donner une éducation chrétienne. Mais quand on sait que des hommes comme Politien, Machiavel et même les enfants de Laurent furent formés à la Doctrine de saint Jean l'Évangéliste, établie au couvent de la Trinité, on est en droit de penser que les études d'humanités n'y étaient point négligées.

Le règlement de ces maisons nous est connu, mais nous préférons nous reporter à la lettre de Traversari que nous avons citée, car elle donne une idée plus juste et plus précise du climat de ces « sociétés d'enfants » et du but qu'on s'y proposait. Assurément la formation morale de l'enfant était le principal souci des éducateurs et les devoirs de piété y tenaient une large place, mais il ne faudrait pas croire qu'il s'agissait de noviciats plus ou moins camouflés. Certes il est dit qu'on y exerçait les jeunes gens à entrer dans la milice du Roi des siècles, mais le supérieur était un laïque, et pendant la semaine chacun cultivait l'art auquel ses parents l'avaient destiné. Ce n'est pas non plus parce que certains prenaient par la suite l'habit religieux qu'on en peut conclure qu'il y régnait une atmosphère de séminaire [1]. Marsile aurait donc pu entrer dans une de ces « Doctrines », et cela d'autant plus facilement qu'il en existait pour les enfants de toute condition.

Il y avait aussi le collège eugénien, ainsi nommé parce qu'il avait été fondé par Eugène IV avec les revenus de la mense épiscopale demeurés sans emploi pendant la vacance du siège de Florence [2]. Nous savons qu'on y recevait les enfants pauvres pour lesquels l'Arte di Lana et le Monte di Pieta versaient une pension annuelle. Ce collège était, semble-t-il, l'équivalent d'un séminaire où les enfants apprenaient les lettres et le chant avant qu'ils aient l'âge et la formation nécessaire pour suivre les cours du Studio. Il était naturellement gouverné par l'évêque de Florence, qui, d'ailleurs, s'était vu confier avec le prieur de la Badia de Fiesole la surintendance des quatre « Doctrines » existantes [3].

---

vacant et tempus per salutaria colloquia ducunt. Ubi vero emensi sunt pueriles annos in alium transeunt coetum, quo grandiores natu conveniunt similisque operibus insistunt. Plures ex ipsis postea degustato innocentiae bono, religiosum habitum sumunt... V Kal. Mart. 1435.

1. Cf. Mgr E. SANESI, *L'insegnamento della dottrina cristiana in Firenze da S. Antonino al B. Ippolito Galantini*, Firenze, 1940, p. 7-10.

2. St. ANTONIN, *Chron. XXII*, chap. 10, par. 6. G. LAMI, *Sanctae Ecclesiae Monumenta Florentia*, 1758, p. 1464. — R. MORÇAY, *op. cit.*, p. 310.

3. Cf. DOMENICO MACCARANI, *Vita di S. Antonino*, Firenze, 1708, p. 87-88. « Si trovano spartite queste Compagnie in piu parti della sudetta Citta di Firenze, per comodo di tutti; una e nominata la Purificazione di Maria Vergine, detta communemente di S. Marco; la seconda dell' Arcangelo

Le père de Marsile avait donc le choix et les Médicis pouvaient aussi bien intervenir en sa faveur pour faire entrer son fils dans l'un ou l'autre de ces établissements. Toutes les hypothèses sont donc permises. Si l'on se souvient que Marsile aimait à dessiner les armes de sa famille sur les manuscrits qu'il copiait, on peut y voir l'indice qu'il était dans une des « doctrines » réservées aux enfants des nobles; s'il est vrai, comme le dit Machiavel [1], que Cosme a nourri dans « ses maisons » le jeune Marsile, pour lequel il avait une grande affection, on peut penser que comme Politien, il fut en partie élevé à l'ombre du palais même des Médicis et fréquenta les cours de saint Jean l'Évangéliste. Enfin, s'il est vrai que Marsile fut le clerc de l'évêque Pierozzi, qui devait entrer dans l'histoire sous le nom de saint Antonin, il est plus probable qu'il fut reçu au collège eugénien [2]. Nous n'avons malheureusement aucune preuve, mais nous pouvons cependant nous faire une opinion en essayant de déterminer la date à laquelle il a pu arriver à Florence où il ne devait pas tarder à se faire des amis.

Caponsachi dans son *Sommario* nous donne sur ce point un précieux renseignement. Il nous dit, en effet, que le meilleur camarade de Marsile à Florence fut Naldo Naldi, qui avant de devenir le poète que l'on sait, était encore à cette époque un « petit garçon » *(fanciuletto)* [3]. De fait Ficin lui-même en maintes

---

Raffaello; la terza di S. Giovanni Evangelista; e la quarta di S. Niccolo detta del Ceppo. Hanno questi Fratelli il Correttore, che sempre e stato un religioso, e il Guardiano, che per ordinario suol' esser' un nobile, ovvero cittadino fiorentino secolare. Volendo pertanto il Sommo Pontefice Eugenio Quarto, che queste quattro nobili Compagnie fossero ben regolate e si mantenessero per sempre nella citta di Firenze, come fino al presente si sono mantenute, fece una bolla, nella quale dichiara soprintendenti delle suddette Compagnie, l'Abbate ai Badia, che allora era l'Abbate Gomezio, e il Priore di S. Marco, che in quel tempo era S. Antonino.

1. *Machiavel, Istorie Fiorentine VII* : « nutri nelle sue case Marsilio Ficino, seconda padre della platonica filosofia, il quale summamente amo. » — L. GALEOTTI, *Saggio intorno alla vita ed agli scritti di M. F.* (p. 57, n. 5) cite un passage de la *Gymnastica Monachorum*, par. IV du Père ORLANDINI, dans lequel il fait dire à Marsile Ficin dont il fut le disciple : « Ego vero, ut de me loquar, nisi altricem quasi habuissem Mediceam domum, quid obsecro, praevaluissem? Quomodo putor emergere ad astra Politianum nostrum ni is fuisset alumnus Medicorum? Oppidanus erat, pauperculus et rerum omnium egens, quique in dies victum longe magis quam musas meditaretur : Christophorus noster de Prato Veteri, oppidulo Casentinati oriundus, qui domi quondam vix humili repulit arte famem, cujus nomine evasit in virum clarissimum? » Pour Politien en particulier, voir F. MENCKENII, *Historia Angeli Politiani*, Lipsiae, 1736, p. 56-63.

2. R. MORÇAY, *op. cit.*, p. 310.

3. CAPONSACHI, *op. cit.* Da fanciulletto fu suo compagno praecipuo in Firenze Naldo Naldi, riuscito poeta, come li fu primo padrone Cosimo di Medici Vecchio.

occasions déclare que Naldi fut le premier qu'il aima *(primus om-nium a nobis amatus)*, précisant même que tous ceux qu'il connut par la suite furent les amis de son adolescence [1]. Or Naldo Naldi est né en 1435. Si donc Ficin l'a connu alors que celui-ci n'était encore qu'un « fanciuletto », il faut admettre qu'il est arrivé à Florence vers 1445. D'autre part, le père de Naldo étant au service de l'évêque de Florence, comme le père de Marsile d'ailleurs, il est fort possible que son fils, devenu orphelin à l'âge de douze ans, ait été également reçu au collège eugénien, et comme par surcroît, Caponsachi ajoute que Cosme de Médicis fut pour Naldo comme pour Marsile « primo padrone », tout nous porte à croire que les deux enfants se rencontrèrent sur les bancs de ce même collège [2]. Nous en aurions la preuve s'il était démontré qu'ils eurent les mêmes maîtres et que ces maîtres enseignaient dans ce même collège.

« En envoyant son fils aux lettres pour le préparer à la méde-cine, dit Caponsachi, Maître Ficin le recommanda à Luca di San Gimignano, son maître en humanités [3]. » C'est pour nous une précieuse indication, que Ficin devait d'ailleurs confirmer en associant à ce Luca un autre professeur de grammaire, Comando, envers lequel il se jugeait également redevable [4]. Or, ce que nous savons de ces deux hommes nous permet de les situer d'une ma-nière fort intéressante. Della Torre pose vraiment la question en dehors du sujet quand il s'étonne de ne pas trouver le nom de Luca dans la liste des professeurs du Studio à l'époque où Ficin dut recevoir son enseignement [5]. Le Studio n'était pas une école pour les enfants, et il est peu probable qu'un professeur au Studio ait consenti à donner des leçons à des enfants.

Nous savons, en tout cas, que Luca ne se contentait pas d'en-seigner les humanités à ses élèves, mais, joignant la pratique à la

---

1. FICINI *Op.*, I, 783, 2-636, 1 : « amice omnium antiquissime ». — 936, 2 : « In primo genere (familiorum meorum) sunt Naldus Naldius a terrena (= te-nera) statim aetate mihi familiaris... Post hunc in adolescentia nostra Pere-grinus Allius. » DELLA TORRE, *op. cit.*, p. 503-504.

2. Cf. DELLA TORRE, *op. cit.*, p. 503-504.

3. CAPONSACHI : Il padre voleva inviarlo alle lettere per la medicina, gia raccomandatolo a maestro Luca di Gimignano, suo maestro in umanita.

4. FICINI *Op.*, 642, 2.

5. DELLA TORRE, *op. cit.*, p. 490 : Che poi il nome di Luca non si trovi nella nota raccolta del Gherardi ne prima, ne dopo quell'anno (1449) non deve far meraviglia, chi pensi nonche allo stato frammentario dei documenti relativi allo Studio, alla difficolta del raccoglierli ; e dobbiamo per questo rignardo restarci contenti all'indicazione del Caponsachi... e dalla quale resulta ripetiamolo, che Luca era maestro di grammatica im Firenze avanti il 1449.

théorie, leur donnait une véritable culture humaniste, les initian
à la musique, leur apprenant à toucher la lyre ou leur faisan
interpréter aux jours de fête des jeux en vers qu'il composait su
des sujets mythologiques [1]. Or, en examinant ces « ludi magistri »
nous constatons qu'ils sont composés sur les mêmes rythmes
que les poésies de Naldi. La coïncidence est pour le moins curieuse
et la conclusion, facile à tirer. Mais ces jeux créent une objection
On y fait généralement allusion dans le programme des Doctrines
et la plupart de ces « mystères » ont été effectivement joués dans
le cadre de la Doctrine de saint Jean l'Évangéliste. Mais outre
que les « jeux » de Luca ne sont pas datés, il n'est pas exclu qu'il
ait pu les composer sans être professeur dans un de ces établissements. Ce que l'on sait, par contre, c'est que lorsqu'il fut nommé
maître de grammaire au Studio en 1452, il dépendait certainement des administrateurs du collège eugénien, puisque sa nomination est mentionnée dans les « Deliberazioni degli ufficiali de
Monte » [2].

Quoiqu'il en soit et bien que Ficin se plaignit souvent de son
latin [3], il est certain que Luca fut pour lui un de ces maîtres dont
on n'oublie jamais les leçons. Lui-même l'a reconnu quand trente ans
plus tard, écrivant au gouverneur de Volterra, après le sac de la

---

1. Il est fait mention de ces « Ludi magistri » dans le cod. *Laur. Plut.
XC, sup. II-16 v.* : « In solennitate sancti nicolai ymnus editus a luca de
sancto geminiano, ludi scolarum magistro, ibidem... Tre angioli inchomincino
cantare cosi in luogho dellautore »; — suivent deux strophes saphiques « tre
fanciulle vergini cantino questa stança », une strophe saphique « tre scolai
cantino », une autre strophe saphique...
Le second *Id.*, 17 v, porte pour titre : « Ab eodem Luca antonii geminia-
nensi cum agi faceret Luciani de venditione et emptione philosophorum. »
Il s'agit d'un Dialogue de Lucien. Le cod. *Plut. XC sup. 27*, 161 r mentionne
la représentation d'une comédie de Plaute. Cité par DELLA TORRE, *op. cit.*,
p. 490-491.
2. PREZZINER, *Storia del Publico Studio*, I, p. 121, n. 2.
3. FICINI *Op.* 756, 2, *a Locterio Neronio.* « Quantum ab initio studiorum
meorum mea mihi verba scriptaque placebant omnia, tantum ferme, Loc-
teri, de die in dies mea mihi omnia displicent. Scribere tamen nonnihil
quotidie nescio quo sive fato sive spiritu vel invitus impellor. Ergo id mihi
primum semper est in scribendo propositum, ut quam minime Marsilium
caeterosque offendam, quam brevissime loqui. Sed dum nimia brevitate
studeo prolixitatis devitare fastidium, interim obscuritate quadam nonnunquam quodammodo confundo meipsum. Certe alios saepe perturbo.
Hoc autem iure iis solet accidere qui modum in rebus tenere non didicerunt :
15 avril 1477.
835, 2 : *a Iacobo Lanfredini* : « Si vulgari ad Iacobum meum lingua scrip-
sero, proculdubio bis erravero. Siquidem et ad virum et ad amicum non
vulgarem vulgaria misero. Ergo Latina utcumque potero scribam modo,
ne sim barbarus, dum Latinus malo esse quam florentinus. »

ville, dont le pauvre Luca avait été victime, il lui recommande
ce maître auquel, disait-il, je dois autant que parler avec art
l'emporte sur le fait d'émettre sans suite des mots vides de sens [1] »,
et rien n'est plus touchant que de voir ce vieux pédagogue, réduit
à la misère, passer ses veilles à copier les traductions de son ancien
élève, dont il pouvait être fier et dont il avait su se faire un ami.

Mais il est un autre maître que Ficin jugeait inséparable de
Luca. Il se nommait Comando Simone Comandi di Pieve San
Stefano et fut professeur au Studio entre 1450 et 1460. C'est à
Ficin que nous devons les renseignements les plus précieux sur son
activité et sur la qualité de son enseignement. Il nous apprend, en
effet, dans une lettre à Laurent, auquel il le recommandait chaleu-
reusement, que « Comando a tenu école à Florence pendant quarante-cinq ans et que nombreux furent ses élèves qui sont devenus
des hommes célèbres [2] ». C'est dire assez haut qu'il s'agissait aussi
d'un bon maître et l'expression « tenir école » nous incline de
nouveau à penser que Marsile a commencé dans une école particulière ses études littéraires qui semblent avoir été assez mouve-
mentées.

« Ayant appris la langue latine, dit Caponsachi, il apprit égale-

---

1. FICINI *Op.*, I, 640, 2 : Matthaeo Palmerio theologo. Et si certe scio
literatos viros apud Palmerium, Musarum palmam, commendatione non
indigere, ut tamen officio amicitiae satisfaciam, commendo tibi quampluri-
mum Lucam Geminianensem praeceptorem quondam — una cum Comando
— in grammatica meum : huic ego tantum debeo quantum loqui ex arte
praestantius est, quam casu verba inania fundere... L'incise « una cum
Comando » que nous avons citée entre tirets n'est pas dans le Cod. *Laur. X 6,
up. II*, S. 12 r qui, selon toute vraisemblance reproduit cette lettre d'après
l'original. Le manuscrit est, en effet, un cahier de notes de Luca di S. Geminiano lui-même (BANDINI, III, 424) et écrit de sa main et le fait que cette
lettre et elle seule s'y trouve reproduite avec sa suscription complète :
Matteo Palmerio theologico praesidi volaterrano et sa date : « Xª aprilis
474 » (style florentin) ne semble laisser aucun doute sur sa valeur.

Le Cod. *Laur. Plut. XC, sup.* 90 — également de la main de Luca — contient (189 r-233 v), la copie de la traduction du *Pimandre* de Mercure Trismegiste avec l'argument : Finis Mercurii Trismegisti de potestate et sapientia Dei quem traduxit e greco in Latinum Marsilius Ficinus Florentinus
anno MCCCCLXIII mense Aprilis Florentiae. Liber mei Luce Antonii de
Sancto Geminiano quem scripsi Vulterris anno MCCCCLXXIII, die 29 septembris, laus Deo hora noctis 4ª, Bandini III, 674, et sq.

2. *Arch. Med. avanti il Princ.*, LXXIII, 320 : « Maestro Comando ha
tenuta scuola in Firence anni 45, e molti suoi discepoli sono venuti huomini
degni. Io sono intra discepoli suoi; bene che non so se io migli fa honor.
Tu sai che la conditione d'uno maestro di Scuola non debbe essere peggiore
che dun tavolaccino. Hunc et me tibi commendo. Tuus marsilius ficinus.
Cité par DELLA TORRE, *op. cit.*, p. 494-495. — *Sup. Fic.*, II, 182.

ment la langue grecque à Florence et à Pise. [1] » Cette indication
vaut une date, car l'histoire nous rapporte que vers la fin de 1448
et en 1449, le fléau, c'est-à-dire la peste semant une fois de plus
la panique à Florence — c'était la sixième fois depuis le début du
siècle — provoqua un nouvel exode. Ficin se retrouva donc à
Pise en 1448 et s'il est vrai qu'il avait, dès cette époque, commencé l'étude du grec, il paraît de plus en plus légitime de fixer
son arrivée à Florence vers 1445.

On aimerait savoir qui lui enseigna cette langue, mais ni lui
ni ses biographes ne nous l'ont révélé. Il faut croire qu'il avait
moins à s'en féliciter que de ses professeurs de latin, à moins qu'à
cette époque il ne se soit laissé séduire par une autre tâche ou
qu'il n'en ait pas compris toute l'importance. Il faut dire que
pendant cette période les maîtres de grec étaient rares et nous
verrons bientôt qui si Ficin s'initia à cette langue à cette époque
il ne dépassa pas le stade élémentaire. Quoi qu'il en soit, « dès que
le Studio de Florence put rouvrir ses portes, poursuit Caponsachi
il s'adonna à l'étude de la logique, de la rhétorique et de la philosophie péripatéticienne qu'enseignait alors Niccolo Tignosi de
Foligno [2] ». Là encore nous trouvons une date, car les documents
sont formels; de 1447 à 1452 un mot sinistre et lourd de conséquence résume la vie universitaire de Florence : « defecit Studium [3] ». Donc, jusqu'à dix-neuf ans, Ficin semble s'être uniquement consacré à ses études littéraires. Si l'on en juge par sa lettre
à Jean de Médicis, précédemment citée, il eut quelque peine à se
rendre maître de la langue latine. Il n'en admirait pas moins
l'éloquence de Cicéron et Corsi nous dit qu'il fut « *humanioribus*
litteris in adolescentia eruditus [4] ». Dès cette époque, sans aucun
doute, sa pensée s'était trouvée orientée par la lecture des auteurs
latins, mais avant que nous puissions juger de leur influence, il
importe que nous soyons fixés sur la valeur et l'esprit de l'enseignement philosophique qu'il put recevoir au Studio.

1. CAPONSACHI : « avando appresso la lingua latina imparo la greca cosi
in Firenze, come in Pisa dove si trattene um certo tempo.
2. CAPONSACHI : « riassuntosi lo studio pubblico attesa poi alla Loica
Rettorica e Filosofia pur Peripatetica e di questa ebbe per dottore Niccolo
Tignoso da Fuligno che la leggeva nello studio di Firenze all'hora riapertasi... ».
3. De 1447 à 1452. Les documents relatifs au Studio portent la mention
defecit Studium, et ceci autant à cause des difficultés financières que de la
peste. Cf. A. GHERARDI, *Documenti di Storia italiana. Statuti delli Università*
e Studio fiorentino dall'anno 1387, seguiti da un appendice di documenti de
1320 al 1472, Florence, 1881, part. II, p. 153-160 et 206.
4. CORSI, Appendice I, § IV.

Nicolo di Iacopo Tignosi, né à Foligno en 1402, avait été successivement professeur de Logique à Bologne en 1426, médecin
à Arezzo, dont il était devenu citoyen d'honneur pour ses bons
services et, depuis 1439, enseignait au Studio de Florence la médecine théorique et la philosophie [1]. Poète à ses heures, il fréquentait
les humanistes en renom. Toutefois le Pogge qui était son ami
vante avant tout sa science médicale et son esprit philosophique.
Les divers traités qu'il nous a laissés prouvent sans conteste qu'il
était un fidèle disciple d'Aristote, mais les conclusions que della
Torre a cru devoir en tirer pour l'éducation de Ficin, demeurent
problématiques.

Les manuscrits de ses œuvres que nous avons pu consulter sont
au nombre de cinq. Le premier est un *Commentaire de l'Éthique
d'Aristote*, dédié à Pierre de Médicis. Le second une défense de ce
même Commentaire, dédiée à Cosme. Le troisième un *Commentaire
du « de Anima »*, dédié à Laurent. Le quatrième un opuscule *sur
les Idées*, également dédié à Laurent et le cinquième *un éloge de
Cosme*, adressé à son fils Jean [2]. Bien que ces différents écrits ne
soient pas datés, leur destinataire et leur contexte nous permettent
de les situer d'une manière à peu près certaine.

La date du premier n'est pas douteuse. Il est, en effet, dédié à
Pierre qui porte alors le titre de « gonfalonnier de justice [3] ». Or,
nous savons que le fils aîné de Cosme occupa cette charge en
janvier et février 1460. C'est donc à cette date qu'il convient de
placer ce premier traité. Le second étant une réponse à des critiques formulées contre ce même Commentaire, il est relativement
facile de lui assigner une date. Celle du *Commentaire du « de
Anima »* ressort nettement des circonstances dans lesquelles il fut
composé. En le dédiant à Laurent, Tignosi dit, en effet, qu'il
doit tout aux Médicis et remercie en particulier son bienfaiteur

---

1. Cf. DELLA TORRE, *op. cit.*, p. 496 et suiv. Le jugement de POGGE :
« insignis philosophia atque arte medicus » et « philosophis peracutus et
argutus in disputando » est emprunté à la première de ces *Tres historiae
disceptativae, Opera*, p. 14 et 15 v.

2. PLUT. LXVI, 48 et 49 : *Nicolai Tignosi Fulginatis Philosophi et Medici
ad Petrum Cosmae Medicen virum praestantissimum et justitiae vexilliferum
populi Florentini in Aristotelis Ethicorum libros Comenta.* — PLUT. XLVIII,
37 : *Nicolai Tignosi Fulginatis ad Cosmum medicum in illos qui mea in Aristotelis commentaria criminantur opusculum.* — PLUT. LXXXII, 17 : *Ad Laurentium Medicem virum praestantissimum Nicolai Tignosi Fulginatis in
Libros Aristotelis de Anima Commentarius* (publ. à Florence, 1556). —
PLUT. LXXXII, 22 : *Ad virum praestantissimum Laurentium Medicem Nicolai
Fulginatis opusculum de Ideis.*

3. Cf. *Catalogo*, déjà cité, p. 146, n. 1.

de l'avoir envoyé à Pise [1]. Or, étant donné que le Studio de Florence fut transféré à Pise le 1er novembre 1472, et que Tignosi y fut effectivement nommé professeur de physique et qu'il y mourut en octobre 1474, nous pouvons légitimement supposer que ce Commentaire fut composé en 1473. Le problème posé par l'opuscule *sur les Idées* est beaucoup plus délicat. Comme sa défense du *Commentaire de l'Éthique*, cet essai est évidemment un ouvrage de polémique. Il faut donc, pour en déterminer la date, savoir à qui Tignosi entendait répondre, pour justifier son point de vue.

Après lui, on sait qu'Argyropoulos a commenté l'*Éthique* d'Aristote en 1457 et 1458 [2], et il semble bien que ce maître accueilli avec ferveur, avait manifestement pris prétexte des textes d'Aristote pour exposer la doctrine de Platon et prendre parti en sa faveur. C'est ainsi que, commentant le quatrième chapitre du Livre premier de l'*Éthique*, il n'avait pas hésité à déclarer que si Aristote avait critiqué la théorie des Idées, proposée par Platon, c'est qu'il ne la connaissait pas et que cette question mise à part, la doctrine de ces deux maîtres pouvait fort bien se concilier [3]. De

---

1. *Nicolai Tignosi Fulginatis in libros Aristotelis de Anima Commentarii.* Ex Bibliotheca Medicea 1551 (Colophon : *Florentiae excudebat Laurentius Torrentinus Typographus ducalis, V, Non. Iul. MDLI*) Prefatio, p. 4 : « ...advenit Statius Bardutius Octavantes vir egregius et tuae humanitati syncero animo deditissimus, qui mihi hanc novam Animae de Graeco conversionem dono dederat, non solum persuadens, sed enixissime impellens me ad ipsum opus audacius peragendum et tuae claritati etiam dedicandum. Arbitratus me nulli posse decentius elargiri, quam ei a quo benefitia suscepissem. Sciebat enim id te mihi praecipuum impendisse, scilicet quod apud Pisas urbem, cuius Gymnasium omnium liberalium artium jam centum et triginta annis una cum civitate deperditum tua ope, industria, diligentia, labore ad omnes bonarum artium disciplinas summa cum laude et non sine tua gloria reviviscit, in numero coetu ornatissimorumque virorum consensu, quibus haec nostra aetas ad instruendam iuventutem cunctis in scientiis, nullos habuit doctiores, me tua humanitate, coaequalem principalioribus colloquasses. » — Cf. Fabroni, *Historia Academiae Pisanae*, vol. I, Pisa, 1791, p. 285-286 et 390. — Son épitaphe recueillie par S. Fabrucci, dans sa *Recensio Notabilium conductionum in Iure Cesario, Philosophia, Medicina aliisque bonis artibus, quae renovato Pisano Gymnasio coevae reperiuntur* (*in Raccolta d'Oposcoli... di Calogera*, Venezia, 1747; Vo. 37, p. I, 1-72) est ainsi conçue : D. Nicolas Tignosio Fulginati medico insigni omniumque sui temporis philosophorum inter clariores enumerando ac multorum Aristotelis Librorum Commentatori acutissimo, Cyrus Marinus pientissimus patri optimo et suis miris virtutibus civitate arretina donato posuit. Vix. au. LXXXII meus V d. XV. Decessit cum Pisis Legeret XVIII Kal. act. 1474. H. M. H. N. S.

2. Camelli, *G. Argyropoulos*, p. 85.

3. Cf. Donati Acciaiuoli Florentini, *Expositio super libros Ethicorum Aristotelis*, Firenze, 1478, f. 26 : « Sed ut videamus quae fuit sententia Platonis, paule altius repetendum, ut intelligamus rationes philosophi non

tels propos devaient fatalement faire naître une polémique, car nul n'ignorait que Tignosi avait enseigné que l'opposition entre Platon et Aristote était irréductible. Celui-ci publia donc son *Commentaire de l'Éthique*, puis, vivement attaqué, il fit appel au jugement de Cosme, en lui adressant son « opuscule contre ceux qui calomniaient ses Commentaires sur Aristote », dont la dédicace nous permet de juger du climat dans lequel s'affrontaient les esprits et des arguments qu'ils pouvaient employer. C'est alors sans doute que la querelle se trouva circonscrite au problème fondamental des Idées. Il fallait avant tout que chacun fut fixé sur la pensée d'Argyropoulos. Donato Acciaiuoli, qui avait, pour ainsi dire, copié le cours de son maître, publia à la demande de Cosme son *Expositio supra libros Ethicorum Aristotelis*, dans laquelle chacun pouvait trouver les accusations portées par Argyropoulos contre Aristote et constater néanmoins ses efforts pour concilier la doctrine du maître et celle de son illustre disciple. C'est sans doute à cette époque que Tignosi répliqua en écrivant son opuscule *sur les Idées*, et s'il le dédia à Laurent, c'est peut-être que Cosme déjà était mort. Enfin, Jean de Médicis étant lui-même décédé le 1er novembre 1463, il faut nécessairement admettre que l'éloge de Cosme que lui adressa Tignosi, est antérieur à cette date [1].

De cette chronologie il ressort clairement qu'à l'époque où Ficin fréquentait le Studio, c'est-à-dire à partir de novembre 1452, aucun ouvrage de Tignosi n'avait été publié. Quant à l'influence qu'il a pu exercer sur Ficin, il est relativement facile de nous en rendre compte.

Certes Tignosi était encore ce qu'on a coutume d'appeler un homme du Moyen Age, mais c'était un scolastique digne de son nom. Il n'est besoin pour s'en rendre compte que de parcourir ses savants commentaires qui témoignent d'une érudition aussi vaste que les arguments qu'il en tire sont précis. Persuadé que sa position est seule légitime, il fait appel à toutes les autorités, citant tour à tour, non seulement les Anciens et les Pères de l'Église, grecs ou latins, mais encore les philosophes arabes, tous les maîtres du XIIIᵉ siècle et même des auteurs plus proches de lui [2].

---

procedere contra mentem Platonis, sed contra eam sententiam, quam vulgus credebat vel dicebat esse Platonis. »

1. PLUT. LIV, 10 : *Nicolai Tignosi fulginatis philosophi et medici ad clarissimum virum Johannem Medicem de Laudibus Cosme parentis ejus opusculum.* — G. PIERACCINI, *op. cit.*, p. 92.

2. Cf. son *Commentaire de l'Éthique* (PLUT. LXXVI, 49, p. 1 v) : « Plures viri clarissimi libros istos commentati sunt. Eusthatius Averois, Albertus et

Assurément pour lui Aristote est le « philosophorum omnium princeps », mais quels arguments peut-on invoquer pour démontrer qu'il se situait « aux antipodes de Ficin [1] »? A-t-on vraiment des textes qui nous permettent un tel jugement sur ce que Marsile pensait à vingt ans? Nous n'en avons trouvé jusqu'à présent aucun qui ait force de preuve. Mais la pensée d'un homme n'est pas le fruit d'un jour. C'est donc en examinant ses premières œuvres que nous saurons avec certitude si l'élève de Tignosi était déjà un platonicien convaincu.

---

scs. Thomas quorum palma est... » Nous avons à titre documentaire relevé dans son Commentaire du *de Anima* (PLUT. LXXXII, 17) les noms de Trismégiste, Homère, Empédocle, Socrate, Platon, Denys, Simplicius, Boèce, Macrobe, Grégoire de Nysse, Augustin, Alpharabi, Algazel, Avempace, Averroès, Avicebron, Albumacher, Albert le Grand, Gilbert de la Porrée, St. Thomas, Egidius, Scot (quem doctorem subtilem verissime nuncuparunt), François de Mérode, Pierre Auriol, Jean Buridan, Jean de Jandun (arguit recte), Jean Wiclef...

1. DELLA TORRE, *op. cit.*, p. 499.

Chapitre II

GALIEN OU PLATON?

I. A l'école de Niccolo Tignosi

S'il est vrai que « depuis sa plus tendre enfance Ficin fut séduit par le nom platonicien » et si même il a pu écrire : « *Ego a teneris annis divinum Platonem, quod nullus ignorat, sectatus sum* »[1], il est bien évident qu'à l'époque à laquelle il commença à fréquenter les cours de Tignosi, il avait sinon pris position, du moins manifesté ses goûts. Mais rien jusqu'à présent ne nous a permis de déceler l'influence déterminante qui s'est exercée sur lui et nous savons qu'il ne pouvait par lui-même connaître la doctrine de Platon. Il n'en était encore qu'au rudiment de la langue grecque et les traductions dont il pouvait disposer ne lui donnaient qu'une idée fragmentaire de la doctrine platonicienne. Si donc il suivait déjà Platon, ce ne pouvait être qu'à la suite des Latins. C'est précisément ce que nous dit Corsi. Mais une fois de plus, son témoignage crée une équivoque que nous devons dissiper.

Précisant que c'est par un heureux hasard que Marsile fut choisi par Cosme pour réaliser son projet, il nous apprend, en effet, que Ficin, ayant fait pendant son adolescence de brillantes études d'humanités, s'était trouvé porté à l'amour de Platon par Cicéron : « il en était tellement épris que, négligeant tout le reste, il n'avait qu'un souci : savoir comment en s'approchant des portes de l'Académie, il pourrait voir de plus près et interroger non seulement Platon, que la plupart appelaient divin et même dieu des philosophes, mais toute sa famille. Il se fit donc un devoir d'étudier, d'éplucher, de piller les auteurs latins, ne négligeant rien de ce qui pouvait servir son dessein. C'est pourquoi il avait sans cesse en main tous les platoniciens latins : Cicéron, Macrobe, Apulée, Boèce,

1. Ficini *Op.*, I, 618, 1.

Augustin, Chalcidius et autres auteurs de même inspiration. Il
fit même à cette époque des commentaires de ces textes qui ne
furent jamais publiés, mais qu'il devait laisser au patricien Filippo
Valori, l'un de ses plus fervents disciples [1].

Le texte en lui-même est clair et confirme même d'une manière
fort explicite ce que nous pouvions légitimement supposer. Ce que
Ficin a fait, les humanistes de tous les temps l'avaient fait avant
lui, et s'il y apporta plus de zèle, c'est que depuis cinquante ans le
nom de Platon avait peu à peu envahi les cloîtres et les palais. Mais
si précieux que soit ce témoignage, il pose un problème de date
qui en limite la valeur. Les commentaires auxquels Corsi fait allusion ont effectivement été composés sous le titre d'*Institutiones
platonicae*, mais, comme nous le verrons bientôt, cette œuvre est
de 1456. On ne peut donc pas en tirer argument pour affirmer qu'en
1452 leur auteur était aux antipodes de son maître Tignosi. Est-ce
à dire que Ficin ait attendu cette époque pour s'initier à la doctrine de Platon? Ce serait contredire son propre témoignage. La
vérité est qu'ayant étudié Cicéron, quand il s'adonnait aux « lettres », il avait été profondément impressionné par les éloges que
l'auteur des *Tusculanes* réservait à Platon et qu'à partir de ce
moment il n'avait cessé de consulter tous les auteurs latins qu'il
pouvait lire, pour savoir jusqu'à quel point ces éloges étaient justifiés. De sa rencontre avec Cicéron à la rédaction des *Institutiones
platonicae*, plusieurs années se sont certainement écoulées. Corsi
aurait pu nous le dire et ne pas oublier que dans l'intervalle le
jeune Marsile avait commencé à philosopher avec Cosme, près
duquel son enthousiasme pour Platon ne pouvait que se fortifier.
Ainsi tout nous porte à croire qu'effectivement il fut platonicien
dès sa prime jeunesse, néanmoins aucun texte, jusqu'à présent,
ne nous autorise à conclure qu'avant 1456 il avait pris parti,
non seulement pour Platon, mais, comme on le laisse supposer,
contre Aristote. De nouveaux documents récemment découverts
vont heureusement nous permettre de vérifier nos hypothèses et de
donner toute sa valeur au texte de Corsi.

Depuis longtemps déjà, faisant confiance à Caponsachi, on savait
qu'à l' « âge de vingt et un ans Ficin connaissait si bien la philosophie d'Aristote qu'il avait pu dissiper certains doutes d'Antonio
Seraphico sur la vision et les rayons du soleil [2] ». Mais en l'absence
de toutes preuves, la critique avait dû jusqu'à présent se contenter

---

1. Corsi, Appendice I, § iv.
2. Caponsachi : « di 21 anno lessene tanto (filosofia) che posse solvere a
Antonio Serafico certi dubbi intorno alla visione e a raggi del sole ».

d'affirmer, et d'une manière toute gratuite, que « l'argument de cet essai rentrait dans le cadre de la physique aristotélicienne, qui était précisément la spécialité de Tignosi »[1]. Désormais nous avons non seulement ce texte sur la vision et les rayons du soleil, mais plusieurs autres et l'auteur de la *Vita secunda*, qui les avait vus, nous éclaire quelque peu sur les circonstances, dans lesquelles ils avaient été composés.

A vrai dire son texte appelle bien des réserves, puisque contrairement à ce que disait Caponsachi, il place la rédaction de ces divers essais après celle des *Institutiones platonicae*, et plus exactement à l'époque à laquelle Ficin traduisait les premiers dialogues de Platon, c'est-à-dire vers 1463. Voici néanmoins ce qu'il nous rapporte sur l'éducation aristotélicienne de Marsile. Nous ayant d'abord dit qu'après avoir enseigné lui-même la Logique à son fils, Maître Ficin « lui fit étudier la philosophie d'Aristote et les Mathématiques, avec l'intention d'en faire un médecin », il note que Marsile était « par nature plus porté vers la doctrine platonicienne », ce qui devait amener Cosme à le choisir « ancora giovinetto » pour ressusciter l'Académie. Puis ayant longuement raconté l'histoire des *Institutiones platonicae*, il poursuit : « Marsile était alors lié d'une grande amitié avec Maître Niccolo del Tignoso, qui lisait la philosophie d'Aristote à Pise. On a de lui, imprimés, des Commentaires sur les trois livres *de l'Ame;* il y en a d'autres sur l'*Éthique*, qui sont conservés, manuscrits, dans la bibliothèque Laurentienne, et dans tous il ravive et expose les doctrines d'Albert le Grand, d'Avicenne et de saint Thomas. Or bien qu'il ait souhaité voir son élève se consacrer à la philosophie d'Aristote, il ne put le convaincre de quitter l'Académie pour le Lycée, car Marsile, qui pourtant avait jadis sérieusement étudié Aristote et la médecine pour faire plaisir à son père, était porté par tempérament du Lycée vers l'Académie. Dans le même temps il s'appliqua encore avec plus de zèle à l'étude des mathématiques et de l'Astronomie, et l'on peut juger des progrès qu'il fit en cette matière par ses nombreux essais. Il étudia également la perspective et j'ai vu en manuscrits quelques-unes de ses considérations sur la vision avec quelques autres sur les miroirs plans et sur les miroirs concaves[2]. »

Nous voilà donc fixés sur le cours de ses études universitaires. Il a effectivement connu Tignosi à Pise, suivi ses cours de philosophie

---

1. DELLA TORRE, *op. cit.*, p. 500.
2. Voir Appendice II, 23.

et de médecine et normalement il aurait dû rester dans le sillage de ce maître, avec lequel au demeurant il s'était lié d'amitié. Mais déjà se manifestait en lui ce besoin de dépasser le domaine de la physique. En marge des cours de Tignosi, il entendait s'initier aux autres branches du Quadrivium, comme s'il voulait suivre le programme que Platon dans sa République [1] avait proposé pour conduire les âmes « de ce qui naît à ce qui est », et c'est assurément dans cette perspective qu'il faut examiner les divers essais qu'il a composés à cette époque.

Son essai « sur la vision et les rayons du soleil » est rédigé sous forme de lettre et daté du 13 septembre 1454 [2]. L'auteur signe encore « Marsilius Feghinensis », mais donne son adresse à Santa Maria Nova, hôpital de Florence, où son père exerçait sans doute et où lui-même pouvait alors s'initier à la médecine. Antonio Serafico, destinataire de la lettre, se nommait en fait Morali, mais est également désigné sous les noms d'Antonio di Checco ou Antonio da San Miniato. Né la même année que Ficin, il fut certainement son condisciple avant d'être son élève [3]. Il est même probable qu'ils avaient suivi ensemble les cours de Tignosi, puisqu'un manuscrit des Commentaires de ce maître sur l'*Éthique à Nicomaque* nous est signalé comme ayant appartenu à Serafico [4]. En tout cas ils avaient un ami commun : Michele Mercati da San Miniato et nous aurons souvent l'occasion de juger de la valeur de cette amitié.

La lettre à « son » Serafico prouve en fait qu'ils se connaissaient bien. C'est, en effet, parce qu'ils sont liés d'amitié, que Ficin se dispense de toute exorde, laissant volontiers aux bavards, qu'ils condamnent sans les nommer, cette rhétorique souvent creuse et

---

1. PLATON, *République*, VII, 521 c, et la suite.
2. *Lettera di M. F. ad Antonio da S. Miniato*, a cura di P. O. KRISTELLER e di A. PEROSA. Pièce justificative de l'article de P. O. KRISTELLER, *Un nuovo trattatello inedito di M. F.*, dans la revue *Rinascimento*, mai 1950, p. 25-43. La découverte de ce précieux manuscrit, considéré comme autographe revient au Prof. A. MANCINI, qui le premier en signala l'existence dans la bibliothèque Piancastelli, léguée à la Bibliothèque de Forli (Forli, Bibl. Com. — *Raccolta Piancastelli — Autogr. n. 907*, init. : *Marsilius Feghinensis Antonio suo salutem*). — La lettre se termine : *In Sancta Maria Nova litteras dari jube. Ex Florentia a septembris 1454. Optimis moribus et disciplina ornatissimo inveni Antonio Miniatensi primo amico suo in Sancto Miniato.*
3. Cf. KRISTELLER, article cité, p. 28 et *Sup. Fic.*, II, 82-89-91. Ficin écrit à Serafico ou le mentionne dans sa correspondance. (FICINI *Op.*, I, 619, 636, 727, 880, 937.)
4. Bibl. Naz. di Firenze, *Gino Capponi, 2014*.

toujours prolixe qui fait leur joie [1]. Puis se félicitant d'apprendre
que son ami est en parfaite santé, ce qui, dit-il, est indispensable
pour s'adonner à la contemplation des mystères divins, il rappelle
en passant que la philosophie n'est pas seulement une « invention
des dieux », comme l'a dit Cicéron, mais un « don des dieux ». Et
veut-on savoir qui l'a ainsi définie? « Notre Platon, le plus vrai »,
dont « la Muse a chanté que jamais la munificence divine n'a
donné et ne donnera un plus grand bien au genre humain » [2].
Ainsi avant même de poser la question qui avait motivé sa lettre,
à savoir : « quelles forces poussent vers la terre la chaleur et les
rayons du soleil »? [3], Ficin, laissant courir sa plume, trouve incidemment l'occasion de rendre hommage à celui qu'il considère
comme son maître.

Certes, Caponsachi ne s'est point trompé en disant que cet essai
témoigne chez son auteur d'une profonde connaissance d'Aristote.
Le problème, en effet, est posé et traité suivant les données du Stagyrite, et les références à son œuvre, au nombre de treize, montrent à quel point Ficin a su profiter des leçons de Tignosi. Comme
lui il cite également Avicenne, Averroès, Albert le Grand, qu'il

1. *Marsilius Feghinensis Antonio suo salutem.* Alienum penitus ac diver-
sum, Antoni, mihi sepenumero amicitiae nostrae necessitudinem, ut ita
dixerim, contemplanti vetus a nobis initum scribendi genus videri solet.
Nam exordiis (?), circuitionibus prolixisque nimium verbis inter nos referte
littere circumferuntur, quo in genere me potissimum hactenus fateor esse
versatum ac plurimum temporis presertim in tanta hominum quanta nostra
est coniunctione verbis operam tradidisse. Non enim nobis ut mihi quidem
videtur verborum persuasione ulla est opus, neque preter modum laudibus
lepidique labore sermonis, quo inter nos tanquam inter ignotos et extraneos
aliquo nova gratia constituatur. Quamobrem iam veteri stilo dimisso quo
levissimi omnium garrule, nosse te opinor de quibus dicam, uti consueverunt, deinceps philosophorum more loquamur verba ubique contempnentes
et gravissimas (?) in medium sententias adducentes... » Cf. KRISTELLER,
art. cit., p. 36.
2. *Ibid.* : « ...Littere igitur tue nuper accepte ut ad rem veniamus
non parvam mihi letitiam attulerunt, tum propter optatam diu valitudinem
tuam in quam te quotidie redire scribis. Non enim corporis valitudo penitus
contempnenda est, propterea quod via quedam ad philosophie sacraria con-
templanda et adiumentum existat. Tum etiam quia te iis temporibus non
mediocriter philosophari cognoverim, « quo bono », *ut nostri canit Musa
Platonis*, sic enim dicere iuvat, « nihil unquam maius ad humanum genus
divina munificentia commeavit. » Et quoniam hoc « deorum inventum »,
ut inquit Cicero, ut autem *Plato noster* et verius, « deorum munus » merito
tanti facimus et tu litteris tuis hac de causa mihi omnium pergratissimis
me ad hoc magnopere compellis, questionem phisicam ipsis quidem litteris
insertam pertractare iam incipiamus. » — La citation de Platon est tirée du
Timée, 47 b (trad. de Chalcidius), celle de Cicéron, des *Tusculanes*, I, 26-64.
3. *Ibid.* : « Queris igitur ut videtur quenam vires calorem radiosque
solares ad terre superficiem impellant... »

nomme « le deuxième des philosophes latins » et même Gilbert de
la Porrée[1]. Cette érudition n'aurait toutefois qu'un intérêt relatif,
si Ficin n'avait en même temps fait appel à Platon. En fait il cite
plus ou moins textuellement sept fois le *Timée* dans la traduction
de Chalcidius et une fois celle de *Phèdre* dans celle de Bruni. C'est
assez pour montrer le crédit qu'il lui accordait, mais trop peu pour
qu'on puisse en tirer des conclusions valables. Il ne faut pas
oublier, en effet, que Tignosi lui-même citait Platon, qu'il nommait « vir divinissimus moribus et doctrina »[2]. Certes le « Plato
noster » prouve que dès cette époque Ficin était manifestement
séduit par le « nom platonicien », mais la formule qui traduisait
son choix, n'était encore que le pavillon des platoniciens latins, si
souvent arboré au nom d'une doctrine dont on ignorait pratiquement la lettre et dont l'esprit avait été bien souvent altéré ou trahi.
La preuve qu'il s'intéressait aux textes de Platon : c'est qu'il copia
la traduction du *Timée* par Chalcidius[3] et nous savons par ses
citations qu'il avait lu avec fruit les traductions de Bruni et de
Decembrio, toutefois nous ne connaîtrons vraiment sa position
qu'à partir du moment où, l'occasion aidant, il se trouvera contraint de prendre parti pour Platon ou pour Aristote et de justifier
son choix.

Le second groupe de manuscrits qui doit maintenant retenir
notre attention va nous permettre d'en juger. Il s'agit de sept opuscules que M. Kristeller a publiés en 1944, d'après un manuscrit de
la Bibliothèque Moreniana[4]. Ils se présentent comme suit : 1-5 v.
une *Summa philosophiae*, précédée d'une lettre à Michel Mercati,
auquel cet opuscule est adressé. — f. 5 v.-9 r. un premier *Tractatus
physicus*. — f. 9 v.-12 v. un *Tractatus de Deo, natura et arte*. f. 12 v.-
19 v. un *Tractatus de anima*, suivi de quelques définitions commentées sur la notion de cause, f. 19 v.-22 r. un second *Tractatus physicus*, f. 22 r.-24 v. des *Questiones de luce et alie multe*. f. 24 v.-
41 v. un *De sono*, f. 41 v.-42 v. et enfin *Divisio philosophiae*.

Ces essais ne sont ni autographes, ni datés, mais il est hors de

---

1. AVERRHOÈS. *Com. super Physica* II-IV. AVICENNE : « diligentissimus
profecto metaphysicus » (*Metaphysique*, IX, 4). ALBERT LE GRAND « quem
Latinorum philosophorum secondo loco ponere minime vereor ». *Physicorum
Libri VIII*, I tract., I, cap. 4. GILBERT DE LA PORRÉE, *Liber de sex principiis*.

2. TIGNOSI, *Opusculum de Ideis*, Plut. LXXXII, 22, f. 1 v.

3. COD. *Ambrosianus, S 14 sup. Sup. Fic.*, I, LIV.

4. KRISTELLER, *The Scholastic Background of Marsilio Ficino, with an
edition of unpublished texts*. TRADITIO, vol. II, 1944, p. 257-318. — Studies,
p. 35-99.

doute que Ficin en est l'auteur, puisque la lettre à Mercati porte
son nom et que tous les autres sont dits « de Marsile ». Le contenu
et le style de ces écrits nous permettent d'affirmer qu'ils sont
approximativement de la même époque que la lettre à Seraphico,
bien que le nom « Marsilius Ficinus » substitué à l'habituel « Marsilius Feghinensis » nous autorise à penser qu'ils soient quelque
peu postérieurs. On trouve également dans la lettre à Mercati des
allusions qui éventuellement pourraient éclairer le problème, mais
elles sont présentement trop obscures pour que nous puissions assigner une date à l'opuscule dont cette épître constitue la préface.

« Parce que, dit-il, la brièveté de notre vie misérable ne nous
laisse d'ordinaire ni l'espoir, ni la possibilité de lire en si peu de
temps les livres consacrés aux diverses disciplines, et qui en sont
en nombre presque infini, j'ai décidé de t'adresser ce résumé de
dialectique et de philosophie, rédigé très brièvement, pour que tu
puisses, autant que possible, t'initier à ces études auxquelles
notre Platon recommande que nous nous exercions pleinement à
notre âge, sans égard à la durée de notre vie. J'ai d'ailleurs pris
un très grand plaisir à composer cet opuscule, car j'ai pensé qu'en
le lisant tu retrouverais le temps de nos aimables entretiens trop
souvent interrompus et suspendus par des affaires de toute espèce
et qu'ainsi de si grands amis, je devrais dire les meilleurs de tous,
pourraient se sentir présents malgré l'absence et poursuivre ensemble leurs discussions nuit et jour, sans que ni le perpétuel
retour de la nuit, ni les coups d'une fortune capricieuse, ni les
obstacles que créent les affaires, n'interrompent notre conversation vraiment douce et divine [1]. »

Il ressort de cette lettre que Mercati devait avoir le même âge
que Ficin, puisqu'en se référant à la *République* de Platon, Marsile

---

1. P. O. Kristeller, *Traditio*, p. 274 : Marsilius Ficinus Michaeli Miniatensi salutem dicit. Quoniam vite nostre miseranda brevitas infinita pene
disciplinarum volumina brevi tempore volvendi spem simul facultatemque
nobis auferre solet, idcirco, Michael, brevissimo stilo dialectice simul et
philosophie compendiosum hunc tibi tractatum mictere decrevi, ut illorum
iam studiorum aliquantulum particeps efficiaris, quibus etatem nostram,
quantacunque futura sit, *Platonis nostri* precepta jubent penitus exercen-
dam. Huius autem opusculi confectio hoc maxime mihi iocunda fuit, quod
tempus dulcissime consuetudini nostre diversi generis negotius sepenumero
interruptum atque decisum huiusmodi lectione supplendum fere censebam,
atque absentes amicos tantos, ut verissime dixerim, omnium amicissimos
huius lectionem presentes simulque disserentes die noctuque efficere posse,
ut nec noctium vicissitudines, nec varie fortune ictus, neque ulla unquam
negociorum impedimenta suavissimam ac divinam consuetudinem nostram
intercipiant. Sed iam ad compendiosam philosophiam accedamus. Vale.

lui dit que c'est à leur âge qu'il faut étudier [1]. Mais quelles sont ces occupations de toute espèce et ces coups de la fortune qui viennent si souvent interrompre leurs entretiens? On ne saurait le dire. En tout cas, il est certain que ce résumé, comme tous ceux qui le suivent, ne peuvent être que les essais d'un brillant élève.

Il s'agit, en effet, beaucoup plus de notes de cours que de dissertations proprement dites, bien que les opuscules intitulés *de Deo, natura et arte* et *de Anima* nous offrent un plan et un texte plus suivis. Tout le reste n'est que définitions ou solutions de doutes posés dans le style des « quaestiones » de la scolastique. Nous pouvons cependant glaner dans les uns et les autres d'utiles indications sur l'orientation de la pensée de Ficin.

La plupart des définitions sont évidemment empruntées aux différents traités d'Aristote et c'est d'après les principes de sa *Physique* que sont résolus les dix-sept problèmes posés par la nature de la lumière et du son [2]. Mais aux noms déjà cités d'Averroès et de Gilbert de la Porrée, viennent s'ajouter ceux de Porphyre, d'Hippocrate, d'Empédocle, d'Anaxagore, de Zénocrate, de Diogène, d'Héraclite, d'Archytas de Tarente et même de Proclus. Par ailleurs, il est manifeste que la seconde *Summa philosophiae* est inspirée par le *de Officiis* et le *de Finibus* de Cicéron [3]. Mais si étendue que soit cette érudition, elle ne doit pas nous étonner. Ficin pouvait lire les *Vies* de Diogène Laerce dans la traduction de Traversari et les *Éléments théologiques* de Proclus dans celle de Guillaume de Moerbeke. Les citations de Platon sont également plus nombreuses, mais toujours limitées aux dialogues mis en latin, à savoir, le *Timée*, le *Phèdre*, le *Phédon* et la *République*. En revanche Platon et Aristote se trouvent pour la première fois sous sa plume mis en parallèle et nous voyons Ficin les juger et fixer son choix.

C'est dans l'opuscule *de Anima* qu'il devait ainsi nous exposer sa pensée. Après nous avoir dit que ces deux maîtres pensent presque la même chose, il précise qu'ils diffèrent dans leur méthode. L'analyse, dit-il, permit en effet à Platon, en chercheur conscien-

---

1. Platon, *République*, VII, 536 c.
2. Chaque problème est posé sous la forme : « *dubitatur utrum* » ou « *quare* ».
3. *Divisio Philosophiae*, folio 42 b : « Dum autem queritur finis ultimus, ad quem omnes actus nostri sint dirigendi, liber de finibus a philosophis scribitur, in quo multos fines innexos esse cognoscimus et aliquos esse fines ad quos reliqui reducantur, alios esse etiam, qui licet alicuius rei sint finis, tamen ipsi etiam sunt ad finem. ...Cum vero finem in unaquaque harum partium invenerimus, tunc precipimus que servanda sint ut finem consequamur, et sic de officiis tractatus fit a philosophis. »

cieux, de s'élever plus haut en partant des principes, alors qu'Aristote, plus concis et plus rigoureux, en utilisant la synthèse, a établi sa doctrine à partir de données moins élevées [1]. Puis après avoir répondu à ceux qui reprochent à Platon d'avoir fait du cerveau le siège de l'intelligence, il met l'autorité de Platon au premier plan *(Platonis auctoritate que quidem maxima est omnium)*, et conclut en disant qu'il n'a aucun scrupule à accorder une large confiance à Platon sans pour cela abandonner Aristote [2]. La primauté de Platon est donc pour lui, dès cette époque, bien établie, mais ce n'est pas une raison suffisante pour affirmer qu'il suivait les cours de Tignosi, en prenant des notes « avec conscience, mais sans conviction » [3]. Les leçons de son maître durent être au contraire pour lui fort utiles, car bien vite il comprit clairement qu'une synthèse platonicienne serait bien fragile si la Logique et la Physique d'Aristote ne lui assuraient pas de solides fondements. Bien plus, il eût été mauvais juge s'il n'avait pas étudié « avec conviction » une doctrine, dont il devait montrer les insuffisances et les dangereuses équivoques, et non seulement ses résumés témoignent de son application, mais nous assurent qu'il n'oubliera jamais les précieux enseignements de ce maître qu'il n'hésitait pas à qualifier d' « insigne » [4]. Non content d'avoir copié *le Timée*, il devait également copier en mai 1455 la traduction de l'*Éthique à Nicomaque* par Bruni et les notes dont il a rempli les marges prouvent éloquemment qu'il ne s'intéressait pas seulement aux problèmes

---

1. *Tractatus de Anima*. « Et quoniam Plato et Aristoteles idem fere sentiunt, eorum sequentes normam anime diffinitionem tum divisione tum etiam compositione perquiremus. Nam Plato dividendo, Aristoteles componendo diffinitionem inveniebat. Cum autem generatio unius sit corruptio alterius, compositio unius alterius erit divisio. Igitur siquis diffinitionem per compositionem invenire velit, necesse est illum per divisionem componere, unum dividendo, alterum vero componendo. Uterque igitur et Aristoteles et Plato vere fuit opinionis. In hoc autem differunt, quoniam Plato altius a principiis est exorsus tanquam diligens rerum investigator, Aristoteles vero tanquam brevis ac gravis ex propinquo doctrinam formavit. » — KRISTELLER, article cité, p. 286.

2. *Ibid.* — « Intellectum vero Platonem in cerebro locantem quidam reprehendunt, non satis ut mihi videtur fide verba Platonis interpretantes.. Hoc (instrumentum) autem esse caput, tum Platonis auctoritas que quidem maxima est omnium in *Timeo* declarat, tum etiam ratio hec probat... Quamobrem Platonem sequi nunquam amplius formidantes ac etiam Aristoteli inherentes intellectum a ceteris anime tribus speciebus differe dicemus. » — KRISTELLER, article cité, p. 290-291.

3. Cf. MORÇAY, *op. cit.*, p. 311. — DELLA TORRE, *op. cit.*, p. 500.

4. FICINI *Op.*, I, 615, 2. — A propos du commentaire du *Cantique des Cantiques* de LORENZO PISANO, il écrit à Côme de Médicis : « Laudat Laurentii scripta Nicolaus Tignosius Fulginas, insignis philosophus. »

de Physique et de Métaphysique [1]. On eut d'ailleurs bientôt la preuve de l'intérêt qu'il réservait à la Morale.

Le 6 août 1455, en effet, il écrivait une lettre à ses frères et sœurs qui témoigne hautement de son étonnante culture et de l'élévation de ses sentiments [2]. La valeur de cette émouvante et sublime dissertation sur la divinité de la famille et sur les obligations qu'elle crée, ne dut point échapper à ses contemporains puisqu'aussi bien nous la trouvons dans une vingtaine de manuscrits. A vrai dire on se perd en conjectures sur les motifs qui ont amené Ficin à composer cet essai de piété filiale. Manifestement ses frères et sœurs ne furent qu'un prétexte, car on n'écrit pas à des enfants dont l'aîné a dix-huit ans et le plus jeune trois ans, une si longue lettre sur l'amour filial, surtout en le fondant sur les relations des personnes de la Sainte Trinité, sur la fécondité du Souverain Bien et sur la hiérarchie des êtres. Est-ce que quelqu'un s'inquiétait alors de l'orientation de ses études? Devait-il se justifier et apporter la preuve qu'en étudiant Aristote et Platon il ne perdait pas son temps et demeurait un fervent chrétien? On est en droit de se le demander. Le père de Marsile était peut-être inquiet de le voir se consacrer davantage à la philosophie qu'à la médecine et il n'est pas exclu que son évêque lui-même ait eu quelque appréhension en voyant ainsi le jeune Marsile, surtout s'il était clerc, discuter l'autorité d'Aristote et se faire l'apôtre de Platon. De ce point de vue il est assez singulier que, pas une seule fois, le nom de Platon n'est cité dans cette lettre, alors que sa pensée sur certains points s'y trouve fidèlement exposée. En revanche les références à l'Évangile y sont nombreuses et l'ensemble du traité est nettement d'inspiration chrétienne. Tout cela est pour le moins inattendu. En tout cas, ce savant et vibrant hommage rendu à l'autorité paternelle, est pour nous d'une importance capitale car pour la première fois son âme droite et sincère nous apparaît dans toute sa noblesse et nous révèle l'harmonie profonde et vivifiante qu'elle a déjà découverte entre la pensée chrétienne et la doctrine de Platon.

Il n'y a pas lieu de s'en étonner. Depuis des mois il est en contact avec les grands platoniciens latins et prépare avec autant de

1. *Riccardian, 135* : Aristotelis Ethica a Leonardo Aretino in latinum conversa (J. 1-138 v.). A la suite de ce traité se trouvent les sentences de Sénèque, de Boèce et d'Aristote (138 v-139) et la dernière page porte la mention suivante : « Hic liber est Marsilii Magistri Ficini et ipse scripsit mense mai 1455. » — *Sup. Fic.*, I-LIV.

2. *Pistola di messer Marsilio di Maestro Ficino mandata a' Fratelli adi' 6 d'Agostha MCCCCLV a Cherubino, Agnola, Daniello, Anselmo, Beatrice, Archangelo.* — *Sup. Fic.*, II, 109-129.

patience que de zèle ce florilège de textes plus ou moins commentés
qu'il se proposait de publier sous le titre d'*Institutiones platonicae*.
Bien que ce texte, hélas! nous manque, l'histoire nous en est
connue, mais avant de la rapporter et d'en étudier les conséquences, il n'est peut-être pas inutile de revenir quelque peu en
arrière pour juger de l'ambiance dans laquelle est apparue cette
œuvre que nous sommes tentés de considérer comme une « Def-
fence et Illustration » de la doctrine de Platon.

II. Intrigues autour d'une chaire. Cristoforo Landino

En ces premières années de la seconde moitié du XVe siècle
l'Humanisme avait connu une crise, ses perspectives s'en trouvaient
quelque peu modifiées. Après Leonardo Bruni, Florence avait eu la
douleur de perdre son digne successeur, Carlo Marsuppini (24 avril
1453) [1]. C'était une perte que ses contemporains n'hésitèrent pas à
qualifier d'irréparable. Chargé depuis deux ans d'enseigner le latin
et le grec au Studio, il avait su faire renaître l'enthousiasme qu'il
avait lui-même autrefois partagé avec les élèves de Chrysoloras,
devenus depuis, dans tous les domaines, les hérauts de l'Antiquité.
Autour de sa chaire une nouvelle pléiade s'était formée avec
Donato Acciaiuoli, Alamanno Rinuccini, Marco Parenti, Antonio
Rossi, Pandolfo Pandolfini, Francesco della Luna, et à ces jeunes
dont l'application égalait celle de leurs pairs, il transmettait les
principes et l'idéal des premiers humanistes. Fidèle à la tradition
des grands chanceliers auxquels il avait succédé, il voyait dans
l'Humanisme non seulement un puissant ferment qui pouvait
renouveler l'esprit des lettres et de la philosophie, mais encore et
surtout le fondement d'une morale politique qui devait faire de la
République florentine une émule de l'Athènes de Périclès ou de la
Rome impériale [2]. En commentant au Studio la *Politique* d'Aris-

1. Lettre de Donato Acciaiuoli à Alamanni : « ...saepe Leonardi et Caroli
Aretini interitum lacrimis prosequuti sumus non ignari eorum vita vixisse
studia literarum, morte autem una cum illis pene esse extincta ». — Fussi,
Monumenta ad Alamanni Rinuccini vitam, p. 74. — « Qui ascendere cathe-
dram illam auderent, quam nuper Caroli Aretini et multorum antea doctissimorum hominum voce decoratam atque ornatam vidimus. » *Ibid.*, p. 82.
Texte cité par della Torre (*op. cit.*, p. 357 et 374) qui a exposé magistra-
lement le problème de la succession de Marsuppini.

2. Cf. en particulier *Historia tripartita* (1450) du Pogge (Pog. Op.) et
le *de Medicinae et Legum Praestantia* de Giovanni d'Arezzo (1469), dialogues dans lesquels Marsuppini affirme sa position. Le traité de G. d'Arezzo
a été publié avec traduction italienne par E. Garin, *La disputa delle Arti
nel 400*, Firenze, Vallecchi, 1947, p. 36-103.

tote, il entendait poursuivre le débat engagé par Salutati pour
faire sortir la philosophie des cloîtres et obliger théologiens et
lettrés à prendre conscience des données sociales et à se mettre à
son service. Foncièrement réaliste, et de ce fait quelque peu sceptique, Marsuppini traitait les problèmes sans se soucier des dogmes
et des traditions et devait tout naturellement préférer Aristote à
Platon. Son succès près des jeunes dut paraître inquiétant. On
alla même jusqu'à dire pour ruiner son crédit qu'il avait refusé de
mourir en chrétien [1]. Mais ses disciples lui restaient fidèles et ils
surent le prouver quand il fallut pourvoir à son remplacement.

A la chancellerie on nomma Poggio Bracciolini, dit le Pogge,
mais au Studio sa chaire devint l'enjeu d'une lutte sévère qui
dura presque trois ans. Quatre candidats furent proposés pour sa
succession : Antonio Rossi, son disciple et ami, Cristoforo Landino, dont on connaissait déjà la vaste érudition, Francesco Castiglione, le secrétaire de l'évêque Antonin et Bernardo Nuzzi, qui
faisait profession de rhéteur. Le premier avait pour lui Matteo
Palmieri et les jeunes qui ne se consolaient pas de la mort de leur
maître, le second était le candidat des Médicis et du puissant Angelo Acciaiuoli, quant aux deux autres, l'un soutenu par son
évêque et l'autre, sans doute, par de bonnes intentions, ils durent
bien vite se rendre compte que la lutte était inégale et allait se
circonscrire entre leurs deux rivaux, et dont l'un devait jouer un
si grand rôle dans la vie de Ficin.

Cristoforo Landino, que l'on dit de Pratovecchio, était né à
Florence en 1424 [2]. Issu d'une humble famille, il s'initia d'abord
au droit chez un notaire de Volterra. Puis le Concile exigeant
sans doute un grand nombre de scribes, il vint à Florence en 1439
et nous avons tout lieu de croire qu'il entra effectivement au service de la cour pontificale, qu'il dut même suivre, puisqu'il nous
dit lui-même qu'il séjourna à Rome sous Eugène IV. Mais Cosme
de Médicis avait eu sans doute l'occasion d'apprécier les aptitudes du jeune Cristoforo et peut-être crut-il un moment avoir
trouvé en lui le futur maître de l'Académie. Ce qui est certain

---

1. MAZZUCHELLI, *Scrittori d'Italia*, t. I, 2ᵉ partie, p. 1004, cite le témoignage d'un écrivain contemporain qui écrit : « Dio l'abbia onorato in cielo,
se l'ha meritato, che non si stima, perche mori senza confessione e commu-
nione e non come buon cristiano. » Ce témoignage semble contredit par la
lettre de Landino.

2. Cf. E. GARIN, *Nota bibliografica su Cristoforo Landino. Testi inediti e
rari di C. Landino e F. Filelfo*, Firenze? Fussi, 1949. A. PEROSA a publié
une édition critique des poésies de Landino suivies de quelques pièces justificatives. *C. Landini Carmina omnia*, Florentiae, L. S. Olschki, 1939.

c'est que Landino ne tarda pas à revenir à Florence et qu'il fut de ceux qui devaient tout aux Médicis.

Latiniste distingué, il rimait avec aisance et chanta sa Xandra en de nombreux vers, dont le lyrisme trahit quelquefois l'influence de Pétrarque, mais dont la technique annonce déjà Politien. Il avait appris le grec avec Georges de Trébizonde, qui enseigna cette langue à Florence, jusqu'au départ d'Eugène IV. Il faut croire qu'il en avait une connaissance assez approfondie, puisqu'il songea un jour à briguer la chaire d'Argyropoulos, devenue vacante. Mais, pour l'heure, c'est de la chaire du regretté Marsuppini qu'il s'agissait et les passions étaient déchaînées. Nous en avons un vivant témoignage dans une lettre de Landino lui-même, et parce qu'on n'a pas su jusqu'à présent en tirer parti, nous estimons qu'il est nécessaire d'en citer de larges extraits, car aucun autre document ne nous permet de mieux juger du climat universitaire qui régnait alors à Florence entre les partisans des différentes écoles [1].

La lettre est adressée « au très illustre Pierre de Médicis, honorable citoyen de Florence » qui était alors un des membres les plus influents de la direction du Studio. Landino, arguant des soucis du jeune prince et de sa propre timidité, s'excuse tout d'abord de traiter par correspondance une question qui gagnerait à être traitée en tête à tête, puis lui expose l'objet de sa démarche. Des détracteurs sans scrupules tentaient de le circonvenir dans l'esprit de Pierre, en l'accusant faussement d' « avoir eu l'audace d'attaquer la mémoire très brillante de Carlo Aretino, comme s'il pouvait bénéficier des mérites qu'il lui aurait enlevés ». De tels propos n'auraient sans doute trouvé aucun écho dans l'âme du fils de Cosme, s'il avait mieux connu Landino, mais nous apprenons que leurs relations sont telles qu'il ne peut connaître ni sa nature, ni sa conduite. On a même l'impression qu'il écouterait plus volontiers les accusateurs qui sont aussi savants qu'éloquents et qui font étalage de leurs richesses et de leurs titres. Mais, dit Landino, qui ne cache pas « l'humilité de sa condition et de son rang », « il ne s'ensuit pas qu'ils me surpassent dans la fidélité et le respect que je dois à mes aînés ». Il a d'ailleurs des témoins qui valent bien ces gens-là et qui sont plus impartiaux. Mais venons-en au fait.

« Examinons, s'il te plaît, écrit-il, quel motif aurait bien pu me pousser à une telle vilenie : l'intérêt ou le gain? Mais que pouvait-il

---

1. A. PEROSA, *op. cit.*, p. 181-187. Viro clarissimo Petro Mediceo honorando civi Florentino.

y avoir de plus contraire à mes calculs (quand c'est précisément
à l'aide de ce savoir, si humble qu'il soit, que je dois me procurer le nécessaire), que d'attaquer cet homme que les plus cultivés tiennent non seulement comme le premier en notre profession, mais encore comme le plus compétent dans tous les arts
libéraux, lui dont le prestige, même après sa mort, non seulement
auprès des notables de la cité, mais surtout auprès de toi et de
ton père, est demeuré si puissant qu'on ne voit personne parmi
les jeunes, ayant réputation de savoir ou d'éloquence, qui ne le
doivent à ses leçons ou à ses conseils, lui, que tout le monde admire
à tel point qu'il a suffi à beaucoup de se glorifier d'avoir été ses
élèves, pour se voir considérés comme savants ; lui enfin, pour qui
la Curie, l'Université et la République ont professé la plus grande
estime pendant sa vie et dont ils déplorent la perte avec tant
d'affliction, maintenant qu'il est mort. Ainsi, par l'audace effrontée
de mon langage, c'est la haine de tous ces hommes que j'aurais
soulevée contre moi d'une manière aussi stupide [1] ? » Voilà pour
l'intérêt, et il en est de même de la renommée ou de la gloire. Car
« au nom du ciel, que peut-il y avoir de moins glorieux, que dis-je,
de plus infâme, de plus ignoble, que de déchirer de la sorte par les
plus injustes accusations un homme qui a excellemment mérité
de tous, qui n'a jamais offensé personne et qui plus est, qui parce
qu'il est mort, n'est plus à même de répondre ?... Qui pourrait
tolérer qu'un jeune homme, qui est plutôt un amateur de littérature qu'un lettré, parle contre son maître, surtout lorsqu'il s'agit
d'un maître dont la droiture, l'éloquence et le savoir peuvent
servir à tous ceux qui voudraient en faire le modèle de leur vie ?
Je me dispense de parler de ma nature, de mes goûts, bref de tous
les projets que j'ai formés jusqu'à ce jour, mais tous ceux qui les

---

1. *Ibid.*, p. 182 : « Videamus, si placet, quanam ego causa ad tantum
scelus impelli debuerim : utilitatisne ac emolumenti ? At quid tam adversum
meis rationibus esse potuit (cum mihi praesertim hac mea quantulacumque
est doctrina et necessaria comparanda sint) quam in eum virum invehi,
quem omnes doctissimi non modo huius facultatis principem, sed omnium
bonarum artium eruditissimum fatentur ?, cuius quidem etiam mortui
auctoritas tantum et apud reliquos principes civitatis, sed praesertim apud
te patremque tuum valet semperque valebit, ut nemo omnino ex iunioribus
eristat, qui quicquam sapere, quicquam dicendo posse existimetve, nisi
qui aut eum docentem audierit, aut eius rectissimis praeceptis obtempera-
verit ? quem universi ita admirantur, ut multi alii ex hoc doctorum nomen
assecuti sint, quod se illius discipulos fuisse glorientur. Quem denique
Curia, quem Gymnasia, quem universa civitas et vivum plurimi semper feci
et nunc mortuum non sine dolore desiderat. Hos igitur ego universos impu-
dentissimae linguae procacitate, tam stulte, tam impie mihi inimicos conci-
tassem ? »

connaissent savent bien que rien ne me fait autant horreur et ne
me répugne que les insultes... » [1].

Ces motifs étant écartés, Landino se demande alors s'il n'en
est pas qui l'accuseront d'avoir perdu la tête et d'agir par envie
ou par haine et il répond, que même s'il était le plus envieux des
hommes, il ne pourrait pas étant donné « ses moyens, le cours de
ses études et le reste » envier un homme qui par ses qualités brillantes et illimitées est au-dessus de toute jalousie. On n'envie que
des égaux ou des inférieurs. « Or, dit Landino, bien avant que j'aie
abordé les premiers éléments de la littérature, cet homme brillait
dans tous les genres et, par ton père et ton oncle, avait obtenu la
situation la plus élevée et la plus magnifique. » Quant à la haine,
« pourquoi en aurais-je conçu contre mon maître et qui plus est
contre mon protecteur et mon soutien? Il fut mon guide dans tous
les domaines où j'ai quelque connaissance. Pendant quatre ans, au
gré des circonstances, j'ai été officiellement son élève et pendant
les deux dernières années de sa vie, il m'avait accueilli avec tant
de bienveillance que devenu désormais son intime, je me rendais
presque chaque jour chez lui et jamais il ne me laissait partir
sans avoir, par un conseil aussi loyal qu'amical ou une discussion
sérieuse, augmenté mon savoir » [2].

Il y a plus, et Landino éprouve ici quelque inquiétude à livrer
cette confidence, que l'on peut prendre pour un mensonge. « Cet
homme, poursuit-il, si loyal et si bon, m'a promis, sans que je
l'en prie ou l'en sollicite, en présence de son parent, Berthold
Corsini et de quelques intimes, de faire tout son possible pour
que le cours public me soit confié, car il disait, qu'au moment de

---

1. *Ibid.*, p. 183 : « ...Quis tam ingenii inops, tam rerum omnium ignarus
iudex est, qui plane non videat hoc dicendi genus tam invidiosum apud
omnes esse, ut ne illis etiam, qui simili via multis iniuriis lacessiti se ulcisci
coneretur, venia concedatur? Iuvenem autem hominem, et qui litterarum
amator potius quam litteratus appellandus sit, quis in praeceptorem, qui
quantum eloquentia ac doctrina, tantum etiam morum probitate omnes
eos, qui sibi illum tanquam vitae exempla proponant, iuvare possit? Omitto
naturam meam, omitto studia, consilia denique omnia, quibus ad hanc
diem usus sum, quae qui recte norit, nihil tam a me abhorrere, tam alienum
esse quam maledicta cognoscet.
2. *Ibid.*, p. 184 : « Cur quaeso odissem? primo praeceptorem meum?
deinde, quod plurimum est, multis in rebus fautorem auxiliatoremque?
quo ego duce ad hoc quicquid est in me eruditionis perveni. Qui, cum illum
quadriennio diversis temporibus publice audivissem his tamen duobus
suae vitae extremis anni ea me benivolentia complexus erat, ut cum sibi
iam familiarissimus effectus singulis paene diebus ad illum domum accede-
rem, semper aut fideliter aliquid et amice admonendo aut acute disputando
me doctiorem dimittebat.

prendre son repos, tel un soldat licencié et quitte de tout service, il lui serait très agréable de voir le travail de ses élèves lui procurer encore quelque honneur [1] ... Je n'avais donc aucun motif de le haïr, bien au contraire j'avais de multiples raisons de l'aimer et de le vénérer comme un très bon père pendant sa vie et pour lui rendre après sa mort tout espèce d'hommage et même, si l'on peut dire, de l'honorer comme un dieu. » En fait, il avoue qu'il n'a pas eu l'occasion jusqu'à présent de lui prouver sa reconnaissance. Cependant c'est lui qui a rédigé son inscription funéraire [2] et il envoie ces quelques vers à Pierre, comme preuve de l'affection qu'il avait pour ce maître dont on l'accusait de briguer la succession pour des motifs plus ou moins avouables, alors qu'il ne cache pas que cette nomination est pour lui d'un intérêt vital. « Si je ne l'obtiens pas, conclut-il, je me trouverai dans de graves et nombreuses difficultés. Si au contraire je l'obtenais, j'aurais l'impression d'avoir jeté les fondements capables de supporter un jour un plus vaste édifice. » Et chose curieuse, il termine en disant à Pierre qu'en exauçant ses vœux il pourrait devenir son second père : « Le premier n'est que la cause de mon être, toi tu serais la cause de mon bien-être » [3], et s'excusant à nouveau de ne s'être point fait connaître plus tôt, pour ne pas paraître un flatteur, il assure Pierre de son entier dévouement et se met sous son patronage.

Cette lettre n'est pas datée, mais son contexte est suffisamment clair. Nous sommes à n'en pas douter en 1456 et il est évident que tout est mis en œuvre pour contrecarrer la candidature de Landino, ami de Cosme et mentor de Ficin et favoriser celle de Rossi.

---

1. *Ibid.*, p. 184 : « Atque in hoc loco vereor, quam in partem accepturus sis et ne forte aucupandae apud te benivolentiae causa potius quam ex vero haec a scribi existimes. Sed plane dicam, quod falsum minime est. Pollicitus est sanctissimus atque humanissimus ille vir neque roganti neque petenti mihi, cum et Bertuldus Corsinus affinis suus una secum nonnullique familiares interessent, pollicitus est, inquam, se annixe operam daturum, ut quantum in se esset mihi lectio publica mandaretur; periucundum enim sibi fore dicebat, si cum ipse, tamquam exauctoratus iam miles ac omni munere defunctus, se quieti tradidisset, aliquis tamen ex suorum alumnorum industria ad se esset honos redundaturus. »

2. Cette épitaphe est reproduite dans PEROSA, *op. cit.*, p. 113.

3. *Id.*, p. 186 : « Est autem res, quam peto, multis fortasse non admodum magna, mihi vero tanta, ut nisi impetrem, maximis sim ac multis in difficultatibus futurus; adeptus vero ea me fundamenta iecisse videar, quae quandoque maiora sint aedificia sustentatura. Si igitur illi parenti in te omnia debeo, a quo vivendi initium acceperim, nonne et te, cum mihi honorifice vivendi praebueris, ut alterum parentem semper amare debebo? ille enim, ut tamtum sim, tu vero ut bene sim, causa eris. »

En fait, pendant des mois on intrigua, on vota et revota, puis, pour limiter les prétentions de chacun, on nomma Argyropoulos à la chaire de grec en octobre 1456 [1] et finalement, le 18 janvier 1458, Landino l'emporta et fut chargé, pour cent florins l'an, d'enseigner la Rhétorique et la Poétique [2]. L'ère des chanceliers était close. L'Humanisme passait définitivement aux mains des lettrés et des philosophes et les conséquences en furent peut-être plus graves qu'on ne le pense. Les beaux jours de la Rhétorique étaient finis. De nouveau la *Politique* d'Aristote allait devenir un de ces cadavres que les commentateurs ne se lasseront pas de disséquer, et le retour à la Métaphysique ouvrait de nouveaux horizons pour la théologie.

Il faut dire que les circonstances et la lourde charge qu'assuraient les chanceliers de Florence devaient fatalement les amener à donner à leur humanisme ce caractère politique dans l'espoir d'agir sur le cours de l'histoire en proposant aux princes un nouvel idéal. Marsuppini lui-même avait vécu des heures inquiétantes à la chancellerie. La guerre avait de nouveau divisé l'Italie et la paix ne fut signée qu'un an après sa mort (Paix de Lodi, 6 avril 1454) [3]. Par ailleurs la chute de Constantinople (29 mai 1453) avait semé le trouble dans bien des esprits et la peste qui régnait à Florence d'une manière endémique, créait un climat qui semblait peu propice aux destinées de l'Humanisme. On pouvait même se demander si son centre de gravité n'allait pas passer de Florence à Rome ou à Naples.

Nicolas V et Alphonse d'Aragon attiraient de plus en plus les lettrés à leur cour et se voyaient dédier les œuvres des humanistes les plus distingués. Bartholomeo Fazio, introduit à la cour de Naples par Beccadelli, dit le Panormite, avait dédié au roi son *De vitae felicitate* (1446) et il avait chargé le Pogge de présenter au pape son *De excellentia et praestantia hominis* (1450) [4]. De

---

1. Cf. G. CAMELLI, *op. cit.*, p. 85 et suiv. La date de ses cours nous est donnée dans ses deux leçons préliminaires publiées par C. MÜLLNER, *Reder und Briefe Italienischen Humanisten*, Vienne, 1899, p. 3 et 19.

2. BANDINI, *Specimen*, I, p. 174 et suiv. — Id., DELLA TORRE, *op. cit.*, p. 380 et suiv. — G. CAMELLI, *op. cit.*, p. 70 et 99.

3. Cf. PERRENS, *op. cit.*, I, 156-157.

4. Ces deux traités de B. FAZIO ont été publiés dans *Epitomae de regibus Siciliae et Apuliae*, par F. SANDEO, Hanovre, 1611. Le *de Humanae vitae felicitate*, p. 106-147, le *De Excellentia et praestantia hominis*, p. 149-168. Le premier avait été précédemment publié à Anvers en 1556 sous le titre *de Vitae felicitate seu summi boni fruitione liber*. Cf. MÉHUS, *Vita et scripta B. Facii*, dans l'introduction au *de Viris Illustribus* du même Fazio. — E. GARIN, *Philosophi italiani del Quattrocento*, Firenze, 1942, p. 210-221.

son côté le pieux et sévère Manetti, après sa disgrâce, avait, à la demande d'Alphonse d'Aragon, composé à son tour un *De dignitate et excellentia hominis* (1452) qui devait aisément éclipser celui de Fazio[1]. Cela ne veut pas dire que Florence ne connaissait plus ces réunions académiques qui avaient tant contribué à sa gloire. Vespasiano da Bisticci s'est fait l'écho de l'une d'entre elles où Donato Acciaiuoli avait discuté avec Manetti du salut des enfants morts sans baptême[2]. Il est cependant pour le moins singulier qu'on ne signale pas dans ces réunions la présence des Médicis ou de leurs protégés. Apparemment les disciples de Marsuppini, fervents aristotéliciens, semblaient avoir repris l'avantage. Mais Cosme n'était pas homme à s'avouer vaincu. Il attendait son heure ou plutôt la préparait en « platonisant » avec son petit-fils Laurent et les deux hommes sur lesquels il fondait les plus grands espoirs pour réaliser ses desseins : Landino et Ficin.

Landino que nous avons vu le 13 janvier 1458 chargé d'enseigner la Rhétorique et la Poétique au Studio, devait pendant plus de trente années illustrer cette chaire, exposant et commentant tour à tour les anciens (Cicéron, Virgile, Horace) et les modernes (Dante et Pétrarque)[3]. Mais on n'avait pas tardé à se rendre compte qu'à travers tous ces textes, pourtant d'inspiration fort différente, le nouveau maître, à la faveur d'allégories quelquefois spécieuses, mais toujours savamment exploitées imposait, fortifiait et défendait les positions platoniciennes.

Il devait d'ailleurs, en marge de ses leçons, composer de très beaux dialogues, aux titres pleins de promesses : le *de Nobilitate animae*[4],

1. VESPASIANO DA BISTICCI. *Commentario della vita di Manetti*, éd. Frati, p. 157 : « Nacque questo libro da una domanda che egli fece un di il re Alfonso, dopo piu disputazioni che avevano avute della dignita dell'uomo, domandollo quale fusse il suo proprio officio dell' uomo, rispose : Agere et intelligere. Ce traité fut publié à Bâle en 1532 : Clarissimi viri IANOCII DE MANECTIS, Equitis ac Iureconsulti Florentini, ad inclytum Arragonum Regem Alfonsum, *De dignitate et excellentia hominis* Libri IIII. Ex Bibliotheca Io. Alexandri Brassicani Iureconsulti, recens in lucem editi, Basileae MDXXXII. — E. GARIN, dans *Prosatori latini del Quattrocento*, Milano, R. Ricciardi, p. 422-487, a publié texte et traduction de la Préface et du Livre IV.

2. Cf. DELLA TORRE, *op. cit.*, p. 339-341.

3. On publia à Florence en 1482 chez A. Miscomini le commentaire d'Horace, en 1487 celui de Virgile et en 1481 le Dante chez Nicholo di Lorenzo della Magna. Son cours sur les *Tusculanes* se trouve dans le manuscrit *Riccard. 671*.

4. Le *de Anima* sous le titre de *Nobilitate Animae* a été publié par A. PAOLI et G. GENTILE, dans *Annali delle Universita Toscane*, XXXIV (1915) et Nouvelle Série I, 2 (1916), II, 3 (1917). Cf. G. GENTILE, *Studi sul rinascimento*, II, Firenze, 1936, p. 109-117.

le *de Vera nobilitate*[1] et surtout ses *Disputationes Camaldulenses*[2], où nous voyons précisément s'affronter dans les deux premiers livres les partisans de Carlo Marsuppini, qui avaient été ses adversaires, et avec Laurent de Médicis, les admirateurs de Ficin. Le fait mérite d'autant plus d'être souligné que les premiers, fidèles à leur maître, se faisaient les champions de la vie active, alors que les autres montraient les avantages de la vie contemplative. Mais les entretiens au Couvent des Camaldules n'eurent lieu, si l'on en croit l'auteur, qu'au cours de l'été 1468, et nous n'en sommes pas là.

III. Enthousiasme et déception
« Institutiones Platonicae »

En 1455, date à laquelle nous avons quitté Ficin, nul n'ignorait qu'il philosophait depuis plusieurs années avec Cosme et Landino, mais il n'était pas encore celui que les *Disputationes* devaient consacrer « prince des Platoniciens »[3]. Sa position philosophique n'était un mystère pour personne, néanmoins on attendait qu'il apportât des preuves que son platonisme n'était pas une attitude plus ou moins sentimentale, mais se fondait sur une doctrine nettement définie et clairement exposée. C'est alors qu'il adressa à Landino ses « *Institutiones platonicae* ». Cet essai dont sa jeunesse pouvait s'enorgueillir et attendre beaucoup, fut un coup d'épée dans l'eau. Écoutons plutôt l'aveu qu'il en fait lui-même en toute simplicité : « L'an de notre salut 1456... alors que j'avais vingt-trois ans, les prémices de mes études furent quatre livres d'Institutions sur la doctrine de Platon. C'est Cristoforo Landino, un de mes meilleurs amis et en même temps un savant qui m'avait engagé à les composer. Il les lut et les fit lire à Cosme de Médicis, après quoi, tout en les approuvant, l'un et l'autre me conseillèrent de ne point les divulguer avant de m'être perfectionné dans les lettres grecques et de pouvoir enfin puiser aux sources de la doctrine platonicienne. J'avais effectivement composé cet ouvrage

1. Le *de vera Nobilitate* inédit est conservé dans le manuscrit *Corsini 433*. Cf. Bandini, *Specimen*, II, p. 195.
2. Les *Disputationes Camaldulenses* ont été éditées à Florence sans date par Niccolo Laurentii de Alamania vers 1480 et à Venise sous le titre *Questiones Camaldulenses*...
3. *Id.* Édition Princeps Fol. 3 r : « Marsilium Ficinum virum nostra tempestate inter Platonicos facile principem. »

suivant pour une part mon inspiration et en faisant appel par ailleurs aux platoniciens latins [1]. »

Sa déception sur le moment dut être bien amère. On ne peut cependant que louer en la circonstance la décision de ses protecteurs. Elle prouve à quel point ils s'intéressaient à la fois à la vocation de Ficin et à l'avenir du Platonisme. Une fois de plus le réalisme de Cosme s'affirmait fort judicieusement. Il se souvenait des leçons de Pléthon qui, lui, n'avait pas besoin d'invoquer les Latins pour parler de Platon. Dès lors il avait compris que tant qu'on se contenterait de citer des textes maintes fois exploités au cours du Moyen Age on ne convaincrait personne. Si l'on voulait vraiment faire revivre Platon il fallait changer de méthode et celle qui s'imposait était l'étude des textes que l'on avait enfin découverts. Certes, tous les témoins et traducteurs que citait Ficin étaient fort respectables, mais nul ne pouvait garantir qu'ils étaient désintéressés et encore moins fidèles A la légende des idées il était temps qu'on substituât l'histoire. Pour cela il fallait rendre la parole à Platon lui-même, se réservant d'appeler les témoins et même les accusateurs après l'avoir entendu pour éclairer au besoin sa pensée et justifier les conséquences que l'on se croyait en droit d'en tirer. Il ne faut pas oublier par ailleurs qu'en cette année 1456, aristotéliciens et platoniciens s'affrontaient pour s'assurer la succession de Marsuppini au Studio et ses disciples n'auraient sans doute pas manqué de tirer argument de cette œuvre de seconde main pour discréditer Landino à qui elle était dédiée. Si sage et si opportune que fut cette décision, elle devait avoir pour nous une regrettable conséquence, car, demeurée dans l'ombre pendant la vie de Ficin, cette œuvre, dont l'auteur gardait précieusement l'original et unique exemplaire [2], a passé de l'ombre dans l'oubli, ne laissant à la critique que la possibilité d'émettre à son sujet des hypothèses plus ou moins heureuses.

Pour ce qui est du texte nous savons d'une part que Ficin, sui-

---

1. Ficini *Op.*, I, 929, 2 : *Philippo Valori dilectissimo viro*. Anno salutis humanae MCCCCLVI, quo ego quidem aetatis agebam tres atque viginti, tu vero natus es, primitias studiorum meorum auspicatus sum a libris quatuor Institutionum ad Platonicam disciplinam. Ad quas quidem componendas adhortatus est Christophorus Landinus, amicissimus mihi, vir doctissimus. Cum autem ipse et Cosmus Medices peregissent (= perlegissent) eas, probaverunt quidem : sed ut penes me servarem consuluerunt, quoad, Graecis literis erudirer, Platonicaque tandem ex suis fontibus haurirem... La lettre est datée du 24 novembre 1491.

2. Cela ressort de la lettre à Valori dans laquelle Ficin dit qu'il n'a pas voulu détruire ce livre qui était comme son premier-né. Voir p. suiv., n. 3.

vant son expression, l'a « amendé » [1], et d'autre part qu'il a adressé
son exemplaire à Philippe Valori le 24 novembre 1491. Est-ce à
dire comme le suppose della Torre que cet exemplaire adressé à
Valori était une copie revue et corrigée de la première rédaction [2]?
Nous ne le pensons pas. D'abord parce que Ficin, dans sa lettre à
Valori, après avoir fait l'historique de ce traité, ajoute que « par
la suite, ayant fréquenté Platon et les platoniciens grecs, il a peu
à peu dans ses œuvres postérieures, amendé ses Institutions » et
ensuite parce qu'il précise dans cette même lettre « qu'il n'a
cependant pas cru bon de détruire cet ouvrage qui était, pour ainsi
dire, son premier-né » [3]. Il n'y a donc pas d'équivoque possible.
Ficin n'a pas détruit le manuscrit des *Institutions* qu'il avait
dédié à Landino, mais pour le cas où ce texte serait lu indépendamment de ses autres œuvres, il a tenu à préciser, aussi bien dans la
lettre à Valori, que dans ses différents catalogues, qu'il avait corrigé cet ouvrage et qu'il devait être lu en tenant compte de cette
remarque, qui, sous sa forme la plus explicite, autorise de sérieuses
conjectures sur le contenu de ce traité.

On peut s'étonner de voir Ficin, dans sa lettre à Valori,
désigner son « premier-né » sous le nom d'*Institutiones ad platonicam disciplinam*, alors qu'il l'avait précédemment mentionné
dans la liste de ses œuvres sous le titre *Declarationes platonicae*
Mais comme cette lettre était sûrement jointe au manuscrit, il
y a tout lieu de croire qu'elle nous révèle le titre de cet ouvrage,
qui semble ainsi s'apparenter aux *Institutions divines* de Lactance [4]. Le rapprochement pouvait évidemment paraître quelque
peu prétentieux, mais dans l'occurrence, il eût été fort habile,

---

1. FICINI *Op.*, I, 929, 2 : Platonem deinde platonicosque graecos aggressus
institutiones paulatim libris sequentibus emendavi. — On lit dans le premier catalogue de ses œuvres (619, 3) : « Declarationes Platonicae disciplinae
ad Christophorum Landinum quae postea emendavi ». Cf. *Sup. Fic.*, I,
CLXIII-IV.

2. DELLA TORRE, *op. cit.*, 513-514 : Cosa realmente fossero queste Institutiones noi non sappiamo... il Ficino sequi il consiglio e solo 35 anni dopo,
ossia nel 1491, egli la ricorresse e la dedicò nella nuova redazione a Filippo
Valori. — Id., p. 627, n. 2. — SAITTA, *op. cit.*, p. 24 : « Instituzioni platoniche... non pervenute a noi se non sott'altra forma. »

3. FICINI *Op.*, I, 929, 2 : *Lettre à Valori :* « Neque tamen librum ipsum
placuit abolere, quam tanquam liberum primogenitum meum, eo anno
genueram quo natus es, mihi certe, et observantia filius, et perpetuo quodam favore patronus. Hunc igitur tu, mi Valor, dilectissime fili, fratrem
tuum, fraterno precor amore complectere, in Valorum laribus ineunte iam
aetate mihi domesticis, optato prorsus Valore victurum. »

4. Cf. P. DE LABRIOLLE, *Histoire de la littérature latine-chrétienne*, Paris,
Belles-Lettres, 1924, p. 274.

car non seulement les humanistes connaissaient Lactance, mais n'avaient pas hésité à le considérer comme un « Cicéron chrétien ». Nous verrons d'ailleurs que Ficin lui-même se référait volontiers à ce brillant apologiste et il n'est pas invraisemblable de supposer que, séduit par sa méthode, il ait eu, dès cette époque, l'ambition de renouveler cette œuvre que Lactance avait composée pour démontrer et défendre le dogme de la Providence divine. Transposant les problèmes en les traitant en fonction de l'immortalité de l'âme, qui déjà était au centre de ses préoccupations, il pouvait même rejoindre son modèle, puisque le dogme de la providence se trouvait lié à celui de l'immortalité. Mais ce n'est là qu'une hypothèse et les textes ou les allusions que nous avons pour la vérifier sont si vagues et si discrets que les conclusions qu'on en peut tirer sont loin de nous satisfaire.

Déjà Corsi nous a laissé entendre que ce traité, pour une large part, était un commentaire de citations empruntées à « Cicéron, Macrobe, Apulée, Boèce, Augustin, Chalcidius et autres du même genre ». L'auteur de la *Vita secunda* sans être plus précis tente néanmoins de dégager l'inspiration majeure de cet ouvrage. « Pour faire cette Introduction, dit-il, Ficin, qu'il qualifie de « giovinetto », tout en suivant son inclination particulière, s'était surtout inspiré de la lecture de saint Augustin et de quelques autres platoniciens latins [1]. Il rappelle même à ce propos qu'il avait copié de sa main le Commentaire de Chalcidius. Mais tout cela n'ajoute que fort peu de chose au témoignage de l'auteur et s'il ne nous avait pas laissé par surcroît deux précieuses références qui nous éclairent quelque peu sur le thème de ces *Institutiones*, nous serions réduits à formuler des hypothèses plus ou moins vraisemblables.

Traitant de la hiérarchie des sens dans son *de Voluptate*, qui est de décembre 1457, il écrit d'une part : « Il suffit que nous en parlions brièvement, puisque nous avons traité ce problème plus longuement dans les commentaires que nous avons composés sur le *Timée* de Platon [2]. » Puis, dans l'essai qui a pour titre *di Dio et anima* qui est de janvier 1458, il déclare d'autre part qu'il passe sous silence les preuves de l'immortalité de l'âme « parce qu'il a traité longuement de cette matière dans un autre livre ». Il ajoute même un peu plus loin qu'il a exposé ailleurs ce qu'il fallait penser de la sentence de Platon : « Autour du Roi de l'Univers gravitent

---

1. Appendice II, n. 18.
2. FICINI *Op.*, I, 994, *de Voluptate*. « Quod quia in his quos in Platonis *Timaeum* edidimus commentariis latius disputavimus, sufficiat in hoc loco breviter attigisse. »

tous les êtres... [1]. » Enfin, comme pour confirmer ces précieuses allusions, un commentateur anonyme de son *de furore divino*, qui est également de 1457, renvoie ses lecteurs « aux amples commentaires que l'auteur a composés sur le *Timée* et aux dissertations si pénétrantes qu'il a écrites sur de nombreuses énigmes » [2].

Mais que pouvons-nous conclure de ces textes? Que Ficin a composé un Commentaire du *Timée* avant 1457? C'est certain. La copie qu'il avait faite en 1456 de celui de Chalcidius prouve assez l'intérêt qu'il portait à ce dialogue qu'il devait si souvent reprendre en mains. Quant à savoir ce qu'étaient ces premiers commentaires, nous ne le pouvons pas, car eux aussi ont disparu. Mais n'est-il pas étrange que ce *Commentaire* et les *Institutions* qui sont apparemment de la même époque, nous soient les uns et les autres inconnus. Cette coïncidence n'a pas échappé à la cri-

---

1. M. FICINI *Tractatus di Dio e anima* (*Sup. Fic.*, II, 128-158) : « Che l'anima sia immortale costoro (Mercurio e Platone) con ragioni molte et optime persuadono et perche in altro libro io ho questa materia lunganamente tractata, al presente la passero con silentio » (p. 146). — « Imperroche essendo domandato Platone dal re Dionisio della prima natura cioe di Dio, rispose in questo modo (*Epist.*, II, 312 e) : « Circa el re del tutto e ogni cosa, e affine di lui e tutto, e lui e cagione di tutti e beni. » E per cagione che questa sententia Platonica il altra opera io ho diffusamente tractata et disposta, bastera al presente con brevita discorrere. »

2. Le texte du *de Voluptate* appelle certainement une réserve; car même si Ficin a commenté le *Timée* avant 1457, date de ce traité, il n'avait certainement pas « édité » ses commentaires à cette époque. Par contre il ressort nettement du contexte de la dédicace de la traduction anonyme du *de Furore divino* que cette traduction a été exécutée l'année même de la rédaction de cet essai, ce qui donne à ce texte une valeur indiscutable. — *Sup. Fic.*, I, 68. « Proemio del volgarizzatore della pistola di Marsilio Fecino a Pellegrino degli Agli. Lege feliciter. — Avendo a questi dì lecta la gravissima et ornatissima epistola del nostro divino filosafo Marsilio Fecino, et quella piu che l'usato sommamente dilettatami, feci proposito che i volgari lectori da me ricevessino questo brieve dono, pero che debito e di qualunque studio so non solo a se, ma ancora agli amici et domestici i suoi studii referire... » Après avoir rendu hommage à Leonardo Bruni pour ses traductions (e quali benche leggessimo, poco era, meno intendendoli), l'auteur poursuit : « Ma ultimamente e stato dato un nuovo intelletto di Platone e elquale si colla sum subtilita d'ingegno si col continuo studio in eta tenerissima ha potuto quello aprire et quasi sviscerare. Questo e el sopranominato Marsilio, el quale... ornoncioe manifesto gli antichi filosafi, e intra gli altri gia pieni d'anni e loro volumi costui l'opere loro, appena si puo dire dal petto materno spiccato, ha lette et rivoltate et tutti snodati e fondamenti. Quante antiche openioni gia quasi perdute dal suo studio sono state risuscitate. Et sopra l'altre cose gli oscurissimi parlari di Platone gia per tanti secoli da molti con ammirazione lecti, ma non intesi da costui sono stati dichiarati et quasi posti in piano. Chi di questo fosse dubbio, legga i pienissimi commentari del *Timeo* di Platone da lui composti et l'acutissime disputazioni sopra molti enimmati compilate. »

tique, qui n'a pas manqué d'émettre l'hypothèse que ces deux ouvrages pouvaient fort bien n'en désigner qu'un seul. C'est possible, mais nullement démontré. Il faudrait, pour que l'hypothèse fut valable, supposer d'une part, que les questions de l'immortalité de l'âme et de l'énigme de la lettre à Denys se trouvaient traitées dans ce Commentaire du *Timée*, ce qui n'est pas invraisemblable et d'autre part, que l'on pouvait lire les *Institutiones platonicae*, ce qui est beaucoup plus problématique, car nous savons que Landino avait recommandé à Ficin de ne point les divulguer. Or, si l'interprète du *de Furore divino* renvoie ses lecteurs aux « amples commentaires du *Timée* », il est bien évident qu'il les a lus et vraisemblable que tout le monde pouvait les lire. Le terme « edidimus » que Ficin emploie à leur endroit le laisse d'ailleurs supposer. Peut-on alors en déduire que *Commentaires* et *Institutions* étaient deux ouvrages différents, en identifiant ces dernières avec les « pénétrantes dissertations sur de nombreuses énigmes » auxquelles le commentateur fait allusion? Ce serait apparemment plus conforme aux textes puisqu'il est question, et de commentaires, et de dissertations dans lesquelles le problème de l'immortalité de l'âme et l'énigme de Platon auraient pu tout naturellement trouver place. Mais là encore l'objection demeure, car en identifiant ces « dissertations » aux « institutions », on suppose qu'elles étaient connues. Dès lors, pour échapper à ce dilemme une seule hypothèse semble valable : admettre que ces deux textes ont été écrits avant que Landino ait donné son avis sur les *Institutions*. C'est fort possible pour les textes de Ficin et si le commentaire du *de furore divino* est de la même époque, on peut supposer que l'auteur avait pris connaissance des *Institutions* avant qu'on lui ait conseillé de ne point les divulguer. Bien plus, si l'on admet que Ficin à titre confidentiel ait fait part de ses divers travaux à ce premier interprète de sa pensée, leurs textes s'éclairent mutuellement et peuvent peut-être nous donner le mot de l'énigme.

Il est bien évident que pour l'interprète du *de Furore divino* il y a, sinon une distinction, du moins une différence entre les *Commentarii* et les *Dissertationes* puisqu'il nous dit que les uns furent « composti » et les autres « compilate ». Or, si l'on prend dans le même sens le terme « edidimus » employé par Ficin à propos des *Commentaires*, on peut fort bien admettre que les *Institutions* qui se composaient de quatre livres, comprenaient et des *Commentaires* et des *Dissertations*, ce qui expliquerait que la disparition des unes ait entraîné celle des autres. C'est une solution et elle mérite peut-être d'être retenue, tant que nous n'aurons pas retrouvé ce texte qui nous serait si précieux.

En tout état de cause, nous pouvons du moins être assurés que Ficin tantôt à partir d'un texte de Platon, comme le *Timée*, s'orientait dans la voie des commentateurs, tantôt se contentait de grouper sur un thème déterminé les témoignages des différents auteurs latins, les reliant entre eux pour tenter d'établir une synthèse de la pensée de Platon dont il ignorait encore la lettre.

Nous pourrons d'ailleurs juger de cette méthode qui peut paraître superficielle, mais qu'il prend soin de justifier, en étudiant certains essais qu'il composa quelques mois après ses *Institutions*. Mais, ne serait-ce que pour mieux situer ces divers essais, il nous semble indispensable, avant de poursuivre, de nous demander si son échec n'a pas provoqué chez lui ou dans son entourage des réactions dont les conséquences ont pu modifier ses projets ou même influencer sa pensée.

IV. Conséquences d'un échec

Tenant compte des sages conseils de ses protecteurs, il aurait dû, logiquement, se procurer les œuvres de Platon et, s'il en était capable, les lire attentivement. Caponsachi nous dit évidemment qu'à l'âge de vingt-quatre ans, donc en 1457, il traduisit les *Lois* de Platon [1]. C'est pour le moins douteux. Mais cet essai problématique de traduction mis à part, il paraît surtout préoccupé à cette époque de compléter sa connaissance des auteurs latins et les circonstances aidant, nous le voyons en fait sur des sujets divers en établir le bilan. Mais voici que Corsi nous apporte une nouvelle assez inattendue. Nous ayant dit comment Marsile avait composé les *Institutions*, il ajoute immédiatement : « Alors que Ficin avait en tête ce travail, sur les instances de son père et en raison de sa situation financière critique, il fut finalement contraint, et bien à contrecœur, de se rendre à Bologne où, délaissant l'Académie, il dut se consacrer à l'étude non seulement des anciens Péripatéticiens, mais aussi des modernes, pour lesquels, par tempérament et par goût, il avait une véritable répugnance. Ceci pour pouvoir bientôt à son tour exercer comme son père la profession de médecin [2]. »

Le fait en soi n'a rien d'invraisemblable. Il est bien supposable que Diotifeci, qui devait fonder les plus grands espoirs sur son

---

1. CAPONSACHI, *op. cit.*, p. 28 : « E di 24 anni tradusse i libri delle leggi del medesimo Platone a preghi di Otto Niccolini e Benedetto Accolti giureconsulti celebri. »
2. CORSI, Appendice I, v.

« premier-né » dut être fort déçu de l'accueil que lui réservèrent
son maître et son protecteur. Par ailleurs, nous savons quel était
son vœu et quels soucis lui causait l'éducation de son fils. En
faire un médecin n'était pas seulement pour lui un rêve, mais
une nécessité. Dès lors on conçoit ses inquiétudes en le voyant se
passionner pour des problèmes purement philosophiques et qui
plus est, s'orienter vers des études qui, tout en répondant aux
vœux de Cosme, n'en demeuraient pas moins suspectes aux esprits
les plus distingués. Si encore l'initiative que Marsile avait prise
en composant ses *Institutiones* avait été couronnée de succès et
assuré son avenir, il aurait pu renoncer à son désir aussi impérieux
que légitime, mais hélas, le résultat était décevant et peut-être
lourd de menaces. Il était donc urgent de prendre une décision
et la meilleure était sans doute d'arracher Marsile à l'ambiance de
Florence pour le contraindre à s'adonner enfin à l'étude de la
médecine. Mais si tout cela est assez vraisemblable, il faut reconnaître que le texte de Corsi, pris dans son contexte, est plein d'équivoque et l'on conçoit fort bien que certains l'aient jugé assez suspect [1]. Ceux même qui l'ont admis, tout en reconnaissant implicitement sa faiblesse, ont cru bon de le fonder sur une hypothèse
qui, sans être gratuite, n'est cependant pas convaincante. Toutefois le problème qu'elle pose est d'une telle importance qu'il est
nécessaire et même urgent d'en préciser les données et de lui
trouver, si possible, une solution conforme aux faits.

Della Torre, en effet, suppose que la décision d'envoyer Marsile
à Bologne aurait été motivée par l'intervention de saint Antonin,
qui aurait fait part à maître Ficin des inquiétudes que lui cau-
saient les études platoniciennes de son fils [2]. C'est fort possible,
car Antonin, comme chancelier du Studio et censeur des écoles
de son diocèse, veillait assurément à ce que nul ne s'écartât de la
voie de l'orthodoxie. Mais supposer qu'il ait été à l'origine de
l'éloignement de Marsile implique qu'il n'approuvait pas les initiatives des humanistes et par surcroît qu'il se jugeait responsable des
imprudences que pouvait commettre le nouvel apôtre du platonisme. Or, avons-nous vraiment des preuves de cette hostilité et
des conséquences qu'elle pouvait entraîner? La critique faisant des
réserves sur les textes invoqués, le mieux est de prendre contact
avec saint Antonin lui-même, car c'est en fonction de son caractère et de sa position dogmatique qu'il nous sera possible de déter-

---

1. P. O. KRISTELLER, *Per la biografia di Marsilio Ficino*, « Civilta Moderna », juillet-octobre 1938, p. 287-288. — *Studies*, p. 200.
2. DELLA TORRE, p. 515 et suiv.

miner son attitude vis-à-vis de l'humanisme en général et de Ficin en particulier, et de juger de l'influence qu'il a pu exercer sur sa vocation et sur sa pensée.

Antonin Pierozzi [1] était le fils d'un notaire florentin. A quinze ans (1405), il était venu à Santa Maria Novella demander à l'auteur de la *Locula Noctis*, Giovanni Dominici, pour qui il avait une fervente admiration, l'honneur de revêtir la robe blanche des Frères Prêcheurs. Après avoir été successivement prieur à Cortone, Fiesole, Naples et Rome, il avait été nommé vicaire général de son Ordre et s'était vu confier, vers 1437, le soin d'organiser et d'administrer dans sa ville natale le couvent Saint-Marc que Cosme de Médicis et son frère Laurent venaient de faire reconstruire magnifiquement par Michelozzi. C'était l'époque ou Fra Angelico, fidèle au « contemplata tradere » de l'école dominicaine, faisait de chaque cellule de ce monastère un oratoire, en composant à la gloire du Rédempteur, de la Vierge Marie et de saint Dominique, ses fresques aux tons apaisés qui demeurent un des joyaux de cette époque. Prieur de Saint-Marc et par surcroît membre du même ordre que le Pape lui-même, Antonin dut certainement prendre une part active aux travaux du Concile de 1439 et ne rien ignorer des entretiens philosophiques auxquels il donna lieu. Au reste, Cosme s'était réservé une cellule au couvent des Dominicains et entretenait alors les meilleures relations avec le prieur. Il devait d'ailleurs donner une nouvelle preuve de l'intérêt qu'il portait à ce couvent en y faisant construire la célèbre bibliothèque où tous les humanistes pouvaient venir se nourrir des manuscrits de Niccoli. Mais le 7 janvier 1446, après bien des intrigues, Antonin était nommé évêque de Florence et non seulement il se fit un devoir de résider dans son diocèse, mais entreprit de le réformer.

Au moral l'homme était sévère et n'admettait aucun compromis. Prêtres, moines et moniales ne tardèrent pas à s'en rendre compte et, en maintes occasions, les puissants du jour, qui trop souvent faisaient fi de leurs promesses ou de la liberté de leurs concitoyens, se trouvèrent en conflit avec ce nouveau pasteur qui veillait non seulement sur la foi de ses fidèles, mais encore sur le respect de leurs droits.

D'un style sans prétention, il avait entrepris en 1428 la rédaction d'un *Directoire de la vie humaine*, dont la première partie est connue sous le nom de *Confessionale*. La suite fut sa *Summa*

---

1. R. MORÇAY, *op. cit.*, p. 13-60.

Moralis qui, comme l'a souligné avec juste raison M. Grabmann,
est du plus haut intérêt du point de vue théologico-moral et
éthico-économique, du fait que l'auteur y poursuit une fin plus
pratique que théorique [1]. Enfin il devait rédiger une *Chronique
universelle* et dédier aux filles de Tornabuoni, dont l'une devait
être la mère de Laurent le Magnifique, l'*Opera a ben vivere* que
l'on a souvent comparé avec une complaisance excessive, à l'*Introduction à la vie dévote* de notre saint François de Sales [2].

Antonin était donc avant tout un moraliste et, conscient de
ses responsabilités, entendait contrôler dans son diocèse toutes
les activités où la Foi lui paraissait en jeu. Il ne faut pas oublier
qu'il était chargé de veiller sur les écoles et l'on sait qu'il s'en
est scrupuleusement acquitté. Il est même curieux d'entendre,
un siècle plus tard, un élève des *Doctrines*, Giovanni Cecchi (1518-
1587), célébrer la mémoire du saint évêque en rappelant l'esprit
même de sa direction :

> *Sendo questa una di quelle scuole*
> *già ordinate dal Reverendissimo*
> *Arcivescovo nostro Antonino santo*
> *per istruire i giovinetti nelli*
> *principii della pietà cristiana*
> *non è parso ai maggiori nostri ben fatto*
> *impicciarsi di cose profane* [3].

« Ne pas se mêler des choses profanes! » Voilà évidemment
pour nous qui est inquiétant, surtout si Marsile était dans une de
ces écoles et, qui plus est, clerc d'Antonin.

A vrai dire Cecchi ne faisait allusion qu'aux sujets de drames
que l'on aimait à jouer dans ces *Doctrines*, mais toute la morale
d'Antonin est là pour témoigner qu'il était fidèle aux directives
de son maître, Dominici, et traitait avec une même sévérité tous
les auteurs païens. Évidemment il jugeait téméraire d'affirmer
qu'il y avait péché à lire les livres des païens, bien que, dit-il,
certains n'aient pas hésité à le faire [4], mais ce n'était qu'une question de nuance. Pratiquement il fait sienne, dit R. Morçay, la

---

1. M. GRABMANN, *Storia della Teologia catolica*, Milano, 1939, p. 138. —
La *Summa Moralis* a été éditée vingt fois de 1477 (Nuremberg) à 1740
(Florence) et les *Chroniques* ont été éditées 17 fois de 1484 (Nuremberg) à
1587 (Lyon).
2. St. ANTONIN, *Une règle de vie au XVᵉ siècle*. Trad. THIERARD-BAUDRILLART, Préface de Mgr BAUDRILLART, Paris, Perrin, 1921.
3. Cité par Mgr E. SANESI, *Sant'Antonino*, p. 353.
4. S. ANTONINI, *Summa Moralis*, II, titre III, chap. VII. — Cf. E. SANESI,
Sant'Antonino e l'Umanesimo, dans *La Rinascita*, février 1940, p. 105-117.

Lucula noctis, le rude réquisitoire de son maître contre les amis de Salutati. S'il ne dit pas après lui « qu'il est plus utile de labourer la terre que d'étudier les livres des Gentils », il n'en condamne pas moins les diverses branches de la philosophie, l'éthique, la théodicée et la morale des païens, insuffisantes à fonder la foi, donc inutiles à des chrétiens. Enfin il conclut d'un ton catégorique : « En général ceux qui s'adonnent à ces études méritent d'être blâmés. » Voilà un jugement bien sévère, écrit son biographe, et d'autant plus remarquable, qu'on le retrouve en substance dans la quatrième partie de la *Somme* (IX, 4) où des pages entières de la *Locula noctis* entrent sans atténuation dans la compilation d'Antonin [1]. Bien plus il a pris nettement parti contre Platon et les néo-platoniciens qu'il qualifiait « d'hérésiarques » [2]. Le moins qu'on puisse dire est qu'il ne restait pas indifférent au mouvement des idées qui, depuis le Concile, agitait les esprits et, que Marsile ait été ou non son clerc, il devait fatalement intervenir pour mettre en garde les uns et les autres contre les excès de leur enthousiasme. Il le pouvait d'autant mieux qu'il n'ignorait sans doute point les projets de Cosme et était également en rapport avec le père de Marsile [3]. On a prétendu que « si Cosme n'était pas devenu un vulgaire tyran, c'était à Antonin qu'il le devait [4] », c'est peut-être vrai, mais reprenant la même formule, peut-on dire que Ficin lui doit de n'être pas devenu un hérétique? La question mérite au moins d'être posée.

Nous n'avons malheureusement pour y répondre qu'un témoignage dont la valeur est contestée. Il émane de Fra Zanobi Acciaiuoli [5], dont la vie fut assez mouvementée et l'activité très diverse. Né à Florence en 1461, Zanobi fut d'abord exilé avec toute sa famille de 1464 à 1478, puis revenu dans sa ville natale et nourri de lettres latines et grecques, il composa divers poèmes, encore inédits, à la manière de Politien. Il avait une telle admiration pour cet humaniste qu'il se fit un devoir de publier ses *Épigrammes grecques* pour les sauver de l'oubli. Mais, ému par les anathèmes de Savonarole, il devait quelques jours plus tard (8 décembre 1495) lui demander et recevoir de ses mains l'habit dominicain. Dès lors une nouvelle vie commençait pour lui. Il se

---

1. R. Morçay, *op. cit.,* p. 303.
2. S. Antonini, *Summa Moralis,* IV, titre XI, chap. V.
3. Sur le journal de St. Antonin on lit à la date du 1er juillet 1457 : Al maestro Ficino, quando mecido ser demenico di Goro in prigione..., cité par R. Morçay, p. 311.
4. Cf. R. Morçay, *op. cit.,* p. 208.
5. Cf. Quétif et Échart, *Scriptores Ordinis praedicatorum,* II, p. 44-46.

mit à traduire plusieurs œuvres des Pères grecs, composa un
opuscule sur la vengeance de Dieu contre les pécheurs et, Jean de
Médicis étant devenu pape sous le nom de Léon X (1513), il fut
nommé préfet de la Vaticane et, à ce titre, chargé d'établir un
nouveau catalogue de la bibliothèque. Il mourut à la tâche en
1520.

Ainsi Fra Zanobi était bien, comme le dit Burlamacchi « huomo
prudentissimo in lettere latine et greche [1] » et à première vue il
semble téméraire de refuser audience à cet humaniste florentin
qui connût certainement Ficin. M. Kristeller qui, à travers Fra
Zanobi, vise peut-être saint Antonin, nous dit d'abord que Ficin
ne cite nulle part le nom de Fra Zanobi, puis, que celui-ci ne connut
probablement Ficin que dans les dernières années de sa vie,
c'est-à-dire vers 1495, époque à laquelle il préparait lui-même
l'édition des *Épigrammes* de Politien, enfin, que le texte dans
lequel il se fait l'écho de Ficin lui-même, étant de 1513, il convient
de tenir compte de ces erreurs qui dérivent d'une mémoire peu
fidèle et de la connaissance incomplète des faits rapportés. Ce qui
fait au total que ce récit, à son avis, relève beaucoup plus de la
fantaisie que de l'histoire [2]. A première vue on se demande à vrai
dire pourquoi notre éminent critique récuse ce témoin et en tout
état de cause il faut avouer que ses arguments sont loin d'être con-
vaincants.

---

1. P. Burlamacchi, Vita del P. G. Savonarola. Cod. Moreni, p. 185 a.
2. P. O. Kristeller, article cité, p. 288 : « Zanobi Acciaiuoli visse a
Firenze fino dal 1478, ma non e mai ricordato dal Ficino. Probabilmente lo
conobbe soltanto negli ultimi anni della sua vita, cioe verso il 1495 quando
curo l'edizione delle poesie greche del Poliziano. Egli e una persona degna
di fede, ma dato che le parole furono scritte soltanto dopo il 1515 e si rife-
riscono a semplici discorsi avuti col Ficino parecchi anni prima, bisogna
tener conto di quegli errori che derivano dalla memoria inesatta e dalla
conoscenza incompleta dei fatti riferiti. Per esempio : che il Ficino sia stato
« chierico » di S. Antonino, non riterrei un fatto sicuro senza la prova di/
altri documenti. Quello che si puo concludere con una certa sicurezza dal
brano riportato e semplicemente questo : Il giovane Ficino fu presentato
una volta o due all'Arcivescovo Antonino, probabilmente dal Castilionen-
sis... L'Arcivescovo domando al giovane dei suoi studi ed avendo poca sim-
patia per le dottrine platoniche ammoni il Ficino a non abbandonare la sua
fede cristiana e a leggere piuttosto S. Tommaso. Il fatti il Ficino segui
questo consiglio e dimostra una certa conoscenza specialmente della *Summa
contra gentiles*. Questi sono i dati probabili, se non sicuri che possiamo
desumere dalle parole dell' Acciaiuoli, tutto il resto e ipotesi, per non dire
fantasia. Ma il completo silenzio del Ficino e la fragilita degli altri dati
strettamente collegati con questa ipotesi ci fanno pensare che l'incontro
con S. Antonino sia stato piutosto casuale e non abbia avuto un'importanza
decisiva sulla formazione del Ficino. »

Que Ficin n'ait jamais nommé Fra Zanobi dans sa correspondance, c'est un fait. Mais ce n'est pas une preuve qu'ils s'ignoraient. Tous les personnages qu'il a fréquentés ne sont pas nécessairement mentionnés dans les lettres qu'il a jugé bon de nous transmettre. Il n'a cité aucun des Acciaiuoli, qu'il a cependant bien connus, puisque des dialogues comme les *Disputationes Camaldulenses* le mettent aux prises avec eux. La vérité, c'est qu'il n'aimait pas la polémique et en supposant même qu'il nous ait livré toute sa correspondance, ce qui est peu probable, on constate qu'il ne nomme pour ainsi dire jamais ceux qui ne partageaient pas ses opinions. Par ailleurs on ne voit pas pourquoi Fra Zanobi aurait attendu l'année 1495 pour se mettre en rapport avec lui. Assurément Ficin ne pouvait que se réjouir de la publication des épigrammes de son ami Politien, mais Zanobi n'avait aucun intérêt à le consulter pour préparer son édition, surtout si l'on suppose qu'ils ne s'étaient jamais fréquentés auparavant.

Quant au témoignage proprement dit, au lieu d'accuser sans preuve une mémoire défaillante, il est peut-être préférable de le juger dans son contexte, c'est-à-dire, en fonction des motifs qui ont amené le témoin à rapporter la confidence que lui aurait faite Ficin.

Le texte se trouve, en effet, dans la dédicace à Léon X de la traduction d'un traité de Théodoret, évêque de Cyr, qui a pour titre *Du traitement des affections des Grecs*. Or, ce Théodoret était un théologien de l'école d'Antioche qui avait passé une partie de sa vie à lutter contre Cyrille d'Alexandrie. La querelle qui avait opposé ces deux illustres représentants de l'école d'Antioche et de l'école d'Alexandrie, se trouvait donc transposée dans le temps et c'est un fait de la plus haute importance pour juger de l'opportunité et de l'intérêt de cette traduction. *Le traitement des affections des Grecs* est, en effet, « la dernière et la plus belle des anciennes apologies chrétiennes contre le paganisme »[1]. Certes, Cyrille lui aussi avait lutté contre les païens, mais dans son traité contre Julien nous le voyons citer avec complaisance Platon, Hermès Trismégiste, Pythagore et Plotin, alors que Théodoret, dont l'érudition n'est pas moins étendue — il cite plus de cent auteurs païens — se refuse à tout compromis. Il n'est besoin pour en juger que de voir avec quel soin il met en parallèle la réponse des païens et celle des chrétiens aux questions fondamentales de la philosophie et de la théologie. Il n'y a vraiment pour lui de vérité que dans la foi et contrairement à son antagoniste,

---

1. B. ALTANER, *Précis de Patrologie*, Paris, Casterman, 1941, p. 290.

il ferait plus volontiers confiance à Aristote qu'à Platon [1]. En traduisant ce livre Fra Zanobi restait donc dans la ligne de la famille des Acciaiuoli, qui demeuraient fidèles à la philosophie d'Aristote et en présentant cette œuvre à ses contemporains et en particulier au Pape, son but, à n'en pas douter, était bien d'affirmer la primauté de l'Écriture Sainte sur les philosophes païens auxquels on faisait trop souvent appel pour assurer la défense de la foi. Alors qu'en 1403 Bruni avait traduit l'homélie de saint Basile sur la lecture des auteurs profanes, pour répondre aux critiques de Dominici, Fra Zanobi, fidèle à la tradition dominicaine, en montrait tous les dangers et c'est précisément pour illustrer sa pensée qu'il n'hésitait pas à citer à titre d'exemple ce que Ficin avait dû à la sagesse d'un illustre représentant de son Ordre, disciple et admirateur de Dominici, le vénérable saint Antonin.

Voici donc ce qu'il rapporte à Léon X : « Marsile Ficin, qui, grâce à la libéralité de votre trisaïeul, a rendu latins pour les hommes de notre siècle Platon et Plotin, me racontait souvent qu'il devait à la prévoyance de l'archevêque Antonin de n'avoir pas été entraîné aux plus déplorables hérésies par la lecture de Platon, à qui, dès son enfance, il avait voué un amour unique. Le bon pasteur, en effet, voyant son jeune clerc épris plus que de raison pour l'éloquence de Platon, ne lui permit point de fréquenter ce philosophe avant d'avoir lu les quatre livres de saint Thomas contre les Gentils qui seraient pour lui comme un contrepoison. [2] »

Il faut avouer que l'exemple était bien choisi. Léon X avait bien connu Ficin, dont il avait été l'élève et le protecteur et, en

---

1. J. TIXERONT, *Histoire des Dogmes*, III. La fin de l'âge patristique, Paris, Gabalda, 1922, p. 9. — Cf. *Enchiridion patristicon* 2143-2148. *Enchiridion asceticon* 915-916.

2. *Theodoreti Cyrenensis episcopi Graecarum affectionum curatio, seu evangelicae veritatis ex Graeca philosophia agnitio*, Heidelberg, 1592. Fratris Zenobii Acciaiuoli Florentini Ordinis Praedicatorum Prologus ad Leonem X pontificem maximum in libros Theodoreti, quorum titulus Curatio Graecarum affectionum e Graeco idiomate in Latinum conversos. F. 3 v : « Marsilius Ficinus qui proavi tui liberalitate adjutus Platonem saeculi nostri hominibus ac Plotinum latinos fecit, saepe mihi dicere inter loquendum solebat, factum providentia Florentini praesulis Antonini quominus et Platonis lectione, quam inde a pueris summopere adamavit, in perniciosam heresim prolapsus fuerit. Bonus enim pastor cum adolescentem clericum suum nimio plus captum Platonis eloquentia cerneret, non ante passus est in illius philosophi lectione frequentem esse, quam eum divi Tomae Aquinatis quattuor libris contra Gentes conscriptis, quasi quodam antipharmaco premuniret », cité par DELLA TORRE, *op. cit.*, p. 359. — MORÇAY, *op. cit.*, p. 314. — *Sup. Fic.*, II, p. 204.

1513, son nom et son histoire étaient encore dans toutes les mémoires et son œuvre en bien des mains. Par ailleurs le fait n'a rien d'invraisemblable étant donné ce que nous avons dit du zèle éclairé du saint évêque et le récit en est si simple et si logique qu'on ne voit pas en vérité ce que Zanobi aurait pu oublier. Il n'y a pas de milieu : ou ce récit est une pure invention que les contemporains et le Pape lui-même étaient à même de contredire, ou c'est vraiment une confidence de Ficin faite à l'auteur et il faut l'accepter comme telle, car les éléments en sont inséparables. Il est vrai que Ficin n'a jamais fait allusion à cette conversation ou plutôt au contrôle vigilant dont son activité semblait être l'objet de la part de son évêque, qu'il ne nomme même pas dans sa correspondance, mais il ne nous dit pas non plus qu'il avait été présenté une ou deux fois à Antonin par Castiglione, et on ne voit pas pourquoi M. Kristeller préfère formuler cette hypothèse[1] que d'admettre un fait qui non seulement s'inscrit dans la logique des faits, mais se trouve confirmé plus ou moins implicitement par la vie et l'œuvre de Ficin. Qu'on remplace une hypothèse par une autre hypothèse, soit, mais il est peut-être téméraire de substituer une hypothèse à un témoignage dont on se contente de critiquer la lettre. La vérité est que M. Kristeller se refusant à admettre que saint Antonin ait pu exercer une influence décisive sur la formation de Ficin, a voulu limiter la valeur de ce témoignage dont les conséquences devaient être graves et qui, telles qu'elles nous sont connues, restent pour lui douteuses.

Bien que Fra Zanobi, qui, au demeurant, ne fait point œuvre d'historien, n'ait pas précisé la date et les circonstances de l'intervention de saint Antonin, il ressort du texte qu'elle se situe à l'époque où Ficin, adolescent, s'était laissé séduire, sous l'influence de Cicéron, par l'éloquence de Platon *(Cum adolescentem clericum suum nimio plus captum Platonis eloquentia cerneret).* Il y a donc tout lieu de croire qu'il reçut cet avertissement après qu'il eut donné des preuves manifestes de son enthousiasme et plus précisément au moment où il se disposait à aborder le texte même des dialogues platoniciens pour justifier non seulement son enthousiasme, mais son orientation philosophique. Logiquement c'est donc après 1456 qu'il fut invité à lire la *Somme contre les Gentils* et il est fort possible que ce conseil venant d'un évêque à son clerc, ait eu un caractère comminatoire. Sa confidence à Fra Zanobi prouve en tout cas à quel point il en reconnut l'opportunité et sans doute à cette époque en avait-il déjà sérieu-

---

1. P. O. **Kristeller**, *art. cit.*, vide supra.

sement tenu compte. Cet hommage posthume rendu à la sagesse
de saint Antonin ne doit pas cependant nous faire oublier qu'en
1456 Ficin n'était qu'un adolescent. Cette mise en garde contre
Platon avait pu l'irriter et, sûr de l'appui de ses protecteurs, il était
peut-être plus disposé à poursuivre sa tâche sans tenir compte des
conseils d'un évêque qu'il savait hostile à ses projets. Mais saint
Antonin n'était pas homme à se laisser circonvenir et il est fort
possible qu'il ait trouvé dans le père de Marsile, avec lequel nous
le savons en relations, un auxiliaire précieux pour venir à bout de
la résistance de son clerc en l'éloignant de Florence.

Reste à savoir si Ficin est allé à Bologne et sur ce point il faut
avouer que la critique a la partie belle car en fait nous n'en avons
aucune preuve. Mais alors pourquoi Corsi aurait-il inventé cet
épisode de la vie de Ficin? M. Kristeller pense que ce récit pourrait
n'être qu'un habile scénario dont le seul but serait de mettre en
valeur le geste de Cosme qui aurait mis fin à l'exil de son protégé
en assurant son avenir [1]. C'est peut-être prêter à Corsi des intentions qu'il n'avait pas et au lieu de dénier toute valeur à son
récit, sous prétexte qu'il manque de précision et n'est confirmé
par personne, il serait peut-être plus sage de l'interpréter à la
lumière des nombreux documents qui nous éclairent sur la vie de
Ficin pendant cette période.

Si nous prenions à la lettre le texte de Corsi, non seulement
nous devrions admettre que Ficin fût contraint de se rendre à
Bologne, mais encore qu'il y a séjourné au moins deux ans, puisqu'il y serait parti à la suite de l'échec de ses *Institutions*, c'est-
à-dire en 1457, et qu'il en serait revenu en 1459, Corsi précisant
par ailleurs que Marsile avait vingt-six ans quand son père le présenta à Cosme. En fait si le séjour à Bologne n'a rien d'invraisemblable, les dates proposées sont manifestement fausses. Nous
avons déjà dit ce qu'il fallait penser de cette visite à Cosme qui
n'était certainement pas la première. Néanmoins elle constitue
dans l'occurrence un *terminus ad quem* fort précieux, car en prenant pour base de l'hypothèse cette date-limite, il nous est possible de juger de sa valeur en remontant le cours de la vie de
Ficin jusqu'à l'année 1456, date à laquelle il déclare lui-même
avoir composé des *Institutions*. Il convient d'ailleurs de préciser
cette date, car, outre qu'il s'agit de l'année « de notre salut »,
qui se terminait le 25 mars 1457, Ficin nous dit qu'il avait alors

---

1. Kristeller, *art. cit.*, p. 282. *Il Ficino studente a Bologna*, p. 283-285.
I primi rapporti del Ficino con Cosimo de Medici.

vingt-trois ans [1]. Or, comme il est né le 19 octobre 1433, ce n'est donc qu'à la fin de 1456 qu'il a donné le jour à son « premier-né ». D'autre part, étant donné que Landino, après avoir lu les *Institutions*, a demandé à Cosme d'en prendre connaissance avant d'en faire la critique, il est bien évident qu'un certain laps de temps a dû s'écouler entre la date à laquelle cette œuvre lui fut remise et celle à laquelle il fit part de ses observations. On peut donc légitimement supposer que pendant les premiers mois de 1457 Ficin a poursuivi ses études philosophiques sans être troublé et que ce n'est qu'au cours de l'été ou de l'automne de cette même année qu'il eut la désagréable surprise de voir ses *Institutions* pratiquement condamnées. Si cet échec avait entraîné son départ à Bologne, il aurait dû par conséquent s'y rendre, si notre hypothèse est exacte, pour la rentrée d'octobre 1457. Or, nous avons la preuve qu'en cette fin d'année non seulement Ficin n'a pas quitté la Toscane, mais encore qu'il s'est uniquement occupé de philosophie. Son départ pour Bologne se trouverait donc reporté en 1458. Mais qui nous le dira? Ficin? Hélas, non. Toutefois en nous laissant la liste des traités qu'il semble avoir composés entre les *Institutions platoniciennes* et sa *Théologie*, il a singulièrement éclairé le problème.

« J'ai composé, dit-il, dans une lettre à Politien, qui doit être de 1475, une *Physiognomia*, des *Declarationes platonicae* que j'ai dédiées à Cristoforo Landino et que j'ai amendées par la suite », puis, il donne la liste suivante de ses essais : *Compendium de opinionibus Philosophorum circa Deum et animam, Oeconomica, de Voluptate, de quatuor Philosophorum sectis, de Magnificentia, de Felicitate, de Justitia, de Furore divino, de Consolatione parentum in obitu filii, de Appetitu*, une *Oratio ad Deum theologica*, un *Dialogus inter Deum et animam theologicus* et la *Theologia...* [2]. Si on s'en tient à cette liste, qui d'ailleurs n'est pas complète, Ficin aurait donc composé un traité avant les *Institutiones* et douze autres entre cette œuvre et sa *Theologia*. Évidemment la *Theologia* est un *terminus ad quem* assez lointain, mais en fait, grâce aux dates que portent certains de ces textes et aux inférences que permet leur contexte, nous pouvons aisément, à condition de réserver le cas du *de Felicitate* et du *Dialogus theologicus*, ramener ce *terminus ad quem* à 1462, date à laquelle nous verrons précisément l'auteur se consacrer tout entier à ses traductions.

1. FICINI *Op.*, I, 929, 2 : Anno salutis humanae MCCCCLVI quo ego quidem aetatis agebam tres atque viginti. Il ajoute d'ailleurs « tu vero natus es » en s'adressant à Filippo Valori, qui est né le 29 juin 1456.

2. *Id.*, I, 619, 3.

A l'exception de la *Physiognomia* aujourd'hui perdue et des *Economica* dont l'identification demeure hypothétique, tous ces traités, dont beaucoup avaient échappé aux éditeurs de Bâle et de Paris sont désormais connus. Il est vrai que trois d'entre eux : le *Compendium de opinionibus philosophorum circa Deum et animam,* le *de Consolatione parentum in obitu filii* et le *de Appetitu* avaient pu être éliminés, parce qu'ils étaient rédigés en langue vulgaire. Quant aux autres, qui pour la plupart ne sont que des dissertations relativement courtes, il faut croire que Ficin, qui n'avait aucune raison de les exclure du premier Livre de sa Correspondance, dans lequel nous trouvons certains d'entre eux et quelques autres du même genre les avait égarés quand il décida d'éditer ses Lettres. Il est d'ailleurs singulier de le voir mentionner dans cette liste de ses œuvres des essais qu'il n'avait pas publiés, alors qu'il en omet d'autres qui furent certainement rédigés à la même époque, puisqu'ils se trouvent dans ce même Livre de sa Correspondance [1]. Nous verrons s'il y a lieu d'interpréter son silence, mais présentement notre premier souci doit être d'établir la chronologie de ces divers essais pour voir en fonction des dates et des circonstances qu'ils nous révèlent, à quelle époque leur auteur aurait pu être envoyé à Bologne, et éventuellement déterminer la cause ou l'occasion de ce départ.

Mais au préalable il nous faut dire un mot de la *Physiognomie* et des *Économiques* pour tenter de dater le premier et d'identifier l'autre. La question de la date de la *Physiognomie* peut paraître hors de propos, puisque Ficin lui-même la cite avant ses *Institutiones.* Étant donné cependant que les autres essais sont cités sans qu'il soit tenu compte de la date de leur composition, il est fort possible que cet ouvrage qui devait sans doute autant à la médecine qu'à la philosophie ait été écrit après les *Institutiones.* Une lettre de Ficin qui fait allusion à ce traité, mérite en effet toute notre attention. D'abord, parce qu'elle se présente comme un « argument » de l'ouvrage, dont elle permet de soupçonner l'inspiration, et ensuite parce qu'elle est datée du 4 janvier 1458-1459 et qu'elle se résume dans une citation de Lucrèce [2]. Doit-on en

---

1. Outre le *de Virtutibus moralibus* (*Sup.*, II, 1) on trouve de nombreuses lettres ayant la même importance que les œuvres ici mentionnées : *De musica* (650, 4), *De memoria* (656, 3), *Laus philosophiae* (608, 2), etc.
2. *Sup. Fic.*, II, 86-87 : « Cupis que sunt humani corporis complexiones paucis tibi absolvam. Quod ut breviter perstringam quattuor esse scito priam corporum elementa, ignem, aera, aqua, terram. Ex his humanum corpus conflatum est. Verum in eo ipso ignis collera dicitur, aer sanguis,

conclure que la *Physiognomie* a été écrite en 1458? C'est fort possible et l'on pourrait alors supposer qu'à cette époque Ficin ne s'occupait plus exclusivement de Platon. Quant aux *Économiques*, s'il s'agissait, comme le suggère M. Kristeller [1], de la *Lettre à ses frères*, que nous avons précédemment étudiée, il suffirait de rappeler qu'elle est datée de 1455 pour l'exclure de notre démonstration. Mais à quoi bon émettre une telle hypothèse, puisque nous savons que Ficin qui a copié et commenté l'*Éthique à Nicomaque* et la *Politique* d'Aristote, a également commenté ses *Économiques* [2]. On dira qu'il n'a jamais fait allusion à ses commentaires de l'*Éthique* et de la *Politique*. Mais on peut se demander s'il n'entendait pas désigner tous ces commentaires sous un même titre. Quoi qu'il en soit, il est vraisemblable qu'il s'agit d'une œuvre antérieure à l'époque qui nous occupe, puisque le manuscrit des *Économiques* est daté de 1456. Nous n'en pourrions donc tirer aucune conclusion.

Après ces deux traités sur lesquels il nous est impossible d'apporter plus de précisions, il convient d'examiner conjointement trois essais qui se suivent dans le premier Livre de la Correspondance de Ficin et qui nous semblent étroitement liés, le *Dialogus inter Deum et animam theologicus*, le *de Justitia* et le *de Furore divino* [3]. Le premier, adressé à Michaele Mercati n'est pas daté. Préfaçant ce dialogue, Ficin rappelle à son ami le plaisir de

aqua flevema, terra melancolia... Lucretius quoque cum de his dissereret inquit :

> *Inque rebus aliis multis differre putandum est*
> *Naturas hominum varias moresque sequaces*
> *Quarum ego nunc nequeo cecas exponere causas*
> *Nec reperire figurarum tot nomina quot sunt*
> *Principiis unde hec oritur variantia rerum,*

(Lucrèce, III, 314-319).

Hec vero quoniam latissime a nobis in libro *de Phisionomia* disputata sunt, id nunc tibi velut argumentum quoddam ad eum librum esse volo. Vale pridie Nonas Ianuarias 1458-1459 ».

1. *Sup. Fic.*, I, CLXV, Dubia LXVI. Oeconomica. Hoc titulo qui legitur in catalogo primo epistolam ad fratres vulgarem indicari puto.

2. Nous avons déjà signalé le Mss. autographe Riccardian. 135 contenant l'*Éthique* (1 r-138 r) et les *Économiques* (156-161 r) avec tout un commentaire marginal. Quant au Mss. du *Politique*, que nous n'avons pu encore identifier, il est signalé par Salvini qui dit dans ses Notes que « tralle lettere originali di varii letterati a Piero Vettori » il en est une, datée de Rome 1547, de Lionardo Tanci « ove gli dice d'aver donato al Card. Ridolfi, di cui era al servizio La Politica d'Aristotile, scritta di mano di Marsilio Ficino e con alcune annotazioni illustrata ».

3. FICINI *Op. Oratio ad Deum theologica*, 609, 3. — *De Justitia*, 611, 2; *de Furore divino*, 612, 2.

leurs entretiens qui avaient « souvent pour thème des questions de morale ou de physique et le plus souvent de métaphysique »[1]. De plus notons que le ton de la lettre, sur laquelle nous aurons à revenir, témoigne de l'état d'une âme qui se réjouit d'avoir trouvé le chemin de la vérité. Enfin si la composition même de ce dialogue fait penser aux *Soliloques* de saint Augustin, l'inspiration platonicienne s'affirme très nettement. L'auteur écrit d'ailleurs : « J'ai lu dans notre *Platon* » et on peut se demander s'il n'avait même pas lu déjà Mercure Trismégiste. Le second essai, *de Justitia*, est la lettre adressée aux juristes Otto Nicholini et Benedetto Aretino et aux chevaliers Piero Pazzi et Bernardo Iunio. C'est sans doute après l'avoir lue que Caponsachi s'est cru autorisé d'écrire que Ficin « à vingt-quatre ans avait traduit *les Lois* de Platon à la demande d'Otto Nicholini et de Benedetto Accolti ». Effectivement Ficin commence sa lettre en disant : « Vous m'avez engagé à traduire en latin *les Lois* de Platon », mais en ajoutant : « Cosme m'avait également exhorté à le faire[2] », il dissipe du même coup l'équivoque qu'il venait imprudemment de créer et que Caponsachi n'a fait qu'entretenir. Nous avons, en effet, la liste des dialogues traduits par Ficin avant la mort de Cosme et il n'y a pas *les Lois*. Dès lors il faut supposer ou que cette lettre est postérieure à la mort de Cosme ou que ce n'est pas de la traduction des *Lois* qu'il est question. Or la première hypothèse ne résiste pas à l'examen, car l'un des destinataires de la lettre, Piero Pazzi, est mort

1. *Ibid.*, 609, 3 : *Marsilius Ficinus Michaeli Mercato Miniatensi dilecto conphilosopho suo.* « Saepe de moralibus naturalibusque una philosophati sumus, dilecte Michael, saepius de divinis, memini autem te saepenumero solitum dicere moralia usu comparanda ese, naturalia ratione quaerenda, divina a Deo oratione petenda. Legi etiam apud Platonem nostrum divina ob vitae puritatem revelari potius quam doctrina verbisque doceri. »

2. *Id.*, 611, 2. *M. F. Octoni Nicholino, Benedicto Aretino, viris consultis, Petro Pactio et Bernardo Iunio equitibus.* « Persuasistis mihi ut Graecas Platonis *Leges* latinas efficerem. Ad idem cohortatus est me etiam magnus Cosmus, itaque feci iam eo libentius quod arbitrabat civitati magis opus esse optimis viris consultis quam mercatoribus bonis aut medicis. » Il y a lieu de mentionner que dans une lettre, datée de Figline aux Ides Juin 1458 et adressée à Peregrino (Allio) « adolescenti ingenuo amico unico Frerrariae », Ficin fait également allusion aux *Lois* de Platon, en jouant sur le mot « peregrinus » : « Gratissimum mihi fuit proximis tuis litteris ammoneri abs te quod nemo plus ad me valet, ut a corporis valitudine diuturnum mihi ad philosophiam ministerium peterem. Idem quoque praecepit Peregrinus quidam Atheniensis philosophus sapientiam asserens esse temporis filiam. » — Cette lettre est la réponse à celle que lui avait adressée Peregrino avec la poésie :

O vetus ac fidum veri mihi pignus amoris
Marsilii Orestee cultor amicitiae.

Cf. *Sup. Fic.*, II, 85 et 205-209.

le 30 août 1464, donc quelques mois avant Cosme de Médicis.
Par conséquent il ne s'agit pas des *Lois* et cela ne nous étonne qu'à
demi, car dans la liste des Dialogues présentés à Cosme, nous
trouvons le *Minos* avec le sous-titre *de Lege* et en lisant sa lettre
qui a pour titre *Lex et Justitia* on ne tarde pas à se rendre compte
que c'est la traduction du *Minos* qui l'a inspirée.

Au surplus il est certain que Ficin à vingt-quatre ans ou dans sa
vingt-quatrième année, donc en 1457-1458, était bien incapable
de traduire les douze Livres des *Lois* et nous verrons qu'il avait
autre chose à faire. A une première erreur, dont on pourrait l'excuser, puisqu'elle reposait sur un texte, Caponsachi en a donc
ajouté une autre, qu'il faut éliminer, ce qui sera relativement
facile si l'on peut en déterminer la source. La lettre *de Justitia*
précédant dans la Correspondance de Ficin son *de Furore divino*,
qui est daté de décembre 1457, il est fort possible que Caponsachi
en ait conclu que la susdite traduction était de la même année.
C'était en fait assez logique, car en principe lorsqu'un auteur édite
lui-même sa Correspondance son premier soin devrait être de classer
ses Lettres dans l'ordre chronologique. En fait il ne semble pas
que cet ordre ait toujours été respecté. Mais il est si étrange de
trouver cette unique lettre datée de 1457 dans cette Correspondance, qu'on peut se demander si l'erreur initiale n'est pas dans
la date attribuée au *de Furore divino*, car ces trois essais qui se
suivent supposent chez leur auteur la connaissance de textes que
Ficin n'avait certainement pas lus en 1457. Dans le *Dialogue théologique*, il dit lui-même : « J'ai lu dans notre Platon », le *de Justitia* suppose une connaissance directe du *Minos* et du *Protagoras*
et bien que le *de Furore divino* se fonde surtout sur le *Phèdre* et
le *Phédon* que Ficin connaissait dans la traduction de Bruni, sa
référence à Mercure Trismégiste et surtout à Orphée, dont il
résume un des *Hymnes* intrigue quelque peu. Est-ce que cette
date de 1457, qui manque d'ailleurs dans plusieurs manuscrits,
n'est pas une erreur du copiste, qui aurait pu fort bien substituer
MCCCCLVII à MCCCCLXII? Ce n'est qu'une hypothèse. Mais nous
verrons qu'en 1462 Ficin était occupé à traduire les Hymnes
d'Orphée et qu'il était dans les environs de Figline, où le *de Furore
divino* a été rédigé. Dans l'hypothèse, comme l'avait logiquement
supposé Caponsachi, les trois essais seraient bien dans l'ordre
chronologique, mais se verraient reportés en 1462 et de ce fait
n'auraient présentement pour nous qu'un intérêt relatif. Toutefois, tant que notre hypothèse ne sera pas vérifiée, nous devons
nous en tenir à la date donnée, donc admettre que le *de Furore
divino* est de décembre 1457 et que les deux autres essais sont vrai-

semblablement de 1462. Pour les autres, nous avons des dates ou à défaut des points de repère suffisants.

Reprenant la liste établie par Ficin, nous trouvons tout d'abord dans l'ordre chronologique le *de Magnificentia*, qui est une lettre adressée le Ier juin 1457 à Antoine Canigiani. Mais en fait, comme il s'agit plutôt d'un essai sur les vertus, l'auteur lui-même devait bientôt lui donner pour titre *de Virtutibus moralibus* [1]. Vient ensuite le *de Voluptate* [2], véritable traité également dédié à Antoine Canigiani et qui devrait faire suite au *de Furore divino*, puisqu'il est daté du 30 décembre 1457 et qu'il fut écrit à Figline. Un mois plus tard, le 24 janvier 1457-1458, nous trouvons en langue vulgaire, une longue lettre à Francesco Capponi, qui est devenue le *Compendium de opinionibus philosophorum circa Deum et animam* [3] et, bien qu'elle ne soit pas datée, nous y ajouterons la lettre à Clemente Fortino, qui a pour titre *de Quatuor sectis philosophorum* [4], qui témoigne du même esprit et de la même méthode que l'essai précédent.

D'un bond, nous passons ensuite au 25 mars 1460-1461 avec le *de Appetitu* [5], lettre adressée à Leonardo di Tone Pagni, puis au *de Consolatione parentum in obitu filii* [6], écrit le 18 août 1462, pour la mort de son frère Anselme et nous terminons avec les deux derniers essais : le *de Felicitate* et l'*Oratio ad Deum theologica*, qui ne sont pas datés, mais dont le contexte nous éclaire suffisamment.

Nous avons trois lettres « *sur la Félicité* » : deux adressées à Cosme de Médicis, la troisième à son petit-fils Laurent. Les deux

1. *Sup. Fic.*, II, 1 : *M. F. Antonio Canisiano s. d.* « Cum sepe mecum egissem ut aliquid de his que ad mores pertinent virtutibus ac praesertim de magnificentie laudibus brevi quadam coligerem, commodius me id effecturum arbitratus sum... »

2. FICINI *Op.*, I, 986-1012 : *Marsilii Ficini Florentini adhuc adolescentis liber de Voluptate ad Antonium Canisianum, civem Florentinum.*

3. *Sup. Fic.*, II, 128-147 : *Marsilio Fecino di Dio et anima ad Francesco Capponi adi' XXIIII di Gennaio MCCCCLVII/LVIII.*

4. *Sup. Fic.*, II, 7-11 : *Marsilius Ficinus Clementi Fortino s. d.* — « Tria sunt, mi Clemens, que faciunt, ut aliquid de diversis philosophorum opinionibus ac sententiis breviter ad te scribam... Petieras enim ut e plurimis disciplinis philosophorum quatuor illarum que notiores sunt instituta quedam brevi sermone perstringerem. Sunt autem he discipline Academicorum veterum, Peripateticorum, Stoicorum, Epicureorum. Academicorum autem veterum princeps extitit Plato Atheniensis quem haud scio virumne sapientem an deum potius dixerim. »

5. *Sup. Fic.*, II, 158-161. — *Epistola di Marsilio Ficini dell' Appetito a Lionardo di Tone Pagni facta a di' XXV di Marzo MCCCCLX/LXI.*

6. *Sup. Fic.*, II, 162-166. *Epistola di Marsilio Ficino a suoi propinqui della morte di Anselmo suo fratello dilectissimo.*

premières, qui pratiquement n'en font qu'une [1], sont certainement de 1464, puisque l'une d'entre elles est datée de janvier
1463-1464. Quant à la troisième [2], sans date, elle n'est certainement
pas antérieure à 1474, car nous y retrouvons trait pour trait l'essentiel du poème l'*Altercazione*, composé cette même année par
Laurent de Médicis. Au reste cette lettre se trouve dans les dernières pages du premier Livre de la Correspondance de Ficin et ce
Livre s'achève sur les lettres datées de 1475. On peut évidemment se demander, puisqu'il y a en fait trois *de Felicitate* si c'est
à cette dernière lettre que se réfère Ficin. C'est très vraisemblable,
car l'*Oratio ad Deum theologica* [3], dont nous avons une version en
vers saphiques, est également étroitement liée à l'*Altercazione* et
comme elle fait suite dans la Correspondance à ce dernier *de Felicitate*, on peut en inférer que ces deux essais sont de la même
époque. Ainsi, nous en tenant aux divers essais que nous avons
datés de 1457, nous pourrions conclure qu'après ses *Institutiones
platonicae*, Ficin a poursuivi ses études platoniciennes, faisant,
au gré des circonstances et à la demande de ses amis, le bilan
de ses connaissances. Nous savons même que c'est d'un séjour
qu'il fit à Campoli, chez Jean Canigiani, pendant l'été de 1457,
que sont nés au moins le *de Voluptate* et le *Compendium de opinionibus Philosophorum circa Deum et animam*. Jean Canigiani
n'était pas un philosophe, mais il avait mérité l'estime et la sympathie des humanistes. Landino loue son patriotisme et Ficin
déclare qu'il est « homme d'une haute prudence et ami des philosophes [4] ». Au reste il avait été proviseur du Studio en 1456,

1. La première publiée dans *Sup. Fic.*, I, 37-38, n'est qu'une première
rédaction de la seconde, qui se trouve dans la Correspondance. FICINI *Op.*,
608, 2. L'une et l'autre ont pour thème un passage de l'*Euthydème*, 278 e.

2. FICINI *Op.*, I, 662-665 : *Marsilius Ficinus Laurentio Medici viro
magnanimo*. « Cum ego ac tu nuper in agro Charegio multa de felicitate ultro
citroque disputavissemus, tandem in sententiam eandem duce ratione convenimus. Ubi tu novas quasdam rationes, quod felicitas in voluntatis potius
quam intellectus actu consistat, subtiliter invenisti. Placuit autem tibi ut
tu disputationem illam carminibus, ego soluta oratione, conscriberem. Tu
iam eleganti Poemate tuum officium implevisti, ego igitur nunc, aspirante
Deo, munus meum exequar quam brevissime. »
Opere di Lorenzo de Medici, éd. A. SIMIONI, Bari 1913-1914, II, p. 35-70.
Cf. V. ROSSI, *Il Quattrocento*, Milano, 1933, p. 346. E. RHO, *Lorenzo il
Magnifico*, Laterza, 1926, p. 150.

3. FICINI *Op.*, I, 665, 2 : *Oratio ad Deum theologica a Bernardo Oricellario*.
— Rédaction en vers saphiques : *Sup. Fic.*, I, 40-46.

4. C. LANDINO, *Dante*, Venise, 1564. *Apologia nella quale si difendi Dante
e Fiorenza da falsi calomniatori...* « Et ne gli ultimi tempi Giovanni Canigiani,
cavaliere fiorentino, huomo amantissimo della patria e di consiglio molto
maturo e provido. »

mais il eût sans doute passé pour nous inaperçu si son fils Antoine
n'avait été l'ami de Ficin [1]. L'invitation à Campoli devait pour ainsi
dire consacrer cette amitié et lui faire porter des fruits. A n'en
pas douter Antoine Canigiani était platonicien. La place que Landino lui réserve dans ses *Disputationes Camaldulenses* [2] en est la
preuve et nous aide à recréer l'atmosphère qui déjà régnait à
Campoli en cet été 1457. Ficin lui-même ne nous cache pas les
circonstances dans lesquelles est né son *Compendium*. « Je me trou-
vais, dit-il, près d'un ruisseau, à l'ombre, lisant un livre de Platon
sur la nature divine et humaine. » C'est alors que Canigiani lui
ayant demandé de quelle matière traitait le livre qu'il avait en
mains, un dialogue s'engagea entre eux, Ficin s'efforçant de démontrer à son interlocuteur, en usant de la maïeutique socratique,
qu'il pouvait savoir même ce qu'il n'avait pas appris en cette vie [3].
Ficin à cette époque restait donc passionné de philosophie platonicienne. Au demeurant la métaphysique n'était pas l'unique
objet de leurs entretiens. Il faisait si bon vivre à Campoli qu'on
vint un jour à parler du plaisir. C'était un thème sur lequel tout
philosophe se devait de prendre position. Depuis que Valla avait
exposé ses idées sur ce sujet, ce problème aussi complexe que délicat
avait troublé bien des consciences et appelait une solution sans
équivoque. Dès son retour à Figline, Ficin entreprit donc une
étude méthodique de la question et c'est de ces conversations et
de cette étude qu'est né le *de Voluptate*, qui tout naturellement
devait être dédié à Canigiani [4].

Ce traité est pour nous des plus précieux, puisque, mis à part
les quelques essais que nous avons signalés, toutes les œuvres de

---

1. *Sup. Fic.*, II, 329.

2. C. LANDINO, *Disputationes Camaldulenses*, f. 2 v. : « ...percepimus paulo
ante nos Laurentium Medicem cum Iuliano fratre eodem venisse duxisseque
secum ex urbe nostra Alamanum Rinuccinum, Petrum ac Donatum Acciaiuo-
los, Marchum Parenthium et Antonium Canisianum viros litteratissimos et
qui cum a primis annis vim copiamque dicendi exactissima arte et longa
exercitatione consecuti essent, vehementi deinceps ac diuturno studio
maximos in philosophia progressus fecerant ».

3. *Cod. Laur. Plut.*, XXVIII, 9, p. 71 : « Essendo la state preterita a
Champoli villa di Giovanni Chanigiani huomo di somma prudenzia e amatore
de philosophia, mi trovasti un di appresso d'un fiumicello allombra con un
libro di Platone nostro el quale tractava della divina et humana natura.
Allora da te dimandato ti risposi di che materia Platone in chesto libro trac-
tassi... » *Sup. Fic.*, II, 129.

4. FICINI *Op.*, I, 986, *de Voluptate*, Proemium : « Memini cum adessem
una tecum in Campolitano vestro, et cum regionis illius praecipua amenitate
tum variorum pomorum quibus ea villa imprimis abundat suavitate duce-
remur, nos in voluptatis disputationem incidisse, quam ipse a me requi-
sisti et cum primum daretur ocium literis traderem. »

la jeunesse de Ficin ont disparu. En le lisant on se rend compte de sa formation et on peut même se demander s'il n'a pas déjà tiré la leçon de l'échec de ses *Institutiones platonicae*. Rien n'est plus curieux, par exemple, que de le voir devant un si grave problème se refuser à prendre position : « J'ai décidé, dit-il, de suivre la méthode des Académiciens et des Socratiques qui, au lieu d'affirmer comme le font les Péripatéticiens et les Stoïciens, ou de douter comme les Sceptiques, se contentent de rapporter sur le sujet traité les diverses opinions et leurs arguments, et de choisir après les avoir comparées celle qui leur paraît la plus probable, car, poursuit-il, Platon que je suis et vénère comme le dieu des Philosophes, défend à ceux qui sont encore jeunes de donner leur avis sur quoi que ce soit, pour nous éviter, ce qui arrive souvent aux jeunes, de renier plus tard, quand ils ont un jugement plus sûr, ce que nous aurions démontré à cet âge et d'adopter une attitude contraire [1]. » Il faut reconnaître néanmoins que s'il expose objectivement les opinions des différentes écoles sur le plaisir, il n'hésite pas à critiquer Aristote, tout en cherchant à concilier sa pensée avec celle de Platon. Il se refuse d'ailleurs à le confondre avec les Péripatéticiens pour lesquels il se montre sans pitié. C'est même à Aristote qu'il emprunte ses arguments pour répondre à des hommes comme Eudoxe et Aristippe [2]. Au demeurant on est quelque peu surpris de le voir citer Lucrèce avec complaisance et de ne point réfuter l'opinion des Épicuriens. Serait-ce qu'il aurait cédé au charme de l'auteur du *de Natura rerum?* On est en droit de se le demander, et certains n'ont pas craint de l'affirmer, puisqu'à la lumière de ces textes ils ont même été jusqu'à parler de l'épi-

---

1. Ficini *Op.*, I, 986, *de Voluptate*, Proemium « Tria sunt disserendi genera... Tria vero sunt ut hinc potissimum exordiamur apud Philosophos disserendi genera. Unum quo certam aliquam quaestionis partem disputando defendimus atque approbamus, ut Peripatetici ac Stoici effecere. Alterum quo quaestione proposita diversas, ad id, quod quaeritur sententias rationesque referimus, ut propositis pluribus invicemque collatis, quid ex iis probabilius verisimiliusque appareat eligamus, quo Academici ac Socratici pene omnes utebantur. Tertium vero, genus Scepticorum maxime proprium est... » — *Ibid.* : « ...Ego igitur ex iis omnibus Academicorum Socraticorumque, in disserendo rationem hoc tempore proponendam mihi decrevi. Etenim Plato, quem tanquam philosophorum Deum sequimur atque veneramur, vetat eas, qui adhuc in tenera aetate constituti sunt, suam aliqua de re sententiam afferre, ne ut in junioribus saepe accidit, quod primis annis maxime probaverimus, id maturiori deinde aetate et graviori judicio revocandum et in contrariam sententiam convertendum sit. »
2. *Ibid.*, p. 1005, cap. XIII : Rationes Aristotelis contra Aristippum et Eudoxum de voluptate probant voluptatem mentis potiorem esse corporis voluptate.

curisme de Ficin [1]. Le propos de prime abord ne semble pas devoir retenir l'attention. Cependant il ne faut pas oublier qu'à une époque, que nous voudrions pouvoir préciser, Ficin a commenté Lucrèce. Mais apparemment une autre tâche le sollicite : il doit rédiger pour Francesco Capponi le résumé de leur fameux entretien et puisqu'il avait eu pour thème la nature divine et la nature humaine, il rédigea son *Abrégé de l'opinion de tous les Philosophes sur Dieu et sur l'homme.*

Comme son titre l'indique, cet essai est avant tout une nomenclature, qui se veut complète, des opinions des Grecs et des Latins, et nous pouvons juger de l'érudition de son auteur puisqu'il ne cite pas moins de cinquante opinions sur Dieu et soixante-dix sur l'âme [2]. Nombre de ces définitions sont évidemment empruntées à Diogène Laerce, Cicéron ou Macrobe, mais il ne s'en est pas tenu à ces sources traditionnelles. Il cite aussi Augustin, Thomas d'Aquin, Boèce, David de Dinant, Jean de Jandun et réserve une place à part à Mercure Trismégiste dont il commente en douze points la fameuse définition qui devait faire fortune : « Dieu est un cercle dont le centre est partout et la circonférence nulle part [3]. »

---

1. *De Voluptate*, p. 1003 (LUCRÈCE, 1057-1060), p. 1009 (II, 402-408), p. 1010 (II, 963-967), (II, 426-431), p. 1012 (II, 14-20). — Cf. F. GABOTTO, *L'Epicureismo di Marsilio Ficino, Rivista di filosofia scientifica*, X (1891), p. 428.

2. *Sup. Fic.*, II, p. 129 : « Io allora per monstrarti che lo 'ngegno umano secondo l'opinione platonica per naturale o vero divino lume in se contiene cognitione innata di tutta l'universa natura, cominciai con diligentia et lungo ordine a domandarti, come soleva fare Socrate, in vari modi et diversi e tritamente, che natura credessi che Iddio e anima contenessi, et per differenti modi d'interrogationi trovai finalmente potere nell'uomo tanto il lume del proprio ingegno che buona parte di quelle che di queste nature Platone disputa per proprio intellecto et fantasia mi rispondesti. Et aggiungendo alle mie varie questioni diversi modi di rispondere in lungo processo di parlare ti venne tocco l'opinione di Dio e anima di piu che dieci filosofi... Ma perche il tempo non lo concesse tu al presente desideri, che quello che resto a dire, riduca in brevita discorrendo etiam l'opinione degli altri filosofi di che tractammo. »

3. *Ibid.*, p. 133 : « E per manifestarti meglio e Platonici sensi, parmi da dichiarere in brevita, in che modo Mercurio Egiptio la divinita discriva. Imperoche benche Mercurio molti secoli fussi inanzi a Platone in terra stato, niente di meno sono questi due lumi in modo conformi che pare veramente el Merchuriale spirito nel pecto Platonicho transformato. Disse adunque Merchurio : Dio e sopra intelligibile il chui centro e in ogni locho la circumferenza in nessuno et benche paia la mia arrogantia e temerita che io in tenera eta pigli a dichiarare tanto scuro enigma et velame da nessuno in tanti secoli che io abbia letto mai exposto, niente di meno l'amore in verso di te e tanto che mi constrigne a qualunche ardua et difficile materia per te tentare. »

Mais, là encore, il reste prudent dans ses conclusions : « Quand je serai moins occupé, dit-il à son correspondant, je rétracterai ces opinions que j'ai exposées brièvement, réfutant les unes et confirmant les autres, de telle façon que tu seras, j'espère, satisfait en grande partie. » Et il ajoute : « En attendant, fais bien attention et réfléchis avant de faire ton choix et si tu dois adopter l'une de ces opinions, je te conseille de suivre celle que tu aimes depuis le plus longtemps [1]. » Il faut avouer que, sur des problèmes comme celui de Dieu et de l'âme, un tel langage paraît étrange de la part d'un platonicien. Il n'est pas possible qu'il ait écrit ses *Institutions* dans cet état d'esprit. Dès lors on se trouve devant l'hypothèse d'une crise de conscience ou du moins d'une influence nouvelle qui, même si elle n'a pas altéré sa vénération pour Platon l'a profondément troublé. En se reportant au *de Voluptate* on peut donc légitimement se demander si ce n'est pas à cette époque qu'il aurait commenté Lucrèce. Désormais la chose n'est plus douteuse. Les lettres du manuscrit de Plaisance vont nous permettre de le démontrer d'une manière irréfutable [2].

C'est à la fin de sa vie que Ficin devait un jour révéler qu'il

---

1. *Ibid.*, p. 147 : « Queste oppinioni, amico dilectissimo, le quali con brevita occorse, quando saro meno occupato ritractero, molte confutando e confermando l'altre, in modo che forse in buona parte ti sara satisfatto. In questo mezzo guarda bene e considera prima che ad alcuna di queste tu acconsenta e seppure desiderassi a qualcuna delle parti accomodare la mente, confortoti che ti accosti a quella della quale tu se'piu lungo tempo istato amicho. »

2. Ces lettres, découvertes par KRISTELLER (II, 81-87), se trouvent dans le Codex *Landi 50* décrit au *Catalogo dei manoscritti della Bibliotheca Comunale di Piacenza* par BALSAMO, T. I, p. 28. — On y trouve de Ficin le *de Voluptate*, p. 56-96 v.; le *de Virtutibus moralibus*, p. 97-101; le *de quatuor sectis philosophorum*, p. 101 v.-104; le *de furore divino*, p. 104 v.-103 v.; une *Epistola ad Peregrinum Allium*, 109 v.-110 r.; une *Epistola ad Antonium Miniatensem*, 110; une *Epistola Francisci Patricii ad Ficinum* 111; une *Epistola ad Michaelem Miniatensem*, 111 v.; une *Epistola ad Petrum Pactium*, 112; une *Epistola ad Antonium Seraphicum*, 113; une *Epistola ad anonymum*. Sur la première page du manuscrit se lit la mention suivante : « Antonius Moralis seraphicus philosophus excellentissimus, ut pote cujus codex olim fuit. » — De toutes ces lettres, seule a été publiée par Ficin (FICIN *Op.*, I, 619, 2) celle du f. 110 v., adressée à Franciscus Miniatensis qui n'est autre qu'Antonius Seraphicus, propriétaire du manuscrit. — Que le manuscrit soit contemporain des textes qu'il contient, nous en avons la preuve dans l'appréciation du copiste sur le *de Voluptate* et le *de furore divino*. Nous lisons 96 v. : « Marsilii fighlinensis liber de voluptate finem habet juventutis sue latinis hominibus munus haud exiguum, ex quo profecto licet animadvertere, qualia sint cetera sua sequentis temporis futura » et p. 104 v. : « Marsilii Fecini juvenis quidem sed cana scientia prestantissimi opusculum de divino furore. »

avait composé sur le *de Natura rerum* de petits commentaires.
Mais le souvenir en était vague et nous n'étions plus à même d'en
juger. « Comme les Pythagoriciens ont autrefois veillé, disait-il,
à ne pas livrer les choses divines aux profanes, j'ai, moi-même,
toujours pris soin de ne pas divulguer les choses profanes, à tel
point que je n'ai même pas voulu conserver les petits commentaires
(commentariola) de Lucrèce que j'avais composés, je ne sais comment, alors que j'étais encore jeune. Comme Platon avait fait
pour ses élégies et ses tragédies, je les ai donc livrés à Vulcain,
et pour justifier son geste, il ajoute, comme dans le *de Voluptate* :
« Platon dit que souvent un âge plus avancé et un examen plus
méticuleux condamnent ce que la légèreté juvénile a approuvé
sans réfléchir ou du moins n'a pas désapprouvé comme elle l'aurait dû [1]. »

Ce témoignage était précieux, mais jusqu'à présent ne nous
laissait aucun espoir, puisque le feu devait avoir réduit en cendres
tous ces « petits commentaires ». Or, sur les six lettres jusqu'alors
inconnues que contient le manuscrit de Plaisance, quatre nous
prouvent qu'à la fin de 1457 Ficin étudiait Lucrèce et elles sont
même si explicites que l'on peut certainement les considérer
comme la synthèse des troublants « commentariola » dévorés par
Vulcain.

La première de ces lettres adressée au fidèle Mercati a été écrite
à Florence le 15 octobre 1457. L'auteur lui-même la présente
comme un « court argument » *(perbreve argumentum)* sur ce que
Lucrèce pensait des choses humaines soumises à la Nature-Mère
et le contexte nous révèle qu'elle faisait suite à une autre épître
dans laquelle il avait exposé les théories du même auteur sur la
nature et les mouvements de l'âme [2]. La seconde, datée de Figline,

---

1. FICINI *Op.*, 933, 3 : « ...ne forte lectores ad priscum deorum daemonumque cultum iamdiu merito reprobatum revocare viderer, quantum
enim Pythagoricis quondam curae fuit, ne divina in vulgus ederent, tanta
mihi semper cura fuit, non divulgare prophana, adeo ut neque commenta-
riolis in Lucretium meis, quae puer adhuc, nescio quomodo commentabar,
deinde pepercerim haec enim sicut et Plato tragoedias elegiasque suas
Vulcano dedi. Maturior enim aetas exquisitiusque examen, ut inquit Plato,
saepe damnat quae levitas iuvenilis vel temere credidit, vel saltem ut par
erat reprobare nescivit. Periculosius vero est, ut Plato inquit, noxias opiniones imbibere quam venenum pessimum divulgare. »

2. *Sup. Fic.*, II, 81 : *Marsilius Ficinus Michaeli Miniatensi.* « Accipe
nunc optime mi, quod a me diuturno desiderio requirebas, perbreve quoddam
in Lucretii philosophiam argumentum, quo illa potissimum que de rebus
humanis philosophis ille sensit intelligas. Eius namque de nature principiis
animeque motibus opinionem alia quadam epistola, ut te non latet, absolvimus..., » Florentiae, Idibus, Octobris 1457.

le 29 novembre de la même année et adressée à Serafico, que nous savons l'ami de Mercati, traite, toujours d'après Lucrèce, de la nature de Dieu [1]. La troisième, que l'on peut également dater de Figline et qui est de janvier 1457-1458, est celle que nous avons déjà citée et dans laquelle Ficin fait allusion à sa *Physiognomie*, en conseillant à son correspondant, qui est sans doute l'un des deux précédents, de lire Lucrèce s'il veut s'instruire du problème des tempéraments qui est le thème principal de son traité [2]. La quatrième, adressée à Piero Pazzi, n'est pas datée, mais le fait qu'elle reprend l'exposé de la première sur la Nature-Mère vaut une date et les conclusions que l'auteur en tire en transposant le problème sur le plan personnel sont pour nous du plus haut intérêt [3]. Enfin une lettre de Mercati à Serafico qui est datée de février 1459 et dans laquelle il est fait allusion à de « substantielles lettres » que Mercati voudrait bien lire, pourrait fort bien se rapporter à cette période quelque peu trouble de la vie de leur cher Marsile, qui n'avait point de secrets pour eux [4]. Mais sans nous attarder présentement sur la teneur de cette lettre, nous en savons assez désormais pour affirmer que c'est bien en cette fin d'année 1457 que notre auteur a commenté Lucrèce.

Il est peut-être téméraire de considérer ces lettres comme des éléments des « commentariola », cependant bien des indices nous portent à le croire. D'une part nous savons, en effet, que Ficin n'hésite pas à donner un titre à ses lettres et à les mentionner comme si elles étaient de véritables traités, et d'autre part le caractère qui doit correspondre à la notion de « commentariolum » apparaît nettement dans le contexte de ces lettres où l'auteur s'excuse souvent d'être si bref, invoquant tantôt la manière de

---

1. *Sup. Fic.*, II, p. 112 : *Marsilius Antonio Serafico.* « Petis quid a Democriitis Epicureisque philosophis summum bonnum hominis judicetur queque ad id brevior atque aptior via ferre nos possit. Est igitur ut ad rem veniam apud eos philosophos vite mortalium finis ille quem omnes summopere cupiunt. Omnes autem magnopere quietem ac tranquillitatem expetere nemo dubitat. Atque ideo Lucretius ille noster Epicureorum philosophorum clarissimum nihil aliud desiderare naturam disseruit nisi :

> *Corpore sejunctus dolor absit mente fruatur,*
> *Iocundo sensu cura remota metuque,*
> *Ergo corpoream ad naturam pauca videmus,*
> *Esse opus omnino que demant cumque dolorem.*
> (LUCRÈCE, II, 18-22).

Il y a lieu de substituer au mot « mente » du manuscrit, « mensque ».
2. *Id.*, II, 86-87. Voir p. 214, n. 2.
3. *Id.*, p. 111. Voir p. 229, n. 2.
4. *Id.*, II, 259. Voir p. 232, n. 1.

Lucrèce, tantôt la nécessité de ne point divulguer une telle doctrine [1]. Enfin le fait que ces lettres, qui manifestement n'étaient pas les seules, n'ont point trouvé place dans sa Correspondance, prouve bien qu'il avait brûlé toutes celles qu'il avait pu récupérer, ou dont il avait gardé copie, et que seules ont échappé à Vulcain celles que Serafico avait pris soin de copier lui-même.

En tout état de cause, nous voilà du moins fixés sur l'emploi de son temps pendant l'année 1457. Ses *Institutiones platonicae* étant achevées et présentées à Landino, il écrit son essai *Sur les Vertus morales* et se rend à Campoli pour y passer l'été dans la villa de Canigiani. Là, les sujets les plus divers sont abordés en d'amicales et savantes conversations, et à la demande de ses interlocuteurs, il résume leurs entretiens dès son retour à Florence ou à Figline. Puis, alors que nous le pensions voué tout entier à son cher Platon, nous le trouvons occupé à commenter Lucrèce et, qui plus est, avec une complaisance pour le moins inattendue. Certes le *de Natura rerum* est un de ces chefs-d'œuvre qui ne cesseront jamais d'étonner et de séduire et il ne faut pas oublier que ce poème, si précieux pour les philosophes de tous les temps, avait été « rendu à la lumière » par Pogge et que cette « découverte » avait suscité une légitime curiosité [2]. Mais si nous sommes d'accord pour déclarer avec Ficin que « Lucrèce est le plus brillant des philosophes épicuriens [3] », nous sommes surpris de l'entendre dire « notre Lucrèce » et de le voir interpréter la doctrine d'Épicure comme « le pain délicieux des fils qu'il ne faut pas donner aux chiens [4] ». C'est évidemment un des mérites de la Renaissance, d'avoir rendu justice à Épicure, en détruisant la légende qui en faisait le maître incontesté et le parfait modèle des libertins. Mais

---

1. *Id.*, I, 81. Lettre à Mercati : « Haec si breviora forte videantur, meminisse te velim quid Epicureus iste ad Hennium scripserit ». Il cite Lucrèce, I, 402-409. — *Ibid.*, 83 : Lettre à Seraphico : « Quod cum te iam pro nostra consuetudine intelligere putem, nequaquam vulgo aperiam ».

2. R. SABBADINI, *Le Scoperte dei Codici Latini e Greci ne secoli XIV et XV*, Firenze, Sansoni 1914, p. 190. — G. VOIGT, *op. cit.*, éd. Valbusa, I, p. 242. Giunte e correzioni G. ZIPPEL, p. 11 : « Suivant P. DE NOLHAC (*Pétrarque et l'Humanisme*, p. 134), Pétrarque et Boccace connurent Lucrèce seulement par Macrobe. Jean de Montreuil le cite également de seconde main et Salutati ne connut pas le *de Rerum Natura* (*Epistolario*, éd. NOVATI, III, p. 455).

3. *Sup. Fic.*, II, 82 : « Lucretius ille noster Epicureorum philosophorum clarissimus. » Déjà dans le *de Voluptate*, chap. XII (*Op.*, p. 1033), il nomme Lucrèce « Epicureus nobilis ».

4. *Sup. Fic.*, II, 82 : « Nequaquam vulgo aperiam ne suavissimus filiorum panis quod sapiens ille monet, canibus detur. »

qu'il s'agisse de Valla et surtout de Landino, qui paraîtra moins suspect, la réhabilitation d'Épicure se limite à l'intégrité de sa vie et à la valeur morale de sa doctrine [1]. Or, pour Ficin, qui fut sans doute amené à lire Lucrèce en poursuivant son enquête sur le plaisir, cette morale implique une métaphysique qui l'a un instant retenu, engendrant en son âme une inquiétude et un pessimisme qu'il ne cherche pas à dissimuler. A Mercati comme à Piero Pazzi, il dira que la Nature, mère et sépulcre de tous les hommes, vend ses enfants dès qu'ils ont vu le jour à des maîtres insatiables et ingrats, que toute vie, de ce fait, est servitude et que, même si nous avons la chance d'être livré à un maître relativement bon, nous ne pouvons pas être heureux, car il n'est de bonheur réel que dans la liberté [2]. La lettre à Serafico est volontairement plus obscure, mais n'offre pas de meilleures perspectives. Commentant les vers de Lucrèce dans lesquels il est dit que la Nature ne réclame pour le corps que l'absence de douleur et pour l'esprit un sentiment de bien-être qui exclut toute inquiétude et toute crainte, il en conclut que le corps a besoin de bien peu de choses et que tout ce qui peut supprimer la douleur est capable de lui procurer du

---

1. Cf. G. SAITTA, *Filosofia italiana e umanesimo*, Venise, 1928. *La Rivendicazione d'Epicuro nel umanesimo*. — LANDINO, *Disputationes Camaldulenses*, p. 33-34 : « De Epicuro vero atheniensi quo nullum in voluptate defendenda acriorem patronum fuisse credunt quid dicam nescio... Nam in suis, idest, ratis opinionibus cum de summo bono loquitur, nihil se habere affirmat, quo quidem bonum intelligat, si quae aut ex saporibus aut venerea re voluptates proveniunt, et quae ex formae venustate blandiuntur ab eo auferantur. In epistola autem ad Hermanum tanti virtutem facit, ut in maximis corporis cruciatibus, in quibus ipse summum malum ponit se beatissimum tamen et conscientia recta factorum audeat dicere. Aliquando autem de voluptate ita loquitur, ut animi potius voluptatem quum eam quae e sensibus est intelligere videatur. Nonnumquam non voluptatem, sed indolentiam in bonis ponit. Si autem ad vitam et mores hominis respicias plurima invenies summa laude prosequenda. Quin si de deo recta sensisset, nihil reperias in suis actionibus quod non posset iure laudari. » — *Ibid.*, p. 48 et 55.

2. *Sup. Fic.*, II, 81. — *Michaeli Miniatensi* : « Genetrix una eademque omnium commune sepulcrum natos omnes statim genitos vendit. Tres vero domini sunt qui emunt, mitis unus, acer alter, amens postremus, inexplebiles universi. Premium servitutis idem speratur de omnibus, a nemine capitur. Beatum est id quod est liberum. Qui servit nemo, beatus. Fortunatus tamen qui miti domino servit, miser, qui acri, miserrimus, qui amenti. Unum est quod demum servitute liberat universos. Unius dumtaxat natura mater est, duorum vero noverca. Omnis ergo vita servitus est. Cum vero prima nascendi sorte servi cuncti simus, plurimum tamen interest, quali quisque domino serviat. » — KRISTELLER, II, p. 81. Cette définition de la nature est empruntée à Lucrèce (V, 259) :
Omniparens eadem rerum commune sepulcrum.

plaisir [1]. Mais immédiatement après il dit à son correspondant que dans la vie nous avons deux amis, quatre ennemis, et que ceux qui sont indifférents à notre bonheur sont légion. Sans doute s'agit-il d'un état de fait qui tend à démontrer à Serafico combien il est difficile d'assurer sa tranquillité, mais la conclusion n'en est pas moins claire. C'est Épicure qu'il faut suivre, puisque, comme le dit Lucrèce, « par les vérités qu'il nous révéla, il purifia les cœurs, fixa les limites du désir et de la crainte, nous fit connaître la nature du souverain bien auquel nous aspirons tous et nous montra la voie la plus courte et la ligne la plus droite pour y parvenir [2] ».

Il est vrai qu'un mois auparavant, après lui avoir brillamment esquissé le portrait du sage, il lui avait dit que le secret du bonheur appartient à celui qui marche sur les traces de Socrate et du Christ, qui mettaient en pratique leur philosophie, mais en dépit de cette référence platonicienne et chrétienne, l'inspiration de la lettre n'est pas douteuse. « Le sage, dit-il en effet, est celui qui vit joyeux au milieu des calamités, qu'aucune crainte ne glace, qu'aucune douleur ne torture, qu'aucun plaisir ne corrompt, qu'aucune passion n'enflamme, celui qui, au milieu des épines les plus touffues, sait cueillir des fleurs suaves et magnifiques, celui qui dans la fange sait trouver des perles, celui qui voit clair dans les ténèbres, celui qui, enchaîné et entravé, court comme s'il était libre et détaché, celui, enfin, qu'effleure un souffle divin [3]. » A qui douterait

---

1. *Sup. Fic.*, p. 83 : « Omnes autem magnopere quietem ac tranquillitatem expetere nemo dubitat. Atque ideo Lucretius ille noster Epicureorum philosophorum clarissimus nihil aliud desiderare naturam disseruit :

Corpore sejunctus dolor absit mensque fruatur
Iocundo sensu cura remota metuque.
Ergo corpoream ad naturam pauca videmus
Esse opus omnino que demant cumque dolorem.
(II, 18-21).

...Duo vero potissimum amici sunt, inimici quattuor, qui medium tenent innumeri.

2. *Ibid.* : « Hec vero eius philosophi instituta sunt, qui ut ait Lucretius :
Veridicis igitur purgavit pectora dictis
Et finem statuit cupidinis atque timoris
Exposuitque bonum summum quo tendimus omnes
Quod foret atque viam monstravit tramite parvo
Quo possemus ad id recto contendere cursu.
(IV, 24-28).

3. *Id.*, II, 82. *Marsilius Ficinus Antonio Miniatensi.* « Felicem te puto, mi Seraphice, qui in mediis quoque calamitatibus sis beatus, quem nec metus exanimat, nec dolor excruciat, nec voluptas corrumpit, nec libido inflammat, qui inter densissimas spinas molles ac candidos flores legas, qui ex putrido stercore margaritas eruas atque effodias, qui in profundis tenebris videas, qui compedibus gravatus et vinculis circumstrictus velut

de cette inspiration il suffirait de se reporter à la version de cette
lettre que Ficin a publiée dans sa Correspondance et dans laquelle
nous le voyons ajouter que l'homme sage et heureux est celui qui
« dépend uniquement de Dieu » et corriger la référence au Christ
en disant simplement : « Imite Pythagore, Socrate et Platon [1]. »

Il devait d'ailleurs reprendre le thème de la Nature-mère et
de l'homme esclave dans sa lettre à Piero Pazzi, tout en modifiant
le nombre et les qualités des maîtres auxquels nous sommes soumis [2]. Mais, outre ce thème, qui pour nous vaut une date, cette
lettre peut fort bien, sous d'habiles sous-entendus, nous révéler
qu'à cette époque de sa vie Ficin était aux prises avec de graves
difficultés dont ce vieillard, ami des Médicis, pouvait l'aider à
sortir.

Faisant appel à son humanité, il lui demande, en effet, de sous-
traire quelques instants à la « philosophie publique » à laquelle il
se consacre, pour lire sa lettre, ne fut-ce, comme le dit Cicéron,
« qu'à travers un grillage » *(per transennam)*. Et il poursuit :
« J'ai dérobé moi-même tant de temps à la « philosophie privée »,
aux mystères de laquelle je m'étais consacré, que j'ai toujours
pensé à toi autant qu'à la philosophie et je te promets que je m'en

---

liber solutusque percurras, quem denique celestis furor afflaverit, qui Socratis et Christi imitatus vestigia non minus agendo quam disputando philo-
sopheris. Perge igitur ut cepisti, invita etiam fortuna philosophare, philosophiam toto pectore quam reliqui lingua dumtaxat colunt solus tu cole. »
Vale felix. Ex Florentia, Kalendis Novembribus 1457. Antonio Seraphico
conphilosopho suo Arretii.

1. Ficini *Op.*, 619, 2 : « Virum sapientem felicemque eum puto, qui cum
ex solo pendeat Deo, in mediis calamitatibus vivit laetus... Imitare igitur
ut coepisti, Pythagoram et Socratem et Platonem... »

2. *Sup. Fic.*, II, 84. *Petro Pactio* : « Mater omnium natura, mi Petre,
simul ac in lucem mortale genus ediderit, ad certum temporis intervallum
vendere dicitur, qua denique servitute mors deinde sola nos liberat. Interim
re vera fortunatus ille, quem facili mitique domino mater illa nostra vendi-
derit. Nam cum ad servitutem nati cuncti simus, plurimum tamen interest,
ut Sillenus Epicureus philosophus inquit, quali quisque domino serviat.
Et si e summa sapientie specula mortalium rerum condictionem undique
circumspexeris, videbis plane viventium turbam sub quattuor dumtaxat
dominorum iure teneri. Hi siquidem lascivo petulanti furiosoque domino
serviunt, alii moroso acri atque amaro. Nonnullis vigil curiosus supersti-
tiosusque dominus imperat. Postremus autem dominus cuius admodum
pauci preceptis obtemperant, asper imprimis atque se verus videri solet.
In dies tamen quicunque eius legibus obedire perseveraverit mitiori suavio-
rique vultu victu atque opera suscipit. Quo fit ut qui tirannis illis misere
mancipatus sit, naturam eam que vendidit novercam pocius quam matrem
vocare debeat, solus ille matrem putet, qui mihi ac facili principi prima vivendi sorte sit traditus. »

souviendrai à l'avenir [1] ». Puis, après avoir exposé le thème de la
Nature-Mère et reconnu qu'elle n'est vraiment mère que pour celui
qu'elle livre à un maître doux et facile, il ajoute, en transposant le
problème sur le plan personnel : « Pour ce qui est de moi, je me
demande si je dois la considérer comme mère ou comme marâtre.
Qu'elle m'ait soumis à un maître assez humain, je n'hésite pas à le
reconnaître. Mais quel avantage y a-t-il d'avoir le meilleur des maîtres, si on ne peut pas lui obéir? S'il est vrai qu'on doit se soumettre
à un roi bon et divin, en revanche, on ne doit ni céder aux menaces
des tyrans, ni se laisser séduire par leurs flatteries, mais au contraire les mépriser et les oublier. Ce sont ces serviteurs que Platon
dans sa *République* appelle les maîtres des tyrans. Les Stoïciens
traduisent la même pensée quand ils disent : « En résumé le sage
n'est inférieur à Jupiter que sur un point, quand il est riche,
libre, honoré, beau, enfin roi des rois et surtout en bonne santé à
moins qu'il ne soit troublé par la pituite. Or, de cette tranquillité
ni les récompenses, ni l'argent, ni les flatteries d'un maître impie
n'ont jamais pu ou même tenté de me distraire et pour employer
l'expression d'Antisthène, je succomberai plutôt à la folie qu'au
plaisir. Mais en réalité il est pour moi beaucoup plus grave et difficile de résister aux menaces qui, venant de ce maître excellent, me
rappellent autant ses bontés. Peu importe pour Silon que l'on soit
englouti dans le fiel ou dans le miel, puisque, dans les deux cas,
on meurt étouffé. Donc, pour faire fi des menaces de ces gens-là,
j'ai besoin de secours et même de peu, et toi, mieux que quiconque,
peux me l'accorder. Si tu y consentais, tous ces tyrans étant
écartés, je me mettrais tout entier sous l'autorité de la « philosophie royale », comme j'étais disposé à le faire et si, en me soumettant à cette tâche et à cette servitude, je dois en retirer quelque
bénéfice, tout cela à condition que ce soit digne de toi, je te le
devrais et je te le dédierais [2]. »

1. *Ibid.* : « Obsecro te propter humanitatem tuam, vir optime, ut publice
philosophiae quam his temporibus praecipue colis paulum surripias temporis, quo hanc tui clientis epistolam vel per transennam ut dicitur legas.
Nam ipse private quoque philosophiae cuius sacris jam pridem me vovi tantum praefecto temporis furatus sum ut non minus tui quam philosophiae
semper meminerim atque inposterum me recordaturum pollicear. »

2. *Ibid.* : « Ego autem quantum ad me attinet, haud satis intelligo utrum
mei parentem an novercam pocius existimem. Quod enim me domino satis
humano subiecerit, fateri non dubito. Verum quid confert optimo cuique
patrono deditum esse, si minus illi obsequi queas? Etenim tirannorum nec
minas reformidare, nec illecebris capi atque irretiri, sed contempsere penitus
et oblivisci decet, siquis mansueto divinoque regi obsecuturus sit. At ii
servi sunt, quos in libris de re publica Plato tirannorum dominos nuncupat.
Cui illud quoque Stoicorum congruere videtur : ad summam sapiens uno

A n'en pas douter, nous avons là l'écho d'un drame. D'une part, Ficin avoue qu'il a abandonné la « philosophie privée »; il va même jusqu'à se reconnaître coupable *(tantum profecto temporis furatus sum)* et, contrit, se montre tout disposé à se consacrer à nouveau à cette « philosophie royale ». D'autre part l'allusion à son père n'est pas discutable, mais il ne semble pas seul en cause puisque par deux fois il parle des tyrans qui le menacent. De qui s'agit-il? Il paraît bien invraisemblable que l'allusion vise ses protecteurs et par ailleurs, la renommée de Ficin n'était pas encore telle, qu'il ait pu être l'objet d'une cabale de la part des disciples d'Argyropoulos qui commentaient alors au Studio l'*Éthique* d'Aristote. Faut-il alors incriminer les autorités ecclésiastiques et en particulier l'évêque de Florence en qui le père de Marsile pouvait trouver un précieux auxiliaire pour arriver à ses fins? Si Ficin a cru bon de brûler ses Commentaires de Lucrèce, ce n'est peut-être pas sans raison et de plein gré. Il est bien évident que, s'il était clerc, son admiration pour Lucrèce et pour Épicure ne pouvait laisser indifférent un évêque qui, précisément, toute sa vie avait étudié et codifié la morale chrétienne. Nous avons d'ailleurs une lettre de Mercati, qui, ne l'oublions pas, était un moine de San Miniato, qui pourrait fort bien nous prouver que l'autorité ecclésiastique était en alerte et se disposait à intervenir contre lui. La lettre est adressée à Serafico, alors à Arezzo, et auquel Ficin a adressé des lettres « d'où le nectar coule abondamment ». Or, comme Mercati sait que pour Ficin écrire de telles lettres n'est pas sans inconvénient, il demande à son ami, en des termes qui ne manquent pas d'humour, mais d'un goût douteux, de lui en envoyer au moins un résumé, et il ajoute : « Si tu faisais cela pour moi, que les ennemis que tu connais essaient de chasser, tu me fournirais contre eux des armes excellentes, qui m'éviteraient de me voir, après avoir été finalement vaincu, exclu de ce monas-

minor est Jove, dives, liber, honoratus, pulcher, rex denique regum, praecipue sanus nisi cum pituita molesta est. Ab hac me felici tranquillitate non premia, non pecunie non blandimenta cuiusque impii domini retrahere aut potuerunt aut tentaverunt. Et ut Antisthenis philosophi voce utar, insania potius quam voluptate corripiar. Ceterum multo mihi gravius et difficilius est minis resistere, que quidem ab optimo illo duce quam blandimenta revocant. Nihil autem fert apud Silonem utrum melle quis aut felle mergatur, eque enim suffocari utrumque. Propugnaculis igitur opus est ad eorum minas contemnendas et quidem paucis, que mihi tu maxime omnium prestare potes. Quod quidem si feceris spretis tirannis omnibus regie me philosophie potestati totum institui dedam. At siquid ex hoc ministerio ac servitute precii nactus fuero, id omne modo te dignum videatur et tibi debebo et tuo nomini dedicabo. »

tère [1]. » Évidemment la lettre est datée de février 1459, mais même en supposant que cette date soit exacte, il n'en reste pas moins vrai que cet homme, qui partageait avec Serafico le secret du Commentaire sur Lucrèce, était en difficulté et attendait de leur auteur les seules armes qui pouvaient, semble-t-il, prouver qu'il demeurait chrétien.

Enfin il est un texte, qui paraît effectivement sous-entendre que si Ficin a brûlé ses « commentariola », ce n'est peut-être pas uniquement pour suivre l'exemple de Platon, lequel d'ailleurs n'a sans doute rien brûlé du tout. Il s'agit d'une lettre d'un certain Jean Pannonius, sur laquelle nous aurons à revenir longuement et qui déjà doit nous retenir en raison de son allusion au geste de Ficin. Critiquant sa prétention d'attribuer à la Providence et à la position des astres sa mission platonicienne, Pannonius, après avoir énuméré divers travaux de notre auteur, lui dit : « La preuve que tout cela, qui aurait pu se faire sans toi, est moins le fait de la Providence que du hasard, c'est qu'avant tout cela tu avais répandu à la légère, comme on le fait quand on est jeune, la doctrine d'un ancien philosophe, je veux dire d'un poète, que par la suite, fort d'un meilleur conseil, tu as banni et même, si j'en crois ce que l'on me dit, combattu de toutes tes forces. Ainsi ce ne serait pas un don de la divine Providence que, rendu plus prudent par l'âge, tu aurais jugé avec juste raison que cet auteur devait être condamné! » Et il conclut : « Quant à moi, je te donne un conseil, prends garde que cette renaissance des lettres anciennes soit plutôt curiosité que religion [2]. » Est-ce à dire qu'il y a eu

---

1. *Sup. Fic.*, II, p. 259. *Michael Miniatensis in epistula ad Antonium Miniatensem data.* « Habui nuper a Marsilio litteras quibus quod ad te scripserat mecum communicavit. Sapiunt ea fontem illum amplissimum, unde nectar ipsum abundantissime manat. Atque equidem nihil umquam mihi gratius contigisse arbitror quam laticum eorum quos ipso ore vos quotidie haurientes pectora sitimque instauratis, mihi saltem millesimam partem longa reste (?) aliquando porrigi. Itaque te oro quoniam Marsilio crebras epistolas impedimento esse cognovi, ut cum pectus ad ora fluctus remittit, evomas mihi quod intra aggeres vix continetur. Quod si feceris, mihi quem hostes illi domo reicere tentant, optima adversus eos arma praestabis, ne aliquando victus a sacro coetu excludendus sim. » (Kal. Febr. 1459).

2. FICINI *Op.*, 871, 2 : Quod autem haec non providentia quam fato quodam fiant abs te, illud etiam argumento est quo ante haec omnia antiquum quemdam philosophum sive poetam, utpote adhuc adolescens, leviter propagasti, quem deinde meliori fretus consilio suppressisti et (ut audio) pro viribus extraxisti, neque fuerat illud divinae providentiae munus, quod ipse aetate prudentior factus merito iudicasti damnandum. Equidem te, amice, moneo, caveas ne forte curiositas, quaedam sit isthaec renovatio antiquorum potius quam religio. — Cette lettre du Livre VIII semble être

scandale et que ce « meilleur conseil » lui soit venu plutôt d'un maître que de l'âge? On ne saurait évidemment l'affirmer, mais le terme « propagasti » montre bien que l'admiration de Marsile pour Lucrèce n'était pas demeurée sans écho et quand on sait que saint Antonin a consacré, à l'adresse des humanistes, tout un chapitre de sa *Somme de Théologie Morale* à la curiosité [1], on se demande si l'avertissement de Pannonius est une simple coïncidence. Au reste, s'il est vrai, comme nous le pensons, que le saint évêque a lui-même averti son clerc de son imprudence, ce ne peut être qu'au cours de ces années critiques, car il ne pouvait pas le juger avant que ces premières œuvres soient connues et il ne faut pas oublier que saint Antonin est mort le 2 mai 1459.

Quoi qu'il en soit il est certain que Ficin a abandonné Platon pour étudier Lucrèce et il semble bien que cette étude, entreprise à propos du *de Voluptate* l'ait conduit à composer sa *Physiognomie*, à laquelle il fait allusion dans sa lettre de janvier 1458-1459. Donc au moins pendant l'année qui fait suite à l'échec de ses *Institutiones platonicae*, il s'est évadé et, qu'il y ait eu scandale ou non, tout nous porte à croire qu'il fut à cette époque contraint par son père de faire ses études de médecine, puisqu'il avoue à Pazzi sa tentation de désobéir et sollicite sa bienveillance pour résister à ceux qui le menacent et l'aider à revenir à l'étude de Platon. Tant qu'il s'était consacré à l'étude de cette philosophie, son père avait pu patienter pour ne point s'opposer aux desseins de Cosme de Médicis, mais puisqu'il avait renoncé de lui-même à poursuivre ces études et qu'au demeurant il s'était sans doute aliéné bien des sympathies, il n'y avait plus à temporiser : il devait sans tarder se consacrer à la médecine pour gagner honnêtement sa vie.

Tout cela est fort logique, mais bien que nous avancions de mois en mois, aucun élément positif ne nous permet d'affirmer qu'il soit allé à Bologne et nous devons poursuivre patiemment notre enquête en renouant un à un les fils de cette trame malencontreusement déchirée et sur laquelle on a peut-être brodé pour combler un vide. Au point où nous en sommes, il est un fait indiscutable

liée étrangement à celle du Livre IX adressée à Uranio. Dans la lettre à Uranio, Ficin nous révélant précisément l'existence de son commentaire de Lucrèce, écrit : « Maturior enim aetas exquisitiusque examen, ut inquit Plato, saepe damnat quae levitas juvenilis vel temere credidit vel saltem ut par erat, reprobare nescivit. » Et J. Panonium écrit : « Neque fuerat illud divinae providentiae munus quod ipse aetate prudentior factus merito iudicasti damnandum. »

1. Cf. Morçay, *op. cit.*, p. 302.

dont la justification ne peut être plus longtemps différée. Marsile
Ficin a été médecin et a fait œuvre de médecin, soit en composant
des ouvrages de diététique ou de prophylaxie, soit en soignant des
malades [1]. Il faut donc de toute évidence qu'il ait fait ses études
de médecine quelque part. Pouvait-il les faire à Florence? C'est
possible, mais il faut reconnaître que le climat psychologique ne
lui était pas favorable. Il était donc tout naturel qu'il allât à
Bologne où il y avait une excellente faculté que son père avait
peut-être lui-même fréquentée. Le cycle normal des études durait
quatre années, mais des dispenses pouvaient être obtenues quand
on avait déjà étudié les arts mineurs [2]. Or à Pise comme à Florence
Ficin avait, en suivant les cours de Tignosi, qui était médecin,
pu s'initier aux disciplines élémentaires. De ce fait son séjour à
Bologne a pu se réduire à deux ou trois ans. Dans l'hypothèse,
Ficin aurait dû se rendre à Bologne en octobre 1459 et achever
ses études en juillet 1462. La question est donc de savoir où il
était et ce qu'il a fait pendant ces trois années scolaires qu'il a dû
normalement consacrer à la médecine, puisqu'il a exercé cet art
et qu'il est pratiquement démontré qu'il n'a pu s'initier à cette
science avant cette date.

---

1. Outre que l'on trouve dans toutes les œuvres de Ficin de fréquentes
allusions à ses connaissances médicales, il a composé en latin un *De Vita*,
qu'il déclare lui-même *Librum Physicum* (I, 909, 2) et en langue vulgaire,
pour le rendre plus accessible aux intéressés, un *Consilio contra la Pesti-
lentia* (1479), qui fut traduit en 1516 par Hieronymo Ricio sous le titre
Epidemiarum Antidotus (FICINI *Op.*, I, 576-591). Cet ouvrage qui fut édité
dix fois en langue vulgaire et au moins six fois en latin, fut également traduit en français par Isaac Constans et publié à Cahors chez J. Rousseau,
1595. On trouve également dans le Cod. Magl. XV, 190, quatre pages de
« *Ricepte contro alla peste composte dalla viva voce di Messer Marsilio Ficino
Fiorentino medico e filosofo excellentissimo a stanza di Francesco di Tommaso
Sassetti citadino fiorentino e scritto di mano di Messer Bartolommeo Fontio.*
Enfin, Ficin a soigné des malades, cf. FICINI *Op.*
2. Cf. A. SORBELLI, *Storia della Universita di Bologna*, I. *Il Medioevo*
(XI-XVe), p. 214 : les cours pour la médecine commençaient le jour de la
fête de St. Luc (18 octobre) se terminaient primitivement en septembre,
plus tard en juillet, mais habituellement en août.

Chapitre III

LE RÊVE DE COSME DE MÉDICIS

I. De l'ombre a la lumière.

Chemin faisant, nous avons déjà trouvé trois essais postérieurs à 1459 : le *de Appetitu*, daté du 25 mars 1460/61, la lettre de consolation à sa famille, écrite de Celle le 19 octobre 1462 et la première version de la lettre à Cosme *sur la félicité* datée également de Celle en janvier 1463/64. Mais nous avons d'autres textes. C'est d'abord un acte notarié du 12 mars 1458/59 qui prouve que Ficin fut témoin à cette date à Florence [1], puis une lettre du 18 août 1462 adressée à Leonardo di Tone, qui fait suite au *de Appetitu* [2] et enfin une autre lettre à Cosme datée de Celle le 4 septembre 1462 [3]. On peut encore y ajouter sans doute une lettre à Giovanni Rucellai qui lui avait demandé ce qu'était la fortune et si l'homme pouvait lui résister [4]. Mais cette lettre n'étant pas datée n'a pour nous présentement qu'un intérêt : celui de constater que, là encore, Ficin n'a pas d'opinion définie et que cette lettre, comme celles écrites à di Tone, est en langue vulgaire. Mais les autres documents devraient nous permettre de tirer argument pour ou contre l'hypothèse du séjour que Ficin a pu faire à Bologne entre octobre 1459 et juillet 1462.

S'il n'est parti qu'à l'automne de 1459, sa présence à Florence le 12 mars de cette même année n'a rien d'insolite et, si même on pouvait fixer son départ à l'année précédente, il aurait pu fort

---

1. Cf. Ernst Walser, *Poggius Florentinus, Beiträge zur Kulturgeschichte des Mittelalters und der Renaissance*, vol. 14, p. 414.

1458 Ind. 7, 12. Martii actum Florentiae in populo St. Laurentii presentibus testibus... magistro Marsilio Magistri Fecini cive florentino et Natale Canis... Poggius... fecit suum procuratorem Franciscum que Nicolai Donati Chochis... *Sup. Fic.*, II, p. 202.

2. *Sup. Fic.*, II, 167.

3. Della Torre, p. 537. *Sup. Fic.*, II, 87.

4. *Sup. Fic.*, II, 169.

bien être à Florence à cette date, puisque les étudiants de Bologne avaient quelques jours de vacances à l'époque du Carnaval et de Pâques [1], et que cette dernière fête était cette année-là, le 25 mars. Au reste c'est en cette année 1459, et plus précisément du 25 avril au 5 mai, que Pie II, se rendant à Mantoue pour y présider le Concile, s'arrêta à Florence où l'attendait le jeune Galeas Marie Sforza[2]. Or pendant ces quelques jours tout un peuple en liesse avait rivalisé d'initiatives pour faire honneur à ses illustres visiteurs et à leur suite. Ficin était-il mêlé à la foule anonyme qui applaudissait aux spectacles ou avait-il un rôle à jouer dans ces brillantes réceptions où l'érudition des humanistes s'en donnait à cœur joie? C'est possible et en tout cas il y a tout lieu de croire qu'il ne laissa pas passer cette occasion de rencontrer le cardinal Bessarion, qui n'était pas un inconnu pour les Florentins. A supposer même que Ficin se soit abstenu de paraître à ces joutes et à ces triomphes, il avait pu voir le Pape, les cardinaux et tous les humanistes de la cour pontificale aux obsèques de saint Antonin, dont la mort (2 mai) avait brusquement calmé les esprits [3]. Au reste nous savons par un épisode de la vie de Benedetto Colucci que Ficin était bien à Florence en ce printemps 1459.

Cosme de Médicis, mécontent de la politique de Pie II, avait, disait-on, pris prétexte d'une indisposition, pour ne pas recevoir le Pape à son passage et par surcroît avait refusé de se rendre à Mantoue. Le cardinal de Teano, Nicolas Forteguerri, vint donc à Florence pour tenter de le faire revenir sur sa décision. Il fut évidemment reçu, mais, et c'est cela qui nous intéresse, s'il faut en croire Colucci, Cosme pour ne point se trouver seul avec ce visiteur, dont il n'appréciait pas la démarche, aurait demandé à Benedetto de monter à Careggi avec son ami Ficin [4]. C'est dire non seulement que Marsile était là, mais encore qu'il jouissait déjà d'un prestige certain. En conclusion, il n'aurait donc quitté Florence qu'à l'automne de 1459 et s'il est revenu en juillet 1462, la lettre à ses parents pour la mort de son frère Anselme ne nuit en rien à notre hypothèse, puisqu'elle nous révèle en fait que dès son retour Ficin s'était retiré près de Figline, dans l'humble bourgade de Celle où son père possédait une petite maison, que Cosme ne devait pas tarder à lui offrir.

1. Cf. A. SORBELLI, *op. cit.*, p. 214 et suiv.
2. Cf. PASTOR, *op. cit.*, III, 51-52. — F. PERRENS, *op. cit.*, I, 496 et suiv.
3. Cf. R. MORÇAY, *op. cit.*, p. 278.
4. Cf. A. CHITI. *Alcune notizie su Benedetto Colucci. Bolletino storico Pistoiese*, 1900, p. 81-98, cité par DELLA TORRE, *op. cit.*, p. 707-709. — *Id.*, BEANI, *Nic. Forteguerri, Card. di Teano;* Pistoia, Bracali, p. III; doc. III.

Enfin, outre qu'en étudiant la médecine on peut fort bien continuer à s'intéresser à des questions philosophiques, surtout quand on y a consacré la plus grande partie de sa vie, il se trouve que la première lettre à di Tone a été écrite le 25 mars, donc pendant une période de vacances, et la seconde, à une époque où Ficin en principe était déjà revenu en Toscane et sans doute installé à Celle. Bien plus, nous le voyons dans cette dernière lettre nous révéler que son ami a pu l'oublier : « J'ai décidé de t'écrire, dit-il, sans attendre ta lettre, parce que je pense que tu ne te souviens plus de moi » et pour enchaîner il ajoute : « C'est la lettre que tu as reçue autrefois de moi (25 mars 1460), qui me donne l'occasion de t'écrire aujourd'hui »[1]. C'est dire qu'il n'a pas eu l'occasion de le rencontrer depuis cette date et, bien que ce personnage, qu'il nomme « suo compare », nous soit inconnu, il n'est pas douteux qu'il était florentin, puisqu'en terminant sa lettre Ficin le prie de saluer ses « comphilosophi », Tomaso et Giovanni Benci[2]. Donc, non seulement ces textes ne créent aucune objection, mais l'un d'eux nous laisse même supposer que Ficin a pu être oublié par un de ses camarades. Or, s'il a pu être oublié, c'est sans doute qu'il était absent et par surcroît, il semble bien que, pendant cette absence, le silence se soit fait autour de lui. En fait, s'il est vrai que nous n'avons aucune preuve formelle qu'il soit allé à Bologne pendant cette période, on peut néanmoins tirer argument du fait qu'on ne le trouve nulle part ailleurs et que nous ignorons totalement ce qu'il a pu faire pendant ces quelques mois.

Si encore il n'avait rien écrit auparavant, mais ce n'est pas le cas. Dès lors il est invraisemblable de supposer que tout ce qu'il a pu composer pendant ces longs mois a complètement disparu. S'il

1. *Epistola di Marsilio Ficino ad Leonardi di Tone suo compare carissimo salute.*
Io mi sono mosso a scriverti sanza aspettare tua lettera, perche stimo che di me tu non ti ricordi. Et di questo e cagione la pistola da me per altri tempi ricevuta, nella quale ti persuadevo due sentenzie filosofiche : una che amassi te solo, l'altra che non distendessi la tua cogitatione piu che per un punto presente. Della prima sentenzia e nato che dandogli tu fede non ami altri che te solo e di tua memoria sono fuori io e qualunque altro, sicche io non ho aspetato tua lettera. Della seconda sententia adviene che seppure di me mai a caso ti rammentassi, tu non puoi ancora scrivermi; imperocche questo precepto dice che tu non pensi altro che un punto, et un punto non basta a scrivere una lettera. Per la qual cosa sanza speranza di tuo scrivere ho voluto essere io el primo, et il tuo silenzio ho scusato, essendone cagione l'antica nostra epistola... » *Sup. Fic.*, II, 167-168. La lettre précédente, à laquelle il fait allusion se trouve dans le *Sup. Fic.*, II, p. 158.
2. *Ibid.*, 169 : « Saluta Tomaso et Giovanni Benci nostri conphilosophi. Adi XVIII d'agosto MCCCCLXII. »

avait repris ses études platoniciennes, comme il le souhaitait dans sa lettre à Pazzi, il eut sans doute écrit d'autres essais qu'il n'aurait pas manqué de mentionner dans sa lettre à Politien, et s'il avait persévéré dans l'étude de Lucrèce ou de tout autre philosophe, nous en aurions certainement quelque écho. Or, non seulement nous n'avons absolument rien, mais la première lettre que nous trouvons après celle qu'il adressait le 18 août à son ami di Tone, comme pour renouer avec le passé, est la lettre du 4 septembre adressée à Cosme, qui est pour nous d'une importance capitale, puisqu'elle va nous permettre enfin d'interpréter avec le maximum de vraisemblance le texte de Corsi dont la valeur est si contestée.

On se rappelle les grandes lignes de son récit. Contraint par son père, Ficin va à Bologne ; puis, au cours d'une période de vacances ou d'un congé exceptionnel *(quum Florentiam aliquando divertisset)* son père le conduit en visite chez Cosme, qui, séduit par l'étendue de ses connaissances et de son zèle pour la science, comprend que c'est l'homme qu'il lui faut pour « illustrer » la philosophie de Platon. Enfin à quelque temps de là, le Prince fait appeler maître Diotefeci, lui demande de ne plus contrarier les goûts de son fils, et pour calmer ses légitimes inquiétudes, lui promet d'assurer l'avenir de Marsile. De cet entretien, qui devait prendre place dans l'histoire du Platonisme, une phrase aurait même été retenue : « Toi, Ficin, tu étais pour les corps, mais ton Marsile nous a été envoyé par le ciel pour guérir les âmes. » Et le biographe commence sans transition un nouveau paragraphe en disant : « Sur le conseil d'un si grand homme, Marsile, plein d'espoir, s'adonna de tout son cœur et de toute son âme aux études platoniciennes. Il avait alors vingt-six ans [1]. »

N'ayant aucune raison valable d'admettre que ce texte ait pu être écrit pour les besoins de la cause, c'est-à-dire pour la glorification des Médicis, nous refusons également de le considérer comme une pure légende. Sachant par ailleurs que Corsi n'a pu écrire cette biographie qu'en se remémorant ce qu'avaient pu lui raconter les amis et disciples de Ficin ou en se référant aux détails biographiques qu'il pouvait trouver dans ses œuvres ou sa Correspondance, nous ne sommes disposés à lui faire confiance que dans la mesure où son récit cadre avec les textes ou du moins s'inscrit dans leur développement logique. Or, jusqu'à présent, que pouvons-nous reprocher à Corsi ?

Assurément il s'est trompé s'il a cru que Marsile n'avait jamais rencontré Cosme avant la visite dont il est ici question. Mais cela

---

1. CORSI. Appendice I, § VI.

même il ne le dit pas, et pour le reste il est bien évident qu'il se réfère aux textes de l'auteur. Déjà nous avons cité celui qui est à l'origine de la prophétie de Cosme et nous en trouverons d'autres. On nous dit que Ficin n'a jamais fait allusion à son séjour à Bologne, mais outre que Corsi a pu voir des textes, comme la *Physiognomie* qui nous sont inconnus, on pourrait également s'étonner qu'il ne nous ait jamais dit qu'il avait fait ses études de médecine et cependant il les a nécessairement faites, puisqu'il était médecin. Il nous a même laissé un *de laudibus Medicinae* [1] qui pourrait fort bien être le discours d'usage que l'on prononçait devant ses maîtres, quand, après l'examen, on recevait le bonnet de docteur et le titre de « Magister » [2].

Où Corsi s'est abusé et nous induit en erreur, c'est quand il nous dit que Ficin avait vingt-six ans lorsque, sur le conseil de Cosme, il se consacra définitivement à Platon. A-t-il pris un chiffre pour un autre, comme on le suggère [3], pour expliquer l'erreur que Caponsachi a commise en affirmant que notre auteur avait vingt-quatre ans quand il traduisit les prétendues *Lois* ou tout simplement sa mémoire l'a-t-elle trahi? Peu importe. En tout cas cette date est manifestement fausse. La lettre à Cosme va nous permettre d'en

---

1. En adressant à M. Aurelio ses discours précédés du *De Laudibus Philosophiae*, Ficin avoue qu'il les a composés pendant son jeune âge. — FICINI. *Op.*, 757, 2 : « Hic ergo tibi sex declamantiunculas offert, quarum primae illae duae de philosophiae medicinaeque laudibus iamdiu a tenera aetate... » Dans une lettre à Jean-François Hippolyte Gazolti, il fait allusion à une autre louange de la philosophie qui par contre n'a rien d'oratoire, *ibid.*, 761-3.

Il est également possible que ces deux discours aient été prononcés à Florence où comme en témoigne Vespasiano da Bisticci, un jeune élève prenait la parole en des séances solennelles : « Era d'usanza, com'egli entrava podesta o capitano, andarvi il rettore con tutti quegli che leggevano, e con tutti gli scolari, e portare i capitoli, e farlo giurare d'osservargli. E quivi si faceva una orazione, la quale fu commessa a Donato, ch'era in eta d'anni quindici, che la facesse. Fece una degnissima orazione alla presenza del podesta e ti dutto lo Studio e d'infiniti cittadini ch'erano venuti a udirla... » *Vespasiano. Vite* (DONATO ACCIAIUOLI), éd. cit., p. 331.

2. Cf. A. SORBELLI, *op. cit.*, 216-217. Deux jours après l'examen final, il y avait une séance d'apparat (Conventatio) au cours de laquelle le candidat prononçait un discours. Ce n'est qu'après cette cérémonie solennelle, que le lauréat était autorisé à porter le titre de magister (messer) et à exercer la médecine.

3. Cf. DELLA TORRE, p. 545 : Sta forse il fatto che o il Caponsacchi nella fonte che usufruiva, o l'epitomatore della sua Vita nel manoscritto che la conteneva, lesse « XXIV anni » invece di « XXIX anni » la quale svista di lettura (assai facile, quando si tratti di certe scritture corsive, dove il V e il X si confondono l'un coll'altro) mentre spiega l'errore, darebbe poi una tal data alla traduzione del *de Legibus*, che conviene esattamente alle circonstanze su riferite ».

apporter la preuve et c'est le nœud qu'il fallait trancher pour démontrer que Ficin qui a fait des études de médecine et qui ne les a certainement pas faites de 1456 à 1459, a pu, séjourner à Bologne de 1459 à 1462.

Si donc on se réfère au texte de Corsi, il apparaît nettement que la décision de Cosme a été prise en deux temps : Il a vu Marsile et s'est rendu compte qu'il pouvait compter sur lui, puis, par la suite *(postmodum)*, ayant comme à l'accoutumée soigneusement mis au point son projet, il en a fait part au père de Marsile et obtenu son consentement. Est-ce à dire qu'entre temps l'intéressé n'a pas été informé des intentions du Prince? C'est manifestement impossible. Cosme ne pouvait pas solliciter le consentement du père sans être d'accord au moins sur le principe avec le fils. Il avait d'ailleurs sans aucun doute consulté des hommes comme Landino, Politien, sans parler de ses fils qui devaient par la suite assurer l'exécution de ses volontés. Or, même en supposant que ces confidents de la pensée de Cosme aient été pendant ces dernières années profondément déçus par Ficin, ils ne pouvaient que se réjouir de son retour et se faire à nouveau près de lui les heureux interprètes de leur commun protecteur.

On devine la joie de Marsile retrouvant la confiance du Prince et de ses amis et les vœux qu'il put faire pour que son père se rendit enfin à leurs raisons. En attendant, si tout cela n'est pas pure conjecture, tout porte à croire qu'il dût dès son retour en Toscane, se remettre à l'étude du grec, comme on le lui avait si amicalement conseillé cinq ans plus tôt. Or, en fait, en lisant sa lettre à Cosme, datée du 4 septembre 1462, nous allons voir que tout à fort bien pu se passer comme nous le supposons.

« Il y a quelques jours, écrit-il, ayant pris ma lyre pour me délasser, je mis en musique l'hymne que le divin Orphée composa à la gloire du Cosmos, c'est-à-dire du Monde. » On devine la suite. Cet hymne au « Cosmos » devait fatalement faire naître en son esprit une analogie pour célébrer « Cosme ». Le rapprochement était d'autant plus facile que ce « Cosmos » à la fois céleste et terrestre, est dit le guide et le protecteur de tous et que, par surcroît, le poète en terminant lui adresse une prière dont la transposition pouvait être aussi facile qu'opportune :

Exaudi nostras, Cosme, preces
Vitamque quietam pio iuveni tribue [1].

1. *Sup. Fic.*, II, 87. Marsilius Ficinus Cosmo Medici patri patriae se commendat. Superioribus diebus hymnum divi Orphei quem ad Cosmum id est mundum ille cecinit ipse quoque sumpta lyra relaxande mentis gratia musicis

En vérité notre « pieux jeune homme », qui devait effectivement aspirer à une vie tranquille pour faire ce qu'on attendait de lui, ne pouvait trouver un meilleur interprète. Mais ce n'était encore qu'un vœu. Or, poursuit-il, « alors qu'à mon tour je chantais ces jours derniers cet hymne au Cosmos à la manière orphique, je reçus au même moment une lettre de mon père *(exemplo ad me genitoris mei litterae perferuntur)* ». Et que lui annonçait cette lettre? « Elle m'apportait la certitude que Cosme de Médicis, le plus salutaire médecin de ma vie, allait s'occuper de mes études avec toute sa prudence, qu'il y pourvoirait avec magnificence, qu'il les favoriserait d'une manière agréable et qu'il me recevrait dans sa divine maison avec autant de générosité que d'affection [1]. » Ainsi le sort en est jeté : son père a été appelé à Careggi ou au palais de la via Larga, et là, le Prince lui a demandé de ne plus s'opposer à Minerve et de laisser son fils se consacrer à la médecine des âmes [2]. Le propos était flatteur, mais nos deux hommes étaient trop réalistes pour se contenter de métaphores. Corsi, sans aucun doute, s'inspire de Ficin. Pour renoncer à l'idée de faire de son aîné le médecin dont il rêvait pour lui succéder, maître Diotefeci exigeait plus que des compliments ou même des promesses, des garanties. Son fils avait vingt-neuf ans; il n'était plus clerc, il fallait donc lui assurer un toit et des conditions d'existence qui lui permettraient de travailler sans souci du lendemain et d'entrevoir l'avenir en toute sécurité. Cosme avait trop de sens pratique pour ne pas le comprendre. Il savait du reste que l'œuvre à entreprendre était de longue haleine et souhaitait que cette Académie, qui devait illustrer son nom et accroître le prestige de Florence, fût une institution durable. Aussi, se sentant vieillir et ne voulant laisser à personne le soin

---

modulis referebam. Ejus hymni sensus, ut e greco in latinum ad verbum exprimam hic erat : O celum omnia generans, Cosmi pars semper indomita, antiqui et venerandi generis, principium omnium omniumque finis. O Cosme pater qui sperico motu terre circumlustras orbem, domus beatorum rotunditatis vertigine gradiens, Cosme celestis simul atque terrestris, tutor et custos omnium, cuncta complectens, invictam nature necessitatem in pectore continens, ceruleis oculis, indomite, variformis, varians universa, omnipotens, pater temporis, beate prestantissime demon. Exaudi nostras Cosme preces vitamque quietam pio iuveni tribue. Hec Orpheus. — DELLA TORRE, *op. cit.*, p. 537.

1. *Ibid.*, p. 88 : Eundem ipse quoque hymnum cum paucis ante diebus ritu Orphico ad Cosmum celebrassem, exemplo ad me genitoris mei littere perferuntur, quibus certiorem reddit quam prudenter Cosmus Medices vite mee saluberrimus medicus studiis meis consuluerit, quam benigne providerit, quam humaniter faverit, quam hospitaliter atque pie me sacris suis in laribus exceperit.
2. CORSI. Appendice I, v.

d'assurer la continuité de son œuvre, il fit pour Ficin ce qu'il n'avait fait pour aucun de ses obligés : il lui offrit à Careggi, une villa et des terres dont il pouvait tirer sa subsistance et le 12 décembre de la même année il complétait ce don en lui achetant une maison à Florence et même cet « agro Cellano » où Marsile s'était recueilli pendant des mois et où souvent nous le retrouverons [1]. Il n'y avait donc aucune objection à faire et l'on comprend l'enthousiasme de notre étudiant en philosophie, car tel était alors son titre en apprenant l'heureuse nouvelle qui, tout en l'honorant, apaisait ses scrupules et lui permettait désormais de se mettre sans inquiétude « au service de la philosophie royale ».

« En apprenant ce que tu veux faire pour moi, disait-il dans sa lettre à Cosme, non seulement j'admire ta magnificence à notre endroit, qui est vraiment sans bornes, mais aussi la prophétie du vieil Orphée. Il semble vraiment avoir écrit pour toi cet hymne au Cosmos et pour moi cette prière qui en est la conclusion. Inspiré par un instinct céleste tu sembles, en effet, l'avoir exaucée au moment même où je traduisais cet hymne et m'avoir accordé tout ce que ce vœu exprimait. Mais je n'ai rien qui puisse répondre à tant de bontés, sinon de m'appliquer avec zèle à l'étude des livres platoniciens, que tu as si largement mis à ma disposition, et de me consacrer, comme il se doit, à l'Académie que tu as préparée pour moi à Careggi, comme un sanctuaire de la contemplation, et de célébrer en ce lieu ton anniversaire tant que l'esprit animera l'humble corps de Platon en même temps que celui de Cosme [2]. »

---

1. Cf. Appendice III. Pièces justificatives,

VESPASIANO, *Vite* (Cosimo di Medici) éd. cit., p. 425-26 : Ritornando alla liberalita di Cosimo, e quanto sempre onoro e rimunero i buoni e letterati, messer Marsiglio, figliuolo di messer Ficino, sendo uomo di buono ingegno, e volto alle virtu, e dotto in greco e in latino, e avendo mediocre faculta, a fine che non avesse a andare a quello ultimo estremo della poverta, gli compero una casa in Firenze e donogliela e donogli un podere a Careggi di tanta entrata, ch'egli potesse vivere lui con duo compagni e piu ; e dettegli dell'altre cose per sovvenire alle sua necessita.

2. *Sup. Fic.*, II, p. 88 : « ...Qua de re contigit ut non modo magnificentiam tuam que quidem in nos ingentissima extitit admirarer, verum etiam veteris Orphei vaticinium. Ille siquidem ad te retulisse videtur quem Cosmo sacravit, pro me vero rogasse que in orationis calce rogavit. Tu autem celesti quodam afflatu (= afflatus) instinctu exaudisse videris eo ipso tempore quo a nobis relatus est hymnus atque eadem que votum obsecrat tradidisse. Quod tandem pro tantis muneribus referam aliud nihil habeo, nisi ut Platonicis voluminibus que ipse largissime porrexisti sedulus incubam, Academiam quam nobis in agro Caregio parasti veluti quoddam contemplationis sacellum legitime colam ibique dum spiritus hoc reget corpusculum Platonis pariter ac Cosmi Medicis natalem diem celebrem. Pridie Nonis septembres 1462, ex Celli. Vale felix. »

Ainsi tout s'éclaire. Si Ficin à Celle a pu entreprendre la traduction des hymnes d'Orphée pour se remettre au grec, c'est que non seulement il a été informé des intentions du Prince, mais que déjà il a reçu des textes dont la traduction allait lui permettre de confirmer ses aptitudes.

Il devait d'ailleurs beaucoup plus tard, en envoyant à Uranio la traduction de deux hymnes d'Orphée, nous donner quelques précisions pour illustrer cette lettre : « Alors que j'étais encore adolescent, dit-il, j'ai traduit « ad verbum » uniquement pour moi et, je ne sais comment, les Argonautiques, les hymnes d'Orphée, d'Homère et de Proclus et la Théologie d'Hésiode [1]. » Nous voilà donc fixés sur les livres platoniciens que lui avait procurés Cosme et sur ces essais de traduction. Mais une question se pose : Où et quand a-t-il appris le grec ?

Se fiant au récit de Corsi, qui, pourtant, prend soin de souligner la valeur relative de son information *(ut accepi)*, la plupart des critiques ont affirmé qu'après la décision de Cosme, Ficin avait appris le grec en très peu de temps avec Platina [2]. M. Kristeller a réduit à néant les arguments de della Torre, qui pour étayer le témoignage de Corsi, soulignait que Platina avait effectivement résidé à Florence de 1457 à 1462, prétendait que Ficin, n'avait pu suivre les cours d'Argyropoulos sous prétexte que ce maître était aristotélicien, et rappelait que Ficin avait mentionné Platina dans la liste de ses amis [3]. Mais il n'est pas sans intérêt de reconsidérer le problème à la lumière de nos propres hypothèses.

Bartholomeo Sacchi de Piadena, dit Platina (1421-1481) [4], après avoir ferraillé pendant quatre ans sous les ordres des condottieri Francesco Sforza et Niccolo Piccinino, était devenu, à la cour de Mantoue, un fervent humaniste. Après avoir appris le latin à Ogni-

---

1. FICINI *Op.* I, 933, 3 : « Argonautica et hymnos Orphei et Homeri atque Proculi, Theologiamque Hesiodi, quae adolescens nescio quomodo ad verbum mihi soli transtulit, quemadmodum tu nuper hospes apud me vidisti, edere nunquam placuit. »

2. CORSI. Appendice I, VI.

3. KRISTELLER, *Per la biografia di Marsilio Ficino*, III, *Il Ficino e Platina*, p. 285-7, *Studies*, p. 198-200.

DELLA TORRE, *op. cit.*, p. 531 et suiv. — Avant DELLA TORRE, G. GAIDA (*Rerum italicarum scriptores*, vol. III, I, Citta di Castello, 1913, p. IX et suiv.) avait sans preuves parlé des rapports de Platina non seulement avec Ficin mais avec Landino et Pic de la Mirandole.

4. Cf. A. LUZIO. — R. RENIER, *Il Platina e i Gonzaga. Gior. stor. della Lett. ital.* XIII (1889), p. 430-440. — G. CAMMELLI, *G. Argyropoulos*, p. 97 et suiv. — E. GARIN, *Filosofi italiani del 400*, p. 263-73. — V. ROSSI, *Il Quattrocento*, p. 314 et suiv. — A. CAMPANA, *Antonio Blado et B. Platina. Miscellanea Bibliografica in memoria di T. Accurti*, Roma, 1947, p. 39 et suiv.

bene Bonisalvi qui était le précepteur des fils du marquis Louis de
Gonzague et auquel il succéda, il avait décidé de se rendre en Grèce
pour s'initier à la langue d'Homère. Mais le savant Argyropoulos
ayant été nommé professeur de grec au Studio de Florence (octobre
1456), Platina avait renoncé à son projet et, muni d'une lettre de
recommandation du père de ses élèves qui se félicitait de ses services [1], il était venu s'établir dans les premiers mois de 1457 dans
la capitale de l'Humanisme où les Médicis devaient lui réserver le
meilleur accueil. Puis, en 1462, le jeune cardinal de Gonzague
l'ayant attaché à sa personne, il était parti pour Rome où Pie II
n'avait pas tardé à le nommé abréviateur apostolique. Cette charge
lui réservait bien des vicissitudes, mais il devait en triompher et
mourir à la Bibliothèque Vaticane que Sixte IV en 1475 l'avait
chargé d'organiser [2].

Si nous devons nous en tenir à ces dates, il est évidemment difficile d'admettre que Platina ait pu enseigner le grec à Ficin. Ce prétendu maître n'a pas pu apprendre cette langue du jour au lendemain et, même en supposant qu'il ait été en mesure de l'enseigner
après deux ans d'études, il est désormais démontré que Ficin, à
cette époque, avait d'autres préoccupations. On serait d'ailleurs en
droit de se demander pourquoi Ficin, qui jusqu'à présent n'a pas
manqué de faire l'éloge de ses maîtres, aurait omis de mentionner
Platina dont le patronage pouvait lui être utile et envers qui sa
reconnaissance aurait dû être d'autant plus vive qu'il devait une
large part de sa renommée à la connaissance du grec. Son silence du
reste est d'autant plus étrange qu'il ne nous cache pas qu'il a connu
Platina, puisque nous trouvons effectivement son nom dans la
liste de ses « familiares » [3]. Mais ce témoignage, qui pourrait être
précieux, pose lui-même un problème difficile à résoudre.

A priori on serait tenté de croire que les deux hommes se sont
liés d'amitié pendant les premières années que Platina vécut à
Florence. Mais, d'une part, Ficin le met au nombre des amis qu'il
connût alors qu'il était déjà d'âge mur *(In aetate... jam matura)* et
d'autre part Platina, qui avait une excellente occasion au moins

---

1. *Riccardian*, 152, Fol. : « Maestro Bartolomeo de Piadena, el qual piu
anni passati havemo tenuto qui in casa nostra per insegnare littere a nostri
figliuoli, havendo deliberato de transferirse in quella magnifica citade per
oldire greco sotto lo Argiropulo, ce havea fatto pregare che volessimo rico-
mandarlo a la magnificentia vostra... » La lettre est datée du 23 janvier 1457,
cité par G. CAMMELLI, *op. cit.*, p. 97.

2. Cf. A. CAMPANA, article cité.

3. FICINI *Op.*, I, 937 : « In aetate vero iam mea matura familiores non
auditores... Bartolomeus Platina. »

le le nommer dans son *de Optimo Cive*, n'y fait aucune allusion. Ce traité dédié à Laurent vers 1474 [1], mais certainement écrit bien avant cette date, a, en effet, pour thème les entretiens que Cosme aurait eu avec son petit-fils pendant deux jours à Careggi, en présence de Platina, et au cours desquels le vieillard aurait exposé, comme un chant du cygne, les principes d'une saine politique [2], Platina faisant office de meneur de jeu. Tout dans cet émouvant dialogue, malheureusement alourdi par un excès de références historiques, pouvait devenir prétexte pour nommer Ficin, puisque sans cesse le Prince fondait sa morale politique sur l'autorité du divin Platon », et cependant aucun écho ne nous révèle sa présence ou son influence. Le débat ne manque pourtant pas d'allusions aux événements de l'époque et même à certains personnages de la vie florentine. Ainsi Cosme dit à Laurent qu'il peut faire confiance à des hommes comme Donato Acciaiuoli et Alammanno Rinuccini et cite une maxime d'Argyropoulos, qu'il désigne, sans doute à l'adresse de Platina, comme « votre docteur ». Dès lors comment devons-nous interpréter ce silence [3]. Faut-il admettre, comme le

---

1. DELLA TORRE, *op. cit.*, p. 534, cite une lettre de Donato Acciaiuoli datée du 5 mai 1474 dans laquelle il remercie Platina de l'envoi de son *de Optimo Cive* : « Accepi paucis ante diebus literas tuas, quibus non antea respondere constitui, quam dialogum de optimo cive vidissem. Nuper vero operam dedi, non solum ut eum viderem, sed etiam ut diligentissime legerem... Quod vero ad Lau. medicem spectat, non magnopere laborandum puto, ut vigilie tue artis suo iudicio faciant. Nam hoc tuo dialogo magnopere est delectatus et quantum ex suis verbis consequi possum, non solum probat tam egregii amque iocundi operis auctorem, sed etiam vehementissime diligit. » (*Magb.*, III, 1390, f. 62 v.).

2. PLATINAE, *de Vitis Max. Pontificum*. Venise, 1518. Les dialogues sont à la suite.

De Optimo Cive, Lib. I, CXCVIII. v. : *Cosmus :* Quid huc queso Platyna? arigiumne visurus et tertiolae rivum et quercum hanc frondosam an aestus banique tumultus vitandi causa huc venisti? *Platina :* Ut te viderèm et lutarem Cosme utque aliquid a te perdiscerem una cum Laurentio nepote o ad quem florentina resp. post te ventura est. Nam Petrus filius adeo podagra et articulari morbo laborat, ut non longior ei vita futura videatur, unc ob rem existimo Laurentium nostrum tibi ac patri brevi successurum cepturumque ab utroque rem pu. bene vestris artibus ac labore institutam. uare ut avo ac patre dignus videatur edissere et quidem breviter nolumus bi diu molesti esse quid optimum civem in gubernanda civitate deceat, : tanquam optimus poeta hunc extremum vitae ac tum bene et utiliter ansigas. »

3. *Id.*, p. CCIII, v, Cosme dit à Laurent : « Habes donatum Acciolum, abes Alamannum Renocinum aliosque complures quorum doctrina et eritia publicis privatisque in rebus uti arbitratu tuo poteris » et à Platina dit, p. CCVII, v : « Aurea profecto videri debet (ut certe est) illa doctoris stri Argyropuli sententia quae asserit ita iustitiam in humana societate ecessariam esse ut in animante animam. »

suggère M. Kristeller, que le nom de Bartholomeo Platina a été
substitué, par un copiste plus ou moins désintéressé, à celui de
Bartholomeo Fontius, que l'on s'étonne à juste titre de ne point
trouver dans cette liste de familiers? L'hypothèse nous paraît bien
hardie et à la vérité ne s'impose peut-être pas [1].

Que Ficin n'ait pas assisté aux entretiens de Careggi ne doit pas
nous étonner outre mesure. Si le récit de Platina n'est pas purement
imaginaire, — et il y a tant de détails circonstanciés, que nous ne
pouvons le croire, — ces entretiens n'ont pu se dérouler avant 1461
étant donné l'âge de Laurent, qui n'avait alors que 13 ans. Or, à
cette époque, non seulement Ficin n'était pas là, mais il semble
bien que le silence qui entourait son nom interdisait d'y faire la
moindre allusion. Il faudrait donc supposer que Platina est revenu
à Florence à une époque où Ficin était plus âgé, à moins qu'ils se
soient rencontrés à Rome où Ficin a pu se rendre [2]. Mais, hélas
si nous savons qu'après avoir été emprisonné pendant quatre mois
pour avoir violemment protesté contre le décret de Paul II qui sup-
primait le collège des abréviateurs apostoliques, Platina a philosophé, comme il le dit lui-même, dans la dédicace de son de Falso
et vero bono [3], l'histoire ne nous dit pas s'il a quitté Rome pendant
ces années de loisir. Mais ce que nous savons c'est qu'en 1468 il
était à nouveau enfermé au château Saint-Ange avec Ponponio
Laeto et ses Académiciens [4]. L'allusion qu'il fait dans la dédicace
de son de Optimo Cive à la protection non seulement de Cosme, mais
aussi de Pierre de Médicis [5], est-elle une preuve qu'il a séjourné

1. KRISTELLER, article cité, p. 286 : « Mi sia quindi permessa una conget-
tura un po'ardita. Il nome del Platina nell' elenco del Ficino credo che si
dovuto a un errore del testo che deve risalire fino al l'archetipo manoscritt
perche si trova anche nel codice di Monaco. E propongo di leggere Barthe-
lomaeus Fontius invece di Bartholomaeus Platina. »

2. Il est certain que Ficin fut invité à se rendre à Rome et qu'il eut a
moins l'intention de répondre à l'une de ces invitations. Cf. Lettre à Antoni
Serafico conphilosopho suo in S. Miniato : « ...Iturus sum Romam, bre-
rediturus. Cum rediero, ad te cum lyra protinus adventabo. Ita me ist
docebis. Vale XVIII Martii. » — Sup. Fic., II, 89.

3. Divo Sixto IIII Pont. Max. PLATINAE, dialogus de falso et vero bono, ec
cit., p. CLXIX r. : « Nam dum a Paulo pontifice in carcere et compedibus det
neret, dumque et amissam libertatem flerem et eas facultates mihi vi ablata
lamentarer, quas mea industria, meis pecuniis in urbe pepereram Pii pontific
beneficentia adiutus. Tandem benignitate dei et philosophiae gratia animum
a perturbationibus et sensibus, ad dignitatem sui ipsius revocans, ita ap-
site mecum philosophatus sum. »

4. Cf. VL. ZABUGHIN, Giulio Pomponio Leto, Roma, 1909, t. I, p. 58 e
suiv. — PASTOR, op. cit., IV, p. 32 et suiv.

5. PLATINAE, de Optimo Cive, ed. cit., p. CXCVIII r. : Hac itaque ratior
motus Laurenti ne mihi tantummodo natus esse videaris scribere aliquid a

à Florence après 1464? C'est possible, mais elle est fragile. Quant au voyage de Ficin à Rome, nous verrons bientôt ce qu'il faut en penser; en tout cas son séjour a dû être bien court et s'il y a rencontré Platina, cette visite n'a pu suffire pour en faire un de ses familiers. Nous en sommes donc réduits à des conjectures et il serait téméraire d'en tirer une autre conclusion que la certitude que Platina n'a pas enseigné le grec à Ficin, qui, en 1462, en savait sans doute autant que son prétendu maître, lequel n'a pas spécialement brillé en cette matière. Le problème, par conséquent, reste entier et persuadés que Corsi a été induit en erreur, il nous faut recourir à une autre hypothèse pour savoir comment Ficin a pu apprendre le grec.

En dépit des sérieuses réserves avec lesquelles il convient d'accueillir le texte de Caponsachi [1], disant que dès l'âge de dix-huit ans Marsile apprit le grec à Florence et à Pise, il est probable qu'à l'époque où Platina aurait pu lui donner des leçons il n'en était plus aux déclinaisons. Mais quels furent ses maîtres? Francesco da Castiglione? Rien ne permet de l'affirmer. Effectivement le savant dominicain, secrétaire de saint Antonin, a enseigné le grec au Studio de Florence jusqu'en 1446 [2], mais ce n'est certainement pas à cette époque que le jeune Ficin a pu bénéficier de ses leçons, et étant donné que les deux hommes ont été en relations suivies, on ne voit pas pourquoi Ficin n'aurait pas tôt ou tard révélé ce qu'il lui devait. Mais peut-être son silence est-il tout simplement la preuve qu'il a surtout appris le grec en se perfectionnant lui-même en cette langue? C'est l'hypothèse la plus vraisemblable.

On sait qu'en 1457 il était encore incapable de lire Platon. Or, en 1462, nous le trouvons traduisant « *ad verbum, nescio quomodo* » des livres platoniciens, et à partir de cette date nous allons voir avec quelle maîtrise il va s'attaquer aux textes les plus abscons et

---

te de optimo cive institui quo mihi et tibi pariter satisfacerem. Multum enim pridie isti tue florentissime debeo, quod me licet externum tot annis non modo aluit verum etiam erudivit. Multum praeterea avo ac patri tuo viris certe carissimis quorum benignitate et gratia in clientelam familie vestre susceptus sum. »

1. CAPONSACHI : « avendo appreso la lingua latina imparo la greca cosi in Firenze, come in Pisa dove si tratenne un certo tempo. »

2. DELLA TORRE (*op. cit.*, p. 350, n. 3), cite une lettre de Castiglione au fils aîné de Côme, datée du 4 décembre 1460 dans laquelle il écrit : « Si enim meministi — hoc enim de memoria mea non excidit — tu prior ex vobis in me beneficium contulisti, priusque fui abs te adiutus auxilio, quam cognitus, nam XVI fere annis iam elapsis cum officium gymnasii publici restituendi gereres tuo suffragio tuaque opera, rogante id Bernardo meo castilionensi ad lectionem grecam electus fui... »

les plus difficiles. Si donc, en 1462, il ne pouvait traduire le grec pour ainsi dire que mot à mot, c'est qu'il n'avait pas suivi immédiatement le conseil que Landino lui avait donné en 1457. Point n'est besoin de récuser l'enseignement d'Argyropoulos sous prétexte qu'il aurait pu contrarier son inclination pour Platon. La vérité est qu'il ne s'est remis au grec qu'à partir du moment où la protection de Cosme lui fut de nouveau assurée et c'est sans doute dans sa solitude de Celle qu'il a repris les *Erotemata* de Chrysoloras [1] et qu'il a copié, pour son usage personnel, un lexique gréco-latin [2], nous laissant supposer que c'est à l'école des textes qu'il s'est perfectionné dans la langue de Platon.

Il faut d'ailleurs reconnaître que traduire même « ad verbum », les *Argonautiques*, la *Théogonie* et les *Hymnes* d'Orphée, d'Homère et de Proclus, est une épreuve assez sévère pour un débutant. Bien que Ficin n'ait pas cru devoir publier les premiers fruits de ses études grecques « pour que ses lecteurs ne puissent pas croire qu'il voulait faire revivre le culte antique des dieux et des démons » [3], nous pouvons cependant juger de leur qualité, car nous en avons retrouvé çà et là des passages appréciables.

Il nous manque la traduction de la *Théogonie* et nous n'avons que quelques vers des *Argonautiques* et des hymnes homériques [4].

1. Les *Erotemata* de Chrysoloras furent pendant des années la grammaire grecque de l'Europe. Cf. CAMMELLI, *op. cit.*, p. 82-85. — S. SABBADINI, *Il metodo degli Umanisti*, Firenze, 1922, p. 17.

2. *Cod.*, *Laur. Ashburn*, 1439. *Vocabula excerpta ex Julio Polydeuce greca et latina*, f. 50 : Marsilius Ficinus scribebat Florentie.

Il est intéressant de noter que Linacre, médecin du roi d'Angleterre, éditant ce vocabulaire grec de Giulio Polluce (Firenze, 1521), écrit dans sa dédicace : « Floruerunt nostra aetate Florentiae bonae disciplinae cui rei testes sunt nobis eruntque posteritati Marsilius Ficinus solus sua aetate Platonem moribus et doctrina imitatus, Angelus Politianus, vir nostrum hominum suo tempore longe ingeniosissimus atque eloquentissimus; testis M. Chrysoloras, Ioh. Argyropoulos, Ioh. Andronicos bizantius, Demetrius atheniensis summa doctrina viri, Florentiam ad publicam lectionem honesta mercede conducti. »

3. FICINI *Op.* I, 933, 2 : « ...edere nunquam placuit, ne forte lectores ad priscum deorum daemonumque cultum iamdiu merito reprobatum, revocare viderer. »

4. *Cod.*, *Riccard*, 62-f. 82, 103, 213. Au f. 213 qui contient les 6 premiers vers des Argonautiques, Ficin a ajouté de sa main des remarques grammaticales.

Cf. BODHAN KIEVSKOWSKI, *Studi sul Platonismo del Rinascimento in Italia*. Publicazioni della Scuola di Filosofia della R. Universita di Roma, IX, Firenze, Sansoni, 1936. Appendice, p. 156.

Le rapprochement fait par cet auteur entre la traduction de Ficin et le « *Orphei poetarum vetustissimi Argonauticorum opus graecum, cum interpretatione Latina incerti autoris* » publié à Bâle en 1523, est sans fondement, cette

En revanche nous avons sans doute la traduction complète des *Hymnes* d'Orphée et de Proclus, qu'il a pu connaître, soit quatre-vingt-six de l'un et quatre de l'autre. En fait cette traduction est anonyme, mais outre les trois hymnes d'Orphée que nous retrouvons traduits dans la Correspondance, il y a dans toute son œuvre de nombreuses citations de ces mêmes textes et il suffit de comparer les uns et les autres pour identifier d'une façon certaine leur traducteur. A la suite de ces différents hymnes nous trouvons également sous le titre *Magica dicta Magorum ex Zoroastre* [1], soixante vers qui furent certainement traduits à la même époque, bien que Ficin n'ait pas cru devoir le mentionner dans sa lettre à Uranio. Que cette traduction, longtemps attribuée à Psellus, soit de Ficin, nous pouvons en faire aisément la preuve en nous reportant à sa *Théologie platonicienne* où presque tous ces vers se trouvent cités d'après cette version. Quant à la date à laquelle cette traduction a pu être faite, la lettre de Pannonius. que nous avons déjà citée, nous permet de l'établir avec certitude. Il rappelle, en effet, que Ficin, « après avoir rendu à la lumière les hymnes d'Orphée tombés dans l'oubli, a ensuite traduit l'antique Mercure Trismégiste et plusieurs écrits pythagoriciens » et il ajoute « tu as également interprété les poèmes de Zoroastre [2]. Évidemment, si nous devions prendre ce texte à la lettre, il faudrait reporter la traduction de ces « carmina » après celle du texte de Mercure Trismégiste, mais Pannonius n'avait pas la prétention d'établir la liste chronologique de ces traductions et étant donné que nous trouvons ces

---

traduction étant celle de Leodrisio Cribellio dédiée à Pie II et contenue à la Vaticane dans le Code *Ottobonianus lat. 823. — Sup. Fic.*, I, CLXIV.

A titre documentaire nous donnons la traduction et le texte des premiers vers des Argonautiques :

> O Rex Pythoni imperans longe iaculator vates
> Qui sortitus es alti verticis parnasidem petram
> Tuam virtutem laudo...

1. Le *Laur. Plut. XXXVI*, 35 contient la traduction des 86 hymnes d'Orphée (f. 1-23 r), des 4 hymnes de Proclus (f. 23 v-25 r) et les *Magica dicta Magorum ex Zoroastre* (f. 26 r). Le *Plut. gr. LVI*, 18, contient le texte grec. Ce texte et cette traduction se trouvent également dans le *Cod. Barberinianus grec 179* de la Vaticane. Cette version toutefois a été corrigée par F. Patrizzi qui publia l'une et l'autre en 1538 dans son *Zoroaster et eius CCCXX Oracula Chaldaica.* — Le texte grec attribué à Bellus se trouve dans la Patrologie grecque. Kroll W. a fait une étude critique de ce texte dans les « *Breslauer Philologische Abhandlungen* », Bd. VII, 1894.

Bien que son inventaire des textes et références de Ficin soit fort incomplet, il y a intérêt à consulter B. Kievskowski, *op. cit.*, p. 155-161.

2. Ficini *Op.*, I, 871, 2 : « Mox et Mercurium Trismegistum antiquissimum traduxisti, et Pythagorica multa. Item carmina Zoroastris explanavisti... »

vers dits de Zoroastre dans le même manuscrit que la traduction
des Hymnes d'Orphée et de Proclus, et qu'au surplus Ficin nous
dira bientôt qu'après sa traduction de Mercure Trismégiste il a
entrepris celle de Platon, il est hors de doute que cette traduction
des *dicta Magica*, qui d'ailleurs est également faite « ad verbum »,
est antérieure à celle du Trismégiste.

Quoi qu'il en soit, tous ces travaux préliminaires prouvent que
Ficin était désormais prêt à répondre au vœu de Cosme et nous ne
pouvons que nous réjouir de le voir, enfin libre, gravir les pentes
du Monte Vecchio pour fonder dans sa villa de Careggi, ce que l'on
devait appeler l'Académie platonicienne de Florence.

II. Les Prémices de Careggi

La tradition nous a laissé sur l'Académie de Platon des témoignages fort divers. Les uns, avec Aristophane, nous parlent de ce
haut lieu de l'esprit comme d'un endroit idyllique où, sous l'om-
brage des oliviers sacrés, disciples et admirateurs du maître pro-
fitaient de son enseignement en respirant « au sein d'un heureux
loisir le parfum des ifs et des jeunes pousses de peupliers, tandis que
le platane et l'ormeau confondaient leur murmure »[1]. Les autres,
au contraire, à la suite d'Hélien et des Pères de l'Église, firent de
l'Académie un lieu insalubre où Platon aurait décidé de se fixer
pour que la douceur de vivre ne lui fit point oublier que les joies
de l'âme doivent passer avant les satisfactions du corps. Ficin
crut St. Jérôme et St. Basile, et c'est à leur témoignage qu'il se
référera dans sa *Vita Platonis*[2]. On peut s'en étonner, car en vérité
si la retraite que Cosme lui avait préparée pouvait porter les âmes
à la pensée du ciel, elle était aussi pour le corps un de ces lieux
bénis où l'être tout entier peut goûter les joies les plus pures.

---

1. Aristophane, *les Nuées*, 1002. — *Id.*, Cicéron, *De Finibus*, V, 1. —
Horace, *Epist.*, II, 2, 45.

Hélien, *Var. Hist.*, IX, 10. — St. Jérôme, *Ad Jovin.*, II, 203 : « Sed et
ipse Plato, cum esset dives et toros ejus Diogenes, lutatis pedibus, concul-
caret, elegit Academiam, villam ἐν τοῖς προαστείοις ab urbe procul, non
solum desertam, sed et pestilentem, ut cura et assiduitate morborum libi-
dinis impetus frangerentur, discipulique sui nullam aliam sentirent voluptatem, nisi earum rerum quas discerent. » — *Id.*, St. Basile, *Homélie sur la
lecture des auteurs profanes*, chap. IX. — Porphyre, *de Abstinentia*, I, 36.

2. Ficini *Op.*, I, 763, 771 : « Regressus demum Athenas in Academia
vitam dixit quem in salubrem Attice locum dicitur elegisse, quod etiam Divus
Basilius et Hieronymus comprobant, ut nimis bonus corporis habitus ceu
vitiis nimia luxuria amputaretur. »

Posée sans calcul et sans faste au milieu des noirs cyprès et des oliviers cendrés, cette humble maison de campagne dominait tout un monde. Comme les jardins d'Académus, elle était assez loin de la ville pour n'être point troublée par ses succès et ses inquiétudes et néanmoins assez proche pour en recueillir les échos et maintenir ainsi le contact avec la vie. Mais alors que Platon, établi dans la plaine, devait lever les yeux pour s'entretenir avec les témoins des dieux et de l'histoire qui avaient élu domicile sur l'Acropole, Ficin n'avait qu'à se pencher pour voir à ses pieds la cité vivante où, pour se renouveler, l'art et la pensée semblaient s'être donné rendez-vous. De quelque côté qu'il se tournât Ficin, comme Platon, se trouvait face à face avec tout ce qui était sa raison de vivre. A sa gauche, dans une lumière incomparable qui se fait mauve au crépuscule, Florence, nouvelle Athènes, vibrait, jouissait, priait à l'ombre de ses campaniles plus ou moins sévères et de ses coupoles audacieuses que le soleil rendait légères. A sa droite, dans un bouquet de chênes verts, Cosme dans sa froide demeure au front crénelé cherchait la paix de l'âme en attendant la Mort, et, entre ces deux pôles, si Ficin n'avait pas sous les yeux le golfe majestueux sur les bords duquel on devine Égine, Éleusis et Corinthe, il pouvait néanmoins, dans un décor de rêve, suivre le capricieux Arno, qui, après s'être frayé un chemin dans le Val qui porte encore son nom, s'en allait comme à regret se perdre dans la mer, emportant dans ses eaux limoneuses l'image d'Arezzo, de Figline et de la cité des Fleurs. En vérité Careggi était bien, comme devait le traduire son nouveau maître, le « champ des grâces » et rien n'y manquait pour en faire un nouveau « sanctuaire de la contemplation ».

On ne sait pas exactement quand Ficin vint s'y installer, mais nous avons tout lieu de croire que, comme tout le monde, il passa l'hiver à Florence et que ce n'est qu'au cours de l'été 1463 qu'il vint s'établir à Careggi. En tout cas, le 12 août de cette même année, nous voyons son père partager ses biens avec tous ses enfants, ce qui donne à penser que la situation de Marsile était alors définitivement assurée. Il ne faut pas oublier d'ailleurs que, pour lui faciliter la tâche, Cosme lui avait également offert, rue St-Gilles, à quelques pas du Dôme et de la Via Larga, une modeste maison d'où il pouvait se rendre facilement au Palais ou à la bibliothèque de Saint-Marc pour consulter les manuscrits et entreprendre sans tarder la traduction de ceux qu'on lui avait offerts.

« Cosme, dit en effet Ficin, fit le nécessaire pour que j'aie non seulement les livres grecs de Platon, mais aussi ceux de Plotin. » Puis il ajoute : « Après cela, l'an 1463, alors que j'étais dans ma trentième année, il me demanda de traduire tout d'abord Mercure,

le trois fois grand [1]. » Ainsi, après Orphée, Homère, Hésiode et
Zoroastre, Ficin, auquel l'on avait tant recommandé de « s'abreuver
aux sources platoniciennes », se trouvait à pied d'œuvre et si étrange
que cela puisse paraître, on lui demandait de traduire avant Platon
le *Pimandre* de Mercure Trismégiste. Nous saurons plus tard pourquoi, mais, tandis qu'il se met à l'ouvrage, il serait peut-être bon
que nous cherchions à identifier les manuscrits qu'il avait en
mains, car trop souvent on a porté des jugements sur ses traductions
sans tenir compte des textes dont il disposait [2].

1. *Id.*, II, 1537 : « Operam praeterea dedit, ut omnes non solum Platonis sed
etiam Plotini libros graecos haberem. Post hec autem anno millesimo quadringentesimo sexagesimo tertio, quo ego trigesimum agebam aetatis annum, mihi
Mercurium primo Termaximum, mox Platonem mandavit interpretandum. »

2. Déjà JEAN PIC DE LA MIRANDOLE, dans ses *Disputationes adversus
astrologiam divinatricem*, Bologne, 1495, L. V, chap. VI, déclare qu'il ne faut
pas s'y fier absolument... « ei non omnino fidendum esse ». — DANIEL HUET
dans son *De Interpretatione* (Paris, 1661, p. 295) où il se place surtout au point
de vue de l'élégance de la traduction, déclare que Ficin ne s'est point soucié du
style et qu'il a quelquefois allongé ou resserré la pensée : « verborum quidem
curam negligere Ficinum, sententias dilatare nonnunquam vel contrahere ».
Au XVIIe siècle, LOUIS LEROY, qui pourtant le pille sans vergogne, s'est
montré plus sévère : « Le bon seigneur n'était guère expert en grec ni en latin,
il a failly infiniment traduisant son auteur... Ce serait temps perdu de m'arrêter reprendre ce personnage en tous les endroits où il a failly mais plutôt
lui convient de rendre grâce du labeur qu'il a pris volontairement pour aider
à la postérité et essayer de suppléer son défaut sans aigreur. (*Le Sympose de
Platon*, Paris, 1581, p. 52).
Parmi les critiques modernes, CHARLES HUIT, *Vie et Œuvres de Platon*,
Paris, 1893, II, p. 442, écrit : « On a parfois vanté l'exactitude de cette traduction : c'est une fidélité, si l'on peut ainsi parler, tout extérieure, sans grand
souci de la grammaire et de la syntaxe; la phrase latine est calquée plus ou
moins adroitement sur le modèle grec, souvent au détriment de la clarté. Du
moins ce n'est pas l'œuvre d'un profane et en plus d'un passage on doit y
louer avec M. CHAIGNET, la « pénétration profonde du sens philosophique de
l'auteur. »
J. FESTUGIÈRE, *La philosophie de l'amour de Marsile Ficin*, Paris, 1941,
p. 145-152, écrit après avoir étudié la traduction du *Phédon* et quelques chapitres de Plotin : « Les erreurs y sont en somme peu nombreuses. Le grand,
l'essentiel mérite de la version de Ficin est en effet la fidélité, la traduction
est même le plus souvent littérale, la phrase latine suit la phrase grecque.
La forme laisse sans doute à désirer. Le style de Marsile Ficin est clair, mais
lourd... Pour le fond, quelques passages difficiles, rendus mot pour mot,
auraient voulu être interprétés. Et l'on peut se demander si Ficin les a vraiment compris... Tout résumé, nous devons à Marsile Ficin traducteur, une
profonde reconnaissance. Il a dans le beau sens du mot « vulgarisé » la philosophie de Platon et c'est bien Platon qu'il a fait connaître : c'est la substance
même des Dialogues qui a nourri le XVIe siècle. Voilà le résultat qui importe
le plus. » — En fait, la plupart des traducteurs de Platon n'ont pas hésité
à recourir à la traduction de Ficin, faisant toutefois de sérieuses réserves pour
le *Timée*, le *Critias* et les *Lois*.

Le manuscrit de Plotin a été identifié par le P. Henry. Il s'agit, sans aucun doute possible, du *Parisinus graec. 1816* que Jean Scoutariotès acheva de copier « à la seizième heure du seizième jour d'août 1460 de l'ère chrétienne », sur le manuscrit de Niccolo Niccoli, qui était alors à Saint-Marc et qui est devenu le *Laurentianus grec. Plut. 87, 3*. Que ce manuscrit ait été copié à l'intention de Ficin, c'est possible. Mais la preuve que nous propose le P. Henry en interprétant le μετὰ ευφημίας Πλάτωνος que le copiste a ajouté à sa signature, nous paraît sans fondement [1]. En tout cas il est manifestement impossible, comme le suggère l'historien du texte des *Ennéades*, que Ficin ait corrigé avant 1460 le manuscrit de Niccoli, puisqu'en 1462 il avoue que ses premières traductions sont faites « ad verbum, nescio quomodo ». Qu'il l'ait consulté, corrigé et utilisé, c'est certain, mais ce que nous devons avant tout retenir c'est que l'exemplaire que lui avait donné Cosme est le manuscrit de notre Bibliothèque Nationale. On en trouve la preuve tout au long de ce texte, soit qu'il le corrige, soit qu'il le divise et il suffit de se reporter à son œuvre pour reconnaître que les gloses latines et grecques, les fragments de traduction et les références qui se lisent en marge sont de sa main.

Pour identifier son manuscrit de Platon nous avons divers éléments. Nous savons d'abord, par son testament, qu'il en avait deux exemplaires : Le premier « in carta bona » qui lui avait été offert par Cosme et qui contenait tous les dialogues. Le second, que lui avait envoyé en 1464 Amerigo Benci, était « in carta bombicina » et ne contenait que quelques dialogues [2]. Or, comme Ficin n'a

---

1. PAUL HENRY, *Les manuscrits des Ennéades*. Louvain, 1948, p. 45-62 Le P. Henry suppose en particulier que le manuscrit en question a été copié pour Ficin, nommé pour la circonstance, Platon, que l'Académie a été fondée en 1454 et qu'avant 1460 Ficin a corrigé le manuscrit de Plotin *(Plut. 87, 3)* qui a servi de modèle à Scoutariotès pour copier le *Parisinus 1816*. Or toutes ces hypothèses sont contraires aux textes et aux dates que nous avons établies précédemment. — Cf. E. GARIN, *Medioevo e Rinascimento*. Bari, Laterza, 1954, p. 243, n. 1.

2. *Testamentum Ficini*, Appendice IV : « Item mandavit librum Platonis in greco in carta bona cum omnibus dyalogis existentem in domo sue habitationis consignari debere Magnifico Pierfrancisci de Medicis tamquam de se bene merito et ob certas iustas causas animum et conscientiam suam moventes.

Item similiter mandavit librum Platonis in greco cum certis dyalogis in carta bombicina existentem penes prudentem virum Franciscum Zenobii de Ghiacceto restitui debere heredibus Amerigi de Bencis, ostendendo dicti heredes per scritturas fide dignas dicti Amerigi dictum librum donatum vel comprestitum fuisse ad tempus dicto testatori. Alias ipsum eundem librum legavit eidem Francisco amico suo et de se bene merito. »

pas su distinguer les dialogues apocryphes ou suspects, il est certain
que le manuscrit qui contenait tous les dialogues doit être un de
ceux qui, aujourd'hui encore, renferment même ceux que la critique
récuse. Par ailleurs nous avons, écrit de sa main, un précieux volume de textes grecs qui devait orienter nos recherches. Ce manuscrit, sur la tranche duquel l'auteur lui-même avait écrit « Familiaris » et qu'un admirateur anonyme nous présente de ce fait
comme le livre de chevet de Ficin, est en effet une anthologie de
deux cent trente-neuf pages où nous trouvons tous les textes qu'il
avait cru bon de copier pour éviter sans nul doute de transporter
ses in-folios quand il séjournait à Figline ou chez ses amis. Or,
parmi ces textes, qui tous se réfèrent au problème de l'immortalité
de l'âme, nous avons une copie intégrale du Phédon et de nombreux fragments plus ou moins longs des divers dialogues de
Platon [1]. Or comme il est vraisemblable que ces textes ont été
copiés sur le meilleur exemplaire que possédait Ficin, il suffisait
de les collationner sur un des manuscrits contenant « tous » les
Dialogues pour identifier celui que possédait Ficin. C'est sur ces
données que nous avons été amené à étudier le *Laurentianus grec.
Plut. 59, 1* et nous en avons conclu qu'il s'agissait bien du manuscrit
de Ficin. Lui aussi sans doute fut copié par Scoutariotès sur un
manuscrit de Niccoli [2] et comme il avait ajouté à la fin du Plotin
μετὰ εὐφημίας Πλάτωνος il termine sa copie de Platon par ce cri de
soulagement et de satisfaction τέλος τῆς πάσης πραγματείας ταύτης
φιλοσοφίας κορυφαίου Πλάτωνος [3].

Comme nous pouvions le souhaiter ce manuscrit contient tout
les dialogues apocryphes, à l'exception de l'*Eryxias* qu'effectivement

1. *Ambrosianus*, f., 19 sup. (329). La description en est donnée par le
R. P. Henry, *op. cit.*, 37-43. Ce recueil contient outre le *Phédon* (f. 17 à 108)
et trois importants passages des *Ennéades :* IV, 2 (f. 146 à 150). — Enn. I
(f. 151 à 167), Enn. IV, 8 (f. 169 à 179) cinquante-neuf citations des divers
Dialogues de Platon, deux citations de Proclus, quatre vers d'Orphée, douze
vers d'Hésiode et deux lignes de Lactance.

2. Nous avions pensé que le ms. qui avait servi de modèle au copiste était
le *Plut. grec. 85, 9*, mais en étudiant attentivement ce ms., nous avons trouvé
dans la marge du f. 333 r, écrite à l'encre rouge et de la main de Ficin, la
mention suivante : Deest hic ferme folium. Or, en nous reportant au *Plut.
grec. 59, 1*, nous avons pu constater que contrairement à ce que nous pensions,
c'est sur ce ms. que le *Plut. grec, 85, 9* avait été copié, car le passage qui
manque dans ce manuscrit correspond exactement aux textes des f. 492 v.
et 493 r du *Plut. grec, 59, 1* qui par erreur ont été tournées ensemble par le
copiste, qui du dernier mot du f. 492 r est passé au premier mot du f. 493 v.
Il est également certain que Ficin a utilisé le *Plut. 58, 4* où il a laissé quelques
remarques.

3. Cf. BANDINI, *Cat. Cod. Graec.*, p. f. 359.

Ficin n'a pas traduit, et nous y trouvons par surcroît en guise d'introduction un ensemble de textes que notre auteur devait tôt ou tard traduire et utiliser, à savoir, la Vie de Platon de Diogène Laerce, le prologue d'Albinus, des dissertations de Théon de Smyrne et d'Alcinoüs, quelques pages de Plutarque sur la musique, les Vers dorés de Pythagore et le traité de Timée de Locres. Enfin, comme dans le manuscrit de Plotin, les corrections, les notes marginales et les références ne manquent pas, il est aussi facile d'un reconnaître la main de Ficin.

Quant à son manuscrit de Mercure Trismégiste, il fut encore plus facile de l'identifier. Des trois manuscrits du Pimandre que nous possédons et qui sont antérieurs au xvᵉ siècle [1], un seul coïncide avec la traduction de Ficin qui ne contient que quatorze traités alors que les deux autres en contiennent dix-huit : le *Laurentianus grec. Plut. 71, 33* et pour dissiper toute équivoque une note de la page de garde nous informe que ce manuscrit a été acheté par Ficin lui-même à Politien pour la somme de deux deniers d'or [2]. On aimerait savoir comment Politien s'était procuré ce manuscrit et à quelle époque il le vendit à Ficin, ne fut-ce que pour connaître le motif ou l'occasion qui ont amené Cosme à solliciter la traduction de ce texte qu'il aurait pu facilement acquérir, puisque Politien était alors non seulement son obligé, mais à son service. Mais tout ce que nous savons, c'est que ce manuscrit avait été apporté de Macédoine en Italie par un moine de Pistoie du nom de Léonard et que Ficin déclare « cultivé et honnête » [3].

Quoi qu'il en soit le vœu du Prince ne tarda pas à être exaucé, car, après nous en avoir fait part, notre auteur ajoute : « En quelques mois, de son vivant, j'ai traduit Mercure et alors j'ai aussi abordé Platon [4]. » En fait, si l'on en croit les manuscrits, cette traduction fut achevée à Florence en avril 1463 [5]. C'est donc à son retour de Celle, où il était encore en novembre 1462, qu'il s'est mis à l'œuvre et en dépit des difficultés de ce texte, il est fort pos-

1. *Plut. LXXI, 33. Vaticanus graecus, 237. Vaticanus graecus, 951.*

2. Cf. BANDINI, *Cat. Cod. Graec.*, III, 14.

3. FICINI *Op.*, 1836 : Alter (Pimander) usque ad haec tempora restitit apud Graecos, at nuper ex Macedonia in Italiam advectus diligentia Leonardi Pistoriensis docti probique monachi ad nos pervenit.

4. *Id.*, 1537 : « Mercurium paucis mensibus eo vivente peregi; Platonem tunc etiam sum aggressus. »

5. Le manuscrit le plus précieux de cette traduction *(Plut. XXI, 8)* porte au f. 40 v : « Finis libri Mercurii Trismegisti quem e graeco in latinum traduxit M. Ficinus Florentinus anno MCCCCLXIII mense aprilis Florentiae. » Six autres manuscrits répètent cette date confirmée par les neuf manuscrits de la traduction.

sible qu'il l'ait achevée à la date indiquée. Il y a lieu toutefois
d'interpréter ces dates, car l'année florentine commençant les
25 mars, il est manifestement impossible, ne fut-ce que pour
respecter le « paucis mensibus », qui fixe le délai de la traduction,
que ce vœu de Cosme ait été formulé en 1463 et exaucé en avril de
la même année. Or, comme nous avons de multiples preuves que
cette traduction fut effectivement achevée en 1463, il faut donc
interpréter cette date et ne pas dire, comme della Torre[1], que Ficin
avait alors trente ans, mais qu'il était dans sa trentième année.

Le *Pimandre* est donc à proprement parler la première traduction
de Ficin. Il devait en faire l'historique dans une longue dédicace
à Cosme, que nous analyserons plus tard. Mais dès maintenant nous
devons en retenir l'hommage qu'il rend à son bienfaiteur en cette
occasion : « Des nombreux livres de Mercure, dit-il, deux surtout
sont divins : l'un traite de la Volonté divine, l'autre de la Puissance
et de la Sagesse de Dieu. Le premier se nomme *Asclepius*, le second
Pimandre. L'un a été traduit en latin par le platonicien Apulée,
l'autre, jusqu'à présent demeuré chez les Grecs, fut récemment
apporté de Macédoine en Italie, grâce au zèle d'un moine cultivé
et honnête, Leonardo da Pistoia. « Or, comme c'est en cédant à
tes exhortations, poursuit Ficin, que j'ai décidé de le traduire en
latin, j'ai pensé, bienheureux Cosme, qu'il était juste que je te
dédie cet opuscule. Car il est naturel que j'offre les prémices de
mes études grecques à celui qui m'a aidé de ses deniers et largement pourvu de livres pour que je puisse me consacrer aux lettres
grecques[2]. » S'il en était besoin, nous aurions là une nouvelle
preuve que l'intervention de Cosme date bien de l'année précédente et ceux qui pensaient que depuis longtemps Ficin était capable de lire et même de corriger des textes grecs trouveront un
démenti formel dans la présentation de ces « prémices ».

Elles devaient d'un seul coup justifier les espérances que l'on

---

1. Cf. DELLA TORRE, *op. cit.*, p. 543.
2. FICINI *Op.*, II, 1836 : « Argumentum M. F. Florentini in librum Mercurii Trismegisti, ad Cosmum Medicem, patriae patrem... E multis denique
Mercurii libris, duo sunt divini praecipue, unus de Voluntate divina, alter
de Potestate et Sapientia Dei. Ille *Asclepius*, hic *Pimander*, inscribitur.
Illum Apuleius Platonicus latinum fecit, alter usque ad haec tempora restitit apud Graecos, at nuper ex Macedonia in Italiam advectus diligentia
Leonardi Pistoriensis docti probique monachi ad nos pervenit. Ego autem
cum tuis exhortationibus provocatus e Graeca lingua in Latinam convertere statuissem, aequum fore putavi, Cosme felix ut nomini tuo opusculum
dedicarem. Nam cuius ipse adiutus opibus, librisque affatim refertus, studiis Graecis incubui, eidem studiorum Graecorum me decet offere primitias... »

mettait en lui et consacrer sa réputation naissante. Le succès de
cette traduction fut considérable. Des dizaines de manuscrits en
témoignent et comme tout le monde ne peut pas lire le latin, on
supplie le traducteur de mettre en langue vulgaire le chef-d'œuvre
de ce mystérieux philosophe que l'on considère un peu comme un
demi-dieu. Mais le temps presse. Déjà Ficin, qui chaque jour voit
son maître plus courbé et plus pâle, a pris son Platon et ne veut
plus s'en laisser distraire. Il faut alors qu'un ami se dévoue pour
traduire en toscan ce curieux Apocalypse que constitue le *Pimandre*. Écoutons Thomas Benci nous le rapporter lui-même : « Notre
Ficin, platonicien, ayant cette année au nom du Très Magnifique Cosme de Médicis, traduit de grec en latin un opuscule de
Mercure Trismégiste... et le sujet en étant très digne, puisqu'il
traite de la Puissance et de la Sagesse de Dieu, certains de ses amis
qui ne connaissaient pas la langue latine, le prièrent de le traduire
à nouveau dans notre langue. Mais retenu par des travaux plus
importants et néanmoins désirant franchement faire plaisir à ses
amis, il me persuada, non pas comme le plus savant, mais comme
l'homme auquel, par bonté, il accordait peut-être une plus grande
affection, que je devais entreprendre cette traduction. Et bien
que je fusse convaincu que je n'étais point qualifié pour entreprendre un tel travail, parce que je n'en avais pas l'habitude et
qu'au surplus mon activité était absolument étrangère à l'étude,
cependant, fort de ses encouragements, je me mis en devoir de
faire cette traduction [1]. » On serait tenté de croire en lisant la suite
de cette Préface où Benci expose d'une manière fort pertinente les
principes qui doivent guider tout traducteur [2], qu'il affecte en la

---

1. *Prefatio Thomae Bencii in Pimandrum vulgarem* (*Sup. Fic.*, I, 98-
101) : « Al nobile et preclaro uomo Francesco di Nerone Tommaso Benci
salute, sanita et buona fortuna. — Havendo il nostro Marsilio Platonicho in
questo anno ad nome del magnificho Cosimo de Medici di greco in latino tra-
docta una operetta di Merchurio Trismegisto, nuavamente dalle parti di
Graecia in Firenze da certi religiosi huomini portata, la materia della quale
sendo degnissima, perche tracta della potentia e sapientia di Dio, fu pre-
ghato da suoi amici, non docti della lingua latina, di dovere quella anchora
aloro nella nostra communichare. Ma lui da maggiori studi occupato et
nondimeno, sanza invidia, disideroso di compaciere a quelli, m'impuose
non come a piu docto, ma come persona, a cui egli per sua benignita forse
maggiore affectione portava, che io dovessi farla vulgare. Et benche ad me
paresse, per essere pocho a tali chose usato essendo etiamdio occupato del
mio exercitio molto alli studii contrario, non essere a tale opera sufficiente,
non dimeno dallui confortato mi dispuosi pigliare tal faticha, si per ubbidire
a lui et si per fare chosa grata a li amici... »
2. *Ibid.* : « Che conciosiacosache ciascuna lingua abbia vocaboli, pro-
verbii et modi di parlare, la proprieta de'quali non bene ne interamente si
possa nelle traductioni observare, per tanto e necessario che abbia luogo la

circonstance une fausse modestie, et pourtant il n'en est rien. Ce Thomas Benci (1427-1470) n'était que le fils d'un marchand florentin et, comme il vient de nous le dire, ce n'est pas la gestion des affaires paternelles qui devait le disposer à traduire un livre tel que le *Pimandre*. Mais il était aussi le neveu d'Amerigo Benci qui avait offert un Platon à Ficin et comme nous le trouvons effectivement en compagnie de son oncle dans la liste des auditeurs de l'Académie, il est fort probable que c'est à cet heureux patronage qu'il devait sa culture d'humaniste et l'estime que dans la circonstance lui témoignait Ficin. Il devait s'en montrer digne. Le 10 septembre 1463 sa traduction, dédiée à Bernardo Nero, était achevée, et si son succès fort légitime fut moins durable que celui de la traduction latine, il ne fut pas moins spontané [1].

On devine aisément quels « travaux plus importants » retenaient pendant ce temps l'attention de Ficin. Avec le livre de Mercure, Cosme lui avait demandé de traduire « dix livres de Platon en qui étaient contenus tous les préceptes de vie, tous les principes de la nature et tous les saints mystères des choses divines [2] ». A vrai dire, ce texte semble plutôt destiné à justifier ce que Ficin a traduit du vivant de Cosme, qu'à nous éclairer sur les ordres qu'il avait reçus. Néanmoins il est certain que Cosme avait hâte de pouvoir enfin lire Platon dont on parlait chaque jour davantage tout autour de lui. En fait, le 30 janvier 1464, Ficin qui, de nouveau, avait quitté Florence pour Celle, lui adressait une lettre nous permettant de faire

---

sententia di Mercurio in questo libro scripta, che bisogna che l'uditore intenda et accordisi con colui che dice, et che egli abbia piu acuto l'udire chez non e la voce di colui che parla. Imperocche essendo il parlare di cose eminenti e non communi come queste di Mercurio, le quali mostra essere a lui da Dio revelate, non e cosi a ognuno intelligibile sanza qualche sottile speculatione. »

1. Le manuscrit — aux armes de Ficin — porte en suscription du *Pimandre*, f. 70 : Finito il libro di Merchurio Trismegisto di greco in latino translatato per Marsilio Ficino Fiorentino d'aprile 1463 et facto vulgare da Ru. Sil. a di 10 ri settembre 1463.

Cette suscription reproduite dans quatre des douze manuscrits que nous avons de cette traduction a engendré un doute sur son auteur du fait qu'elle semble ici attribuée à « Ru. Sil. ». Mais c'est une erreur d'interprétation qui s'éclaire du fait que nous savons que le copiste de Ficin se nommait Rutilius, comme le prouve le *Vat. Lat. 2929.* — Cette traduction n'a été éditée que deux fois, Florence, 1548-1549. Elle fut traduite en français par Gabriel du Préau, Paris, 1549-1547, en hollandais par un traducteur anonyme, Musée d'Anvers, Cod. 266.

2. FICINI *Op.*, II, 1965 : « ...divi Platonis libros decum et unum Mercurii e graeca lingua in latinam a nobis transferri jussit quibus omnia vitae praecepta, omnia naturae principia, omnia divinarum rerum mysteria sancta panduntur. »

le point de son activité, et de prouver que sur ordre ou non il ne
travaillait que pour satisfaire son maître. « Comme la rigueur de
la saison ne me permet pas de m'entretenir avec toi, écrit-il, j'ai
décidé de te dire brièvement dans cette lettre ce que je fais. Jusqu'à
présent j'ai traduit neuf opuscules de Platon. Si Dieu le permet,
j'en traduirai encore trois qui semblent se rapporter à la Métaphysique. A ce moment-là je reviendrai vers toi pour te présenter
comme d'habitude ce que j'aurai fait [1]. » Il ne devait pourtant offrir
que dix Dialogues à son bienfaiteur. Est-ce que la santé du Prince
l'incita à ne pas attendre davantage, ou s'est-il simplement laissé
distraire par d'autres travaux ? Les deux hypothèses sont possibles.
En tout cas nous pouvons désormais juger de ces premiers Dialogues
et même apprécier le choix de Ficin puisqu'il a joint à ces textes
un « argument » pour le justifier.

C'est dans un manuscrit de la Bodleian Library, ayant appartenu
à Bembo, que nous trouvons cette traduction tant attendue et la
lettre à Cosme qui sert d'Introduction [2]. Après avoir rappelé le
mot de Platon, suivant lequel l'union de la puissance et de la sagesse
devaient ramener l'âge d'or, et illustré cette pensée par quelques
exemples empruntés de l'Antiquité, Ficin poursuit : « Ce que Platon
n'a pu voir vivant, il peut le voir mort. Vivant dans ses œuvres,
son esprit dont l'écho nous est parvenu en langue grecque, a volé de
Byzance à Florence pour se poser près de Cosme de Médicis. Mais
pour qu'il puisse s'entretenir avec lui non seulement en grec, mais
en latin, il m'a paru fort à propos de traduire en latin quelques-

---

1. *Sup. Fic.*, I, 37. « *Cosmo Medici Patri patrie Marsilius Ficinus se commendat.* Cum iniquitas temporis coram alloqui nequaquam sinat, decrevi
litteris quid agam breviter significare. Novem hactenus opuscula Platonis
convertimus. Tria preterea que ad superiorum ordinem spectare videntur,
si Deus annuerit, transferemus. Tum demum ad te properabo, quicquid
actum fuerit more solito collaturus. »

2. Ce manuscrit, ignoré de DELLA TORRE, se trouve à la Bodleian Library
à Oxford sous la référence *Canonicianus latinus 163* (col. 182, *Catalogi codicum
manuscriptorum Bibliothecae Bodleinae 1854. Pars tertia*). Il porte pour titre :
*Platonis dialogi decem cum argumentis, praemisso M. F. argumento in X. a
se traductos Platonis dialogos ad Cosmi Med.* On lit sur la première page :
« Olim peculium cuiusdam e familia Bembo ». Il comprend f. 1 Argumentum
Marsilii Ficini Florentini in decem a se traductos Platonis dialogos ad Cosmum Medicum patriae patrem. Chacun des dialogues est précédé d'un argument. Ils se présentent dans l'ordre suivant : f. 2 *Hipparchus*, f. 5 *De Philosophia*, f. 9 *De Sapientia*, f. 14 *Menon*, f. 30 *Alcibiade I*, f. 45 *Alcibiade II*,
f. 51 *Minos*, f. 57 *Euthyphron*, f. 65 *Parmenides*, f. 88 *Philebum*. Puis suivent
deux extraits de l'*Euthydème* et du *Théétète*, p. 113 r, et v. Alcinous f. 114,
Speusippe f. 132, Pythagore f. 137, Xenocrate *de Morte* f. 139. La présence de
ce dernier traité prouve que le manuscrit est postérieur à la mort de Côme.
Cf. *Sup. Fic.*, I, XXVII.

unes des nombreuses choses qu'il dit en grec. Reçois donc, bienheureux Cosme, douze livres platoniciens, à savoir, dix Dialogues,
plus les opuscules de Speusippe et d'Alcinoüs qui tous les deux sont
platoniciens [1]. Le premier est *Hipparque* ou de l'amour des richesses, le second, *de la Philosophie*, le troisième, *Théagès* ou de la
Sagesse, le quatrième *Ménon* ou de la vertu. Après lui vient le
premier Alcibiade qui traite de la nature de l'homme, et le *second
Alcibiade* qui traite du vœu. Le septième est *Minos* ou de la loi,
le huitième *Euthyphron* ou de la sainteté. Puis le *Parménide* qui
traite de l'Un et enfin le *Philèbe* consacré au Souverain Bien. Que
les titres de ces Dialogues se suivent dans cet ordre, il est permis
d'en deviner la raison, car en tout homme il y a un désir inné du
bien. Il est vrai, en effet, qu'au cours de leurs jeunes années les
hommes, trompés par les sens et l'opinion, estiment que la possession des choses qui passent est le bien et cherchent à l'acquérir
de toutes leurs forces, ce qui explique que le premier Dialogue soit
consacré au désir des richesses. Mais, parce qu'en avançant en âge
et mis en garde par la raison, ils commencent à aimer la connaissance des choses divines comme un bien, et que l'amour de la
Sagesse est la Philosophie, le livre de la Philosophie occupe la
seconde place. Le livre de la Sagesse vient après, parce qu'on
cherche aussi la Sagesse par amour, avant de la posséder. On y
ajoute le *Ménon*, parce que la lumière de la Sagesse, dès qu'elle
luit, donne aux puissances et aux mouvements de l'âme, une
beauté que l'on nomme justement la vertu. Cette vertu, à son tour,
porte l'âme à trois choses : revenir à elle-même, se tourner vers sa
cause et veiller sur les choses qui sont au-dessous d'elle. L'âme
étant une nature intermédiaire entre les choses divines et les choses
corporelles, elle est douée, à ce titre, de vertu et lorsqu'elle respecte sa nature et ne se mêle pas aux choses inférieures, elle se
tourne vers les supérieures et demeure la providence des inférieures. Pour qu'elle revienne à elle-même, le *premier Alcibiade*
l'instruit de la nature de l'homme; pour qu'elle se tourne vers les

---

1. *Id.*, f. 1. (*Sup. Fic.*, II, p. 104-105). *Argumentum Marsilii Ficini Florentini in decem a se traductos Platonis dialogos ad Cosmum Medicem patrie
patrem.*
« ...Quod vero videre non licuit viventi Platoni, defuncto denique licuit.
Quippe iam pridem e Bizantia Florentiam spiritus eius ipsis in licteris vivens
attica voce resonus ad Cosmum Medicem advolavit. Utque non greca solum
sed etiam latina cum eo lingua dissereret, visum est opere pretium ut e multis
que grece loquitur quedam latine interpretaremur. Accipe igitur Cosme felix
Platonicos libros duodecim, dialogos videlicet eius decem et opuscula Speusippi et Alcinoi platonici duo... »

choses, divines le *second Alcibiade* traite du vœu et *Minos* de la loi, pour qu'elle gouverne les choses inférieures.

« A ces traités se relie *Euthypron* qui traite de la sainteté, parce que la sainteté elle-même se résume à trois choses; d'abord l'âme conservant sa pureté, considère les choses humaines avec charité et les choses divines avec piété. Puis, purifiée par la sainteté, elle reçoit la lumière divine et enfin grâce à l'intensité de cette lumière, Dieu lui-même apparaît. Il est donc juste que le traité de l'Un, principe de toutes choses, suive le livre de la sainteté, c'est pourquoi le *Parménide* vient après l'*Euthyphron*. Et comme notre béatitude consiste dans la vision divine, il paraît tout naturel que le *Philèbe*, qui traite du Souverain Bien de l'homme, suive le *Parménide* qui traite du Souverain Bien de la nature tout entière. » Et Ficin ajoute : « Après ces dix dialogues de Platon, il m'a paru bon de traduire le livre du platonicien Alcinoüs, dans lequel se trouve brièvement exposée toute la doctrine de notre Platon, et nous y avons joint le livre du platonicien Speusippe sur les définitions de Platon, parce que dans ces deux opuscules, toute la pensée de Platon se trouve résumée. Enfin nous avons ajouté les Vers d'Or et les Symboles de Pythagore, pour que quelques-unes des pensées de cet homme, que Platon imita entre tous, soient à la portée des Latins [1]. » Et il conclut : « Tout cela est écrit pour justifier notre choix, le titre de ces dialogues et l'ordre logique dans lequel ils se succèdent. Et maintenant venons-en à Hipparque. » Et effectivement nous trouvons dans le manuscrit l'argument qui précède le premier dialogue, les autres venant dans l'ordre avec leur argument respectif.

Au terme de cette longue lettre, que nous avons tenu à citer dans sa majeure partie parce qu'elle témoigne de l'orientation constante de la pensée de Ficin et de la qualité de ses entretiens avec Cosme, nous devrions pouvoir apporter quelques précisions sur le bilan réel de ses traductions. Il nous souvient, que dans sa première lettre à Cosme, il disait avoir traduit neuf Dialogues et que son intention était d'en traduire encore trois autres, qui lui semblaient relatifs aux problèmes métaphysiques, ce qui aurait fait un total de douze. Or, comme dans les dix qu'il vient de présenter, nous trouvons le *Parménide* et le *Philèbe*, qui traitent évidemment de « l'ordre des

---

1. *Ibid.*, f. 1 v.-f. 2 : « Post decem Platonis dialogos etiam librum Alcinoi Platonici, in quo universam Platonis nostri doctrinam perstrinxit breviter, convertere placuit, cui deinde apposui Speusippi Platonici librum de Platonis definitionibus, ut hisce duobus opusculis Platonis meus in summa quadam comprehenderetur. Addidimus praeterea Pythagore aurea carmina simul et simbola, ut nonnulla sensa huius viri, quem Plato pre ceteris imitatus est, Latinis paterent. »

choses supérieures », un seul des trois dialogues métaphysiques, qu'il se proposait de traduire, ne l'a pas été. Dans l'hypothèse c'est donc deux dialogues qui manqueraient, soit que Ficin n'ait pas eu le temps de les traduire, soit que sa traduction n'ait pas été achevée? Il y aurait peut-être intérêt à savoir quels étaient ces deux dialogues et ce n'est pas impossible si l'on se réfère au contexte de sa première lettre à Cosme et à la Préface que nous venons d'analyser.

Sans aucun doute, cette lettre est la réponse à l'unique message de Cosme à Ficin qui nous ait été conservé : « Je suis arrivé hier à Careggi, écrivait le Prince, non pour cultiver mes champs, mais pour cultiver mon âme. Viens, Marsile, le plus tôt possible. Apporte avec toi le *de Summo Bono* de notre Platon qui doit, je pense, être traduit comme tu me l'avais promis. Car je ne désire rien plus ardemment que de connaître le chemin qui, le plus commodément, conduit à la félicité. Porte-toi bien et n'oublie pas ta lyre orphique [1]. » Or, à cette lettre qui doit être des premiers jours de 1464, Ficin a répondu en s'excusant de ne pouvoir venir à cause de « la rigueur du temps » et, pour faire patienter son bienfaiteur qu'il savait meurtri par la mort de son fils Jean (1er novembre 1463) et qui cherchait la résignation dans la philosophie, non seulement lui dit ce qu'il a fait et ce qu'il va faire, mais il termine sa lettre en lui indiquant, répondant à sa demande, quel est, d'après Platon, le chemin qui conduit au bonheur [2]. De cette réponse, il devait d'ailleurs tirer plus tard ce qu'il appelait dans sa lettre à Politien le *de Felicitate*, adressé à Laurent de Médicis et une lettre à Cavalcanti [3]. Toutefois, si nous lisons cet essai dans sa rédaction primitive, nous voyons en fait qu'il est inspiré par deux textes qui nous éclairent fort à propos : « En attendant (que je t'apporte mes traductions), écrit-il, lis avec joie la sentence sur la félicité, que j'ai trouvée hier dans Platon et que j'exposerai dans cette lettre. Tu verras que ce qu'il pensait du Souverain Bien dépassait largement ce que nous rapporte Diogène Laerce. En effet, dans l'*Euthydème* il traite de la béatitude que nous promet la vie active et dans le *Théétète*, de celle que procure la vie contemplative au petit nombre. Je t'envoie d'ailleurs l'un et l'autre passage traduits aussi briève-

1. FICINI *Op.*, 608, I : « Cosmus Medices Marsilio Ficino Platonico. S. D. Contuli heri me in agrum Charegium, non agri, sed animi colendi gratia, veni ad nos Marsili quamprimum. Fer tecum Platonis nostri librum de Summo bono, quem te isthic arbitror iam e Graeca lingua in Latinam, ut promiseras, transtulisse. Nihil enim ardentius cupio, quam quae via commodius ad felicitatem ducat cognoscere, Vale et veni non absque orphica lyra. »

2. *Id.*, 608, 2. Cette lettre n'est qu'un résumé de l'*Euthydème* (278e et suiv.).

3. *Id.*, I, 662 et 633, 1.

ment que possible. Mais écoute plutôt ce que dit Platon : « Tous les hommes pensent que bien agir c'est bien vivre... Ceci est dans l'*Euthydème*. Et voici ce que dans le *Théétète* il dit de la vie contemplative : « Il est impossible d'arracher la racine du mal. Il faut que quelque chose soit contraire au bien. Ce mal cependant n'a pas de place en Dieu, néanmoins, il rôde nécessairement autour de la nature mortelle et de la région inférieure du monde. Voilà pourquoi nous devons nous efforcer de nous évader le plus vite possible de l'un vers l'autre. Or, s'évader, c'est, dans la mesure du possible, se rendre semblable à Dieu et c'est la justice unie à la sainteté dans la sagesse qui rend l'âme semblable à Dieu [1]. »

De ce texte il ressort donc qu'en janvier 1464 Ficin avait en main l'*Euthydème* et avait déjà parcouru le *Théétète*. Or, il se trouve que, dans le manuscrit d'Oxford, les deux passages de ces dialogues que Ficin avait traduits dans sa lettre « aussi brièvement que possible » sont dans leur entier et tels que nous les retrouvons dans la seconde version de cette lettre et dans celle à Cavalcanti [2]. A n'en pas douter, il s'agit bien des deux dialogues qui nous manquaient. Pourquoi n'a-t-il pas achevé ou revu la traduction de l'*Euthydème* qu'il considérait déjà comme terminée? pourquoi a-t-il remis à plus tard la traduction du troisième dialogue métaphysique, qui ne peut être que le *Théétète?* On ne saurait le dire. Mais le temps pressait.

---

1. *Sup. Fic.*, I, 37 : « Sed interim Platonis de felicitate sententiam, quam pridie repertam huic epistole subscribam, lege feliciter. Invenies longe plane divinius eum quam Laertius Diogenes retulerit de summo bono sensisse. Etenim in *Euthydemo* beatitudinem quam nobis activa vita pollicetur, in *Theeteto* vero quam contemplativa porrigit paucis explicat. Ego autem utrumque locum quam brevioribus potui conversum ad te mitto. Sed iam Platonem ipsum audiamus. Omnes homines bene agere hoc est bene vivere volunt... ut quam sapientissimus fiat. Haec quidem in *Euthydemo* (278 e) sequitur iam in *Theeteto* de contemplativa (176 a) : Mala radicitus exstirpare impossibile est. Necesse est enim aliquid ipsius boni contrarium esse. Neque tamen id circa Deum versatur, sed mortalem hanc naturam et inferiorem mundi provinciam necessario circuit. Quamobrem conandum est, ut hinc illuc quam ocius confugiamus. Fugere autem est quoad fieri potest Dei similem fieri. Similem Dei animum efficit iustitia et cum sapientia sanctitas. »

2. Comparer le texte de la note précédente avec FICINI *Op.*, I, 608, 1, pour le texte de l'*Euthydème*, et 633, 1, pour le texte du *Théétète*.

III. La Mort d'un Sage

Ce printemps de 1464 devait être, en effet, pour Cosme, le dernier. Perclus de rhumatismes, il avait dû peu à peu renoncer à toute activité et depuis la mort de Jean, sur lequel il fondait tant d'espoir, il vivait à Caffagiolo ou à Careggi, veillant sur l'éducation de ses petits-enfants et se préparant à la mort en cherchant, comme il disait, « le chemin le plus court pour atteindre la félicité ». Divers documents nous permettent d'ailleurs de recréer l'ambiance dans laquelle il vivait et de voir à quel point il s'intéressait aux problèmes touchant la morale et la nature de l'âme.

Vespasiano da Bisticci nous rapporte que souvent pendant cette période, parce que, précise-t-il, Cosme ne sortait pas, Argyropoulos, les jours où il n'enseignait pas au Studio, venait le visiter avec quelques-uns de ses élèves. Cosme, ajoute le chroniqueur, lui posait toujours des questions, tantôt sur l'immortalité de l'âme, tantôt sur d'autres problèmes de théologie ou de philosophie. Avec lui on ne perdait jamais son temps. Un jour, en présence d'Otto Niccolini — un des jurisconsultes à qui Ficin devait adresser sa traduction du *Minos* — on discuta sur la question de savoir si le droit positif faisait partie de la philosophie morale et le prince, qui s'était fait une opinion là-dessus, prit un malin plaisir à voir Niccolini dans l'embarras [1]. Une autre fois, et la date ressort du contexte, puisqu'il est dit qu'Argyropoulos était venu lui présenter ses condoléances pour la mort de Jean, il provoqua un débat entre le philosophe et l'ambassadeur du duc de Milan sur la primauté de l'autorité militaire sur l'autorité civile [2]. Mais ce n'était là qu'un honorable passe-temps et ce n'est pas sur de tels échos qu'aurait pu se fonder la réputation du fondateur de l'Académie platonicienne de Florence. Certains même pourront s'étonner de le trouver ainsi en relations suivies avec le maître incontesté des aristotéliciens florentins et qui plus est, comme nous le verrons bientôt, le chef d'une autre Académie. En fait, le problème des rapports de

1. Vespasiano, *op. cit.*, III, p. 67-68 : « Messer Giovanni Argiropoulo... spesso andava a visitare Cosimo perche egli in questo tempo non andava fuori : e messer Giovanni il di delle feste che non leggeva, andava a visitarlo con alcuni de'suoi scolari, Cosimo sempre la domandava di varie cose : ora della immortalita dell'anima e quando d'altre materie o di teologia o di filosofia; con lui non si perdeva mai tempo. Per lungo uso che aveva avuto con gli uomini litterati, aveva grandissimo giudicio e soddisfaceva assai; ma bisognava che fussi perito e discreto chi voleva sodisfare a Cosimo. »

2. F. Fossi, *Monumenta ad Alamanni Rinuccini vitam contexendam*, Firenze, 1791, p. 35. Texte cité par della Torre, *op. cit.*, p. 397.

Cosme avec Argyropoulos mérite d'être posé et il le mérite d'autant plus que della Torre ne l'a pas simplifié.

C'est ainsi, qu'après nous avoir dit que Ficin n'avait pas pu suivre les leçons de grec de ce savant pédagogue, sous prétexte qu'il était aristotélicien, il affirme avec la même assurance qu'Argyropoulos « traitait alternativement dans ses cours du système aristotélicien et du système platonicien » et qu'on doit le considérer comme « le véritable introducteur du Platonisme à Florence [1] »! C'est assez inattendu et il y a là une équivoque qu'il importe de dissiper. Les affirmations de della Torre évidemment ne sont pas gratuites : il invoque des textes, mais il est peut-être bon de les soumettre à l'épreuve des faits, c'est-à-dire, de voir à la lumière des textes d'Arygopoulos lui-même, quelle était son attitude vis-à-vis de Platon.

Il est vrai que certains de ses élèves, et des plus qualifiés, ont déclaré qu'il les avait instruits des doctrines du fondateur de l'Académie. Dans une lettre qui témoigne de l'enthousiasme que son enseignement avait suscité chez les jeunes, Donato Acciaiuoli écrivait à Alfonso de Palenza : « On trouve désormais à Florence de nombreux jeunes gens versés dans les lettres grecques et latines et la plupart sont même si instruits des doctrines aristotéliciennes et platoniciennes qu'on croirait qu'ils ont été élevés à l'Académie » et il ajoute : « Argyropoulos a traduit plusieurs livres d'Aristote et il a exposé avec soin non sans provoquer une grande admiration de ses auditeurs, les opinions, les mystères et la doctrine secrète de Platon... [2] » De son côté Pierre-Philippe Pandolfini rapporte dans

---

1. Cf. della Torre, *op. cit.*, p. 467-469. — E. Garin, *Medioevo e Rinascimento*, Laterza, 1954, p. 235 et suiv. — F. Masai, *op. cit.*, p. 339-44.

2. Cf. Fossi, *op. cit.*, p. 61. « Si fuit unquam tempus ullum, in quo haec nostra civitas te aut quemquam alium delectaverit, nunc procul dubio talis esse apparet, ut Florentiam illam, quae tibi ea tempestate, qua scribis, tantopere probabatur, nunc in omni genere artium sine controversia superet. Primum litterarum studia numquam magis in hac urbe viguerunt, multique hic adolescentes, multique iuvenes reperiuntur eruditi litteris graecis atque latinis, plerique etiam ita Aristotelicis Platonicisque disciplinis instructi, ut in Academia educati videantur. Venit enim in hanc urbem Argyropoulos Bizantius statim post obitum Nicolai Pontificis (Nicolas V, mort le 25 mars 1455) vir praestans ingenio et doctrina et vetere illa Graecia dignus, qui multos annos inventutem Florentinam non modo litteris graecis, sed etiam his artibus erudivit, quae ad bene beateque vivendum pertinere videantur. Itaque philosophia tum de vita et moribus, tum etiam de natura summa cum elegantia antiquorum more docet et docuit. « Plures Aristotelis libros latinos fecit, Platonis opiniones atque arcana illa et reconditam disciplinam diligenter aperuit, non sine magna audientium admiratione. » — E. Garin, *op. cit.*, p. 237.

une lettre au même Donato, qu'un dimanche, qui était le 30 septembre — donc vraisemblablement en 1459 — s'étant rendu en compagnie de Vespasiano chez Argyropoulos, il l'avait trouvé lisant le *Ménon* à ses élèves et leur parlant de Platon. « Il en fit un vibrant éloge et rapporta à son sujet des choses vraiment incroyables et jusqu'alors inconnues. » « Je vous montrerai, disait-il, combien fut grande la sagesse et la prudence de Platon, qui suscitait la plus vive admiration, même de ceux qui ignoraient sa doctrine. » Et aussitôt il commença : « Je vous expliquerai le *Ménon* et vous n'aurez pas à le regretter, car si vous m'écoutez attentivement, vous verrez quelle doctrine, quelle éloquence et pour tout dire quelle sagesse et quelle prudence se manifestent en ce dialogue. Et il nous en parla avec tant de précision, tant d'élégance et dans un style si riche et si nourri, qu'en entendant toutes ces choses divines, nous admirions autant Platon que l'éloquence de notre maître. Ce jour, crois-moi, fut un jour faste et mérite d'être marqué d'une pierre blanche. « Qu'en pensez-vous, dit-il en finissant, peut-on dire que Platon n'a pas traité de la morale, de la nature des choses, de la dialectique? » Et ce qu'il nous racontait nous semblait conçu plutôt par un oracle delphique que par une intelligence humaine [1]. » Enfin Vespasiano rapporte qu'un savant prélat espagnol Narciso di Verduno se trouvant à Florence, Argyropoulos lui rendit visite et qu' « ils s'entretinrent longuement, surtout des Idées suivant Platon ». Cet homme ajoute le chroniqueur était un « très grand platonicien » et Argyropoulos le quittant avouait lui-même « qu'il

---

1. Cf. E. GARIN, *Archivio di Filosofia*, 1951, p. 28-29. « Pridie Kalendas octobris, qui fuit dies dominicus, post meridiem ego et Vespasianus dominum Ioannem adivimus eumque Platonem legentem invenimus; erant et cum illo nostrorum quidam. Hic, posito libro, aliquantulum confabulatus est multisque verbis ultro citroque habitis, in eum tandem sermonem provenimus, qui tibi profecto non injocundus fuisset : in Platonis dico. Quem cum vehementer laudasset, eiusque nonnulla incredibilia prorsus atque inaudita retulisset : Multis inquit, vobis ostendam, quanta prudentia ac sapientia Plato, quem omnes vel eius disciplinae ignari, non mediocriter admirantur, fuerit. Statimque exorsus : Eius viri, inquit, vobis dialogum, qui *Menon* inscribitur, declarabo. Hoc enim uno Platonis contenti esse debebitis; in quo quanta doctrina, quanta eloquentia, quanta denique et sapientia et prudentia insit, profecto si audire volueritis, prospicietis. » Eumque deinde tanto ordine, tanta elegantia, tanta dicendi ubertate et copia explicavit, ut non magis platonem ipsum, cum multa divina audiebamus, quam huius viri eloquentia admiraremur... Is dies, mihi crede, faustus certe numerandus fuit et meliori lapillo signandus. Cum vero iam narrandi finem fecisset : Quid vobis igitur videtur? Nonne Plato de moribus, nonne de natura rerum, non de arte disserendi multa tractavit? » Eiusque nonnulla narrabat, quae a Platone non hominis ingenio sed quodam delphico potius oraculo instituta videbantur... » *Id.*, DELLA TORRE, *op. cit.*, p. 474-75.

n'avait jamais trouvé personne, qui comprit mieux la doctrine de Platon et en particulier la si célèbre théorie des Idées [1] ».

Tous ces textes, dont il serait vain de contester la valeur prouvent évidemment qu'Argyropoulos connaissait bien la doctrine platonicienne et qu'en fait il a lu et commenté au moins un dialogue devant ses élèves florentins. Mais peut-être convient-il d'apprécier leur enthousiasme en fonction de leur ignorance des questions platoniciennes, car enfin, s'il est vrai, comme le laisse entendre la lettre de Pandolfini, qu'ils en étaient encore à se demander si Platon avait vraiment traité « de la morale, de la nature des choses et de la dialectique », on conçoit fort bien que la lecture savamment commentée du *Ménon* ait fait naître en eux une telle admiration pour leur maître. De là à conclure qu'Argyropoulos fut l'introducteur du Platonisme à Florence, en nous laissant croire qu'il alternait ses cours sur Aristote et sur Platon, c'est manifestement forcer les textes, qui dans l'esprit de leurs auteurs n'ont jamais voulu dire cela. Au reste, ils savaient bien à qui ils avaient à faire, et s'ils étaient reconnaissants à Argyropoulos de les éclairer sur la doctrine de Platon, ils étaient surtout fiers d'avoir pour maître l'interprète le plus fidèle de la pensée d'Aristote.

Né vers 1417 à Constantinople, Argyropoulos vint sans doute de bonne heure en Grèce, mais, comme le dit prudemment son biographe, « sa jeunesse et ce qu'il fit pendant ce séjour restent dans les ténèbres [2] ». A-t-il été l'élève de Pléthon? On peut le supposer, étant donné ses relations très amicales avec des hommes comme Bessarion et Michel Apostolés, mais nous n'en avons aucune preuve. En revanche, sa conduite et son œuvre prouvent qu'il avait reçu une formation assez différente de son prétendu maître, puisqu'il fut un des adversaires de Pléthon au concile de Florence et lutta pour l'Union jusqu'à la chute de Constantinople n'hésitant

---

1. VESPASIANO, *Vite* (Vescovo Miletense), *ed. cit.*, p. 184 : « Avendo messer Giovanni Argiropolo udita la fama del vescovo, ando a visitarlo in Santo Iacopo in Cambo Corbolino; disputorono per lungo ispazio insieme, e maxime delle idee di Platone. Era il licenziato veementissimo e acutissimo disputatore, e non credo che la sua eta avesse uno uomo, nel quale fusse tanta dottrina quanta in lui. Era questo licenziato grandissimo platonico. Avendo, come e detto, disputato per lungo ispazio nel partire, il licenziato gli fe'compagnia. Andandone a casa con messer Giovanni, gli domandai quello che gli paresse dello licenziato. Dissemi, essere il piu dotto uomo che avesse veduto nel suo tempo; e che l'opinione di Platone, non aveva trovato ignuno che l'intendesse meglio di lui; e maxime quella degnissima opinione delle idee, tanto celebrata; e che non credeva che de'Latini ci fusse ignuno che gli andasse appresso. »

2. Cf. G. CAMMELLI, *op. cit.*, p. 10.

pas, pour prouver la sincérité de ces sentiments, à adhérer personnellement à l'Église romaine. Et qu'on ne dise pas que cette position était purement politique, puisqu'il a écrit un traité sur la
procession du Saint-Esprit auquel Pléthon a cru devoir répondre [1].
En second lieu, si nous sommes dans l'ignorance sur sa première
formation, nous savons en revanche que c'est à Padoue qu'il résida
au moins de 1441 à 1444, enseignant la langue grecque et se perfectionnant dans les arts libéraux, au point de devenir dans ce fief
de l'aristotélisme « rector artistorum et medicorum [2] ». Enfin, il
est hors de doute que ce qui lui assure aujourd'hui une place dans
l'histoire de l'humanisme florentin est le zèle qu'il a déployé pour
traduire et commenter Aristote. Tels sont les faits, et en toute
objectivité il faut bien admettre qu'ils ont plus de poids que des
témoignages, qui d'ailleurs ne sont pas tous concordants [3]. Mais
voyons les choses de plus près.

On nous dit d'abord qu'Argyropoulos avait une connaissance
très étendue de la philosophie de Zoroastre à Proclus et on invoque
à l'appui de sa culture néo-platonicienne le fait qu'il a copié les
Ennéades de Plotin [4]. Certes, il fait preuve assez souvent d'une
vaste érudition, mais elle ne dépasse guère en profondeur celle de
ses devanciers et même celle des écrivains scolastiques. Quant à sa
copie de Plotin, qui, rappelons-le n'est pas signée, il est peut-être
téméraire d'en tirer argument car, si elle est vraiment de lui, nous
avons tout lieu de croire qu'elle date de l'époque à laquelle Argyropoulos en était réduit à faire le métier de copiste pour gagner sa
vie [5]. Restent à voir ce qu'il a fait et ce qu'il a dit pour favoriser
l'essor du Platonisme à Florence.

Qu'il ait lu et commenté le *Ménon*. C'est bien. Mais, pour nous
permettre d'apprécier sa ferveur platonicienne, il eût été préférable
qu'on nous révélât qu'il avait commenté le *Philèbe* ou le *Timée*. Au
demeurant, le choix de ce dialogue peut fort bien nous éclairer sur
les circonstances et les intentions qui ont motivé cette lecture, à
laquelle on attache tant d'importance. Le *Ménon* a en effet, pour
thème la définition de la vertu. Or, si l'on pense qu'Argyropoulos
faisait son cours public sur l'*Éthique à Nicomaque*, quoi de
plus naturel de le voir dans ses cours privés, où il enseignait
avant tout le grec, prendre le *Ménon*, pour montrer à ses élèves

1. MIGNE, P. G., 158, col. 991-1008.
2. Cf. G. CAMMELLI, *op. cit.*, p. 23-27.
3. Cf. A. RINUCCINI, *Lettere orazioni*, ed. GIUSTINIANI, Firenze, 1953,
p. 14-18, 187-90. — E. GARIN, *Medioevo e Rinascimento*, p. 235 et suiv.
4. *Parisinus graec.*, *1970*. Cf. P. HENRY, *op. cit.*, p. 91 et suiv.
5. *Id.*, p. 93-94.

comment Socrate apprenait à définir la vertu, et comme, par surcroît, ce dialogue, qui n'est pas dépourvu de charme, ouvre de larges perspectives sur les grands thèmes platoniciens, tels la réminiscence, la préexistence des âmes et même la théorie des Idées, on conçoit fort bien l'enthousiasme qu'une telle lecture a pu susciter chez ses auditeurs, pour qui Platon était pratiquement inconnu. En soi, le choix du *Ménon* n'avait donc rien d'insolite. On peut même ajouter qu'il répondait pleinement aux préoccupations majeures d'Argyropoulos, que ses contemporains considéraient comme le *prope perfectus peripateticus* [1] et qui était de fait avant tout un dialecticien. Nous n'en voulons pour preuve que le choix des traités qu'il a traduits [2] et l'esprit même de ses commentaires. On dira que toutes ces traductions ont été faites pour les Médicis. Bien plus, s'il faut en croire Ficin lui-même, cinq d'entre elles auraient été faites à la demande de Cosme et lui sont effectivement dédiées [3]. Mais c'est une raison de plus de nous étonner, car Argyropoulos, qui n'ignorait pas les idées du maître de Careggi, aurait fort bien pu, sans renier Aristote, faire au moins allusion à Platon dans ses dédicaces. Or, il n'en est rien. Ce qu'il se plaît à souligner, c'est qu'Aristote est « l'homme divin », qu'on trouve dans son *de Anima* tout ce que l'on peut souhaiter sur la nature et l'immortalité de l'âme et que rien ne manque dans son *de Moribus* pour permettre à l'homme d'acquérir la félicité bienheureuse [4]. Pour l'entendre parler de Platon, il faut se reporter

1. P. CORTESII, *De hominis doctis*, Firenze 1847, p. 233.

2. Il a traduit *la Physique*, le traité *de l'Ame*, *la Métaphysique*, *l'Éthique à Nicomaque*, le traité *de l'Interprétation*, les *premières Analytiques* et le *De Coelo*. Cf. G. CAMMELLI, *op. cit.*, p. 116 et suiv.

3. FICINI *Op.*, II, 1965. Parlant de Côme, et non de Pierre, comme le dit CAMMELLI (*op. cit.*, p. 177, n. 1) : « in senectute praecipue philosophiae studiis sacrisque literis totum se tradidit. Utque in primis philosophiae sacris initiaretur, nonnullos Aristotelis libros converti ab Ioanne Argyropylo viro doctissimo voluit eosque diligentissime legit. »

4. *Laur. Plut. LXXXIV*, 1, *Prefatio* IOHANNIS ARGYROPOLI BIZANTII *de Libris Aristotelis de moribus*, quos causa magnifici viri Cosmae : Atque hec sunt sine controversia philosoforum maxime libri presertim divini hominis Aristotelis, quem solum omnium ad artes scientiasque tradendas hominum generi ac modum scientia munere quodam divinae naturae se natum fuisse... Et nunc librum (primum) ad nicomachum prestabilem et ipsum summeque necessarium elegantius emendacuisse traductum tibi similiter offero : est enim ad humanam vitam ut scis non mediocriter utilis et omnino ad consequendam felicitatem beatamque vitam vehementissime prodest. » Prefatio *de Anima Aristotelis... :* « librum eiusdem *de anima* traductum nunc offero : preclarum et ipsum ut scis et admirabile opus. Quodquidem eo ceteris operibus naturalibus antecellit quo scientia animae mentisque humanae cognitio omni scientiae naturae cognitionive preest. Hinc hominis sane natura perfecte perspicitur; hinc cognitionis lumen humanae totum evadit;

au discours d'apparat qu'il fit à l'ouverture de son cours sur l'*Éthique*. Et que dit-il le 4 février 1457 en cette séance solennelle qui marque le début de sa carrière florentine? C'est clair : « Il n'est personne au monde qui ne connaisse Aristote, car son nom a été porté sur toute la surface de la terre sur les ailes sublimes de la renommée et nul ne le prononce désormais sans la vénération qui lui est due. Dans toutes les branches du savoir, il a eu tant de succès qu'il n'est pas possible de trouver parmi tant de sages qui le précédèrent ou le suivirent, quelqu'un qui l'égalât [1]. » Puis il ajoute, empruntant semble-t-il la formule consacrée par Cicéron, ce qui paraît doublement suspect : « Il faut toujours excepter le divin Platon, qui de mémoire d'homme, surpassa tellement en intelligence les intelligences humaines, que dans le passé comme dans l'avenir, nul n'a pu et ne pourra lui être semblable [2]. » Le compliment était si flatteur qu'on pouvait oublier le contexte. Mais, si nous prenons ensuite la Préface du *de Anima* (5 novembre 1460), nous voyons que la valeur exceptionnelle de Platon ne résiste pas. Résumant l'histoire de la philosophie en quelques lignes et surtout en trois noms, Argyropoulos écrit, en effet, ce qu'il pense de Socrate, de Platon et d'Aristote : « Socrate dissertant de morale appelait les hommes aux sciences et c'est pourquoi il fut appelé philosophe moral bien qu'il ait été spéculatif au plus haut point... Après lui vint le divin Platon qui fut éminent dans tous les domaines, excellent poète, d'une éloquence exceptionnelle et qui fut, comme ses écrits en témoignent, maître en philosophie morale, naturelle, mathématique et surtout spéculative. Néanmoins, suivant la méthode socratique il n'a pas su établir l'ordre du savoir. Après lui, Aristote qui fut son disciple pendant vingt et un ans a élaboré une classification parfaite des sciences [3]. » En vérité ,on

hinc scientia naturalis ex actuis; hinc moralis philosophia tota percipitur; hinc et immortalitas animae demonstratur et mentes a corporibus esse separate probantur. »

1. *Prefatio I in libris Ethicorum quinque primis*. (C. MUELLNER, *op. cit.*, p. 15).

2. *Ibid.*, « Plato divinus semper excipiendus est... » Cf. CICÉRON, *Tusculanes*, X, 22. « Aristoteles longe omnibus Platonem semper excipio, praestans et ingenio et diligentia. » Il est intéressant de citer à ce propos ce que dit TIGNOSI dans la dédicace de son De Ideis (*Plut. LXXXII*, 22 f. 2 v.) : « Aristoteles vero Platone nequaquam inferior licet Tullius ceteris omnibus ipsum proposuerit excepto Platone. »

3. *Magl.* v, *42* (mss. de D. ACCIAIUOLI) : « Fuerunt tria praeclara ingenia. Omitto Zoroastrem et multos alios usque ad Anaxagoram, qui obscure et carminibus tradiderunt philosophiam. Fuerunt igitur tres, scilicet Socrates? Plato, Aristoteles. Socrates disserendo per moralem philosophiam compellebat homines ad scientias et ideo appellatus est moralis, quamquam speculativus summus fuerit. Videbat ea tempestate homines deditos eloquentiae forensi a

ne pouvait souhaiter un texte plus clair pour nous révéler ce qui dans l'esprit d'Argyropoulos assurait la primauté d'Aristote.

Il était né aristotélicien et bien qu'il ait apprécié le charme des *Dialogues* et qu'il ait été séduit par la métaphysique platonicienne, qu'il connaissait bien, la logique d'Aristote restait pour lui le fondement de toute science. Certes, il y a dans ses commentaires bien des « platonismes », comme dans la *Somme théologique* de saint Thomas d'ailleurs, mais esprit méthodique et précis, il s'impose surtout par son perpétuel besoin d'analyser, de définir et de classer, laissant le plus souvent à d'autres le soin d'approfondir les questions posées ou de résoudre les problèmes.

Ses mérites n'en sont pas moins grands. Il suffit de lire les notes que Donato Acciaiuoli a prises à ses cours sur l'*Éthique* et le *de Anima* [1], pour voir avec quelle sûreté il exposait ou résumait les positions platoniciennes et avec quelle bienveillance il les interprétait pour tenter de réduire les distances qui séparaient Aristote et Platon. A coup sûr, il prit la défense de l'auteur des *Dialogues*, puisque Bessarion lui adressa son *In Calumniatorem Platonis*. Mais là encore ne nous y trompons pas : cet envoi de la part du cardinal mettait fin à une querelle [2] et en lisant attentivement les

---

qua avocabat et compellebat deinde ad studium sapientiae et perfectiones suas. Homo enim nascitur imperfectus, sed actus per potentias ut perficiatur, ut etiam deinde perficiat alios. Post hunc fuit Plato divinus, qui perfectissimus in omni facultate, in poesi summus, eloquentissimus omnium, moralis, naturalis, mathematicus et maxime speculativus, ut ex scriptis eius intelligi licet, non tamen tradidit ordinem scientiae, secutus Socratis morem. Post hunc Aristoteles qui XXI annos audivit Platonem et dedit ordinem scientiarum summum. » Cité par E. GARIN, *op. cit.*, p. 241, n. 36. — *Id.*, A. RINUCCINI, *Lettere*, p. 187-190.

1. D. ACCIAIUOLI, *Florentini Expositio super libros Ethicorum Aristotelis*, Firenze, de Ripoli, 1478. Cf. DELLA TORRE, *op. cit.*, 470-474. — E. GARIN, *op. cit.*, p. 244 et suiv.

2. Nous n'avons plus l'écrit d'Argyropoulos sur la théorie des idées. Mais nous avons la riposte que lui fit Théodore de Gaza, au nom de Bessarion (MÖHLER, III, p. 000) et une lettre de Bessarion accompagnant l'écrit de Théodore de Gaza (BANDINI, *Catal. Cod. Graec.*, II, 275), dans laquelle il lui dit : « C'est cependant chose naturelle de se défendre quand on a été attaqué, ou plutôt se défendre est nécessaire, attaquer est superflu. Tu es venu à nous après tous les autres, et tu aurais dû venir le premier, si tu l'avais fait par affection comme tu le dis. L'affection commande de s'unir à ceux qu'on aime tout d'abord et à ceux-là seulement ». Cité par H. VAST, *op. cit.*, p. 332.

On trouve dans l'exposé d'Argyropoulos sur l'Éthique à Nicomaque, un aperçu de sa position sur la théorie des idées : « Sed ut videamus quae fuit sententia platonis, paulo est altius repetendum, ut intelligamus rationes philosophi (Aristotelis) non procedere contra mentem platonis, sed contra eam sententiam, quam vulgus credebat vel dicebat esse platonis. » Texte cité par DELLA TORRE, *op. cit.*, p. 1472.

remerciements d'Argyropoulos on peut se demander s'il ne se réjouit pas autant de voir Aristote disculpé que de voir Platon vengé, car plus que tout autre il avait certainement souffert de voir Georges de Trébizonde, se couvrir de l'autorité d'Aristote pour répandre ses calomnies sur le fondateur de l'Académie [1].

Aristotélicien convaincu, platonicien éclairé, néo-platonicien averti, Argyropoulos a ouvert de multiples horizons à ses disciples, qui d'ailleurs n'en attendaient pas tant. Cosme de Médicis lui-même lui demandant de traduire quelques traités d'Aristote rendait hommage à son talent, mais voulait d'abord faire établir des textes indiscutables et s'il eut avec lui quelques entretiens ce fut avant tout pour l'entendre justifier ses traductions et éclairer la pensée d'Aristote sur les problèmes les plus délicats. C'est du moins ce qui ressort des témoignages que nous avons à ce sujet. N'est-ce pas Ficin lui-même qui nous dit que Cosme lut avec soin les traductions d'Argyropoulos [2]? Et Vespasiano nous donne sur leurs entretiens de précieux renseignements :

« Pour passer le temps, dit-il, l'année qui précéda sa mort, Cosme se fit lire l'*Éthique* d'Aristote par Messire Barthelemy da Colle, chancelier du palais. Puis il pria Donato Acciaiuoli de mettre en ordre les notes qu'il avait prises au cours d'Argyropoulos et, à mesure que Donato les mettait au propre, il envoyait les cahiers à Cosme et Barthelemy les lisait. Il lut ainsi toute l'*Éthique*, et le commentaire de Donato qui existe aujourd'hui est celui qu'il rédigea pendant que Cosme se le faisait lire [3] ». « L'année avant sa

1. *Vat. lat.*, *3399*, p. 258 v.-259 : « Egisti, Bessario, quod ad eruditum virum, quod ad iustum, quod ad optimos mores pertinere videbatur et hominem innocentissimum sapientissimum, optime de hominum genere meritum, contumeliis affectum iniquis, et ut ignarum et flagitiosum notatum defendisti. Tum tabulae illius, qui divino homini bellum, nescio quo consilio indixerat, rationes ineptissimas dissolvisti. Praeterea multas praeclarasque sententias Philosophorum occasionem nactus, non modo praesentibus, sed etiam posteris aperuisti. Quapropter non mediocres tibi perpetuo gratias genus debet; in primis autem tanti tibi beneficii obnoxii sunt latini; neque enim posthac huiusmodi ineptiis seduci poterunt, et ea, quibus ab Aristotele carpi Plato videretur, ita, ut capienda sunt, accipient, et Platone insuper talem fuisse, qualis natura, moribus, scientia fuit, si auctoritate doctorum hominum credere, si rationibus obtemperare voluerint, existimabunt... » Cité par G. CAMMELLI, *op. cit.*, p. 113, n. 3.

2. *Ibid.* Voir ci-dessus, p. 269, n. 3.

3. VESPASIANO DA BISTICCI, *op. cit.*, III, p. 74 : « (Cosimo) volle per passare tempo, innanzi circa un anno che morissi, farsi leggere l'*Etica* d'Aristotele a messer Bartolomeo da Colle, cancelliere in palagio; e prego Donato Acciaiuoli, che arrecassi in ordine gli scritti che aveva ricotti, sotto messer Giovanni sopra l'*Etica;* e secondo che Donato emendata, egli mandava i quinterni a Cosimo e messer Bartolomeo leggeva... »

mort », c'était donc bien à l'époque où Cosme écrivait à Ficin qu'il cherchait « le chemin le plus commode pour trouver la félicité ». En attendant la traduction du *Philèbe*, qu'il avait demandée, il ne pouvait évidemment trouver rien de plus substantiel dans la philosophie que l'*Ethique* d'Aristote et nous devons lui savoir gré d'avoir sauvé de l'oubli les leçons d'Argyropoulos, en invitant Donato Acciaiuoli à mettre ses notes en ordre pour en faire un véritable commentaire.

Mais avec le printemps Ficin rentrait à Florence, légitimement fier et surtout profondément heureux à la pensée que son bienfaiteur allait pouvoir enfin, et le premier, lire en latin des dialogues comme l'*Alcibiade* et le *Philèbe*. Ce jour là, à coup sûr, fût un jour faste dans l'histoire de l'Humanisme et l'on imagine aisément avec quelle ferveur le vieux Cosme qui attendait depuis si longtemps ce rendez-vous avec Socrate, écouta ses questions parfois insidieuses, mais dont la logique impitoyable amenait progressivement les âmes à découvrir la vérité. On peut certes regretter que Ficin ne lui ait point offert ce que l'on pourrait appeler la trilogie de l'immortalité : le *Phédon*, le *Banquet* et le *Phèdre*, mais c'est sans doute d'un commun accord qu'ils avaient décidé de suivre un ordre qu'ils jugeaient logique et peut-être même chronologique. Nous avons vu avec quelle ingéniosité Ficin s'était appliqué à faire un tout de ces éléments quelque peu disparates en les enchaînant dans une progression continue qui, partant du désir des biens terrestres, s'épanouissait dans la plénitude du Souverain Bien. C'est cette idée directrice que Cosme devait retrouver tout au long des arguments qui précédaient chacun des Dialogues et dans lesquels Ficin ne s'était pas contenté de résumer l'objet du débat, mais en avait soigneusement souligné les inférences pour mieux en dégager la valeur.

Il ne saurait être question d'en faire présentement l'analyse. Mais pour un esprit aussi positif et pratique que celui de Cosme, ce dut être une très grande joie de trouver dans ces pages, qu'il savait et qu'il sentait écrites pour lui, les vérités et les principes dont il avait cherché la définition pour les mieux servir. Ces textes formaient en quelque sorte un de ces carnets d'esquisses sur lesquels, d'une main sûre et d'un trait rapide, l'artiste sait capter et retenir la vie des formes et les jeux de la lumière. Ainsi, avant de lire chacun des *Dialogues*, Cosme en connaissait non seulement la structure, mais savait sous quel angle il devait étudier le problème pour en saisir immédiatement toutes les données et les conséquences. De l'*Hipparque* au *Philèbe*, toute une somme platonicienne s'offrait à lui. Il trouvait, en effet, successivement les définitions de la Philosophie, de la Sagesse, de la Vertu, puis le *premier Alcibiade* — le « candidissimus liber » — lui apprenait ce qu'était l'homme pour l'amener peu à peu à la contemplation de l'Un qui seule permet à l'âme de comprendre le rayonnement et l'efficacité du Souverain Bien [1].

De telles perspectives devaient pourtant faire naître bien des regrets, car, sous ces formules pleines et concises, que le commentateur complétait implicitement par tant de références, le lecteur, impatient et grisé, devinait une pensée féconde qui ne demandait qu'à s'exprimer. Puisque Ficin citait tant de *Dialogues* encore inconnus, il fallait lui demander de les lire et surtout l'amener à préciser les rapports qu'il établissait entre la pensée platonicienne et des livres aussi différents que les *Hymnes* d'Orphée et l'*Apocalypse* [2]. Aussi, dès que Cosme eut fait part à ses amis de l'heureuse nouvelle et qu'ils eurent pris connaissance de cette traduction, tous ceux qui avaient encouragé les projets de Cosme et suivi avec intérêt les efforts de Ficin, ne tardèrent pas à se grouper autour de lui pour s'initier à cette nouvelle Sagesse. C'est ainsi que naquit cette Académie dont on rêvait depuis vingt-cinq ans et bien que Cosme ne soit pas nommé dans le seul texte qui témoigne que de tels entretiens eurent lieu avant sa mort, il est vraisemblable que, dans la limite de ses forces, il les présidait. Ce fut son dernier succès et sa dernière joie.

« Le premier jour d'août 1464, à vingt-deux heures et demie, rapporte Pierre de Médicis en ses souvenirs, Cosme, fils de Jean, fils d'Everard de Médicis, trépassa de cette vie présente, ayant été par le passé fort vexé du mal aux jointures, bien que de tout autre mal il fut sain, hormis que cette fin de vie et durant l'espace d'un mois, il fut oppressé par défaut d'urine, avec quelque fièvre. Il était âgé de soixante-dix sept ans [3]. » Bien qu'il ne soit pas dans nos intentions de faire le panégyrique de ce Prince, il nous paraît cependant indispensable de nous arrêter un instant près de sa couche funèbre, car il a donné en mourant de telles preuves de sa vertu et de sa foi que sa mort elle-même peut nous aider à mieux comprendre ce que représentait pour lui la révélation du Platonisme.

Jean-Jacques Rousseau, qui fut tenté d'écrire sa vie, a su le définir d'une manière très juste : « C'était, dit-il, un simple particulier qui est devenu le souverain de ses concitoyens en les rendant plus heureux [4]. »

1. FICINI *Op.*, II, p. 1131 et suiv.
2. Voir en particulier l'argument de l'*Alcibiade II* (p. 1134-1135), dans lequel il se réfère à Orphée, Zoroastre, Mercure Trismégiste et termine par une citation de l'*Apocalypse* (III, 18).
3. Cf. PIERACCINI, *op. cit.*, I, 32.
4. J.-J. ROUSSEAU, Lettre à Bernardin de St-Pierre, cité par G. TRUC. *Florence et les Médicis*, Paris, Grasset, 1936, p. 80-81.

Les moyens qu'il employa ne furent peut-être pas toujours
exempts de calcul et même de cruauté, mais « ce fut un homme de
sa ville et de son temps, et s'il triompha, c'est, précisément, parce
qu'il fut l'incarnation de cette ville et de ce temps [1]. » Florence a
couronné son œuvre en le nommant « Père de la Patrie [2] ». C'est
un titre assez rare dans l'histoire et que les peuples n'accordent
pas d'ordinaire aux tyrans, et si nous voulons savoir ce qu'il représente, les témoignages ne manquent pas. Nous ne retiendrons
que celui que Ficin a tracé pour Laurent : « Prudent plus que
tout autre, dit-il, Cosme était pieux envers Dieu, juste et magnifique envers les hommes et sévère avec lui-même. Très appliqué
à la conduite de ses affaires, il apportait encore plus de soin et de
circonspection dans la conduite des affaires publiques, car il ne
vivait pas seulement pour lui-même, mais pour Dieu et pour sa
patrie et nul n'a pu l'égaler en humilité et en grandeur. Pendant
plus de douze ans, j'ai philosophé avec lui; il était aussi subtil
pour discuter qu'il était fort et prudent pour gouverner. Certes,
poursuit Ficin, je dois beaucoup à Platon, mais j'avoue que je dois
autant à Cosme, car l'idée des vertus que Platon me montrait,
Cosme, chaque jour, les réalisait. Je ne puis tout dire de cet homme
qui était aussi avare et parcimonieux de son temps que Midas
l'était de ses deniers. Cependant parce qu'il disposa de ses jours
avec parcimonie et compta scrupuleusement ses heures, cet homme,
très avare de ses instants, se plaignait fréquemment de perdre du
temps. Enfin, à l'exemple de Solon, comme il avait philosophé
durant toute sa vie d'une manière fort distinguée même au milieu
des soucis les plus graves, quand vint le moment de passer de
l'ombre à la lumière, il philosophait plus que jamais. Ainsi comme
tu le sais, puisque tu étais là, il expira peu après que nous lui
eûmes lu les dialogues de Platon, sur l'Un, principe des choses
(Parménide) et sur le Souverain Bien *(Philèbe)*, comme s'il eut
voulu sans attendre se griser réellement de ce bien dont il était
question dans ce dialogue [3]. »

1. FABRONI, *Magni Cosmi vita*, II, p. 257.
2. Le décret fut rédigé par D. Acciaiuoli. Cf. E. GARIN, *op. cit.*, p. 238, n. 34.
3. FICINI *Op.*, I, 648, 3-649 : *M. F. Laurentio Medici viro Magnanimo...* :
« virum ante alios prudentem, erga Deum pium, erga homines justum atque
magnificum, in seipso temperatum, in re familiari admodum diligentem
ac multo accuratius in Reipublica circumspectum, qui non sibi solum sed
Deo et patriae vixit, cuius animo nihil inter homines humilius, nihil rursus
excelsius. Ego Laurenti una cum illo anno plures quam duodecim feliciter
philosophatus sum, tam acutus erat in disputando quam prudens et fortis
in gubernando. Multum equidem Platoni nostro debeo, sed Cosmo non minus
debere me fateor. Quam enim virtutum ideam Plato semel mihi monstraverat,
eam quotidie Cosmus agebat. Mitto nunc caetera huius viri bona, tam avarus

Un tel caractère ne pouvait inspirer que du respect et même si Ficin ne fut pas à même de juger sa politique, nous pouvons lui faire confiance quand il nous le présente comme un sage, digne de l'Antiquité. Il est vrai que ceux qui l'ont considéré comme un tyran ont répandu la légende que sa mort avait été celle d'un païen [1]. Or, comme le texte de Ficin a été à l'origine de cette mise en scène, il importe d'en préciser les termes, pour écarter d'avance toutes les conséquences qu'on en pourrait tirer sur l'état d'esprit de Ficin lui-même. Toutefois pour éclairer le problème, il importe avant tout de savoir si Cosme était vraiment chrétien.

Sans doute tout au long de sa vie a-t-il bâti des églises et restauré des couvents, mais de tels gestes pouvaient être plus ou moins intéressés et, de ce fait, ne nous permettent pas de juger de la qualité de ses sentiments religieux. Ce qu'il faudrait, c'est le surprendre, pour ainsi dire, dans une circonstance imprévue de sa vie. Or, l'occasion nous en est donnée à l'heure où mourut son fils Jean. C'était pour lui, nous l'avons dit, une catastrophe. Il savait que son fils Pierre ne vivrait pas longtemps et la jeunesse de son petit-fils, Laurent, lui paraissait bien fragile pour porter le poids d'un nom qu'il avait rendu si grand. « Or, dit un témoin, tandis que son fils agonisait, il nous cita des histoires, des textes tirés des Psaumes, des Prophètes, des Philosophes et des Païens. Sur ces entrefaites on entendit sonner None, il récita cet office avec dévotion, puis il demanda à Dieu, s'il voulait lui ravir son fils, de mettre fin à ses malheurs pendant que ce fils vivait encore. Le tout sans un soupir ni une larme. On eut dit Job à la mort de ses fils. » Puis, la Mort ayant fait son œuvre, le chroniqueur ajoute : « On ne le vit pas verser quatre larmes, on n'entendit point sa voix trembler, ni prononcer une parole qui ne fut d'un philosophe ou d'un saint. Il consolait même ceux qui venaient pour le consoler, disant que deux sortes d'hommes avaient seuls besoin de consolations, ceux qui n'avaient pas de mémoire et ceux qui étaient mal avec Notre Seigneur Dieu [2]. »

parcusque temporis erat Cosmus quam Mida pecuniae. Et cum parcissime suos dies expenderet, horasque impense dinumeraveraret, homo momentorum avarissimus frequenter iacturam deplorabat horarum. Denique Solonem philosophum imitatus, cum per omnem vitam vel in summis negotiis egregie philosophatus esset, illis tamen diebus quibus ex hac umbra migravit ad lucem, quam maxime philosophabatur. Itaque postquam Platonis librum de uno rerum principio ac de summo bono legimus, sicut nosti, qui aderas, paulopost decessit, tanquam eo ipso bone quod disputaverat reipsa abunde iam potiturus... »

1. Cf. BURCKARDT, éd. cit., II, 342.

2. Lettres de Nicodemo a Sforza. *Archivio Sforzesco. Bibl. Nat. Originaux*, 1589, f. 271-275. PERRENS, *op. cit.*, p. 212.

Qu'une telle attitude soit d'un disciple de Socrate ou de Zénon, c'est possible, mais les faits et les propos sont là pour prouver sans équivoque que c'était avant tout celle d'un chrétien, et nous allons voir qu'il est mort, non point en écoutant Platon, comme le texte de Ficin a pu le faire croire, mais en affirmant sa foi.

Il a suffi d'un mot pour créer la légende. « Il mourut peu après *(paulopost)* que nous lui eûmes lu le *Parménide* et le *Philèbe*. » Singulière lecture en vérité pour distraire ou préparer un agonisant! Mais en fait il en fut tout autrement et c'est Ficin lui-même qui nous apporte les précisions qui s'imposaient pour éclairer ce « paulopost » qui, à la rigueur, pouvait induire en erreur. « Vingt jours avant que son esprit se détachât des liens du corps, dit-il dans la dédicace du *de Morte* de Xénocrate, à l'heure où le Soleil se couche, Cosme commença à se plaindre de la misère de cette vie et à s'emporter contre les erreurs des hommes, au point de dire que la mort était un gain, puis il développa longuement et avec finesse de nombreux arguments sur le mépris de ce monde, comme quelqu'un qui aspirerait déjà à l'éternelle béatitude. Lorsqu'il se tût, je lui dis : Cosme, Xénocrate, qui était un saint et un disciple bien-aimé de Platon, a dit tout cela dans son *de Morte*. Alors il me répondit : « Marsile, lis-moi en latin ce que Xénocrate a dit en grec. » Je le lui lus. Il approuva et me demanda d'en faire une véritable traduction [1]. Un manuscrit nous rapporte même que le Prince se serait écrié en entendant le mot de Socrate sur la tristesse de notre condition : « Comme c'est vrai [2]. » En tout cas, ce n'est pas en écoutant la lecture de Xénocrate qu'il est mort puisque ceci se

1. FICINI *Op.*, II, 1965. — *M. F. Florentini ad clarissimum virum Petrum Medicem in traductionem libri Xenocratis Platonici praefatio :* ...Die autem vigesima antequam corporis vinculis purus eius spiritus solveretur, sole iam occidente, coepit huius vitae miseriam deplorare atque ita in errores mortalium invehi, ut lucrum quoddam diceret esse mortem, ubi permulta et acute et copiose de huius vitae contemptu disseruit, utpote qui iam ad supernam beatitudinem adspiraret. Cum ille finem dicendi fecisset, haec eadem, Cosme inquam, Xenocrates vir sanctus atque dilectus Platonis discipulus in libro de morte tractavit. Tum ille : Referas, inquit, latine, Marsilii, quae graece Xenocrates disputat. Retuli, Probavit. Transferri jussit.

2. La mention : « Hic exclamat Cosmus, o quam vera sententia » se trouve dans le *Laur. Plut. XXI*, 8 f. 44 r. En marge du texte suivant : « Demum senectus ipsa clam serpit, in quam omne naturae sordidum et insanabile malum confluit : et nisi quis statim, ut debitum, reddat vitam, natura tanquam quaestuaria instat, atque pignora exigit ab hoc visum, ab isto auditum, ab illo utrunque : nonnulli ad extremum usque senium vivunt, sed mente bis pueri decepti sunt », cf. DELLA TORRE, *op. cit.*, 560-561. On la trouve également dans le *Cod. Ambros. D-3 inf.*, f. 124 (Milan) et dans le *Cod. Nicolai Rossi 78*, f. 39 (Rome).

passait vingt jours avant sa mort, donc le 11 juillet. Ce n'est pas
non plus en écoutant Platon, car dans ce même texte Ficin ajoute :
« Douze jours après avoir achevé la lecture du livre de Platon sur
l'Un, principe de toutes choses et sur le Souverain Bien, comme
s'il devait s'en retourner pour jouir de ce principe et de ce bien,
rappelé de l'ombre de cette vie à la lumière divine, il s'en alla [1]. »
Si donc il est mort le 1er août, cette lecture de Platon fut achevée
le 20 juillet. Nous voilà donc fixés sur son emploi du temps jusqu'à
cette date et bien que son état de santé ait pu être inquiétant, il
ne faut pas oublier qu'il est mort d'une crise d'urémie et que, par
conséquent, douze jours avant sa mort il n'était pas nécessairement agonisant. Voici d'ailleurs comment il sut mourir.

« Dans ma lettre d'avant-hier, écrivait Pierre de Médicis, le
26 juillet à ses enfants qui étaient à Caffagiolo, je vous disais que
Cosme était gravement malade. Depuis il me semble qu'il s'affaiblit,
lui-même en prend conscience, à tel point que mardi soir il ne
voulut plus voir dans sa chambre que Monna Contessina — sa
femme — et moi. Il commença à nous conter sa vie... Il regrettait
deux choses : de n'avoir pas fait tout ce qu'il aurait voulu et pu
faire, et de me laisser dans une santé si précaire avec tant de soucis.
Puis il nous dit... que lorsque Dieu le rappellerait à Lui, il ne voulait
aucune pompe, ni démonstration à ses obsèques... et il dit tout cela
avec tant de précision, de prudence et de grandeur d'âme, que
c'était merveilleux. Il estimait qu'il avait vécu assez longtemps et
de telle façon qu'il partirait bien content quand Dieu le voudrait.
Hier matin de bonne heure il se fit lever, chausser et habiller complètement car il y avait le prieur de San Lorenzo, celui de San
Marco et celui de la Badia. Il se confessa au prieur de San Lorenzo,
puis fit dire la Messe à laquelle il répondit comme s'il était en
bonne santé. Il répondit à tous les articles de la profession de foi,
récita le *Confiteor* et, ayant demandé pardon à chacun, il reçut le
Saint-Sacrement avec tant de dévotion que je ne saurais le dire [2]. »
Six jours plus tard il était mort. Le *Philèbe* et Xénocrate ne lui
avaient point fait oublier le Credo et ceux qui ont pu penser qu'après
avoir lu le *Philèbe* il devait mourir comme Socrate n'ont pas compris ce qu'il cherchait dans la philosophie platonicienne et ce qu'il
attendait de cette Académie dont l'avenir désormais dépendait
avant tout de Ficin.

1. Ficini, *Op.*, II, 1965 : Préface du *Xénocrate :* « ...Cumque Platonis
librum de uno rerum omnium principio et de summo boni (!) iam peregisset,
duodecima deinde die, quasi ad id principium bonumque fruendum rediturus,
ex hac vitae umbra ad supernam lucem revocatus accessit... »
2. Cf. Roscoe, *op. cit.*, I, Appendice, V, p. 383-384.

CHAPITRE IV

PLATON A CAREGGI

I. Divertissements académiques

Après la mort de Cosme le premier soin de Ficin fut de remplir une des dernières volontés de son bienfaiteur. Il traduisit les quelques pages du *de Morte* du pseudo-Xénocrate, qu'il avait lu au chevet de l'illustre vieillard. Ce fut chose facile, et ce travail mériterait à peine qu'on s'y attardât, s'il n'était précédé d'une dédicace à Pierre de Médicis qui, après nous avoir fourni de précieux renseignements sur les dernières années de Cosme, nous éclaire encore sur les espoirs que Ficin fondait sur son nouveau maître.

Si étonnant que cela puisse paraître de prime abord, Ficin jusqu'alors n'avait, semble-t-il, jamais rien dédié, ni même fait allusion, à Pierre de Médicis et on pouvait se demander dans quelle mesure cet énigmatique personnage poursuivrait l'œuvre de son père. Témoin de ses enthousiasmes, il n'ignorait rien de ses goûts et, depuis des années, avait pu suivre la réalisation lente, mais sûre, de ses desseins. Mais Pierre avait été au Studio l'élève de Carlo Marsuppini et ce n'était un secret pour personne qu'il fréquentait plutôt les milieux aristotéliciens. Sans trahir la mémoire et les intentions de son père, il pouvait donc fort bien se contenter de faire respecter sa volonté sans, pour cela, s'engager personnellement dans la même voie. Au reste l'avenir de Ficin n'était-il pas désormais assuré, puisqu'il avait un toit, des biens et des livres? On pouvait le croire. En fait, il s'agissait beaucoup moins de son avenir que de celui du Platonisme et il restait beaucoup à faire pour que Platon ait, à Florence, droit de cité. Sans doute, ses admirateurs se faisaient-ils chaque jour plus nombreux, mais beaucoup s'interrogeaient encore sur ce philosophe, dont la personne et la doctrine s'enveloppaient encore de mystère et il est certain que son succès définitif dépendait, pour une large part, de la continuité de l'œuvre entreprise par Cosme. De ce point de vue la dédicace du *de Morte* nous rassure et nous paraît de bon augure. Après avoir rappelé à Pierre ce « si grand fils », que la gloire étonnante de son père était le fruit de sa prudence dans les affaires de ce monde et de son intelligence des choses divines, Ficin, en effet, écrit : « La Patrie et l'Académie pleureraient amèrement son départ, si Pierre, qui lui ressemble tant, ne leur restait. Sur sa prudence et sa piété la Patrie fonde son espérance et l'Académie se repose... » Et il poursuit : « Cosme m'ayant demandé de traduire Xénocrate, je l'ai traduit et je te l'ai dédié pour qu'en lisant ce court, mais très précieux ouvrage tu apprennes, et ce que nous devons attendre de cette vie, et ce que nous devons pleurer quand la Mort nous frappe ou nous ravit nos parents ou nos fils. Lis donc toutes ces choses avec confiance toi qui es la colonne de l'Académie, et vis longtemps pour que nous ne sentions jamais que Cosme nous manque [1]. »

Apparemment l'héritage de Cosme semblait donc sauvegardé et Ficin le résumait en un seul mot : l'Académie. Si nous pouvions encore en douter, nous avons là la preuve manifeste que le rêve de son bienfaiteur était déjà réalisé au moment de sa mort. La question de son existence ne se pose donc pas, mais avant d'aller plus loin, il nous paraît indispensable d'être fixé sur la nature ou plutôt sur la structure de cette Académie que Ficin, dès 1462, promettait de faire revivre pour prouver sa reconnaissance au maître de Careggi.

Logiquement le titre d'Académie ne devrait s'appliquer qu'à des institutions s'inspirant de la méthode de Platon et dont le but essentiel était de poursuivre son œuvre en honorant sa mémoire. C'est ainsi que dans l'Antiquité — et c'est Ficin lui-même qui le note — « les interprètes de la pensée platonicienne formèrent six Académies : trois grecques, la première avec Xénocrate, la seconde avec Archésilas, la troisième avec Carnéade, puis trois étrangères : l'une égyptienne avec Ammonius, l'autre romaine avec Plotin et enfin la dernière, lycienne, avec Proclus [2]. » Depuis, les uns ne

---

1. Ficini *Op.*, 1965. M. *F. Florentini ad clarissimum virum Petrum Medicem*, in *traductionem libri Xenocratis Platonici praefatio* : « Cujus (Cosmi) decessu graviter et patria et academia gemeret, nisi Petrus parenti quam similimus superesset, in cuius prudentia atque pietate patria spem suam firmet et academia conquiescat... transferri jussit. Transtuli, tuo nomine dedicavi, ut cum breve quidem hoc, sed preciosissimum opusculum legeris, quantum in hac vita sperandum sit cogites quantum sua cuique mors vel parentum vel filiorum lugenda. Haec igitur lege feliciter, academiae columen ac diu vive, ne Cosmo carere nos aliquando sentiamus. »
2. *Id.*, I, p. 386 : « Hinc turba Platonicorum interpretorum in sex Academias se divisit, quarum tres Atticae fuerunt, reliquae peregrinae. Atticarum

retenant que le nom du lieu où Platon enseignait, les autres, sa méthode, ce terme, indissolublement lié au fondateur de cette école et de ce fait historiquement défini, s'était trouvé peu à peu vidé de sa substance pour devenir d'abord une référence flatteuse et, par la suite, un titre plus ou moins prétentieux et le plus souvent sans aucun rapport avec son sens initial. Ainsi Filelfe, après Cicéron, devait donner le nom d'Académie à sa villa Valdarnina [1] et à partir du xvᵉ siècle la plupart des sociétés savantes qui se multiplièrent en Italie se parèrent indûment de ce titre qui devint un terme générique, dont chacun sait aujourd'hui le sens.

Il faut pourtant reconnaître qu'à l'origine, les uns et les autres se proposaient sinon de servir, du moins d'honorer Platon. C'est parce qu'il le considérait comme « le prince des philosophes » que l'auteur des *Tusculanes* [2] voulut donner le nom d'Académie à sa résidence et si tant d'humanistes aimèrent à se parer du titre d'académicien, c'est qu'ils étaient persuadés que leurs entretiens avaient un caractère platonicien. Le succès de cette formule allait d'ailleurs de pair avec celui du Platonisme. Mais alors comment se fait-il que dans la plupart des cas on n'ait retenu que le nom, sans se soucier des intentions du maître qui l'avait illustré? Il y a là un contresens dont il serait bon de préciser les origines, car le problème étant de savoir si l'Académie, présidée par Ficin, fut vraiment platonicienne, il faut absolument que nous déterminions les erreurs ou les équivoques qui peu à peu ont altéré le sens de ce terme.

De tout temps les hommes de science ont éprouvé le besoin de se réunir pour échanger leurs vues sur les problèmes qui les préoccupaient. Mais il est manifeste que l'Humanisme a donné à ces rencontres un caractère tout particulier. Il suffit de se reporter au *Paradiso degli Alberti* pour se rendre compte de la transformation du genre. Comme Boccace avait perfectionné la technique des cours d'amour du Moyen Age, Giovanni da Prato, à son tour, purifiait le climat du *Décaméron*. Sans doute trouve-t-on encore dans ce récit divers éléments propres aux réunions purement mondaines, mais il est évident que l'on s'achemine peu à peu à la formule d'enseignement instaurée par Platon dans son Académie. Les femmes n'en

---

vetus sub Xenocrate floruit, media sub Archesila, sub Carneade nova, peregrinarum Aegyptia sub Ammonio, Romana sub Plotino, sub Proculo Lycia. »

1. Pogge, *Epistolae*, édit. Tonelli I, 214. C'est d'ailleurs cette Académie qui sert de cadre à son dialogue de *Nobilitate* (Bracciolini *Opera*. Strasbourg, 1513, p. 214). Cf. della Torre, *op. cit.*, 539-540.

2. Cicéron, *Tusculanes*, Livre II, ch. III, Livre III, ch. III. Epist. ad Atticum, I, 4 à 12.

sont pas encore exclues, mais on a l'impression très nette qu'elles
sont là, comme dans un tableau de Botticelli, imposées par le décor
aux mille fleurs. Une seule fois l'une d'entre elles préside aux débats,
qui pourtant durèrent trois jours, et tout en rendant hommage
à leur culture, on attend qu'elles se retirent dans leurs apparte-
ments pour aborder les questions sérieuses [1]. La « disputatio » ne
suit pas seulement la « novella » pour en tirer une leçon morale, elle
s'impose par elle-même, sans obéir aux hasards des circonstances
ou des conversations. Il est vrai que, d'un jour à l'autre, le climat
de ces entretiens changeait quelque peu. La transition mérite même
d'être soulignée.

C'est dans une atmosphère de fête que le premier jour les pèlerins
des Camaldules et de l'Alverne s'étaient retrouvés dans ce refuge,
accueillant mais sévère qu'est le château de Poppi. Comme dans le
Décaméron, on avait chanté, dansé, et pour se reposer on avait
écouté Guido del Palagio conter la légende de Mélissa, qui avait
donné lieu à un débat. Puis, chacun se félicitant de cette « surprise-
party », on s'était promis de se revoir, et c'est dans la villa d'Antonio
degli Alberti : « il Paradiso », que la plupart devaient, quelques jours
plus tard, se retrouver, non plus par une heureuse coïncidence et
pour quelques heures, mais sur invitation et pour trois jours [2].

Le cadre n'était pas moins charmant, ni l'hospitalité moins généreuse. Rien n'avait été laissé au hasard. Le choix des invités était
nettement inspiré par le souci d'organiser de sérieux débats. Toutes
les branches du savoir étaient représentées : la médecine et les arts
libéraux avec Marsile de Padoue, la philosophie et les mathématiques avec Biagio Pellacani de Parme, la théologie avec Grazia,
la musique avec Francesco degli Organi et enfin tout ce que représentait l'Humanisme avec Luigi Marsigli et le chancelier Coluccio
Salutati, qui, après avoir en fait organisé cette rencontre, en
furent les animateurs. L'emploi du temps était rigoureusement
établi et le président, élu chaque matin, veillait à ce qu'il fut respecté. Certes, il y avait encore place pour le divertissement : le
cadre et la compagnie l'imposaient, mais tandis que dansaient les

---

1. *Il Paradiso digli Alberti* da GIOVANNI DA PRATO, *edit. cit.*, II, p. 230.
Ibid., p. 32 : « Per nostra Donna, per nostra Donna Vergine Maria, che io
non mi credea che le donne fiorentine fossono filosofe morali e naturali, ne
che avessono la rettorica e la loica cosi pronta, come mi pare ch'abbino. »
2. *Id.*, III, p. 3 : « ...ripetendo quanto s'era detto e fatto a Poppi, mise
in animo ad alcuno volere ragunare in qualche luogo piu piacevole a atto
una compagnia di singularissimi, famosi e chiarissimi uomini, quanto per
lo tempo al mondo si fosse, i quali nella gloriosa citta di Fiorenza in quelli
tempi si ritrovaro chi per uno fine e chi per un altro. »

« angeliche pulcellette » et les « legiadrissimi giovinetti » ou que
le jongleur, invité au passage, se faisait applaudir, les philosophes
avaient peine à dissimuler leur impatience. Fidèles à l'esprit de
leur ami Pétrarque, Luigi Marsigli et Salutati ne voulaient pas que
les plus illustres invités d'Alberti, qui étaient padouans, puissent
penser qu'à Florence on ne songeait en pareille circonstance qu'à
se distraire[1]. Ils avaient d'ailleurs une sérieuse réputation à défendre. Nul n'ignorait qu'au couvent San Spirito, Luigi Marsigli
avait créé, depuis quelques années, un cercle d'études où se ren-
contraient, sous le patronage de saint Augustin et de Platon, des
hommes de tout âge et de toute condition et dont le seul but était
de renouveler l'esprit et la méthode de l'enseignement traditionnel,
tel qu'il se pratiquait au Studio[2]. C'est d'ailleurs de cette réaction
que sont nées toutes ces « Académies » dont de nombreux dialogues
nous permettent encore d'apprécier l'ambiance et de juger les
intentions.

Ce que tous ces hommes critiquaient dans l'enseignement du
Studio, c'était moins la valeur des maîtres, que les programmes et
les formes d'enseignement dont ils étaient eux-mêmes victimes.
Ils ne contestaient même pas l'autorité des textes qu'on y commentait. Aristote demeurait pour eux le « maître de ceux qui
savent » et les « triumvirs » (Dante, Pétrarque, Boccace) comme
les appelait Salutati, avaient encore nombre d'admirateurs et de
zélés défenseurs. Mais on savait désormais qu'il y avait d'autres
textes et si grande qu'ait été la science d'Aristote, on n'hésitait
plus à dénoncer ses insuffisances et ses erreurs et par surcroît l'on
reprochait à Dante, qui s'en était fait l'interprète, de n'avoir point
su traduire sa pensée dans la langue de l'Antiquité[3]. Au surplus,
las de cet « Ipse dixit », qui pour tant d'esprits était devenu l'alpha et
l'oméga de toute science, on voulait introduire dans le Studio cette
liberté d'expression et cet esprit critique qui, au temps d'Abélard
et de saint Thomas, avaient assuré à la Scolastique son éclat et son
efficacité.

1. La seconde journée (*Id.*, II, 75 à 175) fut consacrée « a qualche materia
utile e non solamente dilettevole per lo novellare » (p. 76). On traita de
l'origine de l'homme, de la félicité, de l'usage des biens et de l'immortalité.
2. Cf. *Leonardi Aretini ad Petrum Paulum Istrum dialogus*, éd. T. Klette,
1889, p. 46. Voir notre Introduction.
3. *Ibid.*, p. 53 : « Niccoli s'attaque à Dante comme représentant de la
culture du Moyen Age : « Quamobrem, Coluci, ego istum poetam tuum a
concilio litteratorum seiungam atque eum zonariis, pistoribus atque eiusmodi turbae relinquam », p. 38 : « Heu miseros, quanta caligo obcoecat! Ego,
mehercule, unam Ciceronis epistolam atque unum Vergilii carmen, omnibus
vestris opusculis longissime antepono. »

Il suffit de relire les premières pages du dialogue de Bruni *ad Petrum Histrum* pour juger des regrets et des besoins d'un homme comme Salutati. De quoi se plaint-il? Avant tout qu'on ait abandonné les « disputationes » d'autrefois qui s'étaient révélées si fécondes. On se contentait alors, s'il faut l'en croire, d'écouter et de lire, et comme la grammaire et la rhétorique étaient volontiers sacrifiées aux nécessités ou aux caprices d'une dialectique barbare, il valait mieux ronfler que perdre son temps à écouter ces dissertations monotones dont les barbarismes et les solécismes offensaient les oreilles les moins exigeantes [1].

Le problème était donc nettement posé. Ces hommes, qui après s'être mis à l'école de Cicéron et de Virgile, suivaient les leçons de Chrysoloras, n'étaient plus disposés à étudier docilement des théories sans âme et des problèmes résolus d'avance. En lisant saint Augustin et les premiers dialogues de Platon traduits par Bruni, ils avaient compris que la véritable science est une création continue de l'esprit humain et que le rôle du maître est moins de transmettre des doctrines toutes faites que d'aider ses disciples à la découverte des vérités premières que chacun porte en soi. Cette maïeutique les avait séduits et comme elle impliquait nécessairement le dialogue ils avaient peu à peu éprouvé le besoin de s'évader du Studio pour aller discuter, en toute liberté, là où ils étaient sûrs de trouver un maître qui pouvait orienter leurs recherches et répondre aux mul-

---

1. *Id.*, I, p. 20 : « Ego enim, qui in hanc diem ita vixi, ut omne meum tempus atque omnem operam in studio discendi consumpserim, tantos mihi videor fructus ex his sive disceptationibus sive collocutionibus, quas disputationes appello, consecutus, ut eorum quae didicerim magnam partem huic uni rei feram acceptam. Quamobrem vos obsecro, iuvenes, ut ad vestros laudabiles praeclarosque labores hanc unam, quae adhuc vos fugit, exercitationem addatis, ut utilitatibus undique comparatis, facilius eo quo cupitis pervenire possitis. »

Ibid., p. 20-21 : « quid autem de dialectica, quae una ars ad disputandum pernecessaria est? an ea florens regnum obtinet neque hoc ignorantiae bello calamitatem ullam perpessa est? Minime vero; nam etiam illa barbaria, quae trans oceanum habitat, in illam impetum fecit. »

Ibid., p. 15 : Adsunt permulti eius scientiae (philosophiae) magistri, qui se illam docturos esse pollicentur. O praeclaros nostri temporis philosophos! siquidem ea docent quae ipsi nesciunt; quos ego nequeo satis mirari, quo pacto philosophiam didicerint cum litteras ignorent; nam plures soloecismos quam verba faciunt cum loquuntur : itaque illos stertentes quam loquentes audire mallem. Hos tam si quis roget, cuius auctoritate ac praeceptis in hac sua praeclara sapientia nitantur : philosophi, dicunt. Hoc autem cum dicunt Aristotelis intelligi volunt atque cum quidpiam confirmare opus est proferunt dicta in his libris, quos Aristotelis esse dicunt : verba aspera, inepta, dissona, quae cuius vis aures obtundere ac fatigare possent. — *Ibid.*, p. 20-21, ci-dessous.

tiples questions que les circonstances ou la curiosité faisaient naître en leur esprit. C'est ainsi que de San Miniato à Fiesole, de San Spirito au Toit des Pisans, se multiplièrent, parfois même avec éclat, et sur les sujets les plus divers, ces discussions savantes au cours desquelles l'Humanisme cherchait à se définir.

Peut-on déjà parler d'Académies? Ce serait sans doute téméraire et dans ce cas il faudrait établir une distinction entre les entretiens que présidait, par exemple, un Luigi Marsigli et les véritables cours que devaient donner vingt ans plus tard, dans le même couvent, Maestro Vangelista di Pisa [1] et Maestro Girolamo [2], car dans le premier cas il s'agissait manifestement de conversations sur le mode académique, alors que dans le second nous sommes en présence de cours réguliers, parallèles à ceux du Studio. Quoi qu'il en soit, il est certain que dans les deux cas, nous avons la réponse à un même besoin et c'est dans cette perspective que se pose à l'origine le problème des Académies italiennes du Quattrocento.

L'arrivée des Grecs ne pouvait que fortifier cette tendance et le nom d'Académie que l'on ne trouve que rarement dans les textes avant le Concile de Florence, est dû, sans aucun doute, à leur présence et à leur influence [3]. Presque tous les Grecs, même quand ils

---

1. VESPASIANO. *Vite* (Vangelista da Pisa), ed. cit., p. 527 : « Maestro Vangelista fu da Pisa de l'Ordine di Santo Agostino, grandissimo filosofo e teologo; istette in Santo Ispirito del tempo che quello convento fioriva... Fu molto istimato e di grandissima riputazione per la sua dottrina. »

Id. (Giannozzo Manetti), p. 261 : « E avendo dato opera alla grammatica, volendo udire loica e filosofia, andava in Santo Spirito, dove in quegli tempi erano molti dotti uomini, e maxime maestro Vangelista da Pisa e maestro Girolamo da Napoli. Maestro Vangelista leggeva il loica e in filosofia e a tutte quelle lezioni andava messer Giannozzo e ogni di andava a disputare veementemente ne' circoli nell'una dottrina e nell'altra... »

2. *Id.* (Girolamo da Napoli), p. 528 : « Maestro Girolamo da Napoli dell'ordine si Santo Agostino, fu dottissimo in filosofia e teologia e universale in tutte le scienze; ebbe grandissima notizia della teologia speculativa, ma maravigliosa in quella de' dottori antichi e massime di santo Agostino; era grandissimo disputatore e uomo di calitissimo ingegno; fu preceptore di messer Giannozzo Manetti, al quale lesse più opere in filosofia e in pubblico e in privato, perche leggeva nel convento pubblicamente a molti frati secolari e ogni di di po' desinare teneva i circoli publici e in privato, perche leggeva nel convento pubblicamente... Non erano molti in Italia fussino dottori come maestro Girolamo e maestro Vangelista.

3. Mention en est faite dans le *De Curiae commodis*, de LAPO DA CASTIGLIONCHO, Cod. *Magl. XXIII, 126*, f. 75-76 : « Non proferam hoc loco sacre theologiae professores quorum studia cum his nostris nulla societate iunguntur. Non commemorabo physicos, mathematicos, astronomos, musicos, civilis vero ac pontificii iuris interpretes silentio praeteribo... Illos tantummodo enumerasse contentus ero, quos mihi et studia haec humanitatis et consuetudo vitae devinxerit. Horum ego sermonibus cum intersum, quod saepissime contingit, in academia illa veteri ac lycio versari videor. »

étaient professeurs au Studio, tenaient école à leur domicile, soit pour enseigner leur langue, soit pour lire des auteurs non inscrits au programme des cours. Or comme on avait perpétué dans leur pays le souvenir de l'Académie de Platon, il était tout naturel que ces maîtres donnent le nom d'Académie aux cercles d'études qui se formaient autour d'eux. C'est ainsi qu'à peine arrivé à Rome (1440) Bessarion vit se grouper dans son palais un certain nombre de ses compatriotes et de latins qui formèrent une société savante à laquelle on ne tarda pas à donner le nom d'Académie Bessarion[1]. Puis après s'être réuni autour d'un maître grec ou latin, on se donna rendez-vous chez un mécène qui par goût ou par diplomatie favorisait de telles rencontres. Du nord au sud de l'Italie tout prince voulut ainsi avoir à sa cour une Académie, et pour lui donner plus d'éclat, chacun s'efforça d'attirer à lui, à prix d'or, les humanistes les plus en renom.

Mais que devenait Platon en tout cela? Une simple référence qui peu à peu s'estompait. Il n'est besoin pour s'en convaincre que de citer les noms des hommes qui animaient ces réunions et de voir quels problèmes on y traitait. La philosophie certes n'en était pas exclue, mais la grammaire, l'archéologie et même la politique au sens étroit du mot y occupaient souvent une large place, et quand il était question de l'excellence de l'homme ou des vertus morales, on se référait plus volontiers à l'Éthique d'Aristote qu'à la doctrine de Platon que l'on citait toujours avec timidité.

En résumé ce terme d'Académie était devenu une formule brillante et commode pour créer, en marge de l'enseignement officiel, des centres d'études où le plus souvent, à bâtons rompus, chacun était libre d'exprimer sa pensée sur les problèmes les plus divers. Il n'était pas encore question toutefois d'en faire une véritable institution et ce n'est qu'au XVIe siècle que l'on vit des Académies qui, avec leurs statuts et leurs membres dûment affiliés, consommèrent la rupture et donnèrent à ce mot que tant de siècles avaient respecté le sens large et dérivé qu'il a encore aujourd'hui[2].

Donc, à l'époque où Ficin prit possession de la villa de Careggi (1462), le terme d'Académie, sans être encore à la mode, était déjà en usage chez les humanistes. Bien plus, à Florence, les disciples

---

1. Cf. Paul Jove, *Elogia Virorum literis illustrium*, Basileae, 1577, p. 44. Platina, *Panegyricus in Laudem Bessarionis*, Appendice de *Vite Pontificum*, Venise, 1518, p. CCXIV. — Vast, *op. cit.*, p. 162 et suiv., 288 et suiv. — Mohler, *op. cit.*

2. Della Torre a réuni dans le premier chapitre de son ouvrage de précieux témoignages sur l'évolution de la notion d'académie (p. 1-41).

de Marsuppini, que nous avons vu intervenir pour obtenir la nomination d'Argyropoulos au Studio, avaient fondé, semble-t-il, sous
sa présidence, une Académie. Il y a même tout lieu de croire, si
paradoxal que cela puisse paraître, que c'est ce fidèle disciple et
zélé serviteur d'Aristote, qui suggéra à ses élèves, comme il devait
le faire quelques années plus tard aux amis de Bessarion, de donner
à leur compagnie ce nom d'Académie. En tout cas c'est avec lui,
sans aucun doute, que le mot fit son entrée dans le monde des humanistes pour y représenter autre chose qu'une vague référence
platonicienne ou cicéronienne.

Sur l'existence et l'activité de cette Académie nous avons des
témoignages dont nul ne songe à contester la valeur, puisqu'il
s'agit de lettres émanant des membres de cette société et surtout
de son animateur, Donato Acciaiuoli. Mais étant donné qu'aucun
autre écho ne nous est parvenu sur cette Académie, en tant que
telle, il y a peut-être lieu de se montrer prudent dans l'interprétation de ces textes. C'est à partir de 1461 qu'apparaît dans la
correspondance de Donato, la formule *Chorus Academiae florentinae* ou plus simplement celle d'*Academia* [1]. Par ailleurs, chaque
fois qu'il en est question, le nom d'Argyropoulos est joint à cette
formule, comme si cette Académie ne désignait qu'une école ou
un groupe d'élèves. Quoi qu'il en soit, il est certain que tous ces
hommes faisaient corps et l'ambiance dont témoignent leurs lettres
montre à quel point ils étaient unis et enthousiasmés. Déjà nous
avons pu en juger par la lettre que Pierre-Philippe Pandolfini adressait à Donato pour lui conter comment lui et ses camarades avaient
passé un après-midi de dimanche en compagnie de leur maître [2].
Donc on se réunissait chez Argyropoulos et là on philosophait
« antiquorum more », c'est-à-dire, non pas en se contentant
d'écouter comme au Studio, mais en posant de multiples questions
auxquelles le maître répondait en lisant et en commentant des

---

1. Cod. *Magb., VIII, 1390*, f. 37 v. « Quod vero a me petis, ut te certiorem
reddam de argyropolo nostro ac *choro totius achademie florentine*, scias velim
omne studium nostrum cum ad grecas literas, tum ad philosophiam et bonarum artium disciplinam esse conversum ac utriusque exercitationis ducem
habere tuo ac reliquorum judicio optimum argyrophylum hunc, qui antiquorum more sapientiam docet, nititurque quoad per eum fieri potest, ut
cives nostri, qui aut velint aut possint aliquam philosophie cognitionem
cum dicendi ratione coniungant. » Iacopo Acciaioli dans une lettre à Vespasiano du 21 juillet 1463, écrit : « Raccomandami a Piero e a Donato e alla
brigata di casa e a Messer Giovanni Argiropolo e a tutta l'*Academia*. » Textes
cités par DELLA TORRE, *op. cit.*, p. 395 et 405. Cf. CAMMELLI, *op. cit.*, p. 95
et suiv.
2. Voir ch. III.

textes qui n'entraient pas dans le cadre de son enseignement officiel.
Parfois on faisait une promenade au cours de laquelle on discutait
« more peripatetico » et comme au temps du « Paradiso » il arriva
même que maître et élèves se retrouvèrent dans la villa d'un personnage illustre pour deviser pendant quelques jours à l'abri du
monde et des soucis quotidiens [1].

Vespasiano da Bisticci, toujours à l'affût d'une chronique, ne
manquait jamais ces rendez-vous et nous avons grâce à lui de
précieux renseignements sur les réunions qui se tenaient chez
Franco Sachetti. Héritier du célèbre conteur du Trecento, Sachetti
était dans Florence une personnalité de premier plan. Né en 1397,
il avait suivi les leçons et mérité l'estime des premiers artisans de la
renaissance des lettres antiques. Élève de Filelfe, il avait fréquenté
Traversari, Bruni, Marsuppini, Manetti, et Niccoli en avait fait
l'un de ses exécuteurs testamentaires, pour assurer la conservation
de ses manuscrits. Lié d'amitié avec les Médicis, il avait occupé dans
la vie publique les charges les plus diverses, ce qui ne l'empêchait
pas de suivre toujours avec intérêt le progrès des arts et des
lettres [2]. C'est ainsi que dans sa villa de Marignolli, sur les pentes
de Fiesole, il avait l'habitude, nous dit Vespasiano, d'inviter deux
fois par an dix ou douze jeunes gens instruits et les traitait somp-
tueusement deux ou trois jours durant... Tous ceux qu'il invitait
et qui étaient choisis parmi les plus savants et les mieux élevés de
Florence, n'avaient aucun vice. Dans sa maison, contrairement à
ce qui se passait dans nombre de villas, on ne jouait à aucun jeu.
On se divertissait en discutant de lettres, de questions politiques

---

1. *P. Ph. Pandulphinus Donato Acciaiuoli :...* » « Postea, cum deambu-
lare placuisse, ad Sanctam Mariam servorum more peripatetico disputantes,
iter instituimus, ut inde cisternium (viseremus)... ibique (sub) tegmine laureo
sedentibus subora est disputatio quedam ardua illa quidem atque subtilis,
utrum videlicet Angelus Gabriel voce corporea an incorporea Mariam vir-
ginem salutasset. Eo loco viros quosdam religiosos et philosophiae et sacrarum licterarum non admodum expertes invenimus, quae huic disputa-
tioni interfuerunt », cité par DELLA TORRE, *op. cit.*, 275.
2. VESPASIANO. *Vite (Franco Sacchetti)*, ed. cit., p. 431-434 : « Franco
fu dotto in latino e in greco; fu amico di tutti i dotti che ebbe la sua étà...
Fu lasciato da Nicolao Nicoli, esecutore del suo testamento... Fu molto
amato da Cosimo de' Medici e da Lorenzo suo fratello e da frate Ambrogio
degli Agnoli, da messer Lionardo d'Arezzo, da messer Carlo d'Arezzo, da
Nicolao Nicoli e da messer Giannozzo Manetti e da tutti gli huomini degni
che aveva la città nel tempo suo. — Il est à noter qu'Argyropoulos avait en
lui un bienfaiteur. *Ibid.*, p. 432 : « Era messer Giovanni Argiropolo peregrino in questa patria, avendo perduta la sua; Franco lo sovveniva in assai
sua necessità e mandavagli a casa l'anno della ricolta del grano e del vino
e spesso andava a casa sua per vedere se gli bisogna nulla per sovvenirlo. »

ou de sujets divers. Il usait envers chacun d'une grande familiarité.
Et, voici ce qui nous intéresse particulièrement : « Il voulait toujours que Jean Argyropoulos y assistât avec tous ses élèves ou du
moins avec le plus grand nombre [1] » et pour que l'histoire n'oublie
pas, le bon libraire nous donne leurs noms et qualités. C'est ainsi
que nous connaissons d'une façon certaine, bien que l'auteur n'ait
jamais fait allusion à cette institution, les membres du *Chorus
Academiae*. La plupart, inutile de le dire, sont experts en l'une et
l'autre langue et beaucoup sont philosophes. Les voici d'ailleurs
dans l'ordre du texte : Jean Argyropoulos, Pandolfo di Giannozzo
Pandolfini, Alamanno Rinuccini, Marco Parenti, Domenico di
Carlo Pandolfini, Piero di Neri di messer Donato Acciaiuoli,
Donato di Neri di messer Donato, Carlo d'Antonio di Silvestro,
Pier Filippo di messer Giannozzo Pandolfini et Banco da Casa-
vecchia [2]. Si l'on devait s'en tenir à cette liste, il faudrait conclure
que ce cercle était très étroit étant donné que beaucoup d'entre eux
sont de la même famille, mais il est certain que l'on peut y ajouter

---

1. *Ibid.*, p. 431-432 : « e sempre in villa sua, qui presso a Firenze, perche
v'aveva compedita assai, invitava parenti e amici; e per consuetudine, ogni
anno dua volte, invitava diedi ovvero dodici gentiluomini litterati, e tene-
vagli in casa sua dua o tre di, sontuosissimamente. Era molto delicato e
polito nel vivere in ogni cosa. Erano questi che andavano a casa sua tutti
de'primi della citta e litterati e costumati, sanza vizio ignuno. In casa sua
non si giuocava a giuoco ignuno, come si fa in piu delle ville; gli spassi che
si davano, si erano in ragionare di lettere, o di governi di republica, o di cose
degne. Usava con tutti una grande famiglarita, con una grande domestichezza, ed era la sua casa uno domicilio, d'uomini degni. Sempre volle che
messer Giovanni Argiropolo v'intervenisse, insieme con tutti e la maggior
parte de'sua scolari. »
2. *Ibid.*, p. 432 : « Erano quelli che convitava, ogni anno dua volte, al
luogo suo a fine che siano dati a memoria delle lettere, messer Giovanni Argiropolo, uomo dottissimo greco; Pandolfo di messer G. Pandolfini, litterato
e uomo d'ottimi costumi; Alamanno Rinuccini, dotto in greco e in latino e
ottimo filosofo; Marco Parenti, litterato e con buono perizia di filosofia
naturale; Domenico di messer Carlo Pandolfini, dotto e di buoni costumi;
Piero di Neri di messer Donato Acciaiuoli, dotto in greco e in latino e ottimo
filosofo nell'una filosofia e nell'altra, e attissimo al comporre, come lo di-
mostrano l'opere composte da lui; Donato di Neri di messer Donato suo fratello, dottissimo in greco e in latino, e ottimo filosofo nell'una filosofia e
nell'altra, ed eloquentissimo in compore... Carlo d'Antonio di Silvestro,
litterato e di laudabili costumi; Pier Filippo di messer Giannozzo Pandolfini, dotto in greco e in latino, buono filosofo nell'una e nell'altra filosofia,
che avendo seguitato negli istudi, aveva pochi che gli andassino innanzi,
di prestantissimo ingegno. Eravi Banco da Casavechia, litterato e di buonissimo ingegno e molto faceto in tutte le sua cose. Intervennivi io scrittor,
nel numero di si degni uomini. » ...Era nato infra questi nominati di sopra,
uno legame d'amore si grande, che si potena di essere piu anime un uno
medesimo corpo... »

les noms de Piero Pazzi, de Bartolomeo Valori, Giovanni Rucellai, et de Migliore Cresci.

Il serait souhaitable que l'on puisse déterminer la date de ces rencontres chez Sachetti et connaître d'une manière plus précise l'objet et l'esprit de leurs débats, mais l'essentiel est d'avoir la preuve qu'à l'époque où Ficin se proposait de « ressusciter » Platon, Florence avait déjà une Académie, que ses membres, qui ne faisaient qu'un cœur et qu'une âme, appartenaient aux meilleures familles de la cité et qu'ils jouissaient de l'estime des Médicis et des personnages les plus influents. Le fait a son importance, car pour juger de l'entreprise de Ficin, les données du problème ne seront pas les mêmes s'il s'agit d'une société rivale ou au contraire d'une réalisation d'un tout autre ordre.

La première hypothèse paraît exclue du fait que cette académie comptait parmi ses membres ou au moins parmi ses amis, des protecteurs de Ficin. Cela ne veut pas dire que le moment venu chacun ne restera pas sur ses positions, mais la question n'est pas là : elle est dans le but que Ficin s'était fixé. Pour lui, en effet, le problème ne se posait pas dans les mêmes termes que pour les élèves d'Argyropoulos. Fidèle à la pensée de Cosme, il ne cherchait pas à fonder une académie, mais à faire renaître l'Académie même de Platon. Les Dialogues et l'Académie formaient pour Ficin un tout inséparable et vivant. Les concevoir l'un sans l'autre, c'était non seulement briser leur unité, mais renoncer à faire la preuve de la valeur morale du Platonisme. Il ne s'agissait donc pas d'emprunter un mot pour raviver un souvenir, mais de transposer en quelque sorte les données platoniciennes pour renouveler l'expérience qui avait fait de l'Académie, non pas une école comme le Lycée, mais un foyer de vie intérieure dans lequel la jeunesse d'Athènes avait pu s'épanouir. C'est dans cet esprit que fut conçue l'Académie platonicienne de Florence, à laquelle nulle autre ne peut être comparée, et si l'on veut vraiment comprendre l'œuvre de Ficin, dont elle est une partie intégrante, c'est dans cette perspective que le problème doit être posé.

II. Alter Plato

Sans doute peut-il paraître téméraire et quelque peu puéril qu'un homme du xve siècle ait voulu ainsi faire revivre une institution dont les buts se confondaient à l'origine avec les besoins de la société qui l'avait vu naître. Mais si les hommes passent, les

problèmes demeurent et il faut reconnaître que nulle part et en
aucun temps les conditions d'une telle renaissance ne s'étaient
jamais rencontrées. Centre de l'Humanisme depuis plus d'un demi-
siècle, Florence par sa fortune et son prestige, avait su, comme un
foyer de lumière, attirer à elle toutes les richesses de l'esprit humain.
Refuge des manuscrits les plus précieux et rendez-vous des maîtres
les plus illustres, elle était devenue par surcroît un chantier d'artistes où chacun apportait son génie pour égayer d'une fresque
ses rues étroites et menaçantes, ou peupler de divinités juvéniles
ses palais austères et ses jardins semés de citadelles. « La seule épigraphe de Florence, a dit Charles Maurras, est le beau distique de
Catulle : Je hais et j'aime... C'est le vrai lieu du monde où développer ses passions... Elle est le fruit d'une vie si extrême que la
volupté, la langueur même et la dévotion y furent féroces. » C'est
pour cela, avouait-il, qu'il ne pouvait « penser Florence sans se souvenir d'Athènes » tant il est vrai « qu'une tige mystique unit les
deux chefs-d'œuvre de la Grèce et de la Toscane »[1]. C'est de cette
« tige mystique » qu'est née l'Académie et si Platon put de nouveau
se faire entendre, c'est que son interprète ne se contenta pas de
traduire ou de commenter ses textes : il s'efforça d'en vivre et son
zèle pour en ranimer et répandre l'esprit fut si grand, que ses contemporains n'hésitèrent pas à en faire un « autre Platon ».

On dira sans doute qu'il ne s'agit que de l'une de ces flatteuses
hyperboles, dont cette époque était prodigue. C'est possible.
Néanmoins le nombre et la diversité des textes dans lesquels nous
retrouvons cette expression ou l'idée qu'elle traduit nous donnent
à penser que ce compliment répondait pour une large part à la
réalité. Au reste, ce qui est grave ce n'est pas que ses contemporains aient fait de Ficin un « autre Platon » : c'est que lui-même
l'ait cru[2]. Il est certain, en effet, que dans sa pensée la renaissance
du Platonisme entrait dans les desseins de la divine Providence, et
il était non moins persuadé qu'il avait été choisi pour en être l'artisan[3]. Il l'a dit lui-même et il est manifeste qu'en toute occasion

---

1. CH. MAURRAS, *Anthinea, d'Athènes à Florence*, Paris, Champion, 1919,
Préface, p. II. Livre IV, p. 167-168.
2. NALDO NALDI. En préface à l'édition de Platon.
....
       Marsilius terris alter Plato redditus est qui
       Factitet hec eadem, que dedit ille prius.
3. FICINI *Op., Proemium in Plat. Theol.* I, p. 78. Après avoir exposé le
plan de sa théologie, il ajoute : « Reor autem (nec vana fides) hoc providentia
divina decretum, ut et perversa multorum ingenia, quae soli divinae legis
authoritati haud facile cedunt, Platonicis saltem rationibus religioni admo-

il a cherché à imiter son maître et souligné avec complaisance les traits de ressemblance qu'il pouvait avoir avec lui.

Sa *Vie de Platon* [1] qui naturellement repose sur les témoignages et les traditions les plus diverses, nous offre, de ce point de vue, certaines coïncidences qui ne sont peut-être pas fortuites [2]. Ainsi nous apprenons, par exemple, que, comme Ficin, Platon était légèrement bossu, qu'il avait une petite voix, qu'il souffrait de la fièvre quarte et qu'il avait un tempérament mélancolique. Comme lui également, il aimait la campagne où il vivait au milieu de ses livres; en parfait accord avec sa doctrine, il était sobre, chaste et doux; il a brûlé ses œuvres de jeunesse comme Ficin devait le faire; enfin, conscient de l'indigence de notre nature, il remerciait le ciel de ce qu'il était et de ce qu'il avait et passait son temps à instruire ses contemporains.

Ce souci d'imitation se retrouve aussi dans sa maison, qu'il considérait, même avant de s'y installer, comme une Académie. Rappelons-nous la lettre de remerciement à Cosme : *Academiam quam nobis in agro Caregio parasti.* Sachant que Platon avait fait graver des sentences sur les murs de son Académie, il fait de même et si ces sentences ne sont pas les mêmes, c'est que, si l'on excepte celle qui devait être à l'entrée de la salle où Ficin s'entretenait avec ses amis : *A bono in bonum,* toutes les autres pouvaient servir de légende au tableau qui ornait l'un des murs de cette Académie et qui représentait, penchés sur un globe terrestre, Héraclite en larmes et Démocrite souriant [2]. On ignore l'histoire de cette peinture, mais le thème ayant été exploité par les peintres de la Renaissance dès les premières années du XVe siècle, il est possible que Ficin l'ait trouvée en s'installant à Careggi. En tout cas, c'est à n'en pas douter en fonction de cette illustration de ce dilemme qu'il faut interpréter les sentences qui devaient l'encadrer :

dum suffragantibus acquiescant. » — *Id. Proemium in Com. Platonis,* II, 1129. — *Id.,* I, I, 871, 2.

1. *Id.,* 763-771. — Cette vie de Platon a été traduite « en vers françois », par JEAN LE MASLE, Angevin. Paris, chez Jean Poupy, MDLXXXII. — Voir *Sup. Fic.,* II, 263-265. La poésie de *Naldo Naldi* inspirée par *La Vita Platonis.*

2. *Id.,* I, 637, 1 : « Vidistis pictam in gymnasio meo mundi sphaeram et hinc atque illinc Democritum et Heraclitum. Alterum quidem ridentem, alterum flentem. Quidnam ridet Democritus? Quod luget Heraclitus? » La réponse suit. Le même sujet est traité dans la lettre précédente, 636, 2, sans allusion à la peinture de son Académie : « Quid tantum ridebat Democritus? Quid lugebat Heraclitus. Alter quidem, ut opinor stultitiam hominum, alter vero miseriam... ».

Laetus in presens.
Neque censum existimes, neque appetas dignitatem.
Fuge excessum, fuge negotia.
Laetus in presens [1].

Mais il y avait, dit-on, une chose encore plus précieuse : une
« image » de Platon et le biographe anonyme de Savonarole, qui le
rapporte, ajoute même que Ficin « aimait tant Platon qu'il tenait
une lampe allumée devant elle [2] ». Le propos a fait scandale, et à la
réflexion on se demande si ce n'était pas son but. Il est en effet
assez singulier que ni Ficin, ni les Académiciens, n'aient fait allusion à cette « image » et étant donné que le pseudo-Burlamacchi
témoigne de ce fait dans un texte, quelque peu tendancieux, on
est en droit de se demander si ce trait, devenu légendaire, n'est
pas un pieux mensonge. A vrai dire cette histoire de lampe paraît
assez mesquine. Il ne faut pas oublier, en effet, qu'en Italie, et
même de nos jours, cette flamme du souvenir n'est pas exclusivement réservée à Dieu et à ses Saints. On voit jour et nuit dans les
nécropoles briller autant de lampes, que devant les Madones qui
peuplent les rues, les palais ou les plus humbles chaumières. C'est
une coutume héritée de l'Antiquité et c'est une raison de plus pour

1. *Id.*, I, 609, 2 : « ...Iussisti heri ut proverbium illud meum Academiae
parietibus undique inscriptum, tibi transcriberem. Accipe. A bono in bonum
omnia diriguntur. Laetus inpraesens. Neque censum existimes, neque
appetas dignitatem, fuge excessum, fuge negotia, laetus impraesens.
    KRISTELLER, *Sup. Fic.*, I, 70, cite d'après un manuscrit de la Biblioteca
Casanatense de Rome *(Casan. 1297)* qui contient le premier livre de la Correspondance de Ficin, traduit en italien sans doute par lui-même, l'interprétation suivante de la lettre ci-dessus.

    In ogni cosa et percio vivi lieto,
    Da epso bene al bene sempre sicorre.
    La degnita appetire anchor ti vieto
    Ne'n cuor d'or certo numero ti preporre
    Schifa le superflue faccende
    Al troppo il fine si conviene porre
    Et si lieto vivra chi il vero intende.

Une seule sentence est gravée sur le linteau de la porte la plus ancienne de
la villa Serlupi-Crescenzi. Bien qu'elle soit bien dans l'esprit de Ficin :
In parvis quies, rien ne permet d'assurer qu'elle soit de l'époque.
2. Le fait est rapporté dans une vie de Savonarole écrite par un frère
nommé Pacificus Burlamacchi et publiée à Lucca en 1761 : p. 77-78 : « il
primo il Gonfalonieri di giustizia fatto nel principio della liberta, domandato
Filippo Corboli, il quale raguno contra il Padre (Savonarola) un concilio
di tutti gli Abbati, Priori et Presidenti... tutti i maestri in Theologia, duo
Canonici del Duomo, duo del Capitolo di S. Lorenzo et altri dottori et cittadini intelligenti, fra quali era un singularissimo huomo, domandato Marsilio
Ficino, Canonico del Duomo, che di continuo tenea una lampada accessa
dinanzi all'imagine di Platone, tanto li era affettionato ».

se montrer, sinon compréhensif, du moins indulgent, pour cette lampe qui, dans l'hypothèse, fut allumée, non pas devant une de ces images de Platon que les miniaturistes et les peintres commençaient à multiplier, mais devant un buste de marbre que l'on considérait comme le portrait authentique de Platon.

Jérôme de Pistoie rentrant alors d'Athènes en avait effectivement rapporté un buste, qu'il considérait comme celui du maître, parce qu'il provenait, disait-il, des fouilles entreprises sur l'emplacement même de l'Académie [1]. Naturellement il l'avait offert à Laurent de Médicis qui, depuis longtemps souhaitait retrouver l'image du philosophe. Or, comme il n'y en avait pas d'autre à cette époque à Florence, on se trouve amené à poser la question de l'origine de celle que Ficin pouvait posséder. Était-ce ce fameux buste dont Laurent était si fier? Nous ne le pensons pas, et cela pour diverses raisons. D'abord parce que Valori, qui nous rapporte que le Prince avait effectivement reçu cette « image » ajoute : « J'ai entendu dire par Ficin que Laurent en le recevant avait exulté de joie et qu'il avait toujours eu pour elle une très grande vénération [2]. » Il est donc invraisemblable que Laurent, qui d'ailleurs était assez jaloux de ses œuvres d'art, ait consenti, même pour le remettre en si bonnes mains, à se séparer de ce buste qu'il devait considérer, à juste titre, comme un joyau de ses collections. En second lieu, si l'Académie avait reçu ce précieux dépôt et s'était associée à cette vénération, Ficin ou l'un de ses amis n'aurait pas manqué de nous le dire. Il apparaît donc comme certain que jusqu'à la fin de ses jours Laurent conserva cette image et que c'est lui qui la tenait en grande vénération.

Faut-il supposer qu'après sa mort (1492) ce buste fut confié à Ficin, qui aurait à son tour traduit son culte pour Platon en allumant une lampe devant lui? Il est étrange que nul n'en ait témoigné et il est encore plus étonnant que Ficin n'ait pas fait mention de cette pièce unique dans son testament où tous ses biens sont inventoriés et dans lequel il prescrit même de rendre à qui de droit les manuscrits précieux qu'on lui avait confiés. Ainsi, tant que le mystère de cette image ne sera pas éclairci, ceux qui prétendent tirer argument de cette anecdote feront bien de mettre cette lampe en veilleuse.

1. Nous trouvons l'histoire de ce buste qui est aujourd'hui aux Offices, dans la *Laurentii Medicei Vita de* N. VALORI, Firenze, 1749, p. 17 : « (Laurentius) Platonis imaginem diu multumque desideraverat. Hanc tandem in Academiae ruinis repertam, quum a Hieronymo Roscio Pistoriensi accepisset. »
2. *Ibid.* : « gaudio exsultavit, ut Marsilium dicentem audivi, eamque summa semper in veneratione habuit ».

Assurément Ficin eut été très heureux de posséder le buste de Platon et il est probable qu'il l'eût honoré comme le portrait d'un héros et peut-être même d'un saint. Mais ce qu'il possédait était encore plus précieux. Pour lui, l'Académie n'était pas ces champs de la banlieue d'Athènes que fouillaient alors les archéologues à la recherche d'hypothétiques souvenirs, c'était les *Dialogues*, dans lesquels il était sûr de retrouver l'image vivante de son maître et le climat fertile de l'Académie. Au reste il ne faut pas oublier, quand on parle de cette Académie, que Platon n'a prononcé son nom qu'une seule fois [1] et qu'aucun de ses disciples ou contemporains n'a jugé bon d'en écrire l'histoire. Pour la faire « renaître », le moyen le plus sûr était donc de s'inspirer des textes que son fondateur avait consacrés à la formation philosophique et de considérer chacun de ces dialogues comme autant de thèmes de son enseignement.

Ennemi des sophistes et des dilettantes, on sait que l'auteur de *la République* rêvait « d'assister à de beaux et nobles entretiens où l'on cherche la vérité de toutes ses forces et par toutes les voies possibles, dans la seule vue de la connaître, et où l'on salue de loin les faux brillants et la dispute, et tout ce qui ne tend qu'à la vaine gloire et à la chicane [2]. C'est donc de « beaux et nobles entretiens » qu'il devait promouvoir et organiser sans souci d'éloquence ou de vains ornements, et puisqu'il fallait chercher la vérité, non seulement « de toutes ses forces » mais « par toutes les voies possibles », toutes les disciplines y avaient leur place. C'est dans cet esprit que Ficin conçut l'Académie de Florence, qui fut platonicienne dans la mesure où elle demeura une grande famille, ouverte à toutes les « testes bien faictes » comme dira Montaigne et où chacun contribuait par son art ou sa science, à réaliser l'idéal platonicien.

La dédicace de sa traduction des *Dialogues*, qui nous offre, avant la lettre, une véritable fresque de l'école d'Athènes, telle que Ficin l'imaginait, va d'ailleurs nous permettre de juger de ses intentions et du climat dans lequel il entendait faire revivre cette institution.

Ayant exposé la genèse de la Sagesse et de la Philosophie, qu'un texte des Proverbes éclaire d'un jour singulier, Ficin révèle d'abord, à Laurent de Médicis, auquel était dédiée l'œuvre de Platon, que l'auteur des *Dialogues* fut le premier et le seul qui comprit sur la terre l'honneur que devaient rendre les hommes à la « fille de Mi-

1. PLATON, *Lysis*, 203 b.
2. *République*, VI-499 a.

nerve » [1]. L'ayant donc parée comme une reine de Saba, il lui offrit
les parfums les plus précieux et les fleurs les plus belles et, à l'abri
de tout danger, l'installa dans les jardins de l'Académie, où elle se
promenait en paix. Vint un jour hélas, où elle en sortit et tel le
malheureux qui descendait de Jérusalem à Jéricho elle tomba
entre les mains des voleurs qui après l'avoir profanée la laissèrent
nue sur le chemin [2]. Elle était à ce point méconnaissable que ses
amis Phébus et Mercure s'en détournèrent et que Jupiter et Minerve, eux-mêmes, se demandaient si c'était bien leur fille. Finalement, sur le conseil de sa mère, elle revint à l'Académie où, avec
son antique splendeur, elle devait retrouver le repos de sa vraie
patrie. Si donc il est encore des hommes qui souhaitent comme
Platon honorer la Philosophie et bénéficier de ses enseignements,
c'est à l'Académie qu'ils doivent se rendre [3]. « Voilà pourquoi,
dit Ficin à Laurent, il lui est agréable d'inviter à l'Académie platonicienne en même temps que toi, qui es disciple de Platon, tous
ceux qui veulent soit s'instruire, soit vivre honnêtement. » A tout
âge on y trouve ce que cherche une âme bien née : « Là, en effet, les
jeunes pourront apprendre d'une manière vraiment agréable et
facile les lois de la morale en se divertissant et l'art de discuter,
en s'amusant. Là, les hommes mûrs s'instruiront amplement de
l'art de conduire leurs propres affaires aussi bien que celles de la
cité. Là enfin, les vieillards pourront entrevoir la vie éternelle qui
les attend après la vie mortelle [4]. » Mais si l'Académie est ouverte
à tous, chacun néanmoins suivant son talent s'y voit assigner une

1. Ficini *Op.*, II, 1130 : « Proemium in Commentaria Platonis : « Sophia
magnanime Laurenti, quae solo Iovis capite nata, ab initio cum eo erat
cuncta componens patrem imitans, ipsa quoque filiam solo capite peperit,
Philosophiam nomine, cuius deliciae forent, esse cum filiis hominum (*Prov.*
VIII, 30-31). Hanc igitur in terra quondam per varias gentes peregrinantem
excellentiora passim admirabantur ingenia. Quorum in numero Plato noster
non solum admiratus est illam, sed et primus et solus ad summum excoluit. »
2. *Ibid.* : « Talis erat, atque etiam est huius divae intra limites Academiae
deambulantis habitus, talis ornatus. Quoties vero extra hortos Academicos
pervagatur, non solum unguenta semper amittit et flores, sed etiam proh
nefas, saepe incidit in latrones, atque amissis sacerdotii et gravitatis insi-
gnibus nuda passim, et quasi profana pererat. »
3. *Ibid.* : « Coeterum statim materno consilio intra parietes et hortos
Academiae sese recipiens, antiquum resumit decus : et ibi velut in patria
libentissime requiescit. Quamobrem iuvat una tecum Platonice Laurenti
omnes, tum discendi, tum bene vivendi cupidos, ad Academiam Platonica
cohortari. »
4. *Ibid.* : « Hic enim iuvenes vel inter iocandum praecepta morum, vel
inter ludendum industriam disserendi iucunde admodum et facile conse-
quentur. Hic viri etiam rei tum familiaris, tum publicae disciplinam per-
discent. Hic senes pro mortali vita, vitam sperabunt aeternam. »

place déterminée. « Dans les jardins les poètes écouteront Apollon chantant sous les lauriers. A l'entrée, les rhéteurs verront Mercure déclamer. Sous le portique et dans l'atrium les hommes de loi et les gouvernants entendront Jupiter lui-même établissant des lois, dictant le droit et régnant sur les empires. Enfin dans le sanctuaire les philosophes connaîtront leur Saturne qui contemple les secrets des dieux, et les prêtres qui sont responsables des choses sacrées y trouveront des armes pour défendre vaillamment la piété contre les impies. » Et Ficin conclut : « Je vous en prie, vous qui pratiquez les arts libéraux, entrez dans cette Académie, vous les y trouverez avec la liberté de vivre, et vous qu'enflamme un perpétuel désir de découvrir la vérité et d'obtenir la béatitude, accourez tous, car là, Dieu aidant, vos vœux seront comblés [1]. »

Sans doute ne faut-il pas prendre à la lettre ce prélude à la traduction des *Dialogues*. Néanmoins, il est incontestable que cette invitation, pleine de promesses pour le lecteur, nous révèle la pensée de Ficin sur l'Académie. Cela est si vrai que, mise à part cette transposition biblique, qui fait de l'école de Platon un temple beaucoup plus judéo-chrétien que grec [2], nous trouverons effectivement dans son Académie les représentants de toutes les disciplines et il est certain que dans son esprit l'image du temple platonicien répondait à une hiérarchie des valeurs que n'aurait pas désavouée Platon. Mais pour l'heure la question qui nous préoccupe est de savoir si Pierre de Médicis fut vraiment la « colonne » de ce temple que son père avait entrepris de relever.

---

1. *Ibid.* : « In Academiae hortis poetae sub lauris canentem Apollinem audient, in vestibulo Academiae oratores spectabunt Mercurium declamantem. In porticu vero et aula iurisconsulti civitatumque gubernatores, Iovem ipsum auscultabunt, sancientem leges, iura dictantem, imperia gubernantem. In ipsis denique penetralibus philosophi Saturnum suum agnoscent, coelestium arcanorum contemplatorem. Ubique vero sacerdotes rerumque sacrarum antistites arma reperirent, quibus pietatem adversus impios strenue protegant. Huc igitur, huc precor, omnes accedite, qui liberales colitis disciplinas, hic eas et libertatem vitae pariter adepturi, huc denique cuncti concurrite, quod assequendae veritatis, et consequendae beatitudinis perpetuus ardor inflammat, hic aspirante Deo veritatem ad votum et felicitatem consecuturi.

2. Outre l'application à la fille de Minerve du texte des *Proverbes* (VIII, 30-31) Ficin invoque à nouveau la sainte Écriture pour prédire le succès de la doctrine platonicienne : Dextera enim Domini fecit virtutem, dextera Domini iam exaltavit eam, non morietur sed vivet et narrabit opera Domini (*Ps. CXVII*, 16).

Le plan de l'édifice imaginé répond beaucoup plus à celui du temple de Jérusalem ou d'une basilique chrétienne qu'à celui d'un temple grec classique.

Si cette Académie n'avait été qu'une institution ayant pour siège, la maison de Ficin, et, pour programme, la renaissance du Platonisme, on pourrait dire que rien ne lui manquait. Mais ce serait certainement en méconnaître l'esprit et en réduire considérablement la portée. Pour Ficin l'Académie, comme nous venons de le voir, était avant tout le lieu où s'était réfugiée la philosophie après sa mésaventure, c'est-à-dire, l'école de Platon, donc les *Dialogues*. Dès lors relever ou plutôt rouvrir ce temple c'était avant tout traduire Platon pour permettre aux hommes de « pénétrer » dans les jardins où la fille de Minerve avait retrouvé le repos et la paix, c'est-à-dire dans la pensée platonicienne, dont l'accès leur était jusqu'alors interdit. Sans doute Ficin a-t-il parfois donné le nom d'Académie à sa maison ou plus particulièrement au lieu même où il recevait ses amis, mais il emploie aussi bien le terme « gymnasium »[1]. C'est dire qu'il n'accordait au mot lui-même qu'une importance relative. On chercherait en vain d'ailleurs dans son œuvre le titre d'Académie platonicienne pour désigner sa maison et, quand dans sa préface de Plotin il nous a rappelé les circonstances qui avaient amené Cosme à s'intéresser à la philosophie de Platon, il a seulement dit qu'il avait conçu « une » Académie *(Academiam quamdam)*. Donc, même si sa villa fut une Académie où mieux que partout ailleurs il pouvait à l'exemple du maître

> ...*inter sylvas Academi quaerere verum*[2],

elle ne fut pas l'Académie. Comme l'a dit si justement Ph. Monnier « si l'on veut se représenter l'Académie platonicienne, il faut se départir des idées modernes qu'on attache à ce genre d'institution. L'Académie de Florence n'est point une compagnie officielle, régulièrement établie, jouissant d'une autorité reconnue, exerçant une activité ordonnée, soumise à la discipline d'un règlement; elle ne possède point de siège social, ni de rôle de membres, ni de statuts ». L'auteur cependant, entraîné par son éloquence, s'abuse quelque peu dans ses conclusions quand il ajoute : « Plus qu'une école, c'est une doctrine, et plus qu'une église, c'est une religion, une même attitude de pensée, un même état d'âme, une ferveur ardente groupant en un culte pareil tous les fidèles de Platon[3]. » En fait, il y a eu une école à Careggi qui comme toutes les autres portait le nom d'Académie et il y a eu une famille platonicienne, dont le foyer a pu être Careggi, mais dont le véritable centre était Ficin lui-même.

---

1. FICINI *Op.*, I, 609, 2 *(Academia)*, 673, 1 *(Gymnasium)*.
2. HORACE, *Epist.*, II, 2, 45.
3. PH. MONNIER, *Le Quattrocento*, *Essai sur l'histoire littéraire du XV*e *siècle italien*, Paris, Perrin, t. II, p. 81.

Il suffit pour justifier cette distinction qui peut paraître subtile et arbitraire, de voir avec quel soin Ficin a établi la liste de ses amis et de ses élèves. Tous sans doute « étaient unis, comme il le dit lui-même, non par une communauté d'intérêt ou de simple relation de camaraderie, mais par leur communion dans le culte et la pratique des arts libéraux [1] ». Et cependant cette unité de vue, que requiert toute amitié, ne l'empêchait pas de classer par catégories tous ceux qui partageaient avec lui cet idéal.

Au premier rang se trouvent évidemment les Médicis, de Cosme au fils de Laurent. Puis, dit-il, « outre ces « patrons », mes amis se divisent en deux groupes. Les uns qui n'ont pas tous écouté mes leçons et qui, sans être vraiment mes disciples, ont été cependant pour moi, par suite de nos relations, d'intimes confidents et qui plus est, des hommes qui savaient donner des conseils et me faire bénéficier de leur connaissance des arts libéraux. Les autres, précise-t-il, nous ont parfois entendu lire et pour ainsi dire enseigner (la doctrine de Platon) et bien que nous n'ayions pas tant de prétentions, ils se considèrent comme mes disciples [2] ». Il y a donc en somme les amis qui sont devenus parfois des disciples et des disciples qui sont devenus des amis. Évidemment, le résultat est le même : tous seront ses « complatonici », mais le fait qu'il distingue, même dans la première catégorie, les amis de la première heure qui ont entendu ou non ses premières leçons, et ceux qu'il devait connaître plus tard et qui ne furent jamais ses auditeurs, montre bien qu'il avait des élèves, donc une école, et des amis, qui, communiant avec lui dans un même idéal, formaient avec lui cette Académie, qui, après avoir pleuré Cosme, mettait en son fils toutes ses espérances.

1. FICINI *Op.*, I, 936, 2 : « Omnes quidem ingenio moribusque probatos esse scito. Nullos enim habere unquam amicos statui, nisi quos iudicaverim litteras una cum honestate morum, quasi cum Iove Mercurium coniunxisse. Plato enim noster in Epistolis integritatem vite veram, inquit, esse philosophiam, litteras autem quasi externum philosophiae nuncupat ornamentum. Idem in Epistolis ait, Philosophicam communionem omni alia non solum benivolentia, sed etiam necessitudine praestantiorem stabilioremque existere. »

2. *Ibid.* : « Praeter patronos duo sunt nobis amicorum genera. Alii enim non auditoris quidem omnes, nec omnino discipuli, sed consuetudine familiares (ut ita loquar) confabulatores atque ultro citroque consiliorum disciplinarumque liberalium communicatores. Alii autem praeter haec, quae dixi, nos quandoque legentes et quas si docentes audiverunt, et si ipsi quidem quasi discipuli, non tamen revera discipuli, non enim tantum mihi arrogo, ut docuerim aliquos aut doceam, sed (Socratico potius more) sciscitor omnes atque hortor foecundaque familiarium meorum ingenia ad partum assidue provoco. »

A défaut de textes précis, il est facile d'établir le bilan de son
activité jusqu'en 1464 et de voir sur quels hommes il pouvait
compter. Ficin, rappelons-le, avait traduit dix *Dialogues* et nous
avons tout lieu de croire que les arguments qui précèdent ces traductions, avaient été élaborés au cours d'entretiens familiers qui
groupaient, outre Bartholomeo Valori et Piero Pazzi, dont mention
est faite [1], des hommes comme Landino, Peregrino Allio, Benedetto Accolti et sans doute les Laurent et Julien de Médicis. L'élan
donc était donné et le mouvement bénéficiait de préjugés favorables. Mais l'essentiel restait à faire : il fallait achever la traduction
de Platon, la publier et, pour la rendre plus accessible, la commenter. Or, tout cela ne pouvait se faire vite et avec succès que si
Pierre, à l'exemple de son père, secondait les efforts de Ficin et
apparaissait vraiment aux yeux de tous comme la « colonne » de
l'Académie. En fait, on peut se demander si les espérances que l'on
mettait en lui n'ont pas été déçues.

A vrai dire, nous ne trouvons aucun texte qui nous autorise à
penser que Pierre eut vis-à-vis de Ficin une attitude hostile ou
même indifférente. Corsi au contraire nous assure qu'ils entretenaient les meilleurs rapports. « Ficin, dit-il, lui rendait visite
fréquemment et lui exposait les préceptes de la philosophie platonicienne. Le Prince en fut même si impressionné qu'il l'encouragea
à publier ses traductions et à les commenter en public pour que ses
sujets profitent à leur tour de la splendeur nouvelle d'une doctrine
si sublime et d'une si grande philosophie. Il lui donna même de
nombreux ouvrages tant grecs que latins d'une grande valeur, pour
lui permettre d'interpréter et d'exposer les dogmes de Platon »,
et notre biographe termine : « C'est à cette époque que Marsile
commenta publiquement le *Philèbe* devant un nombreux auditoire [2]. » Que pouvait-on souhaiter de mieux? Mais en fait que
s'est-il passé pendant les cinq années du règne de Pierre?

Sans doute Ficin n'a pas manqué de citer Pierre parmi ses protecteurs et s'il est vrai qu'il en parle peu et qu'il ne lui a jamais
écrit, du moins quand il cite son nom, c'est toujours avec éloge et
reconnaissance [3]. Sa discrétion pourtant nous paraît excessive et
nous oblige à réserver notre jugement. Loin de nous la pensée de

---

1. *Id.*, II (2ᵉ édition) : 1136. « Bartholomeus Valor, vir admodum elegans
et, ut ita dixerim, urbis nostrae delitiae, una cum socero suo Petro Paccio,
clarissimo equite, enarrationibus disputationibusque in Platonem nostris
frequenter interfuit, atque omni studio celebravit. »
2. Corsi, Appendice I, § VII.
3. Pierre est nommé neuf fois dans les œuvres de Ficin qui le plus souvent
le qualifie de « pieux » ou d' « excellent ».

faire le procès de Pierre. Mais si nous voulons nous faire une idée aussi exacte que possible de ses relations avec Ficin et l'Académie, il n'est peut-être pas inutile de connaître l'homme, de savoir quelle éducation il a reçue et quelle était sa position vis-à-vis des problèmes philosophiques de l'heure, car il est fort possible qu'en dépit de ses bonnes intentions il ait été victime de son tempérament et par surcroît des circonstances.

III. Ficin et Pierre Le Goutteux

Né en 1416, Pierre de Médicis avait hérité de son père des misères physiques que ses excès, dit-on, n'avaient fait qu'aggraver [1]. Cosme en était à ce point effrayé, qu'il comptait plus sur son fils Jean que sur son aîné pour lui succéder. Le destin en décida autrement et Jean étant mort, il dut laisser bien inquiet la lourde charge de ses affaires et de son prestige à ce malheureux podagre qui, à quarante-huit ans, était obligé de circuler la plupart du temps en litière et de vivre à demi reclus.

Plus âgé que Ficin, il n'avait pas eu les mêmes maîtres et, des rares textes qui concernent son éducation, on peut déduire qu'il fréquentait les Acciaiuoli et qu'après avoir pris une part active dans les manœuvres et pourparlers qui aboutirent en 1456 à la nomination d'Argyropoulos au Studio de Florence, il fit partie du fameux *Chorus Academiae* [2]. Ce qui est certain, c'est qu'à partir de cette époque, de nombreux humanistes se firent un devoir de lui témoigner leur reconnaissance en lui dédiant leurs travaux. On est même quelque peu stupéfait de voir par exemple un Alammanno Rinuccini, lui adressant sa traduction de la *Vie de Nicias et de Crassus*, comme « prémices de ses études », lui rendre grâce d'avoir ramené la paix dans le pays et dans les esprits, en signant cet « étonnant traité », qui apparemment est la paix de Lodi (1454) ! C'est à se demander si la dédicace ne se serait pas trompée d'adresse ! Et pourtant, Pierre fut si flatté de cette traduction de Plutarque, qu'il demanda au même Rinuccini les *Vies d'Agis et de Cléomène*, qui lui furent dédiées quelques années plus tard [3].

1. Cf. G. Pieraccini, *op. cit.*, 51-79.
2. Cf. della Torre, *op. cit.*, 375 et suiv. — Cammelli, *op. cit.*, p. 100 et suiv. — Aux documents présentés par ces deux auteurs, nous avons ajouté précédemment la longue lettre écrite par Landino à Pierre de Médicis pour se justifier des calomnies dont il était alors l'objet. Voir ch. II.
3. Cf. F. Fossi, *op. cit.*, p. 115-118.

Dans le même temps nous avons vu le maître même de Ficin, Nicolo Tignosi, lui faire hommage de son Commentaire sur l'*Éthique* d'Aristote. Il est vrai que c'était au titre de gonfalonier de Justice et que par surcroît Pierre devait être alors « official » du Studio [1]! Mais nous avons des témoignages moins discutables pour prouver l'intérêt qu'il semblait porter aux études philosophiques.

Par deux fois Donato Acciaiuoli affirme en effet que c'est grâce à lui qu'Argyropoulos est venu à Florence [2] et s'il en est qui seraient tentés de croire qu'il s'agit là de flatteries plus ou moins désintéressées, qu'ils lisent les lettres liminaires qu'Argyropoulos lui-même a écrites à Pierre en lui présentant quelques-unes de ses traductions [3]. On dira que les plus importantes ont été d'abord dédiées à Cosme : c'est vrai, mais outre que la *Physique*, les *Analytiques* et la *Métaphysique* ont été également dédiées à Pierre, il est certain que c'est à lui seulement qu'il a adressé le *Peri Hermeneias* et le *De predicabilibus* de Porphyre et, ce geste mérite d'autant plus d'être souligné, qu'il s'agit des premières traductions d'Argyropoulos et qu'elles ont été faites à l'intention de Pierre. « C'est, en effet, dit le traducteur dans la dédicace du *Peri Hermeneias*, « tua causa » que j'ai traduit cet ouvrage et la première partie des *Analytiques*. Et lui offrant ce travail comme les « prémices de ses études », il ne cache pas qu'il lui doit tout et que nul ne lui est plus cher [4].

1. Cf. GHERARDI, *Statuti dell'Universita e Studio Fiorentino*, Firenze, 1881, p. 271. Nous trouvons à la date du 19 décembre 1469 la mention suivante : « Lorenzo di Piero di Cosimo de'Medici il 19 dicembre 1469 e eletto Provveditore della Sapienza in luogo di Piero suo padre, morto. » DELLA TORRE (*op. cit.*, p. 376) cite une lettre de Matteo Palmieri à Pierre de Médicis datée du 1er juin 1455, dans laquelle il lui recommande la candidature d'Antonio Rossi en s'adressant à lui comme Official du Studio.

2. D. ACCIAIUOLI, *Expositio supra libros ethicorum Aristotelis*, Lugduni, 1553, Proemium. « Verum tibi ac filio tuo petro hec omnia accepta referri debent, quorum opera factum est ut ex uberrimis sermonibus huius summi philosophi antiquorum more ad cives vestros manaret doctrina et in Florentia urbe, in qua cetere artes magnopere vigent, floreret etiam, quoad fieri potest, studium sapientiae. » — *Id.*, Préface de la traduction de la *Vie d'Alcibiade :* « Tu vero, clarissime petre, tua diligentia excitasti operamque dedisti, ut Argyropylus biçantius vir praestans ingenio ac disciplina in hanc urbem veniret a quo cives tui antiquorum more non solum grecis literis eruditi, sed etiam his artibus instrui possent, quae ad bene beateque vivendum pertinere videntur. » Textes cités par G. CAMMELLI, *op. cit.*,

3. Cf. CAMMELLI, *op. cit.*, p. 116-117. C'est par erreur que l'auteur (p. 117, n. 1) rapporte à Pierre de Médicis un texte de Ficin relatif à la vieillesse de Cosme.

4. *Laur. Plut. LXXI*, 7. Praefatio Johannis Argyropyli Bizantii in Libros Aristotelis De Interpretatione ad prestantissimum virum Petrum Medicem : ...Memini me jamdudum, magnificentissime Petre, librum Aristotelis de

Il y a plus. Argyropoulos a écrit pour Pierre un traité de dialectique « a peripatheticorum fontibus sumpta » et les raisons qu'il nous en donne aussi bien que le ton de sa préface montrent quelle estime il avait pour ce prince et en quels termes il vivait avec lui. « Il y a bien des raisons, mon Pierre, dit-il, pour que je pense avec soin et diligence au moyen de te rendre supérieur aux autres dans les « arts d'humanité ». Car, et l'affection particulière que tu as pour moi, et les immenses services que m'a rendus ton père, qui est un homme si excellent, me font un devoir, pour te montrer ma gratitude, de n'avoir pas de plus grand désir que de te voir en ces matières « florissant » et le plus brillant de tous [1] ». A n'en pas douter il s'agit là de relations de maître à élève. Le « mi Petre » n'est pas encore devenu le « vir praestantissime ». Bien qu'il ne soit plus un enfant, Pierre n'est encore qu'un des héritiers du Prince et comme Argyropoulos habite à quelques pas du palais de la Via Larga, dans une maison qu'il a reçue de Cosme [2], ce voisinage, qui n'était peut-être pas fortuit, n'a pas tardé à créer entre eux un courant de sympathie, qui, dans l'occurrence, se manifestait par l'intérêt que portait Argyropoulos à l'éducation de ce prince qu'il voulait voir « florissant » *(florentem)* avant qu'il soit appelé à gouverner Florence *(Florentia)*. Le fait se passe de commentaires : il ne

---

interpretatione et Priorum eam partem, qua ratiocinationis ortus exprimitur, tua causa traduxisse, ubique quasi lucubrationum nostrarum degustationem studiorumque primitias obtulisse... Nos deinceps cetera ubi similis generis et digniora semper ut instituimus offeremus? Hoc enim animo sumus profecto : ut si in hac cura atque administratione vita nostra tota ponatur praeclare aptum esse nobiscum putemus. Nam et tuae virtutes, prestabilissime, et noster in te amor vehementissimus et magnitudo tuorum erga nos meritorum propentiores sane nos semper ad ita agendum quoad vescimur aurefacit, et hoc instituto vite moreque vivere persuadet. Vale felix et tibi persuade mihi te cariorem neminem esse.

1. Ce traité a été découvert en 1940 par le R. P. Mauro Inguanes dans la bibliothèque du monastère du Mont-Cassin (Cod. *Cassin, 648 q.;* f. 31-101) dans un recueil des traductions d'Argyropoulos. — CAMMELLI a publié en appendice de son ouvrage, p. 221-223 le texte de la dédicace qui commence ainsi : « Multa sunt, mi petre, quae faciunt ut omni cura omnique diligentia cogitem qua ratione in his humanitatis artibus facile caeteris praestare possis. Nam et amor tuus erga me singularis et patris tui viri excellentissime maxima in me officia cogunt, ne, si modo gratus esse velim, quicquam aliud magis cupiam quam te his studiis florentem atque ornatissimum omnium conspicere. Quam quidem rem cum diu ac saepe animo volverim, quoniam dialecticae omnino expertem ne mediocrem quidem futurum oratorem puto, statui, ut more boni debitoris quam nunc possum minimam debiti particulam tibi reddam, quae ferme ad percipiendam dicendi copiam necessaria sunt, sed a peripatheticorum fontibus sumpta, breviter ad te conscribere.

2. CAMMELLI, *op. cit.*, p. 120.

s'agit plus ici d'hommages ou de compliments. Ce texte nous apporte la preuve, et que Pierre s'intéressait aux « arts d'humanité », et qu'il avait pour maître le traducteur et le commentateur d'Aristote. Évidemment nous savons qu'Argyropoulos n'était point exclusif, et étant donné les excellents rapports qu'il entretenait avec Cosme, qu'il pleura comme un père [1], il serait imprudent de conclure que l'influence qu'il a exercée sur Pierre a porté celui-ci à prendre parti contre Ficin. Il n'en reste pas moins vrai que ce prince avait grandi à une époque où l'on parlait plus volontiers d'Aristote que de Platon et il n'est pas douteux qu'Argyropoulos, complétant la formation philosophique que son élève avait pu recevoir du vieux Marsuppini, avait laissé en lui une profonde empreinte et qu'il se sentait plus volontiers porté vers la philosophie d'Aristote, que son maître enseignait et que ses amis défendaient. En dépit de son éducation et de ses sympathies, rien ne s'opposait donc à ce qu'il poursuivît l'œuvre que son père avait confiée à Ficin. Il se peut néanmoins que les circonstances n'aient pas été favorables et que des événements imprévus aient contrarié leurs desseins ou nui à leur collaboration.

Comme l'a très justement écrit notre Commynes : « l'auctorité de ses prédécesseurs nuisoit beaucoup à Pierre de Médicis [2]. » Son héritage matériel et moral était en effet très lourd, et soit que la maladie l'ait aigri, soit qu'il fut incapable de gouverner, il fut aussi téméraire qu'il aurait dû se montrer prudent. C'est ainsi que sous prétexte de reconnaître dans « combien de pieds d'eau il se trouvait [3] », il voulut faire le bilan des richesses qui avaient assuré le prestige et l'autorité de son nom et exigea le remboursement des dettes que les uns et les autres avaient contractées avec son père et que la plupart considéraient comme éteintes. Assurément c'était juste, mais ce fut une maladresse dont l'opposition s'empara pour ameuter à nouveau le peuple et relever la tête. D'un naturel pacifique et conciliant, le nouveau Prince laissa passer l'orage, tout en frôlant la catastrophe, mais il eut beau se montrer généreux envers ses ennemis, il ne fit point oublier son avarice.

Au dehors, son règne avait commencé sous de funestes auspices. Le 15 août 1464, il avait perdu un ami et un allié en la personne du Pape Pie II qui disait quelques jours auparavant « qu'ayant toujours vu en Cosme un père, il verrait un frère en son fils, pour lequel

1. *Laur. Plut. LXXXIV*, 1. In Phisicorum Aristotelis libros ad prestantissimum virum Petrum Medicem... La Préface rédigée dans le même esprit que la précédente commence par un éloge funèbre de Côme.
2. PH. DE COMMINES, *Mémoires*, VII, ch. VI, p.
3. Expression de l'ambassadeur milanais, citée par PERRENS, *op. cit.*, I, 298.

il ferait toutes choses, comme s'ils étaient nés d'un même corps [1] ».
Paul II lui succédait, mais c'était un vénitien et d'instinct Florence
s'en méfiait. Par ailleurs, le 8 mars 1466, la mort de Sforza, avait
remis en question les alliances et, une fois de plus, les exilés et les
conspirateurs n'hésitèrent pas à s'allier aux ennemis de la République pour assouvir leur haine contre les Médicis. Au coup d'État
manqué, succéda bientôt la guerre et ce n'est que le 26 mai 1468
que la paix fut promulguée à Florence. Pierre évidemment s'en
était bien tiré, mais les années passaient et ses jours étaient
comptés. Il n'y a donc pas lieu de se montrer trop sévère à son
endroit, car si l'Académie n'a pas connu sous son règne le succès
que l'on pouvait escompter, c'est peut-être moins l'homme qu'il
faut accuser que les circonstances.

Ficin, à vrai dire, n'a jamais formulé contre lui le moindre reproche. Mais les faits sont là. Alors qu'en moins de deux ans dix
Dialogues de Platon avaient été traduits, sans compter les « autres
livres Platoniciens » et que l'achèvement de cette traduction s'imposait comme une nécessité, voici ce que Ficin lui-même devait
un jour écrire à Laurent : « Après la mort de Cosme, j'ai donné
neuf *Dialogues* à lire à ton père, qui était un excellent homme [2]. »
C'est peu et par surcroît il est singulier de voir qu'en fait il ne lui
en dédia que trois : l'*Hippias majeur*, le *Lysis* et le *Théétète*. Est-ce
que Ficin, pour une cause quelconque, a dû renoncer à son projet?
On serait tenté de le croire. Mais il n'en est rien. Le 1er avril 1466
il écrivait à Michel Mercati, son confident de la première heure :
« J'ai présentement traduit vingt-trois *Dialogues* et j'ai *Cratyle*
en main », et tout en l'autorisant à communiquer son manuscrit à
leur ami Cresci, qu'il nomme « Academiae tutor », il ajoute : « Tu
veilleras à ce que personne n'en prenne copie, car tout cela a besoin
d'être corrigé et je ne veux pas le publier avant que la traduction
soit entièrement achevée [3]. » Il y a plus : il a décidé de dédier le
Sophiste à Mercati et le *Politique* à Cresci et nous trouvons parmi

---

1. Cf. Pastor, *op. cit.*, IV, p. 199.
2. FICINI *Op.*, II, 1129 : Post eius (Cosmi) obitum patri tuo Petro praestantissimo viro dialogos novem legendos dedi.
3. *Sup. Fic.*, II, 88. *Marsilius Michaeli suo.* « Megliores Crescius, vir doctrina et moribus ornatissimus et Academiae tutor, cuius humanitati offi-
ciisque non mediocrem studiorum meorum partem debeo, venit isthuc
praetor ac te commendatum habebit. Si legere voluerit Platonis dialogos,
concedes, admonebis tamen, ne ab aliquo rescribi ex eis quidquam permittat,
neque tu alteri ulli hominum unquam nisi huic soli domi credes volumen.
Nam emendatione indiget, neque edere volo nisi omne expleverim. Iam tres
et viginti peregi habeoque nunc in manibus *Cratylum* de linguae graecae
origine. »

ces vingt-trois *Dialogues* l'*Ion* dédié à Laurent [1]. Donc deux ans à peine après la mort de Cosme, Pierre cesse d'être en fait la « colonne » de l'Académie, qui trouve un « tuteur » en Cresci. C'est assez inattendu et même si ce n'est là qu'une hypothèse, il faut avouer que ces faits sont troublants.

Pierre, il est vrai, ne manquait pas de soucis. Il avait cependant trouvé le temps de se pencher sur un long décret en date du 21 octobre 1466, pour récompenser Argyropoulos en lui conférant ainsi qu'à tous les membres de sa famille, le titre de citoyen de Florence [2]. Ce n'est évidemment pas une preuve qu'il ait abandonné Ficin. Argyropoulos avait bien mérité cet honneur. Mais si justifié qu'ait été ce témoignage de reconnaissance civique, la lecture du document qui en expose les motifs laisse planer un doute sur les véritables intentions de ceux qui l'ont inspiré et de celui qui l'a confirmé. Ce décret confirme en fait l'autorité d'Aristote et consacre le « Chorus Academiae », dont Pierre faisait effectivement partie [3]. Est-ce à dire qu'il y eut conflit entre les deux écoles? C'est peu probable. Le silence de Ficin à l'endroit d'Argyropoulos prouve qu'ils s'ignoraient. Mais le fait que le savant grec, qui par ce même décret avait été confirmé dans sa charge pour cinq ans, ait quitté sans raison apparente, quelques mois après la mort de Pierre, la ville dont il était citoyen, témoigne d'un malaise qu'il est bien difficile d'expliquer.

Mais alors que penser du témoignage de Corsi, qui tout à l'heure nous assurait que Ficin entretenait les meilleures relations avec son nouveau maître lequel non content de l'encourager à publier sa traduction, lui avait offert des livres platoniciens et l'avait invité et décidé à commenter le *Philèbe* en public?

Que Ficin, après la mort de Cosme, ait cru pouvoir poursuivre sa tâche dans les mêmes conditions qu'il l'avait commencée, les arguments des *Dialogues*, dédiés à Pierre, semblent bien le prouver. Mais leur petit nombre nous fait supposer que leurs entretiens philosophiques furent bientôt interrompus, et la cause en est peut être tout simplement imputable aux difficultés et même aux périls auxquels le Prince dut faire face quelques mois après son

1. *Ibid.* : « In superiori numero *Sophista* est qui ad te et liber *de Regno* ad Melliorem. »
En fait, nous ne trouvons aucune dédicace répondant à cette promesse et qui plus est, nous verrons que le *Sophiste* a été dédié au duc d'Urbino.
2. Cf. CAMMELLI, *op. cit.*, p. 121-122.
3. Cf. GHERARDI, *op. cit.*, p. 489-492.

investiture. Quant aux autres faits rapportés par Corsi ils reposent dans leur ensemble sur des confusions et des erreurs faciles à reconnaître et à dissiper.

Della Torre a bien tenté de démontrer que Pierre avait fait don à Ficin de nombreux livres latins et grecs. Malheureusement ignorant qu'Alcinoüs, Speusippe et Pythagore avaient été traduits par Ficin du vivant de Cosme, il fut lui-même victime d'une erreur en nous proposant ces ouvrages pour justifier le geste généreux du Prince [1]. Cela ne veut pas dire que Pierre n'ait pas donné des livres à Ficin, en tout cas ce ne sont pas ceux-là et à vrai dire on ne voit pas de quels livres il pourrait être question. En second lieu, s'il est vrai que Pierre a recommandé à Ficin de publier ses traductions de Platon, il ne peut évidemment s'agir que des dix *Dialogues* offerts à Cosme. Enfin, s'il est vrai que Ficin a effectivement commenté le *Philèbe* sous le règne de Pierre, il n'est pas certain que ce fut sur l'initiative du Prince.

Nous n'avons plus le manuscrit qui, au dire de Corsi, contenait « les notes sur le *Philèbe* et les quatre livres d'*Institutions platoniciennes* [2] ». Mais nous avons tout de même ces « collectanea » et il se trouve que l'un des manuscrits qui les contient nous offre une préface qui éclaire singulièrement le problème. Tout d'abord, Ficin déclare que c'est pour répondre aux désirs des « meilleurs de ses concitoyens » *(optimis civibus nostris)* qu'il a consenti à exposer « la philosophie du divin Platon [3] ». Or bien que Corsi lui-même

---

1. Cf. DELLA TORRE, p. 566. Voir chapitre précédent.
2. CORSI dit en effet à propos de ces leçons sur le *Philèbe* : « ...Platonis *Philebum* interpretatus est in quem adhuc etiam illius temporis nonnulla eius exstant collectanea et cum iis quoque declarationum Platonicarum quatuor volumina. » Est-ce que Corsi a vu un manuscrit contenant les deux ouvrages? C'est peut-être une donnée à retenir pour la recherche des *Institutiones Platonicae*.
3. Le manuscrit *Vaticanus lat. 5853* — qui contient les *Commentaria Marsilii Ficini Florentini in Philebum Platonis de summo bono* — nous les présente dans une version très différente de celle des diverses éditions. Le texte est précédé f. 321 d'une longue introduction dont nous retrouvons d'ailleurs dans la Correspondance de Ficin les principaux passages. Elle commence ainsi : « Cum optimis civibus placuerit, ut celebri hoc in loco sacram divi Platonis philosophiam, opere pretium fore censui, ut quid philosophia sit primum paucis perstringamus. (Ici se trouve à peu près mot à mot le texte de la lettre à Gazolti et qui porte pour titre : *De Platonica philosophi natura, institutione, actione* (FICINI *Op.*, I, 761-763). Puis, nouvel avertissement : « Postquam de philosophia dictum est de ipso iam Platone ipso est dicendum (suit le résumé de la *Vita Platonis* adressée plus tard à Bandinus (FICINI *Op.*, I, 763-771). Et enfin : De vita Platonis iam satis dictum est. Vobis autem viri praestantissimi qui meam hanc orationem vestra presentia honestare dignati estis, ingentes gratias habeo. Immortalis Deus immor-

nous rapporte que Pierre, affligé de rhumatismes, gouvernait « per Optimates » [1], il est peu probable qu'il s'agisse des mêmes hommes et, en tout état de cause, il est inconcevable que Ficin ait omis de rappeler, ne fût-ce qu'en le nommant, que Pierre était à l'origine de ces réunions. Par ailleurs Ficin s'excuse de prendre la parole dans un « lieu célèbre ». Or, de quel lieu s'agit-il? Du Studio? Ceux qui ont voulu faire de Ficin un professeur de cette institution officielle n'auraient pas manqué d'exploiter ce texte à leur avantage s'ils l'avaient connu. Mais l'argument reste bien mince pour confirmer une telle hypothèse [2]. Certes le Studio était un « lieu célèbre », mais il n'était pas le seul à Florence, et au demeurant, quand Ficin y prononça sur « la louange de la Philosophie » le discours que l'on imposait à tout candidat aux grades universitaires, il le nomme « sacrum gymnasium » [3]. Ce n'est pas non plus un argument suffisant et le seul qui serait valable, au moins pour ce qui est des cours sur le *Philèbe*, serait l'identification du lieu dont la renommée, semble-t-il, n'était plus à faire.

Comme lieux célèbres où pouvaient se tenir des réunions de cet ordre, surtout si elles groupaient un nombreux auditoire, on ne voit guère que des églises ou des couvents. Le plus célèbre était évidemment Sainte-Marie de la Fleur et il suffit de rappeler le concours poétique qui avait eu lieu le 22 octobre 1443 dans la nef du Dôme, pour ne point s'offusquer d'une telle hypothèse [4]. On ne

tales referam (= referat). Le manuscrit porte au f. 413 qui termine les Commentaires : Comentaria hec ego Marsilius nondum absolvi, nec emendavi. Pour les variantes du Commentaire, voir *Sup. Fic.*, I, p. 79-80.

1. Corsi, *op. cit.*, VII : Ceterum articulari correptus morbo (Petrus) Rempublicam per Optimates gubernabat.

2. De Bandini à Ferri en passant par Sieveking, Galeotti, Puccinotti, tous ceux qui ont esquissé la vie de Ficin, ont cru trouver dans le texte de Corsi un argument suffisant pour affirmer que Ficin avait été professeur au Studio. Or, dans une de ses lettres, Ficin qui se plaint de sa pauvreté déclare nettement qu'il n'a jamais perçu aucun traitement (I, 912, 4) : « Publica literatis stipendia ubique dari solent, ne dixerim, et in patria debent, amplissima certe Florentiae dantur et peregrinis et civibus, ego vero literosus senex stipendium literarium ut excipiam nihil postulo, non enim tantum mihi arrogo, sed satis mini factum fuerit si non dedero. Cf. della Torre, *op. cit.*, 568-570.

3. Ficini *Op.*, 757, 3-759. Ce discours suivi des louanges de la médecine est adressé à Marco Aurelio dans les termes suivants : « Hic ergo tibi sex declamantiunculas offert, quarum primae illae duae de philosophiae medicinaeque laudibus iamdiu a tenera aetate quatuor vero sequentes de praecipuis humani generis institutis... »
Voir chapitre précédent, le témoignage de Vespasiano da Bisticci sur ces séances solennelles au Studio.

4. Cf. A. Dini Traversari, *op. cit.*, p. 82.

saurait cependant la retenir, car ni Ficin, ni Platon n'avaient encore audience en ce saint lieu. Parmi les couvents, nous avons San Marco, San Spirito, Santa Croce, mais là encore si les humanistes étaient les bienvenus, on demeurait prudent et on hésitait encore à prendre parti pour la philosophie nouvelle. Il ne reste plus dès lors que Sainte-Marie des Anges, dont le célèbre Ambrogio Traversari avait fait un des premiers foyers de l'Humanisme et tout nous porte à croire que c'est précisément en ce lieu célèbre que Ficin exposa pour la première fois publiquement « la philosophie du divin Platon ».

Nous trouvons, en effet, dans sa correspondance une *Oratio in principio lectionis* qui répond pleinement à ce que nous cherchons. Elle porte en sous-titre : *Philosophia platonica tamquam sacra legenda est in sacris*, et l'auteur, après une prière dans laquelle il demande à Dieu de l'inspirer, dit en paraphrasant le texte du Psalmiste : « J'annoncerai ton nom à mes frères au milieu de l'Église et en présence des Anges je te louerai. » Déjà l'union de ces deux textes pour les besoins de la cause montre bien que Ficin fait allusion au lieu dans lequel il parle. Puis, comme s'il était besoin de justifier une telle leçon dans une église, il poursuit : « Autrefois ceux qui obtenaient largement de Dieu les fruits qu'ils lui avaient demandés avaient coutume de lui en offrir les prémices. Or les Pythagoriciens, dont nos Platoniciens ont suivi l'exemple, pour rendre à Dieu la Sagesse qu'ils avaient divinement reçue après l'avoir demandée, méditaient et enseignaient dans les temples les divins mystères de la Philosophie. Imitant ces Sages, dans la mesure où nous le pouvons, étudions donc au milieu de cette église la philosophie religieuse de Platon et dans cette demeure des Anges contemplons la vérité divine [1] ». Il est vrai que la suite de ce texte se rapporte plutôt aux *Ennéades* de Plotin, qui furent également commentées par Ficin dans ce même lieu, mais nous n'en persistons pas moins à croire que, dans sa rédaction primitive, cette « Oratio » a dû servir d'introduction aux leçons sur le *Philèbe*, puisque l'auteur, suivant l'exemple des Anciens, entend offrir à Dieu les pré-

---

1. FICINI *Op.*, I, 886, 2 : « Aspira nobis precor, alme Deus », narrabo nomen tuum fratribus meis, in medio Ecclesiae laudabo te (Ps. XXII-23) in conspectu Angelorum psallam tibi (Ps. CXXXVIII, 1). Solebant quondam, dilectissimi fratres, qui exoptatas a Deo fruges uberius impetrabant, frugum primitias reddere Deo. Pythagorici vero, quos nostri sequuti sunt Platonici optatam imprimis et acceptam divinitus sapientiam Deo reddentes, sacra Philosophiae mysteria meditabantur in templis atque docebant. Nos igitur antiquorum sapientium vestigia pro viribus observantes, religiosam Platonis nostri Philosophiam in hac prosequemur Ecclesia. In his sedibus Angelorum divinam contemplabimur veritatem... »

mices de ses travaux. Au reste, puisqu'il nous dit qu'il va étudier
« la philosophie religieuse de Platon » et qu'au début de son commentaire du *Philèbe* il répète qu'il s'agit de « la philosophie sacrée
du divin Platon », il ne peut être question que de la doctrine des
Dialogues qu'il a effectivement exposée en commentant publiquement le *Philèbe* et le *Banquet* [1]. Il est donc plus que vraisemblable
que le lieu célèbre dont il s'agit est Sainte-Marie des Anges, et bien
que ce couvent ait été proche du palais des Médicis, il reste à démontrer que ces cours étaient dus à l'initiative de Pierre.

Quoi qu'il en soit, désormais les jeux sont faits. Pour la première
fois un latin, texte en mains, explique un dialogue de Platon à la
demande de nobles citoyens et devant un auditoire aussi attentif
que nombreux. A la vérité le choix du *Philèbe* était fort judicieux,
car la thèse du Souverain Bien qui s'y trouve exposée ne pouvait
que séduire cette élite qui avait grandi en cherchant la solution de
ce problème en écoutant ses maîtres commenter l'*Éthique* d'Aristote. Ficin, de son côté, avait déjà abordé cette question dans son *de
Voluptate*, mais désormais sa connaissance de Platon lui permettait
de poser le problème dans toute son ampleur. C'est d'ailleurs à
quoi se réduisent ces « notes » sur le *Philèbe*, qu'il devait compléter
sans jamais pourtant en faire un véritable commentaire. Ce n'est,
en effet, qu'après une lumineuse introduction sur la nature du Bien
en général, que Ficin, ouvrant le dialogue platonicien, nous en
montre le but, le plan et la méthode, et se décide enfin à commenter les premières pages. Il le fait sans excès ni parti pris, mais
néanmoins n'hésite pas à dénoncer les « Peripateticorum contra
divum Platonem cavillationes » et, qui plus est, les calomnies
d'Aristote lui-même [2].

On aimerait connaître les réactions provoquées par ces premières
leçons de philosophie platonicienne. Nous n'avons malheureusement pour en juger que les *Disputationes Camaldulenses* de Landino,

---

1. Lui-même nous assure dans une lettre à Donato Alamanni (716, 2)
qu'il a exposé son Commentaire du *Banquet :* « in exponendis nuper commentariis nostris in ipsum Platonis convivium de amore compositis ». Cette
lettre doit être de 1480.
2. FICINI *Op.*, II, 1213, ch. VI : « Quod omnia finem aliquem expetant et
ad ultimum reducantur finem, idque sit ipsum bonum et ipsum unum, sitque
rerum omnium principium, satis est, ut arbitror, demonstratum. Ex quo
Peripateticorum contra divum Platonem cavillationes explosae iam sunt. »
— 1223 : « Ita enim res se habet, ut cum si quis singulorum ordines ad speciem
unam communem redigat, intelligere nihil posse videatur, neque certum
aliquid scire, sin autem cuiusque ordinis speciem unam separatam induxerit
somniare vulgo videbitur, in quo et Aristoteles, haud veritus est, divum
Platonem calumniari. »

qui n'ont pour l'historien qu'une valeur relative. Ce dialogue,
comme tous ceux de cette époque et au même titre que les dialogues
platoniciens, dont ils empruntaient le schéma, mérite pourtant une
attention toute particulière, car si l'auteur est manifestement « engagé » et si certains détails nous obligent à nous montrer très circonspects, il n'en reste pas moins vrai, comme l'a dit della Torre [1],
que si tout cela n'est pas réel, c'est cependant conforme à la réalité.

L'œuvre n'est pas datée et l'on pense communément que la
première édition, également sans date, est de 1474. Le texte cependant nous livre divers points de repère qui sont suffisamment
nets pour nous permettre d'en conclure que Landino a certainement entrepris la rédaction de cet ouvrage peu avant la mort de
Pierre de Médicis (1er décembre 1469) et que c'est en fonction de
cette donnée fondamentale qu'il convient de l'étudier.

IV. Colloque chez les Camaldules

Comme le titre l'indique les *Questiones ou Disputationes Camaldulenses* nous offrent le récit et le compte rendu de débats philosophiques qui auraient eu lieu pendant quatre jours dans le célèbre
couvent des Camaldules fondé par saint Romuald au XIe siècle.
On y venait depuis longtemps en pèlerinage pour vénérer les reliques du fondateur, mais depuis que Traversari avait été maître
général de cet ordre, où l'on est à la fois bénédictin et chartreux,
le monastère, qu'il ne faut pas confondre avec l'Ermitage où vivent
d'ordinaire les moines, était devenu familier aux humanistes qui, à
la belle saison, trouvaient là le calme et la fraîcheur. Voici d'ailleurs
ce que nous rapporte Landino.

« Étant venus, mon frère Pierre et moi dans notre domaine du
Casentino, nous décidâmes, tant pour éviter la chaleur que pour
nous détendre l'esprit, de monter le surlendemain jusqu'à la forêt
des Camaldules, région qui vous est connue, comme à tous les Italiens, par son antique caractère religieux. Là, quand sévit la canicule, qui apporte aux mortels, comme le dit Homère, les maladies et
les fièvres, on peut jouir délicieusement d'un climat printanier très
sain. Donc, arrivés au monastère, puis à l'Eremos (pour parler
grec), nous apprîmes que, peu de temps avant nous, Laurent de
Médicis y était installé avec son frère Julien et qu'il avait amené
avec lui de Florence Alamanno Rinuccini, Piero et Donato Accia-

1. Della Torre, *op. cit.*, p. 580.

iuoli, Marco Parenti et Antonio Canigiani, personnages fort cultivés, qui, après avoir acquis dès leur jeunesse une éloquence puissante et persuasive grâce à la précision de leur méthode et la persévérance de leurs exercices, avaient ensuite, en s'y appliquant sérieusement, réalisé de remarquables progrès en philosophie [1]. » Naturellement chacun se réjouit de cette heureuse rencontre et immédiatement on songea à la rendre profitable.

« Nous ne pouvons rien souhaiter de mieux, dit en effet Laurent, que de nous retrouver dans une telle solitude. Pendant ces jours où tout est brûlé par cette chaleur intense, nous nous étions réfugiés loin des soucis et des ennuis de la ville dans ce coin délicieux, avec l'intention de jouir du climat tempéré de ces montagnes et de nous y bercer de quelque loisir intellectuel. Si donc vous venez vous joindre à ces philosophes, nous aurons, je l'espère, tout le charme et l'agrément que nous pouvions souhaiter. »

« J'avais à peine commencé de répondre à ce compliment, poursuit Landino, que je fus brusquement interrompu : on annonça l'arrivée imminente de Leo Battista Alberti. Il venait de quitter Rome et, passant par la route d'Arezzo, il était descendu à Fighline, chez Marsile Ficin qui, sans conteste, est le premier platonicien de notre époque. Ils tombèrent d'accord pour ne rentrer à Florence qu'après avoir échappé à la canicule dans la délicieuse vallée du Casentino. Déjà ils étaient là, et laissant leur monture, montaient à pas lents à notre rencontre, accompagnés de Mariotto, le Supérieur des Camaldules, religieux aussi recommandable par sa piété que par son savoir. Cette nouvelle transporta tout le monde de joie et impatients de les accueillir et de leur parler nous allâmes au devant d'eux, et les abordant nous échangeâmes des salutations. Le reste de la journée, car déjà le Soleil déclinait, se passa à écouter Battista. C'est depuis des siècles l'homme le

---

1. CH. LANDINO, *Disputationes Camaldulenses*, f. 2 v. : « In agrum nostrum casentinatem cum venissemus ego et Petrus frater cum aestus vitandi tum animi relaxandi complacuit postridie in Camaldulam sylvam ascendere regionem : et tibi et universae Italia antiqua religione notissimam et in qua cum vehementer syrius saevit, morbos atque febres (ut est apud Homerum) mortalibus ferens verno et apprime salubri caelo per summam voluptatem frui liceat. Itaque cum primum ad coenobitas, inde etiam ad heremitas (ut graecis verbis utar) pervenissemus, percepimus paulo ante nos Laurentium medicem cum Iuliano fratre eodem venisse, duxisseque secum ex urbe nostra Alamannum Rinuccinum, Petrum ac Donatum Acciaiolos, Marchum Parenthium et Antonium Canisianum viros litteratissimos, et qui cum a primis annis vim, copiamque dicendi exactissima arte, et longa exercitatione consecuti essent : vehementi deinceps ac diuturno studio maximos in philosophia progressus fecerant. »

plus accompli en toute espèce de science et en finesse attique, et, en littérature, ses lumières et ses goûts s'étendent à tout ce qu'il est permis à un homme de connaître [1] ».

En vérité on se croirait revenu à Poppi où soixante-quinze ans plus tôt, Luigi Marsigli avait retrouvé, en rentrant de l'Alverne, toute une élite de gens cultivés qui venaient précisément de vénérer les reliques de saint Romuald. Le rapprochement pourtant se limite au caractère fortuit de cette rencontre, car non seulement il n'y a ici que des hommes, qui, par surcroît, sont des humanistes distingués, mais on y discutera uniquement philosophie. On regrette toutefois que Landino ne se soit pas souvenu, si toutefois le *Paradiso degli Alberti* lui a servi de modèle, que son auteur, Giovanni da Prato, avait pris soin de dater son récit pour le rendre plus vraisemblable. On aurait cependant tort de croire que tout cela est pure fiction, car nous trouvons, aussi bien dans les dédicaces que dans le texte, de multiples allusions à des événements que nous pouvons aisément dater.

L'ouvrage qui se compose de quatre livres [2], correspondant aux quatre jours de débats, est, en effet, dédié à « Frédéric, très glorieux prince d'Urbino » et, chose curieuse, bien que ces livres s'enchaînent, chacun d'eux est précédé d'une dédicace comme s'ils n'avaient pas été composés à la même époque, à moins que nous supposions que, sans attendre que l'œuvre soit achevée, l'auteur ait jugé bon d'envoyer à leur destinataire chacun des livres, dès qu'ils étaient rédigés.

Il est à noter que Frédéric est désigné sous le titre de prince et non de duc d'Urbino. Or, comme nous savons que c'est le 24 août 1474 que le prince fut nommé duc par Sixte IV, nous trouvons là, pour déterminer la date de composition et de l'édition de l'ouvrage, un premier point de repère qui fixe le *terminus ad quem* que nous ne saurions dépasser.

---

1. *Id.*, f. 3 r. : « Ad que cum ego iam respondere coepissem subita res orationem interrupit. Nunciatum enim est Leonem Baptistam Albertum paulo post affuturum. Venerat enim nuper Roma et cum via aretina in fighinensi apud Marsilium Ficinum virum nostra tempestate inter Platonicos facile principem divertisset. Statuerunt communi consilio non prius Florentiam ire, quam totam caniculam inter casentinatia tempe declinassent. »

2. *Id.*, f. 1 r. : « Christophori Landini Florentini ad Illustrem Federicum principem urbinatum disputationum camaldulensium liber primus de Vita contemplativa et activa, feliciter incipit. » — f. 15 r. : « *Id.* Liber secundus, de Summo Bono » — f. 32 r. : « *Id.* Liber tertius, In P. Virgilii Maronis Allegorias. » — f. 52 v. : « *Id.* Liber quartus, in P. Virgilii Maronis Allegorias incipit feliciter. »

Par ailleurs si dans la dédicace du premier livre, Landino rappelle à Frédéric qu'il a vaincu successivement Piccinino, Sigismond Malatesta, Alexandre et Napoléon Orsini [1], ce qui est pour nous d'un intérêt secondaire, étant donné que ces victoires se rapportent aux batailles qu'il livra contre le premier en 1441, contre le second en 1463 et contre les deux autres en 1469, en revanche dans le deuxième livre il fait allusion à la « récente guerre contre Bartolomeo de Bergame » où, une fois de plus, Frédéric se distingua. Or cette « récente guerre » nous pouvons aussi la dater. C'est le 10 mai 1467 que le Colleone franchit le Pô pour envahir la Toscane par la Romagne et nous savons qu'un mois plus tard la République de Florence, pour faire face à ce nouveau péril, confia le commandement de ses troupes à Frédéric, qui, le 23 juillet, remporta près d'Imola, une victoire qu'on ose à peine qualifier d'éclatante, mais qui, en tout cas, mit pratiquement fin à cette guerre où les menaces d'excommunication se mêlèrent étrangement au fracas des espingardes, qu'on employait pour la première fois [2]. Donc l'allusion de Landino tendrait à nous prouver que ce second livre au moins fut écrit après cette guerre, terminée officiellement le 26 mai 1468.

Enfin engageant le débat, Alberti s'adressant à Laurent et à Julien de Médicis leur dit : « La maladie de votre père s'aggravant, vos épaules doivent désormais supporter tout le poids des affaires publiques [3]. » Donc le livre a été écrit avant la mort de Pierre et l'aggravation de son état nous permet de conclure que c'est au cours de l'été 1468 qu'eut lieu la rencontre aux Camaldules que Landino nous rapporte ou imagine pour nous exposer le problème du Souverain Bien et l'illustrer d'une manière singulière en interprétant Virgile.

Il ne saurait être évidemment question ici de nous livrer à une étude approfondie de cette œuvre et des multiples problèmes qu'elle pose. Cependant, en attendant qu'il nous soit permis de publier cet éloquent témoignage de l'Humanisme italien, il nous paraît indispensable d'en tracer au moins l'esquisse et d'en retenir les

---

1. *Id.*, f. 1 v. : Piccinino et Malatesta, f. 2 r. Orsini — f. 28 v. : « Quapropter et Cicero quaecumque in agendis causis egit, ea gratia egit ut persuaderet, et Federicus noster Urbinas in hoc proximo bello adversus Bartholomeum Bergomensem quicquid aut in suis militibus instruendis, aut in adversariorum copiis explorandis egit. Huc tendebat ut victoria potiretur, qua quidem parta acquiesceret. »

2. PERRENS, *op. cit.*, I, 329 et suiv.

3. LANDINO, *op. cit.*, f. 3 v. : « Videtis enim universam reip. molem propter ingravescentem parentis vestri morbum iam vestris humeris sustinendam. »

détails qui sont susceptibles d'éclairer la personne de Ficin et même celle de Pierre de Médicis.

Certes, il est étrange de voir Landino, qui devait tout aux Médicis, dédier son ouvrage au prince d'Urbino et même si l'on admet qu'il ait voulu honorer l'homme qui venait de sauver la République, on s'étonne néanmoins que devant Laurent et Julien il n'ait même pas nommé celui qui, bien que malade, demeurait le maître de Florence. Il y a plus. Si nous lisons avec attention les éloges qu'il réserve au vainqueur, on constate qu'à côté de ceux qui concernent l'éminent stratège, il y a ceux qui glorifient non seulement le mécène, mais le brillant humaniste qui avait fait de son palais d'Urbino un des hauts lieux de l'esprit. C'était justice. Le fonds Urbinate de la Bibliothèque Vaticane en témoigne et ce n'est pas sans émotion que l'on pénètre encore aujourd'hui à Urbino dans cet admirable « studiolo », que le duc avait complété par deux oratoires d'un goût exquis, qui à eux seuls sont tout un programme, puisque l'un est dédié à Dieu et l'autre aux Muses [1].

On dira peut-être que s'adressant à Frédéric II Landino n'avait pas à faire l'éloge de Pierre. Soit. Mais aussi lourdes que ce silence, il y a des comparaisons qui parlent d'elles-mêmes. Par deux fois il exprime, en effet, des regrets qui ne sont pas particulièrement flatteurs pour l'héritier de Cosme.

« Les autres princes italiens, dit-il à Frédéric, déploient tout leur zèle à acquérir d'immenses trésors, à grossir chaque jour davantage leurs réserves d'or et d'argent, vous, au contraire, vous prodiguez avec la plus large générosité une très grande partie de vos richesses à honorer les Muses et leurs serviteurs. Aussi de même que l'Agamemnon d'Homère se faisait fort de prendre Troie sans délai s'il avait eu dix Nestor à ses côtés, de même nous sommes convaincus que si les Italiens avaient, je ne dis pas comme lui dix, mais deux Frédéric de plus, l'Italie entière deviendrait bientôt une seconde Athènes [2]! »

---

1. Trois distiques sont gravés dans ces chapelles jumelées :
Sur un fronton commun :
> Bina vides parvo discrimine iuncta sacella
> Altera pars musis. Altera sacra Deo est
A l'entrée de la chapelle dédiée à la Divinité :
> Haec quicunque petit mundo pia limina corde
> Hic petit aeterni fulgida regna poly
A l'entrée du sanctuaire des Muses :
> Quisquis ades laetus musis et candidus adsis
> Facundus citharae nil nisi candor inest.
2. Landino, *op. cit.*, III, f. 33 v. : « Et cum reliqui italiae principes in eo omnem industriam ponant, ut quam maximos sibi thesauros comparent, aurique atque argenti acervus magis magisque indies crescat, tu maximam

Évidemment, il ajoute : « Notre intention n'est point de ravaler qui que ce soit », mais néanmoins il insiste : « Vous êtes le seul prince à observer cette conduite et votre générosité envers les lettres est si grande que, grâce à elle, poètes, orateurs et écrivains de tout genre vont égaler le nombre de ceux que suscita autrefois par la magnificence de ses dons et de ses récompenses, le grand Nicolas V († 1455) que nous avons tous connu [1]. » Quelques pages plus loin, il exprime les mêmes regrets, comme s'il voulait encore une fois dicter leur devoir aux maîtres de l'heure : « Au temps de Ptolémée, dit-il, l'Asie et l'Europe eurent de nombreux princes qui comblèrent d'honneurs et de richesses, poètes, philosophes, orateurs, historiens; ainsi, bien qu'il fît de même par inclination naturelle, il y semblait en tout cas encouragé en partie par une sorte d'émulation, de peur d'être surpassé, en ce genre de gloire, par ceux qu'il surpassait en richesse. Au contraire votre bienveillance, à vous, se manifeste à une époque à laquelle, si elle n'était pas très ardente, elle serait aisément éteinte par l'avarice des autres princes. Ce n'est donc pas à notre siècle qu'il faut savoir gré des présents que vous accordez aux Muses, puisque parmi ceux qui sont au pouvoir il n'en est aucun dont l'exemple puisse exciter votre émulation [2]. »

tuarum opum partem in musarum et eorum qui musas colunt ornamenta liberalissime effundas, ut iam quemadmodum Homericus ille Agammemnon confidebat, si decem alii sibi Nestores adessent, fore ut brevi Troiam capturus esset, sic nos pro comperto habeamus si Itali populi, non dicam decem ut ille, sed duos praeterea Federicos haberent, brevi futurum ut universa italia alterae Athenae futura sit. »

1. *Ibid.* : « Qui quamvis solus ex omnibus qui in imperio constituti sunt has partes tuearis, tamen ita late patet tua in omnes litteratos liberalitas ut non pauciores ex ea et poetae et oratores et omnium rerum scriptores proventuri sint, quam ii fuerint, quos olim Nicolaus ille quintus, pontifex maximus, quem omnes vidimus suis pulcherrimis muneribus ac maximis premiis provocavit qui quidem tuo beneficio ad studia excitasti, et sibi gloriam suam doctrina suaque eloquentia vendicabunt et te talem musarum patronum etiam tunc cum multorum principum qui et nunc vivunt et olim regnabunt fama sepulta iacebit in aeterna semperque recenti memoria vivum retinebunt. »

2. *Id.*, IV, f. 54 r. : « Adde quod quo tempore Ptolomeus regnavit plurimos Asia atque Europa principes habuit. Qui poetas, qui philosophos, qui oratores, qui historicos honore opibusque honestarent, ut et si suo ingenito studio illa faceret magna tamen ex parte emulatione quadam excitari videretur ne quos opibus vincebat, ab iisdem huiuscemodi gloriae genere superaretur. Tua vero benignitas in ea tempora incidit ut nisi ardentissima sit, facile caeterorum principum avaritia extinguatur. Quapropter nulla omnino eorum munerum quae in musas confers gratia nostro seculo est habenda in quo neminem reperias ex iis qui nunc imperat cuius exemplo excitari possis. » — Rappelons pour mémoire que Landino adressait en mai 1458 une lettre de Pierre qu'il nommait « doctorum omnium maecenas ». C. LANDINI *Carmina*, ed. A. PEROSA, p. 187-190.

Que Pierre ne soit pas visé par ces reproches, c'est bien possible, mais qu'on le veuille ou non, son avarice légendaire l'exposait à en être victime. « Ses flatteurs font rire, dit Perrens, quand ses libéralités deviennent sous leur plume une « rosée fécondante », car, en fait, s'il continuait à peupler son jardin d'antiques, il excipait de sa maladie pour ne point venir voir les travaux qu'il avait commandés et il les critiquait sans les avoir vus pour ne pas trop redouter le « quart d'heure de Rabelais » [1]. Ajoutons, pour être juste, que Pierre avait alors d'autres soucis et qu'il avait même quelques raisons de ménager ses deniers pour faire face à l'audace de ses ennemis aussi rusés que puissants. Mais il est bien évident qu'à l'époque où écrivait Landino sa « parcimonie » était jugée sévèrement et risquait fort de compromettre l'élan que son père avait donné à la renaissance des lettres et de la philosophie. Landino pourtant nous rassure, car les *Disputationes Camaldulenses* prouvent éloquemment que l'élite de Florence continuait à se passionner pour les problèmes posés par l'Humanisme et que le prestige de Ficin s'affirmait chaque jour davantage.

Après l'entrée en scène que nous avons rappelée, on aurait pu s'attendre à voir Landino organiser les doctes entretiens que souhaitaient ses amis et leur exposer sa propre pensée sur le thème choisi. Or, apparemment il n'en est rien. Il dit et répète sans cesse à Frédéric qu'il ne fait que rapporter les souvenirs qu'il a gardés des conférences de Leo Battista Alberti. La chose est d'autant plus singulière qu'il en fait l'avocat de la vie contemplative, alors que ce savant, dont il vante à juste titre les dons exceptionnels, a soutenu toute sa vie, aussi bien dans ses traités d'éducation que dans ses essais de philosophie morale, que la fin de la vie humaine n'est pas la contemplation, mais l'action. Ne soyons pas dupes. Alberti a pu évidemment, au soir de sa vie, modifier son attitude, mais quand on voit Landino pousser l'audace jusqu'à lui attribuer ses propres commentaires de l'Enéide, il ne fait aucun doute, qu'en dépit de détails qui ne peuvent évidemment s'appliquer qu'à Alberti, Landino s'est servi du nom de ce maître incontesté pour exposer sa pensée et sa méthode d'interprétation. Le procédé était d'ailleurs courant à l'époque. Ficin lui-même devait en user pour commenter le *Banquet* et comme les *Disputationes* ne furent publiées qu'après la mort d'Alberti (1472), ce témoignage ne pouvait qu'honorer grandement sa mémoire et flatter Frédéric dont il était l'ami, Quoi qu'il en soit les débats furent fort bien conduits et nous ne pouvons que nous réjouir de voir Landino, au cours de son exposé.

---

1. Perrens, *op. cit.*, I, p. 293.

ne manquer aucune occasion de nous éclairer sur la pensée et les réactions de ses auditeurs.

Le fait est d'autant plus intéressant que nous trouvons là réunis, au moins dans un même texte, les représentants des deux Académies. D'un côté, Ficin avec les deux jeunes Médicis, Alberti, Canigiani et l'auteur; de l'autre, Alamanno Rinuccini, les deux cousins Acciaiuoli et Marco Parenti [1]. Chose encore extraordinaire : il n'est point fait mention de leur maître Argyropoulos, nouvellement promu par Pierre citoyen d'honneur de Florence et pratiquement professeur à vie. Ce silence est d'autant plus troublant que lorsque Landino donnera la parole aux Aristotéliciens, il n'exprimera qu'un regret, qui se passe de commentaire, puisqu'il déclare : « Si seulement notre cher Olivier Arduino était ici, lui que j'estime tant parmi tous les philosophes que je lui accorde la place d'honneur parmi les Aristotéliciens [2]! » Donato d'ailleurs acquiesce, mais, lui non plus, n'ajoute rien. La vérité est peut-être que Landino a voulu éviter d'opposer Argyropoulos à Ficin, car il faut bien le reconnaître, si les Aristotéliciens sont là, leur rôle est modeste et l'unique maître auquel on se réfère avec complaisance est le témoin de Platon.

Déjà l'auteur nous a dit en nous rapportant l'arrivée d'Alberti à Fighline que Ficin était « sans conteste le premier platonicien de cette époque » *(virum nostra tempestate inter Platonicos facile principem)*, puis, dès que Laurent pose le problème, c'est pour affirmer « que tout ce que dit Platon est plus clair que tout adage dans la bouche de Marsile, qui, mieux que personne, possède la doctrine de ce grand philosophe [3] ». Son autorité est donc nettement établie. Mais que dit-on des Aristotéliciens qui, en principe, doivent participer au débat? « Je crois, dit Alberti, avoir rapidement esquissé l'ensemble de la doctrine des Péripatéticiens sur le Souverain Bien. Néanmoins si sur ce point vous m'avez trouvé trop bref, vous n'y perdrez rien, car vous avez ici les Acciaiuoli, vous

1. C. LANDINO, *Disputationes Camaldulenses*, f. 2 v. et f. 18 v. et 19 r.

2. *Id.*, Livre II, 18 v. et 19 r. : « Habes enim hos Acciaiolos, habes Alamannum hosque reliquos, qui qua doctrina atque eloquentia sunt graviter simul et copiose haec omnia cum voles disputare possint. Atque utinam Oliverius noster Arduinus adesset, quem ego virum in omni philosophia tanti facio, ut inter aristotelicos honorificentissimum locum mea sententia teneat. »

3. *Id.*, Livre I, f. 3 r. : « Et cum via aretina in fighinensi apud Marsilium Ficinum virum nostra tempestate inter platonicos facile principem divertisset... » — f. 3 v. Laurent. : « Illas autem usu et consuetudine maxime assequamur, tamen cum quaecumque a Platone dicuntur ea mihi ex ore Marsilii qui praeter omnes tanti philosophi mentem tenet. »

avez Alamanni et les autres que leur érudition et leur éloquence
mettent à même de discuter de cette question, quand vous voudrez,
avec autant de compétence que d'ampleur. » Donato se montre
flatté du compliment mais tente une diversion, pour le moins curieuse : « Ce qui m'étonne, dit-il, c'est que nous inscrivant sur la
liste des Aristotéliciens, vous ne mentionnez pas Ficin. » Veut-il le
compromettre ou le contraindre à reconnaître ce qu'il doit à Aristote? En tout cas Alberti ne s'y laisse point prendre. Lançant un
sourire à Ficin, il répond aussitôt : « Pensez-vous, Donato, que si
j'en avais envie, quelque autre motif pourrait m'en empêcher? J'ai
beau avoir la conviction qu'il a largement puisé aux sources du
Lycée, néanmoins puisque nous sommes d'accord pour reconnaître
en lui le plus authentique interprète des énigmes prononcées par
l'oracle de l'Académie, croyez-vous qu'on puisse me forcer à lui
reconnaître ce double titre [1]? » A quoi Alammani rétorque : « Battista, vous badinez. Suivant votre habitude, vous avez voulu
tempérer l'austérité de notre discussion par un peu d'humour.
Mais à vous dire vrai, je voudrais voir les autres éprouver la même
jalousie que vous : il ne s'élèverait pas tous les jours d'aussi en-
vieuses rivalités entre les lettrés. Animé au contraire d'une bienveillance réciproque, chacun reconnaîtrait et louerait loyalement
les qualités remarquées chez les autres et si, inversement, il se
trouvait quelque chose qui put choquer, il n'en soufflerait mot,
par amitié. Mais je ne puis assez m'étonner de la méchanceté ou de
la sottise, peut-être des deux, de certains qui, oubliant la propre
nature de l'homme, s'imaginent que leur gloire s'augmente de tout
ce que leurs dénigrements enlèvent à d'autres et comptent faire
approuver enfin leur science quand ils auront accusé tous les autres
d'ignorance. Ces esprits à l'humeur sauvage me font frémir d'horreur comme des monstres de la nature. D'ordinaire, en effet, les
belles-lettres, à moins qu'elles ne tombent sur des espèces de bêtes
féroces, exercent sur l'homme la même influence que l'eau, dit-on,
sur les lupins : ces légumes, soumis à la macération perdent toute
amertume et deviennent très agréables au goût; ainsi l'esprit humain, poli par la culture littéraire, se dépouille non seulement de
toute rudesse et de toute maladresse, mais encore de toute morgue

---

1. *Id.*, II, 19 r. : « Verum illud admiror cur dum nominatim nos aristotelicis annumeras, Ficinium silentio praeterieris. Hic Baptista cum Marsilium
subridens aspexisset. Quid aliud censes inquit, o Donate, nisi me invidia ne
hoc facerem impediri? Nam etsi haec quoque quae e lycii fonte fluxerunt
illum abunde hausisse non dubitem, tamen cum eorum enygmatum quae
ex academiae oraculo solvenda sunt, illum verissimum interpretem omnes
fateamur putas ne a me extorqueri posse, ut utrunque illi concedam? »

et de toute barbarie [1]. » Ainsi tout n'allait pas pour le mieux dans ce monde savant et on n'était pas fâché pour une fois de dissiper certains malentendus pour se mieux comprendre. Mais c'est à peu près tout ce qu'on laisse dire aux Aristotéliciens.

Alberti poursuit, en effet, son exposé et terminant sur la conception chrétienne du Souverain Bien, il déclare pour conclure : « Les chrétiens disent donc que c'est Dieu qui est le Souverain Bien, mais avant la naissance du Christ fait homme, Platon ne pensait pas autrement. Vous pourrez aisément en juger quand vous le voudrez, grâce aux Commentaires que Marsile a composés sur le *Philèbe* de Platon, commentaires profonds, mais surtout des plus clairs et des plus simples [2]. » Alléguant la fatigue, il propose même de laisser la parole à Ficin, pour lui permettre d'exposer sa pensée. Mais Laurent intervient : « Pourquoi, dit-il en substance, voulez-vous que Ficin expose la pensée de Platon, alors que vous avez tenu à exposer vous-même celle d'Aristote » et, ajoute Marsile, « en présence de tant d'illustres Aristotéliciens »? Alberti reconnaît combien son attitude peut paraître insolite, mais cherche néanmoins à la justifier et finit par avoir gain de cause. « Parce que, dit-il à Ficin, plusieurs Aristotéliciens étaient capables de me rendre ce service, je prévoyais qu'ils allaient se renvoyer la balle de l'un à l'autre et que finalement tous refuseraient. Tandis que de vous je ne pensais pas avoir à redouter le même réflexe, car bien qu'ils ne soient pas

---

1. *Ibid.*, f. 19 r. : « Hic Alamannus iocaris inquit Baptista, et tuae disputationis gravitatem more tuo nonnullis salibus respergere voluisti. Verum ut serio ego loquar, utinam caeteri ea qua tu invidia laborarent. Non enim eam livide quotidie excitarentur inter homines literatos aemulationes... Hunc autem nonnullorum sive crudelitatem sive stultitiam sive utrumque dicere libeat satis admirari nequeo, qui eam quae hominis propria est naturam exuentes, tantum sibi laudis accedere putant, quantum obtrectando aliis detraxerint suamque aliis tum demum doctrinam probare posse confidunt, cum reliquorum inscitiam arguerint. Quorum quidem efferata ingenia veluti naturae portenta exhorresco. Solent enim litterae nisi immanem quandam belluam natae fuerint, idem homini praestare quod aquam aiunt lupinis... »
2. *Ibid.*, f. 20 r. : « Dicunt enim deum summum esse bonum quod et ante Christum et hominem natum Platonem sensisse constat. Cuius quidem opinionem facile cum voles vel iis commentariis quos Marsilius non modo gravissime verum etiam in primis perspicue et enucleate in Platonis Philebum conscripsit cognoscere poteris, vel si hoc tibi diutius deberi non pateris, ipse defigato mihi dum paululum respirem in hoc succeat ac tuae voluntati satisfaciat... Miror tamen cum ad hunc usque locum disputationem produxeris, neque esterno neque hodierno sermone vicarium supponere temptaveris, quid id sit cur orationem perpetuo filo hactenus productam nunc interrumpi velis, praesertim inquit Marsilius cum in conspectu tot praeclarissimorum aristotelicorum universam illius familiae sententiam, ita ipse enarraveris, ut a nullo ne parte quidem tanti oneris levare temptaverit. »

mis au ban de l'Académie, ni vous à celui du Lycée, je préfère les appeler eux, Aristotéliciens, et vous, Platoniciens. Alors en vous voyant seul présent ici je me demande comment vous pourrez vous opposer à ma demande... Donc si vous êtes raisonnable, vous vous rendrez et la résignation rendra plus doux le fardeau que je vous impose [1]. » Finalement donc Ficin se laissa convaincre et exposa de bonne grâce, à la grande satisfaction d'Alberti et de Laurent, les théories qu'il avait effectivement développées dans son Commentaire du *Philèbe*. Puis, dès qu'Alberti reposé reprit son rôle pour parler du plaisir, Laurent saisit l'occasion pour dire qu'il avait lu le *de Voluptate* que Ficin avait autrefois dédié à Antoine Canigiani et comme ce dernier était présent, il s'empressa d'ajouter que « cette œuvre de jeunesse témoignait de la science et de la sagesse d'un vieillard [2] ».

Ainsi que ces *Disputationes* aient eu lieu ou non, et nous pensons qu'il serait téméraire d'en nier à priori les données essentielles, les références à Ficin dans ces deux premiers livres sont suffisamment nettes et élogieuses pour que nous puissions juger de son influence à cette époque. Nous en trouvons d'ailleurs trois autres dans le quatrième livre. La première quand Alberti parlant de l'illumination de notre esprit, renvoie Laurent au Commentaire du Banquet de son « ami Marsile »; la seconde quand Laurent rapporte qu'il a étudié le *Timée* avec Ficin et la troisième enfin quand Alberti révèle à ses auditeurs qu'il a vu un jour à Fighline un ouvrage que prépare Ficin et qui n'est autre que la *Théologie platonicienne* [3].

1. *Ibid.*, f. 20 r. et 20 v. : « Cur igitur inquies id non petisti. Quia videbam cum plures id praestare possint, dum alius in alium rem reiicerit omnes denegaturos. Quod idem de te minime fuit verendum. Nam et si neque his academia, neque tibi licio interdictum sit, hos tamen aristotelicos, te vero platonicum appellare malo, quem cum solum hic astantem videam, qui obsecro si singulari certamine congregandum sit mihi ita tenui valitudine par esse poteris, neque est quod in aetate multum reponas... Quin herbam porrigo inquit Marsilius, et aequissimo animo succumbo. »
2. *Ibid.*, f. 24 r. : « Et ego nuper Marsilii librum *de voluptate* perlegi, quem adolescens adhuc ad Antonium Canisianum scripsit, in quo (ni fallor) nihil est ex iis quae ad hanc disputationem conferri solent quod desiderari possit. Est quidem inquit Antonius in iuvenili aetate cana doctrina et senili prudentia conscriptus. »
3. *Ibid.*, IV, f. 59 v. : « Sed haec de te Laurenti latere minime puto. Sunt enim non solum docte ac distincte sed omnino dilucide a Marsilio nostro in iis dialogis explicata; quos ille in Platonis *Symposium* conscriptos sub tuo nomine aedidit. » — *Id.* f. 61 v. : « respondit Laurentius quod paucis ante diebus cum *Timeum* Platonis in manibus haberet, mihi de anima mundi dixerat Marsilius. » — *Id.*, f. 70 v. : « Censet Plotinus omnium hominum animas ad eundem vitae habitum redituras. Hæc igitur et qualia sint et quanti facienda facile ex eo libro percipies quae nondum expolitum in ma-

Notons toutefois que dans ces deux derniers livres, qui sont consacrés à l'exégèse de *l'Énéide*, nul n'intervient que l'auteur, sauf pour conclure à la nécessité de contraindre Alberti à se fixer définitivement à Florence. Par ailleurs, le Commentaire sur le *Banquet*, qui est cité textuellement, n'ayant été achevé qu'en juillet 1469, nous ne saurions tirer argument de cette référence pour la période qui nous occupe. Quant à l'allusion à la *Théologie Platonicienne*, il y a tout lieu de croire qu'elle est venue s'ajouter au texte quand Landino a décidé de le publier, à moins que nous ne supposions que ces deux derniers livres soient légèrement postérieurs aux deux autres. En tout cas ce qui est certain c'est qu'à l'époque où Landino a écrit ses deux premiers livres, Ficin avait « composé » son Commentaire sur lc *Philèbc*, car non seulement Landino le dit, mais s'en inspire textuellement [1].

C'est donc bien entre 1464 et 1468 que fut commenté le *Philèbe*, dont quelques manuscrits nous livrent la première rédaction. Nous pouvons d'ailleurs, grâce à ces « notes », nous rapprocher encore davantage de la date exacte. On constate, en effet, que les références au *Cratyle*, par exemple, ne sont pas dans cette première version [2]. Or nous savons que Ficin en avril 1466 avait le *Cratyle* en mains. Nous pouvons donc en inférer que c'est avant cette date qu'il a entrepris de commenter le *Philèbe* à la demande des « meilleurs citoyens », que la lecture des *Disputationes Camaldulenses* nous a permis d'identifier au moins en partie. Par ailleurs, étant donné que ce dialogue avait été traduit du vivant de Cosme, on peut supposer que, fidèle à sa méthode, il en discuta avec ses amis dès 1464, et que c'est l'enthousiasme suscité par l'exposé de la pensée platonicienne sur le Souverain Bien, qui amena ses amis et bienfaiteurs à souhaiter qu'il puisse faire profiter un plus large auditoire de son enseignement. Il n'est même pas exclu que Pierre ait participé, comme le faisait son père, aux entretiens préliminaires, qui ont pu d'ailleurs se dérouler encore à Careggi, mais il est peu probable que ce prince, ait pris l'initiative d'organiser en dehors du Studio, dont il était le protecteur, des cours publics, qui ne pouvaient que nuire à l'un et à l'autre. Mais, il y avait ses fils, qui, nous venons de le voir, étaient de fervents disciples de Ficin, il y avait Landino, le vieux Valori et tant d'autres, qui, sans se compromettre, pou-

nibus hic noster Marsilius habet, nec adhuc edidit. Verum ego cum apud ipsum in Fighinensi divertissem casu in eum incidens aperui locosque quosdam summa cum voluptate percurri. »

1. *Ibid.*, II, f. 20 v. et suiv.

2. Par exemple la citation du *Cratyle* au commencement du ch. XXIII et celles des ch. XXIV et XXXI manquent dans le manuscrit *Vat. lat. 5953*.

vaient aisément favoriser de tels desseins. La liste de ceux qui ont suivi ses premières leçons est d'ailleurs là pour nous prouver son succès.

Mais que s'est-il passé? Alors que Ficin avait annoncé à ses auditeurs que le *Philèbe* se divise en douze parties, sans aucun avertissement, il interrompt son exposé après la cinquième [1] et bien qu'il ait par la suite, et par deux fois, manifesté son regret de n'avoir pu compléter cet exposé, nous le voyons se contenter de l'illustrer par des apologues, qui sont pour ce traité une étrange conclusion [2]. Doit-on accuser les événements? C'est possible. Quels qu'aient été les promoteurs et les bénéficiaires des premiers cours de Ficin, il est bien évident qu'ils ne pouvaient demeurer indifférents aux remous politiques dont Florence risquait d'être victime.

Tant que Pierre n'avait eu à faire face qu'à ses adversaires du dedans, chacun avait pu sans trop d'inquiétude, poursuivre sa

---

1. FICINI *Op.*, II, 1253. *In Philebum*, Lib. II, ch. 1 : « Omnia quae nunc in universo sunt, postquam in prima libri parte quod tractandum erat proposuit Plato et in secunda tradidit modum quendam et ingressum tractandi. In tertia qua cautione disserendum sit docuit. In quarta tractare coepit de bono et quoniam collocaturus erat ad ipsam voluptatem et sapientiam, ut inspiceretur, numquid istorum ipsum sit bonum, quid bonum sit explicavit, et ad ipsum utraque conferens neutrum esse ipsum bonum ostendit. Haec hactenus, deinceps investigandum restat, utrum istorum magis ad bonum conferat?... Ideo quinta hac parte genera utriusque perquirit... » Le commentaire s'achève à 16 e.

2. Ces Apologues sont au nombre de dix. Quatre se trouvent joints à une lettre de Ficin à Uranio auquel ils sont adressés avec l'avertissement suivant : « Cum vero amor nihil desideret aliud quam voluptatem, merito decimus hic liber consecratus amori finem in voluptatem facit, voluptate, inquam, Urania, id est, caelesti, quandoquidem haec Uranio dedicatur. Leges igitur, alter ego, hic iam in calce decimi (Libri Epistolarum) nonnullos de voluptate apologos, dedicatos tibi quidem hodie, iamdiu a nobis excogitatos, dum *Philebum* Platonicum tractantem commentaremur. » En fait, deux des manuscrits du Commentaire du *Philèbe* — le *Plut. XXI 8* et le *Vat. Lat. 5953* — sont suivis d'Apologues — que le premier intitule même *Apologi Marsilii in Philebum* (f. 263). Mais alors que le *Plut. XXI 8* ne contient que les quatre que nous venons de mentionner, le *Vat. Lat. 5953* en donne dix parmi lesquels nous retrouvons les quatre précédents. Ils ont pour titre : f. 414 v. *Expositio de triplici vita et fine triplici* — f. 415, *Finis inferiorum in ocio mediocrum in actione mobile, superiorum in actione immobili* — f. 415 v. *Quare ad voluptatem maxime omnium proclives simus* — f. 416, *Malus demon per verisimile ad falsum, per voluptatem trahit ad malum* (FICINI *Op.*, I, 921, 3) — f. 417 v. *Voluptas in privatione doloris vel motu, vel statu* — f. 418, *Multe species voluptatum* — f. 418 v. *Apologus de bonis atque malis* (921, 4) — f. 419, *Quare mala esse invicem contraria possunt, bona nequaquam* — f. 420 v. *De voluptate quae vicit ambitiosos, victa est a Pallade* (922, 2) — f. 422, *De voluptate, quod non sit cum ipsa congrediendum, neque in terris speranda* (923, 2), FICINI *Op.*, I, 921, 2-925 — *Sup. Fic.*, I, XLI, 80-86.

tâche. Mais, nous l'avons dit, la mort de Sforza (8 mars 1466) avait
remis en cause l'équilibre des alliances qui assurait la paix depuis
1454 et les conjurés d'hier étaient bien décidés à profiter de l'occasion pour se débarrasser de Pierre de Médicis, qui, cloué sur sa
litière, se défendait cependant avec une énergie farouche. Le climat
était donc peu favorable aux joies de l'esprit et l'on peut se demander si le succès de Ficin ne fut pas compromis par l'atmosphère
de suspicion et de terreur qui régnait alors à Florence. Il semble
bien lui-même d'ailleurs en avoir compris toute la gravité.

La lettre à Mercati, datée d'avril 1466, se termine sur une allusion qui pourrait fort bien s'appliquer aux événements que ses
liens avec les Médicis lui permettaient d'apprécier à leur juste
valeur. Après lui avoir dit qu'il en est arrivé à la traduction du
vingt-troisième *Dialogue* de Platon, il déclare : « Tu me demandes
des nouvelles de ma santé. Je me porte bien. Pour ce que tu me dis
de la fin de la peste, tant mieux, mais chez nous la peste menace
et est imminente. » « *Quod de valetudine quaeris, valemus. Quod
de pestis liberatione significas, gratum id quidem : nobis autem
pestis minatur et imminet...* [1] » Or de quelle peste s'agit-il? de
celle qui périodiquement décimait Florence? Il n'en est point
question cette année-là dans les mémoires du temps. Alors, faut-il
interpréter ce terme comme l'expression d'un danger d'un tout
autre ordre. En fait, au moment même où Ficin écrivait cette
lettre, la Seigneurie avait reçu du Pape un Bref d'un caractère
inusité dans lequel Paul II adjurait solennellement la République
de travailler au maintien de la paix [2]. Au reste, plusieurs familles
dans lesquelles Ficin comptait des amis se trouvaient compromises
dans les intrigues qui se nouaient contre le Prince. Les Acciaiuoli,
les Neroni devaient bientôt être condamnés à l'exil et Pierre de
Médicis, échappant de justesse à ses ennemis, ne put finalement
éviter la guerre qui tint Florence sous la menace de l'invasion pendant des mois [3]. Il est donc fort possible que Ficin en 1466 ait
été contraint d'interrompre ses cours par suite des événements qui
retenaient l'attention de toute l'élite florentine. En tout cas il
faudra attendre mars 1468 pour le voir de nouveau entrer en scène
et d'une manière assez inattendue.

---

1. *Lettre à Michel Mercati :* « Quod de valetudine quaeris, valemus.
Quod de pestis liberatione significas, gratum id quidem. Nobis autem pestis
minatur et imminet. » *Sup. Fic.* II, 89.
2. Pastor, *op. cit.*, IV, p. 142, n. 4.
3. Cf. Pieraccini, *op. cit.*, p. 56.

Chapitre v

« EX PAGANO MILES CHRISTI »

I. Intermède :
La « Monarchie » de Dante

En avril 1466, Ficin nous a donc informés que vingt-trois *Dialogues* étaient traduits et qu'il avait le *Cratyle* en mains. En réalité dans sa traduction le *Cratyle* est le vingt-troisième dialogue et elle en compte trente-six, *la République, les Lois* et *les Lettres* étant considérées séparément comme formant un seul traité. Ce qui restait à traduire représentait donc pratiquement la moitié de sa tâche et l'on était en droit de penser que rien désormais ne l'en pouvait distraire. Les circonstances qui avaient pu contrarier son cours public auraient même dû, semble-t-il, favoriser sa tâche de traducteur, puisqu'il se trouvait pratiquement réduit au silence, et dans ces conditions on pouvait espérer qu'en quelques mois il serait en mesure de présenter à ses contemporains son « Platon latin ». Or, non seulement il nous révèle qu'après la mort de Cosme il n'a donné à lire à Pierre que neuf *Dialogues*, mais il ajoute : « Après la mort de Pierre, la fortune qui se montre souvent envieuse des œuvres excellentes, m'a distrait bien malgré moi de ma tâche de traducteur, et c'est grâce à ta bienveillance et à ton secours, dit-il à Laurent, que j'ai pu reprendre l'œuvre que j'avais commencée[1]. » S'il fallait prendre ce texte à la lettre, il faudrait donc en conclure qu'à la mort de Pierre (2 décembre 1469), Ficin n'avait traduit que dix-huit *Dialogues* et que ce n'est qu'en 1470 ou 1471 qu'il s'est remis à l'œuvre. Mais puisqu'il nous dit lui-même qu'en 1466 il en avait traduit vingt-trois, il est certain que l'histoire de sa traduction, telle qu'elle est présentée à Laurent,

---

1. Ficini *Op.*, II, 1129 : « Post eius obitum patri tuo Petro, praestantissimo viro, dialogos novem legendos dedi. Postquam vero Petrus e vita decessit, fortuna praeclaris saepe invida, invitum me a traductionis officio distrahebat. Verum tu, et religionis cultor et philosophiae patronus, me ad inceptum omni favore et auxilio revocasti. »

est sujette à interprétation. Il nous en livre d'ailleurs lui-même la clef, en interdisant à Mercati de laisser prendre copie de la traduction qu'il lui a confiée. Tout cela, dit-il, a besoin d'être revu et il ne veut rien publier avant que l'ensemble soit au point [1].

Il est donc vraisemblable qu'après la lettre à Mercati il a poursuivi sa traduction à la même cadence et qu'à la mort de Pierre elle était pratiquement achevée. Évidemment il ne s'agissait que d'une version préliminaire qui avait besoin d'être revue et complétée par des arguments, mais l'essentiel était fait, et en dépit de l'ampleur de la tâche qu'il s'était fixée, on peut se demander pourquoi cette traduction que nous considérons comme achevée vers 1468, n'a été publiée qu'en 1484. En fait, la fortune ne devait pas attendre la mort de Pierre pour contrarier ses desseins.

Nous apprenons, en effet, qu'en mars 1467/1468, il a traduit le *Monarchia* de Dante. Ne l'ayant jamais entendu parler de l'auteur de *la Divine Comédie*, on était loin de penser qu'il se laisserait, ne fût-ce que quelques semaines, distraire de son Platon pour traduire, en langue vulgaire, une œuvre apparemment aussi éloignée de ses préoccupations. Sans doute y a-t-il en tout florentin un dantologue et les humanistes avaient beau regretter que Dante n'ait point écrit son immortel poème dans la langue de Virgile, ils s'inclinaient néanmoins devant son génie. Une éducation sérieuse ne se concevait d'ailleurs pas sans que l'on soit initié à son œuvre et à sa pensée. Laurent de Médicis, dans les *Disputationes Camaldulenses*, nous révèle, en effet, qu'en son éducation, Dante fut toujours associé à Virgile : « Dès mon plus jeune âge, de par la volonté de mes parents, l'œuvre du poète florentin me devint si familière qu'elle ne renferme rien que je ne fusse capable de réciter sans peine et mot à mot pour leur faire plaisir. » Et il ajoute : « Mais, d'un poète si divin, que pouvais-je retenir à cet âge, sinon des mots? mais, maintenant, dès que je pense à l'ensemble de cette œuvre, je ressens la plus grande admiration pour le génie d'un tel homme, car bien que la trame de son ouvrage emprunte apparemment fort peu de fils à la toile de Virgile, en réalité presque tout en est tiré [2]. » C'est dans le même esprit, qui, rappelons-le, est celui

---

1. *Sup. Fic.*, II, 88-89, lettre à Mercati : « Si legere voluerit Platonis dialogos (Crescius) concedes, admonebis tamen, ne ab aliquo rescribi ex eis quidquam permittat, neque tu alteri ulli hominum unquam nisi huic soli domi credes volumen. Nam emendatione indiget, neque edere volo nisi omnes expleverim ». Et à la fin il répète : « Iterum moneo ne scribi quicquam ex eo libro permittas, idemque Megliori nostro dicas. » *Sup. Fic.*, II, 88.

2. Ch. Landino, *Disputationes Camaldulenses*, IV, 69 r. : « Dum enim mihi planum reddere Maronem tentas, idque efficis eodem tempore in nostri

de Landino, que Ficin devait aborder l'étude de Dante, au point d'en faire, par l'intermédiaire de Virgile, un penseur platonicien[1].

« Les humanistes, dit le P. Festugière, étaient disposés à aimer Dante. Mais ils l'aiment de façon singulière, en tant que disciple de Platon. Son poème n'est à leurs yeux qu'un savant tissu de symboles « platoniciens ». Le mérite propre de l'œuvre, sa qualité poétique leur échappent, seules les ravissent les belles chimères dont ils sont entêtés. » Et il poursuit : « Qu'ils les aient découvertes dans *la Divine Comédie*, rien d'étonnant. Ils n'ont vu que ce qu'ils cherchaient : en quoi ils sont de tous les temps. Mais ce qu'ils cherchaient et qui est bien de leur temps, si proche encore du Moyen Age symboliste, Dante jamais n'y songea[2]. » Toutefois si ces judicieuses observations valent pour *la Divina Commedia* et la *Vita Nuova*, en est-il de même pour le *Monarchia* et peut-on supposer que Ficin l'ait traduit pour favoriser ce goût de l'interprétation? On serait tenté de le croire en lisant sa dédicace :

« Dante Alighieri, dit-il, d'origine céleste, de nationalité florentine, de race angélique et philosophe-poète par profession ne parlait pas grec comme Platon, père divin des philosophes et interprète de la vérité. Néanmoins, quant à l'esprit, il parle le même langage que lui, au point que ses livres sont illustrés de nombreuses sentences platoniciennes. » Puis, ayant montré que pour Platon il y a dans le monde trois ordres faciles à définir, il ajoute : « Cet ordre platonicien fut d'abord suivi par Virgile, puis Dante en l'imitant, s'abreuva aux sources platoniciennes avec la coupe de Virgile. Et c'est ainsi qu'après avoir élégamment traité dans sa *Comédie* du règne des bienheureux, puis des malheureux et des pèlerins qui ont quitté cette vie, il traite dans le livre qui a pour titre *Monarchie*, des pèlerins encore vivants[3]. » Son opinion sur Dante et sur l'inspi-

civis divinum poema inducis... Ego a prima pene pueritia ex utriusque parentis instituto adeo familiare universum opus florentini poetae mihi reddidi, ut pauci omnino sint in eo loci quos ego siquando illi huiuscemodi oblectamenti genus requirerent, non facile ad verbum exprimerem. Sed quid poteram puer ex tam divino vate praeter mera verba percipere? Nunc autem cum universum rei argumentum mente percurro summa admiratione eius viri ingenium prosequor. Nam cum in opere suo texendo pauca omnino fila de virgiliana tela mutuari videatur, tamen inde omnia pene sint. »

1. *Ibid.*, IV, 64 1-69 1.
2. J. FESTUGIÈRE, *Bulletin du Jubilé pour le six-centième anniversaire de la mort de Dante*, Paris, 1921, *Dante et Marsile Ficin*, p. 535-543.
3. *Sup. Fic.*, II, 184. *Prohemio di Marsilio Ficino Florentino sopra la Monarchia di Dante tradotta da lui di latino in lingua toscana a Bernardo del Nero et Antonio di Tuccio Manetti prudentissimi cittadini Florentini.* « Dante Alighieri per patria celeste, per abitatione florentino, di stirpe angelico, in professione philosopho poetico, benche non parlassi in lingua greca

ration du *Monarchia* est donc bien dans la ligne des commentateurs
de ce temps et comme ce texte est antérieur aux divers traités de
Landino, on ne saurait dire avec certitude à qui revient la pater-
nité de cette généreuse interprétation. Elle était sans doute dans
l'air et même en admettant qu'ils aient pu être complices, on
doit reconnaître que Landino devait pratiquer cette méthode,
dans son *Commentaire de la Divine Comédie* avec « une dextérité
qui tient du prodige » à tel point, dit encore le P. Festugière, que
« sous prétexte de tout expliquer il réussit à obscurcir ce qu'il y a
de plus lumineux [1] ». Il est curieux d'ailleurs, à ce propos, de voir
Ficin saluer cette œuvre monumentale comme la juste réparation
que Florence devait à son fils exilé, sans faire la moindre allusion
au Commentaire lui-même et à l'esprit qui l'animait [2]. C'est une
raison de plus de penser que ce n'est pas uniquement l'inspiration
platonicienne du *Monarchia* qui a incité Ficin à le traduire.

Il ne nous cache pas au demeurant qu'il entreprit cette tâche
à la demande de deux amis avec lesquels il avait coutume de s'entre-

con quel sacro padre de' philosophi, interprete della verita, Platone, niente
di meno in ispirito parlo in modo con lui, che di molte sententie Platonice
adorno e libri suoi... Tre regni troviamo scripti dal nostro rettissimo duce,
Platone : Uno de' beati, l'altro de miseri, el terzo de'peregrini. Beati chiama
quelli che sono alla cipta di vita restituiti, miseri quelli che per sempre ne
sono privati, peregrini quelli che fuori di detta cipta sono, ma non iudicati
in sempiterno exilio. In questo terzo ordine pone tutti e viventi e de'morti
quella parte che a temporale purgatione e deputata. Questo ordine Platonico prima segui Virgilio. Questo segui Dante di poi, col vaso di Virgilio
beendo alla Platoniche fonti... »

1. J. FESTUGIÈRE, *art. cit.*, p. 540.
2. FICINI *Op.*, I, 840. *Marsilius Ficinus Florentinus fingit congratulari
Danthi, pia Christophori Landini opera redivivo et in patriam restituto et
coronato.*
Florentia iamdiu moesta, sed tandem laeta Danthi suo Aligherio, post
duo ferme secula iam redivivo et in patriam restituto ac denique coronato,
congratulatur.
Vaticinatus es quondam, mi Danthes, in exilio constitutus, fore tempus
quo pietas superans impietatem feliciter te patriae redderet atque in excelsa
Baptistae Ioannis aede sertis Apollineis coronaret. Non frustra augurium
vani docuere parentes, siquidem nuper tuus pater Apollo, et longum fletum
meum et diuturnum tuum exsilium miseratus, mandavit Mercurio ut piae
Christophori Landini divini vatis menti prorsus illaberetur Landineosque
vultus indutus, alma primum virga dormientem te suscitaret, deinde alarum
remigio te sublatum moenibus Florentinis inferret, denique Phoebea tibi
lauro tempora redimeret. Hodie tandem divinitus impletum est mandatum
Phoebi, Mercurii Landinique pium opus, vaticinium Danthis, Florentiae
votum... Conversa Florentiae tuae nox in diem, conversus Florentinis tuis
moeror omnis in gaudium. Gaudete omnes et exultate, felicissimi cives,
quibus iam mirabiliter pro uno sole sol geminus oritur, neque flammis tamen
sed radiis geminatis. »

tenir de « problèmes similaires »[1]. Il ne dit pas qu'il s'agit de
questions politiques, mais en l'occurrence il semble bien que
c'est sous cet angle que nous devons interpréter sa pensée pour
justifier cette étrange distraction. La qualité et le rôle de ses amis
aussi bien que le climat politique qui régnait à Florence dans les
premiers mois de 1468, nous autorisent à formuler cette hypothèse.

La dédicace est adressée à Bernardo del Nero (1424-1497) et
à Antonio di Tuccio Manetti (1423-1497), « citoyens florentins
très prudents ». En outre, il est dit que le manuscrit, qui pour
nous remplace l'original et qui devait être celui de del Nero ou de
l'auteur, avait été copié de la main même du susdit Manetti sur
l'original qu'il avait lui-même écrit sous la dictée de Marsile Ficin
« homme très docte et philosophe platonicien »[2]. Apparemment
ces deux hommes ne sont point ses « complatonici » et effectivement on ne trouve point leur nom dans la liste de ses disciples. A
vrai dire on peut s'en étonner, car c'est à ces deux amis, qu'il
nomme encore « prudenti ciptadini Fiorentini, amici suoi carissimi » qu'il a dédié en 1470 la traduction de son *Commentaire du
Banquet*[3] et c'est également à Bernardo del Nero « clarissimo cittadini » qu'il devait dédier la traduction de son traité *de la Religion chrétienne*[4] en 1474 et celle de son essai *sur le ravissement de
saint Paul au troisième ciel*[4], en 1477, soulignant à ce propos que

---

1. *Sup. Fic.*, II, 185 « ...Questo libro composto da Dante in lingua latina,
accioche sia a piu leggenti commune, Marsilio vostro, dilectissimi miei, da
voi exortato di lingua latina in toscana tradocto a voi dirizza. L'antiqua
nostra amicitia et disputatione di simili cose intra no frequentata richiede,
che prima con voi questa tradutione comunichi et voi agli altri di poi se vi
pare ne facciate parte. »

2. BANDINI, Cat. cod. Ital. 232. *Plut. XLIV*, 36, f. 1. Le manuscrit se
termine par la mention suivante : f. 33 v. : « Finisce la monarchia di Dante
tradotta di latino in lingua toschana da Marsilio Ficino Florentino a Bernardo del Nero et Antonio di Tuccio Manetti amicissimi suoi et prudentissimi ciptadini florentini nel mese di marzo adi XXI 1467 (style florentin) in
Firenze. Scripto di mano di me Antonio di Tuccio sopradetto, tracto dello
originale ancora scripto da me et dectato da detto Marsilio Ficino huomo
dottissimo et filosafo platonico. »
Il existe 8 manuscrits de cette traduction qui fut éditée six fois depuis
1839. Cf. KRISTELLER, I. LXXIII-II, 184-185.

3. *Plut. LXXVI*, 73. Le traité est précédé d'une préface déjà mentionnée :
*Proemio di Marsilio Ficino Fiorentino sopra in libro dello amore a Bernardo
del Nero et Antonio di Tuccio Manetti prudenti ciptadini fiorentini amici suoi
carissimi.* — Et on lit f. 116 : « Finisce el libro dello amore di Marsilio Ficino
Fiorentino ed e di Antonio di Tuccio Manetti Fiorentino e di sua mano scripto
et copiato dallo originale a Dio gratia. » *Sup. Fic.*, I, 89-90.

4. *Libro di Marsilio Ficino Fiorentino della Cristiana religione ad Bernardo
del Nero clarissimo fiorentino. Riccard. 1708* et surtout Ravenne, *Classensis,
390.* Cf. *Sup. Fic.*, I, LXXVIII et 10-12.

c'est « parce que Bernardo del Nero a déjà été ravi par la bonté divine jusqu'au troisième ciel des vertus humaines, qu'il ravit à son tour Marsile Ficin au troisième degré de l'amitié et même au delà[1] ». C'est dire que celui-là au moins méritait bien de figurer dans la liste de ses amis.

De son côté, Manetti, mathématicien et architecte, était un dantologue distingué que Ficin ne pouvait qu'admirer. Ayant copié de sa main *la Divine Comédie*, il avait fait de son manuscrit un monument d'érudition en remplissant les marges de notes, de dissertations et de figures cosmographiques qui témoignent de l'étendue de ses connaissances et de sa passion pour l'astronomie[2]. Après sa mort (1497) son ami Girolamo Benivieni devait d'ailleurs résumer ses théories dans un très court essai sur « le site, la forme et la mesure de l'Enfer »[3] qui suffit à nous convaincre qu'en la matière, Tuccio Manetti fut un novateur et que jusque dans ses errements il a frayé la voie à ceux qui l'ont corrigé »[4]. Mais de tels problèmes ne pouvaient retenir l'attention de Ficin. Pour lui comme pour ses amis Paolo Attavanti et Ugolino Verino, Dante était, avant tout, un poète et un théologien. Si donc Bernardo del Nero et Tuccio di Manetti, auxquels effectivement il n'a adressé aucune lettre, ne faisaient point partie du cercle de ceux qui se disaient ses disciples, il faut chercher une autre raison pour justifier leurs relations et nous n'en trouvons pas d'autre que le rôle politique joué par ces deux hommes.

Sans doute était-il encore assez obscur à l'époque où Ficin leur dédia sa traduction du *Monarchia*, mais il devait s'affirmer par la suite et, au moins pour l'un d'entre eux, se terminer tragiquement, puisque del Nero, demeuré fidèle aux Médicis, mourut décapité, malgré ses soixante-treize ans, le 21 août 1497. En fait, en 1468, l'un et l'autre, se préparaient au rôle, qu'ils ne devaient pas tarder à jouer dans les différents Conseils où ils furent bientôt élus. Nous avons d'ailleurs des textes de Ficin assez explicites sur l'activité

---

1. *Sup. Fic.*, I, 71 : « *Marsilio Ficino Fiorentino a Bernardo del Nero clarissimo ciptadino Fiorentino come Sancto Pagolo fu rapito al terzo celo...* Ora el tuo eletto Marsilio Ficino delibera conferire teco in lingua toscana el detto mysterio del terzo celo. Perche Bernardo del Nero, gia rapito dalla bonta divina al terzo grado delle virtu umane, rapisce Marsilio Ficino infino al terzo et superlativo grado d'amicitia... »

2. *Cod. Magliab.* I, 33.

3. Antonio Manetti, *Operette istoriche edite ed inedite*, éd. Milanesi, Firenze. Le Monnier, p. 171. On trouve également cet essai dans les éditions de Dante et dans celles des commentaires de la Divine Comédie, de C. Landino.

4. J. Festugière, *art. cit.*, p. 539.

de Bernardo, et le fait que le nom de Manetti se trouve au même titre associé au sien, prouve qu'ils avaient les mêmes préoccupations.

Tout d'abord une lettre au neveu de del Nero nous donne immédiatement la mesure de l'étroite amitié qui liait les deux hommes. « Dis-moi de grâce, écrit Ficin, comment il peut se faire que dès que ton oncle Bernardo fut pris de fièvre, je l'aie eue moi-même? Est-ce que ce ne serait pas par hasard parce que nous sommes si intimement liés, que la canicule n'a pas pu vomir ses flammes sur l'un sans atteindre l'autre? » Et il poursuit, éclairant le portrait de son personnage : « Puisse-t-il guérir bien vite pour que Marsile se remette et surtout pour que Florence aussi se porte mieux! Car si elle avait toujours des médecins comme celui-là, en même temps que le Médicis qu'elle a, elle ne serait jamais gravement malade » [1]. C'est dire qu'à cette époque Bernardo jouait un rôle dans l'administration de la République. La lettre hélas n'est pas datée, mais sa place dans la Correspondance de Ficin nous autorise à la considérer comme étant de 1475. Or il se trouve que cette année-là, del Nero pour la période mars-avril était pour la première fois gonfalonier de justice et c'est sans doute à la suite de cette entrée officielle dans la vie publique que Ficin écrivit cette lettre, dont le thème à lui seul est tout un programme, puisqu'elle a pour titre De Officio civis.

C'est aussi approximativement l'époque à laquelle Ficin lui dédia la traduction de son De Christiana religione et là encore les allusions ne manquent pas : « Voulant offrir cette œuvre en latin au magnanime Laurent de Médicis..., écrit Ficin, j'ai jugé opportun, pour que ce livre sur la religion ne divise pas ce que Dieu, auteur de la Religion, a uni dans une véritable amitié, de dédier l'œuvre en toscan à Bernardo del Nero, qui pratique la vertu civile avec autant de zèle que le prescrivent la philosophie et la religion... Donc, mon Bernard, toi qui aimes si ardemment notre patrie, reçois d'un cœur joyeux et avec autant de bonheur ce livre de la patrie céleste, que tu as reçu le livre sur la Monarchie et celui sur l'Amour. Ces œuvres, comme celles que je dédierai à ton nom, s'il plaît à Dieu, prouveront, je pense, aux siècles présents et à venir, que non

---

1. FICINI Op., 643, 5 : M. F. Petro Nero : « Dic, Petre, cur febris, cum Bernardum patruum tuum invasisset subito me accedit? An forte, quia tam proximi sumus, ut non potuerit canicula in alterum flammas evomere, cum accenderet alterum? Utinam cito convaleat, ut Marsilius convalescat, imo ut et melius Florentia valeat. Quae si Medicos semper tales haberet, qualem hunc habet et Medicem, nunquam graviter aegrotaret. »

seulement les hommes qui se consacrent à la politique et aux choses
de ce monde, mais aussi ceux qui sont voués à la philosophie et
au service de Dieu, et qui ne sont pas suspects d'adulation, ont eu,
à juste titre, de la considération pour ta digne personne. » Et lui
ayant recommandé de lire la dédicace latine à Laurent et de
discuter avec son neveu des questions posées par son ouvrage,
il conclut : « Vous estimerez, j'en suis sûr, puisque vous jugez
toujours des événements par leurs fruits, que la lecture fréquente
des livres qui traitent des choses divines est fort utile à ceux qui
ont charge de la chose publique, car vous savez que le gouvernement des affaires de ce monde n'est vraiment excellent et très
heureux, que lorsque avec l'aide du roi du Ciel, il suit l'exemple
du royaume céleste [1]. »

L'homme auquel Ficin dédiait en 1468 sa traduction du *Monarchia* jouissait donc d'un certain prestige politique et il n'y a pas
lieu de s'étonner de voir Marsile fréquenter de telles personnalités
puisque, dès 1457, nous l'avons vu en relations, par l'intermédiaire
des Canigiani, avec de nombreux hommes politiques. Mais pourquoi a-t-il soudain interrompu sa traduction de Platon pour se
consacrer à cette besogne que le « platonisme » de Dante ne semblait pas justifier?

Il est bien évident qu'il a voulu avant tout répondre à la demande d'amis qui ignoraient la langue latine et qui s'intéressaient
particulièrement à ce traité de Dante. Nous en avons la preuve
au moins pour del Nero. Dans un dialogue de Francesco Guichiar-
dini, qui a précisément pour titre *Del reggimento di Firenze* et où
del Nero trouve sa place, il avoue humblement : « Comme vous le
savez tous, je ne suis pas un lettré, mais autant que j'ai pu m'en

1. *Sup. Fic.*, I, 10-11. *Proemio del Libro della Cristiana Religione* : « ...Et
volendo donare el libro latino al magnanimo viro Lorenzo de' Medici, giu-
dicai essere conveniente, per non dividere col volume della religione quegli
che Dio auctor della religione, in vera amicitia congiunse, dare el libro tos-
cano a Bernardo del Nero, diligentissimo osservatore della virtu civile quanto
philosophia et religione comanda... Adunque Bernardo mio, ardente amator
della patria nostra, ricevi con animo lieto e felice fortuna questo nostro
tractato della celeste patria, si come la *monarchia* et il libro *dell'amor* rice-
visti. Quegli con questo insieme e con degli altri che piacendo a Dio com-
porremo a tuo nome, stimo saranno manifesto segno a' presenti e futuri
secoli, quanto non solo gli uomini civile et secolari, ma etiamdio le persone
date alla philosophia et al sacerdotio, dalla adulatione rimote, habbino meri-
tamente stimato tua digna persona... Credo stimerete, come sempre per
effecti mostrasti stimare, che la frequente lectione delle cose divine sia a'
governatori delle repubbliche molto conveniente. Imperoche sapete che'l
governo terreno allora e optimo e felicissimo, quando col favore del re del
celo si dirizza allo exemplo del regno celeste. »

procurer, j'ai eu plaisir à lire les livres traduits en notre langue [1]. »
Par ailleurs nous savons que dès 1456 il avait lui-même copié une
traduction anonyme du *Monarchia* [2], ce qui prouve à quel point
ce traité l'intéressait. Or, comme il est certain que c'est à la lumière de ce texte qu'il discutait avec Ficin et son ami Manetti de
la doctrine politique de Dante, il est probable que Ficin, se reportant au texte original, fut amené à critiquer cette traduction et
qu'on lui demanda d'en faire une plus fidèle. Reste à savoir pourquoi ces hommes éprouvaient alors le besoin de discuter entre eux
sur cette matière. Sans doute est-il possible qu'au hasard d'une
conversation on ait abordé ce sujet, mais n'oublions pas que nous
sommes en février 1468. Florence est en guerre et le Pape qui, à
tout prix, voulait faire la paix pour pouvoir lutter efficacement
contre les Turcs, venait, justement le 2 février, de publier une
bulle aux termes de laquelle les belligérants devaient d'une part
faire la paix dans un délai de trente jours sous peine d'excommunication, et, d'autre part, verser une solde annuelle de cent
mille écus au condottiere Colleone, pour qu'il puisse assurer le commandement des armées pontificales en Albanie. Or, ceci, les Florentins ne pouvaient pas l'admettre, d'abord parce que le Pape,
qui avait signé avec eux un traité d'alliance le 4 janvier 1467,
reprenait sa liberté et, ensuite, parce que, conduits par Frédéric
d'Urbino, ils avaient victorieusement résisté au susdit Colleoni,
qui, après s'être mis au service de l'ennemi, se serait vu ainsi récom-
pensé aux frais de ses vainqueurs. Ils menacèrent donc d'en appeler
des foudres papales au Concile et le Pape dut jeter du lest pour
obtenir la paix qu'au demeurant chacun souhaitait [3]. En tout cas,
son intervention brutale et maladroite avait certainement provoqué un malaise et tous ceux qui vivaient dans l'entourage du
Prince ou qui, simplement, avaient le respect de la parole donnée
ou le souci du prestige de Florence, s'indignèrent à juste titre et
mirent tout en œuvre pour répondre aux prétentions pontificales.

Tout naturellement l'homme qui, depuis 1456, avait étudié le
Monarchia, pensa y trouver des arguments pour démontrer qu'en
l'occurrence le Pape commettait un abus de pouvoir, et c'est

---

1. F. GUICCIARDINI, *Opere inedite*. Ed. Canestrini, vol. II, p. 171 : « Lettere
non ho io, e voi lo sapete tutti, ma ho avuto piacere di leggere i libri tradotti
in vulgare, quanti n'ho potuti avere. »
2. *Naz. Flor. II, III*, 210. On lit f. 128 v. : Finita la monarchia di Dante
Alighieri poeta fiorentino e scritta di mano di me Bernardo del Nero di Filippo et finita questo di XXVII d'ottobre MCCCCLVI iddio grazia.
3. Cf. PASTOR, *op. cit.*, IV, p. 123-125, 143-145. — PERRENS, *op. cit.*,
I, p. 329-334.

sans doute à cette occasion que, sur un problème qui ne pouvait laisser personne indifférent, Ficin fut amené à discuter de la pensée politique de Dante et à proposer une nouvelle traduction du traité qu'on invoquait avec tant d'à-propos.

Il ne cache pas qu'il a entrepris cette tâche pour qu'un plus grand nombre le put lire et bien qu'il ne fasse aucune allusion aux événements, néanmoins il prend soin, dans son exposé, de rappeler que, dans ce traité, Dante, après avoir démontré la nécessité de la monarchie et la légitimité de l'empire romain, prouve que l'empire dépend de Dieu sans l'intermédiaire du pape [1].

Faut-il ajouter qu'en ce même mois de février le Pape venait de dissoudre l'Académie romaine et de jeter en prison pour la deuxième fois l'imprudent Platina qui, nous l'avons vu, avait la sympathie des Médicis [2]. Évidemment il est peu probable que Ficin ait pris parti dans cette querelle. Il savait sans doute par son ami Alberti, qui faisait de fréquentes visites à Rome, que Pomponio Leto avait ouvert une Académie, mais il n'avait aucune relation avec ses membres et ignorait sans doute les activités plus ou moins louches qu'on leur prêtait. En revanche, cette condamnation d'une Académie, s'accompagnant par surcroît d'une menace d'excommunication pour quiconque se dirait Académicien, ne le laissa certainement pas indifférent [3]. Il pouvait craindre que cette menace ne s'étendît peu à peu à tous ceux qui défendaient les philosophes païens et c'était une raison de plus pour lui de lutter contre ce Pape qui, à tout propos, mettait en jeu les foudres pontificales pour réduire au silence ceux qui osaient lui résister. Mais ce n'est là qu'une conjecture, née de la coïncidence en ce même mois de février 1468 de la menace qui planait sur Florence et de la condamnation de l'Académie romaine. En fait, jamais Ficin n'y fit allusion et s'il eut alors des difficultés, elles furent d'un tout autre ordre.

---

1. *Sup. Fic.*, II, p. 184 : « ...nel libro da lui chiamato *Monarchia*, ove prima disputa dovere essere uno iusto imperadore di tutti gli uomini. Di poi aggiunge questo appartenersi al popolo Romano. Ultimo pruova che detto imperio dal sommo Iddio sanza mezzo del papa dipende. »

2. Cf. PASTOR, *op. cit.*, IV, p. 37-59.

3. *Ibid.*, *op. cit.*, IV, p. 56-57. A noter que les sanctions pontificales s'appliquaient surtout aux poètes. Pastor cite une dépêche de Laurentius de Pensauro à François Sforza dans laquelle il est spécifié : « Il Papa ha prohibio a tutti li maestri de scola che non vuole Sua Santita che legano poeti per la heresia era intrata in certi che se delectavano de questi poeti. »

II. Le « Banquet » de 1468

La paix revenue au mois de mai, on pouvait espérer qu'il reprendrait sans désemparer sa traduction des *Dialogues*. En fait
il y revint, et si les *Disputationes Camaldulenses* méritent créance,
comme nous sommes portés à le croire, au cours de cet été 1468 Ficin
jouissait d'une réputation solidement établie. Un événement d'une
haute importance pour l'histoire du platonisme florentin devait
bientôt le confirmer. Mais avant de l'aborder, il faut au préalable
reprendre le récit de Corsi qui nous pose encore bien des énigmes.

Après nous avoir rapporté que Ficin, à la demande de Pierre de
Médicis, avait publiquement commenté le *Philèbe*, il poursuit :
« A cette époque il eut l'intention de composer un volume de
Théologie platonicienne très proche de la Religion des païens, et
de publier en même temps les hymnes et les sacrifices d'Orphée.
Mais un prodige vraiment divin lui fit remettre de jour en jour
l'exécution de son projet, torturé qu'il était, disait-il, par une sorte
d'angoisse comparable à celle que, dit-on, éprouva Saint-Jérôme
quand il admirait Cicéron. C'est alors que pour distraire dans la
mesure du possible son âme affligée, il écrivit un Commentaire
sur le dialogue ayant pour titre *de l'Amour*. Giovanni Cavalcanti,
patricien, qui lui était particulièrement cher, l'avait encouragé à
composer cet ouvrage, lui disant que du même coup, il sortirait
de son marasme et ramènerait à la Beauté immortelle les amants
de la beauté passagère; il imagina en outre beaucoup d'autres
expédients pour égayer son esprit, mais ce fut en vain. Finalement
il comprit que le Ciel le faisait ainsi souffrir parce qu'il s'était trop
éloigné des chrétiens. C'est pourquoi, revenant à de meilleurs sentiments, il adapta la Théologie platonicienne aux rites chrétiens et
composa dix-huit livres sur cette matière.

Il composa en outre un traité *de la Religion chrétienne* en un
volume et ayant ainsi retrouvé dans l'étude le repos et la consolation, il libéra son âme de toute cette amertume. Il fit mieux :
à quarante-deux ans, devenu de païen, soldat du Christ, il reçut
de Laurent de Médicis la charge de deux églises et ayant ainsi des
revenus annuels suffisants, il abandonna tout l'héritage paternel
à ses frères [1]. »

On devine aisément les conséquences qu'on a pu tirer de ce
texte et toutes les hypothèses qu'on a méticuleusement élaborées
pour le rendre vraisemblable. En fait, il nous assure que de 1468

1. Corsi, *Append.* I, viii.

à 1475 Ficin a connu une crise de conscience dont il est sorti victorieux en renonçant à ses rêveries païennes pour se consacrer dans le sacerdoce au service du vrai Dieu. Mais étant donné la complexité du problème et l'étendue de la période envisagée, il nous paraît indispensable de sérier les questions et d'étudier successivement la composition des trois traités mentionnés par Corsi. Qu'il y ait entre ses œuvres apparemment fort diverses un lien de parenté, témoignant qu'un même motif les a inspirées, c'est fort possible. Mais l'histoire se devant d'établir les faits avant même d'en chercher les causes et surtout d'en tirer les conséquences, il nous faut, pour éviter toute équivoque, étudier tout d'abord en quelles circonstances Ficin fut amené à écrire ces différents traités.

Évidemment nous avons pu nous étonner de voir sa traduction de Platon ralentie, et, sans critiquer les diverses initiatives qui dispersaient ses efforts, nous ne pouvions que regretter ce retard préjudiciable à la cause qu'il voulait défendre. Toutefois rien ne nous laissait soupçonner, tandis qu'il commentait le *Philèbe* ou traduisait Dante, les noirs desseins et les mortelles inquiétudes que lui prête Corsi. Au surplus, le commentaire sur le dialogue *de l'Amour*, qui n'est autre que *le Banquet* de Platon, semble à première vue un remède assez singulier pour résister à de telles tentations et retrouver la paix de l'âme. Mais voyons les faits.

Publiant l'édition critique du commentaire sur *le Banquet* [1] nous avons prouvé sans équivoque possible que ce texte était de 1469 et nous pourrions peut-être nous dispenser d'insister sur sa valeur. Il nous paraît cependant indispensable, ne serait-ce que pour montrer ce qu'il représente dans la vie de Ficin, de rappeler ici les arguments sur lesquels nous avons fondé l'historicité du banquet platonicien dont cette œuvre se fait l'écho.

On pourrait, en effet, être tenté de croire que Ficin, séduit par le thème du *Banquet*, qui dans sa traduction est le vingt-cinquième *Dialogue*, n'avait pu résister au désir de le commenter publiquement, aussitôt après l'avoir traduit. En fait, il nous dit que les commentaires sur *le Banquet* furent exposés publiquement [2], mais

---

1. MARSILE FICIN. *Commentaire sur le Banquet de Platon*. Paris, Belles Lettres, 1956, Introduction. — Le manuscrit de l'autographe que nous avons publié *Vat. Lat. 7705* se termine f. 123 v. par : « Anno 1469 mense Iulii Florentiae. »

2. FICINI *Op.*, I, 716, 2 : *M. F. Alamanno Donato* ; « ...Siquidem in exponendis nuper commentariis nostris in ipsum Platonis convivium *de Amore* compositis... » Cette lettre étant vraisemblablement de 1480, le « nuper » nous autorise à penser que l'exposé du Commentaire, auquel il est fait allusion, avait été fait vers cette époque.

ces leçons se situent beaucoup plus tard et, par conséquent, ne sont pas à l'origine du Commentaire lui-même. La vérité est que Ficin, qui ne pouvait pas ne pas être enthousiasmé par la découverte du *Banquet*, en fit immédiatement part à ses amis et en particulier à Laurent de Médicis, dont le prestige et l'autorité grandissaient chaque jour. Puis ayant lu, sans doute dans le même temps, dans la *Vie de Plotin* que Porphyre avait cru bon d'écrire pour servir d'introduction à l'œuvre de son maître, que « chaque année aux jours anniversaires de Socrate et de Platon, Plotin conviait ses amis à un banquet et que ceux qui en étaient capables devaient y lire un discours »[1], il conçut le projet de renouer la tradition si longtemps interrompue, et de fait, nous allons voir que le 7 novembre 1468, Laurent de Médicis organisa un banquet pour honorer Platon et que c'est précisément ce banquet qui servit de cadre à l'exposé du commentaire de Ficin.

Ainsi les deux questions se trouvent confondues. Apprenant que Plotin célébrait chaque année l'anniversaire de Platon, on décida de faire revivre cette coutume, et pour que ce banquet soit vraiment platonicien, Ficin proposa que *le Banquet* de Platon servit à la fois de modèle et de thème pour cette manifestation du souvenir. C'est ainsi que cette initiative ayant été retenue, chacun, après le repas, fut invité, non pas à exposer sa propre pensée sur l'Amour, comme les invités d'Agathon, mais à interpréter les discours que Platon avait en principe si fidèlement rapportés. Néanmoins ne nous y trompons pas : Ficin poussa plus loin l'imitation et, comme son maître, trouva dans ce banquet un heureux prétexte pour présenter avec autant d'art que d'habileté son interprétation du dialogue platonicien, en prêtant à ses amis, dont la plupart avait été certainement les invités du Prince, les discours dans lesquels il exprimait sa propre pensée. Mais peu importe l'artifice, l'essentiel pour nous est que ce banquet ait eu lieu et que nous soyons fixés sur sa date. Or, sur ces deux points Ficin ne nous laisse aucun doute. Deux lettres vont, en effet, nous apporter la preuve que ce banquet n'est pas une pure fiction. La première est adressée au fils de Poggio Bracciolini : « Les Platoniciens d'autrefois, écrit Ficin, organisaient chaque année dans leur ville l'anniversaire de Platon. Ceux d'aujourd'hui l'ont célébré à la fois en ville et en dehors de la ville. Nous avons raconté dans notre *De Amore* ce qui s'est passé en dehors de la ville, à Careggi,

---

1. PORPHYRE, *Vie de Plotin*, 2 et 15. Traduction E. BRÉHIER, PLOTIN, *Ennéades I*. Paris, Belles Lettres, 1924, p. 3 et 16.

chez Laurent de Médicis. Francesco Bandini organisa la fête en
ville d'une manière royale. Il y avait Bindaccio Ricasolani, Giovanni Cavalcanti, d'autres Académiciens et moi-même[1] ». Cette
lettre est sans doute de 1475, mais peu importe la date ; ce que nous
voulions savoir avant tout, c'est si vraiment on avait célébré l'anniversaire de Platon à Florence et, non seulement nous en sommes
assurés, mais nous en avons l'impérissable écho.

La seconde lettre, beaucoup plus tardive, est adressée à Francesco Bandini, qui, comme nous venons de le voir, avait fait office
d'amphitryon en cette journée mémorable et elle nous apporte
une précision qui pourra nous être fort utile. « Heureuse vie à ce
Bandini, dit cette seconde lettre, lui qui, jadis, célébra le divin
Platon d'une manière vraiment royale et à ses frais à Florence, et
qui fut aussi le premier lorsque fut organisé un banquet semblable
en dehors de la ville, chez nos glorieux Médicis[2]. » En fait, dans
les deux banquets, Bandini joua un rôle de premier plan et le
souvenir, que lui rappelle Ficin vingt ans après, est encore si vif
qu'il y a tout lieu de croire que ce premier anniversaire ne fut point
renouvelé ou du moins qu'il le fut sans autant de solennité, ce qui
est une raison de plus pour nous d'en fixer la date. Le préambule
du Commentaire va répondre d'une manière assez astucieuse à
notre légitime souci.

« Platon, père des Philosophes, écrit Ficin, mourut à quatre-
vingt-un ans, le 7 novembre, jour anniversaire de sa naissance, à
l'issue d'un banquet auquel il avait assisté. Ce banquet qui rappelait à la fois sa naissance et sa mort, fut renouvelé chaque année
par les premiers platoniciens jusqu'à l'époque de Plotin et de Porphyre. Mais Porphyre étant mort, pendant mille deux cents ans
on négligea ces solennelles agapes et c'est seulement de notre
temps que le fameux Laurent de Médicis voulant rétablir cette
coutume, désigna comme amphitryon Francesco Bandini, qui,

---

1. FICINI *Op.*, I, 657, 2 : « Platonici veteres urbana Platonis natalitia
quotannis instaurabant. Novi autem Platonici, Braccioline, et urbana et
suburbana nostris temporibus celebrarunt. Suburbana quidem apud magnanimum Laurentium Medicem in agro Careggio, culta in libro nostro *de
amore* narrantur. Urbana vero Florentiae sumptu regio celebravit Franciscus
Bandinus, vir ingenio magnificentiaque excellens. Ubi tu et Bindaccius
Ricasolanus et Ioannes Cavalcantes noster aliique Academici multi discu-
buerunt. Ego quoque interfui. »

2. *Id.* 782, 2 : « ...feliciter vivit Bandinus ille meus, qui divi Platonis
quondam Florentiae suis sumptibus et apparatu regio celebravit in urbe,
atque etiam extra urbem, dum convivium idem apud clarissimos Medices
nostros instauraretur, primus interfuit. »

pour célébrer ce 7 novembre, reçut à Careggi d'une manière vraiment royale neuf convives platoniciens [1]. »

Le nom de Laurent et surtout celui de Bandini nous garantissent qu'il s'agit bien du même banquet que celui dont les textes précédents faisaient mention. Or ce banquet, précise Ficin, renoua une tradition interrompue pendant mille deux cents ans. Pourquoi ce chiffre? Mystique des nombres? Non. Nous avons démontré dans notre travail déjà cité, que c'est effectivement en 268 que Porphyre, après sa tentative de suicide, quitta Plotin qui l'avait engagé à voyager pour vaincre sa mélancolie. Dès lors on peut légitimement supposer, étant donné le rôle que jouait Porphyre dans la vie de Plotin, qu'à partir de cette date, terme de leur vie commune, Plotin cessa de convier ses amis le 7 novembre. C'est en tout cas la conclusion que Ficin a tirée du récit de Porphyre et, de ce fait, il y avait effectivement en 1468 mille deux cents ans que cette tradition était interrompue. C'est donc bien le 7 novembre 1468 que Laurent, imitant Plotin, organisa le fameux banquet, dont Ficin a voulu perpétuer le souvenir en plaçant dans ce cadre émouvant son *de Amore*, qu'il rédigea entre novembre 1468 et juillet 1469.

Mais alors que reste-t-il du récit de Corsi qui nous assurait que Ficin avait composé ce commentaire sur le conseil de Cavalcanti, pour dissiper ses scrupules et la tristesse qu'il en éprouvait? Rien ne nous laissait prévoir une telle crise et nous n'avions encore jamais rencontré ce « patricien » sur son chemin. A coup sûr il n'avait pas trouvé chez Pierre de Médicis la même compréhension que chez Cosme. Le fait que le banquet de Careggi fut organisé par Laurent, du vivant de son père, sans qu'on fasse la moindre allusion à sa bienveillance ou à sa générosité, prouve à quel point il se désintéressait, au moins à cette date, de la vie de l'Académie, dont il aurait dû être la « colonne » mais Ficin, semble-t-il, trouvait une large compensation dans l'estime que lui témoignaient Laurent et Julien et dans la confiance que des hommes comme Landino lui

1. Fic. *de Amore*, ed. cit., p. 136 : « Plato, philosophorum pater, annos unum et octuaginta aetatis natus, septimo Novembris die quo ortus fuerat, discumbens in convivio, remotis dapibus expiravit. Hoc autem convivium quo et natalitia et anniversaria Platonis pariter continentur, prisci omnes Platonici usque ad Plotini et Porphyrii tempora quot annis instaurabant. Post vero Porphyrium mille ac ducentos annos solemnes hae dapes pretermisse fuerunt. Tandem nostris temporibus vir clarissimus Laurentius Medices platonicum convivium innovaturus, Franciscum Bandinum architriclinum instituit. Cum igitur septimum Novembris diem colere Bandinus instituisset, regio apparatu, in agro Careggio, novem Platonicos accepit convivas. »

maintenaient sans défaillance. Certes il avait pu souffrir des événements et il est vraisemblable avons-nous dit, que sa traduction du *Monarchia* ne fut pas un simple gage d'amitié. Mais désormais la paix était revenue : le rendez-vous des Camaldules et surtout le banquet de Careggi lui prouvaient que tous les espoirs étaient permis pour la poursuite de son entreprise. Sans doute les circonstances les plus favorables ne suffisent-elles pas à faire taire des scrupules de conscience, mais, dans ce cas, celui qui les éprouve a peine à les dissimuler et, replié sur lui-même, se tient le plus souvent à l'écart de ses amis. Or, là encore, aucun indice ne nous permet de déceler un tel état d'esprit chez Ficin. Si Corsi, dont rien ne nous autorise à suspecter la bonne foi, nous induit en erreur c'est donc qu'en interprétant les sources de ses informations il a confondu les problèmes et mélangé arbitrairement divers éléments qui n'avaient entre eux qu'un lointain rapport, car il faut bien le reconnaître, c'est en glanant çà et là des textes de Ficin lui-même, qu'il a échafaudé ce récit dont la critique s'impose.

Pour plus de clarté, voyons d'abord ce qui concerne la rédaction du *de Amore*. Normalement Ficin, ayant traduit *le Banquet*, aurait pu se contenter d'en écrire l'argument ou, jugeant ce texte aussi précieux qu'obscur, décider d'en faire le commentaire. C'était dans la ligne de son programme, et s'il a choisi la seconde formule, les circonstances qu'il a si heureusement exploitées pour flatter ses bienfaiteurs et ses amis, n'ont rien changé au fond du problème. Tout au plus pouvait-on penser que cette illustration témoignait d'un heureux climat pour l'homme et pour son œuvre. Or, voici que nous apprenons au contraire que ce commentaire a été composé par une âme en peine, qu'une heureuse rencontre aurait remise dans le droit chemin. Vraiment, c'est à n'y pas croire et l'on se demande comment Corsi a pu imaginer cette histoire qui fait figure de légende. Pourtant il peut invoquer un texte et il est d'importance, puisqu'il s'agit en fait de la dédicace du *de Amore* à Giovanni Cavalcanti.

« Depuis longtemps, écrit Ficin, j'avais appris dans Orphée, mon très doux Jean, que l'Amour existait et qu'il possédait les clefs de l'Univers. Puis Platon m'avait révélé la définition et la nature de cet Amour. Mais que ce dieu ait une telle puissance et une telle vertu m'avait été caché pendant trente-quatre ans, jusqu'au jour où un héros déjà divin, m'approuvant d'un regard céleste, me prouva par un signe combien grande était l'efficacité de l'Amour. Dès lors estimant du moins, quant à moi, que j'étais suffisamment instruit des choses d'amour, j'ai composé ce *de Amore* qu'écrit de ma propre main, j'ai décidé de te dédier, afin de te rendre ce qui t'appartient [1] ».

La lecture de cette dédicace devrait se suffire à elle-même et pour qui se contenterait de cette source d'information, il serait assez logique d'en conclure que cette œuvre a été effectivement inspirée par Cavalcanti. Le motif pourtant en demeure obscur et l'on conçoit fort bien qu'on ait pu interpréter ce texte comme le dénouement d'une crise morale. En fait le problème est beaucoup plus complexe, car d'une part, Ficin nous dit dans la dédicace de la traduction italienne de ce commentaire que c'est à la demande de Laurent de Médicis qu'après avoir traduit *le Banquet*, il entreprit d'en commenter les mystères les plus difficiles [2] et, d'autre part, même s'il y eut crise, ce texte ne suffit pas pour le démontrer et encore moins pour en déterminer les causes. Retenons toutefois, puisqu'il note qu'il a attendu trente-quatre ans pour apprécier la puissance de l'amour, que c'est bien en 1468 qu'il a rédigé ce traité. Il ne dit pas que cette révélation fut pour lui un soulagement, mais on peut légitimement le supposer, sans pour cela en conclure nécessairement que ce traité lui permit de sortir d'un marasme dans lequel son âme se débattait. Quant à la nature de cet amour, né d'un regard approbateur, il suffit de lire le *de Amore* pour le définir. On peut même y suivre le progrès que Ficin fit en cette matière et dont cette dédicace se fait l'écho.

Nous trouvons, en effet, dès les premières pages, le vers d'Orphée qui résume la valeur ontologique de l'Amour et que Ficin se plaît

---

1. *Id.*, p. 135. *Marsilius Ficinus Ioanni Cavalcanti amico unico* εὖ πράττειν. — Iamdiu, suavissime mi Ioannes, esse amorem ac mundi totius habere claves ab Orpheo, deinde quid sit amor et qualis a Platone didiceram. Quam vero vim deus hic et potentiam habeat, annos me quatuor et triginta latuerat, donec jam divus quidam heros oculis mihi celestibus annuens, miro quodam nutu, quanta sit amoris potentia demonstraret. Hinc igitur res amatorias abunde ut mihi quidem videbar edoctus, *de amore* librum composui. Quem manu mea scriptum tibi potissimum dedicare constitui, ut quae tua sunt, tibi reddam. Vale. » — Cet aveu s'éclaire par une lettre adressée au même Cavalcanti dans laquelle Ficin précise : « Tu mihi Ioannes caetera quidem multa declaras quotidie, sed Aristotelicum illud in primis, nihil videlicet in rebus humanis gratius esse praestantis amici praesentia. Huius ego Aristotelici sensus et veritatem accepi abste iamdiu et didici rationem. » (FICINI *Op.*, I, 667, 3).

2. PLUT. LXXVI, 73. *Proemio di Marsilio Ficino Fiorentino sopra il libro dello amore a Bernardo del Nero et Antonio di Tuccio Manetti prudenti cittadini Fiorentini amici suoi carissimi...* Io per remedio de' Latini il libro di Platone *(de Amore)* di greca lingua in latina tradussi e confortato dal nostro magnifico Lorenzo de'Medici e misteri che in detto libro erano piu difficili commentai... ». KRISTELLER I, p. 89-90.

à rappeler. Puis, il s'applique à en montrer le rôle dans la vie du Monde et du corps, et enfin, interprétant avec complaisance le message de Diotime, qui l'attire et le retient, il sait nous prouver à son tour « combien est grande la puissance de l'Amour »[1], puisqu'il permet à l'âme de se connaître et de s'élever par degrés jusqu'à Dieu. Or, tandis qu'il cherchait à résoudre les énigmes du *Banquet* pour définir et faire comprendre à ses contemporains la valeur de l'amour socratique, voici qu'un homme aux « yeux célestes » se trouve sur son chemin, pour lui prouver que tout cela n'est point chimère et qu'au delà du corps les âmes peuvent s'aimer dans la recherche du Bien; cet homme était Giovanni Cavalcanti.

A vrai dire, bien qu'il n'en ait jusqu'à présent jamais parlé Marsile le connaissait depuis longtemps. Mais les renseignements qu'il nous donne à ce sujet sont si discordants qu'il nous est difficile de fixer les débuts de leur amitié. D'une part, il rappelle qu'elle date de leurs premières années et précise même, en janvier 1476-1477, qu'il le connaît depuis cinq lustres[2], ce qui nous ramènerait en 1451-1452, date à laquelle Cavalcanti avait sept ans, puisqu'il est né en 1444[3]. Mais, d'autre part, dans la liste de ses amis, il ne le mentionne que dans le groupe de ceux qu'il connut « peu après son adolescence[4]. En tout cas une chose est certaine, c'est qu'il l'a connu par l'intermédiaire de Dominico Gallecti[5], qui a quitté Florence en 1466, et que l'un et l'autre ont assisté à ses premières leçons. Peut-être l'avait-il vu tout enfant chez cet ecclésiastique avant de faire plus ample connaissance avec lui à l'époque où le jeune homme suivait les cours de Landino. Toujours est-il que jus-

---

1. Cf. notre introduction au Commentaire, II, Analyse du texte, p. 49; III, Esprit du Commentaire, p. 106.

2. FICINI *Op.*, I, 741, 1 : « Ego certe et si quasi bellus in me homunculum tenuisque brevisque, in heroico tamen speculo ex quo amavi, lustra iam quinque procerum me video, procerum non homunculum... » *Id.*, 724, 2 : « ...primis annis conciliata nobis est amicitia. » Il précise dans cette lettre que leur amitié dure depuis trente ans.

3. Cf. *Sup. Fic.*, I, 118. DELLA TORRE (*op. cit.*, 647) le fait naître par erreur en 1448. Ficin précise cette date dans la lettre précédente qui est du 1474 en disant : « Trigesimus, mi Ioannes, tibi iam annus agitur, si recte numero... »

4. FICINI *Op.*, I, 936, 2 : « In adolescentia Peregrinus Allius... paulopost Ioannes Cavalcantes. »

5. *Id.*, I, 751, 2 : *M. F. Dominico Gallecto* : « ...Quam vero iamdiu materiam nobis negat invida Musa, eam in praesentia Ioannes suggerit Cavalcantes, Musarum dulcis alumnus. Hic tibi ob amicitiam nostram multa idem debere fatetur, quoniam ego in te quondam, tanquam antiquiore priusque amando ipsum ardenter stabiliterque amare didicerim. »

qu'en 1468, il n'en a jamais parlé et que c'est cette même année
que naquit entre eux cette amitié qui nous fait penser à celle de
Montaigne pour la Boétie. Comment est-elle née? « Ce n'est pas
une spéciale considération, disait l'auteur des *Essais*, ny deux, ny
trois, ny quatre, ny mille, c'est je ne scay quelle quintessence de
tout ce meslange, qui, ayant saisi toute ma volonté, l'amena se
plonger et se perdre dans la sienne; qui ayant sesi toute sa volonté
l'amena se plonger et se perdre dans la mienne, d'une faim, d'une
concurrence pareille. Je dis perdre, à la vérité, ne nous réservant
rien qui nous fut propre, ni qui fut sien ou mien [1]. » Effectivement
Giovanni devint non seulement « l'amicus unicus », mais Ficin ira
jusqu'à le nommer « son propre cœur, son œil, son Achate et son
salut » [2]. Plus que des mots, il y a les faits. Ficin s'attriste ou exulte
suivant qu'il est privé ou reçoit de ses nouvelles, considérant comme
marqués d'une pierre noire les jours d'une séparation qu'il déclare
insupportable, dès qu'il ignore ce que devient ce confident de ses
pensées. Il n'entreprend rien sans avoir sollicité ses conseils et va
même jusqu'à lui demander des permissions. Sur les questions les
plus diverses, il demande son avis ou son opinion et c'est en sa
compagnie qu'il compose, discute et corrige ses œuvres, n'hésitant
même pas au besoin à se couvrir de son autorité ou à écrire en son
nom. Enfin, c'est dans sa propriété de Regnano qu'il rédigera une
grande partie de sa *Theologia Platonica* [3]. De son côté Cavalcanti
se montre pour lui aussi dévoué que le fidèle Achate et accepte
d'être son mentor. En toute occasion il est là pour l'encourager, le
guider et, au besoin, le tancer quand par exemple il se plaint
d'être né sous une mauvaise étoile [4].

A vrai dire le ton de cette correspondance nous surprend quelque
peu et si pour certains elle prête aujourd'hui à sourire, elle a pu à
d'autres sembler suspecte. Le retour à l'antiquité, hélas, n'a pas
fait revivre que ses vertus, mais nous savons heureusement que

---

1. MONTAIGNE, *Essais*, I, XXVIII, éd. ARMAINGAUD, II, p. 201.
2. FICINI *Op.*, 670, 1 : « Vive etiam precor Ioannis Cavalcantis Marsi-
liani cordis assidue memor. » — 788, 1 : « si modo soepe Ioannem Cavalcantem
et Petrum Nerum nostros oculos salutaveris. » — 631, 2 : « Vale nostrae navigationis Achates ac portus denique condimentum. »
3. *Id.*, I, 156 et 825, 1.
4. *Id.*, I, 732, 2 : *Ioannes Cavalcantes Marsilio Ficino, Philosopho Platonico.* La lettre a pour titre : Mala non sunt ab astris proprie sed ex defectu
vel materiae vel consilii. Cavalcanti écrit en particulier sur un ton ferme :
« Nunquam ergo mihi amplius, mi Marsili, insimulabis malignitatem Saturni...
Cave igitur posthac transferas culpam tuam ad supremum illud astrum,
quod te forte innumeris atque maximis beneficiis accumulatum reddidit... »
Nous aurons, par la suite, de multiples occasions de constater l'influence de
Cavalcanti sur Ficin.

Ficin ne manqua jamais de dénoncer et de condamner les turpitudes de son siècle et que, dans ce domaine, il demeura toujours à l'abri de tout soupçon. Au reste si nous voulons vraiment juger de l'amitié qui l'unissait à Cavalcanti, il suffit de nous reporter à la dédicace des « livres platoniciens » qu'il avait autrefois traduits pour Cosme et qu'il dédia à son ami peu de temps sans doute après son *de Amore*.

« Les philosophes platoniciens, écrit-il, ont défini la véritable amitié, l'union constante de deux vies. Or, nous pensons que la vie est une entre des hommes qui tendent à la même fin par les mêmes moyens, comme s'ils marchaient vers le même but par le même chemin... » Et il poursuit : « Cette union constante de la vie, qui est la véritable amitié, ne peut exister qu'entre ceux qui cherchent, non pas à accumuler des richesses ou à satisfaire les désirs de leurs corps qui sont éphémères et caducs, mais qui cherchent, d'un commun accord et de toute l'ardeur de leur âme, à acquérir et à cultiver cette vertu une et stable de l'âme que notre Platon appelle la Sagesse. Et la Sagesse, c'est avant tout, la connaissance des choses divines, qu'on ne peut atteindre que si Dieu nous éclaire. Donc, pas de vertu sans lui, car il est à la fois la voie, la vérité, la vie... et comme l'amitié s'efforce dans l'harmonie de deux volontés de former l'âme par la vertu, elle n'est sans doute pas autre chose que le suprême accord de deux âmes dans le culte de Dieu... » Puis, ayant montré que Dieu fut toujours à travers les siècles le nœud des grandes amitiés, il conclut : « Je suis persuadé que notre amitié est de ce nombre, et que, sous la conduite de Dieu, qui a si heureusement préparé et réalisé cette union, elle amènera chacun de nous à faire notre devoir, à la tranquillité de la vie et à la recherche des choses divines [1]. »

De tels propos prouvent assez que cette amitié n'était point, comme le dit encore Montaigne, sur le « patron des amitiés molles et régulières » [2] et si nous avons tenu à les citer, c'est pour que

---

1. *Id.*, II, 1496. « *Marsilii Ficini Florentini ad Ioannem Cavalcantem Florentinum civem et amicum unicum, in Alcinoi et Speusippi opuscula praefatio.*
   « Veram Platonici philosophi amicitiam, optime mi Joannes, stabilem vitae duorum unionem definierunt... Amicitia igitur cum duorum consensu ad animum virtute colendum nitatur, nihil utique aliud esse videtur, quam duorum animorum summa in Deo colendo concordia... Reor enim Ioannis Cavalcantis et Marsilii Ficini familiaritatem in earum (amicitiarum) numero quas paulo ante commemoravimus ponendam, ac duce Deo, qui nobis feliciter hanc copulam instituit et conflavit, utrique nostrum ad res agendas, ad vitae tranquilitatem, ad divinorum indagationem plurimum conducturam... » Cette dédicace est reproduite dans la correspondance, I, 633, 2.
   2. MONTAIGNE, *Essais, ed. cit.*, I, ch. XXVII.

nous soyons définitivement fixés sur le caractère des sentiments qu'il manifestait à ses amis et qui pourraient parfois paraître équivoques, tant ils sont excessifs. Mais le problème reste entier, car ni dans cette admirable dédicace, ni ailleurs, nous ne trouvons la moindre allusion à l'événement qui a pu porter leur amitié à un tel degré, et nous voudrions pourtant bien savoir en quelle circonstance Cavalcanti « miro quodam nutu » a prouvé à Ficin la puissance de l'amour.

S'il était démontré qu'il ait eu vraiment à cette époque la tentation d'écrire une Théologie platonicienne à l'instar des païens, on comprendrait, et ses scrupules, et la reconnaissance due à celui qui l'aurait détourné d'un tel projet. Mais tout cela demeure très hypothétique et l'on en est encore à se demander sur quoi Corsi a bien pu fonder son récit. Sans doute s'est-il laissé influencer par divers textes de l'auteur, dont la résonance lui a paru suspecte. Ainsi le fait qu'il n'ait renoncé à publier les *Hymnes* d'Orphée que pour ne point scandaliser ses contemporains a pu lui faire croire que, jusqu'à sa prétendue conversion, ce livre était pour lui un véritable livre de prières, mais en fait il n'a jamais cessé d'admirer ces hymnes et les a cités dans toutes ses œuvres.

Par ailleurs Ficin nous a effectivement un jour révélé la tristesse de son âme et les remèdes qu'il a cherchés pour la vraincre ont pu éveiller l'attention de Corsi. Après une maladie il nous raconte que, désespérant de recouvrer la santé, il avait réfléchi sur tout ce qu'il avait lu depuis trente ans pour savoir ce qui aurait pu apaiser son âme affligée et après avoir reconnu qu' « à part les Platoniciens les auteurs humains ne lui avaient absolument rien apporté », il avouait que « les œuvres du Christ le consolaient beaucoup plus que les paroles des philosophes »[1]. Ce texte évidemment ne manque pas d'intérêt, mais il est de 1474.

Un autre est beaucoup plus inquiétant. C'est celui de sa lettre à Mercati, qu'il a intitulée *Dialogue de l'âme avec Dieu*. Là, il nous révèle qu'il fut un temps où « son âme pleurait » et chose plus grave, il avoue franchement que c'est parce qu'il était dans l'état de celui qui se défie de la raison et qui ne se fie pas encore à la

---

1. Ficini *Op.*, 644, 3 : *M. F. Francisco Marescalcho* : « Quid ergo mihi in hoc morbo contigit audi. In tantam Marescalche debilitatem quandoque prolapsus sum, ut salutem pene iam desesperarem. Meditabar igitur quaecumque annis triginta magna legissem, si quid forte mihi occurreret quid aegrum animum consolaretur. Scriptores humani, exceptis Platonicis, nihil penitus conferebant, Christi autem opera multomagis quam philosophorum verba consolabantur. »

Révélation[1]. Mais, si l'hypothèse que nous avons émise à propos de ce dialogue est exacte, il fut rédigé bien avant 1468. De plus si, à cette époque, Cavalcanti avait été son ami, ce n'est pas à Mercati qu'il eût adressé cette lettre, mais à celui qui, dans l'hypothèse, aurait été le témoin compatissant de ses luttes. Il est d'ailleurs assez curieux de constater, qu'à partir du moment où Cavalcanti est devenu son confident, le fidèle Mercati disparaît pour ainsi dire de son horizon.

Reste une dernière hypothèse à laquelle pourtant cet ami des premiers jours se trouve indirectement mêlé. Si Corsi a lu les commentaires du *Philèbe*, qu'un post-scriptum nous présente comme la réponse à des objections de Mercati sur le Souverain Bien [2], il a pu s'étonner de voir Ficin accorder un tel crédit aux « Antiques théologiens » qu'il considère en fait comme inspirés [3] et, s'il ne les a pas lus, ce qui est plus vraisemblable, il a pu, comme nous, se demander pourquoi il en avait si brusquement interrompu le cours. Nous avons accusé les événements. Mais est-ce que l'esprit même de ces commentaires ne serait pas en cause? En fait cette interprétation avait de quoi surprendre, et Corsi a fort bien pu supposer qu'il avait dû renoncer à poursuivre son exposé en raison du scandale qu'il avait pu provoquer chez certains auditeurs, pour qui ce pèlerinage aux sources de la pensée antique semblait une aventure. Souvenons-nous qu'il écrivait à cette époque à Mercati : « Nobis pestis minatur et imminet. » Il s'agissait, avons-nous dit, d'une incidence politique, mais il pouvait aussi fort bien faire allusion à une menace dont son enseignement aurait été l'objet. Nous n'en avons aucune preuve, mais toute hypothèse vaut d'être énoncée, tant que nous ne serons pas fixés sur les motifs qui l'ont amené à interrompre ses cours, alors qu'il avait à peine abordé son sujet. En l'occurrence, ce que dit Corsi deviendrait plus vraisemblable, car bien que dans son œuvre rien ne nous permette

---

1. *Id.*, I, 609, 3 : *M. F. Michaeli Mercato* : « Legi etiam apud Platonem nostrum divina ob vitae puritatem revelari, potiusquam doctrina verbisque doceri. Haec igitur atque similia cum sedulo cogitarem, coepi quandoque lugere animo. Utpote qui et rationi iam diffiderem, et nondum revelationi confiderem. »

2. *Id.*, II, 1252 : « In quo certe soluta est tua illa quaestio, vir doctissime Miniatensis Michael conphilosophe noster, plurimumque dilecte. Saepe enim mecum, ut frequenter a primis animis consuevisti, disputans, unum et simplicem hominis esse debere finem, rationibus multis confirmasti. »

3. *Id.*, II, 1233 : « Prisci Theologi, Zoroaster, Mercurius, Orpheus, Aeglaophemus, Pythagoras, quia se solutione animae ad Dei radium quam proximos reddiderunt... » *Id.*, 1257 : « Et dixit ea Priscis Theologis ac nobis, Deum ipsum per Prometheum, id est providentiam suam et lumen ostendisse, etc. »

d'affirmer que Ficin eut l'intention d'écrire une théologie païenne, il est bien évident que si ses premiers commentaires ont été interprétés en ce sens, il dut en éprouver une profonde tristesse, car rien n'est plus pénible, quand on a des intentions droites et pures, que de les voir méconnues et travesties.

Ses théories, surtout à l'état d'esquisse, suscitaient peut-être autant d'inquiétude que de curiosité, et il a pu se trouver de « bonnes âmes » pour répéter qu'il était plus platonicien que chrétien. La référence à saint Jérôme, que Pétrarque avait lui-même rappelée[1], quand on le traitait de cicéronien, tendrait à le faire croire. Mais sur quoi pouvait-on se fonder pour lui faire ce procès d'intentions, et s'il ne fut point accusé, pour quels motifs Ficin se serait-il éloigné chaque jour davantage des chrétiens au point d'être tenté de « farcir » de principes et de rites païens la Théologie platonicienne qu'il se proposait d'écrire. On nous parle « d'hymnes et de sacrifices d'Orphée ». Ce n'est pas très clair, car si Orphée a composé des hymnes, c'est à Porphyre qu'il faut se reporter pour trouver un traité sur les sacrifices et, non seulement jamais Ficin n'a renié ces deux sources d'inspirations, mais il en a constamment cherché d'autres du même genre, allant même jusqu'à dédier le traité *des Mystères* du « prêtre » Jamblique au jeune cardinal de Médicis, estimant que l'œuvre de ce « prêtre » devait être offerte à un évêque[2]! Mais il y avait un autre auteur qui avait composé des hymnes et établi en fait un rituel païen : c'était Pléthon et son souvenir était alors d'autant plus vivace que Sigismond Malatesta venait de ramener à Rimini les cendres de celui qu'il considérait comme « le plus grand philosophe de tous les temps » (1465)[3]. Or nous savons qu'à cette époque Ficin avait un Pléthon en mains et, qu'il s'agisse des quelques notes qu'il a laissées en marge du *De differentiis* ou du commentaire qu'il a fait du *De Fato*, on doit

---

1. PÉTRARQUE, *De sui ipsius et multorum Ignorantia*, ed. CAPELLI, p. 77. « Etsi enim forsitan audire possim quod obiectum sibi Ieronimus refert : « Mentiris, Ciceronianus es, non Cristianus. Ubi enim thesaurus tuus, « ibi et cor tuum ». Respondebo, et thesaurum meum incorruptibilem, et supremam cordis mei partum apud Cristum esse. »

2. FICINI *Op.*, II, 1873. Cette dédicace est reproduite dans la Correspondance, I, 897, 2.

3. Le corps du philosophe repose dans un sarcophage sous une arcade de l'église St. François. MALATESTA y fit graver cette inscription :
« Iemistii Bizantii Philosophor. Sua. Temp. Principis reliquum
Sigismundus Pandulfus Mal. Pan. F. belli Pelop. adversus Turcorum
Regem imp. ob ingentem eruditorum quo flagrat amorem
Huc afferendum introque mittendum curavit. MCCCCLXV. »
Cf. C. DIMARAS, *Notes sur le tombeau de Gémiste. L'Hellénisme contemporain* (1938), p. 192-199.

reconnaître que Pléthon, pas plus d'ailleurs que Julien l'Apostat dont il commenta dans le même temps le *De Sole* n'ont mis sa foi en péril.

On peut dès lors se demander si l'épreuve à laquelle on prétend qu'il dût faire face n'est point venue tout simplement des doutes que le platonisme a pu faire naître dans sa conscience foncièrement chrétienne. C'est l'hypothèse que della Torre a retenue, et les conséquences qu'il en a tirées sont si graves pour l'unité de la pensée de Ficin, qu'il est indispensable d'examiner avec soin les divers arguments sur lesquels il a cru bon de s'appuyer.

Inutile de dire que le texte de Corsi lui sert de base pour échafauder, en toute bonne foi d'ailleurs, l'histoire de la crise et de la conversion de Ficin. En bref, selon della Torre, Ficin aurait été victime pendant des années d'une crise de conscience, en constatant les antinomies qui existaient entre ses convictions religieuses et la doctrine des philosophes qui l'avaient séduit. Puis, ayant eu la bonne fortune de rencontrer Cavalcanti sur son chemin, il aurait effectivement composé, pour se distraire, son *de Amore* et par la suite sa *Théologie platonicienne*. Enfin, devenu prêtre, il aurait complètement refait, à la demande de Laurent de Médicis, son *de Amore*, nous prouvant bien ainsi qu'à l'époque à laquelle il avait rédigé la première version, il était, sinon païen, du moins dans un état d'esprit qui pouvait rendre son œuvre fort suspecte [1].

A vrai dire Corsi n'en demandait pas tant pour illustrer son récit. Mais il faut avouer qu'en disant que Ficin « de païen était devenu soldat du Christ », il offrait imprudemment à la critique le schéma séduisant du drame classique qui conduit tant d'âmes de l'inquiétude à l'apostolat, et il est heureux qu'un historien se soit laissé tenter par ce thème, car en constatant la fragilité de son hypothèse et le néant de ses conclusions, nous pourrons peut-être rétablir les faits et trouver enfin la clef de l'énigme.

III. Conversion d'un mot

Déjà dans la présentation du texte du *de Amore*, nous avons, longuement étudié les deux problèmes posés par della Torre, à savoir, la crise morale et la double rédaction de ce commentaire [2]. Sur ce dernier point nous nous contenterons donc ici de résumer

---

1. Della Torre, *op. cit.*, p. 566 et suiv.
2. Cf. M. Ficin, *Commentaire sur le Banquet*, Introduction, I, Le problème historique, p. 11 et suiv.

nos conclusions. En revanche, étant donné l'importance d'une crise de conscience dans la vie d'un homme, il nous semble que cet essai biographique serait incomplet, si nous ne rappelions pas ce que nous avons dit au sujet de celle dont Ficin a pu être victime.

Cherchant tout d'abord la nature et les causes de cette crise, nous avons donc interrogé della Torre et il nous a répondu qu'il s'agissait d'une « dépression morale, due à une lutte entre ses convictions philosophiques et ses sentiments religieux » et il ajoutait : « du reste nous ne savons rien ou peu sur les luttes internes qui se livrèrent alors dans l'âme de Ficin et sur les tentatives qu'il fit pour les apaiser »[1]. C'est évidemment regrettable, mais notre auteur n'en est pas moins sûr que cette crise a duré dix ans, il précise même : de 1459 à 1469, et affirme que c'est à partir de cette dernière date que, l'esprit en paix, il se consacra à la rédaction de sa *Théologie platonicienne*. Voilà pour l'histoire de la crise.

L'argument qu'il nous propose pour fonder son hypothèse est évidemment sérieux. Il s'agit d'une lettre de Ficin à Bandini, le fameux organisateur des banquets : « Tu m'appelles immortel et divin, écrit-il, parce qu'avec tes yeux de lynx ton regard découvre, non pas ce qui est limité par la chair et qui n'est que le vêtement de l'homme, mais l'homme intérieur, c'est-à-dire l'âme même, qui, donnée par Dieu aux hommes, est divine et immortelle ». Et il poursuit : « Comme tu es perspicace, toi qui as saisi d'emblée ce qu'il m'a fallu d'abord chercher pendant dix ans par de longs détours! Ce n'est qu'après que j'ai composé en cinq ans dix-huit livres sur l'immortalité de l'âme[2]. » Cette lettre étant vraisemblablement de 1474, date à laquelle la *Théologie platonicienne* semble achevée, nous devrions pouvoir, en effet, conclure que c'est bien, de 1459 à 1469, que Ficin, par de « longs détours » a cherché les preuves de l'immortalité de l'âme. Mais ce texte nous révélant en même temps la cause exacte de cette prétendue crise, on se demande si Corsi et della Torre parlent bien de la même chose. Vraisemblablement non. D'abord parce que leurs dates ne concordent pas et ensuite parce que le motif qu'ils assignent à cette crise diffère au moins en apparence.

Rappelons, en effet, que pour Corsi la crise aurait débuté à

---

1. DELLA TORRE, p. 591 : « Del resto poco o nulla sappiamo anche circa alle lotte interne, che si combatterono in questo tempo nel animo del nostro ed ai tentativi, che egli fece per sedarle e comporle. »
2. FICINI *Op.*, I, 660 : « O quam perspicax es, Bandine, qui subito intuitu cernas, quod ego primum per longas ambages decem annos investigavi, deinde composui hac de re quinquennio octo decemque libros. »

l'époque *(hoc tempore)*, disons l'année, où Ficin fut appelé à commenter publiquement le *Philèbe* donc, d'après nos conclusions, vers 1465 ou au commencement de 1466, puis se serait d'abord atténuée avec la composition du *De Amore*, donc à partir du 7 novembre 1468, et enfin complètement dissipée quelques mois plus tard, c'est-à-dire à l'époque où il entreprit de rédiger sa Théologie. Par ailleurs, si dans les deux cas la *Théologie platonicienne* est en jeu, della Torre pense, d'accord avec Ficin, que c'est la question de l'immortalité de l'âme qui le tourmentait, alors que Corsi croit sans doute qu'il s'agissait d'une théologie au sens strict du mot, puisqu'il déclare que Ficin après avoir eu l'intention de composer cet ouvrage en s'inspirant de la religion païenne et plus spécialement « des hymnes et des sacrifices d'Orphée », a finalement renoncé à son projet pour écrire une Théologie conforme ou adaptée aux « rites chrétiens ».

Enfin, dans l'hypothèse, un point reste encore obscur. Après nous avoir dit que Marsile avait composé cette Théologie platonico-chrétienne et écrit un traité *de la Religion chrétienne*, qui mit définitivement fin à son marasme, il rapporte que Ficin « après qu'il eut quarante-deux ans, de païen est devenu soldat du Christ » c'est-à-dire prêtre, et que Laurent de ce fait lui ayant assuré des revenus suffisants, il laissa à ses frères tout l'héritage paternel. Or, indépendamment de deux nouvelles erreurs que nous trouvons dans ces deux lignes[1], nous constatons, si le terme « paganus » n'a pas d'autre sens pour lui que païen, que Ficin l'était encore quand il composa sa *Théologie* et son traité *de la Religion chrétienne!* C'est un non-sens et della Torre lui-même n'y a point échappé, puisqu'après avoir fixé la fin de la crise à 1469, il tire argument de ce texte pour démontrer qu'il fut bien un temps où on le considérait comme païen. Il y a là un imbroglio dont il faut absolument sortir.

Comme nous avons un texte indiscutable de Ficin nous fixant sur la nature et la durée de ses inquiétudes, il serait vain d'en nier l'existence. Mais peut-on vraiment parler à ce propos de « dépression morale »? Assurément la question de l'immortalité de l'âme était au premier plan des préoccupations de Ficin. C'était d'ailleurs le problème de l'heure et il est bien évident que de sa solution dépend l'orientation de toute vie humaine. On conçoit dès lors qu'il ait pu être troublé, s'il a dû chercher pendant dix ans les preuves indubitables de la divinité de notre nature, condition

---

1. Ficin a été ordonné prêtre dans sa quarante-et-unième année et son testament témoigne qu'il ne s'est jamais dessaisi de ses biens avant sa mort.

de notre immortalité. Néanmoins c'est faire fi de sa foi que de supposer que pendant dix ans il a adopté une attitude païenne, sous
prétexte qu'il n'avait pas trouvé toutes les réponses aux questions
qu'il se posait à ce propos. Au reste nous avons des textes qui nous
éclairent sur ses « longs détours », et nous avons sa vie pour témoigner que de 1459 à 1469 il n'a certainement pas lutté d'une
manière si tragique pour concilier les exigences du dogme avec les
données de sa philosophie.

Rappelons-nous que dès 1458, nous l'avons vu préoccupé par
ce problème, puisque après avoir donné à Francesco Capponi dans
son traité *di Dio et anima* toutes les définitions qu'il avait glanées
çà et là, il conclut : « Quand j'aurai le temps, je reviendrai sur ces
opinions que j'ai énoncées brièvement, pour en réfuter beaucoup
et confirmer les autres... Mais en attendant, si tu désires prendre
parti, je te conseille fort d'adopter l'opinion qui t'est familière
depuis le plus long temps. » Est-ce à dire que lui-même n'avait pas
pris position? On aurait tort de le croire car dans ces mêmes pages
il écrit : « Que l'âme soit immortelle (Mercure et Platon) en apportent des preuves multiples et excellentes et parce que j'en ai
traité longuement dans un autre livre, je n'en dirai rien présentement [1]. » Or, comme le livre auquel il fait allusion ne peut être
que son premier commentaire du *Timée* ou ses *Institutiones platonicae*, il appert que dès 1456 au moins il n'éprouvait plus de doutes
sérieux sur cette question. Mais alors qu'a-t-il pu chercher ainsi
pendant dix ans? Que l'homme, c'est l'âme? Sans doute, puisqu'il le
dit. Il suffit pourtant d'ouvrir n'importe quel traité platonicien
pour s'en convaincre. Mais apprendre n'est pas comprendre, et il
ne pouvait pas entreprendre d'écrire une théologie platonicienne
avant d'avoir compris et résolu tous les problèmes que pose la
présence de cette âme divine et immortelle dans le corps, et ces
problèmes étaient pour lui d'autant plus redoutables que sur la
question de l'immortalité, qui était la clef de voûte de son système,
on déclarait à l'envi que Platon et Aristote n'étaient pas d'accord.
Or, cela il ne voulait pas et il ne pouvait pas l'admettre. C'est là

---

1. *Sup. Fic.*, II, 147. *Di Dio et Anima :* Queste opinioni amico dilectissimo, le quali con brevità ho corse, quando sarò meno occupato ritractero,
molte confutando e confermando l'altre, in modo che forse in buona parte
ti sarà satisfacto. In questo mezzo guarda bene e considera prima che ad
alcuna di queste tu acconsenta, et seppure desiderassi a qualcuna delle parti
accommodare la mente, confortoti che ti accosti a quella, della quale tu
se'piu lungo tempo stato amico. » *Ibid.*, p. 146 : « Che l'anima sia immortale,
costoro con ragioni molte et optime persuadono, et perche in altro libro io
ho questa materia lungamente tractata, al presente la passero con silentio. »

tout le drame et nous n'avons pas à faire effort pour l'imaginer,
car Ficin lui-même nous en a révélé les phases et l'heureux dénouement.

Adressant à Philippo Valori sa traduction du *De Anima* de Théophraste, commenté par Priscien, il écrit, en effet : « Celui qui a
prescrit : « Connais-toi toi-même » semble vouloir nous inviter à
connaître l'âme qui, parce qu'elle est l'intermédiaire de toutes
choses, et qui plus est, parce qu'elle est toutes choses, nous permet,
une fois connue, de connaître tout le reste. Pour comprendre
l'âme, qui devait me permettre de comprendre tout le reste, j'ai
donc autrefois étudié les philosophes, non pas ceux du vulgaire,
mais les plus distingués. Or, comme j'interrogeais anxieusement,
tantôt les Platoniciens, tantôt les Péripatéticiens, et que leurs
réponses semblaient se contredire, je désespérais d'atteindre jamais
le but que je m'étais proposé. Mais, à quelque temps de là, Thémistius me donna la meilleure espérance en m'affirmant qu'entre
de si grands philosophes, il ne pouvait y avoir qu'une différence,
non de pensée, mais d'expression, et que sur l'âme en particulier,
en termes différents, Platon, Aristote et Théophraste disaient absolument la même chose. Enfin, à la faveur d'une occasion vraiment
divine, j'ai trouvé le *De Anima* de Théophraste, commenté, il est
vrai, brièvement par un Lydien du nom de Priscien, dans l'esprit
de Plutarque et de Jamblique, Péripatéticiens et Platoniciens
insignes, qui avaient expliqué la pensée d'Aristote sur l'âme.
Alors en lisant ce traité, j'ai compris que les Platoniciens et les
Péripatéticiens étaient d'accord et j'ai trouvé presque tout ce que
je désirais de toute mon âme. » Et il ajoute à l'adresse de Valori :
« Je t'ai dédié ce livre, car depuis longtemps tu désires autant que
moi l'accord des philosophes sur cette question [1]. »

---

1. FICINI *Op.*, II, 1801. *Préface du Commentaire sur le traité de Priscien
sur Théophraste :* « Ego igitur et animam in primis assequerer per quam consecuturus omnia forem, ad philosophos non plebeos illos quidem, sed egregios
iam studiose me contuli. Cum vero hinc quidem Platonicos, inde vero Peripateticos anxius percontarer, eorumque responsa dissidere invicem viderentur, diffidebam ab initio me voti compoti unquam fore. Verum non multo
post Themistius spem mihi prebuit optimam, firmans tantos inter se philosophos non sententia quidem dissidere, sed verbis eamdemque de anima
Platonis, Aristotelis, Theophrasti, sub diversis verbis esse sententiam. Incidi
denique divina quadam sorte in librum Theophrasti de Anima, a Prisciano
quodam lydo breviter quidem, sed tamen diligenter expositum ea potissimum
ratione, qua Plutarchus, et Iamblichus Platonici Peripateticique insignes
aristotelicam de anima sententiam explicaverant. Cum igitur in his legendis
Platonicos Peripateticosque esse concordes animadverterem, habui ferme
tota quod mente petebam. »

Voilà donc à quoi il passa ces dix années. Le fait qu'il avoue
qu'il désespérait de ne jamais atteindre le but qu'il s'était proposé, prouve, et son inquiétude, et son projet d'écrire un traité
sur l'âme. Est-ce à dire que cette apparente contradiction, apparemment résolue, a pu troubler sa conscience? Nous ne le pensons
pas. Il croyait fermement à l'immortalité de l'âme et ce n'est pas
parce qu'il se voyait dans l'impossibilité de concilier Platon et
Aristote sur ce point que sa foi était en danger. On conçoit fort
bien toutefois qu'il ait voulu résoudre ce problème avant d'entreprendre sa Théologie, dirigée en fait contre Averroès et en partie
fondée sur les arguments de la *Somme contre les Gentils* de saint
Thomas d'Aquin, qui, comme chacun sait, doit plus au Stagyrite
qu'à Platon. Cette crise de conscience, telle qu'on nous l'a présentée,
semble donc purement imaginaire. La vie de Ficin est là d'ailleurs
pour nous prouver que pendant ces années il n'était pas particulièrement triste.

N'oublions pas que c'est pendant cette période qu'il a reçu de
Cosme ses « livres platoniciens » et sa villa de Careggi, souvenons-
nous du ton de sa dédicace des premiers *Dialogues*, relisons ses
premiers arguments et l'exorde de son commentaire du *Philèbe*.
Où y a-t-il en tout cela les preuves d'une crise de conscience et de
dépression morale? Et pourtant nous savons que Ficin n'était pas
homme à dissimuler ses sentiments. Dans ces conditions on peut
se demander si la crise imaginée par della Torre est bien celle que
nous rapporte Corsi, bien que l'une et l'autre aboutissent à la
rédaction du *de Amore* et de la *Theologia platonica*. Mais là encore
nous sommes réduits à des conjectures, car rien dans sa dédicace du
de Amore ne nous autorise à conclure que la rédaction de ce commentaire mit fin à une crise religieuse.

Si, comme le pensait della Torre, nous avions la preuve qu'il a
détruit ce commentaire composé en 1469 pour ne point scandaliser
ses lecteurs, il faudrait bien admettre qu'à cette époque ses sentiments chrétiens avaient été plus ou moins étouffés par les théories
platoniciennes et surtout néo-platoniciennes. Mais nous avons déjà
dit ce qu'il fallait penser de cette hypothèse qui ne repose que sur
des équivoques faciles à dissiper. Au reste l'autographe de 1469
est là pour nous prouver que ce texte n'a subi que des retouches
d'importance secondaire et dont le caractère astrologique plaiderait
plutôt contre l'hypothèse si imprudemment énoncée. Par surcroît
nous savons que le banquet, qui a servi de cadre à ce documentaire,
a bien eu lieu le 7 novembre 1468. Il est donc absolument faux de
dire — et la plupart des historiens l'ont jusqu'à présent répété —

que Ficin a rédigé, à la demande de Laurent de Médicis, un nouveau commentaire en 1474, pour le mettre en harmonie avec
l'esprit de son sacerdoce, car n'oublions pas que « l'*ex pagano miles
Christi factus* » de Corsi constitue pour notre historien un argument
majeur.

Il faut reconnaître qu'à première vue la formule répondait à
souhait aux vues de la critique. Notons toutefois que contrairement à ce que dit Corsi, ce n'est pas « après qu'il eut quarante-deux
ans », donc en 1475, que Ficin fut ordonné prêtre, mais le 18 décembre 1473. Quoi qu'il en soit, comme nous l'avons déjà souligné,
il est étrange que Corsi ait pour ainsi dire fait rédiger la *Théologie
platonicienne* et le traité *de la Religion chrétienne* par un Ficin
païen, puisque dans le texte et dans l'hypothèse ce n'est qu'après
nous avoir rapporté dans quelles conditions Ficin avait rédigé
ces œuvres qu'il ajoute que « s'étant fait de païen soldat du Christ »,
il reçut de Laurent deux paroisses. Sans doute y a-t-il eu là confusion,
car nous savons, et c'était logique que ce n'est qu'après son élévation à la dignité sacerdotale que Marsile a composé son *de
Christiana religione* et on peut toujours supposer qu'il a adapté sa
Théologie, si toutefois elle était achevée, puisqu'il ne devait la publier
que quelques années plus tard. Mais ce qui est plus grave, c'est
que le *de Amore*, qui est bien de 1469, et qui n'a jamais été revu ni
corrigé, non seulement n'est pas l'œuvre d'un païen, mais témoigne
d'un christianisme éclairé et d'une piété d'autant moins douteuse
qu'elle se manifeste jusque dans les termes. Rétablir ou intervertir
l'ordre des faits ne nous avancerait donc à rien et, devant cette
contradiction si flagrante, nous nous sommes demandé si l'on ne
pouvait pas tout simplement traduire la formule « *ex pagano miles
Christi factus* », « de laïque il fut fait prêtre ». Hypothèse hardie,
dira-t-on. C'est vrai. Mais nous avons pu la vérifier et l'humaniste
dont nous invoquerons le témoignage n'est pas suspect, puisqu'il
s'agit d'Ermolao Barbaro, qui se fit, contre Pic de la Mirandole,
l'avocat du beau langage [1]. Or, voici en quelles circonstances il eut
à employer la formule qui, prise dans son contexte, devait fatalement engendrer l'erreur.

Barbaro, dont les talents si divers s'étaient révélés de bonne
heure, avait été envoyé à Rome, comme ambassadeur, par la
République de Venise. Or, en 1491, alors qu'en marge de sa mission
diplomatique, il rédigeait ses savantes *Castigationes plinianae* il
se vit nommer par le Pape Innocent VIII, patriarche d'Aquilée.

---

1. Cf. ERMOLAO BARBARO, *Epistolae...*, éd. V. BRANCA, Florence, 1943, I,
p. 101-109. — PICI MIRANDULAE *omnia opera*, Venetiis, 1519, Epist., I, 4.

La Sérénissime République le condamna à l'exil perpétuel pour
avoir accepté cette dignité sans lui en avoir référé[1]. Tous les
humanistes au contraire se réjouirent de cette promotion et lui
adressèrent leurs félicitations. De diplomate, Barbaro était donc
devenu homme d'église. Or, voici en quels termes ce prêtre, récemment ordonné, répondait aux compliments de ses amis. A Pic de
la Mirandole il dit : « Si tu m'as parfois jugé digne de ta bienveillance, je te supplie de mettre au même rang, et si possible, à une
place meilleure, Ermolao et le prêtre, afin que celui que tu as aimé
alors qu'il était encore « paganus soeculi » te soit lié plus étroitement et te soit plus cher, maintenant qu'il est devenu soldat du
Christ « miles Christi factus ». A Calvo, patricien de Venise, il
répond : « Autant il fut nouveau pour toi d'apprendre que de
païen dans le siècle j'étais devenu soldat du Christ » « factum de
pagano soeculi militem Christi », autant il est naturel pour moi
de comprendre que mon Calvo a éprouvé un véritable plaisir de
l'honneur réservé à son Barbaro[2]. »

Ces deux textes, et nous n'avons retenu que ceux qui reprodui-
saient la formule employée par Corsi, prouvent donc bien que dans
la langue des humanistes le terme « paganus » ou la formule « paganus soeculi » signifiait simplement « laïque ». Dès lors, tout rentre
dans l'ordre et, qu'il y ait eu ou non crise, il est certain que Ficin,
à partir de 1468, tout en étant quelque peu distrait de son œuvre,
ne pouvait que se féliciter du succès du Platonisme, en voyant se
renouer la tradition du banquet platonicien, et cela sous le patronage du jeune Laurent de Médicis. Une nouvelle occasion de manifester sa joie devait d'ailleurs bientôt lui être donnée à propos
d'un hommage fort précieux que rendit à son talent un des représentants les plus qualifiés du platonisme en Italie.

IV. La Querelle des Grecs.

Dans les premiers mois de 1469, le cardinal Bessarion avait, en
effet, publié au monastère de Subiaco, où deux moines allemands,

---

1. Cf. Pastor, *op. cit.*, V, 235.
2. Ermolao Barbaro, *Epist.*, éd. cit., vol. II, p. 61 : « Obsecro, si me
unquam benivolentia tua dignum existimasti, eodem numero et loco etiam
meliore, si fieri potest, apud te censear Hermolaus et sacerdos; ut quem paganum saeculi dilexeris, militem Christi factum arctius colas et cariorem
habeas... », p. 64 : « Quam tibi novum fuit audire factum me de pagano
saeculi militem Christi, tam mihi vetus est intelligere Calvum meum ex
Hermolai sui honore soliditatem solidam voluptatem cepisse. »

Sweynheim et Panarzt avaient installé la première imprimerie italienne, son ouvrage intitulé *In Calumniatorem Platonis* et le 6 septembre de cette même année il en adressait un exemplaire au jeune Ficin, en y joignant une lettre qui est pour nous du plus haut intérêt, puisqu'elle nous révèle que le cardinal était en correspondance avec Ficin et qu'il appréciait hautement sa science. Mais lisons plutôt :

« Bessarion, cardinal de Ste-Sabine, à Marsile Ficin, platonicien, S. D. : « Voici, savant Ficin, notre ami, l'œuvre que nous avions composée pour la défense de Platon et que nous t'avions promise dans nos lettres précédentes, tant à cause de ton talent et de ton zèle extraordinaire pour la philosophie platonicienne que pour que tu puisses facilement lire et te rendre compte de ce que nous avons puisé à cette source. » Puis ayant affirmé que ce qu'il peut y avoir de bon en son livre et en sa personne il le doit à Platon, qui, d'ailleurs, n'a fait qu'emprunter sa voix pour se défendre lui-même, il termine : « Nous t'adressons ce livre pour ceux qui, chez les Médicis, s'intéressent à ces questions, et ce faisant, nous entendons d'une part tenir comme il se doit notre parole et notre promesse et, d'autre part, répondre en quelque sorte à tes travaux et à ton amour pour Platon. Porte-toi bien et fais-nous savoir si tu as reçu ce livre [1]. »

La réponse ne se fit pas attendre et, bien que nous n'y trouvions point, hélas, de détails sur les relations que pouvaient entretenir ces deux serviteurs de Platon, elle mérite néanmoins d'être retenue pour juger de l'estime que Ficin avait pour son aîné et pour l'œuvre dont on lui avait fait hommage.

« Notre Platon, tu le sais, Vénérable Père, après avoir longuement et soigneusement discuté dans le *Phèdre* de la beauté, de-

---

1. FICINI *Op.*, I, 616, 4 : *Bessarion Cardinalis Sabinus, Marsilio Ficino Platonico, S. D.*

« Spectate docteque vir, amice noster, superioribus literis elucubratum opus nostrum et nuper editum, in defensionem Platonis nos ad te missuros promisimus, cum ob ingenium tuum et Platonicae doctrinae studium eximium, tum ut qui nos ex illo fonte hauserimus, facile perspicias et legas, si quid enim in hac industria nostra, vel eloquentiae vel bonarum artium cognitionis eluxit, siquid fuimus, id omne vel nos, ab illo accepisse, vel ipsum sibi se defendendo suppeditasse facile existimari patimur et volumus, quod nonnihil quoque ad illius laudem pertinere videtur, ut suis viribus, sua amplitudine, causam pro se dixerit, alieno auxilio non eguerit, voci tantum patroni locum reliquerit ac studio, hunc librum ad te dedimus, iis qui curam gerunt rerum illarum ex Medicis, quo mittendo cum fidei et promisso nostro, omnino tum studiis tuis atque animo erga Platonem nonnihil satisfactum esse putamus. Bene vale et an librum acceperis nos facies certiores. » Ex Urbe. Idibus Septembris MCCCCLXIX.

manda à Dieu de lui accorder la beauté de l'âme, qu'il nomme la
Sagesse et l'or le plus précieux. Dieu la lui accorda et cet or brillait
de tout son éclat dans le sein de Platon comme s'il eut été le plus
pur. Pourtant, bien que dans ses *Lettres* et ses *Dialogues* il demeurât
très clair, terni par des gens à l'esprit obscur, il devint lui-même
obscur et, affublé pour ainsi dire de ce vêtement terrestre, il demeura caché aux hommes qui n'avaient pas des yeux de lynx.
De ce fait quelques philodoxes, particulièrement simplistes, déçus
par la gangue qui l'enveloppait, méprisèrent cet or caché, dont ils
n'avaient pu pénétrer la nature. Heureusement, dans l'officine de
Plotin, d'abord, puis de Porphyre et de Jamblique et enfin de
Proclus, il fut soumis à l'épreuve d'un feu intense et, débarrassé de
ses scories, retrouva son éclat, à tel point que le monde entier fut
rempli d'une lumière étonnante. C'est alors semble-t-il, qu'offusqués
par cet éclat, des hiboux et des chouettes commencèrent non seulement de mépriser cet or sacré de Platon, comme certains l'avaient
fait autrefois, mais — quelle horreur ! — de le calomnier, ce qui
était une erreur beaucoup plus grave que la première. Mais Bessarion, lumière de l'Académie, appliqua aussitôt sur leurs yeux
affaiblis et obscurcis, le remède le plus salutaire, si bien que cet or
redevint non seulement pur et éclatant, mais encore palpable pour
leurs mains et inoffensif pour les yeux. » Et il termine : « Platon
l'avait prédit en disant au roi Denys qu'après bien des siècles il
viendrait un temps où les mystères de la Théologie seraient purifiés
par une critique scrupuleuse comme l'or par le feu. Il est venu,
Bessarion, oui il est venu ce temps qui réjouit l'âme de Platon,
tandis que nous, qui formons sa famille, nous nous en félicitons
au plus haut point [1]. »

---

[1]. *Ibid.*, 616, 3 : *M. F. Bessarioni Graeco, Cardinali Sabino :* « Plato
noster, venerande pater, cum in *Phaedro*, ut te non latet, subtiliter et copiose
de pulchritudine disputasset, pulchritudinem animi a Deo, quam sapientiam et aurum appellavit pretiosissimum postulavit; aurum hoc Platoni
a Deo tributum, Platonico in sinu utpote mundissimo fulgebat clarissime.
Verbis autem et literis licet luculentissimus, mente tamen obscurioribus
involutum evasit obscurius, et quasi terreno quodam habitu obsitum eos
homines latuit, qui linceos oculos non habeant. Quamobrem nonnulli quondam minutiores Philodoxi exteriori gleba decepti, cum non possent ad intima
penetrare, latentem thesaurum contemnebant. Verum in Plotini primum,
Porphyrii deinde, et Iamblici, ac denique Proculi, officinam aurum illud
iniectum, exquisitissimo ignis examine excussis arenis enituit, usque adeo
ut omnem orbem miro splendore repleverit. Tantis utique radiis noctuae
sive bubones quidam, ut videtur, offensi, sacrum illum Platonis nostri
thesaurum non solum spernere, ut nonnulli quondam, sed proh nefas! improbare coeperunt, quod multo erat priori errore deterius. Verum Bessarion
Academiae lumen, medelam confestim hebetibus et caligatis oculis adhibuit
saluberrimam, ut aurum illud non solum mundum sit et splendidum, verum

Certains manuscrits ajoutent même : « On ne saurait dire avec quelle ferveur et quelle admiration tes livres sont lus par tous. Il arrive souvent que pendant leur lecture, nous les entendions s'exclamer : « Quelle chose étonnante, c'est parfait »! Et ce que tu jugeras à peine croyable, c'est qu'en même temps tous sont reconnaissants à ton adversaire qui, par son imprudence et son impudence, a permis que le genre humain ait cet ouvrage si divin et si digne de l'immortalité [1]. »

De ces deux lettres il ressort avec évidence que depuis longtemps ces deux hommes étaient en relations, sans que l'on puisse malheureusement savoir d'une manière indubitable si et où, ils ont pu se rencontrer. Mais ce qui n'est pas moins précieux, c'est de voir que Ficin, dès cette époque, avait fondé son platonisme sur la tradition néo-platonicienne et que son Académie, qu'il considérait comme « la famille de Platon », suivait avec intérêt le débat qui, depuis trente ans, opposait les Grecs entre eux.

A vrai dire il n'y a pas lieu d'en être surpris, car cette querelle avait en fait pris naissance à Florence et elle n'aurait sans doute pas eu lieu si Pléthon, dont le souvenir restait vivant, n'avait pas cru devoir, résumer ses entretiens avec les Latins en écrivant son περὶ ὧν Ἀριστοτέλης πρὸς Πλάτωνα διαφέρεται, pour souligner les différences qui séparaient Platon et Aristote [2]. Il serait hors de propos d'entrer ici dans le détail de cette querelle, dont l'histoire est encore à faire, mais il est indispensable d'en esquisser au moins les phases successives pour faire le point des études platoniciennes en 1469 et, corrigeant certaines erreurs, rendre à chacun son dû.

Pléthon, nous l'avons dit, était un fervent platonicien et son culte pour Platon était d'autant plus sincère qu'il voyait en lui le représentant le plus pur de cet Hellénisme qu'il voulait faire revivre pour sauver ce qui pouvait être sauvé de l'empire byzantin. Trou-

---

etiam tractabile manibus oculisque innoxium. Hoc vaticinatus Plato fore tempus multa post saecula, regi Dionysio inquit, quo Theologiae mysteria exactissima discussione velut igne aurum purgarentur. Venerunt, iam venerunt saecula illa Bessarion, quibus et Platonis gaudeat et numen et nos omnis eius familia summopere gratularemur. Vale. »

1. *Vat. Lat. 3399*, f. 260 : « Libri tui dici non potest quanto cum desiderio atque admiratione ab omnibus legantur. Fit saepe ut inter legendum exclamantes audiamus : o rem miram, o excellentem. Et quod vix credibile existimes, una re ab omnibus adversarius maxime commendatur, quod imprudens atque impudens causam dederit ut tam divinum opus et immortalitatae dignum humanum genus haberet. Vale Florentiae. » *Id.*, *Marcianus Latinus VI, 210*, f. 21. — *Sup. Fic.*, I, p. 26.

2. Migne, P. G., CLX, col. 889-932.

vant dans les *Dialogues* et en particulier dans *les Lois* et *la République* les vérités essentielles sur lesquelles peut se fonder l'ordre public, il avait préféré Platon à Aristote, qui partant de l'expérience n'avait pu établir que les fondements d'une morale individuelle. Il n'avait cependant jusqu'alors jamais manifesté de sentiments hostiles contre Aristote, dont il reconnaissait volontiers le génie scientifique. Son contact avec l'Occident devait provoquer la rupture ou du moins lui donner l'occasion de manifester sa pensée.

Connaissant sa position politique et sa méfiance à l'égard des Latins et surtout de l'Église romaine, ses élèves et en particulier Bessarion et Argyropoulos ne furent point étonnés de le voir s'opposer farouchement à l'Union et ne lui en tinrent point rigueur. L'un d'eux cependant, Georges Scholarios, qui pourtant avait défendu par nécessité la cause de l'Union, ne lui pardonna pas son attitude agressive. Peut-être y avait-il d'ailleurs entre ces deux hommes, qui avaient suivi l'Empereur en qualité de conseillers, une certaine rivalité. Mais ce qui paraît désormais certain, c'est que Scholarios, qui au demeurant était aristotélicien et même thomiste, savait que Pléthon avait entrepris la rédaction d'un ouvrage ayant pour titre les *Lois* et il avait sans doute de bonnes raisons d'en suspecter l'esprit [1]. Dès lors les jeux étaient faits. Scholarios n'attendait qu'une occasion pour dénoncer la duplicité de son maître et montrer, par voie de conséquence, à quelles erreurs pouvait conduire son Platonisme. L'opuscule que Pléthon avait écrit pour « faire plaisir » à ses amis de Florence lui parut des plus favorable. En fait, le *De Differentiis* devait provoquer chez tous les Grecs une véritable stupeur. Bessarion et l'Empereur lui-même, demandèrent à l'auteur des précisions sur le sens de cet ouvrage qui rompait si ouvertement avec la tradition [2].

Certes, il s'était trouvé de tout temps à Constantinople des hommes, comme Nicéphore Grégoras, pour préférer Platon à Aristote [3], mais personne jusqu'alors ne s'était permis de souligner

---

1. Cf. M. JUGIE, *La polémique de Georges Scholarios contre Pléthon*, *Byzantium*, X (1935), p. 521 et suiv.
   Scholarios a en effet pour ainsi dire traduit littéralement la *Somme contre les Gentils* et résumé la *Somme Théologique* de saint Thomas, travaux d'intérêt personnel, demeurés inédits, et qui se trouvent dans le manuscrit grec autographe, *Paris, 1273.* Cf. *Id. Georges Scholarios et saint Thomas d'Aquin*, Mélanges Mandonnet, I, p. 423-440.
   2. La lettre de Bessarion a été éditée par LEGRAND, *Bibliothèque Hellénique*, I, LXI-LXXIV et celle de l'Empereur par LAMBROS, *Palaiologeia*, III, p. 330.
   3. Cf. R. GUILLAND, *Essai sur Nicéphore Gregoras*, Paris, 1926.

leurs « différences » au point de les mettre en opposition. Nous aurons à étudier plus tard les motifs et l'occasion de cette brusque offensive de Pléthon, mais dès maintenant nous pouvons dire qu'elle fut provoquée par la nécessité de mettre fin à des équivoques qui, pour le maître de Mistra, n'étaient plus supportables.

Inquiet de voir Platon défiguré et compromis par les Pères de l'Église et surtout par saint Augustin, dont il avait pu constater l'influence sur les humanistes florentins, il ne l'était pas moins, en jugeant à quel point Averroès d'un côté et saint Thomas de l'autre, avaient à leur tour perverti ou altéré la doctrine d'Aristote. Il jugea donc indispensable de leur rendre leur vrai visage. Mais comme sa politique ne pouvait se fonder que sur le Platonisme, il n'hésita pas à condamner Aristote, en montrant que ses principes étaient une source d'erreurs pour l'homme, pour la religion et pour la société.

A vrai dire, il était difficile, surtout pour les Latins, de déceler ses arrière-pensées et de tirer de telles conclusions de son *De Differentiis*, où il semblait se contenter de poser les termes des divers problèmes sur lesquels Aristote et Platon n'étaient pas d'accord. Mais les Grecs, dont l'attention avait été éveillée par l'importance que Pléthon réservait dans ce traité au problème des Idées, comprirent immédiatement l'enjeu de cette querelle et s'il est vrai que Scholarios savait que le maître de Mistra rêvait d'une renaissance païenne, on comprend qu'il n'ait pas hésité à réagir brutalement.

Ayant fondé sa foi sur la philosophie d'Aristote aussi solidement que Pléthon avait fondé sa politique sur celle de Platon, ce théologien averti ne tarda pas à se rendre compte, qu'à travers ces deux maîtres que l'on avait su jusqu'alors concilier, on voulait opposer non seulement deux systèmes philosophiques, mais encore et surtout deux religions. Mistra, en somme, voulait faire la leçon à Constantinople. C'était intolérable et c'est pourquoi Scholarios, dès qu'il eut connaissance du libelle de son vieux maître, se fit un devoir d'y répondre. En fait, il avait attendu, semble-t-il, des années avant de lire le *De Differentiis*, mais nous savons qu'il avait déjà rompu le silence en Italie, tandis que Pléthon exposait prudemment ses théories devant ses auditeurs éblouis. Philelphe, lui écrivait, en effet, dès le 29 mars 1439 : « J'ai été heureux de constater (en lisant ta lettre), que tu t'y déclarais partisan du divin Aristote et étais loin de partager les sentiments de ceux qui calomnient ce philosophe. J'ai depuis longtemps embrassé la doctrine du Stagyrite : j'aime ses disciples et les défenseurs de la vérité. Défendre Aristote et la vérité, c'est à mes yeux une seule et même

chose[1]. » A vrai dire on ne sait pas à quels «calomniateurs» Philelphe
fait allusion. Il est peu probable qu'il se réfère à l'opuscule de
Pléthon, qui n'était sans doute pas achevé à cette époque et qu'en
tout cas Scholarios n'avait certainement pas lu [2].

Ce n'est, en effet, qu'à la fin de 1443, que ce dernier rédigea son
κατὰ τῶν Πλήθωνος ἀποριῶν ἐν 'Αριστοτέλει[3], longue dissertation,
qui, malheureusement, n'est pas exempte de passion et qui, par
surcroît, fausse le problème dès le départ en confondant maladroitement la cause d'Aristote et celle de saint Thomas. Cette réplique
était beaucoup plus un « contre Pléthon », qu'une réponse objective
au philosophe de Mistra. La preuve, c'est que l'intéressé ne put se
procurer ce pamphlet que cinq ans plus tard et encore grâce à la
complicité de son fidèle disciple Michel Apostoles, qui réussit à en
dérober un exemplaire d'ailleurs incomplet. Son but était donc
uniquement de ruiner la réputation de Pléthon en le démasquant
et de défendre l'orthodoxie. En fait, un tel réquisitoire devait
contraindre l'accusé à dévoiler ses véritables intentions. Pléthon
répondit donc du tac au tac et sa « Réplique » qu'il adressa à
l'Empereur en 1449, sous le titre Γεωργίου του Γεμίστου πρὸς
τοὺς ὑπὲρ 'Αριστοτέλους Γεωργίου του Σχολαριοῦ ἀντιλήψεις[4].
constitue avec ses *Lois*, une somme de critique anti-péripatéticienne,
qui nous étonne encore et dont les conséquences, si paradoxal que
cela puisse paraître, risquaient d'être fatales à Platon.

C'est d'ailleurs ce que des hommes, comme Bessarion, avaient
compris dès l'apparition du *De Differentiis*. Mais le cardinal avait
trop d'admiration et de respect pour son maître pour entrer en
conflit avec lui, au moins sur ce terrain, qui pouvait paraître purement philosophique. Ils devaient pourtant se trouver à nouveau en
conflit à propos de la procession du Saint-Esprit qui, à Constantinople, continuait à passionner les esprits. Toutefois, contrairement à ce que l'on pense, ce n'est pas Bessarion, mais Jean Argyropoulos qui remit le feu aux poudres [5].

---

1. E. LEGRAND, *Cent dix lettres grecques de Philelphe*, Paris, 1892, p. 31.
2. Scholarios ne connut le libelle de Pléthon qu'en 1448.
3. G. SCHOLARIOS, *Œuvres complètes*, éd. JUGIE et PETIT, IV, p. 1-116.
4. MIGNE, P. G., CLX, col. 971-1020.
   M. MASAI a eu la bonne fortune de découvrir dans le manuscrit grec 517
de la Marciana l'autographe du *De Differentiis* et la réplique aux objections
faites par SCHOLARIOS en faveur d'Aristote. Cf. R. et F. MASAI, *L'Œuvre de
Georges Gémiste Pléthon, Rapport sur des trouvailles récentes : autographes et
traités inédits*. Bulletin de la classe des Lettres et des Sciences Morales et
Politiques de l'Académie Royale de Belgique, 5e série, t. XL, p. 536-555.
5. Cf. ALEXANDRE, *op. cit.*, *Introduction*, XXVIII, note 1.

Récemment converti à la religion catholique, il écrivit vers 1446 un Πᾶσι μεν ἄλλοις[1], auquel Pléthon s'empressa de répondre en composant son Πρὸς τὸ ὑπὲρ τοῦ λατινικοῦ δόγματος βιβλίον[2]. Transposant habilement la thèse majeure de son *De Differentiis*, l'auteur s'appliquait à démontrer que l'opposition de l'Église catholique venait de ce qu'elle ne pouvait pas admettre que « des puissances d'action différentes ne peuvent appartenir qu'à des essences différentes », et partant de ce principe, sur lequel il fondait l'existence des Idées séparées et l'immortalité de l'âme, non seulement la base de sa philosophie, mais la garantie la plus sûre de son orthodoxie. C'est alors que Bessarion entra en lice en adressant à un conseiller du despote, Alexis Lascaris Philanthropenos son Περὶ τῆς ἐκπορευσεῶς τοῦ ἁγίου πνεύματος[3]. Pléthon le réfuta en quelques lignes en écrivant πρὸς τὰς παρὰ τοῦ Βεσσαρίωνος ᾿αντιλήψεις ἐπὶ τοῖς κατὰ τοῦ ὑπὲρ Λατίνων βιβλίου γραφεῖσιν ὑπ' αὐτοῦ ἀντιρρητικοῖς[4] et l'on put croire, qu'à la faveur de cette querelle dogmatique, Scholarios et Pléthon s'étaient réconciliés. Qu'on en juge plutôt par les passages de cette lettre, où l'auteur de la *Défense d'Aristote* répondant à son adversaire le félicite de s'être montré si ferme sur la question du *Filioque*. « J'ai reçu, ô le meilleur des amis et le plus savant, écrit Scholarios, la lettre où vous m'assurez que vous m'aimez, que vous n'avez rien contre moi et ne voulez rien faire par colère. Vous dites aussi que vous avez envoyé à l'Empereur votre réplique à mon plaidoyer pour Aristote. Mais en même temps il paraissait de vous un traité contre les Latins, dont vous ne me parlez pas, et votre silence sur ce sujet ressemble un peu à de la rancune. Le hasard a fait tomber ce traité entre mes mains. Quant à votre réplique au sujet d'Aristote, le très Auguste Empereur n'a pas jugé à propos de me la communiquer et, si j'ose le dire, il s'est montré plus jaloux que vous-même de votre gloire... Peut-être, quelqu'un viendra-t-il m'offrir un jour, cet écrit que je regrette sans que je le demande, pour me faire plaisir, ou dans l'espoir de me chagriner... » Poursuivant, il reconnaissait que la position prise par Pléthon sur la question du Saint-Esprit prouvait bien qu'il n'était pas païen. Il déclarait même à ce propos que si certains voulaient encore refondre la

---

1. MIGNE, P. G., CLVIII, col. 992-1008. — Cf. F. MASAI, *op. cit.*, Appendice, III, p. 389-392.

2. ALEXANDRE, *op. cit.*, appendice VII, p. 300-311.

3. MIGNE, P. G. CLXI, col. 321-407. — Traduction latine de PIERRE ARCUDIUS, que Bessarion remania lui-même. *Id.*, col. 407-448.

4. ALEXANDRE, *op. cit.*, appendice VIII, p. 311-312. — L. MOHLER, *op. cit.*, I, p. 348 et suiv.

société et les mœurs sur les principes de Zoroastre, de Platon et des Stoïciens, il s'engageait à les confondre, ajoutant même : « Je réclame l'honneur d'un tel combat, j'attaquerai ce livre non par le feu, mais par la raison et la vérité. Le feu c'est aux auteurs qu'il faudrait le réserver [1]. »

Ce mélange de miel et de fiel était assez étrange et ne dut point rassurer Pléthon. Il est vrai qu'au moment où Scholarios écrivait cette lettre, en 1450, non seulement il ne connaissait pas la *Réplique* de Pléthon, comme il le dit lui-même, mais par surcroît les circonstances lui étaient moins favorables. Son protecteur Jean VIII était mort (31 octobre 1448) et n'ayant point la faveur de son successeur, Constantin Dragagès, il s'était prudemment retiré dans un couvent où il avait pris le nom de Gennadios. De ce fait, tout en jugeant sincère la lettre de Pléthon, qui hélas nous manque, il pouvait, en tant que religieux, prendre d'avance position contre ceux qui auraient pu être tentés de reprendre à leur compte les thèses de Pléthon, se réservant par le fait même de répondre à sa *Réplique* ou à toute autre initiative du même genre.

Quoi qu'il en soit, que Scholarios ait agi ou non par tactique, la suite devait lui prouver que si Pléthon « l'aimait et n'avait rien contre lui », il n'aimait pas sa philosophie et qu'il était bien décidé à « refondre la société et les mœurs sur les principes de Zoroastre, de Platon et des Stoïciens ». Il ne dut connaître la *Réplique* qu'au moment où la menace turque pesait sur Constantinople, puisqu'il déclare que « les maux de la patrie l'empêchèrent de répondre » [2]. Mais entre temps Pléthon publiait son *Résumé des dogmes de Zoroastre et de Platon* Συγκεφαλαίωσις Ζωροαστρείων τε καὶ Πλατονικῶν δόγματων [3] et son *Commentaire des Oracles Chaldaïques* Μαγικα λόγια τῶν ἀπὸ Ζωροάστρου ᾽εξηγηθέντα [4] que devait vulgariser son *Traité des Lois* Νομῶν συγγραφή [5]. La mesure était comble. Mais que faire? Pléthon était mort le 25 juin 1452, Constantinople avait succombé le 29 mai 1453. Le combat allait-il cesser faute de combattants? Non. Scholarios sut se faire une place au milieu des ruines de sa patrie. Profitant du prestige dont il jouissait près de l'exarque, il fut nommé, vers 1454, patriarche de Constantinople et se souvenant de son défi au paganisme, il condamna le *Traité des Lois* à être brûlé, menaçant par surcroît d'excommunier qui-

---

1. Lettre publiée par ALEXANDRE, *op. cit.*, appendice IX, p. 313-369. — Traduction ALEXANDRE, *op. cit.* Introduction, p. XXXI et XXXII.
2. Lettre à Joseph l'Exarque, SCHOLARIOS, *Œuvres, ed. cit.*, IV, p. 156.
3. ALEXANDRE, *op. cit.*, p. 262-269, texte et traduction.
4. Paris, éd. J. MARTHANI, 1532 et éd. J. OPSOPEI, 1599.
5. ALEXANDRE, *op. cit.*, p. 1-261, texte et traduction.

conque serait convaincu de recéler cette œuvre, dont les historiens ne peuvent aujourd'hui juger que par les quelques pages qui ont échappé au feu [1].

A la vérité, il peut paraître singulier que nous accordions tant d'intérêt à cette polémique qui, à des lieues de Florence, n'opposait que des Grecs entre eux. Il était cependant indispensable de pénétrer plus avant dans la pensée de Pléthon, pour comprendre éventuellement l'influence qu'elle a pu exercer sur Ficin, et dans l'immédiat nous faire apprécier à sa juste valeur l'importance capitale du traité de Bessarion « contre le calomniateur de Platon ». Le maître de Mistra laissait, en effet, derrière lui de fidèles disciples, qui, réfugiés en Italie, voulurent défendre leur maître et plus tard sauver sa mémoire en affirmant ce qu'ils lui devaient. Il en résulta un nouveau conflit, qui ne fut pas moins sévère que le précédent, mais qui, cette fois, se déroulait sous les yeux des Latins.

Une fois de plus c'est Argyropoulos qui provoqua le débat. Ayant traduit le Commentaire de Porphyre sur Aristote, il eut l'idée singulière, et sans doute quelque peu intéressée, de faire précéder sa traduction d'une préface dans laquelle il faisait une apologie si maladroite de Platon, qu'il en arrivait, à propos des Idées, en particulier, à opposer Bessarion à Pléthon [2]. Trop occupé pour répondre à ce hors-d'œuvre quelque peu prétentieux, le cardinal chargea Théodore de Gaza, qu'il avait fait venir de Ferrare à Rome (1449), de plaider la cause d'Aristote [3]. Bien qu'il ne fût point nommé, le destinataire de ce plaidoyer se reconnut aisément et comme il en manifestait de la mauvaise humeur, Bessarion lui adressa une lettre qui nous prouve que leurs rapports, apparemment de fraîche date, n'étaient pas particulièrement cordiaux : « C'est cependant chose naturelle de se défendre quand on a été attaqué, lui écrit-il, ou plutôt se défendre est nécessaire, attaquer est superflu. Tu es venu à nous après tous les autres, et tu aurais dû venir, si tu l'avais fait par affection, comme tu le dis. L'affection commande de s'unir à ceux qu'on aime tout d'abord, et à ceux-là seulement... [4]. » Le trop zélé défenseur de Platon se le tint pour dit et reprit patiemment le cours de ses traductions d'Aristote.

Dans le même temps une controverse s'étant engagée entre les Grecs, exilés à Rome, sur le point de savoir si Pléthon n'avait pas

---

1. ALEXANDRE, *op. cit.* Introduction, p. XLV-L.
2. Cf. VAST, *op. cit.*, p. 352.
3. Cf. *Ibid.*, p. 332.
4. Cette lettre est publiée dans le Catalogue des manuscrits grecs de la Bibliothèque laurentienne. BANDINI, II, p. 275, citée par VAST, *op. cit.*, p. 352.

raison d'affirmer avec Platon, contre Aristote, que la Nature agit
avec intelligence, Bessarion écrivit un opuscule qu'il intitula *de
Natura et Arte*, dans lequel il tranchait le différend en faveur des
Platoniciens [1]. Le débat restait courtois, mais la passion ne tarda
pas à s'y mêler. Déjà Georges de Trébizonde, qui faisait sa cour
à Nicolas V, partisan déclaré d'Aristote, avait écrit en 1443 une
lettre d'invectives contre Platon, à laquelle Bessarion n'avait pu
s'empêcher de répondre. Simple passe d'armes. Mais un incident
plus grave devait se produire à propos du *De Natura et Arte*. Fei-
gnant de croire que ce traité était l'œuvre de Théodore de Gaza,
Georges de Trébizonde écrivit un nouveau pamphlet contre
Platon [2]. C'en était trop. Bessarion, qui savait à quoi s'en tenir,
contre-attaqua et dénonça la fourberie avec éclat, tout en démontrant qu'on pouvait tirer profit aussi bien d'Aristote que de Platon [3]. Allait-on s'en tenir là? C'eût été sage. Mais Georges de Trébizonde, démasqué et touché, chercha sa revanche en proposant,
à l'appui de ses accusations contre Platon, une traduction des
Lois, dans laquelle avec autant de mauvaise foi que de maladresse,
il glissa presque autant d'erreurs que de mots. Bessarion une fois
de plus dévoila l'imposture et l'accusé, convaincu d'avoir altéré
les textes, se vit contraint de quitter Rome, après que le Pape
désabusé l'eut chassé du collège des secrétaires apostoliques [4].
Il n'avait cependant pas dit son dernier mot.

La querelle un instant apaisée devait, en effet, se rallumer quelques
mois plus tard, quand Théodore de Gaza, prenant la défense
d'Aristote, attaqua à son tour Platon [5]. Tout d'abord le cardinal
se tut, mais un de ses Académiciens, Michel Apostoles, ayant cru
bon d'y répondre et l'ayant fait en des termes si violents, Bessarion
lui-même, outré de cette diatribe, décida d'intervenir pour juger
ce différend où la passion tenait lieu de vérité [6]. Sans ménagement
il condamna Apostoles, qui en attaquant Théodore de Gaza, avait
surtout visé Aristote et comme il n'ignorait pas que son disciple

---

1. Ce traité a été par la suite incorporé à l'*In calumniatorem Platonis*.
2. L. MOHLER, *op. cit.*, III. — Cette lettre de Bessarion est de 1450.
3. *Id.*, *op. cit.*, III.
4. Bessarion a établi une liste de 259 erreurs de cette traduction. Sa réfutation se trouve incorporée à l'*In calumniatorem Platonis*. Cf. VAST, *op.
cit.*, p. 339.
5. Cette phase de la querelle a été étudiée par BOIVIN LE JEUNE, *Querelle
des philosophes du XVᵉ siècle* dans *Mémoires de l'Académie des Inscriptions et
Belles-Lettres*, 1717, II, p. 775.
6. Cf. J. ENOCH POWELL, *Michael Apostolios gegen Gaza. Bizantinische
Zeitschriften*, XXXVIII, 1938, avec texte de l'apologie de Pléthon d'après
un manuscrit du Trinity College.

avait pris la défense de Platon pour lui plaire, il lui fit connaître clairement sa pensée. « J'ai souffert, dit-il, avec peine les accusations d'ignorance contre Théodore. Mais que tu aies osé traiter aussi indignement Aristote lui-même, notre maître en toute science, que tu aies osé l'appeler ignorant, vicieux, extravagant, ingrat, cela me paraît atteindre le comble de l'audace et de l'impudence. » Et comme Apostoles s'était référé à Pléthon, leur commun maître, il poursuit : « Je supporte à peine, je ne supporte même pas du tout Pléthon, un si grand homme pourtant, lorsqu'il lance de semblables accusations contre Aristote, alors comment pourrais-je te souffrir, toi qui n'as encore approfondi aucune de ces matières. » Et lui ayant conseillé d'étudier, sous la conduite d'un maître habile, Platon et Aristote comme étant doués de la plus haute sagesse, il concluait : « Je vais te désabuser pour qu'à l'avenir l'envie de me plaire ne te fasse plus parler de cette façon de si grands hommes. Apprends donc que j'aime Platon, que j'aime Aristote et que je les vénère tous deux comme des sages. J'aime aussi Pléthon, la grandeur de son génie et sa nature, mais je ne puis approuver son étrange opposition et sa mauvaise humeur contre Aristote... [1]. » Cette critique, même nuancée, avait de quoi surprendre sous la plume de Bessarion, qui avait pleuré la mort de Pléthon en des termes à la fois si étranges et si émouvants. La riposte ne se fit pas attendre.

Georges de Trébizonde, qui s'était retiré à la cour du roi de Naples, avait pu, grâce à Philelphe [2], retrouver sa place à Rome et sans perdre de temps, y publia, sous un titre qui pouvait rappeler le souvenir de Pléthon, ses *Comparationes philosophorum Aristotelis et Platonis* (1455) [3]. En fait, c'en était une virulente contrepartie. « Quand j'eus lu ce livre, dit Bessarion, au lieu des trésors que j'espérais, je n'ai trouvé, comme on dit, que du charbon. Ce n'était qu'injures, outrages et mauvaises querelles contre Platon... On aurait dit une pièce de l'ancienne comédie [4] ! » Il suffit en effet,

---

1. L. Mohler, *op. cit.*, III, également cité par Vast, *op. cit.*, p. 341-342.
2. Cf. Rosmini, *Vita di Filelfo*, III, p. 128.
3. Migne, P. G. CLX, col. 889.
4. *In Calumniatorem Platonis*, édit. Mohler, p. 4, livre I, ch. 1 : « Incidit nuper in manus nostras liber quidam, qui Platonis atque Aristotelis comparationem pollicebatur. Eum mox libenter avideque amplexi, posthabitis ceteris rebus, incredibili desiderio legere orsi sumus. Sperabamus enim fore, ut utriusque philosophi sive de rebus naturalibus, sive divinis, sive iis quae ad mores pertinent, sive ad disserendi rationem, quam vocant logicen, expositionem aliquam comparationemque inveniremus... », p. 5 : « Laetabar itaque ea spe mirum in modum et librum singulari quadam aviditate lege-

d'ouvrir ce livre pour y voir partout Platon traité comme l'ennemi du christianisme et de la vertu, alors qu'Aristote s'y trouve présenté comme le champion de la vérité et de la doctrine chrétienne. Quant à Pléthon, il est jugé d'un trait : c'est un autre Mahomet [1]! On devine l'émoi des uns et des autres en lisant ce livre, qui avait l'audace de se présenter comme un parallèle. Les Académiciens de Florence devaient pourtant un jour s'en réjouir, car sans cet adversaire, écrivait Ficin à Bessarion, nous n'aurions pas l'*In calumniatorem Platonis*, ce livre « si divin et si digne de l'immortalité ».

Pour juger du bien fondé des éloges dont cet ouvrage fut l'objet, il faudrait pouvoir étudier dans le détail les quatre livres de ce plaidoyer répondant aux trois points du réquisitoire de Georges de Trébizonde. Mais cette analyse risquant de nous entraîner trop loin, il suffira que nous retenions les grandes lignes de cette œuvre, dans laquelle Ficin devait trouver non seulement des arguments pour défendre Platon, mais avant tout une autorité pour fonder sa propre doctrine [2].

---

bam. Quamvis enim in ipso fere primordio iurgiis ac maledictis plenus occureret, id tamen aequo animo patiebar sperans fore, ut quod optabam, progressu temporis appareret. Iam vero, ubi perlecto libro pro thesauris quo sperabam carbones, ut dici solet, inveni et desiderio frustratus, nihil animadverti praeter convitia et contumelias et iurgia in Platonem, his enim, dumtaxat erat liber repertus instar veteris comoediae, immo ut plane omnes, quae unquam fuerunt, comoedias excederet obstupui vehementer tantae rei novitate attonitus. »

1. *Id.*, p. 5, livre I, ch. I : « Quae omnia tribus libris complexus, in primo doctrinae comparationem facit nullis prorsus rationibus innixus, nisi quod Aristoteles artium praecepta conscripserit, Plato minime, propter quod Platonem eiusque studiosos inconstantia absurda, inepta, contraria, sibi invicem repugnantia, levia ridicula, puerilia scripsisse ac disseruisse commemorat, nullis omnino rationibus nullo ratiocinandi genere usos opinatur; secundo libro opiniones Aristotelis nostrae religionis verissimis optimisque sententiis consentaneas esse conatur ostendere ac proinde veriores, Platonis autem dissentire a nostris ideoque falsas esse et a veritate prorsus alienas; tertio vera atque postremo vitam Platonis continentissimam, innocentissimam, integerrimamque accusat ac pro sua consuetudine iurgiis et contumeliis insectatur. Pro scelus atque flagitium! Quo mimo, quo parasito, quo lenone, quo cinaedo, quo scelerato, flagitioso, pestifero, infido, fraudulento, nebulone, profuso nonturpius, foedius, detestabilius vixisse illum affirmat? O novum iurgiorum genus, o iniquas calumnias et ante hunc diem inauditas! » GEORG. TRAPEZUNTII. *Comparationes*, III, 20 : « Audivi ego ipsum Florentiae asserendum unam eandemque religionem uno animo, una mente, una praedicatione universum orbem paucis post annis esse suscepturum. Cumque rogassem, Christine an Machumeti? Neutrum inquit, sed non a gentilitate differentem. »

2. Rappelons pour mémoire ce qu'écrivait Ficin en terminant sa lettre de félicitations : *Vat. Lat., 3399*, f. 261 : « Et quod vix credibile existimes una ab omnibus adversarius maxime commendatur quod imprudens atque im-

Georges de Trébizonde ayant accusé Platon d'ignorer les principes des sciences dont il se vantait, Bessarion n'avait pas eu de peine à lui démontrer que si effectivement Platon n'avait pas composé de traités de Logique et de Rhétorique, il en connaissait cependant tous les secrets [1], et que si, en physique et en sciences naturelles, il se montrait inférieur à Aristote, par contre, il lui était nettement supérieur en Théologie et en Mathématiques [2]. G. de Trébizonde, en second lieu, ayant sur la question des rapports de sa philosophie avec la doctrine chrétienne jugé et condamné Platon en lui opposant avantageusement Aristote, Bessarion condamnait d'abord sa méthode et précisait ses propres intentions : « Nous parlerons toujours d'Aristote, disait-il, avec le plus grand respect. Nous n'avons nullement l'intention de vouloir élever Platon pour abaisser Aristote. Ce serait aussi déplorable que déplacé et nous pensons que l'un et l'autre ont été de grands sages et qu'on doit leur rendre à tous les deux de grandes grâces pour les bienfaits dont le monde leur est redevable [3]. » Ceci étant dit, le savant cardinal prouvait, en accumulant les textes et les témoi-

pudens causam dederit, ut tam divinum opus et immortalitate dignum humanum genus haberet. »

On trouve dans ce même manuscrit les lettres de félicitations d'Argyropoulos, d'Omnibonus Leonicensis, de Philelphe et de Beciadelli.

1. In calum. Piat., ed. cit., p. 23, ch. II : « ...Plato quoque, etsi optimas artes ac disciplinas in libros non redegerit, iis tamen, qui id fecerunt, doctior vel certe non indoctior esse potuit. »

2. *Id.*, p. 74, ch. VII : « Theologiae rationes neminem Platone sublimius attigisse. Nam theologiae quidem atque eius disciplinae, quae ordine investigandi rebus naturae posterior est, dignitate naturaque prior habetur, quis mentis compos dubitet palmam Platoni esse tribuendam?... » *Id.*, p. 75-78, ch. VIII : « Mathematicarum disciplinarum studiosissimum fuisse Platonem... Multa profecto geometriae, arithmeticae, musicae, astronomiae passim in eius libris praecepta contemplatione digna reperiuntur, quae si Plato mathematicarum disciplinarum ignarum fuisset, ut quidam homunciones blatterare non verentur, non potuisset suis libris inserere. »

3. *Id.*, p. 83 et 85, livre II, ch. III : « Verum id mihi molestum hoc loco accidit, quod ea cogor scribere quae minime vellem. Facit enim adversarii iniquitas adversus Platonem, ut qui non minus Aristotelem quam ipsum soleo laudare, fungi officio meo videar Nam cum adversarius dicat et suo dumtaxat iudicio demonstret melius Aristotelem quam Platonem de divina natura scripsisse... eo nos huiusmodi verbis impulit, ut dum contrarium demonstrare, nitimur, de Platone melius sentire quam de Aristotele videamur atque ita Aristotelem improbare, quod a mente nostra longe alienum est. Nos enim de Aristotele quoque semper honestissime loquimur, absitque a nobis tam prava atque insolens cogitatio, ut dum Platonem tuemur, de trahere illi velimus. Utrumque enim sapientissimum fuisse arbitramur et gratias utique utrique pro beneficiis, quae in genus humanum contulerunt, agendas existimamus... »

gnages les plus divers, que Platon, dont il se défendait d'ailleurs
de vouloir faire un chrétien, se trouvait en fait beaucoup plus
qu'Aristote, en parfait accord, sur bien des points, avec le christianisme [1]. Enfin, puisque l'auteur des *Comparaisons de Platon et
d'Aristote* avait cru bon, pour le discréditer, de s'attaquer à la morale
et aux mœurs de Platon, Bessarion terminait son ouvrage par une
réponse franche et totale à toutes les calomnies dont son « client »
était l'objet [2].

L'*In Calumniatorem Platonis* était donc bien une véritable
introduction à l'étude du Platonisme jusqu'alors ignoré ou seulement entrevu, et il n'est pas douteux que Ficin lui-même en le
lisant, y a découvert de nouveaux arguments pour élaborer sa
propre doctrine. Mais sur qui pouvait-il désormais compter ? Certes,
il ne manquait pas d'admirateurs puisque, dès cette époque, il
entreprenait la traduction italienne de son *Commentaire du Banquet*,
pour mettre, disait-il, à la portée du plus grand nombre la « salutifera manna di Diotima dal celo mandata [3]. » Mais on attendait
autre chose de lui et il le savait. Est-ce que Pierre de Médicis,
enfin tranquille, n'allait pas lui rappeler la promesse qu'il avait
faite à Cosme et l'encourager ? Il était trop tard. Il ne le pouvait
même plus.

Il ressort, en effet, de divers témoignages que le malheureux
prince fut sur la fin de sa vie subitement frappé, terrassé par un
mal, dont on ignore la nature, mais dont les effets ressemblent fort
aux suites d'une congestion cérébrale. Plusieurs historiens disent

---

1. *Id.*, livre II, ch. I, p. 81 : « Ostendemus et doctrinam Platonis magis
quam Aristotelis nostrae religioni consentaneam esse demonstrabimus.
Quod non ideo faciemus, quia Platonem aut existimemus aut velimus ostendere Christianum fuisse; alienus enim uterque a nostra fide tam Plato quam
Aristoteles fuit et ut nomine sic religione gentilis uterque... Non est consilium
laborare, ut Platonem Christianum fuisse ostendamus, quem ad modum de
Aristotele facit adversarius, sed ita hunc locum conabimur tractare, ut si
quis ex auctoritate quoque gentilium philosophorum veritatem nostrae
religionis corroborare voluerit, Platonis potius libris quam Aristotelis id
effici posse demonstremus. »
2. *Id.*, livre IV. Tout ce livre est consacré à l'interprétation des théories
morales contenues dans *la République* de Platon et à la réponse aux accusations que l'on portait contre son auteur.
3. *Sup. Fic.*, I, p. 10. *Proemium ad Bernardum Nerum et Antonium
Manettum :* « Io per rimedio de'Latini il libro di Platone di greca lingua in
latina tradussi, et confortato dal nostra magnifico Lorenzo de'Medici e
misteri che in detto libre erano piu difficili commentai. Et accioche quella
salutifera manna a Diotima dal celo mandata a piu persone sia commune et
facile, ho tradotto di latina lingua in toscana e detti Platonici mysteri insieme
col comento mio ».

qu'il était paralysé et ne pouvait plus parler [1]. Son fils Laurent
il est vrai, se contente de noter dans son « Journal » : « Notre père
trépassa de cette vie le 2 décembre 1469, fort navré de goutte et
ne voulut point faire de testament. » Mais un de leurs familiers
Marco Parenti, devait écrire dès le 3 décembre : « Pierre est mort
plus vite qu'on ne le pensait... Il ne pouvait presque pas parler
et il ne fit pas de testament... Il ne s'est pas confessé et ne dit rien
ni à ses fils, ni à personne. Il regardait qui entrait et restait paisible [2]. » Il n'y a donc pas à s'y tromper : celui qui, aux yeux de
l'histoire, devait incarner le mal de sa famille, est mort d'une de
ces lésions cérébrales, que rien ne laisse prévoir et devant lesquelles
on reste impuissant.

« A défaut de testament, dit Laurent, on fit l'inventaire et l'on
trouva deux cent trente-sept mille neuf cent quatre-vingts florins... » [3]. Était-ce là tout son héritage? Assurément non. Cet
homme que l'on savait un bon époux et un excellent père, avait
en dépit de ses infirmités, défendu efficacement les droits de sa
patrie et le prestige de sa famille. A Florence et aux villes qui lui
avaient fait confiance, il laissait une paix fondée sur la justice et
le respect de la parole donnée, et à ses fils, dont il avait su faire des
princes, il léguait un blason qui, sous son règne, s'était enrichi des
lys de France [4]. Sans doute ce privilège que lui avait octroyé

1. W. Roscoe, *op. cit.*, I, appendice XI, p. 398.
2. Cf. G. Pieraccini, *op. cit.*, I, p. 59 : Lettre de Marco Parenti : « Piero
s'e morto piu presto non si credeva... Poco poteva parlare e non fe'testa
mento... Non s'e confessato e netto nulla a'figlioli ne a persona. Guatava
chi v'andava e stava cheto. »
3. W. Roscoe, *op. cit.*, I, appendice XI, p. 398 : « Non volle far testa
mento, ma fecesi l'inventario trovammoci allora in valsente di fiorini du
cento trentasette mila novencento ottanta nove, come appare a un libro
verde grande di mia mano in carta di capretto a c. 31. »
4. A. Fabroni, *Docum. orig.*, p. 115.
« Loys, par la grace de Dieu, roy de France. Savoir faisans à tous presens et
advenir, que nous ayans en memoire la grande, louable et recommandable
renommé que feu Cosme de Medici a eue en son vivant en tous ses faicts et
affaires, lesquels il a conduitz en si bonne vertu et prudence, que ses enfans
et autres ses parens et amis en doibvent estre recommandez et eslevez en
tout honneur; pour ces causes, et en obtemperant à la supplication et requeste
qui faite nous estre de la partie de notre ames et leal conseilleur Pierre de
Medici, filz dedit feu Cosme de Medici, avons de nostre certaine science
grace especial, pleine puissance et auctorité royale, octroyé et octroyons
par ces presentes, que ledit Pierre de Medici... et ses heires et successeurs nez
et à naistre en loyal mariage puissent doresnavant à tousiours perpetuelle
ment avoir et porter en leurs armes trois fleurs de lys en la forme et manière
qu'elles sont ici portraictés... Donné à Mont-Luçon, du moys de may l'an
de grace 1465, et de nostre regne le quatriesme. »

Louis XI en mai 1465, était-il un dernier hommage à la « bonne vertu et prudence » de Cosme, mais le fils s'était montré digne du père, et cet honneur n'était que la juste récompense de sa fidélité à une politique qu'il avait fidèlement servie.

Il fut enseveli à l'église San Lorenzo. Son fils nous dit qu'il fut pleuré par toute la cité. En fait, ce peuple pleurait l'homme qui, sans faiblesse et sans éclat, avait lutté contre ses ennemis et ceux de Florence. Assez lâches pour s'attaquer à un infirme, ceux qui avaient juré sa perte n'avaient réussi qu'à le rendre plus sympathique et quand, dominant sa victoire, il s'était contenté d'exiler ceux qui l'avaient trahi, chacun avait compris qu'en digne fils de Cosme, ce malheureux prince avait trouvé dans sa foi et dans les leçons de la Sagesse antique le secret de la véritable grandeur. S'il n'avait pu favoriser le développement de l'Humanisme, il n'en avait pas oublié la valeur et c'est peut-être en en vivant qu'il l'a le mieux servi. C'est pourquoi sans doute tous les lettrés de ce temps n'ont pu que vanter ses vertus, sans songer à se plaindre et mieux que personne Ficin, qui le connaissait bien, aurait pu écrire comme Machiavel : « Son mérite et sa bonté ne purent être parfaitement connus de sa patrie, parce qu'il vécut presque jusqu'à la fin de ses jours sous la conduite de son père et le peu de temps qu'il lui survécut il fut obligé de le passer dans les divisions d'État et en maladies... [1]. »

1. Machiavel, *Ist. Fior.*

CHAPITRE VI

A L'OMBRE DU LAURIER

I. AVÈNEMENT DE LAURENT LE MAGNIFIQUE.

« Deux jours après la mort de mon père, bien que je fusse fort jeune, c'est-à-dire, âgé de vingt et un ans, les principaux de la cité et de l'État vinrent nous trouver, mon frère et moi, à la maison, pour nous dire leur peine et m'exhorter à prendre la charge de la cité, comme l'avaient fait mon grand-père et mon père. Tout cela n'était point de mon âge et constituait une lourde charge et un danger, aussi n'acceptais-je que contre mon gré et uniquement pour le salut de nos partisans et la conservation de nos biens, car à Florence il est difficile de vivre sans l'État [1]. »

On dira peut-être en écoutant Laurent qu'il fait preuve ici de fausse modestie et que l'invitation qui lui fut faite n'était qu'une simple formalité. Ce serait méconnaître l'histoire. En dépit de leur valeur et de leur prestige, les Médicis n'avaient aucun droit sur Florence. Déjà ceux qui avait supporté Cosme, sans se révolter, avaient relevé la tête en voyant Pierre lui succéder. Du moins espérait-on que son règne serait de courte durée. Il le fut. Pas assez cependant au gré de certains trublions qui n'avaient pas su attendre. Aujourd'hui en exil, ils rêvaient déjà d'un retour triomphal, car, Pierre mort, il leur semblait inconcevable que Florence consacrât en fait un droit héréditaire, en proposant à Laurent et à son frère Julien, le gouvernement de la République. Ce serait un scandale disait l'un d'eux. Et pourtant n'était-ce pas la solution la plus sage? Le jour même des obsèques de Pierre tous les représentants les plus qualifiés des grandes familles florentines tinrent conseil au couvent San Antonio. Ils étaient, dit-on, cinq ou six cents. Pendant de longues heures, dit Machiavel, on

1. Cf. W. ROSCOE, *op. cit.*, I, Appendice XI, p. 399.

discuta sérieusement des conditions de la ville, de celles de l'Italie et de « l'humeur » des différents princes. On conclut que si l'on voulait vivre unis et en paix, à l'abri des dissensions internes comme des guerres avec les autres, il était nécessaire de protéger Laurent et Julien et de maintenir le prestige de la famille Médicis, parce que les hommes ne se plaignent jamais de faire ce qu'ils ont l'habitude de faire, et parce qu'il est plus facile de maintenir un pouvoir qui, avec le temps, a fait taire l'envie, que d'en susciter un autre que l'on puisse étouffer pour de multiples raisons. C'était du moins l'avis de Thomas Soderini, le sage et fidèle conseiller de Pierre [1], avis qui fut bien vite partagé par les Pandolfini, les Martelli et bien d'autres et ce sont eux sans doute qui « deux jours après la mort de Pierre » vinrent proposer à ses enfants de se charger des affaires de l'État, en leur promettant de leur tenir lieu de père.

Voilà comment les choses se passèrent et, si Laurent aurait eu tort de feindre la surprise, on comprend cependant qu'il ait pu hésiter à prendre une telle responsabilité. Sans doute l'avait-on soigneusement préparé à cette lourde éventualité, mais n'oublions pas que Pierre était mort plus tôt qu'on ne le pensait et « sans pouvoir dire un mot ». Toutefois il faut reconnaître que si l'héritage était lourd pour de si jeunes épaules, la succession était facile. Le peuple florentin, tout en compatissant aux misères du Prince disparu, avait souffert du vide créé par sa maladie, et bien avant sa mort s'était attaché à ses enfants, dont l'aîné surtout lui semblait apte à gouverner. La sympathie vivante et profonde de cette foule, qui ne demandait qu'à suivre le plus digne, n'aurait cependant pas suffi à assurer l'avenir, si Laurent et son frère n'avaient pas su mériter l'estime d'une élite qui exigeait de ses maîtres autant de savoir que de vertu. L'éducation qu'ils avaient reçue et les exemples dont ils avaient vécu inspiraient heureusement confiance et, déjà, nous savons qu'ils n'avaient pas attendu pour faire leurs preuves.

En dépit de leur différence d'âge et de tempérament, l'un et l'autre avaient, en effet, bénéficié des mêmes influences et des mêmes maîtres. Laurent pourtant, parce qu'il était l'aîné, avait eu la bonne fortune de vivre quelques années dans l'intimité de son grand-père, qui n'avait pas tardé à voir en lui le véritable héritier de son nom et de ses desseins. Vivant dans l'ombre du vieux Cosme l'enfant comprit bien vite ce qu'on attendait de lui et il

1. Guicciardini, *Stor. di Firenze*, III, p. 25. — Cf. Machiavel, *Ist. Fior.*, VII, p. 112 A.

écouta ses maîtres avec d'autant plus d'intérêt et de docilité que leur enseignement ne faisait que compléter celui dont on vivait tout autour de lui.

Son père, comme son grand-père, avait, nous l'avons dit, réputation d'humaniste et il est certain que pendant la plus grande partie de sa vie, Laurent mit tout en œuvre pour favoriser les lettres et les arts. Il avait aussi pour mère une femme d'un grand esprit et d'une haute vertu, Lucrezia Tornabuoni, qu'on devait appeler la reine de Florence, et qui non contente de donner le jour à sept enfants en neuf ans, sut faire des deux fils qui lui réstèrent et de ses trois filles de dignes héritiers des Médicis. On croit avoir tout dit quand on a rappelé qu'elle a mis en vers quelques histoires bibliques et rimé avec aisance des laudes dévotes et quelques chansons [1]. La valeur littéraire de ces poésies, trop souvent dédaignées, ne doit cependant pas nous faire oublier les autres qualités de son esprit. Ce qu'il faut lire, pour connaître sa grandeur d'âme et juger de l'influence qu'elle a su exercer sur son fils, ce sont les lettres qu'elle a écrites ou reçues, et sur les sujets les plus divers [2]. Ce qu'il faut rappeler, pour apprécier sa foi, c'est que saint Antonin a écrit pour elle l'*Opera a ben vivere* qui fut en quelque sorte une « Introduction à la vie dévote » avant la lettre. Et si l'on se demande quelle influence cette femme a pu exercer sur Laurent, qu'on relise ses premiers jeux liturgiques et qu'on écoute ce qu'il disait après l'avoir perdue (25 mars 1482) : « Je reste inconsolable, car je n'ai pas seulement perdu ma mère, mais mon unique refuge dans les difficultés et mon soutien dans les épreuves [3]. »

C'est sans doute à son influence qu'est dû le choix de son premier maître, le pieux et savant chanoine Gentile dei Becchi, qui fut un dès brillants « orateurs » de la République, et accessoirement évêque

---

1. Cf. Giulia Mondino. *Lucrezia Tornabuoni*, Torino, 1900. — *Id.*, G. Pieraccini, *op. cit.*, p. 59-76.

Elle composa en vers une vie de St. Jean-Baptiste, une Histoire de Judith, d'Esther, de Suzanne, et de nombreuses laudes publiées successivement par Cionacci, *Rime sacre del Magnifico, di Lucrezia...*, Firenze, 1680, et par G. Mondino, *Le Laudi di Lucrezia de Medici*, Pistoia, 1900.

2. Cf. G. Pieraccini, *op. cit.*, p. 60-62.

3. Il écrivait à la duchesse Éléonore d'Aragon-Este : « Io resto tanto sconsolato... havendo perduto, non solamente la madre, ma unico rifugio di molti miei fastidii e sublevamento di molte fatiche... » Et au duc Hercule d'Este : « ...Il perche io mi trovò tanto male contento, quanto piu se possa dire : perche oltra a l'havere perduto la madre, che solo a ricordarla mi scopia il core, io anchora ho perduto uno instrumento che mi levava de molte fatiche. » Cité par Pieraccini, *op. cit.*, p. 63.

d'Arezzo [1]. C'est sous sa conduite qu'il s'initia dès 1454 aux éléments de la langue latine et au charme de la langue toscane. En 1458 — il avait neuf ans, et son frère cinq — Lucrezia écrivait à Pierre : « Laurent apprend les vers que son maître lui donne et ainsi les enseigne à Julien [2]. » S'agit-il des vers de *la Divine Comédie* que Laurent se vantait plus tard de pouvoir réciter par cœur? En 1461, il lit Ovide, Justin, des histoires et des fables [3]. Puis il suit au Studio, avec ceux de son âge, les leçons d'Argyropoulos, qui commente *l'Ethique* et naturellement passe le meilleur de son temps avec Landino et Ficin qui se retrouvaient si souvent à Careggi [4].

C'était l'époque des premières traductions. On les lisait dans l'enthousiasme et c'est peut-être Laurent lui-même qui eut le privilège de lire à son grand-père la première traduction latine du *Philèbe*. Il ne devait en tout cas jamais oublier ces premières leçons de philosophie platonicienne et sans doute s'y serait-il immédiatement consacré, si des tâches plus urgentes ne l'avaient prématurément appelé.

A l'heure où le cœur s'éveille, il avait, comme il se doit, rimé pour se consoler d'un amour, dont l'objet, naturellement « d'une rare beauté », était inaccessible [5]. Mais la famille et le bon chanoine veillaient et comme, hélas! son pauvre père se voyait reclus et condamné, on décida de préparer l'avenir en l'envoyant dans les diverses cours d'Italie, où la République pouvait avoir des intérêts à sauvegarder. C'est ainsi qu'en mars 1466 nous le trouvons à Rome, en compagnie de son oncle Giovanni Tornabuoni. Mais à peine avait-il quitté Florence qu'on apprenait la mort de Francesco Sforza (8 mars). Il n'y avait pas une minute à perdre. Il rentre donc et repart pour Milan, tout en passant par Venise où il présente ses devoirs au doge et autres gentilshommes. Puis nous

---

1. Cf. E. SANTINI, *Firenze e i suoi « oratori » nel Quatrocento*, Firenze, Sandron, 1922, p. 197 et suiv.
2. Cf. G. PIERACCINI, *op. cit.*, p. 101 : « Lorenzo impara i versi che maestro gli lascio, e cosi insegna a Giuliano... »
3. *Ibid.* : « Lorenzo sta bene... Habbiamo molto bene innanzi l'Ovidio et Giustino, IV libri tra historie et favole. Non dimandate come se dilecta di questi studi. »
4. A. POLITIANI, *Opera*, ed. Lugduni, 1536, *Miscellaneorum Prefatio*, p. 492 : « Quoniam rectae coenae speciem, vicemque graviora illa occupant, qualia tibi multa vel Marsilius Ficinus Platonis, vel Aristotelis interpretes Argyropylus Byzantius e philosophiae penc congesserunt. »
5. Cf. I. DEL LUNGO, *Amori del Magnifico Lorenzo*. Nuova Antologia, 1913, fasc. 993-994. Il s'agissait de Lucrezia Donati mariée en 1465 à Niccolo Ardinghelli.

apprenons en septembre qu'il est passé à Naples où il a fait une excellente impression sur le roi Ferdinand [1].

Sans doute s'agit-il avant tout de visites de courtoisie. On aurait tort cependant d'en minimiser l'importance. Laurent, à seize ans, est déjà rompu aux affaires et a pleinement conscience de son rôle. Nous avons, pour en juger, non seulement les compliments qui lui furent prodigués, mais surtout les lettres que lui adressait son père pour le tenir au courant des événements et lui dicter sa conduite. Qu'on relise à ce propos celle qu'il reçut à Rome le 15 mars 1466, pour lui annoncer la mort de François Sforza : « Tu es assez avisé, écrit-il, pour juger à quel point cette nouvelle nous intéresse « publice et privatim ». Puis, lui ayant demandé de présenter ses condoléances à l'ambassadeur milanais, il ajoute : « Je t'engage à réfléchir et non à t'attrister de cet événement, car la tristesse ne sert à rien, tandis que les réflexions sont utiles quand elles sont bonnes. » Enfin, heureux d'apprendre l'accueil que l'on a réservé à son fils, il lui demande, comme les circonstances l'exigent, de se montrer vieux avant l'âge [2].

A Milan il lui écrit (15 mai) de se conduire « non en petit garçon, mais en homme ». « Mets tout ton savoir, ton talent et ta sollicitude à te rendre tel, que s'il y avait matière, tu pourrais faire de grandes choses : ce voyage est l'épreuve de ta capacité » [3]. En fait, il s'en tira fort bien et lorsque quelques mois plus tard il rentra de Naples, les compliments du roi furent pour son père une douce consolation. La preuve était faite que l'on voyait en lui « le digne successeur de sa très noble maison ».

Ainsi, dès 1466, l'avenir était assuré. Mais quelques jours plus tard la guerre éclatait et ces brillants espoirs risquaient fort d'être compromis. Le rôle que Laurent joua pendant cette période reste obscur. A-t-il vraiment sauvé son père, au moment où les conjurés s'apprêtaient à l'assassiner [4]? C'est peut-être une légende. En tout cas, il est certain qu'à partir de cette date les infirmités de son père l'obligèrent à partager avec lui les responsabilités du pouvoir. Son avenir un instant fut même mis en cause. Pour désarmer Lucca

---

1. Cf. G. PIERACCINI, *op. cit.*, p. 102-103.
2. W. ROSCOE, *op. cit.*, I, Appendice VI, p. 385.
3. Cf. G. PIERACCINI, *op. cit.*, p. 102 : « E tu debbi... fare conto d'essere huomo e non garzone, et metti ogni industria et ingegno et sollecitudine in renderti tale, che s'abbi materia operarti in maggior cose; et questa gita e il paragone de'facti tuoi. »
   La lettre du roi de Naples, datée du 28 septembre 1466 est citée par ROSCOE, *op. cit.*, I, Appendice IX, p. 391-392.
4. Cf. N. VALORI, *Vita di Lorenzo*, éd. Florence, 1740, p. 10.

Pitti, Pierre, en effet, n'avait pas hésité à lui promettre la main de Laurent pour une de ses filles! Mais Lucrezia avait sans doute d'autres vues. Quoi qu'il en soit, dès que la paix fut revenue, on put constater que le prestige de Laurent n'avait fait que croître dans tous les domaines et que les soucis du pouvoir n'avaient point étouffé les élans de sa nature exubérante et riche en contrastes.

Il n'est besoin que d'étudier ses multiples portraits pour les découvrir. Qu'il s'agisse, pour ne citer que les plus authentiques, de la fresque de Ghirlandaio, de la médaille de Fiorentino ou du masque que la Mort a fixé, on est à la fois saisi et retenu par son étrange laideur. Nous sommes loin du profil usé du vieux Cosme, peint par Pontormo ou de la fière attitude que le ciseau de Mino da Fiesole (?) nous a laissée de Pierre [1]. L'essentiel toutefois demeure. Le front large abrite le même bon sens et le menton, court et proéminent, témoigne de la même maîtrise de soi. Mais ces dominantes se sont accentuées. Le front est plus haut et le menton mal équarri donne une impression de brutalité. Les yeux se veulent pénétrants, mais demeurent voilés, le nez légèrement busqué s'est épaté au point de rompre l'équilibre du visage, la lèvre est plus épaisse, la bouche plus large. Le profil de Lucrezia Tornabuoni, en se surimposant pour ainsi dire, sur celui des Médicis l'a enrichi d'une sensualité et d'une distinction toute romaine qui, chez Julien, touchait à la perfection.

L'un et l'autre devaient également à leur mère une taille, fort avantageuse, et une prestance, qui fut certainement un des éléments de leur succès près des Florentins, toujours sensibles à la grâce et à l'harmonie. Au reste tout dans la vie de ces enfants les intéressait : leur santé, leur éducation, leurs dons, et les Médicis qui ne l'ignoraient pas, ne manquaient aucune occasion de mettre en valeur leurs qualités physiques et leurs vertus. Il fallait que Florence sache d'avance qu'elle pouvait compter sur eux.

Dès que la paix fut revenue, on organisa de brillants tournois où l'un et l'autre affirmèrent leur adresse et leur endurance. Comme nos poètes de cour, Pulci et Politien se firent les chantres de ces exploits et les philosophes eux-mêmes témoignèrent en leur faveur, en leur réservant dans leurs dialogues des rôles fort honorables.

Ainsi en 1469 Laurent se présentait avec de tels succès sur le plan diplomatique et une telle autorité sur le plan littéraire et philosophique, que rares étaient ceux qui pouvaient lui être opposés et Julien, qui vivait dans son ombre, ne pouvait que servir

---

1. Sur l'iconographie de Laurent, voir G. Pieraccini, *op. cit.*, p. 127.

son prestige, puisqu'on disait déjà qu'il faisait « les délices de la jeunesse florentine [1]. » Trop jeune pour avoir donné des preuves de ses capacités, il avait cependant séduit de bonne heure le peuple et les grands par cette noblesse d'allure que Botticelli a su si bien traduire. A le voir toujours les yeux baissés, on pouvait le croire distant et même un tantinet dédaigneux : il n'était que distingué, et à côté de son frère « aux larges épaules et au corps robuste et solide » il paraissait quelque peu féminin. Sportif comme Laurent, il semblait moins violent et, si l'on en croit ses amis, il veillait surtout sur son maintien et prenait autant de soin de sa personne que de la culture de son esprit. Comme tout cadet des familles princières, il semble qu'on ait rêvé de le voir entrer dans les ordres. Il fallait bien qu'un jour ou l'autre un Médicis entrât dans l'Église pour consacrer l'autorité de la famille. Mais ce ne fut que partie remise. Après avoir organisé un brillant tournoi en son honneur, tant pour fêter son entrée dans le monde que pour le consoler de la mort de sa « Simonetta » car, au même âge que son frère, il avait, lui aussi, rencontré l'amour, on l'envoya à Rome quérir Clarice Orsini, que devait épouser Laurent le 4 juin 1469. C'était son premier voyage officiel et il écrivait à son père qu'il avait fait à Sienne une entrée si digne et si belle qu'il aurait eu plaisir à le voir [2].

Accablé par ses misères physiques Pierre avait eu du moins la joie de voir ses deux fils en excellente santé et leurs succès dans tous les milieux étaient pour lui la plus douce consolation. Il savait que, le moment venu, ils ne manqueraient point des amitiés solides et des dévouements éprouvés, dont ils pourraient avoir besoin, pour maintenir le patrimoine que lui avait légué son père et qu'il avait si bien défendu. De fait, « les plus puissants princes d'Italie, nous dit Laurent, leur offrirent généreusement leur protection en apprenant la mort de leur père [3] ». Mais il n'y avait pas seulement des frontières à défendre. Une partie de l'héritage était pendant des mois tombée pour ainsi dire en déshérence et la mort de Pierre ne devait point ralentir l'effort et l'enthousiasme que Laurent avait su faire renaître en organisant le banquet du 7 novembre 1468 pour honorer la mémoire de Platon.

1. A. POLITIANI, *Opera*, Epist. IV, 2, p. 109 : « Tertius porro Iulianus impubes adhuc, pudore tamen, ac venustate, neque non probitatis et ingenii mirifica quadam suavissimaque indole totius sibi iam civitatis animos devinxit. » — Cf. PIERACCINI, *op. cit.*, p. 152-153.

2. *Ibid.* : « Facemmo una degna e bella entrata (in citta) con grande ordine in modo arei avuto caro tu ci avessi, per qualche luogo coperto, veduti. »

3. W. ROSCOE, *op. cit.*, I, Appendice XI, p. 398-399.

Sans doute l'état de santé de Pierre s'étant subitement aggravé, on n'avait pu fêter cet anniversaire à la date prévue. Mais comme s'il eût été convenu que ce banquet aurait lieu dès que les circonstances le permettraient, Laurent, averti de la visite d'un noble byzantin venu de Rome pour lui présenter ses condoléances, profita de cette occasion pour organiser un nouveau banquet platonicien, dont Landino, à l'instar de Ficin, devait faire le cadre d'un de ses dialogues : le *De Vera nobilitate* [1].

S'il faut en croire l'auteur des *Disputationes Camaldulenses*, c'est le 13 décembre 1469, qu'aurait eu lieu ce banquet en l'honneur de ce riche seigneur de Constantinople, nommé Filotime, qu'accompagnait un philosophe athénien du nom d'Arétofile. On y avait convié tout ce que Florence pouvait offrir de plus flatteur pour un byzantin. Outre Laurent et Landino, il y avait, en effet, Gentile dei Becchi, le précepteur de Laurent et de Julien, l'évêque de Fiesole, Antonio degli Agli, qui avait également assisté au banquet de 1468, Giorgio Antonio Vespucci, Politien, Leo Battista Alberti, Marsile Ficin et l'inséparable groupe des aristotéliciens : Argyropoulos, Piero et Donato Acciaiuoli et Alammanno Rinuccini.

Comme dans les *Disputationes*, l'auteur, qui certainement imagine plus qu'il ne rapporte, prend prétexte de la modeste origine d'Arétofile pour démontrer que la véritable noblesse ne se fonde pas sur la naissance, mais sur la vertu. Le thème n'était pas nouveau. Salutati, auquel d'ailleurs Landino emprunte le mythe d'Hercule, l'avait mis à la mode et il faut reconnaître que ce traité ajoute fort peu de choses à ce qu'avait écrit le Pogge trente ans plus tôt [2]. Les anachronismes en revanche n'y manquent pas, et c'est assez grave pour le crédit de l'auteur. C'est ainsi que nous entendons le susdit Arétofile à ce banquet du 13 décembre 1469, se féliciter du succès du *De Christiana Religione* de Marsile Ficin, qui est de 1474 et même faire allusion à la *Theologia platonica* [3]. Mais

---

1. Ce dialogue encore inédit est conservé dans un manuscrit unique. Roma, *Corsiniano, 433*. Cf. BANDINI, *Specimen*, II, p. 195.
2. *Cors.* 433, f. 7 r. : « (Philotimus) adduxerat secum Aretophilum Atheniensem philosophum, hominem quidem obscuro genere humilique fortuna productum, sed iis litteris eaque eloquentia insignem, ut quamvis a Stoicis integra sententia non discederet, antiquam tamen illam academiam et admiraretur et coleret... »
3. *Ibid.*, f. 50 v. : « ...me de religione disputare in conspectu praesertim duorum antistitum triumque canonicorum. Nam ut alios omittam, quid Marsilius iste vester in suo illo divinissimo *De Religione Christiana* libro, quod aut ad illam corroborandam esset, non corroboravit? aut quid quod extruendum esset non penitus profligaverit? vir profecto et summa admiratione

n'avons-nous pas déjà constaté de tels anachronismes dans les *Disputationes?* Ce n'est donc pas une raison suffisante pour refuser à ce dialogue toute valeur historique. Landino évidemment a brodé sur un thème, mais nous avons tout lieu de croire que le cadre choisi est authentique, car il est inconcevable qu'il ait dédié à Laurent, dix ans après la mort de son père, un dialogue dont cette mort aurait été faussement le prétexte. Au reste le contexte historique lui-même plaide en faveur de l'authenticité, puisque nous trouvons parmi les invités Alberti qui est mort en 1472, Argyropoulos qui a quitté Florence en 1471 et même l'évêque de Fiesole, qui, dès 1470, avait été transféré au siège de Volterra.

Par ailleurs il est bien évident que depuis l'époque où Laurent avait renoué la tradition du banquet pour l'anniversaire de Platon, l'Humanisme, favorisé par ce prince et par les événements, s'affirmait à nouveau, comme en témoignent sur un plan différent, mais non moins réel, tant d'autres œuvres et les strophes sans fin que Luca Pulci et Ange Politien rimèrent à la gloire de Laurent et de Julien [1]. Si donc, sous le règne de Pierre, Ficin avait pu, non pas se plaindre, mais déplorer les circonstances qui avaient brisé son élan et contrarié ses projets, il semble que l'avènement de Laurent, faisant suite au succès de son *Commentaire sur le Banquet* aurait dû ranimer son enthousiasme et le ramener sans tarder à sa traduction de Platon.

Tout semblait l'inviter à reprendre cette tâche et à la mener à bien. N'avait-il pas lu récemment dans l'*In Calumniatorem Platonis* de Bessarion que « les opinions de Platon demeuraient presque inconnues aux Latins, parce que ses dialogues, ou n'étaient pas traduits, ou que ceux qui l'étaient, par la faute des traducteurs, ne

---

dignus et qui de christiano nomine optime meritus sit quique acutissimo ingenio atque sapientissimo iudicio priscam illam quam nos archeam theologiam appellamus, quam a Mercurio Trimegisto inchoatam magnaque ex parte perfectam Plato penitus absolvit, nostre coniunxit. Quem quidem librum a Nicolao Michelotio cive vestro probo litteratoque viro Constantinopolim usque delatum, cum secum propter lingue latine studia familiaritatem contraxissem, libenter accepi et acceptum avidissime legi pellectumque vehementer obstupui. » — L'auteur fait également allusion à son commentaire de *la Divine Comédie* qu'il ne devait publier qu'en 1480. — Cf. E. GARIN, *Testi inediti...* di C. L., p. 11.

1. La giostra fatta in Firenze dal magnifice Lorenzo de' Medici il vecchio l'anno 1468 (st. fior.) — ...di Luca Pulci. Firenze, Giunti, 1572.

L'elegantissime stanze di messer A. POLIZIANO, *incominciate per la Giostra del magnifico Giuliano di Pierce de' Medici*, éd. A. MOMIGLIANO, Torino, 1921.

rendaient pas exactement la pensée de l'auteur [1] ». Évidemment
cette critique ne pouvait s'adresser qu'aux traductions antérieures
à celles de Ficin, puisque Bessarion ne pouvait alors connaître
celles que Marsile avait offertes à Cosme et à Pierre. Mais elle
soulignait l'impérieuse nécessité d'en finir avec ces traductions
d'amateurs, qui, par surcroît, ne donnaient qu'une vue fragmentaire de la doctrine platonicienne. Pour compléter le plaidoyer de
Bessarion, qui avait déjà dissipé tant de scrupules et de malentendus, Ficin aurait donc dû, semble-t-il, se consacrer immédiatement et tout entier à la traduction, qu'il savait indispensable pour
vaincre les dernières résistances et assurer le triomphe du Platonisme.

La chose était d'autant plus facile qu'il avait certainement
achevé à cette époque la traduction littérale du texte. Sans doute
savons-nous qu'il n'avait donné à lire, que neuf *Dialogues* à Pierre,
mais cette formule elle-même est pleine de sous-entendus qui
s'éclairent assez facilement, puisque, dès avril 1466, nous avons
appris qu'il avait déjà traduit vingt-trois *Dialogues* [2]. Or, comme
nous savons également que ce n'est qu'en 1468 qu'il a entrepris de
traduire le *Monarchia* de Dante, il a eu tout le temps de traduire,
si longs soient-ils, les quatorze *Dialogues* qui manquaient. Mais
alors, comment expliquer qu'il ait attendu plus de dix ans pour
publier cette traduction?

---

1. BESSARION, *In Calum. Plat.*, Livre II, Ch. III (éd. Möhler), p. 85 et
87 : « Platonis vero opiniones summo studio conabimur exponere, quoniam
omnibus fere Latinis ignotae sunt, partim quia libri eius in Romanam conversi linguam non habentur, partim quod, si qui habentur, interpretum
vitio, minus recte sententiam sui exprimunt auctoris. »
Livre I, ch. I, p. 9 : « Perabsurdum tum et periniquum judicarem legi
haec (calumnias) sine contradictione, ab hominibus praesertim Latinis, qui
aut Platonis opera non habent aut si qua habent in Latinam linguam conversa, perraro ea legere consueverunt... »
Rappelons pour mémoire que les traductions de Platon à cette époque et
dont la plupart étaient inconnues avaient pour auteurs : CHALCIDIUS (IVe
siècle), Le *Timée*. — ARISTIPPE DE CATANE (1157?), *Le Phédon, Le Ménon*. —
L. BRUNI, *Le Phédon* (1404), *Le Gorgias* (1409), *Le Phèdre* (1424), *Apologie de
Socrate* (1426), *Criton* (1427), *Lettre* (1427). — LL. et P.C. DECEMBRIO, *La
République* (1441). — A. CASSARINI, *La République* (1447), *Erixias* (1440),
Axiochus. — A. RINUCCIO, *Criton* (1423), *Euthyphron, Axiochus* (1443). —
L. LIPPI DA COLLE, *Ion*. — A. POLITIEN, *Charmide*. — A. DATI, *Alcyon* (apo-
cryphe). — G. DE TRÉBIZONDE, *Le Parménide, Les Lois, L'Epinomis* (1450-
1451). Cf. E. GARIN, *Ricerche sulle traduzioni di Platone nella prima metà del
sec. XV*, dans *Medioevo e Rinascimento. Studi in onore di* B. NARDI. Firenze,
Sansoni, I, p. 339-374.
2. Voir p. 305, n. 3.

II. La Fortune jalouse.

« Après la mort de Pierre, a-t-il dit, la Fortune, souvent jalouse des meilleures œuvres, m'a distrait malgré moi de mon travail de traduction. Mais toi, le serviteur de la religion et le patron de la philosophie, dit-il à Laurent, tu m'as ramené à ce que j'avais entrepris, en m'assurant de toute ta bienveillance et de ton appui. J'ai donc repris sous d'heureux auspices le travail commencé et non seulement j'ai traduit, mais tantôt j'ai résumé la pensée de Platon en des arguments, tantôt je l'ai expliquée, autant que j'ai pu, en de brefs commentaires [1]. » L'aveu est clair : il a abandonné et il est revenu à l'œuvre entreprise à la demande de Laurent, mais outre qu'il ne dit point à quelle date il a repris sa traduction, le motif qu'il invoque pour justifier sa défaillance est des plus obscur.

Naturellement il n'y a pas de difficulté pour qui suppose que Ficin a connu une crise de conscience jusqu'à l'époque où il a décidé de se faire prêtre, mais nous avons vu à quoi se réduit cette crise et nous avons la preuve, avec le *Commentaire sur le Banquet* qu'elle était dissipée en 1469. Il ne dit pas d'ailleurs que la Fortune l'a empêché de travailler, mais seulement qu'elle l'a distrait de sa tâche. Mais quelle est cette « fortune jalouse » et où a-t-elle trouvé des complices pour arriver à ses fins? A première vue, il est évidemment assez surprenant d'entendre Ficin déclarer qu'il a fallu toute la bienveillance et l'appui de Laurent pour le décider à reprendre sa tâche et le fait qu'il souligne qu'il l'a reprise sous « d'heureux auspices » laisse supposer qu'il fut un temps où tout n'allait pas pour le mieux. Est-ce qu'il y aurait eu par hasard quelque malentendu entre Laurent et lui après la mort de Pierre? Rien ne nous autorise à le penser. En revanche, il est fort possible que Laurent n'ait pas compris tout de suite qu'il devait assurer l'existence de Ficin, qui n'avait alors que de modestes revenus. C'est un fait que Ficin a toujours eu des soucis financiers qui ont troublé son existence et il est non moins certain que Laurent, comme son père, était assez avare de ses deniers.

---

1. Ficini, *Op.*, II, 1129 : « Postquam vero Petrus e vita decessit, fortuna praeclaris saepe operibus invida, invitum me a traductionis officio distrahebat. Verum tu et religionis cultor et philosophiae patronus, me ad inceptum omni favore et auxilio revocasti. Quamobrem ad institutum munus felicibus iterum auspiciis sum regressus, neque traduxi tantum, verumetiam partim argumentis mentem perstrinxi Platonicam, partim, quoad potui, brevibus commentariis explicavi... »

Or, curieuse coïncidence, c'est à partir du moment où Ficin a
été pourvu de bénéfices ecclésiastiques que Laurent s'est d'ailleurs
contenté de lui faire attribuer sans qu'il lui en coûtât rien, qu'il a
effectivement repris sa tâche de traducteur. Mais ce n'est certainement pas la seule cause de sa « distraction ». Il est, en effet, pour
le moins singulier qu'on ne trouve aucune correspondance entre
Ficin et Laurent avant 1473 et, quand on en cherche la cause, on
s'aperçoit une fois de plus que les circonstances n'étaient guère
favorables au développement de l'Humanisme et que le jeune
prince, pour se montrer à la hauteur de la tâche qu'on lui avait
confiée, avait à résoudre des problèmes plus graves que l'achèvement de la traduction de Platon.

Le 6 avril 1470, les exilés, qui ne désarmaient pas, avaient décidé
de passer à l'action et Bernardo Naldi à leur solde tentait un coup
d'État à Prato. En quelques heures l'insurrection fut étouffée
et ce fut l'occasion pour Laurent de se débarrasser du plus farouche
ennemi de sa famille, Diotisalvi Neroni, qui fut condamné à mort
avec dix-sept de ses partisans [1]. Cette alerte à peine passée, le
monde chrétien apprit avec stupeur la chute de Négrepont (12 juillet) qui livrait la Grèce à l'Islam et faisait peser une lourde menace
sur Venise et sur la chrétienté toute entière. Brillamment secondé
par Bessarion, le Pape tenta d'organiser une croisade, mais au
moment de ratifier la convention qui avait été signée à Rome le
22 décembre, Florence et Milan qui avaient toujours entretenu
d'excellents rapports avec Constantinople, refusaient leur signature [2]. La douceur de vivre devait d'ailleurs bien vite reprendre
ses droits. On le vit bien à Florence quand, précisément le 15 mars
1471, Laurent reçut la visite du duc de Milan, Galeazzo Maria
Sforza. Le prétexte de la rencontre était de pure courtoisie. Le
duc, officiellement, venait remercier Laurent d'avoir tenu son fils
sur les fonts baptismaux en juillet 1469, au nom de son père. En
fait, il s'agissait d'affirmer publiquement leur parfait accord contre
toute idée de croisade et comme Laurent avait ébloui les Milanais,
Galeazzo n'était pas fâché d'éblouir à son tour les Florentins. Il y
réussit jusqu'au scandale. On disait qu'avec la moitié des ducats
qu'il avait dépensés on aurait pu sauver Négrepont. Le Ciel lui-
même, semble-t-il, s'en émut. Le lendemain de la représentation
du « Mystère » de la Pentecôte à San Spirito, l'église fut détruite
par un incendie [3]. Superstitieux, les Lombards quittèrent Florence
et les Florentins eux-mêmes demeurèrent inquiets.

1. Cf. PERRENS, op. cit., I, p. 351-352.
2. Cf. PASTOR, op. cit., IV, p. 161 et suiv.
3. Cf. PERRENS, op. cit., I, p. 345-346.

Pendant ce temps, les hordes barbares s'étaient effectivement avancées jusqu'au cœur de la Styrie, et le Pape, pour répondre aux manœuvres dilatoires de Florence et de Milan, venait de nommer Borso d'Este, duc de Ferrare et en le couronnant le jour de Pâques à Rome (16 avril), lui confiait les intérêts de l'Église. Les choses risquaient fort de se gâter. On parlait de réunir un Concile où chacun aurait dû prendre publiquement ses responsabilités. Mais subitement, dans la nuit du 26 juillet, Paul II mourait d'une attaque d'apoplexie et le 9 août, François de la Rovère lui succédait sous le nom de Sixte IV [1].

Cette élection, due en partie aux discrètes et habiles manœuvres de l'ambassadeur milanais, fut une heureuse nouvelle pour tous ceux qui avaient eu à souffrir de l'intransigeance brutale et des maladresses de Paul II. Florence la première s'en réjouit. Le nouveau Pape n'était d'ailleurs pas pour elle un inconnu. Il avait enseigné à Florence et c'est à Santa Croce qu'il avait réuni, en 1467, le chapitre général de son ordre, d'où il était sorti en fait cardinal [2]. Comme il se devait, la République désigna six ambassadeurs pour lui présenter ses devoirs et naturellement Laurent fut chargé de présider la délégation. Il ne devait pas perdre son temps. Donato Acciaiuoli prononça le 3 octobre, le discours d'usage et le Pape fut si touché du filial dévouement dont on l'assurait qu'il offrit à Laurent deux bustes antiques et lui permit, par surcroît, d'acheter à bon compte quelques-uns des bijoux et des camées que Paul II avait amassés pour faire face aux frais de la croisade. C'est alors qu'enhardi par l'amitié que lui témoignait Sixte IV, Laurent tenta, dit-on, d'obtenir un chapeau de cardinal pour son frère Julien, mais la chose méritait réflexion. En attendant pour lui témoigner toute sa confiance le Pape nomma Laurent « dépositaire de la chambre apostolique », c'est-à-dire banquier de l'Église et, détail en apparence sans importance, il lui accorda sur sa demande des avantages sur l'exploitation des mines d'alun de la Tolfa. C'était trop. Ces deux cadeaux devaient bientôt devenir des pommes de discorde et bien que le Pape et Laurent ne furent point à l'origine des conflits sanglants qu'elles engendrèrent, il n'en est pas moins vrai que sans cet excès de générosité ou d'habileté leur mémoire n'aurait point eu à souffrir du souvenir ineffaçable de la conjuration des Pazzi et du sac de Volterra [3].

1. Cf. Pastor, *op. cit.*, IV, p. 175-176 et 181-185.
2. Cf. *Id.*, IV, p. 190-191.
3. *Ibid.*, p. 198-199. Le discours de Donato Acciaiuoli se trouve dans le manuscrit *Riccard. 541.*

C'est, en effet, à propos des droits d'exploitation d'une mine d'alun que les habitants de Volterra venaient de découvrir sur leur territoire, que naquit la querelle qui devait opposer cette malheureuse ville à Florence, dont elle était vassale. Simple question fiscale pour Florence, le privilège pontifical en avait fait, pour les Médicis, une question de monopole et de prestige. La République fit valoir ses droits. Laurent nommé arbitre, jugea la cause dans le sens que l'on devine et Volterra, victime de cette sinistre comédie, se révolta et chassa le podestat florentin (26 avril 1472). L'affront ne valait pas une guerre, mais Laurent craignait que les exilés n'exploitassent l'incident en le taxant de faiblesse. Se sentant le vent en poupe, il décida de donner une leçon aux insurgés et chargea de cette expédition Frédéric de Montefeltro, qui, cinq ans plus tôt, avait vaincu le Colleone. Assiégés et sans espoir, les révoltés se rendirent le 18 juin et cette victoire sans combat et sans gloire serait sans doute à jamais oubliée si, quelques jours plus tard, un malheureux incident n'avait conduit les mercenaires du comte d'Urbin à mettre la ville à feu et à sang.

Assurément Laurent n'était pour rien dans ce massacre, mais il avait eu tort de ne pas préférer « un maigre accord à une grasse victoire » comme le lui avait conseillé le fidèle Soderini [1] et ses ennemis ne manquèrent pas de lui imputer toutes les conséquences de cette erreur, malgré tout le zèle qu'il apporta à la réparer.

A Florence toutefois, où décemment on ne pouvait pas chanter victoire, Laurent sortit grandi de cette épreuve. On lui savait gré d'avoir fait respecter les droits de la République et nul ne songeait à contester son autorité. Il en profita pour réprimer certains abus et poursuivre la réforme des institutions qu'il avait entreprise dès l'année précédente en vue de donner à sa puissance un fondement plus solide et plus sûr. Désormais il régnait vraiment et on peut dire qu'à partir de cette époque, mais de cette époque seulement, Florence connut avec lui une tranquillité qui lui rappelait ses plus beaux jours.

On ne s'étonnera donc pas que, pendant les premières années de son règne, Laurent ait été plus préoccupé de politique que de philosophie et qu'il ait négligé quelque peu, de ce fait, les projets de son ami Ficin. Il semble au demeurant que, pendant cette même période, toute la vie intellectuelle ait été ralentie, pour ne pas dire paralysée. On travaillait peut-être en silence, mais rien n'était

---

1. Cf. *Id.*, IV, p. 269. — PERRENS, *op. cit.*, p. 352-357. — R. DE LA SIZE-RANNE, *Le vertueux condottiere Federico de Montefeltro, duc d'Urbino*, Hachette, 1921, p. 264-273.

mis en lumière et c'est à Venise en novembre 1471 que Ficin vit paraître la première édition latine du *Pimandre*, que Laurent aurait dû avoir à cœur de publier, puisqu'il s'agissait de la première traduction que Ficin avait faite pour son grand-père [1].

Argyropoulos lui-même, qui aurait pu demeurer à Florence, dont Pierre l'avait fait citoyen, quittait le Studio à l'expiration de son mandat (juillet 1471). Il semble même avoir profité de l'absence de Laurent pour partir de Florence, vers le 15 octobre. Là encore une question d'argent semble avoir déterminé ce départ inopiné, car non seulement Argyropoulos chercha immédiatement à se mettre au service d'un généreux mécène, comme Mathias Corvin ou le duc de Milan, mais il ressort de plusieurs lettres qu'il adressa par la suite à Laurent, que, mal payé, il avait dû, pour échapper à ses créanciers, abandonner ses manuscrits et cherchait à les récupérer [2]. Par ailleurs, bien qu'on ait cru pendant longtemps que sur la recommandation de Bessarion, Andronicus Callistos avait immédiatement succédé à Argyropoulos, en fait ce n'est qu'en septembre 1475 que son successeur, Démétrius Chalcondylas fut nommé au Studio [3].

Il est donc incontestable que dans le domaine de la culture régnait alors un certain malaise et que ceux qui n'avaient pas la possibilité de subvenir à leurs besoins étaient contraints de renoncer à leurs projets. Au reste, comme tout se tient, c'est encore dans la politique que nous trouvons l'écho et peut-être l'origine de ce malaise. Alors qu'en 1471 le Grand Conseil avait nommé cinq délégués pour « organiser un beau et digne Studio dans la cité de Florence et non pas ailleurs », le 19 décembre une charte était signée pour faire revivre le Studio de Pise que l'on déclarait « Studio de l'État florentin » et que Laurent était chargé d'administrer [4]. Que s'était-il passé? On avait soudain découvert que Florence offrait aux étu-

---

1. *Mercurii Trimegisti Pimander seu de potestate et sapientia Dei*. La préface se termine par : « Fran. Rhol. Tarvisanus Gerar. de Lisa scriptori mei copiam fecit, ut ipse caeteris maiorem copiam faceret. Tarvisii MCCCCLXXI nobvemb. ». Et à la fin du livre on lit : « Finitum MCCCCLXXI die XVIII decemb. »

2. G. CAMMELLI, *op. cit.*, publie les trois lettres à Laurent, p. 136-138. — E. GARIN dans une note *A proposito della biografia di Giovanni Argyropoulos* publiée dans *Rinascita*, mai 1950, p. 104-106, a rectifié les dates proposées par Cammelli au sujet du départ d'Argyropoulos qui daterait non pas d'octobre mais des premiers jours d'août.

3. Cf. *Id., op. cit.*, p. 150-157.
La lettre de Bessarion est citée p. 128, note 2.

4. Cf. FABRONI, *Hist. Acad. Pis.*, I, p. 409 et suiv. — GHERARDI, *op. cit.*, I, p. 180.

diants trop de distractions et pas assez de logis. Il fallait donc émigrer ailleurs et le Conseil avait été unanime pour déclarer qu'aucun lieu n'était plus commode que Pise, parce que les étrangers pouvaient y venir par mer et que rien n'y manquait. Vain prétexte? Non. Laurent, auquel rien n'échappait, n'avait pas été sans se rendre compte que si Florence avait acquis une place de premier plan dans la renaissance des lettres et des arts, elle voyait effectivement les étudiants se diriger toujours plus nombreux vers Bologne ou Padoue pour y conquérir des grades d'une incontestable valeur. De toute évidence il devenait nécessaire de remédier à cet état de choses, qui à la longue ne pouvait que nuire au prestige de Florence. Après en avoir fait le plus beau musée du monde et attiré dans ses murs Rome et Byzance, il fallait en faire l'émule des villes universitaires où l'Europe se donnait rendez-vous. Il lui manquait, en somme, un « quartier latin », et c'est pour combler ce vide qu'elle voulut faire de Pise ce que Venise avait fait de Padoue.

L'initiative était heureuse, car depuis que Florence s'était emparée de cette ville (1408), les diverses mesures qu'elle avait prises à son endroit n'avaient jamais pu vaincre sa sourde hostilité. En faisant revivre son Université, qui avait eu autrefois ses jours de gloire, elle flattait son amour-propre, lui insufflait une vie nouvelle et établissait avec elle des rapports dont chacun pouvait largement bénéficier. La tâche semblait d'autant plus facile pour Laurent que, depuis quelques années l'évêque de Pise était un Médicis, auquel le nouveau Pape semblait tout dévoué [1].

Il ne faudrait cependant pas croire que cette réforme allait fatalement ruiner le Studio florentin. Florence demeurait le centre des « études d'humanité », où l'on pouvait toujours venir écouter Landino commenter Virgile et *la Divine Comédie* et apprendre le grec avec les savants exilés [2], mais c'est à Pise que les étudiants

1. Il s'agit de Philippe de Médicis qui, séjournant à Rome, écrivait le 13 novembre 1471 à Laurent de Médicis : « Le Pape m'a comblé de tant d'honneurs qu'eussé-je cent langues, je ne saurais assez le proclamer. Le Pape m'a dit que je devais être persuadé que je pouvais disposer du Pape Sixte IV autant que je le voudrais ». Cité par PASTOR, *op. cit.*, IV, p. 199.

2. Cf. FABRONI, I, p. 411. Un décret précisait : « E perche gli e necessario avere nelle citta di Firenze almeno tre o quattro maestri che insegnino grammatica e qualche uno che dia lumi degli oratori e poeti, e degli ornamenti della lingua latina a quegli cittadini che piu oltre non vogliono seguitare gli studi, pero si provvede : che per gli ufficiali dello Studio s'abbia non solamente a provvedere di quelli che legghino nello Studio a Pisa nelle facolta necessarie negli studi generali e degni, ma ancora di quegli che nella citta di Firenze addottrinino nel modo detto e cittadini fior. e chi nella citta di Firenze abitasse. »

étaient invités à se rendre pour y suivre, comme leurs aînés, le
programme, pour ainsi dire classique, qui, par les sentiers du
Trivium et du *Quadrivium*, leur permettrait d'accéder à la philosophie, au droit ou à la médecine.

Le projet fut fort bien accueilli. Le vieux maître de Ficin, Nicolas
Tignosi, en témoigne avec enthousiasme dans la dédicace à Laurent de son Commentaire du *De Anima* [1]. Il faut dire d'ailleurs que
rien ne fut négligé pour assurer son succès. On paya largement les
meilleurs maîtres pour les attirer à Pise et Laurent lui-même s'y
installa pendant des mois pour montrer par sa présence l'intérêt
qu'il portait à la réussite de cette entreprise. Mais que devenaient
pendant ce temps Ficin et son Académie platonicienne? Laurent
avait-il oublié ce qu'il leur devait? Il n'en est rien. Dès qu'il fut
installé à Pise, le jeune Prince sentit ce qui lui manquait, et c'est
précisément à cet isolement que nous devons les multiples lettres
qu'il adressa en cette année 1474 à son cher Ficin et qui nous
prouvent à quel point leur amitié demeurait sincère et profonde [2].

Leur ton passionné pourrait même paraître équivoque si nous
n'avions la preuve, par toute la correspondance qu'échangeait
alors Ficin avec ses amis, que ce langage dérivait en droite ligne
du *Commentaire sur le Banquet*. Mais ce que nous devons avant
tout retenir de cet échange de lettres, ce sont les précieux renseignements qu'elles nous apportent sur leurs sentiments réciproques et
sur les événements auxquels elles font allusion, car en dépit de ce
long détour où nous ont entraîné nos hypothèses, nous ne savons
toujours rien de ce qu'a pu faire Ficin après la mort de Pierre.

III. « ACHADEMIAE PRINCEPS »

C'est au mois de Janvier 1474 que Laurent écrit de Pise à Ficin,
et c'est pour se plaindre amèrement de n'avoir pas reçu de ses
nouvelles depuis... quatre jours! [3] Mais déjà une lettre de Ficin

---

1. Voir ch. I, p. 176, n. 1.
2. G. PIERACCINI, *op. cit.*, p. 108, cite une lettre de sa mère du 29 octobre
1473, qui prouve à quel point toute la famille s'intéressait au succès de l'entreprise : « Expectavamo chon desiderio tu facessi chon esso noi questo Ognis-
santi. Hora perche intendiamo te voler dare principio ad questo Studio prima
che di costi parta, poiche non tu insieme chon li amici possa per nostro amore
godere. Mandianti : oche, marroni, et ravignoli. »
3. FICINI *Op.*, I, 620, 2 : « Cum istinc, huc iucundissime Marsili, me reci-
perem, tecum verbis egi, atque impetravi, ne absentes diutius literas tuas
desideramus. Quod quidem facturum te recepisti, verum cum quatuor iam
post discessum dies praeterierint, neque adhuc tuae literae perferantur, cum

était en chemin. Laurent la recevant est confus d'avoir tancé son ami, mais espère que la leçon ne sera pas perdue : « Je ne veux pas savoir, écrit-il, pourquoi tu ne m'écrivais pas, l'essentiel est que j'aie ta lettre, car rien ne m'est plus agréable et ne me cause plus de joie. » Puis ayant répondu à ce que lui disait Ficin, il se félicite que leur amitié réponde si bien à la doctrine du *De Amore*[1]. Ficin ne pouvait que s'en réjouir et si nous voulons juger de la sincérité de ses sentiments vis-à-vis de Laurent, il n'est besoin que de lire la lettre qu'il lui adressait quelques jours plus tard : « Si tu ne veux pas que je te remercie, disait-il au Prince, permets-moi du moins de remercier Dieu d'avoir permis qu'en notre temps se trouvent réunis dans un citoyen si fortuné les sentiments les plus humbles à une intelligence exceptionnelle, dans un simple jeune homme la prudence et la puissance, dans un personnage si puissant la tempérance et l'audace et dans un homme si occupé la sagesse et l'éloquence. Sans aucun doute il y a en toi, Laurent, de grands dons. Et pour que personne ne me soupçonne d'adulation, ce qui serait indigne d'un homme, qui est philosophe et qui t'aime beaucoup, je dis que ces grands dons sont en toi et non qu'ils viennent de toi. Tu es, mon brave, et je sais ce que je dis, un instrument de Dieu, apte à réaliser de grandes choses. Tu accompliras donc avec bonheur des choses admirables, tant que tu obéiras au divin artisan. Tu lui obéiras à la lettre, crois-moi, si tu lui demandes souvent qu'il te montre pourquoi tu dois lui obéir. Il te le montrera certainement, lui qui t'invite à demander avant même que tu lui demandes et qui te montre ce que et comment tu dois demander. Porte-toi bien, espoir de la patrie. Mais avant de terminer, je t'en prie, mon Laurent, tant pour l'Académie qui, par toi, est florissante, que pour cette patrie qui est tienne et qui t'est plus chère que tout, prends soin de ta santé, car si tu ne te portais pas bien, je ne crois pas qu'à l'heure actuelle l'Académie et la patrie pourraient se bien porter[2]. »

aliorum tamen familiarium et necessariorum nostrorum pleraeque perlatae ad nos fuerint, tuam in scribendo tarditatem et miror et doleo... Sed dices tu, quid ad Laurentium scribam?... Quaecumque in mentem veniunt. Nihil ex te proficiscitur non bonum, nihil cogitas non rectum, nihil itaque scribi a te potest, non nobis utile, non iucundum... »

1. *Ibid.*, I, 621, 3 : « ...Quos enim immortalis Deus coniunxit, homo non separet... Ita enim non vulgaris noster amor exigit, quod te non latere existimo; cum in eo libro quem *de Amore* scripsisti, cunctos amoris affectus adeo ex arte posueris, ut nihil in amore inveniatur, quod non eo libro legi possit, nihilque in tuo libro legatur quod in amore non sit. »

2. *Ibid.*, 622, 1 : « Quid agam in praesentia nescio, Laurenti, admirari me compellunt mirum in modum mirae literae tuae, exclamare Philosophicus pudet pudor. Agere gratias innumerabiles hortatur singularis humanitas et

Il serait superflu de commenter ce texte. Au reste le même courrier emportait une lettre au secrétaire de Laurent, Nicolas Michelozzi, qui nous montre sur quoi se fondait l'estime de Ficin pour son bienfaiteur. « Oh! qu'il est difficile de ne pas être envieux, écrit Ficin. Je crois que si ce qui est à Laurent n'était pas mien, je ne pourrais pas ne pas envier à ce jeune homme les biens si nombreux et si grands qu'il possède et qui sont vraiment ceux d'un vieillard... Déjà, poètes, depuis longtemps vous vous êtes inclinés devant ce laurier; orateurs, vous avez cédé à votre tour et voici que nous aussi, philosophes, nous capitulons. Mais par Jupiter, est-ce que les vieux qui n'ont rien à faire seront si vite et si facilement dépassés par ce jeune homme si occupé »? Puis ayant redit pourquoi il ne saurait envier Laurent, puisqu'ils sont l'un à l'autre, il ajoute : « Je dis ce que j'éprouve. Personne ne me fut plus familier que Cosme et personne ne me fut plus cher. J'ai connu en ce vieillard une vertu, qui n'était pas celle d'un homme, mais celle d'un héros. Or, voici que je retrouve en cet adolescent tout ce vieillard, le phénix dans ses cendres, la lumière dans le rayon. De notre Laurent émanent chaque jour, et de multiples manières, cette splendeur propre à Cosme, cette lumière pour la révélation des peuples latins et la gloire de la République florentine. *Lumen ad revelationem gentium latinarum et Florentinae Reipublicae gloriam* [1]. »

magnificentia tua, sed tua rursus dehortatur Epistola. Permitte saltem, mi Laurenti, precor, ut summo Deo gratias agam, quod statueris temporibus nostris in cive fortunato affectum humillimum cum excelsa mente, in adolescente privato prudentiam cum potentia, in potente abstinentiam cum licentia, in occupatissimo sapientiam cum eloquentia, copulare. Magna in te sunt, Laurenti, proculdubio magna. Et nequis forte adulationis vitium suspicetur, quod a viro et philosophante et amicissimo esse debet alienissimum in te non ex te, dixi magna, Deus enim omnipotens mirabilia fecit solus. Instrumentum Dei es, o bone vir, aptum, scio quid loquor, ad magnifica perpetranda... Obsecro te, mi Laurenti, cum per Academiam quae per te floret, tum vero per patriam hanc tuam, patriam quae tibi prae caeteris chara est, ut bonae valetudinis curam habeas, nisi enim tu bene valeas, non puto iis temporibus, bene vel Academiam vel patriam posse valere. »

Laurent devait être effectivement malade car dans une lettre à Michelozzi (640, 1), Ficin dit : « Curate valetudinem eius diligentissime, est enim publica vita. »

1. *Ibid.*, 622, 2 : « O quam difficile est, mi Nicolae, o quam difficile nunc invidia non pulsari? Ego forsitan Nicolae, nisi quae Laurentii sunt, mea quoque essent, non possem, tot, tanta, tam senilia bona adolescenti non invidere. Dic, amice, rogo, quis eloquitur elegantius? Quis probat acutius? Quis mulcet dulcius? Quis concitat vehementius? Cessistis iampridem Lauro Poetae, cessistis oratores modo, *iamiam* Philosophi cedamus... Nemo magno Cosmo me familior fuit, nemo charior. Cognovi in eo sene non humanam virtutem sed Heroicam. Agnosco *nunc* in isto adolescente penitus, agnosco totum illum senem, phoenicem video in phoenice, in radio lumen. Emicat

Cette application du *Nunc dimittis*, qui s'explique en partie par la date de la lettre, est cependant assez inattendue, d'autant plus qu'en post-scriptum Ficin ajoute que Dieu a donné au jeune prince les trois Grâces décrites par Orphée : la beauté, la gaieté et la vigueur[1]. Mais nous en verrons bien d'autres. Le principal est que nous ayons la preuve que la « fortune jalouse » n'avait en rien troublé ses rapports avec Laurent et que l'Académie était alors florissante. Il n'est pas sans intérêt non plus de le voir juger des qualités de celui que l'histoire devait nommer le Magnifique, en fonction de celles de son grand-père, sans faire la moindre allusion à son père. C'est d'ailleurs toujours cet exemple qu'il devait lui rappeler en toute occasion et en particulier quand il le voyait perdre son temps. En dépit d'une nonchalance native, Ficin avait vraiment la hantise du temps perdu et ne manquait jamais de répéter à ses amis qu'ils devaient profiter du jour qui passe pour acquérir un peu de science ou de vertu. Il écrit à Cavalcanti : « Rien n'est plus grave que la perte du temps » et à Antonio Pazzi : « Qui n'apprend que demain n'apprend jamais[2]. » Contraint à l'inaction par la maladie, son seul remords est d'avoir perdu du temps. Donc que nous sachions ou non ce qu'il fait, une chose est sûre : il travaille. C'est ainsi qu'intrigué par cette « fortune jalouse » qui l'a distrait de sa traduction et inquiet de son silence, nous apprenons coup sur coup, en 1474, qu'il a rédigé sa *Theologia platonica* en dix-huit livres, qu'il a été ordonné prêtre et qu'il compose un *De Christiana Religione*. On comprend dès lors qu'il ait dû remettre à plus tard la mise au point de sa traduction et l'on serait même tenté de bénir la fortune qui l'en a distrait.

Nous savions déjà, il est vrai, qu'après « avoir cherché pendant dix ans par de longs détours » les preuves de l'immortalité de l'âme, il avait « en cinq ans écrit dix-huit livres sur ce sujet[3]. » Or, comme nous avons démontré que ces dix années de recherches avaient commencé vers 1458, on pouvait légitimement supposer qu'il avait rédigé sa Théologie immédiatement après son *Commentaire sur*

---

iam ex Laurentio nostro foras Cosmianus splendor ille multis quotidie modis; lumen ad revelationem Gentium Latinarum et Florentinae Reipublicae gloriam... »

1. *Ibid.* : « Tres enim illas opto Gratias Medici nostro propitias fore, quae ab Orpheo describuntur, scilicet splendorem, laetitiam voluntatis, viriditatem corporis et fortunae... »

2. *Id.*, 625, 3 : « Nulla est gravior iactura quam temporis ». — 617, 2 : « Bene disce et disce precor hodie. Qui cras discit, numquam discit. » — 646, 2 : « Laurenti, in hac infirmitate nihil acrius animum affligebat quam inutiliter transacti temporis recordatio. »

3. Texte cité p. 349, n. 2.

le Banquet qui, rappelons-le, fut achevé en juillet 1469. Deux textes cependant nous permettaient d'en douter, car Ficin y déclare sans équivoque qu'il n'a rédigé sa Théologie qu'après avoir traduit Platon et comme la chose paraissait logique, notre hypothèse risquait d'être compromise [1]. Désormais le doute n'est plus possible et nous avons même, dans cette apparente contradiction, la preuve que sa traduction proprement dite était achevée en 1469 et qu'il ne l'a reprise sous « d'heureux auspices » que pour en corriger la lettre et l'enrichir de commentaires ou d'arguments.

En tout cas il est certain qu'en 1474 sa *Theologia platonica* était achevée. Trois lettres, qui sont ou doivent être datées de cette année, prouvent en effet que ses amis avaient pu même en prendre connaissance.

Ainsi Laurent, pour expliquer un phénomène de télépathie, lui écrivait le 21 janvier : « Je crois, si j'ai bonne mémoire, que c'est Plotin qui a émis cette opinion sur l'âme, que tu as mentionnée dans ta *Théologie Platonicienne*, à savoir que nos âmes peuvent être partout à la fois [2]. » Puis, dans une lettre du 16 avril, Ficin lui-même disait à Cavalcanti à propos de l'unité de l'intellect : « Nous en avons assez discuté l'un et l'autre dans ta villa de Regnano, quand Marsile, ton hôte, rédigeait son grand volume de *Théologie* [3]. » Enfin dans une lettre à Carlo Marsuppini, il écrivait le 1er mai, pour interpréter un de ses songes : « J'ai immédiatement pensé à ce que j'avais dit à ce sujet dans le livre de l'*Immortalité de l'Ame* [4]. » Au surplus nous apprenons par une autre lettre,

---

1. FICINI *Op.*, I, 78 : *In Platonicam Theologiam...* Praemium : « ...Quamobrem quisquis Platonica (quae iamdiu omnia Latina feci) diligentissime legerit... ». — *Id.*, p. 493 : *In librum de Vita Praemium :* « ...Iamdiu sub Platone salutarem animorum exercui medicinam, quando post librorum omnium eius interpretationem, mox decem atque octo de immortalitate libros et aeterna felicitate composui. »

2. *Id.*, I, 621, 3 : « Credo iam, doctissime Marsilii, illam esse Plotini, si recte memini, de anima sententiam que a te in Theologiae libro posita est animas scilicet, nostras eodem tempore ubique esse... Pisis XII Kalendas Februarias MCCCCLXXIII/74. »

3. *Id.*, I, 628, 2 : « Satis superque haec in agro tuo Regnano, ego ac tu invicem disputavimus, quando Marsilius hic hospes illic tuus grande illud componebat Theologiae volumen. »

4. *Id.*, I, 639, 2 : « ...Surgenti paulo post e lecto reddita mihi est Epistola tua, ex qua subito re ipsa cognovi, quod in libro de immortalitate animi disputaveram, matutina somnia saepe nonnihil vaticinii continere... »

Cette lettre qui, dans l'édition, n'est pas datée, porte la mention : 1er mai MCCCCLXXIII. *Pomini* dans trois manuscrits (*Laur. Plut. LI*, 11 — qui était l'exemplaire de Laurent — *Laur. XC, sup. 40* et *Riccardianus 797*). Cf. *Sup. Fic.*, I, 27.

sans date et sans doute égarée dans les premières pages de sa Correspondance, qu'on lisait son ouvrage à l'Académie pour amorcer les discussions [1]. Ficin le cite également quatre fois dans son *De Christiana Religione*, qui est de 1474 [2] et Landino s'y réfère dans ses *Disputationes Camaldulenses*, qui, il est vrai, n'ont pu paraître qu'après le 20 août 1474, puisque l'ouvrage est dédié au duc d'Urbino et que c'est seulement à cette date que ce titre lui fut conféré par Sixte IV [3]. Donc il est hors de doute que la *Théologie platonicienne* était achevée en janvier 1474 et nous savons même maintenant qu'elle fut rédigée au moins en partie à Regnano chez Cavalcanti : ce qui n'est pas sans intérêt.

Nous ne devons pas oublier, en effet, que c'est à Cavalcanti que fut dédié le *De Amore*, à une époque où Ficin semblait quelque peu désorienté, puisque après avoir abandonné son Commentaire du *Philèbe*, il avait traduit le *Monarchia* de Dante au lieu de reprendre son Platon. Or le fait qu'il a écrit sa Théologie chez cet ami, dont il disait dans une lettre du 27 juillet 1473, qu'il avait été « au cours de sa navigation son Achate, son havre et son réconfort [4] », prouve bien que l'avènement de Laurent ne lui avait pas apporté immédiatement tout ce qu'il en pouvait attendre. On aurait tort de croire cependant qu'il n'ait entrepris cette œuvre que pour bien remplir un temps qu'il eut souhaité consacrer à son Platon latin.

La vérité est que, bien avant la mort de Pierre, la fortune s'était montrée jalouse de son œuvre et que c'est de l'échec de son com-

---

1. *Id.*, I, 609, 2 : Cum primum tertiana notha medicinis nostris expulsa, una cum Ioanne Aurelio Academiam nostram, tanquam medicum tuum salutavisses, citharae sonum cantumque hymnorum postulasti a nobis et impetrasti. Deinde multa sparsim in nostra illa Theologia legisti...

2. En fait, la *Théologie Platonicienne* est citée, non pas une fois, comme le note DELLA TORRE, mais quatre fois : FICINI *Op.*, I, p. 3 : « Quoniam vero de communi religionis veritate, providentia dei, animorum divinitate in Theologia nostra latissime disputavimus, haec de his ad praesens breviter dicta sufficiant » (cité par DELLA TORRE), p. 12, ch. IX : « Communem religionem neque a stellis, neque ab hominibus quibusdam, neque a morbo esse, sed a Deo... in Theologia nostra probavimus », p. 20, ch. XVI : « ...anima hominis quodammodo omnia in Theologia nostra disputavimus », p. 50, ch. XXVIII : « Rationes autem resurrectionis in Theologia nostra... adduximus... »

3. LANDINO, *Disputationes Camaldulenses. Edit. cit.*, f. 80 v. : « ...Censet Plotinus omnium hominum animas ad eundem vitae habitum redituras. Haec igitur et qualia sint et quanti facienda facile ex eo libro percipies quae nondum expolitum in manibus hic noster Marsilius habet... »
Cf. PASTOR, IV, p. 245 et suiv.

4. FICINI *Op.*, I, 631, 2 : « Statuit nos arbitror Deus in terra eadem voluntate moribusque similibus, in coelo sub eadem idea paribusque felicitatis gradibus vivere. Vale nostrae navigationis Achates, ac portus denique condimentum. »

mentaire du *Philèbe* qu'est née la Théologie et accessoirement son *Commentaire du Banquet*. S'il est vrai, en effet, qu'il a mis cinq ans à composer sa Théologie, il a bien fallu qu'elle fut commencée dès 1468, puisqu'en janvier 1474 Laurent l'avait déjà lue. Au reste nous savons que, si le 8 novembre 1468 on avait parlé de l'Amour au banquet de Careggi, le problème de l'immortalité de l'âme avait été abordé au banquet organisé à Florence par Bandini[1]. N'est-ce pas la preuve que Ficin avait déjà entrepris ou était sur le point d'entreprendre sa Théologie? Il suffit de lire attentivement le *De Amore* pour voir que déjà les thèses fondamentales de la Théologie y sont exposées. Il est vrai que Ficin n'y fait aucune allusion, mais, en supposant même qu'il ne s'agisse pas d'une addition, ce n'est qu'au livre VI de sa Théologie qu'il cite son *De Amore*[2].

Il est, par contre, assez étrange de l'entendre nous dire qu'il a rédigé son grand ouvrage à Regnano. Faut-il en conclure qu'il a quitté Florence pendant des mois et même des années? Assurément non. D'ailleurs il ne dit pas « j'ai composé », mais je « composais » et nous avons de multiples preuves que pendant ces années l'Académie est demeurée vivante et active Au reste, il ne convient peut-être pas de trop s'attarder sur ce silence, car il est bien évident que Ficin n'a songé à réunir sa Correspondance qu'à partir de 1474 et les quelques lettres, antérieures à cette date que nous y trouvons, prouvent par leur petit nombre qu'il devait y en avoir beaucoup d'autres.

La plupart d'ailleurs sont adressées aux Médicis ou à Cavalcanti et nous assurent que Ficin demeurait en rapport constant avec ses bienfaiteurs ou ses amis. C'est ainsi qu'il félicite Laurent d'avoir accueilli dans sa maison en 1473 le jeune Politien, qui, l'année précédente, lui avait dédié sa version de *l'Iliade*[3]. De même il se fait un devoir et une joie de présenter à Laurent et à son frère

---

1. FICINI *Op.*, I, 657, 2.
2. *Id.*, 130 : allusion au ch. IV du 2e discours (II, 1325). Le *De Amore* est également cité, p. 267, 306 et 403.
3. *Id.*, I, 618, 2 : « Divites alii, ferme omnes, ministros nuntiunt, tu sacerdotes Musarum nutris. Perge precor, mi Laurenti, nam illi voluptatum servi evadent, tu vero Musarum delitiae, summus Musarum sacerdos Homerus in Italiam te duce venit, et qui hactenus circumvagus et mendicus fuit, tandem apud te dulce hospitium apertum reperit. Nutris domi Homericum illum adolescentem Angelum Politianum qui Graecam Homeri personam Latinis coloribus exprimat. Exprimit iam atque id quod mirum est, in tam tenera aetate ita exprimit, ut nisi quis Graecum fuisse Homerum noverit, dubitaturus sit, e duobus, uter naturalis sit, et uter pictus Homerus. Delectare iis pictoribus Medices, ut coepisti, nam, caeteri pictores parietes ad tempus ornant, hi vero in aevum habitatores illustrant. »

Julien les œuvres de ses amis. Ainsi un poème de Naldo Naldi et
les *Declamationes* de Benedetto Colluci, dont le témoignage nous
fut déjà précieux et dont cette œuvre mérite de retenir notre
attention [1].

Ce rhéteur, qui a passé sa vie à enseigner la grammaire de ville
en ville et à composer de solennelles et solides exhortations à la
croisade contre les Turcs, a dédié son ouvrage à Julien de Médicis.
On regrette que la dédicace ne soit pas datée, mais une allusion à
la mort du cardinal Forteguerri (21 décembre 1473) nous permet
d'inférer qu'il fut écrit en 1474. Comme le titre l'indique, il ne
s'agit pas d'un dialogue, mais d'une suite de discours que pro-
noncèrent successivement pendant trois jours, dans le « gymnase »
de Ficin, les Académiciens les plus notoires [2]. Suivant la méthode
du *De Amore* et des *Disputationes Camaldulenses*, Colucci met en
scène les personnages les plus représentatifs de l'Académie et
emprunte leur voix pour exposer ses propres idées, mais là encore
il est vraisemblable que le cadre n'est pas pure fiction et nous
sommes d'autant plus porté à le penser, que Ficin y joue le rôle
qu'il s'attribuait lui-même, quand il nous parle des réunions de
l'Académie.

Donc, s'il faut en croire Colucci, Ficin, qu'il connaissait de
longue date, puisque nous les avons rencontrés près de Cosme en
1459, aurait demandé à cinq de ses amis, quinze jours avant
Noël, de préparer cinq discours à l'adresse des princes d'Italie
pour les engager à s'unir pour lutter contre Mahomet II [3]. La chose
est fort possible, car à l'Académie les questions politiques n'étaient
point négligées et nous verrons Ficin lui-même exhorter les uns

---

1. *Id.*, I, 618, 3. Les *Declamationes* qui se trouvent dans le *Laur. Plut.
LIV*, 9, ont été éditées par Frugoni, Firenze, 1939. Mehus, qui a édité son *De
Discordiis Florentinorum*, en 1747, a fait précéder ce texte d'une note bio-
graphique, p. XIV-XXXII. Voir aussi A. CHITI, *Alcune notizie su Benedetto
Colucci*, *Bullettino Storico Pistoiese*, anno II (1900), p. 81-98.

2. B. COLUCCI, *Declamationes. Proemium ad Julianum Medicem*, f. 1 :
« Huius nostri incepti quod quidem pro religione nostra suscepimus, Marsilius Ficinus phylosophus gravissimus, auctor et princeps a nobis non iniuria
factus est. Quippe cum in tali viro magna auctoritas sit, apud eos precipue
qui vere phylosophiam sectantur, dignitatem eius demissam orationem nostram extollere arbitramur. Foelicissimo namque die, quo immortalis regum
Regis natalitia celebrantur, cum Marsilio principe nostro in gymnasio suo
convenerant Naldus ac Alexander Braccius duo eloquentissimi viri, Nicolaus
Michelotius et Angelus Politianus foelices contubernales tui, eos adiere
quinque prestantes ex nobilitate huius civitatis iuvenes : Paulus Antonius
videlicet Soderinus, Johannes Cavalcantes, Bindaccius Ricasolanus, Franciscus Berlingherius iunior et noster Carolus Marsupinus. »

3. Cf. A. CHITI, art. cit., p. 86.

et les autres en faveur de la croisade. Toutefois, il est peu probabl
que cette réunion ait eu lieu à Noël 1473, car Ficin avait alor
d'autres préoccupations et nous savons que c'est surtout en 147
que le problème de la croisade, posé par Rome et brillamment dé
fendu par Bessarion, avait ému tous ceux qui s'intéressaient au
malheurs de la Grèce et aux conséquences de son esclavage.

Quoi qu'il en soit, au jour dit, les orateurs désignés se retrou
vèrent dans « le gymnase de Ficin » où avaient été également convié
Naldo Naldi, Alexandro Bracesi, Nicolas Micheloctio et Politie
désignés comme les « heureux compagnons », de Julien. On tira a
sort pour savoir qui commencerait et suivant l'ordre établi, o
entendit le premier jour Giovanni Cavalcanti faisant appel a
Pape, le second jour, Bindaccio Ricasolani et Paolo Antoni
Soderini, s'adressant, l'un au roi de Naples, l'autre au Sénat d
Venise et le troisième jour, Francesco Berlinghieri haranguant l
duc de Milan et Carlo Marsuppini, la Seigneurie de Florence[1]
C'était assurément assez monotone. Mais Ficin était là, et voyan
que les uns et les autres prenaient les choses au tragique, il esquissa
comme à l'ordinaire, un sourire fort à propos *(subridens, ut sib
mos est)* et prenant sa lyre il se mit à chanter quelques vers d
l'Enéide[2]. C'est ainsi qu'il procédait à l'Académie, quand on avai
discuté d'un problème ardu, pour détendre ou calmer les esprits
Bien plus, et cela parce que Colucci, sans doute tenait à donner u
rôle à chacun, Ficin au terme de la première journée invita ceu
qui n'avaient pas de discours à prononcer à faire preuve d'élo
quence en vantant à tour de rôle les vertus de Laurent. Enfin
au soir du dernier jour, ayant chanté sur sa lyre :

Magnae spes altera Romae[3]

il tient à faire la louange, dans une brillante péroraison, de ceu
qui ne purent assister à cette joute oratoire : Donato Acciaiuoli

1. B. Colucci, *ibid.*, f. 1, v. : « His quin decim ante dies Ficinus statuerat
ut in tali sollennitate quisque eorum declamationem conditam haberet, in
qua ad suscipienda arma contra barbarorum immanitatem nostri hortarentur
Sorte igitur Johanni Cavalcanti prima oratio ad Pontificem Romanum con-
tingerat, qui cum iam sublimiorem quendam locum ascenderet, ego et Maria-
nus Pistoriensis, quibus semper Marsilii domus patuit, divino numine ad
Michelotium tendebamus. »

2. *Ibid.*, f. 14 : « Sed ubi Ficinus graviore nos teneri dolore sensit quam eos
qui phylosophiam profitentur deceat seque etiam egerrimum sublevandum
censeret, subridens ut sibi mos est, nos aspexit. Catenas inquit barbaras cer-
vicibus nostris iam impositas esse arbitramini. Et accepta cythara Maro-
niana hec carmina divine cecinit : Quod votis optastis adest ».

3. *Ibid.*, in fine : « Ficinus vero accepta cythara magne spes altera Roma
multaque vatis carmina more suo facundissime cecinit ».

Iarco Parenti, Rinuccini, Bartolomeo Scala, qui dit-il vient
'être nommé citoyen de Florence, Landino qu'il sacre « clarissimus
ates et sacratissimus praeceptor », Bernardo Nuzi et Gentile
Secchi, qui est sur le point de quitter Florence pour Arezzo [1].

Mais ne soyons pas dupe, Colucci a surtout cherché un cadre
our réunir en un traité les « lettres ouvertes » les plus brillantes
u'il avait composées à l'adresse des princes. Qu'il ait beaucoup
rêté à Ficin, c'est probable, mais on ne prête qu'aux riches et il
emble bien que tout en faisant la part de l'enthousiasme de
auteur, qu'il nomme précisément « Mercurii comes » Ficin ait
ccepté les responsabilités qu'on lui attribua dans la circonstance.
'résentant l'œuvre à Julien, en même temps que le poème de
Naldi, il écrivait : « Il ne me convient pas de louer beaucoup ces
eux ouvrages, car en louant ceux qui me louent, j'aurais l'air
e me mettre en valeur. Je tairai donc les talents de ces peintres.
Regarde attentivement leurs tableaux, la peinture parlera. Lorsque
e peintre parle, il parle mal; lorsque la peinture parle, elle parle
ien. Une œuvre qui attend plus de succès d'un autre que d'elle-
nême est nulle, car la qualité d'une œuvre ne dépend pas de celui
ui la juge... [2] »

---

1. *Ibid.*, f. 16 : « Vos autem, Achademici, animadvertistis quanta arte
aec juventus usa sit, quae nostros principes summis extulit laudibus, ut
anctissimum suaderet inceptum. De gloria profecto eorum et immortalitate
gitur. Utinam sapiant, quod votis et horatione hortamur. Hi optimi adoles-
entes pietatis officio satisfecisse videntur : reliqua sibi assumant egregii
ratores, quibus nostra civitas maxime pollet. Nam quid Donato Acciaiolo
acundius? Quid Marco Parente eruditius? Quid Renuccino gravius optare-
ur? Bartholomaeus vero Scala qui nuper huic civitati ob facundiam civis
scriptus est; Landinus clarissimus vates, vesterque sanctissimus praeceptor,
Bernardus (Nuzzi) elegantissimus rector quanto admiratione digni sunt!
entilem (Bechi) vero nulli imparem, Aretii Episcopatus ex nostra urbe sece-
ere postulavit. Hos imitemus et hos emulemur, nec unquam magna et
raeclara ingenia invidia prosequamur. Tu vero, Benedicte Pistoriensis, si
uid apud te Marsilium posse censes, quae tribus his diebus dicta sunt col-
gas (non enim diffido memoriae tuae), et opusculum conficias; illudque
uivis, praeterquam Juliano Medici, dedicandum cures? » Et Colucci répond :
Princeps noster, Marsili, vosque facundissimi socii, nihil, meminisse valerem
b gravem moestitiam, qua sum confectus. »

2. Ficini *Op.*, I, 618, 3 : « Accipite laeto animo, Medices, Naldi Florentini
Poema, et Benedicti Colucci Pistoriensis declamationes. Alter est Phoebi
elitiae, alter Mercurii comes. Non libet eos parce laudare, cum videantur
upra modum esse laudandi. Non libet eos mihi laudare multum ne lauda-
ores laudando meos, meipsum extollere videar. Tacebo igitur ego horum
ictorum virtutes, inspicite ipsi tabulas diligenter, pictura loquetur. Cum
oquitur pictor, loquitur male, cum pictura loquitur, bene loquitur. Vanus est
pifex, qui ab alio magis quam ab ipso opere expectat honorem. Non pendet
peris virtus ex iudice, sed opus iudici commendat artificem. »

En tout cas, que cette peinture nous ait dit ou non la vérité, il est bien évident que Colucci n'aurait pas pu peindre ce tableau si Ficin, à cette époque, n'avait pas été effectivement le « prince de l'Académie ». Philelphe lui-même, dans une lettre en grec, datée de Milan, le 30 octobre 1473, témoigne de l'autorité dont jouissait alors l'interprète de la pensée de Platon. Voici d'ailleurs ce texte que nous croyons utile de citer, car il est le seul qui puisse nous permettre de juger des relations qu'entretenait l'exilé florentin avec le maître de l'Académie.

« Mon très cher Marsile, la lettre que tu m'as écrite m'a déjà fait connaître, malgré sa brièveté, ton savoir, ta bonté et aussi ta vive affection pour moi. Pour cette raison, je te sais gré de tes sentiments amicaux, et j'applaudis sans réserve à ton excellente nature et à ton amour du travail. Je ne m'étonne d'ailleurs nullement que, vivant dans la société de notre bon et vertueux Laurent de Médicis, tu saches, toi aussi, parler et penser comme il convient.

« J'ai été heureux d'apprendre que ce que j'ai récemment écrit sur les Idées ne t'a pas paru étranger à la vérité platonicienne. Cependant la multitude, qui est privée d'instruction et ignore par conséquent la vérité, croupit dans les ténèbres; d'autres, au contraire, gens envieux et méritant pour cela même d'être châtiés comme ayant des mœurs perverses et brutales, d'autres, dis-je bien qu'ils connaissent la vérité, n'en suivent pas moins de propos délibéré la route des aveugles et cela à cause de l'ulcère qui leur ronge le cœur. Mais mon Laurent et toi, vous détestez le mensonge et vous n'avez que de bonnes et saines pensées. Je vous en félicite et je te prie de croire qu'il n'est rien de plus utile que de se livrer à la recherche de la vérité. C'est là un exercice éminemment divin. Porte-toi bien, tête très chère [1]. »

Il est probable que cette lettre n'était pas absolument désintéressée, car le vieil ennemi de Cosme ne manquait jamais l'occasion de flatter Laurent, pour revenir à Florence; elle prouve néanmoins que la réputation de Ficin était bien établie et que son influence n'était pas négligeable. Il n'avait cependant pas que des amis. Lui-même nous en informe dans une lettre au « poète homérique » Politien, et bien qu'il nous soit difficile d'identifier ses adversaires, ce qu'il nous dit de leurs procédés à son endroit nous permet de juger de leur délicatesse et du crédit qu'ils méritaient.

« Tu me dis, écrit Ficin, que certaines lettres portant ma signature circulent, et qu'elles sont plutôt inspirées d'Aristippe et en

---

1. E. LEGRAND, op. cit., p. 167-168.

partie même de Lucrèce que de Platon. » Voilà ce qu'avaient imaginé ces hommes sans scrupules! Mais Ficin ne s'en indigne même
pas. « Si ces lettres sont de moi, poursuit-il, elles ne sauraient être
telles, et si elles sont telles, c'est qu'elles ont été rédigées non par
moi, mais par mes détracteurs, car chacun sait que depuis mon
enfance je suis le divin Platon. » Puis il fixe les critères qui doivent
permettre de reconnaître ses lettres et par voie d'opposition de
démasquer les faussaires : « Tu discerneras facilement mes écrits
parmi les autres par ce signe : dans mes lettres il y a toujours,
autant que mon talent le permet, un propos de Morale, de Philosophie naturelle ou de Théologie. Que si néanmoins il est question
d'amour, il s'agit d'un amour inspiré de Platon et honnête et non
d'un amour dérivé d'Aristippe et lascif. Quant aux louanges, elles
sont méritées et ne font qu'exhorter et mettre en garde, sans
jamais tomber dans l'adulation. Enfin, il y a peu de mots superflus,
car je me suis fait un devoir dès que j'ai commencé d'écrire, d'être
aussi bref que possible, car nous avons si peu de temps, qu'écrire
pour ne rien dire est plutôt le fait d'un philologue que d'un philosophe. Et comme il y a très peu de gens qui savent une foule de
choses, ceux qui parlent beaucoup disent souvent des choses fausses
ou inutiles, quand ce n'est pas les deux à la fois : ce qui est contraire
à la dignité d'un homme et encore plus contraire au rôle du philosophe [1]. »

Donc ces lettres pastiches devaient être longues et présenter
notre auteur comme un flatteur et un efféminé. A vrai dire, nous
n'en sommes qu'à demi surpris. Quoi qu'il en dise, ses lettres,
surtout quand son cœur les dicte, sont souvent prolixes et déjà nous
avons souligné que leur ton pouvait paraître équivoque. Le procédé n'en est pas moins abject, et puisqu'il s'est trouvé des hommes

---

1. Ficini *Op.*, I, 618, 1 : « Circumferuntur, ut ais, Epistolae quaedam
meo nomine quasi Aristippicae, et quadam ex parte Lucretianae, potius
quam Platonicae. Si meae sunt, Angele, non sunt tales, si tales, non sunt
meae illae quidem, sed a detractoribus meis confictae. Ego enim a teneris
annis divinum Platonem, quod nullus ignorat, sectatus sum. Sed facile hoc
signo scripta nostra discernes ab alienis : in epistolis meis sententia quaedam
semper pro ingenii viribus aut moralis, aut naturalis est, aut theologica.
Quod si quid interdum quodammodo amatorium inest, Platonicum illud
quidem est honestum, non Aristippicum et lascivum. Laudes autem vere
tales ut exhortentur atque admoneant, non adulentur, verba pene nulla
superflua. Statui enim ab initio studiorum meorum semper quam brevissime
possem scribere, nam in tanta temporis brevitate loqui superflua philologi,
potius quam philosophi. Et cum paucissimi sint quibus multa sint nota,
saepe qui multa loquuntur, aut falsa, aut superflua loquuntur, aut utraque.
Omnia haec a viri dignitate aliena, a Philosophi professione alienissima.
Vale. »

assez vils pour l'employer, il faut croire que le mobile auquel ils obéissaient était sérieux.

A coup sûr il ne s'agissait pas d'une simple plaisanterie : on ne s'attaque pas à la doctrine ou aux mœurs d'un homme pour en rire. Manifestement ces gens visaient à ruiner le crédit de Ficin soit pour entraver son succès, soit pour contrarier ses desseins. Or, qui avait intérêt à entreprendre une telle besogne et qui voulait-on tromper? Il ressort de la lettre de Ficin que ces calomniateurs n'étaient point des philosophes. Cela nous rassure : c'était donc bien l'homme que l'on visait. Il s'agit de « philologues », mais entendons-nous bien, Ficin ne désigne par là que des gens qui se gargarisent de mots, et qui, tout en parlant pour ne rien dire, finissent néanmoins par séduire ceux qu'ils flattent. Perfides, ils n'avaient pas hésité à écrire ces lettres apocryphes, comme pour s'assurer une audience qui leur était refusée. Mais là où ils avaient leurs entrées ils ne restaient pas inactifs. Nous en avons des preuves et sans identifier ces vils personnages, nous pensons du moins les situer.

Une lettre de Laurent à Ficin nous prouve en effet que le Prince avait dû prendre sa défense[1]. Puis, quelques mois plus tard, c'est Ficin lui-même qui nous révèle que, si étonnant que cela puisse paraître, ses ennemis ont leur entrée au palais Médicis. Bien plus, le thème même de sa lettre et l'insistance avec laquelle, en lui rappelant l'exemple de Cosme, il lui recommande de ne pas perdre son temps et de s'amuser le moins possible, nous incline à penser qu'il s'agissait de ces joyeux drilles qui, avec Luigi Pulci, vivaient dans l'entourage du Prince et exerçaient sur lui une influence plus ou moins néfaste. « N'écoute pas les flatteurs, lui dit Ficin, ne cède pas à ces détracteurs que l'on trouve dans tous les palais. Ils essaient de t'arracher les yeux et de te couper les mains, c'est-à-dire de te priver de tes amis. Mais Dieu, conclut-il, finira bien par confondre le mensonge et sauvegarder la vérité[2]. » Nul doute par conséquent que les ennemis de Marsile cherchaient à circonvenir Laurent. Il n'y a pas lieu de s'en étonner. Ces hommes qui s'amu-

1. *Id.*, I, 620, 2 : « Cum vero quae ego horis metienda ducebam, pluribus diebus metiri me opportet perspexerim, nullus iam patuit excusationis locus, atque ego qui defensionis tuae curam susceperam, coepi totó animo cogitare, quibus te modis cum plures in mentem venirent, accusarem. »

2. *Id.*, I, 647, 1 : « Sed volo hoc sigillo hanc Epistolam obsignari : neque audias unquam adulatores, neque obtrectatores ullos exaudias, quibus maxima quaeque domus abundat. Illi tibi oculos mentis eruere, isti manus tuas, id est amicos, amputare conantur. Mendacium tandem Deus ipse perdet, veritatem vero tuebitur. Soli Deo confide Laurenti, ego quoque confido Deo. »

saient de tout, n'ignoraient pas que Ficin condamnait leurs excès de langage et de conduite. Plus que ses principes, ils craignaient son exemple, et ce qui provoquait leur dépit et leur jalousie était moins ce qu'il disait que ce qu'il était. Mais si le mensonge laisse toujours après lui quelque trace, il est des limites qu'il ne saurait franchir sans se retourner contre ses auteurs. Laurent, indulgent à la critique et souriant à la satire, ne pouvait pas rester indifférent à la calomnie. Il connaissait trop Ficin pour laisser dire qu'il était disciple d'Aristippe et, c'eut été indigne de sa part, de laisser supposer qu'il avait pu écrire les lettres qu'on lui attribuait. Il faut croire pourtant qu'elles trouvaient des lecteurs naïfs ou complaisants et si nous pouvions savoir qui pouvait être dupe d'une telle manœuvre, nous serions sans doute en mesure de déceler les intentions de ceux qui l'avaient imaginée.

La lettre dans laquelle Laurent rappelle à Ficin qu'il a pris sa défense étant datée de Pise, on en peut inférer que c'est avant cette date que Marsile fut victime de cette cabale. Or, depuis que nous l'avons laissé en 1469 chez son ami Cavalcanti à Regnano, qu'est-il advenu? Sans aucun doute il a poursuivi la rédaction de sa *Théologie Platonicienne* puisqu'il en parle dès 1473, comme d'une œuvre achevée. Mais n'oublions pas qu'il avoue que, pendant cette même période, la Fortune ne lui fut point favorable, alors que l'avènement de Laurent aurait pu nous laisser supposer le contraire. Est-ce que son *Commentaire sur le Banquet* avait donné lieu à des réflexions malveillantes? C'est possible. Les propos d'Alcibiade, que notre Le Roy devait omettre par décence, n'avaient pas effrayé Ficin et bien qu'il ait hésité à commenter les passages les plus scabreux [1], il en avait profité pour dire, citant au besoin Lucrèce, tout ce qui pouvait être dit sur l'amour charnel et ses perversions [2]. Que certains s'en soient scandalisés, il n'y aurait pas lieu de s'en étonner.

1. L. LE ROY, *Le Sympose de Platon*, Paris, 1581, p. 173-174 : « Les propos ensuyvans d'Alcibiade et de Socrate sont pleins de grande liberté qui lors regnoit par toute la Grece, mesmement en Athenes, et me semblent ne pouvoir aujourd'huy estre honestement recitez. De maniere qu'achevé le discours d'Amour tant corporel et humain que divin, qui estoit le but de ce devis ou dispute, et ayant esgard à la qualité des personnes ausquelles ce labeur est adressé, j'ay esté conseillé par mes amis d'obmettre le reste que Platon a adiousté seulement pour plaisir, serfant au temps et à la licencieuse vie de son pays, sans proposer aux François parolles non convenantes à leurs meurs, ny convenantes à la religion Chrestienne.

2. M. F. *Commentaire*, éd. cit. : oratio VII, ch. VI, p. 251 : Il s'excuse... « Dicamne viri castissimi, quod sequitur, an potius praetermittam? Dicam certe postquam res ipsa postulat, etsi dictu videtur absurdum. At quis turpia non turpiter dixerit? »... et il a hâte de conclure ch. XII, p. 250 : « Sed ne diutius de insania loquentes insaniamus, sic brevibus concludamus... ».

C'est peut-être même pour cette raison, ou du moins par prudence, que Ficin a adressé les trois premières copies de cet ouvrage à trois dignitaires de l'Église : Jean Pannonius, évêque de Cinq-Églises, François Piccolomini, cardinal et archevêque [1] de Sienne et Jean-Antoine Campano, secrétaire dudit cardinal. Il est vrai qu'il s'agissait de trois humanistes distingués et en fait rien dans les dédicaces de ces manuscrits ne laisse supposer que l'auteur fut inquiet. Par contre, ayant traduit ce Commentaire en italien et l'adressant à Bernardo del Nero et à Antonio Manetti, il précise, comme s'il avait besoin de se justifier, que c'est « encouragé par Laurent de Médicis qu'il a traduit et commenté *le Banquet* » et souhaite que chacun le lise « sans négligence et sans haine [2] », ce qui donne à penser que des esprits superficiels ou mal intentionnés en tiraient des conclusions hâtives ou malveillantes.

Il se pourrait fort bien d'ailleurs, étant donné leur thème, que les lettres apocryphes aient été dictées par cette « haine », et fondées sur une interprétation malhonnête de certains chapitres du Commentaire. L'occasion était unique. Encore fallait-il trouver un prétexte pour que la calomnie ne restât pas sans écho. On n'eut pas à le chercher longtemps car à l'époque même où Ficin rédigeait son Commentaire et entreprenait sa Théologie, il avait sans doute décidé d'entrer dans un monde où, sans être ignoré, il était peut-être moins connu. On apprit, en effet, qu'il voulait se faire prêtre. L'instant de surprise passé, ses détracteurs mesurèrent toutes les conséquences d'une telle décision. Devenant prêtre, Marsile allait voir grandir son prestige et son autorité. Avec lui, Platon allait entrer dans l'Église et son Académie serait en quelque sorte consacrée. C'en était trop. Il fallait donc tenter de lui barrer le chemin du sacerdoce sans se soucier des moyens et le meilleur était évidemment de faire croire, à ceux qui le connaissaient mal, qu'étant disciple d'Aristippe il était indigne de devenir « soldat du Christ ».

---

1. *Vindobonensis Lat. 2472.* — *Vaticanus Lat. 2929* — *Chisianus Lat.* E IV, 122. — Voir notre édition du Commentaire, p. 265-66.

2. *Dello Amore, Proemium ad Bernardum Nerum et Antonium Manettum* : « El quale volume dirizzo principalmente a voi... Perche sono certo che lo amore, el quale vi manda el vostro Marsilio Ficino, con amore riceverete, e datete ad intendere a qualunque persona presumessi leggere questo libro con negligentia o con odio che non ne sara capace in sempiterno. Imperocche la diligentia dello amore non si comprende con la negligentia et esso amore non si piglia con lo odio. »

Chapitre VII

SERVITEUR DE DIEU
ET DÉFENSEUR DE FLORENCE

I. Par la grace de Dieu
et de Laurent le Magnifique.

La vocation religieuse de Ficin, que la plupart de ses biographes ont interprétée comme le dénouement d'une crise de conscience, pose assurément des problèmes dont il n'y a pas à se dissimuler l'importance et la délicatesse. Les motifs qui l'ont déterminé à se faire prêtre peuvent être en effet plus ou moins désintéressés. Les bénéfices ecclésiastiques dont disposait pratiquement Laurent ont tenté plus d'un de ses courtisans et l'on sait, qu'avare de ses deniers, il orientait volontiers ceux qu'il protégeait vers le sacerdoce, ce qui lui permettait, sans bourse délier, de s'assurer leurs services. Ainsi Ficin pourrait être comme Politien, Matteo Franco, Bellincioni, et quelques autres, un de ces prébendés, dont la vocation n'était pas nécessairement douteuse, mais dont l'activité était plus profitable à eux-mêmes qu'à l'Église. On est d'autant plus tenté de le croire, que Ficin lui-même a remercié Laurent non seulement de lui avoir effectivement assuré un bénéfice, mais, ce qui est plus étrange, de l'avoir élevé — et quidem honorifice — à la dignité du sacerdoce et d'être « l'auteur de sa profession » [1]. Nous verrons ce qu'il en faut penser. Mais avant tout, il importe de savoir quand Ficin a décidé de se faire prêtre, car il se peut que cette date nous éclaire sur le sens de sa vocation.

Aveuglé sans doute par le mot de Corsi : « ex pagano miles Christi » qui présentait la décision de Ficin comme une rupture avec un passé, spirituellement trouble, ses biographes n'ont en fait retenu qu'une date : celle de son ordination sacerdotale, comme s'il s'agis-

---

1. Ficini Op., I. — I, 2 et 621, 2.

sait de repérer dans le « Journal » d'un auteur la date de son mariage pour expliquer son changement de vie. Avouons que c'est une singulière façon de poser le problème, car, dans un cas comme dans l'autre, ce qui compte est moins le fait, que les conditions qui l'ont déterminé. On ne devient pas prêtre du jour au lendemain et c'est pourquoi, avant de considérer la date de l'ordination sacerdotale de Ficin comme un point de départ, il serait peut-être bon d'en faire un point d'arrivée à partir duquel, revenant quelque peu en arrière, nous pourrions fixer au moins approximativement l'époque à laquelle il prit cette grave décision.

La date exacte de son ordination nous est donnée par Salvini. Le savant chanoine mentionne, en effet, à plusieurs reprises dans ses Notes, d'une part, que « l'année 1473, le 18 septembre, qui était le samedi des Quatre-Temps, Marsile Ficin a été ordonné diacre au titre de son bénéfice à Florence, par Mgr Juliano, évêque de Citardo » et, d'autre part, que le 18 décembre de la même année il fut ordonné prêtre par le même évêque « de l'ordre des Frères Prêcheurs, vicaire du Cardinal, archevêque de Florence »[1], qui, en 1473, n'était autre que le fameux Pierre Riario. Nul doute par conséquent sur les dates, mais en outre ces textes nous apportent deux précisions qui ne sont pas négligeables. Nous constatons en effet que les interstices exigés par le droit canonique pour la collation des ordres majeurs ont été respectés, ce qui laisse supposer que Ficin fut ordonné sous-diacre aux Quatre-Temps d'été et prouve, par surcroît, qu'en la circonstance l'Église n'a point fait preuve de complaisance à son égard. Par ailleurs il est dit qu'il a été ordonné diacre « au titre de son bénéfice » : c'est dire, qu'avant le 18 septembre 1473, il était déjà pourvu d'un bénéfice ecclésiastique. Lequel et depuis quand? Il semble que nous ayons l'embarras du choix car à nouveau Salvini nous révèle en premier lieu que le 13 mars 1469-1470, Marsile s'est vu confier, en présence de son père « propositus de San Pietro maggiore » la chapelle de Santa Maria della Neve à Montevarchi, village natal de sa mère[2], et qu'ensuite il a été élu « piovano » de San Bartolomeo a Pomino en 1472 et il faut croire qu'il y résida puisque nous trouvons dans

1. Salvini, *Spogli sulle vite dei canonici fiorentihi dal 1400 al 1450*, t. VI : « Marsilio Ficino in Firenze ordinato sacerdote in di 18 dec. 1473 da Giuliano Vescovo Citardense dell'ordine Predicatori vicario del Cardles *(sic)*. L'anno 1473 il 18 settembre in giorno di Sabato 4° Tempore e ordinato diacono ad titulum sui beneficii in Firenze da Mos. F. Giuliano Vescovo Citardense. »

2. *Ibid.* : 1469, 13 mars. Collatio capellae S. Maria della Neve in Canonica Montis Varchii patronatus Familiae de Nannocis presentibus B. Marsilio illustr. Fecini medici propositus S. Petri maioris de Florentia.

sa Correspondance une lettre écrite de cette paroisse en mai 1473 [1].

Ainsi, sans qu'on puisse exactement savoir à quoi correspondaient ces titres, sans équivalent dans notre langue et surtout dans notre temps, il semble bien que trois ans au moins avant son ordination, Ficin s'orientait déjà vers l'état ecclésiastique. Assurément il ne pouvait s'agir que de bénéfices ou de distinctions honorifiques qui n'engageaient pas nécessairement l'avenir, mais cet état de choses n'en est pas moins symptomatique. Il l'est d'autant plus que de multiples indices viennent confirmer ces données.

Sans nous attarder au fait que Ficin a dû commenter le *Philèbe* à Santa Maria degli Angeli, qui servait fréquemment de cadre à des réunions académiques, il y a lieu cependant de souligner que le *De Amore* a été rédigé dans une perspective essentiellement théologique. L'interprétation du mythe de l'androgyne, comme une allégorie de la chute originelle, est de ce point de vue assez suggestive. Par ailleurs tous les Discours s'achèvent sur une exhortation pieuse et l'ouvrage lui-même se termine par une prière à l'Esprit Saint. Certaines réminiscences liturgiques qui apparaissent dans le texte, et qui nous ont permis d'en suivre la rédaction, prouvent dans quel climat vivait alors Ficin. Au reste n'est-ce pas un prêtre, Bandini qui est chargé d'organiser le banquet et nul doute que le titre d' « architriclinus », dont Ficin l'honore pour préciser son rôle, est emprunté au texte évangélique. Bien plus, c'est à l'évêque de Fiesole, Antonio degli Agli, qu'est primitivement réservée l'interprétation du discours d'Aristophane [2] et déjà nous avons dit que les trois premières copies de ce commentaire avaient été adressées à des dignitaires de l'Église [3].

Par ailleurs si nous nous reportons à sa Correspondance, nous trouvons deux lettres, qui certainement sont de cette époque, puisqu'elles précèdent la lettre de Bessarion datée de septembre 1469. L'une et l'autre sont adressées à des ecclésiastiques : Francesco Castiglione et Gregorio Epiphanio [4]. Or si Befanni, dit Epiphanio (1440-1499), n'a laissé que le souvenir de ses vertus et de son amitié pour Ficin, n'oublions pas que Castiglione, que nous avons déjà rencontré,

---

1. FICINI *Op.*, I, 639, 2.
2. Cf. MARSILE FICIN, *Commentaire sur le Banquet de Platon*, éd. R. MARCEL, Introduction, p. 136. — Le terme « architriclinus » d'un emploi fort rare désigne dans l'Évangile l'ordonnateur du banquet de Cana (Jean, II, 8-9). Nous avons signalé dans notre Introduction d'autres références aux textes liturgiques (mirabile commercium, ...in terra viventium) qui ne sont pas douteuses.
3. Voir Ch. VI, p. 402.
4. FICINI *Op.*, I, 616, 2, 3.

avait été secrétaire de saint Antonin et occupait alors une place de premier plan au collège des Théologiens dont il devait devenir doyen en 1471 [1]. Évidemment Ficin, dans cette lettre, se contente de le féliciter de son *Commentaire sur les Psaumes* et de se rappeler au bon souvenir d'un autre prêtre distingué, Georgio Antonio Vespucci (1434-1514) [2], mais étant donné le passé et la qualité du personnage, le fait n'est peut-être pas négligeable. Tant de coïncidences prouvent en tout cas que le climat est changé et que si Ficin a abandonné sa traduction de Platon, c'est qu'il a décidé, sans doute après sa rencontre avec Cavalcanti, de se consacrer à Dieu.

Il peut paraître étrange qu'il ne nous en ait point révélé les raisons. Peut-être a-t-il pensé qu'à travers ses œuvres nous comprendrions qu'il n'a fait que suivre l'exemple de son maître, saint Augustin, qui, ayant découvert la Vérité, avait renoncé au monde pour la servir. A défaut de *Confessions*, nous avons en effet un *Dialogue entre Dieu et l'âme*, dont l'inspiration n'est pas douteuse et qui, en tout cas, témoigne, comme nous l'avons démontré précédemment, d'une certaine évolution dans la pensée de Ficin. « Souvent, écrit-il à Michaele Mercati, nous avons discuté des problèmes de philosophie morale et naturelle et plus souvent encore des questions métaphysiques. Or, il me souvient que fréquemment tu répétais que la morale s'acquiert par l'usage, que la raison est l'instrument de la philosophie naturelle et que, c'est en priant, qu'on peut obtenir la connaissance des choses divines. J'ai lu aussi, dans notre Platon, que ces choses divines étaient plutôt révélées en raison d'une vie pure qu'enseignées dans des livres ou par des mots. » Et c'est alors qu'il ajoute : « Tandis que je réfléchissais sérieusement à ces problèmes et à d'autres du même genre, il m'est arrivé de pleurer en mon âme, comme quelqu'un qui déjà se méfierait de sa raison, sans se fier encore à la Révélation [3]. »

Cette lettre malheureusement n'est pas datée, mais, en supposant même qu'elle soit postérieure à l'époque qui nous occupe, — ce qui n'est pas démontré — il est certain que cette introduction, qui sert à la fois de préface et de dédicace au *Dialogue entre Dieu et l'âme*, se rapporte à une période antérieure. Manifestement Ficin

---

1. Cf. DELLA TORRE, *op. cit.*, 771.
2. FICINI *Op.*, I, 616, 2 : « Legi expositiones tuas circa Davidis Prophetae mysteria. Cupio exclamare, Francisce, sicut Deus Davidem reperit virum secundum cor suum, ita Davidem te virum secundum suum cor reperisse. Sed ubi adulationis suspicamur opinionem, innuere praestat quam explicare. Saluta Georgium Antonium Vespuccium virum humanitate doctrinaque insignem. Vale. »
3. *Id.*, I, 609, 3. Texte déjà cité ch. V, p. 346, n. 1.

fait allusion aux conversations qu'il avait eues avec Mercati, à l'époque où il commentait le *Philèbe*[1], et il suffit de se reporter à son *De Divino furore*, qui suit de près cette lettre, pour voir que l'allusion à Platon se réfère aux mêmes textes[2]. On peut donc en inférer légitimement que c'est vers 1467 qu'il a découvert en quelque sorte la méthode qui devait le conduire au Vrai, vers lequel il tendait depuis longtemps de toute son âme : ce que corrobore le fameux texte, déjà cité, dans lequel il nous a dit qu'il avait cherché pendant dix ans la solution du problème de l'âme avant d'entreprendre sa Théologie[3].

On comprend que certains, se souvenant sans doute du romantique : « j'ai pleuré et j'ai cru », aient pu parler de crise de conscience et de conversion. Ficin cependant a bien pris soin de souligner, comme pour exclure tout facteur émotionnel ou d'ordre sentimental, qu'il avait « pleuré en son âme ». C'est dire que seule la raison était en cause et c'est pourquoi, au lieu de concevoir un *Génie du Christianisme*, il a composé une *Théologie platonicienne*. Au reste il ne cache pas ses intentions : « Fort depuis longtemps de l'autorité d'Augustin et poussé par un immense amour du genre humain, écrit-il dans sa Préface, j'avais décidé de présenter un Platon aussi proche que possible de la vérité chrétienne. J'ai donc étudié les deux questions fondamentales (la religion et la divinité des âmes) et c'est pourquoi j'ai voulu intituler mon ouvrage *Théologie platonicienne* ou de *l'Immortalité des âmes*. En composant ce livre j'ai, à vrai dire, surtout pensé que dans cette divinité de l'âme, placée comme un miroir au centre du monde, nous pourrions, et voir les œuvres du Créateur, et tout en la contemplant, honorer l'Intelligence créatrice. » Le but de l'écrivain se confond donc ici avec la vocation du prêtre et pour qui serait tenté de l'oublier, il ajoute humblement : « Je crois, sans fausse modestie, que ce faisant, je n'ai fait qu'obéir à la divine Providence[4]. » On peut certes arguer que Ficin était déjà prêtre quand il a rédigé cette

1. *Id.*, II, 1252, voir ch. V, p. 346, n. 2.
2. *Id.*, I, 612, 2. — 615.
3. *Id.*, I, 782, 2, voir ch. V, p. 349, n. 2.
4. *Id.*, I, 78 : « Ego vero cum iam pridem Aureliana authoritate fretus summaque in genus humanum charitate adductus, Platonis ipsius simulacrum quoddam Christianae veritati simillimum exprimere statuissem ad illa quae dixi, duo prae caeteris diligenter incubui, ideoque universum opus Platonicam Theologiam de immortalitate animorum inscribendum esse censui. In quo quidem componendo id praecipue consilium fuit, ut in ipsa creatae mentis divinitate, ceu speculo rerum omnium medio, creatoris ipsius tum opera speculemur, tum mentem contemplemur atque colamus. Reor autem (nec vana fides) hoc providentia divina decretum... »

Préface, mais l'œuvre tout entière était là, pour témoigner des sentiments de son auteur et nous prouver qu'en l'écrivant, il a voulu pour ainsi dire donner un gage de la pureté de ses intentions et une sérieuse assurance de sa science et de son orthodoxie.

Il est probable, en effet, que l'autorité ecclésiastique se montra tout d'abord prudente et réservée sur cette vocation tardive. Elle n'oubliait pas qu'élevé dans la cléricature, Ficin l'avait désertée pour devenir médecin, et bien que depuis il ait, sur le conseil de Cosme, abandonné le soin des corps pour se consacrer à celui des âmes, son zèle pour Platon n'était pas sans inquiéter. Sans doute recevait-il en son Académie d'éminents ecclésiastiques et comptait-il déjà deux cardinaux parmi ses correspondants. Sans doute jouissait-il de l'estime des Princes et de maîtres incontestés. Mais certains chanoines n'ignoraient peut-être pas qu'il n'avait pas toujours été docile aux conseils de saint Antonin et en tout cas beaucoup savaient qu'il avait commenté Lucrèce. Il y avait donc lieu de se montrer circonspect et en tout état de cause, il ne pouvait pas prétendre à la prêtrise sans avoir donné des preuves de sa science théologique. Il est vrai que les problèmes qui depuis longtemps le préoccupaient étaient tellement liés aux données du dogme qu'on peut se demander jusqu'à un certain point, si ce n'est pas l'étude même de ces questions sur le plan théologique, qui l'a amené à se faire prêtre pour s'y consacrer tout entier.

N'oublions pas que c'est précisément en 1469 qu'il a lu l'*In calumniatorem Platonis* du cardinal Bessarion. Et qu'y a-t-il trouvé? Des textes de Platon habilement présentés? Sans doute; mais aussi de précieuses références aux docteurs de l'Église et en particulier à saint Augustin et à saint Thomas d'Aquin. Or, s'il était naturel de citer saint Augustin à propos de Platon, il a pu lui paraître étrange de voir le savant grec définir le Docteur Angélique *vir et acumine ingenii et omnium artium philosophiae studiis insignis* » [1] et peut-être s'est-il alors souvenu que saint Antonin lui avait recommandé de lire *la Somme contre les Gentils* pour ne point tomber dans l'hérésie. Quoi qu'il en soit, il est certain qu'il étudia cette œuvre avec soin avant de rédiger sa Théologie et nous croyons d'autant plus volontiers, que c'est à cette époque de sa vie et dans un but déterminé qu'il a lu cet ouvrage que jamais aupa-

---

1. BESSARION, *In Calumniatorem Platonis*, ed. Möhler, p. 93. — St. Thomas est cité 54 fois et St. Augustin 29. Il cite en outre St Basile (4 fois) les deux St Grégoire, St Cyrille, Boëce (6 fois), Denis l'Aréopagite (primus et summus Christianae theologiae auctor) (21 fois), Avicenne (19 fois), Albert le Grand (13 fois), etc.

ravant il ne l'avait cité. Castiglione, fidèle à la mémoire d'Antonin, dont il écrivait alors la vie, dut s'en féliciter et les bons rapports qu'entretenait Ficin avec ce « théologien »[1], témoignent peut-être de l'heureuse influence qu'il exerça sur lui à ce moment crucial de son existence.

Composant, sous le patronage de saint Augustin, une Théologie, qui, bien que platonicienne, s'inspirait pour une large part de *la Somme contre les Gentils*, Ficin levait tout naturellement une hypothèque qui pouvait faire obstacle à ses desseins. Toutefois il est probable qu'en 1473, elle n'était pas complètement achevée et en tout état de cause, il est certain qu'elle ne pouvait être alors connue que de ses amis les plus proches. Ses détracteurs pouvaient donc fort bien, dans l'ignorance de ce texte qui les condamnait d'avance, tenter de faire croire qu'il était plutôt disciple d'Aristippe que de Platon. Il n'est pas d'ailleurs de meilleur argument pour discréditer un prêtre ou empêcher quelqu'un de le devenir, que de semer un doute sur ses mœurs. Mais Ficin était trop connu pour qu'une manœuvre aussi grossière réussit et c'est sans doute à ce propos que Laurent, qui, au surplus avait déjà lu sa *Théologie platonicienne*, se fit un devoir de prendre sa défense.

Quant au rôle que Laurent a pu jouer pour « élever Ficin à la dignité du sacerdoce », il convient de lire les textes et de les interpréter en fonction du sujet et des coutumes du temps. Donc voici ce que nous révèle Ficin, dédiant au Prince son *De Christiana Religione* : « Ton aïeul, le grand Cosme, puis Pierre, ton pieux père, m'ont pris en charge dès ma plus tendre enfance pour me permettre de philosopher. Et toi récemment, voulant unir en moi, dans la mesure où tu le pouvais, et comme tu l'as déjà fait pour quelques autres, l'étude de la philosophie et l'exercice du culte, tu as élevé ton Marsile Ficin, et vraiment avec beaucoup d'honneur, à la dignité du sacerdoce[2]. » Puis, bien que ce texte soit antérieur au précédent, il le remercie de lui avoir attribué le « bénéfice » de la paroisse de Saint-Christophe à Novoli : « J'ai reçu de toi, écrit-il, beaucoup et de grands bienfaits *(beneficia)*, mais le plus grand et le plus agréable vient de m'échoir, avec l'église du divin Christophe »

---

1. FICINI *Op.*, I, 616, 2. Il devait même le nommer plus tard (821, 4) « conphilosophus noster ».

2. *Id.*, I, 1-2 : « Avus tuus, magnanime Laurenti, magnus Cosmus, Petrus deinde pius genitor, me a teneris annis, quo philosophari possem, suis opibus aluerunt. Tu nuper solens philosophandi studium in me, quoad posses, sicut in aliis nonnullis consuevisti, cum pietatis officio copulare, Marsilium Ficinum tuum sacerdotio et quidem honorifice, decorasti. »

(13 janvier 1473-1474)[1]. Enfin quelques jours après lui avoir dédié
son traité *De Christiana Religione* dans le même esprit, il le nomme
son salut après Dieu... *Salve, milies mea post Deum salus...* et
son unique patron (septembre 1474)[2]. Il est donc incontestable
que Laurent a usé de son autorité pour que Ficin fut ordonné
prêtre, comme il avait pu le faire effectivement pour Politien et
Matteo Franco par exemple[3]. Mais comment pouvait-il intervenir en ce domaine? De deux manières. D'abord en lui accordant des bénéfices sur lesquels il avait droit de regard et ensuite
en se portant garant près des autorités ecclésiastiques de la valeur
morale de son protégé.

Canoniquement un chrétien ne peut être ordonné prêtre, sans
que son intention, approuvée par ses supérieurs, soit annoncée
publiquement et soumise ainsi au jugement de la communauté
chrétienne à laquelle il appartient et qui, pour des motifs valables,
peut fort bien y mettre obstacle. Or, si pratiquement cette « publication » n'est qu'une formalité quand il s'agit d'un sujet qui, depuis son enfance, a franchi régulièrement les étapes du sacerdoce,
il n'en est pas de même quand il s'agit d'une vocation tardive. Une
enquête s'impose et l'autorité peut au besoin se contenter du patronage d'une personne de qualité. Cela est si vrai que Ficin lui-même,
dans une circonstance identique, témoignera en faveur de son
cousin, près de l'évêque de Cortone : « Bastiano Salvini, mon cousin, écrit-il, vient vers toi pour te demander de lui conférer le
troisième ordre sacré et, je pense, pour le recevoir. Mais toi, qui ne
connais pas cet homme et sais qu'il ne faut pas donner les choses
saintes aux chiens, tu me diras peut-être : « Mais Marsile, celui qui
sollicite un si grand don, doit être instruit, pieux envers Dieu et
juste envers les hommes. Or qui témoignera ou se portera garant
que tel est ce jeune homme? » Je te répondrai : « Vénérable Père, le
mot de Socrate : « Comme le vase, l'homme se juge au son. » Donc
à celui qui vient vers toi et se tait, dis simplement : « Parle pour

1. *Id.*, I, 621, 2 : « Multa abs te quondam et magna accepi beneficia,
Laurenti, nuper vero maximum atque gratissimum, videlicet divi Christophori templum... »

2. FICINI *Op.*, I, 646, 2.

3. Politien, cf. F. MENCKENIUS, *Historia vitoe... Angeli Politiani*, Leipzig,
1736, p. 101. — Matteo Franco, cf. ROSSI, *Quattrocento*, p. 357 : Grazie all'amicizia dei Medici a lui prete piovvero i benefici e le grasse pievanie, nel 1492
ottene un canonicato nel duomo di Firenze e poco dopo fu fatto spedalingo
dell'ospedale di Pisa. — G. VOLPI, *Un cortigiano di Lorenzo il Magnifico*,
G. St. d. Let. It., 1891, XVII, p. 229. — I. DE LUNGO, *Florentia*, p. 422-445,
Un cappellano mediceo.

que je sache qui tu es », comme quelqu'un qui juge que seule l'âme est l'homme.

« Si tu pratiquais l'art de Zopyre, j'ajouterais peut-être : « Regarde son allure. » Mais le Maître de vie interdit de juger l'homme sur sa mine. Tu cherches un fideicommissaire? Tu as Marsile. En veux-tu un plus digne de foi? L'évêque de Volterra se porte garant, car l'un et l'autre nous l'avons élevé »[1]. L'exemple est patent. Or, dans le cas de Ficin et à Florence, nul n'était évidemment mieux qualifié que Laurent pour se porter garant de la moralité de Ficin et de la pureté de ses intentions.

Par ailleurs il est également exigé par le droit canonique que le postulant au sacerdoce soit assuré de conditions d'existence répondant à la dignité de l'état auquel il aspire. Or, il est bien évident que Ficin, sans fortune, ne pouvait pas être ordonné prêtre sans qu'au préalable il ait été pourvu de bénéfices, et là encore Laurent avait sans doute son mot à dire. Les notes de Salvini, que confirme d'ailleurs pour une part une lettre de Ficin, prouvent pourtant que sur ce point d'autres l'avaient devancé. Nous voyons en effet d'abord qu'en 1472, comme nous l'avons déjà mentionné, il fut élu « piovano » de San Bartolomeo a Pomino, dans le diocèse de Fiesole par ceux de la Rena, qu'il faut sans doute traduire par les Reneri, puisqu'en 1473 il fut nommé à San Cristoforo à Novoli « sur présentation des Reneri, Guicciardi et Gialvonotti »[2]. Les bénéfices dont Ficin fut pourvu n'étaient donc point apparemment du ressort de Laurent. Il semble cependant qu'en ce qui concerne le dernier, le Prince se les fit attribuer pour l'offrir à Ficin. C'est du moins ce qui ressort de la lettre de remerciements à laquelle nous faisions tout à l'heure allusion : « Pourquoi ne t'ai-je pas encore remercié, écrit Ficin à Laurent? Parce que j'avais cru que c'était à toi seul que ce temple avait été confié. En cette affaire tout vient de toi et a été fait grâce à toi. Je soupçonnais bien jusqu'alors, je ne sais comment, que c'est à toi seul que ce bénéfice avait été attribué. Mais depuis que tu es parti à Pise, j'ai appris que ce que

---

1. Ficini *Op.*, I, 643, 3 : « Venit ad te Bastianus Salvinus, amitinus noster, tertium sacrorum ordinum mysterium postulaturus, atque, ut arbitror, accepturus. Tu vero qui hominem non nosti, ac scis sacratum canibus dandum non esse, fortasse dices, oportet eum, o Marsili, qui tanto munere functurus sit, literatum esse, pium erga Deum, erga homines vero iustum... Fideiussorem quaeris? Habes Marsilium. Vis locupletiorem? Volaterranus Episcopus fide iubet. Apud utrumque adolescens est educatus.

2. Salvini, 1472. — Marsilio eletto Piovano di S. Bartolomeo a Pomino nella Diocesi di Fiesole da quei della Rena. — 1473, Cristofori à Nuovoli a presentazione de Rinieri, Guicciardi e Gialvinotti.

les Reneri t'avaient donné pour toi seul, tu me l'avais maintenant concédé [1]. » Il y eut donc bien transfert de l'un à l'autre, et il est possible que Laurent ait tenu à réserver cette paroisse, toute proche de Careggi, à son cher Ficin, pour pouvoir le garder plus près de lui. En tout cas, outre que Laurent ne fut pas seul à favoriser Ficin, nous constatons que ce qu'il a pu faire pour l'élever au sacerdoce, était conforme au droit et répondait à l'estime qu'il avait pour lui. Assurément les formules de Ficin prêtent à équivoque, mais il s'agit d'un éloge et il n'en reste pas moins vrai que si Laurent n'avait pas pris sa défense et assuré son existence il ne serait peut-être jamais devenu prêtre. Il n'eut certes pas à regretter son patronage et s'il en fut qui doutaient de la vocation de Ficin, ils ne tardèrent pas à se rendre compte qu'en prenant cette décision il n'avait eu d'autre intention que de se mettre au service de Dieu.

On s'est demandé s'il avait exercé son ministère paroissial. A la rigueur la chose eut été possible, puisque Novoli n'est qu'à deux kilomètres de Florence. En fait il y a certainement résidé de temps à autre et nous l'y trouvons en particulier le 25 juillet, jour de la fête de Saint-Christophe et de Saint-Jacques le Mineur, qui se partageaient le patronage de cette paroisse [2]. Naturellement Laurent se plaindra de ce que le Saint géant éclipsât aux yeux de Ficin ses meilleurs amis [3], mais ce n'est qu'une image, dont il serait vain de

1. Ficini *Op.*, I, 621, 2 : Après s'être référé à sa nomination à l'église St.-Christophe, Ficin dans sa lettre à Laurent de Médicis poursuit : « ...sed cur nondum tibi gratias egi? Quia noveram non mihi, sed tibi illud fuisse collocatum. Quicquid enim hac in re factum est, per te est, et tui gratia factum. Suspicabar igitur hactenus, nescio quomodo ne forte tu solus rei huius possessionem aditurus esses, tibi tota soli tradita fuerat. Postquam vero Pisas abisti, cognovi statum, quo tibi unico a Reneriis datum fuerat, mihi abs te nunc esse concessum. Ergo nunc primum tibi gratias ago.

O quantas! Non quantas Marsilius capit pusillus homo, sed quantas vir grandior Laurentius. Imo quantas ingentissimus Gygas ille divus Christophorus, tanto ferme Atlante grandior, quanto qui caelum capit amplior est quam caelum. Nempe Atlas caelum, Christophorus caeli fabrum dicitur humeris sustinuisse. Diurnis praeterea nocturnisque precibus, caelestem hunc oro gygantem et patronum meum, inter varios civilium negotiorum fluctus, iisdem sustineat humeris, quibus patronum suum per maria sustulit. Vale. XIII Januarii. MCCCCLXXVIII. Sept manuscrits donnant la date de 1473-1474, il y a lieu de rectifier l'erreur de l'édition de Bâle que les faits euxmêmes réfutent.

2. *Id.*, I, 631, 2 : « Hieri in agro Novolano sacra divi Christophori et Iacobi solennia instauravimus... »

3. *Id.*, I, 623, 1 : *Lettre de Laurent :* « Sed etiam ex his locis video quid in causa sit, cur ego a cogitationibus tuis absum. Cum enim semper ante oculos divum Christophorum cui aedes tua dicata est, habeas, ea ipsius est magnitudo corporis, ut caeterarum omnino rerum tibi prospectum auferat, atque

tirer des conclusions sur le séjour de Ficin à Novoli. La vérité, c'est que dès qu'il fut prêtre, Marsile, pour rassurer les uns et confondre les autres, voulut prouver qu'il s'était réellement mis au service de la religion et l'on ne tarda pas à s'apercevoir que ce que Laurent, dans un accès de mauvaise humeur, qualifiait de « Marsiliana ta-curnitas » n'était que le laborieux et fécond recueillement dont devait sortir le *De Christiana Religione*[1].

Le 11 septembre 1474, il informait, en effet, son ami Francesco Marescalchi de Ferrare, que l'ouvrage était pratiquement achevé et c'est pour nous une excellente occasion de juger de son état d'âme. « Je n'ai pas encore fini mon *De Christiana Religione*, écrit-il, car tandis que je le corrigeais le mois dernier, je fus pris de fièvre et de dysenterie. » Naturellement il accuse les astres, dont les conjonctions malheureuses ne cessent de contrarier ses desseins. Heureusement au-dessus des célestes, il y a les supra-célestes : « Écoute, poursuit-il, ce qui m'est arrivé au cours de cette maladie. J'étais un jour dans un tel état de faiblesse que déjà je désespérais de ma santé. Je réfléchis alors sur tout ce que j'avais lu depuis trente ans, dans l'espoir d'y trouver quelque chose qui pût consoler mon âme en peine. Mais les Platoniciens mis à part, les livres des hommes ne m'apportaient absolument rien, par contre les œuvres du Christ me consolaient beaucoup plus que les discours des philosophes. Je fis, en outre, des vœux à la divine Marie et lui demandai un signe de guérison. Immédiatement je respirai beaucoup mieux et en songe le signe certain de ce que j'avais demandé me fut donné. Je ne dois donc pas un coq à Esculape, mais je me dois corps et âme au Christ et à Marie. Il faut, vois-tu, Marescalchi, accepter toujours tout pour le mieux. Pourquoi Dieu pendant cette maladie a-t-il voulu me prévenir par ce signe, si ce n'est pour que désormais j'apporte plus de talent et de zèle à démontrer la doctrine chrétienne? C'est d'autant plus manifeste que quelques jours plus tard je fus guéri de la même manière par un vœu du même genre d'une crise urinaire. » C'est à ce propos qu'il devait rappeler l'intervention divine dont

inter te et nos quodammodo faciat Eclypsim quandam. *Réponse de Ficin :* (623, 2) « Quid igitur obstat Divus Christophorus quin te cernam? Praesertim cum diaphanus sit atque perspicuus et in ipso Christophoro inspiciam Laurentium quandoquidem per Laurentium ipsum Christophorum video et amplector. »

1. *Ibid*, LAURENT (623, 1) : « Nullum est enim tam asperum tamque contumeliosum verbum, quin deterior multo sit Marsiliana taciturnitas qua et fidem tuam et nostram amicitiam fefellisti. » — FICIN : « Accusas taciturnitatem suspicans eam ab oblivione, oblivionem ab absentia proficisci. Meminisse debes non abesse insthinc Marsilium, si non abest Laurentius, in quo est Marsilius, si ubique est eodem tempore animus... ».

son père avait été l'objet et comme s'il devait s'excuser il terminait :
« Recommande à tes amis de ne point mépriser les vœux, car Aristote lui-même étant gravement malade ne les a pas dédaignés [1]. »

Désormais il n'y avait donc plus à douter de la sincérité de ses
intentions. Ficin n'était pas de ces courtisans ou de ces chasseurs
de bénéfices pour qui le sacerdoce était une honorable sinécure,
agrémentée de privilèges, qui n'étaient point négligeables. Prêtre,
il se devait tout entier à son Dieu et puisqu'il était par surcroît
philosophe, il pensait qu'il était de son devoir, pour rendre grâce
à Dieu et prouver sa reconnaissance à ses bienfaiteurs, de mettre son
talent et son crédit au service de la Religion. Reconnaissant que
la faveur et le secours de Dieu et des Médicis ne lui avaient jamais
manqué, et souhaitant en être toujours digne, il écrivait : « Pour me
concilier encore davantage la grâce divine, pour te faire plaisir et
rester fidèle à moi-même, dès que je fus initié aux rites du sacerdoce,
j'ai composé un livre De la Religion chrétienne, que j'ai décidé de te
dédier, étant donné que tu es à l'origine de ma vocation et que tu
es aussi remarquable comme élève de la sagesse que comme disciple de la religion [2]. »

Nul doute par conséquent sur son activité pendant cette première
année de son sacerdoce. Persuadé de la valeur de son initiative, il
entreprit même sur le champ de traduire ce traité d'apologétique en
langue toscane, le dédiant, comme son De Amore, à ses amis Bernardo

---

1. Id., I, 644, 3 : « Francesco Marescalcho Ferrariensi, egregio conphilosopho suo : « Librum De Christiana Religione nondum absolvi, Francisce,
quia dum emendarem hoc Augusto in febrem incedi atque diariam... Quid
ergo mihi in hoc morbo contigit audi. In tantam, Marescalche, debilitatem
quandoque prolapsus sum, ut salutem pene iam desperarem. Meditabar
igitur quaecumque annis triginta magna legissem, si quid forte mihi occureret
quid aegrum animum consolaretur. Scriptores humani, exceptis Platonicis,
nihil penitus congerebant, Christi autem opera multomagis quam Philosophorum verba consolabantur. Feci insuper divae Mariae vota, signumque
salutis aliquod postulavi. Respiravi subito aliquantum ac manifestum in
somnis nuntium salutis accepi. Non igitur Aesculapio Gallum, sed Christo
matrique animum corpusque debeo. Omnia semper accipienda in melius,
Marescalche. Quid si Deus hoc inter morbum signo admonere me voluit ut
acriori posthac ingenio studioque doctrinam Christi conformem. Praesertim
cum paucos post dies etiam ab ardore urinae voto simili fuerim liberatus...
Quamobrem amicos tuos admone, ne spernant vota, nam neque Aristoteles
quidem in gravi morbo contempsit ». XII sept. MCCCCLXXIV.

2. Id., I, 2 : « Utinam nunquam ipse defuerim aut desim, quandoquidem
Dei ipsius Medicumque favor et auxilium nunquam defuit. Ut autem divinam
mihi gratiam magis conciliarem, tibique gratificarer, et mihi ipse non dees-
sem, cum primum sacerdotii sacris initiatus sum, opus De Christiana Religione composui, quod quidem tibi huius meae professionis authori, praeci-
puoque tum sapientiae alumno, tum pietatis cultori censui dedicandum. »

del Nero et Tuccio Manetti, qui ignoraient la langue latine [1]. Bien plus, à peine achevée, cette traduction était immédiatement mise sous presse et ainsi, en quelques mois, Ficin, qui depuis 1469 semblait plus ou moins effacé, s'imposait à nouveau à l'attention de ses contemporains : sa *Théologie platonicienne* passait de mains en mains, chacun pouvait lire son traité *De la Religion chrétienne* et l'Académie était certainement « florissante », comme en témoignent une lettre à Laurent de janvier 1473-1474 [2] et toutes celles qu'il écrivit alors sur les sujets les plus divers. Il suffit de les parcourir pour constater que tout un monde gravitait autour de lui et sollicitait ses conseils. Aux uns il écrit des lettres de consolation, aux autres il prodigue ses encouragements. Aucun événement ne le laisse indifférent. Il félicite Francesco Salviati de sa nomination à l'évêché de Pise et lui adresse ses condoléances à la mort du cardinal Piero Riario, sur lequel il semble s'être fait de lourdes illusions [3]. Il se réjouit également de la nomination au siège d'Amalfi de Giovanni Niccolini, dont il avait prédit le brillant avenir [4]. L'année 1475, il sollicite pour lui et ses parents le privilège de bénéficier des indulgences du Jubilé sans se rendre à Rome, et l'ayant obtenu par l'intermédiaire de son ami le cardinal Francesco Piccolomini, qu'il compare à Phébus, il lui en exprime sa joie en des termes qui suffiraient à démontrer à quel point il vivait de son sacerdoce [5]. S'il en était d'ailleurs qui douteraient encore du sens de

---

1. *Libro di Marsilio Ficino Fiorentino della Christiana religione ad Bernardo del Nero clarissimo cittadino fiorentino :* « Dapoi che solamente nella sacra religione ogni nostro bene si truova, debessi nell'observantia et confirmatione et difensione di questa tutte le forze dello ingegno operare. Per la qual cosa volendo el tuo Marsilio Ficino usare l'ufficio suo almeno in qualche parte, ha in questo anno composto coll'aiuto divino un libro in confirmatione et difensione della vera religione, quale e la cristiana. Et perche la religione e dote virtu comune a tutti appartenente, mi parve si convenisse docto libro non solo in lingua latina ma ancora in toscana comporre, perche el libro della virtu universale a molti fusse comune... ».

2. FICINI *Op.*, I, 622, 1 : « Vale feliciter patriae spes. Sed antequam finem faciam, obsecro te, mi Laurenti, cum per academiam quae per te floret, tum vero per patriam hanc tuam, patriam quae tibi prae caeteris cara est, ut bonae valitudinis curam habeas, nisi enim tu bene valeas non puto iis temporibus bene vel Academiam vel patriam posse valere. »

3. *Id.*, I, 642, 2. — 667, 1.

4. *Id.*, I, 668, 1.

5. *Id.*, I, 670, 2 : *Franciscus Cardinalis Senensis Marsilio Ficino Florentino Platonico Philosopho S. D.*

« Marsili charissime, salve. Tui memores et salutis perpetuae tuae tuorumque cupidi, impetravimus a summo Pontifice gratiam Iubilei pro te tuisque anno sis parentibus. Da igitur laudem Deo, et dum tuis senibus incomparabilia divinae gratiae munera tota mente capessite. Et pro nobis orate. Vale optime nostri memor. » Romae die IV decembr. MCCCCLXXV.

sa vocation, la lecture des quelques lignes dans lesquelles il a résumé
l'idéal du prêtre devrait suffire à les convaincre : « Souvent, écrit-il,
nous discutons avec Richardo Angelleri, insigne théologien, de la
dignité du prêtre et voici nos conclusions. De même qu'après Dieu
il n'y a rien de meilleur qu'un bon ange et rien de pire qu'un mauvais, ainsi sur la terre, il n'y a rien de plus beau qu'un prêtre honnête et rien de plus laid qu'un prêtre indigne. L'un est le salut de la
religion et des hommes, l'autre, en est le fléau. Qu'est-ce, en effet,
qu'un prêtre, sinon une âme consacrée à Dieu, un ange tenant la
place de Dieu près des hommes, un temple vivant de la divinité?
Qui considérera comme il se doit la dignité du sacerdoce n'en abu-
sera pas. Pensons donc à ce que c'est d'être un vrai prêtre. C'est
presque être Dieu, car en fait le prêtre est un Dieu temporel et
Dieu le prêtre éternel [1]. »

Certes, il n'ignorait pas qu'à côté des prêtres, conscients de leur
rôle, il y en avait hélas beaucoup d'autres qui trop souvent, leur
prébende mise à part, oubliaient ou ne savaient pas pourquoi ils
étaient prêtres. Ils n'étaient d'ailleurs pas seuls coupables et Ficin,
d'ordinaire si tolérant, n'a pas hésité à dénoncer ceux qui, pour
des fins plus ou moins avouables, attiraient dans leurs rangs des
gens sans vocation. Relisons plutôt la lettre qu'il écrivait à Leonardo Perusino qui, en 1474, venait d'être nommé Maître général
de l'Ordre de saint Dominique.

« L'automne dernier, dit-il, un de mes élèves, par amour des
Muses et par excès de travail, devint neurasthénique. Il racontait

*Marsilius Ficinus Florentinus Francisco Cardinali Senense pro immortale
munere immortalem salutem dicit.* « Cum felicem epistolam tuam qua Iubilei
gratiam nobis a Pontifice impetratam significas, ego una parentesque mei
legeremus, non minori gaudio affecti sumus quam qui beatissimam vocem
illam audituri sunt : Venite benedicti patris mei. Igitur pater repente prae
caeteris exclamavit : Nunc dimittis servum tuum in pace... Et proculdubio
ita libenter singulare divinumque donum et ipse largitus es, et nos accepimus.
Tu vero scito nos existimare palamque fateri, cui vitam debemus aeternam,
multo magis temporalem vitam temporaliaque cuncta debere. Vale felix
in authore foelicitatis Deo. »

1. *Id.*, I, 643, 2 : *M. F. Paci Sacerdoti, Iuris Canonici Professori* S. D.
« Saepe ego et Ricciardus Angellerius insignis Theologus, una de Sacerdotis
dignitate disseruimus. Conclusimus denique, quemadmodum bono angelo
nihil post Deum melius, malo nihil peius, ita nihil in terris honesto sacerdote
pulchrius esse, turpi vero nihil turpius. Ille religionis hominumque salus,
iste pestis. Quid est sacerdos legitimus, nisi Deo dicatus animus? Angelus
vicem Dei geren apud homines. Vivens Dei templum? Qui sacerdotii dignitatem recte consideraverit sacerdotio non abutetur. Cogitemus ergo quid est
legitimum sacerdotem esse. Hoc enim ferme est esse Deum. Sacerdos quidem
est temporalis quidam Deus. Deus vero est sacerdos aeternus. »

que jour et nuit il voyait des fantômes et qu'il était tourmenté par
une frayeur de l'enfer. Il ajoutait même beaucoup d'autres choses,
que vous pouvez sans doute deviner. Anxieux il se présenta alors
chez les religieux de San-Marco et dit qu'il voulait servir Dieu suivant leur règle. Or, comme il promit de leur donner ses biens de
famille, ces hommes avares, voulant le retenir plus vite qu'il n'eût
fallu, imposèrent immédiatement l'habit religieux à ce jeune
neurasthénique. » Et Ficin poursuit, condamnant de telles erreurs
et de tels abus : « Ainsi chaque jour, imprudents et sans scrupules,
des supérieurs d'ordre religieux manquent à leur devoir. Un délit
de ce genre est aussi mauvais que la religion est bonne. La mienne
en tout cas, puisque je suis prêtre, disciple de Pierre, me commande
de te signaler les erreurs de ces religieux et la tienne, puisque tu es
leur supérieur, de les corriger, pour qu'à l'avenir, au moins dans
l'admission des novices, une telle chose ne se reproduise pas. » Et
il conclut : « Si les Brahmanes et les Pythagoriciens n'admettaient
aucun sujet dans leur religion, qui est humaine, sans qu'il ait été
examiné et éprouvé pendant deux ans, comment se fait-il que
n'importe qui puisse être admis aussi témérairement dans une religion qui est divine. Si la religion est pour beaucoup un objet de
mépris, c'est que, n'importe qui étant reçu sans discernement, il y
a dans la religion un nombre considérable de gens qui sont soit
iniques, soit ignorants et insensés. Et pourtant Dieu exige des
hommes ce qu'il y a de plus précieux [1]. »

1. Non est ad religionem quilibet admictendus. — *Marsilius Ficinus
Leonardio Perusino theologo salutem.*

« Discipulus noster nimio Musarum amore ac studio superiore autumno
in melancolie morbum incidit. Itaque asserebat se phantasmata nigra die
noctuque videre ac metu inferorum extremo torqueri. Addebat alia multa,
qualia forte audisti antea contigisse. Unde animi anxietate compulsus se
ad divi Marci religiosos contulit dixitque se velle eorum ritu servire Deo.
Quoniam vero pollicitus est hereditaria ipsius bona illis largiri, avari homines
eum citius quam decuit irretire volentes melancolicum adolescentem religiosam vestem subito induerunt. Similiter quotidie imprudentes et pravi
religionum gubernatores delinquunt. Tam malum est delictum huiusmodi
quam bona religio. Mea quidem interest, cum sim sacerdos Petri sectator,
religiosorum errata tibi significare, tua vero, cum sis religiosorum illorum dux,
ea corrigere, nequid tale saltem posthac in tironibus temere initiandis contingat. Quod si Brachmanes Pythagoricique in disciplinam suam humanam
neminem prorsus nisi biennio examinatum probatumque admictebant, cur
ad divinam disciplinam tam temere quilibet admictuntur? Ob hoc ipsum
religio multis contemptui est, quod cum quilibet absque delectu excipiantur,
ingens in religione numerus est hominum partim iniquorum partim igna-
vorum atque dementium. Deus autem pretiosissima ab hominibus exigit. »
Cette lettre qui se trouve dans 10 manuscrits de la correspondance, est
publiée dans le *Sup. Fic.*, II, p. 46-47.

Il ne faudrait cependant pas croire que la religion était devenue son unique souci ou du moins qu'elle l'avait accaparé au point de lui faire oublier ce qu'il considérait comme son devoir. En fait, son sacerdoce s'intégrait désormais dans sa mission platonicienne. Le philosophe, tel que Platon l'avait défini, s'identifiait en lui avec le prêtre, et c'est pourquoi nous le voyons en marge de son *De Christiana Religione*, non seulement composer en prose et en vers son *Oratio ad Deum theologica*[1], mais encore exposer ses vues sur les vertus en général, sur la loi et la justice, sur la poésie, sur la musique, sur l'éducation et sur la mémoire[2]. Néanmoins il n'est pas douteux que le problème de l'âme demeurait le centre de gravité de sa pensée. A mesure que ses amis prenaient connaissance de sa Théologie, il avait souci de justifier sa prédilection pour Platon, de préciser sa doctrine sur la destinée de l'âme, sur l'erreur d'Averroès et sur les Idées platoniciennes[3].

Dans la même perspective, répondant à des amis qui ne comprenaient pas la fresque qui ornait son Académie, il écrivait plusieurs lettres sur la misère humaine et après avoir adressé l'une d'entre elles au genre humain, il composait son *De Felicitate*, qui, faisant suite à l'*Altercazione* de Laurent de Médicis, résumait les entretiens qu'ils avaient eus sur ce sujet à Careggi[4]. Ainsi la Fortune lui semblait désormais pleinement favorable. Il jouissait de l'estime des Princes, qu'il disputait au besoin à Politien[5], et les auteurs les plus divers sollicitaient son patronage pour présenter leurs ouvrages[6].

1. Ficini *Op.*, I, 665, 2 : Le même hymne en vers saphiques se trouve dans le *Riccardianus 76. Sup. Fic.*, I, p. 40-46.

2. *Sur la vertu*, Ficini *Op.* : I, 657, 1. — *Sur la Loi et la Justice* : 652,2. — *Sur la poésie* : 634, 2. — *Sur la musique* : 650, 5 et *Sup. Fic.*, I, p. 51-56. — *Sur l'éducation* : 658, 3. — *Sur la mémoire* : 656, 3 et *Sup. Fic.*, I, p. 39.

3. Cf. ses lettres à Giovanni Cavalcanti : Ficini *Op.*, 626 à 629, 2.

4. *Id. Stultitia et miseria hominum* : 636, 2, 637, 1 et 637, 2. — Lettre au genre humain : 659, 2. — Réplique de l'*Altercazione*, 662-665. — *Quid est felicitas, quod habet gradus, quod est aeterna* : « Cum ego ac tu nuper in agro Charegio multa de foelicitate utro citroque disputavissemus, tandem in sententiam eamdem duce ratione convenimus. Ubi tu novas quasdam rationes, quod felicitas in voluntatis potius quam intellectus actu consistat, subtiliter invenisti. Placuit autem tibi ut tu disputationem illam carminibus ego soluta oratione conscriberem. Tu iam eleganti Poemate tuum officium implevisti, ego igitur nunc, aspirante Deo, munus meum exequar quam brevissime. »

5. *Id.*, I, 642, 2 : Dans une lettre à Politien, il manifeste une certaine amertume de se voir supplanté dans l'estime des princes.

6. On le voit successivement présenter au prince ou à ses amis le Commentaire de Laurentianus Pisanus sur le *Cantique des Cantiques* (615, 2), l'Homère de Politien (618, 2), le Poème de Naldo Naldi et les *Declamationes* de Benedetto Colucci (618, 3), le *Triomphe des Vertus* de Bastianus

Bien plus, après une longue vacance, durant laquelle Andronicus Callistos avait continué à titre privé l'enseignement d'Argyropoulos, la chaire de grec venait d'être attribuée à Démétrius Chalcondylas, et ce nouveau maître avait la réputation d'être « *Platonis et Academiae accerrimus aemulator* [1]. » Le succès du Platonisme paraissait donc assuré. On pouvait même croire qu'un heureux compromis s'était établi entre les partisans de Platon et ceux d'Aristote, puisque Ficin lui-même recommandait alors à Laurent un insigne aristotélicien : Oliviero Arduini [2]. Mais ne nous y trompons pas. S'il dit dans cette lettre : « Son Aristote suffirait à te le recommander », c'est qu'il estimait qu'il y avait plusieurs Aristote ou du moins que ses disciples étaient divisés et effectivement Ficin dans le même temps dénonçait ceux qui trahissaient le Stagyrite, les traitant de philopompes et d'incapables [3]. L'avaient-ils attaqué? Le ton persifleur de sa lettre le laisserait croire. En tout cas, il y avait manifestement de l'orage dans l'air. On le sent quand il parle de l'envie des uns et de l'arrogance des autres, quand il prêche la tolérance à Cavalcanti et finalement quand, à bout de patience, il écrit deux lettres extrêmement violentes « *contra mendaces et impios detractores* [4] ». A coup sûr un conflit avait éclaté.

A vrai dire il n'y a pas lieu de s'en étonner. Dénoncés comme imposteurs, réduits au silence, les ennemis de Marsile n'avaient sans doute pas désarmé et n'attendaient que l'occasion d'assouvir leur rancune. N'ayant pu l'empêcher de devenir prêtre, ils avaient peut-être espéré qu'il rentrerait dans l'ombre. Or voici qu'il publiait un traité d'apologétique, qui ne pouvait laisser personne indifférent,

FORESIUS (643, 14), les *Disputationes Occidentalium Philosophorum de Anima* de LACTANTIUS TEDALDUS (653, 2) le Discours de BERNARDO NUZZI, à Laurent (667, 2), les *Disputationes Camaldulenses* de LANDINO (667, 3)...

1. Cf. DELLA TORRE, *op. cit.*, 746. — CAMMELLI, *Demetrio Calcondila*, Firenze, Le Monnier, 1954, p. 53-92.

2. FICINI *Op.*, I, 655, 2 : Olivierum Ardovinum, insignem Peripateticum commendarem tibi non mediocriter, nisi Aristoteles suus eum tibi plurimum commendaret, si Aristoteles qui pecuniam foelicitati necessariam iudicavit, libros suos absque nummis componere potuisset, etiam Peripateticus iste Aristotelica sine nummis posset interpretari. Intelligis ergo quid velit Olivierus, Peripateticus est, non Cynicus. »

3. *Id.*, I, 655, 1 : *M. F. Florentinus Ioanni Petro Patavino* S. D. : « Sunt multi nostri saeculis non Philosophi, sed Philopompi, qui sensum Aristotelicum se tenere superbe nimium profitentur, cum tamen Aristotelem ipsum raro admodum atque parumper loquentem, et tunc quidem non Graece propria exprimentem, imo Barbare aliena balbutientem, audiverint, ideoque minime intellexerint. »

4. *Id.*, I, 632, 3 : *De tolleranda iniuria a Giovanni Cavalcanti*, 661, 1 et 662. *Contra mendaces et detractores Bernardo Rucellai*.

et chose plus grave, sa préface était un véritable réquisitoire. « Quel malheur, disait-il, de voir donner en pâture aux chiens, qui le déchirent, tout ce qui est saint. En grande partie la doctrine est en effet passée aux mains des profanes, si bien que le plus souvent elle est devenue un instrument d'injustice et de licence et qu'au lieu de l'appeler science on devrait plutôt l'appeler malice. C'est ainsi que les perles les plus précieuses de la religion sont traitées par des ignorants et piétinées par eux comme par des pourceaux [1]. » L'image était empruntée au texte évangélique, mais l'accusation n'en était pas moins violente et l'on comprend que ceux qui se sentirent ainsi visés n'en furent point flattés. A dessein, sans doute, Ficin ne les avait pas nommés. Mais ses contemporains ne s'y trompèrent pas et nous avons nous-mêmes de précieux indices, puisqu'il devait un jour déclarer qu'il avait traduit les Anciens pour que « les poètes cessent de mettre au nombre de leurs fables les actes et les récits de l'Écriture Sainte et pour que les Péripatéticiens, c'est-à-dire presque tous les philosophes, comprennent qu'on ne doit pas traiter la religion comme des histoires de bonnes femmes [2]. »

Nous verrons plus tard qui étaient ces Péripatéticiens, qu'il traitait de philopompes ou qu'il condamnait comme averroïstes. Pour l'heure, il nous faut chercher à identifier les poètes, car il semble bien, qu'habiles à manier la satire, ils se faisaient les interprètes de tout un clan, dont Ficin, par ses propos, dénonçait l'ignorance ou l'impiété, quand ce n'était pas les deux à la fois.

II. Polémique avec Luigi Pulci.

Florence toujours fertile en poètes n'en manquait pas à l'époque, mais il faut bien reconnaître que si plusieurs avaient l'épigramme et

---

1. *Id.*, I, 1 : *De Christiana Religione. Proaemium*, p. 1 : « O secula tandem nimium infelicia, quando Palladis Themidisque (id est, sapientiae et honestatis) separatio et divortium miserabile contigit. Proh nefas, sic datum est sanctum canibus lacerandum. Doctrina enim magna ex parte ad prophanos translata est, unde ut plurimum iniquitatis evasit et lasciviae instrumentum, ac malitia dicenda est potius quam scientia. Margaritae autem religionis pretiosissimae saepe tractantur ab ignorantibus, atque ab his tanquam suibus conculcantur... »

2. *Id.*, I, 872 : « Nos ergo in Theologis superioribus traducendis et explanandis hactenus laboravimus... ut hac Theologia in lucem prodeunte, et Poetae desinant gesta mysteriaque pietatis impie fabulis suis annumerare et Peripatetici, id est Philosophi omnes, admoneantur non esse de religione, tanquam de anilibus sentiendum... »

la satire faciles, un seul osait rire et faire rire aux dépens de la
Religion. C'était Luigi Pulci. Le personnage au demeurant était
assez sympathique et son aventure singulière. « Notre vie, disait-il
à Laurent, est un mélange de douceur et d'amertume et de mille
saveurs [1]. » Pessimiste par tempérament, il s'efforçait d'être hilare ;
poursuivi toute sa vie par les créanciers de sa famille, il vivait le
plus souvent à la table des Princes ; sensible aux coups il ne manquait jamais l'occasion de les provoquer ; enfin, fidèle à ses pratiques
religieuses, il passait volontiers pour athée et fut enterré comme
un impie.

> *El mondo col suo dolce ha sempre amaro* [2].

La poésie chez les Pulci était pour ainsi dire un privilège familial
et les Médicis, qui avaient favorisé leur talent, en étaient généralement les bénéficiaires. Luca, le premier (1431-1470), avait ainsi
dédié au jeune Laurent son soporifique *Driadeo d'Amore* et ses
Poèmes, composés à la manière des *Héroïdes* [3]. Bernardo, le plus
jeune (1438-1488) préféra Virgile à Ovide. Il offrit tout d'abord
une fastidieuse traduction en vers des *Bucoliques*, mais sous l'influence de sa femme, qui rimait à ses heures, il composa divers
poèmes sacrés et des sonnets d'amour, dédiés, comme il se doit, à
« son » Laurent [4]. Tout cela pourtant n'aurait pas suffi à illustrer
le nom de Pulci, si Luigi (1432-1484) ne l'avait pas en quelque sorte
consacré par son génie.

Issu d'une vieille et noble famille, alors en détresse, Pulci avait
dans le Mugello un vieux moulin où résidait sa famille et dont il
tirait de maigres revenus. Ce fut néanmoins le point de départ de
son succès, car ce qu'on appelle encore aujourd'hui le Castel Pulci
n'était qu'à trois kilomètres de Caffagiolo, et c'est là que résidaient
le plus souvent avec leur mère, Lucrezia Tornabuoni, Laurent et

1. Cf. *Lettere di Luigi Pulci al il Magnifico e ad altri*, ed. S. Bongi, Lucca,
1886. — CARLO PELLEGRINI, *Luigi Pulci, l'Uomo e l'Artista*, Pisa, 1912,
p. 54. « Tutte le nostre cose sono cosi fatte : uno zibaldone mescolato di dolce
e amaro e mille sapori vari... » (Lettere, p. 98).
2. L. PULCI, *Il Morgante Maggiore*, ed. G. B. WESTON, Bari, 1930, chant
V, 21. — Cf. E. WALSER, *Die Religion des L. Pulci, ihre Quellen und ihre
Bedeutung*, Marburg, 1926.
3. Cf. V. ROSSI, *op. cit.*, p. 353-354. *Il Driadeo d'Amore*, dédié à Laurent
en 1465, fut édité neuf fois avant 1491. La dernière édition est due à P. E. GIU-
DICI, Lanciano, 1916. — PISTOLE *di* LUCA PULCI *al Magnifico Lorenzo de'Medici*, Firenze, Miscomini, 1481-1482.
4. Cf. V. ROSSI, *op. cit.*, p. 354 : *Bucoliche elegantissimamente composte
da* BERNARDO PULCI *fiorentino et da* FRANCESCO ARSOCHI *senese et da* HIERO-
NYMO BENIVIENI *et da* JACOPO FIORINO *de Boninsegni senese*. Firenze, Miscomini, 1481-1482. — Cf. *Giorn. Storico*, LXVI, 1915, p. 140.

Julien de Médicis, qu'instruisait alors Politien. Par surcroît, Luigi
devenu comptable d'un vieil ami de la famille Médicis, Francesco
Castellani, rencontra sans doute chez lui, Bartolomeo Scala (1428-
1496), qui, lui aussi fils d'un meunier, était devenu, par la grâce
de Cosme, chancelier des Médicis et qui, fin lettré, se chargea,
semble-t-il, de lui révéler les beautés de Virgile[1]. Dès lors il suffit
qu'il se conduisît en excellent voisin pour que Lucrezia Tornabuoni
en fît le camarade de ses enfants et bientôt son poète de cour.

Pulci ne nous cache pas, d'ailleurs, qu'il lui devait tout et que,
c'est sur son conseil, qu'il entreprit de chanter, à la manière des
aèdes, les faits et gestes de Charlemagne[2], que Leonardo Bruni
avait en quelque sorte ressuscité, regrettant que cet empereur
n'eût pas eu un Homère près de lui pour consacrer sa mémoire[3].
C'est ainsi que naquit cette épopée burlesque, dans laquelle, pour
amuser les jeunes princes, Pulci, oubliant trop souvent Charlemagne, conta les aventures d'un bon géant qui devait donner son
nom à l'ouvrage — le Morgante — et qui, en compagnie d'un joyeux
drille, du nom de Margutte, passait son temps à égayer les preux de
l'Empereur à la barbe fleurie par ses tours de force, ses farces et
sa gloutonnerie. Pour un poète de cour, c'était une aubaine, car
le thème était inépuisable. Le conteur ne manquant pas d'esprit et
de talent, on applaudit le héros, dont naturellement Rabelais
devait faire l'ancêtre de Pantagruel[4]. Mais la satire ne devait pas
tarder à se mêler à la farce et, après en avoir ri, on ne tarda pas à
s'en inquiéter.

Par ailleurs les habitués du palais ne voyaient pas d'un bon œil
l'ascendant que Luigi, prenait sur Laurent. « Il semble qu'entre
nous, lui écrivait Pulci, une certaine affinité qui vient des étoiles

1. Cf. C. PELLEGRINI, op. cit., p. 13.
2. L. PULCI, Il Morgante, XXVIII :
      2 Perche Donna e costi che forse ascolta
         Che mi commise questa storia prima;
3. Ibid., I, 5 Diceva Leonardi gia Aretino,
         che s'egli avessi avuto scrittor degno,
         com'egli ebbe un Ormanno e 'l suo Turpino,
         ch'avessi diligenzia avuto e ingegno;
         sarebbe Carlo Magno un uom divino,
         pero ch'egli ebbe gran vittorie e regno,
         e fece per la Chiesa e per la Fede
         certo assai piu che non si dice, o crede.
4. RABELAIS, Pantagruel, ch. I. — Fierabras, lequel fut vaincu par Olivier,
pair de France, compagnon de Roland. Qui engendra Morgan, lequel premier
de ce monde joua aux dez avecques ses besicles. — Cf. G. TANCREDI, Il
Margutte del Pulci... et il Panurgo del Rabelais. — Atti del Congresso internaz.
di scienze stor. Roma, 1904, p. 227.

fait que je t'aime. » Il le considérait comme la source de son inspiration : « Si tu étais là je ferais des tas de sonnets. Je dirais de telles choses que le Soleil et la Lune s'arrêteraient pour les écouter, comme au temps de Josué. » Il le nommait « son refuge et son espérance » [1]. De son côté Laurent, il faut bien le dire, trouvait en cet homme simple et le plus souvent désintéressé, un ami sincère qui savait le distraire et partageait ses goûts. Sans prétention ni doctrine, il rimait au gré de sa fantaisie. Souvent même ils rimaient pour ainsi dire à l'unisson, l'un composant sa *Nencia da Barberino*, l'autre sa *Becca da Dicomano*, et comme Luigi lui-même l'écrivait, on pouvait croire que leurs Muses italiennes s'entendaient si bien qu'elles ne laisseraient pas dénouer le nœud de leur amitié [2].

Jaloux de son influence ou inquiets de ses audaces, ses rivaux ou ses victimes n'attendaient pourtant que l'occasion de le perdre et ils savaient que, tôt ou tard, ses excès ou ses maladresses le rendraient vulnérable. Déjà il avait eu maille à partir avec le puissant Bartolomeo Scala qui avait eu le tort de le traiter de paysan, mais qui avait reçu en retour une série de sonnets qui valaient une volée de bois vert [3]. Par ailleurs tant que Morgante et Margutte s'étaient contentés de frapper de grands coups, de faire ripaille ou même de brocarder les moines, on avait ri de bon cœur, mais bientôt on avait vu se manifester le démon Astaroth, puis le prince Chiaristante et la belle Antéa, qui, sous prétexte qu'ils étaient païens, tournaient en dérision les pratiques religieuses, se moquaient des miracles et niaient plus ou moins ouvertement la Providence et l'immortalité de l'âme. On devine la réaction d'hommes comme Ficin ou Matteo Palmieri. Mais tout cela était dit avec tant d'humour et parfois même si étrangement mêlé aux théories de Ficin [4], qu'en le critiquant on risquait fort de mettre tous les rieurs contre soi.

1. *Lettere, del Pulci*, ed. cit., p. 56 : « Pare che sia tra noi una certa conformità che viene dalle stelle, e fa ch'io t'ami tanto, e ch'io mi confidi ancora tu ami me molto. » — « Se tu ci fossi io farei mazzi di sonetti, come di ciriege in questo calen di maggio. Io direi cose ch'el sole la luna si fermerebbono, come a Josue per udirne. » — « Poi dico il mio Lorenzo non c'è nel quale era veramente ogni mio rifugio et ogni mia speranza. »

2. *Ibid.*, p. 163 : « io mi confido che le nostre muse tanto amiche non lascino disciorre il nodo della nostra amicizia. »

3. Ces sonnets se trouvent dans *Sonetti del Burchiello*, Londres, 1757. Ils ont été restitués à leur auteur par V. Rossi, *Giorn. Stor.*, 1891, XVIII, p. 384.

4. Cf. Il Morgante, XXI, XXII, *passim*. Il s'agit de références aux théories de Ficin sur la magie.

Dès le xvie siècle, le Tasse dans une lettre à Scipion de Gonzague faisant allusion à un passage du Morgante, écrivait : « fu fatta da Mars. Ficino ed e piena di molta dottrina teologica » (*Lettere*, Firenze, 1954, I, 131-2). Cf. C. Pellegrini, *op. cit.*, p. 41.

Le jour vint cependant où l'on vit s'affronter dans une lutte sans merci tous ces hommes que Ghirlandaio et Filippino Lippi se plaisaient à grouper dans leurs fresques autour de Laurent [1]. Quel en fut le motif? On ne saurait le dire exactement. Toujours est-il que la querelle dura au moins trois ans et que Ficin, qui eut sa part des coups, sut y répondre jusqu'à réduire son adversaire au silence.

La première phase du conflit nous est révélée par une lettre de Pulci à Laurent, datée du 14 février 1474. Luigi vient de recevoir une série de sonnets qui l'ont accablé, au point qu'on a dû quérir le médecin, tant il en fut malade. C'est donc tremblant de fièvre qu'il écrit à son protecteur pour lui demander de ne le point juger sous le coup de sa colère et sur les dires de ses nombreux accusateurs. L'attaque est menée par son rival, au demeurant peu sympathique, Matteo Franco, qui occupait la charge de chapelain au palais Médicis et qui, poète lui-même, s'indignait de voir Luigi le supplanter et, qui plus est, faire la pluie et le beau temps autour de son maître. Néanmoins la frayeur de Luigi laisse supposer qu'il ne s'agissait pas seulement d'un règlement de comptes entre deux rivaux. Apparemment, on lui a prêté des sonnets qui visaient Laurent, et il semble bien que c'est pour y répondre que Franco à son tour, avec l'assentiment du Prince, a vomi sa bile trop longtemps contenue. Il ressort, en effet, du texte que Laurent ne pensait pas que les choses iraient si loin [2].

Pour se disculper Pulci rappelle donc à son bienfaiteur qu'il a toujours rimé à sa gloire et à celle de Pierre et lui dit même qu'il était sur le point d'achever la *Giostra* dans laquelle, comme chacun sait, il louait les vertus chevaleresques de Laurent et sa passion pour Lucrezia Donati. Puis il poursuit : « Je te prie, vu mon long

1. Ghirlandajo, à la Trinita, dans la fresque représentant saint François devant Honorius III. Lippi, dans une fresque de la chapelle Brancacci, à l'église S. Maria del Carmine, représentant saint Pierre ressuscitant le fils de Théophile.

2. *Lettere di L. Pulci, ed. cit.*, lettre 27, p. 140-142. « Io t'o scripta questa, colla mano che trema per la febre, perche stamani mi fu da' parenti recati sonetti, dove erano coltellate, improverate et molte cose ch'io non sapevo ancora. Di che hebbi tanta pena, ch'essendo dinanzi in piazza mi ne prese la febbre. E venuto Cino a medicarmi, e dice quello gli ai detto. Io ti prego di questo, che mi dia tanto spatio venga a te; che se non avessi hora tremito, sarei venuto e che tu vogli udire uno tuo servitore, prima che tu lo giudichi con ira e per detto di molti, che mi anno a loro modo in preda. Io mi sono doluto, che mai, come io, fu stratiato cane e che io so chi lo fa; e quando non potro qui andro altrove a rispondergli, e tutto ho sempre tratto a uno segno; e credo tu sia tanto savio, che tu m'intenda per discretione; e de'sonetti Aiutati, Fare, ho tratto sempre a un altro, ch'io ho veduto e trovato cogli occhi miei in casa; e otti mandato a dire che 'l prete t'inganna. »

service et ma fidélité à ton égard, de bien vouloir m'écouter et de ne pas juger à la hâte. Réunis-moi avec qui tu voudras, je te rappellerai les paroles telles qu'elles ont été dites, et à quel propos et avec quel désespoir. Tu peux me faire mettre la tête sur le billot et je serai content, à moins que déjà je ne sois fou... Ce que je fais de bien ne t'est pas rapporté, mais Dieu le rapportera et quand ta colère sera passée, tu comprendras encore que je t'aime et peut-être plus que ceux qui m'accusent toute la journée. Fais de moi ce que tu voudras... Mais je crois qu'il sera bon que je prenne le bourdon et que je parte en pèlerin avec ma malheureuse femme qui ce soir est ici pour cette fête, puisque je suis haï de Dieu, de toi et de tout le monde [1]. »

L'affaire était donc sérieuse, puisqu'il avoue lui-même que tout le monde était ligué contre lui. Ficin pourtant — et cela est important à plus d'un titre — n'a pas pris parti. Pulci est allé le trouver la veille et lui a demandé d'avertir Franco [2]. Laurent et Julien savaient fort bien que les sonnets qu'on lui prêtait n'étaient pas de lui. En fait, cette première escarmouche laissa les combattants sur leurs positions. Mais la lutte était désormais publiquement ouverte, et les rancœurs accumulées étaient si vives que la trêve ne pouvait pas être de longue durée. Franco n'avait d'ailleurs pas reçu que des compliments. On s'étonnait qu'un prêtre se fît ainsi polémiste et Luigi trouvait même chez Bellincioni un zélé défenseur [3]. Le moindre incident pouvait donc provoquer une nouvelle bagarre,

---

1. *Ibid.* : « e frall'altre cose, sa Cino e altri io metto versi a ordine in lode tua e di Piero; e pregoti, Luca et figliuoli e tutti noi, parenti, fratelli, e'suoi figlioli, ti sieno racomandati. E volevo finire la Giostra, poi venire a te, et pregarti volessi dare favore a me, ne mai hebbi altra intentione; e contra quelli tali ch'io dico, m'e stato messo inanzi cose pazze da metterli in briga anche loro; et nondimeno non ho volute. Pregoti, per lunga servitu et fede, mi vogli udire et non mi giudichi in fretta, et acozzami con chi vuoi, e ricorderotti le parole come sono ite, e a che proposti, e con che disperazione. Poi mi fa porre il capo in sul ceppo et saro contento, se gia io non sono fuori del senno; perche non dormo, non mangio, et son fuori di me, e la mia casa e gia otto di in pianto, e tu non vedi e non credi queste cose. Il bene vego non t'e raporto, ma Idio lo raportera; e, quando ti sara passata l'ira, ancora cognoscerai t'amo, forse piu che di quelli che mi t'accusono tutto di. Fa infine di me cio che vuoi; verro hora, e quando e dove mi dirai, a ogni pena, a ogni supplicio; e credo sara buono io tolghi un bordone, e colla mia sventurata moglie, che' qui stasera in questa buona festa, vadi peregrinando, poi che sono in odio a Dio, a te, al mondo. »

2. *Ibid.* : « Per messer Marsilio hiersera gliel dixi, et che va dicendo che tu se' tu et Giuliano che lo fate fare, e che ha altre materie alle mani; e che io so, tu gli ai detto non facci. »

3. Cf. C. Pellegrini, *op. cit.*, p. 35.

et si l'on en croit Franco[1], elle fut d'importance. Pulci aurait dénoncé un prêtre, qui fut mis en prison, et par surcroît il semble bien qu'en cette affaire le poète avait plus ou moins compromis Laurent. Cette fois la mesure était comble. Franco reprit donc l'offensive et sans ménagement n'hésita pas à montrer au Prince qu'il se couvrait de ridicule en protégeant un personnage aussi odieux, qu'il avait par surcroît, baptisé familièrement Gigi.

« Je suis Franco, écrit-il. Jamais il n'y eut de si grand scandale, dont ne sortît par une voie détournée quelque bien ou du moins quelque exemple à suivre et la confusion pour ceux qui l'ont causé. Je me réjouis donc fort qu'en deux jours ait éclaté au grand jour l'incroyable témérité de Gigi Pulci, qu'au cours de votre vie vous n'avez pas su voir, ou du moins si vous la connaissiez, ce dont je doute, vous agissiez comme quelqu'un que l'on importune et qui, tout en étant conscient de son erreur, multiplie les fausses manœuvres et revient à sa bestiale entreprise. » Puis venait une incroyable litanie, dont Laurent lui-même ne pouvait pas ne pas ressentir l'affront : « Gigi est importun. Gigi est ennuyeux. Gigi est une mauvaise langue. Gigi est fou. Gigi est arrogant. Gigi est une source de scandales. Gigi a mille défauts et cependant, selon vous, on ne peut pas respirer sans Gigi dans votre maison. Gigi est le reflet de votre blason. Vous avez tenu à montrer votre magnificence et votre humanité à renflouer ce déchet du genre humain. » Enfin après avoir exposé tout au long le corps du délit commis par Gigi « votre cinquième élément », il datait sa lettre : « Faite en hâte le 24 janvier 1475-1476 » et signait : « Franco, en sueur et en pamoison, commissionnaire, clerc et infirmier... »[2]

Une telle signature suffit à peindre l'homme et si nous n'avions

1. *Lettere*, ed. cit., p. 181-185.
2. *Ibid.* : « Sono el Franco. E non e mai, magnifico Lorenzo, uno schandolo si grande che per qualche stravolta via non ne segua alcun bene, o se non altro qualche esempio a quegli che hanno a seguire, e confusione di mente a quegli che ne sono stati cagione. Io mi rallegro molto che meglio del nostro Monsignore in dua di sia stata conosciuta la grandissima temerita di Gigi Pulci, la quale voi ne'processi di vostra vita non havete conosciuta, o se pure cognoscete, che in vero ne dubito, fate come che si ghuasta in chiasso, che ancora ch'egli'intenda el suo errore, tirato dalla pazzia, multiplica in piu inconvenienti andando dietro a sua bestiale impresa. Gigi e importuno, Gigi e fastidioso, Gigi ha pessima linghua, Gigi pazzo, Gigi arogante, Gigi seminator di schandoli, Gigi ha mille difetti, seconde voi, et non di meno sanza Gigi non si puo respirare in chasa vostra. Gigi e animella delle vostre palle. Havete tolto a mostrare la magnificentia e humanita vostre in tenere a ghalla questo dispecto della generatione humana... Fatta in furia, addi 24 di Gennaio 1475. Vostro Francho, liquido e sdilinquente, fachino, cherico et spedalingho, e tanto peggio che'l piovano non vi schorgie. »

pour juger de cette querelle que cette litanie et les sonnets d'un goût assez douteux qu'échangèrent les adversaires, on serait en droit de se demander s'il ne s'agit pas d'une de ces joutes plus ou moins spectaculaires dans lesquelles tant d'humanistes s'illustrèrent et qui, souvent, demeuraient sans lendemain. Mais nous avons les lettres de Ficin, et bien qu'il ait été en cause, nous allons voir que pour lui l'enjeu de cette querelle dépassait de loin une rivalité de personnes.

La première de ces lettres, qui ne pouvait être adressée qu'à l'un des frères de Pulci, et dont seuls les manuscrits nous révèlent le véritable destinataire, était effectivement destinée à Bernard, qui, comme nous l'avons dit, composait des poèmes religieux. A n'en pas douter le scandale avait éclaté et Ficin, qui apparemment n'était pas encore en cause, lui écrivait pour lui exprimer toute sa sympathie, tout en lui disant clairement ce qu'il pensait de l'auteur du *Morgante*. Qu'on en juge plutôt : « Je sais, écrit-il, que ton frère est pour toi le plus grand sujet de honte, parce qu'il est considéré par tout le monde comme menteur et versatile. » Sa réputation n'était donc plus à faire et Ficin s'applique à la justifier et même à la discuter. « Qu'il soit menteur, poursuit-il, je ne peux pas le nier puisque avec autant d'impiété que d'insolence, il exerce sa langue venimeuse et sa plume contre la majesté divine, qui est infinie vérité. Rien n'est donc plus vrai que ce que les gens affirment quand ils le traitent de menteur. Je ne vois cependant pas pourquoi on l'accuse de versatilité », et la raison qu'il en donne montre bien que son jugement était fondé sur une longue expérience. « On ne peut pas considérer comme versatile, dit-il, un homme qui persévère avec tant d'obstination dans sa façon de faire, puisqu'il a déjà vieilli dans sa malice et sa versatilité. » C'est pour cela d'ailleurs que Ficin le juge incurable. « Bien qu'il soit très difficile de guérir un mal si ancien, et presque impossible de déraciner un vice si abominable... corrige-le, si tu peux, ou bien supporte-le avec patience puisque Dieu lui-même, sans doute parce qu'il sait que cet homme ne sait pas ce qu'il dit, endure ses injures » et assurant son correspondant que les vices de son frère ne peuvent que mettre en valeur ses propres vertus, il termine sa lettre en lui recommandant de faire autant de bien que son frère peut faire de mal[1].

---

1. FICINI *Op.*, I, 661, 1 : Bernardo Oricellario (= Pulci) « Scis (= scio) fratrem tuum maximo tibi dedecori esse, quod mendax et instabilis ab omnibus tueatur, negare non possum eum esse mendacem, qui contra maiestatem divinam, quae infinita veritas est, venenosam linguam calamumque tam impie tanquam insolenter exercet. De illo igitur nihil verius quam quod

Ainsi nous sommes désormais pleinement fixés, tant sur le personnage, que sur ce que Ficin lui reproche : c'est un menteur et c'est à Dieu qu'il ose s'attaquer depuis des années par la parole et par la plume. Donc pas question de querelle personnelle, et ceci nous autorise à penser que cette lettre fut écrite avant que fut publié le *De Christiana Religione* et qu'elle vise avant tout, non le pamphlétaire, mais le poète, qui se voulait épique. Il n'en est pas de même de la seconde.

Adressée à Bernardo Oricellario (Rucellai), qui avait épousé la sœur de Laurent de Médicis, Nannina, et qui déjà avait tenté de ramener Pulci à de meilleurs sentiments [1], elle présente cette particularité que le nom du poète, qui se trouve en toutes lettres dans les manuscrits, a été remplacé dans l'édition par le simple pronom « ille ». Nous en connaîtrons bientôt le motif, mais, puisque dès maintenant nous savons qui se cache sous ce pronom, nous pouvons, en connaissance de cause, étudier le texte qui le concerne.

Certes, cette seconde lettre est beaucoup plus violente et cela pourrait nous faire croire que déjà Ficin répond à une attaque, dont il aurait été victime, mais le fait qu'elle n'est pas adressée, comme la précédente, au frère de Pulci, suffirait à la rigueur à justifier le ton qui la différencie.

Toujours sans s'émouvoir Ficin cherche d'abord à rassurer Rucellai. « Ne te trouble pas outre mesure, dit-il, si cet homme — Gigi Pulci ou Luigi Pulci — aboie avec tant d'indécence contre tout le monde, car ce chien aboie suivant sa nature et son habitude. Il ne cessera d'aboyer qu'en cessant de vivre, à moins qu'après sa mort il continue à aboyer en compagnie de Cerbère. » Il n'y a pas lieu, en conséquence, de s'offenser de ses satires qui, au contraire, peuvent tourner à l'avantage de ceux qu'elles prétendent blesser. « Non seulement ses aboiements ne peuvent gêner personne, mais ils rendent les hommes plus vigilants et plus circonspects. » Et

sit mendax homines praedicant. Sed cur instabilem hunc hominem non invenio, qui tam pertinaciter in suo proposito stabilis est, ut in ipsa sua instabilitate et malignitate iam consenuerit. Vel emenda vitia fraterna si potes (quanquam curare tam veterem difficillimum est, et tam nefarium vitium forsitan impossibile, nunquam enim surrexit daemon, qui cum rebellasset a Deo semel dicitur corruisse). Vel saltem feras de quo animo, postquam et Deus eius convitia tolerat, forte quia scit Deus hunc nescire quid garriat. Non obscurant (amice) virtutes tuas fraterna vitia, sed illustrant : albedo enim tua de eius nigredinem candidius emicat. Noli igitur in bonis moribus minus ipse stabilis esse quam frater in malis, ut tam bene agas bono, quam belle ille mala. »

La version originale se trouve dans le *Cod. Magb. VIII, 1436*, f. 95, v.

1. Cf. C. PELLEGRINI, *op. cit.*, p. 45.

comme Rucellai, après avoir tenté en vain de corriger ce misérable « qui avait coutume de s'attaquer aux honnêtes gens par envie ou par jalousie » avait, sans doute, demandé à Ficin de venir à son aide, il lui répond « d'abord que son insuccès ne l'étonne pas : Un fou ne cède à aucun raisonnement, il ne les écoute même pas, et cet impie, qui n'a jamais épargné Dieu, n'épargnera jamais les honnêtes gens. Comment un insensé qui hait Dieu pourrait-il aimer les hommes qui sont les images de Dieu? » Puis il se récuse : « me demander de corriger cet homme, c'est vouloir me faire labourer la mer... Personne ne s'est attaqué aux choses divines avec autant d'hostilité et en même temps de sottise que cet avorton que tu voudrais que je réforme. On devrait bien plutôt punir que corriger ce Thersite, qui, hélas! de sa bouche vénéneuse vomit impunément contre Dieu des invectives sans nombre » et il achève : « Je ne vois vraiment rien dont je pourrais accuser notre siècle, si ce n'est d'avoir produit ce monstre impie [1]. » Pour qui connaît Ficin, d'ordinaire si tolérant et si indulgent, ce jugement sans appel montre à quel point les propos sacrilèges de Pulci l'avaient exaspéré. Mais là encore, bien qu'il ait fait allusion aux satires du poète qui ne respectait personne, c'est avant tout comme ennemi de Dieu qu'il le condamne, et ceci éclaire d'un jour singulier la Préface de son

---

[1]. FICINI *Op.*, I, 661, 2 : Bernardo Oricellario : « Noli nimium turbari, Bernarde, si ille (= giges pulcius) adversus omnes tam turpiter latrat; latrat enim canis ille pro natura et consuetudine sua, tunc latrare desinet eiusmodi rabula, cum desinet vivere, nisi forte etiam post mortem latratu Cerberum comitetur... Sed dic, oro, Bernarde, quid latratus eius cuidam obesse potest? Imo homines vigilantiores cautioresque reddit. Et cum vulgatissimum, sit, eum semper probis vel propter invidiam vel propter dissimilitudinem solere detrahere, ille probatissimus vir habetur quem maxime ille (= pulcius) improbaverit... At tu frustra conaris istum (= pulcium) perditum emendare, neque exaudit demens rationes neque audit, nunquam parcet probis viris impius iste, qui numquam pepercit Deo. Quonam pacto potest insanus qui Deum odit, homines ullos, qui Dei imagines sunt, diligere? Rogas me ut eum quibuscumque possum rationibus corrigam, littus arare me iubes. Nemo infestius, nemo rursus ineptius contra res divinas invehitur quam iste homuncio quem emendare me rogas, puniendus est potius Thersites iste quam castigandus. Proh nefas! impune invectivas multas ore venenoso evomuit contra Deum... Non habeo in quo saeculum hoc nostrum, Bernarde, accusem, nisi quod portentulum istud impium produxit... » Nous avons mis entre parenthèses les variantes de la version originale. Cod. *Magb. VIII, 1436*, f. 95 r.

On trouve la même image dans un sonnet de Matteo Franco :

> Recasti poi con parole contrite
> Dal frate il bullettin come i pupilli
> Ma duro poco, o pessimo Tersite.

(L. PULCI. — M. FRANCO, *Libro dei Sonetti*, ed. G. Dolci, Milan, 1933, sonnet 42, p. 49).

De Christiana Religione qui, comme nous l'avons supposé, devait attirer les foudres de l'impie sur lui-même et sur son œuvre.

Les documents ne manquent pas pour en faire la preuve. Nous avons, en effet, les sonnets de Pulci et quelques lettres, qui ne laissent aucun doute à ce sujet. La plupart de ces textes ne sont pas datés, mais les faits, éclairant le contexte, nous permettent de les situer d'une manière à peu près certaine.

Sans parler du sonnet dirigé contre les pèlerins se rendant à Rome pour le Jubilé de 1475, et qui, de ce fait, se trouve daté, nous savons qu'à cette époque Ficin exposait sa *Théologie* à ses amis. Or, un des sonnets de Luigi adressé à un de ses amis « pour rire » vise précisément

> *Costor che fan si gran disputazione*
> *Dell'anima, ond'ell'entri e ond'ell'esca* [1].

Or, comme la *Théologie platonicienne* traite essentiellement de l'origine et de la destinée de l'âme, il n'y a pas à s'y tromper. Ficin était devenu l'ennemi en disant que « la doctrine était passée aux mains des profanes » et que « les perles les plus précieuses de la Religion étaient traitées par des ignorants et piétinées comme par des pourceaux ». Le chien aboyait. Mais Ficin n'était plus seul. De multiples sonnets « in defensionem Academiae » circulèrent dans Florence et bien que Pulci ne s'y trouve pas nommé, le fait qu'ils se réfèrent tous à la question de l'âme — l'un d'eux reprenant même un vers de Pulci — ne laisse aucun doute sur leur destinataire [2]. Ficin, de son côté, sans être insensible à la satire, comme nous le verrons bientôt, semble s'être alors contenté de prêcher à ses amis la patience et l'horreur du mensonge, tout en s'exerçant lui-même à la charité [3]. Mais les « choses saintes » étant en cause, il n'hésita pas à son tour à rappeler aux Médicis quel était leur devoir.

C'est sans doute à la fin de 1476 qu'il écrivit à Laurent et à Julien pour leur demander de mettre fin à ces manœuvres qui n'avaient que trop duré. Rappelant d'abord à Laurent que de son temps, il avait vu deux et même trois fois la loi punir la calomnie,

---

1. Les documents relatifs à cette querelle ont été publiés par G. PELLE-GRINI, *op. cit.*, p. 36, 204-5 et dans le *Sup. Fic.*, II, p. 283-90.

2. Ces vers anonymes ont été publiés par divers auteurs : FRATI, *Cantari et Sonetti*, p. 194. — VOLPI, *Luigi Pulci*, p. 38. — PELLEGRINI, *op. cit.*, p. 204-205.

3. Voir en particulier FICINI *Op.*, I, 735, 1. La lettre adressée « homini invidiam timenti ». *Id.*, 3. Celle qu'il s'adresse à lui-même pour se persuader qu'on ne doit jamais regretter le bien que l'on a fait. *Id.* 741, 2 à Braccolino sous le titre « Lupus est homo homini ». *Id.*, « homini fastidioso », 742, 2. A Luca Fabriano sur le mensonge.

il précise le sens de sa démarche : « Je ne demande rien de tel, écrit-il, je ne veux pas pour moi faire appel aux lois, contre ces puces (pulices) qui se rassemblent dès qu'il fait froid. » L'offensive dont il fut l'objet se situe donc au commencement de l'hiver et Pulci n'est pas seul en cause. Puis avec une amertume qui se dissimule mal, il expose les griefs, et à cette occasion nous le voyons, empruntant une formule des Psaumes, prendre la défense des prêtres qui vivaient dans l'entourage de Laurent : « Qu'il soit donc permis à cet impie au petit pied de s'attaquer à tes prêtres, puisque depuis longtemps il lui est permis de s'attaquer au Christ. » Et voici l'allusion à la doctrine passée aux mains des profanes : « Que la foule juge pêle-mêle de la doctrine que si peu d'hommes connaissent à peine. » Mais il revient à l'accusation portée contre lui, comme s'il s'agissait de ces fameuses lettres qui le faisaient passer pour un disciple d'Aristippe. « Que ces avortons, dit-il, pour qui rien n'est vrai, portent un jugement sur ma vie, que Dieu seul connaît, avec Socrate et Zénon je ne m'en soucie pas, ou du moins avec Aristote et Théophraste je m'en soucie très peu... » Héraclite, Thalès, Pythagore et Platon lui ont appris que tout cela n'était qu'un songe et le Maître de vie lui a enseigné que le monde tout entier est plongé dans le mal mais que pour l'homme vertueux tout doit se changer en bien. Donc il se rassure. Les hautes murailles de la Philosophie le rendent sourd à toutes les plaisanteries de ce genre. « Mais cette même Philosophie, poursuit-il, me demande aujourd'hui une chose, c'est que je te dise ce que tu dois faire pour accomplir ton devoir, comme tu l'as fait pour moi avec tant de soin en d'autres circonstances. Il faut que d'un geste, si léger soit-il, tu montres que ce qui par-dessus tout, déplaît à Dieu, te déplaît aussi, et que tu ne saurais voir que ce qui est saint et en même temps tien, soit jeté aux chiens pour le déchirer ou aux puces des chiens *(canum pulicibus)* pour le piquer [1]. » L'allusion est manifeste. Ficin joue sur les mots. Les « pulices » ne peuvent être que Pulci et ses suppôts, et si nous en

---

1. *Id.*, I, 725 : « Leges usque adeo horrent infamiam et odere maledicos ut in eos etiam rigide animadvertant qui vel de turpi turpiter obloquuntur. Quod quidem bis, imo et ter aetate nostra Florentiae publice observatum et vidimus et probavimus. Ego autem a legibus tale hodie nihil postulo, nolo enim pro me contra *pulices*. Lege armari, quae primo adventu frigoris opprimentur. Liceat ergo, liceat *impiolo* illi Christos tuos impune tangere, cui iamdiu licuit Christum. Sit passim doctrinae iudex vulgus quae vix nota est quam paucissimis. Ferant ut libet *homunculi*, quibus nulla sententia est de mea vita sententiam quae soli nota est Deo. Haec et similia, aut certe cum Socrate et Zenone nihil curo, aut certe cum Aristotele et Theophrasto perparum. Nempe didici ab Heraclito et Thalete cuncta mortalium, sive bona sive mala dum videntur occidere, didici a Pythagora et Platone dormire in

doutions, un simple mot adressé à Julien achèverait de nous en convaincre car nous y retrouverons l' « ille canis » que nous connaissons déjà et qui peut-être, lui aussi, fut substitué au nom même de Pulci. « Que « ce chien » aboie continuellement contre moi, comme il a l'habitude de le faire, aussi bien contre les gens honnêtes et instruits que contre Dieu et l'âme, je ne m'en étonne pas, puisque et sa nature et ses habitudes sont telles qu'il ne peut pas ne pas aboyer... je ne m'en soucie même pas, puisqu'il ne peut ni critiquer sans louer, ni louer sans critiquer, qu'il aboie contre le ciel et les enfers tant qu'il lui plaît, mais il faut qu'il sache publiquement que ces aboiements ne plaisent pas aux Médicis [1]. »

La réponse ne se fit pas attendre. Dès le 1er janvier 1477, Ficin écrivait, en effet, à Cavalcanti que les deux Médicis étaient intervenus contre ses détracteurs, « *non correptione tantum... sed etiam invectiva...* » [2]. Est-ce que la paix s'ensuivit? Della Torre l'a cru, mais la preuve qu'il en apporte est bien fragile, car, s'il est vrai que les derniers chants du *Morgante* sont moins agressifs, il est peut-être excessif de dire que l'auteur s'est alors inspiré du *De Christiana Religione* [3]. Que la lutte soit devenue plus sourde et plus impersonnelle, c'est possible, mais elle n'en demeura pas moins sévère. Pulci n'a jamais changé, jusqu'à la fin il resta l'impie qu'il était, et cela est si vrai que l'Eglise, à sa mort (novembre 1484) se vit dans l'obligation de lui refuser la sépulture religieuse [4]. Il est

corpore animum, et quaecumque hic agere pative videmur, nihil aliud esse quam somnia. Didici a vitae magistro, mundum totum esse positum in maligno, bono tamen viro in bonum cuncta reverti. Omnes igitur eiusdem nugas sacrae Philosophiae parietes, altissimi a nobis longius arcent, hoc tamen unum ipsa me Philosophia hodie monet, ut rem ipsam tibi significem quo officio tuo fungaris, quemadmodum alias in re nostra diligentissime es perfunctus, hoc est, ut vel levissimo quodam nutu ostendas displicere tibi, quod Deo ante omnia displicet, dari videlicet sanctum et id quidem tuum vel *canibus* lacerandum, vel canum *pulicibus* submormendum. »

1. *Ibid.*, I, 725, 2 : « Quod *canis ille* continue contra me latret, quemadmodum contra bonos doctosque viros, animamque et Deum, semper est solitus, neque miror equidem, sic enim et natura et consuetudine affectus est, ut non latrare non possit, neque etiam curo, nam talis est, ut neque vituperare quemquam possit, nisi laudando, neque laudare nisi vituperando. Latret ille et apud superos et apud inferos, quantum placet, modo non placere Medicibus palam latratum eius intelligatur. »

2. *Ibid.*, I, 738, 1 : « ... Medices utrique paucis ante diebus in causa nostra adversus adversarios nostros non correptione tantum usi sunt, sed etiam invectiva... Primo Ianuari MCCCCLXXVI/77. »

3. Cf. DELLA TORRE, *op. cit.*, p. 828 et suiv.

4. Cf. BERNARDINO SCARDEONE, *De antiquitate urbis Patavii*, Basilea, 1560, p. 423 : « Patavii defunctus ob scripta prophana prophano in loco iuxta coementerium S. Thomae martyris prope puteum absque solitis sacris sepultus iacet. » Cité par C. PELLEGRINI, *op. cit.*, p. 50.

vrai que sur le désir de Laurent — ce qui explique les variantes que nous avons soulignées — le nom de Ficin disparut même des sonnets du poète et celui de Pulci des lettres du philosophe [1] — mais il n'y a pas à s'y méprendre, l'ombre de l'auteur du *Morgante* s'étend sur toute la correspondance de Ficin pendant l'année 1477. On le sent triste, inquiet, découragé et, bien qu'il admette lui-même qu'il est victime de son tempérament mélancolique, ses lettres ne laissent aucun doute sur la persécution dont il est l'objet et sur les difficultés auxquelles il doit faire face [2]. Son trouble néanmoins ne lui fait pas oublier sa tâche. Ce n'est pas en vain qu'il conseille aux autres de chercher la paix dans le temple de Minerve [3]. Il sait prêcher d'exemple. N'est-ce pas d'ailleurs pour lui le meilleur moyen de défendre son Académie et d'imposer sa doctrine?

III. Essais de Dialectique.

Corsi, sans préciser, nous dit que pendant près de trois ans Ficin a exposé chez lui sa *Théologie* à la plupart de ses amis [4]. Si le fait est vrai — et il n'a rien d'invraisemblable — ces leçons ne peuvent trouver place dans la vie de Ficin qu'à partir de 1475, c'est-à-dire après sa rédaction et sa traduction du *De Christiana Religione*. C'est dire que l'Académie a repris son activité et la querelle avec Pulci nous en a donné indirectement un vivant témoignage. Mais nous en avons d'autres qui nous sont encore plus précieux, car Ficin nous a laissé, dans le deuxième livre de sa Correspondance, une série d'opuscules que nous pouvons certainement considérer comme l'écho de ses leçons. Deux lettres à Cavalcanti vont nous permettre, en effet, de les dater et il est relativement facile de les identifier.

---

1. Le premier vers du fameux sonnet contre Ficin :

> Marsilio, questa tua filosofia

devint

> Geometra, questa tua geometria.

2. Ficini *Op.*, I, 731, 3 : « Ego autem his temporibus quid velim quodammodo nescio. Forte et quod scio nolim et quod nescio volo. »

3. *Id.*, I, 789, 2 : « Ego una hac Epistola consulo ut ad templum Minervae confugiat, quo solo contra fortunae procellas fulminaque protegemur. »

4. Corsi, *Vita*, X : « ...et cum iis etiam ipsam de qua paullo ante diximus Platonis Theologiam, quam mox amicorum plerisque toto fere triennio domi interpretatus est... » Une fois de plus, Corsi fait preuve d'une ignorance complète de la chronologie des œuvres de Ficin puisqu'il place ces « leçons » après la publication des œuvres de Platon et avant la rédaction d'écrits sur la Volupté « quo etiam tempore de voluptate nonnulla conscripsit. »

« J'ai composé en trois jours, dit-il, dans la première lettre, en date du 28 octobre 1476, trois opuscules Théologiques sur les trois voies qui permettent à l'esprit de s'élever jusqu'à Dieu » et « sans le corriger, je t'envoie le « Proemiolum » du troisième [1]. » Cela fait évidemment beaucoup de trois pour un homme, qui croyait au symbolisme des nombres! Mais passons. Par ailleurs, dans la seconde lettre datée du 10 novembre de la même année, l'auteur, qui est à Cellano, annonce qu'il apporte, en rentrant à Florence, cinq traités dont, cette fois il donne les titres : *De divina Providentia nominibusque Dei et gaudio contemplantis. De ascensu a materia elementorum ad caelum sine materia, ad animam sine quantitate, ad Angelum mutationis expertem, ad Deum sine accidente substantiam. De raptu Pauli ad tertium caelum et quomodo anima illic Dei oeternitatem videat atque suam. De impedimento mentis a corpore eiusque immortalitate. De Lumine, quod sit in divinis numinibus claritas gaudens clarumque gaudium, in mundi vero machina sit risus quidem caeli ex numinum gaudio profisciscens* » [2]. La première question qui se pose est donc de savoir si ces cinq derniers traités se confondent avec les trois premiers dont nous ignorons le titre ou si, au contraire, Ficin en a composé huit.

En fait, le deuxième livre de la Correspondance en contient effectivement huit. Par conséquent il ne saurait y avoir aucun doute à ce sujet. Mais la difficulté commence dès qu'il s'agit de les identifier, car si le *De raptu Pauli* et le *De Lumine* ne posent aucun problème [3], il n'en est pas de même pour les six autres qui se présentent avec des titres plus ou moins différents de ceux que l'auteur vient de nous indiquer. Le premier s'intitule *Questiones quinque de mente*. Le second : *Super sensum est intellectus. Super sensibile est intelligibile. Super mentes nostras sunt aliae mentes, super formas corporales sunt formae incorporales*. Le troisième étudie la hiérarchie des êtres en fonction de leurs mouvements : *Elementa*

---

1. FICINI *Op.*, I, 733, 2 : « Etsi iampridem veteres tres Epistolas tibi pollicitus sum, tamen quia opinor te his diebus multum libentius gustare, quam vetus, mitto nova. Composui hoc triduo Theologica Opuscula tria, de triplici in Deum mentis ascensu, ad quem nullus ascendit, nisi in quem quodammodo prius ille descenderit, qui moveri potest nusquam, cum externum ei desit spatium, cuncta et intrinsecus prorsus implenti, et extrinsecus infinite comprehendi. Mitto Opusculi tertii Proemiolum nondum emendatum. XXVIII octobris MCCCCLXXVI. » — Les trois lettres dont il est fait mention sont celles de la page 730 et 731.

2. *Id.*, I, 333, 3 : « Abeo hac hora ex agro nostro Cellano Florentiam petiturus. Fero mecum Theologica opuscula quinque hoc ultimo nostrae rusticationis tempore a nobis composita, de divina providentia... »

3. *Id.*, I, 697-707, 717-721.

moventur mobiliter. Caelestes spherae moventur stabiliter. Animae stant mobiliter. Angeli stant stabiliter. Deus est ipse status. Le quatrième en fonction de leur divisibilité et de leur mouvement : *Forma corporea dividitur et movetur ab alio. Anima rationalis non dividitur sed ex seipsa movetur. Angelus neque dividitur, neque movetur, sed aliunde impletur. Deus est plenitudo una simplex, immensa.* Enfin le cinquième s'intitule *Compendium Platonicae Theologiae* ou *Ascensus a substantia corporea ad incorpoream scilicet animas, Angelosque et Deum* et le sixième, qui suit le *De raptu Pauli* et précède le *De Lumine, Argumentum in Platonicam Theologiam ou Tres contemplationis Platonicae gradus* [1]. A première vue, il paraît donc bien difficile de retrouver ici les six opuscules qui nous manquent, et bien que certains présentent des points de ressemblance avec ceux dont nous connaissons le titre, nous en serions réduits à formuler des hypothèses, si Ficin n'avait pris soin, involontairement sans doute, de nous orienter.

L'*Argumentum in Platonicam Theologiam* est, en effet, précédé d'une lettre à Laurent qui, dans un manuscrit d'une valeur incontestable, nous donne une précieuse indication. Ayant précisé le but de cet argument, qui est de faire patienter le Prince en attendant que Ficin ait corrigé et mis au point sa *Théologie,* l'auteur lui dit, en effet, « après que tu l'auras lu, tu liras, dans la mesure où les affaires te le permettront, les cinq clefs de la Sagesse platonicienne qui suivent [2] ». Or, les cinq clefs, que nous trouvons effectivement jointes à l'argument dans les manuscrits, ne sont autres que cinq des opuscules qu'il nous reste à identifier. La première étant la démonstration de la hiérarchie des êtres en fonction de leur mouvement, la deuxième en fonction de leur divisibilité, la troisième l'opuscule sur les facultés et les formes, la quatrième le *Compendium* et la cinquième les *Questiones de Mente.* Dès lors, il semble assez facile de classer toutes ces œuvres dans l'ordre même où

---

1. Dans l'ordre nous trouvons ces traités : Ficini *Op.,* I, 675-682. — *Id.,* 682-686. — *Id.,* 686-688. — *Id.,* 688-690. — *Id.,* 690-698. — *Id.,* 706-716.
2. *Id.,* I, 706, 4. — *Id.,* 737, 2 : « Decrevi, magnanime Laurenti, antequam illud Platonicae Theologiae volumen ederem, tuo nomini dedicatum, in quo adhuc superest nonnihil, quod examinatione indigeat, edere si tibi placuerit argumentum... ut hoc interim pignore admonitus memineris et meminisse me tibi debere, quod iamdiu promiseram et solvere quandoque velle quod debere cognosco... Tres vero sunt praecipui contemplationis Platonicae gradus... Tres quoque gradus nostrum continet argumentum.
Le manuscrit *Plut. LXXXIII, 11,* qui avait été offert à Laurent, ajoute, f. 1 : « Postquam vero hoc in Theologiam Platonicam argumentum legeris, deinceps quantum per negocia licebit leges quae secuntur quinque Platonicae sapientie claves. »

Ficin nous les a données et de connaître, par le fait même, leur date de rédaction. Rien ne s'oppose en effet à ce que nous considérions les trois premières « clefs » comme étant les trois opuscules composés avant le 28 octobre 1475. Mais auparavant deux points nous restent encore à élucider. D'une part, il nous manque le *De Providentia nominibusque Dei et gaudio contemplantis* et le *De Impedimento mentis a corpore eiusque immortalitate* et d'autre part aucune de ces trois « clefs » n'est précédée du *Proemiolum* que Ficin avait joint à sa première lettre à Cavalcanti. Or, il se trouve que l'*Argument* est, lui, précédé d'une courte Introduction. Faut-il en conclure que l'*Argument* lui-même est le troisième opuscule qui nous contraindrait d'exclure l'une des trois premières « clefs »? En fait, c'est fort possible, car celle qui traite des facultés et des formes ne constitue pas, à proprement parler, comme les deux autres, une voie hiérarchique permettant à l'esprit de s'élever jusqu'à Dieu. Néanmoins si utile et vraisemblable que soit cette assimilation, non seulement elle ne résout pas le problème, mais le complique encore, car il est bien évident que cet opuscule ne peut correspondre à aucun des deux qui nous manquent encore, et dans ce cas, c'est neuf traités que nous aurions au lieu de huit.

Essayons néanmoins de vérifier notre hypothèse touchant l'*Argumentum in Platonicam Theologicam*. Il porte en sous-titre *Tres contemplationis Platonicae gradus*. Or le premier degré manifestement constitue une voie hiérarchique : *Primus gradus est ascensus ad animam, angelun, Deum*. D'autre part le deuxième degré : *Secundus... gradus consistit in Deo*, répond en tout point au *De Providentia...* et enfin le troisième porte à peu près le même titre que le *De impedimento mentis a corpore eiusque immortalitate*, puisqu'il a pour argument : *Cur animam in corpore difficile divina cognoscat et quod sit immortalis*[1]? Par conséquent il n'est pas douteux que ces trois degrés formaient à l'origine trois opuscules, qui ont été composés : le premier en octobre 1475, les deux autres, en novembre, et que, c'est après coup, que Ficin les a réunis pour en faire l'*Argument* destiné à Laurent. Quant à l'opuscule sur les facultés et les formes, qui devait former la troisième clef, tout ce qu'on en peut dire c'est qu'il fut certainement composé vers la même époque, mais qu'il ne fait pas partie des huit opuscules dont Ficin avait fait part à Cavalcanti.

En dépit des attaques dont il était l'objet, Ficin ne s'est donc pas laissé abattre. Bien au contraire, tous ces opuscules nous prouvent éloquemment combien il avait hâte de publier sa *Théologie Plato-*

1. FICINI *Op.*, I, 707, 2. — *Id.*, 711, 2. — *Id.*, 712, 2 (in fine).

nicienne dont seuls ses « comphilosophi » avaient alors connaissance. Mais, il ne nous le cache pas, « il y a encore quelque chose
qui a besoin d'être éclairci [1] » et l'année 1477 se passera encore,
sans qu'il consente à la livrer aux imprimeurs qui venaient de lui
donner la première édition de son *De Christiana Religione*, qu'il
avait revu [2] et, sinon corrigé, du moins considérablement augmenté. Il n'en était d'ailleurs pas satisfait et devait traiter ses
imprimeurs d' « opprimeurs » [3]. Ce qui ne l'empêchait pas d'être
très heureux de l'adresser à ses meilleurs amis [4].

Il le présenta même à un certain Placentino que le pape avait
envoyé à Florence en qualité de commissaire apostolique pour,
nous dit Ficin, « préparer des armes, contre les ennemis de la divine
Sagesse » Curieuse coïncidence! Pour que le pape s'en mêlât il fallait
évidemment que le conflit fût sérieux. De quoi s'agissait-il? On ne
saurait le dire avec certitude. Néanmoins l'intervention de Ficin
semble bien indiquer que l'orthodoxie était en cause. Certes, sa
lettre au commissaire apostolique ne manque pas d'humour.
« Pour défendre la Sagesse, lui dit-il, les soldats de Mars con-
viennent beaucoup moins que les prêtres de Pallas. Pour moi,
Dieu m'a défendu de combattre sous la bannière trompeuse de
Mars et m'a ordonné de suivre l'armée de l'invincible Minerve.
Plût au ciel que j'y arrive avec autant de succès que j'apporte de

---

1. FICINI *Op.*, I, 706, 4 : « ...in quo adhuc superest nonnihil, quod examinatione indigeat... »
2. M. KRISTELLER (*Sup. Fic.*, I, LXXVIII) prouve qu'il y a eu trois
versions différentes de ce traité : la première correspondant à la première
édition en langue vulgaire, la seconde qui est celle du *Plut. XXI*, 9 et la
troisième celle de l'édition latine actuellement connue. Pour les variantes
cf., *Id.*, p. 8. L'historique de la première édition a été étudié par E. ROSTAGNO,
Di un esemplare del de christiana religione di Marsilio Ficino, Bibliofilia,
vol. II, p. 397. Réimprimée 7 fois en un siècle, dont 3 fois à Paris, en 1510,
1518 et 15 , cette œuvre fut traduite par GUY LEFÈVRE DE LA BODERIE et
publiée à Paris en 1578 chez Gilles Beïs, rue St-Jacques, au Lis Blanc, sous le
titre *De la Religion Chrestienne, par Marsile Ficin Philosophe, Médecin et
Théologien très excellent : œuvre très docte et fort nécessaire pour la radresse de
plusieurs dévoyez et confirmation des fidelles Chrestiens et bons Catholiques —
avec — la harangue de la dignité de l'homme par Jean Picus, Comte de Con-
corde et de la Mirandole.* »
3. FICINI *Op.*, I, 734, 2 : « Mitto ad te Religionem nostram, Religiosi
ignus amoris. Si forte videtur pauperrima, memento Christianam Religionem
a paupertate fuisse fundatam. Memento praeterea apud nos non expressores
brorum esse, sed oppressores. »
4. Les lettres d'envoi de ce traité sont très nombreuses et sont datées
d'années différentes : 1476 : FICINI *Op.*, I, 726, 2. 734, 1 et 2. 746, 2 et 3.
1477 : 750, 1. 753, 2. 798, 2. 1478 : 804, 3. 1479 : 821, 2. 803, 3. 1480 : 836, 1.
1494 : 960, 3.

bonne volonté à la chercher depuis si longtemps! Je t'envoie donc
les armes avec lesquelles je lutte continuellement et de toutes mes
forces contre les ennemis de la vérité... [1]. » Or ces armes ne pouvaient être que son *De Christiana Religione* et ces ennemis, les
« poètes et les Péripatéticiens ». On aimerait cependant savoir qui
a pu provoquer cette intervention du pape? Sont-ce les ennemis de
Ficin qui, vaincus à Florence, en ont appelé à Rome? C'est fort
possible et la lettre que Ficin adressait à l'archevêque de Florence,
en se référant à la visite du commissaire apostolique, est la preuve
manifeste qu'il était à nouveau l'objet de viles et noires intrigues.
« Interrogé en ton nom par lettre et surtout verbalement, écrit-il, ce
que j'avais demandé « in publici oneris causa », non seulement m'a
été aimablement promis, mais a été même écrit. » Puis comme si
son silence avait pu être mal interprété, il s'excuse d'avoir tant
tardé à remercier l'archevêque, mais il était malade depuis plusieurs jours et même est tombé en syncope. Enfin, il interroge les
astres et voit qu'effectivement le bénéfice qui lui avait été promis
a été intercepté par les manœuvres d'un homme de Saturne. Toutefois il se rassure, car il sait que Saturne a été autrefois enchaîné
par Jupiter et il y a en ce moment à Florence quelqu'un qui peut
jouer le rôle de Jupiter, c'est l'archevêque. Tout doit donc s'arranger. « Cependant, conclut-il, puisque, pour ce qui est des choses
de ce monde, tu es supérieur même à César, veille à ce qu'en cette
affaire on ne te considère pas comme inférieur à Pilate [2]. » For
heureusement, à la malice des uns répondait la bienveillance des
autres, et jamais il ne refusait de donner à chacun la preuve de sa
bonne volonté.

Des trois livres qui contiennent sa correspondance de la fin de
1476 aux premiers mois de 1478, nous pourrions effectivement tirer
toute une anthologie. Ses correspondants se multiplient et nor

---

1. *Id.*, I, 726, 2 : *Petro Placentino, Commissario Apostolico.* « Misit te summus Pontifex tanquam strenuum ducem, ut contra divinae sapientiae hostes
arma parares. Conducunt autem ad sapientiam defendendam, non tam Marti
milites quam Palladis sacerdotes. Deus me sub Marte fallaci militare pro-
buit, sequi iussit invictae castra Minervae. Quae utinam quam libenter iam
diu segnor tam faeliciter assequar. Mitto igitur haec ad te arma, quibus
adversum veritatis hostes, pro viribus continue pugno... »

2. *Id.*, I, 726, 3. *Rainaldo (Orsini) Archiepiscopo Florentino :* « Superioribus diebus, Petrus Placentinus, clarissimus Pontificis Commissarius, cum
per Epistolam, tum vel maxime verbis tuo nomine rogatus, quicquid in
publici oneris causa petieram benigne admodum non promisit solum, sed
et scripsit... Quid igitur postulabo? Hoc unum. Cum in caeteris Caesare ipso
superior sis, ne patiare ut in hoc uno, vel Pilato inferior videaris. Sed vel
quod Commissarii manibus tuo nomine ab initio me praesente in causa mea
scriptum est, sit scriptum... »

seulement il répond de bonne grâce à toutes leurs questions, mais souvent leur adresse de longues dissertations sur les sujets les plus inattendus. C'est ainsi que nous le voyons durant cette période, mettre au point sa *Vie de Platon*[1], adresser un *De Officiis*, à la manière de Cicéron, au musicien Cherubino Quarquagli, un « guide pratique » pour organiser des banquets platoniciens à l'ambassadeur vénitien Bernardo Bembo et rédiger des lettres sur le mariage, sur la continence et de nombreuses méditations sur la misère humaine qu'il qualifie lui-même de *declamatiunculae*. Tout ceci ne devait cependant pas suffire à son activité en cette année 1477[2]. Son zèle lui fit entreprendre un ouvrage, qui, dans sa pensée, devait faire suite à son *De Christiana Religione* [3].

1. Une *Vie de Platon*, comme nous l'avons vu, formait la première leçon du *Commentaire sur le Philèbe* et M. KRISTELLER en comparant deux textes a montré que la *Vie de Platon* adressée à Francisco Bandino, n'est qu'une édition revue de la première. FICINI *Op.*, I, 763, 2. 771. — Cf. *Sup. Fic.*, I, p. 79-80.

2. FICINI *Op.*, I, 744 : Cherubino Quargualio, 15 février 1476-1477. — 738, 2. *De sufficientia, fine, forma, materia, modo, condimento, authoritate convivii* a Bernardo Bembo. — 778, 3 : *Matrimonii laus*, a Antonio Pelocto, Poetae et Amico egregio. — 786 : *Nullus incontinens potest sapiens esse*, adressé aux « Philosophes et aux Sophistes ».

3. *Id.*, I, 757, 2 : « Alliciebat igitur hac ratione Marcus Aurelius Marsilium Ficinum suum quondam adolescentem, rapit et nunc aetate maturiorem. Ecce nunc omnis haec ad te properat preda, Marce, tua, Marsilius tuus adolescens pariter et maturior. Hic ergo tibis ex declamatiunculas offert, quarum primae illae duae de philosophiae medicinaeque laudibus iamdiu a tenera aetate, quatuor vero sequentes de praecipuis humanis generis institutis. »

Quatre manuscrits, dont *le Plut. XC sup. 43*, font suivre cette lettre non seulement « des louanges de la Philosophie et de la Médecine » comme l'édition, mais également des quatre « declamatiunculae » qui sont, en fait, trois lettres adressées « au genre humain » que nous retrouvons dans la Correspondance sous les titres : *Nihi turpius illo, apud quem praeter animum pulchra sunt omnia* (747, 3). — *Ut fortem in melius mutes, animae figuram in melius muta* (755, 2). — *Omnia mundi bona illi mala, qui immundus vivit in mundo* (738, 1) et une adressée à Laurentio Francischio : *Nemo est cui possit invidere qui videre possit quot omnes intus et extra furiis agitamur* (751, 3).

Il semble qu'à cette même époque il a composé la « declamatiuncula » dont il est question dans la lettre suivante : *M. F. Antonio Hyvano :* « Composui ea de re superioribus annis opusculum idque dedi nuper familiaribus transcribendum. Huius autem opusculi quasi quoddam sit argumentum declamatiuntiacula quedam, quam inter divi Ioannis sacra ad genus humanum his diebus composui... »

L'opuscule en question est un *De Summo Bono* comme en témoigne une note marginale du manuscrit de la Bibliothèque de Sarzana dont la lettre est extraite *(Cod. XXVI, F. 175)*. — Cf. *Sup. Fic.*, II, p. 91. Peut-être s'agit-il du bref argument portant ce titre découvert par M. KRISTELLER à la Bibliothèque de Livourne — et qu'il suppose autographe. — Cf. *Sup. Fic.*, I, XXXI, II, 96.

La lettre est suivie de l'épître adressée « au genre humain » que nous trou-

« Je compose en ce moment, écrit-il à plusieurs reprises en juin
1477, un livre *Sur la Providence de Dieu et sur la liberté de l'homme*
dans lequel, autant que je peux, je réfute les opinions des Astrologues qui suppriment cette Providence et cette liberté[1]. » Le sujet
était suffisamment précisé pour que l'on ne confondît pas cet ouvrage avec l'opuscule *Sur la Providence, les noms divins et la joie de
la contemplation* précédemment mentionné. C'est cependant ce
qu'a fait della Torre, ajoutant d'ailleurs que cet ouvrage avait
disparu et que nous n'en avions plus que la Préface[2]. Or il est
tout entier, comme le démontre H. Baron, dans le *Magliabecchianus XX.58*, sous le titre *Marsilii Ficini Florentini contra ju-
dicia astrologorum* et se présente effectivement comme une démonstration de la Providence et de la liberté conçue et développée suivant les mêmes principes qui avaient guidé Ficin dans la rédaction
de son traité *De la Religion Chrétienne*[3].

La Préface, à elle seule, ne laisse aucun doute à ce sujet. Après
avoir dénoncé comment les astrologues, en supprimant la Providence, la justice et la liberté, nous rendent orgueilleux, insouciants
ou malheureux, l'auteur leur déclare, en effet, une guerre impitoyable, invitant tous les philosophes à prendre le bouclier et le
casque de Pallas, pour lutter contre ces « petits géants impies »
qui, dit-il, préparent « en ce moment » la guerre contre nous[4].

vons également dans la Correspondance (772, 3), sous le titre : « *Frustra
nimium in rebus his quae sibimet nequaquam sufficiunt nostram sufficien-
tiam affectamus.* » Ficin en fit part à Bernardo Capponi (806, 5).
    1. FICINI *Op.*, I, 771, 1 : *à Bembo* : « ...de praesentibus studiis nostris
faciam certiorem, compono librum de Providentia Dei atque humani arbitrii
libertate, in quo illa Astrologorum iudicia, quae providentiae libertatique
detrahunt, pro ingenii facultate redarguo. » — *Id.*, 776, 3.
    2. Cf. DELLA TORRE, *op. cit.*, p. 605, n. 3.
    3. Cf. *Sup. Fic.*, II, 11-76. — Cf. H. BARON, *Willensfreiheit und Astrologie
bei M. F. und Pico della Mirandola*, Kultur und Universal Geschichte, Fest-
schrift für Walter Goetz, Berlin, 1927, p. 145. — B. SOLDATI, *La poesia astrologica nel 400*, Firenze, p. 203-213.
    4. FICINI *Op.*, I, 781, 2 : « Librum scripsi contra vana Astrologorum iu-
dicia, mitto ad te Praemium... Qui singula necessario fieri a stellis affirmant,
tribus potissimum perniciosis erroribus involvuntur ipsi et vulgus invol-
vunt... auferunt providentiam absolutumque mundi totius imperium...
iustitiam adimunt... auferunt libertatem omnique privant tranquilitate...
vani, superbi negligentesque reddimur...
Surgite igitur Philosophi, precor, surgite omnes libertatis tranquilita-
tisque pretiosissime cupidi, eia agite, iam accingite vos clypeo Palladis atque
hasta, bellum in praesentia imminet contra nefarios gigantulos illos qui et
futurorum praescientia Deo prorsus immenso se aequare conantur et fati
caelestis defensione supercaelesti Dei qui est summa libertas liberum imperium auferre. »

On s'étonne, dans ces conditions, que cette œuvre à laquelle Ficin semblait accorder une telle importance, n'ait jamais vu le jour. Mais aucun indice ne nous permet d'en déceler les motifs. L'œuvre est-elle demeurée inachevée comme le suppose Kristeller? Nous ne le pensons pas, puisqu'il écrit à Gazolti qu'il lui enverra la fin dès que son scribe l'aura copiée [1]. Tout ce que l'on peut affirmer, c'est qu'à mesure que les mois passaient, Ficin, qui, depuis longtemps, sentait peser sur Florence une lourde menace, s'inquiétait de plus en plus, et que tous ceux qui l'entouraient pensaient sans doute à toute autre chose qu'à l'impression de son traité sur les sentences des Astrologues, qu'il devait d'ailleurs, par la suite, intégrer partiellement à sa *Théologie* et à ses commentaires des *Ennéades*.

Cette même année, il s'intéressa également aux miracles qui, disait-on, s'étaient produits à Volterra le 25 décembre 1477, à la suite de la découverte des reliques de saint Pierre. Naturellement il interprétait ces prodiges en fonction de la position des astres, et la conclusion qu'il en tirait, était que la guerre et la peste étaient proches [2]. Sombre présage! Prudent, il se retire alors à Cellano, non pour travailler, mais pour se détendre et de là écrit des lettres qu'il qualifie lui-même de tragiques [3], conseillant à ses « familiers » de chercher refuge dans le Souverain Bien. Il se plaint de l'étroitesse d'esprit de certains prêtres, de la duplicité des princes et prêche à tous l'amour et la patience [4]. Manifestement il y avait

---

1. *Sup. Fic.*, I, CXL. Que l'œuvre ait été achevée, Ficin lui-même en témoigne puisqu'en adressant son Proemium à Cazolti, il ajoute : « ...reliquum mittam cum primum scriba noster exscripserit » (781, 2). La même dédicace des trois manuscrits est adressée à Pierre Pannonius, évêque de Koloswar. — *Sup. Fic.*, I, p. 32.

2. Nous lisons dans le ch. XXIII de son *Consiglio contro la pestilenzia* : « Nell'anno innanzi al proximo preterito, cioe nell'anno MCCCCLXXVII nelle feste di Natale le reliquie di San Piero Apostolo di novo trovate in Volterra dimostrarono in un mese dieci stupendi miracoli manifesti a tucto el populo, onde io predissi a piu Fiorentini : Credete a Marsilio Ficino che s'apparecchia extrema tribulatione di guerra et di peste. » Il donne tous les détails de son interprétation astrologique dans une lettre au Pape (I, 816, 1).

3. FICINI *Op.*, I, 787, 3 : *à Bembo* : « Secessi nonis septembribus in montem Celanum nostrum procul ab urbe, remittendi, imo potius intendendi anima gratia... qua die accepi exspectatissimas literas tuas, paulo ante scripseram, nescio quid, ad familiares meos, forte tragicum magis quam Philosophicum... » La lettre en question se trouve dans la correspondance 784, 3 sous le titre : *Nullum in malis refugium est, nisi ad summum bonum.*

4. *Id.*, 792, 4, *à Cavalcanti* : « Accipe Ioannes duarum exemplaria Epistolarum quas in amici nostri causa hac aurora excogitavi, et hodie ad sacerdotes illos dedi, quos nosti... » — *Id.*, 793, 2 : à Cavalcanti : « ...Apud principes autem non veritas habitat, sed mendacia, simulationes, dissimulationes, obtrectationes, adulationes... »

de l'orage dans l'air et chacun, sans en soupçonner l'étendue, pré-
voyait le fatal développement des intrigues ténébreuses dont
Florence depuis des mois était l'enjeu [1].

IV. Au service de Florence.

Dès la fin de 1476, Sixte IV, apprenant la mort de Galéas Maria
Sforza, s'était écrié : « C'en est fait de la paix de l'Italie! » Désormais, en effet, aucun prince n'était assez riche et assez puissant
pour contrebalancer l'ambition du roi de Naples et le geste des
trois jeunes nobles qui venaient de poignarder le tyran de Milan
sous le porche de l'église Saint-Étienne était un fâcheux exemple.
Par ailleurs, depuis des mois on s'inquiétait à Rome de la puissance
des Médicis, et dans Florence même la haine de leurs adversaires
avait peine à se dissimuler. Nourri des principes de Valla sur le
pouvoir temporel, Laurent pensait, comme l'auteur du pamphlet
Sur la donation de Constantin, que la corruption de l'Église et tous
les maux qui désolaient l'Italie, n'étaient que le résultat de ce
pouvoir usurpé. Il faut dire d'ailleurs que cette thèse avait trouvé
de brillants défenseurs au concile de Bâle et qu'elle était partagée
par les hommes les plus éminents et par Ficin lui-même.

Après le sac de Volterra (1472) où l'on avait vu Laurent abuser
sans vergogne du nom du pape et trahir ses engagements, Rome
s'était montrée sévère et le pape ayant retiré aux Médicis l'administration des finances pontificales au profit des Pazzi, les incidents
se multipliaient chaque jour plus graves et plus dangereux. C'est
ainsi que ni la République florentine, ni Laurent ne voulurent reconnaître la nomination au siège de Pise de François Salviati
(14 octobre 1474) qu'ils avaient évincé de Florence pour imposer à
sa place Rinaldo Orsini, neveu de Laurent. L'incident, hélas! ne
devait pas rester sans lendemain. Les Pazzi, qui depuis longtemps
attendaient l'heure de la revanche contre les Médicis, se posèrent
en défenseurs du pouvoir temporel et ayant trouvé des alliés dans
les rangs de la vieille noblesse qui s'était vue peu à peu privée de
ses charges, ils décidèrent, sous prétexte de restaurer les libertés
florentines, de passer à l'action pour assouvir leur haine et reprendre
le pouvoir. Telle fut l'origine de cette conjuration des Pazzi qui

---

1. Nous empruntons à Pastor, *op. cit.*, IV, 265-288 et à Perrens, *op. cit.*
p. 340-401, les faits et les dates des événements d'ordre politique que nous
rapportons dans les pages qui vont suivre.

en un instant, aurait pu ruiner tous les espoirs que Ficin avait en
partie fondés sur la puissance et la générosité de ses protecteurs.

Le 26 avril 1478, à Sainte-Marie de la Fleur, alors que s'achevait
la messe célébrée devant le cardinal Raphaël Sansoni Riario, petit-
neveu du pape, une poignée d'hommes résolus se jetèrent sur les
deux Médicis pour mettre fin à leur règne. Julien, surpris sans
armes, tomba mort sous leurs coups, mais Laurent, blessé par des
mains moins habiles, put tirer son épée et reculant pied à pied, se
faire un chemin, en ferraillant, jusqu'à la sacristie dans laquelle
il s'enferma. La conjuration avait échoué. Aux cris de « Palle,
Palle », mot de ralliement des partisans des Médicis, les représailles
commencèrent. Francisco de Pazzi, ses fils et ses neveux furent tués,
le cardinal emprisonné et après un jugement sommaire, Salviati et
ses complices, pendus comme les traîtres, la tête en bas, aux
fenêtres du Bargello. Un seul avait échappé à la vengeance, celui
qui avait tué Julien : Bernardo Bandini que l'on devait retrouver
plus tard à Constantinople.

Coupable d'avoir porté atteinte aux immunités de l'Église et
refusant de se soumettre aux légitimes exigences du pape, Laurent
fut aussitôt frappé d'excommunication et Florence mise en interdit
(1er juin). Faisant fi de toutes ces mesures, dont d'ailleurs nul ne
tint compte, le Prince, soutenu par Gentile dei Becchi et d'éminents juristes, réunit alors un soi-disant synode pour condamner le
pape. Mais le seul résultat fut de liguer contre lui tous les princes
et condottieri d'Italie qui, répondant à l'appel de Sixte IV entre-
prirent contre la République florentine une guerre fratricide dans
laquelle Laurent, vaincu, aurait perdu tout son prestige s'il n'avait
su, à temps, par une habile manœuvre, diviser les alliés en faisant
la paix avec le roi de Naples (25 mars 1480). L'épreuve avait été
rude. Le Prince en sortait ruiné, mais Florence était intacte et tous
les Florentins se félicitaient à la pensée que leur maître n'avait pas
eu à s'humilier devant le pape qui l'avait condamné.

Mais qu'étaient devenus, pendant ces jours si sombres, Ficin et
son Académie? On put le croire un instant compromis, car la plupart des conjurés étaient de ses amis. Les Pazzi avaient été, de
tout temps, ses protecteurs et il traitait, comme ses meilleurs amis
le cardinal Riario et l'évêque de Pise. Bien plus, le fils de Pogge
qui avait été au nombre des conspirateurs, faisait partie de l'Académie[1]. Mais chacun savait que la fidélité de Ficin pour les

---

1. Voir (FICINI *Op.*, I), les lettres adressées avant la conjuration au cardinal Raphaël Riario, 795, 2. 798, 2, à François Salviati, 649, 2. 667, 1. 743,
5, et au jeune Bracciolini 657, 2. 741, 2 et 780, 2.

Médicis était à toute épreuve et si l'Académie se trouva pour un temps dispersée par la haine, son chef, dans la tourmente, conserva l'estime de tous. Témoin du meurtre de Julien qu'il nommait le « roi des amis »[1], profondément attristé par la fureur populaire qui pendant plus d'un mois se livra à d'inqualifiables excès, il vint chercher à Careggi le calme et la consolation. Mais partout les images de mort le poursuivaient et les cris de vengeance résonnaient encore à ses oreilles. Une mortelle inquiétude envahissait son âme à la pensée que son cher Riario était en prison et peut-être en danger. Mais l'heure n'était pas à se laisser aller à d'inutiles regrets. Florence était menacée. Le duc d'Urbino qui, lui aussi, était un ami de Ficin, avait envoyé de Montepulciano, par un simple trompette, au nom de la Ligue, une dédaigneuse déclaration de guerre à la République (11 juillet) et tous les efforts d'un siècle risquaient d'être anéantis. Devant une telle perspective, Ficin retrouva immédiatement le sens du devoir qui lui incombait. Prêtre sans reproche et philosophe sans passion, il se devait de mettre sans tarder tous ses dons et son autorité au service de la Vérité, de la Justice et de la Paix et comme, par surcroît, la peste vint bientôt ajouter ses ravages aux horreurs de la guerre, il mit encore sa science au service de la souffrance.

Sa première tâche fut de mettre en italien une série de lettres qu'il avait précédemment écrites pour ses amis sur la misère et la folie des hommes. Les dédiant à Iacopo Guicciardini, il les présenta comme des « sermons moraux » et de fait, en les lisant, chacun pouvait y trouver les seuls remèdes qui s'imposaient pour faire face au malheur [2]. Avec tout son bon sens et sa foi, le philosophe chrétien

---

1. Il lui avait dédié le premier livre de sa *Correspondance* : FICINI *Op.*, I, 607 : « Nemo est igitur quem magis salvere cupiam quam Iulianum, atque id quidem quotidie Deum precor et obsecro. Ut autem tibi animi mei votum affectumque certius declarem, volumen primum Epistolarum ad amicos mearum tibi amicorum regi dedicare decrevi... »

2. *Riccardianus 2684*, f. 1, 25. *Magliabecchianus VI, 115*, f. 215, 227 r.
Sermoni morali di Marsilio Ficino della stultitia et miseria degli uomini ad Iacopo di Piero di Messere Luigi Guicciardini prudente et nobile citadino fiorentino. Prohemio :

« Pensavo piu giorni fa scrivervi qualche cosa morale come a cittadino molto morale in perpetuo segno della nostra singulare amicitia. Non me occorsa alla mente in questi stolti e miserabili tempi altra materia che della stultitia et miseria degli uomini. Mandovi adunque certi sermoni in lingua toscana della decta materia e quali piu tempo fa composi in lingua latina a mia familiari. Leggete quando l'occupatione della Repubblica ve lo permecte et vivete felice nella gratia di quel signore el quale con sua verita disperde el falso e coll'immensa bonta vince in modo e mali che a'buoni li converte in bene. L'eterno giudicio di costui confonde l'inique volonta degli uomini

s'appliquait, en effet, à y démontrer combien le mépris et le désespoir étaient choses vaines, et, par opposition, prêchait l'amour de Dieu et la charité envers le prochain, vertus dont la fécondité était sans limite, à condition de se fonder sur la connaissance de soi-même.

Joignant l'exemple au précepte, il traduisit, sans doute à cette époque, pour l'épouse de Laurent, la pieuse Clarice Orsini, qu'il nommait « conservatore della patria » l'abrégé du psautier de saint Jérôme lui recommandant de le lire avec dévotion en compagnie de Lucrezia Tornabuoni, sa belle-mère, pour « éloigner de leur maison les adversités terrestres et conquérir la céleste gloire »[1].

On s'étonne toutefois de le voir garder le silence à l'endroit de Laurent. Une seule fois il lui écrit et il s'en excuse. Il est vrai qu'alors il était lui-même menacé par la peste qui venait de lui ravir son père, et sa famille s'était empressée d'interdire à tous ses amis de le venir voir. Mais Ficin, profitant de la fête des saints Cosme et Damien — on était donc au 27 septembre 1478 — adressa à son protecteur tous ses regrets de ne pouvoir, en cette année, célébrer, comme à l'ordinaire, la mémoire du grand Cosme par un de ces banquets où toutes les divinités de l'Olympe étaient conviées[2].

---

et riserba luogo onoratissimo nella patria celeste a quegli che con goni diligentia onorano la loro patria. Cf. *Sup. Fic.*, I, p. 72. Ces « sermons » sont au nombre de onze, ils sont la traduction des lettres 784, 3. — *Nullum in malis refugium est nisi ad summum bonum,* 749, 2. — *Animus mortalibus non impletur quoniam aeterna requirit,* 774, 2. — *Quod anima immortalis est,* 637, 1. 636, 2. 637, 2. 640, 4. — *Stultitia et miseria hominum,* 640, 3. — *Cum bene omnia regantur a Deo, omnia in melius accipienda,* 659, 2. — *Cognitio et reverentia suipsius omnium optima,* 783, 1. — *Leges divinae fides, scientia confirmantur,* 652, 2. — *De Lege et Iustitia.* — Le *Riccard. 2684* porte la mention finale, f. 25 : Facto in Firenze adi XXVIII di giugno 1478.

1. Ce Psaultier se trouve dans le *Riccardianus 1497,* f. 39, 50 v. et dans le *Riccard. 1622,* f. 1, 21 r. sous le titre : *Psalterio di David abreviato da Santo Hieronimo, tradotto da Marsilio Ficino Fiorentino di lingua toscane.* — Il est suivi d'une « Oratione singulare di Sancto Augustino nel libro de'Soliloquii » et se termine par la mention « Fine della traductione di Marsilio Ficino, alla clarrissima Clarice della nobilissima casa Orsina, donna del magnanimo Lorenzo de'Medici, conservatore della patria. Amen. »
C'est seulement dans la longue et précieuse Préface de cette traduction que Ficin nomme la mère de Laurent : « Desidera che ella lo conferisca qualche volta con Mona Lucretia, venerabile suocera sua, et che ella legga questo psalterio spesso con tal divotione che per questo insieme con altre sante orationi et opere buone tutta la casa sua schifi l'adversita terrene et conseguiti la celeste gloria ». Cf. *Sup. Fic.,* II, p. 185-187.
2. FICINI *Op.,* I, 728, 3 : « Redeunt hodie, unice mi patrone, sacra illa divi Cosmi solemnia, quae integrum iam Saturni cursum, primo quidem sub Magno Cosmo, deinde apud pium Petrum, demum penes Magnanimum Laurentium quotannis colere consuevimus. Ibi suaviter pulcher Appollo Chelim, dulcissimae canebant Musae, gratissimum ducebant Gratiae chorum, petulantes

Laurent lui répondit. Il fit même un geste qui dissipe toute notre inquiétude puisqu'il n'hésita pas, malgré le risque de la contagion, à lui envoyer son fils pour l'assurer de sa fidèle amitié. Ficin en fut très touché et c'est avec émotion qu'il le remercia de lui avoir, comme le Père céleste, envoyé son propre fils, mettant ainsi en en pratique le divin précepte : « Il n'est pas de plus grand amour que de donner sa vie pour ceux qu'on aime [1]. »

Ce n'étaient là, pourtant, que des actes d'amitié qui restaient sans écho au delà de Florence, et elle attendait de lui qu'il intervînt jusque dans le camp de l'ennemi pour écarter les menaces qui la mettaient en danger. Déjà Pontificaux et Napolitains parcourant le Chianti, rayonnaient sur les hauteurs qui dominent le Val d'Arno, minant le pays par le pillage et l'incendie. Monte San Savino avait succombé le 8 novembre et l'Europe entière se demandait avec angoisse si Florence n'allait pas subir le sort de Volterra. Mais l'opposition qui se manifestait finit par inquiéter le pape. Mathias Corvin, roi de Hongrie, qui en décembre 1476 avait épousé la fille du roi de Naples, s'offrit comme médiateur, Sixte IV demanda à Frédéric III d'en accepter le rôle et le danger fut écarté pour un temps. C'est le moment, semble-t-il, où Ficin se décida à intervenir.

Jusqu'alors nous ne trouvons, en effet, dans sa Correspondance, que des lettres au cardinal Riario qui, deux mois après l'attentat,

---

Nymphae ludebant, blande iocabatur improba Venus, iura dabat Iupiter, Mercurius disserebat. Felix, Marsili, nimium felix cui Medicum benignitate tot annos datum fuerit epulis accumbere divum. Hoc nihil autumno nihil in terris pestilentius agit, *pestilentis suspicio Epidemiae*, quam quod beatum illum convivium interturbat. »

Bien que cette lettre, qui n'est pas datée, appartienne au Livre III, le fait que l'on trouve dans le Livre V celle qui peut être considérée comme y répondant suffit pour que nous soyons autorisés à la reporter à l'époque où nous la plaçons. Il n'y eut d'ailleurs la peste en Florence à partir du mois d'août 1478, et comme dans la deuxième lettre Ficin souligne que Laurent qui jusqu'alors était pour lui « unice patrone » est maintenant « unice pater », on en peut conclure que son père mourut cette même année. Ce qui sera confirmé par la suite : « Salve magnanime Medices noster, optime medice vere caelestis medici solus officio fungeris, ille siquidem aeternum filium e caelo dimisit in terras morborum medicum humanorum. »

1. *Id.*, I, 799, 3 : « ...Tu quoque charissimum ad nos filium heri ultro misisti, qui aegris admodum animis mederetur. Ille pro humani generis salute filio non pepercit, ipse etiam pro consolatione nostra non pepercisti filio. Non enim te vulgata haec epidemiae suspicio tenuit, quo minus maerentes amicos ingenui filii praesentia consolaris, ut divinum praeceptum illud prorsus impleres : Maiorem charitatem nemo habet, quam ut animam suam ponat quis pro amicis suis... Vale feliciter unice patrone hactenus, *nunc unice pater.* »

avait pu regagner Rome et si, dans l'une d'elles, en termes assez
curieux d'ailleurs, il partage sa peine et regrette de n'avoir pu le
suivre [1], dans aucune, pourtant, il ne fait allusion aux événements.
C'est seulement le Ier décembre 1478 que nous le voyons en son nom
et au nom de ses « comphilosophi » écrire au pape lui-même pour le
remercier de conserver son amitié à « sa fille Florence » lui disant
que, d'un coup de filet, il avait su prendre, grâce à ses vertus, non
seulement cent cinquante-trois poissons, comme saint Pierre, mais
tous ceux que nourrissent l'Arno et la mer de Pise [2]. C'est dire que
la paix était en vue. Mais quelques jours plus tard — le 25 décembre
— une nouvelle lettre au Pontife trahit ses inquiétudes. Elle est
rédigée sous forme d'oracle et Ficin la soumet à l'évêque d'Amalfi,
qui représentait le pape à Florence, avant de l'adresser à son destinataire [3]. Faisant part à Sixte IV des conclusions qu'il avait tirées
de l'interprétation astrologique des miracles de Volterra, il ajoutait
qu'il en avait également cherché le sens dans les Écritures. Or, où
les Astres annonçaient les pires malheurs : guerre, peste, famine et
même une nouvelle hérésie qui devait faire sombrer dans les eaux
du Tibre la nacelle de Pierre, les Écritures, elles prédisaient que le

---

1. *Id.*, I, 802, 1 : « An putavisses unquam, venerande pater, tam diuturnum inter nos silentium cadere potuisse?... Quotidie tot nova, tam inaudita
contingunt, ut sit quotidie verbum eiusmodi repetendum. Non putaram.
Verum ut dimissis publicis ad propria veniam. Cupieram equidem iamdiu
aliquem nancisci sequique principem, qui mihi placeret omnino, cui aeque
et ipse placerem. Nactus sum tandem, accersitum millies, non sum sequutus.
Hoc nunquam posse fieri putavissem, ah quoties ipsam, ut ita dicam impossi-
bilitatem sum execratus... Non enim privatae solum causae quas adducebam,
sed etiam publicae quaedam et potentissimae quas declarare non poteram
retinebant. Ego autem paucis post discessum tuum diebus et taedio mei
affectus et tui desiderio inflammatus, impossibilia similiter exoptabam...
atque iterum iisdem miser causis retinebar... » Cette lettre est certainement
de décembre 1478, car Ficin relate l'arrivée de l'évêque d'Amalfi, dont il est
question dans la lettre citée ci-dessous, et nous trouvons dans une autre
adressée à cet évêque (816, 1) des phrases identiques à celles-ci.

2. *Id.*, I, 815, 2. — *M. F. atque una Conphilosophi sui Sixto sanctissimo
in Christo Patri suppliciter commendant.* Fuit apud nos, beatissime Pater,
hactenus Nicholinus Antistes plenus gratiae et veritatis, homo super isthuc
missus a Deo, cui nomen erat Ioannes. Hic Romam venit in testimonium, ut
testimonium nobis inde perhiberet de numine Sixti, quam gratiosa mente
Sixtus noster filiam suam Florentiam complectamur... O legitimum Petri
Apostoli successorem! o verum hominum piscatorem! (proinde si dicere fas
est) in hoc uno retium iactu videtur quodammodo Petrum ipsum superavisse.
Non enim centum quinquaginta tres pisces hic cepit, imo ferme quotcumque
Arnus alit, aequorque Pisanum... Kalendis decembris MCCCCLXXVIII
Florentiae.

3. *Id.*, I, 816, 1. — Mitto vaticinium quoddam ad Pontificem *Spiritus
ubi vult spirat.* Neque hominis alicuius voluntate, neque humana pertur-
batione sum motus, sed nescio quo spiritu, scio qua charitate compulsus.

Pontife régnant devait étonner le monde par des miracles. La mission de Sixte IV était donc d'écarter les maux annoncés par les étoiles et sur ce thème Ficin, conscient de son rôle, lui dictait l'appel qu'il devait lancer aux peuples pour ramener la paix [1].

Cédant aux instances qui lui étaient faites de toutes parts, le pape tenta effectivement de composer, en levant les censures qui frappaient Florence (4 avril 1479), mais les conditions qu'il imposait étant jugées inacceptables, une fois de plus, l'espoir de faire la paix s'évanouit et c'est alors sans doute que Ficin, qui s'était également adressé au roi de Naples en lui prédisant un heureux avenir et une gloire éternelle s'il renonçait aux biens que Mars conquiert et que le Temps ne respecte pas [2], composa, au nom du peuple chrétien une étonnante épître, qui n'est peut-être qu'une « lettre ouverte », pour dire à Sixte IV son amère déception, lui rappeler ses devoirs et défendre à la fois les Florentins, Laurent de Médicis et les intérêts supérieurs de la religion.

Comme tous les humanistes, Ficin s'était, en effet, réjoui de voir François de la Rovère occuper le trône pontifical sous le nom de Sixte IV. Partout où il était passé, cet éminent franciscain s'était imposé par sa science et ses vertus et Bessarion lui-même en avait fait son censeur [3]. Ayant successivement occupé des chaires à Padoue, à Bologne et à Florence, peut-être avait-il déjà rencontré

---

1. *Id.*, I, 813, 2. — *Sixto Pontifici Marsilius Ficinus Florentinus atque una omnes Conphilosophi sui caelestem victoriam dicunt.* Obsecramus te per illum qui audit semper omnes etiam non loquentes et exaudit saepissime non vocantes, ut filiorum tuorum vocem audias parumper mente benigna, Pater omnium benignissime. Nam Deus omnipotens, cui parent omnia, cui quidem parere libenter nihil est aliud quam regnare, Deus ipse et clamare nos in praesentia et audire te iubet. Praeterea si nos patienter audiveris, non modo non paenitebit, verumetiam (ut speramus) iuvabit audivisse.

Nous ne pouvons, après cette introduction qui permet de juger du ton de l'auteur, que renvoyer le lecteur à la lettre en question qui serait à citer tout entière.

2. *Id.*, I, 816, 3. — *Oraculum Alphonsi Regis, ad Regem Ferdinandum inter illos primum Angelica lingua pronunciatum, deinde vero in linguam humanam a Marsilio Ficino translatum.* Cet oracle fut adressé à Ferdinand par l'intermédiaire du Cardinal Jean d'Aragon, fils du Roi. *Id.*, 816, 2.

3. Cf. PASTOR, *op. cit.*, IV, p. 189-193. François de la Rovère avait publié des traités : *Sur le Sang de N.-S. Jésus-Christ, Sur la Puissance divine, Sur les Futurs libres, Sur l'Immaculée Conception.* « On accourait de toutes parts pour l'entendre, dit Pastor, à tel point que plus tard Johannes Argyropoulos et Bonfrancesco Arlati pouvaient dire qu'il n'était pas dans toute l'Italie un savant qui n'eut suivi les leçons de la Rovère. Le fait est positivement affirmé pour le cardinal Bessarion qui, à partir de ce moment, professa pour lui la plus haute estime : il ne voulut plus publier un seul écrit sans l'avoir fait revoir et corriger par l'éminent franciscain. »

Ficin. En tout cas, ce qui est certain, c'est qu'il avait demandé à Marsile de venir s'établir à Rome pour restaurer l'Académie anéantie par Paul II[1] et qu'à l'occasion du fameux Jubilé de 1475 il avait accordé les indulgences à Ficin et à sa famille en les dispensant de venir à Rome[2]. C'est dire l'estime et la sympathie qu'il lui réservait et c'est peut-être ce qui explique l'audace et la franchise avec laquelle Ficin lui écrivit ce qu'il pensait en se faisant l'interprète du « troupeau chrétien ».

« On ne saurait dire, lui écrit-il, combien je me réjouissais de voir que Dieu t'avait choisi pour être notre pasteur, car j'avais entendu dire que tu étais un phénix en philosophie, possédant mieux que personne le temple sublime de Minerve. C'est si vrai que nul ne peut le nier. J'espérais donc qu'avec toi la puissance s'unissant à la sagesse, nous connaîtrions ce siècle d'or que Platon nous a prédit... Mais hélas! trompé dans mes espérances, ma joie se changea en tristesse. Qui aurait pu croire que sous un Pontife si sage nous verrions le retour, non pas du siècle d'or que j'attendais, mais du siècle de fer? Oui, le siècle de fer est revenu. » Et Ficin en trace le sombre tableau : « Partout je ne vois que des armes forgées pour ma perte, je n'entends que le cliquetis des épées, le pas des chevaux, le bruit des bombardes et autour de moi ce ne sont que pleurs, vols, incendies et massacres. A cela, ajoute que je suis tourmenté par la faim et que chaque jour davantage la peste me ravage. Et comme si je n'avais pas assez de ceux qui me harcèlent sans cesse de l'intérieur, un loup qui est le plus vorace de tous, un lion rugissant, un énorme éléphant, un dragon pestilentiel, le Turc (cruel ennemi de l'Église) menace continuellement ma tête, et si tu n'y pares bien vite, bientôt il dévorera ton malheureux troupeau et toi-même en premier lieu[3]. » Habilement, comme on le voit,

---

1. Cf. Pastor, *op. cit.*, IV, p. 410 : « Sixte IV avait formé le projet d'attirer à Rome le prince de la Philosophie néoplatonicienne, le savant dont les œuvres illustraient Florence. Plusieurs cardinaux l'y poussaient. Mais Marsilio Ficino ne pouvait quitter les Médicis; il avait envers eux trop d'obligations; il témoigna sa gratitude envers le pape en le remerciant, dans les termes les plus flatteurs, pour l'honneur qu'il avait voulu lui faire. »

2. Ficini *Op.*, I, 670, 2. — Lettre du cardinal de Sienne faisant part du privilège accordé par le Souverain Pontife. — *Id.*, 671, 1. Remerciements de Ficin.

3. Ficini *Op.*, I, 808, 1. — *Oratio Christiani gregis ad Pastorem Sixtum, suadens ut ovibus suis dicat : Pax vobis.*

« ...Audiveram equidem te esse Phaenicem Philosophiae, sublimem ipsam Minervae arcem ante alios possidentem. Quod quidem adeo manifestum est omnibus ut negari non possit. Verum sperabam cum summa potestas summae sapientiae iungeretur, saeculum illud aureum rediturum, quod fore tunc Plato vaticinatus est, quando in idem potentia sapientiaque concurrerent.

Ficin posait le problème dans toute son ampleur, car il n'ignorait
pas que le pape avait quelque raison de se plaindre de la conduite
et de la politique de Laurent de Médicis. Mais, habitué à considérer
toutes choses sous l'angle de l'universel, notre philosophe, considérait le conflit avec Florence comme une contingence en face de
l'éternel danger, et c'est pourquoi tout en s'en excusant, il voulait
avant tout mettre le Pontife en face de ses responsabilités. Invoquant, pour justifier son audace, les grands principes de saint Paul
sur la charité : « *Charitas omnia credit, sperat, sustinet, nunquam
excidit*, « je viens, dit-il, comme un pourceau en face de Minerve ».
Mais c'est pour rappeler à Sa Sainteté l'unique objet de sa mission.
« L'empire que le Christ t'a concédé n'est pas celui des armes, mais
d'abord celui des âmes. Il t'a donné des clefs et non pas un casque
et une épée. C'est pour que tu fermes les portes de Janus et de Plu-
ton et que tu ouvres celles du royaume céleste. Il t'a dit trois fois :
« M'aimes-tu? » et il a ajouté : « Si tu m'aimes, pais mes brebis. S'il
en est qui se soient trompées, pardonne-leur septante fois sept
fois. Laisse immédiatement les quatre-vingt-dix-neuf brebis qui
t'obéissent pour racheter la centième qui est moins docile... Il ne
t'a pas dit de l'accabler d'imprécations, mais de la traiter avec
ménagement par des prières. Il ne t'a pas donné une verge pour
frapper les brebis égarées, mais de douces paroles pour les ramener
avec bienveillance à l'étable et des clefs pour les y garder sûrement...
En un mot, le Seigneur ne t'a pas fait mercenaire, mais pasteur. »
Vraiment nul ne pouvait mieux traduire ce que chacun pensait et
l'émotion qui lui dictait de si dures et si nobles pensées, montre à
quel point Ficin était persuadé, en agissant ainsi, de défendre avant
tout la cause de la religion.

Profitant de la parabole du Bon Pasteur, il en venait au fait :
« Je vois ce que tu répondras, tu diras que ce n'est pas la même chose
de s'écarter du pasteur et de lui donner des coups de cornes et tu

Demum quam vera de sapientia tua iampridem audieram, ferme tuam falsa
de mea speravi felicitate. Vereor ne quis nimis contumeliosus vel minus
patiens aliquando, sic audeat exclamare. Heu quantum hac in spe, mea me
miserum fefellit opinio, conversum est mihi gaudium in maerorem. Non aurea
(quae sperabam) saecula sed ferrea sub Pontifice sapientissimo credidisset?
Ferrea saecula redierunt, nihil usquam video nisi arma in meam perniciem
fabricata, nihil audio nisi armorum sonitum, equorum strepitum, tonitus
bombardarum, nihil usquam sentio, nisi fletus, rapinas, incendia, caedes.
Adde quod et angor fame et epidemia indies magis magisque consumor. Et
tanquam desint quae me intus sine fine fatigent, imminet assidue capiti meo
lupus, omnium voracissimus, leo rugiens, vastus elephas, Draco pestilens,
Teucer (immanis hostis Ecclesiae) iamiam nisi tu praesto affueris, misellum
hunc gregem, tuum teque. in primis devoraturus. »

te plaindras sans doute qu'il y a parmi nous un bélier qui agit ainsi. En regardant partout, nous ne le trouvons pas. Ah! si seulement tu voyais ton troupeau dispersé dans les forêts et dans les vallées, tu ne pourrais pas être témoin de son infortune sans pleurer. Partout on accuse le berger, partout on le méprise et pendant ce temps-là, de toutes parts, les difficultés m'assaillent[1]. C'est pourquoi je me plains de ton infamie et que je pleure sur ma misère... » Il y a pourtant un remède : « Efface du livre de honte ton nom que Dieu avait écrit sur le livre de vie... Dis avec le Seigneur : *Pax vobis*... La paix et la gloire reviendront pour toi et pour les tiens et ensemble nous vivrons un siècle d'or. » Mais Ficin, craignant sans doute qu'on le juge par trop indulgent, se reprend bien vite. « Tu accuses encore le bélier, accuse-le si tu crois qu'il le faut, mais que ton accusation soit chrétienne plutôt qu'hostile. Ton maître n'est pas venu pour perdre, mais pour sauver[2]. Il veut que tu sois un médecin et non pas un bourreau... Pardonne donc vite pour que les loups ne tuent pas avec plus de facilité et de férocité le Pasteur et les brebis, tandis que nous nous disputons l'herbe et la laine. » Le péril turc restait donc son argument majeur et c'est parce qu'il n'admettait pas que l'on négligeât ce réel danger pour régler de simples questions de famille, qu'il demandait au pape de « dompter Mars et Saturne, c'est-à-dire de vaincre la guerre au lieu de vaincre par la guerre et de rendre la paix aux hommes de bonne volonté ».

La suite des événements devait d'ailleurs lui donner raison puisque le 11 août 1480 les troupes de Mahomet II débarquaient à Otrante. En attendant, le pape ne cédait pas et Ficin s'indignait de le voir faire la paix avec Venise et la refuser à Florence[3]. Il

---

1. *Ibid.* : « At video quid accusabis, dices aliud esse errare a pastore de via, aliud pastorem cornu lacessere. Atque ita de ariete inter nos aliquo forte quereris. Circumspecimus undique bone pastor, nullum inter nos talem inveniemus arietem. Non ea vis animo, nescio quid arieti succenses, pene totum tuum quodammodo vel perdis, vel amittis ovile. Latet (nescio quomodo) oculos tuos, grex tuus, o pastor, sylvis rupibusque dispersus. O utinam hunc parumper aspiceres, non enim posses cladem tuorum tantam oculis siccis aspicere, proh dolor, grex tuus omnibus undique morbis malisque vexatur... »

2. *Ibid.* : « Sed ecce, accusas iterum arietem, accusa rursus, si accusandus tibi forte videtur, sed accusatio tua sit Christiana potius quam hostis, non ad perniciem aliquam sit, sed potius ad salutem... »

3. *Id.*, I, 828, 2 : *à Bembo* : « Nihil ad te iamdiu scripsi, mi Bembe, quia malignitas temporum nihil prorsus vel audienti vel cogitanti mihi suggerebat nisi malum... At super hoc unum audivi, quod probem, modo sit verum. Pastorem videlicet summum caelesti consilio fretum, voluisse a grege suo Venetos segregare. Contra vero quid aut audiri aut cogitari profanius potuisset quam eam Rempublicam quae omnium quae in terris sunt, quaeque fuerunt, divinior iam censetur, ab ipso Dei vicario vel oppugnari aut deseri? »

n'en continua pas moins à faire tout ce qui était en son pouvoir. « Son génie, disait-il, le stimulait pour écrire aux Princes, aux Évêques, aux Cardinaux, au Pontife, aux Rois » et quand il en faisait part à ses amis, il ajoutait simplement : « Je prends Dieu à témoin qu'en cette affaire j'ai de toutes mes forces accompli mon devoir [1]. »

Il aurait pu, en effet, quitter Florence. Mathias Corvin depuis longtemps lui avait offert un refuge à la cour de Buda qui, depuis dix ans, était devenue un des plus brillants foyers de l'Humanisme [2]. Mais il avait refusé. Il se devait à sa Patrie et aux siens. La peste comme il l'avait annoncé, venait de s'ajouter aux horreurs de la guerre et lui avait ravi son père [3]. Il voulut le remplacer pour combattre le terrible fléau et non seulement il prodigua ses

---

1. *Id.*, I, 833, 1 : *à Soderini*, évêque de Volterra... « At quoties ad principes et Antistites magnos molior aliquid, ad Cardinales, ad Pontificem, ad Reges, toties munus idem ad Soderinum mittere subite genius ipse jubet atque impellit... »

    Id., 812, 3 : « Scripsi iampridem epistolam quandam vaticinio similem ad Pontificem sed utinam Pontificiam... Testor, amice, Deum, me hac in re meum pro viribus officium impleverit... » Cette lettre, datée des Ides de janvier 1478-1479, est adressée à cinq de ses amis, dont le fils de Laurent.

2. *Id.*, 782, 3 : « *a Nicolao Batoreo Episcopo Vaciensi Pannonio :* Cum accepi tuas Bandinique literas quibus vehementer suadetis ut in Pannoniam proficiscar, gratissimus Mathiae, serenissimo Pannoniae Regi futurus, perfeceram iam quinque Platonicae sapientiae claves quarum una caeteris brevior, ad vos venit. Venire autem me difficile est. Vivere deinde sub isto caelo difficilius. »

3. Lui-même nous donne avec précision la date où la peste sévit à nouveau à Florence au ch. XXIII de son *Consiglio contro la pestilenzia*. Rappelant ce qu'il avait prédit à la suite des miracles qui s'étaient produits à Volterra après le 25 décembre 1477, il ajoute : « Di poi el sequente aprile adi XXVI nacque la crudelta della feroce guerra piu che mai fussi. Poi l'agosto nacque la peste tale quale non fu gia fa piu di cento anni... »

    Il dit même au ch. II : « come e la presente peste del 1478 e del 1479 ». La date de composition de cette œuvre est donc indiscutable.

    La mort de son père que nous avons déjà inférée de sa lettre à Laurent, nous est à nouveau attestée par le fait que Ficin fait mémoire de son père dans la Préface de *Consiglio contra la pestilenzia* : « Operae pretium duxi (patriae pietatis impulsu) aliqua contra pestilentiae conscribere. Ut vero quisque huius penetrare intelligentiam et curam exercere possit, institui subtiles omnes longasque disceptationes reiicere. Satis namque erit quod quicquid in praesentia sum traditurus, et si brevi verborum contextu haud plura dici queant, sufficientibus tamen rationibus, multorumque tam priscorum quam recentiorum authoribus et experientiis praesertim Patris Nostri Marsilii Ficini, inter Medicos praecipui, qui haud pauco hac labe infectos pristinae sanitate restituit et comprobatum est et traditum. » *Sup. Fic.* (I, LXXXVI) fait mention d'une lettre de condoléances adressée à Ficin par Sebastiano Salvini et qui se trouve dans le *Vat. lat. 5140*, f. 40 v.

soins aux malheureux que le mal avait frappés [1], mais « *patriae pietatis impulsu* » il rassembla notes et souvenirs et composa en langue toscane son *Consiglio contra la pestilenzia* qui, pendant plus d'un siècle, devait être considéré comme un « *thesaurus vitae* » [2]. Le plan de l'ouvrage, il est vrai, est un modèle du genre : définitions, syndromes, mesures prophylactiques, curatives et chirurgicales, régime et hygiène, rien n'y manque. Mais le meilleur précepte est peut-être encore le titre du chapitre XXIII : « *Fuggi presto e di lunghi e torna tardi!* »

Le fléau ayant disparu, nous le retrouvons tantôt à Regnano chez son ami Cavalcanti, tantôt à Careggi, où pour se consoler des malheurs de Florence dont le spectacle l'afflige et sur laquelle il pleure comme le Christ sur Jérusalem [3], il philosophe, composant

---

1. Il dit lui-même au ch. XXII de son traité contre la peste : « Ancora in questo anno nel mese di septembre io liberai una donne morbo... »

2. Cet ouvrage que Ficin nous présente comme un essai a été rédigé en langue toscane : « Tentavi et alia quaedam potius quam composui, librum contra pestem lingua Tusca » (I, 899, 2). Ce fut tout d'abord effectivement un simple mémento tel que nous le retrouvons dans le *Magliabecchianus XV 190*, f. 1, 4 v. sous le titre : *Recepte contro alla peste composte dalla viva voce di Messer Marsilio Ficino Fiorentino medico e filosofo excellentissimo a stanza di Francesco di Tommaso Sassetti cittadino fiorentino e scritte di mano di Messer Bartolomea Fontio* » (*Sup. Fic.*, II, 175-180). Devenu le *Consiglio contra la pestilenzia*, il fut imprimé la première fois en juillet 1481 à Florence (cf. NESI, *op. cit.*, p. 60), puis réédité à Sienne en 1522, à Florence, 2 fois en 1523, 1576, à Venise en 1556 et 156 .

A la demande de Bernard Adelmann de Adelmannsfeld il fut traduit en latin en 1516 par Hieronymo Riccio et édité en octobre 1518 sous le titre *Tractatus singularis doctissimi viri Marsilii Ficini de epidemiae morbo ex Italico in Latinum versus*. Joint au *De Triplici Vita* dès 1529, il fut ensuite intégré aux Œuvres de Ficin où nous le trouvons sous le titre : *Epidemiarum Antidotus* I, 576.

KRISTELLER (I, LXXXVII) fait mention d'une traduction inachevée faite par Jean Streler, disciple de Ficin, et dont le manuscrit est à la bibliothèque d'Augsbourg.

Ajoutons enfin que cet *Antidote des maladies pestilentielles de Marsile Ficin* fut « traduict de latin en français par M. ISAAC CONSTANS et édité à Caors chez J. Rousseau en 1595 ».

3. FICINI *Op.*, I, 825. — Kalendis Martiis MCCCCLXXIX/80. In agro Regnano ut plurimum miserae huius urbis taedio rusticor. — *Id.*, I, 823, 3. Septembre 1480. Chareggi. 826, 2 : *à Bembo :* « ...Verum in tantis patriae malis graviter non dolere non potest. Non datur succurrere, ne dicam, non licet, dissimulare non libet abesse. At inquies forsitan scilicet iis Philosophis labor est, ea cura quietos sollicitat e quidem (si detur optio) mallet una cum Democrito procul ab urbe, e summo quodam montis vertice Abderitanos ridere dementes, quam Heraclito e turris pecula lugere Ephesios pereuntes. At vero is ipse est qui Iesum in hoc uno saltem natura quadam potius imitetur, Iesum miseram Hierosolymae urbis sortem in monte deflentem... »

en particulier son *Orphica Comparatio Solis ad Deum* [1] et continuant à dénoncer l'impiété comme la cause de tous les maux. Mais au moment de la canicule 1480, une double fièvre le terrasse « celle de Mars, hélas! et celle des Calendes de Juillet ». Trois savants médecins sont appelés à son chevet. C'était bien inutile. Il a suffi qu'à l'instar du Psalmiste il « levât les yeux vers les montagnes d'où vient le secours » et à la stupéfaction de tous, il fut guéri. *Stupent medici, mirantur amici, exclamant domestici* [2]!

C'est alors que se répandit, comme une traînée de poudre, à travers l'Europe, la terrifiante nouvelle que les Turcs faisaient voile vers l'Italie. On devine quel écho cette menace éveilla dans le cœur de Ficin. Il reprit la plume et c'est à Mathias Corvin qu'il vint confier son désespoir, le suppliant de libérer les enfants de Dieu, comme un autre Moïse et de sauver « la belle Italie et la sainte Religion, mère de tous les biens » [3].

---

1. *Id.*, 855, 2. — *Orphica comparatio Solis ad deum, atque declaratio idearum.* — Cette œuvre sera reprise quelques années plus tard.

2. *Id.*, 829, 3 : *à Bembo :* « Post diuturnam rusticationem meam, redii tandem gravibus compulsus negotiis in urbem febricitantem. Hic Mars saevus Iuliis Kalendis flammas in me geminas iaculatus in vitae discrimen repente deduxit. Adeunt insigne Physici, Stephanus Mediolanensis, Georgius Cyprius, Antonius Benivienus, aliique nonnulli, omnes in me Apollinis artes, si quo pacto sustinere possem, diligentius experturi. Ego autem cum certo scirem, debilissimam corpusculi mei naturam, neque febres ferre duas posse. Iulio praesertim mense, neque necessaria Medicorum auxilia sustinere. Levavi oculos meos ad montes, unde veniet auxilium mihi. Auxilium meum a Domino qui caelum fecit et terram. Ergo divina afflante dementia caelestis in me aura spirans, ambas simul flammas dum in augmentum procederent, praeter omnem Physicam rationem momento prorsus extitit. Stupent Medici, mirantur amici, exclamant ipsi domestici. Cantate Domino canticum novum quia mirabilia fecit. »

3. *Id.*, I, 721. *Exhortatio ad Bellum contra Barbaros...* Cette exhortation sert en même temps d' « envoi » du Livre II et IV de la *Correspondance* et c'est en le lui confiant que Ficin lui demande de se faire le défenseur de l'Humanisme. « ...Videor equidem frigido quodam ut ita dixerim, semine gravidus, hos aliquanto severiores quam Epistolares liberos deceat peperisse. Quis enim in saeculis regionibusque ferreis aurea unquam opera vel argentea condat?... Neque Platoni solum ob ipsam Matthiae regis invicti venerationem, sed ceteris etiam Graecis Philosophis, imo etiam Poetis, Oratoribus, Historicis scriptoribus denique omnibus proculdubio satisfacero. Hi enim omnes cum olim summo studio nihil aliud quam veram gloriam lucemque quaesiverint tandem post multa lucis saecula in tenebras sub saevis Turcis, proh dolor! Stellae inquam, sub truculentis feris in tenebras corruerunt. Iacent heu caelestia liberalium doctrinarum artiumque lumina iamdiu in lymbo, imo vero sub loco longe quam sit lymbus obscuriore. Et quemadmodum vetere illi sancti quondam in lymbo iacentes Messiam, sic et hi sapientes Matthiam... Matthiam rursus Italia pulchra atque ipsa bonorum omnium mater, sancta religio, assiduis vocat clamoribus eius tantum manibus immanes Barbarorum manus feliciter evasura... »

Sous la menace d'un plus grand malheur, Florence du moins retrouva la paix et « cette ville, dit Machiavel, qui juge des choses par le succès, porta Laurent aux nues, disant que sa bonne fortune lui avait fait regagner par la paix, ce que la mauvaise lui avait fait perdre par la guerre ». Par surcroît, quelques mois plus tard (2 juin 1481), des salves d'artillerie et des sonneries de cloches annoncèrent la mort de Mahomet II, bientôt suivie de la délivrance d'Otrante (10 septembre). Les auspices étaient vraiment à nouveau favorables et c'est alors que Laurent rappela à Ficin la grande tâche qu'il avait entreprise et dont la Fortune, aux multiples visages, l'avait depuis si longtemps distrait.

CHAPITRE VIII

PLATON RESSUSCITE

I. Victoire sur la mauvaise Fortune.

Ainsi pendant plus de dix ans la traduction de Platon était demeurée sur le métier, sans que son auteur ait pu la reprendre et la mettre au point. La vérité est qu'il ne voulait pas livrer ces textes à ses lecteurs sans leur faire part des réflexions que chacun des *Dialogues* lui avait inspirées. La dialectique platonicienne pouvait en effet effrayer certains esprits habitués à la logique d'Aristote et bien que le terrain ait été magnifiquement préparé depuis près d'un demi-siècle, il n'était peut-être pas inutile de présenter cette philosophie, dont certaines équivoques et certains excès risquaient de compromettre le succès.

Il est bien évident, pour ne citer qu'un exemple, que si les contemporains de Ficin avaient lu *le Banquet* sans être « avertis », non seulement ils n'y auraient pas trouvé ce que Ficin leur révéla mais il est même fort probable que la pensée même de Platon leur eût échappé. Conscient de ses responsabilités et nettement engagé dans la voie du Platonisme des Latins et surtout de saint Augustin, Ficin jugea donc plus opportun de renoncer à la publication de ces dialogues plus ou moins disparates, estimant qu'il était indispensable d'en montrer au préalable l'unité en les faisant précéder d'un bref commentaire.

Qu'il ait été effrayé par l'ampleur de sa tâche, cela se conçoit et ses commentaires inachevés ou à peine esquissés en apportent la preuve. Seul celui du *Banquet* fut en fait conduit à son terme, et nous verrons Ficin jusqu'à la fin de sa vie tenter de compléter ceux du *Timée*, du *Philèbe* et du *Phèdre*, qui, à juste titre, représentaient pour lui les assises du système platonicien. Il n'est pas douteux que pour en saisir lui-même toute l'économie, il dut lire, dès qu'il eut achevé de traduire Platon, tous les commentaires et les traités d'inspiration platonicienne qu'il pouvait avoir à sa disposition : Proclus, Olympiodore, Plutarque, Jamblique, le Pseudo-Denys et surtout Plotin. Sa *Théologie platonicienne* témoigne éloquemment de la connaissance qu'il avait de ces auteurs. Or pour lire et assimiler tous ces textes, qu'il a pour la plupart annotés, il faut non seulement des semaines, mais des mois. On ne s'étonnera donc pas, surtout après ses premières leçons sur le *Philèbe*, qu'il ait interrompu cette tâche de commentateur qui lui avait paru relativement facile.

Contrairement à ce que dit della Torre [1], il avait en effet rédigé sur-le-champ les arguments des dialogues qu'il avait présentés à Cosme et à Pierre. Notons toutefois qu'il avait déjà remis à plus tard l'exposé du *Parménide* et du *Philèbe*, prouvant par le fait même que dès cette époque il avait compris la nécessité de ne pas se contenter d'un simple argument pour certains dialogues. Abordant le *Politique* et le *Phèdre*, il se trouva devant les mêmes exigences et la même difficulté. Débordé, il dut provisoirement renoncer, car il nous paraît difficile d'admettre qu'il ait composé les autres arguments au fur et à mesure qu'il traduisait les *Dialogues*. Comment expliquer, en effet, si traduction et arguments avaient été achevés en 1469, comme le suppose M. Kristeller [2], que Ficin aurait attendu quinze ans pour publier cette œuvre que ses bienfaiteurs et ses amis attendaient avec tant d'impatience? Il avait bien laissé copier ceux qu'il avait présentés à Cosme. On dit qu'il voulait les corriger. C'est possible, mais ce n'est pas une raison suffisante pour justifier un tel retard.

Par ailleurs on constate que dans les arguments des *Dialogues*, dont la présentation est postérieure à 1469, Ficin cite son *de Christiana Religione*, le huitième Livre de sa Correspondance, sa *Théologie platonicienne*, et son *de Curanda literatorum valetudine* [3]. On est donc en droit de conclure que la rédaction de ces arguments ou commentaires est postérieure aux œuvres citées. A cela M. Kris-

---

1. A. DELLA TORRE, *op. cit.*, p. 606-607 : Aggungieremo, che probabilmente a questo tempo (1475-1476) risalgono quegli argumenti o sunti delle singole opere platoniche che ancora oggi leggiamo in testa alla traduzione di esse.

2. Cf. KRISTELLER, *Sup. Fic.*, I, CXVI : ...Unde apparet Ficinum singulis dialogis a se statim traductis argumenta addidisse.

3. Il cite la *Théologie Platonicienne* dans les arguments du *Politique* (II, 1296), du *Phédon* (*Id.*, 1390) et de l'*Epinomis* (*Id.*, 1527); le *de Christiana Religione*, dans les arguments du *Cratyle* (*Id.*, 1309) et du *Phédon* (*Id.*, 1390); le *De curanda literatorum valetudine*, dans l'argument du Septième Livre des *Lois* (*Id.*, 1506) et le Huitième Livre de sa *Correspondance* dans l'argument du *Phédon* (*Id.*, 1390).

teller répond que les références à ses divers traités sont des additions postérieures [1]. Mais alors pourquoi ne trouvons-nous aucune référence à ces traités dans les arguments antérieurs à 1469? Ficin aurait pu aussi bien les revoir et l'occasion ne lui aurait pas manqué de mentionner sa *Théologie* ou son *de Christiana Religione*. Au reste, étant donné l'importance des questions auxquelles se rapportent les références, il faudrait supposer, ou que les arguments étaient primitivement incomplets, ce qui serait pour le moins étrange, ou qu'ils ont été par la suite abrégés, ce qui paraît bien invraisemblable. Par conséquent, si l'on s'en tient strictement aux textes, on est en droit d'affirmer que tous les arguments qui suivent celui où pour la première fois l'auteur mentionne la *Théologie platonicienne* sont postérieurs à cet ouvrage. Le premier est certainement celui du *Phèdre*, car Ficin le cite dans le premier catalogue de ses œuvres [2], qui est antérieur à 1478, puisqu'on le trouve dans le premier livre de sa Correspondance, dédié à Julien de Médicis, et postérieur à la rédaction des cinq questions *de Mente*, qui y sont également mentionnées et qui sont de 1476. Avait-il alors repris sa tâche et fut-il contraint de l'abandonner à cause de la peste et des événements? En tout cas, après le *Commentariolum in Phedrum*, le premier argument que nous puissions dater est celui du *Politique*, et il semble bien qu'il marque la reprise et la phase finale de la traduction de Platon.

Le *Politique* est en effet dédié, non sans humour, au duc d'Urbino [3], qui, comme nous l'avons dit, fut créé duc par Sixte IV le 21 août 1474, ce qui constitue pour nous un *terminus a quo*, et

1. Cf. Kristeller, *Sup. Fic.*, *ibid.* : Tamen eum postea tota interpretatione iam absoluta locos quosdam in argumentis vel addidisse vel correxisse manifestum est.

2. Ficini *Op.*, I, 619, 3 : « ...commentariolum in *Phaedrum* Platonis... »

3. *Id.*, II, 1294 : *In librum Platonis de Regno, ad Federicum ducem semper invictum. Apologus.* « Iupiter optimus maximus, cum optaret tale in territ quandoque regnum prospicere, quale in coelo semper apud se conspicis, iamdiu per ipsam divini regis ideam, regium quemdam divinumque animum demisit in terras. Convocatisque coelicolis imperavit, ut omnes futuro huic regi suffragarentur, quem superi quidem et a fide regia Fideregum, et ab orbis imperio Orbinatem Ducem iam nominarent, homines vero mutatis litteris Federicum Urbinatem Ducem essent appellaturi. Assensere omnia Iovi praeter Iunonem numina. Sola enim Iuno crassioris aeris ambitiosa regina coeleste terris regnum hactenus invidet. Verum Pallas Mercuriusque, faventibus aliis, et teste veritate, coronam sceptrumque regium iampridem viro eidem, cui et Iupiter libentissime contulerunt. Cum vero Academia passim Palladem Mercuriumque colat atque sectetur, ipsa quoque regnum orbisque totius Monarchiam, qualem divinus Plato describit, Federico Urbinati duci, tum ex Iovis sententia, tum ex testimonio veritatis optime merito felicissime tribuit. »

Ficin précise par ailleurs qu'il a offert ce dialogue au célèbre condottiere à l'époque où celui-ci vint à Florence faire visite à Laurent[1]. Or cette visite est mentionnée par Vespasiano da Bisticci[2], et bien qu'il ne la date pas, son contexte prouve sans aucun doute que cette visite se situe à l'époque à laquelle le duc vint se mettre au service des Médicis et des Sforza pour défendre Ferrare contre les ambitions pontificales, c'est-à-dire au printemps de 1482. Deux lettres de Ficin au duc vont d'ailleurs nous permettre de le confirmer. La première, en date du 6 janvier de cette même année, qui n'est qu'un long extrait du *Contra judicium Astrologorum*, cite le *Politique*[3], sans faire aucune allusion à la dédicace que nous trouvons en fait deux pages plus loin entre des lettres datées de février ou de mai 1482. La seconde, qui suit la dédicace, est rédigée comme elle sous forme d'apologue et le contexte nous permet de la dater approximativement. Présentant au duc le poème de Francesco Berlinghieri : *Septe Giornate della Geographia*, adaptation curieuse du traité de Ptolémée. Ficin précise en effet que Frédéric, qui devait mourir quelques mois plus tard (10 septembre 1482), vient d'être nommé chef des armées alliées[4]. Il n'y a donc aucun doute possible sur l'époque à laquelle notre auteur a dédié le *Politique* et nous pensons que c'est avec ce dialogue qu'il a repris la rédaction de ses arguments.

Au reste pourquoi s'en étonner? Nous savons ce qu'il a fait depuis juillet 1469, date à laquelle il achevait son Commentaire du *Banquet* et le 7 novembre 1482, date à laquelle sa *Théologie Platonicienne* devait sortir des presses de Miscomini. Dès 1476, il précisait dans

---

1. *Id.*, II, 1129 : Praeterea ubi ad librum *de Regno* perveneris, videbis Fredericum Urbinatum ducem eo die a me honoratum, quo ipse tuas aedes honorifice salutavit...

2. Vespasiano da Bisticci, *Vite* (Duca d'Urbino), éd. cit., p. 204 : « Sendo venuto il duca d'Urbino a Firenze con parte delle genti, subito, istatovi dua dì, sollecito, l'andata di Ferrara per vedere in che ordine si trovava, per passare di poi in Lombardia.

3. Ficini *Op.*, I, 849, 2 : Divina lex fieri a caelo non potest, sed forte significari. — Cette lettre sera, par la suite, désignée par Ficin sous le titre *de Stella Magorum* (854, 3-872, 1, etc...). — *Ibid.*, 853, 2 : Similia quaedam apud Platonem legimus in libro *de Regno*.

4. *Id.*, 855, 3 : « ...huic et academicus Berlingherius noster universam orbis terreni figuram, eo largitur tempore, quo respublicas ducesque et reges iterum atque iterum tum Palladis hastam, tum Herculis clavam concedunt felicibus auspiciis potentem belli Italici dominam. Ac dum plerique potentes Federico duci semper invicto Italiam bello parere volunt, interim et Academia et Academicus eidem tam pace quam bello totum subiicit orbem ». La copie de l'ouvrage de Berlingheri *(Urb. lat. 273)*, faite pour Frédéric, n'a été achevée qu'après sa mort et offerte à son fils Guidobaldo. — Cf. C. Stornaiolo, *Codices Urbinates latini*, I, 251).

une lettre à Laurent qu'il voulait corriger cet ouvrage et en préciser certains points [1]. Mais en dehors de trois passages qui certainement ont été ajoutés, puisque deux sont datés et le troisième éclairé par son contexte [2], on ne sait pas en quoi a pu consister cette révision et le temps qu'il a dû y consacrer. En tout cas dès les premiers mois de 1482, il annonçait à son ami Cavalcanti qu'il avait terminé [3]. Ce n'est donc qu'après avoir confié son texte aux imprimeurs qu'il a pu reprendre son Platon.

Il est vrai que nous trouvons dans une série de lettres l'écho d'incidents qui pourraient laisser supposer qu'en cette même année 1482 son Platon était achevé. La première qui se trouve entre la dédicace au duc d'Urbino et une lettre datée du 9 mai 1482 nous apprend, en effet, que « le pieux Platon avait été confié quelques jours auparavant à un Allemand impie qui devait le copier. Or cet homme ayant assassiné un prêtre sur les marches de l'autel, s'était enfui et naturellement avait abandonné le « citadin Platon au milieu des bois », à moins, dit-il « qu'il ne l'ait emporté avec lui ou détruit » [4]. Puis sans faire la moindre allusion à ce « sacricide », Ficin écrit le 10 février 1482-1483, donc un an après la dédicace du Politique, pour confier de nouvelles inquiétudes à un avocat, nommé Dulci, qui à n'en pas douter était en relations avec la cour d'Urbino : « Tu sais, lui écrit-il, que je n'ai jamais

1. Voir chapitre précédent, p. 435, n. 2.
2. FICINI Op., I, 112 : « Vidimus Florentiae Germani opificis tabernaculum... ». Fait divers qui se trouve daté dans la Disputatio contra iudicium astrologorum : « Venit Florentiam anno 1475 mense Februario Germanus quidam faber erarius ». Cf. KRISTELLER, I, p. LXX. Ibid., 416 : « Certes nostra aetate anno MCCCCLXXVII Decembri atque Ianuario reliquiae quaedam Petri Apostoli in urbe Volaterrana repertae miracula duodecim ostenderunt... ». Ce miracle est confirmé dans une lettre (813-2) et au ch. XXIII de son Epidemiarium Antidotus (version italienne). — Id., p. 156 : « Haec olim in agro Regnano apud Ioannem Cavalcantem unicum amicum nostrum Calendis Martiis sub Lauro disputaveram, quibus disserendis interfuerunt praecipui familiares nostri... Id vero non mihi solum videtur, sed etiam cum superioribus diebus apud Bernardum Bembum tuum clarissimum equitem atque hoc tempore Veneti senatus oratorem convivio discumberemus... ».
3. Id., I, 856, 4 : « Cum hac aurora absolvendo sacro Theologiae operi, quod iamdiu molior, totus incuberem... ».
4. Id., I, 856, 1 : « Pius Plato noster his diebus ab impio quodam germano transcribebatur qui nuper sacrilegis manibus sacrum ante aras sanguinem fudit, ille repente, ille, ut ita dixerim, sacricida miles sacerdote caeso fugam arripuit, ipsaque fuga alterum videtur sacrilegium patravisse, dum videlicet urbanum Platonem inter rusticos relinqueret vagabundum. Tertium insuper sacrilegium patraturus, si sacrum cruentis manibus Platonem reversus aliquando ausit attrectare. Da igitur operam quaeso, vir optime, ne Plato aut diutius in sylvis oberret, aut forte, quod foret crudelius, aliquando contaminatis prophani illius manibus polluatur ».

engendré d'autres enfants que mes livres et nul n'ignore qu'ils me
sont aussi chers que les fils à leurs parents... Mais pourquoi te
dire tout cela? Parce que votre duc, l'invincible, m'a demandé
avec insistance par écrit et de vive voix, de confier mes livres à
Vespasiano pour qu'il en exécute une copie à son usage [1]. Je les
lui ai naturellement confiés avec autant de bonne grâce qu'il
avait mis d'insistance dans son désir de les avoir. Vespasiano
les a donc donnés à des copistes à gages. Mais ceux-ci n'ayant pas
reçu leur salaire, les retiennent captifs depuis lors. Pendant ce
temps je me morfonds à les attendre et je redoute chaque jour
pour eux mille dangers. Par les Muses je te prie, et par les Grâces
je prie tes maîtres de ne point souffrir que j'éprouve une si grande
perte, alors que je m'efforce de répondre à la volonté du duc et que
je pense par surcroît à sa famille ».

Enfin en 1484 il apprend que Platon prisonnier depuis deux ans
va être délivré [2] et quelques jours plus tard le manuscrit lui ayant
été restitué, il en remercie l'ambassadeur du duc d'Urbino, Hieronimo Cantiano, en le nommant au nom de Platon, membre de
l'Académie [3].

Apparemment il semble bien que nous ayons affaire à une double
mésaventure : l'une est celle du copiste allemand qui dut être assez

---

1. *Id.*, 858, 4 : *Dulci suo clari Iurisconsulto* : « Ego (ut scis), nullos unquam
genui liberos, nisi libros; quam vero chari parentibus fili isint nullus ignorat.
Mentis autem filii quanto propinquiores prestantioresque sunt quam corporis,
tanto chariores habentur. Quorsum haec? Nempe Dux ille vester invictus et
Epistola et voce vehementer me rogavit ut meos Vespasiano libros crederem
Urbinum ad se mittendos. Credidit equidem tam libenter quam ille vehementer percupiebat. Vespasianus igitur tabellariis eos tradidit perferendos
mercede conductis. At illi illos cum accepissent, non accepta mercede, cap-
tivos mihi iamdiu retinent. Ego interim ardentissimo eorum desiderio uror,
eisque quotidie multa pericula timeo... ». La lettre dans le *Plut. XC, sup. 43*
est datée du 10 février 1482.

2. *Id.*, I, 862, 2 : *Hieronymo Cantiano Urbinatis Ducis Oratori*, S. d. :
Divum Platonem in Aegina venditum, Anniceris Cyrenaeus a servitute rede-
mit et in Sicilia in summo vitae discrimine constitutum, Archita Tarentius
ab exilio liberavit. Platonis autem liberi cum relicta Graecia a Barbaris
occupata sese in Italiam contulissent, in carcerem forte coniecti sunt, inte-
grumque biennium, proh nefas! in vinculis detinentur. Sed ecce iamiam insignis pietate vir Cantianus Hieronymus a compedibus eos solvit lucique
restituit ».

3. *Id.*, I, 864, 2 : « Cogitabam modo, Hieronyme, tibi per Epistolam agere
gratias quod Divinum Platonem a diuturno quodam carcere, durisque compedibus liberaveris. At, ipse Platonis genius, his me ferme verbis corripuit :
An adeo Marsili, et eloquentiam magnificas tuam et libertatem parvifacis
meam, ut dignas liberatione mea gratias Hieronymo te confidas acturum?
Ego Hieronymum salutabo meum, ipsemet et gratias agam, ipse et referam,
hunc enim et inter Academicos annumerabo meos... ».

facilement réglée, l'autre, qui est une question de dette, due sans aucun doute à la mort du duc, et qui fut différée pendant des mois. S'agit-il du même manuscrit? C'est probable. Mais quel Platon Ficin pouvait-il ainsi prêter en 1482? Nous avons pour en juger la copie qui effectivement fut exécutée pour le duc, dans les ateliers de Vespasiano. Or cette copie, qui n'est autre que l'*Urb. lat. 185*, ne contient que quatorze *Dialogues* et leurs arguments, c'est-à-dire les dix dédiés à Cosme, les trois offerts à Pierre et l'*Ion* dédié à Laurent, du vivant de son père, auxquels s'ajoute le Commentaire du *Banquet*. C'est dire que le manuscrit confié à Vespasiano en 1482 ne contenait que les *Dialogues*, dont Ficin avait écrit les arguments avant 1469. Ce qui confirme notre hypothèse. Au reste, nous savons que depuis quelques années déjà ce manuscrit était à la disposition de ses amis et de ses admirateurs, puisque dans une lettre du 1er août 1477, adressée en fait à trois médecins vénitiens, il s'excusait de ne pouvoir leur adresser « tous les *Dialogues* de Platon qu'il avait jadis traduits »[1]. L'ensemble était donc terminé mais il ne consentait à prêter que ceux dont il avait achevé les arguments. On pourra évidemment nous objecter que le manuscrit du duc d'Urbino contient également la dédicace de l'œuvre entière à Laurent de Médicis. Mais loin de nous créer une difficulté ce texte doit au contraire nous permettre d'en interpréter un autre, qui, jusqu'ici, a quelque peu dérouté la critique.

Présentant son traité *De curanda literatorum valetudine* Ficin écrit, en effet, qu'il l'a composé « au septième septenaire de son âge, au cours duquel il publia Platon »[2]. Or Ficin, né en 1433, est entré dans son septième septenaire le 13 octobre 1481, et l'édition de Platon est de 1484. De plus ce traité, qui, dans sa forme primitive, faisait partie du septième Livre de la Correspondance, est cité dans l'argument du septième Livre des *Lois*[3]. A priori

---

1. *Id.*, I, 777, 1 : « Phoebus Capella et Franciscus Eliensis, Pamphilusque Medicus, Platonis nostri libros, quos iamdiu omnes e Graeca lingua transtulimus in Latinam, nobis poscunt. Tu sicuti forte hos egregios viros offenderis, nostro nomine salvere iubeto, traductionesque hoc mense mitti non posse dicito. Kalendis Augusti MCCCCLXXVII. »

2. *Id.*, I, 901, 2 : « Cum hoc anno (octavo aetatis nostrae septennario) librum a nobis *de curanda literatorum valetudine* peteres, compositum septimo aetatis septenario, quos libros Platonis edidimus, genius profecto tuus, nostrum genium excitavit ut librum *de Vita* ingeniosis producenda componere... ».

3. *Id.*, I, 841, 1 : « Liber epistolarum septimus caput habet epistolam *de curanda literatorum valetudine* disputantem ». Son développement en fit un traité séparé : « Promittebam modo lector, huic libro septimo caput epistolam *de Valetudine literatorum* disputaturam, haec vero deinceps adeo nobis excrevit, ut non iam caput tam exigui corporis, sed ipsa seorsum totum

il paraît donc difficile d'admettre que ce traité ait été composé la même année que parut l'édition de Platon. Pour tenter d'expliquer cette anomalie, M. Kristeller, d'accord avec della Torre, suppose que Ficin s'est trompé, et sur la foi d'une lettre à Rucellai, fait remonter jusqu'en 1480 la rédaction du *De curanda literatorum valetudine* [1]. C'est évidemment une solution, mais cette erreur de Ficin rend l'hypothèse suspecte. Ce n'est pas parce qu'il y a dans le sixième Livre de sa Correspondance une lettre dans laquelle il déclare qu'il a composé son traité sur la santé des studieux « récemment » (*nuper*), que nous sommes autorisés à mettre sa parole en doute. Cette lettre n'étant pas datée, la question reste entière. Il est vain de vouloir fixer des limites trop étroites aux collections de lettres qui constituent les différents Livres de la Correspondance de Ficin. C'est un fait, par exemple, que l'auteur cite dans l'argument du *Phédon* le huitième livre de sa Correspondance [2]. Or s'il est vrai que ce livre ne contient que les lettres écrites de l'été de l'année 1484 à octobre 1488, il devient impossible que Ficin ait pu y faire allusion dans un livre édité en 1484, et en l'occurence, personne ne peut dire qu'il s'est trompé.

La seule méthode valable est donc d'interpréter les textes tels qu'ils nous sont donnés, et l'édition de Platon fut dans la vie de Ficin un événement assez considérable pour qu'il ne se soit pas trompé de deux ans, quand il le rappelle et qu'il date de cette même année l'un de ses traités. Une seule hypothèse nous paraît vraisemblable, et c'est en fonction du manuscrit du duc d'Urbino que nous pensons pouvoir l'établir.

Que le Platon ait été imprimé en 1484 par Lorenzo Veneto, la preuve n'en est plus à faire. E. Nesi a fait depuis longtemps l'historique de cette édition [3] et nous a même donné pour preuve le

---

aliquod corpus fore velit. Itaque secessit iam consilio meliore et in librum *de Vita* feliciter adolevit. » (841, 2). Plusieurs manuscrits du septième livre de la Correspondance le contiennent néanmoins comme première lettre. *Laur. Plut. XC, 43* — *Ricc. 797* — *Berlinus Lat. 374* — *Guelferbytanus 2706.* — FICINI *Op.*, II, 1506.

1. Cf. KRISTELLER, *Sup. Fic.*, I, LXXXIII. — DELLA TORRE, *op. cit.*, p. 611. — FICINI *Op.*, I, 836, 2 : à *Bernardo Oricellario* : « Cum meo in libro, quem *de curanda literatorum valetudine* nuper composui. »

2. *Id.*, II, 1390 : *In Phedonem Epitome* « Octavus autem Epistolarum nostrarum liber Socratis vitam, vitae Christianae imaginem quandam, aut saltem umbram esse demonstrat : et testamentum quidem Vetus per Platonem confirmat, Novum vero per Socratem ».

3. EMILIA NESI. — Il *diario della stamperia di Ripoli*, Firenze 1903, p. 103-106. Le contrat d'édition est établi au nom de Valori et de Berlinghieri... « Come questo di 25 di gennaio 1483-1484 il venerabile Frate Domenico priore

contrat d'édition passé entre le susdit Veneto d'une part et Francesco Berlinghieri et Filippo Valori, d'autre part, stipulant que l'impression devait commencer le 8 février 1483. Mais cet incunable mis à part, il existe un autre Platon, et c'est le splendide manuscrit, qui fut offert à Laurent de Médicis [1]. Or, bien que ces deux in-folios ne portent aucune date, il semble pour le moins logique d'admettre que pour que Laurent ait la primeur de cette traduction, ce manuscrit dût lui être présenté au moins à l'époque où l'œuvre fut imprimée. D'autre part, c'eût été faire injure à Laurent de permettre qu'une copie de cette traduction, et surtout de la dédicace qui lui était destinée, fut faite pour le duc d'Urbino, avant que Laurent en ait lui-même pris connaissance. Or, nous savons que c'est au printemps 1482, donc pendant le septième septenaire de Ficin, que Vespasiano a été chargé de préparer le manuscrit pour le duc, on peut donc légitimement supposer qu'à cette époque le manuscrit destiné au Prince était entre les mains des copistes depuis quelques mois déjà. Quand on songe à l'importance des enluminures qu'Attavanti a voulu y ajouter, comme au manuscrit du duc d'Urbino d'ailleurs, l'hypothèse n'a rien d'invraisemblable. Ainsi, respectant le septenaire, nous pourrions donc remonter jusqu'aux derniers mois de 1481 pour fixer la date à laquelle Ficin a pu confier son manuscrit à Vespasiano et la lettre à Rucellai, dans laquelle Ficin fait allusion à son *De curanda literatorum valetudine* se trouverait tout naturellement à sa place.

Assurément il ne s'agissait que d'un commencement d'exécution, mais nous verrons bientôt que pour Ficin le verbe « edere » a un sens assez large et qu'il considère la chose faite, à partir du moment où ayant remis son manuscrit au copiste ou à l'éditeur, son œuvre est en quelque sorte rendue publique. Il lui était d'ailleurs assez difficile de dédier son Platon à Laurent, dans les termes où il l'a fait, avant cette date, car il ne faut pas oublier que ce n'est que le 3 décembre 1480 que le Pape a levé l'excommunication qui frappait le Prince et décemment Ficin ne pouvait pas le présenter comme le « religionis cultor » tant qu'il était excommunié [2]. Il est même fort possible que Ficin et ses amis aient décidé de lui faire hommage

---

sindico e procuratore del munistero di Sancto Iacopo di Ripoli di Firenze e come sindico e procuratore di detto luogo e Lorenzo di Francesco da Vinegia conducono a imprimere piu dialogi di Platone da Francesco di Niccolo Berlinghieri et Filippo di Bartolomeo Valori in questo modo, cioè... » : suivent les termes mêmes du contrat.

1. *Laur. Plut.* LXXXII, *6 et 7*.

2. FICINI *Op.*, II, 1129 : « Verum tu et religionis cultor, et philosophiae patronus me ad inceptum omni favore et auxilio revocasti ».

le cette œuvre pour lui exprimer la reconnaissance de la République et de l'Académie.

Ce qui est certain c'est que, si pendant les premiers mois durant lesquels les copistes calligraphiaient le manuscrit, Ficin eut le loisir d'écrire son *De curanda literatorum valetudine*, sa *Concordia Mosis et Platonis* et sa *Confirmatio Christianorum per Socratica*[1] que nous trouvons mentionnés dans les derniers arguments, il vint un temps où il dut tout abandonner pour mettre la dernière main à ce qui restait à faire pour compléter son Platon. « Notre bibliothèque où notre Académie chaque jour enfante le Platon latin », écrit-il[2], désignant ainsi et son travail personnel et celui les amis auxquels il avait demandé de revoir son texte : Demetrius Chalcondylas, Georgio Antonio Vespucci, Giovanni Batista Boninsegni, auxquels s'étaient joints Politien, Landino et Scala, qui, ayant le texte en mains depuis plus longtemps, pouvaient formuler leurs observations en fonction de l'usage qu'ils en avaient fait[3]. Sans cesse distrait par les travaux de l'Académie, Ficin avoue même que « pressé par les copistes et les imprimeurs qui lui arrachaient insolemment ses arguments », il a dû abréger l'argument le l'*Epinomis*[4] C'est dire que manuscrit et édition furent achevés à la même époque et que les derniers arguments ont bien été écrits en dernière heure. Filippo Valori, qui non seulement assumait les frais de l'établissement du manuscrit, mais s'était substitué à Laurent pour financer l'édition, ne lui laissait également aucun

---

1. Voir texte cité note 21. Nous trouvons le *De curanda literatorum valeudine*, cité, p. 1506, la *Concordia Mosis et Platonis*, p. 866, 3 et la *Confirmatio Christianorum per Socratica*, p. 868.

2. FICINI *Op.*, I, 859, 2 : « Nostra haec sive Academia sive bibliotheca Latinum Platonem. Graeco semine iamdiu conceptum, parturit quotidie... ».

3. PLATONIS *Opera*. Venetiis, 1491, f. 4 v. *Ad lectorem* : « Ante Platonis versionem a Marsilio Ficino confectam haec leguntur verba : Ne forte putes, amice lector, tantum opus editum temere, scito, cum iam composuissem, antequam ederem, me censores huic operi plures adhibuisse Demetrium Atheniensem non minus philosophia et eloquio quam genere, Atticum, Georgium Antonium Vespuccium, Ioannem Baptistam Boninsegnum, Florentinos viros Latinae linguae Graecaeque peritissimos : usum praeterea acerrimo Angeli Politiani doctissimi viri judicio; usum quoque consilio Christphori Landini et Bartholomaei Scalae, virorum clarissimorum .».

4. FICINI *Op.*, II, 1525-1526 : *In Epinomidem* : Thesaurum divini Platonis, magnanime Laurenti, lateri in hoc Epinomide qui philosophus rursus inscriitur. Platonicorum ambigit nullus. Sed ad hunc in lucem penitus expromendum, multis opus est machinis. Marsilio vero tuo argumenta promittenti, on licet prolixiora praestare. Praesertim cum et scriptorum expressorumque tabellarii opus assidue urgeant, et argumenta procacius e manibus extorquentes, vix permittant in singulis voluminibus summa sequi fastigia erum ».

répit [1]. Le sachant harcelé par les uns et les autres à Careggi, il le fit même venir dans sa propriété de Maiano et c'est là qu'il fut contraint d'achever cette œuvre, tant attendue [2], tout en regrettant de n'avoir pu compléter les Commentaires qu'il avait entrepris ou simplement esquissés. Mais il fallait en finir et Ficin ne pouvait que se soumettre aux exigences du généreux mécène qui lui permettait d'offrir au maître de Florence et à l'Occident la première traduction complète de Platon.

II. Pic de la Mirandole,
messager de Cosme de Médicis.

Une Académie platonicienne instaurée à Florence, l'œuvre complète de Platon traduite en latin, et par surcroît une *Théologie platonicienne*, complétée par un traité *De la religion chrétienne*, c'était bien, semble-t-il, tout ce que le vieux Cosme avait pu souhaiter. Il pouvait, en vérité, se féliciter de son choix. Marsile qu'il disait « envoyé des cieux pour guérir les âmes » avait vraiment comblé ses vœux. Il en restait cependant un, nous dit Ficin, que sa clémence et sa modestie n'avaient jamais osé formuler pour ne point l'accabler sous une trop lourde tâche. Mais l'heure était venue de lui manifester du haut du ciel ce secret désir [3]. Il voulait qu'après avoir traduit Platon, Ficin traduisît également Plotin. Ne lui avait-il pas offert les *Ennéades* en même temps que les *Dialogues*? Mais comment pouvait-il désormais exprimer son

---

1. *Id.*, II, 1466 : « Decreveram, magnanime Laurenti, breviora hic quemadmodum argumentum decere videbatur, afferre, multaque amplioribus commentariis, quae in Timeum iam designavimus, reservare. Sed Philippus Valor, Platonicorum studiosissimus, penes quem universo Platonico operi in agro Maiano extremam manum imposui, plura me hic coegit effundere ». Cf. I, 859, 5.

2. *Id.*, I, 859, 2. — Dans une lettre à Bernardo Oricellario, « Florentini senatus Orator », Ficin après avoir dit que chaque jour il enfante son Platon, ajoute : « Verum absque obstetricis manu haud facile potest parere. Ergo mi Bernarde, obstetricias impressorum adhibe manus, quae maturam iam faetum exprimant, expressumque forment ».

3. *Id.*, II, 1537 : *In Plotinum :* « ...Et si Plotinum quoque desiderabat, (Cosmus) nullum tamen de hoc interpretando fecit verbum, ne graviore me pondere semel premere videretur. Tanta erat viri tanti erga suos clementia, in omnes tanta modestia, itaque nec ego quidem quasi nec vates aggredi Plotinum aliquando cogitavi. Verum interea Cosmus, quod vivens olim in terra reticuit, tandem expressit, vel potius impressit ex alto. »

Ibid., « Quo enim tempore Platonem Latinis dedi legendum, heroicus ille Cosmi animus heroicam Ioannis Pici Mirandulae mentem nescio quomodo instigavit, ut Florentiam, et ipse quasi nesciens quomodo, perveniret ».

lernier vœu? « Ame héroïque », il ne pouvait évidemment révéler
son secret que par l'intermédiaire d'un « esprit héroïque ». Il le
trouva « on ne sait comment », en la personne de Pic de la Mirandole, qui lui-même sans savoir pourquoi « vint à Florence à l'époque
où, nous dit Ficin, je donnais Platon à lire aux Latins ». En vérité,
on serait tenté de penser que le Ciel, car, il ne saurait être question
le hasard, avait minuté son intervention. Mais ne soyons pas
dupes.

A première vue le problème est clair : la venue de Pic à Florence
se situe en 1484, puisque c'est cette même année que parut l'édition
de Platon. Mais, étant donné l'importance de son message, on est
en droit de se demander s'il n'avait pas déjà rencontré Ficin et,
'influence de Cosme mise à part, on aimerait savoir ce qui a pu
'inciter à demander à Marsile de traduire Plotin. Une rapide
esquisse de sa vie va nous éclairer [1].

Né le 24 février 1463, Jean Pic, comte de Mirandola et de Concordia, devait grandir dans l'adversité. La mort de son père ayant
créé entre ses aînés une rivalité d'intérêts qui compromit gravement l'unité de la famille, sa mère, pour éviter qu'il fut plus tard
mêlé à cette lutte, décida qu'il serait d'Église. Nommé protono-
aire apostolique à l'âge de dix-huit ans, il fut envoyé de bonne heure
à l'Université de Bologne pour y étudier le droit canonique. Mais sa
mère étant morte (août 1478), il renonça bien vite à l'avenir
qu'on lui préparait et abandonnant Pandectes et Décrétales, se
tourna d'instinct vers les lettres et la philosophie. Le 14 avril 1479,
il demandait au marquis de Mantoue, Frédéric Gonzague, le libre
passage sur son territoire, pour gagner Ferrare, où il avait décidé
de se rendre pour fréquenter le Studio pendant quatre ou cinq ans.
De fait nous l'y trouvons à la fin du mois de mai. Mais que pouvait-il y faire à cette époque de l'année, si ce n'est préparer sa
rentrée »? Il n'y manqua pas. Mais après ? Est-ce qu'il ne fut pas
tenté d'aller à Florence pour occuper les loisirs que lui laissaient
les vacances universitaires? Ses biographes ne sont pas d'accord
et cependant la chose n'est pas douteuse. M. Garin l'a démontré
dans l'ouvrage qu'il lui a consacré, et nous ne ferons qu'expliciter
ses arguments [2].

Deux lettres de Pic prouvent, en effet, qu'avant l'époque à
laquelle Ficin donna Platon à lire aux Latins, le jeune comte était
déjà venu à Florence et qui plus est, qu'il connaissait fort bien

1. Cf. E. GARIN, *Giovanno Pico della Mirandola, Vita e dottrina*. Firenze,
Le Monnier, 1937. GAUTIER-VIGNAL, *Pic de la Mirandole*, Paris, Albin Michel.
2. Cf. E. GARIN, *op. cit.*, p. 5 et 6.

Ficin. La première, adressée à Ficin lui-même et datée de décembre 1482, est sur ces deux points suffisamment explicite. Après avoir écrit que la noblesse de l'âme étant pour lui la question primordiale, il a toujours souhaité se consacrer au culte de l'âme et à l'étude des arts libéraux, voici, en effet, ce qu'il déclare : « Bien que depuis mon enfance mon intention n'ait jamais varié, les exhortations que tu m'as faites il y a quelques années *(superioribus annis)*, quand je t'ai fait visite, m'ont stimulé au plus haut point et m'ont enthousiasmé, et jamais je ne me suis donné aux lettres avec plus d'ardeur que depuis ce jour jusqu'à maintenant ». Et il ajoute : « Depuis trois ans déjà j'étudie les Péripatéticiens et, dans la mesure de mes moyens, je n'ai rien négligé pour être admis dans la famille d'Aristote, comme un digne membre de la famille » [1]. Cette précision étant confirmée dans une lettre à Ermolao Barbaro, datée du 5 juin 1485 et dans laquelle il écrit qu'il s'applique à l'étude de la philosophie depuis six ans [2], nous avons toutes raisons de croire que c'est en 1479 que Pic a commencé d'étudier Aristote. Est-ce à la suite de sa visite à Ficin? Certains pourront s'en montrer surpris et voir là une objection. Qu'ils se rassurent : Ficin a toujours considéré comme indispensable à la compréhension de Platon une solide formation aristotélicienne. Quant à la visite de Pic, elle est confirmée implicitement par sa lettre à Politien [3], qui est certainement de la même époque que celle qu'il adressait à Ficin puisqu'elle la précède immédiatement dans sa Correspondance. Là encore, en effet, il rappelle qu'il est venu à Florence quelques années auparavant *(superioribus annis)* et le souvenir de son passage n'étant pas resté sans écho, nous pouvons en préciser la date.

Girolamo Benivieni (1453-1542), qui devait être son plus fidèle

---

1. JOANNIS PICI *Commentationes*, Bononiae 1496 (cité par KRISTELLER, *Sup. Fic.*, II, p. 270-271)... « Idque mihi potissimum semper fuit, ut undecunque possem mihi animi cultum et bonarum artium disciplinas compararem. Quod quidem meum consilium etsi a pueritia usque constantissimum mihi fuit, excitarunt tamen summopere atque inflammarunt, cum apud te essem superioribus annis, adhortationes tuae, nec unquam ardenter magis quam ex illa in hanc usque diem me totum litteris addixi... ».

Ibid. : «...Jam tres annos, Marsilii apud Peripateticos versatus sum nec omisi quicquam quantum in me fuit, ut Aristotelicis aedibus quasi unus ex eorum familia non indignus admitterer... ».

2. J.-F. PICI. *Op.*, Venise 1519, Epist. I, 4 : « Iam enim sexennium apud illos versor, ut non minus me fecisse velim quam in tam nihil facienda re tam laboriose contendisse... ».

3. *Id.*, Epist., I, 29 : « Cum superioribus annis Florentiae essem amatorias elegias quattuor apud te reliqui, quas ut fit exercendi ingenii gratia per id tempus pene puer effinxeram... ».

admirateur, a composé en 1479 un poème bucolique dans lequel il nous révèle qu'il avait déjà pour « l'incomparable prince Jean Pic, une amitié et une affection toute particulière » [1]. C'est dire qu'à cette date, il avait dû le rencontrer et comme il n'a pu le voir qu'à Florence nous avons tout lieu de croire que c'est en cette année 1479 que Pic fit à Ficin sa première visite et que c'est sur son conseil qu'il décida d'étudier sérieusement la philosophie. On peut s'étonner qu'il ne soit pas resté à Florence. En fait, Pic nous dira qu'il s'est demandé à quelle Université il devait se rendre pour étudier la philosophie [2], et il est probable que les motifs qui l'ont déterminé, n'étaient pas uniquement inspirés par le choix des maîtres. On ne sait d'ailleurs pas très bien où il s'est rendu en quittant Florence. Quand il nous dit en décembre 1482, que depuis trois ans il étudie les péripatéticiens et qu'il aspire à entrer dans la maison d'Aristote, on pense tout naturellement qu'il n'a quitté Florence que pour se rendre à Padoue, qui était encore la place forte de l'Aristotélisme. Or, s'il est allé à Padoue, où lui-même nous assure qu'il n'y est resté que deux ans [3], nous savons que c'est seulement le 16 décembre 1480 qu'il y reçut les lettres patentes qui lui conféraient les droits et privilèges accordés aux élèves du Studio.

Quittant Florence il retourna donc sans doute à Ferrare, où il avait été fort bien accueilli et où il devait retrouver des hommes comme Alde Manuce, Guarinon de Vérone et peut-être le jeune Savonarole. Le milieu était-il propice à la philosophie? C'est possible et nous n'avons pas à mettre sa parole en doute, mais il faut bien reconnaître que ce n'est pas dans cette ambiance qu'il pouvait devenir un « digne membre de la famille aristotélicienne ». Au reste, n'exagérons rien quand on parle de ses premières études philosophiques. A Ferrare il n'avait pas encore renoncé aux lettres : ses relations avec Guarino en témoignent. « Brûlant encore du feu

---

1. G. BENIVIENI, *Opere*, Venezia, 1522, p. 78 r. : « Amore e singulare affectione inverso lo incomparabile principe Johanni Pico ». — *Id.*, p. 78 v. Egl., I, Daphni :

> Per te s'infiamma sol, per te s'accende
> Signor la mente, in te si nutre el foco
> Che talhor lieto in me reflexo splende.

Cité par E. GARIN, *op. cit.*, p. 6.

2. PICI. *Op. Epist.*, I, 32 : « Memini cum deliberarem quamnam potissimum ex Italiae gymnasiis mihi sedem ad philosophiae studia deligerem, cum me multa Patavium vocarent... ».

3. *Ibid.* : « ...cum me multa Patavium vocarent, libentius illis petisse ut amor iste meus quem iamdiu animo nutriveram mutua consuetudine tibi palam esset. Patavii fui et biennium... ».

des vaines amours, il rimait pour de belles dames de langoureuses
élégies et de classiques sonnets, et si la philosophie à la mode n'en
était pas absente, le fait qu'il avoue que « ces légèretés étaient
excusables à son âme » prouve bien que « la maison d'Aristote »
n'était pas la seule qu'il fréquentait [1]. Il devait même, s'il faut
l'en croire, pendant des mois encore, chercher sa voie, puisqu'il
écrivait le 15 janvier 1481 à Politien : « J'hésite entre la Poésie,
l'Éloquence et la Philosophie et j'ai bien peur qu'en voulant être
assis, comme on dit, sur deux selles, je ne sois ni poète, ni rhéteur,
ni philosophe » [2]. Il avait cependant décidé « pour de multiples
raisons » de se rendre à Padoue et l'une d'elles mérite d'être retenue,
puisqu'il déclare qu'il souhaitait surtout rencontrer Ermolao
Barbaro, qui n'était pas un philosophe et qu'en fait il n'a ni vu
ni connu [3]. Il devait, en revanche y trouver deux personnages
dont l'un fut son maître, l'autre son guide : Nicoletto Vernia et
Elias del Medigo, et il n'est pas douteux que c'est à la faveur de
leur enseignement que s'épanouit sa vocation de philosophe.

Ils ne devaient pourtant pas lui suffire et s'il est vrai qu'il ne
fut point au sens strict du terme disciple de Ficin, ce serait une
erreur de négliger l'influence qu'exerça sur lui à cette époque le
coryphée de l'Académie florentine. Lui-même ne nous l'a pas caché
et la suite de sa lettre ne peut que nous en convaincre : « Parce que
ton opinion et celle d'hommes très qualifiés, écrit-il, fut toujours
que quiconque voulait unir l'Académie aux Péripatéticiens devait
être familiarisé d'une manière objective et complète avec l'une et
l'autre doctrine, j'ai pensé que je devais pénétrer dans ce domaine
pour que, dans la mesure de mes moyens et en y apportant le plus
grand soin et la plus grande application, je puisse comparer tantôt
Platon avec Aristote, tantôt Aristote avec Platon. Or, comme tu
fus jadis mon conseiller, il faut maintenant que tu sois mon auxiliaire, et ce sera une preuve de ta bonté et de ta bienveillance à
mon égard, de ne pas refuser ton concours à mon projet, d'autant
qu'il est honnête et désintéressé. Je pense donc qu'il pourrait se
réaliser pleinement grâce à toi, si tu m'envoyais ton *de Immortalitate animorum*, car je suis sûr qu'en le suivant comme guide, j'

---

1. *Id.*, I, 28 : « Cum tenues musas meas quibus dum per aetatem licuit de
amoribus meis iocatus sum in libellos quinque digesserim... ».

2. Cf. *A. Politiani et aliorum virorum illustrium epistolae* lib. XII, Basileæ
1522, p. 15 : « ... ego dum geminis sellis ...sedere volo utroque excludo
fitque demum ut nec poeta, nec rethor sim, neque philosophus ». Cité par
GARIN, *op. cit.*, p. 14.

3. PICI, *Op. Epist.*, I, 35 : « ... Patavii fui et biennium, Hermolaum tamen
quis credat, nec vidi nec nisi, ut multo ante, fama cognovi ».

ferais, comme je le souhaite, de rapides progrès dans la doctrine platonicienne » [1].

Cette lettre arrivant quelques jours après la publication de l'ouvrage de Ficin — la réponse de Ficin est du 12 décembre 1482 [2] et l'achevé d'imprimer de sa Théologie est du 25 novembre — nous donne une fois de plus à penser que les deux hommes n'étaient pas demeurés étrangers l'un à l'autre. La lettre de Ficin prouve, en effet, qu'il est au courant des études de Pic. On se demande même, en la lisant, si le séjour à Ferrare ne fut pas uniquement consacré à l'étude des humanités : « Après tes études de rhétorique, lui dit Ficin, tu as cherché chez les Péripatéticiens les raisons des choses naturelles et maintenant tu veux t'appliquer à l'étude des divins mystères de Platon ». Le programme est donc logique et il semble bien qu'il ait été suivi sur le conseil de Ficin. En tout cas il approuve et conclut : « Continue, mon excellent Jean, comme tu as commencé; quant à moi, si, pour combler ton vœu si honnête, tu as vraiment besoin de mon ouvrage, je te promets que tu peux compter sur moi ».

Ainsi en 1483, Pic, qui a quitté Padoue à la fin de l'année scolaire 1482, va se consacrer à l'étude de la *Théologie platonicienne*. Mais étant donné sa formation et sa tournure d'esprit, il est fort probable qu'il n'y trouva point ce qu'il y cherchait. Sans doute comprit-il qu'il devait juger Platon par les textes. En attendant la traduction de Ficin, il se mit donc à l'étude du grec, et comme il avait trouvé dans la Théologie de nombreuses références à Plotin, il devenait tout naturel qu'il souhaitât que la traduction des *Dialogues* fut complétée par celle des *Ennéades*. Est-ce à dire qu'il devint du même coup platonicien? On aurait tort de le croire

---

1. Pici *Commentationes* f т. 4 v : « Sed quoniam et tua semper et doctissimorum hominum sententia fuit, qui Academica Peripateticis misceret, eum utramque sectam et rectius habiturum et locupletius, aggrediendam mihi hanc provinciam existimavi, ut iam pro mei viribus ingenii pro mea quanta maxima potest assiduitate et diligentia Platonem cum Aristotele et vicissim alternis studiis Aristotelem cum Platone conferrem. Verum ut te premonitore prius, ita nunc adiutore opus est tuaeque erit humanitatis et in me benivolentiae, non deesse proposito meo atque eo quidem tam honesto et liberali id quod cumulatissime abs te factum censeo, si librum tuum de immortalitate animorum ad me miseris, quo veluti premonstratore quodam in Platonica disciplina profecturum me ut opto ita confido ».

2. Ficini *Op.*, I, 858, 2 : « Quippe cum post humana eloquentiae studia rerum naturalium rationes apud Peripateticos indagaveris, atque te iam ad divina Platonis nostri mysteria conferas. Tu igitur, optime mi Ioannes, perge feliciter (ut coepisti) ego autem tam honesto proposito tuo si modo (ut ais) nostra opera indigueris me polliceor non defuturum ». Cette lettre est datée du 15 décembre 1482 dans le *Plut. XC, 43*.

et nous avons, pour juger de son attitude, sa lettre à Barbaro du 6 décembre 1484, qui nous dispense de toutes conjectures.

« Je n'ai pas à regretter mon voyage, écrit-il, car j'ai trouvé à Florence un grand nombre d'ouvrages grecs et latins qui sont du plus haut intérêt, aussi bien pour les belles-lettres que pour la philosophie... Récemment je me suis éloigné d'Aristote pour me diriger vers l'Académie, non en transfuge, mais en éclaireur [1]. Il me semble cependant, pour vous exprimer mon sentiment, que j'aperçois deux choses chez Platon : d'abord une abondante éloquence tout homérique, une qualité de style qui s'élève au-dessus de la prose, puis, si on regarde les choses d'assez haut, une parfaite communion d'idées avec Aristote; de sorte que si l'on s'en tient à l'expression, rien n'est plus opposé que les deux doctrines et que si l'on considère la substance, rien ne s'accorde mieux ». Son impression première, encore toute teintée de l'influence des milieux littéraires, est donc favorable, et nous avons même la preuve qu'elle n'a pas varié, puisque quelques années plus tard il écrivait encore « Il n'est pas de problèmes naturels et divins où Aristote et Platon ne soient pas d'accord quant au fond, bien que dans l'expression de leur pensée ils semblent s'écarter l'un de l'autre » [2]. Mais pour l'heure, ce que nous aimerions savoir, pour dater la traduction de Plotin, c'est le moment précis où inspiré par « l'âme héroïque de Cosme », il vint faire part de son vœu à son ami Ficin.

La plupart de ses biographes, comme ceux de Ficin d'ailleurs sont à peu près d'accord pour fixer au printemps de 1484 la venue de Pic à Florence et la meilleure preuve qu'ils en donnent est une lettre de Pic à Laurent de Médicis [3], en juillet 1484, pour rendre hommage à son talent poétique, qu'il juge supérieur à celui de Pétrarque pour la forme, et au moins égal à celui de Dante pour la pensée. Mais si précieux que soit cet essai sur la poésie, il ne nous offre qu'un *terminus ad quem*, qui, comme tel, ne peut nous satis-

---

1. PICI. *Op. Epist.*, I, 22 : « De studiis meis ego quid ad te scribam nihil habeo, nisi assiduum me in Hermolao esse mearumque noctium maximam partem in tuo Themistio vigilare. Diverti nuper ab Aristotele in Achademiam. Sed non transfuga ut inquit ille, verum explorator. Videor tamen (dicam tibi quid sentio) duo in Platonem agnoscere : Et homericam illam eloquendi facultatem supra prosam orationem sese attolentem et sensuum si quis eos altius introspiciat cum Aristotele omnino communionem, ita ut, si verba spectes, nihil pugnantius, si res, nihil concordius... »

2. *Id.* De Ente et Uno, Proemium : « Et quoniam qui Aristotelem dissentire a Platone existimant a me ipsi dissentiunt qui concordem utriusque facio philosophiam, rogabas quomodo et defendretur in ea re Aristoteles et Platoni magistro consentiret ».

3. FICINI *Op. Epist.*, I, 3.

faire. Ce que nous cherchons c'est un *terminus a quo* et nous voudrions surtout pouvoir le déterminer en fonction même de Ficin. On invoque, il est vrai, un texte de Corsi, disant que Marsile «entreprit à l'âge de 51 ans, la traduction de Plotin, pour répondre aux prières de Pic de la Mirandole » [1]. Mais ce n'est pas un argument, car étant donné que Ficin n'a eu cinquante et un ans que le 19 octobre 1484, il faudrait supposer, puisque Pic était à Florence au moins depuis juillet de cette année, ou bien qu'il a attendu quelques mois pour faire sa visite à Ficin ou bien que celui-ci a lui-même attendu pour répondre à sa demande. Or le texte de Ficin, tant dans sa lettre que dans son esprit, prouve que cette visite eut lieu dès l'arrivée de Pic et les faits démontrent que, sans tarder, Ficin se mit à traduire Plotin.

Après nous avoir dit que Pic était venu à Florence, sans savoir comment, à l'époque où lui-même avait donné Platon à lire aux Latins, Ficin, qui entend tirer argument d'une coïncidence qu'il a jugée divine, apporte des précisions : « Né exactement l'année où j'ai commencé à traduire Platon, arrivant à Florence le jour même et presqu'à l'heure même où j'ai édité Platon, Pic, dès qu'il m'eut salué, me parla de Platon. Notre Platon, lui dis-je, est sorti aujourd'hui de chez moi. Il m'en félicita vivement, puis, je ne sais en quels termes et lui-même ne le sait pas, non seulement il m'engagea, mais il me poussa à traduire Plotin » [2]. Qu'il y ait une étroite relation entre la visite de Pic et la traduction de Plotin n'est pas douteux, mais ce que Ficin a voulu avant tout souligner, c'est le caractère non seulement inattendu mais en quelque sorte insolite de cette visite qui, à son sens, n'avait eu d'autre objet que de lui imposer l'obligation de traduire immédiatement Plotin après avoir traduit Platon. Reste à savoir ce que signifient les différentes expressions qu'il emploie pour dater cette rencontre.

1. Corsi *VITA* XI : Annos deinceps natus unum ac quinquaginta Pici Mirandulae precibus Plotini traductionem aggressus est.
2. Ficini *Op.*, II, 1537 : « Hic (Picus) sane quo anno Platonem aggressus fueram natus, deinde quo die et ferme qua hora Platonem edidi Florentiam veniens, me statim post primam salutationem de Platone rogat. Huic equidem Plato noster, inquam hodie liminibus nostris est egressus. Tunc ille et hoc ipso vehementer congratulatus est, et mox nescio quibus verbis, ac ille nescit quibus ad Plotinum interpretandum me non adduxit quidem, sed potius concitavit.
Divinitus profecto videtur effectum, ut dum Plato quasi renasceretur, natus Pius heros, sub Saturno Aquario possidente, sub quo et ego similiter anno prius trigesimo natus fueram ac perveniens Florentiam quo die Plato noster est editus, antiquum illud de Plotino herois Cosmi votum mihi prorsus occultum, sed si bi caelitus inspiratum, idem et mihi mirabiliter inspiraverit ».

A vrai dire, lui faisant grâce volontiers du jour et de l'heure, on lui eut su gré de nous dire simplement en quelle année Platon « est sorti de chez lui » car cette précision même crée une nouvelle équivoque, bien difficile à réduire. Étant donné, en effet, que son Platon n'a pu sortir des presses de Lorenzo Veneto qu'en octobre 1484, ce qui explique d'ailleurs que, dès décembre, Pic a pu écrire qu'il s'était récemment dirigé vers l'Académie, il est évident, puisque celui-ci était à Florence en juillet, qu'en employant le verbe « edere » que nous traduisons aujourd'hui par « éditer », Ficin ne veut pas nécessairement dire « imprimer », et le fait même qu'il explicite ce terme par l'expression « *liminibus nostris egredi* » est une preuve incontestable qu'il considérait une œuvre comme « éditée » dès qu'il l'avait confiée à ceux qui se chargeaient de la publier. Or, comme nous avons déjà noté [1] que le manuscrit a été présenté à l'imprimeur le 25 janvier 1483-1484, si Pic a rendu visite à Ficin le jour même où Platon est sorti de chez lui, son arrivée à Florence ne peut être qu'antérieure à cette date et comme, en fait, aucun de ses biographes ne sait exactement où il se trouvait à l'automne de 1483, nous pensons que c'est à cette époque que l'âme héroïque de Cosme en fit son messager pour révéler à Ficin le vœu que sa clémence et sa bonté lui avaient si longtemps caché.

Il est vrai qu'on invoque le témoignage d'un florentin qui déclarait à la date du 12 mai 1486 que le comte de la Mirandole était à Florence depuis environ deux ans [2]. Mais outre l'imprécision du terme « *circa* » ce témoignage est certainement sujet à caution puisqu'en fait Pic vécut à Paris, de juillet 1485 à mars 1486 [3]. Quant au texte de Corsi, il peut donner lieu à interprétation, car si, en fait, il est certain que Ficin a commencé sa traduction de Plotin alors qu'il n'avait encore que cinquante ans, il était néanmoins dans sa cinquante et unième année.

Nous avons, en effet, la preuve que dès 1484, il permit que l'on copiât sa traduction des premiers traités de Plotin puisqu'un manuscrit porte cette date [4]. Rien cependant ne nous permet de préciser l'importance du travail accompli durant cette année. Son

1. Cf. texte cité p. 463, n. 3.
2. Cf. DELLA TORRE, *op. cit.*, p. 747, note 6, cite une lettre d'Aldobrandino Guidoni datée du 12 mai 1486 dans laquelle il est dit : « Il conte Zohane da la Mirandola e stato in questa cita circa due anni ». (*Giorn. Stor. della Lett. Ital.*, vol. XXII, 1893, p. 374).
3. Cf. LÉON DOREZ et L. THUASNE, *Pic de la Mirandole en France*, Paris, Leroux, 1897, p. 28 et suiv.
4. *Florence, Bibl. Naz., Conv. Soppr. E I, 2562.*

silence toutefois prouve à quel point il est occupé [1], et il nous en donne indirectement la preuve puisque dès les premiers mois de 1485 il annonce à Bandini qu'il a déjà traduit trente livres sur cinquante-quatre [2]. Or, comme nous savons qu'il ne lui a pas fallu moins de huit mois pour traduire les vingt-quatre derniers traités, puisqu'il a achevé sa traduction le 16 janvier 1485-1486, il n'est pas téméraire de penser, bien qu'ils n'aient pas la même étendue, qu'il lui fallut au moins un an pour traduire les trente premiers, auxquels il avait ajouté la traduction de la vie de Plotin par Porphyre. Ceci nous ramènerait donc aux premiers mois de 1484 et comme par surcroît l'impression de son Platon a dû l'occuper quelque peu, il est fort possible, comme nous le supposions, qu'il ait commencé cette traduction dès la fin de 1483.

Entreprise dans l'enthousiasme, poursuivie avec autant de ferveur que de ténacité, cette œuvre remarquable s'acheva pourtant dans l'inquiétude et la .tristesse. Le Ficin qui nous annonce la fin de sa traduction de Plotin n'est pas celui que nous attendions. Philosophe et prêtre, il aurait pu entonner un nouvel hymne pour célébrer ce nouveau maître qu'il donnait aux Latins et se féliciter d'apporter à la Religion de nouvelles clartés pour affermir ses dogmes, et au lieu d'un apologète, heureux de ce succès, nous ne trouvons, hélas! qu'un homme fatigué, aigri et profondément déçu. Il est vrai qu'il a dû, à nouveau, se défendre et montrer qu'en « ressuscitant les Anciens, il n'avait d'autre intention que de servir la divine Providence » [3]. Mais là n'est pas la cause de son désarroi : la misère le guette. Depuis la mort de son frère Cherubino, il a dû prendre à sa charge son neveu et sa nièce et comme il n'a jamais pensé au lendemain, la vie le met aux prises avec les multiples

1. FICINI *Op.*, I, 870, 4 : « Quod autem duabus iam epistolis tuis vix tandem reddiderim unam, Platonicus ille magnus Plotinus in causa est ». — 870, 5 : « Quam quidem de re libentissime tecum pluribus agerem, nisi quovis momento Plotinus noster ad se revocaret interpretandum ». — 873, 1 : « Dixi equidem fratri tuo Philippo ...his mihi temporibus non licere, vel ad amicos absentes ab urbe quicquam scribere vel salutare praesentes, Plotinum namque platonicum me sibi totum penitus vendicare, hinc tu Plotinum statim vehementi oratione et acerrimo carmine livoris accusas, qui et ipse nullius sit et me qui ferme omnium esse soleo, nullius fore contendat. At ego nunc, Amerige, vicissim Plotinum fore omnium molior, ac dum uni huic omnium mox futuro diligenter indulgeo, videor interim omnibus indulgere. Vale. ».

2. *Id.*, 871, 1 : « Plotinus noster platonicorum una cum Platone suo facile princeps, quinquaginta et quatuor divinos composuit libros. Trigesimo eius libro hac hora (Deo aspirante) extremam imposui manum ».

3. *Id.*, 871, 3 : *Ioanni Pannonio.* « Si nostra quae legisse te dicis intellexisses, non dubitares nunc qua potissimum ratione nostra haec veterum renovatio divinae providentiae serviat ».

contingences dont elle est faite [1]. Sans doute, aurait-il pu exposer
ses besoins à Laurent, mais son amour-propre lui interdit une telle
démarche et plutôt que de tendre la main, il n'hésite pas à exercer
sa fonction de médecin : « Tu souhaitais, écrit-il au médecin Pierleone, qu'après Plotin, je traduisis Hippocrate, mais au lieu de le
traduire, je suis contraint de le mettre en pratique » et à ceux qui
seraient tentés de s'en scandaliser, d'avance, en jouant sur les
mots, il répond : « Il vaut mieux pour un prêtre être médecin
(*medicus*), que mendiant (*mendicus*) [2].

Une nouvelle tâche vint bientôt fort heureusement adoucir
son épreuve. Plus encore que les *Dialogues*, les *Ennéades* demandaient des éclaircissements et son dessin était manifestement de
ne pas les publier sans les accompagner d'arguments [3]. Comme il
l'avait fait jadis pour le *Philèbe* et le *Banquet*, il entreprit d'exposer
publiquement la doctrine plotinienne et cette fois nous savons que
la chapelle même du monastère de Sainte Marie des Anges servait
de cadre à ces cours académiques. La preuve nous en est donnée
par une lettre du Supérieur général de l'ordre des Camaldules,
Pierre Delfini, qui, le 7 décembre 1487, mettait en garde le prieur
de Sainte Marie, Guido Laurenti contre de tels abus : « Je savais
depuis longtemps, écrit-il, que des savants qualifiés en des disciplines diverses donnaient des cours publics dans le monastère
des Anges. Cette institution d'un nouveau genre dans ce couvent
me fut on ne peut plus agréable, car j'étais persuadé et non sans
raison, que la maison des Anges, une fois réformée en ce qui concerne le culte divin et l'observance de la règle, deviendrait beaucoup plus célèbre en profitant de cette occasion d'instruire les

---

1. *Id.*, 874, 3 : *Petro Leoni platonico peripatetico singulari.* « Vixi hactenus
atque etiam vivo, quod maxime Philosophum decet, tenui facultate contentus, sed non eadem contenti vivunt domi nepotes, orphani, neptesque iam
nubiles, inimici hominis domestici eius. Vixi equidem philosophantis more
semper, hodie nec unquam crastinum cogitavi. Sed hodie domestica turba me
compellit invitum (quod Deus vetat) cogitare de crastino. Tentavi fortunam
meam hoc anno Laurentio nostro saepius aperire sperans mihi apud illum
significatione tantum opus fore non precibus, subrusticus vero pudor me
saepe cohibuit, sed Epistola vel amicus minus forsitan erubescet ».

2. *Ibid.* : « Tu quidem optabas his tandem peractis multos Hippocratis
libros me latinos efficere, ego autem Plotino mox absoluto, medicum cogor
non iam interpretari, sed agere. At sacerdotem, inquies, non decere. Quid
sacerdotem? Sacerdotem praestat referre medicum quam mendicum ».

3. FICINI *Op.* I, 874, 3 : « Accipe nonnullos quos hic expectabas Plotini
libros, heri omnibus transferendis finem imposui. Reliquum est et recognoscere verba, et obscurum saepe sensum argumentis quibusdam reddere cla-
riorem... Florentiae die XVII Ianuarii, MCCCCLXXXV, 1486.

Id., II, 1548 : *Exhortatio Marsilii Ficini Florentini ad auditores in lectionem
Plotini et similiter ad legentes.*

moines et en même temps les laïques. Cependant jusqu'au jour
de ma récente visite, personne ne m'avait signalé que ce genre de
cours avait lieu en plein sanctuaire. Entrant donc dans la maison
de Dieu, je fus fort surpris de voir le chœur encombré par des rangs
de laïques, le lieu de prière transformé en salle de conférence et à
côté de l'autel, le siège réservé au célébrant des messes solennelles,
occupé par un philosophe, bref, la maison spécialement consacrée
à la prière et au chant des psaumes transformée en école et en salle
de cours pour les laïques.

N'ayant pu te confier de vive voix mon impression, je n'ai pas
voulu manquer de t'adresser, comme c'est mon droit, une remon-
trance paternelle, espérant qu'ayant jusqu'ici reçu mes avis sans
répugnance tu admettras facilement encore une fois mon point
de vue. Tu as à ta disposition une immense maison, qui ne manque
pas de locaux commodes et convenables pour l'enseignement.
Que les laïques les utilisent avec vous à votre guise, mais ne par-
tagez pas avec eux l'endroit du monastère le plus sacré et qui doit
être l'objet de la vénération de tous. Il n'est pas difficile aux laïques
de te laisser à toi et aux moines le chœur de l'église, quand tu leur
abandonnes avec tant de bonne grâce tout le reste du couvent
Qu'on transporte donc les bancs dans une autre salle et qu'on
installe ailleurs la salle de cours du professeur »[1]. Sans doute

1. PETRI DELPHINI *Epistolae*. Venetiis 1524. Lib. I, epist. 74 *ad Guidonem
priorem Angelorum.*
« Audieram iamdudum viros doctissimos ac variis disciplinis imbutos in
Angelorum monasterio publice docere. Fuit mihi cordi plurimum haec nova
in isto coenobio institutio. Siquidem mihi haud immerito persuaseram fore
ut reformata Angelorum domus in iis quae ad Dei cultum ac vitae regularis
observationem pertinent per hanc docendi tum monachos tum adventantes
laicos occasionem longe clarius ac splendidius esset illustranda. Nemo tamen
ad eam usque diem qua te novissime adii mihi retulerat id operis in templo
ipso fieri. Ingressus itaque tunc de more domum Dei miratus sum valde reple-
tum laicorum sedilibus chorum, oratorium in gymnasium mutatum, sedem
iuxta altare philosopho traditam, quae ad concelebranda sacrosancta mis-
sarum sollemnia soli servata est sacerdoti, orationis denique ac psalmodiae
peculiarem mansionem scolam saecularium atque auditorium factam. Quamobrem cum tecum non potuerim coram quid sentirem conferre, deesse
nolui quin te modo paterno iure admonerem per hoc futurum sperans ut qui
me hucusque haud repugnanter audisti, nunc quoque consilium meum facile
admitteres... Habes domum latissimam in qua sunt complures ad docendum
et commodi et decentes recessus. Utantur illis pro arbitrio vobiscum laici,
modo cum eis communis vobis non sit sacratissimus totius monasterii locus
et cui summa ab omnibus reverentia debetur. Non est magnum, si tibi ac tuis
laici chorum cedant, cum tu ipsis reliquum omne coenobium tam benigne ces-
seris... Transferantur sedilia in aliam monasterii partem, constituatur alibi
praeceptoris gymnasium. » Ex Camaldulo Floren. die VII Decembris
MCCCCLXXXVII. — *Sup. Fic.*, II, 233-234.

Ficin n'est pas nommé, mais déjà nous l'avons vu lui-même s'excuser de prendre la parole dans la maison des Anges et nous verrons qu'il était effectivement en excellents termes avec le prieur en cause. Quoi qu'il en soit Plotin entre août 1486 et juin 1487 occupe toute sa pensée et c'est dans l'enthousiasme qu'il compose ses commentaires des *Ennéades*. Successivement il annonce à ses amis qu'il en a achevé huit, douze, dix-huit et vingt [1]. C'est dire qu'il a retrouvé l'élan des plus beaux jours et avec lui sa gaieté.

Nous en avons un curieux témoignage dans les deux apologues qu'il composa sous le titre *de raptu Margaritae nymphae ab heroe Pico*, quand Pic de la Mirandole, passant à Arezzo, le 10 mai 1486, enleva, dans le plus pur style des héros de cours, l'imprudente épouse de Giuliano Mariotto dei Medici [2]. Il faut dire, qu'entre temps, le retour à Florence du jeune seigneur (mars 1486) avait été pour Ficin un puissant réconfort. Il avait appris avec plaisir que Paris suivait avec intérêt ses travaux, et il en eut bientôt la preuve, puisque quelques mois plus tard Robert Gaguin, faisant route vers Rome, tint à faire halte dans la ville des Médicis, pour y faire visite au maître de l'Académie de Careggi [3]. Beaucoup d'autres parisiens, maîtres ou disciples, devaient d'ailleurs bientôt suivre son exemple, à tel point que Landino rédigeant alors son

---

1. *Id.*, I, 879, 2 : « Plotinus iamdiu quod promiseram latina disputat lingua, quatuor et quinquaginta libris, sed horum insuper commentaria poscit a nobis. Octo iam peregimus Deoque confisi alacriter ad cetera per — gimus ». — 879, 4 : « Nunc in duodecimum commentaria meditor... ». — 880, 4 : « Omnes (Plotini libros) iamdiu latinos effecimus. In decem atque octo commentaria composuimus, reliquos studiose prosequimur ». — 883, 2 : « Aggressus iamdiu sum commentaria in Plotinum a nobis traductum, vigesimum nunc librum explico, quatuor et triginta sunt reliqui ».

2. *Apologus Marsilii Ficini de raptu Margarite nymphe ab heroe Pico.*

« Picus heros ingeniosus et pulcher Mercurio et Venere natus, Margaritam prestanti specie nympham Apollinis Venerisque filiam nuper e manibus hominum pie admodum atque strenue conatur eripere, neque id quidem iniuria. Nymphae enim, ut scis, divina lege heroum coniuges sunt, non hominum. Sed Mars interea legum et felicitatis eversor tam legitimo beatoque coniugio invidens suos repente Demones concitat. Martii Demones crudeli contra ius divinum impetu nympham ab heroe ad hominem inique retorquent. Vulgus autem divinae legis ignarum et Martiam crudelitatem comprobat et pium improbat heroem. Qui Evangelio monitus inventa pretiosa Margarita cui celorum regnum simile iudicatur, ut eam emat caducum erogat thesaurum simul et nomen ». *Sup. Fic.*, I, p. 56.

Une autre apologie adressée à Piero Leone suit la précédente. Ficin de nouveau prend la défense de son ami : « Ego vero severioribus ubique sensoribus ipsum rapine nomen horrentibus haec obicio : Nympham occupatam ab homine et inde rapi volentem recipere vel etiam comprehendere non est rapere, immo a raptoribus liberare... ».

3. Cf. L. Thuasne, *op. cit.*, p. 46.

De vera nobilitate, ne craint pas d'écrire que non seulement l'Académie et le Portique avaient déserté Athènes pour se transporter à Florence, mais que l'Université de Paris elle-même n'avait pas hésité à s'y rendre. [1] C'était peut-être beaucoup dire, mais il n'en est pas moins vrai qu'à cette époque Ficin avait acquis un prestige considérable, qui, au demeurant, contraste singulièrement avec l'indifférence dont Laurent semblait faire preuve à son endroit.

III. Ficin, chanoine « Médicéen ».

Certes il a pu paraître étrange que le Prince ait laissé à Valori la lourde charge d'éditer la traduction de Platon. Mais les soucis du pouvoir et les frais de la guerre avaient pu, jusqu'à un certain point, l'en excuser, et de fait, Ficin lui-même, comme le prouve son élogieuse dédicace, ne lui en tint point rigueur. Il est cependant assez curieux de constater qu'à partir de 1482, nous ne trouvons plus dans la Correspondance de Ficin qu'une seule lettre à l'adresse de Laurent et jusqu'à présent, on n'a pu en retrouver qu'une, qui soit postérieure à cette date. Évidemment il y a lieu d'y ajouter quelques dédicaces et de nombreuses allusions en d'autres lettres, mais ce silence n'en est pas moins inquiétant et on se perd en conjectures sur ce changement de climat dans l'amitié de ces deux hommes qui semblaient si étroitement liés.

Il faut dire que Laurent, absous le 3 décembre 1480, n'avait pas joui longtemps de son triomphe et de la paix pourtant chèrement acquise [2]. Dès le mois de mai 1481, il avait échappé à un nouvel attentat préparé par Frescobaldi et un an plus tard, alors qu'il venait de perdre sa mère, qu'il appelait son « unique refuge » [3], et que déjà la goutte ralentissait son activité, il s'était vu contraint de reprendre les armes pour défendre Ferrare contre les ambitions de l'insatiable Jérôme Riario.

Cette reprise des hostilités lui fut d'autant plus pénible qu'il avait compris la nécessité de renouer d'étroites relations avec la Papauté et que, dans cette perspective, il avait décidé que son

---

1. C. Landino, *de Vera Nobilitate* (*Corsiniano 433*, f. 4 r) : « Tanta erat optimorum ingeniorum atque eruditorum vis, totque eadem de re tamque variae opiniones, tanta denique subtilitate disputatae, ut intra magnificos illos lares, non modo Academiam Lyceumque ac postremum Porticum ipsam Athenis migrasse, sed omnem Parisiensem scholam illuc convenisse putares ».
2. Cf Perrens, *op. cit.*, III, p. 510.
3. Cf. Pieraccini, *op. cit.*, I, p. 63.

second fils, Jean, né le 11 décembre 1475, entrerait dans la cléricature. Marié à une Orsini, il savait les avantages qu'il pouvait obtenir en ayant pour ainsi dire un pied dans l'Église et il rêvait déjà pour son Jean, du chapeau de cardinal qu'il avait autrefois sollicité en vain pour son frère Julien. La guerre ne fut pas longue, mais tant que régnait Sixte IV, Laurent ne pouvait guère que préparer les voies. Il n'y manqua point, ayant dans son beau-frère, archevêque de Florence, un heureux intermédiaire pour arriver à ses fins. Ayant confié l'éducation de son futur cardinal, non à Politien, qui était chargé de Pierre, mais à des maîtres comme Bernardo Michelozzi, Urbano Valeriano, Demetrius Chalcondylas, Grégoire de Spolète, il se livra pour lui à une chasse aux bénéfices à travers l'Europe, qui reste sans exemple. Retenons seulement que le 1er juin 1483, en la chapelle du palais de la Via Larga, Jean ayant reçu la confirmation, fut tonsuré et promu aux ordres mineurs par « l'Ordinaire » de la famille, Gentile dei Becchi, évêque d'Arezzo ; que trois jours plus tard il était nommé protonotaire apostolique, et qu'enfin le 8 novembre il recevait la barette et l'anneau des chanoines de la cathédrale de Florence. Tout cela, pour Laurent, était de fort bon augure, mais la guerre reprit dès les premiers mois de 1484 et nous voyons Ficin rompre le silence pour se plaindre au légat pontifical que Mars régnait aux dépens de Jupiter et pour lui prédire qu'avant deux ans, si les Astres ne le trompaient pas, Jupiter reprendrait sa place [1]. L'occasion à nouveau était belle pour défendre Florence et vanter les Médicis. Mais il ne nomme personne et se contente d'affirmer les droits des religieux dont, disait-il, on extorquait les biens.

Quelques mois plus tard, Sixte IV mourut, et Laurent en éprouva d'autant plus de soulagement qu'il apprit bientôt par son ambassadeur que le nouveau Pontife, Innocent VIII, qu'on lui présentait comme un homme sans culture et sans caractère, se montrait bien disposé à son endroit [2]. Il fallait en profiter et c'est pourquoi, sans trahir ses engagements, on le voit multiplier ses efforts pour faire

1. FICINI *Op.*, I, 861, 2 : « Ego vero arbitror Martem his temporibus quasi Saturni vindicem sibi Iovis regnum usurpavisse, etenim, ut aiunt astronomi, religiosi viri ab Iove significantur atque reguntur. Nam quotidie religiosorum bona ad Martios homines transferuntur... Sane tunc demum cum solus regnabit Iupiter speramus pios homines, ut dixerim, regnaturos. Idque forte ante biennium, nisi nos Astronomica fallit ratio, coniunctio Planetarum magna vel perficiet, vel ut rectius loquar, significabit. »

2. W. ROSCOE, *op. cit.*, II, Appendice XXXIX, p. 393-394. Guido Antonio Vespucci Laurentio Medici : « Essi monstrato huomo piu per esser consigliato, che consigliare altri... di voi la santita sua sente bene e mecho era assai dimestico ».

échouer les intrigues et la guerre qui avaient pour but d'abattre le roi de Naples dont il était l'allié. Ficin, dans cette aventure, devait perdre un ami dont il avait prédit le succès : Jean d'Aragon [1]. Quant à Laurent il trouva le moyen d'assurer son alliance avec le Pape, en mariant une de ses filles, Madalenna, à Franceschetto Cibo, qui était un des enfants que le Pape avait eus avant son entrée dans les ordres. Comme on le voit, il n'était plus alors question pour le maître de Florence, de discuter du Souverain Bien, de mettre en vers sa philosophie ou d'éblouir les dames en de brillantes joutes. « Dès que les hommes s'occupent des affaires publiques, écrivait Ficin, ils abandonnent les lettres ». Mais on peut abandonner les lettres sans abandonner ses amis, surtout quand on les sait victimes de la mauvaise fortune.

Après plus d'une année d'hésitation, Ficin, qui avait dû louer les terres de la cure de Pomino [2] pour faire face à ses besoins les plus urgents, se décida à écrire à son bienfaiteur pour lui faire part de la détresse de ses neveux [3]. En guise de réponse, le Prince demanda à son fils Jean de renoncer à sa prébende de chanoine de la Cathédrale, pour en faire bénéficier Ficin [4]. Le geste était plus spectaculaire que généreux. Ficin y répondit d'ailleurs avec une pointe de malice, soulignant que Laurent donnait volontiers aux autres le bien d'autrui, et qu'il devait lui être bien cher puisqu'il lui attribuait un bien de sa famille [5]. En fait, si la prébende,

---

1. FICINI *Op.*, I, 830, 3 : *Philosophica Principis Institutio.*

2. Salvini cite un contrat du 9 février 1586 dans lequel « Dominus Marsilius olim M. Ficini medici, plebanus S. Bartholommei de Pomino », loue les biens de cette église à Benedetto di Niccolo da Romano. Cf. L. Galeotti, *op. cit.*, p. 45.

3. *Marsilius Ficinus Laurentio Medici patrono suo.* « Sepe que nobis ab aliis eventura sint in astris explorare solemus. Que vero mihi ex te magnanime Laurenti futura sint, non in celo quidem, sed in te ipso multis iam annis diligenter observo. Novi enim sapientem sideribus non esse subiectum... Me quidem, Laurenti, philosophia iubet his que olim abs te accepi contentum vivere. Mihi vero domi nepotes contenti paucis esse non possunt. Vale Kalendis Martii 1486. » *Sup. Fic.*, I, 57.

4. SALVINI, *Catalogo cronologico dei canonici della chiesa metropolitana fiorentina.*
1487. Marsilio di Maestro Diotifeci detto Ficino Medico di Agnolo Ficini, Piovano di S. Bartolommeo a Pomino per rinunzia di Mgr Giovanni poi Leone X de Medici.

5. *Marsilius Ficinus Canonicus Medices Domino Ioanni Medici protonotario S.P.D.*
« Quanto sua cuique cariora sunt quam aliena, tanto ego Laurentio carior sum quam omnes. Ceteris enim aliena dare rogatus rogat Medices. Mihi vero sponte dat sua tanquam maxime suo. Quantum ergo patri tuo sum suus, tantum tibi quoque filio suo sum tuus. Vale, die XVIII Martii 1487. *Sup. Fic.*, I, 57-58.

qui n'était que de quarante florins, était loin de répondre aux besoins de Ficin, il pouvait néanmoins en tirer un bénéfice moral fort appréciable, car effectivement le siège qu'on lui attribuait était depuis longtemps réservé de droit à un Médicis [1]. Il ne pouvait qu'en être flatté, car cette insigne dignité, non seulement récompensait sa fidélité à ses bienfaiteurs, mais consacrait son œuvre et lui assurait dans le clergé florentin une place fort enviable.

Il en remercia le vénérable Chapitre en termes dithyrambiques, assurant chacun de ses membres de son entier dévouement, pour que nul n'ait à regretter de l'avoir accueilli dans un troupeau si distingué [2]. Le jour de sa réception, il prononça du haut de la chaire une homélie sur la charité, qui témoigne hautement de la qualité de sa Foi et de sa vie intérieure [3]. Mais cette nouvelle charge n'allait-elle pas entraver son activité? On pouvait le craindre. Succédant à un chanoine de onze ans, on pourrait croire que le titre qui venait de lui être conféré était purement honorifique, mais nous avons la preuve que, conscient de ses obligations, le nouveau titulaire les remplissait scrupuleusement. En date du 9 décembre 1487 nous le voyons, en effet, dispensé d'assister aux Vêpres du Chapitre parce qu'il prêchait tous les jours à Sainte-Marie des Anges [4]. On peut donc en inférer que chaque jour il se

1. SALVINI. En 1500 la prébende passa à Averardo di Antonio di Giuliano de Medici, en 1506 à Guido Antonio di Giuliano de Medici, etc.

2. *Oratio Marsilii Ficini ad Collegium Canonicorum.* — « Cum sacrum hoc vestrum Collegium, Reverende Antistes et Venerandi patres, admirabundus intueor, videor mihi non tam homines quam tanquam stellas solemque contueri, ut non mirum sit caligare mihi oculos ac linguam faucibus hesitare. Ago igitur vobis utcumque possum gratias, quod tanto collegio hactenus me indignum hodie dignum vestra comprobatio fecerit. Preterea ita in dies pro viribus erga vos me geram, ut neminem vestrum me in hunc egregium pastoris superni gregem accepisse peniteat. Die XXII Martii 1487. » *Sup. Fic.*, I, 58.

3. FICINI *Op.*, I, 881, 2 : *Oratio Marsilii Ficini de charitate, habita in collegio canonicorum Florentinorum ad populum, propositum in tria capita orationem dividens.*

« Attollite portas principes vestras, et elevamini portae aeternales et introibit rex gloria. Attollite aures, elevate mentes, introibit in vos vivum et efficax Dei verbum, una cum verbo Dei charitas ante omnia salutaris, simul cum charitate statim rex gloriae Deus. Deus enim charitas est, et qui manet in charitate in Deo manet et Deus in eo. » Suit le discours en trois points, terminé par un épilogue et une exhortation.

4. Cf. SALVINI. Ex libro partitorum Collegi Canonicorum, die IX Decembris 1487 : « Viso quam laudabile sit praedicare verbum Dei et quantum D. Marsilius Ficinus singulis diebus in ecclesia Angelorum praedicat, et non poterat commode interesse vesperis. Partitum inter eos obtentum per duas partes ipsorum et ultra dederunt licentiam dicto D. Marsilio ut discederet dictis quinque primis Psalmis et admittatur ac si interfuisset usque ad Benedicamus Domino.

rendait au Dôme pour la Messe du Chapitre et l'Office canonial et qu'en raison de sa nouvelle dignité il était appelé à prêcher ici ou là. Ce n'était certes pas une lourde charge, mais sa liberté de mouvement pouvait s'en trouver quelque peu limitée et le temps qu'il réservait à ses travaux, morcelé. Il n'en continua pas moins ses commentaires de Plotin, mais il en fût bientôt distrait sans aucun doute par les vicissitudes de son ami Pic de la Mirandole.

On a peut-être trop tendance à minimiser leurs relations. Assurément si nous n'avions pour en juger que le récit de cette fameuse visite, au cours de laquelle le jeune comte décida Ficin à traduire Plotin, on pourrait supposer qu'il s'agit d'une habile et flatteuse mise en scène. Mais mieux que des mots, il y a des faits et qui ne trompent pas. Cette visite, en effet, ne fut pas sans lendemain. Ficin qui d'ailleurs compte Pic parmi ses « auditeurs » [1], suivait toujours avec intérêt ses travaux et il n'est pas douteux qu'il sut lui-même profiter des maîtres juifs, dont Pic s'était entouré. Lui-même nous rapporte une « dispute » qui eut lieu chez le jeune phénix, en présence de Girolamo Benivieni, et qui le mit aux prises avec Elias del Medigo et Abraham di Mose da Prato sur la question du don de prophétie [2]. Il est même fort possible que Ficin ait suivi l'élaboration des neuf cents *Conclusions*, puisque c'est sur un Coran et un Avicenne qui lui appartenaient que Pic avait travaillé pour les préparer [3]. Au reste, dès qu'il en apprit la publication, il s'empressa de l'en féliciter et lui proposa même en guise d'éloge d'ajouter à ce monument d'érudition une conclusion supplémentaire pour démontrer que toute science est réminiscence

1. FICINI *Op.*, I, 937, 1.
2. *Id.*, I, 873, 2 : *Dominico Benivieni :* « Interfuisti et tu disputationibus quae in aedibus Ioannis Pici Mirandulensis ante alios admirandi, saepe tractatae sunt atque tractantur, ubi Helias et Abraham Hebrei, Medici atque Peripatetici adversus Gulielmum Siculum disserunt, oracula prophetarum ad Iesum minime pertinere ». — Il s'agit sans doute de Guglielmo Raimondo di Moncada, juif sicilien converti, qui longtemps au service de Sixte IV, traduisit de nombreux ouvrages orientaux. Cf. R. STARRABRA, *Guglielmo Raimondo de Moncada, Arch. storico siciliano*, III, 1878, p. 15-91.
3. *Id.*, I, 879, 3 : « Dum alii aliorum gratia te urgerent, ego de mittendo ad nos Mahumete urgere te nolui. Vereor autem ne si diutius extra patriam consenescat, impotens tandem sit ad reditum. Tu igitur ut oportune redeat pro tua humanitate curabis. At si aliquot insuper dies huc sis apud te hospitem retenturus, mitte saltem subito Avicennam, qui permissione divina statim disputat post Mahumetem, haec enim disputatio mihi nunc in primis est necessaria, hanc in Alcorani calce vel paulo post invenies ».
Cette lettre est datée dans le *Plut. XC sup. 43*, VIII Settembris MCCCCLXXXVI, Florentie.
La réponse à cette lettre est publiée dans *Sup. Fic.*, II, p. 272.

« car, dit-il, il est bien évident que soutenir à ton âge aussi facilement et aussi correctement des problèmes si nombreux et si importants est plutôt dû à la réminiscence qu'à la connaissance acquise »[1].
L'audacieuse et téméraire entreprise du jeune comte, on le sait,
devait susciter moins d'enthousiasme à Rome et il n'est pas
douteux que le conflit qui opposa Pic à ses juges fut pour Ficin
un sujet d'inquiétude et même de graves préoccupations.

Dès qu'on apprit à Florence qu'Innocent VIII avait l'intention
de faire comparaître Pic devant un tribunal inquisitorial, qui avait
mission de le juger et de le punir selon les lois canoniques[2], Ficin
mit tout en œuvre pour éviter le pire. L'affaire était d'autant plus
délicate que Laurent de Médicis négociait alors avec le Pape une
alliance qui, dans l'immédiat, devait se traduire par l'obtention
du chapeau de cardinal pour son fils Jean et par le mariage de sa
fille Madeleine avec un des fils naturels du Pape[3]. Pour se défendre Pic écrivit une Apologie et comme il se sentait gravement
menacé il n'hésita pas à la dédier à Laurent qu'il considérait comme
son protecteur[4]. L'hommage était flatteur, mais quelque peu
compromettant et nous avons tout lieu de croire que l'ambassadeur
de Florence à Rome, Lanfredini, se faisait volontiers l'écho, près de
son maître, de tous les mensonges que les ennemis de Pic inven-
taient pour le perdre. Justement inquiet, le comte, pour se justifier, écrivit alors une lettre à son fidèle ami, Robert Salviati, qui
en fit immédiatement part à Ficin. Lequel, à son tour, se chargea
de la communiquer à Laurent. La réponse ne se fit pas attendre :

1. *Id.* 880, 3 : « Legimus quae misisti noningenta problemata, singula
(quod est mirabilius) singularia. Liceat ergo mihi unicum praeter haec palam
proponere defendendum cognitionem scilicet quae scientia dicitur esse
reminiscentiam. Hoc equidem non his tamen non ingentis afferam argumentis, sed toto prorsus tuo ingenio comprobabo. Tot enim et tanta, tam
recte, tam facile, praestare in aetate tam tenera reminiscentis est potius
quam discentis. »
2. Cf. THUASNE, *op. cit.*, p. 58 et suiv. — GARIN, *op. cit.*, p. 30 et suiv.
3. Cf. PERRENS, *op. cit.*, III, p. 486 et PASTOR, *op. cit.*, V, p. 260 et s.
4. *Ioannis Pici Mirandulae Apologia. Ioannes Picus Mirandula Laurentio Medicis.* « Apologiam nostram dicavi tibi, Laurenti Medices, ut illi
non utique (deum testor) visam mihi dignam tanto viro, sed tibi eo iure
debitam quo mea omnia iampridem tibi me debere intelligo. Hoc enim
habeas persuasissimum quicquid ego aut sum, aut sum futurus id tuum
esse Laurenti et futurum semper in posterum... Minus doceo quam vellem
et verba omnino frigidiora haec quam ut satis exprimant quod concipio
in quo amore, qua fide, qua observantia et prosequar et a multis iam annis
fuerint te prosequutus. Moveor cum pluribus in me collatis officiis amantis-
simum animum tuum plane testantibus, tum tuis non tam fortunae quam
animi, iisdem raris immo tibi peculiaribus bonis, quae narrare in praesentia
pudor me non sinit tuus... ».

« Je lui ai exposé à cœur ouvert, écrit Ficin à Pic, le contenu de ta lettre, il m'a écouté de même, et il ressort de notre conversation qu'il n'a envers toi aucune haine, mais de l'amitié » [1].

Malheureusement la querelle chaque jour s'envenimait. Déjà dans cette lettre, il était question de gens qu'on avait jetés en prison et on ne devait pas tarder à apprendre que le Pape avait signé le 4 août une Bulle condamnant les neuf cents thèses [2]. Était-ce la réponse à l'Apologie? On ne saurait le dire, car la date de sa publication demeure incertaine et on ne sait pas exactement quand la Bulle elle-même fut rendue publique. Ce qui est certain, c'est qu'en octobre, Pic était en péril. Ficin nous en informe : « En octobre, rappelle-t-il à Pic, alors que Mercure était aux prises avec Mars, les gens qui ne pensent qu'à la guerre se soulevèrent contre toi et tout un monde dont se moquent les habitants des cieux méditait de vains projets. Pendant ce temps, fort du patronage du magnanime Laurent, nous avons résisté pour que Mercure ne soit pas vaincu sur la terre et je souhaite que Dieu dans l'avenir résiste à nos adversaires et aux médisants » [3]. En fait, Pic avait quitté Rome et le Pape l'ayant déclaré hérétique avait enjoint aux évêques et aux princes, dont le fugitif pouvait traverser les territoires, de s'emparer de sa personne. Il se trouva un comte de Bresse pour exécuter la sentence. Arrêté en Savoie, Pic fut incarcéré au donjon de Vincennes [4]. Mais désormais Laurent avait les mains libres, sa fille venait d'épouser Franceschetto Cibo et Jean avait en fait son chapeau de cardinal. Sans risquer de compromettre ses projets, il pouvait donc prendre ouvertement la défense de Pic. La tâche était d'autant plus facile que l'arrestation du jeune comte avait suscité dans les cours un mouvement de protestation et que Charles VIII, influencé par la Sorbonne et la noblesse, était tout

---

1. C'est du moins ce qui ressort de la réponse de Ficin : FICINI *Op.*, I, 885, 2 : « Robertus Salviatus amicus fidelis et strenuus, hesterno vespere mihi legit epistolam tuam, qua certis argumentis adversariorum istic tuorum maledicta refellis. Convenimus igitur ut haec magnanimo Laurenti recenserem. quo si quid ille prius ex urbe Roma adversariis dictantibus accepisset falsum, convinceretur. Recensui ergo libens atque ille libenter audivit. Unde coniicimus nullum latere in eius animo erga te odium sed amorem... X Augusti 1487 ».
2. Cf. THUASNE, *op. cit.*, p. 69 et suiv.
3. FICINI *Op.*, I, 886, 4 : « Octobre superiore dum Mercurius a Marte combureretur, fremuerunt adversum te Martiae Gentes, et populi meditati sunt inania, quos extemplo derisit qui habitant in excelsis. Nam et nos interim hora Iovis et Veneris magnanimi Laurentii patrocinio freti, ne Mercurius etiam in terris ureretur obstitimus. Obstet Deus precor in posterum adversariis nostris atque maledicis ».
4. Cf. THUASNE, *op. cit.*, p. 71 et suiv.

disposé à protéger son prisonnier. Le mérite de Laurent fut d'apaiser la colère du Pape et il y parvint d'autant plus aisément que le Pontife était assez inquiet des réactions provoquées par sa sentence. Les poursuites furent donc suspendues et Pic, libéré après quelques semaines de détention, fut alors autorisé à vivre à Florence où Laurent se portait garant de sa soumission.

Si nous avions encore besoin de preuves de la part que Ficin dut prendre dans les tractations qui aboutirent en fait à l'absolution sous conditions de son ami, il suffirait de lire les lettres qu'ils échangèrent dès qu'ils purent entrer en contact l'un avec l'autre. Dès le 30 mai 1488, alors que Pic était sur le chemin du retour, Ficin lui écrivait pour lui exposer en particulier les coïncidences astrologiques qui le ramenaient à Florence [1]. « Salve pater platonicæ familiæ » lui répondait le jeune prince et jouant sur les mots *saturnus* et *saturus* pour savoir qui avait pu ainsi les tenir éloignés l'un de l'autre, il concluait : « Quel que soit ce qui t'a séparé de moi, autant dire, qui m'a séparé de moi-même, fais, je t'en prie, qu'à l'avenir il ne sépare plus ce qu'il a autrefois uni et ne crois pas que je puisse jamais me rassasier de toi, qui ès la douceur de ma vie, la joie de mes pensées, le guide de ma conduite et mon maître, car j'ai toujours faim et soif de toi. Porte-toi bien et viens, afin que ton Saturne, c'est-à-dire ton esprit saturé, me sature à mon tour » [2]. De tels textes parlent d'eux-mêmes et prouvent surabondamment que Ficin, faisant pour ainsi dire cause commune avec Pic, avait dû pendant quelques mois poursuivre sa tâche dans l'inquiétude et le trouble. Nous savons cependant qu'à la fin de 1487 il continuait d'exposer la doctrine de Plotin à Sainte-Marie des Anges : « Pendant que de toute mon âme je faisais mon cours public, écrit-il à Pic, Robert Salviati est venu me dire que tu étais

1. FICINI *Op.*, I, 888, 2 : « ...Saturnus qui olim me nascente, suum capite tangebat Aquarium, atque anno post trigesimo in lucem te prodeunte repetebat eundem, huc tendit, ut arbitror Laurentius inter Saturnios praestantissimus et me tuetur et Picum ad Florentem revocat urbem. Et si omne solum forti patria est, hoc tamen praecipue Picum suum Saturniae iubent capessere fortes et iussere iamdiu, cum primum sub coniunctione magna huc habitaturus accessit. Esto felix, Florentinus esto, XXX Maii, MCCCCLXXXVIII Florentiae ».

2. *Id.* 889, 4 : « Salve pater Platonicae familiae. Iam extra omnem controversiam et noxium atque infaustum esse Saturni sydus et te, mi Ficine, et si tuo fortasse bono, meo certo malo Saturnium esse natum... fac quaeso in posterum, ut non seiungat nos, qui nos olim coniunxit, nec te unquam credas ad me Saturum accessurum qui te solatium meae vitae, meae mentis delitias, institutorem morum, disciplinae magistrum et esurio semper et sitio. Vale et veni, ut tuus Saturnus, id est, tuus saturus « νοῦς » me quoque saturum reddat. Junii MCCCCLXXXVIII. »

arrivé sain et sauf à Bologne » [1]. Mais où en était-il de ces Commentaires?

Vers le mois de juin de cette même année 1487 il écrivait à Calderini : « J'ai entrepris depuis longtemps le commentaire de Plotin que j'ai traduit; actuellement j'explique le vingtième livre (III, 2) et il en reste trente-quatre » [2]. Manifestement sa cadence s'était déjà ralentie, puisque nous savons qu'à la fin de 1486 il avait achevé le commentaire des deux premières *Ennéades*. Nous avons invoqué ses inquiétudes, mais elles n'étaient pas seules en cause, et la meilleure preuve que nous en ayons, c'est que même après le retour de Pic à Florence, il n'a pas repris immédiatement ce Commentaire dont pourtant l'achèvement s'imposait.

Le 6 janvier 1489 il écrivait, en effet, à son ami Bandini qu'il avait laissé dans l'ignorance de ses travaux depuis la fin de septembre 1486 : « Je ne t'ai rien écrit depuis longtemps, car depuis que je t'ai adressé ma dernière lettre, pour toi et pour beaucoup d'autres j'ai rédigé de multiples travaux. Plaise à Dieu qu'ils soient aussi bons qu'ils sont nombreux. Donc tu sais que depuis longtemps j'ai traduit tous les livres de Plotin et qu'aussitôt après j'ai entrepris d'en faire le Commentaire. J'étais déjà à la moitié et j'aurais sans doute fini si, pendant que j'étais occupé à cette besogne, je n'avais pas été contraint de traduire le *De demonibus* du platonicien Psellus, le *De somniis* de Synésius, une partie du *De abstinentia* de Porphyre, le *De Ægyptiorum Assyriorumque Theologia* du divin Jamblique et enfin le Commentaire du lydien Priscien sur le *De mente* de Théophraste ». Et il ajoutait : « Filippo Valori, plein de valeur et de grâce et l'homme le plus dévoué à votre roi, a copié le texte de Plotin et les Commentaires, et le manuscrit est royal. Trente-trois cahiers sont déjà achevés » [3]. Ainsi nous voilà fixés.

---

1. *Id.* 886, 4 : « Robertus Salviatus noster nunciat mihi dum publicae lectioni ardenter incumberem, te sospitem pervenisse Bononiam. Gratulor equidem te factum nobis viciniorem, gaudeo te ex iniquorum manibus incolumen evasisse ».

2. *Id.* 883, 2 : « Aggressus iamdiu sum commentaria in Plotinum a nobis traductum, vigesimum nunc librum explico, quatuor et triginta sunt reliqui, per has occupationes mihi peregrinari non licet, alioquin iamdiu Cardinalem patronum nostrum ori salutavissem ».

3. *Id.*, I, 895, 3 : *M. F. Francisco Bandino :* « Nihil iamdiu ad te scribo charissime mi Bandine, quoniam interea et tibi et omnibus multa conscribo. Utinam tam multum bona sint quam multa. Plotini libros omnes iamdiu me fecisse Latinos intellexisti, atque in eos commentaria scribere mox incoepisse, haec ad dimidium iam perduximus, et forsitan absolvissem, nisi inter commentandum coactus fuissem traducere insuper in Latinum Psellum Platonicum de Demonibus et Synesium de Somniis atque ex parte Porphyrium de Abstinentia, ac etiam divinum Iamblicum de Aegyptiorum

Ficin, au terme de la troisième *Ennéade* s'est arrêté et nous savons pourquoi. Nous savons même qu'il n'a pratiquement repris sa tâche qu'au cours de l'été 1489. « Théophraste, Jamblique, Proclus et quelques autres, dit-il, ont interrompu mon Commentaire, désirant eux aussi que de Grèce je les amène en Italie. Mais depuis quelques jours je suis revenu à Plotin pour poursuivre assidument mes commentaires » [1]. C'est donc pendant plus de deux ans qu'il s'est laissé distraire de son projet. On peut le regretter, car en fait, à partir du trentième traité (IV, 3), nous ne trouvons plus, pour ainsi dire, que de brèves analyses, qui témoignent que leur auteur s'était laissé accaparer par une tâche qu'il jugeait plus urgente.

Conscient de ses responsabilités, Ficin s'était fait un devoir de donner aux Latins tous les textes susceptibles de montrer les points de contact de ce qu'il appelait l'antique Théologie avec la pensée chrétienne et c'est dans cette perspective, facile à contrôler, qu'il convient de juger ces nouvelles traductions qui, à première vue, ne s'imposaient pas. Sans doute ses initiatives et ses audaces n'étaient-elles pas sans susciter des doutes ou des critiques et il faut bien avouer qu'avec les traités de Plotin sur la Providence et le hasard, sur les démons et sur les erreurs des Gnostiques, qui, disait-il, s'opposent aussi bien aux chrétiens qu'aux Platoniciens, on entrait dans le vif du sujet. Sur ces thèmes communs, des éclaircissements s'imposaient donc pour maintenir le centre de gravité de la pensée chrétienne et il est certain que Ficin dut répondre à de sérieuses objections de ses lecteurs. C'est ainsi qu'au terme de la première Ennéade nous le voyons, à la demande de Laurent, rédiger une *Summa Marsiliana* [2] pour bien montrer qu'à son sens tout n'est pas soumis à la nécessité. Puis ce sont ses amis Filippo Buonacorsi di San Gemigniano et Braccio Martello, auquel il avait dédié sa *Concordia Mosis et Platonis* [3] qui l'inter-

---

Assyriorumque theologia et denique Priscianum Lydum Theophrasti mentem, de mente diligenter interpretantem, inter haec Philippus Valor, valoris et gratiae plenus, regique vestro omnium deditissimus, Plotini textus commentariaque regi transcribit, volumine regio. Quintertiones iam tres atque triginta grandes sunt absoluti. Vale. Sexto Ianuariii. MCCCCLXXXIX, Florentiae. »

1. FICINI *Op.*, I, 900, 4 : « Nostra in Plotinum commentaria, Theophrastus, Iamblicus, Proculus et alii quidam interpellarunt, affectantes et ipsi per nos e Graecia quandoque in Italiam proficisci ».

2. *Id.*, II, 1679-1681.

3. FICINI *Op.*, I, 865, 3 : Première lettre de Ficin à Callimacho sur le thème : *Quomodo singuli Angelos custodes habent.* — *Sup. Fic.*, II, p. 225-228 : envoi de Callimacho à Ficin de son libelle sur les Démons et FICINI *Op.*, I, 870, 5 : réponse de Ficin à ce libelle.

rogent sur l'épineuse question des démons [1], que Ficin n'avait
pu traiter qu'à grands traits dans ses commentaires du quatrième
et cinquième traité de la troisième *Ennéade*. Or, à ce propos il avait
tout naturellement cité fréquemment Porphyre, Jamblique, Proclus et Synésius. Dès lors, il ne pouvait mieux faire, pour convaincre
ses lecteurs, que de leur proposer de lire eux-mêmes les textes
dont il s'inspirait. Il suffit de se reporter aux lettres qu'il joint à
l'envoi de ces textes pour voir qu'en les traduisant il n'avait pas eu
d'autre but.

Ainsi c'est donc bien pour répondre à un besoin ou à une demande que, délaissant provisoirement ses commentaires de Plotin,
Ficin, infatigable, entreprit un jour à Maiano, chez les Valori, de
traduire d'abord Porphyre « qui, disait-il, permet d'interpréter
l'oracle divin que Plotin avait enveloppé en des termes aussi
concis qu'obscurs » [2]. Puis trop heureux de voir que ces philosophes, ignorés des Latins « confirmaient ce qu'avait dit Origène sur
les démons », il fit un résumé de son traité à l'adresse de Braccio
Martello pour compléter la *Concordia Mosis et Platonis* et pour
lui montrer, par voie de conséquence, que non seulement Platon,
mais les Platoniciens, étaient d'accord avec notre religion [3].

Pour illustrer ce « pluriel » toute une littérature s'offrait effectivement à lui. Après Porphyre vint Psellus. « Tu verras, disait-il en
l'envoyant à Mathias Corvin, qu'il concilie Platon et les Chrétiens
sur la question des démons » [4]. C'est ainsi qu'il fut amené à traduire en quelques mois toute cette littérature néo-platonicienne

---

1. FICINI *Op.*, I, 875, 4 : Lettre à Braccio Martello. La *Concordia Mosis
et Platonis* se trouve dans la Correspondance, I, 866, 2-868, et a été envoyée
au Pape par l'intermédiaire de Sebastiano Baduero et Bernardo Bembo,
ambassadeurs vénitiens.

2. *Id.*, I, 875, 4 - 879 : « Cum superioribus diebus apud Philippum et Nico-
laum Valores in agro Maiano versarer et in quodam ibi secessu naturam
daemonum indagarem, affuit repente Plotinus, divinumque oraculum de
daemonibus nobis effudit, verbis et brevissimis et obscurissimis involutum.
Visum itaque nobis operae pretium accire Porphyrium tum Plotini discipulum, tum perscrutandis daemonibus deditissimum, qui facile daemonicum
sui praeceptoris involucrum nobis evolveret. »

3. *Ibid.* : « Adventavit ergo Porphyrius et per Plotinum suum et per suos
daemones advocatus, aperuit vobis quae praeceptor senserat. Confirmavit
quae Origenes de daemonibus disputaverat. Porphyrius quidem Graecis
nobiscum locutus est verbis, quorum ego summam verbis tibi Latinis inter-
pretabor, hanc tu summam si cum Epistola quam de Mosis Platonisque
concordia tibi dicavi de contemplatione Platonicorum non Plato solum
verum etiam Platonici cum nostra religione consentiant. Vale ».

4. *Id.*, I, 896, 2 : « Praeterea non dedignaberis librum Michaelis Pselli de
daemonibus legere, breviter a me traductum, qui Platonicos Christianis in
daemonum opinione conciliat. »

sur les mystères et les sacrifices, les songes et la magie, sans oublier
le Commentaire de Proclus sur le *Premier Alcibiade*. A première
vue, tous ces traités, relativement courts, n'auraient pas dû le
retenir longtemps, mais les manuscrits dont il disposait étaient si
défectueux, que sa tâche ne s'en trouva pas facilitée. C'est pour
cette raison d'ailleurs que, renonçant au mot à mot, il dut se contenter de donner de Psellus et de Jamblique une traduction très
large [1]. Pour le même motif et bien qu'il en ait amendé l'unique
manuscrit avec Politien, il crut bon d'ajouter un bref commentaire au texte de Priscien sur le *de Mente* de Théophraste [2] et
c'est ainsi que peu à peu, entraîné malgré lui au delà des limites
qu'il s'était fixées, il abandonna les commentaires de Plotin, dont,
au demeurant, quelques obscurités se trouvaient en principe
dissipées par ses nouvelles traductions, dont il y aurait peut-être
intérêt à fixer la chronologie.

Le texte de Priscien pose en effet à la critique un problème assez
délicat, car si, logiquement, il doit illustrer le troisième traité de la
quatrième *Ennéade*, donc le trentième traité de Plotin, Ficin dut
le traduire en dernier lieu. Or, si l'on s'en tient à l'ordre de sa
Correspondance, il semble qu'il fut avec le Psellus un des premiers
qu'il offrit à ses bienfaiteurs.

Sans nul doute Porphyre fut le premier traduit et il semble
bien que ce fut au cours de l'année 1486, puisque l'envoi à Braccio
Martello est de cette même année et logiquement la traduction
du traité de Psellus dut suivre, puisque Ficin dans sa lettre à
Mathias Corvin en tire argument sur la même question. Mais
n'est-ce pas après que Ficin traduisit Priscien? Nous avons de
bonnes raisons de le croire.

1. Ficini *Op.*, I, 896, 2 : « ...librum Michaelis Pselli de daemonibus ...bre-
viter a me traductum ». — II, 1873 : *Argumentum in librum Iamblichi* :
« ...non verba sed sensa traduxi... ». Il renouvelle les mêmes avertissements à
propos du *Synesius* dans une lettre à Alde Manuce. Cf. Kristeller, II,
p. 95 : « Synesium pre ceteris arbitror esse mendosum, non solum exscri-
bentium vel amicorum vitio, sed quia exemplar habui mendarum plenum ».

2. *Id.*, I, 896, 2 : « Leges ergo feliciter Priscianum Lydum Philosophum,
qui et Theophrasti et Aristotelis mentem de sensu et imaginatione et intellectu diligenter interpretatur. Quem equidem non traduxi tantum e Graeco,
sed brevibus etiam notis exposui ».

Id., II, 1801. Dédicace du traité de Priscien à Philippo Valori : « Quamvis
autem Graecum exemplar unicum invenerimus, et id quidem mendosum
atque mutilatum, attamen lege securus, et ita caeteris praebe legendum,
nam emendare hoc atque resarcire diligentissime studui, et Angelus Politianus noster, acerrimo vir iudicio plurimaque doctrina, nostram hanc di-
ligentiam approbavit ».

On peut s'étonner que Ficin ait passé, on serait tenté de dire
perdu, près de trois ans à cette besogne. Mais n'oublions pas que
s'il a terminé sa traduction de Plotin le 17 janvier 1486, il a, avant
le printemps 1489, commenté au moins les trois premières *Ennéades*,
exposé en public la doctrine de Plotin et partagé les graves soucis
de son ami Pic de la Mirandole. On pouvait du moins espérer qu'il
allait dès lors, sans tarder, reprendre sa tâche et la mener à bien.
Il n'en fut rien.

IV. L'AGNEAU DANS LA GUEULE DU LOUP.

« Entre le printemps et l'été (1489), écrit Ficin, j'ai rédigé à
Careggi au milieu des fleurs le livre de médecine *De Vita* [1]. Est-ce
à dire qu'il avait définitivement abandonné Plotin? Non, car en fait
ce *De Vita* n'était primitivement que le commentaire d'un chapitre du troisième livre de la quatrième *Ennéade*. L'adressant le
10 juillet 1489 à Mathias Corvin, Ficin écrit en effet : « Parmi les
livres de Plotin que je destine au grand Laurent de Médicis, il en
est un traitant de la faveur que l'on reçoit du ciel, sur lequel je
viens de composer un commentaire et, avec l'assentiment de
Laurent, j'ai décidé de le détacher des autres pour te le dédier » [2].
Ce fut le *De vita coelitus comparanda*, qu'il devait d'ailleurs revoir
et définitivement achever le 1er août. Mais il ne s'en tint pas là.
Ayant lu sur ces entrefaites le *De retardanda senectute* d'Arnauld de
Villeneuve, il entreprit d'en faire une réplique [3]. Commencée sous
d'heureux auspices astrologiques, cette œuvre, qui devait apprendre à différer ou à retenir la vieillesse, fut achevée en moins de
quinze jours (du 8 au 23 août) [4] et dédiée à Valori sous le titre

1. FICINI *Op.*, I, 909, 2 : « Librum *de Vita* physicum vere et aestate superiore composui inter flores in agro Caregio ».
2. *Id.*, I, 529 : *Proemium in librum III de vita coelitus comparanda, ad
Serenissimum Pannoniae Regem* : « Cum igitur inter Plotini libros magno
Laurentio Medici destinatos in librum Plotini de favore coelitus hauriendo
tractantem, nuper commentarium composuissem, inter caetera in eum
nostra commentaria numeratum. Id quidem seligere nunc Laurentio quidem
ipso probante, atque maiestati tuae potissimum dedicare decrevi ».
3. *Id.*, I, 900, 3 : *M. F. Pico Mirandulano* : « Quo die hinc abisti, libellum
de Vita coelitus comparanda peregi, pridie vero opportune incideram in
quendam Arnaldi librum de retardanda senectute, diu a nobis optatum, sed
scribarum vitio lectu difficilem, difficillimum intellectu. Interea lectionem
urget instantius libelli Dominus, lectio igitur difficilis simul et properantior
de senectute retardanda, retardat adventum ad me tuum... Vale. VIII Augusti MCCCCLXXXIX ».
4. *Id.*, I, 901, 1 : Il annonce dans une lettre à Pic de La Mirandole, datée
du 23 août 1489, qu'il a terminé cet ouvrage.

De vita producenda, pour lui permettre, en prolongeant sa vie, d'être plus longtemps le patron et le protecteur de Platon ressuscité [1]. Enfin, se souvenant qu'il avait autrefois (1482) composé un *De studiorum sanitate tuenda* en marge du commentaire du septième Livre des *Lois* de Platon [2], il le joignit aux deux autres pour en faire un tryptique, auquel il n'eut qu'à ajouter une dédicace à l'adresse de Laurent pour justifier le lien qui unissait ces trois traités : *Vita sana, Vita longa, Vita coelestis*, et c'est ainsi que naquit le *De triplici vita* [3] qui fut un des ouvrages de Ficin les plus appréciés, puisqu'en moins d'un siècle il fut édité au moins vingt-six fois, dont treize fois en France, sans compter les traductions qu'on en fit en italien, en français et en allemand.

Présentant cette œuvre à Laurent il avait écrit : « J'ai composé le *De literatorum valetudine curanda* pensant m'acquitter de ma dette envers mon père, médecin. Après cela les lettrés souhaitaient non seulement bien vivre, mais vivre longtemps. J'ai donc rédigé pour eux le *De vita longa*. Mais en ce domaine si important, ils se méfiaient des médecins et des remèdes terrestres. J'ai donc ajouté le *De vita, tam valida, tam longa coelitus comparanda* pour que du corps vivant du monde lui-même puisse se propager dans notre propre corps, comme dans un membre de ce monde, une vie plus vigoureuse, à l'instar de celle qui se propage de la vigne dans les sarments » [4]. Assurément l'intention était louable, mais le troisième livre surtout ne tarda pas à éveiller des soupçons sur l'orthodoxie de son auteur.

De tout temps, il faut bien le dire, Ficin s'était passionné pour

1. *Id.*, 903, 2 : *Marsilii Ficini Proemium in librum de vita longa. M. F. Philippo Valori :* « Quamobrem, hortor et obsecro te, mi Valor, ut quanta semper opera gloriae Platonicae faves, tanta aliquando diligentia praecepta haec nostra de Vita producenda legas atque serves quibus diu vivens resurgenti nuper disciplinae Platonis diutius una cum magnanimo Laurentio Medici patrocinari possis ». — *Id.*, I, 509.

2. Cf. ci-dessus, p. 462.

3. FICINI *Op.*, I, 493.

4. *Ibid. :* « Iamdiu igitur sub Platone salutarem animorum exercui medicinam, quando post librorum omnium eius interpretationem mox decem atque octo de animorum immortalitate libros et aeterna felicitate composui, ita pro viribus patri meo Medici satisfaciens. Medico vero patri satis deinceps faciendum putans, librum de literatorum valetudine curanda composui. Desiderabant praeterea post haec homines literati non tantum bene quandoque valere, sed etiam bene valentes, diu vivere. His ergo deinde librum de vita longa dedi... Diffidebant autem Medicinis atque remediis in re tanta terrenis. Adiunxi librum de vita, tum valida, tum longa coelitus comparanda ut ex ipso mundi corpore vivo, vita quadam vegetior in corpus vivo, vita quadam mundi membrum, velut ex vite propagaretur ».

l'astrologie et il avait dû, en maintes circonstances, préciser sa position sur cette épineuse question. Il avait même, on s'en souvient, composé une *Disputatio contra judicium astrologorum*[1], mais ce libelle, demeuré dans l'ombre, n'avait pu dissiper les insinuations plus ou moins malveillantes formulées à son endroit. Ayant affirmé que « les astres signifient, mais ne produisent rien », il se croyait à l'aise pour pratiquer et codifier cette magie naturelle qu'il avait définie dans son Commentaire du *Banquet* comme la science des coïncidences que l'on était en droit de rechercher et même de provoquer pour n'avoir pas à les subir. Depuis quelques années il était même en quelque sorte obsédé par ces interférences astrales[2]. On le voit dans ses lettres multiplier les horoscopes et tout interpréter en fonction du thème astrologique. Persuadé du bien-fondé de cette science, il se fait un devoir d'avertir ses amis des jours fastes ou néfastes; certains vont même jusqu'à lui demander conseil avant d'entreprendre une tâche importante. Nous le voyons ainsi, précisément en 1489, décider avec Antoine Benivieni que la première pierre du palais Strozzi devait être posée le 5 août au lever du soleil[3]. Mais tant qu'il se contenta de cultiver lui-même cette science, on ne s'en inquiéta pas outre mesure. Les esprits forts pouvaient en rire et ses confrères ecclésiastiques se montrer indulgents ou hausser les épaules. En exposant ses théories, il aggravait évidemment son cas et c'est alors que ceux qui, à Florence comme à Rome, avaient jugé sévèrement son attitude au moment du procès de Pic, avec lequel il entretenait toujours les meilleures relations, décidèrent d'intervenir, espérant sans doute du même coup ruiner sa piété savante et ses audaces théologiques.

Dès qu'il se sentit sérieusement menacé Ficin fit part de ses inquiétudes à trois de ses amis : Pietro Nero, Pietro Guicciardini et Pietro Soderini, et pour assurer sa défense il leur adressa, le 15 novembre 1489, une Apologie dans laquelle il répondait d'avance avec autant de méthode que de franchise à toutes les accusations que l'on pouvait porter contre lui.

Après avoir salué trois fois et même quatre les trois Pierre au

---

1. Voir ch. VII, p. 379.
2. Cf. en particulier FICINI *Op.*, 871, 3.
Id. Sup. Fic., I, p. 57 : *Epistola ad Laurentium Medicem :* « Sepe que nobis ab aliis eventura sint in astris explorare solemus ».
3. *Sup. Fic.*, II, p. 307 : (LORENZO STROZZI, *Vita di Filippo Strozzi*, ed. Bini Bigazzi, 1851, p. 70) : « Ebbi tal punto (i. e. diem XVI Augusti 1489 quo domus Stroctiana aedificari coepta est) dal sopranominato Benedetto Biliotti e Maestro Niccolo e Maestro Antonio Benivieni medici, el vescovo de Pagagnoti e M. Marsilio, tutti lo approvorono per buono ».

nom prédestiné « puisque c'est sur une pierre que le Christ a fondé
son Église », Ficin posait le problème. La citadelle de Pallas, dit-il,
est attaquée par des « géants impies ». Pour repousser ce « violent
assaut, j'ai décidé de confier à votre citadelle composée de trois
pierres, la vie de trois livres que j'ai composés pour venir en aide
à la vie de chacun... Le titre en est si agréable qu'il en a attiré
beaucoup. Mais dans un si grand nombre la plupart étant des
ignorants, beaucoup vont devenir aussi (je le suppose) méchants.
L'un dira : Est-ce que Marsile n'est pas prêtre? De fait, il l'est.
Alors pourquoi fait-il de la médecine et s'occupe-t-il d'astrologie?
Un autre demandera de même ce qu'il y a de commun entre le
chrétien, la magie et les images. Un troisième enfin, et celui-là
indigne de vivre, refusera la vie au Ciel. Et tous ainsi disposés se
montreront ingrats pour le bienfait que je leur ai accordé et on
n'aura même pas honte de se montrer cruel envers ma charité » [1]...

Pour mieux les vaincre, il faut se partager la besogne. Pietro
Nero répondra donc au premier, Guicciardini au second et Soderini
au troisième et surtout, leur recommande Ficin, « ne rendez pas
invectives pour invectives, mais triomphez de l'amertume de
leur fiel par la douceur de votre miel ». A ceux qui se scandalisent
de voir un prêtre faire de la médecine et de l'astrologie, Nero
n'aura qu'à répondre que les prêtres de l'Antiquité étaient également médecins et astronomes et qu'à nul autre plus qu'à un saint
prêtre il ne convient d'exercer cette charité singulière qui brille
pour le plus grand bien de tous. Il n'y a d'ailleurs pas de devoir
plus beau et qui plus est, de plus nécessaire et de plus envié, que
de travailler à ce que tous les hommes aient une âme saine dans
un corps sain, et comme la médecine est un don du Ciel, il convient
aussi au prêtre d'étudier l'astronomie qui est inséparable de la
médecine. Est-ce que le Christ lui-même n'a pas commandé à ses

---

1. Ficini *Op.* I, 572 : *Marsilii Ficini Florentini Apologia in qua de Medicina, Astrologia, Vita mundi :* « Marsilius Ficinus Florentinus dilectissimis
suis in veritatis studio fratribus, tribus Petris, Nero, Guiciardino, Soderino,
ter quaterque salutem. Rectius modo Tripetro quam tribus Petris fortasse
dixerim... Scitis, ut arbitror, me de vita librum composuisse, in libellos tres
divisum. Quorum primus de vita sana, secundus de vita longa, tertius de
vita coelitus comparanda inscribetur. Igitur esca tituli tam suavis quam-
plurimos alliciet ad gustandum. Sed in numero tanto ignorantes plerique
futuri sunt (ut arbitror) maligni quoque non pauci. Alius ergo dicet : Nonne
Marsilius est sacerdos? Est profecto. Quid igitur sacerdotibus cum medicina? Quid rursum cum Astrologia commercii? Alius item : quid Christiano
cum magia vel imaginibus? Alius autem, et quidem indignus vita, vitam
invidebit coelo. Cuncti denique sic affecti, beneficio in eos nostro ingrati
nimis erunt atque adversus caritatem nostram, qua vitae prosperitatique
publicae pro ingenii facultate consulimus, non pudebit esse crudeles ».

disciples, par conséquent aux prêtres, de guérir toute langueur. Eh! bien, si les paroles ne suffisent pas, qu'ils guérissent par des herbes et par des pierres, et si cela est nécessaire, qu'ils recourent à l'influence céleste. C'est la médecine divine, puisque c'est en suivant leur instinct céleste que les animaux eux-mêmes se soignent et se guérissent. Il est donc certain, conclut Ficin, que Dieu « a permis aux prêtres, à condition de le faire non pour un salaire mais par charité, de chasser les maladies par des remèdes approuvés par le Ciel » [1].

Passant ensuite à ceux qui jugeaient incompatible le caractère du chrétien avec les pratiques de la magie, Ficin dit à Guicciardini : « Réponds à ces esprits curieux que Marsile n'approuve ni la magie, ni les images, mais qu'il se contente d'en rapporter ce qu'en dit Plotin. Qu'ils citent clairement les textes, s'ils les ont lus sans passion ». Néanmoins tout en déclarant qu'il n'a jamais dit un seul mot en faveur de la magie profane fondée sur le culte des démons, il reconnaît qu'il a fait mention de la « magie naturelle » qui, par l'intermédiaire des choses naturelles, capte l'influence bienfaisante des esprits célestes pour assurer aux corps une santé prospère. C'est celle, dit-il, que pratiquaient les Mages qui ont adoré le Christ et leur nom, dans l'Évangile, est synonyme de sage et de prêtre. Il y a donc, en fait, deux genres de magie et autant l'une est vaine et même contraire à notre salut, autant l'autre est nécessaire et elle est liée à la médecine [2].

Et maintenant que doit répondre Soderini aux aveugles et aux superstitieux qui voient la vie se manifester dans les animaux les plus abjects et les herbes les plus courantes et qui ne la voient ni

---

1. *Ibid.*, p. 573 : « Officium vere praestantissimum est procul dubio quod et maxime necessarium, et in primis ab omnibus exoptatum, efficere videlicet, ut hominibus sit mens sana in corpore sano. Id autem ita demum praestare possumus, si coniungimus sacerdotio medicinam. At quoniam medicina sine favore coelesti (quod et Hippocrates Galenusque confitentur, et nos experti sumus) saepius est inanis, saepe etiam noxia, nimirum ad eandem sacerdotis charitatem astronomia pertinet, ad quam attinere diximus medicinam... Et Christus ipse vitae largitor, qui discipulis mandavit, languentes toto orbe curare, sacerdotibus quoque praecipiet, si minus verbis ut illi quondam mederi possint, saltem herbis et lapidibus medeantur... Itaque Deus ipse, qui per coelum animalia quaevis ad medicinas instigat, sacerdotes certe permittit non mercede, inquam, sed charitate medicinis coelitus confirmatis morbos expellere ».

2. *Ibid.* : « Curiosis ingeniis respondeto, magiam vel imagines non probari quidem a Marsilio sed narrari... duo sunt magiae genera. Unum quidem eorum, qui certo quodam cultu daemones sibi conciliant... Alteram vero eorum qui naturales materias opportune causis subiiciunt naturalibus, mira quadam ratione formandas ».

dans le ciel, ni dans le monde? Ce ne sont pas des hommes, ce sont
des *homunciones* que seule l'envie empêche de croire que le tout
« en qui nous vivons, nous nous mouvons et nous sommes à lui-
même la vie ». « C'est une sentence d'Aratus, dit Ficin, mais elle est
aussi dans l'Évangéliste Luc et dans l'Apôtre Paul, et même si
l'on ne veut pas admettre que le monde ait une âme, il faut être
bête comme un âne ou un bœuf pour lui refuser la vie que nous le
voyons répandre dans toutes les créatures [1] ».

Ficin sur tous les points plaidait donc non coupable et bien que
ces arguments aient une certaine valeur, on devine aisément le
sort que Rome ne manquerait pas de leur réserver le jour où ceux
qui avaient jugé Pic de la Mirandole auraient à les examiner. Mais
Ficin cherche avant tout à faire taire des accusateurs et il n'hésite
même pas à battre le rappel de tous ses amis et même de Pic,
l'excommunié, pour assurer sa défense. Si mes arguments ne suffisent pas, semble-t-il dire, en terminant son Apologie, que Nero
s'adresse à Landino, notre Amphion : il amollira les cœurs de
pierre ; que Guichardini demande à Politien, notre Hercule, de lui
prêter main-forte : il brisera d'un coup de massue et brûlera de
ses flammes l'hydre aux cent têtes qui menace nos enfants, et que
Soderini avertisse Pic, notre Phébus et notre frère, que le python
vénéneux est sorti du marais et, tendant son arc, d'un seul trait,
il en tarira le venin [2].

Le mot était aussi dur qu'imprudent. Sans se soucier des conséquences qu'il pouvait avoir, notre prêtre-médecin-astrologue
continua à plaider sa cause, tout en demandant cependant à trois
autres de ses amis qu'il nomme, en jouant sur leur nom « Canisiani »
les bons chiens de l'Académie, de lui assurer la protection du
puissant Salviati, qui avait défendu Pic avec tant de dévouement
et de succès [3].

1. *Ibid.* : « Tolerabitis ne superstitiosos caecosque nescio qui vitam in
animalibus vel abiectissimis, herbisque vilissimis manifestam vident in
coelo, in mundo non vident. Iam vero si homunciones isti vitam minimis
concedunt mundi particulis, quae tandem dementia est, quae invidia nec
nosse, nec velle totum vivere in quo vivimus et movemur et sumus ».

2. *Ibid.* : « Proinde ut pluribus causam nostram patronis agamus, addito,
Petre mi Nere, Amphionem illum nostrum Landinum Christophorum... Tu
vero, Guiciardine charissime compater, ito nunc, ito alacer, Politianum Herculem accersito... Eia mi dulcissime Soderine, surge, age, Picum salutato
Phoebum. Hunc ergo saepe Phoebum appello meum, ille me Dionysium
vicissim atque liberum ».

3. Ficini *Op.*, I, 574-575 : « Marsilius Ficinus dilectissimis in veritatis
veneratione fratribus Bernardo Canisiano, Ioanni Canacio et Amerigo
Cursino salutem. Cum primis hic in verbis venationem quandam instituis-
semus, merito forsan canes statim adhibuimus et cursores ».

Il était si conscient de sa bonne foi qu'il n'hésita pas à faire imprimer l'œuvre incriminée. Elle sortit des presses de Miscomini le 11 décembre et une dizaine de lettres d'envoi aux personnages les plus divers prouvent qu'il ne négligeait rien pour la répandre [1]. Il devait d'ailleurs en offrir une précieuse copie à Laurent de Médicis l'année suivante. Désormais on pouvait donc le juger sur pièces et on ne se gêna pas pour le faire. Dès janvier on sent à travers sa correspondance qu'il est en butte à de sévères critiques. « J'ai besoin, écrit-il, de tout le dévouement de mes amis » [2]. Il ne désarme pas pour autant. A un avocat qui devait plaider sa cause, il écrit que le jour est favorable pour vaincre « les iniques plaisanteries de ses adversaires » [3]. En avril il demande à un péripatéticien de défendre l'Académie : « Dieu lui-même, dit-il, combattra pour la philosophie religieuse et pour la piété. Et si Dieu est avec nous, qui sera contre nous ? » [4] Était-ce un défi ? En tout cas quelques jours plus tard on apprenait que la Curie romaine l'accusait d'hérésie et de magie. Le précédent de Pic n'était pas rassurant. Il est vrai qu'il se savait en sécurité à Florence, mais il ne songea qu'à se disculper.

Une lettre à Laurent témoigne de sa confiance en Dieu, mais il fallait surtout convaincre le Pape [5]. Il en chargea successivement l'ambassadeur de Venise, Ermolao Barbaro, le cardinal Barbo et le cardinal Alexandre, près desquels l'évêque de Volterra et Calde-

---

1. *Sup. Fic.*, I, p. LXIV. Voir lettres d'envoi : 904, 2 - 904, 3 - 905, 1 - 905, 2 - 906, 4 - 908, 2 - 908, 5 - 929, 4 - 935, 3. — Le manuscrit de cette œuvre destiné à Laurent de Médicis est le *Plut. LXXIII-39*. — C'est dans une lettre à Antiquario (906, 4) qu'il nous dit qu'il doit cette édition à Valori.

2. FICINI *Op.* 906, 3 : « Tantum igitur amicorum in rebus meis indigeo diligentia quantum ego in re quidem mea sum negligens, in aliena diligens ».

3. *Id.*, I, 907, 1 : *M. F. Leonardo Jurisconsulto :* « Causam nostram pluribus verbis amicissimo commendare superfluum arbitramur. Supervacuum quoque justo patrono iustam sui clientis causam commendare... Cum igitur non solum apprime doctus sis atque facundus, sed etiam Iovialis, et cras pro nostra causa pugnaturus, Sole feliciter Iovem aspiciente, speramus, si modo ingenii tui nervos intenderis te iniquas adversariorum nostrorum cavillationes expugnatum ».

4. *Id.*, I, 909, 3 : *M. F. Antonio Faventino Peripatetico pariter et Platonico :* « Perge precor, Antoni miles strenue, antiquam Academiam resurgentem, ut iam pridem facis, totis viribus adiuva. Peripateticus miles imo dux platonicos feliciter adiuvabis. Deus ipse pro religiosa philosophia, pro pietate pugnabit. Si ergo Deus pro nobis, quis contra nos ? »

5. La lettre à Laurent (904, 4) a pour titre *De adorando Deo in confessionibus Augustini* ».

rini se faisaient ses interprètes[1]. « Quiconque, écrit-il, la tête
froide et le jugement sain lira mon œuvre, verra clairement dans
quel but sincère, avec quelle pieuse intention et avec quel respect
de la religion, je l'ai composée ». Il avoue son désarroi. « Je ba-
fouille, dit-il à Calderini. Alors toi, raconte, explique, convaincs,
concilie, arrange. Persuade le cardinal de ne pas m'abandonner et,
s'il persévère, je serai sauvé »[2]. L'archevêque de Florence, Rinaldo Orsini, beau-frère de Laurent, alla même jusqu'à Rome et
quelques jours plus tard Ermolao Barbaro, qui s'était fidèlement
acquitté de sa mission, pouvait écrire à Ficin que non seulement
le Pape parlait de lui en termes élogieux, mais souhaitait vivement
le voir[3]. L'affaire était donc classée, mais l'alerte avait été chaude.
Ficin n'en maintint pas moins son point de vue. Nous en avons
une preuve éclatante dans la lettre qu'il adressait le 25 juin à son

---

1. Lettre à Barbaro (910, 2), au cardinal Barbo (911, 1), à Calderini (910,
3), à Soderini (910, 4).
   C'est dans une lettre à F. Soderini, évêque de Volterra, qu'il fait allusion
à la protection du cardinal Alexandre : « Quod igitur amicis nostris tam
libenter patrocineris, gratias tibi magnas ago, sed multo maiores quod
Patronum tuum reverendissimum Cardinalem Aleriensem praestiteris et
mihi patronum. Accepi enim per literas Antonii Calderini nostri antiquum
hunc tuum Dominum, ac nuper meum, adversus calumniatorem quendam
strenue nobis patrocinatum » (910, 4).

2. FICINI *Op.*, I, 910, 3 : *M. F. Antonio Calderino, amico suo officiosissimo :*
« ...Quicumque non perturbata mente, sed iudicio sano nostra legerit, plane
perspiciet, quam syncero consilio, quam pia mente, quanta religionis veneratione conscripserim. Praeterea cognoscent literati omnes, quantum debeant
favere libris nostris literatorum vitae diligentissime consulentibus ».

912, 1 : *M. F. Antonio Calderino quondam sed iam Caliderino :* « Salve cali-
dissime simul et callidissime mi Caliderine. Quanto enim cordis calore nos
amas, tanta res nostras calliditate gubernas. Misisti nuper quidem literas
caloris et elegantiae plenas, iamdiu vero officium praestitisti. En quid
erit precii? Hoc saltem inter Ioves, Apollines, Hercules, Amphiones. Tu
mihi deinceps Mercurius esto. Quanquam et hic nobis extitisti iamdiu. Quod
sane literae ad nostrum Cardinalem nostrae declaraverunt, nuncias, inter-
pretaris, persuades, concilias, expedis. Ergo Mercuri facunde noster, quas
nunc ego balbus nequeo, heroico Patronis nostris ipse gratias age. Persuade praeterea, ne causam deserant, si perseveraverint usque ad finem
salvus ero ». Rappelons que d'après les lettres précédentes, Jupiter représente pour Ficin l'archevêque de Florence, Rinaldo Orsini, Apollon Pic de
la Mirandole, Hercule Politien, Amphion Landino.

3. *Id.*, I, 912, 3 : *Hermolaus Barbarus Venetus Marsilio Ficino Platonico*
(réponse à la lettre 910, 2) : « ...Quod autem rogas, ut quemadmodum tu me
Deo, ita ego te Vicario eius commendem, scito id me non solum fecisse, verum
etiam ex animo diligenter ac saepius fecisse. Atque ut hoc verissimum esse
intelligas, respondit per Laurentium stetisse, quo minus huc te arcesseret.
Multa de te mitissimus Pontifex honorificentissime locutus, in sententia sua
permanet videndi te apud se ».

archevêque pour le remercier de sa démarche : « Le bon pasteur, lui écrit-il, offre son âme pour ses brebis pour les faire paître et les défendre des loups. De même comme Jupiter, tu t'es opposé à Saturne qui déjà nous attaquait avec violence, pour que ton agneau Ficin fut arraché à la gueule des loups voraces » *(agnum tuum Ficinum pie admodum ex voracibus luporum faucibus eruisti)* [1], et il terminait sa lettre, tout astrologique, en souhaitant connaître la date de naissance du pape, son état de santé, l'étoile qui lui était la plus néfaste pour établir à son intention le remède qui pourrait le faire vivre longtemps! [2].

UNE ÉTOILE DANS LE CRÉPUSCULE

Les « loups » ne lui avaient cependant pas fait oublier son Commentaire de Plotin [3]. Dès le mois de juillet, il avait adopté une nouvelle méthode : dorénavant il se contenterait de notes comme celles qu'il avait ajoutées au commentaire de Priscien. Mais il a

1. *Id.*, I, 911, 2 : Gratiarum actio pro patrocinio exhibito nobis a Principe : *M. F. Rainaldo Ursino Archiepiscopo Florentino :* « Salve diu, salve semper Pastor bone, salus ovium. Pastor bonus animam suam ponit pro ovibus suis, ut ea et pascat, et tueatur a lupis. Ita ut nuper agnum tuum Ficinum pie admodum ex voracibus luporum faucibus eruisti et Saturno iam nos graviter invadenti, tu quasi Jupiter est oppositus ».

2. *Ibid. :* « Quoniam vero Vicarius eius summus Pontifex vestra opera nobis aspirare coepit, opto eum non solum aspirare nobis, verum etiam ipsum spirare diu. Itaque si eius genesim intelligerem et corporis habitudinem et a quo morbo medici huic maxime timeant, confectionem vel medicinam aliquam diligenter excogitarem diuturnae vitae atque prosperae valetudini profuturam ».

3. *Id.*, II, 1738 : « Si enim longa similiter argumenta, imo et commentaria seorsumque ab ipsis Plotini capitibus disposita prosequamur et confusa continget interpretatio et opus excrescet immensum. Satis evagati sumus, satis multa iam diximus. Sat igitur erit deinceps breves quasdam annotationes, ut in Theophrasto facimus, Plotini capitibus interserere ».

15 août 1489 à Antonio Faventino (900, 4) : « Redii nuper ad Plotini commentaria in eum prosecuturus assidue ». — à Bembo (907, 3) : « Testis et nuper divinus Plotini de immortalitate liber, in cuius argumento scripsimus hodie que sequuntur ».

10 avril à Uranio (909, 1) : « Plotino extremam manum propredïem imponemus et nunc habebis subito cum primum impressus fuerit ».

29 avril à Mattheo Aretino (909, 2) : « Septem Platonicorum libros magno Laurentio Medici nuper dedi suo arbitrio exscribendos, cum rescripserint habere poteris, neque multo post Plotini libros et commentaria in eos nostra ».

26 juin : *Domino Marco Cardinali* (911, 1) : « Desideras magnum Plotinum videre, venerande pater, quod mihi nuper Antonius Calderinus noster officiose admodum significavit. Vises quidem Plotinum brevi, ut spero, argumentis in eum nostris mox absolutis ».

beau écrire le 15 août 1489 : « Je me suis remis récemment à mon
Plotin », il faudra attendre les premiers jours d'avril 1490 pour savoir
où il en est. Il informe Bembo qu'il commente le traité de l'immortalité de l'âme, c'est-à-dire le septième traité de la quatrième
Ennéade. Puis, le 10 avril, il écrit à Uranio : « Je mettrai sous peu
la dernière main à Plotin et tu l'auras dès qu'il sera imprimé »
promesse qu'il renouvelle le 29 à Matteo Aretino et le 26 juin au
cardinal Barbo, précisant que ses commentaires sont bientôt
finis. Enfin au mois d'août, après avoir écrit à Uranio *Plotino iam
finis imminet*, le 21 il informait son cher ami Pierleone qu'il avait
fini le jour du Sabbat, qui, chez les Juifs, est le jour du repos [1]. Il
faut dire que ses derniers commentaires, qui n'avaient pour but
que d'orienter le lecteur, se réduisaient à de simples schémas.
Visiblement il était pressé d'en finir et peut-être la leçon du *De
vita* l'avait-il rendu prudent, car au terme de son entreprise nous
le voyons, non seulement remercier Dieu de lui avoir permis de
mener à bien une si grande œuvre, mais encore le supplier de donner
la lumière à celui qui lira pieusement ce livre pour qu'il puisse
discerner le vrai du faux et ne jamais, en pensées ou en actes,
s'écarter de la Volonté divine » [2].

L'œuvre fut présentée à Laurent de Médicis le 12 novembre 1490.
Une fois de plus le généreux Valori s'était chargé d'assurer l'exécution du manuscrit [3]. Il ne voulait pas que Plotin pénétrât dans la
nouvelle bibliothèque d'Alexandrie sans être revêtu, comme les
autres Platoniciens, d'un habit royal. En fait la « robe nuptiale »
comme l'appelle Ficin, était d'une richesse sans précédent. Le
Prince en fut si touché que, pour la première fois, nous le voyons
prendre à sa charge l'impression de ce précieux texte. C'était
inattendu, car depuis vingt ans Ficin avait dû recourir à des
amis pour faire copier ou publier ses œuvres qu'il ne manquait
cependant jamais d'offrir au « magnanime » Laurent ! Nous avons

---

1. FICINI *Op.*, 912, 2 : *Martino Uranio* : « Do Georgio hodie quintertiones
epistolarum septem, reliquos qui multi sunt, missurus alias, ac forte brevi,
si tabellarium nactus fuero. Plotino iam finis imminet ».
   Id. 914, 2, à Pierleone : « Cum tandem Saturni die, quem sabath, id est, quietem Hebraei nominant, laboribus in Plotinum meis finem imposuissem ».
2. *Ibid.* : « Gratias tibi agimus. summe Deus. illuminator mentium au-
thorque bonorum, quod nobis praeter meritum ad absolvendum opus tantum
tua gratia vires suppeditasti. Da precor, clementissime Deus, veram lectori
pio prosperitatem, infunde praeterea lumen, quo vera passim discernat a
falsis, ne usquam vel meditando vel agendo ab sua voluntate dissentiat ».
3. *Plut. LXXX*, 10 et 11. On lit à la fin du manuscrit (folio 411) : « Ego
Lucas Marsilii Ficini amanuensis exscripsi hoc opus et finem imposui in
agro Caregio die XII Novembris 1490 ».

dit qu'en certaines circonstances le Prince avait pu avoir des excuses. Son père lui avait laissé un héritage moins brillant que celui qu'il avait lui-même reçu et les multiples conflits dans lesquels il s'était trouvé si souvent entraîné lui avaient coûté fort cher. Mais excuse n'est pas nécessairement raison, et sans que nous ayons aucun motif valable de douter de ses sentiments vis-à-vis de Ficin, on ne peut que regretter qu'il n'ait pas su mieux favoriser son œuvre.

Il est certain en tout cas que depuis quelques mois leurs relations étaient de nouveau plus cordiales. La correspondance de Ficin en témoigne. L'éducation de Pierre et de Jean avait dû les rapprocher et le procès de Pic n'avait pu que fortifier leur amitié. Et puis hélas, Laurent vieillissait et, victime à son tour du mal héréditaire, il n'aspirait plus qu'au repos : « Je ne saurais nier, disait-il, que la carrière dans laquelle j'ai été jeté par la destinée, ne fût pénible et difficile, semée de pièges perfides et de dangers sans cesse renaissants, mais je me console par l'idée d'avoir contribué au bonheur de mon pays qui, désormais, peut rivaliser de gloire et de prospérité avec les États les plus florissants. Je n'ai point négligé les intérêts et l'avancement de ma famille, ayant incessamment devant les yeux l'exemple de mon grand-père Cosme, qui veilla toujours avec une égale sollicitude sur ses intérêts et publics et privés. A présent que j'ai rempli cet objet de tous mes vœux, je pense qu'il peut m'être permis de jouir des douceurs du repos, de partager la gloire de mes concitoyens et de me féliciter de la splendeur du pays qui m'a vu naître » [1]. Ayant assuré la fortune de son fils Jean et laissant peu à peu les rênes du pouvoir dans les mains de Pierre, il pouvait de nouveau reprendre avec ses amis les divins entretiens qui avaient enrichi sa jeunesse [2]. C'est ainsi que nous le trouvons en 1489 présidant un débat entre Ficin, Georgio Benigno et Nicolao de Mirabilibus et il suffit de lire l'admirable lettre qu'il écrivait à Jean sur la grandeur et les obligations de sa charge pour juger du plan spirituel sur lequel il vivait dorénavant [3]. Par ailleurs

1. Cf. Roscoe, *op. cit.*, II, p. 285.
2. Cf. *Sup. Fic.*, II, p. 291. Dans une lettre à Jacopo Antiquario datée d'avril 1492, Politien écrit : « Duobus circiter ter ante obitum mensibus, cum in suo cubiculo sedens (ut solebat) Laurentius, de philosophia et literis nobiscum fabularetur, ac se destinasse diceret reliquam aetatem in iis studiis mecum, et cum Ficino Picoque ipso Mirandula consumere, procul scilicet ab urbe et strepitu ».
3. Ce document du plus haut intérêt fut publié par Roscoe, *op. cit.*, II, Ap. LXI, p. 461-466 et par G. Pieraccini, *op. cit.*. p. 125-126. Il est traduit dans Roscoe, *op. cit.*, II, p. 179-187 et par Pastor, *op. cit.*, V, p. 347-351.

Ficin ne manquait aucune occasion de lui témoigner sa confiance et son dévouement. Un incident pourtant nous montre qu'il n'avait pas toujours à se féliciter de la manière dont il était traité.

Laurent qui avait obtenu du pape Sixte IV en 1472 un droit d'imposition de cinquante mille florins par an et pendant cinq ans sur les biens ecclésiastiques au profit du Studio de Pise, avait à nouveau sollicité ce droit en 1487 du pape Innocent VIII qui le lui avait accordé. Or, inutile de dire que chanoines et prieurs jugeaient sévèrement cette taxe, surtout lorsqu'ils ne disposaient comme Ficin que de maigres ressources [1]. C'est à ce propos qu'il devait exhaler son amertume et sa mauvaise humeur.

La lettre bien que destinée à Laurent, est adressée à son secrétaire, un des frères Dovizi de Bibbiena. L'auteur s'en excuse, « mais il a pour son maître, dit-il, tant de révérence que sa lettre rougit à la pensée de se présenter devant lui ». Elle n'est pas gaie. Et voici que s'exhale sa rancœur : « Partout, écrit Ficin, on a coutume d'assurer un traitement public aux gens de lettres (je ne le critique pas, j'estime même que dans leur pays c'est justice). A Florence des traitements considérables sont ainsi attribués, non seulement aux Florentins, mais même à des étrangers. Or, moi qui suis un *litterosus senex*, je ne postule aucune charge pour recevoir un tel traitement, je n'en mérite d'ailleurs pas tant, mais je serais déjà satisfait si je ne devais pas payer ». Ainsi, non seulement Ficin ne reçoit rien — la preuve en est faite — mais on voudrait encore le contraindre à payer et il s'y refuse. C'est alors qu'il éclate contre ces « percepteurs malhonnêtes ou pour mieux dire ces escrocs » qui viennent lui demander au nom du Studio de Pise les décimes qu'il ne peut pas payer [2]. Décidément la fortune lui est par trop contraire, il espère néanmoins que Laurent intervenant, il pourra travailler en paix.

1. Cf. FABRONI, *Hist. Acad. Pis.*, I, p. 92. — Politien proteste contre ces mêmes taxes. Cf. *Prose volgari...* di A. POLITIANO, ed. I. DE LUNGO, *Florentiae*, 1867, p. 60 et 83.

2. FICINI *Op.*, I, 912, 4 : *M. F. Bernardo Divitio Laurentii Medicis* : « Publica literis stipendia ubique dari solent, ne dixerim et in patria debent, amplissima certe Florentiae dantur et peregrinis et civibus, ego vero literosus senex stipendium literarium ut excipiam nihil postulo, non enim tantum mihi arrogo, sed satis mihi factum fuerit, si non dedero. Recepi me nuper in secessum montis Vecchii, ne frequentes amicorum salutationes, praesens hoc meum cui totus nunc incumbo Dionysiacum opus interpellarent. At vero quod longe molestius est, non interpellant quidem me amici mei, quos iam desidero, sed interturbant quotidie exactores improbi et vexant, ut verius dixerim, extortores, post decimas illas mox studii Pisani nomine, Florentium hominem certe studiosissimum a divino circa Dionysium studio separantes ».

La réponse fut favorable et Ficin en remercie cette fois les deux frères Dovizi, que, pour la circonstance, il nomme Divitio pour chanter sur le ton des psaumes la louange de son bienfaiteur et de ses intermédiaires : *Gloria et divitiae in domo eius et iustitia eius manet in saeculum saeculi* [1]. C'est sans doute en retour qu'il a réuni dans un splendide manuscrit ses œuvres de jeunesse pour les offrir à son bienfaiteur, « afin, disait-il, que tous ses enfants se retrouvent et demeurent chez celui qu'il avait toujours aimé » [2]. Rassemblant également tout ce qu'il avait pu écrire pour assurer la santé du corps et la joie de l'âme, il lui adressait dans le même temps ou du moins lui promettait un ouvrage en sept livres auquel il avait donné, semble-t-il, le titre d'*Homo* [3]. C'est dire dans quel climat fut offert le manuscrit de Plotin et l'on s'étonne moins du geste généreux du Prince. Il était trop tard.

On confia l'œuvre à Miscomini immédiatement, mais elle était considérable. Le 20 juillet 1491 Ficin écrivait que l'impression en serait achevée dans quatre ou cinq mois, puis le 24 novembre, il espère que ce sera pour mars [4]. Hélas, il fallut attendre le 7 mai pour

---

1. *Id.*, I, 913, 3 : *M. F. Bernardo suo, vulgari quidem lingua Dovitio, Latina vero Divitio :* Cette lettre est datée du 25 octobre 1490.

2. *Id.*, I, 916, 2 : *M. F. Laurentio Medici :* « Venerunt ad te iamdiu libri omnes, patrone carissime. Liberi inquam mei quos in iuventute vel aetate paulo maturiore peperi. Veniunt et ad te quotidie quos ipsa etiam senectute parturio. Qui vero mihi quondam adolescenti nati sunt, facti semel vagabundi, eadem adhuc fortuna, ne dixerim temeritate, pererrant, sed hos etiam erroneos nuper revocavi domum, iussique protinus ad te confugere, ut et patronum eundem mei simul omnes agnoscerent, ita demum victuri felicius... XXVII Octobris MCCCCLXXXX. In agro Caregio ».

3. *Id.*, I, 916, 3 : Le contenu de cet ouvrage, que l'on considère d'ordinaire comme un projet, est en fait, comme en témoigne la préface, présenté comme un tout : *Proemium Marsilii Ficini in librum qui inscribitur homo, ad magnanimum Laurentium Medicem :* « Hominem Peripatetici ex anima corporeque componunt. Hominis animam Christiani tradunt, mox genito corpore procreari. Ecce homo noster ad te venit, humanissime Laurenti, ex anima et corpore constitutus. Primo quidem corpus aspicies, ubi tanquam medici de curando corpore disputamus, deinde introspicies animam, ubi quasi theologi animum a cura corporis ad Deum convertimus contemplandum. Ibi sane quinque libellis velut gradibus ad divinam contemplationem ascendimus scala Platonica. Sextus subinde liber ad Deum iam factum hominem, id est ad Christum, una cum Magis, indice stella, ducit. In septimo tandem Apostolus Paulus ad tertium coelum raptus, secum rapit et mentem, penes Deum die septimo quieturam. XXX Octobris MCCCCLXXXX Florentiae ».

4. *Id.*, I, 928, 2 : *M. F. Martino Uranio :* « Recognosco Plotinum interea dum exprimitur a librariis, quatuor posthac aut ad summum quinque mensibus, ut arbitror, erit expressus ».
929, 3 : *M. F. Martino Uranio :* « Plotini librorum impressio proximo huic Martio erit (ut arbitror absoluto) magnifico Medicis Laurentii sumptu, formaque regia ».

en tirer les derniers feuillets et Laurent était mort depuis un mois
(8 avril 1492) [1]. La mort lui avait refusé de voir le premier fruit de
sa générosité envers cet ami près duquel il avait grandi et qu'il
n'avait pas toujours compris.

Si brutal qu'ait été ce nouveau coup de la Fortune, Ficin n'avait
pas désespéré de son œuvre. C'était le troisième Médicis qu'il
portait en terre, mais la dynastie était assurée. Il remit donc la
splendide édition de Plotin entre les mains de Pierre : « Notre
malheureux Platon, lui dit-il, dont la tête jusqu'ici s'était ré-
chauffée à l'ombre si salutaire du Laurier, pose désormais ses pieds
sur la pierre la plus solide. Quant à Plotin, maintenant dans tes
mains, il portera sur ses pieuses épaules le vieux Platon et sous ta
conduite il le rendra à la lumière. *Umbra Lauri... Petra firmissima* » [2]. Ce n'était qu'un espoir. Le laurier était bien mort et la
pierre était fragile !

---

1. *Colophon, Magnifico sumptu Laurentii Medicis patriae servatoris impressit ex archetypo Antonius Miscominus Florentiae Anno
MCCCCLXXXXII Nonis Maii.* — Ficin l'annonce dans une lettre à Giuliano, professeur de théologie de l'ordre de St-François (951, 3).

2. Ficin *Op.*, II, 1538 : *M. F. Magnanimo Petro Medici* : « Itaque nec
Laurentius heros nec heroicus Petrus Laurentii filius ob ea quae nuper
contigerunt, minus posthac felix est iudicandus, nec propterea Plato noster
infortunatus, cuius caput hactenus salutari prorsus umbra Lauri fovebatur,
nunc pedes iam firmissima Petra nituntur. Plotinus denique manibus nunc
tuis apprehensus, seniorem interea Platonem piis humeris substinebit,
teque Duce producet in lucem ».

CHAPITRE IX

ESPOIRS DÉÇUS. ESPÉRANCES COMBLÉES

I. SIGNES DANS LE CIEL.

Marino Zorzi, qui vécut longtemps dans l'entourage des Médicis, rapporte que Laurent, parlant de ses enfants, dit un jour : « J'ai trois fils; un bon, un sage, un fou, le bon, Julien, le sage, Jean, le fou, Pierre à la Grosse Tête » [1]. Boutade ou légende, il faut avouer que le propos répond assez bien au jugement que devait porter l'histoire. Julien fut un fervent humaniste qui, en d'autres temps, aurait certainement rendu d'éminents services aux lettres et aux arts [2]. A la faveur des événements, il devait devenir, à son corps défendant, l'instrument de la politique de son frère Jean, dont la sagesse était surtout synonyme de calcul [3]. Mais au demeurant peu nous importe que le « bon » Julien soit mort duc de Nemours à trente-six ans à l'abbaye de Fiesole (17 mars 1515) sans savoir où était le duché que lui avait donné François Ier, dont il était devenu l'oncle en se mariant à Philiberte de Savoie et dont il avait toujours été « un fidèle et passionné serviteur » [4]; peu nous importe même que le « sage » Jean soit devenu Pape à trente-huit ans (11 mars 1513); ce qui nous intéresse est avant tout de savoir ce qu'il faut

---

1. Cf. SANUTO, *Diari*, XXIV-90, *Relazione di Roma di M. Giorgi*. Cité par G. PIERACCINI, *op. cit.*, p. 183 : Ho tre fioli, un bon, uno savio, un pazo. Il bon Giuliano, il savio Giovanni, il pazo Piero Testagrossa. Le propos est rapporté avec quelques variantes par divers contemporains et en particulier par B. Cerratani (cité par G. PICOTTI, *op. cit.*, 44) qui écrit : Lorenzo usava dire che aveva uno figliolo armigero, questo era Piero, uno buono questo era il chardinale, un savio, questo era Giulano (*Historia fiorentina*, ms. Bib. Naz. Fir. II, III, 74, f. 166 a).

2. Cf. G. PIERACCINI, *op. cit.*, p. 231-246.

3. Cf. W. ROSCOE, *op. cit.*, II, p. 355 — et G. PIERACCINI, *op. cit.*, p. 205-230.

4. Cf. F.-T. PERRENS, *op. cit.*, III, p. 50-51, 56-57.

penser de cette « folie » de Pierre, puisque c'est sur lui que Ficin désormais fondait ses derniers espoirs.

Pour être juste et se mettre d'ailleurs à l'unisson de l'histoire, qui le nomme « Piero il Fatuo », il faudrait dire que Pierre fut plutôt un fat qu'un fou. Élève de Politien il s'était montré de bonne heure plein d'ardeur pour les lettres latines et grecques. Dès le 21 septembre 1478, il n'avait pas encore sept ans, il récitait des vers de Virgile et savait par cœur le premier livre d'un certain Théodore, qui pourrait bien être Théodore de Gaza, dont on étudiait alors les *Introductivae grammaticae libri*[1]. Quelques mois plus tard il écrivait même à son père en latin pour lui donner des nouvelles de toute la famille et les vers qu'il a composés, dans sa jeunesse et pendant son exil, témoignent d'un certain talent[2]. Du point de vue de la culture, on ne saurait donc faire grief à Ficin d'avoir compté sur lui.

Il est vrai qu'en dépit de son application, Politien se demandait si ce brillant élève répondrait aux légitimes aspirations de son père[3]. Mais il avait depuis fait ses preuves. A douze ans, (novembre 1484) il avait été envoyé à Rome, encadré il est vrai par Politien et Bartolomeo Scala, pour féliciter le Pape Innocent VIII, récemment élu. Quatre ans plus tard il représentait son père au mariage de Galeazzo Sforza qui le faisait chevalier, et un mois plus tard il épousait lui-même à Naples Alfonsina Orsini[4]. Le gracieux bambin de la fresque de Ghirlandaio était devenu l'énigmatique jeune homme, que l'on peut voir encore délicatement peint sur l'exemplaire d'Homère qu'on lui avait offert précisément pour ses noces[5]. Ses succès avaient de quoi le griser, mais peut-être disait-on déjà qu'il aimait mieux les demoiselles et la « palla » que les affaires de l'État[6]. En tout cas il est notoire que la suscepti-

---

1. I. DE LUNGO, I *Letterine di un bambino fiorentino*, Firenze 1887, cité par G. PIERACCINI, *op. cit.*, p. 173-174 : « Ho apparato gia molti versi di Virgilio; et so quasi tutto il primo libro di Theodoro a mente, e parmi intenderlo. El maestro mi fa declinare e mi esamina ogni di ».
2. Cf. V. CIAN. *Musa medicea*. Torino, 1895, p. 46 et suiv.
3. Cf. FABRONI. *Laurent. Medic. Vita II*, p. 186. Politien écrivait à Laurent le 6 avril 1479 : « Eum ita instituo, ut iam non verear, quin expectationi de se, quam tu, nimiam concitatam aegre fers, respondeat. »
4. Cf. G. PIERACCINI, *op. cit.*, I, p. 178 et suiv.
5. La fresque de D. Ghirlandaio, exécutée en 1485 dans la chapelle Sassetti, en l'église Santa Trinita à Florence, représente Honorius III approuvant la règle de saint François. A gauche, entre deux membres de la famille Sassetti, Laurent le magnifique et au bas de la fresque, montant de l'étage inférieur, Politien avec Julien, suivi de Pierre et Jean, et derrière eux Matteo Franco et Luigi Pulci. — BIBL. DE NAPLES, *S. Q. XXIII. K. 22.*
6. Cf. NARDI, *op. cit.*, vol. I, p. 21.

bilité des Florentins s'accommodait mal de son allure prétentieuse et de sa désinvolture qui contrastaient étrangement avec la discrétion flatteuse et la finesse avisée de ses aïeux. On comprend dès lors que son père le voyant ainsi gaspiller ses chances et compromettre l'avenir ait pu dire qu'il était fou.

Décevante et regrettable en des temps propices, sa conduite était d'autant plus imprudente qu'à l'époque où son père commençait à l'initier aux affaires publiques, Savonarole, que son zèle et son tempérament rendaient inquiet au point d'être inquiétant, attirait à lui les foules en prêchant la pénitence [1]. Envoyé à Saint-Marc dès 1482, ce frère de saint Dominique, qui n'était alors qu'un médiocre prédicateur, avait su néanmoins intéresser toute une élite en commentant publiquement l'Ancien Testament sur lequel, après saint Paul et les Pères de l'Église, il fondait son christianisme. Éloigné de Florence pendant quelques années, il devait y revenir en 1490 et l'on vit alors se presser à ses instructions sur l'Apocalypse et sur la première Épître de saint Jean, non seulement les habitués des monastères, mais des hommes comme Politien, Pic de la Mirandole, les Benivieni et peut-être même Ficin. Il faut dire qu'entre temps son éloquence, sans jamais sacrifier à l'élégance cicéronienne, avait su se rendre persuasive. Au reste, sa familiarité avec les Prophètes de l'Ancienne Loi, dont le message demeurait pour lui vivant, le portait volontiers à transposer à travers l'histoire, les événements, les promesses et les menaces que trop d'esprits considéraient comme les échos importuns d'un temps à jamais révolu.

Dès lors il suffisait que l'occasion s'offrît à lui pour le persuader qu'il avait une mission à remplir. Il la trouva aisément en se tournant vers Rome où Alexandre VI et les siens multipliaient les scandales et les ruines pour satisfaire leurs passions et leur ambition. Puis voyant qu'à Florence la noblesse n'avait d'autre souci que de maintenir ses privilèges, il se fit le juge de son temps et sans chercher à flatter personne, il faut bien le dire, il jeta l'anathème sur tous ceux qui, par calcul ou par faiblesse, compromettaient ici ou là la mission de l'Église et le bonheur de l'Italie. Or, comme il n'est rien que les hommes apprécient tant que de voir ridiculiser ou d'entendre fustiger ceux qui les gouvernent, le nou-

---

1. Pour l'histoire de Savonarole, cf. P. VILLARI, La *storia di G. Savonarola e de'suoi tempi*, Nuova edizione, Fiorenze, 1930 — G. SCHNITZER, *Savonarola, trad. E. Rutili*, Milan, 1931 — R. RIDOLFI, *Vita di G. Savonarola*, Roma, Belardetti, 1952, ouvrage auquel nous nous référons le plus souvent.

veau prophète, dont beaucoup appréciaient l'intelligence et dont
nul ne suspectait la bonne foi, s'assura bien vite une autorité
incontestable, non seulement sur les mécontents, mais sur tous
ceux qui déploraient sincèrement que ce siècle, qui aurait pu être
un siècle d'or, ne fût, comme le disait Ficin, qu'un siècle de fer [1].
Aussi quand cet homme au regard de feu annonçait que « l'Église
serait réformée, mais qu'auparavant l'Italie serait flagellée »,
beaucoup applaudissaient et les autres s'interrogeaient.

Ficin lui-même, qui si souvent avait parlé de la « fureur prophétique ». ne pouvait que se réjouir du succès de ce moine qui défendait la vraie religion et, fidèle à ses principes platoniciens, il
justifiait même ses dons et son audace par le « souffle divin » qu'une
âme pure et détachée peut recevoir du ciel [2]. Sans doute, comme
beaucoup de ses concitoyens, avait-il regretté que Frère Jérôme,
devenu prieur (juillet 1491), n'ait point fait, selon l'usage, visite
au Prince, qu'il devait même par la suite refuser de recevoir. Sans
doute souffrait-il de l'entendre accuser publiquement Laurent, avec
lequel il aurait pu sans doute travailler utilement au bonheur des
Florentins. Mais Savonarole n'était pas homme à composer avec
ceux qu'il considérait comme les complices de la Bête. A ceux qui
vinrent du Palais pour lui demander de modérer ses propos, il
répondit : « Dites à Laurent de faire pénitence, car Dieu veut le
punir lui et les siens ». Et quand on lui parla de représailles : « Je
n'ai pas peur, dit-il. Je resterai et c'est lui qui partira » [3]. Or, ceci
se passait à la fin de 1491. Quelques mois plus tard Laurent avait
effectivement disparu (8 avril 1492), suivi de près dans la tombe par
le Pape Innocent VIII (25 août), dont l'intraitable censeur avait
également prédit la fin prochaine. De telles coïncidences suffisent
souvent à troubler les âmes les mieux trempées et les incrédules
cessèrent eux-mêmes de plaisanter. Ajoutons à cela que d'étranges
phénomènes avaient, disait-on, marqué les dernières heures et la
mort du Prince. Careggi s'était couvert de feux follets. On avait
entendu des loups hurler dans la campagne. Des comètes et des
étoiles filantes avaient sillonné le ciel de Florence et, chose plus
grave, le dôme de Sainte-Marie de la Fleur avait été frappé par la
foudre dans la nuit du 5 avril et l'on remarqua qu'une pierre dans
sa chute avait brisé l'une des « palle » qui composaient les ar-

---

1. FICINI *Op.*, II, p. 1. *De christiana religione* : Prœmium « Quamdiu
duram et miserabilem hanc ferrei sœculi sortem sustinebimus ». *Id.*, I,
p. 808, 1.
2. *Id.*,I, 612, 2, 615, 3.
3. Cf. R. RIDOLFI, *op. cit.*, I, ch. V et VI. Textes cités, p. 57 et 59.

moiries des Médicis [1]. C'était plus qu'il n'en fallait pour impressionner ce peuple déjà désemparé et il eût fallu, pour apaiser ses craintes, un prince fort habile, fondant toute son autorité sur l'estime de ses sujets.

Mais voyons d'abord comment Ficin, qui toute sa vie s'est efforcé de demeurer au-dessus de la mêlée, a réagi en voyant Laurent « partir » dans ce décor d'apocalypse. Notons tout d'abord qu'il fut lui-même malade en même temps que Laurent, ce qui suffirait à justifier son absence, mais s'il ne put assister aux derniers moments de son bienfaiteur, il ne tarda pas à exprimer ses sentiments sur sa mort, qui devait d'ailleurs le priver du même coup de deux amis, car à peine Laurent avait-il rendu le dernier soupir, que le médecin Pierleone, leur ami commun, se jugeant coupable de n'avoir pu guérir son maître, s'était jeté dans un puits [2]. Il ne cacha point sa peine, mais interprétant prodiges et présages à la lumière de sa philosophie, là où tant d'autres ne voyaient que des motifs d'inquiétude, il sut trouver des raisons d'espérer.

C'est au cardinal Jean, qui était alors à Rome, que Ficin écrivit le premier (15 avril). A vrai dire, il est assez déconcertant de le voir avant tout remercier le jeune prince de l'Église de lui avoir cédé spontanément son bénéfice de Saint-Michel di Monte Marciano près de Montevarchi, en lui disant que le quatrième degré étant, suivant les médecins, le plus grand, il serait son plus grand protecteur puisque depuis Cosme il était le quatrième Médicis auquel il se voyait confié. Mais passons sur cette étrange introduction, puisqu'en fait elle nous amène à ce que nous voulions savoir : « C'est pourquoi, poursuit en effet Ficin, je ne puis ni pleurer sur la mort du magnifique Laurent et sur mon sort, ni déplorer le

---

1. Ces divers phénomènes sont mentionnés par Ficin. Voir POLITIEN, Epist. IV-2. et de nombreux contemporains.
   Cf. AMMIROTO, III, p. 186. MACHIAVEL, *Ist. fior.* VIII *in fine.* — Le lendemain, Savonarole prononçait son fameux sermon ayant pour thème : Ecce gladius Domini super terram cito et velociter. Cf. RIDOLFI, *op. cit.*, I, p. 73-74.

2. FICINI *Op.*, I, 932, 3 : *M. F. Philippo Valori :* « Diuturnus Laurentii Medicis morbus una cum iniquitate temporum (ut arbitror) in causa fuit, ut et ego non leviter aegrotaverim. Sed ex longa infirmitate iam satis belle convalui, videlicet aspirante Deo ».

932, 2 : *M. F. Joanni Pico Mirandulae :* « Ego vero, dilectissime mi Joannes, eo gravius tuo discessu dolui, quod me propter duorum simul amicorum obitum in summo moerore constitutum repente deseruisti, sperantem mihi te solum consolatorem medicumque fore ». — Sur la mort de Pierleone il n'est pas de meilleur témoignage que la lettre de Carlo del Benino, publiée par R. RIDOLFI dans *Studi Savonaroliani.* Firenze Olschki, 1935, p. 265-266.

destin de celui dont tant de signes évidents nous assurent qu'il est parvenu chez les esprits supérieurs » [1]. Ces signes évidemment n'étaient autres que les prodiges dont « presque tout un peuple, disait-il, avait été témoin à Florence à la mort du grand et presque divin Laurent ». Et voici l'interprétation : « Tu as lu, je pense, dans Hésiode, écrit Ficin, que trente mille démons bienfaisants, qui vivent dans l'air le plus pur, s'occupent des choses humaines. Ce sont ceux que les Anciens appelaient les guides et les surveillants des hommes et c'est en leur compagnie que se retrouvent les âmes des princes les plus excellents pour continuer à veiller sur les choses humaines. Les Platoniciens pensent que les démons se réjouissent avec les âmes bienheureuses qui se joignent à eux et c'est pour manifester leur joie que se produisent ces prodiges que les hommes admirent, tonnerre, éclairs, flammes, ruines, oracles, songes, signes qui témoignent de la grandeur de l'âme qui s'en va, de la perte que le monde éprouve et du passage de l'ancienne puissance dans les héritiers » [2]. Ce n'est pas un fait sans précédent. Déjà la mort de Romulus et celle de César avaient été marquées par de semblables phénomènes et si divers qu'ils soient, tous portent en eux, pour ceux qui demeurent ici-bas, une douce consolation et un précieux avertissement.

Dans la lettre à Pierre, qu'il devait ajouter quelques jours plus tard à la traduction de Plotin, il fait allusion à l'étoile tombée sur

---

1. *Id.*, I, 930, 4 (15 avril 1492) : « Cum quartum Medici gradum maximum arbitrentur, tu vero quartus a Cosmo in generosa Medicum familia mihi sis patronus, es procul dubio maximus. Quod quidem hinc plane perspicio, quod non aliena mihi das, sed tua. Tuo iamdiu canonicatu me ornasti. Aede nunc Martiana tibi dono concessa, subito me donasti. Quamobrem obitum magnanimi Laurentii nostri, neque fortunam meam deflere mihi licet, qui deinceps tanto patrono me videam maxime commendatum, neque sortem eius commiserari, quem multis evidentibusque argumentis translatum ad superos esse cognoscimus ». — Cette « aedes Martiana » est sans doute l'église de San Michaele de Monte Marciano, située à cinq kilomètres de Terranuova.

2. *Ibid.* : « Legisti (ut arbitror) apud Hesiodum triginta beneficorum daemonum millia per aerem sublimem humana curare. Quos quidem Prisci rectores hominum exploratoresque cognominant. Praeterea, excellentissimos quosque apud homines principes, post obitum ad rectores eiusmodi commigrare, quasi collegas eorum posthac in humana gubernatione futuros. Animis ergo felicibus illuc advolantibus illos congratulari, Platonici putant. Congratulationes vero signa dare portenta hominibus admiranda, tonitrus, fulmina, flammas, machinarum ruinas, oracula, somnia. Quae quidem prodigia partim maiestatem transmigrantis animae, partim detrimentum orbi populi, partim intercessionem antiquae potestatis in haeredes significare videntur. Idque in Romuli Caesarisque decessu extra controversiam afferunt, contigisse. Quod et nunc in morte Laurentii magni propemodum divi, Florentiae fuit universo ferme populo manifestum... ».

la chapelle des Médicis et aux feux follets de la campagne de Careggi, pour prouver que l'âme de Laurent, détachée de son corps,
n'est pas moins heureuse qu'auparavant. Quant au coup de tonnerre qui avait ébranlé le Dôme, deux jours avant la mort du
Prince, Ficin y voit un avertissement aux Florentins qui allaient
être privés d'un père si grand et aux ennemis des Médicis qui
pouvaient être tentés d'entrer en guerre contre cette famille privée
de son chef [1].

Enfin, dans une longue lettre à son ami Filippo Valori, alors
ambassadeur à Rome, il précise encore sa pensée sur ces prodiges,
qui avaient troublé tant d'esprits : « L'ordre qui préside à ces
phénomènes, écrit-il, nous empêche de les attribuer au hasard et
leur diversité est contraire aux lois de la nature. Force nous est
donc de les attribuer à une divinité quelconque, c'est-à-dire à une
intelligence supérieure, dont la puissance dépasse celle de la nature.
Or, comme on ne saurait atteindre l'intelligence première sans
intermédiaire, les Platoniciens proposent trois divinités hiérar-
chiques : le génie de la personne, c'est-à-dire son démon que les
Théologiens appellent ange gardien, le génie du lieu, qu'ils appellent
Principauté et enfin le chœur des anges dans lequel l'âme se
retrouve comme dans son étoile. Leur puissance répondant à leur
nature, chacune de ces divinités provoque des phénomènes particuliers. C'est ainsi que l'étoile du défunt fait naître le tonnerre, les
éclairs, les flammes et les étoiles filantes, que le génie du lieu ébranle
et détruit les édifices, provoque les oracles et meut les augures et
les auspices et qu'enfin l'ange gardien engendre les songes et fait
aboyer les chiens comme pour écarter les mauvais démons. Dès
lors le sens de ces prodiges ne peut nous échapper. C'est l'ange
gardien de Laurent qui est venu nous avertir qu'il n'était ni mort,
ni abandonné, mais qu'il régnait au milieu des esprits supérieurs.
C'est le génie de Florence qui a voulu souligner l'étendue du
malheur qui la frappait et l'engager à se tenir sur ses gardes et
c'est enfin son étoile qui a tenu à consoler le moribond et les siens

---

1. *Id.*, II, 1538 : *M. F. Magnanimo Petro Medici :* « Sed numquid mortis
causa deinde secutae Laurentium liceat infortunatum existimare? Simulque
Platonis fortunam funditus corruisse? Absit, ut animum illum minus felicem
putem quem e corporis compedibus evolantem, novo quodam applausu
laetus aether exceperit, grandiore stella in Laurentiana tecta cadente,
mirisque flammis ex alto per Caregianos agros triduo coruscantibus. Sed
bidue ante obitum Iupiter rubente dextera sacras iaculatus arces, terruit
urbem, mox orbam tanto patre futuram. Terruit hostes grave nequid forsan
adversus invictam domum Medicam molirentur ».

en les assurant que la faveur céleste continuerait à se répandre sur sa famille [1].

Volontiers le peuple accepta cette interprétation qui consacrait, en quelque sorte, le prestige et la mémoire du Prince qu'il avait aimé et qui, si l'on en croit Politien, était mort comme un saint. Mais l'avenir n'en était pas moins sombre, car beaucoup, sans doute, ne partageaient pas les espérances que Ficin mettait dans le jeune Pierre.

Le crédit qu'il lui accordait n'était cependant pas de pure forme. De tout temps, il s'était intéressé à cet enfant qu'il avait vu grandir autour de lui. Rappelons-nous avec quelle émotion il l'avait reçu, en 1478, alors que la peste le menaçait [2]. Conscient des lourdes charges qui attendaient cet héritier, Ficin s'était félicité de voir

1. *Id.*, I, 931, 3 : à *Philippo Valori* (25 avril 1492) : « Cogitanti mihi prodigiorum causas in excellentium virorum praesertim principum obitu contingentium, primo quidem venit in mentem, haec neque fortuna contingere, habent enim ordinem, neque natura procedere, diversa enim inter se fiunt, ut ad naturalem influxum una quadam procedente via, referri non possint et habent in se mysteria natura prorsus superiora. Deinde succurrit, si portenta eiusmodi neque a fortuna, neque a natura proficiscuntur, a divinitate quadam procul dubio proficisci, id est ab intelligentia quadam sublimi, naturae vires exuperante. Sed ne minima quaeque ad primam mentem absque medio quodam ordine redigamus, videntur haec (ut Platonice loquar) ad tria potissimum numina referenda. Est enim personae genius, daemon familiaris homini, quem Angelum custodem nostri Theologi nominant, est et loci genius, domus, civitatis, regni custos quem cognominant Principatum, est insuper ordo sublimis chorusque numinum, vel daemonum, vel Angelorum, in quorum numerum sortemque per officii similitudinem, excellens animus quasi ad stellam suam migraturus, est in eodem illic officio quasi collega futurus. Quemadmodum ergo tres prodigiorum authores sunt, ita et tria videntur genera portentorum. Sublimis quidem ille chorus crinitus accendit, tonitrus ciet, fulgura iaculatur et flammas stellasque cadentes. Praefectum provinciae numen, quatit diruitque machinas, oracula fundit, auguria et auspicia novet, aestus designat. Custos vero familiaris somnia omniaque excitat, canumque latratus quasi malum daemonium illinc arcentes. Finem praeterea desideraturus mihi videris, huius haec gratia fiant. Prima quidem illa significant excellentissimos non exstingui, non negligi, sed post obitum regnare cum superis. Secunda, calamitatem populi, tanto viro destituti praenunciant et cavere imminentia subinde monent. Tertia et virum admonent moribundum et suis indicant caelestem favorem illo quidem moriente non mori, sed familiae suae post illum aspiraturum... ».
Bien qu'il ne soit pas fait mention de la mort de Laurent dans cette lettre, sa date suffit à en fixer l'objet. Au surplus, un des manuscrits qui la contient (Munich — *Clm 10781*) ajoute : « Hec omnia prodigiorum genera nuper in obitu magni Laurentii Medicis patriae servatoris Florentie contigerunt. Quamobrem orba parente suo patria mesta gemit horretque prodigia... » XXV Aprilis MCCCCLXXXXII in agro Careggio. *Sup. Fic.*, I, p. 36.
2. *Id.*, I, 799, 3 : Texte cité p. 446, n. 1.

Gentile dei Becchi, évêque d'Arezzo, chargé de son éducation et la
lettre qu'il écrivit à cette occasion pourrait servir de Préface à
un traité sur l'éducation des princes [1]. Le 14 avril 1489, il lui avait
dédié avons-nous dit, sa traduction du *De Somniis* de Synésius et
du *De Daemonibus* de Psellus et à cette occasion avait vanté sa
science singulière et son autorité reconnue par tous [2]. Précisons
toutefois qu'il s'agissait d'un éloge et que, eu l'occurence, l'autorité dont il était question, ne s'appliquait qu'au domaine des
lettres. C'était avant tout à l'élève de Politien que Ficin demandait
« d'approuver » ses traductions et ceci, en éclairant d'un jour nouveau la physionomie de Pierre, pourrait suffire à justifier l'opti-
misme dont Ficin faisait preuve au moment même où tant d'autres,
qui d'ailleurs voyaient plus juste, semblaient désespérer de la
fortune des Médicis.

« Privée de son père, dit-il, la Patrie affligée se lamente et s'effraie
des prodiges, dont elle est témoin, mais la vertu héroïque de
l'Hercule, Pierre de Médicis, la console » [3]. C'était assurément
beaucoup dire, car s'il est vrai que « ce grand et vigoureux adolescent, large d'épaules et de poitrine, était plus ardent que quiconque à la paume, aux joutes, aux chevauchées... et qu'il savait
composer en langue vulgaire et improviser des vers » [4], Florence
attendait autre chose de lui. Pour convaincre ses amis des mérites
ou du moins de la valeur du jeune Prince, Ficin devait en fournir
des preuves ou dire, à défaut, sur quoi se fondaient ses espérances.
Honnêtement, certains diront peut-être naïvement, il nous donne
ses raisons, qui, il faut le reconnaître, reposent sur sa foi et sur sa
philosophie.

Rappelant avec Homère et Platon comment dans toute vie les
biens se mélangent aux maux, il écrit, en effet, à Valori : « Dieu,

---

1. *Id.*, I, 833, 3 : « ...Dici non posset quantum probem Laurentium Medicem Petrum primogenitum suum Gentilis magistri quondam sui disciplinae
dedicavisse. Spero enim puerum istum educatione eius modi, senem brevi
vel in ipsa pueritia evasurum ».

2. *Id.*, I, 898, 3 : déjà cité p. 492, n. 1.

3. A la suite de la lettre à Valori citée ci-dessus, le manuscrit de Munich
Clm 10781 ajoute : « Quamobrem orba parente suo patria mesta gemit
horretque prodigia. Sed hanc interim Herculei viri Petri Medicis virtus
heroica consolatur ».

4. Cf. NARDI, *op. cit.*, p. 21 : « ...Aveva anche il detto Piero fatto non
pauco profitto nelle lettere latine e greche sotto la disciplina di messer Agnolo
Poliziano : dilettavasi di comporre nella nostra lingua volgare, ed era tanto
studioso e inclinato a dire improvvisamente in rima ». — G. NERI, *Istoria
degli scrittori fiorentini*, Ferrare, 1732, dit même : « tradusse dal greco nel
latino idioma alcuni opuscoli di Plutarco e specialmente dell'Amore coniu-
gale ».

a permis que chez les Médicis les infirmités du corps soient compensées par les dons de l'âme, manifestant ainsi qu'il les traitait comme ses fils. Bien plus, renouvelant avec eux l'alliance qu'il avait autrefois conclue avec Abraham, il bénit ceux qui le bénissent et c'est au moment où ils semblent devoir disparaître qu'ils se redressent encore plus grands » [1]. Certes la mort de Laurent est un grand malheur, mais Ficin s'en console, « car, dit-il, le plus grand miracle qui ait suivi cette mort et qui ne doit pas passer inaperçu, c'est que l'âme de Laurent, *ut pythagorice loquar* est passée tout entière dans le corps de son fils Pierre. Cela est si vrai qu'en vérité il peut dire comme le Christ : *Qui videt me, videt et patrem. Omnia enim sua iam mihi tradita sunt a patre meo.* Il n'y a donc qu'à le suivre et ceux qui ont pleuré Laurent doivent maintenant, avec le même cœur, se réjouir de le voir ainsi ressuscité [2].

---

1. Lettre à Valori, tirée du manuscrit de Munich *Clm 10781* f. 64 v : Sortes humane vite et cura Dei erga Medices. *Marsilius Ficinus Philippo Valori Oratori Florentino* s. « Antiqui poete duo apud Iovem dolia fingunt, alterum quidem bonorum plenum, alterum vero malorum. Nascenti cuique Iovem sortes utrasque miscere. Quod et in decimo de Republica Plato confirmat. Bona vero et mala ad animum et ad corpus pertinent et fortunam. Itaque generoso Medicum familie bona quidem animi atque fortune celitus firmissima dantur, corporis autem nonnumquam infirmiora. Hanc autem infirmitatem mira Deus reliquorum bonorum firmitate compensat : In qua quidem dispensatione Medices indicat tanquam filios. Siquidem parentum more corpus verberat, animum vero colit augetque fortunam. Sed ab inimicis verberari non patitur disperditque tangentes, ut cum hac quemadmodum cum Abrae familia pacta fecisse Deus omnipotens videatur. Benedicam benedicentibus tibi. Sepe igitur dum deici videntur e summo, altiores inde resurgunt, ut non tam fortune subici videantur quam imperare, ita videlicet adiuvante virtute, ita prorsus volente Deo. XXVIII Aprilis 1492 in agro Caregio ». — *Sup. Fic.*, I, p. 62-63. Cf. Citations — *Iliade*, XXIV, 527 et suiv. — *Republ.*, X, 618 a et suiv. — *Gen.*, XII, 3.

2. *Ibid.* : *Laudes Petri Medicis* — *Marsilius Ficinus Philippo Valori Oratori Florentino* s. : « Ostentorum causa verbis quam potui paucissimis philosophico ut semper soleo more perstrinxi. Ipsa vero prodigia obitumque Laurentianum Politianus noster latius elegantiusque descripsit. Sed unum hoc a nobis pretermissum nolim, miraculum sane maximum atque notissimum, quod Laurentii ipsius anima vel, ut Pythagorice loquar, in Petri filii sui corpus penitus se transfudit vel, ut dicam divinius, sicut stella quevis celum suum sedemque non deserens ipso radiorum iactu terrenis aspirat, sic heros ille filium suum celitus afflat sibique prorsus ita conformat, ut patrem totum agnoscas in filio. Quod quidem Laurentiana in Petro sensa, inventa, consilia, responsa, verba, gestus quin etiam vultusque declarant, ut non tam referre parentem quam agere videtur, unde palam dicere possit : Qui videt me, videt et patrem. Omnia enim sua iam mihi tradita sunt a patre meo. Hinc sane iam effectum est, ut omnes ab ore Petri pendeant, hunc procul dubio colant et admirentur atque venerentur. Hec ideo tibi significavi, mi Valor, ut quantum iam pridem moriente Laurentio doluisti, tantum nunc gaudeas resurgente. XXVI Iunii MCCCCLXXXXII ». Cette lettre se trouve

Mieux que les dédicaces que seuls les biographes de Ficin ont invoquées jusqu'à présent pour établir les relations de Pierre et de Ficin, ces lettres à Valori, qu'un seul manuscrit nous révèle, montrent bien que notre auteur, fidèle à la mission qu'il s'était vu confier et qu'il n'estimait pas achevée, comptait sur l'arrière-petit-fils de Cosme pour assurer le succès du Platonisme. Ce n'est pas nécessairement pour mériter ses faveurs qu'il le nommait le disciple de Phébus et le patron des Muses et s'il posait sur lui « comme sur la pierre la plus solide » son Platon et son Plotin, à n'en pas douter, c'est qu'il était persuadé qu'il méritait un tel honneur et il faut avouer que dans ce domaine le peu que nous savons de la conduite de Pierre suffit à démontrer qu'il n'en fut pas indigne.

Sans attendre que l'impression de son Plotin fut achevée, Ficin avait immédiatement entrepris de compléter son œuvre par une nouvelle traduction. « Le Ciel ne se repose pas, disait-il, ou du moins il trouve son repos dans son mouvement ». Après avoir un instant songé à poursuivre son Commentaire du *Philèbe*, il préféra « amener de Grèce en Italie », c'est à-dire traduire un auteur dont il s'était sans cesse inspiré et dont l'œuvre lui semblait l'expression la plus pure de la doctrine platonicienne : Denys l'Aréopagite [1].

C'est dans une lettre à Pierleone, que l'on peut dater du printemps 1491, qu'il fait allusion pour la première fois à cette traduction entreprise depuis quelques mois : Tu me demandes, écrit-il, de quoi je travaille en ce moment : je reprends les œuvres de Denys l'Aréopagite que j'avais abordées l'été dernier aussitôt après avoir achevé les commentaires de Plotin. Denys, que je n'hésite pas à qualifier le plus grand des platoniciens, restait seul chez moi

---

dans le manuscrit à la suite de la lettre 932, 3. Cf. *Sup. Fic.*, I, p. 63-64. Citations — POLITIEN. *Epist.*, Liv. IV, 2. — *Evang. St-Jean* XIV, 9 — *St-Matthieu*, XI, 27.

1. Le seul manuscrit que nous ayons de ce texte est à la Bibliothèque Nationale de Paris *(Paris lat. 2613)*. Le fait que la dédicace de cette traduction est adressée à Jean de Médicis, Cardinal, ne constitue pas une preuve qu'elle est postérieure à 1492, car ce n'est pas, comme le dit M. KRISTELLER *(Sup. Fic.*, I, CXVI) en 1492 que Jean reçut les insignes cardinalices, mais le 11 mai 1489 (cf. PICOTTI, *op. cit.*, p. 197-206. App. XVI-XVII). — Par contre la date de 1492, que nous trouvons dans la première édition de cette œuvre imprimée à Florence chez Francisco Veneto, ne peut se rapporter qu'à la dédicace, car il semble bien que l'œuvre elle-même n'ait été imprimée qu'en 1496 ou 1497, puisqu'à la suite des *Commentaria in Platonem* imprimés chez ce même Veneto — à la date du 11 décembre 1496 — nous lisons : « Nunc autem seorsum hic imprimitur Dionysius de mystica theologica divinisque nominibus ».

(à traduire). Suivant la méthode que j'ai suivie pour Platon et
Plotin, je m'efforce donc de le traduire et de l'interpréter brièvement, c'est-à-dire, dans le sens platonicien. J'ai déjà achevé le
de mystica Theologia et je continue avec le *de divinis Nominibus* [1].
L'œuvre de ce soi disant disciple de St-Paul était évidemment
beaucoup plus connue que tout ce que Ficin avait auparavant
traduit. Le Moyen Age l'avait lue et commentée. Chaque école
avait même eu pour ainsi dire son traducteur : Hilduin en 835,
Jean Sarrazin en 1107 et Robert Grosseteste en 1235. Bien plus,
les humanistes florentins eux-mêmes avaient eu déjà le leur en la
personne d'Ambrogio Traversari. C'est, en effet, en 1431, que le
général des Camaldules, cédant aux sollicitations de ses amis, avait
entrepris ce travail que pendant longtemps il avait jugé au-dessus
de ses forces [2]. En fait, il dut plusieurs fois reprendre ce texte
obscur et concis, mais ses efforts furent récompensés. Le Pape
Nicolas V disait que cette traduction était si adéquate, que ce
texte seul se comprenait mieux que tous les autres avec leurs commentaires sans fin [3]. Elle devait effectivement connaître un légitime succès : le nombre des manuscrits en témoigne et il n'est pas
indifférent de rappeler que lorsque Lefèvre d'Étaples entreprit de
publier en 1499 l'œuvre du Pseudo-Aréopagite, il choisit cette
traduction à laquelle Voigt lui-même rend hommage [4]. Ficin
évidemment ne pouvait pas ne pas le connaître, mais quand on
sait que Lefèvre d'Étaples ne publia ce texte qu'après l'avoir revu
sur le manuscrit de Saint-Denis, on est moins surpris du surcroît
de besogne que Ficin crut bon de s'imposer. Il avait sans doute un
meilleur texte que Traversari et en tout cas, connaissant mieux

---

1. FICINI *Op.*, I, 920, 3 : *M. F. Pierleono :* « Quod autem rogas quid in
praesentia moliar : Dionysii Areopagitae scripta relego, haec aggressus
aestate superiore. Cum primum commentariis Plotino finem imposuissem,
Dionysius mihi solus supererat declarandus Platonicorum proculdubio
summus. Hunc igitur eodem ordine, quo Platonem atque Plotinum et trans-
ferre, et summatim interpretari conamur, Platonica videlicet ratione.
Librum eius de mystica theologia iam absolvimus. Nomina nunc divina
prosequamur ».

2. Cf. A. DINI TRAVERSARI, *op. cit.*, p. 135-137.

3. Cf. VESPASIANO DA BISTICCI, *Vita di Nicola V*, edit. cit., p. 40. « Eranvi
prima piu traduzioni tutte barbare. Udii da Papa Niccolo V, che questa
traduzione era cosi degna, che la s'intendeva meglio in questo testo semplice,
che non s'e intendevano le altre, con infiniti comenti ».

4. *Theologia vivificans. Cibus solidus. Dionysii celestis hierarchia. Eccle-
siastica hierarchia. Divina nomina. Mystica theologia...* — Colophon : In
alma Parhisiorum schola per ... et Wolfgangum Hopylium artis formularie
socios. Anno ab incarnatione eiusdem domini nostri Jhesu Christi 1498 die
sexta Februarii.

Platon et Plotin, il pouvait prétendre en donner une traduction plus fidèle.

Commencée au cours de l'été 1490, la traduction de la *Théologie mystique* fut certainement achevée dès la fin de l'année, comme en témoigne la lettre à Pierleone [1]. Il ne s'agissait en fait que de quelques pages, qui, compte tenu du commentaire, n'avaient pu la retenir qu'un mois ou deux. En revanche il lui fallut plus d'une année pour mener à bien la traduction et le commentaire du traité *des Noms divins*. Sans doute s'agissait-il d'un texte plus long et surtout plus dense, mais n'oublions pas surtout qu'en cette année 1491 Ficin avait à surveiller l'impression de sa traduction de Plotin, confiée en janvier à Miscomini. Lui-même écrivait le 20 juillet : « Je poursuis la traduction *des Noms divins* de Denys. Entre temps je revise Plotin dès que les imprimeurs le composent » [2]. Puis le 23 novembre il espère que l'impression sera achevée en mars, mais Laurent lui ayant promis de faire rééditer sa traduction de Platon d'une manière aussi royale que celle de Plotin, il ajoute à ce propos : « Je veillerai de toutes mes forces à ce que cette édition soit plus correcte que la première. Je veux en outre diviser chaque dialogue en chapitres et en paragraphes et leur donner un titre approprié » et il conclut : « De ce fait, les livres de Denys que j'ai commencé de traduire depuis quelque temps seront achevés plus tard » [3].

Déjà pourtant une seconde édition de la traduction de Platon, suivie de la *Théologie platonicienne*, avait été imprimée à Venise

---

1. FICINI *Op.*, I, 920, 3 : « Librum eius de mystica theologia iam absolvimus. Nomina nunc divina prosequamur ». — La date (1490) est confirmée par une lettre à Bernardo Dovizi (913, 1) dans laquelle il est dit : « Recepi me nuper in secessum montis Vecchii, ne frequentes amicorum salutationes, praesens hoc meum cui totus nunc incumbo Dionysiacum opus interpellarent ». Cette lettre doit être de septembre 1490.

2. *Id.*, I, 928, 2 : *M. F. Martino Uranio :* « Prosequor ut iampridem scripsi divina Dionysii nomina. Recognosco Plotinum interea dum exprimitur a librariis ».

3. *Id.*, I, 918, 3 : Laurentius Platonis libros formis exprimere iussit... », 20 janvier 1491.

929, 3 : *Martino Uranio :* « ...Plotini librorum impressio proximo huic (= hinc) Martio erit, ut arbitror, absoluta, magnifico Medicis Laurentii sumptu formaque regia. Constituit mox quoque Platonis nostri libros eadem exprimi dignitate. Ego vero curabo pro viribus emendatior sit expressio secundo (= secunda) quam prima. Praeterea libros singulos in capita multa capitulaque distinguam et inscriptionibus quam certissimis tanquam formulis declarabo... Dionysii libri iamdiu vobis incepti propter occupationem eiusmodi aliquanto tardius absolventur. Vale. XXIV Novemb. MCCCCXCI, Florentiae ».

et l'on pouvait croire que Ficin avait surveillé cette réédition puisque l'éditeur avait ajouté à la dernière page : *proprii auctoris correctionibus accuratissime castigata* [1]. Mais ce n'était là sans doute qu'une formule, destinée à séduire le lecteur. Assurément Ficin avait été informé de ce projet puisque, dans sa lettre du 20 juillet citée plus haut, il y fait allusion. Mais il semble bien que ce soit avant tout pour dégager sa responsabilité : « En ce moment à Venise, écrit-il, on imprime à nouveau et, dit-on, avec plus de soin, les livres de Platon et la Théologie » [2]. Ce « dit-on » à lui seul prouve bien que ce travail se faisait sans que Ficin puisse le contrôler. Mais en fait l'éditeur n'avait qu'à se reporter aux nombreuses pages d'errata de l'édition précédente du Platon et de la Théologie pour que la sienne soit plus correcte. Et, comme ces centaines de corrections ou d'additions avaient été certainement faites par Ficin lui-même, l'éditeur pouvait à la rigueur, sans tromper personne, affirmer que son *Divus Plato*, car tel était le titre de l'ouvrage, avait été « soigneusement corrigé par l'auteur ». De fait cette édition est certainement supérieure à la précédente, mais Ficin qui corrigeait alors les épreuves de son Plotin, qui est sans conteste un des plus beaux incunables de l'époque, dut être profondément déçu, quand il eut sous les yeux cette édition de Venise, imprimée sur deux étroites colonnes et dont les caractères gothiques semblaient déjà d'un autre âge. Il ne l'avait sans doute pas encore vue quand il écrivait à Uranio à la fin de novembre, mais l'eût-il vue, qu'il n'aurait certainement pas renoncé au projet de l'édition « royale » promise par Laurent. Nous en avons la preuve, non seulement parce que Ficin nous dit que Pierre de Médicis l'avait assuré de favoriser Platon ressuscité [3], ce qui ne s'applique pas nécessairement à la réédition de sa traduction, mais parce qu'il a précisé, dans une dédicace, qui nous ouvre d'ailleurs de nouveaux horizons sur son activité, comment il entendait améliorer cette édition.

Dédiant au jeune prince un essai intitulé *de Sole* il écrit : « Je poursuis actuellement une nouvelle interprétation de Platon com-

1. *Divus Plato* (traduction de Platon). A la suite de cette traduction est imprimée la « Theologia Platonica », Colophon : « explicit Theologia Marsilii Ficini Florentini de animorum immortalitate proprii auctoris correctionibus accuratissime castigata ». Impressum Venetiis per Bernardinum de Lhoris de Cremona et Simonem de Luero, impensis Andree Toresani de Asula. 13 Augusti MCCCCXCI.

2. FICINI *Op.*, I, 928, 2 : « Venetiis quotidie Platonis Theologiaeque libri iterum et, ut aiunt, diligentius imprimuntur ».

3. *Id.*, I, 948, 2 : Magnus ille patronus noster Petrus Medices spem nobis firmam dedit se resurgenti Platoni rursus aspiraturum ».

nencée sous tes auspices depuis quelque temps et pour ne rien te
cacher, suivant le besoin, je la rends plus claire par de nombreuses
divisions en chapitres et par des commentaires plus étendus. Or
récemment, comme j'arrivais à ce mystère où Platon compare
avec beaucoup d'art le Soleil à Dieu lui-même, il m'a paru souhai-
able d'expliquer un peu plus longuement une question si importante et cela d'autant plus que notre Denys, que je commente
actuellement, expose la même comparaison avec complaisance » [1].
Cette dédicace n'est pas datée, mais outre qu'il y est question du
commentaire inachevé du pseudo-Denys, dédié au cours de l'année
1492, nous avons un ensemble de textes nous permettant, non
seulement de suivre la genèse de ce traité, mais de juger qu'en
ces années 1491-1492, Ficin, qui pourtant nous a dit qu'il avait été
malade aussi longtemps que Laurent de Médicis, c'est-à-dire
environ deux mois, n'a pas perdu son temps. Nous devons ces
précieux renseignements aux incidences de la visite que lui fit en
cette année 1492 son ami Prenninger, dit Uranio, en se rendant à
Rome, où son maître, Eberard, duc de Wurtemberg, l'avait chargé
d'une mission diplomatique. Trois lettres de Ficin nous permettent
d'en fixer approximativement la date. Dans les deux premières [2]
qui sont d'avril 1492, Marsile demande en effet à Francesco Soderino et Filippo Valori, ambassadeurs de la République à Rome,
de favoriser la mission d'Uranio près de la cour pontificale et dans

---

1. *Id.*, I, 965 : *Marsilii Ficini in Librum de Sole ad Magnanimum Petrum
Medicem. Proemium :* « Novam Platonis interpretationem auspiciis iamdiu
tuis incoeptam, Magnanime Petre, quotidie prosequor... Itaque cum nuper
ad mysterium illud Platonicum pervenissem, ubi Solem ad ipsum Deum
artificiosissime comparat, placuit rem tantam aliquanto latius explicare,
praesertim quia Dionysius noster Areopagita, Platonicorum patronus, cuius
interpretationem in manibus habeo, similem Solis ad Deum comparationem
libenter amplectitur. Dum igitur ad Solem hunc quasi lucernam pluribus
iam noctibus lucubrarem, cogitavi rem hanc electissimam ex opero magno
seligere et proprio commendare compendio idque de Sole mysterium quasi
Phoebum munus, ad te potissimum et Phoebi Musarum ducis alumnum et
Musarum patronum mittere, cui etiam universa haec nova Platonis interpre-
tation dedicatur ».

2. *Id.*, I, 930, 2 : *M. F. Francisco Soderino :* « Martinus Uranius e Germania
Romam venit, mandata sui principis pro viribus effecturus, et perfecturus
(ut spero) si tu consilium tuum operamque praestiteris... Primo Aprilis
MCCCCXCII » 930, 3 : *M. F. Philippo Valori :* « Meministi, mi Valor, quam
ardenter nos amet Martinus noster Uranius, adeo ut et filium suum meo
nomine Marsilium nuncupaverit nostrumque natalem instituerit celebran-
dum... Hic te salutabit, consilium aperiet suum, auxilium postulabit. Si
memineris quam saepe de Martino dicere solebam, alter ego, non dubito
quin habeas hunc in omnibus mirifice commendatum ». Cette lettre dans les
manuscrits est également datée du 14 avril 1492.

la troisième [1], qui est du 26 juin suivant, il remercie le même Valo
d'avoir reçu si magnifiquement son ami qui, sur le chemin d
retour, s'est arrêté de nouveau à Careggi. Uranio est donc passé
Florence en avril et en juin. Courtes visites sans doute, mais suffi
santes pour que le fameux canoniste de l'Université de Tubinge
juge de l'étonnant prestige dont jouissait alors Ficin et mérit
toute sa confiance. Il ne faut pas oublier que c'est en réponse au
questions d'Uranio que Ficin devait nous révéler la date de s
naissance, ses premières traductions et la liste si précieuse de se
« patrons ». de ses « auditeurs » et de ses « familiers ». Pour l'heure
Uranio lui vanta les mérites de son Prince qu'il considérait comm
le soleil de l'Allemagne [2] et Ficin de son côté l'entretint de se
travaux en cours et de ses divers projets. Mais à peine Urani
était-il parti que Marsile vit de nouveau ses plans compromis e
il ne tarda pas à en faire part à celui qu'il considérait désormai
comme son « alter ego ».

Le 3 août 1492 il lui écrit, en effet, pour lui annoncer que Jea
Lascaris avait envoyé à Pierre de Médicis un choix de livres, don
la plupart étaient excellents : « Comme d'habitude, écrit-il, j'ai l
d'abord les Platoniciens et en premier lieu les commentaires d
Proclus sur les six premiers livres de *la République* et le commence
ment du septième. Parcourant en tout sens ces jardins vraimen
délicieux, j'ai donc glané quelques petites fleurs, qui avant tou
ont le parfum de la sainte religion et parce que tu es profondémen
religieux, je te les envoie [3] ». Sans doute est-ce dans ce même envo
de Lascaris qu'il découvrit le Commentaire de Proclus sur *Alci
biade* [4] et le traité d'Athénagore sur la résurrection, qui semblen

---

1. *Id.*, I, 932, 3 : « Martinus Uranius alter ego, ad nos reversus narravi
hodie quam amice, quamque magnifice eum exceperis... Die XXVI Juni
MCCCCXCII ».

2. *Id.*, I, 944, 2 : « ...ut aliquando uberius et summae dignitati tuae et me
satis desiderio faciam, ad ipsum Germaniæ Solem, nunc Platonicum e
Dionysiacum Solem mitto.

3. *Id.*, I, 937, 2 : *M. F. Martino Uranio amico unico :* « Post discessum e
Italia tum advecti sunt e Graecia mox ad magnanimum Petrum Medicem
libri multi ex quamplurimis electi, nuper electore Lascari Graeco admodun
elegante, pro regia illa bibliotheca iampridem a magno Laurentio felicite
instituta. Ego autem inter multa (ut soleo) semper in primis legi Platonica
primaque inter haec commentaria Procli in sex Platonis de Republica libro
principiumque septimi. Quos igitur ex amenissimis horum pratis floscolo
passim discurendo collegi, religionem sanctam prae caeteris redolentes, a
te mitto insignem religione virum. 3 Augusti MCCCCXCII ».

4. *Id.*, I, 943, 2 : *M. F. Philippo Carducio :* « Cum Procli Platonici com
mentarium in Platonicum Alcibiadem e graeca lingua in latinam non tan
ad verbum, quam ad sensum interpretarer, recordarerque te Platonicam d
daemonibus sententiam summatim desiderare, hanc tibi repertam, mittere

en avoir été traduits à cette époque. Mais, en marge de ces trauctions et probablement en fonction même de ces traductions, il ublia ses nouveaux commentaires pour traiter de la comparaison u Soleil avec Dieu, que Platon, précisément, propose à ses lecteurs u sixième et au septième livre de sa *République*, dont le commenaire de Proclus venait de lui révéler de nouveaux aspects. Nous avons toutefois qu'avant même de découvrir cet ouvrage, dont il devait tirer un précieux florilège, il s'était laissé tenter par cette omparaison de Dieu et du soleil dont il avait pu apprécier la aleur en traduisant Denys l'Aréopagite.

Voici en effet ce qu'il écrivait à Uranio le 18 janvier 1493 : Comme il y a dans le Ciel, en quelque sorte deux Soleils (la Lune ant inconcevable sans le Soleil), à quoi bon s'étonner que pour nsi dire deux Soleils soient également nés chez moi : d'abord le lus petit et ensuite le plus grand. Le petit, toi-même te rendant Rome en qualité d'ambassadeur, tu l'as vu chez moi à Florence été dernier : c'est celui qui d'ici est parti immédiatement après n retour en Allemagne, pour saluer Eberard, ce Prince si disngué. L'autre, plus grand, fait corps avec le commentaire platocien et il appartient de droit à Pierre de Médicis ». Et il ajoutait : Une double lumière a également élu domicile chez moi, une petite une grande. La première éclaira jadis Phœbus Capella et la conde éclaire maintenant Pierre de Médicis » [1]. Il ressort de ce xte qu'avant avril 1492 Ficin avait composé son premier *de Sole*, ais qu'il a dû le corriger et le compléter, puisqu'Uranio qui a pu voir, alors qu'il se rendait à Rome, *(ad Romam proficiscens)* ne t point chargé de le porter à son maître. Est-ce tout simplement rce que la copie n'en était pas achevée? Assurément non, car le anuscrit de ce texte, qui est conservé à la bibliothèque de Stuttrt est autographe [2]. Il se peut que Ficin n'ait décidé de faire

te constitui ». Cette lettre fait suite au Florilège de Proclus (937, 2-943) nnoncé dans la lettre à Uranio (937, 2).

1. *Id.*, I, 949, 3 : *Martino Uranio :* « Non solum in firmamento sunt gemini i Dioscuri, sed inter planetas sunt quoque germani, Mercurius enim quasi inor est frater Saturni... germana Iovis est alma Venus... Quid mirum? quidem in caelo sunt gemini Soles, gemini quoque penes me quasi Soles se natos, principio quidem maiorem, deinde minorem. Minorem igitur se, orator ad Pontificem proficiscens, praeterita aestate apud nos vidisti orentiae, qui et hinc in Germaniam abeuntem, e vestigio sequutus est, rissimum principem tuum Eberardum salutaturus. Alterum vero Solem i inter commentationes grandior iam coaluit, jure sibi vendicat Petrus edices et qui et Platonica iure sibi omnia vindicat... ». Le manuscrit de alvern porte la date : XVIII Ianuari 1493 et comporte la variante : « prinpio quidem minorem, deinde maiorem ».

2. Stuttgart Landesbibliothek. *Cod. H. B. XV. Sup. Fic.*, I, XLVIII.

hommage de cet essai, qui avait pour titre *de Comparation* *Solis ad Deum libellus*, au duc de Wurtemberg qu'après le dépar d'Uranio. Nous serions d'autant plus porté à le croire que dans s lettre au prince, datée du 28 juin 1492, il n'en exprime pas l'inten tion. En tout cas il est certain que sa décision, qui découlait cer tainement de ses entretiens avec Uranio [1], ne se fit pas attendre puisque c'est immédiatement *(e vestigio)* après le départ de ce ambassadeur que Ficin confia à Jean Streler, faisant office d Mercure, le soin de présenter à Phébus, c'est-à-dire au duc, « l Soleil platonicien et dionysien » [2]. Pour ce qui est de son « gran Soleil », nous manquons de précisions. On peut cependant dire coup sûr qu'il fut offert à Pierre après la mort de Laurent (avr 1493) et avant le 31 avril 1493 puisqu'il fut édité à cette date e même temps que la « grande Lumière ».

Nous savions effectivement que déjà ce thème de la lumièr avait inspiré à Ficin un essai que nous avons trouvé dans le secon Livre de sa Correspondance sous le titre : *Quid sit lumen in corpor* *mundi, in anima, in angelo, in Deo* et nous avons dit qu'il pouvai être daté du 1er novembre 1476 [3]. Quant au *De Lumine*, propre ment dit, nul doute qu'il fut composé après le *De Sole* : « Alors qu je te destinais mon opuscule sur le Soleil, écrit en effet Ficin, e dédiant son *De Lumine* à l'illustre Pierre, je me suis souvenu qu j'avais jadis composé un essai sur la lumière. J'ai alors pensé qu' était hautement souhaitable que cette lumière suive son Sole comme son guide. Évidemment sur la terre la première lueur d l'aube naissante précède le soleil qui la suit immédiatement. Dan le Ciel, au contraire, le Soleil, qui est père, précède la lumière qu émane de lui. Je ne sais pas comment, suivant l'ordre terrestr j'ai pu jadis contempler la lumière avant le Soleil. En tout ca

---

1. FICINI *Op.*, 944, 2. *M. F. Eberardo inclyto Duci Vuirtembergensi et mont Peligardi Seniori* : Martinus noster Uranius, id est, caelestis, revera cae lestium contemplator, longo mecum sermone tractavit, qualis Sol est int sydera, talem, extra controversiam, te esse inter omnes Germaniae pri cipes... Quamobrem ut aliquanto uberius et summae dignitati tuae et me satis desiderio faciam, ad ipsum Germaniae solem, nunc Platonicum Dionysiacum Solem mitto ».

2. *Ibid.* : « Quemadmodum vero Mercurius Phoebi munera ad homine ingenia transfert, ita Phoebum hoc munus nostrum ad vos feret Johann Streler, nobis quasi Mercurius alter ».

3. *Id.*, I, 718-721, voir ch. VII, p. 435. — 951, 1 : *M. F. Martino Uranio* « ...lumen similiter, o mi Uranie, mihi geminum inter lares eluxit, minu atque maius. Minus quidem iamdiu Phoebo Capellae fulsit, maius vero nur Petro Medici clarissimo lucet ». Pour la comparaison des textes, cf. KRISTE LER, I, p. 72-73.

maintenant, imitant l'ordre céleste, j'ai placé, comme il sied, le Soleil avant la lumière, le père avant le fils » [1].

Si donc le *De Sole* fut rédigé « en quelques nuits » au cours de l'été 1492, on peut légitimement supposer que le *De Lumine*, qui a exactement le même nombre de pages, le suivit de très près. N'oublions pas cependant qu'entre temps Ficin a achevé sa traduction et ses commentaires de Denys. L'hypothèse la plus rationnelle est donc de supposer qu'après son *De Sole*, composé « alors qu'il avait en mains le commentaire de Denys » [2], il a achevé cette œuvre, dans laquelle il cite d'ailleurs Athénagore, récemment traduit, et que ce n'est qu'au moment d'éditer ce *De Sole* qu'il décida de rédiger le *De Lumine*, qu'il dut confier en même temps à Miscomini et au copiste, puisque le seul manuscrit que nous ayons de ces deux traités est daté des Calendes de mars 1492, donc de 1493, et que l'édition est elle-même datée du 31 janvier de cette même année [3].

Apparemment l'édition a donc précédé le manuscrit, mais il ne faut pas oublier qu'entre l'achevé d'imprimer et la publication proprement dite, un certain laps de temps pouvait s'écouler et en tout état de cause Ficin se devait d'offrir au Prince son œuvre manuscrite, pour qu'elle puisse être admise dans la bibliothèque des Médicis. Ce qui est plus étrange, c'est que dans l'édition comme dans le manuscrit, dont le contenu est identique, nous trouvons trois lettres dont les données sont assez inattendues.

La première, datée du 3 janvier 1493, est adressée à Filippo Valori, ambassadeur à Rome, la seconde, que nous avons précédemment étudiée, est celle qu'il adressait à Uranio quelques jours plus tard (18 janvier) et dans laquelle il lui rappelait qu'il avait vu chez lui en se rendant à Rome, la première rédaction du *De Sole;*

---

1. *Id.*, 976. *Marsilii Ficini Florentini in Lib. de Lumine ad Magnanimum Petrum Medicem. Proemium :* « Cum opusculum de Sole tibi, clarissime Petre, destinavissem, memini paulo post iamdiu me de lumine libellum composuisse. Itaque decere prorsus existimavi, ut lumen illud Solem hunc suum mox sequatur quasi ducem. In terris quidem primus illucescentis aurorae fulgor, solem praecedit e vestigio surrecturum. Sed in coelo vicissim Sol ipse pater splendore antecedit ex ipso manentem. Ordinem equidem terrenum iamdiu secutus lumen priusquam solem sum, nescio quomodo, contemplatus. Nunc vero vicissim coelestem ordinem imitatus, solem lumini, patrem nato, ut par fuerat, anteposui ».

2. *Id.*, I, 965 : «...quia Dionysius noster Areopagita, Platonicorum primus, cuius interpretationem in manibus habeo ».

3. Le manuscrit est le Cod. 89 de la C. W. Dyson Perrins Library à Malvern. — On lit au folio 74 : « Kalendis Martiis MCCCCLXXXXII. — *Sup. Fic.*, I, XXXIII. — Colophon de l'édition : Impressit ex archetypo Antonius Mischominus Florentiae anno salutis 1493 pridie Kalendas Februarias.

la troisième enfin, que l'on s'étonne de trouver ici, puisqu'elle n'est
pas de Ficin, est celle d'un de ses plus chers amis, Bindaccio Ricasolani (1444-1574) adressant à un médecin d'Alexandrie, Gregorio
Scuto, l'édition même dans laquelle sa lettre était contenue, ce qui
est assez singulier, et le catalogue des œuvres de Ficin, dans lequel
le *De Sole* et *De Lumine* se trouvent également mentionnés [1]. Sans
doute s'agit-il d'une initiative de l'éditeur, trop heureux de pouvoir donner un catalogue complet des œuvres et traductions de
l'auteur, dont il publiait le dernier ouvrage. Mais pourquoi les deux
autres lettres? Ce ne pouvait être qu'au titre de pièces justificatives,
et pour qu'on ait jugé nécessaire de les ajouter en dernière heure
à l'édition, qui, ne l'oublions pas, est datée du 30 janvier, il faut
croire qu'on avait de sérieuses raisons de le faire.

Quand on lit ces deux traités on s'étonne assurément, que Ficin
ait si peu tenu compte des critiques suscitées par son *De Triplici
vita*. C'est dire à quel point il était convaincu de la valeur de ses
arguments, car ici encore l'astrologie est au premier plan. Il est
donc fort possible que certains de ses amis, ayant pris connaisance
de son œuvre avant qu'elle ne fut confiée aux imprimeurs, l'aient
mis en garde dans le but d'éviter un nouveau scandale. Mais
comme par ailleurs, nous allons le voir, il avait été encouragé à la
publier, il décida, sans doute pour parer à toute éventualité,
d'ajouter à son texte sa lettre à Valori, qui au demeurant porte le
titre d'apologie, sa lettre à Uranio, qui montre dans quelles conditions il fut amené à composer ces deux traités, et enfin la lettre de
son ami Ricasolani, dont le patronage n'était pas négligeable [2] et
qui, donnant la liste complète des travaux de Ficin, pouvait
influencer ceux qui auraient été tentés de condamner, sans savoir
exactement tout ce qu'il avait écrit ou traduit. Ce n'est peut-être
qu'une hypothèse, mais une nouvelle Apologie a été rédigée et sa
teneur ne laisse aucun doute sur l'accueil que les censeurs romains
semblaient devoir réserver aux nouveaux essais de Ficin.

« Depuis longtemps déjà *(iam diutius)*, écrit-il à Valori, je rete-
nais chez moi, mon *De Sole* que je destinais à l'illustre Pierre de
Médicis et contrairement au précepte évangélique (Math. V. 15),
je cachais sous le boisseau d'une manière presque impie, la lumière,
c'est-à-dire ce Soleil. C'est alors que Pietro Nero, que dans nos
lettres nous appelons le plus brillant, estima qu'il serait pieux que

1. Lettre à Valori, 949, 2 — Lettre à Uranio, 949, 3 et lettre de Bindacio
Ricasolano. *Sup. Fic.*, I, p. 73-74.
2. Il écrit alors de Ricasoli (932, 3) : « Nemo vero longi languoris taedia
magis mihi levavit, quam Bindacius Ricasolanus familiaris noster, vir certe
natura generosissimus, virtute probatissimus, opera officiosissimus... ».

cette lumière, comme Dieu l'a prescrit, brillât aux yeux du plus grand nombre »[1]. Ainsi fut décidée l'impression non seulement du *De Sole*, mais du *De Lumine*. A vrai dire ce *iam diutius* a de quoi nous surprendre, puisqu'en principe ce traité fut composé vers le mois de juillet 1492, mais il faut faire la part du superlatif dont la plume de Ficin était volontiers prodigue. Le nombre et le parallélisme de la phrase d'ailleurs l'exigeaient. Ce qui est intéressant toutefois, c'est de voir qu'en l'absence de Valori, l'initiative de cette impression revint à Pietro Nero, qui précédemment s'était vu chargé de défendre le *De Triplici vita*. Il n'est pas non plus exclu que Ficin ait été encouragé par Ricasolani, car nous savons qu'il était fervent d'astrologie, à tel point que Ficin lui-même avait dû le mettre en garde contre cette vaine curiosité, lui rappelant à ce propos que Saint Paul nous invitait à nous montrer modestes dans nos connaissances[2]. Mais, alors que nous pourrions penser que Ficin, en dépit d'une comparaison qui ne manque pas de prétention, cherchait à dégager sa responsabilité d'une édition qu'il n'avait point sollicitée, il se porte au-devant des critiques possibles et le moins qu'on puisse dire est qu'il le fait sans ménagement.

« Bientôt peut-être, poursuit-il, notre Soleil sera-t-il obscurci par les nuages qui vont se lever, à moins qu'il soit importuné par les hiboux ou les chauves-souris. Il est vrai que les nuées et les vents se dissiperont vite et le Soleil lui-même, en montant plus haut, pourra les atténuer ou les dissoudre. Pour ce qui est des chauves-souris, qui sont éblouies ou aveuglées par la lumière, tâche de les éclairer, si toutefois elles sont capables de suivre un conseil, pour qu'elles ne blâment pas cette lumière salutaire à tant d'autres. Mais, comme d'habitude, elles fuient elles-mêmes la lumière ou, ce qui est la même chose, indignes de la recevoir, elles se cachent »[3]. Ainsi nul doute que Ficin s'attendait de nouveau au

---

1. Ficini *Op.*, I, 949, 2 : *M. F. Philippo Valori Oratori apud Pontificem, Florentino :* « Librum de Sole clarissimo Petro Medici destinatum domi iam diutius retinebam atque contra praeceptum Evangelicum sub modio lucernam, sive Solem ferme iam impius abscondebam. Sed Petrus ille Nerus, quem in Epistolis nostris frequenter candidissimum appellavimus, pium existimavit fore, ut lumen hoc quam plurimis, ut Deus praecipit effulgeret ».
2. *Id.*, I, 943, 4.
3. *Id.*, I, 949, 2 : *M. F. Philippo Valori :* « Sed forte mox suborituris nebulis offendendus, vel etiam futuris noctuis quibusdam vespertilionibusque molestus, Nebulae quidem aut venti protinus dissipabunt, aut Sol ipse cum ascenderit altius, extenuabit atque dissolvet. Vespertilionibus autem sub lumine caligantibus caecutientibusque consulto, si modo consilii capaces, ne lucem quidem incusent caeteris salutarem. Sed ipsi splendorem hunc effugiant suo more potius atque, ut par est, indigni lumine assidue delitescant ».

pire et le fait qu'il se soit adressé en la circonstance à l'ambassadeur
de Florence à Rome prouve bien que ses ennemis n'avaient pas
désarmé. Cette lettre nous en apporte d'ailleurs la preuve irréfutable. Bien qu'il ait bon espoir que dans ce combat Valori
montrera toute sa valeur et à l'instar d'Hercule, vaincra « la terre
et les étoiles », Ficin ajoute : « Vous retrouverez au moins vos trois
compagnons de lutte invincibles : Politien, Pic, Landino, je veux
dire Hercule, Phébus et Amphion qui, après avoir combattu pendant trois ans avec tant d'ardeur pour mon *De Vita*, combattront
demain avec le même succès pour mon *De Sole* si grand soit-il » [1].
Or, il nous souvient que ces trois fidèles amis avaient été effectivement désignés sous le même titre, dans l'Apologie du *De Triplici
Vita* en septembre 1469, pour prêter main forte à Pietro Nero,
qui aujourd'hui éditait le *De Sole* [2]. Si donc ils ont combattu pendant trois ans, c'est qu'en dépit des assurances du Pape, transmises
à Ficin par Barbaro, certains avaient juré sa perte. Mais aujour-
d'hui le ton de sa lettre à lui seul témoigne qu'il n'en était pas
particulièrement ému et quand on relit les nombreuses dédicaces
qu'il joignit aux exemplaires du *De Sole*, destinés à ses amis, on le
trouve en vérité beaucoup plus fier qu'inquiet de son ouvrage [3].
Au reste, ayant achevé son *De Sole*, qui, comme il l'a dit lui-même,
n'était primitivement qu'un chapitre des Commentaires de Platon,
il avait, suivant l'ordre des dialogues, repris le *Timée*, dont il
souhaitait depuis si longtemps revoir et compléter l'interprétation.

Une lettre du 7 novembre 1492 nous permet de faire le point de
ses travaux et nous éclaire sur ses projets. Ayant rappelé avec
complaisance que chaque fois que Saturne s'était retrouvé en
conjonction avec le Verseau, sa vocation s'était affirmée, il nous
dit qu'après avoir achevé le Plotin de Laurent, il est revenu à
Platon [4], et c'est précisément parce qu'il jugeait qu'une si grande

---

1. *Ibid.* : « Ito nunc alacer, mi Valor, in praelium, propugnatores enim illic
(scio quid loquar) tres saltem invictos habebis. Politianum Herculem,
inquam, Phoebeumque Picum, Amphionemque Landinum. Hi profecto
qua strenue pro mea vita iam triennium certaverunt, tam feliciter deinceps
pro hoc meo, quantuscumque est, splendorem pugnabunt. Diem 2 Januarii
MCCCCXCIII ».

2. *Id.*, I, 574, voir ch. VIII, n. oo.

3. *Id.*, I, 951, 2 — 952, 3 et 4 — 953, 3 — 954, 2 et 4 — 957, 3 et 4, etc.

4. *Id.*, I, 948, 2 : *M. F. Philippo Valori* : « Cum primum olim rediit (Saturnus) ad Aquarium, Prisca Platonis opera sub magno Cosmo semel interpretati sumus. Iam Saturnus iterum reversus est ad idem, ad idem nos
quoque revertimur, Platonem iterum post Laurentianum Plotinum interpretamur. Sed grande opus, ut par erat, grandioribus commentariis declaramus ».

œuvre appelait de plus amples commentaires, qu'il avait décidé de reprendre ceux qu'il avait jadis esquissés ou même entrepris. Il dira même quelques mois plus tard, qu'à l'époque où il prêchait à Sainte-Marie des Anges, un moine franciscain, professeur de Théologie, lui avait vivement conseillé de faire ces nouveaux commentaires [1]. Mais où en était-il ce 7 novembre 1492? « Actuellement, écrit-il à Valori, le « Commentariolum » sur le *Timée* que j'ai autrefois composé chez toi à Maiano, s'est considérablement augmenté chez moi, et bientôt suivant la même méthode, j'entreprendrai le *Parménide* » [2]. Ainsi, après *la République*, qui lui avait inspiré le *De Sole* et sans doute, dans le même temps l'*Expositio circa numerum nuptialem* [3] il avait repris son projet d'un ample commentaire du *Timée*, projet qu'il n'avait pu mener à bien dix ans plus tôt, tant il avait été pressé par ce même Valori aussi impatient que les imprimeurs qu'il avait chargés d'éditer Platon.

Reprenant son texte, déjà revu, il l'améliora certainement sensiblement, mais les limites de son commentaire demeurèrent les mêmes. Il ne devait pas aller au-delà du 49 *d*. et encore pour les derniers chapitres s'agissait-il plutôt de sommaires que de commentaires. Était-ce de propos délibéré ou au contraire abandonna-t-il de nouveau son projet pour commenter le *Parménide*? On ne saurait le dire, mais la seconde hypothèse est assez vraisemblable, car, tandis qu'il commentait le *Timée* le thème du *Parménide* était devenu d'une brûlante actualité.

Pic de la Mirandole, qui depuis des années rêvait d'écrire une *Concordia Platonis et Aristotelis* venait de publier son *de Ente et Uno*, dans lequel Ficin se trouvait indirectement mis en cause. L'auteur dans sa Préface à Politien révélait, en effet, que cet ouvrage était né d'une dispute sur l'Etre et sur l'Un qui avait opposé le poète, qui commentait alors l'*Éthique à Nicomaque*, à Laurent de Médicis [4]. Or, le Prince, invoquant les Platoniciens,

---

1. *Id.*, I, 951, 3 : *M. F. Iuliano insigni theologiae professori Ordinis minorum non minori* : « Novam Platonis interpretationem nondum edidi ultra dimidium iam productam. Ad hanc tu me maxime omnium adhortatus es, forte interim cohortantibus angelis, in quorum aede id in coena mihi persuasisti. Quo tempore post declamationes nostras ibidem frequentibus concionibus tu orabas ».

2. *Id.*, I, 948, 2 : « Commentariolum in *Timaeum* in agro Maiano apud te compositum latius nunc nobis excrescit, mox Parmenidem similiter aggressurit ».

3. *Id.*, II, 1414-1425.

4. J. Picus Mirandulanus, *De Ente et Uno*, ad Angelum Politianum, Proemium : « Narrabas mihi superioribus diebus quae tecum de ente et uno Laurentius Medices egerat, cum adversus Aristotelem, cujus tu Ethica

avait fort critiqué Aristote. Pic s'en était ému, et son traité n'était qu'un résumé des arguments qu'il avait proposés à Politien pour répondre à Laurent. Depuis hélas! Laurent était mort et il n'est pas douteux, qu'à travers le Prince-philosophe, Pic visait certainement celui que Laurent avait toujours considéré comme son maître. Dès lors Ficin se devait de répondre et il est possible que pour ce faire, sans tarder, il ait abrégé son Commentaire du *Timée* ou renoncé à le mener à son terme. Il est cependant peu probable qu'il ait entrepris ce nouveau et important travail avant le printemps de 1493, car nous savons qu'au moment de publier son *De Sole* il avait rédigé son *De Lumine* et que la publication de ces deux essais n'avait pas été sans lui causer quelque appréhension[1]. Il est vrai qu'une lettre datée du 20 février nous apprend qu'il a terminé la moitié de sa « nouvelle interprétation » de Platon, mais comme on ne saurait dire à quoi correspond exactement cette moitié qui peut varier suivant que l'on considère l'ensemble ou l'ordre des *Dialogues*, ou seulement les dialogues commentés par Ficin, on ne peut en tirer argument. En tout état de cause il semble du moins manifestement impossible que le commentaire du *Parménide* ait été compris dans cette moitié, car si vraiment il fut écrit tout entier à cette époque il faut bien admettre qu'étant donné son étendue et la difficulté des problèmes posés, l'auteur a dû consacrer des mois à sa rédaction.

Nous n'avons à vrai dire aucune raison d'en douter. Ficin effectivement n'avait jusqu'alors jamais parlé de ce commentaire et l'édition de 1482 ne comprenait que l'argument qui accompagnait la traduction offerte à Cosme. Or, dans ce nouveau texte l'allusion faite au *De Ente et Uno* de Pic de la Mirandole est manifeste. « Si seulement, écrit en effet Ficin, ce jeune de la Mirandole avait sérieusement réfléchi aux critiques et aux raisonnements que je viens d'exposer, avant de s'attaquer au maître avec tant d'audace et de proclamer avec tant d'assurance contre l'opinion de tous les Platoniciens et que le divin Parménide n'était qu'un logicien et que

hoc anno publice enarras, Platonicorum innixus rationibus disputaret efficaci adeo vir ingenio et multiformi ut videatur factus ad omnia... Et quoniam qui Aristotelem dissentire a Platone existimant a me ipsi dissentiunt qui concordem utriusque facio philosophiam, rogabas quomodo et defenderetur in ea re Aristoteles et Platoni magistro consentiret. Dixi quae tunc mihi in mentem venerunt confirmans potius quae tu Laurentio inter disputandum responderas quam novum aliquid afferens... Efflagitas nunc ut, quanquam de his fusius in ipsa quam adhuc parturio Platonis Aristotelisque concordia sim scripturus, brevi tamen ad te commentariolo perstringam ».

1. Ficini *Op.*, I, 951, 3, voir ci-dessus, p. 528-29.

pour Platon comme pour Aristote l'Un et le Bien étaient sur le
même plan que l'Etre » [1]. Nul doute par conséquent sur la date de ce
texte. Mais, outre que cette allusion est unique et a fort bien pu
être interpolée par l'auteur relisant son texte, il est curieux de ne
la trouver qu'au chapitre quarante-neuf, c'est-à-dire au milieu du
commentaire. Par ailleurs il est non moins certain que c'est dans la
seconde partie de son commentaire que Ficin, après avoir montré
la valeur dialectique du débat, démontre qu'il est surtout théologique, citant au besoin ses commentaires de Plotin et du Pseudo-
Aréopagite [2]. Ce n'est qu'une hypothèse, mais la longueur du texte
nous incite à la faire et n'oublions pas que dans sa lettre à Valori
il disait qu'après avoir achevé la mise au point de son commentaire
du *Timée* il ferait la même chose (*similiter*) pour le *Parménide*. En
tout cas c'était chose faite en octobre, puisque déjà une copie en
était exécutée à cette époque pour un de ses nouveaux admirateurs,
Germain de Ganay [3]. Il lui restait encore beaucoup à faire pour
compléter cette « nouvelle interprétation ». Mais il ne se découragea
pas et en décembre il avait bon espoir, en dépit des événements,
de la mener à bien. « Au milieu du tumulte, dit-il, je poursuis
assidûment, dans la mesure du possible, mes commentaires de
Platon, avec l'espoir de les achever bientôt pourvu que Dieu me
soit en aide » [4]. En fait, il devait se contenter de nous donner un
plan détaillé du *Sophiste*, d'ajouter quelques chapitres à son commentaire du *Timée* et quelques notes à celui du *Phèdre* [5]. La
« pierre » sur laquelle il se réjouissait de pouvoir poser solidement
Platon ressuscité et son Académie, venait de céder et ce nouveau
coup de la Fortune était d'autant plus terrible que depuis quelques
années sa renommée n'avait fait que grandir et qu'il pouvait légitimement espérer le triomphe de la cause qu'il avait si bien défendue.

1. *Id.*, II, 1164 : « Utinam mirandus ille iuvenis disputationes, discur-
sionesque superiores diligenter considéravisset, antequam tam confidenter
tangeret praeceptorem, ac tam secure contra Platonicorum omnium sententiam divulgaret et divinum Parmenidem simpliciter esse logicum et Platonem
una cum Aristotele ipsum cum ente unum, et bonum adaequavisse ».

2. *Id.*, II, 1153.

3. *Id.*, I, 962 : *M. F. Germano Ganiensi viro virtute praestanti* : Exscriptum
iam tibi est commentarium in Parmenidem. Quotidie rescribitur in Timaeum ».

4. *Id.*, I, 963, 2 : *M. F. Germano Ganiensi dilectissimo suo* : « Proinde etsi
professio nostra est vacuae mentis opus, pergo tamen inter hos strepitus
in Platonicis commentationibus assidue quoad possum, eas propediem (si
Deus aspiraverit) perfecturus ».

5. *Id.*, II, *Politique* 1285-1294 — *Phèdre* 1373-1386 — *Timée* 1466-1484.

II. L'Europe a l'école de Ficin.

En 1488, Ficin avouait au théologien Paul Attavanti, que toute
l'Europe l'avait réduit en une affectueuse servitude [1]. Ce n'était
pas trop dire. Depuis quelques années Marsile était harcelé de toutes
parts, les uns et les autres lui demandant copie de ses œuvres et si
l'on veut savoir ce que représentait cette Europe, il suffit de se reporter à sa Correspondance, aux destinataires si nombreux et si
divers, dans laquelle lui-même déclare, le 4 juin 1491, qu'il écrivait « non seulement dans toute l'Italie, mais encore en Espagne,
en France, en Allemagne et en Hongrie » [2]. A vrai dire il y a là de
quoi piquer notre curiosité, car avant cette date, nous ne trouvons
hélas, dans sa Correspondance, aucune lettre adressée à des
Français ou à des Espagnols, et si, par la suite, nous le voyons
correspondre avec quelques Français, aucun indice jusqu'à présent
ne nous a permis de découvrir ses correspondants espagnols.

Que son œuvre ait suscité à travers l'Europe un tel enthousiasme,
il n'y a pas lieu de s'en étonner. Trop d'esprits étaient avides de
connaître la pensée de Platon dans son texte. Par ailleurs Florence,
après Padoue, était devenue un carrefour de la connaissance et en
particulier de l'étude du grec. Enfin Ficin devait bénéficier des
courants politiques qui, passant par Florence, aboutissaient par
des voies, parfois obliques, aux centres traditionnels de la civilisation.

Dès 1472 Bessarion avait été envoyé en mission diplomatique
en France et le fait qu'il ait ramené avec lui en Italie le recteur de
la Sorbonne, Guillaume Fichet, nous donne à penser qu'il était
depuis longtemps en relations avec les milieux universitaires de la
capitale [3]. Dix ans plus tard Jean Reuchlin (1455-1522) venait à
Florence et s'il y envoya en 1491 son frère Denys et Jean Streler,
en les recommandant à Ficin, c'est que pendant son séjour il avait

---

1. *Id.*, I, 891, 4 : *M. F. Paulo Florentino theologo :* « Gratissime mihi
contigerunt literae tuae, quibus equidem intellexi, et te bene valere et me
volare, quod enim, ut scribis, totam iam Europam in amatoriam mihi
subegerim servitutem, facere quidem accessu non valui, ergo feci volatu ».

2. *Id.*, 926, 2 : *M. F. Reverendo in Christo Patri et Domino Raphaeli
Riario S. Georgii Cardinali :* Se plaignant que ses lettres n'arrivent pas à
Rome, il ajoute : « Quae tamen alibi feliciore fortuna fretae, non solum per
omnem Italiam, sed etiam in Hispaniam iamdiu, Galliam, Germaniam,
Pannoniam pervolarunt... ».

3. Cf. E. Legrand, *op. cit.*, p. 234 et suiv. — L. Mohler, *op. cit.*, p. 333.
Bessarion lui avait adressé son *In calumniatorem Platonis* pour le remercier
de sa Rhétorique (éditée en 1471).

pris contact avec le restaurateur de l'Académie [1]. En 1485, c'est un des premiers humanistes anglais, William Schelling qui, nommé ambassadeur près d'Innocent VIII, passait par Florence et y laissait un de ses meilleurs élèves, Thomas Linacre, qui devait être suivi d'abord par William Grocyn et ensuite par John Colet [2]. Puis c'est Prenninger, dit Uranio, que nous avons vu faire visite au sage de Careggi au nom du duc de Wurtemberg, et le souvenir qu'il rapporta de ses entretiens fut si fécond qu'il voua un véritable culte à Ficin qui de son côté le considérait son « alter ego ». D'Allemagne encore il recevait les compliments de Menckenius [3], du mathématicien Paul de Midelburg [4] et Georges Hérivart d'Augusta lui écrivait que le plus beau jour de sa vie était celui où il l'avait rencontré. Il devait d'ailleurs, en témoignage d'amitié, lui envoyer un calice d'argent [5]. Si nous ajoutons à cela ses relations étroites et suivies avec la cour de Hongrie, où il comptait tant d'amis, sans oublier les nombreux évêques hongrois avec lesquels il était en correspondance [6], nous constatons qu'effectivement il avait, dans toute l'Europe, de sérieux et puissants admirateurs. Il y a lieu cependant de compléter cette vue panoramique en tournant de nouveau nos regards vers la France, car, après Bessarion, qui, en 1472, ne pouvait guère vanter Ficin, Pic de la Mirandole avait franchi à son tour les Alpes et il faut bien reconnaître que c'est à lui que Ficin dut ses premiers succès en France.

1. J. Reuchlin est venu à Florence en 1482 et 1490. Cf. GEIGER, *Johann Reuchlin*, Leipzig 1871, p. 23-24, 32-34. — FICINI *Op.*, I, 926, 3. — *Sup. Fic.*, II, p. 290.

2. Cf. notre article : *Les découvertes d'Erasme en Angleterre*, *Mélanges Renaudet*, E. Droz, Genève, 1952, p. 117-126.

3. Dans une lettre du 7 janvier 1494, 955, 3 : *M. F. Menchen Sacerdoti Coloniensi praeclaro iuris canonici professori magnae Coloniae antistitis secretario*, Ficin rapporte que deux jours plus tôt il avait rendu visite à ce Menchensius qui, de passage à Florence, n'avait pu lui rendre visite parce qu'il s'était luxé le pied. Ficin lui donna ses soins et lui offrit son *De Triplici Vita*.

4. FICINI *Op.*, I, 944, 3 : *M. F. Paulo Middelburgensis insigni Physico et Astronomo.* C'est dans cette lettre que Ficin fait l'éloge de la Renaissance florentine.

5. FICINI *Op.*, I, 924, 2 : *Georgius Herivart Augustiensis Marsilio Ficino Platonico* : « Quoties animo repeto, repeto autem quotidie et, ut verius loquar, singulis horis, faustum illum et iucundum diem, qui mihi dulcis consuetudinis et amicitiae tuae initium attulit, libet illum ea celebritate dignum existimare, qua solet, natalis dies celebrari, ac (ut mox erat antiquis) lapillo illum candido notare... Mitto nunc ad te argenteum, vel, ut sic loquar, potellum, frivolum sane et puerile munusculum ». — 924, 3 : lettre de remerciements de Ficin.

6. *Batoreus, Vaciensis* : 688, 782, 856, 859, 984. *Petris Coloccensis* : 856. *Joannes Pannonius*, 871, etc.

Quand Pic vint à Paris pour la première fois en 1485, il y demeura près d'une année et il ne faut pas oublier qu'à cette époque il
avait lu le Commentaire de Ficin sur *le Banquet* et sa *Théologie
Platonicienne*. « Je me suis éloigné d'Aristote pour me diriger vers
l'Académie, écrivait-il le 6 décembre 1484 à Ermolao Barbaro
et bien que ce fût non en « transfuge mais en éclaireur » » [1], il se
montra très impressionné par ce qu'il avait découvert dans l'œuvre
de Ficin et de Platon lui-même.

De son séjour à Paris il ne fait, hélas! allusion que trois fois dans
son œuvre, et encore s'agit-il uniquement de points de doctrine.
Ce n'est certes pas sans intérêt, mais on lui eût su gré de nous dire,
par surcroît, de quels maîtres il avait suivi les leçons et quels personnages influents il avait pu rencontrer. A coup sûr, il avait su se
faire connaître et apprécier. On le vit bien deux ans plus tard,
quand les uns et les autres se liguèrent autour du comte dauphin
Gilbert de Montpensier pour adoucir son séjour au donjon de
Vincennes et obtenir son élargissement [2]. Mais comment retrouver
sa trace dans les milieux parisiens? A défaut de preuves les hypothèses ne manquent pas. On dira qu'il est sans doute passé au
collège des Lombards, qu'il a fréquenté Georges Hermonyme, dont
les précieux manuscrits devaient le tenter, qu'il trouva des amis
chez ses compatriotes, déjà en renom dans notre capitale, et qu'enfin
il dut être fort bien accueilli par les humanistes français, que les
scolastiques appelaient alors avec dédain les Fichetistes [3]. Tout
cela est vraisemblable, mais ne retenons toutefois que les hypothèses qui s'imposent et dont, à défaut de preuves, nous pouvons
proposer de légitimes inférences.

Sans nous soucier de ses maîtres, il nous paraît donc tout naturel
que Pic ait fréquenté d'une part, les Italiens qui l'avaient précédé
à Paris pour y apprendre ou pour y enseigner, et d'autre part, les
Français qui avaient déjà fait le voyage d'Italie et y avaient pris
contact avec les humanistes. Or, à l'automne de 1484 nous trouvons
autour de la Sorbonne deux Italiens qui ne devaient pas tarder à
s'affirmer dans le domaine des lettres : Paul Emili et Jérôme Balbi
et au moins deux Français qui avaient été en Italie : Robert Gaguin
et Lefèvre d'Étaples [4]. Il est d'ailleurs fort possible que ces deux
pionniers de l'humanisme français aient été à l'origine du voyage

---

1. Pici *Opera*, Epistolae, I, 22, déjà cité, p. 272, ch. VIII, n. 43.
2. Cf. L. Thuasne, *op. cit.*, p. 96 et suiv.
3. Cf. A. Renaudet, *Préréforme et Humanisme*, Paris, Champion, 1916,
p. 156.
4. *Id.*, p. 121-124.

de Pic, pour qui ils avaient beaucoup d'estime. A priori on peut
donc admettre que Pic est entré en contact avec ces hommes, qui
d'ailleurs se fréquentaient entre eux et qui, à plus d'un titre,
pouvaient orienter ses recherches et favoriser ses démarches. Bien
plus, s'il a pénétré dans ce cénacle, il a dû y rencontrer Jean et
Germain de Ganay qui, comme les Médicis, encourageaient les
initiatives de ces ardents promoteurs de la critique moderne, dont
ils partageaient l'enthousiasme et les espoirs.

Que l'on relise, si l'on doute de ces propos, les préfaces de Lefèvre
d'Étaples, dont plusieurs précisément sont adressées aux de Ganay
et dans lesquelles il déclare qu'il considère Hermonyme comme un
père et Emili comme un maître [1]. Or, non seulement Lefèvre
d'Étaples avait fait le voyage d'Italie en 1483, mais nous savons
même qu'il l'avait entrepris pour aller voir Pic de la Mirandole [2]. Dès
lors, comment concevoir que Pic aurait pu venir l'année suivante
à Paris sans l'aller voir? On dit que ces relations « pour vraisemblables qu'elles soient n'ont trouvé d'écho nulle part » [3]. C'est une
erreur, car la preuve que Ficin, qui pourtant n'était jamais venu
à Paris, connaissait les de Ganay et Paul Emili, nous est offerte
dans sa Correspondance et Gaguin, de son côté, nous dira en quelle
estime il tenait Pic et Ficin.

Il est vrai que depuis l'heureux temps où Pic était venu s'asseoir
sur les bancs de la Sorbonne, d'autres Français avaient pris le
chemin de l'Italie et que ceux qui avaient pu suivre avec intérêt
les travaux de Ficin avaient eu l'occasion de le rencontrer. Mais
n'anticipons pas et, puisque nous avons dit que Pic n'était pas
étranger au succès de Ficin, revenons à Florence où, depuis 1488,
ils vivaient l'un près de l'autre.

Autorisé à séjourner sur le territoire florentin, Pic s'était tout
d'abord installé dans une villa de Fiesole, mise à sa disposition par
les Médicis. C'était en quelque sorte providentiel, puisqu'il se

---

1. Dans sa préface aux *Magna Moralia*, Lefèvre écrit : « Georgius Hieronymus et Paulus Aemilius... quorum ille mihi ut pater, hic vero dominus,
et benevolentia paterna; uterque autem mihi praeceptores ». Cité par A. Renaudet, *op. cit.*, p. 132, n. 1.

2. S. Champier, *Duellum epistolare Galliae et Italiae antiquitates summatim complectens*. Venise, 1519. Jérôme de Pavie dans une lettre à S. Champier (25 mai 1514), rapporte ce que Lefèvre lui a dit sur son premier voyage
en Italie : « Asserens se et aliquando ad nos in Latium ut sacrarium illud
litterarum toto orbe famosissimum Joannem Picum Mirandulam principem
illustrissimum et Hermolaum Barbarum patricium Venetum de cunctis
litteris optime meritum videret et alloqueretur ». Cité par A. Renaudet,
op. cit., p. 136, n. 1.

3. L. Thuasne, *op. cit.*, p. 41.

trouvait à égale distance de Ficin et de Politien [1] ! Ému de se savoir excommunié, il n'en continua pas moins ses recherches, rêvant toujours de concilier toutes les doctrines religieuses et d'harmoniser la pensée d'Aristote avec celle de Platon. « Duc de Concordia, ce nom, disait Ficin, le prédestine à une telle tâche [2] ». En fait, dès 1489, il dédiait au jeune cardinal Jean de Médicis son *Heptaplus*, dans lequel, avec quelque audace, il commentait les premiers chapitres de la Bible à la lumière de la Kabbale. Une fois de plus Laurent dut intervenir pour prendre sa défense, mais l'alerte fut de courte durée et en 1491 le Pape, tout en maintenant l'excommunication, avait autorisé Pic pour trois ans à habiter la ville même de Florence [3]. Il s'y établit dans le quartier Saint-Jacques, non loin de la maison de Ficin, qui habitait alors le plus souvent Via S. Gallo. « Je me réjouis, écrivait Politien à Marsile, de vous voir, mon Pic et toi, dans vos sentiments comme dans vos goûts, si étroitement unis, qu'on peut dire en vérité que dans la vie vos buts sont identiques [4] ». Rappelons cependant pour être juste qu'ils n'étaient pas toujours d'accord.

Dès 1486, commentant la chanson d'amour de Jérôme Benivieni, Pic avait nettement pris position contre certains principes qui avaient guidé Ficin dans son interprétation du *Banquet* de Platon et nous avons vu qu'à propos du *De Ente et Uno*, Ficin, dans son commentaire du *Parménide*, n'avait pas hésité à rappeler à l'ordre le « jeune de la Mirandole ». Ils devaient de nouveau s'affronter sur le problème de l'Astrologie, en 1493, à la suite de la publication de l'important ouvrage de Pic *Adversus astrologiam divinatri-*

---

1. POLITIANI *Opera*, 1498, f. 02 : *Angelus Politianus Marsilio Ficino suo :* « Tu velim quando Caregianum tuum sextili mense nimis aestuat, rusculum hoc nostrum Faesulanum ne fastidias... Et cum sit in proximo celebritas maxima, semper apud me tamen solitudo est mera, qualem profecto secessus amat. Uti poteris autem duplici spe. Nam saepius e Querceto suo me Picus invisit improvisus obrepens extratumque de latebra secum ducit ad cenulam qualem nosti, frugi quidem sed et scitam plenamque semper iucundi sermonis et ioci ».

2. FICINI *Op.*, I, 890, 3 : *M. F. Roberto Salviato et Hieronymo Benivieno :* « Solent multi scribentes Pico inscribere Concordiae Comiti, hactenus quidem recte admodum appellatus est Concordiae Comes, utpote qui et concordiam ipse quaerebat, et libenter concordes homines sequebatur. Posthac autem non comes quidem sed dux concordiae extra controversiam est appellandus ».

3. Cf. GAUTHIER-VIGNAL, *op. cit.*, p. 161.

4. ANGELUS POLITIANUS *Marsilio Ficino suo :* « Quanta me voluptate, quantoque putas affici gaudio, Marsili Ficine, cum te Picumque meum sic esse concordes video, non modo ut idem velitis in vita, sed et idem sentiatis in studiis. Quanta rursus ubi me vobis non minus esse carum perspicio quam vos estis uterque utrique ».

cem [1]. Ficin se sentant accusé tint à se disculper et il le fit très franchement dans une lettre à Politien en date du 20 août 1493. « D'accord avec vous, dans la vie, dit-il, s'adressant à la fois au poète et au philosophe, je suis aussi d'accord avec vous sur ce sujet et si je ne lutte pas énergiquement, du moins j'approuve » [2]. Mais une mise au point s'impose. Ficin est accusé d'avoir accordé dans ses différents ouvrages trop d'importance aux figures que sont censés former les astres entre eux. Il n'en disconvient pas, mais tient à préciser que, s'il a tenu à rapporter ce que disent certains Platoniciens et surtout les Astrologues, ce n'est qu'à titre d'exposé. Il suffit de se rapporter à ses commentaires de Plotin pour voir que comme lui il se moque de ces histoires. Certes, il ne disconvient pas qu'il leur a fait une large place dans son *De Triplici vita*, mais c'est un livre de médecine et le médecin doit, pour assurer la santé, proposer non seulement ce qui est certain, mais aussi ce qui est probable. Dans ce livre, d'ailleurs, comme dans le *De Sole* et le *De Lumine* qui se trouvaient également incriminés, il faut savoir faire la part de l'allégorie et admettre que la poésie peut se trouver mêlée à la philosophie. Enfin, conclut-il, « si je n'étais pas d'accord, je ne me réjouirais pas de voir condamner par Pic toutes les monstruosités des Astrologues et je ne vous féliciterais pas d'extirper cette vanité superstitieuse à l'instar de Phébus tarissant le venin du Python » [3]. Il est d'ailleurs assez curieux de voir que bien

---

1. *Disputationes* J. Pici Mirandule *Litterarum principis adversus astrologiam divinatricem quibus penitus subnervata corruit.* Ed. E. Garin, Firenze, Vallecchi.

2. Ficini *Op.*, I, 958, 1 : *M. F. Angelo Politiano :* « Ego autem quid ? Profecto tanquam in omni vita vobis unanimis, in hoc quoque studio conspiro vobiscum, et si forte non de certo strenue, tamen ita plane decerno.

Caeteri quidem Platonici, coelestes imagines quas describunt astronomi pro opportunitate commemorant, neque reprobant eas, neque rursus comprobare student. Plotinus autem talia extra controversiam ridet. Ego quoque in commentariis meis in eum, tanquam interpres aeque derideo, partim quidem eius authoritate confisus, partim etiam quoniam nullam habeo certam eiusmodi rationem... In libro de Vita, ubi profiteor medicinam ac remedia vitae, utcumque et qualicumque possum, undique diligenter exquiro, neque despicio prorsus imagines illas, neque omnes respuo regulas, et si enim arbitror certam iis rationem nullam inesse, tamen ut studiosissimus humanae Medicinae curator, remedia non solum sapientibus certa, sed etiam multis probabilia sector...

Narro autem illic dispositiones signorum imaginumque non quales, apud Platonicos sed quales apud Astrologos observaveris... Praeterea in libro de Sole non tam Astronomica doceo quam per haec morales allegoriasque ad divina perquiro ».

3. *Ibid.* : « Denique tam in libris de Vita quam de Sole et Lumine cum philosophicis poetica miscens, liberius sum interdum et forte licentius evagatus, cum Plotino parcius severius ago, ut mihi tandem in ingratum sit futurum.

des années après leur mort, on les accusait encore l'un et l'autre
d'avoir tenté, par des pratiques diverses de faire des miracles et des
prophéties. C'est du moins ce qui ressort très clairement d'une
lettre de leur ami, Jérôme Benivieni, qui en 1515 s'était vu dans
l'obligation de prendre leur défense, en apprenant que du haut de
la chaire de Sainte-Marie de la Fleur un prédicateur avait porté
atteinte à la mémoire de Pic de la Mirandole. Voici d'ailleurs ce que
nous révèle cette lettre, encore inédite, qui a pour titre : « Que le
feu de son amour brûle dans nos cœurs ». « Mon révérend Père dans
le Christ, je ferai par lettre ce que présentement une indisposition
corporelle m'empêche de faire autrement et je veux croire que
votre Révérence voudra bien me pardonner, si en écrivant, j'outre-
passe, peut-être, mes droits, estimant que tout est commandé par
l'amour qui ne connaît ni loi, ni frein. Ces jours derniers, des
hommes de bien, qui vous ont entendu, sont venus chez moi et
m'ont rapporté qu'au cours de vos prédications, dont ils disent
beaucoup de bien, vous avez une fois osé dire comment la bonne
mémoire du comte Jean de la Mirandole chercha pendant un certain temps avec Marsile Ficin, à Careggi et ailleurs à unir son âme
à Dieu, à faire des miracles et à prophétiser en usant de la magie
naturelle de la doctrine de la Cabale auxquelles s'ajoutaient leurs
expériences, leurs prières et leurs parfums. Ces gens avaient du
Comte une opinion si éloignée de ce propos qu'ils ne purent le
croire capable d'une telle vanité et qu'ils en furent profondément
scandalisés. C'est pourquoi ils ont cherché à s'informer près de
moi, comme étant le seul vivant qui savait mieux que personne
si cela était vrai ou faux. Je leur ai répondu d'abord que je me
demandais s'ils avaient bien compris ce que vous aviez dit et
ensuite que si en fait ils avaient bien compris, nonobstant ce que
j'avais appris depuis sur le Comte, j'étais certain qu'il était incapable, je ne dis pas de perdre son temps au détriment de son âme à
des choses semblables, mais même d'y prêter la moindre créance.
A quel point s'imposaient le jugement admirable, la doctrine et la
bonté d'un si grand homme, nul moins que moi n'aurait l'audace
de le nier, quand votre Révérence l'affirme, surtout en public.
Donc vous devez savoir que tandis que le Comte résidait à Florence, ce qui dura pendant plusieurs années, je ne crois pas que
Careggi le vit trois fois et comme je fus pour ainsi dire toujours
avec lui, parce que chaque soir nous faisions pour nous distraire

Astrologica portenta fuisse a Pico nostro Mirandula singulariter confutata.
Quae enim ego nusquam affirmo, imo et cum Plotino derideo, explodi a Miran-
dula gaudeo, superstitiosam praeterea vanitatem ab illo tanquam a Phoebo
Pithonicum virus extingui tecum, Politiane, congratulor ».

une promenade à cheval. Bien que et de la magie et de la Cabale nous ayons bien souvent discuté, je le vis pour ma part toujours plus porté à se moquer de ces choses — je parle de la magie — que d'y ajouter foi ou d'en faire l'expérience. Pour ce qui est de la Cabale, en tant qu'elle est une interprétation des mystères de la Sainte Écriture, je sais qu'il en fit traduire quelques livres, non pas pour faire des miracles, comme certains se l'imaginent, ou faire des prophéties, mais pour s'en servir dans les commentaires qu'il avait l'intention de composer sur l'ensemble de l'Écriture.

En résumé, celui qui a rapporté à Votre Excellence de tels propos sur le Comte, égaré par sa propre opinion pour ne pas dire par sa passion s'est lourdement trompé. Aussi je vous demande de laisser tranquille cet homme qui avait une trop grande intelligence et un trop grand bon sens pour se laisser prendre à une telle vanité. En tout cas, moi qui étais avec lui jour et nuit et qui étais comme l'armoire de tous ses secrets, j'en suis certain, je devrais pourtant en avoir vu quelque trace et je me demande pourquoi il aurait distribué aux pauvres des milliers de florins, même par mes mains et finalement fait profession religieuse et caetera, pour s'unir à Dieu, s'il avait pu le faire par des moyens naturels ou par l'intermédiaire de la Cabale, c'est croyez-moi une chose qu'on ne peut pas croire d'un si grand homme. Mais je ne veux pas prendre plus de temps à votre Excellence, sachant surtout que lui, c'est-à-dire le Comte, est jugé par celui qui seul pénètre nos cœurs. Il me suffit d'avoir dit cela pour satisfaire mon devoir envers la vérité et pour faire taire la voix de ma conscience. Pour ce qui est du reste, je m'en remets au jugement de Votre Excellence, que je prie humblement de me pardonner de lui avoir parlé peut-être avec plus de liberté et avec une plus grande confiance et assurance qu'elle n'en attendait de moi. Je prie pour que vous vous portiez bien dans le Seigneur. A la maison. X 15 mars 1515.

Ce que je dis du Comte, je crois pouvoir le dire sans scrupule aussi de Marsile Ficin.

Jérôme Benivieni, fils de Votre Excellence [1].

1. Cette lettre dont nous avons pu prendre copie faisait partie de la collection Martini, vendue en 1936. A catalogue of Manuscripts early printed and other rare books. Lugano, 1936, p. 6-8. Une partie du texte est reproduite dans ce catalogue avec le fac-similé des dix dernières lignes.

Ignem sui amoris accendat in cordibus nostris.

Faro, Reverendo in Christo Padre, per lettera quello che non mi lascia fare presantalmente qualche mia indisposione (*sic*) corporale, et la Rtia V. cia contenta perdonarmi se forse, scrivendo, io excedero lo officio mio, reputando che tutto proceda da amore che lege et freno non conosce. Sono stati

Comme on en peut juger, le document est d'importance, mais ce qui pouvait être vrai au sujet de la magie ne l'était sans doute pas au sujet de l'astrologie.

a questi di da me alcuni huomini da bene, auditori de la Rtia V. et mi hanno referito che Lei ha qualche volta, in el corso delle sue predicationi, le quali loro sommamente commendano, usato dire come la buona memoria del conte Giovanni da la Mirandola cerco uno tempo, insieme con Marsilio Ficino, in agri Caregio et altrove, di coniugere, per mezzo de la magia naturale et in virtu della doctrina cabalistica, con certe loro observationi, orationi et profumi, la mente con Dio, fare miracoli et prophetare, de la quale cosa, per havere questi tali uno concepto del conte molta alieno da potere credere di lui simile vanita, se ne sono grandemente scandelizati. Et per questa cazione ricercavano da me, come da huomo che lo sapessi quanto alcuno altro vivente, se questa cosa era vero o no. Ai quali io risposi, prima che dubitavo che non havessino bene prese le parole de la Rtia V. et di poi che se pure elle erano cosi, che non obstante che poi che io hebi notitia del conte, io fussi certo ch'egli era tanto discosto non dico da perdere el tempo con danno de l'anima sua dietro a simile cosa, ma da prestarvi pure una minima fede, quanto meritava el iudicio admirabile, la doctrina et la bonta d'uno tanto huomo, niente di meno che io non harei ardire di negarlo, affermandolo la Rtia V. et maxime in publico. Hora voi havete a intendere che mentre che el conte stette in Firenze, che furono piu anni, io non credo che Careggi lo vedessi tre volte et io quasi fui sempre con lui, perche cavalcavamo la sera a spasso et non obstante che et della magia et della caballa et dissimile altre cose si ragionessi molte volte, io per me lo vidi sempre inclinato piu presto a diridere tale doctrina, parlo de la magia, che a prestare fede et a tentare alcuno experimento; pero che la caballa, in quanto ella è una interpretatione de' mysterii de la sacra Scriptura, so che ne fe tradurre alcuni libri, non già per fare miracoli, come sognano cotestoro, o prophetare, ma per servirsene in el commento ch'egli haveva in intentione di fare sopra tuto el corpo de la Scriptura. Insomma, chi a refrito a la Rtia V. del conte una tale cosa è tropo grandemente ingannato dalla sua opinione, non vo' dire passione. Perche lasciato andare che era tropo grande intellecto et tropo grande iudicio a lasciarsi piglare da une tale vanita, io per certo, che et di et nocte ero continuamente apresso di lui et come uno armario di tutti e suoi secreti, ne doverrei pure havere veduto quelche cenno, et non so a che proposito e' si havessi voluto distribuire a' poveri le migliaia de' fiorini, etiam per le mie mani et in ultimo fare professione di religioso et cet. per coniungersi con Dio, potendolo fare per via naturale et per forza di cabala, cosa, prestatene fede a me, indegna da crederla d'uno tanto huomo. Ma non voglio torre più tempo à la Rtia V. maxime sendo lui, cioe epso conte giudicato da quello solo penetra e nostri cori. Questo basti havere decto in sodisfaczione de lo obligo mio in fede de la verita et per reprimere lo stimolo della conscientia. L'altre cose consequente ci mettero a lo arbitrio della Rtia V. la quale strectissimamente prego che mi perdoni si forse ho parlato con lei più liberamente et con maggiore fiducia et sicurita che non si aspectava a me. Oro ut valeas in Domino. Domi. XV Martii MDXIIII. Quello che io dico del conte, credo potere senza scrupulo affermare anchora di Marsilio Ficino.

E. Retia V. filius Hieronym. Benivienus

Al mio Rdo in Christo Padre
predicatore in Sta M. del Fiore.

Au reste, derrière cette querelle se profilait sans doute l'ombre de Savonarole, dont l'ascendant sur Politien et sur Pic s'affirmait chaque jour davantage et qui, en l'occurrence, non seulement avait cru bon de rédiger un éloge *In libros contra divinatricem astrologiam*, mais s'était fait un devoir de composer à l'usage des fidèles, plus ou moins avertis de ces problèmes, une réplique de l'ouvrage de Pic [1]. Notons toutefois que Pic était mort quand parut le traité du prieur de Saint-Marc et que nulle allusion n'y est faite à Ficin. Au reste, que cette réponse à Politien ait été provoquée ou non, une chose est certaine, c'est que Ficin déclare que « dans la vie il est d'accord avec eux » *(in omni vita vobis unanimis)* et cela est important, car on aurait pu croire que Ficin s'inquiétait de voir son ami abandonner peu à peu la philosophie, pour écrire des traités ascétiques dont l'inspiration n'était pas douteuse [2].

Il est vrai que le 18 juin 1493 Alexandre VI, tout en maintenant la condamnation des Thèses et de leur Apologie, avait enfin décidé d'absoudre leur auteur. Rentré dans la communion de l'Église, Pic avait donc retrouvé toute son autorité et Ficin, qui avait partagé ses inquiétudes, ne fut sans doute pas le dernier à s'en réjouir. Désormais, malgré leurs divergences philosophiques, tout semblait les inviter à conjuguer leurs efforts, sous l'autorité de Pierre de Médicis, pour assurer le triomphe de l'Idéal auquel l'un et l'autre avaient sacrifié leur vie. Mais la Fortune, toujours envieuse des

---

1. H. SAVONAROLAE, *O. P. Opus eximium adversus divinatricem astronomiam, in confirmationem confutationis eiusdem astronomicae praedictionis, Ioan. Pici Mirandulae Comitis, ex Italico in Latinum translatum. Interprete F. Thoma Boninsignio senensi eiusdem ordinis et sacrae theologiae in Academia Florentina publico professore.* Florentiae, 1582.

Proemium, p. 32 : « Cum autem in lucem prodierit Ioannis Pici Mirandulae Comitis liber adversus hos superstitiosos astrologos illosque legerim, gaudio ac tristitia pariter correptus fui. Gavisus sum equidem ob opus adeo utile, christianisque summopere necessarium his nostris temporibus, in quibus totus fere orbis hac pestifera fallacia involvitur. Tristitia vero affectus sum, hominem hac nostra aetate universo terrarum orbi conspicuum, ac celeberrimum in sue flore iuventutis vita excessisse, cum opus illud insigne perficere et supremata (quod aiunt) illi manum imponere minime potuerit... Cum igitur animadverterem opus tam eximium, ab eruditissimis tantum, et in scientiis exercitatissimis degustandum iri, cuius tamen cognitio ineruditis magis necessaria esset... in imperitorum ego, vulgariumque opem ardenti animo favere constitui. Et quoniam sapientibus aliter, aliter vero insipientibus loqui oportet, non est certe propositi mei, librum illum suum in vulgarem vertere sermonem, aut quicquid ille conscripsit scribere pariter, seu ordinem servare eundem, cum hoc imperitis minime conducibile foret ».

2. *Deprecatoria ad Deum elegia — Duodecim arma spiritualis pugnae — Duodecim conditiones amantis — Expositio in orationem dominicam...,* etc.

trop riches promesses, devait bientôt assombrir leur horizon et ruiner brutalement leurs espérances.

III. Dans la tourmente.

L'orage, annoncé par Savonarole depuis quatre ans, se faisait de plus en plus menaçant. Tonnant contre l'Église, défiant son chef, bravant toute menace, le Frate avait su entraîner dans un courant de repentir et de crainte tout un peuple, qui le suivait avec d'autant plus d'enthousiasme et d'aveuglement que nul ne mettait en doute ses visions et ses prophéties. Une fois de plus allaient-elles se réaliser : un monarque, envoyé de Dieu, devait rendre à Florence sa liberté et à l'Église sa grandeur.

A la mort de Ferrante d'Aragon (janvier 1494), Charles VIII, affirmant les prétentions de la couronne de France sur le royaume de Naples, s'était fait proclamer roi des Deux-Siciles et sur le conseil de son ministre, Briçonnet, avait envoyé des ambassadeurs à Florence et à Rome pour négocier la traversée des territoires de ces deux États [1]. Florence étant par tradition favorable aux Français, la demande du roi de France n'avait rien d'insolite. Mais Pierre de Médicis, qui chaque jour sans doute voyait son autorité minée par Savonarole et par ceux qui savaient exploiter ses propos, crut bon de résister ou du moins de marchander, tant et si bien que Charles VIII, au lieu de traverser la Toscane, en allié, dut l'envahir et c'est ainsi que Savonarole put se flatter d'avoir prédit la vérité en annonçant le « déluge » qui devait régénérer l'Italie. Dès les premiers jours d'octobre, Montpensier à la tête de l'armée la plus formidable de l'Europe, pénétrait en territoire florentin, franchissait l'Apennin et assiégeait Sarzanne. Comprenant que toute résistance était inutile, le Prince voulut alors réparer sa maladresse et assurer son impunité en allant au devant du roi pour lui livrer Florence. Il était trop tard. Il ne représentait plus rien et quand il reparut dans la cité de ses aïeux, ce fut pour en être chassé par tout un peuple, qui, entre temps, avait envoyé à Charles VIII une ambassade, conduite par Savonarole, pour lui dire qu'elle attendait un libérateur et non pas un conquérant.

Ainsi en quelques jours Florence avait renié ses maîtres et, dans un enthousiasme indescriptible, elle devait ouvrir ses portes le 17 novembre à celui qu'on lui présentait comme l'envoyé de Dieu.

---

1. Cf. H.-F. Laborde, *L'expédition de Charles VIII en Italie*, Paris, Firmin Didot, 1888.

On devine l'angoisse de Ficin à la vue de cette plèbe, qu'il avait un jour définie « un mille-pattes sans tête »[1], saccager les palais de ses protecteurs et de ses amis et pousser la haine jusqu'à profaner la tombe de Cosme en arrachant les lettres de bronze qui devaient redire à la postérité que cette Florence aujourd'hui déchaînée contre tout ce qui rappelait les Médicis l'avait un jour proclamé le Père de la Patrie.

Mais si soudaine qu'ait été la catastrophe, Ficin en avait certainement compris les signes avant-coureurs et comme nous l'avons vu se faire le défenseur de Florence après la conjuration des Pazzi, il importe que nous sachions quelle fut son attitude en face des événements dont il fut témoin pendant les dernières années de sa vie. Nous n'avons pour en juger que fort peu de documents, mais ils sont d'importance, car ils nous éclairent sur les deux faces du drame que connut Florence pendant cette période : la chute des Médicis et le martyre de Savonarole.

A vrai dire aucun texte n'exprime clairement la pensée de Ficin sur le bannissement de Pierre de Médicis et de sa famille. Mais de son attitude vis-à-vis du Roi de France et de ses conseillers nous pouvons certainement tirer des conclusions très vraisemblables.

Certes Ficin devait tout aux Médicis et nous savons quelles espérances il fondait sur le jeune Pierre deux ans avant la catastrophe. Mais tout en reconnaissant que, par tempérament, il n'avait pas la vocation au martyre, on peut bien admettre que la fidélité, même dictée par la reconnaissance, peut avoir des limites. Or, Ficin était trop intelligent pour ne pas comprendre les conséquences des erreurs que Pierre avait commises en s'obstinant, malgré sa faiblesse, à dicter des conditions au Roi de France, qui ne lui demandait que le libre passage sur son territoire. Par ailleurs, même s'il n'approuvait pas toujours la conduite et les méthodes de Savonarole, nous verrons bientôt qu'il était alors convaincu que le prieur de Saint-Marc était doué de dons exceptionnels et chargé par Dieu d'une mission apostolique, dont Florence et l'Église tout entière devaient bénéficier. Ajoutons à cela que la plupart de ses amis et non des moindres, puisque nous trouvons parmi eux Jean Cavalcanti, Bernard Rucellai, Pierre Soderini et Francesco Valori qui eux aussi devaient beaucoup aux Médicis, n'avaient pas hésité à se mettre au service des partisans de Savonarole pour tenter de sauver Florence, que les maladresses et la mauvaise foi de leur prince

---

1. Ficini *Op.*, I, 632, 3 : *M. F. Ioanni Cavalcanti* : « Neque rumori vilis plebeculae praestandae sunt aures, si invitaverit ad vindictam. Quid plebs? Polypus quidam, id est, animal multipes sine capite. »

exposaient aux plus grands périls [1]. Peut-être, ce faisant, n'avaient-ils pas renoncé à défendre l'œuvre des Médicis, l'héritage et même le nom des Médicis, mais il est manifeste que Pierre déchu s'était vu abandonné par le plus grand nombre et il serait injuste de faire grief à Ficin d'avoir sacrifié un prince incapable à la sauvegarde de Florence et à la cause de la paix. Encore une fois, tout cela n'est nulle part clairement exprimé, mais les faits sont là et quand on voit comment Ficin a accueilli les représentants du Roi de France et Charles VIII lui-même, on ne peut pas dire que la chute des Médicis l'ait conduit au désespoir.

Le premier témoignage que nous ayons de ses relations avec les Français qui avaient envahi l'Italie est une lettre à Jean Matheron de Salignac que le roi de France avait envoyé à Pierre de Médicis pour négocier dans les meilleures conditions le passage des troupes françaises sur le territoire de la République. Ficin « enflammé par certain Phébus de la splendeur de la sagesse et des vertus » de cet ambassadeur lui adresse son *De Sole et Lumine* en témoignage de son affection [2]. Simple démarche de courtoisie, sans doute, mais il n'est cependant pas exclu que les émissaires de Charles VIII aient été informés de la présence de Ficin à Florence et de l'influence qu'il pouvait éventuellement exercer sur le Prince pour faire aboutir leurs négociations.

Une série de lettres à Germain de Ganay [3] va d'ailleurs nous permettre de juger du prestige dont Ficin jouissait alors en France et en l'occurence des incidences politiques qui pouvaient en découler. On ne sait ni à quelle occasion, ni à quelle date exactement ce savant chanoine de Notre-Dame de Paris, conseiller au Parlement, est entré en relations avec le maître de l'Académie de Florence. Une lettre du 4 octobre 1494 nous révèle toutefois que c'est par l'intermédiaire de Cosme Sassetti et de Laurent Spinelli qui géraient la Banque Médicis à Lyon, que Ficin apprit l'estime et l'affection que Germain de Ganay avait pour lui [4] et nous verrons à quel point elle était réciproque. En tout cas cette lettre à elle seule suffirait à nous prouver que leurs relations étaient bien anté-

1. Cf. H.-F. Laborde, *op. cit.*, p. 393 et suiv.

2. Ficini *Op.*, I, 959, 4 : *Oratio Marsilii Ficini Florentini ad Ioannem Matheronem magni Gallorum regis inclytum oratorem.*

3. *Id.*, I, 957, 2 — 960, 2 — 963, 2 — II, 1871. — Kristeller, *Sup. Fic.*, II, p. 91. — *Traditio*, II, 1944, p. 317-318.

4. Ficini *Op.*, I, 960, 2 : « Quae de excellenti virtute dignitateque tua iampridem e multis audiveram, nuper Cosmus Sassectus et Laurentius Spinellus testimoniis apud me multis confirmaverunt, viri nobiles atque testes hac in re profecto locupletissimi. Narraverunt praeterea quanti me facias et quam ardenter ames ».

rieures à l'invasion de la Toscane par les armées de Charles VIII. Certes, cette lettre n'est pas datée, mais il en est une autre qui nous assure qu'au printemps de cette même année 1494 ces deux hommes se traitaient déjà comme deux frères [1]. Il est vrai que le nom de « Germanus » favorisait ce rapprochement. En fait ils se considéraient tous les deux comme les fils de la Philosophie et c'est à ce titre que Ficin se fit une joie de lui adresser ses œuvres : « Parce que, lui écrit-il, tout doit être commun entre des amis et qui plus est entre deux frères, j'ai décidé, répondant à votre vœu, de vous faire part de tout ce que j'ai. Ainsi je vous enverrai d'abord les livres de Denys et de plusieurs platoniciens, qui sont déjà copiés à votre intention et que vous m'avez demandés depuis un certain temps. Puis vous recevrez le commentaire sur le *Parménide* que l'on copie en ce moment. Après viendront peut-être les commentaires sur le *Timée* et le *Sophiste*... et mes *Lettres* » et il termine : « Je pensais que vous aviez déjà Plotin. Or vous m'écrivez que vous ne l'avez pas. Si vous le voulez, dites-le-moi » [2]. Ainsi, nul doute sur le caractère de leur amitié. Dans les mauvais jours Ficin se plaindra même que « la dureté des temps les prive l'un et l'autre de leur correspondance » [3]. C'est dire qu'ils s'écrivaient fréquemment et nous avons la preuve qu'ils ne manquaient aucune occasion de se rendre service. Germain de Ganay avait, en effet, un frère aîné, Jean, président au Parlement et chancelier du roi de France. Or voici ce qu'écrivait Ficin à son ami Germain quelques jours après l'entrée des Français à Florence : « Avant tout je dois vous dire que ce qui me fut le plus agréable fut d'apprendre que vous m'aviez recommandé à votre frère Jean, l'Achate royal, Président de Paris... Cela nous fut et nous sera certainement très précieux. Je l'ai d'ailleurs rencontré ici il y a quelques jours chez votre roi » [4]. Il se trouve même

---

1. *Id.*, I, 957, 2 : « Salve igitur iterum, dilectissime mi Germane, quem mihi re vera germanum communis peperit Philosophia mater, cum nollet filios unquam inter se disiunctos et te (ut scribis) isthuc missa luce traxit in amore mei, et me vicissim transmisso hucusque, ex ipsa luce calore rapuit in amorem tui ».

2. *Id.*, I, 957, 2 : « Itaque mittam ad te primo quidem Dionysii et Platonicorum multorum libros tibi iam exscriptos, quos iamdiu petisti... Plotinum enim habere te senseram, nuper autem non scribis habere. Si mitti vis, significa ».

3. *Id.*, I, 963, 2 : « Eadem tempestatis huius iniquitas et tuas ad me et meas ad te sepe literas intercepit. Heri tandem vicit iter durum pietas, expectatamque diu tuam mihi concessit epistolam ».

4. *Ibid.* : « Quinam primo scribam? Certe quod in primis contigit mihi gratissimum, me videlicet et commendatum esse per epistolam tuam fratri tuo Ioanni, Achati regio, Parisii praesidenti. Id quidem operae pretium nobis fuit et erit... Conveni equidem hic apud excelsum Regem vestrum

que ledit chancelier était accompagné de ce fameux Paul Emili de Vérone, que nous avons précédemment rencontré à Paris et qui depuis, grâce à son talent et à la protection du cardinal de Bourbon, était devenu historiographe du roi [1]. Ficin, qui sans doute l'avait rencontré dès son arrivée à Florence, lui demanda même de se faire son interprète près du chancelier en lui présentant de sa part un exemplaire de son *De Sole et Lumine*, auquel il avait joint une lettre, dont les termes ont besoin d'être précisés.

Ficin dans sa lettre à Emili, écrit, en effet, que s'il fut heureux de le voir, il eût été encore plus heureux de voir le chancelier [2]; et au chancelier il écrit : « Puisqu'à cause de la foule des étrangers qui sont chez moi et des troubles publics je ne peux pas philosopher tranquillement ici, et puisque cependant je ne veux pas interrompre le travail philosophique qui est ma vie, j'ai quitté la ville pour une retraite à la campagne. Mais avant de partir j'ai souvent cherché à voir votre splendeur, depuis longtemps attendue. Finalement je salue de loin avec mon *De Sole* celui que je n'ai pu saluer en personne » et il termine : « Par la chaleur de cette lumière, mon très brillant Jean, je vous supplie d'aimer Marsile qui vous aime ardemment » [3].

Outre le ton de cette lettre, qui peut surprendre, on est surtout étonné d'apprendre que Ficin a quitté Florence sans avoir pu rencontrer le « très digne Président de Paris », alors qu'il avait écrit précédemment qu'il l'avait vu chez le roi. En fait, s'il y a confusion, elle provient uniquement de la place assignée à ces deux textes

superioribus diebus Ioannem nostrum, virum frequenti salutatione dignissimum, eiusque conspectu non solum ob splendorem suum, gratulatus sum, sed etiam ex hoc valde congratulatus quod in egregio fratre tuo Charissimum meum videre videbar ».

1. Cf. A. RENAUDET, *op. cit.*, p. 121, n. 2 et p. 259, n. 4

2. FICINI *Op.*, I, 964, 3 : *M. F. Paulo Veronesi insigni doctrina viro* : « Videre te quidem Florentiae licuit, idque admodum mihi gratum contigit. Gratissimum quoque fuisset praesidentem Parisii visere... Quamquam si vos invicem ea, ut arbitror, charitate devincti estis ut sit alter in altero cum primum aspexi Paulum, in Paulo introspexi Ioannem... Denique per ipsum Phoebeum munus, quod ad te quoque mitto, te vehementer obsecro, ut Apollineo Ioanni me saepe commendes. Vale. ».

3. *Id.*, I, 964, 2 : *M. F. Ioanni Ganiensi dignissimo Parisii praesidenti* : « Cum propter hospitum domesticorum turbam, publicos tumultus, tranquille isthic philosophari non possem, Philosophicum tamen officium mihi perpetuum intermittere nollem, in rusticam solitudinem ex urbe secessi. Sed anteque discederem, exoptatum mihi diu splendorem tuum saepe quaesivi. Quem denique nondum salutavi praesentem, hunc absentem munere quodam Phoebeo saluto... Per ipsum luminis Phoebei calorem te obsecro, splendidissime mi Ioannes, ut Marsilium ames ardenter amantem. Vale. »

Sur ce personnage, voir *Jehan de Ganay*, par E. DE GANAY, Paris, Plon, 1932.

dans la Correspondance de Ficin et il suffit d'en intervertir l'ordre pour dissiper l'équivoque et interpréter les faits.

On sait que Charles VIII n'a séjourné à Florence que du 17 au 28 novembre 1494 et naturellement son chancelier l'accompagnait. Pour expliquer que Ficin pendant ce court délai ait pu successivement regretter de n'avoir pu rencontrer Jean de Ganay et se féliciter d'avoir pu le voir chez le roi, il faut supposer, que se croyant menacé ou étant sûrement importuné par les soldats, qui effectivement logeaient chez les habitants, il a quitté Florence et qu'il y est presque aussitôt revenu. L'hypothèse n'a rien d'invraisemblable, car bien qu'il ait compté parmi ses amis un Valori et un Rucellai, il a fort bien pu se croire en danger pendant ces jours de sédition. D'abord le 9 novembre, jour ou Florence, déjà occupée par les avant-gardes françaises, chassa les Médicis et pilla leur palais. Mais puisque Ficin précise qu'il a cherché souvent à voir le chancelier, c'est certainement pendant le court séjour de Charles VIII à Florence qu'il a également décidé de quitter la ville, importuné par la présence d'étrangers dans sa maison et inquiet de la tournure prise par les événements. L'histoire nous apprend, en effet, que du 21 au 24 novembre la situation fut particulièrement tendue et qu'à plusieurs reprises on redouta le pire, le bruit ayant couru que le roi de France se montrait favorable au retour de Pierre de Médicis [1].

C'est donc pendant cette période critique, durant laquelle les incidents se multiplièrent entre les troupes françaises et les florentins, que Ficin jugea prudent de se retirer, sans doute à Careggi, moins peut-être pour philosopher que pour se mettre à l'abri des coups. Combien de temps y est-il resté? Trois ou quatre jours sans doute. Mais ayant appris non seulement que tout malentendu était dissipé, mais que le roi devait le 26 novembre se rendre à Sainte-Marie de la Fleur pour jurer sur l'Évangile de respecter le traité qu'il venait de signer, Ficin pensa qu'au titre de chanoine il avait une excellente raison d'être présenté au roi et de profiter de cette occasion pour voir Jean de Ganay.

Indépendamment du plaisir qu'il pouvait avoir de connaître cet illustre représentant de cette famille, Ficin voyait sans doute en lui l'homme politique, dont le patronage pouvait lui être fort utile en ces jours si sombres [2] et c'est sans doute dans ce même

---

1. Cf. H.-F. LABORDE, *op. cit.*, p. 470-471.
2. FICINI *Op.*, I, 963, 2 : « Nam Italia ferme tota, certe Tuscia omnis, praesertim Florentia, externis pariter et internis quotidie tumultibus agitatur ».

esprit qu'il faut interpréter l'étonnante harangue qu'il rédigea à l'adresse de Charles le Grand, roi de France.

A-t-elle été prononcée? Nous ne le pensons pas, car Ficin, en public, n'aurait pu parler qu'au nom du Chapitre et il n'en est rien. Par ailleurs l'analyse du texte nous révèle que ce discours fut certainement écrit avant l'entrée du roi à Florence, puisque Ficin parle toujours au futur et fait même dire au roi : « Je ne suis pas encore venu, je n'ai pas encore vu, mais j'ai déjà vaincu ». On peut donc supposer que cette adresse fut confiée à l'un des ambassadeurs qui le 15 novembre avaient été envoyés à Pontassigna pour déclarer à Charles VIII le grand désir qu'avait le peuple florentin de le recevoir en ses murs [1]. Quoi qu'il en soit, quand on le replace dans son contexte historique, il faut avouer que ce message ne manque ni d'astuce, ni d'à propos.

Savonarole avait dit au monarque : « Vous êtes, Roi très chrétien, un instrument dans la main du Seigneur, c'est lui qui vous envoie soulager les maux dont souffre l'Italie, comme je l'ai prédit depuis plusieurs années, et réformer l'Église abattue [2] ». Et Charles VIII qui à la cour du roi Louis XI, au Plessis-lez-Tours, avait grandi en écoutant les leçons et aussi parfois les prophéties de saint François de Paule, avait dû être fort impressionné par ce langage et il est certain que Savonarole eut sur ses décisions une influence déterminante. Mais, sans cesser de considérer le roi comme un envoyé de la Providence on pouvait fort bien présenter sa mission sous un tout autre angle.

En envoyant à Florence au devant du roi le cardinal Raymond Peraud, le pape Alexandre VI avait sans doute voulu rendre les contacts plus faciles, puisque ce cardinal, né à Surgères en Saintonge (1435), parlait français et connaissait fort bien Charles VIII auprès duquel il avait été déjà envoyé en mission. Mais le monarque retrouva surtout dans le cardinal l'homme qui avait voué sa vie à l'œuvre de la croisade contre les Turcs. Pour convaincre le roi, en qui il voyait l'homme qui pouvait enfin réaliser ses rêves, il n'hésita pas à se faire son allié et à dénoncer la duplicité du Pape qui, secrètement, traitait avec les Turcs pour sauver le royaume de Naples [3]. Nul doute qu'il parvint à ses fins, puisque le 22 novembre Charles VIII publiait en latin et en français un manifeste, qu'on alla même jusqu'à imprimer pour le répandre à profusion, et dans lequel il affirmait solennellement que le but réel de son expé-

1. Cf. H.-F. Laborde, *op. cit*, p. 456.
2. Cf. R. Ridolfi, *op. cit.*, I, p. 127 et suiv.
3. Cf. H.-F. Laborde, *op. cit.*, p. 477 et suiv.

dition était la délivrance des Saints Lieux. A l'en croire, l'occupation
du royaume de Naples, dont ses prédécesseurs avaient reçu vingt-
quatre fois l'investiture, n'était qu'une étape nécessaire à cette
grande entreprise et le roi déclarait positivement qu'il n'ambition-
nait aucune autre conquête et qu'il n'entendait porter aucun préju-
dice à la ville de Rome et aux États de l'Église qu'il devait traverser pour accomplir sa mission [1]. Or, c'est précisément ce thème
que Ficin, qui avait pu rencontrer le cardinal Peraud, reprenait
dans son discours, qui semblait bien traduire la pensée du clergé
florentin à l'arrivée du roi de France.

« On a coutume de vous dire, Majesté, et la plupart l'ont fait, que
vous avez entrepris cette expédition comme envoyé de Dieu. Nous
et tout le peuple florentin, qui est vôtre, le croyons sans aucun
doute, l'espérons fermement et nous en félicitons hautement. Il
est, en effet, vraisemblable que le roi très chrétien des Français
a été envoyé par le Christ et que Charles, qui, par sa piété, dépasse
tous les rois, est guidé par sa foi chrétienne, surtout si l'on songe
que vous avez entrepris cette expédition pour racheter enfin, au
nom du souverain rédempteur du genre humain, la sainte Jérusalem, occupée par de cruels Barbares » [2]. Puis justifiant la conquête du royaume de Naples il poursuit : « Nous espérons donc que
vous rachèterez facilement ce saint royaume, après avoir occupé
en passant votre royaume héréditaire... » [3]. Mais il n'oublie pas
Florence, et c'est en invoquant l'exemple du Christ et d'Enée qu'il
intercède pour ses concitoyens en transposant les textes les plus
divins avec une audace qui, aujourd'hui, réclame beaucoup d'indulgence. Messager du Christ, « Rex pacificus », le très pieux
Charles doit faire, comme on nous l'a dit et comme nous l'espérons,
ce qui fut demandé par le père au pieux Enée et aux Troyens :
pardonner aux vaincus et punir les superbes... Vous verrez alors

1. Notre Bibliothèque Nationale possède un exemplaire de ce manifeste
en français.
2. FICINI *Op.*, I, 960, 4 : *Oratio Marsilii Ficini Florentini ad Carolum
magnum Gallorum Regem* : « Excelsa maiestas tua, rex Carole semper in-
victe, solet nonnunquam ut plerique fuerunt, dicere, ad hanc expeditionem
mitti divinitus. Quod quidem nos et universus hic populus Florentinus tuus
proculdubio credit, firmiter sperat, vehementer congratulatur. Veri namque
simile est et Christianissimum Gallorum Regem a Christo mitti, et Carolum
prae caeteris insignem pietate regem, Christiana pietate duci, praesertim
cum iter opusque tantum ea mente sis aggressus, ut sanctam Ierusalem
saevissimis Barbaris occupatam, summo humani generis redemptori,
denique redimas ».
3. *Ibid.* : « Regnum profecto sanctum speramus te facile redempturum.
Recepto prius obiter haereditario regno, siquidem hoc itinere passim pro-
viribus vestigia Christi sequaris ».

de quelle étonnante piété envers vous est capable votre Florence,
vous verrez Florence, dont le nom vient de fleur, c'est-à-dire du
lys, couverte de lys. Vous viendrez en personne et les vôtres de
tout cœur vous recevront. Imitant le Christ, votre chef, vous
direz au peuple : « Venez tous à moi, vous qui travaillez et qui
souffrez et je vous soulagerai ». Alors ce peuple, aujourd'hui et à
jamais célèbrera le gracieux Charles, dont le nom vient de charitas
et des grâces en criant : « Bienheureux celui qui vient au nom du
Seigneur... *Haec dies quam fecit Dominus, exultemus et laetemur
in ea* » [1]. Et il concluait : Si vous le voulez, vous pouvez dépasser
César. Lui, a dit : *Veni, vidi, vici*. Vous, vous pouvez dire :
Nondum veni, necdum vidi, iam vici. Vous pouvez même être
plus grand qu'Hercule, qui s'imposait par les armes; il vous suffit
d'imiter Jupiter qui conduit le monde d'un geste. Ainsi, vous serez
non seulement Roi de France, mais maître du monde, puisque
vous avez été choisi pour vaincre les Turcs et sauver Jérusalem,
comme Dieu lui-même a délivré le genre humain » [2].

Si étrange que puisse paraître ce dithyrambe, dont le fond
diffère peu des compliments et des espoirs exprimés au roi par
Savonarole et Luca Corsini, il demeure pour nous digne d'intérêt
car il nous fixe sur l'état d'esprit de Ficin et de ceux qu'il représentait. Que cette harangue ait été prononcée ou non, elle traduisait sans doute les sentiments du haut clergé florentin qui, sans
désavouer ouvertement Savonarole, se refusait à voir en Charles VIII un nouveau Cyrus ayant pour mission de châtier l'Italie
et de réformer l'Église. En fait, respectant la cité-fleur, qui l'avait
accueilli avec un luxe inouï et une joie débordante, le roi avait
pris le chemin de Rome (28 novembre), laissant seulement à Florence, conformément au traité, Jean Matheron et M. de la Motte [3].

1. *Ibid.* : « Florentinam civitatem tuam mirifica pietate vises, Florentiam
a flore, id est, a lilio dictam, liliorum ubique plenam. In propria venies et tui
te tota mente recipient. Tu autem ducem tuum imitatus Christum, clamabis ad populum : Venite ad me omnes qui laboratis et onerati estis, et ego
reficiam vos. Praesens itaque populus et futurus in aevum gratiosum regem
Carolum a charitate gratiisque nominatum, his semper vocibus celebrabit :
Benedictus qui venit in nomine Domini. Carolus charus nobis, excelsus, rex
pacificus. Haec est dies quam fecit Dominus, exultemus et laetemur in ea ».

2. *Ibid.* : « Totus autem mundus, omniumque communis historia, quae
mox dicam (ut arbitror) recensebit. Carolus Gallorum rex invictus, Cesa-
rianum illud, dictu magnum, factu maximum. Veni, vidi, vici, adeo superavit, ut dicere iam iure possit : nondum veni, necdum vidi, iam vici ».

3. Cf. H.-F. LABORDE, *op. cit.*, p. 483. La seigneurie désigna de son côté
deux représentants pour accompagner le roi dans sa marche sur Naples :
François Soderini, évêque de Volterra, ami et protecteur de Ficin, et Neri
Capponi.

A vrai dire le bilan de ces journées était plutôt favorable, puisque, pratiquement, Florence avait changé de maîtres, en évitant une catastrophe. Bannissant l'héritier des Médicis, que ses maladresses avaient rendu indigne, on avait respecté leur œuvre et si certains jours on avait pu craindre le pire, on se félicitait, l'orage écarté, de retrouver intacts les témoins de la grandeur passée et les précieux manuscrits sur lesquels on avait fondé tant d'espoirs. On devine à quel point Ficin dut s'en montrer satisfait. Il nous dira d'ailleurs tout à l'heure qu'un tel dénouement tenait du miracle. Mais, alors qu'il saluait l'entrée du roi de France comme un jour plein de promesses, le Ciel en fit pour lui un jour de deuil.

« Le jour où Charles, roi des Français, est entré dans notre ville de Florence, écrit-il au président de Ganay, notre Mirandole nous a quittés causant aux amis des lettres presque autant de douleur que l'arrivée du roi avait donné de joie à la ville. Ainsi, prudent, le génie du lieu compensa-t-il la peine des amis des lettres par la joie du peuple et alors que s'éteignait cette lumière philosophique, il alluma la lumière royale pour qu'en ce jour sans doute Florence ne demeurât pas dans l'obscurité » [1]. Curieuse coïncidence ! Si curieuse, que l'on accuse encore un des serviteurs de Pic d'avoir profité du désarroi pour empoisonner son maître, dont il convoitait l'héritage [2]. Comme le comte avait reçu la veille, des mains de Savonarole l'habit des tertiaires de Saint Dominique [3], on l'enterra à Saint-Marc, près de son ami Politien [4], disparu deux mois plus tôt (14 septembre), emporté par une fièvre aussi brutale que suspecte. Cette mort inopinée, en des temps aussi troublés, fut assurément pour Ficin une dure épreuve, mais en dépit du vide qu'elle créait, la mort n'était point pour lui une ennemie. « Sans doute, poursuit-il,

---

1. *M. F. Germano de Ganai, Parisii Praesidenti* : « ... Superiore Novembre, quo die Carolus, rex Francorum magnus, urbem nostram Florentiam est ingressus, noster Mirandula nos deseruit, tanto ferme dolore litteratos afficiens, quanto rex interim gaudio civitatem. Ita providus loci genius et populi gaudio litteratorum gemitum compensavit et pro extincto philosophico lumine regium interea lumen accendit, ne forsan obscurior eo die Florentia videretur ». *Sup. Fic.*, II, p. 92. — L'adresse de cette lettre doit être en partie corrigée, car si son destinataire est bien Germain de Ganay, ce qui n'est pas douteux, c'est son frère Jean qui était président du Parlement.

2. Cf. L. Thuasne, *op. cit.*

3. Cf. R. Ridolfi, *op. cit.*, I, p. 147-151. L'auteur s'appuyant sur un document jusqu'alors inconnu démontre que Pic n'avait reçu l'habit de tertiaire dominicain que la veille de sa mort, parce qu'il vivait en concubinage et avait refusé de suivre les conseils de Savonarole.

4. Cf. V. Chiaroni, *Le Ossa di Poliziano*, dans la *Rinascita*, 1939, VII, p. 476-486.

cette lumière est perdue pour nous, mais elle brille dans le ciel. Pic est parti joyeux, assuré qu'il était de passer de l'ombre à la lumière et de quitter l'exil pour sa vraie patrie » [1]. Et pour consoler son ami de Ganay auquel il annonçait d'ailleurs en même temps la mort de Politien, il lui adressait sa traduction du *De Resurrectione* d'Athénagore, souhaitant qu'il trouvât dans ce livre et dans sa *Théologie platonicienne* ce qui pourrait alléger sa peine [2].

Pour sa part, il avait certainement fait front à l'adversité, puisque dans la lettre même dans laquelle il mentionne sa visite à Charles VIII, il ne perd pas de vue la tâche qu'il s'est assignée. Il avoue qu'il a la tête vide « et cependant, dit-il, au milieu du vacarme, je poursuis aussi assidûment que possible mes commentaires de Platon que je dois bientôt achever, si Dieu me vient en aide » [3]. En fait il devait tenir parole puisque, le 2 décembre 1496, on achevait d'imprimer chez Lorenzo di Francesco di Veneto cette « nouvelle interprétation », dont la nouveauté se limitait à quelques pages et résidait surtout dans la présentation [4]. Cette édition n'est pas moins précieuse pour l'historien, en raison des quelques renseignements qu'elle nous procure et des inférences qu'on en peut tirer.

---

1. Lettre à G. de Ganay citée ci-dessus n. 1 : « ...Mirandulanum lumen extinctum inquam terris, caelo redditum. Ea enim Picus hilaris securitate ex hac umbra vitae migravit, ut ab exilio quodam in caelestem patriam videretur proculdubio rediturus ».

2. FICINI *Op.*, II, 1871 : *M. F. D. Germano de Ganay, Parisii consulari Regio viro doctissimo :* « Ego igitur ut te propter acerbum Politiani Picique virorum excellentium obitum moerentem pro viribus consolarer, statui ad te mittere, quae ex libro Athenagore Atheniensis Philosophi Christiani de resurrectione iampridem excerpsi interpretatus e Greco. Si haec et praeterea quae in theologia platonica de resurrectione tractamus consideraveris, levius fortasse moerebis ». — Le titre donné ici à Germain de Ganay peut surprendre. En fait, Germain de Ganay fut nommé conseiller clerc au Parlement en 1485, chanoine de Notre-Dame en 1486, élu chanoine de Saint-Étienne de Bourges le 4 mai 1492, évêque-comte de Cahors, en 1509 et enfin en 1514, évêque d'Orléans où il est mort et où il est inhumé.

3. *Id.*, I, 963, 3 : « Proinde etsi professio nostra est vacuae mentis opus, pergo tamen inter hos strepitus in Platonicis commentationibus assidue quoad possum, eas propediem (si Deus aspiraverit) perfecturus ».

4. *Commentaria in Platonem*. Colophon : Impressum Florentiae per Laurentium Francisci de Venetiis anno ab incarnatione Domini nostri Jhesu Christi MCCCCLXXXXVI die 11 Decembris.

On lit à la fin du volume : « Superioribus Commentariis haec adiungenda sunt : Catalogus, distinctiones capitum, summae, commentariola in ceteros Platonis libros, quae Florentiae mox imprimentur. Nunc autem seorsum hic imprimitur Dionysius de mystica theologia divinisque nominibus ».

IV. Ficin et Savonarole. lux aeterna.

Le dernier livre de la Correspondance de Ficin s'achevant avec l'année 1494, nous nous trouvons devant un vide d'autant plus inquiétant que la période est trouble et que Ficin n'a pu demeurer indifférent aux événements dont il fut témoin. Avec les Médicis il avait assurément perdu un précieux patronage et il est fort possible que si Pierre eût régné plus longtemps, Marsile eût retrouvé la sécurité du lendemain qu'il n'avait plus connue depuis la mort de Cosme. Il ne manquait certes pas d'amis, mais Florence était désormais divisée et il devenait chaque jour plus difficile de demeurer au-dessus de la mêlée. Tout en désapprouvant la conduite de Pierre, beaucoup espéraient que la fortune des Médicis, si maladroitement compromise, n'était pas définitivement ruinée. Dès décembre 1494 Savonarole lui-même avait demandé l'amnistie [1] en leur faveur et, si cette mesure de clémence avait été refusée, il n'en est pas moins vrai que les Catons de la nouvelle république étaient plus inquiets des intrigues qui se nouaient contre eux à Rome ou à Milan que des rivalités qui opposaient leurs concitoyens.

Certes, les partisans les plus farouches de Savonarole, qu'on appelait tantôt Frocards, tantôt Pleurards, étaient hostiles aux Médicis et Ficin comptait certainement parmi eux de puissants amis. Mais entre ces hommes et les ennemis du Frate, qui n'avaient que des ambitions politiques, tout un monde de « blancs » et de « gris » s'agitait dans l'ombre ou attendait son heure. Tous étaient partisans d'une réforme des institutions, mais alors que les « blancs » se refusaient à suivre Savonarole, les « gris », qui se recrutaient surtout parmi les partisans fidèles des Médicis, voyaient en lui, comme les Frocards, « l'homme des prophéties », dont la mission divine était indiscutable et dont l'unique fin était d'instaurer une société plus chrétienne. On devine à priori, à supposer que Ficin ait dû prendre clairement position, dans quel camp il se serait engagé. Déjà nous avons dit son attitude vis-à-vis de Savonarole, mais il est temps de la préciser, et la chose est d'autant plus nécessaire que le texte que nous avons allégué se situe dans le cadre de la crise politique provoquée par la chute des Médicis.

C'est, en effet, dans une longue lettre adressée à Giovanni Cavalcanti, que Ficin, quelques jours après le départ de Charles VIII, tente, semble-t-il, de rassurer son fidèle Achate et de tirer la leçon des événements. « Les Platoniciens, dit-il, se de-

---

1. Cf. R. Ridolfi, *op. cit.*, I, p. 137-139.

mandent souvent pourquoi la divine Providence permet toujours que les justes comme les injustes soient troublés par des maux sans nombre ». A cela il faut répondre qu'on ne sait pas exactement ce qui est bon et ce qui est mauvais et que même si ce que nous appelons mauvais l'est réellement, il se peut que le Souverain Bien le permette en vue d'un bien particulier. Puis il y a les mauvais démons qui savent rendre le vice attrayant pour que les hommes, s'abreuvant à la coupe de Circé ou écoutant le chant des Sirènes, oublient leur vraie patrie. Enfin, s'il faut en croire Plotin et Synésius, tous ces maux font partie du plan divin. Et Ficin rappelle à Cavalcanti une lettre dans laquelle il avait commenté un passage du *Théétète* « qui répond si bien à l'esprit de l'Évangile » [1] et dans lequel il est dit que la sainteté consiste à fuir les tentations terrestres pour se rendre semblables à Dieu. Et puis n'est-ce pas dans la maladie que l'on apprécie le médecin et dans la tempête que l'on juge le pilote, sans compter que, si l'on en croit l'Évangile il y a des aveugles et des infirmes pour que se manifestent la puissance et la gloire de Dieu. Mais, dans l'adversité, raisonner ne suffit pas et Ficin faisant manifestement allusion aux événements qu'il venait de vivre tente de les justifier.

« Souvent donc il arrive que les hommes, dans leur vie privée comme dans leur vie publique, sont en butte à des extrémités si fâcheuses qu'humainement parlant on ne voit pas comment en sortir, c'est alors que la bonté et la puissance divines tendant à ses fils, qui prient du fond du cœur, une main secourable, leur montrent que, dans ces calamités sans issue, Dieu est le seul sauveur. Et cela est manifeste quand Dieu, longtemps à l'avance, annonce par un prophète, que de telles preuves arriveront. Le rôle d'un médecin humain est, sinon de rendre la santé, du moins d'établir un pro-

---

1. Ficini *Op.*, I, 961, 3 : *M. F. Ioanni Cavalcanti amico unico* : « Saepe quaeritur a Platonicis, curnam providentia divina permittat semper homines malis innumerabilibus agitari, iustos pariter et iniustos? Summatim ad haec respondere solent, primo quidem a mortalibus ignorari, malane ista sint an bona... Respondent iterum etiam si constiterit, quae mala videntur quodammodo etiam esse mala. Denique malum ab ipso summo bono permitti duntaxat gratia boni.

Contra vero daemonicas insidias benefica providentia Dei statuit, dulcibus quidem his laetiferisque saporibus, sapores amaros interim commisceri, ne ab eiusmodi voluptate, quam Timaeus malorum escam nominat, capiamur, ut pisces ab hamo. Hanc utique Platonici, praecipue Plorinus atque Synesius magna ex parte causam esse putant, ut divina providentia tot tantisque perturbationibus animos in terris vexari voluerit. Huc tendit Platonicum illud in libro de scientia (*Théétète*, 179 a) consonum evangelio, iamdiu, dilectissime mi Joannes, ad te scriptum, ac breviter declaratum » (633, 1).

nostic. Celui du médecin divin est de faire l'un et l'autre » [1]. Les exemples ne manquent pas et sont dans toutes les mémoires, mais comme à l'ordinaire, Ficin veut surtout rappeler les moins connus et confirmer les mystères chrétiens par les Platoniciens.

Il cite donc Diotime annonçant la peste aux Athéniens, Socrate rappelant le rôle des Sibylles, Épiménide prédisant l'invasion des Perses dix ans avant qu'elle ne se produise et souligne que pour Platon, le prophète est le plus sage de tous, alors que le vulgaire le considère souvent comme le plus fou. Reste à savoir ce qu'est cette folie et le *Phèdre* est là pour nous enseigner qu'elle n'est qu'une forme de l'amour, c'est-à-dire de la charité, dont saint Paul a dit qu'elle était la plus grande des vertus. C'est aussi l'opinion d'Avicenne. Mais à quoi bon cette digression, si ce n'est pour montrer que Platon admet d'une part que Dieu nous envoie des adversités pour nous punir de nos fautes [2] et d'autre part que la miséricorde divine inspire des prophètes pour nous annoncer le châtiment qu'Elle nous réserve, nous permettant ainsi par nos regrets, nos résolutions et nos prières, l'éloignement du danger. En veut-on la preuve? Il n'est pas besoin d'aller la chercher bien loin.

« Est-ce que ce n'est pas, dit-il, à cause de nos nombreuses fautes que cet automne notre ville fut menacée d'un malheur que nulle puissance humaine pouvait écarter? Est-ce que ce n'est pas un effet de la clémence divine, si indulgente pour les Florentins, que pendant quatre ans cet automne nous fut annoncé par un homme d'une sainteté et d'une sagesse exceptionnelles, ce frère Jérôme, de l'ordre des Frères Prêcheurs, choisi par Dieu pour remplir cette mission? Est-ce que ce n'est pas grâce à ses prophéties et à ses avertissements que nous avons évité ce péril certain, alors qu'il était déjà suspendu sur nos têtes? En vérité, comme le dit le Psalmiste, c'est par le Seigneur que tout cela fut fait et c'est admi-

---

1. *Ibid.* : « Saepe igitur homines et privatim et publice tam extremis atique coercentur angustiis, ut nusquam pateat exitus, nulla iam speret et humana salus, sed tamen divina bonitas et potestas filiis suis pia mente suppliciter obsecrantibus propitiam porrigens ex alto manum declarat, Deum solum esse in extremis calamitatibus servatorem. Idque nunc quidem demonstrat apertius, quando discrimina tanta diu prius quae veniant, per prophetam quendam ventura praedixerit ».

2. *Ibid.* : « Sed longioribus iam digressionibus praetermissis, ad institutum breviter redeamus. Animadversione profecto non mediocri dignum est, quod in superioribus inquit Plato propter antiqua delicta indignatum Deum calamitates hominibus quadammodo destinasse. Hinc asseveratur oraculum illud, propter peccata veniunt adversa. Illud quoque Mosaycum, ex primorum delicto parentum, adversa nobis omnia contigisse ».

rable à nos yeux ». Et il conclut : « Il reste, mon cher Jean, que suivant désormais les conseils d'un si grand homme, non seulement toi et moi, mais tous les Florentins, remercient Dieu de sa clémence envers nous et que publiquement nous crions : « Achevez, Seigneur, l'œuvre que vous avez faite en nous. *Confirma hoc, Deus, quod operatus es in nobis* ! »[1]

Il n'y a donc pas d'équivoque possible : le 12 décembre 1494, date de cette lettre à Cavalcanti, Ficin, sur le plan religieux, partageait les sentiments de Savonarole et le considérait comme l'interprète de la pensée divine. Mais il n'avait pas suffi d'installer la belle Judith de Donatello sur la Place de la Seigneurie pour rendre au peuple florentin la liberté et la paix, et si les prédications de Savonarole suscitaient toujours le même enthousiasme, elles favorisaient indirectement des passions qui devaient fatalement compromettre le succès des réformes proposées et se retourner tôt ou tard contre leur auteur. Savonarole, ne l'oublions pas, fut avant tout victime d'une politique et s'il est vrai qu'il l'avait préconisée, il faut reconnaître que c'est uniquement parce qu'il était persuadé qu'elle répondait à sa mission. Nous n'avons ici à juger ni ses intentions, ni ses méthodes, mais il importe que nous sachions si Ficin, malgré l'orage, lui est resté fidèle ou si au contraire, effrayé par la violence de ses propos, qui avaient finalement provoqué les foudres pontificales, il a cessé de le considérer comme un messager de Dieu pour ne voir en lui qu'un suppôt du diable. A vrai dire, il y aurait de quoi nous surprendre après la lettre que nous venons d'analyser. Cependant il existe un document qui, s'il est authentique, nous contraindrait d'admettre que Ficin non seulement a refusé de suivre Savonarole sur le chemin qui, hélas, le conduisit au martyre, mais n'a pas hésité à le renier et à le condamner en

---

1. *Ibid.* : « Ibi profecto omnia videtur ecclesiae nostrae mysteria comprobare. Proinde ne forte rei tantae longius exempla petantur. Nonne propter multa delicta postremum huic urbi hoc autumno exitium imminebat, nulla prorsus hominum virtute vitandum? Nonne divina clementia Florentinis indulgentissima, integro ante hunc autumnum quadriennio nobis istud praenuntiavit, per virum sanctimonia sapientiaque praestantem Hieronymum ex ordine praedicatorum, divinitus ad hoc electum? Nonne praesagiis monistique divinis per hunc impletis, certissimum iamiam supra nostrum caput imminens exitium, nulla prorsus virtute nostra, sed praeter spem opinionemque nostram mirabiliter evitavimus? A Domino factum est istud, et est mirabile in oculis nostris. Reliquum est, optime ni Ioannes, ut deinceps salutaribus tanti viri consiliis obsequentes, non solum ego atque tu, sed omnes etiam Florentini, Deo nobis clementissimo, grati simus, et publica voce clamemus : Confirmat opus hoc Deus quod operatus in nobis. Die XII Decembris MCCCCXCIV ».

des termes qui nous déconcertent et entachent quelque peu sa mémoire.

Ce document a pour titre : *Apologie de Marsile Ficin au Sacré Collège en faveur des nombreux florentins, séduits par l'Antéchrist Jérôme de Ferrare, le plus grand des hypocrites* » [1]. Au XVIIIe siècle, Salvini pour la première fois signalait qu'il existait dans le code 715 de la bibliothèque Strozzi une Apologie de Marsile Ficin contre Savonarole. L'avait-il lue? C'est peu probable. En tout cas il n'y fait aucune autre allusion et note en revanche tous les textes dans lesquels Ficin apparaît comme un fidèle auditeur du Frate. En fait, ce n'est qu'en 1859 que Passerini découvrit cette Apologie dans le même manuscrit, devenu le Magliabecchianus VIII, 1443, et c'est à la suite de la publication de ce texte que tous les historiens de Savonarole ou de Ficin ont pu reprocher à ce dernier son changement d'attitude et pour mieux dire sa lâcheté devant le cadavre du malheureux moine [2]. Il n'est certes pas dans notre intention de le disculper, mais nous estimons que le problème de ce reniement mérite d'être posé dans toute son ampleur, pour tenter de dégager la valeur de ce texte en cherchant à déterminer les raisons qui ont pu conduire son auteur à le rédiger en des termes si violents.

Il est à noter tout d'abord que ce texte est certainement demeuré inconnu aux contemporains de Ficin. Il est bien évident, en effet, surtout si l'on admet qu'il a composé sa *Vita Ficini* à la gloire des Médicis, que Corsi n'aurait pas manqué de faire allusion à cette Apologie et par ailleurs les défenseurs de la mémoire de Savonarole non seulement l'auraient signalée, mais en auraient tiré argument. Or si de part et d'autre le silence est total, c'est que ce texte n'a pas été divulgué, ce qui en limite l'importance ou que toutes les copies en ont été détruites, ce qui paraît assez invraisemblable. En fait, nous n'avons qu'un manuscrit, de la fin du XVIe siècle, qui d'ailleurs nous offre un choix des textes les plus violents et les plus hétéroclites contre Savonarole. Mais si étrange que puisse paraître le silence qui entoure ce document, dont la nature et l'objet impliquaient un certain retentissement, ce n'est pas un argument suffisant pour mettre en doute son authenticité, que nous devrions pouvoir établir en le lisant attentivement.

Comme son titre l'indique l'Apologie est adressée au sacré Collège et a pour objet de défendre les nombreux florentins qui

---

1. Cf. *Sup. Fic.*, II, p. 76-79 et CXLI.
2. L. PASSERINI. *Giornale storico degli Archivi toscani*, III, 1859, p. 115 et suiv.

s'étaient laissé séduire par Savonarole. Le document n'est pas
daté, mais l'auteur déclarant que Florence a été récemment *(nuper)*
débarrassée du Frate, il est clair que la rédaction de ce texte a suivi
de près la mort de Savonarole (27 mai 1498). Et voici ce qui est
écrit : « Je sais, vénérables Prélats, que la plupart d'entre vous se
sont étonnés qu'un hypocrite de Ferrare ait séduit tant de florentins intelligents et cultivés pendant presque cinq ans *(integro
ferme lustri cursu)* »[1]. Premier point de repère : l'auteur fait remonter l'emprise de Savonarole sur Florence à l'année 1493. Mais
cette emprise peut s'expliquer, car les malheureux florentins ont
été victimes, non d'un simple mortel, mais d'un démon ou plutôt
d'une multitude de démons, qui ont multiplié sous leurs pas les
pièges les plus divers. Mortels contre démons, le combat était
évidemment inégal. Première excuse, mais il en est d'autres.
N'oublions pas que nos premiers parents, qui étaient comme des
fils de Dieu, ont été eux-mêmes séduits par un démon, et circonstance atténuante pour les Florentins, le démon qui les a trompés
avait l'apparence d'un ange. Au reste n'est-il pas dit dans l'Écriture
que l'Antéchrist pourrait séduire même les élus? Or voici la preuve
que « Jérôme, prince des hypocrites, guidé par un esprit plus diabolique qu'humain, a vaincu les Florentins par la ruse et par la
violence. D'abord avec une habileté absolument incomparable,
cet Antéchrist simulait les vertus et cachait ses vices. Avec cela
il avait une intelligence prodigieuse, une audace sans limites, un
orgueil de Lucifer et il mentait effrontément, mêlant à ses mensonges des imprécations et des serments. En fait, il s'imposait par
son regard, sa voix et son langage. Souvent au cours de ses sermons
il vociférait, s'enflammait, tonnait comme ceux qui sont possédés
du démon ou animés par la fureur poétique. Parfois même il terro-
risait le peuple en faisant des prophéties. Or, comment expliquer
une telle puissance et une telle audace? Les Astrologues et les
Platoniciens diraient sans doute que tout cela est dû à l'influence
des astres, mais n'est-ce pas plutôt la preuve que ce Savonarole
« que l'on devrait plutôt nommer Sevonerole », avait pour ainsi
dire vendu son âme au diable par orgueil. On a vu dans l'Antiquité
des cas semblables et l'auteur trouve en tout cela une excuse
suffisante pour expliquer sa défaillance personnelle, surtout, dit-il,
« à l'époque de l'invasion française ». « Mais, poursuit-il, bien vite je
me suis ressaisi et depuis trois ans, très fréquemment, parfois en

1. *Apologia. Sup. Fic.*, II, 76 : « Scio equidem Antistites Venerandi in sacro
concilio plurimos admirari, quod hypocrita Ferrariensis unus tot Florentinos
viros alioquin ingeniosos eruditosque integro ferme lustri cursu deceperit. »

cachette, parfois en public, et ce n'est pas sans danger, j'ai mis en garde bien des gens que je connaissais pour qu'ils s'éloignent de ce monstre venimeux, né pour le malheur de ce peuple » [1]. Puis faisant allusion aux discordes et aux désordres de toute espèce provoqués par le Frate et ses partisans, il explique cette contagion de l'hérésie en citant l'exemple du poisson qu'on appelle torpille qui paralyse tous ceux qu'elle veut perdre. A l'appui de cette emprise diabolique il invoque le témoignage de saint Paul et des Évangiles, citant fort à propos les textes relatifs aux faux prophètes et aux démons se faisant anges de lumière. Dès lors comment s'étonner que tant de Florentins aient cédé à cette puissance, si souvent décuplée par la violence de ceux qui en avaient été victimes?

Mais c'est désormais fini. Il se félicite que le Souverain Pontife, le Sacré Collège, saint François, le chapitre métropolitain, et surtout Jean Canacci aient mis fin à cette peste et il ajoute invoquant le souvenir d'Enée, d'Orphée et d'Hercule : « Nous avons pris les armes et nous avons combattu, avec l'aide de Dieu, pour assurer la liberté de Florence et de l'Église romaine », montrant ainsi que, conformément aux Écritures, Dieu finit toujours par triompher de l'orgueil et du mensonge. La preuve en fut d'ailleurs donnée le jour où Savonarole, après avoir abusé du nom et de la Croix du Christ a tenté de souiller le corps même du Seigneur dans l'Eucharistie en l'exposant au péril du feu. Le Ciel, jusqu'alors indulgent, s'est alors manifesté et le peuple ayant enfin compris, c'est l'impie lui-même qui périt sur le bûcher. Et il termine « Après avoir bénéficié de cette grâce insigne, due d'abord à Dieu, nous rendons de grandes grâces au Souverain Pontife et à votre Sacré Collège et nous recommandons le peuple florentin et le chapitre de la Cathédrale très dévoué à l'Église romaine » [2].

1. *Ibid.*, p. 77 : « Ego quoque idem iam diu in istoc Sevonerola deprehendi et si ab initio dum repente mutata Republica, Galli variis passim terroribus Florentiam agitabant, ipse quoque una cum trepido populo nescio quo demonio perterritus sum et ad breve deceptus, sed cito resipivi atque iam toto trienno clam frequentius saepeque palam nec sine discrimine notos mihi multos commonefeci, ut monstrum veneficum longe fugerint in calamitatem huius populi natum ».

2. *Ibid.*, p. 77-78 : « Qua quidem peste nuper nos divina clementia summique Pontifis providentia et diligentia vestra seraphico celitus afflante Francisco, adiuvante etiam Cathedrali nostro Canonicorum Collegio nonnullisque praestantibus in Republica civibus procurantibus et in primis opus hoc urgente Joanne Canaccio feliciter liberavit. Non enim contra superos, ut Eneam eiusque commilitones inscios pro Troia pugnavisse ferunt, arma sumpsimus ut postea conclamandum fuerit : heu nihil invitis fas quemquam fidere divis, sed contra inferos monstraque Tartarea ut Orpheus pro Euri-

Comme on en peut juger, plus qu'un plaidoyer cette apologie est une diatribe, qui même replacée dans son contexte historique n'honore point son auteur. Ficin en est-il l'auteur? On est tenté de le croire, car on retrouve dans ces lignes et son style et l'essentiel de sa pensée. Ses allusions aux Platoniciens et aux astrologues, sa comparaison de la possession diabolique à la fureur poétique, ses citations d'Écriture Sainte si bien choisies, ses références aux légendes de l'Antiquité, tout cela est bien dans sa manière. On ne s'étonne même pas de le voir changer le nom de Savonarole en celui de Sevonerole, quand on sait que dans une diatribe du même genre il appelait le poète Luigi Pulci, Pulce [1]. Néanmoins, l'esprit même qui inspire ces lignes laisse planer un doute, car s'il est possible que Ficin ait abandonné Savonarole après le passage des Français, on est pour le moins surpris de le voir renier avec une telle violence celui qu'il avait admiré comme un messager de Dieu. Certes, Ficin, du fait de son tempérament mélancolique était porté vers les extrêmes, mais quand on l'a suivi toute sa vie, fuyant le danger et évitant toute querelle, on ne le voit pas, comme le dit le texte, prendre les armes et combattre pour la liberté, et on a peine à croire qu'il ait pu s'acharner sur un cadavre, fût-ce pour se disculper et obtenir avec son pardon celui des nombreux Florentins compromis. Aussi convient-il de soumettre ce texte à l'épreuve des faits et pour cela de remonter le cours de l'histoire, en y cherchant les témoignages et les inférences qui pourront nous permettre de juger cette Apologie en toute objectivité et de déceler les motifs qui ont pu inspirer son auteur.

Lisant ce texte nous avons retenu deux dates : celle de l'emprise de Savonarole sur Florence, 1492, ce que confirme l'histoire et celle à laquelle l'auteur avoue qu'il a abandonné le prieur de Saint-Marc, qui se situe vers la fin de 1494. Or cette date doit être sérieusement vérifiée, car même en supposant que Ficin ait voulu tromper les membres du Sacré Collège auxquels il s'adressait, il risquait fort de se voir contredit par les témoins de sa conduite. En fait, après avoir plaidé la cause des Florentins, il a reconnu que

---

dice vel Hercules pro gloria, ita nos pro libertate non solum Florentiae, sed etiam Ecclesiae Romanae tutanda, Deo aspirante pugnavimus, ut nobis post prelium sit canendum : Exsurrexit Deus et dissipavit inimicos in Antichristos suos, fugerunt a facie Dei omnes qui oderunt eum... ». Itaque post precipuam gratiam imprimis Deo debitam ingentes summo Pontifici sacroque Collegio vestro gratias agimus populumque Florentinum et Cathedrale Collegium Romanae Ecclesiae devotissimum suppliciter commendamus ».

1. Voir ci-dessus, p. 429, n. 1.

lui aussi, jadis *(iamdiu)* s'est laissé séduire par le Frate et précise
que ce fut au moment où le gouvernement des Médicis ayant été
renversé, les Français terrorisaient Florence. « Comme tout le
peuple affolé, écrit-il, je fus épouvanté par je ne sais quel démon
et pendant peu de temps *(ad breve)* je fus abusé, mais, ajoute-t-il,
bien vite *(cito)* je me suis ressaisi et depuis trois ans déjà *(iam
toto triennio)* je mets en garde ceux que je connais... contre ce
monstre ». De ce texte capital, il ressort donc que Ficin, pris de
panique, en voyant les Médicis chassés et les Français, maîtres
de Florence, aurait fini par se laisser entraîner, comme tout le
monde, dans le sillage de Savonarole, mais que le danger écarté,
il se serait aussitôt repris. Tout ceci se situerait donc entre le 9 novembre 1494, date à laquelle les Florentins chassèrent les Médicis
et la fin de cette même année. Or nous n'avons trouvé qu'un texte
dans lequel Ficin fait allusion à Savonarole et ce texte est du
12 décembre 1494 [1]. En fait il peut fort bien confirmer le texte de
l'Apologie. Rappelons toutefois que dans cette lettre admirable
Ficin fait un éloge dithyrambique de Savonarole, dont il fait
remonter la mission prophétique, à laquelle il croit et qu'il justifie,
à 1490. Nous sommes évidemment loin de l'emprise diabolique à
laquelle tant de Florentins ont dû céder en 1492 et à laquelle
lui-même a succombé en 1494 ! Au reste, comparant ces deux
textes, qui se contredisent l'un l'autre, on s'étonne que Ficin, s'il est
l'auteur de l'Apologie, n'ait pas retiré cette lettre compromettante
de sa Correspondance, dont la première édition n'est datée que
du 11 mars 1495.

En fait, on a peine à croire qu'un homme qui a reconnu sans équivoque en 1494 que c'est grâce aux avertissements prodigués « pendant quatre ans par un frère d'une sainteté et d'une sagesse exceptionnelles » que Florence a évité le pire, puisse affirmer en 1498,
que c'est sous l'empire d'un démon et de la peur qu'il a soudain
fait comme tout le monde, sans toutefois s'attarder dans cette
funeste erreur. Par ailleurs si Ficin a pu se plaindre de l'occupation
française, nous savons ce qu'il pensait de la mission providentielle
de Charles VIII. Enfin, et ceci est plus grave, nous avons la preuve
que longtemps après le départ des Français, Ficin estimait encore
celui qui avait prédit leur venue.

Contrairement à beaucoup d'autres qui avaient quitté Florence
pour suivre les Médicis ou protester contre la politique du nouveau
gouvernement, Ficin est demeuré dans la cité qui l'avait vu
grandir et dont il était devenu une des gloires. Bien plus on sait

1. Voir ci-dessus p. 557.

que sollicité en avril 1495 par Pierre de Bibienna[1], de venir à
Venise, devenue la capitale de l'Humanisme, il a refusé cette offre,
qui pourtant n'était pas sans attraits, puisqu'en plus de nombreux
amis il était sûr de trouver en cette ville de nombreux imprimeurs
qui ne demandaient qu'à publier ses œuvres. On l'aurait d'autant
mieux compris qu'il se préoccupait alors de faire éditer ses nouveaux Commentaires. Mais il entendait rester fidèle à Florence et
aux Valori et voici ce que l'histoire a retenu de son activité pendant cette sombre et douloureuse période.

Alors qu'il ne songeait qu'à se remettre au travail, il en fut un
instant distrait, par une initiative, qui pour nous, est du plus haut
intérêt. Dans les premiers mois de 1495 Filippo Corbizzi, gonfalonnier de justice, décidait en effet de réunir « en assemblée contre
Savonarole tous les abbés, prieurs et supérieurs, tous les maîtres en
théologie, deux chanoines du Dôme, deux chanoines de Saint-
Laurenzo et plusieurs autres docteurs ou savants florentins ».
« Or, parmi ces gens, rapporte Burlamacchi, il y avait un homme
fort connu, Marsile Ficin »[2]. L'occasion était belle pour notre chanoine de dire ce qu'il pensait de la politique du Frate, car c'était
surtout de politique qu'il s'agissait. Or, à cette « assemblée sata-
nique », comme la qualifie le biographe de Savonarole, c'est le
prieur de S. Maria Novella qui reprocha en termes violents à son
frère en saint Dominique, de s'occuper de politique et Ficin se
contenta de dire « qu'il n'avait jamais connu avant Savonarole un
homme d'une si profonde doctrine »[3]. Il n'avait donc pas changé
d'avis et en fait cette réunion s'acheva sur un échec pour les
Enragés. Le 30 août de la même année la Seigneurie ayant décidé de
dresser l'inventaire des manuscrits des Médicis que l'on avait
transportés à Saint-Marc, Savonarole et Ficin eurent à nouveau
l'occasion de se rencontrer puisqu'ils furent désignés comme
membres de la commission nommée pour remplir cette tâche[4].
Mais voici que le moine s'enhardit, attaque ouvertement le Pape,

---

1. Cf. Lettre de Pierre de Bibbiena, *Sup. Fic.*, II, p. 218-220.
2. P. Burlamacchi, *Vita Hieronymi Savonarolae*, Lucca, 1761, p. 77 :
« Fra'quali fu il primo il Gonfalonieri di giustizia fatto nel principio della
liberta, domandato Filippo Corboli (Corbizzi) il quale raguna contra il padre
(Savonarola) un concilio di tutti gli Abbati, Priori e Presidenti... tutti i
maestri in Theologia, due Canonici del Duomo, due del Capitolo di S. Lorenzo et altri dottori e cittadini intelligenti, fra'quali era un singularissimo
huomo, domandato Marsilio Ficino, Canonico del Duomo.
3. *Ibid.*, p. 84 : « Et il Ficino disse che non aveva mai conosciuto insino
a quel tempo altro huomo di si profonda dottrina ».
4. Cf. P. Villari, *op. cit.*, I, CXLVIII.

Alexandre VI, dont il conteste l'élection et critique les faiblesses. Ficin va-t-il l'abandonner? Il serait en temps, puisque l'auteur de l'Apologie, rédigée en principe en 1498, dit qu'il a renié Savonarole depuis trois ans et nous sommes en 1496. Eh bien, non. Le prieur ayant décidé de quitter Florence pendant quelques semaines après Pâques, Ficin, nous dit Landucci est au nombre des Florentins qui n'ont pas hésité à aller jusqu'à Prato pour l'entendre prêcher pendant trois heures sur la foi. Et il était en excellente compagnie, puisque nous trouvons près de lui son vieil ami, le chanoine Oliviero Arduino [1].

Mais entre temps Nicolas Valori (1464-1526), s'était chargé de faire imprimer les Commentaires de Platon. Ce fut d'ailleurs pour Marsile une heureuse occasion de témoigner sa gratitude à cette famille qui, depuis tant d'années, encourageait ses efforts et lui restait fidèle dans l'adversité. A chacun il rendit l'hommage qui lui était dû : à Bartolommeo le père, qui du temps de Cosme de Médicis participait avec le vieux Pazzi aux premiers entretiens platoniciens [2]; à Filippo, qui en maintes occasions s'était substitué à Laurent pour faire copier ou éditer les traductions de Platon ou des néo-platoniciens et qui, depuis deux ans, était mort (Naples, 29 novembre 1494) [3]; à Nicolas, son frère, que Ficin avait vu naître sous d'heureux auspices et qui aujourd'hui continuait à favoriser ses travaux et subvenait à ses besoins [4]. Mais il y avait un autre Valori, dont Ficin aurait pu taire le nom, s'il avait alors désapprouvé sa conduite. C'était ce Francesco, qui avait pris une part si active à la chute de Pierre de Médicis et qui depuis, était certainement le « frocard » le plus exalté. Or, Ficin, qui, autrefois voyait en lui l'image de Cosme et le vénérait comme un père, écrit encore à la fin de 1496 qu'il n'a pas moins mérité de la République

---

1. Cf. R. RIDOLFI, op. cit., p. 247. — P. BURLAMACCHI, p. 86 et suiv.

2. FICINI Op., II, 1136 (ed. 1576) : « Primus quidem pater tuus Bartolomaeus Valor vir admodum elegans, et, ut ita dixerim urbis, nostrae deliciae, una cum socero suo Petro Paccio, clarissimo Equite, enarrationibus disputationibusque in Platonem nostris frequenter interfui, atque omni studio celebravit ».

3. Ibid. : « Deinde frater tuus, Philippus natu maior, vir profecto magnanimus, more paterno disciplinam platonicam prosecutus, non solum Platonis ipsius sed Platonicorum quoque omnium libros, nostra iamdiu interpretatione latinos, magnifico sumptu in lucem e tenebris eruit, optime omnium hactenus de Academia meritus ».

4. Ibid. : « Tu (Nicolae) denique, tuorum erga Platonem atque Marsilium sequutus officia, curis me familiaribus, et his quidem frequentibus quotidie levas, disciplinamque platonicam studiosissime colis... » (Voir FICINI Op., I, 952, 5).

que son neveu Filippo a mérité de l'Académie et qu'il est un homme d'une intégrité sans égale [1].

Par ailleurs on trouve jointe à l'édition des Commentaires une précieuse lettre de Ficin, datée du 13 novembre 1496 qui prouve qu'en dépit des événements, il n'avait rien changé à ses habitudes et demeurait fidèle à ses amis. Elle est adressée à un moine camaldule, Paul Orlandini, qui avait pour Ficin l'affection d'un fils et la fierté d'un disciple [2]. Résidant au couvent Sainte-Marie des Anges, il avait pour prieur ce Guido Laurenti, qui avait ouvert à Ficin la chapelle du monastère pour y commenter Plotin. Or ce Guido Laurenti avait pour Savonarole une telle admiration qu'il avait même demandé que son couvent fût intégré à celui de Saint-Marc et sa fidélité aux Médicis se révéla si compromettante que Pierre Delfini, général de son ordre, dut le contraindre, en 1498, à renoncer à sa charge et à se retirer à Rome où il mourut en 1500 [3]. Si Ficin à cette date avait désavoué Savonarole, nul doute qu'il aurait évité de mentionner le prieur. Or, non seulement il se rappelle à son souvenir, se considérant comme son fils, mais il laisse même entendre que dans ce couvent, ou on restait fidèle au Frate, les entretiens philosophiques avaient repris [4]. Tout cela, en vérité, est bien étrange, et si l'on ajoute que le susdit Delfini a écrit un dialogue contre Savonarole, dont l'authenticité n'est pas

1. *Ibid.* : « Franciscus interea patruus vester, aeque meritus de republica, vir omnium integerrimus et magno illi Bartolomaeo avo suo similis in omnibus meis meorumque perturbationibus pio nos semper officio fovens, iampridem nobis haec otia fecit ». Fic. *Op.*, I, 906, 4 : « Franciscus Valor qui istuc legatus accedit, et patruus est Philippi, atque Nicolai, et mihi aetate quidem frater, sed reverentia pater. Vir profecto prudentia, integritate, authoritate summa, quem quoties aspicimus et audimus, quod et quotidie facimus quasi magnum illum Cosmum Medicem, quem vultu verbisque refert, spectare et audire videmur ».

2. Mss. *Cod. Naz. II, I, 158* (Florence) *Gymnastica monachorum*, cap. 36. De symposio praecellentiae inter eos qui aderant... Tertius Marsilius Ficinus preceptor meus huius profecto civitatis lumen et decus eximium...
Mss. *Naz., Conv. Soppr. G. 4, 826*, fol. 72 — *Naz Conv. Soppr. D 5, 827*
Ma tu Messer Marsilio Reverendo
Mio padre e mio maestro in ogni lato
(*Sup. Fic.*, II, 266-268).

3. Cf. Schnitzer, *Peter Delfini*, Munich, 1926, p. 76 et suiv.

4. Ficini *Op.*, II, 1425-1426 : *M. F. Paulo Orlandino, in Angelorum aede monacho conphilosopho suo salutem* : « Postquam heri multa mecum de divinis, ut soles, subtiliter disputasti, quaesisti denique cur ego in Philaebo tanquam ex Platonis sententia intellectum voluntati praefecerim cum in epistola de felicitate, praeferam voluntatem?... Tu vero in Theologicis commemorationibus tuis perge feliciter, et venerabili patri tuo, imo et nostro Guidoni Laurentio, Angelicae Aedis instauratori, nos saepe commenda. Florentiae XIII Novembris MCCCCXCVI. »

contestable [1], il faut croire que Ficin n'avait pas encore changé de camp.

Mais voici que soudain les passions loin de s'apaiser, s'exaspèrent. Les partisans des Médicis reprennent le pouvoir et c'est un des plus vieux amis de Ficin, Bernardo del Nero, qui est nommé gonfalonnier de justice. Aussi imprudent que téméraire, Pierre de Médicis croit le moment venu de tenter sa chance, croyant sans doute qu'il suffirait qu'il se présentât aux portes de Florence, pour qu'elles s'ouvrissent devant lui. Il attendit en vain (27 avril) mais sa folle équipée ne devait pas, hélas, rester sans lendemain. Vaincus sur le plan politique Savonarole et ses partisans ne désarmaient pas. Déchaîné le prieur de Saint-Marc tonnait contre Rome et le Pape, qui jusqu'alors avait patienté, crut le moment venu de signer un décret d'excommunication (13 mai 1497) qui avait pour but non seulement de faire taire ce moine insolent, qui l'insultait et qui surtout contrariait sa politique, mais aussi de mettre en garde les Florentins contre une rébellion qui risquait de leur coûter cher.

Sérieuse depuis des mois, la situation ne tarda pas à devenir tragique, quand Valori, après l'échec de Pierre de Médicis, reprit le pouvoir. Nous en avons un curieux témoignage dans une lettre inédite de Bernardo Michelozzi, datée du 24 août 1497. A vrai dire, le destinataire n'est pas nommé; sans doute par prudence. Mais les titres qui lui sont donnés nous paraissent suffisants pour l'identifier avec Ficin. Bernardo Michelozzi a été effectivement élève de Ficin et, bien qu'il fût comme lui chanoine de la Cathédrale, il pouvait fort bien lui donner le titre, en raison de son âge, de « Révérend père ». Leurs travaux et surtout leurs goûts respectifs n'avaient pas dû créer entre eux une profonde sympathie. Mais l'importance que Laurent de Médicis avait donné à ce courtisan en le chargeant de l'éducation de son fils Jean et en le nommant chanoine, les mettait nécessairement en relation au palais comme au Chapitre. Quoi qu'il en soit, voici ce qu'il écrivait ce 24 août à son « maître » : « Vous serez peut-être surpris, Révérend Père et cher maître, que je vous écrive d'ici, mais je ne puis vous dire maintenant les raisons de mon voyage, parce que je pense que vous ne tarderez pas à apprendre ce que l'on me reproche et ce que je réponds. Je suis à Pesaro. Maintenant je dois partir d'ici et devant témoin vous saurez tout de ma propre voix. Ce que je vous demande est peu de chose pour vous, mais pour moi de la plus grande importance comme le reste. Quand j'arriverai au port

1. Cf. SCHNITZER, *op. cit.* Appendice.

des Silvani, je voudrais qu'il me fût possible, par votre intermédiaire, d'entrer en ville pour ne pas coucher dehors, moi qui suis habitué aux délices florentines, car il n'est rien que je redoute davantage et il y a vingt-cinq jours que j'ai quitté Florence. Je pense que je devrai demeurer ici encore plusieurs jours jusqu'à ce que, d'ici ou d'ailleurs, quelqu'un vienne pour me conduire. A cause de cela nous sommes à éviter comme des pestiférés. Faites pourtant de votre mieux pour que tout se passe comme nous le souhaitons. Je sais que, grâce à votre habileté coutumière, rien ne sera négligé pour que la ville nous soit ouverte le plus tôt possible. Portez-vous bien [1] ».

Comme on en peut juger, le ton de cette lettre est celui d'un homme traqué. De là à voir en lui, parce que partisan des Médicis, un conspirateur, il n'y a qu'un pas et il serait assez compromettant pour Ficin de le voir réclamer son assistance pour rentrer à Florence. Mais la lettre nous apprend qu'il n'a quitté la ville que depuis vingt-cinq jours et nous le retrouvons le 25 mars aux délibérations du chapitre [2]. Mais pendant ces vingt-cinq jours beaucoup de choses se sont passées. Le 4 août on avait mis la main sur un triste sire, Lamberti d'Antella, qui par dépit et peut-être pour se venger, avait dénoncé comme complices de la piteuse expédition de Pierre de Médicis un certain nombre de personnages, dont Niccolo Ridolfi, Lorenzo Tornuaboni et surtout Bernardo del Nero, qui après un jugement sommaire avaient été décapités le 21 août. C'était le triomphe de Francesco Valori et des partisans de Savonarole, qui, hélas n'avait rien fait pour arranger les choses [3]. « Maintenant,

---

1. Nous devons communication de cette lettre au marquis F. Serlupi-Crescenzi qui a eu la bonne fortune de trouver un lot de lettres de Michelozzi.
« Reverende pater et preceptor optime.
Miraberis fortasse quod hinc ad te scribam nec id iniuria verum scribendi at non itineris mei causam nunc reddam, cum puto brevi dabitur notas audire et reddere voces. Pisauri sum, istuc mihi nunc iter est atque istinc alio coram ex me omnia intelliges quod a te volo exiguum tibi est atque tenue, mihi vero maximum uti. Cum in portum Siluanorum pervenero per te urbem ingredi liceat, ne foris mihi florentinis delitiis assueto pernoctandum sit, nec est quod a me quidquam timeas. Quandoquidem quinta iam atque vigesima dies postquam Florentia discessimus illuxerit putoque nos hic dies nonnullos commoraturos, dum istinc vel aliunde qui nos vehant dumque venerint. Quam ob rem veluti pestilentes minime vitandi sumus. Age igitur obnoxie dum res nobis ex voto cedat. Scio quae tua ex rerum prudentia in mora nihil erit quin quam primum nobis urbs pateat. Vale. Pisauro die XXIV Augusti MCCCCLXXXXVII ».
Cette lettre est suivie de sa traduction en italien.
2. Cf. E. SANESI, Vicari e Canonici fiorentini e il « caso » Savonarola. Florence, 1932, p. 34.
3. Cf. R. RIDOLFI, op. cit., I, 314-315.

écrivait un ambassadeur, on peut dire que les Frateschi ont le
libre gouvernement de l'État dans les mains, parce que les opposants n'osent plus parler et que leurs chefs sont morts »[1]. Michelozzi avait-il eu le temps d'être informé de ces événements? C'est
peu probable, mais il fallait bien qu'il ait quelque sujet d'inquiétude pour prendre tant de précautions en vue de son retour. Une
chose du moins est certaine. S'il avait été quelque peu compromis
dans cette affaire, il n'aurait pas tenté de rentrer à Florence, où
son sort était réglé d'avance. Mais il n'en est rien. Nous avons
trouvé la raison de son départ et de sa présence à Pesaro. Un de
ses amis, Bonsignore di Francesco Bonsignori nous a conté dans
ses mémoires le voyage que le chanoine fit en Orient et voici ce
qu'il écrit à ce propos : « Le 3 août 1497 en compagnie du Révérend M. Bernardo Michelozzi, chanoine florentin savant dans l'une
et l'autre langue, je partis de Florence pour aller à Jérusalem et
faire route vers Constantinople ». Et il ajoute : « j'étais avec Giovanni Mazzinghi, son neveu, fils de sa sœur, marchand florentin »[2].
Les dates, à trois jours près, ne concordent pas avec celles de
Michelozzi, nous pensons toutefois qu'il vaut mieux faire crédit à
un homme qui écrivait ses Mémoires, qu'à un homme aux abois.
Donc Michelozzi a quitté Florence le 3 août, c'est-à-dire au moment
de l'arrestation des partisans des Médicis, et il n'y a apparemment
aucune relation entre ce départ et les événements, car un voyage
de ce genre ne pouvait s'improviser. Mais ici, le mystère un instant
dissipé, s'épaissit, car comme en témoigne sa lettre, Michelozzi
n'est pas parti et cela Bonsignori le confirme, puisqu'il nous dit
qu'à son retour il vint lui-même à Florence pour apprendre ce qui
s'était passé[3].

Il n'en est pas moins vrai qu'il comptait sur la diplomatie de
Ficin pour pouvoir entrer dans Florence sans être inquiété. Est-ce

1. Cf. PERRENS, *op. cit.*, III, 266. — R. RIDOLFI, *op. cit.*, I, 316.
2. SALVINI — Alcuni particolari della vita di questo Prelato furono
descritti nei Ricordi e nelle memorie de suoi tempi da M. Bonsignore di
Francesca Bousignori suo intimo amico che fu pronotario apostolico e servi
in corte di Roma motte importanti maneqqi il Pontefice Leone X. Ora
queste memorie che originali si conservano nel Codice 795 in-quarto di M. S.
Strozzi. *Item.* che insino a di 3 d'Agosto 1497 io mi parti di Firenze insieme
con il Reverendo M. Bernardo Michelozzi, canonico fiorentino e uomo in
utraque lingua doctissimo e a me in loco di Padre per andare in Hierusalem e
fare la via di Costantinopoli. Ero insieme con Giovanni Mazinghi, suo nipote
ex sorore, mercante fiorentino.
3. *Ibid.* Narro poi il Bonsignori come finito il viaggio e giunto in Firenze
egli torno in casa del Michelozzi affine d'apprendere da lui alcuna cosa e
quindi portatosi a Roma, fu quivi suo agente e protonotore d'ogni vantaggio
di quello.

à dire que Marsile avait su jusqu'alors manœuvrer assez habilement pour conserver l'estime de l'un et l'autre camp? C'est fort possible. En tout cas une chose est certaine, dès juillet 1497 Ficin a quitté Florence pour Figline et nous avons tout lieu de croire qu'il n'y est revenu qu'après la mort de Savonarole.

Alde Manuce, qui avait alors entrepris de publier quelques-unes des traductions du maître de l'Académie florentine, lui avait écrit, lui demandant de mettre à sa disposition des manuscrits impeccables. Or voici ce que lui répondait Ficin les premiers jours de juillet 1497 : « Je ne puis en ce moment m'occuper de cela. Outre que je suis malade, je ne puis vivre en sûreté ni à Florence, ni à Careggi et il ne m'est même pas possible de rassembler mes livres qui sont dispersés dans la ville. Trois furies depuis quelque temps accablent sans merci la malheureuse Florence : la peste, la famine, la sédition et ce qui est plus terrible encore, une peste qui emprunte pour se dissimuler toutes les ruses des mortels » [1]. On aimerait évidemment pouvoir identifier ce fléau qui usait de tant d'artifices pour perdre ceux qu'il frappait et ici, il faut bien le dire, le thème de l'Apologie revient en mémoire et la relisant nous y trouvons même ce mot de « peste », dont l'auteur se félicite que Florence soit débarrassée *(Qua quidem peste nuper nos divina clementia... feliciter liberavit)*. Dès lors il est bien difficile de nier que Ficin soit l'auteur de l'Apologie et il ne nous reste plus qu'à chercher les raisons qui ont motivé son changement d'attitude et l'ont déterminé à rédiger cette Apologie que ses contemporains n'ont même pas connue.

Les pénibles événements qui ont suivi l'échec de Pierre de Médicis, ne pouvaient pas laisser Ficin indifférent. Ennemi de la violence il n'avait pu approuver cette sinistre comédie, qui avait abouti à l'exécution d'un de ses meilleurs amis et, dans la circonstance, il n'avait pas compris l'attitude de Savonarole. Certes il est bien évident que le Frate aurait pu tempérer la soif de vengeance de ses partisans et empêcher l'exécution d'un Bernardo del Nero qui, à soixante-douze ans, restait un exemple de civisme et de loyauté. S'étant fait pratiquement le complice d'un tel massacre, il ne pouvait plus prétendre à une mission de paix et ceci, s'ajoutant à l'excommunication dont il était l'objet, devait lui aliéner bien des sympathies.

---

1. Sup. *Fic.*, II, 95. : *M. F. Aldo Romano :* « Ego vero isthic tempestate hac curare non possum. Preter enim id quod valitudinarius sum, nec in urbe, nec in suburbiis habitare tuto possum nec meos qui in civitate sparsi sunt libros colligere. Tres enim furie Florentiam iamdiu miseram assidue vexant, morbus pestilens et fames atque seditio, atque id quod acerbius est, una cum ceteris mortalium dissimulationibus dissimulata pestis ».

On avait pu croire cependant qu'il allait se soumettre. Mais tandis qu'il rédigeait dans le silence de sa cellule ce remarquable traité d'apologétique qu'est le *Triomphe de la Croix*, la politique, dont il était désormais prisonnier, le conduisait à sa perte. N'écoutant que sa nature impulsive et se jugeant incompris et injustement frappé, il décida, en effet, malgré les censures, de reprendre le cours de ses sermons à la Cathédrale, mettant dans une situation délicate le chapitre métropolitain, dont Ficin, ne l'oublions pas, faisait partie. Était-il encore à Florence? Nous ne le pensons pas. Mais dans l'incertitude notre devoir est de poursuivre notre enquête, puisque comme chanoine il se trouvait dans l'obligation de prendre parti.

Rome ayant donc appris que Savonarole, soutenu par les pouvoirs publics, entendait passer outre à ses ordres et méprisait ses censures, Leonardo de Médicis, qui administrait le diocèse, fut prié de prendre toutes dispositions pour s'opposer à cette regrettable initiative. Le chapitre fut donc convoqué et l'on décida d'abord d'envoyer une délégation à la Seigneurie pour la mettre en garde contre les inconvénients qui pourraient résulter de cette provocation, puis on nomma une autre délégation qui devait se rendre à Rome pour demander au Pape ce qu'il y aurait à faire en cas de rébellion, et enfin le prieur ayant passé outre, on prit des sanctions contre deux chanoines, Amerigo de Medicis et Petro Nerotti, qui avaient enfreint la décision et une enquête fut ordonnée à l'encontre de deux autres membres du clergé de la cathédrale, Jacopo de Manellis et Carolo de Martelli. C'était le moment ou jamais pour les ennemis ou les amis de Savonarole de se compter. Or au cours des neuf séances que tint le Chapitre, pas une seule fois Ficin n'est nommé dans la liste de ceux qui ont approuvé les mesures prises. Il est probable qu'il n'était pas alors à Florence, mais il est également possible qu'il ait été parmi les opposants, c'est-à-dire les partisans de Savonarole, qui ne sont pas nommés et qui étaient relativement nombreux, puisque les premières résolutions furent acquises par dix-sept voix contre sept, une première fois, contre huit une seconde et les autres à la majorité des deux tiers [1].

En tout cas, la première fois que nous retrouvons Ficin mentionné dans les délibérations du Chapitre, c'est à une séance du 8 septembre 1498, donc après la mort de Savonarole et ce fut pour voter par dix-huit voix contre deux la réintégration dans leurs droits de deux des chanoines qui avaient été privés de leurs bénéfices pour une durée primitivement fixée à dix ans, parce qu'ils avaient préféré quitter le Chapitre plutôt que de s'associer à ses

1. Cf. E. SANESI, *op. cit.*, p. 21 et suiv.

décisions [1]. Tout cela évidemment est bien étrange, mais vouloir tirer argument de son absence ou de son abstention et de ce dernier vote pour démontrer qu'il restât fidèle à Savonarole nous paraît pour le moins téméraire. Vouloir par ailleurs justifier l'Apologie en disant que Ficin avait pu être dénoncé à Rome comme partisan acharné de Savonarole est une hypothèse absolument gratuite et pratiquement insoutenable. Il nous paraît plus sage d'admettre les faits, qui se dégagent des textes et de leur contexte historique et de juger de l'attitude de Ficin et du ton de son Apologie en fonction de son tempérament et surtout des circonstances.

Si en tant que philosophe il a pu interpréter le message de Savonarole comme un cas de fureur prophétique et si même comme chrétien et comme prêtre il a pu voir en ce prophète un réformateur, auquel on pouvait faire confiance, il n'en approuvait pas nécessairement pour autant toutes les initiatives. Conscient des abus que favorisait dans divers domaines le gouvernement des Médicis, il eût préféré sans aucun doute que Savonarole étudiât en tête-à-tête avec Laurent ou son fils Pierre les moyens d'y remédier plutôt que de les attaquer plus ou moins ouvertement et de préparer leur chute. Regrettant que le Pape Alexandre VI sacrifiât sa mission évangélique au succès de sa politique et surtout aux intérêts de sa famille, lui, qui, au moment de la conjuration des Pazzi, n'avait pas craint de rappeler le Pape Sixte IV à son devoir, il refusait de suivre le Frate sur la voie de la révolte, au terme de laquelle il entrevoyait peut-être le schisme. Nul doute que s'il avait assisté aux délibérations du Chapitre, il se fut associé au vote de la majorité comme son ami Arduino, car il savait par expérience que provoquer Rome ne pouvait qu'aggraver le conflit et comme beaucoup des meilleurs amis de Savonarole il n'approuvait pas ses excès de langage. Machiavel lui-même, qui pourtant devait parler de lui comme d'un saint, écrivait alors qu'il était « outré de l'audace de ce moine qui ne respectait aucune autorité constituée » [2]. Il n'y a donc pas lieu de crier au scandale sous prétexte que Ficin a abandonné le malheureux prieur, qui après avoir promis la liberté et la paix laissait ses partisans assouvir leur vengeance en imposant aux Florentins un régime de terreur. Beaucoup d'autres avaient changé de camp et il est fort possible que l'exemple de son ami Georgio Antonio Vespucci, qui pourtant n'avait pas hésité à quitter le Chapitre pour entrer au couvent de Saint-Marc le 5 juin 1497,

1. *Id.*, p. 36-37.
2. MACHIAVEL, Lettre à R. Becchi (8 mars 1497). *Opere complete*. Firenze 1843, p. 1076.

l'ait influencé [1]. Mais lui du moins n'avait pas attendu la mort de celui qu'il avait choisi pour maître pour le renier. Il est vrai que Ficin nous dit dans l'Apologie, qu'il a combattu plus ou moins ouvertement Savonarole pendant trois ans, mais nous savons ce qu'il faut penser de ce calcul qui n'était certainement pas désintéressé. Vu l'autorité de Ficin et en un temps ou régnaient la suspicion et la délation, il est bien difficile d'admettre qu'il ait changé d'opinion sans que personne n'en ait tiré argument en sa faveur ou contre lui. Or, non seulement pendant des siècles il fut considéré comme un admirateur de Savonarole, mais un de ses meilleurs amis, ce Paolo Orlandini, avec lequel nous l'avons rencontré à Sainte-Marie des Anges à la fin de 1496 a rendu un éclatant témoignage de sa fidélité en réunissant dans une même béatitude Pic de la Mirandole, Ficin, Savonarole et Arduino.

> Stava tre essi con magno decoro
> El nostro degno prior Bernardino
> Iohanni Pico in suo nobil thesoro
> Di poi Messer Marsilio di Ficino,
> Savonarola e Messer Olivieri [2].

Si donc Ficin a renié Savonarole, il faut reconnaître que le secret de son attitude fut bien gardé et puisque nous avons tout de même de sérieuses raisons pour admettre qu'il est l'auteur de l'Apologie, il nous reste à déterminer les motifs qui ont pu l'amener à composer cette diatribe contre un homme qu'il n'avait pas osé affronter ouvertement et dont la mort imposait au moins le respect.

A vrai dire on ne voit pas pourquoi, pris soudain d'un saint zèle, il s'est fait l'avocat des Florentins qui n'avaient pas su résister au charme ou aux menaces du fougueux et séduisant prédicateur. On ne peut donc que formuler des hypothèses. Supposons qu'effectivement il ait été lui-même plus ou moins compromis par ses propos ou son silence, ce n'est qu'à titre personnel qu'il eût fait amende honorable et Nardi, qui prend soin de noter que Rome exigea que les ecclésiastiques imprudents ou coupables demandent pardon, n'aurait pas manqué de nous dire que Ficin l'avait sollicité en des termes retentissants. Or il se contente de dire que dans la plupart des cas, hélas, quelques florins ont suffi pour arranger les choses [3].

1. E. SANESI, op. cit., p. 13.
2. Florence, Bibl. Naz. Conv. Soppr., G. 4, 826 fol. 72 — Naz. Conv. Soppr., D 5, 827. — BANDINUS, ad Corsii vitam adn. 20, ed. Galletti, p. 200. — KRISTELLER, Sup. Fic., II, p. 267.
3. Cf. M.-J. NARDI, op. cit., II, p. 50 r : « Ne quali tempi pareva che nessuno vitio fusse piu vergognoso, o reprehensibile che l'haver creduto al frate, o desiderato la riforma di costumi nella corte Romana... Sulla quale

Par ailleurs plaider la cause des Florentins semblait à cette époque inutile. Dès le mois de mars 1498 le doyen du Chapitre, Francesco Rucellai, avait demandé la levée des censures qui frappaient les partisans de Savonarole et le Pape l'avait accordée par un bref en date du 11 avril, c'est-à-dire le lendemain même de l'arrestation du Frate [1]. Enfin étant donné son absence ou son abstention aux délibérations du Chapitre Ficin était bien peu qualifié pour parler au nom des chanoines. En fait rien dans le texte de l'Apologie ne permet d'inférer qu'il ait écrit au nom de ses collègues, dont au demeurant il vante les mérites en cette pénible affaire. C'est pourtant la seule hypothèse qui mérite d'être retenue et ce qui nous incite à la formuler, c'est qu'il existe un autre texte du même genre rédigé par un autre chanoine Giovanni Francesco Poggio Bracciolini. Ce libelle, qui a pour titre *Contra fratrem Hieronymum Heresiarcam* [2] et qui fut imprimé, présente certaines analogies avec le texte de l'Apologie. Rédigé après la mort du moine il est également adressé au Sacré Collège et si le thème en est différent, l'esprit est le même.

Dès lors on peut fort bien supposer que, pour une raison qui nous échappe, les chanoines aient jugé nécessaire que l'un d'eux remerciât le Sacré Collège d'avoir mis fin à la fâcheuse expérience et aux excès de toute nature que la prédication et la politique de Savonarole avaient suscités. Le Chapitre dans sa majorité ayant obéi aux directives de Rome n'avait certes pas à faire amende honorable, mais il se peut qu'on ait regretté en haut lieu qu'il n'ait pas fait preuve de plus d'autorité vis-à-vis des pouvoirs publics ou usé davantage de son influence sur les Florentins en général. L'un de ses membres justifiant sa conduite et exprimant sa reconnaissance au Sacré Collège pouvait dissiper les derniers malentendus et mériter l'indulgence de Rome pour tous ceux qui, même après le bref du 11 avril, avaient persisté dans la voie de l'erreur et de la révolte. Ce n'est qu'une hypothèse, mais elle n'est pas invraisemblable, car on peut fort bien supposer que Poggio et Ficin ayant rédigé l'un et l'autre une adresse au Sacré Collège, celle de Pogge fut jugée plus

occasione per ritornare a fatti del sopradetto commissario del Papa, egli fece richiedere e citare a Roma alcuni preti, e dottori Canonici, che apertamente, o nascosamente havevan favorito, e scrivendo difeso l'opera del frate e oppugnato la validita della scommunica. Ma tutti costoro per paura dell' havere andare a Roma o di perdere i beneficii ricomperarono dal detto mandatorio questo impaccio con qualche somma di danari e furon da quello assoluti o liberati. »

1. Cf. E. SANESI, *op. cit.*, p. 60 et suiv.
2. Ce libelle fut publié à Rome, in Campo Flore (Eucharius Silber). Cf. HAIN, 13209.

habile et plus opportune, ce qui expliquerait que celle de Ficin est
demeurée dans l'ombre.

En fait Savonarole avait été condamné comme hérétique et
c'était peut-être faire preuve d'un zèle maladroit d'en faire un Antéchrist. Par ailleurs, il est possible qu'en dépit des textes scriptu-
raires qui illustraient les arguments de l'Apologie on ait jugé aussi
dangereuses les allusions aux Platoniciens et aux Astrologues que les
références aux fables de l'Antiquité. Encore une fois ce n'est qu'une
hypothèse, mais c'est présentement la seule qui nous permette
d'expliquer pourquoi cette Apologie, si elle est vraiment l'œuvre
de Ficin, fut adressée au Sacré Collège et pourquoi surtout elle est
restée si longtemps inconnue. Le silence dont ce texte fut entouré
pendant tant d'années demeure, en effet, une énigme, dont le secret
est lourd de conséquences, car il est inconcevable qu'au moment de
la mort de Ficin, il ne se soit pas trouvé un témoin pour faire allusion à ce texte qui pouvait priver son auteur de la considération
dont il avait joui chez ses contemporains.

Il ne faut pas oublier, en effet, qu'en dépit des événements qui
troublaient tant de consciences, Ficin poursuivait péniblement sa
tâche. Ce n'est pas parce que sa correspondance s'achève avec
l'année 1494 qu'il a cessé d'écrire. Lui-même nous en assure implicitement puisque dans sa lettre à Pierre de Bibbiena il dit que
douze livres de ses lettres sont déjà publiés [1]. C'est donc qu'il
espérait en publier d'autres. Plusieurs d'ailleurs ont été déjà re-
trouvées et pour notre part nous avons eu la bonne fortune de
prouver qu'il avait même étendu le champ de ses relations puisqu'il
écrivait vers 1496 à John Colet [2]. Sans doute Florence avait-elle

---

1. *M. F. Ioanni Francisco Mirandulae Concordia Comiti :* « ...Longas autem
singularesque Pici laudes e multis iamdiu scriptis meis passim colligere licet,
ex libris epistolarum praesertim posterioribus (sunt enim duodecim iam im-
pressi)... Die Primo Novembris MCCCCLXXXXV ». — KRISTELLER, II, p. 93.
2. Cette lettre se trouve sur la page de garde d'un exemplaire de la Correspondance de Marsile Ficin publié à Venise le 11 mars 1495 et qui se trouve
actuellement à la bibliothèque du All Souls College à Oxford.
« Marsilius Ficinus Florentinus Iohanni Colet colenti pariter ac colendo.
Solent amantes amati vulti vultum vera facie pulchriorem in se ipsis effin-
gere. Vis enim amoris est, non solum amantem transformare mirabiliter in
amatum, sed etiam amati formam apud se in melius reformare. Siquidem
naturalis amor est generationis et augmenti principium, tu igitur, amantissime mi Johannes, quamprimum spiritus nostri lucem in scriptis ferme sicut
Lunam in aquis lucentem intuitus es, quasi tuo spiritui congruam ardentius
amavisti ex amore captus subito Solem accepisti pro Luna. Itaque me Solem
vocas. Solem quidem tibi pariter ac amantibus coeteris, vero Luna felix
mihi plane tua haec opinio, mi Colete, pulchriorem videlicet Marsilium tibi
reddens quod aspexeris. Felicissime certe fores (?) si ceteris reddiderit aeque

cessé d'être le rendez-vous des humanistes d'outre-monts, mais le prestige de Ficin n'avait pas diminué pour autant. En 1495 on avait imprimé à Venise sa correspondance [1], qui fut dès 1497 réimprimée à Bâle, à Strasbourg et à Florence. En 1496, nous avons vu sortir des presses de Veneto à Florence les Commentaires de Platon et l'année suivante il imprimait la traduction et les Commentaires des œuvres de Denys sans même en retrancher la dédicace à Jean de Médicis, qui, comme son frère, était alors banni [2]. Enfin, en 1497, Alde Manuce avait édité magnifiquement la traduction des traités de Jamblique, Synésius Psellus et autres néo-platoniciens et l'année suivante rééditait le *de Triplici vita* [3]. La chute des Médicis n'avait donc en rien diminué son crédit. Puis, privé de ses manuscrits, il avait entrepris, en s'inspirant de saint Thomas, de commenter les Épîtres de saint Paul. La mort ne lui laissa, hélas, que le temps d'exposer les cinq premiers chapitres de l'Épître aux Romains, nous privant d'une œuvre dont les prémices étaient remarquables [4].

Le drame de Savonarole étant consommé, Ficin que nous avons rencontré au Chapitre le 8 septembre 1498 dut de nouveau quitter Florence puisque le 22 novembre le susdit Chapitre décida de lui verser ses revenus malgré son absence [5]. Est-ce à cette époque qu'il perdit sa mère? C'est probable. Elle avait trop partagé sa vie pour qu'il put se consoler et compenser une telle perte. Il ne revint sans doute à Florence que pour y mourir.

Le fait que son testament, daté du 27 septembre 1499, a été établi dans le quartier de Saint-Marc, nous incite à penser qu'il résidait alors dans sa maison de la rue S. Gallo, mais nous n'en avons aucune preuve. A défaut des derniers échos de sa vie, son

---

pulchrum. Utinam ardens et elegans tua epistola ita placeret aliis atque mihi ut ego ita placeam aliis atque tibi. Vale, amantissime pariter et amatissime, mi Colete ».

1. *M. F. Epistolae.* Colophon : Impensa providi Hieronymi Blondi Florentini Venetiis commorantis, opera vero et diligentia Matthei Capcasae Parmensis impressae Venetiis aequinoctium vernale Phoebo introeunte, ascendente Jove die et hora Mercurii, vigilia divi Gregorii (11 mars) anno salutis MCCCLXXXXV.

2. *Dionysii Areopagitae de mystica theologia et de divinis nominibus.* Impressum Florentiae per Laurentium Francisci Venetum. — Rappelons pour fixer la date d'impression de ce livre, qu'à la suite des commentaires sur Platon, datés du 2 décembre 1496, l'éditeur avait ajouté : « Nunc autem seorsum hic imprimitur Dionysius de mystica theologia divinisque nominibus ».

3. C'est à cette édition que se réfère la lettre de Marsile Ficin à Alde Manuce, citée plus haut, p. 351. Cf. KRISTELLER, II, p. 95.

4. FICINI *Op.*, *Marsilii Ficini Florentini in Epistolas Divi Pauli*, p. 425-473. — Il ressort de ce texte inachevé que Ficin avait manifestement l'intention de commenter toutes les épîtres de St Paul.

5. C. E. SANESI, *op. cit.*, p. 17.

testament, dont les exécuteurs étaient sept moines de Saint-Marc, parmi lesquels le fameux Vespucci, est un magnifique témoignage de sa noblesse et de sa piété. Il demandait des obsèques très simples, laissant le soin de les assurer à Laurent de Pierfrancesco de Médicis, à Jean Cavalcanti et à son notaire. Sur le peu d'argent qu'il laissait, il recommandait que l'on prît d'abord les honoraires d'un trentain grégorien qui devait être dit, non à la cathédrale, mais à Saint-Marc, et qu'ensuite le reste fut distribué aux pauvres de Novoli et de Pomino, paroisses dont il avait toujours la charge. Puis n'oubliant rien ni personne, il notifiait que les manuscrit de Platon qu'on lui avait prêtés fussent rendus à leurs propriétaires et distribuait ses biens meubles et immeubles à ses frères, neveux et serviteurs, allant jusqu'à préciser que le domaine de Careggi, attribué à son neveu, devait revenir au Chapitre de la Cathédrale si son neveu mourait sans enfants. En retour il demandait qu'un service pour le repos de son âme fut célébré chaque année à la cathédrale le 19 octobre anniversaire de sa naissance [1].

Désormais, il pouvait mourir en paix. La mort ne le fit pas attendre. Trois jours plus tard (1er octobre) il succombait à une crise de coliques disaient les uns ou, rapportaient les autres, à un accès de cette fièvre qui, si souvent, au cours de sa vie l'avait tourmenté [2]. Le lendemain les chanoines ayant pris connaissance de son testament, Jean Vespucci et Simon Rucellai reçurent procuration pour que les causes intéressant le Chapitre soient respectées [3] et d'un

1. *Sup. Fic.*, II, p. 193-201.
2. Cf. CORSI, XXIV.
Étrange coïncidence, le même jour, nous dit CORSI, Paolo Vitelli, qui commandait l'armée, ramené de force du camp retranché de Pise à Florence était privé de vie par ses adversaires, qui cependant pour la plupart étaient de la noblesse. Soupçonnant ce Vitelli et son frère Vitellozo de défendre mollement les intérêts de la République et même d'être de connivence avec les Médicis, les commissaires florentins avaient convoqué les deux frères sous prétexte de conférer avec eux. Ce n'était qu'un piège. Les deux frères furent arrêtés et si l'un d'eux parvint à s'échapper, Paul fut mis à la torture et en ce soir d'octobre pendu à la lueur des torches devant la populace, ivre de vengeance. En soi cette parodie de justice n'avait, hélas, rien d'insolite. CORSI cependant semble indigné à la pensée que la noblesse avait perpétré ce crime. Peut-être savait-il que les deux commissaire florentins qui avaient tendu le piège avaient été deux amis de Ficin : Antonio Canigliani et Braccio Martelli !
3. *Cod. Marucellianus* A 135, 25 f. 191 v : Die 2 Octobris 1499, congregato capitulo ut moris est et audita morte D. Marsilii Ficini eorum Concanonici, viso quod prefatus Dominus Marsilius reliquerit executores sui testamenti prefatum Capitulum et considerantes prefati Canonici omnes in executione huiusmodi non posse intervenire, pro partibus inter eos obtenerunt per duo tertia fabarum et ultra fecerunt procuratores et commissarios circa huius-

commun accord il fut décidé que « pour honorer la mémoire d'un
homme qui avait si brillamment illustré le noble Chapitre, Ficin
serait inhumé en grand honneur au Dôme et que le très éloquent
Marcello Alriani (Virgilio), chancelier de la République, pronon-
cerait son oraison funèbre » [1]. Tout un peuple de princes et de
moines, de savants et d'ignorants vint donc pour s'incliner une
dernière fois devant ce petit homme qui depuis cinquante ans avait
travaillé à ressusciter Platon et à accroître le prestige de Florence,
qu'il n'avait jamais voulu quitter. Dans cette foule émue par une
telle perte, un homme pleurait, Paul Orlandini :

> *Ma tu messer Marsilio reverendo*
> *mio padre et mio maestro in ogni lato*
> *pel qual piu cose in miu vita comprendo*
> *tu sai ch'io ti hebbi infermi visitato*
> *a tue exequie ancor mi ritrovai*
> *dove tu fusti molto commendato*
> *dal tuo Marcello, dov'io contemplai*
> *quanta iactura havessi nostra gente*
> *per tuo decesso si ch'io lacrimai* [2],

Il pleurait et l'éloge de Marcello ne pouvait le consoler, car désormais une seule chose le préoccupait le salut de celui qu'il nommait
toujours son père et son maître. Mais déjà une curieuse légende peu
à peu se formait, pour assurer les amis de Ficin que Platon ne
l'avait pas trompé.

On racontait, en effet, qu'un jour où Marsile discutait de l'immortalité de l'âme avec son ami Mercati ils avaient convenu entre eux
que le premier qui mourrait viendrait donner à l'autre des nouvelles de l'au-delà. Or, poursuit Baronius, qui rapporte la légende,
à quelque temps de là, alors que Mercati se livrait un soir à ses
réflexions philosophiques, il entendit soudain le bruit d'un cheval
au galop, qui s'arrêta devant sa porte. En même temps il entendit
la voix de Marsile qui lui criait : « Michel, Michel, c'est vrai, tout
cela est vrai ». A la voix de son ami Michel étonné se leva de son
siège et ouvrant la fenêtre il vit, de dos, un homme vêtu de blanc,
éperonnant de nouveau son cheval blanc. Il courut après lui criant :
« Marsile, Marsile ». Il le suivit des yeux, mais l'homme disparut.
Épouvanté par un événement aussi insolite, il s'empressa de s'in-

---

modi negotium Dominum Joannem Vespuccium, Dominum Simonem de
Oricellariis Canonicos dicti Capituli... ». *Sup. Fic.*, II, p. 201.

1. Cf. SALVINI, *op. cit.* : Canonici alla memoria d'un tanto uomo illustra-
tore chiarissimo del loro nobile collegio lo seppel.

2. PAULUS ORLANDINUS, *Codd. cit.*, fol. 72. Cette poésie est datée du
15 juillet 1500.

former de ce qui avait pu arriver à Marsile (il vivait alors à Florence où il mourut) et apprit qu'au moment même où il l'avait entendu, Marsile était passé de vie à trépas [1].

Le trait est touchant et couronne magnifiquement la vie de cet homme loyal, de ce chrétien sincère et de ce prêtre sans reproche pour qui l'immortalité de l'âme était l'indispensable postulat sur lequel pouvait être fondé un véritable Humanisme. Toute sa vie ne fut en effet qu'une longue et patiente étude de ce problème fondamental qui si longtemps le tourmenta. L'ayant résolu il mit tout en œuvre pour l'exposer et le faire admettre à ses contemporains, persuadé qu'il pouvait à la fois apaiser leur soif de vivre en les ramenant dans les sentiers de la vie réelle où le Beau et le Bien se confondent avec le Vrai et révèlent à notre âme les secrets de sa nature et de sa destinée. A-t-il atteint son but? Nous n'avons pas à en juger ici, mais l'historien, après avoir tracé la vie d'un homme, se doit d'en dégager l'esprit et c'est ce que nous tenterons de faire en demandant une fois de plus aux textes, et aux textes seuls, de nous éclairer sur les véritables intentions qui ont guidé Ficin dans sa recherche de la vérité et qui lui ont valu l'estime et la reconnaissance de ses concitoyens.

1. BARONIUS, *Annales* (Coloniae, 1624, p. 371) : « Ego vero a quo accepi auctorem proferam, nempe integerrimae fidei virum Michaelem Mercatum S.R.E. Protonotarium, probitate morum atque doctrina spectatum. Ipse enim narravit de avo suo eodem quo ipse nomine nuncupato Michaele Mercato seniore cui cum Marsilio Ficino nobilissimi ingenii viro summa intercedebat amicitiae consuetudo, parta et aucta philosophicis facultatibus, in quibus Platonem ambo assectabantur auctorem. Accidit autem aliquando ut es more quidnam post obitum supersit homini ex eiusdem Platonis sententia, sed non sine tamen trepidatione deducerent, quae laventia Christianae fidei sacramentis suffulcienda essent. Eo enim argumento exstat eiusdem Marsilii ad ipsum Michaelem Mercatum erudita quidem epistola de animi et Dei immortalitate. Quum vero inter disserendum eorum progressa longius fuisset disputatio, eam ad calcem perductam illo clauserunt corollario ut iuncta simul dextra pacti fuerint uter eorum ex hac vita prior decederet, si liceret alterum de alterius vitae statu redderet certiorem. Quibus inter se conventis ambo iurati ab invicem discessere. Interlapso autem haud brevi temporis spatio evenit ut quum summo mane idem Michael senior in philosophicis speculationibus vigilaret, ex inopinato strepitum velociter currentis equi eiusdemque ad ostium domus cursum sistentis audiret vocemque simul Marsilii clamantis : o Michael, o Michael, vera, vera sunt illa. Ad vocem amici Michael admirans assurgens fenestramque aperiens quem audierat vidit post terga ad cursum iterum acto equo candido candidatum. Prosecutus est eum voce Marsilium, Marsilium invocans, prosecutus et oculis, sed ab eis evanuit. Sic ipse novi casus stupore affectus quid de Marsilio esset sollicitius perquirendum curavit — degebat ille Florentiae, ubi diem clausit extremum — invenitque eundem illa ipsa hora defunctum, qua eo modo auditus et visus est sibi. »

Chapitre x

VENERABILIS ET SOPHIAE PATER

Quand le visiteur pénètre dans la cathédrale de Florence qui, souriante et solennelle. s'est offerte à lui, par un clair matin dans sa robe de marbre aux tons chatoyants, il demeure interdit par la nudité froide de sa vaste nef, dont aucun élément architectural ne vient adoucir la sévérité. Mais si, à la lumière de l'histoire, il se plaît à revivre les grandes heures qui ont marqué le destin de ce temple, dans lequel battait le cœur de Florence au xve siècle, tout s'éclaire. Tour à tour il revoit l'assemblée des prélats latins et grecs entourant le Pape et l'empereur de Constantinople pour proclamer l'union des Églises, il revit l'odieuse agression des Pazzi, il entend Savonarole prêchant la pénitence et tonnant contre Rome et parmi tant de souverains venus s'agenouiller dans ce sanctuaire, il voit Charles VIII, roi de France, jurant sur l'Évangile de respecter les droits du peuple florentin.

Arrêtant ici le cours de l'histoire, il part alors à la recherche des témoignages gravés dans la pierre ou de ces grandioses monuments qui font de tant d'églises italiennes de véritables panthéons. Mais celui de Florence n'est point ici et cela ne donne que plus de prix aux rares personnages, dont elle a voulu perpétuer la mémoire en leur accordant une place dans sa cathédrale.

On trouve d'abord, modestes, mais de qualité, les bustes de Brunelleschi, de Giotto et de Squarcialupi, puis à quelques pas de là, les fresques d'Ucello et d'Andrea del Castagno représentant les fameux condottieri John Hawkwood et Nicolo da Tolentino, faisant pendants à celles où l'on voit, endormis dans la mort, l'évêque Piero Corsini et le maître à penser des premiers humanistes Luigi Marsigli. Enfin, face à la fresque où l'on voit Dante éclairer Florence avec sa Divine Comédie, s'offre à nous le buste de Marsile Ficin. C'est vers 1520 que le Chapitre métropolitain, répondant aux vœux de Giulio di Médicis, archevêque de Florence, décida de perpétuer la mémoire de Ficin par une statue de marbre ou un tombeau « pour que son image soit honorée comme il se devait dans l'église de Florence »[1]. Andrea di Piero Ferruci de Settignano, architecte du Dôme, fut chargé de sculpter le buste et Salvini rappelle dans ses notes que « Piero Ferruci, sculpteur de Fiesole et élève de Francesco Ferruci, disait que l'image du savant chanoine était fort belle et ressemblante[2] ». De fait, quand on a vu les nombreux portraits que nous ont laissé de lui les artistes de son temps, on le reconnaît aisément[3]. Mais ce qui frappe surtout c'est la pose et l'expression que l'artiste a su donner à son sujet.

Alors que Benedetto da Maiano s'était contenté de sculpter les bustes de Giotto et de Squarcialupi dans une forme classique, Ferruci, lui, a tenté de résumer, dans le marbre, la vie et l'œuvre de Marsile Ficin. Parce que l'homme s'était consacré à la recherche de la Vérité, on le représenta la tête tournée vers l'autel majeur où tant de fois sans doute il avait célébré la messe. Son regard perdu dans l'infini semble encore interroger, mais il a conscience d'avoir fait fructifier les talents qu'il avait reçus et dans un geste d'une rare distinction, il tient dans ses mains un lourd in-folio, dont ses doigts légers semblent tirer, comme d'une lyre, un hymne à l'Éternel. On ignore de qui sont les vers qui ornent le monument. Ils parlent d'eux-mêmes. « Passant, disent-ils, celui-ci est Marsile, père de la Sagesse qui après avoir remis en lumière le dogme platonicien, enseveli sous la poussière, par la faute des siècles, l'a donné aux Latins, tout en gardant l'élégance attique, ouvrant ainsi le premier les portes sacrées, guidé par la volonté divine. Il vécut autrefois bienheureux, grâce à la générosité de Cosme et de Laurent et maintenant

---

1. Cf. SALVINI : « Fecerunt quatuor commissarios videlicet R. D. Adrianum Turritanum, D. Ludovicum archipresbyterum, D. Ioannem Vespuccium et D. Iulianum de Ricasulis. Qui omnes concorditer sint et esse debeant cum Rev mo. archyepiscopo Florentino et operam dent sine damno capituli, ut imago domini Marsilii Ficini iam defunti sive per imaginem marmoream sive per sepulturam exaltetur ut decet in Ecclesia florentina ut Mag. Rever. domino de Medicis videbitur et placebit ».

2. Cf. SALVINI. Piero Ferucci, scultore da Fiesole, e discepolo di Francesco Ferucci dice : e la testa di Marsilio Ficino posta sopra la sua sepoltora la quale e molto bella e simiglievole.

3. On trouve le portrait de Ficin dans les initiales ornées de divers manuscrits (Florence. Plut. 73, 39 et 82, 10. — Rome. Bibl. Casanatense cod. 1297. — Wolfenbüttel-Landesbibliothek-Cod. 2706, 2924, 2994.

En outre, M. Ficin est représenté dans une des fresques de Ghirdandaio à S. Maria Novella, dans celle de Lippi à S. Maria in Carmine et on le voyait également dans une fresque de B. Gozzoli au Campo Santo de Pise. Enfin nous avons la très belle médaille attribuée à Niccolo Fiorentino au revers de laquelle on lit : Platone.

revit aux yeux du public » [1]; et l'inscription se termine par la formule : « Senatus Populusque Florentinus MCXXI », prouvant que la décision d'élever ce monument n'émanait pas seulement du Chapitre mais du gouvernement même de Florence.

Le Chapitre devait d'ailleurs lui rendre un autre hommage qui ne nous est pas moins précieux : la chronique des chanoines de la Cathédrale, après avoir mentionné ses titres et fonctions ecclésiastiques, déclare, en effet, qu'il fut un lettré très célèbre et un philosophe platonicien, puis qu'il fut très estimé pour sa piété et la sainteté de ses mœurs et enfin qu'il a le titre de Vénérable [2]. C'est

1.
>   En hospes, hic est Marsilius, sophiae pater,
>   Platonicum qui dogma, culpa temporum
>   Situ obrutum illustrans, et Atticum decus
>   Servans, Latio dedit : fores primus sacras
>   Divino aperiens mentis actus numine.
>   Vixit beatus ante, Cosmi munere
>   Laurique Medici, nunc revixit publico.
>   S.P.Q.F. MDXXI.

Aux distiques composés par Politien du vivant de Ficin :
>   Mores, ingenium, musas sophiamque supreman
>   Vis uno dicam nomine? Marsilius.
>   Mores, ingenium, musae, sophaeque sepulta est
>   Laus hic, cum magni corpore Marsilii

nous avons d'autres épitaphes composées par divers humanistes admirateurs de Ficin.
>   Hic situs est, magni sacrum qui dogma Platonis
>   Marsilius patriae tradidit et Latio.
>   Exsuvias tellus, caelestes spiritus oras,
>   Diva sed et terram fama polumque tenet.
>   (*Andreae Dactii* Poemata. Firenze, 1549, p. 81.)
>   Hic, Hic Marsilius notissimus ille Ficinus
>   Totius Ausoniae luxque decusque iacet.
>   In parvo ingentes qui clausit corpore dotes :
>   Immo non clausit, sed magis exeruit.
>   Quare etiam hac parva fama est angustior urna,
>   Ni tamen haec potius, quem replet, orbis erit.
>   (*Latomius*, cité par *Iovius*. Elogia virorum litteris illustrium,
>   Basilae, 1577, p. 89).
>   Sancta anima et caelum tibi tu qui saepe fuisti,
>   Spira in me rari flamina pura boni.
>   Ter caeli socia es, ter magni civis Olympi
>   Ter comes in gremium pulcra recepta dei.
>   Quum fluis ex astris : divi monimenta Platonis
>   Quum capis : et nunc te quum Jovis aula capit.
>   (*Iulius Caesar Scaliger*, cité par Bandinius ad Corsi vitam
>   adn. 58. Galetti, p. 209).

2. Catalogo cronologico de' canonici della chiesa metropolitana fiorentina, compilata l'anno 1751 da Salvino Salvini; p. 61 : 1487. Marsilio di Maestro Diotifeci detto Ficino Medico di Agnolo Ficini. Piovano di S. Bartolomeo a Pomino. Per rinunzi di Mgr Giovanni, poi Leone X de Medici — 1499. 3 Oct.

dire à quel point ceux qui l'avaient connu l'avaient apprécié et ce titre de Vénérable, que lui ont accordé ses contemporains et que nous n'avons trouvé que trois fois dans ce catalogue, est pour nous, non seulement le plus bel éloge qui pouvait lui être décerné, mais la meilleure conclusion que nous pouvions souhaiter pour compléter cette biographie.

Sans doute ce titre ne doit-il pas être pris dans son sens canonique, mais il prouve du moins que ceux qui le lui ont accordé ont reconnu la sainteté de sa vie et n'ont jamais mis en doute la pureté de ses intentions. Certes, bien souvent il s'est abusé sur le sens de sa mission et la valeur de son message. Mais peu importe que le temps et la critique aient réduit la portée de son œuvre. L'essentiel demeure et notre devoir, pour couronner cette vie, est d'abord d'interroger l'auteur lui-même sur ses propres intentions, puis de lui demander quels maîtres il a suivis et pourquoi il leur a fait confiance et enfin de lui laisser exposer brièvement les raisons qui l'ont conduit à composer sa *Théologie platonicienne*, qui fut la grande œuvre de sa vie et qui reste le témoignage le plus sincère et le plus émouvant de cette philosophie de la Renaissance, qui n'avait d'autre objet que de donner à l'homme le sens de sa dignité en lui rappelant ses origines et sa destinée.

I. AU SERVICE DE LA DIVINE PROVIDENCE.

« Si tu avais compris ce que tu prétends avoir lu de mes œuvres, répondait un jour Ficin à un de ses amis, tu ne douterais pas aujourd'hui qu'en ressuscitant les Anciens, mon intention fut avant tout de servir la divine Providence »[1]. Ressusciter les Anciens ! Nous avons vu avec quel soin Ficin s'y est appliqué. Le suivant pas à pas de Fighline à Careggi, du Studio à l'autel, son labeur et son zèle ont forcé notre admiration. Cependant, à mesure que s'accumulaient ses traductions, ses commentaires et ses traités, une certaine inquiétude a pu nous envahir et maintenant qu'il nous faut tenter de définir son but, peut-être sommes-nous tentés de croire

---

Famosissimo letterato e filosofo platonico. Per la pietà e santità de'costumi veneratissimo. Ha titolo di Venerabile. — Les trois chanoines qui dans ce siècle ont mérité le titre de Vénérable sont Francesco da Castiglione, le secrétaire de saint Antonin, Prospero di Neri Buonaccorsi et Cosimo di Guglielmo d'Antonio di Pazzi.

1. FICINI *Op.*, I, 871, 3 : Ioanni Pannonio : « Si nostra quae legisse te dicis intellexisses, non dubitares nunc qua potissimum ratione nostra haec veterum renovatio divinae providentiae serviat... » — *Epistola ad Bandinum :* (*Id.*, I, 857, 3).

qu'il s'est abusé, sinon sur l'importance, du moins sur la valeur de
son entreprise. C'est précisément ce que lui reprochait son ami Jean
Pannonius auquel nous le voyons répondre avec tant de franchise
et de bonne foi.

« J'ai lu à Buda, lui avait écrit cet humaniste hongrois, dans
ta lettre à Bandini, dans la Préface de ton Platon et dans celle de
ta Théologie, quelle part tu attribues à la Providence, là où tout
autre ne verrait que l'effet du hasard. A vrai dire, je ne vois pas
en quoi la renaissance de la théologie des Anciens peut servir la
divine Providence. Je me souviens d'ailleurs qu'à l'époque déjà
lointaine où, m'étant rendu en Italie, j'étudiais à Florence les lettres latines et grecques, deux astrologues de tes amis m'ont dit que
c'était à la position des astres que tu devais d'avoir ressuscité les
antiques maximes des Philosophes. Bien qu'on me l'ait exposée,
je n'ai pas retenu quelle était cette position, mais je suppose que tu
dois t'en souvenir et même que c'est toi qui l'as découverte. Ces
mêmes astrologues, à l'appui de leurs dires, ajoutaient même qu'en
un temps fixé par le destin, tu avais remis en honneur l'antique
musique de la lyre en même temps que le chant des hymnes orphiques tombés dans l'oubli, puis que tu avais traduit le très ancien
Mercure Trismegiste et de nombreux textes pythagoriciens. De
même tu avais exposé les vers de Zoroastre et avant mon retour de
Florence, tu avais mis la main sur Platon pour le traduire, sans
doute, sous les mêmes auspices astrologiques.

« Or, c'est moins par la Providence que par un certain hasard que
tu as fait tout cela. Cela est si vrai, qu'avant toutes ces maximes,
tu as répandu à la légère, comme il est naturel quand on est encore
jeune, la doctrine d'un philosophe ou plutôt d'un poète, que
depuis, te fiant à un meilleur guide, tu as banni et même (si j'en
crois ce que l'on me dit) combattu de toutes tes forces. Ce n'était
donc pas un privilège de la divine Providence, puisque, rendu
plus circonspect par l'âge, tu as, toi-même, jugé bon, comme il
convient, de le condamner. Quant à moi, mon ami, je t'avertis :
Prends garde que cette renaissance des Anciens ne soit pas simple
curiosité plutôt que religion » [1].

1. *Id.*, I, 871, 2 : « Legi Budae in Epistola ad Bandinum, item in proœmio
tuo super Platonem et in proœmio Theologiae tuae, quantum astruas providentiae, quod aliquis esse fati suspicabitur. Primo non video equidem ad
quid serviat providentiae renovatio antiquorum Theologia (= Theologiae),
praeterea memini cum olim in Italiam profectus latinis litteris et graecis
erudirer Florentiae, me a duobus vestrorum Astrologis audivisse, te ex
quadam positione syderum antiquas renovaturum Philosophorum sententias.
Quamquidem positionem syderum, et si audiverim non satis recolo, sed te

A la vérité, cette critique qui fleurait l'ironie, n'était pas sans fondement. Ficin ne pouvait pas nier qu'il attribuait une réelle valeur aux horoscopes, et non seulement nous l'avons vu en établir lui-même, mais nous savons qu'en fait il était persuadé que sa vie et son œuvre avaient été fonction de la position des astres. Mais s'il ne peut ni récuser les textes, ni contredire les faits, il se refuse, par contre, à admettre les arguments qu'on en tire pour mettre en doute ses intentions, et c'est à ce titre que sa réponse nous intéresse car il serait vain de vouloir porter un jugement sur son œuvre avant d'être fixé sur le véritable but qu'il poursuivait.

Qu'il ait été fervent d'astrologie, soit. « Mais, répond-il, si tu avais lu attentivement ma « disputatio » sur l'Étoile des Mages, les chapitres de notre Théologie et les livres de Plotin qui traitent de cette question et que j'ai aussi traduits, tu comprendrais clairement que le soin du bien public qui revient aux âmes dépend effectivement, comme de leurs causes premières et générales, des esprits supérieurs qui sont les ministres du Dieu Tout-puissant et découle en même temps d'une certaine manière, comme de leurs causes

arbitror meminisse, immo et per te invenisse. Adduxerunt item illi Astrologi ad suum judicium confirmandum, quod fatali quodam tempore antiquum cytharae sonum, et cantum, et carmina Orphica oblivioni tradita luci restituisses, mox et Mercurium Trismegistum antiquissimum traduxisti et Pythagorica multa. Item carmina Zoroastris explanivisti et antequam Florentia huc redirem, transferendo Platoni manum inieceras, iisdem (ut equidem suspicor) astronomicis auspiciis. Quod autem haec non tam providentia quam fato quodam fiant abs te, illud etiam argumento est, quod ante haec omnia, antiquum quemdam Philosophum sive poetam, utpote adhuc adolescens, leviter propagasti, quem deinde, meliori fretus consilio suppressisti, et (ut audio) pro viribus extraxisti, neque fuerat illud divinae providentiae munus, quod ipse aetate prudentior factus, merito judicasti damnandum. Equidem, te, amice, moneo, caveas ne forte curiositas quaedam isthaec renovatio antiquorum, potius quam religio ».
— *Epistola ad Bandinum* (I, 871, 1) : « ... Plotinus noster Platonicorum una cum Platone suo facile Princeps, quinquaginta et quatuor divinos composuit libros. Trigesimo eius libro hac hora (Deo aspirante) extremam imposui manum. Ita profecto iubet Deus omnipotens, hac nos divina providentia ducit, hac ergo sequamur » — *Procemium in commentaria Platonis* (II, 1129) : « ... Deus omnipotens, statutis temporibus divinum Platonis animum ab alto demisit, vita, ingenio eloquioque mirabili religionem sacram apud omnes gentes illustraturum. Cum vero ad haec usque secula sol platonicus nondum palam Latinis gentibus oriretur, Cosmus Italiae decus, et insignis pietate vir, Platonicam lucem, religioni admodum a Graecis Latinos propagare contendens, me potissimum intra suos lares plurimum educatum, tanto operi destinavit... Opus itaque totum divino auxilio iam absolutum tibi libentissime dedico » — *Procemium in Platonicam Theologiam* (I, 78) : « ...universum opus Platonicam Theologiam de immortalitate animorum inscribendum esse censui... Reor autem (nec vana fides) hoc providentia divina decretum... ».

propres et prochaines, des intelligences humaines, dès qu'elles
s'harmonisent avec les esprits supérieurs. Or, tout cela est signifié
par les figures et les mouvements célestes, en tant qu'instruments
des esprits divins. En outre, tu apprendrais que le « fatum » qui est
l'enchaînement des causes célestes, sert la divine Providence. On
peut donc dire que nos âmes sont surtout libres quand elles répondent pleinement à la volonté divine » [1]. La critique, quant au
fond, était donc injustifiée. Ficin en est tellement persuadé qu'il ne
prend même pas la peine de répondre à l'objection qu'on lui fait,
en lui rappelant qu'il a brûlé Lucrèce, que nous l'avons vu commenter avec enthousiasme. Sa vie comme son œuvre ont été « si-
gnifiées » par la position de Saturne par rapport au Verseau : c'est
pour lui un fait indiscutable. Par conséquent, si Saturne « significator, non ductor » en revenant vers le Verseau lui a fait trouver
et même l'a ramené à Platon, c'est que Dieu, dont les astres ne
peuvent que nous manifester la volonté, estimait que l'heure était
venue de faire briller le Soleil platonicien sur les Latins [2]. Qu'on
le veuille ou non, traduire Platon c'était donc, en fait, servir la
divine Providence, et c'est pourquoi Ficin considérait comme une
injure de se voir accusé d'avoir voulu simplement satisfaire la
curiosité de ses contemporains.

Si tel avait été son but, il aurait pu choisir des textes moins
sévères ou même se contenter de traduire ceux qui l'ont retenu,
mais cette tâche ingrate, qui pourtant aurait suffi à illustrer son
nom, n'avait pu satisfaire son âme. Avant d'être humaniste, il était

---

1. *Id.*, I, 872 : « Si Epistolam nostram de Magorum stella et similiter in
Theologia nostra disputationem, item Plotini libros de hac ipsa re trac-
tantes, quos et traduximus, diligentissimum legeris plane intelliges, officia
publici boni ad animos pertinentia, dependere quidem praecipue velut a
communibus primisque causis, a supernis mentibus Dei summi ministris,
proficisci etiam quodammodo tanquam a causis propriis atque ultimis, ab
humanis consiliis, ubi se supernis accomodant. Significari autem figuris
motibusque caelestibus, velut divinarum mentium instrumentis. Disces
praeterea fatum, id est, coelestium seriem causarum providentiae divinae
servire... Animos vero nostros tunc maxime liberos iudicari quando maxime
cum divina voluntate consentiunt. » — *Epistola ad Federicum Urbini* (I,
849, 2) : Divina lex fieri a coelo non potest, sed forte significari. *Plotini Enn.*
II, 2, 3, *Comment.* II, 1604-1642.

2. *Id.*, I, 948, 2 : *Epistola ad Philippum Valori :* « Requiris, video, quid
nunc agam. Quod equidem jamdiu, mi Valor, agebam. Eodem semper,
nescio quo fato, revolutore. Significator nobis, ne dixerim ductor (ut scis)
ab initio Saturnus sub Aquario ascendens extitit. Saturnia igitur et antiqua
perpetuo retractamus. Cum primum olim rediit ad Aquarium prisca Platonis opera sub magno Cosmo semel interpretati sumus. Iam Saturnus
iterum reversus est ad idem, ad idem nos quoque revertimur, Platonem
iterum post Laurentianum Plotinum interpretamur ». *Id.*, II, 1537.

chrétien. De ces lettres mortes que ranimait sa plume savante, il voulait avant tout, tirer des arguments pour « illustrer » sa foi. Ressusciter l'Antiquité ne fut jamais pour lui une fin, et s'il a pu dire qu'il n'avait entrepris cette tâche que pour « servir la divine Providence » c'est qu'il en avait compris toute la nécessité.

Certes, il se réjouissait que « Florence en cinquante ans, ait rendu à la lumière toutes les disciplines presque éteintes, la grammaire, la poésie, l'éloquence, la peinture, la sculpture, l'architecture, la musique et le chant lyrique »[1]. En vérité, c'était bien un siècle d'or. Malheureusement, derrière cette brillante façade, l'homme, peu à peu, enivré de ses succès, oubliait chaque jour davantage ses devoirs et sa destinée. Sans doute, le peuple gardait encore ses habitudes et la noblesse ses traditions. Mais dans cette foule joyeuse et bigarrée qui répondait toujours aux cloches du Giotto, le doute et la superstition peu à peu faisaient leurs ravages. Aux questions éternelles que tout esprit humain tôt ou tard se pose, l'antiquité recouvrée apportait d'étranges réponses, et tandis que l'Église, que compromettaient trop de ses ministres, se révélait incapable d'endiguer ce flot de scepticisme, la littérature, qui trouve toujours un facile succès en flattant les passions humaines, profitait à la fois de ce triomphe et de ce désarroi pour propager l'erreur et travestir les vices. « Les iniquités et les péchés s'étaient multipliés en Italie, dit Benivieni, parce que ce pays avait perdu la foi du Christ. On croyait généralement que tout dans le monde et les choses humaines surtout, n'avaient d'autre cause que le hasard. Certains pensaient qu'elles étaient gouvernées par les mouvements et les influences célestes. On niait la vie future, on se moquait de la religion. Les sages du monde la trouvaient trop simple, bonne tout au plus pour les femmes et les ignorants. Quelques-uns n'y voyaient qu'un mensonge d'invention humaine... L'Italie enfin, et surtout la ville de Florence, était livrée à l'incrédulité... les femmes elles-mêmes niaient la foi du Christ et tous, hommes et femmes, retournaient aux usages des païens, se plaisaient dans l'étude des poètes, des astrologues et de toutes les superstitions »[2]. Les églises devenues « galeries » ou « Panthéons » n'étaient plus qu'un lieu de rencontre « où l'on venait volontiers, comme dans une retraite parfumée,

---

1. FICINI *Op.*, I, 944, 3 : *Epist. ad Eberardum, Vurtembergensem et montis Peligardi seniorem :* « Hoc enim saeculum tanquam aureum, liberales disciplinas ferme iam extinctas reduxit in lucem, grammaticam, poesim, oratoriam, picturam, architecturam, musicam, antiquum ad Orphicam lyram carminum cantum. Idque Florentiae... ».

2. J. BENIVIENI, cité dans la Préface du traducteur de VILLARI, *Savonarole*, Paris, 1874, p. XXIX.

chercher l'ombre, la paix et la fraîcheur »[1]. On se signait encore, mais on ne priait plus, et tandis qu'une foule, insouciante et passionnée, chantait avec Laurent :

> *Chi vuol esser lieto, sia*
> *Di doman'non c'e certezza*[2],

la complainte de Dante revenait à la mémoire de ceux qui pressentaient le danger qui se dissimulait sous les apparences si brillantes et si paradoxales :

> *Ahi serva Italia, di dolore ostello*
> *Nave senza nocchiero in gran tempesto,*
> *Non donna di provincie, ma bordello!*[3]

Bien avant Savonarole, Antonin avait compris la nature et la gravité du mal qui menaçait l'Église et si Ficin, en toute bonne foi, peut prétendre qu'il n'a songé qu'à servir la divine Providence, il ne faut pas oublier qu'il le doit en partie à l'influence du pieux évêque de Florence. Entre ces deux prieurs de Saint-Marc dont l'un avait tenté d'enrayer les progrès de l'Humanisme et dont l'autre a voulu en détruire les fruits, Ficin qui partageait leurs légitimes inquiétudes, s'est trouvé placé comme un intermédiaire. Persuadé que le courant dans lequel il se trouvait lui-même entraîné n'avait besoin que d'être orienté dans le sens de la vérité pour assurer son triomphe, il a cherché dans les lettres antiques, non seulement une nourriture, mais un remède. Ce « siècle d'or » était aussi un « siècle de fer ». Il ne se lassera jamais de le répéter. Il fallait donc corriger ses excès pour lui rendre son vrai visage et comme pour Ficin la religion était « la seule voie qui conduit au bonheur »[4], la défendre était son devoir et c'est parce qu'il était sincèrement persuadé qu'à travers les siècles la même vérité avait fait son chemin, qu'il a cru pouvoir dire qu'il n'avait ressuscité les Anciens que pour servir la divine Providence.

Témoins de son enthousiasme pour les découvertes de son siècle, nous l'avons vu aussi découragé à la vue des événements plus ou moins tragiques qui, tant de fois, ont menacé son œuvre. Mais ce n'étaient là que des coups de la fortune, et ce qui le préoccupait

---

1. R. MORÇAY, *op. cit.*, p. 165.
2. LORENZO DE MEDICI, *Il trionfo di Bacco e d'Ariana*, cf. G. RAYA, *Poeti del Rinascimento*, Catania, 1929.
3. DANTE, *Divina Commedia, Purgatorio*, VI, 76-78. Relire la magnifique tirade de l'épisode du Sordello (VI, 76-77) auquel répond la légende de l'Aigle au Chant VI du *Paradiso*.
4. FICINI *Op.*, II, 1129. *Proœmium in Comm. Platonis :* « Religio est unica ad felicitatem via ».

avant tout, c'était l'erreur dont ses contemporains pouvaient être victimes. Il se devait de la dénoncer. Il le fit sans faiblesse et nous allons voir comment en en cherchant la cause il en a, en même temps, trouvé le remède.

Pour apprécier vraiment l'étendue d'un malheur, rien n'est plus nécessaire que de savoir ce qu'il représente de bonheur perdu. La société, comme les hommes, ne peut prendre conscience de ce qu'elle est, que lorsqu'elle a compris ce qu'elle devrait être. Or, nous dit Ficin, « la Sagesse éternelle de Dieu avait établi, du moins à l'origine de la religion, que les divins mystères ne devaient être traités que par ceux qui seraient les vrais amants de la vraie Sagesse ». La conséquence, c'est que, chez les Anciens, les hommes qui cherchaient les causes de toutes choses étaient les mêmes que ceux qui étaient chargés d'offrir, avec tout leur zèle, le sacrifice à la cause première, et, de ce fait, chez tous ces peuples, les mêmes hommes étaient en même temps philosophes et prêtres. C'était d'ailleurs logique, car, poursuit Ficin « puisque l'âme, comme le veut notre Platon, n'a que deux ailes — l'intelligence et la volonté — pour remonter vers son père céleste et sa patrie, et que le philosophe s'appuie sur l'intelligence, et le prêtre sur la volonté, et que l'intelligence illumine la volonté, et que la volonté embrasse l'intelligence, il était normal que ceux qui, les premiers, avaient trouvé par leurs propres forces ou atteint grâce au secours d'en haut les choses divines par leur intelligence, les aient honorées dignement les premiers par leur volonté et qu'ils aient transmis aux autres hommes ce culte légitime en leur en exposant les raisons »[1].

Au reste, Ficin ne se contente pas d'énoncer le principe sur lequel il prétend fonder le bonheur de l'humanité. Il fait appel à l'histoire universelle. Qu'il s'agisse des Juifs, des Perses, des Indiens, des Égyptiens, des Éthiopiens, toute la tradition témoigne

---

1. *Id.*, I, p. 1 : *De christiana Religione. Procemium :* « Eterna Dei sapientia statuit divina mysteria, saltem in ipsis Religionis exordiis ab illis dumtaxat tractari qui veri essent verae sapientiae amatores. Quo factum est, ut iidem apud priscos rerum causas indagarent et sacrificia summae ipsius rerum causae diligenter administrarent. Atque iidem apud omnes gentes philosophi et sacerdotes existerent. Neque id quidem injuria. Nam cum animus, ut Platoni nostro placet, duabus tantum alis (id est, intellectu et voluntate) possit ad celestem patrem et patriam revolare, ac philosophus intellectu maxime, sacerdos et voluntate nitatur : et intellectus voluntatem illuminet, voluntas intellectum accendat, consentaneum est qui primi divina per intelligentiam vel ex se invenerunt, vel divinitus attigerunt, primos divina per voluntatem rectissime coluisse, rectumque eorum cultum rationemque colendi ad caeteros propagasse ».

que chez eux, qu'ils se nomment Prophètes ou Esséniens, Mages ou Brahmanes, Mathématiciens, Métaphysiciens ou Gymnosophistes, partout et toujours ces hommes scrutaient les mystères et présidaient aux sacrifices. Plus près de nous, s'il faut encore des preuves, nous trouvons en Grèce, Linus, Orphée, Musée, Eumolpe, Mélampe, Trophime, Aglaophème et Pythagore, en Gaule les Druides, à Rome Numa, Valère, Varron et ne sait-on pas combien était étendue et solide la science des premiers évêques et prêtres chrétiens?

« Ah ! heureux siècle, s'écrie Ficin, qui avez su garder intacte, surtout chez les Juifs et les Chrétiens, cette union divine de la sagesse et de la religion ! ». Par contre « combien sont malheureux les siècles quand se produit la rupture et le lamentable divorce de Pallas et de Thémis, je veux dire de la Sagesse et de l'Honnêteté ! ». « Quel malheur, dit-il, de voir ainsi ce qui est saint donné aux chiens pour le déchirer ! En grande partie, en effet, la doctrine est passée aux mains des profanes. C'est pourquoi la plupart du temps elle est devenue instrument d'iniquité et de licence et devrait bien plutôt s'appeler malice que science. Par ailleurs les perles les plus précieuses de la religion sont souvent maniées par des ignorants et piétinées par eux comme par des pourceaux. Enfin, souvent le culte sans vie que rendent à Dieu tous ces ignorants et ces paresseux mériterait mieux le nom de superstition que de religion. Ainsi les uns ne peuvent pas comprendre la vérité qui, parce qu'elle est divine, ne brille qu'aux yeux de ceux qui prient, et les autres, parce qu'ils ignorent totalement les choses divines et humaines, ne peuvent, réduits à leurs propres forces, ni servir Dieu, ni administrer les choses saintes comme il se doit » [1].

1. *Ibid.* : « Prophetae igitur Hebraeorum atque Essei sapientiae simul et sacerdotio incumbebant. Philosophi a Persis, quia sacris praeerant, Magi, hoc est, sacerdotes, sunt appellati. Indi Brachmanas de rerum natura simul atque animorum expiationibus consulebant. Apud Aegyptios Mathematici et Metaphysici sacerdotio fungebantur et regno. Apud Aethiopas Gymnosophistae Philosophiae simul magistri erant ac Religionis antistites. Eadem in Graecia consuetudo fuit sub Lino, Orpheo, Museo, Eumolpo, Melampo, Trophimo, Aglaophemo atque Pythagora. Eadem in Gallia sub Druidum gubernaculis. Quantum apud Romanos, Numae Pompilio, Valerio Sorano, Marco Varroni multisque aliis sapientiae simul, sacrorumque studium fuerit, quis ignoret? Quanta denique et quam vera doctrina in priscis Christianorum Episcopis, presbyterisque, quis nesciat?... O felicia saecula, quae divinam hanc sapientiae religionisque copulam, praesertim apud Haebreos Christianosque integram servavistis. O saecula tandem nimium infelicia quando Palladis Themidisque (i. e. sapientiae et honestatis) separatio et divortium miserabile contigit. Proh nefas, sic datum est sanctum canibus lacerandum. Doctrina enim magna ex parte ad prophanos translata est, unde ut plurimum

En vérité, si telle était la gravité et l'étendue du mal, Ficin, à juste titre, pouvait s'écrier : « Jusques à quand supporterons-nous la dure et misérable condition de ce siècle de fer? » Pour s'en affranchir, il fallait, de toute évidence, de puissantes réformes et elles étaient dictées par les causes mêmes du mal qui se trouvait ainsi dénoncé. Certes, comme saint Antonin, on pouvait accuser l'Humanisme d'avoir favorisé cet état de choses, mais point n'était besoin de le condamner. Bien au contraire. Puisque la religion était pervertie par des impies et trahie par des ignorants, il suffisait, pour lui rendre son prestige et sa vertu, de la remettre en de meilleures mains, c'est-à-dire, de la confier, comme autrefois, à « ceux qui cherchent les causes de toutes choses, renouant ainsi la tradition des siècles d'or, où les mêmes hommes étaient à la fois philosophes et prêtres ».

« O hommes, citoyens de la patrie céleste et habitants de la terre, je vous en supplie, s'écrie Ficin, délivrons de l'impiété, si nous le pouvons, la philosophie qui est un don sacré de Dieu et nous le pouvons, si nous le voulons. De toutes nos forces, arrachons la sainte religion des mains de l'exécrable ignorance. Oui, tous, je vous en conjure, vous d'abord les philosophes, je vous en prie, chargez-vous complètement de la religion ou du moins ne manquez pas de vous en occuper et vous ensuite, les prêtres, apportez tous vos soins à l'étude de la véritable sagesse ». Et humblement Ficin terminait son plaidoyer sur ces simples mots : « Je ne sais, quant à moi, quels progrès j'ai fait et quels je dois faire en cette matière, du moins j'ai essayé et je ne cesserai jamais d'essayer, comptant, non pas sur mon petit esprit, mais sur la clémence et le secours de Dieu » [1].

---

iniquitatis evasit et lasciviae instrumentum, ac malitia dicenda est potius quam scientia. Margaritae autem religionis pretiosissimae saepe tractantur ab ignorantibus atque ab his tanquam suibus conculcantur. Saepe enim iners ignorantum ignavorumque cura superstitio quam religio appellanda videtur. Ita neque illi sincere veritatem intelligunt, quae tanquam divina, solis piorum oculis illucescit, neque isti, quantum in eis est, recte vel Deum colunt, ut (= vel) sacra gubernant, divinarum humanarumque rerum prorsus ignari ». — Allusion au texte évangélique MATH. VII, 6 : « Nolite dare sanctum canibus, neque mittatis margaritas vestras ante porcos, ne forte conculcent eas pedibus suis, et conversi dirumpant vos ». Texte repris d'ailleurs par DENYS L'ARÉOPAGITE. *Hierarch. Célest.*, II, 5 : « Comme disent les oracles, il ne fait pas jeter aux pourceaux l'éclat si pur et la beauté si splendide des perles spirituelles ».

1. *Id.*, I, 1-2 : « Quamdiu duram et miserabilem hanc ferrei seculi sortem sustinebimus? O viri coelestis patriae cives, incolaeque terrae. Liberemus obsecro, quandoque philosophiam, sacrum Dei munus, ab impietate si possumus; possumus autem si volumus. Religionem sanctam pro viribus,

A n'en pas douter, cette page est d'un apologiste et si l'on a pu critiquer sa méthode, nul ne peut du moins au départ suspecter ses intentions. Il est vrai que lorsqu'il écrivit ces lignes qui forment la préface de son *De Christiana Religione* (1474), Ficin était déjà prêtre, mais elles n'en ont que plus de valeur, car nous savons que s'il s'est consacré à Dieu, c'était uniquement pour traduire en actes les principes qu'il vient de nous exposer, et s'il a mis tant d'empressement à composer ce traité d'apologétique, c'est que, sans doute, ceux qu'il jugeait coupables de pervertir la religion faisaient preuve de plus d'audace ou de lâcheté.

Avec une charité qui l'honore et qui pourrait servir d'exemple, il s'est volontairement abstenu de les nommer. Il les connaissait pourtant. Si les chiens déchiraient les choses saintes, si les pourceaux traînaient dans la fange les perles de la religion, c'est qu'avant tout, ceux qui en avaient la garde se révélaient incapables de les défendre. Sans doute, il n'y avait plus qu'un pape, et à Rome. Nous avons même entendu Ficin le qualifier de « sublimis theologiæ phenix »[1]. Mais depuis son accession au trône pontifical (9 août 1471), le savant Franciscain François de la Rovère, devenu Sixte IV, avait délaissé la philosophie pour se perdre dans une politique ondoyante qui l'avait entraîné en des luttes fratricides. Il y avait aussi un évêque à Florence, mais ce n'était plus saint Antonin et, quoi qu'en dise son biographe, on a peine à croire que ce saint homme en mourant (1459) « eut la consolation de laisser, avec un diocèse réorganisé, un clergé discipliné et attaché à ses devoirs »[2]. Quand on pense que ce saint évêque était obligé de prescrire « qu'on devait contraindre les vieux comme les jeunes à apprendre la grammaire et n'ordonner personne qui n'en ait une connaissance suffisante », et s'il n'était que trop vrai que « la moralité de ce clergé n'avait rien à envier aux fantaisies de Boccace et des autres conteurs », comment s'étonner que « démoralisées par l'exemple des prêtres, les populations des campagnes vivaient dans une ignorance et une superstition grossières »[3] ? Certes, il y avait de nombreuses exceptions, mais pas assez pour compenser l'ignorance et l'indiscipline de l'ensemble et même dans les villes où l'ignorance

---

ab execrabili inscitia redimanus. Hortor igitur omnes atque precor philosophos quidem ut religionem vel capessant penitus vel attingant. Sacerdotes autem legitimae sapientiae studiis diligenter incumbant. Ego quantum hac in re vel profecerim, vel profecturus sim, nescio, tentavi tamen et tentare non desinam, non quidem ingeniolo sed Dei clementiae viribusque confisus ».

1. *Id.*, I, 814. — Voir chap. VII, p. 449.
2. R. Morçay, *op. cit.*, p. 159.
3. *Id.*, p. 158.

se drapait savamment dans les plis d'une science équivoque, les attitudes religieuses de ceux qui l'adoptaient n'en étaient que plus coupables. « Partout, en un mot, comme le dit R. Morçay, l'absence d'autorité avait contribué beaucoup plus que l'avènement de l'humanisme et des idées païennes, à développer le relâchement, dont l'origine remontait au grand schisme » [1]. Ficin le savait bien et c'est pour cela, précisément, qu'il ne tolérait pas qu'on accusât les Anciens et encore moins qu'on lui reprochât de les avoir traduits. Mais enfin, si prêtres et moines étaient coupables d'avoir laissé échapper les richesses dont ils avaient la garde, qui donc avait osé s'en emparer et les dénaturer? Ficin va nous le dire, en répondant à Pannonius : « J'ai traduit les Anciens, écrit-il, persuadé qu'en rendant à la lumière cette théologie, les poètes cesseraient de mettre au nombre de leurs fables les faits et les mystères de la religion et que les Péripatéticiens, c'est-à-dire presque tous les philosophes, comprendraient qu'on ne doit pas traiter cette religion commune comme des contes de bonnes femmes » [2]. Les poètes et les Péripatéticiens, les voilà enfin nommés ! Les poètes, on les connaissait. Depuis longtemps déjà, ils avaient envahi la cité de Dieu, et tantôt avec légèreté, tantôt avec malice, ils s'étaient fait un nom en ridiculisant la morale des prêtres et en fustigant les moines. Indulgente, l'Église toujours avait fermé les yeux sur leurs farces et leurs satires, mais aujourd'hui, ces dilettantes devenaient impies en s'attaquant aux dogmes. C'était plus grave. Il fallait donc les faire taire.

Pour Ficin, nous l'avons vu, un homme les résumait tous. C'était Luigi Pulci, « cet avorton qui s'attaquait aux choses divines, ce Thersite qui méritait plus d'être puni que corrigé, cet homme enfin dont la malice était si grande qu'il eût été plus difficile de l'en débarrasser que de retirer le sable de la mer » [3]. Mais il n'était pas seul. Ficin savait que ses contemporains se délectaient en lisant le *De Voluptate* de Valla, les *Facéties* du Pogge, l'*Hermaphrodite* de Beccadelli et cent autres « nouvelles » du même genre dans lesquelles les perles les plus précieuses de la religion étaient vraiment piétinées comme par des pourceaux. Mais si Ficin n'avait pas hésité

---

1. *Id.* Voir ch. II. — Le Réformateur, p. 148-159.
2. FICINI *Op.*, I, 872, 1 : *Epist. ad Pannonium* : « ...Nos ergo in Theologis superioribus (Zoroaster, Mercurius, Plato...) traducendis et explanantibus hactenus laboravimus. Nunc vero quotidie in Plotini libris similiter laboramus, huic operi nos, sicut et illi suo, divinitus destinati, ut hac Theologia in lucem prodeunte et poetae desinant gesta mysteriaque pietatis impie fabulis suis annumerare et Peripatetici, id est philosophi omnes admoneantur non esse de religione tanquam de anilibus sentiendum ».
3. *Id.*, I, 661, 2.

à dénoncer tous ces hommes qui non seulement ne respectaient rien, mais encore transformaient « la doctrine chrétienne en instrument de licence et d'iniquité », ceux qu'il voulait avant tout confondre c'était « la plupart des Péripatéticiens » et son attaque est d'autant plus grave qu'il n'hésite pas à dire que, en l'occurrence, il s'agit de « presque tous les philosophes ». Sans nul doute c'était à eux qu'il pensait quand il déclarait que « la Philosophie, don sacré de Dieu, était aux mains de l'impiété ». Encore fallait-il démontrer que le titre de Péripatéticien était devenu synonyme d'impie et que la majorité des philosophes s'était laissé séduire par une telle erreur.

Conscient de son audace, Ficin tint à la justifier : « Toute la Terre, dit-il — et ce texte est capital — est occupée par les Péripatéticiens qui se partagent en deux sectes : les Alexandristes et les Averroïstes. Ceux-là estiment notre intellect mortel, tandis que ceux-ci le veulent unique, de plus les uns et les autres ruinent également de fond en comble toute religion, surtout parce qu'ils semblent nier la Providence et dans les deux cas ils trahissent même leur Aristote [1] ». L'accusation ainsi se précisait. Aristote, nous le savons, n'était pas directement en cause, et cependant c'était bien de ses disciples qu'il s'agissait et les erreurs qu'ils présentaient comme l'expression de sa pensée n'en avaient que plus de poids. A vrai dire, elles n'étaient pas nouvelles. Déjà nous avons vu l'Église au Moyen-Age et les humanistes de la première heure s'attaquer à Averroès et si le nom d'Alexandre avait paru jusqu'alors moins suspect, ceux qui connaissaient sa doctrine savaient toutes les conséquences qu'on en pouvait tirer. Beaucoup d'ailleurs les confondaient dans leur admiration ou leur condamnation et c'est un des mérites de Ficin d'avoir su distinguer les deux sources empoisonnées auxquelles s'abreuvaient les esprits forts de son temps.

Le portrait qu'il nous en a laissé, de ces philosophes au petit pied, ne manque pas d'humour. « Nombreux sont, aujourd'hui, dit-il, non pas les philosophes, mais les philopompes, qui prétendent avec un fol orgueil, s'en tenir à la pensée d'Aristote, alors qu'en fait ils n'ont entendu Aristote lui-même que fort peu et très rarement et encore, quand ils l'ont entendu, il ne parlait même pas grec, mais balbutiait dans une langue barbare. C'est pourquoi

---

1. *Id.* : « Totus enim terrarum orbis a Peripateticis occupatus, in duas plurimum divisus est sectas, Alexandrinam et Averroicam. Illi quidem intellectum nostrum esse mortalem existimant, hi vero unicum esse contendunt. Utrique religionem omnem funditus aeque tollunt ». Le même texte texte repris dans la Préface de Plotin (II, 1537) ajoute : « ...praesertim quia divinam circa homines providentiam negare videntur et utrobique a suo etiam Aristotele defecisse... »

d'ailleurs ils ne l'ont pas compris. Quand ils bavardent sur les places publiques au milieu des enfants, ils passent aux yeux du vulgaire, pour savoir quelque chose. Mais si vous les interrogiez chez eux sérieusement vous vous rendriez compte qu'ils ne savent pas grand-chose : un peu de physique, très peu de mathématique et encore moins de métaphysique. A soixante-dix ans, ils sont comme des enfants, ignorant non seulement l'éloquence, mais la grammaire ; ils ne découvrent ni les choses naturelles, ni les choses divines et, qui plus est, trouvent avec beaucoup d'inquiétude des doctrines barbares que, d'ailleurs, ils mélangent d'une manière ridicule... Ils parlent de telle sorte qu'en les écoutant on devrait mépriser la philosophie et ils vivent de telle façon qu'on devrait la condamner. Notre Platon avait bien raison de nommer les gens de cette sorte, non pas des époux de la philosophie, mais des adultères dont ne peuvent naître que des fils illégitimes, c'est-à-dire des opinions absurdes » [1].

Vraiment, on croirait lire une page de Pétrarque ! Un siècle pourtant a passé depuis que le chantre de Laure a écrit son *de suiipsius et multorum ignorantia* (1369) mais l'erreur qu'il avait tenté d'endiguer a suivi son cours et si les hommes ont changé, le foyer est resté le même. La lettre de Ficin est, en effet, adressée à un padouan et si, en terminant, il le félicite « de ne pas se laisser séduire par les vaines études et les enfantillages de ceux qui, au lieu de s'abreuver aux sources, se contentent de lécher les ruisseaux et qui préfèrent l'ombre de l'opinion à la lumière de la vérité, c'est que les « philopompes » qu'il dépeint sans les nommer, ne sont pas simplement ces éternels sophistes qui encombrent la carrière philosophique, mais bien les disciples d'Averroès et d'Alexandre qui, maîtres à Padoue, se sont répandus peu à peu dans toutes les Universités.

---

1. *Id.*, I, 655, 1 : *M. F. Ioanni Petro Patavino :* « Sunt multi nostris soeculis non Philosophi, sed philopompi, qui sensum Aristotelicum se tenere superbe nimium profitentur, cum tamen Aristotelem ipsum raro admodum atque parumper loquentem, et tunc quidem, non graece propria exprimentem, imo barbare aliena balbutientem, audiverint, ideoque minime intellexerint. Hi cum in foro inter pueros garriunt, scire nonnihil vulgo videtur. Si domi eos prudenter interroges, pauca in Physicis, pauciora in Mathematicis, paucissima in Metaphysicis scire deprehendes. Huiusmodi homines, etiam in septuagesimo aetatis anno pueri sunt, expertes non eloquentiae solum, sed grammaticae, neque res naturales aut divinas, imo barbaras quasdam dictiones anxie nimis excogitant, quam invicem inepte permisceant et confundant... Ita loquuntur ut ex eorum sermone Philosophiam vituperes. Quamobrem Plato noster merito non maritos Philosophiae, sed adulteros nuncupavit, ex quibus filii non legitimi, id est, opiniones absurdae, inter Philosophos oriantur ».

A Pietro d'Abano (1257-1315), dont les commentaires faisaient toujours force de loi, avaient succédé Paolo Veneto († 1429), Gaetano di Tiene († 1466) et, pour l'heure, Nicoletto di Vernia († 1499) répétait qu'Averroès était le véritable commentateur. On l'appelait «divin»[1], «brillante lumière de l'intelligence humaine» et c'est de son *De Anima*, auquel était venu s'ajouter le *De intellectu et intellecto* d'Alexandre, que se nourrissaient tous les hôtes illustres qu'accueillait l' « Athénée padouan ». C'était là, à n'en pas douter, les hommes dont Ficin ne craignait pas de dire qu'ils se contentaient de « lécher les ruisseaux » et parce qu'il avait conscience, lui, de « s'abreuver aux sources », il estimait de son devoir de « dissiper l'ombre de l'opinion » pour rendre tout son éclat à « la lumière de la vérité » et servir ainsi la divine Providence [2].

Succédant dignement aux grands docteurs du Moyen Age, auxquels il empruntera parfois leurs arguments, Ficin avant de répondre au *Commentator* le juge avec une certaine objectivité. « Averroès, dit-il, espagnol de langue arabe, s'adonna à la philosophie aristotélicienne. Ignorant de la langue grecque, on dit qu'il lut les livres d'Aristote qui avaient été pervertis, plutôt que convertis, dans une langue barbare. Il n'est donc pas étonnant que sur certaines questions obscures, la pensée d'un écrivain si concis lui ait échappé. Le platonicien Pléthon atteste lui-même que semblable méprise lui est arrivée comme aux Grecs les plus savants. Mais ce qu'il y a de plus grave, c'est que le texte même d'Aristote proteste contre Averroès » [3]. La conclusion est claire. Même s'il était excusable, le « Commentateur » n'en était pas moins coupable et puisque

1. Cf. FACIOLATI, *Fasti Gymnasii Patavini.* — F. M. COLLE. *Storia scientifico litteraria dello studio di Padova*, 1818. — PLAGNISCO, *Carettere della filosofia patavina (Atti del Istituto veneto*, V, 6, 1886-1887). — MABILLEAU, *Mémoire sur la philosophie de l'École de Padoue.* — RENAN, *Averroès et l'averroïsme*, Paris, 1857, p. 255 et suiv.
   Cf. F. MOMIGLIANO, *Paolo Veneto e le correnti del pensiero religioso e filosofico nel suo tempo*, Udine, 1907.
   — RAGNISCO, *Documenti inediti e rari intorno alla vita e agli scritti di Nic. Vernia e di Elia del Medigo*, Padova, 1891.
   2. FICINI *Op.*, I, 655, 1 : « ...Probo te amice, quod puerile horum ineptias et vana studia non aemuleris, qui neque fonte hauriunt sed rivulos lambunt, neque veritatis lucem, sed opiniones, umbram stulte sectantur. »
   3. *Id.*, I, 327, *Theol. Plat.*, XV, 1 : « Averroes, Hispanus patria, lingua Arabs, Aristotelis doctrinae deditus, grecae linguae ignarus, Aristotelicos libros in linguam barbaram e graeca perversos potius quam conversos legisse traditur; ut non mirum sit si in quibusdam rebus reconditis, brevissimi scriptoris mens eum latuerit, quod illi contigisse Platonicus Plethon testatur et peritissimi quique graecorum. Et quod maximum est, adversus Averroem graeca Aristotelis verba reclamant ».

cet « ignorant » était par surcroît un « impie » qui sapait les bases de
toute religion, il méritait à double titre d'être combattu. Celui
dont il s'inspirait ne le méritait pas moins. Certes, on peut s'étonner
que Ficin, après nous avoir présenté Alexandre comme un dangereux
chef d'école, ne lui ait pas réservé une plus large place dans ses
critiques. La vérité est qu'il était beaucoup moins connu qu'Averroès et que c'est seulement du vivant de Ficin que ses œuvres commencèrent à se répandre.

Originaire d'Aphrodisias, ville de Carie, Alexandre vivait à
Athènes vers l'an 200 après Jésus-Christ [1]. Il avait eu pour maître
à Alexandrie, un péripatéticien, teinté de néo-platonisme, Hermo-
nime, et un stoïcien, Aristoclès qui, comme Aristote, combattait
les Pyrrhoniens. Ennemi du syncrétisme que proposait alors Ammonius, il ne voulut connaître que le texte d'Aristote. Persuadé
qu'on le comprenait mal, il entreprit de lui rendre son véritable
sens et c'est ainsi que, neuf siècles avant Averroès, il devint le commentateur par excellence, ὁ ἐξηγητὴς κατ' ἐξοχήν

« Non seulement, dit P. Moraux, ses commentaires s'étendaient
à la presque totalité de l'œuvre aristotélicienne, mais ils se distin-
guaient par leur tenue scientifique exceptionnelle. Chose assez rare
dans la scolastique grecque, il prétendait expliquer Aristote uniquement par Aristote et cette tendance à l'orthodoxie conférait à ses
recherches une allure d'objectivité qui tranchait singulièrement
avec l'εὐγνωμοσύνη des Néo-Platoniciens ou des Judéo-Chrétiens » [2].
De plus, succédant aux nombreux et médiocres commentateurs
du premier siècle qui s'étaient cantonnés dans les questions de
logique, d'éthique et accessoirement de physique, Alexandre le
premier paraît avoir commenté les traités de psychologie d'Aristote
et c'est à ce titre qu'après son maître il est vraiment le premier et
principal responsable de cette polémique séculaire sur l'intellect
qui, après avoir rempli non seulement le Moyen-Age chrétien, mais
aussi les scolastiques grecques, byzantines, arabes et juives, devait
également opposer les penseurs de la Renaissance, avant de se poursuivre jusqu'à nos temps modernes.

Il ne nous reste de lui que quelques Commentaires et ses principaux traités, en particulier son *De anima* et son *De fato* que le
Moyen-Age n'avait connus que par l'intermédiaire des commen-

---

1. Cf. NOURRISSON, *Essai sur Alexandre d'Aphrodisias*, Didier, 1870. —
G. THÉRY, *Autour du décret de 1210*, II, *Alexandre d'Aphrodise. Aperçu sur
l'influence de sa noétique*. Le Saulchoir, 1926. — P. MORAUX, *Alexandre
d'Aphrodise, Exégète de la Noétique d'Aristote*, Liège, 1942.
2. P. MORAUX, *op. cit.* Préface, p. XVI.

tateurs grecs ou arabes [1]. « C'est, en effet, dit Nourrisson, aux
Arabes, que les théories d'Alexandre ont dû leur notoriété la plus
éclatante et la plus grande partie de leur influence » [2] et ce fut
Averroès qui contribua le plus à fonder et à propager son autorité.
C'est évidemment sur ces données que Guillaume d'Auvergne,
Albert le Grand et saint Thomas d'Aquin avaient exposé et réfuté
sa doctrine dont ils ignoraient l'ensemble. Or, parmi tant d'autres,
les Grecs avaient apporté à Padoue les œuvres de cet homme que
l'on avait jugé et condamné sans pouvoir se référer à l'expression
même de sa pensée. Ce qu'on en savait du moins avait suffi aux
maîtres averroïstes pour l'accueillir avec sympathie. Chacun voulut
le lire. Valla, Politien, Hieronymo Donato, pour ne citer que les
plus illustres [3], se mirent en devoir de traduire ses traités et commentaires, et comme on le soupçonnait, tous y trouvèrent la preuve
péremptoire, que l'âme était mortelle et que la Providence n'était
qu'un mot. Témoin de ce succès, Ficin avait vu juste en en dénonçant le danger. Le mot d'Averroès : « on n'est réputé savant et
parfait que si l'on est disciple d'Alexandre » [4] était redevenu d'une
troublante actualité et il était d'autant plus urgent d'intervenir
que ce nouveau venu avait connu le texte même d'Aristote et prétendait interpréter fidèlement sa pensée.

Avec tout le Moyen-Age latin, Ficin n'hésite pas dans sa *Théologie* à l'accuser d'avoir violé la lettre et perverti l'esprit des textes
du Stagyrite. Mais à mesure que se répandaient les traités
d'Alexandre, le mal s'aggravait et c'est pourquoi Ficin, qui tout
d'abord s'était contenté de tourner en ridicule ces orgueilleux « phi-

1. G. THÉRY, *op. cit.*, p. 10 : « Parmi les commentaires d'Alexandre, un
certain nombre est considéré comme perdu, du moins dans la rédaction
grecque : tels les Commentaires sur les *Catégories*, sur le περι Ερμενειας, sur
le IIᵉ Livre des *Premiers Analytiques*, sur les *Seconds Analytiques*, sur la
Physique, sur le *De Caelo*, *De generatione et corruptione*, et sur le *De Anima*.
Mais nous possédons encore le Commentaire sur le Iᵉʳ Livre des *Premiers
Analytiques*, sur les *Topiques*, sur les *Météorologiques*, sur le *De Sensu*, les
Métaphysiques. » Il y a lieu d'y ajouter les *Quaestiones naturales* et le *De
Mixtione*.

2. NOURRISSON, *op. cit.*, p. 106 et 110.

3. VALLA traduisit le *De Febribus* et les *Problemata*. — POLITIEN. le *Super
quaestionibus nonnullis physicis solutionum liber*. — DONATO le *De Anima*. —
H. BAGOLINO, le *De Fato*. — Cf. G. THÉRY (*op. cit.*, Notes de la page 10-12),
donne la liste des traductions et des éditions des différentes œuvres
d'Alexandre.

4. AVERROES, *De Anima*, III, ch. IV, fol. 124 r (édit. Lyon) : « Nullus
enim est sciens et perfectus apud eos, nisi qui est Alexandri, et causa in
hoc est famositas istius viri et quia credimus et vere scimus quod fuit unus
de bonis expositoribus. »

lopompes » qui ne cherchaient, dans Aristote, qu'un grand nom pour justifier leur scepticisme, mesura l'étendue du mal qui, peu à peu, menaçait la religion et comprit qu'il fallait, pour y remédier, disposer de nouvelles armes.

Depuis longtemps l'Église, sans les nommer, avait condamné Averroès et Alexandre [1]. L'erreur pourtant n'en était pas moins vivante et les Padouans auraient sûrement bravé l'anathème si on leur avait rappelé qu'en 1210 un concile avait interdit, sous peine d'excommunication, de lire, c'est-à-dire d'interpréter, soit dans des leçons publiques, soit dans des leçons privées, les livres d'Aristote sur la philosophie naturelle, ainsi que ceux de leurs commentateurs. Il est vrai que depuis cette date saint Thomas avait su réhabiliter celui que l'on avait considéré comme la source de toutes les hérésies, mais ses disciples l'avaient à nouveau sérieusement compromis et il était temps de séparer l'ivraie du bon grain.

Effrayé de voir tant d'esprits cultivés séduits par ces doctrines subversives, et persuadé que les moyens dont l'Église avait jusqu'alors fait usage pour les ramener dans la voie de l'orthodoxie étaient insuffisants ou inadéquats, Ficin jugea plus opportun de les provoquer sur leur propre terrain. Respectant leur bonne foi, il voulut les convaincre et c'est ce qui l'amena à faire appel à la philosophie.

« Si quelqu'un pense, dit-il, qu'une impiété si répandue et défendue par de si brillants talents puisse être détruite chez les hommes par une simple prédication de la foi, il sera sans doute effectivement convaincu qu'il se trompe lourdement. En l'occurrence il faut une puissance beaucoup plus grande. Or, cette puissance elle est ou bien dans des miracles divins se produisant avec éclat partout à la fois, ou du moins dans une certaine religion philosophique proposée aux philosophes qui pourraient l'écouter plus volontiers et se laisser un jour convaincre » [2]. Or, les miracles, Dieu seul peut

---

1. La première condamnation fut celle du Concile de la province ecclésiastique de Sens, tenu à Paris en 1210. — En 1215, le légat pontifical, Robert de Courçon, dans le règlement qu'il donnait aux écoles parisiennes, renouvelait cette même prohibition. Il interdit de lire les livres d'Aristote sur la Métaphysique et la Philosophie naturelle ainsi que les Sommes de ces mêmes livres. Cf. DENIFLE-CHATELAIN, *Chart. Univ. Par.*, I, p. 70-78.

2. FICINI *Op.*, I, 872. — II, 1537. « Si quis autem putet tam divulgatam impietatem, tamque acribus munitam ingeniis, sola quadam simplici praedicatione fidei apud homines posse deleri, is a vero longius aberrare, palam reipsa proculdubio convincetur : majore admodum hic opus est potestate. Id autem est vel divinis miraculis ubique patentibus, vel saltem philosophica quadam religione philosophis eam libentius audituris quandoque persuasurus ».

les opérer. Par conséquent, si la prédication se révèle insuffisante et si les miracles ne sont pas en notre pouvoir, le seul moyen qui demeure à la mesure de notre bonne volonté ne peut être que cette *philosophia quaedam religio*.

Que le remède puisse paraître étrange, Ficin ne se le dissimule pas, mais il est dicté par une nécessité qui, logiquement, semble pouvoir se justifier : « Nous ne devons, dit-il, ni chercher chez ceux qui sont venus avant le Christ les vérités chrétiennes dans leur perfection, ni croire que les esprits pénétrants et en quelque sorte philosophiques, puissent être un jour insensiblement attirés et amenés jusqu'à la parfaite religion par une autre nourriture qu'une nourriture philosophique » [1]. C'est un fait que ces « esprits la plupart du temps se fient à la seule raison et qu'ils admettent volontiers une religion commune, lorsqu'ils la reçoivent d'un philosophe religieux. Quand ils en sont imprégnés, ils sont donc plus facilement portés vers la meilleure espèce de la religion implicitement comprise dans le genre que constitue la religion commune » [2]. C'est pourquoi nous trouvons chez tous les peuples une « philosophie religieuse » qui répond au plan divin, et si aujourd'hui toutes les doctrines inspirées par Dieu dans l'Antiquité reviennent à la lumière, c'est qu'« il plaît à la divine Providence, nous assure Ficin, de confirmer en notre temps le genre même de la religion par l'autorité et la raison philosophique, en attendant qu'elle confirme par des miracles manifestes pour toutes les nations, quand le moment sera venu, la religion la plus vraie, comme elle le fit parfois en d'autres temps. Voilà pourquoi, conclut-il, guidé par la divine Providence, nous avons traduit le divin Platon et le grand Plotin » [3].

Que Ficin ait voulu, en ressuscitant les Anciens, servir la divine Providence, est donc incontestable et si Pannonius a pu s'y tromper

1. *Id.*, I, 872, 1 : « Principio neque debemus ab illis (Veteri) ad summum Christiana requirere, qui Christi adventum antecesserunt, neque confidere acuta et quodammodo philosophica hominum ingenia unquam alia quadam esca praeter quam philosophica ad perfectam reliogionem allici posse paulatim ac perduci. » — Dans la préface de Plotin (II, 1537), le premier membre de phrase est remplacé par : « Non est profecto putandum acuta... ».

2. *Ibid.* : « Acuta enim ingenia plerumque soli se rationi committunt, cumque a religioso quodam philosopho hanc accipiunt, religionem subito communem libenter admittunt. Qua quidem imbuti ad meliorem religionis speciem sub genere comprehensam facilius traducuntur ».

3. *Ibid.* : « Placet autem divinae providentiae his saeculis ipsum religionis suae genus, auctoritate, rationeque philosophica confirmare : quoad statuto quodam tempore verissimam religionem ut olim quandoque fecit, manifestis per omnes gentes confirmet miraculis... ». — II, 1537 : « Divina igitur providentia ducti divinum Platonem et magnum Plotinum interpretati sumus ».

nous ne lui en savons pas moins gré d'avoir contraint Ficin à justifier son entreprise aux yeux de ses lecteurs, car nous savons désormais, non seulement quel était son but, mais encore le moyen
qu'il préconisait pour l'atteindre.

Ayant diagnostiqué le mal et dénoncé les coupables, Ficin pour
servir la divine Providence a donc décidé en fait de demander aux
philosophes païens, qui jouissaient alors d'un préjugé favorable,
des armes nouvelles pour faire triompher la Vérité, qu'il estimait,
à juste titre, indivisible. A ceux qui refusaient de se soumettre à
l'*Ipse dixit* de la Révélation [1], il était naturel qu'il proposât la
lumière de la raison pour les amener peu à peu par les sentiers de
la religion commune dans la voie de la religion chrétienne. L'Apologétique n'a pas d'autre but que de démontrer comme rationnel et
possible ce que la foi déclare nécessaire. En cherchant à fonder les
vérités fondamentales de la religion sur les exigences de la nature
humaine Ficin n'a pas fait autre chose et il est certain que son *De
Christiana religione* comme sa *Theologia Platonica* ont ouvert de
nouveaux horizons à bien des âmes qui ignoraient sans doute que
le chrétien qui fait un acte de foi peut toujours s'y préparer ou en
analyser le contenu.

La formule de saint Augustin : *intellige ut credas, crede ut
intelligas* est en tout point légitime. Elle risquerait toutefois
d'induire en erreur, dit M. Gilson, si l'on oubliait que le rôle de
l'intelligence est fort différent selon qu'elle précède la foi ou qu'elle
la suit. Avant la foi, l'intelligence dont parle saint Augustin, n'est
autre que la raison naturelle déjà travaillée par la grâce de Dieu qui
la meut et la rappelle à lui, mais sans lumières, pour comprendre une
vérité à laquelle elle n'adhère pas encore. Avant la foi, la connaissance humaine ne porte donc pas sur le contenu de la foi, mais sur

---

1. Notons que lui-même s'est exprimé sans équivoque sur l'argument
d'autorité. FICINI *Op.*, I, 77, *De Christ. Relig.* ch. XXXVII : « Nihil autem
opus est ut longa disputatione confirmem, quae Christus ejus discipulis cre-
denda, speranda, agenda proposuit. Satis enim veritatis auctoritatisque
habent : cum a divina veritate procedere jam probaverimus. Maximam igitur
christianarum institutionem promissionumque rationem assignaverimus, cum
Pythagoricorum ritu dixerimus : Ille dixit. Meminerimus autem turbari non
oportere si horum minus capaces esse possimus. Maximum enim divinitatis
eorum signum hoc esse censeo. Nempe si ea mens nostra penitus comprehendit, minora sunt mente si talia sunt divina esse non possunt. Si enim
divina sunt, capacitatem omnem humanae mentis excedunt. Fides (ut vult
Aristoteles) est scientiae fundamentum. Fide sola (ut Platonici probant) ad
Deum accedimus. Credidi (inquit David) et propterea sum locutus. Credentes
igitur proprinquantesque veritatis bonitatisque fonti, sapientem beatamque
vitam hauriemus ». *Psalm. CXV, 10.*

les raisons naturelles que nous avons d'y adhérer. Après la foi,
l'intellection porte sur la foi même qui l'illumine et la transforme...
L'intelligence qui précède relève de l'ordre naturel et humain,
l'intelligence qui suit est de l'ordre surnaturel et divin » [1]. Rien ne
s'opposait donc à ce que Ficin — même ayant la foi — usât de la
raison « comme d'une simple propédeutique » et s'il en est tant
qui ont attribué un autre sens à sa démarche, c'est peut-être qu'ils
ignoraient qu'elle était légitime, à moins qu'ils n'aient pas compris,
comme l'évêque Pannonius, que Ficin pouvait servir la divine
Providence en traduisant les Anciens, jugeant, comme notre Pascal,
« Platon pour disposer au christianisme » [2].

II. Maîtres et Épigones.

Pour qui cherche des raisons de croire, les « livres platoniciens »
sont une source féconde et il était fatal que tôt ou tard Ficin se
rencontrât avec saint Augustin sur le chemin paisible qui, depuis
des siècles, a conduit tant d'âmes d'Athènes à Rome. Dès qu'il
connut ses œuvres, il en fit son « guide et son maître » [3] et ne cessa
jamais de s'inspirer de sa pensée. Mais les meilleurs principes ne
valent que par l'esprit qui inspire leur application et il faut bien
avouer que si maître et disciple ont connu le même enthousiasme
en découvrant « les livres platoniciens » et poursuivi le même but,
ils n'ont pas toujours emprunté les mêmes chemins.

Il est vrai que, partis d'un horizon fort différent, les problèmes
que l'un et l'autre se posaient n'étaient pas les mêmes. Saint Augustin cherchait la foi. Ficin voulait la répandre. L'un avait besoin
d'une métaphysique pour mettre fin à ses incertitudes sur la nature
de Dieu, la notion du mal et l'Incarnation du Verbe, l'autre entendait fonder une apologétique sur l'origine de la Sagesse et l'unité
de la Vérité. A supposer qu'ils aient lu les mêmes livres, ils ne
pouvaient pas en retenir les mêmes arguments et c'est pourquoi,
enivrés l'un et l'autre par « les parfums de l'Arabie », nous les voyons
s'orienter vers des objectifs si divers. Mais récapitulons d'abord
les livres que Ficin a pu lire et efforçons-nous de comprendre dans
quel esprit il les a lus.

1. E. Gilson, *Introduction à l'étude de saint Augustin*, Paris, Vrin, 1929,
p. 34.
2. Pascal, *Pensées*, p. 219.
3. Ficini *Op.*, I, 747, 2 : « dux et magister noster Aurelius Augustinus »
— 730, 3 : « Augustinus noster, cuius divina vestigia, quoad possum fre-
quentissime sequor ». — 909, 4 : « Augustinus praeceptor pariter et patronus
noster ».

D'emblée nous sommes fixés quand il nous présente la Sagesse antique comme un ensemble dont la continuité à travers les âges assure l'unité. C'est pour lui une notion première et fondamentale que la Vérité est une et s'est manifestée aux hommes d'une manière constante, reliant en quelque sorte la terre au ciel par une chaîne d'or, comparable à celle d'Homère [1]. Cette généalogie de la Sagesse se trouve établie pour la première fois dans la préface de sa traduction du *Pimandre* que nous avons pu dater de 1463. Ayant exposé les titres de noblesse de Mercure Trismégiste, il conclut en écrivant : « Il fut appelé le premier auteur de la théologie. Orphée qui le suivit obtint la seconde place dans cette théologie antique. Puis vint Aglaophème qui initia Pythagore aux mystères d'Orphée, et enfin Philolaüs, son élève, qui fut le précepteur de notre Platon » [2].

Onze fois dans son œuvre nous retrouverons cette nomenclature et il n'est pas sans intérêt de souligner les textes où elle nous est rapportée pour suivre sur ce point l'évolution de sa pensée.

Entre 1463 et la date de la composition de sa *Théologie*, un autre philosophe s'est en effet trouvé sur son chemin et, comme si le nombre six devait être respecté pour constituer en cet ordre une série parfaite, nous voyons l'un de ceux que nous avons précédemment nommés s'effacer pour faire place au nouveau venu. Au chapitre premier du livre VI de sa *Théologie*, les « prisci Theologi » qui donnent de l'âme la meilleure définition, sont, en effet, Zoroastre, Mercure, Orphée, Aglaophème, Pythagore et Platon, dont le physicien Aristote, ajoute Ficin, a, dans la plupart des cas, suivi les traces » [3].

Zoroastre! Voilà la nouvelle maille de cette chaîne mystique qui, du même coup, voit son ordre troublé car, non seulement Philolaüs doit disparaître devant Zoroastre, mais Mercure lui-même doit s'éclipser pour lui laisser la première place. Désormais il la gardera.

1. Cf. Homère, *Iliade*, VIII, 18-27.
2. Ficini *Op.*, II, 1836 : « Hic (Mercurius) inter philosophos primus, a physicis, mathematicis ad divinorum contemplationem se contulit... Primus igitur theologiae appellatus est author cum secutus Orpheus, secundas antiquae theologiae partes obtinuit. Orphei sacris initiatus est Aglaophemo successit in theologia Pythagoras, quem Philolaus sectatus est, divi Platonis nostri praeceptor. Itaque una priscae theologiae undique sibi consona secta, ex theologis sex miro quodam ordine conflata est, exordia sumens a Mercurio a divo Platone penitus absoluta ».
3. *Id.*, I, 156, *Theol. Plat.*, VI, 1 : « Divinum quiddam est hominis anima... nos docent prisci Theologi Zoroaster, Mercurius, Orpheus, Aglaophemus, Pythagoras, Plato quorum vestigia sequitur plurimum physicus Aristoteles ».

« Dans les questions qui concernent la Théologie, lisons-nous au chapitre premier du Livre XVII, six théologiens qui sont les plus grands étaient autrefois d'accord. On dit que le premier fut Zoroastre, le chef des Mages, le second Mercure Trismegiste, le prince des prêtres égyptiens, et après eux Orphée, Aglaophème, Pythagore et Platon » [1]. Ici aucune allusion à Aristote. Par contre de nouveaux éléments apparaissent pour assurer la continuité de la pensée platonicienne. « Parce que — poursuit-il — tous ces théologiens dissimulaient les divins mystères sous des voiles poétiques de peur qu'ils ne deviennent communs aux profanes, il arriva que leurs successeurs interprétèrent différemment leur doctrine, et nous voyons ces interprètes platoniciens se diviser en six Académies dont trois furent grecques, les trois autres, étrangères. La plus ancienne des grecques s'épanouit sous Xénocrate, la seconde sous Arcésilas, la troisième sous Carnéade. Des étrangères, l'une fut égyptienne avec Ammonius, l'autre romaine avec Plotin et enfin la troisième, lycienne, avec Proclus » [2].

Est-ce à dire que ce développement détruise toute continuité ? En fait, il n'en est rien. La diversité qu'il crée, impose au contraire à notre auteur l'obligation de choisir et nous verrons par les textes qu'il nous reste à examiner, que, quelle que soit la valeur des interprètes sur lesquels Ficin fixera son choix, ils ne troubleront en rien la série des « prisci theologi » désormais définitivement constituée.

A la vérité les deux textes qui nous intéressent n'en font qu'un puisque la préface du commentaire des Ennéades, dans la partie qui nous concerne, n'est que la reproduction de la lettre à Pannonius déjà largement citée. Or, dans ce texte, il est curieux de voir Ficin attribuer à Zoroastre et à Mercure un rôle identique dans la genèse de la Sagesse antique. Il ne dit plus : Zoroastre le premier et

---

1. *Id.*, I, 386, *Theol. Plat.*, XVII, 1 : « In rebus his quae ad theologiam pertinent, sex olim summi Theologi consenserunt : quorum primus fuisse traditur Zoroaster, Magorum caput, secundus Mercurius Trismegistus, princeps sacerdotum Aegyptiorum. Mercurio successit Orpheus. Orphei sacris initiatus fuit Aglaophemus. Aglaophemo successit in Theologia Pythagoras. Pythagorae Plato qui universam eorum sapientiam suis litteris comprehendit, auxit, illustravit ».

2. *Ibid.* : « Quoniam vero ii omnes sacra divinorum mysteria, ne prophanis communia fierent, poeticis umbraculis obtegebant, factum est ut successores eorum alii aliter theologiam interpretarentur. Hinc turba Platonicorum interpretum in sex Academia se divisit : quarum tres illae Atticae fuerunt, reliquae peregrinae. Atticarum vetus sub Xenocrate floruit, media sub Archesila, sub Carneade nova. Peregrinarum Aegyptia sub Ammonio, Romana sub Plotino, sub Proculo Lycia. »

le second Mercure, il dit seulement qu'à un certain moment la
divine Providence voulant que tous, suivant leur talent particulier,
se retournent vers elle, il s'ensuivit qu'une pieuse philosophie est
née chez les Perses avec Zoroastre et chez les Égyptiens avec
Mercure. Il ajoute même que cette Sagesse, née simultanément et
en parfait accord sous des cieux différents, a été nourrie en Thrace
par Orphée et Aglaophème, a grandi sous Pythagore chez les Grecs
et en Italie, pour s'épanouir enfin à Athènes avec Platon [1]. C'est
dire que Zoroastre et Mercure partageaient la même place et méritaient le même crédit. Comme deux fleuves, nés d'une même source,
ils ont suivi leur cours sans mélanger leurs ondes jusqu'au jour où la
Thrace leur offrant un lit commun ils ne l'ont quitté que pour se
perdre dans l'océan platonicien.

Que Plotin « le seul et le premier, au dire de Porphyre et de Proclus, ait pénétré les secrets de cette Sagesse » [2], c'est possible, mais
il n'ajoutera rien et si grand que soit son mérite, il ne sera qu'un
interprète et à ce titre ne pourra prendre place que parmi les in-
nombrables commentateurs dont Ficin a traduit les œuvres pour
tenter de retrouver les traces de cette Sagesse dont les origines et
les titres de noblesse n'étaient plus en cause.

Rappelons pour mémoire la liste de ses traductions. Dès 1454,
nous l'avons vu, pour se faire la main au grec, traduire les *Argonautiques*, les *Hymnes* d'Orphée, d'Homère et de Proclus, la *Théologie* d'Hésiode, les *Oracles chaldéens*, et sans doute les quatre livres
de Jamblique sur la secte pythagoricienne, les traités de Théon de
Smyrne sur les lieux mathématiques. En 1463, à la demande de
Cosme de Médicis, il traduit le *Pimandre* du Trismégiste et découvre
dans le même temps les traités d'Alcinoüs sur la doctrine de Platon,
les *Définitions* de Speusippe, le *De Morte* de Xénocrate, les *Vers d'Or*
et les *Symboles* de Pythagore. Après sa traduction et ses commentaires de Platon et de Plotin. il entreprend vers 1488 la traduction
du traité d'Hermias sur le *Phèdre*, celui de Priscien sur le *De Anima*
de Théophraste, celui de Jamblique sur les mystères, celui de
Proclus sur le *Premier Alcibiade*. Puis successivement il donne du

---

1. FICINI *Op.*, II, 1537 : « Non absque divina providentia volente videlicet
omnes pro singulorum ingenio ad se mirabiliter revocare, factum est, ut
pia quaedam philosophia quondam et apud Persas sub Zoroastre, et apud
Aegyptios sub Mercurio nasceretur, utrobique sibimet consona; nutriretur
deinde apud Thraces sub Orpheo atque Aglaophema; adolesceret quoque
mox sub Pythagora apud Graecos et Italos; tandem vero a divo Platone
consummaretur Athenis... ». — *Id.*, I, 871.
2. *Ibid.* II, 1537.

même Proclus le traité sur la *Magie*, de Porphyre, le *De Occasionibus* et le *De Abstinentia*, de Psellus, le traité *sur les Démons*, celui
de Synésius *sur les Songes*. Enfin il annote Nicolas de Méthon,
traduit en 1490 Denys l'Aréopagite et en 1493, le *De Resurrectione*
d'Athénagore. C'est dire qu'en grec il a épuisé toute la tradition
qu'il jugeait platonicienne. Et ce n'est pas tout. Il en a lu beaucoup
d'autres.

« Tu me demandes, écrit-il à Uranio, quels sont chez les Latins
les livres platoniciens. En bien, il y a tout d'abord tous les livres de
Denys l'Aréopagite et beaucoup d'Augustin. Il y a, en outre, le
De Consolatione de Boèce, le traité d'Apulée sur les démons, le
commentaire de Chalcidius sur le *Timée*, celui de Macrobe *In
somnium Scipionis*, le *De Fonte Vitae* d'Avicebron, le *De Causis*
d'Alfarabi et il ajoute : « d'Henri de Gand, d'Avicenne et de Scot,
bien des passages sentent Platon ». Il recommande également de lire
la traduction de la *Théologie* de Proclus et ses livres *sur la Providence* et sur *le Destin*. Enfin la défense de Platon écrite par Bessarion
et quelques spéculations de Nicolas de Cuse [1]. Ainsi, de Zoroastre
au XVe siècle, Ficin patiemment a retrouvé le courant platonicien
sur lequel il entendait fonder sa doctrine. L'idée, certes, n'était
pas nouvelle. Il serait toutefois pour nous du plus haut intérêt de
savoir à qui Ficin a bien pu l'emprunter.

Tout naturellement, dès qu'on parle de cette « chaîne d'or » un
nom se présente à l'esprit : celui de Pléthon, dont Ficin nous a
révélé l'influence déterminante sur la fondation de l'Académie platonicienne de Florence et dont nous savons déjà qu'il avait publié
un résumé des dogmes de Zoroastre et un commentaire des oracles
chaldaïques. Mais ce n'est qu'une hypothèse et ses conséquences
sont d'une telle importance que nous ne saurions l'admettre sans
la vérifier.

Il est vrai que nous trouvons dans le fameux traité des Lois de
Pléthon une tradition philosophique qui commence à Zoroastre

---

1. *Id.*, I, 899 : *Martino Uranio* : « ...Interrogas qui rursus apud Latinos
inveniantur Platonici. Libri Dionysii Aeropagitae omnia sunt Platonica,
Augustini multa. Boetii consolatio, Apulei de doemonibus, Calcidii commentarium in Timeum, Macrobii expositio in somnium Scipionis, Avicebron de
fonte vitae, Alpharabius de causis et Herrici (= Henrici) Gandavensis,
Avicennae Scotique multa Platonem redolent. Leguntur etiam utcumque
traducta elementa Theologiae Proculi, atque ipsa ejus Theologia, et liber
de Providentia simul atque fato. Similiter et nos utcumque traduximus
Hermiam in Phaedrum et Iamblicum de Pythagora secta. Extat insuper
defensio Platonis a Bessarione Cardinali Neceno (= Niceno) facta. Quaedam
speculationes Nicolai Caisii (= Cusii) Cardinalis... ».

pour s'achever à Jamblique [1]. Mais nous avons vu d'une part qu'il
existe dans l'œuvre de Ficin une chaîne dont Zoroastre est absent
et nous constatons d'autre part que Mercure Trimégiste qui en occupe la première place, n'est même pas nommé par Pléthon. Nous
pouvons donc conclure d'ores et déjà que Ficin a dû emprunter
cette tradition à une autre source et n'admettre Zoroastre qu'après
l'avoir jugé. C'est un fait que dès 1455 Ficin a traduit les 60 vers
qui constituent les Μαγιὰ Λόγια τῶν ἀπὸ τοῦ Ζωροάστρου Μάγων
connus sous le nom d'Oracles Chaldéens. C'est dire qu'à cette date
il connaissait déjà Zoroastre et qu'il aurait pu nous le présenter
comme le héraut de la Théologie s'il l'avait alors considéré comme
tel. Or, en étudiant les divers traités composés par Ficin à cette
époque, nous constatons que Zoroastre n'est nommé ni dans sa
lettre à ses frères (1455), ni dans sa dissertation sur les quatre sectes
des philosophes (1457), ni dans son traité *Di Dio et Anima* (1457)
où cependant déjà Mercure Trismégiste est considéré comme un
dieu et Platon comme « le père de tous les sages » [2]. Bien plus, il
n'en est même pas fait mention dans son *Oratio de laudibus philosophiae* où pourtant s'esquisse déjà une tradition philosophique
qui, partant de la « prisca Aegyptiorum et Arabum Theologia »
aboutit à Hilaire et Augustin « princes de la Théologie latine » [3].
Ce silence est pour le moins étrange. Il l'est d'autant plus que
Zoroastre se trouve nommé dans le *De laudibus medicinae* qui
est vraisemblablement de la même époque. La vérité est donc
que jusqu'en 1464 au moins, date à laquelle Mercure est tou-

---

1. PLÉTHON, *Traité des Lois* (Édit. ALEXANDRE), p. 31-33 : « Quant à
nous, voici les guides que nous choisissons parmi les législateurs et les sages :
c'est d'abord le plus ancien dont le nom nous soit parvenu, Zoroastre qui a
révélé avec le plus grand éclat aux Mèdes, aux Perses et à la plupart des
anciens peuples de l'Asie la vérité sur les choses divines et sur la plupart des
autres grandes questions... »
   Ce n'est qu'après une liste de quinze noms où nous retrouvons les grands
législateurs et les Sept Sages que Pléthon poursuit : « A tous ces maîtres,
joignons encore Pythagore, Platon, ainsi que tous les philosophes distingués
qui se sont formés à leur école, et dont les plus illustres sont Parménide,
Timée, Plutarque, Plotin, Porphyre et Jamblique... ».
2. *Di Dio et Anima* (*Sup. Fic.*, II; p. 128-147), p. 132 : « Mercurio Trismegisto, philosopho Egiptio piu antico lungo tempo che' greci philosophi,
il quale per la qual infinita cognizione e intelligentia sopra umano ingegno
dagli Egiptii e Greci appellato fu Dio... »; — p. 133 : « Platone nostro, padre
di tutti sapienti »; — p. 134 : « Imperocche benche Mercurio molti sceoli fussi
innanzi a Platone in terra stato, niente di meno sono questi due lumi in
modo conformi che pare veramente el Mercuriale spirito nel pecto Platonico
transformato ».
3. FICINI *Op.*, I, 758.

jours pour Ficin « le premier auteur de la Théologie », Zoroastre n'était pas encore pour lui un « théologien ».

Pour nous montrer que chez les Perses les mêmes hommes étaient à la fois prêtres et médecins, Ficin, dans les louanges de la médecine nous donne en effet le nom de dix Mages dont le premier est Zoroastre et les autres Hostanès, Abstroticon, Gobrihas. Paxatas, Sinicariondas, Damigeron, Hismosen, Joannes, Apollonius, Dardanus [1]. Or, en étudiant attentivement cette liste des Mages, nous constatons que sur les dix noms qu'elle comporte, un seul est nommé par Pléthon : Zoroastre, et que, par contre, cinq sont cités par Diogène Laerce [2] : Zoroastre, Ostanas, Astrampsycos, Gobryas et Pazatas, et sept par Apulée : Zoroastre, Hostanès, Carinondas, Damigeron, Moses, Jannes, Apollonius et Dardanus [3]. Il est donc certain que c'est à ces derniers textes qu'il s'est référé pour établir cette tradition magique. Nous en avons d'ailleurs une preuve incontestable dans le fait que non seulement il respecte l'ordre adopté par ces auteurs, mais encore qu'il commet deux erreurs en se fiant à une mauvaise version du texte qu'il avait en mains.

L'*Apologia* sive *de Magia* d'Apulée porte en fait le texte suivant : « si quamlibet modicum exclumentum probaveritis, ego ille sim Carinondas, vel Damigeron, vel is (et dans certains manuscrits : his) Moses, vel Jannes [4]... », etc. Or Ficin qui a mal lu ou s'est tout simplement contenté de copier une de ces listes marginales de noms propres qui encombrent les manuscrits de son temps, en a tiré deux personnages qu'il est impossible d'identifier sans interpréter son texte comme une erreur de copiste. Sinicariondas et Hismoses n'ont en effet jamais existé, mais ce qui existe, c'est le texte d'Apulée : « ego ille *sim Carinondas...* vel *his Moses* » qui a donné Sinicariondas et Hismoses, et cela suffit pour nous convaincre que ce sont Diogène Laerce et Apulée, et non pas Pléthon, comme le suggère M. Kristeller [5], qui mirent Ficin en contact avec la sagesse iranienne. Reste à savoir qui lui révéla la valeur de Zoroastre comme philosophe.

1. *Id.*, I, 759 : « Quid Persarum Magos, id est sacerdotes, Zoroastrem Hostanen, Abstroticon, Gobriham, Paxatam, Sinicariondam, Damigeron, Hismosen, Ioannem, Apollinium, Dardanum... »

2. Diogène Laerce, *op. cit.* Introduction.

3. Apulée, *Apologia :* c. 90 : « si quamlibet modicum emolumentum probaveritis, ego ille sim Carinondas, vel Damigeron, vel is Moses, vel Joannes, vel Apollinius, vel ipse Dardanus, vel quicumque alius post Zoroastrem et Hostanem inter magos celebratus est ».

4. Variante notée dans l'édition citée par J. Bidez et Fr. Cumont. *Les Mages hellénisés*. II, 15.

5. P. O. Kristeller, *The scholastic background of Marsilio Ficino, Traditio*, vol. II, 1944, p. 259.

C'est dans son *In Convivium* de 1469 qu'il le cite, pour la première fois, comme tel. Interprétant le sens mystérieux du passage de la fameuse lettre de Platon à Denys : « Autour du roi de l'Univers gravitent tous les êtres... autour du second les secondes choses et autour du troisième les troisièmes »... Ficin écrit : « Zoroastre a posé trois principes du Monde, seigneurs de trois ordres : Oromasim, Mithrim, Arimanim, que Platon appelle Dieu, l'Esprit et l'Ame » [1]. La doctrine est assez singulière pour nous permettre de nous orienter et cependant, là encore, le problème n'est pas simple. Ces trois principes qui dominent le monde, seul Plutarque, nous dit Diogène, les attribue à Zoroastre et si nous nous reportons au texte du traité consacré à *Isis et Osiris*, nous voyons que l'interprétation qu'il nous propose de cette doctrine ne répond nullement à celle dont Ficin tire argument. « Celui-ci (Zoroastre), dit en effet Plutarque, appelle le Dieu qui produit le bien Oromases et l'autre Ariman, et il disait que l'un ressemblait à la lumière plus qu'à aucune autre chose sensible, l'autre aux ténèbres et à l'ignorance, et qu'il y en avait un entre les deux qui s'appelait Mithres [2] ». Nous sommes donc, en fait, en présence de deux principes, non seulement indépendants, mais opposés, et pour admettre que Ficin ait emprunté à Plutarque cette doctrine de Zoroastre, il faudrait également admettre ou bien qu'il n'a rien compris au texte ou bien qu'il l'a trahi. Ce qui, dans les deux cas, serait lui faire injure. C'est donc vers un auteur pour qui la doctrine de Zoroastre s'identifiait avec celle de Platon qu'il faut nous tourner, et c'est ici, mais ici seulement, que nous rencontrons Pléthon qui avait, dans un court traité, eu l'idée et l'audace de résumer les principes de ces deux philosophes et sans aucun doute c'est dans son œuvre que Ficin a trouvé l'interprétation qu'il nous propose du fameux texte de Platon.

Pléthon ne pouvait pas ignorer le texte de Plutarque qui, comme nous venons de le voir, rendait la pensée de Zoroastre inapplicable aux théories platoniciennes [3]. Pour défendre et sauver sa propre doctrine, il devait donc le réfuter ou l'interpréter. En fait, visiblement gêné par ce texte qui ne prêtait à aucune équivoque, il se contente d'y faire allusion, mais le passage mérite d'être souligné.

---

1. FICINI *Op.*, II, 1325, *In Convivium* : « Tres mundi principes posuit Zoroaster, trium ordinum dominos : Oromasim, Mithrin, Arimanim, Hos Plato, deum, mentem, animam nuncupat ».

2. PLUTARQUE, *De Iside et Osiride*, 369 D — 370 D.

3. Il le cite dans une de ses lettres (ALEXANDRE, *op. cit.*, 280) et on le trouve en marge de son traité des Lois dans le *Cod. Monac.*, 490. — Voir BIDEZ ET CUMONT. *op. cit.*, II, p. 254.

« D'après Plutarque, dit-il, Zoroastre divisait les êtres en trois classes et à la lumière des Λόγια il nomme Orimasim le Père, Mithrim le second esprit ou seconde copie du Soleil et Arimanim le troisième, et il conclut : Tout cela est parfaitement d'accord avec ce que dit Platon : Autour du Roi de l'Univers gravitent tous les êtres, les seconds autour du Second, les troisièmes autour du Troisième » [1]. Or, si nous nous souvenons que c'est précisément pour expliquer ce passage de Platon que Ficin fait intervenir Zoroastre pour la première fois, la coïncidence des textes, sans être absolue, nous permet d'affirmer que c'est bien au commentaire de Pléthon sur les Oracles de Zoroastre auquel nous empruntons cette citation que Ficin s'est référé pour interpréter la pensée de son maître. Est-ce à dire que ce témoignage de Pléthon lui a suffi pour faire de Zoroastre le premier anneau de sa chaîne d'or? Certainement non, puisque Mercure Trismégiste demeure encore dans l'*In Convivium* le maître incontesté. Au reste, si Pléthon seul lui avait enseigné la philosophie de Zoroastre et, qui plus est, son accord avec Platon, pourquoi ne le dirait-il pas? Certes il le connaissait, puisque un des manuscrits qui lui appartenait et qu'il a plus ou moins annoté : le *Riccardianus 76*, contient le *De Differentiis*, le *De Virtutibus*, le *De Fato* et la *Monodie* de Cleopas et d'Hypoménée. Mais le fait qu'il ne cite Pléthon que quatre fois dans son œuvre, et encore une seule fois pour se déclarer d'accord avec lui, montre bien que cet étrange personnage n'avait pas sur lui une influence décisive [2]. En tout cas, ce qui est incontes-

---

1. Ce texte traduit librement est tiré des Extraits du Commentaire de Pléthon *sur les Oracles de Zoroastre*, donné par ALEXANDRE *(op. cit.)* comme pièce justificative du Traité des Lois, cf. p. 280.

2. FICINI *Op.*, I, 327, *Theol. Plat.*, XV, 1 : « Averrois Hispanus patria, lingua Arabs, Aristotelis doctrinae deditus, Graecae linguae ignarus, Aristotelicos libros in linguam barbaram e Graeca perversos potius quam conversos legisse traditur, ut non mirum sit si in quibusdam rebus re conditus, brevissimi scriptoris mens eum latuerit, quod illi contigisse Platonicus *Plaethon* testatur ». — *Id. :* « Ait ipse *Plaethon* Aristotelem sine controversia censuisse hominum animos esse multos et sempiternos ».

II, 1045 : « Dicitur autem Deus ens (ut ita dixerim) superenter... Quod illustres metaphysici nonnulli una cum Platonico *Plethone* senserunt ».

II, 1537 : « ...cujus (Aristotelis) mentem hodie pauci, proeter sublimem Picum complatonicum nostrum, ea pietate qua Theophrastus, olim et Themistius, Porphyrius, Simplicius, Avicenna et nuper *Plethon* interpretantur ».

II, 1594 : « Mitto nunc opinionem Heracliti, quodlibet mundi corpus etiam spherarum stellarumque effluere semper atque refluere, ideoque vel desinere vel perpetuo renovari quod et Plato tetigit, ubi mundum ait fieri quidem semper, esse numquam et Plotinus hic (II, 1) et Proculus in Timaeo quod et *Plethon* non negat esse probabile, nosque idem in Theologia fieri posse probamus. » — *Id.*, 1596.

table, c'est que Ficin n'a pris position à l'endroit de Zoroastre que lorsqu'il eut retrouvé les traces de sa doctrine en des auteurs qu'il jugeait plus dignes de foi et qui n'étaient autres que ceux auxquels Pléthon lui-même s'était si maladroitement référé.

On sait que ce fut une manie des néo-pythagoriciens du 1er siècle et plus tard des néo-platoniciens, de faire remonter leurs doctrines aux plus anciens sages de la Grèce, de l'Asie et de l'Égypte. Tous les ouvrages apocryphes parus sous les noms d'Orphée, d'Hermès et de Zoroastre sont, en effet, d'origine néo-pythagoricienne et lorsque Patrizzi a voulu composer sa *Philosophie mystique des Égyptiens et des Chaldéens* [1] il n'eut qu'à faire appel aux néo-platoniciens Proclus et Psellus pour compléter les oracles de Zoroastre que Pléthon avait prétendu rendre à la lumière. Ce n'était de sa part qu'une supercherie. Il ne connaissait pas les œuvres de Zoroastre. Son nom, nous disent Cumont et Bidez, ne lui fut révélé que par « un de ses premiers maîtres, disciple lui-même d'Averroès, le juif Elisée [2] ». Par contre, il avait lu Proclus et non content de le lire, il l'avait pillé effrontément : « Ce Zoroastre et tant d'autres dont tu invoques les noms, Minos, Eumolpe, Polyide, Tiresias, lui écrivait un jour Gennade, patriarche de Constantinople, tu n'as pu ni voir leurs livres, ni emprunter leur doctrine. Le peu que nous savons d'eux, tu n'as pu l'apprendre, comme tout le monde, que par les témoignages d'écrivains beaucoup plus récents ou par les faux ouvrages publiés sous leur nom. Mais après eux et par-dessus tous, ton maître, c'est Proclus dont tu as glané les idées éparses dans ses longs et nombreux ouvrages. Et alors que tu cites bien à l'appui de tes opinions Plutarque, Plotin, Jamblique, Porphyre, tu ne nommes pas une seule fois Proclus dont tu t'es le plus servi, sans doute pour ne pas avoir à partager avec lui la gloire de tes inventions. Vaine précaution d'ailleurs, car s'il est encore des hommes qui aient lu Proclus, et qui aient compris et condamné sa doctrine, ces hommes voient et reconnaissent la source de tes erreurs » [3].

Évidemment Ficin n'a pas connu cette lettre. Mais il avait lu la *Théologie Platonicienne* de Proclus et traduit la plupart de ses commentaires, et il y avait retrouvé les prétendus oracles de

---

1. Titre exact : *Plato exotericus et Aristoteles esotericus et Mystica Aegyptiorum et Chaldeorum philosophia a Platone voce tradita ab Aristotele excepta et conscripta.*

2. BIDEZ et CUMONT, *op. cit.*, I, p. 160.

3. Lettre citée par ALEXANDRE, *op. cit.*, dans sa Notice préliminaire, p. LXXIX-LXXX.

Zoroastre. Or, pour lui, Proclus était une autorité incontestable, et comme par ailleurs Platon, qui sans doute la tenait d'Eudoxe de Cnide [1], avait qualifié la doctrine de Zoroastre de « magique », tout naturellement il identifia les multiples Λόγια avec les τοὺς ἀπο Ζοροάστρου Μάγους dont parlait Plutarque et que Pléthon n'avait pas hésité à qualifier de μαγικά pour affirmer leur commune origine zoroastrienne. C'est ainsi que Ficin se trouvant en présence d'un ensemble de textes qu'il attribuait à Zoroastre, en fit un corps de doctrine et comme Proclus semblait l'y autoriser, du premier des Mages il n'hésita pas à faire le premier des « antiques théologiens ».

L'influence de Pléthon sur Ficin se réduit donc présentement à de très vagues indications et il n'y a pas lieu de s'en étonner. En tout cas, et c'est ce que nous cherchions à démontrer, ce n'est pas certainement pas à Pléthon que Ficin doit cette idée de tradition philosophique. Zoroastre n'est venu s'ajouter qu'à une série déjà constituée qui ne ressemble en rien à celle proposée par Pléthon au début de son traité des *Lois*, que Ficin n'a vraisemblablement pas connu. De Mercure Trismégiste à Platon, la continuité avait d'ailleurs été déjà plus ou moins soulignée par les Apologistes et les Pères de l'Église et c'est à eux, sans nul doute, que Ficin a demandé la garantie de cette théorie.

Pour démontrer « argumentis et ratione » l'union indispensable de la sagesse et de la religion, Lactance avait fait appel à l'autorité des Philosophes, des Sibylles et des Prophètes, et, séduit par la science de Mercure Trismégiste comme par son merveilleux accord avec la pensée chrétienne, il n'avait pas hésité à le nommer le premier des Sages [2]. Après lui saint Augustin, dans sa *Cité de Dieu*, avait attribué au même Mercure l'initiation « à la philosophie qui se flatte d'apprendre aux hommes le secret du bonheur » [3]. Précisant, il avait écrit : « Ce n'est qu'au moment de la naissance de Moïse que l'on vit paraître Atlas, grand astrologue, frère de Prométhée et Maternus, aïeul du grand Mercure, dont Mercure Trismégiste fut le petit-fils ». Or, ce texte, Ficin le place au début de sa Préface du *Pimandre* ajoutant même : « Ceci est écrit par Augustin bien que Cicéron et Lactance veulent qu'il y ait eu cinq Mercure et que

1. BIDEZ et CUMONT, *op. cit.*, I, p. 12 : « C'est probablement par Eudoxe de Cnide que plus d'une doctrine orientale est arrivée à Platon et à son École ». (PLATON, *Alcibiade*, I, 122 a, seule référence de Platon à Zoroastre).

2. LACTANCE, *Divin. Instit.*, Livre II, ch. IX. — Voir P. DE LABRIOLLE, *Histoire de la Littérature Latine Chrétienne*, Paris, Belles-Lettres, 1924, p. 277 et suiv.

3. ST AUGUSTIN, *De Civitate Dei*, Livre XVIII, ch. 38.

le Trismégiste ait été celui que les Égyptiens appelaient Theut et les Grecs, Trimégiste » [1]. Nul doute donc sur ces sources. Tout le reste de sa préface en témoigne. C'est à Cicéron et à saint Augustin qu'il emprunte tout ce qu'il sait du Trimégiste. Quant à l'influence de Lactance, elle n'est pas moins manifeste. C'est ainsi qu'après avoir vanté la triple grandeur de Mercure surnommé Termaximus, la puissance de son esprit, la sainteté de sa vie, la sublimité de ses œuvres, Ficin conclut dans l'enthousiasme : « Il a prédit la ruine de la religion antique, la naissance d'une nouvelle foi, l'avènement du Christ, le Jugement dernier, la résurrection, la gloire des élus et le supplice des méchants, ce qui a conduit St Augustin à se demander s'il ne devait pas beaucoup de ces connaissances à sa science astrologique ou à la révélation des démons, alors que Lactance n'hésita pas à les mettre au rang des Sibylles et des Prophètes » [2]. On peut donc légitimement conclure de ce texte, puisque c'est dans cette préface qu'il nous propose pour la première fois sa chaîne philosophique, dont Mercure est la première maille, que c'est à Lactance qu'il la doit. Au reste la formule de l'auteur des *Institutions divines* : *In sapientia religio et in religione sapientia* [3] répondait assez clairement à la pensée de Ficin pour que nous n'ayons pas à chercher ailleurs la véritable source de son inspiration.

Sans doute, dans aucun de ces auteurs, il n'a trouvé sa chaîne toute faite. Mais le principe au moins y était. « Tous les philosophes, avait dit St Augustin, qui ont eu du Dieu souverain et véri-

---

1. FICINI *Op.*, II, 1836 : « Eo tempore, quo Moses natus est, floruit Atlas Astrologus Promethei physici frater ac Maternus avus majoris Mercurii, cujus nepos fuit Mercurius Trismegistus. Hoc autem de illo scribit Augustinus, quanquam Cicero atque Lactantius Mercurio quinque per ordinem fuisse volunt, quintumque fuisse illum. qui ab Aegyptiis Theut, a Graecis autem Trismegistus appellatus est. (CICÉRON, *de Natura Deorum*. — LACTANCE, *Div. Instit.*, Livre I, ch. 19).

2. *Ibid.* : « Hic ruinam praedit priscae religionis, hic ortum novae fidei, hic adventum Christi, hic futurum judicium, resurrectionem saeculi, beatorum gloriam, supplicia peccatorum. Quo factum est, ut Aurelius Augustinus, dubitaverit peritiane syderum an revelatione demonum multa protulerit, Lactantius autem illum inter Sibyllas ac Prophetas connumerare non dubitat ».
Sur la science de Mercure jugée par LACTANCE, voir *Div. Instit.*, IV, 8, 10, 27 — VI, 25 et VII, 15, 18, et *de Ira Dei*, II, 11.

3. LACTANCE, *Div. Inst.*, Livre IV, ch. 3. — La formule d'ailleurs avait été reprise par St Augustin, *De vera Religione*, V, 8 : « Sic enim creditur et docetur, quod est humanae salutis caput, non aliam esse philosophiam, id est sapientiae studium et aliam religionem » et Scot Erigène avait également écrit, *de Predestinatione*, I, 1 : « Conficitur inde veram esse philosophiam veram religionem, conversimque veram religionem esse veram philosophiam ».

table cette idée, qu'il est l'auteur des choses créées, qu'il est la
lumière qui nous les fait connaître, qu'il est le bien qui nous les fait
mettre en action, que de lui nous viennent, et le principe de la
nature, et la vérité de la doctrine, et la félicité de la vie, qu'on les
nomme plus proprement platoniciens ou qu'on donne tout autre nom
à la secte qu'ils ont formée, que ce soient ceux de l'école Ionienne...
que ce soient ceux de l'école Italique... que ce soient des savants
même d'autres nations regardés comme des sages ou des philosophes, tels que les habitants des bords de l'Atlantique, de la Lybie,
de l'Égypte, de l'Inde, de la Perse, de la Chaldée, de la Scythie, de
la Gaule, de l'Espagne ou d'ailleurs, tous ces philosophes nous les
préférons de beaucoup aux autres et nous savons qu'ils sont plus
proches de nous » [1]. Voilà la règle d'or. Ficin n'eut qu'à la suivre
pour trouver chez les païens les plus purs représentants de cette
tradition théologique sur laquelle il voulait fonder sa philosophie.
Évidemment on peut être étonné de le voir faire une si large place
à Orphée et à Aglaophème. Mais là encore Ficin suit ses maîtres.
Orphée est, en effet, pour Lactance, le *vetustissimus poetarum et
aequalis ipsorum deorum* [2] et pour Augustin le *maxime nobili-
tatus* des poètes théologiens. Quant à Aglaophème, c'est Proclus
qui dit, d'après Jamblique, qu'il fut l'initiateur de Pythagore aux
mystères orphiques et qu'après celui-ci la sagesse fut en Platon [3].
De tels témoignages suffisaient à Ficin. Certes on pourra dire qu'il
manqua de sens critique et surtout de justice. Mais comment
aurait-il pu contrôler ses sources et faire place, dans une série aussi
étroite que celle qu'il s'était fixée, à tous les maîtres qui avaient
inspiré la pensée platonicienne? En vérité, il ne croit pas leur faire
injure. Il saura d'ailleurs en toute occasion rendre à chacun son
dû. Mais, en l'occurrence il n'a qu'un but : nous persuader de la
continuité d'une même doctrine de Zoroastre à Platon. Or, comme
l'historien qui voudrait nous donner une idée de l'unité française,
pourrait se contenter de nommer Mérovée, Clovis, Charlemagne,
Hugues Capet et Henri IV, Ficin n'a pas hésité à sacrifier les intermédiaires pour que nous saisissions dans sa simplicité l'unité de
l'ensemble. Ne lui demandons pas un dessin très poussé, là où il
n'a voulu nous donner qu'une esquisse. L'important est de savoir
ce qu'elle vaut, car si la valeur de ses sources peut jusqu'à un certain point excuser ses erreurs, il n'en reste pas moins vrai que c'est

1. St. Augustin, *De Civitate Dei*, Livre VIII, ch. 9.
2. Lactance, *Div. Instit.*, Livre I, ch. 5. — St. Augustin, *De Civitate
Dei*, Livre XVIII, ch. 24.
3. Proclus, *Commentaire sur le Timée*, 173-29.

lui qui a choisi ses auteurs et nous sommes en droit de lui demander les raisons de ce choix qui devait donner à sa pensée une orientation si particulière.

S'il ne s'était agi que d'apporter à la théologie de nouveaux arguments ou de renouveler l'apologétique, Ficin aurait pu se contenter d'étudier Platon et, en fait, il s'y est appliqué. Mais, séduit par cette doctrine, il a voulu remonter à sa source et c'est là qu'il a compris que Dieu, vérité éternelle, n'avait pas pu refuser à l'homme pendant des siècles la lumière nécessaire à l'obtention de sa fin et qu'il s'était servi des philosophes pour en faire ses messagers.

Déjà saint Justin, au deuxième siècle, avait écrit dans son *Apologie de la Foi* : « La doctrine chrétienne surpasse toutes les doctrines humaines. Jésus-Christ qui l'a enseignée n'est autre que le Verbe divin, revêtu d'une forme sensible. Mais avant sa révélation totale, il s'est communiqué par des illuminations partielles. Il a inspiré les prophètes juifs et les philosophes » [1]. Encore faut-il savoir comment a pu se produire cette révélation. Deux hypothèses sont concevables. Une révélation peut être immédiate ou médiate, c'est-à-dire être donnée directement sous forme d'intuition surnaturelle ou d'expérience religieuse ou seulement transmise par ceux qui ont été l'objet de ces privilèges. On peut donc supposer ou que les Philosophes ont été « inspirés » au même titre que les auteurs des Livres saints, ou qu'ils ont seulement profité de la lecture de ces mêmes livres. Tour à tour Apologistes et Pères de l'Église ont tenté de démontrer l'une et l'autre hypothèse, et si Ficin, avec le plus grand nombre, a surtout retenu la seconde, il n'en considérait pas moins la première comme aussi légitime.

Comment n'aurait-il pas souscrit à la théorie de saint Justin, affirmant que « le Verbe divin, disséminé dans le monde entier, permet à chacun de participer à la raison divine grâce à laquelle les philosophes ont réellement contemplé la Vérité, quoique d'une manière fragmentaire », et s'il n'a pas eu l'audace de l'écrire, il a sûrement pensé, comme l'auteur de l'*Apologie*, que « ceux qui ont

---

1. St. Justin, *Apologia*, II, 7. — *Apolog.*, I, 44 : « Tout ce que les philosophes et les poètes ont dit de l'immortalité de l'âme, des châtiments qui suivent la mort, de la contemplation des choses célestes et autres doctrines semblables, c'est chez les Prophètes qu'ils ont pu les concevoir et les énoncer ». *Id.*, II, 8 : « Si les Stoïciens, en fait de morale, ont un enseignement remarquable comme il arrive à certains poètes, c'est à cause de la semence du Verbe qui est innée dans tout le genre humain ». — *Id.*, II, 10 : « Toutes les vérités qui furent jamais découvertes et exprimées par les philosophes ou les législateurs, ils les doivent à ce qu'ils ont trouvé et contemplé partiellement le Verbe ».

vécu selon le Verbe sont chrétiens, eussent-ils passé pour athées, comme chez les Grecs, Socrate, Héraclite et leurs semblables [1] ».

Du point de vue apologétique auquel il se plaçait, la seconde hypothèse avait cependant plus de valeur. Par delà les Pères de l'Église, tous les Juifs d'Alexandrie en avaient été les protagonistes. Pour Aristobule, Philon, Josèphe et tant d'autres, non seulement les philosophes, mais encore Orphée, Hésiode et Homère lui-même avaient eu Moïse pour maître. Sur la foi de quoi saint Augustin affirmait que Platon lui-même lui était redevable de son enseignement [2]. De là à voir dans cette tradition un ordre providentiel, il n'y avait qu'un pas à faire et Clément d'Alexandrie n'avait pas hésité à le franchir : « S'il est vrai, écrivait-il, que c'est des Prophètes qu'Orphée, Linus, Musée, Homère, Hésiode tiennent leur théologie, s'il est vrai que c'est à l'école de Moïse que Platon s'est instruit, on est en droit de conclure qu'il y a non seulement deux testaments, mais deux méthodes, dont Dieu s'est servi pour amener à la justice les Grecs et les Barbares. Aux Barbares, c'est-à-dire aux Juifs, la Loi, aux Grecs, c'est-à-dire aux Gentils, la Philosophie ». « Nécessaire avant l'avènement du Seigneur, dit-il encore, la philosophie est une sorte de testament à l'usage des Grecs. Elle n'a pas une origine immédiatement divine, mais elle vient de Dieu indirectement, par voie de conséquence. Parallèle à la Loi, la philosophie conduit donc les âmes au Christ et réunir toutes les parcelles de vérités dispersées dans la philosophie, c'est reconstituer la Vérité divine et parvenir à la contemplation du Logos » [3].

« Réunir toutes les parcelles de la Vérité » ! Voilà bien ce qu'a entrepris Ficin et c'est parce que Platon représentait pour lui cette « espèce d'écoulement divin, en vertu duquel, même malgré eux, les hommes confessent un seul Dieu impérissable et inengendré [4] »

---

1. *Apol.*, I, 46. — Il n'en est pas moins écrit : « C'est pour n'avoir pas tout connu le Verbe, qui est le Christ, qu'ils sont tombés dans la contradiction » (*Apol.*, II, 10) — et encore : « Chacun d'eux a bien parlé dans la mesure où il a vu du Verbe divin disséminé ce qui était en rapport avec sa nature. Mais dès qu'ils se contredisent, ils montrent bien qu'ils n'ont pas une science supérieure et irrépréhensible » (*Apol.*, II, 13).

2. St. AUGUSTIN, *De doctrina christiana*, II, 28. — Il devait d'ailleurs sur ce point se rétracter. *De Civitate Dei*, VIII, 11.

3. CLÉMENT D'ALEXANDRIE, *Stromates*, VI, 44. — Cf. *Id.*, 28, 42, 62, 106, 153. — E. DE FAYE, *Clément d'Alexandrie, Études sur les rapports du christianisme et de la philosophie grecque au IIᵉ siècle*, Paris, 1906, p. 188. — Aristobule qui vivait au IIᵉ siècle écrivit d'après Clément d'Alexandrie (*Strom.*, V, 14, 97) de nombreux ouvrages, dont il ne nous reste que deux fragments conservés par EUSÈBE, *Praeparatio Evangel*, VIII, 10 — XIII, 12.

4. St. JUSTIN, II. *Apologie*, ch. XIII. — St. AMBROISE : « Omne verum, quocumque dicatur, a Spiritu Sancto est. »

qu'il a composé sa *Théologie Platonicienne* qui, comme le souhaitait Clément, n'avait pour but que de « reconstituer la Vérité
divine ». Pouvait-il le faire en s'appuyant, comme il l'a dit, sur
l'autorité de saint Augustin? Il s'est abusé s'il l'a cru. Dans ce
domaine le grand Docteur de l'Église avait un principe dont il ne
s'est jamais départi : « Quant aux thèses vraies et compatibles avec
notre foi, disait-il, que ceux qu'on nomme philosophes, mais surtout Platoniciens, ont pu parfois énoncer, non seulement il ne faut
pas les redouter ni les écarter, mais plutôt convient-il de les leur
reprendre pour notre usage comme on reprend son bien à d'injustes
possesseurs. De même que les Israélites eurent raison d'utiliser les
vases précieux et les ornements d'or et d'argent dont se servaient
les païens pour un sage idolâtrique, de même toutes les doctrines
des Gentils, à côté de bien des points superstitieux grandement
erronés, dont il faut soigneusement se garder, comportent des
thèses rationnelles et des préceptes moraux où brille la lumière de
la Vérité. Cet or précieux qu'ils tiennent de Dieu et qu'ils offrent
aux fausses divinités, c'est notre devoir de le leur reprendre pour
le consacrer au service du vrai Dieu » [1].

Pour lui, comme pour saint Justin et Clément d'Alexandrie,
il était donc hors de doute que les philosophes de l'Antiquité avaient
participé à la lumière de la Vérité. Mais parce qu'ils portaient eux-
mêmes « quelque chose qu'ils ne voyaient pas », ils n'avaient pas
connu toute la vérité, et c'est pourquoi l'auteur de la *Cité de Dieu*,
après tant d'autres, s'était refusé à les suivre comme des maîtres
de la pensée chrétienne, tout en les considérant comme d'honnêtes
et précieux serviteurs [2]. En pareille matière, c'était la sagesse
même, et il eût été prudent que Ficin s'en tînt toujours à cette
sage méthode.

A vrai dire, à la suite de saint Augustin, il avait posé comme
principe qu'il ne faut pas exiger de ceux qui sont venus avant le
Christ de connaître la doctrine chrétienne dans sa perfection [3];
néanmoins, cherchant avec passion la Vérité partout où elle pouvait être, il se laissa séduire par le mirage des textes et parfois crut
découvrir la lumière où son guide n'en avait trouvé que l'ombre.
Victime de son enthousiasme, il le fut aussi de ceux qui l'avaient
fait naître. Tous les « Antiqui Theologi » qu'il a retenus étaient,
nous le savons, considérés bien avant lui comme des Sages par des

---

1. St. Augustin, *De doctr. christ.*, II, 9, 60. — *Confes.*, VII, 9, 15.
2. *Id.*, *De Civitate Dei*, VIII, 5.
3. Ficini *Op.*, I, 871 : « Principio neque debemus ab illis ad summum
Christiana requirere, qui Christi adventum antecesserunt ».

auteurs dignes de foi et il suffit de relire le Chapitre XVI de son *De Religione Christiana* pour voir sur quelles autorités il fonde son système et les principes qu'il leur doit.

« Clément d'Alexandrie, Atticus platonicien, Eusèbe et Aristobule, dit-il, prouvent que si les Gentils ont eu quelque doctrine et mystères excellents, ils l'ont pris aux Juifs. Mais ce qui, chez les Juifs, est conté comme une simple histoire est présenté par eux sous forme de fables ». C'était une théorie qui depuis Aristobule avait fait fortune chez les Pères de l'Église et les Alexandrins, et souvent pour la confirmer, Ficin, qui l'a faite sienne, a cité le mot de Numénius : « Platon n'est qu'un Moïse parlant grec ». Au reste l'auteur des *Dialogues* n'a-t-il pas dit lui-même, dans le *Philèbe*, « que Pythagore avait suivi la doctrine des Juifs [1] »? C'est assez pour que Ficin, partant de ce témoignage, entreprenne de démontrer que la science des Juifs était la science primitive, que ce peuple était à l'origine un peuple de savants et que la plupart des Sages de l'Antiquité étaient eux-mêmes des Juifs.

Un texte de l'*Epinomis* lui a suffi pour fonder son argumentation. « Un certain barbare, dit en effet Platon, fut la cause et l'auteur des sciences, il les inventa le premier [2] ». Or, nous avons vu que pour Clément d'Alexandrie les Barbares représentaient les Juifs, les Grecs, les Gentils. Il est vrai que par ailleurs l'auteur des *Dialogues* affirme que toutes les sciences sont venues des Égyptiens et des Phéniciens. « Mais, nous dit Ficin, une partie de la Judée que Pline nomme Galilée, a toujours été considérée par les écrivains comme faisant partie de la Syrie et est également appelée Phénicie, comme en témoigne Eusèbe » [3]. Par conséquent, lorsque le platonicien Proclus révère par-dessus tout la théologie syrienne et phénicienne, et lorsque Pline nous dit que les Phéniciens ont été les inventeurs des lettres et de l'astrologie, c'est aux Juifs que ces textes s'appliquent et même, s'il en est qui louent les Chaldéens, nous devons

---

1. *Id.*, I, 29 : « Clemens Alexandrinus et Atticus Platonicus et Eusebius et Aristobulus probant Gentiles videlicet, si qua habuerint egregia dogmata et mysteria a Iudeis usurpavisse... Plato usque adeo, Iudeos imitatus est, ut Numenius Pythagoricus dixerit, Platonem nihil aliud fuisse quam Mosen Attica lingua loquentem. Addit in libro de bono Pythagoram quoque Iudaica dogmata sectatum fuisse ».

2. *Ibid.* : « Plato in *Epinomide*, scientiarum causam inquit fuisse barbarum quemdam qui primus haec invenit, post addit ab Aegyptiis, Syriisque cuncta manasse (*Epinom.*, 936 e — 987 a) ». En fait il ne s'agit que de la science des astres.

3. *Ibid.* : « Iudea vere ex quadam sui parte, quam Galileam Plinius vocat, semper in Syria a scriptoribus habita est, et ex parte quadam Phaenicia etiam apud Priscos appellatur, ut Eusebius probat ».

nous souvenir que Lactance a dit des Juifs « on les appelait aussi Chaldéens » [1]. Ne nous étonnons donc pas si Orphée déclare que Dieu s'est seulement manifesté à certain Chaldéen qui désigne soit Enoch, soit Abraham, soit Moïse. « Les Platoniciens, poursuit Ficin, veulent qu'Orphée ait voulu désigner Zoroastre ». C'est fort possible, car si l'on en croit Didyme en ses *Commentaires sur la Genèse* Zoroastre fut fils de Cham, fils de Noé et était appelé par les Juifs : Chanaan. Eusèbe lui, dit qu'il vivait encore au temps d'Abraham [2]. C'est peut-être là d'ailleurs qu'il faudrait chercher la source de sa science, car au dire d'Alexandre et d'Eupolémon, Abraham a été le plus excellent de tous en sainteté et en sagesse. C'est lui qui enseigna l'astrologie, qu'il avait apprise des successeurs d'Enoch, d'abord aux Chaldéens, puis aux Phéniciens et enfin aux prêtres égyptiens, et Julius Firmicus ne craint pas de le qualifier d'homme divin, à cause de sa science prodigieuse [3].

Cependant, si grand que soit Abraham, c'est de Moïse, souvent confondu avec Mercure Trismégiste, que la doctrine des Païens tient toute sa grandeur. Porphyre dit, en effet, que Moïse, d'après l'antique Saconiaton, vivait 1.500 ans avant les premiers philosophes. C'est dire qu'ils lui doivent tout car, d'après l'oracle d'Apollon, la noble et très sainte nation juive, plus que toutes les autres, a connu, reçu et enseigné la vraie Sagesse, la juste adoration et la vie bienheureuse, et ce que dit Porphyre des philosophes juifs, Théophraste et les livres Sybillins le confirment [4].

Il y a plus. Cléarque nous assure qu'Aristote était juif. Mégas-

---

1. *Ibid.* : « Proculus quoque Platonicus Theologiam Syrianam Phaeniciamque ante alias veneratur. Plinius ait, Phaenices litterarum et Astrologiae inventores fuisse, qui etiam Chaldeos laudant, Iudaeos qui et Chaldaei nominati sunt, ut probat Lactantius videntur extollere ».

2. *Ibid.* : « Ob hanc, ut arbitror, rationem Orpheus inquit, Deum soli Chaldaeo cuidam notum fuisse, Enoch vel Abraham vel Mosen significans. Volunt Platonici Zoroastrem ab Orpheo significari, hic autem, ut vult Didimus in Genesis Commentariis, filius fuit Cham, Noe filii et ab Hebraeis appellatus Chanaan qui, ut Eusebius probat, adhuc vivebat ».

3. *Ibid.* : « Alexander Eupolemonque scribunt : Abraham sanctitate sapientiaque fuisse omnium praestantissimum, hunc docuisse Astrologiam, Chaldaeos primum, deinde Phoenices, demum Aegyptios sacerdotes, solitumque dicere, eam se habuisse a successoribus Enoch qui eius inventor extiterit et Atlas fuerit nominatus. Iulius Firmicus Astronomicus Abraham ob mirabilem sapientiam divinum appellat ».

4. *Ibid.*, p. 29-30 : « Artabanus quaecumque de Mercurio Trismegisto dicuntur, ostendit fuisse in Mose et a Mose gesta, eumque Mercurium ipsum fuisse appellatum, insuper esse Musaeum. Quod autem a Mose Gentilium doctrina habuerit incrementum non diffidet, qui Porphyrium audiet dicentem Mosen antiqui Saconiatonis testimonio ante primos Graecorum Philosophos annis mille quingentisque fuisse ».

thène, de son côté, affirme que les Brahmanes descendaient des Juifs et, si j'ai bonne mémoire, dit Ficin, saint Ambroise démontre que Pythagore est né d'un père juif. Tout cela semblait péremptoire et s'excusant de passer sous silence les témoignages de Strabon, de Justin, de Pline et de Tacite sur l'antiquité et la sagesse des Juifs, Ficin en vient à la science qu'on leur doit, car « non seulement les Païens n'ont pas méprisé leurs écrits, mais ils s'en sont abondamment servi » [1].

C'est encore Aristobule qui nous dit que tous les livres de Moïse ont été traduits en grec avant Alexandre et la fondation de l'Empire perse, et c'est Aristée qui déclare que, de son temps, sous Ptolémée Philadelphe, la Bible tout entière avait été traduite en grec, sur le conseil du péripatéticien Démétrius de Phalère [2]. Mais ce n'est pas seulement de l'Ancien Testament que les Gentils se sont inspirés. « Comme les antiques Théologiens s'étaient référés à Moïse, sans en saisir d'ailleurs toute la pensée, les philosophes des premiers siècles chrétiens ont dû, pour connaître la Vérité, s'en rapporter au Christ et à ses disciples qui, avec des yeux de lynx ou plutôt des yeux divins avaient pénétré le sens profond de la pensée divine » [3].

Platon d'ailleurs l'avait prédit, annonçant dans ses *Lettres* qu'après plusieurs siècles certains mystères seraient manifestés aux hommes, et en fait poursuit Ficin « c'est seulement au temps de Philon et de Numénius, c'est-à-dire après que les Apôtres et les Pères Apostoliques eurent prêché et écrit, que l'on commença à comprendre la doctrine des antiques Théologiens, contenue

---

1. *Ibid.*, p. 30 : « Clearchus peritateticus scribit Aristotelem fuisse Iudeum... Megasthenes insuper Brachmanas Indiae philosophos a Iudeis asserit descendisse. Ambrosius, si recte memini, Pythagoram patre Iudeo natum ostendit... »

2. Ficin se reporte textuellement au passage du Premier Livre à Philometor d'Aristobule, cité par Clément d'Alexandrie, *Strom.*, I, 22. — *Id.*, Eusèbe, *Praep. Ev.*, IX, 6.
Sur Aristée ou plutôt le Pseudo-Aristée, voir E. Herriot, *Philon le Juif, Essai sur l'École juive d'Alexandrie*, Paris, Hachette, 1898, p. 56-66. La lettre d'Aristée dont E. Herriot donne l'analyse a été écrite vers l'an 200 avant J.-C. Philon qui la connaît parfaitement (*Vita Mosis*, II, 5-7) reproduit avec beaucoup de précision la première partie qui a trait à la traduction des Septante dans ses Antiquités judaïques (Liv. XII, ch. II). — A. Penna, *Aristea. Enciclopedia cattolica.*

3. Ficini *Op.*, I, 25, *De christ. relig.*, ch. 22 : « Iudei ante Christi adventum (ut plurimum) legis Mosaicae Prophetarumque suorum superficiem attingebant. Christus autem eiusque discipuli perfectissime docuerunt profundos divinae mentis sensus linceis, imo divinis, oculis penetrare, quod etiam Iudeus Philo testatur ».

dans les livres platoniciens ». C'est donc à la lumière de l'Évangile que s'est manifestée la pensée de Platon. « Ce qui fait dire d'ailleurs au grand Basile et à saint Augustin que les Platoniciens se sont emparés des mystères de saint Jean l'Évangéliste » et c'est vrai, « car je me suis rendu compte, conclut Ficin, que les principaux mystères proposés par Numénius, Plotin, Jamblique et Proclus ont tous été empruntés à Jean, à Paul, à Hierothée et à Denys l'Aréopagite, car tout ce qu'ils ont dit de magnifique touchant la pensée divine, les anges ou d'autres mystères de la théologie, ils l'ont manifestement pris chez ces auteurs »[1].

Ainsi, tout ce qui compte en philosophie et lui confère le titre de Sagesse, vient uniquement des Juifs par la naissance ou par la doctrine. L'hypothèse, déjà émise par Bruni dans la dédicace de sa traduction du *Phédon*[2], peut aujourd'hui nous paraître singulière et son développement quelque peu puéril. Elle méritait cependant d'être soulignée, car le soin que Ficin lui réserve nous montre assez la valeur qu'il lui attribuait et, si fragile que nous paraisse sa démonstration, nous devons la retenir avec autant de respect et d'impartialité qu'elle révèle de patience et de bonne foi.

Cependant, si telle est la Sagesse des Juifs que toute science nous est venue par leur intermédiaire, à quoi bon faire intervenir le « Verbe séminal » dont parlait saint Justin, pour éclairer toute

---

1. *Id.*, I, 25, *De christ. relig.*, ch. 22 : « Mysteria huiusmodi Plato in Epistolis vaticinatur tandem post multa soecula hominibus manifesta fieri posse. Quod quidem ita contigit nam Philonis, Numeniique temporibus primum coepit mens Priscorum Theologorum in Platonicis chartis intelligi, videlicet statim post Apostolorum Apostolicorumque discipulorum conciones et scripta, Divino enim Christianorum lumine usi sunt Platonici ad divinum Platonem interpretandum. Hinc et quod magnus Basilius et Augustinus probant, Platonicos Ioannis Evangelistae mysteria sibi usurpavisse. Ego certe reperi praecipua Numenii, Philonis, Plotini, Iamblici, Proculi mysteria ab Ioanne Paulo, Ierotheo, Dionysio Areopagita accepta fuisse, quicquid enim de mente divina angelicave et caeteris ad Theologiam spectantibus magnificum dixere manifeste ab illis usurpaverunt ».

2. L. BRUNI, *Prologus in Phaedonem Platonis* : « ...ista non mediocris ad recte credendum accumulatio, si videbunt hominem philosophum ex omni gentilitate acutissimum ac sapientissimum idem quod nostri de anima sensisse. Quamquam non in hac dumtaxat parte rectae atque verae fidei Plato consentit, sed in aliis multis, ut minime equidem admirer fuisse iam nonnullos qui opinarentur Hebreorum libros huic philosopho non fuisse incognitos. Cernentes enim tantam doctrinarum convenientiam nullo pacto sibi persuadere poterant ex proprio sensu Platonem illa dixisse sed aut Hieremia propheta didicisse cum in Aegyptum profectus est, aut in sacris libris quos septuaginta interpretes in graecam linguam transtulerunt legisse arbitrabantur. Quod etsi temporum supputatio non patitur, tamen ex hoc intelligi potest... ». Cf. H. BARON, *op. cit.*

intelligence et la faire participer à la Révélation? Mais, nous dirait
Ficin, le privilège du peuple juif n'est qu'une illustration de ce
principe, et c'est sur cet exemple que Ficin va fonder le mystère et
la grandeur de Platon. Ce que Dieu a fait pour un peuple, il pouvait
le faire pour un individu et si Platon, qui n'était pas Juif, a pu
pénétrer les mystères, c'est que, comme Israël, il a su s'approcher
de Dieu.

« Toute la vérité sur les choses divines, dit en effet Ficin, nous est
révélée intérieurement par une lumière divine. Platon l'a démontré
au VIIe Livre de *la République* et dans ses *Lettres* et Jacques le
confirme en nous disant que toute lumière vient d'en haut, du Père
des lumières, c'est-à-dire de ce Père qui, comme le dit Jean, illumine tout homme venant en ce monde » [1]. Dire que Dieu s'est manifesté, c'est donc affirmer que Dieu lui-même a révélé aux Juifs
la connaissance des choses divines et qu'il l'a fait connaître aux
païens par les philosophes. Ce n'est plus une hypothèse, comme
pour Clément d'Alexandrie, c'est un fait et c'est pourquoi Platon,
dans le *Timée*, a pu dire que la philosophie était un don que Dieu
réserve à ceux qu'il traite comme ses fils [2]. Or si Dieu, *humanae
contemplationis lux simul et oculus*, a daigné livrer ses secrets à
certains hommes qu'il a traités comme ses enfants, n'est-ce pas à
eux qu'il faut demander la Vérité [3]? Déjà nous les connaissons et
cependant Ficin tient à nous les présenter d'une manière générale
et c'est encore en interprétant saint Augustin qu'il crut pouvoir
le faire. « Augustin, dit-il, en effet, écrit qu'il y a deux voies pour
aller à la vérité : l'autorité et la raison. Or l'autorité, c'est celle
du Christ qu'il place avant toutes les autres et la raison ou plutôt
les raisons qui s'accordent surtout avec elle, il ne les trouve que
chez les Platoniciens. Ce sont donc les Platoniciens que Dieu à
« illuminés » [4]. Encore faut-il savoir comment les reconnaître !

1. FICINI *Op.*, I, 436 : *D. Pauli Comment.*, VI : « Omnem divinorum veritatem divino quodam lumine intrinsecus patefieri... praesertim a septimo
de Republica... ubi traditur a Platone, sicut oculis solis beneficio solaria, id
est, luminosa videt, sic animus divina ipso Dei lumine praecipit. Hinc et in
Epistolis Platonicum illud : Ex diuturna divinorum meditatione subito
tandem, velut ab igne scintillata, lumen effulget in mente, seque ipsum iam
alit. Hinc Iacobus, omne veritatis lumen desuper, inquit, a patre luminum
provenire, a patre qui illuminat, ut Ioannes inquit : omnem hominem ve-
rientem in hunc mundum. (*Epit. de St. Jacques*, I, 17 — *St. Jean*, I, 9).
2. PLATON, *Timée* 24 d.
3. FICINI *Op.*, I, 669.
4. *Id.*, I, 855 : *Ioanni Nicholino, archiepiscopo Amalphiensi* : « Scribit
Aurelius Augustinus duplici ad veritatem via nos duci, authoritate videlicet
atque ratione. Authoritatem quidem Christi se omnibus anteponere, rationes
vero quae huic potissimum consonent, se solum apud Platonicos invenire... »

Dans une lettre qui porte précisément pour titre : *Signa legitimi platonici*, Ficin, qui d'ailleurs s'inspire plus ou moins de la lettre des *Dialogues*, fixe les règles qui doivent nous permettre de nous orienter : « le parfait platonicien, dit-il, se reconnaît à trois qualités qui en font un prêtre (*sacerdos*) d'un genre particulier et le distinguent de tous les autres sages et philosophes. Ce sont : un esprit sublime, une âme religieuse et une éloquence pour ainsi dire poétique » [1].

Rien de plus logique que l'enchaînement de ces trois caractères. N'est pas philosophe qui veut, a dit Platon [2]. Il faut pour le devenir savoir se plier facilement et rapidement aux exigences de la discipline philosophique pour ne pas se laisser séduire par le mensonge et se tenir en perpétuel contact avec les biens éternels. Il faut de la magnanimité et de la force. Ni craindre la mort, ni chercher la gloire. Il faut dominer ses sens, faire fi des plaisirs, avoir un esprit large, n'estimer les choses qu'à leur juste valeur, aimer la justice, compagne inséparable de la tempérance et de la liberté. Il faut enfin avoir un esprit pénétrant, une bonne mémoire » [3]. Voilà ce que c'est qu'un esprit sublime et il est indispensable à tout platonicien, car il ne doit pas seulement s'élever de l'inférieur au supérieur, des ténèbres à la lumière, il doit aussi, comme tel, « honorer la vérité une, unique rayon d'un Dieu unique » [4].

Pour honorer la Sagesse comme elle le mérite, il faut l'honorer en toute sagesse et nul ne saurait le faire qu'en demandant à la Sagesse elle-même la sagesse de l'honorer sagement [5]. On ne peut rien lui demander, en effet, de plus sage que de se donner elle-même et c'est pour cela que l'esprit sublime doit être nécessairement religieux s'il veut atteindre son but. Pour comprendre « les divins rayons qui passent par les anges, les âmes, les cieux et tous les autres corps », le philosophe doit donc s'incliner et c'est alors que, devenu prêtre de la Sagesse et pour ainsi dire dieu, il se sentira bienheureux au milieu des pauvres créatures qui ne trouvent leur

---

1. *Id.*, I, 953 : *Francisco Diaceto :* « Absoluti Platonici tria sunt symbola, quibus sacerdos hujusmodi a coeteris Philosophis sapientibusque discernitur, primum quidem est mens sublimis, ab inferioribus seipsam semper ad superiora convertens, secundum vero religio, tertium eloquentia, et haec quidem quasi poetica ».

2. PLATON, *Théétète*, 184 c — *République*, VI.

3. FICINI *Op.*, I, 761, 3 : *M. F. Ioanni Francisco Hyppolito Gazolti :* De platonica philosophi natura, institutione, actione.

4. *Id.*, I, 629, 1.

5. *Id.*, I, 870 : *M. F. Bastiano Salvino amitino :* « Quisnam sapientiam recte adorat nisi qui sapienter? Sapienter autem hanc solus adorat qui poscit a sapientia sapientiam. Non possumus nisi per illam quicquam vel ab ipsa vel ab alio petere sapienter, non possumus quicquam ab illa sapienter petere, nisi illam ».

bonheur que dans leur misère. Voilà ce qui fait la dignité et la divinité de la philosophie qui, ainsi comprise, devient le sacerdoce de la Sagesse.

Sans doute, ravi à lui-même, le philosophe dans sa contemplation, ne sait plus que dire : « Je ne sais pas quel feu me dévore et je ne comprends pas ce que je désire »[1]. Et cependant homme pour Dieu, dieu pour les hommes, il doit être le messager de Dieu sur la terre et la fureur divine qui lui a fait connaître les secrets du Ciel doit lui donner en même temps un souffle divin pour lui permettre de les traduire divinement[2]. Parce que la pensée éternelle de Dieu et l'ordre du monde sont une musique, le platonicien devra donc posséder une éloquence poétique pour nous en faire comprendre les mystères. Imitation la plus parfaite de l'harmonie céleste, la poésie joint, en effet, à la douceur des sons, le « sens delphique » de la vérité et flattant nos oreilles en même temps qu'elle nourrit nos âmes, elle reste le moyen le plus sûr pour conduire à Dieu[3]. « La théologie est la poésie de Dieu » avait dit Pétrarque et c'était déjà d'une théologie platonicienne qu'il s'agissait.

Si telles sont les qualités ou plutôt les dons que nous devons trouver chez les Platoniciens, il est probable que Ficin n'a pas manqué de les souligner chez ceux qu'il nous présente comme tels. En fait, il nous dit que la doctrine de Zoroastre, comme en témoigne Platon, n'est qu'une sage piété et un culte divin, que Mercure Trimégiste commençait ses leçons par des prières et les terminait par des sacrifices, qu'Orphée, imitant en cela Pythagore, se purifiait pour contempler la vérité. C'est même à ce propos qu'il déclare que « ces Saturnales et cette doctrine d'or des Antiques est plutôt une Philothea qu'une Philosophia et que leurs paroles constituent plutôt des oracles que des discours »[4]. Mais c'est sur-

---

1. *Id.*, I, 629, 1 : *M. F. Ioanni Cavalcanti :* « Quando amator aspectu tactuve amanti hominis non est contentus, et clamat nonnumquam, homo hic nescio quid habet, quod me urit, atque ego quid cupiam non intelligo. Ubi constat animum divino uri fulgore, qui in formoso homine micat quasi speculo, atque ab eo clam raptum quasi hamo trahi sursum ut Deus evadat ».

2. *Id.*, I, 762 : « Quo fit ut Philosophia sit et donum Dei et similitudo, et felicissima imitatio. Qua si quis praeditus sit, ex Dei similitudine, idem erit in terris, qui et in caelis est Deus. Quippe inter Deum et homines medius est Philosophus, ad Deum homo, ad homines Deus. »

3. *Id.*, I, 613 : *M. F. Peregrino Allio*, De divino furore. (C'est à composer en musique que tu dois travailler — *Phédon* 60 e).

4. *Id.*, I, 853, 3 : *M. F. Antonio Ziliolo Sophronio veneto* — Philosophia et Religio germanae sunt. « Quid de Mercurio Trismegisto dicam? Cujus disputationes omnes et a votis incipiunt et in sacrificia desinunt. Quid de Zoroastre? Cujus Philosophia (ut testatur Plato) nihil est aliud quam sapiens pietas cultusque divinus... Denique (ut summatim dicam) Saturnia illa et

tout en nous présentant Pythagore, Socrate et Platon qu'il se plaît à mettre en relief leurs dons vraiment divins.

« Ce sont, dit-il, les trois lumières de la Sagesse. Pythagore l'exprimant dans sa contemplation, Socrate la mettant en action et Platon allant de la terre au ciel tantôt pour la découvrir, tantôt pour nous la donner »[1]. Ceux-là vraiment étaient des sages et cela pour Ficin est le signe divin. Déjà nous l'avons entendu nous dire que seul est sage « celui qui, dépendant de Dieu seul, vit joyeux au milieu des calamités, celui qu'aucune crainte ne glace, qu'aucune douleur ne torture, qu'aucun plaisir ne corrompt, qu'aucune passion n'enflamme, celui qui, au milieu des épines les plus touffues sait cueillir des fleurs magnifiques et délicieuses, celui qui dans la fange sait trouver des perles, celui qui voit clair dans les profondes ténèbres, celui qui entravé et enchaîné court cependant comme s'il était libre et détaché, celui enfin qu'effleure le souffle divin ». Or, tels furent précisément les trois « lumières de la Sagesse antique ». « Continue à imiter Pythagore, Socrate et Platon, conclut Ficin, s'adressant à son ami Seraphico, car même dans la mauvaise fortune, ils philosophaient autant en agissant qu'en discutant[2].

De la vie de Pythagore, Ficin ne nous dit rien, mais il a lu Jamblique et l'on sait en quels termes ce disciple de Porphyre nous a présenté l'école de ce héros légendaire, dont la piété et les bonnes mœurs, semble-t-il, auraient pu inspirer les plus fervents fondateurs de nos ordres religieux.

De Socrate, par contre, Ficin nous a laissé un portrait qui mérite toute notre attention. A l'exemple de saint Justin, il a établi entre Socrate et le Christ un parallèle qui avait fait fortune et avait acquis au maître de Platon la faveur quasi universelle des chrétiens des premiers siècles[3]. Ce succès toutefois n'avait pas dépassé

---

aurea disciplina Priscorum non tam Philosophia quam Philothea nuncunpanda videtur, eorumque sermo omnis oraculum est potiusquam oratio... Ipse Plato suam semper, Socratico more, purgabat mentem... Purgationis quoque ejusmodi gratia Pythagoras imitatus Orpheum, ultra singularem sobrietatem, quotidie oriente Sole Sacros superis hymnos consonante cythara concinebat... »

1. *Id.*, II, 1488. *In dialogum primum de Legibus.*
2. *Id.*, I, 619, 2 : *M. F. Antonio Seraphico* : « Imitare igitur, Pythagoram et Socratem et Platonem qui non minus agendo quam disputando, invita etiam fortuna, philosophabantur... »
3. Cette question a fait l'objet d'une sérieuse étude de A. HARNACK, *Sokrates und die alte Kirche* (discours de rectorat prononcé à l'Université de Berlin le 15 octobre 1900) se trouve dans le *Reden und Aufsätze*, I, Bd. 2 — Giessen, 1906, p. 27-48. — On pourra consulter également R.-M. WENLEY, *Socrates and Christ*, Édimbourg, 1889 et la leçon donnée sous le même titre par J.-A. SCOTT à l'Université de Northvestern (Evanston, 1928).

le cadre et pour ainsi dire l'époque de l'apologétique. Le Moyen Age savait trop peu de choses de Socrate pour reprendre la comparaison. Mais c'est une erreur de croire que ce thème, comme le dit le P. Deman, n'a reparu qu'au xviiie siècle [1], car nul mieux que Ficin n'a accordé à cette comparaison autant de soin et de ferveur.

C'est sous le titre *Confirmatio Christianorum per Socratica*, qui à lui seul est déjà tout un programme, et qu'il adresse à Paul Ferobanti, « insigne théologien », que Ficin reprend et amplifie le thème du Socrate chrétien. « Si je ne craignais pas, dit-il, que quelqu'un, par malice ou par étroitesse d'esprit, interprète mal ce que je pourrais dire, je démontrerais point par point que Socrate a été, non pas la figure du Christ, comme Job et Jean-Baptiste, mais son ébauche (*adumbratio*) [2]. L'oracle d'Apollon et les plus grands philosophes l'ont estimé le plus sage d'entre les hommes. Toute sa vie il a préféré les biens éternels aux biens périssables. Supportant les misères du corps, la faim, la nudité et tous les coups de la mauvaise fortune, il ne craignait que le mal de l'âme et la mort éternelle. Médecin des âmes, il ne s'occupait que de les purifier, en prêchant la douceur et la charité. Persuadé qu'il était envoyé de Dieu, il n'hésita pas à renoncer aux vains honneurs qu'ambitionnaient les maîtres de son temps et à s'exposer aux plus grands périls et à la mort pour accomplir sa mission. Il répétait qu'il vaut mieux obéir à Dieu qu'aux hommes et que l'idéal est de Lui ressembler. Il vécut pauvre et vertueux. Frappé injustement il salue celui qui le frappe. Souffleté, il tend l'autre joue. Enfin accusé d'impiété par ceux-là mêmes auxquels il avait enseigné la piété, non seulement il refusa de se défendre, mais il confondit ses juges et alors même qu'il aurait pu échapper à l'exécution de la sentence qui le condamnait, il préféra souffrir une mort injuste en donnant à la postérité un exemple de patience et de grandeur d'âme. Je sais encore, conclut Ficin, beaucoup de gestes et de paroles de Socrate, non écrites par lui-même, mais par ses quatre principaux disciples, et qui confirment la foi chrétienne. Les plus importants se rapportent au caractère divin qu'il portait en lui, à la facilité avec laquelle il dépassait son corps, à sa transfiguration. Mais tous ces détails, cette lettre ne saurait les contenir et quelques-uns sans doute la comprendraient mal, pensant que je compare Socrate au Christ,

---

1. Th. Deman, O. P., *Socrate et Jésus*, Paris, L'Artisan du Livre, 1944, p. 16.
2. Ficini *Op.*, I, 868 : « Nisi vererer fore nonnullos qui vel pravitate ingenii vel parvitate judicii, alio quam nos loquamur sensu captent, singula demonstrarem Socratem et si non figura qua Iob atque Ioannes Baptista tamen admiratione forte quadam Christum salutis authorem ».

comme un égal, alors que je ne le considère que comme son défenseur » [1].

Socrate « ébauche et défenseur du Christ » ses disciples comparés
aux quatre évangélistes! Jamais nul apologiste n'avait osé rendre
un tel hommage à son exceptionnelle grandeur et il faut, semble-t-il,
se souvenir de cette page qui, d'ailleurs, n'est qu'un écho des
Dialogues de Platon, quand on entend Erasme nous dire, par la
bouche de Néphal au premier livre des Colloques : « Quand je lis
de pareils traits de ces hommes célèbres, ignorants du Christ et de
l'Écriture, je me retiens à grand'peine de dire : Saint Socrate,
priez pour nous [2] ! »

Platon, son génial disciple, ne pouvait être qu'à l'échelle du
maître. Il naquit, nous dit Ficin, sous les plus heureux auspices.
Il vécut sobre et, quoi qu'en dise saint Augustin, chaste. Il était
d'un esprit égal, ne riait jamais, ne se mettait jamais en colère et
à la gravité joignait la plus parfaite affabilité. Quintilien n'hésite
pas à dire qu'il était envoyé de Dieu et Panétius, qui cite Cicéron,
le nomme le dieu des philosophes. Ses leçons, traduites en un style
que l'on a justement considéré comme la langue des dieux, en-
thousiasmaient ses disciples et convertirent des hommes comme
Démosthène et Lycurgue. Sa doctrine, tout en étant plus spéculative, n'était qu'une réplique de celle de Socrate. Pour lui, rien
n'était meilleur et plus durable que la Vérité et c'est sur ce principe
qu'il s'appuyait pour démontrer la réalité des biens éternels et
l'apparence des biens temporels. Sur le plan moral, il considérait
la volupté comme l'aliment de tous les maux et la philosophie
comme la santé de l'âme. Il donna ses biens à ses frères. A l'encontre d'Aristide qui demandait de l'argent pour ses leçons, lui,
demandait des livres. Enfin, reconnaissant en Dieu le principe de
notre pensée, de nos paroles et de nos actes, chaque jour il remerciait le Ciel de trois choses : d'être un homme plutôt qu'une bête,
d'être un Grec plutôt qu'un Barbare et d'être né au temps de
Socrate » [3]. En vérité, il en était bien digne et s'il est vrai que la

---

1. *Ibid.* : « Mitto praeterea multa Socratica facta quam dicta, non ab
ipso quidem, sed a discipulis ejus quatuor praecipue scripti, quibus Christiana fides adversus Lucianum maxime confirmatur... Haec vero neque
facile Epistola caperet neque benigne forsitan nonnulli reciperent, putantes
fortasse Socratem nunc quasi aemulum comparam quem defensorem paro ».
2. ERASME, *Colloquia*, Amsterdam, Elzevir, 1662, p. 132.
3. Cette page n'est qu'un abrégé de la vie de Platon écrite par Ficin (I,
763-771) et dont le titre des différents chapitres suffit à nous donner une idée
exacte : Genealogia et Genesis Platonis — Educatio, indoles, eruditio, sobrietas
Platonis — Milita et navigatio Platonis trina — Quibus Plato leges dederit
— Continentia, gravitas, comitas Platonis — Discipuli Platonis praecipui

Renaissance avait dû, comme on l'a dit, canoniser Platon, nul doute que Ficin se serait fait l'introducteur de sa cause.

En tout cas, en suivant de tels maîtres, Ficin pouvait légitimement espérer trouver, dans leurs œuvres, ces fameuses « raisons » qui, au dire d'Augustin, étaient celles qui s'accordaient le mieux à l' « autorité » du Christ. Il fut, s'il faut l'en croire, largement comblé.

« En physique, dit-il, Platon a suivi Héraclite, en psychologie, Pythagore, en morale, Socrate. Et voici ce qu'il affirme constamment : que Dieu est Providence universelle, que les âmes sont immortelles, que les bons seront récompensés et les méchants punis ». Augustin a donc eu raison de dire dans son *contra Academicos* que l'autorité du Christ devait être placée avant toutes les autres, mais que si on a besoin de raisons, il n'a rien trouvé chez les Platoniciens qui fût contraire aux données de l'Écriture Sainte. Denys l'Aréopagite d'ailleurs a dit la même chose et Eusèbe comme Cyrille l'ont amplement développé ». Il y a plus. Le même Augustin dans son *De vera Religione* dit que « les Platoniciens, en changeant peu de choses, deviendraient chrétiens [1] » et il affirme dans ses *Confessions* avoir trouvé chez ces mêmes philosophes « presque tout le contenu du prologue de saint Jean » [2]. Comme on le voit, Ficin

— Libri Platonis — Eloquentia, sapientia, authoritas Platonis — Charitas, magnanimitas, sanctimonia Platonis — Sententiae et Proverbia Platonis — Quantum Plato neglexit humana, quantum divina dilexit — Pietas et gratitudo Platonis — Quae Plato affirmavit et qui eum confirmaverunt — Redditus Platonis in patriam caelestem et laudes — Apologia de moribus Platonis.

1. *Ibid.*, I, 769, *De vita Platonis* : « In his quae sensibus subjacent, partes Heracliti tuebatur. Porro in his quae ad intelligentiam pertinent Pythagorae maxime acquiescebat. In rebus autem civilibus Socratem suum amplectabatur. Quae ubique asseverabat haec sunt. Deum omnibus providere. Animas hominum immortales esse. Bonorum praemia, malorum supplicia fore. Augustinus in libro *contra Academicos* inquit : Christi authoritatem omnibus anteponendam, si autem rationibus agendum sit, apud Platonicos reperire se dicit, quod sacris Christianorum litteris non repugnet. Idem Dionysius Areopagita significavit. Eusebius postea et Cyrillus latius declaraverunt ». — *Id.*, 937, 3.

St. AUGUSTIN, *Contra Academic.*, III, 20, 43. P. L., XXXII-957. — En fait St. Augustin déclare : Nul doute que nous ne soyons entraînés à connaître par un double poids : l'autorité et la raison. Pour moi je suis résolu à ne m'écarter jamais de l'autorité du Christ, car je n'en sais pas de meilleure. Quant à ce que l'on doit chercher par l'effort de la raison, je suis dans cette disposition que je désire avec impatience saisir la vérité, non seulement par la foi, mais encore par l'intelligence et, pour l'instant, j'ai confiance de trouver chez les Platoniciens des doctrines en accord avec nos mystères ».

2. *Ibid.* : « Hinc Augustinus in libro *de vera religione* Platonici, inquit, paucis mutatis Christiani fierent. Atque in *Confessionibus* narrat se praemium Ioannis Evangelistae ferme totum apud Platonicos reperisse. Propte-

n'omet aucun texte du grand Docteur qui puisse justifier son propre enthousiasme. Il va même jusqu'à citer le passage du *De Civitate Dei* dans lequel saint Augustin nous rapporte que Labéon, qualifié par Ficin de théologien païen, met Platon au rang des demi-dieux comme Hercule et Romulus, c'est-à-dire « au-dessus des héros qui sont eux-mêmes des dieux »[1], et Ficin jubile à la pensée d'avoir trouvé un tel témoignage qui confirme si magnifiquement ceux de Varron et d'Apulée qui eux-mêmes en avaient fait l'égal des dieux, parce qu'il avait pénétré le secret des choses divines[2].

Évidemment les textes de saint Augustin sont très nets et favorables. Mais à propos du dernier qui fait de Platon un dieu, Ficin se garde bien de nous dire que l'auteur de la *Cité de Dieu* a sur ce point précisé sa pensée. « Pour nous, écrit en effet saint Augustin, nous ne considérons Platon ni comme un dieu, ni comme un demi-dieu, et nous ne le comparons ni à un ange, ni à un prophète, ni à un apôtre, ni à un martyr du Christ, pas même à un simple chrétien »[3]. Il n'y avait donc pas d'équivoque possible, et Ficin était sur le fond d'accord avec lui. Néanmoins une réserve pour lui s'imposait, car s'il est vrai que rien dans les *Dialogues* de Platon ne s'oppose aux données de l'Écriture Sainte, il faut admettre, pour le moins, qu'il était l'égal d'un prophète. « Rappelons-nous, dit Ficin, qu'Origène a placé au-dessus de tous les philosophes même pythagoriciens, Numénius qui, après avoir lu Moïse et Platon, déclarait que Platon n'était qu'un Moïse parlant grec »[4]. C'est d'ailleurs sur ce témoignage que Ficin a fondé sa *Concordantia Mosis et Platonis* qui nous éclaire singulièrement sur son platonisme. « En entrant à l'Académie, dit-il, on n'étudie pas seulement Platon, mais aussi toute la loi mosaïque. C'est ainsi que Parménide nous démontre l'existence

---

rea in secundo *De Civitate Dei* inquit : Labeo Theologus apud Gentiles... » — St. AUGUSTIN, *De Vera Religione*, c. IV — *Confess.*, VII, LX, 13, 14. — *De Civit. Dei*, II, XIV.

1. St. AUGUSTIN, *De Civit. Dei*. II, XIV. — Voir également, VIII, 12. — Sur ce Labéon voir l'intéressante étude de P. DE LABRIOLLE dans *La Réaction païenne*, Paris, L'Artisan du Livre, 1942, 3ᵉ partie, ch. 2, p. 297-301.

2. FICINI *Op.*, I, 769 : « Quod et Marcus Varro antea judicaverat et Apuleius Platonem non tantum heroibus superiorem fecit, sed diis aequalem, quia videlicet divinarum rerum abdita penetraverit ». — APULÉE : *De Doctrina Platonis* : « ...Non solum heroum virtutibus praestitit verum etiam aequiparavit divum potestatibus ».

3. St. AUGUSTIN. *De Civitate Dei*, II, XIV.

4. FICINI *Op.*, I, 855 : « Eumenius (= Numenius) Pythagoricus quem Origenes Pythagoricis omnibus anteponit, cum Mosis atque Platonis legisset libros Platonem judicavit esse alterum Mosen attica lingua loquentem ». — *Id.*, 866. — Le mot de Numénius est rapporté par EUSÈBE. — *Prep. Evang.*, IX, 61 et SUIDAS.

d'un seul Dieu, en qui sont contenues toutes les Idées, que Mélissos
et Xénon prouvent à leur tour que Dieu seul existe et que le reste
n'est qu'apparence [1]. Puis Timée nous conte comment le monde a
été créé par la bonté de Dieu : d'abord le ciel et la terre, puis
l'homme fait à son image pour être son adorateur et le maître de la
terre. C'est d'ailleurs de cette terre qu'il a tiré les hommes : le Politique, Protagoras, Ménexène et Critias nous l'enseignent, ajoutant
qu'ils ont été confiés à des esprits divins, qu'ils ont reçu la Loi
par un message de Dieu et qu'à la fin du monde ils ressusciteront.

De leur côté Philèbe, Théétète, Phédon, Phèdre, Socrate nous
apprennent que notre béatitude est dans notre ressemblance avec
Dieu et dans la jouissance qu'on en peut avoir, tandis que le vieil
Athénien nous révèle la puissance du Verbe, les motifs de son Incarnation et nous assure qu'il jugera tous les hommes. Hermias,
Erasque et Coriscus nous initient au mystère de la Trinité et Denys
aux splendeurs de la hiérarchie céleste, tandis que les Syracusains
nous instruisent avant tout de la lumière divine qui seule permet à
l'homme de trouver Dieu.

Après Er le Pamphilien qui nous conduit aux Champs-Élysées,
qui sont notre Paradis, et nous montre du doigt tour à tour les
enfers, le purgatoire et les limbres, Socrate, que seule l'éternité
préoccupe, nous dit ce qu'il faut faire pour éviter le châtiment.
« Il prouve, dit Ficin — et ce passage vaut d'être cité — que la
confession et la pénitence volontaire sont avant tout nécessaires
au salut des hommes et qu'il faut y recourir promptement, de peur
que le mal ne s'enracine et devienne incurable ». Lachès nous
exhorte également à la pénitence et à la confession fréquente et
où Socrate nous avertissait des limites de notre raison, que seul le
Verbe divin peut compenser, le brave Charmide nous invite à nous
détacher et à nous purifier pour prendre conscience de notre immortalité [2]. Est-ce tout? Non. Critias, qui parle vraiment comme un

1. *Id.*, I, 866, *M. F. Braccio Martello literis et moribus ornatissimo* :
« ...Qui te, optime Bracci (Martello) ad Academiam vocat, non tam ad Platonicam disciplinam quam ad legem Mosaicam exhortatur. Nam cum primum
ingressus Academiam fueris, occurret tibi Parmenides qui uni cum demons-
trabit Deum esse rerum omnium ideas, id est exemplaria rationesque emi-
nentissime continentem vel producentem. Occurrit Melissus et Zeno qui
solum Deum revera esse demonstrent, caetera vero videri ».
2. *Ibid.* : « Veniet obvius et Timeus ostendens mundus a Deo suae bonitatis gratia fuisse creatum (29 e, 30 a) Deumque a principio caelum ter-
ramque creavisse (31 b) deinde aereum spiritum super aquas circumfudisse
(32 b) atque haec omnia tamdiu permansura quamdiu divinae placuerit
voluntati. Deum fecisse hominem adeo sibi similem, ut unicum Dei in terris
cultorem terrenorumque collocaverit. Offerent ibidem se tibi Politicus

orateur mosaïque, nous redit la chute de nos premiers parents, qui,
remplis d'une grâce insigne leur permettant de jouir perpétuelle-
ment de tous les biens, s'en montrèrent indignes et furent chassés
des « jardins à l'éternel printemps ». Ils devaient veiller à ce qu'aucun étranger n'y pénétrât, mais comme Timée, Phèdre et Diotime
en témoignent, ils cédèrent au tentateur. Alors, nous dit Critias,
Dieu reniant son œuvre, ordonna le Déluge pour purger la Terre de
sa malice. Est-ce à dire que ce cataclysme a suffi pour que l'œuvre
de Dieu retrouvât sa pureté primitive? Les Platoniciens ne le
disent pas et ils ne pouvaient pas le dire. « Il ne faut cependant
pas oublier, dit Ficin, cette sentence d'or de Platon, nous prescri-
vant d'obéir à ces divers préceptes jusqu'à ce qu'un homme divin
apparaisse sur la terre pour entraîner tous les hommes à la source
de la vérité » [1].

Voilà tout ce que l'on peut apprendre à l'Académie et ceux qui

---

(268 a) Protagoras (320 c et suiv.) et Menexenus (237 d) et Critias (109 b et
suiv.) disserentes ex terra homines ab initio rerum Dei virtute creatos atque
sub spirituum divinorum perpetua custodia positos, legem a solo quodam
Dei nuncio accepisse, ac demum post mundi cursum ex terra, Deo iubente,
ressurecturos. Ibi Philebus, Thaeetetus, Phedon, Phedrus Socrates in sola
ipsius similitudine atque fruitione nostram beatitudinem esse docent...
Audies Hermiam Herascumque et Coriscum ibi doceri Deum rerum omnium
ducem causamque patrem simul et filium... Doceri tandem Syracusanos
divina mysteria rationibus comprehendi non posse, sed puritate mentis
Deo persimiles denique fieri... Proinde aspicies Herum Pamphilum divino
iussu a mortuis resurgentem, quo viventibus animorum secreta renunciet.
Ille te per Elisia prata perducet quae nostri nomine paradisi significant.
Ostendet et inferos digito et purgatorium antrum atque limbum... Laches
ad crebram delictorum confessionem poenitentiamque hortabitur ».
    1. *Ibid.* : « Critias in ipsis Academiae penetralibus tanquam Mosaicum
oraculum proclamabit. Deum cum creavisset mundum hominem, quod et
Protagoras dixerat, effecisse in terra simillimum... in viridariis quoque suis sub
vere perpetuo eum collocavisse, ex igna quadam salubrium pomorum degus-
tatione vitam fœlicem prorogaturum. Circumsepsisse insuper hortos, nequid
alienum ingrederetur. Verum cum homo a divinis paulatim ad caduca diver-
teret, patrisque legibus minus indies minusque obtemperaret, divinam illam
gratiam evanuisse, ideoque in turpem animi habitumque corpórisque morbos
et vitae sollicitudinem laboresque incidisse atque demum ex hortis illis ad
regiones admodum dissimiles fuisse translatum. Quodquidem insidiante
malo quodam demone sub insolentioris voluptatis esca infeliciter accidisse
Timeus et Phedrus et Diotima in Academia testabantur.
    Hic (Critias) tibi concludet Deum cum humanum hoc opificium suum iam
penitus improbaret, utpote quod ex divina paulatim profanum evaserat,
quo et purgaret malignitatem et restitueret puritatem, terras ingenti aqua-
rum diluvio abluisse. Neque vero praetermittenda est aurea sentientia illa
Platonis, Academiae ducis, eatenus acquiescendum esse, dicentis, prooeptis
suis, donec sacratior aliquis quam homo in terris appareat, qui fontem veritatis aperiat, quem denique sequantur omnes ».

en furent les disciples, Plotin, Philon, Jamblique, Proclus n'ont fait qu'expliciter ces principes et ces vérités, nous parlant du mystère ineffable de la Trinité et de la mission des Anges. On trouve même dans Amélius la plus grande partie du prologue de saint Jean « que l'on lit chaque jour à la Messe » note notre auteur, et c'est dans l'enthousiasme qu'il conclut : « Dès que tu seras entré dans l'Académie et que tu auras reçu ces vérités de ces héros et de beaucoup d'autres que je ne puis te nommer ici, nul doute qu'avec Pierre tu t'écrieras : « Qu'il fait bon ici, dressons-y trois mille tentes » [1] !

Ainsi toute l'élite florentine aurait sans doute retrouvé la Vérité, puisqu'en fait toute la doctrine de Moïse et même l'espérance du Christ se retrouvaient dans les *Dialogues*. N'était-ce pas la preuve que Platon devait aux Juifs le meilleur de sa doctrine? On ne devait donc rien négliger pour la connaître et tenter d'en vivre.

« Pour servir la divine Providence » Ficin devait aussi traduire Plotin. Était-ce pour compléter Platon? Non. Plotin n'a rien inventé. Ses *Ennéades* ne sont que des commentaires de la pensée du maître [2]. Néanmoins, s'il est vrai que le même « démon » a inspiré Platon et Plotin au point d'en faire, non pas un « Platon ressuscité » comme l'avait dit saint Augustin [3], mais pour ainsi dire le « Verbe » de Platon lui-même, il ne faut pas oublier que « ce Fils en qui Platon semble avoir mis toutes ses complaisances » [4] a été le disciple du « chrétien Ammonius et du très chré-

---

1. *Ibid.* : « Proeterea Plotinus et Philo divinum intellectum Dei filium coli jubent ab ipso Deo patre manantem vel tanquam a loquente verbum, vel tanquam a luce lumen. Quod quidem Iamblicus Aegyptiorum testimonio comprobat, Deum suiipsius patrem filium apertissime nominans. Numeratque Angelos Archangelosque et Principatus, quos et Proclus novenario distribuit numero, affertque Chaldeorum oracula in quibus paterna in Deo potentia et intellectus a patre manans, ingensque amor exprimitur. Sed quid de Amelio dicam? Hic proemium illud Evangelii Ioannis quod in sacris legitur, paucis totum colligit atque admiratur.

Tu vero, Martelle, postquam Academiam ingressus mysteria haec ab his heroibus intus acceperis, ac insuper alia plura atque maiora quae non capit epistola, forsitan Petri voce Bonum clamabis, Bonum est hic esse, faciamus tria tabernaculorum millia ».

2. *Id.*, II, 1278. — *In Theetetum :* « Qui de his dubitat Plotini summi interpretis commentaria legat «.

3. St. AUGUSTIN, *Contra Academicos*, III, 18.

4. FICINI *Op.*, II, 1548. — *Exhortatio Marsilii Ficini Florentini ad auditores in lectionem Plotini et similiter ad legentes.* « Principio vos admoneo qui divinum audituri Platonem huc acceditis, ut Platonem ipsum sub Plotini persona loquentem vos audituros existimetis. Sive enim Plato quondam in Plotino revixit : quod facile nobis Pythagorici dabunt : sive Daemon idem Platonem quidem prius afflavit, deinde vero Plotinum, quod Platonici nulli

tien Origène qui, l'un et l'autre, lisaient les Saintes Écritures
« more platonico » [1]. Il n'y aura donc pas lieu de s'étonner de voir
Plotin en parfait accord avec Paul et Denys l'Aéropagite, et ce sera
une nouvelle preuve que la pensée platonicienne répond pleinement
aux exigences de la pensée chrétienne.

Tout cela évidemment peut aujourd'hui faire sourire ou prêter
au scandale. Il est cependant trop tôt pour en juger. De tels éloges
ne doivent être interprétés qu'en fonction de l'esprit qui les anime
et l'essentiel est pour nous de savoir si, dans son enthousiasme,
Ficin ne s'est pas abusé sur l'origine de cette science et l'orthodoxie
de son contenu et s'il n'a pas confondu les données de la foi et les
arguments de la philosophie.

Certes, ses sources l'ont induit en erreur. Il a cru aux Apologistes
et aux Pères de l'Église. On ne saurait lui en faire grief. Tout au
plus peut-on lui reprocher d'avoir abondé dans le sens qu'ils avaient
clairement indiqué, sans soupçonner les conclusions équivoques
que l'on pouvait tirer de leurs imprudentes prémisses. Vouloir
trouver dans les *Dialogues* de Platon les premiers chapitres de la
Genèse, est évidemment une gageure, mais la question est de

negabunt, omnino aspirator idem os Platonicum afflat atque Plotinicum.
Sed in Platone quidem afflando spiritum effundit uberiorem, in Plotino autem
statum angustiorem, ac ne augustiorem dixerim, saltem non minus augustum,
nonnumquam ferme profundiorem. Idem itaque numen per os utrumque
humano generi divina fundit oracula, utrobique sagacissimo quodam, interprete digna, qui ibi quidem in evolvendis figmentorum incumbat involucris :
hic vero tum in exprimendis secretissimis ubique sensibus tum in explanandis
verbis quam brevissimis diligentius elaboret... Profecto (ut Platonice loquar)
caeteros homines rationales animos appellamus, Plotinum vero non animum
sed intellectum. Sic omnes eum philosophi suo soeculo praesertim Platonici
nominabant. Atque utinam in mysteriis huius interpretandis adminiculum
Porphyrii, aut Eustochii, aut Proculi qui Plotini libros disposuerunt atque
exposuerunt, nobis adesset... Et vos Platonem ipsum exclamare sit erga
Plotinum existimetis : Hic est filius meus dilectus, in quo mihi undique pla-
ceo : ipsum audite. (Analogie avec le texte évangélique *Math.*, XVII, 5).

1. *Id.*, II, 1663. — *In Plotinum*, II, 9. « Plotini mentem non fuisse a Chri-
tiana lege penitus alienam ex eo conjicere possumus quod cum Ammonii
semper Christiani discipulus fuerit et Christianissimi Origenis semper amicus
convenisse dicitur una cum Origene atque Herennio, se numquam ab institutis Ammonii discessurum idque sicut promiserat servavisse.

Praeterea gentilium deorum cultum animo aliquando contempsisse,
Amelio ad hunc exhortante Porphyrius ipse discipulus eius est testis. Denique
ab haereticis multis Platonem suum partim depravantibus, partim etiam
contemnentibus frequentius irritatus, respondebit quidem latissime : nihil
tamen in respondendo commune Christianis inseruit : sed propria dumtaxat
ad haeresim, cum alioquin impune in Christianos invehi ea tempestate
liceret et offeretur occasio. (PORPHYRE, *Vie de Plotin*, 3). L'accord de Plotin
avec St. Paul est souligné II, 1556 et avec Denys II, 1799.

savoir si Ficin, en la tenant, a voulu nous montrer que Platon, sans la foi, aurait pu, pour ainsi dire, être chrétien. Or, il n'en est rien.

Si sublime que soit la doctrine de Platon, elle reste la préface du Christianisme et si grand qu'ait été son génie, restant soumis aux limites de la raison, il y a des choses qu'il n'a pas pu connaître.

Commentant le verset trente du Chapitre troisième de l'Épître aux Romains : « Puisqu'il y a un seul Dieu qui justifiera les circoncis par la foi (ex fide) et les incirconcis par la foi (per fidem) », Ficin déclare sans équivoque : « Chez les Gentils il n'y eut aucune foi ancienne dans le Christ. C'est uniquement par la prédication des Apôtres qu'ils sont considérés comme justifiés par une foi nouvelle et fortuite »[1]. Ils ne pouvaient pas avoir la foi qui, comme nous le savons, consiste « à croire Dieu, à croire par Dieu et à croire en Dieu »[2]. Moins favorisés que les Juifs qui, eux, possédaient une certaine lumière par les prophètes, la Loi et les figures, ils n'ont reçu la lumière que des Apôtres. C'est pour cela qu'ils se sont trompés et voilà pourquoi Platon n'a pu avoir qu'un vague pressentiment du Christ et n'a pas connu le mystère de la Trinité »[3].

Sur ce point capital, la «Concordance» a pu nous induire en erreur. Ficin lui-même s'est chargé de dissiper l'équivoque. Écrivant au savant Rondoni, évêque de Rimini, Ficin lui dit : « Le frère Sanctus, professeur insigne de théologie, de l'ordre de saint Dominique, m'a rapporté qu'un frère (je ne sais lequel) avait affirmé avec orgueil dans un discours public que le mystère de la Sainte Trinité, tel qu'il était admis par les chrétiens, se trouvait dans Platon, et que c'était en lui que les premiers chrétiens avaient trouvé leur patrimoine ». C'est dire que Ficin n'était pas seul à s'enthousiasmer de Platon. Il n'en était cependant pas aveugle pour autant : « Parce que les questions platoniciennes me sont familières, poursuit-il, vous attendez sans doute que je me prononce sur ce problème. Eh bien! j'affirme sans hésitation que le mystère de la Sainte Trinité n'a jamais été dans les livres platoniciens. Tout ce qu'on y peut trouver ce sont des conceptions, jusqu'à un certain point

---

1. *Id.*, I, 461. — *In Epist. D. Pauli*, ch. XXII : « Apud vero Gentiles nulla de Christo fides antiqua fuit, sed Apostolis praedicantibus per hanc novam subitamque fidem justificati censentur... ».

2. *Ibid.*, I, 462. — *Pauli Comment.*, ch. XXIII.

3. *Id.*, I, 492 : *Praedicationes : De Cantico Simeonis* — « Proinde vero erit lumen Gentibus et gloria plebis tuae Israel. Iudei quidem etiam antehac lumen aliquod possidebant in Prophetis et Lege atque Figuris. Gentiles vero eius modi carebant lumine. Sed lumen accipiunt ab Apostolis. » — *Id.* I. 442.

semblables dans les termes, mais non par le sens » [1]. Et il ajoute
même pour prévenir de nouvelles imprudences : « Ces conceptions
sont encore plus ressemblantes dans les disciples de Platon qui,
comme Ammonius, Plotin, Jamblique, Amélius et Proclus, ont
vécu après le Christ. Ayant connu l'Évangile de saint Jean et
même quelques livres de Denys l'Aréopagite, ils se sont emparés
volontiers de certaines données offrant quelque analogie avec la
Trinité et n'ont pas hésité à les harmoniser avec la doctrine de
Platon, disciple de Moïse ». Et c'est pourquoi Augustin, *quondam
Platonicus*, déclare que lorsqu'il eut trouvé les livres platoniciens
et reconnu les vérités chrétiennes qui s'y trouvaient confirmées —
per imitationem — il rendit grâce à Dieu et se retrouva plus disposé
à accepter la doctrine chrétienne » [2]. Ainsi, pour ce qui est de la
Trinité, la cause était entendue.

On dira peut-être que c'est une rétractation, car, en fait, la lettre
est datée du 2 février 1494-1495, c'est-à-dire de la fin de la vie de
Ficin. Ce serait une erreur de le croire car, « pour ce qui est des ressemblances entre le Platonisme et le Christianisme », Ficin en terminant renvoie l'évêque de Rimini à « la lettre qu'il adressa jadis
à Martello » [3]. Or cette lettre n'est autre que la *Concordantia Mosis
et Platonis*. Il n'y a donc aucun doute possible. Ficin, sur cette question, n'a jamais voulu faire dire à Platon plus qu'il n'en avait dit
et quand le moment sera venu, il saura apporter ses preuves pour
nous démontrer que tout ce que l'auteur des *Dialogues* et celui des
Ennéades ont pu nous enseigner sur la doctrine des hypostases, n'a

---

1. *Id.*, I, 956, 2 : « Frater Sanctus in ordine divi Dominici Theologiae professor insignis, tuo nomine me salutans... Retulit praeterea nobis fratrem
(nescio quem) in declamatione publica insolenter asseveravisse, Trinitatis
apud Christianos divinae mysterium apud Platonem ipsum extare, Christianosque familiaria illic primos accepisse. Vos autem a me super hac re tanquam
mihi Platonica sint nota judicium expectare. Ego igitur extra controversiam
assero. Trinitatis Christianae secretum in ipsis Platonicis libris numquam
esse. Sed nonnulla verbis quidem quamvis non sensu quoquomodo similia ».

2. *Ibid.* : « Similiora vero in sectatoribus eius qui floruere post Christum
im Numenio, Ammonio, Plotino, Amelio, Iamblico, Proclo, qui cum et omnes
Ioannis Evangelium legissent. Et quidam insuper Dionysii Areopagitae
libros, nonnulla Trinitati similia libenter usurpaverunt, ordinesque angelorum et nomina susceperunt tanquam Platoni suo Mosis sectatori plurimum
consantanea. Quamobrem Aurelius Augustinus quondam Platonicus et iam
de Christiana professione deliberans cum in hos Platonicorum libros incidisset
cognovissetque Christiana per imitationem ab his probata, Deo gratias egit,
redditusque iam est ad Christiana recipiendia propensior ». *Id.*, I, 25. *De
christ. relig.* ch. 22.

3. *Ibid.* : « Quantum vero Platonica Christianis similia sint ex epistola
quam hac de re ad Braccium Martellum jamdiu scripsi, breviter intelligere
poteris ».

rien à voir avec le dogme de la Trinité, qui dépasse toute intelligence angélique ou humaine. « Plotin, dit-il, en effet, fait souvent allusion aux mystères de l'Apôtre Jean et de Paul; il apparaît cependant que le mystère de la Trinité a été par lui plutôt cherché et, dans la mesure de ses forces, copié que compris » [1]. La « Concordance » ne repose donc que sur des analogies ou des ressemblances et si voisine que soit la doctrine platonicienne de la loi divine, c'est-à-dire de la loi mosaïque, elle n'est, vis-à-vis d'elle, que ce que la Lune est au Soleil [2]. Voilà pourquoi nous ne devons pas chercher la doctrine chrétienne chez ceux qui ont vécu avant l'avènement du Christ. « On ne naît pas chrétien, dit-il avec Tertullien, on le devient [3] » et c'est pourquoi d'ailleurs tous ces philosophes n'ont pu être sauvés qu'au même titre que les Patriarches et les Prophètes.

Certes, Orphée, Platon, Mercure, Zoroastre ont pu nous parler de la filiation divine; ils en ont dit ce qu'ils ont pu et encore avec l'aide de Dieu, car ce mystère, Dieu seul le comprend et « celui à qui il a voulu le révéler » [4]. « Ne demandons pas le terme de notre

---

1. *Id.*, II, 1770. *In En.*, V, 9. — « Plotinus Apostoli Ioannis et Pauli mysteria saepe tangit, mysterium tamen Trinitatis non tam assecutus videretur, quam perscrutatus et pro viribus imitatus... ».

2. *Id.*, I, 855, 1 : « Ego igitur divi Augustini primum authoritate adductus, deinde multorum apud Christianos sanctorum hominum testimonio confirmatus, operae pretium censui quandoquidem mihi philosophandum esset, ut in academia praecipue philosopharer, verum ut doctrina Platonica quae ad divinam legem id est Mosaycam Christianamque tanquam Luna quaedam se habet ad Solem latius refulgeret, libros Platonis e graeca lingua transtuli in latinam ».

3. *Id.*, I, 8, *de Relig. Christ.*, VII : « Huc tendit etiam illud Tertulliani ad Romanos judices. Haec et nos risimus aliquando de vestris sumus, fiunt, non nascuntur Christiani. »
Ficin a traité longuement de cette question dans la préface « à un ami inconnu » de la seconde édition de son « De Christiana Religione » (Cf. KRISTELLER, I, 12-15) et dans une lettre à Antoine de Sarzanne qui porte pour titre : « De salute Philosophorum ante Christi adventum ». Pythagoras et Socrates et Plato atque similes alii Dei unius cultores, optimisque moribus instituti, ejus modi sive Mosaica, sive naturali disciplina, inferos devitabant, superna vero sine superni Christi gratia mereri non poterant, quamobrem in mediam quandam regionem perferebantur, ubi in ipso lumbo de Messiae adventu, sive per Prophetas, qui ibidem servabantur, sive per angelos, certissimi reddebantur. Hinc Gentiles similiter atque Judei sub ipsa Christi spe primum, deinde praesentia Christi superos repetebant ». — I, 806, 3.

4. *Id.*, I, 18, *de Relig. Christ.*, XIII : « Hanc (proles Dei) Palladem appellavit Orpheus, solo Jovis capite natam. Hunc Dei patris filium, Plato in epistola ad Hermiam nominavit. In *Epinomide* noncupavit logon... Mercurius Trismegistus de verbo et filio Dei ac etiam de Spiritu saepe mentionem facit. Zoroaster quoque intellectualem Deo prolem attribuit. Dixerunt isti quidem quod potuerunt et id quidem adjuvante Deo. Deus autem hoc solus intelligit et cui Deus voluerit revelare... Contemplationis autem hujus suffi-

contemplation sur ce mystère aux philosophes, mais à Dieu lui-même et aux héroïques pasteurs des Chrétiens car, comme Isaïe l'a dit : « ce que l'œil n'a pas vu, ce que l'oreille n'a pas entendu, Dieu l'a révélé à ceux qui l'aiment ». Les philosophes par mille détours cherchent de petites raisons, les apôtres au contraire, solidement établis, ont une intelligence claire et une volonté ardente [1]. « Ils ont écrit, non d'une main humaine, mais divine et le parfait accord qui règne entre le Nouveau et l'Ancien Testament tout autant que la concordance de leurs écrits, témoignent de la vérité divine qu'ils expriment. *Totum illud est divinum* [2] s'écrie Ficin. Le reste n'est qu'approximation. Que Platon et Plotin soient qualifiés « divins », cela ne change rien. C'était une épithète depuis longtemps consacrée surtout appliquée à Platon. Au reste, dans la mesure où ils ont trouvé Dieu et cherché à pénétrer ses secrets, ils ont quelque peu mérité ce titre et c'est précisément parce que les autres sont restés trop « humains » que Ficin s'est refusé à les suivre.

« Certains s'étonnent, dit-il, que nous suivions Platon avec tant de considération, alors qu'il se complaît dans les paradoxes et le mythe. Ils cesseraient, je pense, de s'étonner, s'ils voulaient bien se rendre compte que seules, existent vraiment, les choses divines, parce qu'elles sont pures et immuables, alors que les choses corporelles, soumises aux contraires et aux perpétuels changements, n'ont qu'une réalité apparente. Or, comme presque tous les autres philosophes n'ont étudié que les choses naturelles, ils n'ont pu que rêver sur des images, tandis que notre Platon, s'occupant des choses divines, seul ou le mieux de tous, veillait. Et parce qu'il vaut mieux se fier à des guides qui veillent qu'à ceux qui dorment, je crois qu'il est aussi plus prudent de suivre le théologien Platon de préférence aux autres philosophes » [3].

cientia non a philosophis, sed ab heroicis illis christianorum ducibus et a Deo petenda. Recte enim Isaias dicit. Quod oculus non vidit, quod auris non audivit, quod in cor hominis non ascendit, Deus his qui eum diligunt revelavit. (Cité d'après St. PAUL, *I, Corinth.*, II, 9. — ISAIE, LXIV, 4).

1. *Id.*, I, 11, *De Relig. Christ.*, *VIII* : « Siquidem nostri heroes stabiles herent immobili fundamento, clari mente, voluntate ferventes, verbis simplices atque certi, actione indefessi, invicti proposito. Ceteri anxie nimium ratiunculas per ambages aucupantur (ut inquit David) tanquam impii, circuitu quodam oberant, neque sui, neque aliorum duces sufficientes ».

2. *Id. de Relig. Christ.*, ch. VIII et XXIII *passim.*

3. *Id.*, I, 628, 3 : *M. F. Ioanni Cavalcanti :* « Mirantur nonnulli cur tanta observantia Platonem sectemur, qui semper videtur inter paradoxa et portenta versari. Mirari autem, ut arbitror desinent, si consideraverint sola que divina sunt revera existere, quia neque alienae naturae contagione inficiuntur, neque unquam e suo statu mutantur. Corporalia vero haudquaquam

Ainsi, du même coup, justifiant son choix, Ficin nous montre l'excellence de Platon et souligne l'erreur des Péripatéticiens, car, à n'en pas douter, ces philosophes qui dorment et qu'il condamne, ce sont eux. Nous savons déjà avec quel dédain il traitait ceux qui orgueilleusement, se proclamaient disciples d'Aristote. Mais les autres, qu'en pensait-il et comment en particulier a-t-il jugé Aristote lui-même?

Certes, lui aussi s'est attardé et endormi sur les problèmes de la nature, et il n'y a pas lieu de s'étonner s'il en est qui croient que sa doctrine est en opposition avec celle de Platon. Sur un point, nous l'avons vu, Ficin lui-même l'a cru : « Alors, dit-il, que j'étudiais la question de l'âme, j'ai consulté les plus grands philosophes. J'interrogeai donc les Platoniciens et les Péripatéticiens et leurs réponses semblant se contredire, je désespérais d'atteindre mon but. Mais, à quelque temps de là, Thémistius me donna la meilleure espérance, en affirmant qu'entre de si grands philosophes, il ne pouvait y avoir qu'une différence d'expression et non de pensée et que sur l'âme en particulier, en des termes différents, Platon, Aristote et Théophraste disaient absolument la même chose » [1].

L'opposition n'était donc qu'apparente et dès qu'il l'eut compris Ficin ne cessa de le proclamer, tout en soulignant la diversité de leurs méthodes et la valeur respective de leur but. « Ceux qui pensent que la doctrine péripatéticienne est contraire à la doctrine platonicienne, écrit-il, se trompent totalement. Le chemin ne peut pas être contraire à son but. Or quiconque réfléchit sainement sur la doctrine péripatéticienne doit reconnaître qu'elle est la voie qui conduit à la Sagesse platonicienne. Des choses naturelles, on monte aux choses divines et c'est pourquoi personne ne pourra jamais

esse revera, sed esse videri, cum inficiantur contrariis et jugiter permutentur, ideoque non verae res sint, sed rerum verarum imagines aut umbrae. Cum autem caeteri Philosophi pene omnes naturalium dumtaxat rerum studio dediti, in his tanquam rerum verarum imaginibus somniarent, Plato noster divinis incumbens, vel solus vel maxime omnium vigilabat. Itaque tanto satius arbitror Platonem Theologum sequi quam Philosophos caeteros, quanto praestat vigilantibus gubernatoribus quam dormientibus se committere ».

1. *Id.*, II, 1801. *M. F. expositio in interpretationem Prisciani Lydi super Theophrastum* : « Ego igitur et animam in primis assequerer per quam consecuturus omnia forem, ad philosophos non plebeos illos quidem, sed egregios iam studiose me contuli. Cum vero hinc quidem Platonicos, inde vero Peripateticos anxius percontarer, eorumque responsa dissidere invicem viderentur, diffidebam ab initio me voti compotem umquam fore. Verum non multo post Themistius spem mihi praebuit optimam, firmans tantos inter se philosophos non sententia quidem dissedere, sed verbis eamdemque de anima Platonis, Aristotelis, Theophrasti, sub diversis verbis esse sententiam... ». *Id.*, I, 895.

comprendre les sublimes mystères de Platon s'il n'est auparavant
initié aux disciplines d'Aristote » [1]. « Comme le dit le divin Jamblique, à la manière des Égyptiens, il y a deux voies qui mènent à la
félicité : l'une, philosophique, l'autre, sacerdotale. Celle-là, large
pour découvrir le bonheur, celle-ci, plus étroite, pour l'atteindre.
Or les Péripatéticiens, et tous les philosophes qui leur ressemblent,
ont pris la première, alors que le peuple religieux emprunte surtout
la seconde. Platon, lui, des deux n'en a fait qu'une, en se montrant
en toute occasion aussi philosophe que religieux » [2], Alors que les
« Péripatéticiens se contentent en tout de traiter, et avec le plus
grand soin, de l'ordre selon lequel les choses et la nature sont
disposées, les Platoniciens nous montrent combien nous sommes
redevables à Celui qui les a ainsi ordonnées avec nombre, poids et
mesure » [3]. En d'autres termes : « où Platon traite divinement des
choses naturelles, Aristote ne parle que naturellement des choses
divines » [4]. Pour tout dire, « le génie d'Aristote est purement
humain, alors que celui de Platon est à la fois humain et divin [5], et
c'est pourquoi, tandis que les Péripatéticiens ne peuvent faire de
nous que des savants, les Platoniciens nous rendent à la fois

1. *Id.*, I, 953, I : *M. F. Francesco Diaceto* : « Errant omnino, qui Peripateticam disciplinam Platonicae contrariam arbitrantur. Via siquidem termino
contraria esse non potest. Peripateticam vero doctrinam ad sapientiam Platonicam esse viam comperiet, quisquis recte consideraverit, naturalia nos
ad divina perducere, hinc igitur effectum est ut nullus unquam ad secretiora
Platonis mysteria sit admissus, nisi Peripateticis disciplinis prius initiatus ».
    I, 869, 4 : *M. F. Hermolao Barbaro* : « In eodem veritatis virtutisque cultu
sumus unum, in quo Plato et Aristoteles non esse unum non potuerunt ».
    2. *Id.*, I, 899, 2 : *M. F. Martino Uranio* (5 juin 1489) : « Duas ad felicitatem
vias divinus Iamblichus Aegyptiorum mente describit, alteram philosophicam, alteram sacerdotiam, illam quidem apertiorem ad felicitatem inve-
niendam, hanc vero breviorem, ad consequendam illam in primis elegerunt
Peripatetici similesque Philosophi; hanc maxime populus religiosus incedit.
Plato noster utramque viam mirabiliter conjunxit in unum et ubique religiosus est pariter atque philosophus ».
    3. *Id.*, I, 858, 2 : *M. F. Ioanni Pico Mirandulano* (datée du 15 décembre
1482) (dans le *Plut. 90,43*). C'est en félicitant Pic d'étudier Platon après avoir
étudié Aristote, qu'il lui dit : « Peripatetici quidem quanta ubique ratione
naturalia disposita sint diligentissime disputant. Platonici vero praeter
haec, quantum insuper illi qui haec numero, pondere, mensura disposuit
debeamus, ostendunt ».
    4. *Id.*, II, 1438, *In Timaeum, I* : « de naturalibus agit (Plato) divine, que-
madmodum Aristoteles, vel de divinis naturaliter agit.
    5. *Id.*, II. 1488. — *In Dialogum primum de Legibus* : « ...in illis (Pytha-
goras et Socrates) quidem ingenium dumtaxat divinum fuisse in Aristotele
vera et caeteris post Platonem philosophis humanum tantum, sed in Platone
divinum pariter et humanum ».

heureux et sages » [1]. Pétrarque disait : « la lecture d'Aristote m'a rendu plus savant, mais pas meilleur ».

Il y a donc bien, entre ces deux philosophes que leur méthode devait nécessairement conduire à des buts différents, une possibilité de les concilier en ordonnant la fin que chacun d'eux s'était proposée. Or, s'il en est ainsi, comment expliquer le discrédit dans lequel Ficin enveloppe la majorité des Péripatéticiens? La raison en est simple : c'est que tous ces gens ne comprennent pas Aristote. « Aujourd'hui, dit Ficin, à part le sublime Pic, notre frère en Platon, qui interprète Aristote avec le même respect que le firent autrefois Théophraste, Thémistius, Porphyre, Simplicius, Avicenne et récemment Pléthon, il en est bien peu qui en saisissent l'esprit » [2]. De là tant d'erreurs et tant de maux, car où Averroès est roi, Épicure ne tarde pas à lui disputer sa couronne. Il faut donc venger Aristote et c'est d'abord en l'interprétant comme il se doit que l'on pourra ramener à la vérité ceux que des textes tendancieux ont entraînés dans l'erreur. C'est parce qu'il savait leur parler d'Aristote qu'ils aiment, que Pic avait tant de succès près des Péripatéticiens de Padoue. Est-ce à dire que ce remède suffisait à les remettre dans le droit chemin? Non. Pour Pic comme pour Ficin, Aristote et Platon étaient inséparables, mais la doctrine platonicienne restait le seul remède efficace pour rendre la lumière aux esprits aveuglés et purifier doucement les cœurs corrompus. Telle fut sa méthode et nous en avons un émouvant et pieux témoignage dans la lettre que Ficin lui adressa pour le féliciter de ses succès ou, plus exactement, de son apostolat. « Tu m'écris, dit-il, et rien ne m'est plus agréable, que chaque jour tu conseilles à beaucoup et que déjà tu as persuadé plusieurs d'abandonner leur impiété épucurienne ou leurs opinions averroïstes pour suivre la pieuse doctrine de notre Platon sur Dieu et sur l'âme. C'est par elle, en effet, comme par une voie moyenne — *quasi mediam quamdam viam* — qu'ils arriveront finalement à la piété chrétienne. Je te salue donc, vrai pêcheur d'hommes ». Et il poursuit : « Ceux qui persuadent des esprits vulgaires, ne semblent prendre que des poissons ou plutôt du menu fretin, mais ceux qui persuadent des esprits distingués,

---

1. *Id.*, I, 858, 2. — Suite de la lettre à Pic citée plus haut : « Illi (Peripatetici) nos facile doctos efficiunt, hi (Platonici) praeterea sapientes atque beatos ». — Pétrarque, *De suipsius et multorum ignorantia*, éd. cit., p. 63.

2. *Id.*, II, 1537, *in Proemium Plotini* : « Utrobique (Alexandrini et Averroici) a suo et iam Aristotele defecisse cujus mentem hodie pauci, praeter sublimem Picum complatonicum nostrum, ea pietate qua Theophrastus olim et Themistius, Porphyrius, Simplicius, Avicenna et nuper Plethon interpretantur ».

ceux-là sont vraiment des pêcheurs d'hommes. Ce sont peut-être ces gros poissons dont parle l'Évangile lorsqu'il dit que le filet ne se rompt pas quand on les prend. Or, notre filet maintenant, Mirandole, c'est la *ratio platonica* qui, si elle est tirée comme il convient en fonction de la vérité chrétienne, ne se rompt pas et demeure entière quand elle se remplit. En dehors des Platoniciens, tu n'as trouvé aucun philosophe qui ait autrefois soutenu la religion chrétienne. Il est donc juste que tu pêches, pour le Christ, tous les plus grands esprits avec des filets platoniciens » [1].

Ratio platonica, via media! En vérité aucune formule ne pouvait mieux nous éclairer que cette définition. Fixés désormais sur son but qui est de servir la divine Providence en défendant au besoin une « religion commune », qui ramène l'homme à Dieu; fixés sur ses moyens, qui se résument dans la raison platonicienne, comme expression de la vérité commune qui « éclaire tout homme venant en ce monde », nous n'avons plus qu'à définir la méthode qui devrait en quelque sorte rétablir le contact entre le ciel et la terre en forçant l'homme égaré à prendre conscience de la dignité de sa nature pour retrouver son origine et comprendre sa fin.

On peut se demander cependant pourquoi Ficin a cru bon de faire appel à la Sagesse antique, puisqu'en fait il reconnaissait qu'elle était dépassée, et le reproche de Pannonius nous revient à l'esprit : est-ce que toutes ces traductions et ces œuvres inspirées de l'antiquité ne sont pas le fruit d'une « vaine curiosité » et d'une singulière prétention? Le reproche évidemment serait pleinement fondé si Ficin, dont nul ne peut suspecter la bonne foi, avait entre-

---

1. *Id.*, I, 930, 1 : « Philosophia ingenia ad Christum perveniunt per Platonem, in Augustino Aurelio contigit :
« Scribis, amice, quam optime (quod mihi omnium est gratissimum) te multis quotidie suadere, ac jam persuasisse nonnullis, ut Epicurea impietate relicta, vel Averroica quadam opinione posthabita, piam de anima Deoque sequantur Platonis nostri sententiam. Per quam sane quasi mediam quandam viam, Christianam pietatem denique consequantur. Salve igitur vere piscator hominum. Qui enim vulgaribus ingeniis persuadent, pisces vel potius pisciculos captare videntur, sed qui egregiis, piscatores hominum judicantur, hos forte magnos pisces nuncupat Evangelium, quibus comprehendendis nec rete quidem scinditur. Nostrum vero Mirandula rete nunc est Platonica ratio, quae quidem si modo rite trahitur sub Christiana veritate non scinditur, sed permanet integra dum impletur. Nullos legisti Philosophos quondam nisi Platonicos Christianam suscepisse religionem. Merito igitur Platonicis (ut ita dicant) retibus altissima quaeque Christo piscaris ingenia. Utinam tres saltem ejusmodi religioni piscatores adessent, ut grandes nulli pisces pelago superessent. Sed heu miseri vel infortunati potius, messis quidem multa, operarii vero pauci. Quo igitur pauciores, mi Mirandula, sumus, eo frequentius nobis vehementiusque laborandum ».

pris, ce qui en soi n'est pas impossible, d'écrire une Théologie uniquement fondée sur les principes de la philosophie platonicienne et surtout néo-platonicienne. Or ce n'est pas le cas. Les antiques théologiens ne sont là que « pour disposer au christianisme », le dernier mot restant toujours à ceux qu'il appelle si souvent « les nôtres », c'est-à-dire aux prophètes, aux apôtres et aux théologiens chrétiens.

Si l'on devait établir la liste complète des citations que Ficin a empruntées à l'Écriture Sainte, elle ne serait sans doute pas moins longue, toutes choses égales d'ailleurs, que celle que l'on pourrait tirer des œuvres des plus grands docteurs de l'Église. Comme tout ecclésiastique, tenu à la récitation de l'Office divin, il cite le plus souvent les Psaumes et les textes qui reviennent fréquemment dans le bréviaire. Le cycle liturgique lui fournit également des références évangéliques ou même simplement des formules qui nous ont permis dans certains cas de dater certaines de ses œuvres [1]. Mais en dehors de ces textes qui viennent naturellement sous la plume à la faveur d'une allusion, d'une date ou d'un simple mot, il faut avouer que, dans la plupart des cas, Ficin fait preuve d'une connaissance approfondie des textes sacrés, et en particulier des épîtres de saint Paul et des épîtres apostoliques. Sans doute ces textes sont-ils parfois cités avec plus ou moins d'à propos, mais Ficin a pour leurs auteurs un respect et une admiration qui ne laissent planer aucun doute sur le caractère surnaturel qu'il accordait à leur message [2]. Au reste, il ne le cache pas. Manifestement il est attiré d'instinct vers saint Jean et saint Paul. Jean est « le plus divin des théologiens ». Il a étudié non seulement son Évangile, « dont le Prologue, dit-il, devrait être gravé en lettres d'or sur le fronton des temples », mais ses Épîtres, dans lesquelles l'Apôtre, « à la voix miraculeuse », s'exprime avec autant de simplicité que de sobriété et l'Apocalypse « qui contient autant de mystères que de mots » [3]. Quant à saint Paul il est pour lui « la lumière du monde », « la splendeur de la vérité » et il ne faut pas oublier qu'il a voulu illustrer pour ainsi dire sa méthode en composant un magnifique essai sur le ravissement de saint Paul au septième ciel et qu'il est mort en commentant ses Épîtres [4]. Était-ce un désaveu? Non. Ayant complété ses

---

1. Cf. notre édition du Commentaire du *Banquet*. Introduction, p. 45.
2. FICINI *Op.*, II, 11, *De christ. Relig.*, ch. VIII : « Si quis diligenter sacras literas legerit, christianam legem divina virture constare pateri cogetur. »
3. *Id.*, I, 96, *Theol. Plat.*, II, 3 : « ut tradit Ioannis Apostoli theologia theologorum omnium divinissimi ».
4. *Id.*, I, 71 : « Simplicianus ait, Platonicum quendam audisse dicentem : Evangelii huius proemium ubique in templorum apicibus literis aureis scri-

textes platoniciens en traduisant les œuvres du Pseudo-Denys,
il éprouvait le besoin de remonter aux sources et cela était d'autant
plus significatif que, pour lui comme pour ses devanciers, ce Denys
« le plus grand philosophe athénien » avait été disciple de saint
Paul avant de devenir évêque et martyr [1]. Il n'y avait donc aucune
solution de continuité entre les antiques théologiens et les théologiens chrétiens et c'est sans nul doute une des raisons pour laquelle,
après tant d'autres, il lui accorda dans toute son œuvre tant d'importance et de crédit.

« Dépassant les limites naturelles de l'intelligence, Denys, dit-il,
a pénétré les mystères des prophètes et des Apôtres, et saisi de cette
fureur divine dont Dieu enivre ses élus, il nous en a livré tous les
secrets... sous une forme adorable » [2]. Néanmoins si Denys est pour
nous le « divin théologien » c'est avant tout parce qu'il s'est formé à
l'école de Platon *(platonicus primo ac deinde christianus)* et c'est
précisément parce qu'il fut « le premier » et « le prince des Platoniciens » qu'il est devenu à la fois « le sommet de la doctrine platonicienne » et « la colonne de la Théologie chrétienne » [3]. Il a vu ce
que Platon n'avait pu que soupçonner. « Aussi, écrit Ficin, bien que
nous ayons déclaré que Denys avait été disciple de Platon, comme
d'un philosophe pieux, nous pensons qu'il doit être préféré non

bendum esse ». — *Id.*, I, 14 : « Ego adduci non possum, nisi miracula multa
vidisset, Ioannem Evangelistam scriptorem maxime omnium simplicem
atque sobrium tam miraculosa voce ausum fuisse clamare : Sunt et alia multa,
quae fecit Iesus... » — *Id.*, I, 71 : « Quid de Ioannis Apocalypsi dicemus?
qui liber coelestem praefert faciem, totque habet sacramenta, quot verba ».
— *Id.*, II, 1013-1310, etc.
   Voir également I, 425-473, *In Epistolis Divi Pauli* et 697, 2 — 707, *De raptu
Pauli ad tertium coelum*.
   1. *Id.*, I, 13. Dionysius Areopagita philosophorum Atheniensium praestantissimus. — *Id.*, II, 1013 : *De Mystica Theologia, M. F. Domino Ioanni
Medici Cardinali* : « Post hec autem ad Dionysium Areopagitam Platonicum
Christianumque Theologum interpretandum tibi, me contuli, praecipuum
Atheniensium Antistitem summo Florentinorum Antistiti dicaturus ».
   2. *Ibid.* : « Dionysi Dei numen, Theologi veteres et Platonici separatarum
mentium extasim et excessum esse putant, quando partim amore nativo,
partim instigante Deo, naturales intelligentiae limites supergressae, in amatum Deum mirabiliter transformantur. Ubi novo quodam nectaris haustu
et inestimabili gaudio velut ebrie (ut ita dixerim) debacchantur. Hoc igitur
Dionysiaco mero Dionisius noster ebrius exultat passim... Dionysio pie
petenti lumen ad penetranda Prophetarum Apostolorumque mysteria quondam Deus infundit... »
   3. *Id.*, I, 758 : « Platonicus primo, ac deinde christianus » — 921 : « Platonicorum summus » — 965 : « Platonicorum primus » — II, 1013 : « Platonicorum facile princeps » — *Ibid.* : « Platonicae disciplinae culmen et christianae theologiae columen ».

seulement aux autres platoniciens, à cause de la sublimité de sa
doctrine, mais à Platon lui-même, en raison de la nouvelle lumière
de la doctrine chrétienne ». « J'aime Platon en Jamblique, dit
encore Ficin, je l'admire en Plotin, mais je le vénère en Denys »[1],
et il n'y a pas lieu de s'en étonner car, pour lui, sans aucun doute,
c'est de saint Jean et de Denys que les néo-platoniciens tiennent le
meilleur de leur doctrine. « Qu'il s'agisse, dit-il, de Numénius,
d'Ammonius, de Plotin, d'Amélius, de Jamblique ou de Proclus,
tous ces admirateurs de Platon qui sont venus après le Christ ont
lu l'Évangile de Jean et les livres de Denys et c'est à eux qu'ils ont
emprunté certaines analogies sur la Trinité et tout ce qu'ils disent
de l'ordre et du nombre des anges ». Il précise même : « Je suppose
que les Platoniciens antérieurs à Plotin, tels qu'Ammonius et
Numénius, peut-être même de plus anciens, ont lu les livres de
Denys, avant que, par suite de je ne sais quelle calamité de l'Église,
ils aient disparu. De ce premier contact les étincelles vraiment platoniciennes de Denys rejaillirent sur Plotin et sur Jamblique et
c'est alors que le feu s'est embrasé »[2].

Après Denys nous trouvons cités dans ses œuvres la plupart des
Pères de l'Église : le « grand » Basile, le « divin » Jérôme, Grégoire
de Nazianze « surnommé le Théologien », Ambroise, Athanase,
Hilaire, les Apologistes : Justin, Clément, Lactance, Tertullien,
Eusèbe et naturellement Origène, dont il devait, avec Pic de la

1. *Id.*, II, 1024, *de Divinis nominibus :* « Si Dionysii nostri tanquam pii
Philosophi sectatorem alicubi declaramus, ipsum tamen non solum caeteris
Platonicis propter doctrinae Platonicae culmen, verum etiam ipsi Platoni
propter novem veritatis Christianae lumen anteponendum esse censemus ».
— *Id.*, I, 925, 2 : *M. F. Pierleono :* « De Dionysio Areopagita recte admodum
sentire mihi videris, mihi certe nec ulla scientiae forma est gratiosior quam
Platonica, neque forma haec usquam magisquam in Dionysio veneranda.
Amo equidem Platonem in Jamblico, admiror in Plotino, in Dionysio vene-
ror ».

2. *Id.*, 956, 2 : « Ego igitur extra controversiam assero Trinitatis Christianae secretum in ipsis Platonis libris nunquam esse. Sed nonnulla verbis
quidem quamvis non sensu quoquomodo similia. Similiora vero in sectatoribus eius qui floruere post Christum, in Numenio, Ammonio, Plotino,
Amelio, Iamblico, Proclo, qui cum et omnes Ioannis Evangelium legissent,
et quidem insuper Dionysii Areopagitae libros, nonnulla trinitati similia
libenter usurpaverunt, ordinesque angelorum et nomina susceperunt, tanquam Platoni suo Mosis sectatori plurimum consentanea ». — *Id.* 925, 2 :
« Saepe vero suspicor antiquiores Plotino Platonicos Ammonium atque Nume-
nium aut his forte priores legisse Dionysii libros antequam nescio qua calamitate ecclesiae delitescerent. Atque illinc in Plotinum et Iamblicum Dionysii scintillas vere Platonicas fuisse transfusas. Unde tantus sit accensus. »
— *Id.*, p. 25.

Mirandole, tenter de justifier les imprudences [1]. Mais tout naturellement la palme revient à celui dont il avait fait son maître et son
guide : saint Augustin. Il cite, et souvent copieusement, la plupart
de ses œuvres et c'est à lui qu'il empruntera les grandes lignes de
sa psychologie [2]. Il ne devait cependant pas lui faire oublier les
théologiens du Moyen Age, qu'il cite presque tous, de Boèce à
Nicolas de Cuse, la plupart du temps d'ailleurs par ouï-dire ou de
seconde main. Le fait est manifeste pour Guillaume de Conches
qu'il a pu connaître par Jean de Salisbury, dont il cite plusieurs
fois le *Policratique*. De même pour Gilbert de la Porrée, Jean de
Jandun, David de Dinant et Amaury de Bène, que nous trouvons
cités dans les œuvres qu'il composa à l'époque où il était encore
l'élève de Tignosi [3]. Boèce qu'il nomme *Philosophorum summus*
n'est pas cité moins de vingt fois, Albert le Grand sept, Scot six,
et l'ensemble de son œuvre prouve qu'il les connaissait bien. La
seule allusion qu'il fait aux œuvres de Nicolas de Cuse nous donne
en revanche à penser qu'il ne faisait que rapporter l'opinion de
Pic de la Mirandole, qui, au cours d'un de ses voyages, avait visité

1. AMBROSIUS, I, 30, 73, 429. *Supplementum Fic.* 39 (Beatus), 46 et suiv.
— ATHANASE, I, 426, 431, 448, 451 (doctissimus), 455, 459, 468, 470 (linguae
grecae doctissimus). — BASILIUS, I, 25, 73 (magnus), 764 (divus), II, 1672,
1755. — BEDE, I, 464. — CLÉMENT D'ALEXANDRIE, I, 29, 72, II, 1098 (philosophus secretiores Hebreos et Platonicos imitatus), *Sup. Fic.*, I, 21, 55. —
CLÉMENT DE ROME, I, 52, 72, 478, III, 1683 (sectator apostolorum). — GRÉ-
GOIRE DE NAZIANZE, I, 15, 73 (cognomine theologus), 77 (beatus), II, 1766
et *Sup.Fic.*, 45. — JÉROME, I, 17, 26, 31, 56, 73, 75, 297, 426, 724 (divus),
764 *(id.)*, 769 *(id.)*, *Sup. Fic.*, 33. — HILAIRE, I, 73 (magnus), 758 (Hilarius
et Augustinus inter latinos theologos principes). — JUSTIN, I, 16 (philosophus), 55, 71 (platonicus), 478, II, 1118 (sanctus Justus,?), 1431 (platonicus
martyrque christianus). — IGNACE, I, 71, 478 (sapiens). — ORIGÈNE, I, 72
(vir doctrina vitaque apprime mirabilis quem Porphyrius doctrina omnibus
sui soeculi anteponit). — LACTANCE, I, 14, 25, 27, 73, 759, II, 1465, 1836. —
TERTULLIEN, I, 8, 12, 15, 24, 29, 44, 55, 72, 852.
2. Il cite St. AUGUSTIN. *Confessiones, De Civitate Dei, Enchiridion, Contra
Academicos, Quaestiones, Soliloquia, De Immortalitate Animae, De Quantitate
Animae, De Musica, De Vera Religione, De Libero Arbitrio, De Trinitate.* —
Cf. E. GARIN, *S. Agostino e Marsilio Ficino*, Bolletino storico Agostiniano,
XVI (1940). — P.-O. KRISTELLER, *Augustine and the early Renaissance*, The
Review of Religion, mai 1944, p. 339-359.
3. AEGIDE DE ROME, II, 1672. — ANSELME, *Sup. Fic.*, II, 72. — DAVID
DE DINANT, *Sup. Fic.*, II, 131-138. — GILBERT DE LA PORRÉE (cf. *Traditio*, II
(1944), 296. — *Rinascimento*, I (1950), 39.) — HENRI DE GAND, 899, II, 1760.
— JEAN DE JANDUN, *Sup. Fic.*, II, 146. — JEAN DE SALISBURY, 763, 780,
Traditio, 261. — GUILLAUME DE CONCHES, 997...
A ces auteurs du Moyen-Age, il y a lieu d'ajouter tous les philosophes
arabes, ALBUMERON (cité une fois), ALBUMASAR (18), ALFARABI (3), ALGA-
ZALES (7), AVENZOAR (5), AVERROES (54), AVICEBRON (4), AVICENNE (72) et
MAIMONIDE (7).

la bibliothèque du grand philosophe rhénan [1]. Mais parmi tous ces maîtres, il en était un auquel il devait trop pour se passer de lui. Rappelons-nous que c'est en lisant la *Summa contra Gentiles* de saint Thomas d'Aquin qu'il avait évité, nous a-t-on dit, de tomber *in perniciosam heresim* et quand on a lu la *Summa contra Gentiles* [2], il est bien difficile d'écrire une Théologie, même platonicienne, sans faire appel aux lumières et à l'autorité de son auteur qui, au demeurant, jouissait chez les humanistes d'une élogieuse réputation [3].

On pouvait craindre évidemment que saint Thomas n'ayant point connu Platon et s'étant fait le brillant interprète d'Aristote fût banni ou du moins relégué au second plan dans l'œuvre de Ficin. On serait même tenté de le croire en le voyant si rarement nommé. Il n'en est rien. Ficin a cité saint Thomas presque autant que saint Augustin et la manière dont il a su tirer parti de la *Summa contra Gentiles*, qu'il a pour ainsi dire disséquée, est certainement un des traits les plus curieux de sa méthode. Manifestement il cherchait à dérouter son lecteur en évitant non seulement de citer ses sources, mais en démarquant les textes pour les rendre méconnaissables. Cinq fois pourtant il le nomme « notre Thomas » et par deux fois il n'hésite pas à en faire « la splendeur de la théologie chrétienne » et qui plus est, à le reconnaître comme « son guide en théologie » [4]. Dès lors pourquoi ne pas lui rendre ce qu'il lui doit, comme il le fait pour saint Augustin? Il y a là sans doute un problème qui mériterait une longue étude, car Ficin n'est pas le seul à utiliser cette méthode. Nous l'avons personnellement constaté dans les *Disputationes Camaldulenses* et il y en a sans doute d'autres [5]. En tout

1. Boèce, I, 242, 392, 424, 899, 949, 997, II, 1087, 1150, 1200, 1313, 1422, 1430, 1752, 1798, *Sup. Fic.*, II, 133 et 137. — Albert le Grand, I, 548, 558, 569, II, 1224, *Sup. Fic.*, II, 145, *Rinascimento*, 40. — Duns Scot, I, 352, 354, 356, 899, II, 1760, 1761, 1766. — Nicolas de Cuse, I, 899.

2. Voir ci-dessus ch. II, n. 76, p. 62.

3. Voir en particulier l'Éloge de St. Thomas par Valla présenté et traduit par P. Mesnard, *Revue Thomiste*, 1955, n° 1, p. 159-176.

4. St. Thomas, I, 110 (splendor theologiae), 130, 352, 410 (christianae theologiae splendor), 431, 451, 464 (noster Thomas Aquinas), 469 *(id.)*, 470 *(id.)*, 485, 541 (noster Thomas Aquinas), 558 (dux in theologia noster), 569, 571, 902; 916 (Thomas Aquinas noster, II, 1120 (dux in theologia noster), 1761. — Il cite de St. Thomas en particulier la *Summa contra Gentiles*, le *De Fato*, le *De ocultis naturae operibus*, la *Catena aurea* et le Commentaire de Denys l'Aréopagite.

5. Landino, *Disputationes Camaldulenses*. Dans le premier Livre, St Thomas n'est pas nommé, mais on retrouve dans les premières pages la transposition des questions 179-180-181-182 de la II, 2. Dans le livre II S. Thomas est nommé (p. 57v) ainsi qu'Albert le Grand. Occam. Duns Scot... et on

cas le fait que Landino citait lui aussi la *Summa contra Gentiles*
d'une manière anonyme prouve bien que ce livre était lu dans
l'entourage du vieux Cosme, comme le laissait supposer le témoignage de Fra Zanobi et si Landino comme Ficin n'en cite pas
l'auteur, c'est peut-être parce que saint Thomas pouvait paraître
suspect aux admirateurs des *Dialogues*. Plus d'un dut s'y laisser
prendre et encore aujourd'hui ceux qui font de Ficin un novateur
auraient intérêt à chercher patiemment ce qu'il a emprunté à saint
Thomas et à saint Augustin, car il n'est pas douteux qu'il a vu dans
ces deux maîtres de la pensée chrétienne les meilleurs intermédiaires
pour réconcilier Aristote et Platon.

III. « Theologia platonica ».

Dès que l'on se propose de préciser la méthode suivie par Ficin
pour atteindre le but qu'il s'était fixé, le titre même de l'œuvre
dans laquelle il nous a livré toute sa pensée pose un délicat problème.

Qu'il ait décidé d'écrire une « Théologie » n'est pas pour nous
surprendre, puisqu'il prétendait avant tout « servir la divine Providence », c'est-à-dire remplir une mission dont il s'estimait d'ailleurs chargé et qui finalement avait Dieu pour objet direct et
immédiat. Que cette « Théologie » ait été qualifiée de « platonicienne » n'est pas non plus pour nous étonner. Platon, nous le
savons, était à l'origine de ses desseins. La pensée platonicienne
était depuis longtemps considérée comme essentiellement théologique et Bessarion avait lui-même écrit au temps de Ficin : « La
théologie de Platon fut si chère aux plus saints docteurs de notre
foi que, chaque fois qu'ils écrivirent quelque chose sur Dieu, ils ont
voulu non seulement s'inspirer de ses opinions, mais encore citer
ses propres paroles [1] ». Enfin Proclus avait déjà écrit une *Theologia
Platonica* et ce précédent, s'il n'a pas directement influencé Ficin,
n'était certes pas pour lui déplaire. Le problème pourtant n'était
pas le même.

Écrivant sa *Theologia Platonica* Proclus avait en fait démontré

---

retrouve de nombreux emprunts plus ou moins textuels du Livre III de la
Contra Gentiles, ch. II, IV, V, VI, IX, X, XV, XVII, XVIII, XIX, XXVI,
XXVIII, XXIX, XXX, XXXII, XXXIV.

1. Bessarion, *In calumniatorem Platonis, ed. cit.*, p. 89 : « Haec Platonis
theologia sanctissimis fidei nostrae doctoribus grata fuit, ut quotiescumque
de deo aliquid scripserunt, non modo sententiis ejus, sed etiam verbis uti
voluerint ». *Id.*, 103.

que la Métaphysique qu'Aristote, à un degré supérieur, identifiait
à la Théologie [1], ne pouvait atteindre ce stade et cette perfection
qu'à la condition d'être platonicienne et si l'on se reporte à ses
textes, on s'aperçoit qu'il s'est contenté d'étudier les grands problèmes métaphysiques entrevus à travers les hypostases ploti-
niennes. Or, pour Ficin, la perspective était tout autre. Certes il
doit beaucoup à Proclus et, comme lui, voyait le *Parménide* comme
une « théologie » [2], toutefois il est bien évident qu'en donnant à sa
Theologia platonica le sous-titre de *De Immortalite animorum*, il
s'est manifestement engagé sur une voie nouvelle et nous ne tarde-
rons pas à nous rendre compte qu'il entendait prendre le terme
« Theologia » dans son sens le plus strict, en traitant du problème
de l'immortalité des âmes en fonction même de la divinité.

A première vue il pouvait paraître étrange que Ficin ait réduit
sa Théologie à une question qui semblait devoir en restreindre les
limites. Ce n'était en fait qu'une manière habile de poser le problème. Se proposant d'étudier l'immortalité « des âmes », Ficin
savait fort bien que l'immortalité de l'âme humaine se situerait
nécessairement dans cet ensemble, dont les incidences l'amène-
raient à traiter toutes les questions qui intéressent la Théologie et
qui, dans l'esprit de ses contemporains, réclamaient une solution.

Depuis plus de cent ans, à Florence comme à Padoue, dès qu'un
maître prenait possession de sa chaire, ses auditeurs pour le juger
criaient à l'envi : « Parlez-nous de l'immortalité de l'âme » [3]. Il
fallait qu'il se prononçât pour ou contre Averroès, pour ou contre
Alexandre. Tout dépendait de sa réponse : Dieu et sa Providence,
l'origine du monde, la morale, la religion et par-dessus tout, la
valeur de l'homme. Un des premiers fruits des *studia humanitatis*
avait été l'apparition d'un nombre sans cesse croissant de traités
sur la dignité et la noblesse, sur le libre arbitre et la fortune, sur le
souverain bien et la vie contemplative. Tour à tour, pour ne citer
que les plus grands, Filelfe, Valla, Fazio, Manetti, Platina, Landino

---

1. ARISTOTE, *Métaphysique*, E, 1, 1026 a — K 7, 1064 b.
2. FICINI *Op.*, II, 1136 : *In Parmenidem Argumentum* : « Cum Plato per
omnes eius dialogos totius sapientiae semina sparserit, in libris de Republica
cuncta moralis philosophiae instituta collegit, omnem naturalium rerum
scientiam in Timeo, universam in Parmenide complexus est theologiam... ».
— *Id.*, 1153 : « Ex verbis Socratis et Parmenidis atque Zenonis sequentem
disputationem colligimus fore opus grande et arduum pelagusque profundum,
non tam propter ipsam dialecticam sive logicam dialogi formam quam propter subiectam huic materiam plurimum theologicam... ». — *Id.*, 1165 : « Dialogum hunc divinum apud veteres iudicatum testis est Plutarchus.. ».
3. H. BUSSON, *Les sources et le développement du rationalisme dans la littérature française de la Renaissance*, 2e édit., Paris, J. Vrin, 1957, p. 46.

avaient exposé leurs théories [1], qui s'inspiraient des données et des exemples de l'Antiquité et qui, d'une manière générale, étaient une réponse plus ou moins désintéressée aux *De Contemptu Mundi* et aux *De Miseria humanæ vitæ*, qui avaient convaincu tant d'âmes de s'engager dans les voies sévères de l'ascétisme. Déjà nous avons vu Ficin lui-même épiloguer sur la fresque qui ornait son Académie. représentant de part et d'autre d'un globe terrestre Démocrite riant de la folie des hommes et Héraclite pleurant sur leur misère [2]. Nul pourtant n'avait encore osé envisager le problème dans son ensemble et si la plupart, sur les traces de Lactance, d'Ovide et de Cicéron [3], affirmaient la grandeur de l'homme, que venaient illustrer fort à propos les Vies de Plutarque et les sentences glanées par Diogène Laerce, la rigueur scientifique d'un Pline, le pessimisme d'un Lucrèce [4] et surtout la réalité laissaient planer un doute, que cette brillante rhétorique se révélait incapable de dissiper. De toute évidence il fallait rendre la parole à la Théologie. Mais l'initiative était d'autant plus délicate que cette science s'était jusqu'alors confinée dans les cloîtres et qu'au surplus elle n'avait pour ainsi dire jamais abordé de front le problème de la dignité de l'homme. Sans doute avait-elle multiplié les *De Anima*, mais si les humanistes discutaient encore volontiers pour savoir si elle était une ἐντελέχεια ou une ἐνδελέχεια [5], ce qui les préoccupait au premier chef c'était l'homme dans sa plénitude. Las d'entendre parler du drame de l'âme déchue, que pour la plupart ils ne cherchaient pas à nier, ils demandaient des raisons de croire et d'espérer en la bonté foncière de la nature humaine. De ce point de vue le problème de l'immortalité de l'âme, *ad quem refertur cuncta reli-*

---

1. FILELFE, *De morali disciplina*, Venezia, 1552. — VALLA, *De libero arbitrio*, ed. crit. M. ANFOSSI, Firenze, 1934. — B. FAZIO, *De humanae vitae felicitate*, Anvers, 1556. — *De excellentia et praestantia hominis*, dans *Epitome de regibus Siciliae*, Hanovre, 1611. — G. MANETTI, *De dignitate et excellentia hominis*, Bâle, 1532. — PLATINA, *De falso et vero bono*, Colonia, 1551. — *De vera nobilitate*, Colonia, 1561. — LANDINO, *De vera nobilitate*, inédit (Roma Bibl., *Corsin.*, 433). — FR. ZABARELLA, *De Felicitate*, dans U. CAREGARO NEGRIN, *Classici e Neolatini*, 1906, p. 288, cf. G. GENTILE, *Giordano Bruno e il pensiero del Rinascimento*, Vallecchi, Firenze, 1920, p. 111-179 : *Il Concepto dell'Uomo nel Rinascimento*.

2. Voir ci-dessus ch. IV, p. 192.

3. LACTANCE, *De Opificio Dei*, ch. II. *Div. Instit.*, II, 1; VII, 9. — CICERO, *De Legibus*, I, 9; *De natura deorum*, II, 56. — OVIDE, *Métamorphoses*, I, 76-86 :
    Sanctius his animal mentisque capacius altae
    Deerat adhuc et quod dominari in cetera posset.
    Natus est homo...

4. PLINE, *Nat. Hist. VII*. — LUCRÈCE, *De natura rerum*, passim.

5. Cf. E. GARIN, 'ΕΝΔΕΛΕΧΕΙΑ e 'ΕΝΤΕΛΕΧΕΙΑ *nelle discussioni umanistiche*, Atene e Roma, Serie III, fasc. 3, 1937.

gio [1], comme disait Salutati, était évidemment d'une importance
cruciale. Mais là encore, les Théologiens patentés s'étaient montrés
fort discrets. Était-ce parce que cette vérité était pour eux le corol-
laire d'un dogme solide, ou avaient-ils pressenti toutes les difficultés
de sa démonstration rationnelle? Toujours est-il que les traités
De Immortalitate animarum étaient plutôt rares [2]. On avait traité
plus volontiers de la résurrection des corps, comme si l'on avait
voulu montrer que notre vie éternelle était avant tout un acte de
la toute-puissance et de l'amour de Dieu. C'était assurément un
aspect de la question, mais il est bien évident que ce n'est pas cette
solution lointaine que cherchaient tous ceux qui voulaient fonder
la dignité personnelle de l'homme sur l'excellence de sa nature. Il
fallait leur démontrer que cette participation à la vie éternelle de
Dieu, que constitue l'immortalité, était due avant tout à une disposition naturelle de l'âme que l'amour ramène à son principe et
qui, par la suite, attend d'être unie à nouveau au corps qui lui
est propre, pour jouir pleinement de sa récompense ou subir équi-
tablement son châtiment. On ne niait point le miracle de l'amour
de Dieu, mais on se refusait à croire à la nécessité d'un acte divin
pour rendre notre âme immortelle. Si tel était le problème, on
conçoit qu'il appelait une réponse et quand on sait par surcroît
que cette vérité, que la plupart cherchaient surtout à justifier,
était attaquée plus ou moins ouvertement par « presque tous les
philosophes » qui trouvaient des oreilles complaisantes chez les
admirateurs de la sagesse antique, on comprend que Ficin ait eu la
singulière audace de composer sur ce thème toute une théologie
qui devait répondre aux inquiétudes et aux espérances de son siècle.

1. C. Salutati, *Epistolario, ed. Novati*, III, 190.
2. Au Moyen Age on ne trouve effectivement que celui de Guillaume
d'Auvergne et au XVe siècle, nous n'avons présentement trouvé que le traité
d'Augustino Dati : *De animi immortalitate*, Omnia Opera, Sienne, 1503, I-
XXV, et celui d'un Jean de Ferrare, sous le titre *De celesti vita. — In quo
scripta continentur in primis — De natura animae rationalis — De immortalitate animae — De inferno et cruciatu animae — De paradyso et felicitate
animae.*
Colophon : Liber de coelesti vita sacrae theologiae doctoris clarissimi
magistri Iohannis Ferariensis ordinis Minorum nuper in lucem editus per
eximium artium et Medicinae Doctorem magistrum Antonium de Cauchorio :
Qui dum esset pro Illo et excelso pandulfo Malatesta ariminensium principe
apud hoc serenissimum venetorum dominium orator ex singulari gratia
obtinuit ne aliquis per decennium eum librum imprimere posset praeterquam
a prudenti viro Hieronymo, blongio, cive florentino. Qui omni studio, cura et
diligentia suaque impensa curavit ut emendatissime imprimeretur per Egregium virum Matheum Capcasam Parmensem. Qui etiam correctissime impressit. Anno domini MCCCCLXXXXIIII die XIX Decembris, regnante
Serenissimo principe Augustino Barbadio Inclito duce Venetiarum.

Rappelant à ses auditeurs assemblés sous les voûtes du Dôme, le mot du Christ : « Que sert à l'homme de gagner l'Univers s'il vient à perdre son âme »? (Math. XVI. 26), il nous livre, non sans grandeur, le fond même de sa pensée : « Philosophe, dit-il, c'est en vain que tu travailles, quand tu cherches à tout comprendre, sans savoir ce qu'est l'âme, par laquelle tout doit être compris. Et toi, Théologien, à quoi te sert d'attribuer l'éternité à Dieu si tu ne l'attribues pas aussi à toi-même, pour pouvoir, par ton éternité personnelle, jouir de cette éternité divine! Ah! je vous en prie, vous, qui êtes à la fois Philosophes et Théologiens, venez tous, écoutez le prophète nous dire dans l'admiration : *Quanta fecit Deus animæ nostræ* (Ps. LXV. 16). Qu'est-ce à dire? Pourquoi dis-tu : *Venite*? Qu'est-ce donc que tu admires quand tu dis : *Quanta* et que veux-tu nous annoncer quand tu ajoutes : *Deus*? Je crie, j'admire, j'annonce que Dieu a réservé des dons divins à notre âme. Et si, mes frères, vous ne croyez pas au Prophète, cherchez, demandez, frappez autant qu'il est permis à la porte de ce Dieu, ici présent ». Et, regardant la Croix qui faisait face à la chaire, il poursuivait avec une émotion qui ne trompe pas : « O bon Jésus, toi qui pour l'âme es là suspendu, est-ce par hasard pour une âme corporelle que tu as voulu souffrir, est-ce pour une âme mortelle que tu as voulu mourir? Regardez, mes frères, écoutez, je vous en prie! Ne voyez-vous pas cette bouche s'entr'ouvrir et vous répondre : « Non, ne croyez pas que j'ai échangé la chose la plus précieuse pour la chose la plus vile, c'est pour l'âme divine de l'homme que Dieu s'est fait homme, c'est pour l'âme immortelle que je suis mort » [1]!

Certes, aucun philosophe, en tant que tel, n'avait pu poser ainsi le problème et pourtant ce n'est pas seulement comme prédicateur

---

1. FICINI *Op.*, I, 885, 4 : « Quidnam prodest homini si universum mundum lucretur, animae vero suae detrimentum patiatur? Frustra laboras, Philosophe, dum conaris omnia comprehendere, nisi apprehenderis animam, per quam sis reliqua comprehensurus, quidnam tibi, Theologe, prodest, aeternitatem asserere Deo, nisi eadem tibi quoque asseras, ut per aeternitatem tuam frui possis aeternitate divina. Ergo Philosophi atque simul Theologi venite precor omnes, audite Prophetam admirantem : quanta fecit Deus animae nostrae. Quidnam exclamas, o Propheta, cum ais : venite? quid rursum admiraris quando dicis : quanta? quid tandem portendis ubi subdis : Deus? Exclamo equidem, admiror, portendo, Deum ipsum animae nostrae dedisse divina. Si (= enim) minus, o fratres, Prophetae creditis, querite, petite, pulsate, quantum licet, parentem (= praesentem) nobis Deum. Ergo tu, bone Jesu, qui pendes isthic pro anima, numquid voluisti pro anima corporea pati, pro anima mortali mori? Aspicite, o fratres, auscultate, precor nonne videtis? os ille suum aperire atque respondere : absit, ut pro re vilissima rem pretiosissimam commutaverim, immo vero pro anima hominis divina, Deus factus est homo, pro anima immortali sum mortuus ».

que parle Ficin. La suite en est la preuve et ne laisse aucun doute
sur ses intentions. Enchaînant, avec deux versets de psaume
conjugués (VI.11 - CXXXV.4) : *Erubescant, igitur, conturbentur,
confundantur valde velociter inimici nostri, quoniam Deus noster
magna et mirabilia fecit nobis* il dénonce ainsi ceux qui, dans
Florence et ailleurs, étaient les vrais ennemis de l'homme : « Ce ne
sont pas ceux qui nous ravissent notre argent, dit-il, car l'argent
n'est pas à nous, mais à la fortune; ce ne sont pas ceux qui tuent
le corps, car le corps est moins à nous qu'à la fortune, à la nature
et au destin. Nos ennemis, ce sont ceux qui tuent l'âme, car elle
seule est à nous, elle est nous-mêmes, et ceux-là la tuent qui enseignent qu'elle est corporelle et mortelle. *Erubescant Aristippici,
conturbentur Epicurei, confundantur Lucretiani.* Oui, qu'ils rou-
gissent, s'ils sont philosophes, de ne s'appuyer sur aucune raison;
qu'ils soient effrayés si, en faisant partie de l'élite, ils se sont laissés
induire en erreur par la coutume populaire et qu'enfin ils soient
confondus par les arguments platoniciens que je vais exposer »[1].

Qu'on ne dise pas qu'il s'agit là d'une page d'éloquence. Non.
Ficin parle comme un homme qui a souffert en cherchant la vérité
et qui, l'ayant trouvée, souffre de voir que tant d'autres se perdent
parce qu'elle leur échappe. N'oublions pas qu'il a commencé lui-
même par commenter Lucrèce et qu'après s'être débattu pendant
dix ans dans les plus amères contradictions, il s'est décidé à écrire
cette Théologie. « Que tu as donc un esprit pénétrant, écrivait-il
à Bandini, pour avoir saisi d'un seul coup ce que j'ai cherché moi-
même pendant dix ans par mille détours, car ce n'est qu'après
avoir compris que l'âme, qui nous est donnée par Dieu, est immortelle et divine, que j'ai composé en cinq ans dix-huit livres sur
cette question »[2].

---

1. *Ibid.* : « Erubescant igitur, conturbentur, confundantur, valde velociter
inimici nostri, quoniam Deus noster magna et mirabilia fecit nobis. Inimici
nostri non qui pecuniam nobis surripiunt, pecunia enim non nostra est, sed
est fortunae; inimici nostri, non qui corpus occidunt, corpus enim non tam
nostrum est quam fortunae, naturae, fati (= fato). Inimici nostri qui peri-
munt animum, hic enim solus est noster, hic ipse nos ipsi est. Interimunt vero
animum qui corporeum praedicant atque mortalem. Erubescant igitur Aristippici, conturbentur Epicurei, confundantur Lucretiani. Erubescant, si sunt
Philosophi, nulla ratione niti; conturbentur, si sunt egregii, plebeia consuetudine falli; confundantur denique platonicis argumentis quae deinde se-
quentur. » — F. Figliucci, dans sa traduction, sur laquelle nous avons basé
les variantes proposées, donne pour titre à ce texte : *Disputa di M. F. nel
collegio dei Canonici.* (II, p. 115-116).
2. *Id.,* I, 660, 2 : *M. F. Francisco Bandino :* « O quam perspicax es, Bandine,
qui subita intuitu cernas, quod ego primum per longas ambages decem annos
investigavi. Deinde composui hac de re quinquennio octo decemque libros ».

Le problème de l'immortalité avant de devenir la joie de sa vie, en avait été le drame. Ayant de bonne heure compris l'indigence spirituelle de toute une élite, il avait patiemment cherché à y remédier. Dès 1469, le jour même où s'était renouée la tradition qui célébrait par un banquet la mort de Platon, nous le voyons déjà poser la question dans toute son ampleur. Le matin, chez Laurent, on avait parlé de l'amour et de ce premier entretien était né le *Commentaire sur le Banquet;* le soir, chez Bandini, on avait traité de questions diverses et le seul écho qui en soit parvenu jusqu'à nous concerne précisément la question de l'âme.

« Rien ne convient mieux à l'homme, écrit Ficin au fils du Pogge, que l'étude de l'âme, elle commande toutes les autres. C'est ainsi que le précepte de Delphes « Connais-toi toi-même » est accompli et que tout le reste, que ce soit au-dessus ou au-dessous de l'âme, est étudié avec plus de pénétration. La valeur d'un outil dépend plus de la science que l'on en a que de l'usage que l'on en fait et c'est pourquoi il serait ridicule de notre part de prétendre tout connaître par notre âme sans savoir au préalable ce qu'elle est ». « Nous avons tous été d'accord ce soir-là, poursuit Ficin, pour reconnaître que l'âme rationnelle est placée, pour ainsi dire, à la ligne d'horizon, c'est-à-dire à la limite du temps et de l'éternité, parce que, possédant une nature moyenne entre les choses éternelles et les choses temporelles, elle a des puissances et accomplit des actes qui la portent jusqu'à l'éternité ou l'inclinent vers ce qui passe »[1].

Ainsi, dès cette époque, le problème était pour lui nettement posé. L'âme était « un autre Janus ayant un visage d'or tourné vers l'éternel et un visage d'argent tourné vers le temporel »[2]. Il suffisait pour s'en convaincre de pratiquer le « connais-toi toi-même » qui devenait ainsi la source de toute science et de toute sagesse. C'est en effet en séparant l'âme du corps, la raison des

---

1. *Id.*, I, 657, 2 : *M. F. Iacobo Bracciolino Poggii oratoris filio paternae artis haeredi.*
« ...Nihil enim magis ad hominem pertinet quam quae de anima disputant. Sic et Delphicum praeceptum illud impletur, nosce te ipsum et cetera omnia sagacius, quae vel super animam vel infra animam sunt, investigantur. Quo enim pacto capere alia abunde possumus, nisi animam ipsam, per quam capienda sunt alia, capiamus? An non abutitur anima qui intueri animam non studet, per quam et cujus gratia intueri cuncta desiderat? Anima rationalis quemadmodum omnes convenimus in orizonte, id est in confinio aeternitatis et temporis posita est, quoniam inter aeterna et temporalia naturam mediam possidet et tanquam media rationales vires actionesque habet ad aeterna surgentes, habet quoque vires operationesque declinantes ad temporalia... »

2. *Ibid.* : « Anima iam bifrontis instar vultum geminum habere videtur, aureum scilicet et argenteum; illo Saturnia, hoc Jovialia respicit ».

passions, que l'homme se reconnaîtra comme l'éternel rayon du divin Soleil et c'est en se trouvant lui-même qu'il retrouvera aussi son Dieu par qui s'éclaire tout ce qui est visible et dans l'amour duquel réside « la solution de tous les problèmes et les remèdes à tous les maux »[1]. Aimer Dieu pour lui-même et le reste pour l'amour de lui, voilà le terme auquel devait aboutir le « connais-toi toi-même » et Ficin en était tellement persuadé que c'est dans une lettre, qu'il n'hésite pas à adresser « au genre humain », que nous trouvons ces sublimes vérités : « Race divine, dit-il, connais-toi toi-même... C'est en se connaissant comme la Sagesse le prescrit, c'est en se vénérant, comme le recommande Pythagore, que l'homme peut espérer atteindre sa fin. Quelle aberration de mettre une âme qui est divine au service du corps qui doit être son serviteur ! Quel sacrilège de jeter dans la boue cette perle divine ! Avons-nous donc oublié les paroles du Prophète : *Minuisti paulo minus ab Angelis* (Ps. VIII, 6) *Ego dixi : Dii estis et filii excelsi omnes* (Ps. LXXXI. 6). N'avons-nous pas la preuve que nous sommes quelque chose de grand, puisque les petites choses ne nous remplissent pas, que nous sommes quelque chose de bon, puisque le mal nous déplaît, quelque chose de beau, puisque le laid nous offusque, quelque chose d'éternel, puisque ce qui passe nous déçoit. Si nous voulons nous connaître, cherchons donc où sont ces biens vers lesquels notre âme aspire et nul doute que nous les trouvions en Dieu »[2]. Dira-t-on maintenant qu'il n'y avait pas là une matière suffisante pour fonder une Théologie et une Théologie platonicienne?

Qu'on lise donc, si l'on en doute encore, la dédicace que Ficin adressait à Laurent de Médicis, en guise de préface, pour préciser ses intentions et justifier son entreprise : « Lorsque Platon, le père

---

1. *Id.*, I, 638, 1 : *M. F. Christophoro Landino :* « O quam miserum animal homo est, nisi aliquando evolet super hominem, commendet videlicet seipsum Deo, Deum amet propter Deum et caetera propter ipsum. Haec unica problematum solutio est, requiesque malorum ».

2. *Id.*, I, 659, 2 : *M. F. Hominum Generi salutem, id est cognitionem et reverentiam suiipsius dicit.*
Cognosce teipsum, divinum genus mortali veste indutum, nuda quaeso teipsum, segrega quantum potes, potes autem quantum conaris, segrega, inquam, a corpore animam, a sensuum affectibus rationem. Videbis protinus purum segregatis terrae sordibus aurum, videbis lucidum disiectis nubibus aerem, revereberis tunc, crede mihi, teipsum tanquam divini Solis radium sempiternum... Nihil penitus latere postest Deum per quem solum patent quaecumque usquam patent. Nihil tuorum latet mentem vivam semper Dei ubique viventis statuam... Magnum quidem es, o anima, te parva non implent, optimum quoque si displicent tibi mala, pulcherrimum si horres turpia, sempiternum si temporalia parvipendis... Postquam talis es si reperire cupis, quaere obsecro ibi te ipsam ubi sunt talia... »

des philosophes, écrit-il, comprit que l'œil est par rapport à la
lumière ce que toutes les intelligences sont par rapport à Dieu, ce
pourquoi elles ne peuvent jamais rien connaître sans la lumière
divine, il jugea fort à propos qu'il était juste et pieux que l'âme
humaine, qui doit tout à Dieu, lui rapporte tout. Si donc nous
philosophons sur les mœurs, nous devons purifier notre âme pour
que, devenue plus sereine, elle reçoive la lumière divine et honore
Dieu, et si nous cherchons les causes, nous devons le faire de telle
sorte que nous trouvions la cause des causes et que l'ayant trouvée
nous l'honorions.

« Non content d'exhorter les autres à ce devoir de piété, notre
Platon s'y montre lui-même très fidèle. Aussi comme il n'est aucune
question de morale, de dialectique, de mathématique ou de physique, qu'il n'ait traitée sans revenir avec une profonde piété à la
contemplation et au culte de Dieu, il fut sans hésitation appelé
divin et chez tous les peuples sa doctrine est nommée théologie.
Mais, parce qu'il pense que l'âme est un miroir en qui se reflètent
facilement les traits divins, tout en s'appliquant à chercher Dieu
lui-même dans ses empreintes, il se tourne en toute occasion vers
l'image de l'âme, comprenant que le fameux oracle « connais-toi
toi-même » conseille avant tout à qui désire connaître Dieu, de commencer par se connaître soi-même. Aussi quiconque lira sérieusement les œuvres de Platon (que depuis longtemps j'ai traduites
en latin) y trouvera évidemment tout, mais surtout deux choses
plus importantes, à savoir : le culte légitime de Dieu connu et la
divinité des âmes, vérités en qui se résument toute connaissance,
toute règle de vie et toute félicité » [1].

1. *Id.*, I, 78 : *M. F. Platonicam Theologiam de Animorum immortalitate
ad Laurentium Medicem. Proemium :* « Plato philosophorum pater, magnanime Laurenti, cum intelligeret quemadmodum se habet visus ad solis
lumen, ita se habere mentes omnes ad deum : ideoque eas nihil unquam sine
dei lumine posse cognoscere : merito iustum piumque censuit, ut mens humana sicut a deo habet omnia, sic ad deum omnia referat. Igitur sive circa
mores philosophemur, animum esse purgandum : ut tandem factus serenior,
divinum percipiat lumen, deumque colat : Sive rerum causas perscrutemur,
causas esse quaerendas : ut ipsam denique causarum causam inveniamus :
inventamque veneremur. Neque solum ad id pietatis officium Plato noster
caeteros adhortatur : verum etiam ipse maxime praestat. Quo factum est,
ut et ipse sine controversia divinus : et doctrina eius apud omnes gentes
Theologia nuncuparetur, cum nihil usquam sive morale, sive dialecticum, aut
mathematicum, aut physicum tractet, quin mox ad contemplationem cul-
tumque dei summa cum pietate reducat. Quoniam vero animum esse tanquam speculum arbitratur, in quo facile divini vultus imago reluceat : idcirco dum per vestigia singula deum ipsum diligenter indagat, in animi speciem ubique divertit : intelligens oraculum illud (nosce te ipsum) id potissi-

En vérité, on ne voit pas ce qu'un théologien aurait pu souhaiter de mieux et l'on comprend qu'après l'avoir trouvé, Ficin qui, ne l'oublions pas, fut le premier chrétien des temps modernes à lire Platon, ait éprouvé le besoin de le révéler à ses contemporains sceptiques ou égarés. Son avant-propos n'avait d'ailleurs pour but que de se mettre sous le patronage de saint Augustin et de justifier le titre de son ouvrage. « C'est, en effet, poursuit-il, parce que Platon professait une telle doctrine qu'Aurelius Augustinus a décidé de le suivre de préférence à tous les autres philosophes, comme étant le plus proche de la vérité chrétienne et a pu dire qu'en changeant peu de choses les Platoniciens seraient chrétiens. Quant à moi comme depuis bien longtemps, fort de l'autorité d'Augustin et poussé par un profond amour du genre humain, j'avais résolu de donner dePlaton une image aussi proche que possible de la vérité chrétienne, j'ai insisté surtout sur les deux points que nous avons retenus et voilà pourquoi j'ai cru devoir donner à tout l'ouvrage le titre de *Théologie platonicienne, De l'Immortalité des âmes* » [1].

Et voici comment, précisant ses intentions, il montre les avantages d'une théologie platonicienne : « En composant cet ouvrage, mon principal dessein fut que, dans la divinité même de l'intelligence créée, comme dans un miroir placé à égale distance des extrêmes, d'une part nous voyions l'œuvre du Créateur lui-même et que d'autre part nous contemplions et honorions son intelligence. Au reste, je pense (et ce n'est pas à la légère), que c'est la Providence divine qui a décrété que beaucoup d'esprits déréglés qui ne s'inclinent pas volontiers devant la seule autorité de la loi divine, acquiescent du moins aux raisonnements platoniciens qui favorisent pleinement la religion, que ceux qui à force d'impiété séparent de la sainte religion l'étude de la philosophie, reconnaissent un jour qu'ils commettent la même erreur que si l'on séparait ou l'amour de la sagesse du culte de la sagesse elle-même ou la véritable intelligence de la volonté droite et que ceux qui ne pensent qu'aux problèmes intéressant la matière et préfèrent les ombres à la réalité, enfin ébranlés par les arguments de Platon,

---

mum admonere, ut quicumque deum optat agnoscere, seipsum ante cognoscat. Quamobrem quisquis Platonica (quae iamdiu omnia latina feci) diligentissime legerit, consequetur quidem cuncta, sed duo haec ex omnibus potissima, et pium cogniti dei cultum, et animorum divinitatem : in quibus universa consistit rerum perceptio, et omnis institutio vitae, totaque felicitas ».

1. *Ibid.* : « Ego vero cum iampridem Aureliana auctoritate fretus, summaque in genus humanum charitate adductus, Platonis ipsius simulacrum quoddam Christianae veritati simillimum exprimere statuissem, ad illa quae dixi, duo prae caeteris diligenter incubui : ideoque universum opus Platonicam theologiam de immortalitate animorum inscribendum esse censui ».

contemplent ce qui dépasse le sensible et aient le bonheur de placer la réalité avant les ombres ». Et il conclut : « Voilà ce que veut avant tout le Dieu tout-puissant, voilà ce que réclame la nature humaine et c'est ce qu'autrefois, Dieu aidant, réalisa le céleste Platon. Suivant son exemple, mais en comptant surtout sur le secours divin, nous avons tenté de faire la même chose pour les nôtres, en écrivant cet ouvrage difficile. Puissions-nous l'avoir mené à bonne fin avec autant d'exactitude que nous avons témoigné de respect à la vérité divine, ne prétendant rien avancer qui ne fut approuvé par la loi de Dieu » [1].

Désormais donc, rien ne nous manque pour apprécier la méthode adoptée par Ficin, puisque, nous dispensant de toute hypothèse plus ou moins gratuite et désintéressée, il a tenu à nous dire lui-même sans équivoque les raisons de son option platonicienne, les motifs de son initiative et les résultats qu'il attendait de l'œuvre qu'il avait entreprise pour répondre aux vœux de la divine Providence. Reste à savoir si les voies et moyens préconisés par l'auteur sont légitimes et répondent vraiment au but qu'il s'était fixé.

Le succès d'une doctrine dépend, en effet, en grande partie, de la méthode qui l'inspire. Or, il faut bien avouer que pour les contemporains de Ficin la dialectique platonicienne sur laquelle il entendait fonder sa Théologie, avait besoin pour être admise, d'être clairement exposée. Aujourd'hui où les textes de Platon et de Plotin nous sont plus ou moins familiers, il nous est facile d'étudier cette méthode et d'en apprécier la valeur. Mais n'oublions pas qu'au XVᵉ siècle l'*Organon* d'Aristote avait toujours force de loi. Évidemment la méthode de Platon n'était pas inconnue, mais

---

1. *Ibid.* : « In quo quidem componendo id praecipue consilium fuit, ut in ipsa creatae mentis divinitate, ceu speculo rerum omnium medio, creatoris ipsius tum opera speculemur, tum mentem contemplemur atque colamus. Reor autem (nec vana fides) hoc providentia divina decretum, ut et perversa multorum ingenia, quae soli divinae legis auctoritati haud facile cedunt, Platonicis saltem rationibus religioni admodum suffragantibus acquiescant : et quicumque philosophiae studium impie nimium a sancta religione seiungunt, agnoscant aliquando se non aliter aberrare, quam si quis vel amorem sapientiae a sapientiae ipsius honore, vel intelligentiam veram a recta voluntate disiunxerit. Denique, ut qui ea solum cogitant, quae circa corpora sentiuntur, rerumque ipsarum umbras rebus veris infeliciter praeferunt, Platonica tandem ratione com moniti, et praeter sensum sublimia contemplentur, et res ipsas umbris feliciter anteponant. Hoc in primis omnipotens deus iubet. Hoc omnino humana res postulat. Hoc caelstis Plato quondam suis facile, deo adspirante, peregit. Hoc tandem et ipsi nostris Platonem quidem imitati, sed divina duntaxat ope confisi, operoso hoc opere moliti sumus. Sed utinam tanta veritate id perfecerimus, quanta veritatis divinae veneratione tractavimus : adeo ut non aliter quodvis apud nos probatum esse velimus, quam divina lex comprobet ».

on la connaissait surtout par Aristote et la critique lumineuse et
sévère à laquelle il l'avait soumise avait fait naître à son égard une
certaine méfiance. Il semblait même, étant donné les conclusions
du Stagyrite, que pour tout philosophe il n'y avait de véritable
voie pour aller au vrai que celle qui se fondait sur l'expérience.
Depuis des siècles d'ailleurs la philosophie avait fait son choix et
les multiples essais tentés çà et là pour concilier les deux méthodes
et briser le cadre dans lequel Aristote avait enfermé l'esprit humain
étaient demeurés sans écho. Pour qui voulait dépasser l'expérience,
la foi, semble-t-il, restait la seule issue et, comme on ne voulait
sacrifier l'une à l'autre, ni la raison, ni la foi, dont on s'évertuait
d'ailleurs à souligner les désaccords, on en était même arrivé à
concevoir une double vérité qui permettait à la fois de rester
fidèle à la méthode d'Aristote, sans pour cela renoncer aux données de la révélation. Étrange compromis, qui ne pouvait que
ruiner tôt ou tard les valeurs qu'il prétendait sauver ! Il fallait
donc trouver une méthode qui, respectant toutes les données du
problème, permit à la raison, sans se démettre, de « savoir, comme
dit Pascal, douter où il faut, assurer où il faut en se soumettant où
il faut » [1]. Saint Augustin n'avait pas proposé autre chose et Ficin,
tout en rendant hommage à la logique d'Aristote, a pensé que la
dialectique platonicienne était le chemin le plus court et le plus sûr
pour trouver une solution valable au redoutable problème de
l'immortalité de l'âme qui passionnait ses contemporains.

Au même titre que la religion, l'immortalité de l'âme s'imposait
à lui *a priori*, comme une nécessité pour ainsi dire vitale, et il aurait
sans doute souscrit au jugement de Claude Bernard, qui n'a pas
hésité à écrire : « l'idée de l'immortalité est une idée expérimentale » [2]. Mais faut-il encore pouvoir la vérifier et ici Bergson nous
dit : « L'immortalité de l'âme ne peut pas être prouvée expéri-
mentalement » [3], et la raison qu'il en donne est péremptoire :
« toute expérience porte sur une durée limitée ». Est-ce à dire que
la raison ne soit d'aucun secours pour nous aider à résoudre, sui-

1. PASCAL, *Pensées*, 267 : « La dernière démarche de la raison est de reconnaître qu'il y a une infinité de choses qui la surpassent; elle n'est que faible
si elle ne va jusqu'à connaître cela ». — 268 : « Il faut savoir douter où il faut
assurer où il faut en se soumettant où il faut. Qui ne fait ainsi n'entend pas la
force de la raison. Il y en a qui faillent contre ces trois principes, ou en assurant tout comme démonstratif manquent de se connaître en démonstration; ou en doutant de tout, manquent de savoir où il faut se soumettre; ou
en se soumettant en tout, manquent de savoir où il faut juger ». — 269 :
« Soumission est usage de la raison, en quoi consiste le vrai christianisme ».
2. CL. BERNARD, *Philosophie*, ms. inédit, Paris, Boivin, 1937, p. 23.
3. H. BERGSON, *L'Énergie spirituelle*, Paris, Alcan, p. 62.

vant les termes mêmes de Bergson : « le plus grave des problèmes que puisse se poser l'humanité »? A vrai dire on serait tenté de le croire lorsque l'auteur de *l'Évolution Créatrice* ajoute que : « quand la religion parle d'immortalité elle fait appel à la révélation ». Pourtant il se refuse à admettre une telle impuissance : « D'où venons-nous, que faisons-nous ici-bas? Où allons-nous? Si vraiment, dit-il, la philosophie n'avait rien à répondre à ces questions d'un intérêt vital, ou si elle était incapable de les élucider progressivement, comme on élucide un problème de biologie ou d'histoire ; si elle devait se borner à mettre indéfiniment aux prises ceux qui affirment et ceux qui nient l'immortalité pour des raisons tirées de l'essence hypothétique de l'âme ou du corps, ce serait presque le cas de dire, en détournant de son sens le mot de Pascal « que toute la philosophie ne vaut pas une heure de peine » [1].

Certes, on peut toujours le dire, ne serait-ce que pour masquer sa paresse ou son ignorance, mais en face d'un problème dont les conséquences sont incalculables, ce serait consacrer la faillite de la raison en même temps que celle de la nature humaine. Aussi Bergson, après avoir condamné dans ce domaine la méthode expérimentale, en a-t-il proposé deux autres, et si nous insistons tant sur son texte, c'est parce qu'il nous permet à la fois de juger de la difficulté du problème et d'apprécier sainement l'alternative devant laquelle se trouvait Ficin pour le résoudre.

« Il faut opter en philosophie, dit Bergson, entre le pur raisonnement qui vise à un résultat définitif, imperfectible, puisqu'il est censé parfait, et une observation patiente qui ne donne que des résultats approximatifs, capables d'être corrigés et complétés indéfiniment. La première méthode, pour avoir voulu nous apporter tout de suite la certitude, nous condamne à rester toujours dans le simple probable, ou plutôt dans le pur possible, car il est rare qu'elle ne puisse pas servir à démontrer indifféremment deux thèses opposées, également cohérentes, également plausibles. La seconde ne vise d'abord qu'à la probabilité, mais comme elle opère sur un terrain où la probabilité peut croître sans fin, elle nous amène peu à peu à un état qui équivaut pratiquement à la certitude. Entre ces deux manières de philosopher mon choix est fait », conclut l'auteur. Sans doute eût-il préféré une autre solution. Mais il nous a prévenus : « en faisant descendre le problème de la survivance des hauteurs où la métaphysique traditionnelle l'a placé, en le transportant dans le

---

1. *Ibid.*, 61-62. — Pascal, *Pensées*, 79. Suivant l'usage de son siècle la philosophie dont parle Pascal s'entend de la « science des choses extérieures » qui ne peut être que stérile puisqu'elle ne mène pas à Dieu.

champ de l'expérience, nous renonçons sans doute à en obtenir du
premier coup la solution radicale, mais que voulez-vous? Il faut
opter... » [1]. Toute la question est donc de savoir si entre le raisonnement qui conduit au « pur possible », l'observation qui mène « pratiquement à la certitude » et la religion « qui fait appel à la révélation », il n'y a pas possibilité d'établir une hiérarchie de valeurs
qui permettrait de fonder notre option sur des données plus satis-
faisantes. Ficin l'a certainement cru et c'est pourquoi il s'est enthousiasmé pour la dialectique platonicienne, grâce à laquelle il
pouvait à la fois placer le problème de l'immortalité de l'âme
humaine dans une perspective d'ensemble et le résoudre sans rien
sacrifier des moyens dont dispose l'esprit humain pour se connaître
et connaître tout en lui. Pour réduire le dualisme qui semblait
opposer la raison à la foi et favorisait, par le fait même, le « déplorable divorce de Pallas et de Thémis », il fallait donc adopter une
méthode qui permettait de trouver Dieu dans l'homme et de passer
de « la plénitude de la philosophie à l'étude de la piété ».

Parlant d'Apollophane le Pseudo-Denys avait écrit : « Cette connaissance des existences qu'il appelle du beau nom de philosophie
et que le divin Paul appelle du beau nom de sagesse de Dieu, doit
servir de tremplin au vrai philosophe pour s'élever jusqu'à celui
qui est l'auteur, non seulement de toute existence, mais encore de
la connaissance qu'on peut avoir de cette existence » [2]. En dernière
analyse, la philosophie était donc bien comme le disait Ficin « une
ascension de l'âme des choses inférieures aux choses supérieures,
des ténèbres à la lumière », et c'est comme telle qu'il la qualifiait
de « vraie, de pieuse et de sainte » [3]. Bien plus, à son sens, seuls
ceux qui la pratiquaient étaient pour lui des « philosophes légitimes », car en passant ainsi des choses inférieures, c'est-à-dire des
caractères individuels aux notions générales, ils devaient nécessairement aboutir à la sagesse et à la bonté divine, et à ce stade,
profitant utilement de ces méditations et se trouvant successivement remplis de la divinité, purifiés au suprême degré, saisis d'une
fureur dionysiaque, semblables à des prêtres, puisqu'ils étaient

---

1. *Ibid.*, 63.
2. Pseudo-Denys, *Lettre VII*, 1080 B (St. Paul, I, *Cor.*, II, 7).
3. Ficini *Op.*, I, 763 : « Philosophia ascensus est animi ab inferioribus ad
superna, a tenebrisque ad lucem... ». *Id.*, I, 670 : « Ibi anima, Philosophiae
munere, non modo felix evadit, verum et cum fiat, ut ita dicam, Deus quodammodo fit ipsa felicitas. Ibi omnes mortalium res, artes, negotia cessant,
sola ex omnium numero sancta restat Philosophia. Ibi nihil aliud vera bea-
titudo est quam vera Philosophia, quippe cum haec, quemadmodum a sapientibus definitur, amor sapientiae sit ». — *Id.*, II, 1947.

théologiens, ils honoraient et vénéraient tout naturellement la sagesse et la bonté divine qu'ils avaient découvertes [1].

On conçoit qu'un tel idéal, qui, suivant l'expression même de Ficin, faisait de la philosophie une « Philothea » [2], exigeait une méthode nouvelle. Ce n'est donc pas nécessairement parce qu'il avait traduit Platon que Ficin a adopté sa méthode ; le véritable motif est qu'elle répondait pleinement à son but, qu'à tort ou à raison il identifiait avec celui de son maître. Faisant de la fin de la philosophie la connaissance des choses divines, il ajoute, en effet, « Platon en témoigne, quand il la définit au VIIe Livre de *la République*, comme une ascension qui nous porte des choses qui naissent, qui s'écoulent et qui meurent vers celles qui sont réellement et qui demeurent toujours semblables » [3]. Son choix est donc pleinement motivé et il suffit de préciser sous quel angle il entendait démontrer l'immortalité de l'âme pour voir que seule la dialectique pouvait répondre à la logique de ses intentions et à la hardiesse de son plan.

Ce que cherchait avant tout Ficin, nous le savons, c'était à donner à la dignité de l'homme des bases inébranlables. Or, pour ce faire, rien ne lui parut plus opportun que de déterminer dans l'ordre de la nature la place exacte qui revenait à cette créature, dont on avait pendant si longtemps souligné la misère et dont tant d'autres maintenant exaltaient la noblesse et vantaient les vertus. A la question de fait, qui restait exceptionnelle, Ficin entendait substituer la question de droit, car ce qui lui importait était moins de savoir ce qu'un homme pouvait être, que ce que l'homme était et, de ce fait, pouvait devenir. Pour établir sa valeur réelle, il lui fallait savoir quelle était sa nature, par conséquent le situer dans la hiérarchie des êtres et le définir en fonction non seulement de sa supériorité, mais aussi de sa dépendance. Dès lors, son but déterminant sa méthode, il ne pouvait adopter que la dialectique de

---

1. *Id.*, II, 1380, *In Phedrum* : « Legitimus Philosophus dum rationes rerum omnium perscrutatur, frequenter ex communibus naturis quas deprehendit in singulis, communes in se concipit notiones, per quas ad formulas sibi insitas pervenit, per has tandem attingit ideas, per ideas excogitat sapientiam bonitatemque divinam, his meditationibus recte utitur, si sapientiam bonitatemque divinam, cum primum invenerit summopere veneratur et colitur, hinc divinitate prorsus impletur et quasi sacerdos (est enim theologus) ad summum dicitur expiatus, mysterialique et Dionysiaco furore correptus ».

2. *Id.*, 854, 1.

3. *Id.*, I, 761 : « Philosophiae finis est cognitio divinorum. Quod in septimo de Republica libro noster Plato testatur ubi veram, inquit, Philosophiam esse ascensum ab his quae fluunt et oriuntur et occidunt, ad ea quae vera sunt, et semper eadem perseverant ».

Platon qui lui offrait tout à la fois les moyens et les garanties pour atteindre, circonscrire et dépasser son objet. L'homme dans cette perspective cessait d'être un absolu, une fin en soi. Pour le connaître vraiment il fallait remonter nécessairement jusqu'à la source de l'être et c'est parce que la dialectique lui permettait de trouver sur le même chemin Dieu et l'homme que Ficin en a fait l'armature de sa théologie.

« C'est un art divin, dit-il, qui a pour objet, non les mots mais les réalités, et qui, par delà les sens, porte l'esprit à la recherche de la substance de chaque chose et qui, sans supposer la connaissance d'aucun principe, monte de la connaissance des créatures jusqu'à leur origine » [1]. L'ayant définie, il en fixe l'importance en fonction de son but : « Sans elle, nul ne peut devenir sage » et soulignant l'identité qui existe entre la sagesse et la philosophie, il n'hésite pas à déclarer : « Si elle cessait, la philosophie périrait avec elle » [2]. C'est dire que, pour lui comme pour Plotin, elle était bien « la partie la plus précieuse de la philosophie » [3], et la définition qu'il vient de nous en donner suffirait à elle seule à nous prouver qu'il en avait bien compris et la lettre et l'esprit.

En bref, on sait, en effet, que pour Platon la dialectique est moins une méthode qu'un mouvement régulier de l'esprit qui, de degré en degré, s'élève des données de la connaissance sensible à l'idée du Bien. Pour l'auteur des *Dialogues*, il n'est effectivement de véritable connaissance qu'à partir du moment où, dépassant le domaine du sensible, objet de conjecture et de croyance, l'esprit humain atteint l'intelligible qui, d'abord objet de la pensée moyenne qui est encore discursive, s'offre à la dialectique, qui, à son terme, est pleinement intuitive. Voici d'ailleurs comment dans un passage célèbre Platon lui-même nous livre sa pensée : « Ce que j'entends, dit-il, par la deuxième section des intelligibles, ce sont celles que la raison elle-même saisit par la puissance dialectique, tenant ses

---

1. *Id.*, II, 1229, *In Philebum*, ch. XXIII : « Dialectica vero artificium divinum est, quod non de verbis amplius, sed de rebus agit, et supra sensus pura mentis indagine, substantiam cujusque rei perquirit et a rebus omnibus, nullo alio supposito principio, ad unum rerum omnium ascendit principium ».
2. *Id.*, II, 1231 : « *In Parmenide* dicitur nullum sine dialectica fore sapientem ». — II, 1152, *In Parmenidem*, ch. XXXIV : « Dialectica simul toto cessabit, philosophia quoque peribit ».
3. PLOTIN, *Enn.*, I, 3, 6. — Sur la Dialectique de Platon, consulter A.-J. FESTUGIÈRE, *Contemplation et Vie contemplative selon Platon*, Paris, Vrin, 1936, ch. III. Les lumineuses Notices de A. DIES et de L. ROBIN sur la *République*, la *Politique*, le *Philèbe*, le *Phèdre* (coll. Budé) et l'article de G. RODIER sur l'*Évolution de la Dialectique de Platon*, reproduit dans ses *Études de philos. grecque*, Paris, Vrin, 1926.

hypothèses, non pour des principes, mais pour de simples hypothèses, qui sont comme des degrés et des points d'appui pour s'élever jusqu'au principe de tout ce qui n'admet plus d'hypothèse. Ce principe atteint, elle descend, en s'attachant à toutes les conséquences qui en dépendent jusqu'à la conclusion dernière, sans faire aucun usage d'aucune donnée sensible, mais simplement en repassant d'une idée à une idée pour aboutir à une idée » [1].

En fait au lieu de partir de postulats ou d'axiomes indémontrables, dont on ne pouvait tirer que des conclusions relatives, Platon nous conseille pour monter de jalonner notre route de simples hypothèses et de n'avancer qu'en les vérifiant jusqu'à ce que notre esprit trouve un principe qui, n'appelant aucune hypothèse, soit vraiment inconditionnel et indépendant.

Mais ce n'est là qu'un premier mouvement et si Platon s'en était contenté, on aurait pu à bon droit considérer sa méthode comme un brillant exercice de logique pure, dont les résultats seraient demeurés problématiques, c'est pourquoi, chemin faisant, il comprit la nécessité de contrôler la valeur de cette ascension et invita l'esprit à redescendre. « La vraie science, comme le soulignait Ch. Renouvier, est le résultat du second mouvement » [2]. Certes, tous les deux sont étroitement liés, mais il est évident qu'ils n'ont pas la même valeur, puisque, passant du sensible à l'intelligible, l'esprit suppose, et que, descendant de l'intelligible au sensible, il démontre. Comme le sommet d'une pyramide rend intelligible le solide en son entier, la vue synthétique de l'Etre doit nous permettre de saisir toutes les relations dont il est le principe et ce n'est qu'après avoir, par une déduction continue, retrouvé l'essence sous toutes ses formes, que le philosophe peut être assuré de la valeur de ses raisonnements et de ses intuitions.

Au surplus, ne nous laissons pas abuser par ces procédés de logique plus ou moins formelle, qui ne sont là que pour traduire de véritables et profondes expériences. La vérité, pour Platon, n'était pas seulement le terme d'une induction ou d'une déduction, elle était avant tout le fruit d'une contemplation et c'est pourquoi, à n'en pas douter, Ficin qui « vénérait Platon en Denys » a adopté sa méthode comme la *potissima ad veritatem via* et il nous suffira de lire la première page de sa *Theologia* pour voir comment il a su profiter de la leçon de son maître.

1. PLATON, *Philèbe*, 16 b.
2. CH. RENOUVIER, *Manuel de philosophie ancienne*, 1844, t. II, p. 30, cité par G. RODIER, *op. cit.*, p. 57, n. 1.

Partant d'une certitude morale, à savoir la nécessité de la survivance de l'âme, Ficin ne pouvait poser le problème qu'après avoir dénoncé la cause de notre aveuglement. « Si les hommes la plupart du temps en viennent à douter de leur propre divinité, c'est, dit-il, que les âmes humaines, enfermées dans les ténèbres et dans un noir cachot, jamais ne retournent vers la lumière qui leur est destinée » [1]. On reconnaît là les prisonniers de la caverne. Unies au corps, ces âmes, épousant en quelque sorte la matière, sont entrées dans un monde qui n'est pas le leur. Victimes des ombres qui les environnent et parfois les séduisent, elles en arrivent à douter de leur propre nature et de leur destinée et c'est ainsi que, devenant esclaves des corps qu'elles animent, elles perdent peu à peu conscience de leurs devoirs et de leurs droits. La tâche qui s'impose au philosophe qui veut les contraindre à se tourner vers « leur lumière » est donc avant tout de leur rendre ou du moins de les inviter à retrouver leur liberté : « Délivrons, je vous en prie, s'écrie Ficin, ces esprits célestes qui aspirent à retrouver leur patrie. Brisons au plus tôt le lien des entraves terrestres pour pouvoir, portés sur les ailes platoniciennes et avec l'aide de Dieu, voler librement à travers les régions éthérées où il nous sera donné aussitôt de contempler avec bonheur l'excellence de notre nature » [2].

Écho du *Phédon*, cet émouvant appel résumait déjà magnifiquement la méthode platonicienne. Purification morale (κάθαρσις), élévation de l'âme (διαλεκτική), contemplation (Θεωρία) : trois étapes qui conduisent à la sagesse. Toute mystique suppose une ascèse. On n'est vraiment fort que lorsqu'on est libre et pour le devenir, le meilleur moyen est encore de s'échapper du monde des apparences pour s'attacher au réel, de passer du plan des phénomènes à l'ordre métaphysique, en un mot de pratiquer la dialectique, et c'est pourquoi Ficin, sans préambule, met délibérément ses lecteurs en face à face des réalités, dont l'observation doit leur permettre de se dégager immédiatement des contingences pour ne penser qu'à leur sublime destinée.

« Pour qu'apparaisse nettement, poursuit-il, comment en particulier les âmes humaines deviennent capables de renverser les barrières mortelles, de saisir leur immortalité et d'atteindre leur

---

1. Ficini *Op.*, I, 79, *Theol. Plat.*, I, ch. I : « At si lucem suam humanae mentes nequaquam respiciunt, clausae tenebris et carcere caeco, unde saepenumero cogimur propriae divinitati diffidere ».
2. *Ibid.* : « Solvamus obsecro caelestes animi caelestis patriae cupidi, solvamus quamprimum vincula compendum terrenarum : ut alis sublati Platonicis, ac deo duce, in sedem aetheream liberius pervolemus : ubi statim nostri generis excellentiam feliciter contemplabimur ».

béatitude, nous nous efforcerons de démontrer dans la mesure de nos forces :

— qu'au delà de la masse paresseuse des corps il y a une qualité efficace et une puissance,

— qu'au dessus de la qualité, qui est soumise à la division de la nature et à un changement total, il existe une forme plus excellente, qui, tout en étant en quelque sorte soumise au changement, n'admet cependant pas d'être divisée dans un corps,

— qu'au-dessus de cette forme, dont les Antiques Théologiens ont fait le siège de l'âme rationnelle, il y a l'esprit angélique, qui non seulement est indivisible, mais immuable,

— qu'enfin, à l'œil de cet esprit qui désire la lumière de la Vérité et la reçoit, est supérieur le Soleil divin vers lequel notre Platon nous ordonne, nous enseigne et nous presse de tourner le regard purifié de notre esprit » [1].

D'emblée nous voilà donc en présence, non pas de simples faits tirés d'une expérience nécessairement limitée, mais de réalités métaphysiques, qui, comme l'a prescrit Platon, s'offrent à nous, à titre d'hypothèse « comme des degrés qui permettent à l'esprit de s'élever jusqu'au principe de tout ce qui n'admet plus d'hypothèse, pour pouvoir de ce sommet embrasser d'un coup d'œil synoptique toute la réalité ». « Quand nous aurons monté jusque là, dit en effet Ficin, nous comparerons entre eux ces cinq degrés de l'ensemble de la réalité, c'est-à-dire le corps, la qualité, l'âme, l'ange et Dieu ». Toutes les conséquences de ces termes doivent être déduites jusqu'à la conclusion dernière. Or, cette conclusion pour Ficin est capitale. « Parce que, conclut-il, il ressort de cette comparaison que le genre

---

1. *Ibid.* : « Caeterum ut evidenter appareat qua ratione potissimum mentes hominum mortalia claustra resolvere, immortalitatem suam cernere, beatitudinem attingere valeant : conabimur sequenti disputatione pro viribus demonstrare, praeter pigram hanc molem corporum, qua Democritiorum, Cyrenaicorum, Epicureorum consideratio finiebatur, esse efficacem qualitatem aliquam atque virtutem, ad quam Stoicorum Cynicorumque investigatio sese contulit.

Supra qualitatem vero quae cum materiae dimensione dividitur et mutatur omnino, formam quamdam praestantiorem existere : quae licet mutetur quodammodo, divisionem tamen in corpore non admittit. In ea forma rationalis animae sedem veteres theologi posuere. Hucusque Heraclitus, Marcus Varro, Marcusque Manilius ascenderunt.

Super animam rationalem extare mentem angelicam, non individuam modo, sed etiam immutabilem : in qua videntur Anaxagoras et Hermotimus quievisse. Huius denique mentis oculo, qui cupit veritatis lumen, et capit, solem ipsum praeesse divinum : in quem Plato noster purgatam mentis aciem dirigere iussit, docuit, et contendit ».

même de l'âme rationnelle se situe au centre de ce degré d'être, elle
apparaît comme le lien de toute nature, dominant le corps et la
qualité et s'unissant à l'ange et à Dieu » [1]. Voilà le thème crucial de
sa doctrine.

A la question que devait poser Pascal : « Qu'est-ce que l'homme
dans la nature » [2]? il a répondu. En découvrant qu'il était effectivement un milieu entre rien et tout, il a refusé de se laisser aller au
désespoir éternel de ne connaître des choses ni leur principe, ni
leur fin. A cet être qui peut être considéré comme « un néant à
l'égard de l'infini et un tout à l'égard du néant », il a su assigner
non seulement une place, mais un rôle, donc une fin, et c'est de cette
fin, à peine entrevue, qu'il a tiré toutes conséquences, assurant
l'immortalité, l'excellence et la félicité de l'âme. Puisqu'elle relie
les degrés de la nature, elle doit être indissoluble, puisqu'elle préside à la marche de la machine du monde, elle doit être éminemment supérieure et enfin puisqu'elle est en contact avec les choses
divines, elle doit être souverainement heureuse. C'est du moins ce
que Ficin prétend démontrer et pour qui serait tenté de croire que
ces prérogatives sont uniquement l'apanage du « genre même de
l'âme rationnelle » il s'empresse d'ajouter qu'il prouvera qu'il en
est de même pour notre âme, en nous proposant successivement
des raisons communes, des arguments particuliers et des signes et
en répondant aux objections que ces conclusions pourraient faire
naître [3].

Il n'est pas dans notre propos de juger ici du bien-fondé de cette
hiérarchie et des conclusions que Ficin prétend en tirer. Ce qui du
moins est hors de doute, c'est qu'ayant découvert d'abord dans le
Timée la précieuse théorie des intermédiaires, puis dans *le Banquet*,
le *Phèdre* et le *Phédon* les secrets de la dialectique, il a adopté cette
méthode comme la plus sûre pour démontrer l'excellence de notre
nature. Un point néanmoins reste encore à élucider et il est d'importance, car, si l'influence de Platon a été déterminante sur la

1. *Ibid.* : « Proinde cum huc ascenderimus : hos quinque rerum omnium
gradus, corporis videlicet molem, qualitatem, animam, angelum, deum, invicem comparabimus. Quoniam autem ipsum rationalis animae genus inter
gradus huiusmodi medium obtinens, vinculum naturae totius apparet, regit
qualitates et corpore, angelo se iungit et deo... ».

2. PASCAL, *Pensées*, 72.

3. FICINI *Op.*, I, 79, *Theol. Plat.*, I, ch. I : « ...ostendemus id esse prorsus
indissolubile, dum gradus naturae connectit : praestantissimum, dum mundi
machinae praesidet : beatissimum, dum se divinis insinuat. Ita vero nostrum
animum se habere, atque esse talem, rationibus primo communibus, secundo
argumentationibus propriis, tertio signis, quarto solutionibus quaestionum
asseverabimus ».

pensée de Ficin, il n'en est pas moins vrai qu'il a dit, répété et prouvé que saint Augustin et saint Thomas d'Aquin étaient ses « guides ». Est-ce parce qu'il a reconnu l'insuffisance de la méthode platonicienne ou parce qu'il a jugé prudent d'admettre ou d'établir un compromis? Il importe que nous soyons fixés pour conclure sur la légitimité de sa méthode et, pour ce faire, le meilleur moyen est assurément de faire le bilan de ce qu'il a emprunté à saint Augustin et à saint Thomas pour que sa théologie, tout en étant essentiellement platonicienne, réponde aux données de la foi.

On sait que c'est par saint Augustin que Ficin est venu à Platon et que c'est « fort de son autorité » qu'il a entrepris de composer sa *Theologia*. Or saint Augustin, ayant dit qu'en changeant peu de choses la doctrine de Platon pourrait être chrétienne et Ficin, comme tous les Apologistes, ayant logiquement reconnu que les erreurs de Platon n'étaient dues qu'aux limites de la révélation dont il avait pu bénéficier, il était normal qu'il cherchât à éliminer ces erreurs et à compenser ces insuffisances en faisant appel aux « théologiens chrétiens ». A priori, ce n'est donc pas la nécessité d'un compromis qui l'a conduit à corriger et à compléter Platon. Que son enthousiasme l'ait parfois aveuglé au point de lui faire trouver dans les *Dialogues*, ce qui n'y est certainement pas, sa *Concordance de Moïse et de Platon* en est une preuve manifeste. Mais ce n'est pas sur ces analogies et ces rapprochements que nous devons le juger. D'autres avant lui, même à Chartres, avaient découvert la Création dans le *Timée* et nous ne saurions lui faire grief d'avoir découvert le Déluge dans le *Critias* et des lumières sur l'au-delà dans le mythe d'Er et dans le *Phédon*. En revanche, il est des problèmes sur lesquels il n'y a pas d'équivoque possible, et comme ce sont précisément ceux sur lesquels se fonde toute théologie, c'est-à-dire l'existence de Dieu et la nature de l'âme, il faut savoir jusqu'à quel point la méthode de Platon a pu le satisfaire et ce que Ficin a dû emprunter pour adapter la théologie platonicienne aux données que son maître avait peut-être soupçonnées mais qu'il n'avait pu connaître.

Il n'est pas douteux qu'en fondant son système sur la hiérarchie des êtres Ficin a voulu donner à sa théologie une base vraiment platonicienne et il est non moins certain qu'en fixant à cinq le nombre des termes de cette hiérarchie que les néo-platoniciens avaient multipliés à l'envi, il a posé le problème de l'homme sous un jour nouveau et esquissé du même coup sa solution. Pour que l'homme soit « le lien du monde », il fallait évidemment que le nombre des termes fut impair et que le terme moyen ait quelque affinité avec les autres. Un centre est par définition un point situé à égale distance de tous les autres points d'une ligne ou d'une surface et chacun sait que le centre d'une figure est le point dont tous les autres sont deux à deux symétriques par rapport à lui. Pour que cette symétrie fût assurée par rapport à l'homme, il fallait donc que la hiérarchie ne comprît pas moins de cinq membres et que le terme moyen fût lié aux autres par quelque caractère commun. Ces conditions étant remplies, Ficin pouvait donc conclure légitimement que l'âme rationnelle était une tierce essence et que, de ce fait, non seulement elle pouvait, mais devait, remplir le rôle unique de *copula mundi*.

Ce n'était toutefois que l'aspect théorique du problème, car sa solution dépendait surtout de la valeur des termes composant la hiérarchie et, en dernière analyse, de la nature de l'être qui en occupait le sommet. Évidemment cet être était Dieu. Mais quel était ce Dieu que l'esprit avait ainsi découvert à force de chercher « l'unité naturelle de la multiplicité »? Était-il vraiment le même Dieu que celui dont, depuis deux siècles, on démontrait l'existence en partant du mouvement, des causes efficientes, de la contingence des êtres, de leur degré de perfection et de l'ordre du monde? En d'autres termes, le Dieu de Platon et de Plotin était-il le même que celui de saint Augustin et de saint Thomas? La réponse était lourde de conséquences, car non seulement la méthode préconisée par Ficin était en jeu, mais tout son système, et ses meilleures intentions risquaient fort d'être compromises. S'en est-il soucié? Il ne semble pas. Sûr de sa méthode, il a poursuivi sans inquiétude son ascension, remontant d'hypothèse en hypothèse jusqu'au principe anhypothétique. Puis, l'ayant atteint, alors qu'il aurait dû immédiatement redescendre pour vérifier la valeur de ses hypothèses, il a immédiatement composé sa théodicée comme s'il avait éprouvé le besoin de nous rassurer sur cette Unité qu'il avait d'ailleurs déjà identifiée avec la Vérité et le Bien. Cette démonstration et cette théodicée toute entière sont pour nous du plus haut intérêt, d'abord parce qu'il s'agit de pièces maîtresses de son œuvre et parce qu'elles vont nous permettre de voir sans plus tarder quelle était sa position vis-à-vis de ses « guides ».

A priori on pourrait croire qu'il y avait entre Ficin et saint Thomas la même distance qu'entre Aristote et Platon. Mais méfions-nous de ces formules qui ont d'autant plus de succès qu'elles sont commodes et impersonnelles. En fait Ficin était beaucoup plus proche de saint Thomas qu'on ne le croit communément. Il y a dans l'un et l'autre, sous une rigueur de pensée plus ou moins

accusée, un certain mysticisme, qui, chez saint Thomas surtout,
n'ose pas s'affirmer et ce n'est peut-être pas une simple coïncidence
qu'ils aient l'un et l'autre, après avoir écrit leur « Somme », éprouvé
le besoin de commenter le Pseudo-Denys et les Épîtres de saint
Paul ! Mais, pour l'heure, il s'agit de juger la méthode qui les a
respectivement conduits à Dieu.

« En fait, écrivait Ficin, la Théologie n'a commencé qu'avec ceux
qui ont nié tout de Dieu ou qui ont tout rapporté à Dieu, les uns
prouvant qu'il n'est rien de ce que les sens et la raison nous proposent, les autres, tirant à la fois du rapport des créatures à Dieu
et de Dieu aux créatures, et la raison pour laquelle Dieu les a
créées, et la raison pour laquelle elles retournent à lui. Or, cela c'est
Platon qui l'a démontré dans le *Parménide* et dans *la République*
et c'est Denys l'Aréopagite qui le confirme » [1]. Sa position est donc
très nette : pour aller à Dieu *planius et propius* il suffit de suivre
la voie qui des créatures remonte jusqu'à Dieu et qui de Dieu
descend jusqu'aux créatures. On dira sans doute que saint Thomas
n'avait pas fait autre chose en traçant sa *via inventionis* et sa *via
judicii*. De fait il a écrit : « Parce que le bien parfait de l'homme est
de connaître Dieu d'une certaine manière et parce qu'une si noble
créature aurait l'air d'exister en vain, si elle était incapable d'atteindre sa fin, une voie lui fut donnée pour monter dans la connaissance de Dieu. Du fait que toutes les perfections des êtres des-
cendent dans un ordre déterminé de Dieu, qui est au sommet de
toutes choses, l'homme en partant des inférieurs et en montant par
degrés progresse en la connaissance de Dieu, car même dans les
mouvements corporels, la voie par laquelle on descend et celle par
laquelle on monte est la même et ne se distingue qu'en fonction du
principe et de la fin » [2]. Mais ne nous laissons pas abuser par de
telles similitudes. Saint Thomas a aussi exploité la théorie des intermédiaires et proposé une hiérarchie des êtres, et il n'est pas le seul
à avoir utilisé cette « échelle des créatures ». Ce qu'il faut retenir

---

1. *Id.*, II, 1408, *In VII de Republica* : « Post communem de Deo concep-
tionem gemina rursus via ad Deum coeperunt planius atque propius proficisci : per alteram quidem negando, per alteram referendo. Nam illa quid
ipsum bonum, id est, quid Deus non sit, argumentantes, probaverunt neque
esse quicquam ex his quae capiuntur sensibus neque ex his quae mente com-
prehenduntur. In hac et creaturas ad creatorem et vicissim creatorem refe-
rentes ad creaturas excogitaverunt qua ratione et creaturae ad ipsum sese
vel habeant, vel imitari, vel consequi possint... Hactenus procedere Philosophantis ingenium Plato noster et in Parmenide monstrat et libro superiore confirmat. Quod Dionysius Areopagita maxime comprobat ». — *Republ.*,
VII, 515-517.
2. St. Thomas, *Contra Gentiles*, IV, 1.

ce sont les principes qui les ont guidés. Or il est bien évident que pour Ficin la vraie solution du problème était moins dans une conclusion purement rationnelle que dans une vérité répondant à toutes les questions et à tous les besoins de l'esprit humain.

En conclusion de son allégorie de la caverne, qui a si souvent retenu Ficin, Platon avait dit à Glaucon : « ...quant à la montée dans le monde supérieur et à la contemplation de ses merveilles, vois-y la montée de l'âme dans le monde intelligible et tu ne te tromperas pas sur ma pensée. Dieu sait si elle est vraie. En tout cas, c'est mon opinion qu'aux dernières limites du monde intelligible est l'idée du bien, qu'on aperçoit avec peine, mais qu'on ne peut apercevoir sans conclure qu'elle est la cause universelle de tout ce qu'il y a de bien et de beau; que dans le monde visible, c'est elle qui a créé la lumière et le dispensateur de la lumière et que dans le monde intelligible, c'est elle qui dispense et procure la vérité et l'intelligence et qu'il faut la voir pour se conduire avec sagesse dans la vie privée comme dans la vie publique » [1]. Ficin ne devait pas oublier. Il avait trouvé là l'essentiel de sa doctrine, c'est-à-dire son Dieu, créateur et lumière du monde, qui, nécessairement bon et beau, crée par bonté dans la beauté et qui, source de vérité, illumine l'esprit humain et se fait son maître.

Mais n'oublions pas que partant de la multiplicité immobile Ficin nous a conduits non à l'idée du bien, mais à l'Unité immobile. Il lui fallait donc expliciter cette donnée purement métaphysique, et c'est lorsqu'il voulut démontrer la parfaite identité de cette Unité avec la Vérité et avec le Bien qu'il trouva sur son chemin, les théologiens chrétiens, qui, ne l'oublions pas, ne lui ont servi que de « guides ».

De la multiplicité inhérente à l'être composé, saint Thomas avait évidemment conclu à la simplicité divine et, à partir de raisonnements analogues, il avait également démontré que Dieu est le souverain Bien et la Vérité première [2]. Mais ce qui pour Ficin constitue la nature même de Dieu, n'est pour saint Thomas que des attributs. Ce qui chez l'un est principe, chez l'autre est conséquence. Cela est si vrai, du moins pour Ficin, que dès qu'il se voit dans l'obligation de faire appel à l'autorité de la *Contra Gentiles*, il se livre à un choix judicieux des arguments, excluant systématiquement tous ceux qui découlent plus ou moins directement des principes qui ont guidé saint Thomas pour prouver l'existence

1. PLATON, *République*, VII, 517 b-c.
2. St. THOMAS, *Contra Gent.*, I, 42, 60, 40, 41.

de Dieu. Nous en avons précisément un exemple dans cette démonstration de l'Unité divine, où, sur sept arguments proposés par saint Thomas pour démontrer que Dieu n'admet aucune composition, Ficin omet celui qui se fonde sur la définition de l'unité et retient les six autres, qu'il cite d'ailleurs dans un ordre inverse, comme pour dérouter son lecteur, qu'il s'est bien gardé d'avertir qu'il citait saint Thomas [1].

Pour passer de l'Unité à la Vérité, la multiplicité de l'Ange lui offrait un argument facile. L'Ange n'est, en effet, multiple que parce que son intelligence ne peut s'identifier avec son objet et ici il retrouvait tout naturellement saint Augustin pour affirmer que la Vérité ne pouvant être ni inférieure ni égale à l'esprit, elle devait lui être supérieure et par conséquent s'identitfier avec l'Unité.

De même pour le Bien vers lequel tout se porte, depuis la matière qui désire une forme, jusqu'à l'esprit humain qu'un instinct naturel, donc infaillible, porte invinciblement vers la perfection, prouvant par le fait même que le Bien lui est supérieur. Ainsi rien ne s'opposait à ce que ce principe anhypothétique, découvert au terme de l'ascension dialectique s'identifiât avec le Dieu de saint Augustin et de saint Thomas. Mais le fait qu'il ait dû faire appel à ces théologiens pose déjà un problème sur l'orthodoxie de son platonisme.

Que la dialectique nous permette de conclure légitimement de la multiplicité à l'Unité ce n'est pas douteux et Ficin en passant de l'Unité à la Vérité et au Bien n'a fait qu'expliciter cette donnée. Mais il ne faut pas oublier que ces données transcendentales ne sont pas exclusivement le fruit de l'expérience. La dialectique part évidemment du multiple, abstrait, généralise et définit, mais ce qu'elle atteint dépasse nettement les données sensibles. Elle ne crée pas les universaux, elle aide seulement l'esprit à les découvrir : ce qui sépare Platon d'Aristote. Et c'est ici qu'apparaît précisément la difficulté, car les données qui provoquent, et la réminiscence, et l'amour ne sont retenues et exploitées que pour nous permettre de dépasser en quelque sorte le moins être, pour découvrir l'être sous toutes ses formes, c'est-à-dire l'un, l'intelligible, l'éternel, le beau et le bien. Or, en l'occurrence, cette découverte ne pouvait satisfaire Ficin.

Quand on en fait un disciple de Plotin, on oublie précisément qu'arrivé au terme de sa démarche, l'auteur des *Ennéades* s'est trouvé immobilisé dans son résultat et c'est le danger de la dialectique. « La méthode par degrés, seule, dit M. J. Guitton, ne peut

---

1. FICINI *Op.*, I, 94 et suiv. *Theol. Plat.*, II, 2 et 3.

nous assurer de l'existence d'un Etre qui soit entièrement libre de se manifester, de créer et d'agir » [1]. En d'autres termes, il faut que ce mouvement rectiligne que constitue la dialectique devienne en quelque sorte circulaire pour que s'établisse entre les membres de la hiérarchie, non pas une dépendance réciproque, mais un lien, dont l'Etre doit être à la fois le principe et la fin.

Pour échapper aux conséquences d'une méthode qui avait conduit Plotin à s'isoler pour ainsi dire dans l'intelligible, Ficin, comme son plan l'exigeait d'ailleurs, ne voulut donc, du moins dans sa *Theologia*, connaître la nature de l'Un qu'en fonction de la multiplicité qui l'avait conduit jusqu'à lui. Par ailleurs il n'ignorait pas qu'il était un point sur lequel il n'était pas de compromis possible : celui de l'unité de Dieu, et il paraissait difficile de faire de Platon son défenseur.

S'étant posé la question : « Qu'est-ce que le Dieu de Platon »? A. Diès déclare : « Nous nous sommes trouvés à vrai dire au bout d'un certain temps un peu embarrassés par la diversité des solutions qui s'offraient et même assez embarrassés pour nous demander : « Qu'est-ce qui n'est pas Dieu pour Platon » [2]? Il faut avouer que c'est inquiétant. Mais peut-être convient-il de chercher sur quoi se fonde ce polythéisme, avant de le juger incompatible avec la théologie chrétienne. M. Gilson le trouve dans le fait que la spéculation hellénique n'a jamais réussi à se saisir de ce qui ne pouvait être qu'un principe, le principe. « Il s'en faut de beaucoup, dit-il, que la notion de Dieu corresponde chez lui au type supérieur et parfait de l'existence et c'est pourquoi la divinité appartient à une classe d'êtres multiples, peut-être même à tout être quel qu'il soit, dans la mesure exacte où il est » [3]. Effectivement le *Sophiste* nous apprend, et c'est A. Diès qui souligne « que le degré de divinité est proportionnel au degré d'être; l'être le plus divin est donc le plus être. Or, l'être le plus être c'est l'être universel ou le Tout de l'Etre » [4]. A priori on devrait donc pouvoir dire, non pas que tout est Dieu, mais que tout est divin et que seul est Dieu le Tout de l'Etre. C'est d'ailleurs la conclusion à laquelle aboutit pratiquement A. Diès au terme de sa démonstration [5] et bien que M. Gilson lui ait reproché

1. J. GUITTON, *Le temps et l'éternité chez Plotin et St. Augustin*, Paris, Boivin, 1933, p. 149.
2. A. DIES, *Autour de Platon*, Paris, Beauchesne, 1927, II, p. 556.
3. E. GILSON, *L'esprit de la philosophie médiévale*, Paris, Vrin, 1944, p. 40-41.
4. A. DIES, *op. cit.*, p. 556.
5. *Id.*, p. 561 : « Le Tout de l'Etre est à la fois Etre et Pensée, Intelligible et Intellect. Mais l'Etre est antérieur à la Pensée, et c'est l'Intelligible qui crée

d'avoir « lu en chrétien des formules qui ne sont pas chrétiennes » [1],
il n'est pas moins vrai que sa conclusion, illustrée d'ailleurs par Fénelon et Malebranche [2], est conforme à l'esprit du *Sophiste*, et quand
on lit *la République* il n'y a pas lieu de s'étonner de voir Ficin tirer
les mêmes conclusions de l'idée du Bien.

Mais bientôt, le décor change. Ficin, du ciel est redescendu sur la
terre, et c'est pour y voir des êtres qui, tous animés, sont plus ou
moins divins. Ce panpsychisme, à vrai dire, n'est pas pour nous
surprendre : il s'inscrivait dans la théorie même de l'Etre, sommet
d'une hiérarchie ou plutôt centre d'un monde, dont les divers
éléments, groupés en cercles concentriques, bénéficiaient à des
degrés divers de sa bonté et en premier lieu de son être. La théorie,
au reste, n'était pas nouvelle et en lisant les livres trois et quatre
de sa *Theologia*, on pense tout naturellement à Macrobe et aux
Stoïciens. Mais saint Thomas n'est pas oublié pour autant. Après
l'avoir cité textuellement deux fois au cours de son long chapitre
sur l'âme du monde et sur l'âme des sphères [3], il n'est pas fâché de
le nommer, avec saint Augustin d'ailleurs, parmi les auteurs qui
pensent qu'au point de vue de la foi, la question de l'animation du
ciel n'est pas tranchée [4]. Il devait le rappeler plusieurs fois, en

---

l'Intellect : c'est parce que son objet est suprêmement divin que le sujet
suprême est Dieu ».

1. E. Gilson, *op. cit.*, p. 47, n. 1.
2. Fénelon, *Traité de l'existence de Dieu*, II, 52. — *Lettres sur la Religion*,
IV, 1. — Malebranche, *Recherche de la Vérité*, IV, ch. XI.
3. Ficini *Op.*, I, 124, *Theol. Plat.*, IV, 1 : « Rursus, compositi partes in
potentia quadam sunt ad ipsum totius actum. In Deo autem nulla est adulte-
riorem actum potentia. Non ergo ex ipso et materia fit animal unum, ut stulte
putant Almariani ». (*Contra Gentil.*, I, 37, 3°). — *Id.*, p. 126 « Duodecim denique duodenarii praesunt innumerabilibus animabus, nam in qualibet
sphaera duodecim illae principes animae, alias illius sphaeras ducunt
animas. » (*Contra Gent.*, II, 70. — Aristote, *Métaphysique*, VII, 1 — VIII, 5).
4. *Ibid.*, p. 130 : « Coelestes sphaeras habere animas, non modo Platonici,
sed omnes etiam Peripatetici confitentur. Quod Aristoteles docet libro de
coelo secundo, rursus VII et VIII naturalium, secundo de anima, XI divinorum. Theophrastus etiam discipulus Aristotelis in libro de coelo Quod
Avicenna et Algazales summopere confirmarunt. Augustinus Aurelius in
Enchiridion, et Thomas Aquinas in libro contra Gentiles secundo, tradunt,
nihil, quantum ad Christianam doctrinam spectat, interesse coelestia corpora animas habere, vel non habere ». St. Thomas, *Contra Gentil.*, II, 70 :
« Hoc autem quod dictum est de animatione coeli non diximus quasi asse-
rendo secundum fidei doctrinam, ad quam nihil pertinet, sive sic, sive aliter
dicatur; unde Augustinus (*Enchiridion*, c 58) : « Nec illud quidem certum
habeo utrum ad eamdem societatem (scilicet Angelorum), pertineant sol
et luna et cuncta sidera; quamvis nonnullis lucida esse corpora, non cum
sensu vel intelligentia videantur ». Ficin cite le *De Fato*, p. 558-569, et le
De occultis operibus, p. 558.

exploitant habilement le *de fato* et le *de occultis naturae operibus*, dans lesquels saint Thomas semblait laisser la porte ouverte à l'astrologie.

Abordant ensuite la question de la nature de l'âme, il ne pouvait se passer de saint Thomas, mais Platon et Aristote avaient été assez explicites pour le dispenser de recourir fréquemment aux théologiens chrétiens. Dès le cinquième livre cependant saint Augustin intervient et jusqu'au livre douzième son influence ne cessera de s'affirmer. La raison en est que Ficin, plus préoccupé de démontrer les conséquences de la nature de l'âme que sa nature elle-même, trouvait plus d'arguments dans le *De Immortalitate animæ* que dans le *Contra Gentiles*. Ainsi le voyons-nous citer des chapitres entiers de ce traité pour nous prouver que toute âme rationnelle est immortelle, parce que « la vie est plus excellente que le corps » [1]. En second lieu il n'est pas douteux que sa psychologie s'inspire plus de Plotin que d'Aristote. Magnifique occasion, en vérité, pour montrer que le disciple de Platon avait trouvé dans saint Augustin un écho favorable et fécond. S'agit-il de prouver que l'âme n'est pas un corps, il cite autant le Docteur angélique que l'auteur des *Confessions* [2]. Mais, dès qu'il aborde la thèse majeure sur laquelle il fonde l'immortalité, à savoir, que l'âme est une forme qui occupe le corps tout entier, sans dépendre de lui en aucune façon, il emprunte ses meilleurs arguments aux deux traités de saint Augustin déjà cités et à son *De Musica*, alors qu'il ne demande à saint Thomas que de nous éclairer sur le tempérament [3].

Toutefois sa démonstration, qui occupe la plus grande partie de sa Théologie, ne devait évidemment pas se limiter à la connaissance sensible. Ayant souligné avec Plotin et saint Augustin que l'ubiquité de l'âme entraînait sa participation active à la perception des sens [4], il devait poursuivre en posant le problème sur le plan de

1. *Id.*, p. 152 et suiv., *Théol. Plat.*, V, 15 (St. AUGUSTIN, *De immortalitate Animae*, ch. VIII, IX, X, IV, XIII, XIV, XV).

2. *Id.*, p. 161, *Theol. Plat.*, VI, 2 (St. AUGUSTIN, *De quantitate Animae*, X et suiv.). — *Id.*, p. 165, *Theol. Plat.*, VI, 7, 8, 9 (St. THOMAS, *Contra Gentil.*, II, 65).

3. *Id.*, p. 175, *Theol. Plat.*, VII, 3 (St. AUGUSTIN, *De quantitate Animae*, XIV). — 5 (*De immortalitate Animae*, XVI — *Epist.*, CLVII — *De quantitate Animae*, XXXI, XXXII) — 6 (*De Musica*, VI, — 9 (St. THOMAS, *Contra Gentil.*

4. PLOTIN, III, VI, 1 — IV, VI, 2-3, Cf. M. HEITZMAN, *L'Agostinismo Avicennizzante e il punto di partenza della filosofia di M. Ficino, Giorn. Crit. della filosof. ital.* Anno XVII, vol. IV, fasc. I-II. — Il est assez difficile sur ce point de faire la part que Ficin doit à Plotin ou à St. Augustin étant donné qu'il les introduit dans son texte par la formule : « Platonica haec ita Augustinus Plotinusque comprobant ». (I, p. 178).

l'intelligence et de la raison. Or, sur les dix-huit arguments qu'il invoque pour démontrer *per intelligendi virtutem* que l'âme n'est pas un corps, dix sont empruntés à saint Thomas et quand il passe à la preuve *per rationalem virtutem*, c'est encore dans la *Contra Gentiles* qu'il va chercher les preuves de la liberté [1]. Puis ayant répondu aux objections d'Épicure, de Lucrèce et de Panetius sur la hiérarchie des êtres, pour prouver l'origine divine de notre âme, il se trouve devant le problème de la connaissance, qu'il fonde naturellement sur les idées innées. C'est assez pour nous laisser prévoir à quel maître il se réfère. Pour répondre aux Sceptiques qui niaient la valeur de la connaissance, il ouvre le *Contra Academicos* et pour réfuter les Péripatéticiens qui s'attaquaient à la doctrine même des idées [2], il trouve de solides arguments dans le *De immortalite animæ* et les *Soliloques* [3]. Puis le terrain étant ainsi déblayé, il expose, sans rien y ajouter, la théorie de l'illumination divine, qu'il confirme par une remarquable sélection de textes qu'il emprunte au *De Trinitate*, au *De vera religione*, au *De libero arbitrio*, au *De musica* et encore une fois au *De immortalitate animæ* qui se trouve finalement cité presque en entier [4].

Il faudra ensuite attendre le quatorzième livre, consacré au désir inné qui porte l'âme humaine à vouloir se faire dieu, pour retrouver saint Thomas, qui est appelé à nous prouver que l'âme aspire effectivement à la Vérité totale et au Souverain Bien [5]. Mais là encore, l'esprit de saint Augustin se retrouve partout entre les lignes. On sait, en effet, quel rôle joue chez lui, comme chez Platon et surtout chez Plotin, ce désir de Dieu et quand on aura ajouté que Ficin considérait comme un dogme la supériorité de la volonté et de l'amour sur l'intelligence et la connaissance, on saura tout ce qu'il devait à l'auteur des *Confessions* qui, comme lui, avait avant

---

1. FICINI *Op.*, I, 189 et suiv. *Theol. Plat.*, VIII, 4 (*Contra Gentil.*, II, 65), — 6, 7, 8, 9, 10 (*Contra Gentil.*, II, 49) — 11 (*Contra Gentil.*, II, 50) — 15 (*Contra Gentil.*, II, 49) — *Id.*, I, p. 206, *Theol. Plat.*, IX, 4 (*Contra Gentil.*, II, 48 — III, 85).

2. *Id.*, I, p. 263, *Theol. Plat.*, XI, 7 (St. AUGUSTIN, *Contra Academ.*, III, XI — *De vera religione*, XXXIX — *De Trinitate*, X, 3-5).

3. *Ibid.*, p. 264, *Theol. Plat.*, XI, 8 (*De immortalitate Animae*, IV, 6 — *Soliloq.*, II, 20).

4. *Id.*, I, p. 275, *Theol. Plat.*, XII, 5 (*De civitate Dei*, X, 30 — XII, 13 — XIII, 19 — *De Trinitate*, IV, 15 — *De vera religione*, XXIX, XXX, XXXI, 53-58 — *De libero arbitrio*, II, XII, 34 — *De vera religione*, XXXII, 59-60 — XXXIV, 64, XXXIX, XL, 72-74). — *Ibid.*, 6 (*De Musica*, VI, ch. II, 3 — VII, 17-18 — VIII, 20-21 — IX, 23-24 — X, 27-28 — XII, 34-36).

Ibid., 7 (*De Trinitate*, IX, 6-9 — XLV, 15-21 — *De immortalitate Animae*, I, 1 — VI, 10-11 — XI — XII, 8-19).

5. *Id.*, I, p. 307, *Theol. Plat.*, XIV, 2 (*Contra Gentil*, III., 20-25).

tout cherché à connaître Dieu et l'âme. *Deum et animam scire cupio* [1].

Reste à compléter sa dette envers saint Thomas : elle est encore assez considérable. Nous avons dit qu'au terme de sa démonstration, Ficin avait éprouvé le besoin de répondre à cinq questions ou objections : Est-ce que l'âme des hommes est unique? Pourquoi les âmes sont-elles enfermées dans des corps terrestres? Pourquoi, si elles sont divines, sont-elles si troublées et ont-elles tant de peine à quitter le corps? Enfin quel était leur état avant qu'elles soient unies aux corps et que deviennent-elles quand elles le quittent?

A la première question concernant l'erreur d'Averroès, Ficin aurait pu répondre par le *De unitate intellectus contra Averroistas Parisienses* de saint Thomas. En fait, il a composé un véritable traité, qui est du plus haut intérêt pour l'histoire de cette querelle, mais si les résonances thomistes y sont indéniables, il est difficile de préciser les emprunts qu'il a pu faire à celui qui, avant lui, avait si brillamment répondu aux Averroïstes.

Mais, c'est de nouveau la *Contra Gentiles* qu'il reprend pour répondre à la dernière question. On demande quel était l'état de l'âme avant d'être unie au corps. Ficin répond : les âmes sont créées chaque jour et il cite toujours d'une manière anonyme les arguments de l'article quatre vingt-trois du deuxième livre. Quant à savoir ce qu'elles deviennent après la mort, après avoir exposé l'opinion des Platoniciens qui sont d'accord avec les Chrétiens sur les neuf chœurs des Anges, auxquels correspondent les neuf degrés de gloire des élus, il ajoute : « Mais voici que le souvenir du saint Évangile semble nous inviter à abandonner les détours philosophiques pour chercher la béatitude par un chemin plus court qui est celui des théologiens chrétiens et en premier lieu de Thomas d'Aquin, *Christianae splendor Theologiae* [2]. Et cette transition nous ramène une dernière fois à cette Somme, lue, relue et même copiée [3], où quatre articles du livre troisième et cinq articles du livre quatrième, nous fixent sur l'état des âmes pures et des corps des

---

1. St. AUGUSTIN, *Soliloq.*, I, 2.

2. FICINI *Op.*, I, 410, *Theol. Plat.*, XVIII, VIII : « Sed ecce iam beata Evangelii sancti commemoratio nos admonere videtur, ut Philosophicis dimissis ambagibus, breviori tramite beatitudinem ea quaeramus via, qua Christiani ducunt Theologi ac Thomas Aquinas in primis, Christianae splendor Theologiae ».

3. Ficin a copié à la suite de certains de ses manuscrits des pages de la *Contra Gentiles*. Voir en particulier *Vat. Borg. groecus*, 22, p. 157 r à 167 v.

bienheureux [1]. Au total, prises dans le détail, au moins une centaine
de citations plus ou moins textuelles s'inscrivent au bilan de ce
que Ficin doit à saint Thomas. On conçoit dans ces conditions qu'il
ait pu dire qu'il lui avait évité de tomber dans l'hérésie. N'oublions
pas, en effet, que toutes ces citations sont ici et là noyées, non seulement dans des textes de Platon et d'Aristote, mais dans ceux de
Plotin, de Proclus, de Jamblique, de Mercure Trismégiste, et que
le plus souvent les textes de l'Écriture Sainte qui servaient de
conclusion aux articles de saint Thomas, sont ici remplacés par des
sentences de Zoroastre ou des vers d'Orphée !

Assurément, il aurait pu éviter l'hérésie, sans lire la *Summa
contra Gentiles*, puisque c'est par saint Augustin qu'il était venu à
Platon, mais l'enthousiasme aidant, sa marche eût été moins sûre,
et si l'on devait retrancher de sa Théologie platonicienne tout ce
qu'il doit à saint Thomas, non seulement on en compromettrait la
valeur, mais on risquerait fort d'en compromettre en même temps
l'orthodoxie. Est-ce que saint Antonin avait deviné le danger en
lisant les *Institutiones platonicæ* du jeune Ficin ? Il nous paraît désormais difficile d'en douter, car les faits sont là, et il est certain que
la *Contra Gentiles* a effectivement joué le rôle d'un antidote pour
prémunir le nouvel héritier de Platon contre la séduction des textes
et les égarements de la « fureur divine ». Sans doute, l'œuvre de-
meure-t-elle encore trop lourde de théories dépassées et d'arguments puérils, mais elle n'en est pas moins précieuse, car, unique
en son genre, elle fut l'essai le plus brillant de la pensée religieuse
en son siècle et le succès que connut pendant tant d'années cette
œuvre que l'on qualifiait d'*opus aureum* [2] nous autorise, sans

---

1. FICINI *Op.*, I, 412 et suiv. (*Contra Gentil.*, II, 80, 50, 52, 58, — IV, 79,
81, 82, 85, 86).
2. Préface de l'édition de Venise (1524) : *Lucas Panetius, canonicus Olchi-
nensis, artium et legum professor Reverendissimo domino Hieronymo quirino,
Patriarchae Venetiarum Dalmatieque primati* : « ...Quod quidem quam faciat
ad omnium antiquorum dicta, quesita et notabilia in toto volumine recen-
senda tuum gravissimum expostulo iudicium. Quidquid enim disputatum
fuit ab antiquis de essentia divina, de ideis, de divina providentia, de anima
mundi, de intelligentiis, de spheris celestibus, de paradiso, de quatuor ele-
mentis, de purgatorio, de limbo, de inferno, de materia et forma, de generibus
causarum, de casu et fortuna, de fato, de motu, de infinito, de loco vacuo et
tempore, de mundi eternitate, de anima intellectiva, de animabus brutorum
et vegetabilium, de geniis, de demonibus, de resurrectione, de miraculis, de
insomniis, de prophetis, de religione, de omnibus veterum sapientium pro-
blematibus ad unius oculi ictum videre poteris, omniumque philosophorum
nomina, quotquot ab initio mundi fuerunt, cum opinionum varietate in
propatulo habebis. Quid vero utilitatis afferat hoc aureum Marsilii opus ex
hoc ipso datur intelligi, quod vir et grece et latine doctissimus, velut per

préjuger des conclusions que nous en pourrions tirer, à la considérer à la fois comme la « Somme » théologique de la Renaissance et l'expression la plus profonde et la plus exaltante de l'humanisme florentin, pour qui le Beau était inséparable du Vrai.

campos elyseos ac florida prata decurrens primaria queque archana ac recondita ex scriptis Moysi, Mercurii Trismegisti, Zoroastri, Pithagore, Orphei, Hypocratis, Platonis, Aristotelis, Hesiodi, Posidonii, Xenophontis, Lucretii, Ptolomei, Plotini, Porphyrii, Numenii, Origenis, Iamblici, Avicenne, Algantelis, Plutarchi, Averrois, Salomonis, Ioannis Evangeliste, Pauli apostoli, Dionisii areopagite, Augustini, thome et recentiorum theologorum christianorum excerpsit, declaravitet omnibus eruditis familiaria reddidit ».

L'éditeur de l'édition de Paris (1559) qui a reproduit dans sa Préface au lecteur le texte ci-dessus sans en indiquer l'origine, ajoute : « Quo nomine cum maximam in primis gratiam Marsilio, qui ea velut apis arguta quasi per campos Elysios ac florida prata discurrens, undique delibata collegit, suoque seculo edidit, tum nobis etiam nonnullam deberi putamus, qui opus tam insigne iam diu cum tineis ac blattis decertans, caliginosisque mendorum tenebris pene obscuratum in lucem dignitatemque suam restituendum curavimus, indignum arbitrantes cum tam multa passim neotericorum scripta et sane levia illa quaedam, quaedam etiam perniciosa et impia, chartis illinantur, in manibus versentur, legantur, amentur veterum authorum monumenta gravissima, utilissima, religiosissimaque contemni ac negligi et velut pro non scripta haberi ».

APPENDICE I

La *Vita Marsilii Ficini* de Giovanni Corsi n'est pas inédite. A. M. Bandini la publia pour la première fois en 1771 à Pise avec une Introduction et des Notes explicatives, sous le titre : « Commentarius de Platonicae philosophiae post renatas litteras apud Italos instauratione ». Reprise sous cette forme par Ph. Villani dans son *Liber de Civitatis Florentiae famosis civibus*, elle fut rééditée par G. C. Galetti à Florence en 1847 et récemment H. J. Hak., qui ignorait, semble-t-il l'édition Galetti crut bon de publier le texte de Corsi à la suite de sa thèse sur Marsile Ficin, présentée à Amsterdam en 1934.

Rééditer ce texte une fois de plus pouvait donc paraître superflu, car s'il est vrai que la première édition est rare, les deux autres le sont beaucoup moins. En fait, un tout autre motif nous a motivé notre décision. Nous devons à M. P. O. Kristeller la découverte de la version originale de cette Vita Ficini et nous avons pensé qu'elle méritait d'être publiée. Étudiant le manuscrit qu'il avait découvert à la bibliothèque de Modène (Fonds Campori. Appendice 310 γ, t. VI, 16) M. Kristeller ne tarda pas à se rendre compte que Bandini avait utilisé un texte quelque peu différent. Intrigué par les variantes, purement grammaticales d'ailleurs, il voulut en connaître l'origine et la trouva en découvrant successivement le manuscrit de Bandini et celui sur lequel il avait copié le texte de Corsi [1]. Le premier est le Ms. *Marucelliano A 228*, qui se compose de deux fascicules, le premier ne donnant que le texte de Corsi en écriture courante, le second, d'une calligraphie plus soignée, offrant et le texte et les notes de Bandini. Quant au second manuscrit, une note marginale de Bandini, conduisit M. Kristeller à la Bibliothèque nationale de Florence où il trouva effectivement au fol. 46 du H A 1061, devenu le *Magliabechiano IX 123* la Vita Marsilii Ficini per Ioannem Cursum. Ainsi l'histoire de ce texte se trouve complétée et, étant donné sa valeur, il nous a paru intéressant de le publier dans sa version originale, encore inédite.

Bien que cette biographie se passe désormais de commentaires, nous avons tenu à citer les références aux textes de Ficin qui forment l'essentiel des Adnotationes de Bandini.

1. Cf. KRISTELLER. *Studies in Renaissance Thought and Letters*, p. 205-211.

VITA MARSILII FICINI PER JOANNEM CURSIUM

Joannes Cursius Bindacio Recasulano S.

Cum animadvertissem, bindaci, te ut par erat dolorem quem nuper acceperis ex Bernardi Oricellarii nostri digressu moderate quidem ut cetera soles ferre, sed nec potuisse, nec id fuisse humanitatis tuae non graviter commoveri quod tanti viri, qui nuper in Galliam profectus est, consuetudine iucundissima orbatus sis, putavi eam tibi curam non nihil posse levari si animum tuum ab hominis amantissimi desiderio revocatum ad Marsilii Ficini tui memoriam in qua libenter soles acquiescere recolendam traducerem. Nam cum statuissem de vita deque moribus eius optima quaeque et memoratu dignissima carptim describere, tu mihi visus es in primis hoc munere dignus, qui recordatione illius viri posses hanc animi molestiam et acerbitatem non solum abstergere, sed mollem etiam et iucundam solitudinem tuam efficere. Fit enim quam saepissime ut quemadmodum praeclara ingenia illustrium virorum simulacris ad gloriam et virtutem inflammantur, quod de Q. Maximo et P. Scipione a veteribus memoriae proditum est [1], sic ex frequenti amicorum recordatione omnis a nobis animi aegritudo ac tristitia depellatur. Quis vero dum vixit tibi Marsilio charior ac suavior? quis Marsilio quam tu gratior et acceptior? Sed de homine accipe. Vale Florentiae XIII Kalendas Maias MDVI.

I. — Marsilii Ficini vitam et mores scribere cogitanti, illud in primis sese offert memoratu dignum, me facturum me verba de eo viro, qui clausa multis jam saeculis divini Platonis adyta, se duce, penetraverit, et omnem penitus Academiam perscrutatus, ejus placita ac mysteria omnia non solum ipse inspexerit, sed ceteris quoque monstraverit aperueritque et exposuerit. Id quod nemo alius proximis mille annis aut tentavit aut potuit. Fecit hoc ingenii mira felicitas, studium ardens, incredibilis voluptatum omnium et pecuniae in primis contemptus [2]. Nec minus Principum sub quibus vixit indulgens benignitas, sine qua frustra illa fuissent, quo facilius omnibus illud innotescat « non posse sapientiae amatores, nisi per bonos Principes multum proficere, neque rursus Principes ipsos Rempublicam optime nisi per sapientes viros administrare ». Sed ad Marsilii vitam venio.

II. — Marsilius patria Florentinus fuit, genere neque admodum obscuro, neque etiam satis claro [3]. Patrem habuit Ficinum, medicum insignem ac praesertim Chirurgicae artis sollertia, qua omnes sui tem-

---

1. Cf. SALLUSTE. *Jugurtha*. Préface IV, 5-6.
2. FICINI *Op.*, 621,2-874,3-943,3-912,4-815,3-650,5.
3. *Id.*, 644,1-615,3-670,2-955-2 901.2.

poris longe superavit; ob eamque rem multos sibi primae nobilitatis viros devinxit. Sed Medicibus apprime carus, qui tunc in Republica principem tenebant locum.

III. — Natus est autem anno a salute christiana trigesimo tertio supra millesimum quadringentesimum, decimo octavo Kal. Novembris, quo tempore Cosmus Medices adversantium civium factione in exsilium Venetias pulsus est. Prima ejus incunabula non satis nota sunt rudimentaque etiam sub minutis sane ac frigidis praeceptoribus fuere [1] quod ex angustia magis contigit rei familiaris, qua Ficinum patrem ex incuria laborasse accepimus, quam penuria meliorum. Siquidem Cosmus non toto vertente anno in patriam revocatus, Republica brevi firmata, animum induxerat nihil non faciendum, unde sibi et patriae immortalitatem pararet. Vir quidem verae laudi unus omnium maxime deditus, quare non in postremis habuit bonarum litterarum studia, illis temporibus pene obruta, pro viribus excitare [2]; quicumque ingenio pollerent, eos sua illa incredibili munificentia fovere, sublevare, ad divitias honoresque provehere arbitratus, id quod est, cuncta laudis monimenta brevi peritura nisi scriptorum adsit fidelis atque aeterna memoria [3].

IV. — Interim vero celebratum est Florentiae concilium [4] in quo praesidente Eugenio Pontifice maximo, Graecorum haeresis penitus discussa est. Accesserunt cum Imperatore graeco viri quamplurimi ingenio et doctrina clarissimi. In quibus Nicolaus Euboicus graece latineque doctissimus [5] et Plethon ille Gemistus, quem Platonem alterum Marsilius appellat, facundia pariter et doctrina celeberrimus [6]. Hunc, cum saepe Cosmus pro Academicis disserentem eorumque placita summa omnium admiratione referentem audiret, ferunt exarsisse hominem cupiditate incredibili Platonis philosophiam longo velut postliminio in Italiam revocandi quamprimum [7], quod quidem non multis post annis illi ut faceret divina quadam sorte per Marsilium concessum est, qui humanioribus litteris in adolescentia abunde eruditus, in Platonis amorem per Marcum Tullium illi conciliatus adeo accensus est, ut, ceteris omnibus posthabitis, unum illud animo volveret, quomodo ad Academiae fores accedens, Platonem, quem divinum plerique omnes atque adeo philosophorum deum appellant, ejusque familiam omnem propius videre et coram adloqui posset. Igitur invigilare, observare undique a Latinis auctoribus excerpere; nihil denique sibi reliqui facere, quod suscepto operi censeret profuturum. Propterea latinos omnes platonicos, Ciceronem videlicet, Ma-

1. *Id.*, 640.2.
2. *Id.*, 944.2.
3. *Id.*, 607.1-646,2.
4. Cf. *Paolo Mattheus de Petribonis. Plut. LXI*, 35, p. 170.
5. Cf. FABRICIUS. *Bibl. graec.* III, cap. 30, § III.
6. *Id.*, x-739.
7. FICINI *Op.*, II, 1537. — MACHIAVEL, *Istor. florent.* VII.

crobium, Apulejum, Boetium, Augustinum, Calcidium et alios id genus numquam e manibus dimittere, in quos pleraque etiam eo temporis commentatus est, quae numquam in vulgus prodierunt : ea mox apud Philippum Valorium reliquit, virum patritium ac sui cum primis studiosum [1].

V. — Quum haec Marsilius animo agitaret, pellitur tandem, instante patre, et urgente rerum angustia, Bononiam invitus admodum, ubi relicta Academia Peripateticis operam daret ac neothericis quidem, a quibus natura et animo longe abhorrebat ut mox ipse quoque paternam medicinae artem profiteretur. Verum divino, ut patet, beneficio quum Florentiam aliquando divertisset atque a patre ad Cosmum salutandum duceretur, ferunt Cosmum, visa juvenis indole cognitaque per eum ingenti studiorum, quibus flagrabat, cupiditate, mirifice laetatum, quasi jam penitus animo concepisset hunc dubio procul futurum, quem pro illustranda Platonis philosophia jampridem destinaverat. Postmodumque, Ficino ad se vocato, hominem hortatum ut ultro Marsilii studiis accurreret, nisi invita Minerva agendum, nec esse quare rei domesticae angustias accusaret, numquam se illi ulla in re defuturum [2], suppeditarum largissime omnia : « Tu, inquit, Ficine, corporibus, at Marsilius hic tuus animis medendis coelitus nobis demissus est » [3].

VI. — His tanti viri monitis, Marsilius spe plenus sese animo toto et mente convertit ad Platonis studia, annum jam natus sextum et vigesimum. Brevi igitur Graecas litteras edoctus, Platina ut accepi, praeceptore, Orphei hymnos exposuit, miraque, ut ferunt, dulcedine ad lyram antiquo more cecinit. Pauloque post MERCURII TRISMEGISTI librum *de sapienta divina et opificio mundi* in latinum, Cosmo hortante, vertit [4]. Quamobrem praedio avito Caregiano in ipsis prope suburbiis, necnon domo urbana, libris quin etiam graecis egregie scriptis, Platone et Plotino, magni quidem precii, illis praesertim temporibus, munere prorsus amplissimo ab eo donatus est [5].

VII. — Ejusdem etiam non multo post cohortationibus et auctoritate motus ad Platonem totum ad Latinos traducendum sese animo convertit, id quod proximo quinquennio absolvit, annos tunc ipse natus quinque ac triginta. Cosmo vero jam vita functo, sed Cosmo Petrus filius in hereditatem atque administrandae cura Reipublicae successit. Vir ingenii mitissimi et qui clementia et mansuetudine, ut ceteras hominis virtutes taceam, cuivis e maximis Principibus comparandus. Ceterum articulari correptus morbo Rempublicam per Optimates gubernabat. Quod quidem illi quinquennio duntaxat (totidem

1. *Id.*, 929,2.
2. *Id.*, 493-616,3-622,2-648,3.
3. Bandini cite les textes de Paolo Orlandini dans lesquels son maître Ficin rappelle ce qu'il doit aux Médicis. Cf. *Sup. Fic.*, II, 267.
4. FICINI *Op.*, I, 645,2-933,2.
5. *Id.*, 608,1-648,2.

enim annos Cosmo patri superstes fuit) per valitudinem licuit. Ad eum frequenter cum Marsilius adiret Platonicaeque philosophiae praecepta aperiret, iis mirum in modum affectus Petrus Marsilium compulit ad publicandas in Platonem traductiones [1] easque publice interpretandas atque praecipiendas, quo tam sublimis doctrinae tantaeque philosophiae novo splendore sui quoque cives illustrarentur. Marsiliumque et ipse multis voluminibus, cum Greacis, tum Latinis, magnae quidem aestimationis donavit, quae ad Platonis dogmata enarranda atque explicanda plurimum conferebant. Publice itaque eo tempore Marsilius magna auditorum frequentia Platonis *Philebum* interpretatus est [2] in quem adhuc etiam illius temporis nonnulla ejus exstant collectanea et cum iis quoque *declarationum Platonicorum* quatuor volumina.

VIII. — Cogitavit hoc tempore Marsilius Platonicae Theologiae volumen farcire instar prope Gentilium religionis, nec minus etiam Orphei hymnos ac sacrificia invulgare, sed divino prorsus miraculo, id quo minus efficeret, in dies magis impediebatur, quadam, ut aiebat, spiritus amaritudine distractus; id quod et divo Hieronymo in Cicerone accidisse memoriae proditum est [3]. Quo quidem tempore ad levandum hunc, si quomodo posset, animi dolorem, commentaria in amorem scripsit, ad quem librum componendum Joannes Cavalcantes, vir patritius ac Marsilio cumprimis carus, eo quidem consilio adhortatus est, ut eodem tempore dolori obviam iret, et vanae pulchitudinis amatores ad immortalem pulchitudinem revocaret. Multaque praeterea alia tentavitque ad mentem exhilarandam, sed frustra omnia. Tandem aperte cognovit divinitus ea se pati, quod a Christianis plus nimio transfugisset. Quamobrem immutata mente *Platonicam* ipsam *Theologiam* ad christianos ritus traduxit, voluminibus duo de viginti ea de re compositis. Composuit insuper et *de Religione Christiana* librum unum [4] atque ita per haec nimirum studia quietem consolationemque adeptus, omnem illam animi aegritudinem penitus depulit. Sed quum jam annos aetatis suae duos ac quadraginta exegisset, ex pagano Christi miles factus, ex duobusque sacerdotiis, quorum curam per Laurentium Medicem susceperat, proventus annuos satis honestos capiens, patrimonium omne fratribus reliquit.

IX. — Hic magnus ille Laurentius, Petri filius, Cosmi nepos, de quibus supra mentionem fecimus, quem respublica Florentina Augustum, Moecenatem vero bonae artes expertae sunt [5]. Nullae siquidem fuere, eo vivente, quantunvis reconditae disciplinae, quae non floruerint aut pretium non acceperint; appellataque tunc passim Florentia

1. *Id.*, II, 1537. I., 872,3-929,3-899,2-928,2. Cf. *Sup. Fic.*, II, 105.
2. POLITIANI *Op.*, 1498. Cf. n. 6 v. *Id.*, *Opera*, Basilea, 1553, in finem *Miscellaneorum.* FICINI *Op.*, I, 936,2.
3. HIERONYMI *Epist.*, XXII, ad Eustochium (30).
4. FICINI *Op.*, 750,1 (*Sup. Fic.*, I, 29) — 804,3.
5. *Id.*, 618,2-621,2-902,2. — *Politiani Epist.*, IV, p. 133.

urbs ex conventu doctissimorum virorum Athenae alterae. Unde non immerito sane a quodam e doctioribus ita scriptum : « debere quidem litterarum studia plurimum, sed inter Florentinos Medicibus, inter vero Medices, Laurentio [1] : quocirca nostrorum temporum calamitas maxime miseranda; quandoquidem in nostra civitate pro disciplinis ac bonis artibus inscitia at ignorantia, pro modestia et continentia, ambitio et luxuria, pro liberalitate avaritia dominantur. Atquo adeo ut nihil omnino cum Republica, nihil cum legibus agatur, sed pro libidine cuncta, ita ut optimus quisque a plebe per ludibrium oppugnetur. Quam veluti saevissimam novercam detestatus nuper Bernardus Oricellarius, exsulandum sibi duxit potius, quam diu esse in ea urbe, unde una cum Medicibus omnium bonarum artium disciplinae atque optima majorum instituta exsularent.

X. — Sed redeo ad Marsilium, qui praeter ea, quae hactenus commentatus fuerat, quum librum *Contra pestem* edidisset [2] et librum alium *De opinionibus Philosophorum* omnium, quid illi scilicet de Deo, quid de anima senserint, tum et de vita etiam tres libros convertit se totum ad argumenta, quae in omnia Platonis opera jam dudum parturiebat [3]; eaque brevi sex et quinquaginta voluminibus distributa exhibuit omnibus legenda, et cum iis etiam ipsam, de qua paulo ante diximus Platonis Theologiam, quam mox amicorum plerisque toto fere trienno domi interpretatus est, et post etiam publice, Pico Mirandula et primis ex nobilitate audientibus. Quo etiam tempore *de Voluptate* nonnulla conscripsit [4].

XI. — Annum deinceps agens unum ac quinquagesimum Pici Mirandulae precibus Plotini traductionem aggressus est [5], qua vix incepta Canonicis Florentinis, quae haud parva est dignitas, per Laurentium Medicem adscriptus est, summo collegarum atque adeo Civium omnium gaudio [6]. Tunc divina Evangelia frequenti populo ac ingenti omnium gratia publice enarravit [7]. Proximo quinquennio Plotinum integrum latinis legendum praebuit, in singula ejus quatuor et quinquaginta volumina editis argumentis. Ob quam aegregie navatam operam maximam sibi apud omnes gloriam comparavit. Siquidem hic est ille Plotinus quem Platonici ipsi sudantes vix intelligunt, tanta in eo est, tum sermonis brevitas, tum doctrinae profunditas! Quare merito laudatur Marsilius, qui obscurissima tanti Philosophi enigmata, ne dixerim dogmata, Latinorum omnium primus aperuit atque edocuit.

XII. — Post haec SYNESIUM DE SOMNIIS, PSELLUM DE DAEMONIBUS, JAMBLICHUM *de mysteriis Aegyptiorum*. Item PRISCIANUM Lydium

1. POLITIANI *Epist.*, XII, 32.
2. FICINI *Op.*, 899,2.
3. *Sup. Fic.*, II, 88, 89, 91.
4. Firenze, Bibl. Laurent. *Plut. XXI*, 8.
5. *Id.*, *Plut. LXXXII*, 10, 11
6. FICINI *Op.*, I, 874,3-930,4-815,2,3.
7. *Id.*, 881,2.

in Theophrastum de Anima [1] cum ejusdem PRISCIANI additionibus, in quem et argumenta etiam conscripsit quaedam, simul et PORPHYRII *de abstinentia* ac *de occasionibus* ad divina, nonnulla etiam ex HERMIA *in Phaedrum* et ex JAMBLICHO *de secta Pythagorea* et ex THEONE Smyrneo *de Mathematicis*, ALCINOI quin etiam *compendium in Platonem*, una cum SPEUSIPPI *definitionibus*, *proverbiisque* PYTHAGORAE et cum XENOCRATE de *consolatione*, quaedam insuper *de resurrectione* ex ATHENAGORA. Nonnulla praeterea PROCLI *in Alcibiadem*, *in Rempublicam* et *de sacerdotio* e graecis transtulit ad latinos, sed aetatis anno octavo et quinquagesimo.

XIII. — Plotino in vulgus edito, ad DIONYSII AREOPAGITAE libros in Latinum traducendos sese totum convertit, utpote rem Christianam plurimum adjuvantes et a Platonica disciplina nihilum discrepantes [2]. Circumferuntur preterea *XII Epistolarum volumina* adulterinis Marsilii titulis ad amicos quamplures falso inscripta, quae praeter admodum pauca, pluribus sparsa locis, ad speculatricem Philosophiam pertinentia, videlicet *de Quinque clavibus in platonicam theologiam* et in eamdem compendium, *de Raptu Pauli ad tertium caelum*, *de Lumine*, *de Stella Magorum* atque alia hujuscemodi nonnulla, summa doctrina et artificio conscripta. Reliqua omnia Ficino ex fratre nepoti adscribenda sunt [3].

XIV. — Supremo vitae septennio, editis quae *de Fatali Platonis numero* ex octavo de Republica libro scripserat, tum *de Sole et Lumine*, nova in Platonem totum commentaria orsus est, tum et perutilem in singulos ejus libros divisionem, quo facilius scriptoris mens atque dilucidius comprehenderetur. Quo anno absolutis in *Parmenidem* ac *Timaeum* doctissimis commentariis, pleraque etiam in DIONYSIUM *de Mystica Theologia*, tum *de Divinis nominibus* conscripsit absolvitque. Postremo vero tempore praeterquam in *Parmenidem* et *Timaeum*, in *Thaeetetum* etiam in *Philebum*, *Phaedrum* et *Sophistam* edidit commentarios. Nec minus etiam hoc quoque temporis Divi Paulli epistolas in magna frequentia publice exposuit, in quas et commentaria aggressus, morte interea praeventus, reliquit imperfecta.

XV. — Hactenus de Marsilii scriptis, quae a nobis ad hanc diem comperta sunt. Reliquum est, ut de vita ac moribus hominis aliqua referantur. Statura fuit admodum brevi gracili corpore et aliquantulum in utrisque humeris gibboso. Lingua parumper haesitante atque in prolatu litterae dumtaxat S balbutiente, sed utrumque non sine gratia. Cruribus ac brachiis, sed praecipue manibus oblongis. Facies illi obducta et quae mitem aspectum ac gratum praeberet, color sanguineus. Capilli flavi ac crispantes et qui super frontem sursum pro-

1. *Id.*, 896,3-893,3.
2. *Id.*, 912,4.
3. *Id.*, 618,1 — 756,2.

tenderent [1]. Corporis temperatura in sanguine excedebat, sed tenui ac subtili quique rubenti bili admixtus esset [2]. Valitudo illi haud satis constans, quippe qui ex debilitate stomachi plurimum laboraret et quamquam in convictu hilarem se ac festivum semper exhiberet, in solitudine tamen desidere ac moerore quasi torpescere putabatur, quod proveniebat sive ex atra bili, quam nimia bilis adustio ex continua lucubratione suggereret, sive, ut ipse dicebat, a Saturno, quem oriens habuerit in Aquario adscendentem ac prope cum tetragono Martis in Scorpione [3].

XVI. — Post annum aetatis quintum ac quadragesimum valitudine aliquanto meliori usus est, quamquam per omnem vitam, ut diximus, numquam satis valuerit. Salus in illo aegrotante ac graviter affecto saepe desperata [4] qua recepta ad annum evasit aetatis sextum ac sexagesimum, non paucis ex amicis vota pro eo persolventibus. Ingenio miti fuit et eleganti, nec minus etiam mansueto, quamvis ex impulsu bilis in iracundiam celer nonnumquam prorumperet, sed cito tamen placabilis, quasi instar coruscantis fulguris. Injuriam facile obliviscebatur. Officiorum immemor numquam [5]. In libidinem nequaquam proclivis; in amorem tamen non secus ac Socrates rapiebatur, moreque Socratico de amore cum adulescentibus colloqui solitus ac dissertare. Cum quibus ita versabatur, ut quanto eos ipse magis diligeret, tanto ab iis majori in honore atque observantia coleretur. Vestitu per omnem vitam ac supellectile tenui contentus. Mundior quam lautior ab omni luxu penitus alienus. Impensius ad vitam necessaria procurabat; cibi alioqui parcus, sed qui probatissima vina conquireret. Nam vini avidior habitus est, ita tamen ut e compotationibus numquam ebrius discesserit, numquam ineptior, saepe tamen hilarior.

XVII. — Convivabatur apud se aut apud amicos frequenter quidem sed modestissime, apud Medices praesertim, a quibus saepissime accipiebatur [6]. Animo fuit remisso atque, ut diximus, mansueto cum in omnibus, tum etiam in disputando, ubique festivus ac confabulator egregius, quippe qui urbanitate ac salibus nemini concederet. Exstant pleraque ejus dicta etruscis prolata verbis; suntque quotidie in ore amicorum frequentia, plena facetiarum, jocorum ac risus, et quibus etiam interdum, ut Poeta inquit : Vafer circum praecordia ludat. Ea vero sigillatim referre, praeterquam quod longum nimis, absonum quoque esset, non egestate minus linguae ac rerum novitate quam patrii sermonis proprietate.

XVIII. — In rerum inventione facilis semper atque felix; in disputando non ita efficax aut promptus, atque ita inveniebat ut parum a

1. *Id.*, 741,1.
2. *Id.*, 732,3-502.
3. *Id.*, 733,1.
4. *Id.*, 644,3-821,2-901,2-761,1-755,3.
5. *Id.*, 869,4.
6. *Id.*, 745,2-936,2-657,2.

Poeta recederet. Stylus illi ad Philosophiam commodus ac decens. Sorte semper sua contentus fuit, ut nulla unquam profundendi aut cumulandi cupiditate agitaretur [1]. Ad res vero agendas (ut Philosopho par est) negligentior. Valitudinem attente curabat, nec suam solum, sed amicorum etiam omnium quippe cum medicinae et non minima studia impartitus esset, curationes egregias, sed gratuito semper obierit.

XIX. — Nonnullos, quod mirabile visu fuit, atra bile vexatos medendi solertia ita curavit, ut ad pristinam redigeret valitudinem; a Medicibusque, si quando oporteret, ante omnes accersebatur [2], pro qua quidem familia, restituta pluribus sanitate, non vulgarem sane operam navavit. Observaverat quin etiam plurima ad Physiognomiam spectantia, in qua quum non parum studii in prima juventa consumpsisset, evaserat artifex egregius. Astronomiae quoque non vulgarem operam dedit, qua in re plurimum laudis ac praesertim in confutandis Astrologis asseoutus est. Genethliacos siquidem ac sciolos omnes, contentiosos scholasticos, Peripateticis, Neotericis tantum addictos, cane, ut aiunt [3], pejus et angue evitabat.

XX. — Illud vero nequaquam omittendum : in Magia habitum esse singularem atque divinum, malis daemonibus ac manibus pluribus e locis pulsis fugatisque, Religionis ubique defensor acerrimus, superstitioni supra modum infensus [4]. Bonas artes suscitandi cupidissimus, sed ad Platonicas disciplinas unice semper proclivis. In reconciliandis amicis studiosissimus. Pietatis exempla in parentes, agnatos atque in amicos et defunctos haud parva exhibuit, sed in matrem Alexandram praecipue, quam singulari cura et observantia quamquam esset valitudinaria, ad quartum et octuagesimum vitae annum produxit. Rusticatione suburbana frequenter utebatur [5]. Amicis pro re gravi operam implorantibus presto affuit semper, eosque auctoritate et gratia, qua apud Medices omnes plurimum valuit, si opus esset, juvit. Calamitate depressis sese quamprimum consolatorem praestitit. Aerumnosos siquidem dulcius consolabatur, quam delinquentes severius objurgaret. Humanitatem denique, mansuetudinem, charitatem in omnes pariter exercuit. Amicos vero quot et quales habuerit, facile est ex nuncupationibus suis agnoscere, ex illis etiam et Epistolarum libris, quos supra diximus, a Ficino ex fratre nepote compositos in plerisque et in ordine redactos. Sed conveniebant hominem inter alios quotidiano propre convictu Bernardus Oricellarius, Joannes Canaccius et Bindacius Recasolanus, viri quidem priscae integritatis atque eruditionis, quales ut Poeta dixit [6], nec animae candidiores terra tulit. Exstat

1. *Id.*, 732,3.
2. *Id.*, 874,3.
3. HORACE. *Ep. I*, XVII, 30.
4. FICINI *Op.*, 813,2-897,3-912,3.
5. *Id.*, 787,2-859,4-662, 1-893, 2. — POLIT. *Epist.*, ed. 1542, X, p. 394.
6. HORACE. *Sat.* I, v, 41.

adhuc enim in Bernardo sublime et grave ingenium, quippe qui rerum agendarum sollertia suae aetatis cesserit nemini, litteratura plusquam mediocris, sermo castus, animus liber et nullis obnoxius, antiquitatis mira observantia, nihil denique in homine, nisi patritium; nihil, nisi senatorium; sed de illo alibi cumulatius. In Canaccio morum severitas, sermo gravis, grata urbanitas, acutissimi sales, et qui vita et moribus Cincinnatos illos et priscos Seranos referat. At in Bindaccio mite ac lene ingenium, mansuetissimi mores, suprema benignitas. Cum iis viris Marsilius locos saepe graves ex Philosophia tractare interdum et jocari solitus et confabulari.

XXI. — Supremo vitae quinquennio Cosmi Pactii Arretini Pontificis familiaritate plurimum delectatus, viri quidem ingenti virtute, cum in omnibus tum disciplinarum eruditione ac rerum multarum peritia insignis, quandoquidem procul a patria diu cum fortuna luctatus, mores hominum multorum vidit, multa quidem hic in accessu, plura tamen in recessu habuit [1]. Profecere ad Philosophiae culmen sub Marsilio plurimi, sed primi ante omnes Joannes Picus Mirandula et Franciscus Diaccetus, vir inter Florentinos patritii generis, duo quidem Academiae lumina, duo virtutis exemplaria. (Par certe in orbe rarum) sed diversa illis fuere. In Pico quidem fortunae splendor, artificium naturae rarum, ingenium prope divinum, doctrina varia. At in Diacceto haud quaquam par fortuna, natura varietas, sed in homine adeo sublimis ingenii profunditas, adeo vegeta et abstracta, tam fervens sapientiae studium, ut in recondita Academiae sacraria solus nostris temporibus admissus videatur. Picus a Marsilio aperte quandoque dissentire. Diaccetus praeceptorem suum ubique laudare ac defendere. Sed absit, ut ego de tantis viris judicium expromam. Exibunt, spero, cito in vulgus Diacceti nonnullae in Platonem commentationes, quibus, quantus in omni philosophia ille sit, omnibus ostendetur.

XXII. — Fuit Marsilii, dum viveret, celebris fama per totum fere terrarum orbem, quo factum est, ut Xystus IV, Pontifex Maximus, vir magni animi ac singularis doctrinae [2], et ex amplissimo Romanae Curiae senatu Patres plerique magnis pollicitationibus contenderint, ut Romam Marsilius accersiretur. Nihilo secius, et Mathias, Pannoniae Rex, vir ingentis spiritus ac nominis, et Principes alii adnisi sunt, non parvis sane propositis praemiis, ut Marsilius, relicta urbe Florentia, ad Platonica praecepta propaganda ad illos accederet [3]. Sed ille praesenti semper fortuna contentus, nullis umquam potuit rationibus, precibus aut praemiis dimoveri, ut relictis Medicibus, quibus omnia sua accepta referebat, et amicis sibi charissimis, matre senio confecta atque Academia tam florenti, ullas acciperet quantumlibet magnas et amplas fortunae conditiones.

1. HOMÈRE. *Odyssée*, I, 1-5.
2. FICINI *Op.*, 813,2.
3. *Id.*, 884,2-902,1.

XXIII. — Contentus igitur quiete sua, quum a patria divelli non posset, accedebant undecumque quotidie ad eum videndum atque audiendum viri ingenio ac doctrina praestantissimi, in quibus ut alios omittam, Picus ille Mirandula,, naturae miraculum, de quo supra diximus. Hic quum Florentiam venisset, aedes Marsilio vicinas conduxit humiles admodum, quas tamen totum fere triennium habitavit, Florentinaque etiam civitate donari ultro postulavit. Petrus quoque Leo, medicorum suae aetatis facile princeps ac naturae reconditorum, indagator acerrimus, Platonicis et Marsilio operam assiduam dedit, eumque summo semper in honore habuit.

XXIV. — Hec fere sunt quae hactenus de Marsilio acceperim. Obiit Calendis Octobris Anno salute Christiana nonagesimo nono supra millesimum quadringentesimum, qua etiam die Paullus Vitellius, Florentini exercitus ductor e Pisanis castris in urbem vi deductus, adversantibus quamquam ex nobilitate plerisque viris, vita privatus est. Mors vero illi senio contigerit sive, ut nonnulli asserunt, alvi solutione, non mihi exploratum satis. Pompam funeris comitati sunt amici omnes, tum ex nobilitate quamplures. Funebrem orationem Marcellus Virgilius a secretis publicis habuit. Sepultus est in aede Divae Reparatae atque sepulcro Canonicis dedicato, Florentino populo non sine dolore ac lacrymis prosequente.

APPENDICE II

Vita Secunda

Comme nous l'avons signalé dans notre Avant-Propos la *Vita Ficini*, inédite, que nous publions ci-dessous se trouve dans un manuscrit de la Bibliothèque Nationale de Florence, le *Palatinus 488*. Ce texte présentant une indéniable et étroite parenté avec le *Sommario della vita di Marsilio Ficino raccolta da Messer Piero Caponsachi, filosofo aretino*, M. E. Garin en a conclu que cette Vita Ficini, signalée par M. Kristeller, dans son *Supplementum Ficinianum*, était celle dont on ne connaissait alors que le *Sommario* et que par conséquent son auteur était Caponsachi [1].

L'hypothèse était des plus vraisemblable et nous n'avons présentement aucun argument péremptoire à opposer à cette conclusion. Néanmoins l'étude attentive du texte nous a amené à faire certaines réserves, qui risquent de remettre en cause l'attribution à Caponsachi de cette Vie inédite de Marsile Ficin.

Piero Caponsachi, nous dit Fabroni, était un des philosophes distingués de son temps. Apprécié par le grand duc Frédéric Ier, il s'entretenait souvent avec lui non seulement de philosophie, mais aussi de théologie. Il avait d'ailleurs pensé se faire une réputation dans cette science. En 1572 il proposa une interprétation originale de l'*Apocalypse*. On peut se faire une idée de sa tournure d'esprit par le commentaire qu'il fit à Florence en 1567 d'une ode de Pétrarque intitulée *Vergine bella*. Il était alors professeur à Pise, où il enseignait la Logique depuis 1560. Il devait cesser en 1575 et il mourut à Florence en 1591 [2]. Ajoutons que les Capon-

---

1. Cf. Kristeller. *Sup. Fic.*, I, p. CLXXVII. — E. Garin, *La vita di M. F.* Rinascimento, 1951, I, p. 94-95.

2. A. Fabroni. *Hist. Academ. Pisanae.* Pise, 1792, II, p. 345 : « Aetate Borrium antecedebat eius civis Petrus Mariotti Camposacchi filius, ipse quoque in nobilibus philosophis illorum temporum habitus. Carus fuisse traditur Francisco I, quocum saepe non de philosophia modo, sed etiam de divinis rebus sermone habebat. Deditus enim vel ab adolescentia theologicis studiis, ab his famam aliquam se consequi posse speravit. Anno enim 1572 vulgavit Florentiae *In S. Ioannis Apostoli Apocalypsim observationes ad Selinum II Imperatorem*, quo in opere sibi proposuit non modo exponere Apostoli sensus, sed etiam quaedam aperire mysteria. Ex fronte libri facile de ingenio hominis judicabis, qui induere etiam se posse personam

sachi étaient originaires d'Arezzo [1] et que notre homme était sans
doute bien connu à Florence, puisque l'on sait que Filippo Sasseti
l'appelait Capo'n sacco ou Sacco n'Capo [2]. Par ailleurs l'historien
de ce Sasseti nous rapporte que l'Academia degli Alterati avait
décidé vers 1577 de faire rédiger une collection de biographies
des plus illustres florentins [3]. Torquato Malespina écrivit même
à cet effet un *Trattato sopra lo scrivere le Vite*. Mais dans les
listes de ces biographies que nous avons, celle de Ficin n'est pas
citée et nulle allusion n'est faite à Caponsachi [4].

Certes ce silence, si étrange soit-il, ne constitue pas un argument.

theologi putavit, cum de ode quadam Petrarchae, cuius est initium *Vergine
bella*, in coetu virorum eruditorum pluribus disseruisset. Vulgavit haec
Florentiae an. 1567, iisdem temporibus quibus apud nos philosophiam doce-
bat. Venit enim ad Academiam an. 1560 Logicae praeceptor, in eaque fuit
ad annum usque 1575. Mortem vero obivit Florentiae an. 1591, neque mediocrem de se opinionem reliquit, quod cum rerum divinarum humanarum
scientia coniuxerat poesis ceterarumque artium liberaliorum studium. »

1. FABRONI, *op. cit.* I. 136, à propos de J. F. de Caponsachi nous dit :
« Familiatum Florentiae, tum Aretii claranatus ».

2. Cf. M. ROSSI. *Un letterato e mercante fiorentino del secolo XVI : Filippo
Sasseti*, Citta di Castello, 1890, p. 12.

3. *Id.*, p. 26 : « Sappiamo che l'Accademia degli Alterati aveva stabilito di
dare una collezione di biografie de'piu illustri fiorentini. Parecchi Accademici
di fatto s'accinsero a scriverne. B. Davanzati aveva raccolto materiale per
una biografia di Giuliano Davanzati, Giovanbattista Strozzi aveva inten-
zione di scrivere la vita d'uno degl'Albizzi, Antonio degli Albizzi e Giovanbattista Vecchietti scrissero quella di Pietro Strozzi, Acciauoli quella di Pier
Capponi e Sassetti quella de Ferucci... » La note 1 précise que c'est le 24 avril
1577 que l'on discuta de la méthode et que Malespina écrivit son traité. —
Cf. MANNI. *Memorie della fiorentina accademia degli Alterati*. Firenze, 1749.

4. De précieux renseignements nous sont donnés dans la Préface de la
*Vitta di Piero Vettori, l'antico gentil'huomo fiorentino, scritta da Messer An-
tonio Benivieni, canonico fiorentino* (Fiorenza, Giunti, 1583) dédiée « allo
Excellente M. Baccio Valori, patrizio fiorentino » : « Trattandosi molti anni
sono di mettere insieme vite di cittadini illustri di questa citta a grandezza,
ornamento e quasi corona di lei, e consolazione delle loro famiglie, non si
doveva lasciare indietro quella di Pietro Vettori vecchio, per li molti meriti
da esso e del moderno anchora, ma quasi vago e odorifero fiore, ingigliarlo,
come il Poeta disse a questa ghirlanda che per la patria si va tessendo. Mosso
da questa ragione io allora fresco nelli studii e dell'animo scarico, scrisse
la vita sua e vedendo poco dopo uscita di casa vostra quella del Magnifico
Lorenzo de'Medici, publicate quelle del vostro antico Bartolomeo Valori e
di Filippo Scolari, vedendo andare attorno quella di Giannozzo Manetti il
vecchio composta latinamente da Naldo Naldi, scritta quelle di Antonio
Giacomini da due Jacopi, Nardi e Pitti, di Francesco da Diacetto, il filosofo,
dal vostro Varchi, diritta a voi di Piero Capponi, dal cavaliere Vincenzio
Acciaiuoli, di Niccolo Capponi, figliuolo di Piero, da Bernardo Segni suo nipote,
intendendo di piu, essere raccolte quella di M. Manno Donati, di Filippo Sassetti, di M. Giuliano Davanzati da Bernardo suo descendente e forse dell'altre
non anchora palesate... » Di Firenze il di 14 di Luglio MDLXXXIII.

Mais nous avons d'autres sujets d'inquiétude. Fabroni nous ayant dit que Caponsachi était mort en 1591, il faut nécessairement que tout ce que l'on peut inférer du texte de cette *Vita Ficini*, qu'on lui attribue, soit antérieur à cette date. Or si l'on examine attentivement toutes les allusions faites par l'auteur de cette Vita aux personnages qu'il cite, on est en droit de se demander si la rédaction de ce texte n'est pas postérieure à 1591.

En guise d'introduction l'auteur vantant les deux Académies florentines, nomme d'abord divers personnages qui depuis Ficin ont partagé à des degrés divers son enthousiasme pour Platon ; les uns sont morts : Francesco Verino (1541), Sessa (1538), le second Verino (1592) ? Chirico Strozzi (1565), G. Borro (1592) Bindacio Ricasoli (1524), les autres vivants : Piero Rucellai (1527-1603), Domenico Mellini (1540-1620). Puis ayant déploré que nul n'ait encore écrit une vie de Ficin — ce qui prouve bien qu'il ne connaissait pas la Vie écrite par Corsi — il déclare que deux hommes du moins avaient eu l'intention de le faire : Francesco Patrizzi et Benedetto Varchi, mais que la mort ou une autre cause les avait empêchés de mettre leur projet à exécution. Or, c'est ici qu'apparaît la plus grave objection, car si B. Varchi est mort en 1565, F. Patrizzi, lui, est mort en 1597, c'est-à-dire, cinq ans après Caponsachi. Si donc l'auteur a décidé d'écrire une vie de Ficin parce que Patrizzi n'a pu mettre son projet à exécution, son initiative est nécessairement postérieure à 1597 et cet auteur ne peut pas être Caponsachi. Par ailleurs, l'auteur cite le tome V des Annales de Baronius, page 331. A vrai dire la référence à la page 331 a pu être ajoutée par une main étrangère à la rédaction du texte, mais nous n'avons trouvé aucune édition du tome V de ses Annales antérieures à 1592. Donc tant que l'on n'aura pas éclairci ces deux points, l'attribution de ce texte à Caponsachi reste douteuse.

La parenté indiscutable du *Sommario* avec cette *Vita Ficini*, n'en demeure pas moins troublante et pratiquement inexplicable. On peut évidemment supposer que Caponsachi avait rédigé ce sommaire comme une ébauche et que c'est à partir de cette ébauche qu'un autre auteur a rédigé sa *Vita Ficini*. Mais l'hypothèse est assez invraisemblable, car cet auteur, qui s'étonne que personne n'ait encore écrit une vie de Ficin, n'aurait pas manqué de signaler l'essai de Caponsachi. Au surplus, comme nous l'avons dit, l'auteur de la *Vita* est d'Arezzo et ses fréquentes allusions à « notre » Théologie aussi bien que son dévouement à l'évêque de Fiesole prouvent qu'il était clerc ou religieux. Or, on ne trouve aucun autre religieux, natif d'Arezzo, qui aurait pu écrire cette Vie.

On comprend moins bien, il est vrai, ses allusions aux mœurs des
Romains. Mais en toute hypothèse, l'auteur, quel qu'il soit, a fort
bien pu séjourner à Rome.

Assurément le mystère serait complètement éclairci si nous
avions à proposer un nom d'auteur, mais nous n'en avons pas.
Un instant nous avions pensé à Mellini, dont Poccianti nous dit [1]
qu'il écrivit une Vie de Ficin en langue toscane, qui d'ailleurs demeure inconnue. Mais l'allusion que l'auteur de la *Vita Ficini* fait
a ce même Mellini exclut cette hypothèse. A défaut d'auteur on peut
du moins circonscrire en d'étroites limites la rédaction de ce texte,
car si la mort de Patrizzi peut servir de *terminus a quo*, celle de
Baccio Valori, à qui cette Vita est pratiquement dédiée est mort
en 1606. Certes, il est d'autres références à des témoins, que l'auteur
a consultés, mais il ne nous a pas été possible d'en tirer d'utiles
conclusions. Bartolomeo Romuleo, qui a montré à l'auteur la lyre
de Ficin, est mort en 1588 [2], le chanoine Andreani, qui lui a donné
communication du testament est mort en 1602. L'allusion aux
membres de la famille de Ficin est plus précieuse, mais les archives
ne nous ont pas permis de préciser les dates qu'elles impliquent.
L'auteur dit, en effet, que la famille de Marsile durait encore dix
ans avant la date à laquelle il écrivit sa chronique. Il précise même
qu'en cette année mourut le dernier mâle de cette famille et de ce
nom et que la dernière petite-nièce de ces Ficin, mariée à un Lutii
de Terranuova était morte à Naples. En fait, nous avons trouvé
dans la descendance de Cherubino, frère de Marsile, un Ficino, né
le 3 août 1552, qui fut semble-t-il podestat de Figline en 1570, mais
il ne nous a pas été possible de préciser la date de sa mort, qui pourtant nous aurait permis de dater exactement la rédaction de notre
texte. Là est sans doute la clef du problème et nous regrettons de
ne pouvoir, de n'avoir pu jusqu'à présent la trouver.

---

1. M. POCCIANTI. *Fiorentin. ordinis Serv. B. M. Virg. Catalogus scriptor.
Fiorent. omnis genris.* Florentiae. Ph. Giunti, 1589, p. 124 : « Eius (M. Ficini)
vitam elegantissime hetrusco sermone descripsit Dominicus Mellinus ». *Id.*,
p. 50 : « (Mellinus) Vivit adhuc 1588 et quotidie nova fabrili in cude cudit et
inter coetera prae manibus habet Marsilii Ficini vitam ».
2. *Id.*, p. 26 : « Bartolomeus Romulus. Senex efflavit animam Anno salutis
1588, cuius corpus Fighini humatur in Ecclesia Sancti Francisci. »

VITA DI MARSILIO FICINO
(Firenze, Bibliot. Naz. Palatinus 488)

1 Le vite di coloro che in alcuna arte nobile o in qualunche dottrina honorevole rari e famosi siano stati reputati, il più delle volte vengono scritti a giovamento dell' altri huomini e si danno in luce. E cio avviene, o per mantenere vive l'altrui memorie, o per proporle avanti come uno specchio da doversi da noi altri imitare, o per dar'conto d'alcune notitie, che non era conveniente, che da proprii autori fussero raccontate, o vero come fece Filone Hebreo ed altri per insegnare sotto questa figura notitie più sublimi e più salutifere. Hora perche non sia fino a hoggi stata messa insieme la vita di M. Marsilio Ficini, huomo non solo raro in bontà, ma in ogni sorte di dottrina mirabile et singolare. E perche io lontano da cosi fatta professione mi sia hora messo a far' questo, mi piace primitivamente e brevemente di racontarne le cagioni, la prima perche non fusse subito raccolta insieme doppo la sua morte, forse avvenne, sendo egli passato a milior'vita in que tempi tanto travagliati della nostra Città di Firenze e dell'Italia ancora, si che per diversi rispetti, non fu chi si rivolgesse a questa impresa. E in oltre sendo mancati molti huomini rari et eruditi di quelle due nobili Academie [1], che fiorivano in quella città e tutti amici del Ficino, poiche non era stata scritta la vita di niuno altro di loro, non fu etiam Dio chi brigasse far' conto di questa di M. Marsilio. Credo ancora che fosse con silentio passata la vita sua in que tempi, perche sendo egli di natura modestissimo. Scrivendo Platone nel quarto delle *Leggi* che la modestia è amata da Dio [2], si come egli prohibi nel suo testamento d'esser seppelito con alcuna sorte di pompe, benche il Collegio de Canonici di Duomo non lo comportasse, cosi ancora si fosse lasciato intendere a suoi amici più cari che non volessero a questa guisa honorar la sua memoria, ma piu tosto pregare il Signore per l'anima sua, si come si scorge nel suo testamento. E tanto piu rimovendolo da cio la bonta christiana, la quale aborrisce questo fumo mondano e questa fama manchevole, avvenga che la vera gloria segua colui che la fugge. Onde egli diceva bene spesso nelle sue compositione che noi siamo peregrini e non cittadini di questo mondo [3], e forse che non consenti a questo cercando d'imitare, e nella dottrina, e ne costumi quanto poteva il piu il suo Plotino, il quale se come non volse mai esser'ritratto da pit-

---

1. Les deux Académies auxquelles il est fait allusion sont l'Accademia degli Alterati et l'Accademia degli Umidi, devenue l'Accademia Fiorentina en 1541.

2. PLATON, *Lois*, IV, 716 c.

3. FICINI *Op.*, I, 2.

tore alcuno, ne meno dice il giorno del suo natale, cosi il Ficino hebbe questa medesima intentione il che nel nono libro delle sue lettere si legge, scrivendo a Martino Uranio [1]. Questo stesso hanno aborrito alcuni de più celebri philosofi e christiani insieme di tempi nostri di altissimo e felicissimo ingegno. 2 Hora essendo le vite, che si scrivono, un' ritratto delle attioni e virtù di quelli huomini, potette in vita lasciarsi intendere, che di lui non fussero dalli amici dati in luce altri modelli. Passati poi que primi anni, essendo andati a miglior 'vita molti di quei gran'litterati Platonici amici suoi, e non diminutti ma cresciuti i travagli della città e sbandate quelle Academie cosi nobili, non ci e stato poi e per più altre cagioni ancora chi a questo debito offitio habbia rivolto il pensiero, poiche parendo questa impresa conveniente a qualche affetionato di Platone e per consequenza di M. Marsilio Ficini, pochi si sieno affaticati in queste dottrine Academiche. E certo è cosa degna di non piccola meraviglia e di compassione come in quella sua età, benche Firenze, e fuori, e dentro havesse molto che travagliare, non dimeno fiorissero tanti huomini di lettere, e cosi gran' Platonici che poi per tanti anni fino a hoggi ridotta in quiete [2]; cosi pochi vi si siano potuti annoverare degni veramente di nome di filosofo e di nobile Academico. E questo credo che sia avvenuto, sendosi la nobiltà ricolta più per elettione, che per natura, o propria inclinatione allo studio delle leggi e gl'altri o alla medicina, o ad altre arti più necessarie alla vita. 3 Sono non di meno stati amatori e seguaci della scuola di Platone. *M. Francesco Verini* [3] il vecchio, che lesse al tempo che il *Sessa* [4] leggeva in Pisa e di poi *il secundo Verino* [5] che ha letto più di 40 anni honoratissimammente nello studio di Pisa e Aristotile e Platone e lasciato scritto nel nostro volgare fiorentino alcune considerationi Platoniche molto dotte e molto facili da essere intesi. Habbiamo etiamdio havuto *M. Chirico Strozzi* [6], huomo di vivacissimo ingegno e di profonda dottrina, il quale fu e gran'Platonico e gran'Peripatetico insieme, il quale leggendo le morali d'Aristotele greche in Pisa riempieva le sue lettioni sempre di dottrine Platochiche, il che faceva leggendo ancora *M. Girolamo Borro* [7], ma Aretino e filosofo eminente. Ci sono poi stati *M. Bindacio de Ricasoli* [8] ed alcuni altri pochi. E hoggi vive *M. Piero Rucellai* [9], allievo dello Strozzi di nobile e rara intelli-

---

1. *Id.*, 901, 2. — PORPHYRE. *Vie de Plotin*, I.
2. Trois mots raturés dans le texte : nella nostra citta.
3. M. FRANCESCO VERINO († 1541). Cf. FABRONI, *op. cit.*, I, 309-10.
4. SESSA (Nifo Agostino), 1478-1538. Id. I. 315-19.
5. VERINO (1591?). Id. 312-15.
6. CHIRICO STROZZI (1504-1565).
7. GIROLAMO BORRO (1512-1592). Id. II. 341-43.
8. BINDACIO DE RICASOLI (1444-1524) occupa diverses charges dans la République de Florence entre 1498 et 1522. Corsi lui dédia sa *Vita Ficini*, F. Diacetto une épître philosophique et son *de Amore* et B. Colucci lui réserve un rôle dans ses *Declamationes*.
9. PIERO RUCELLAI (1527-1603). Cf. L. PASSERINI. Genealogia e istoria della famiglia Rucellai. Florence 1861.

genza cosi in Aristotele come in Platone e *M. Domenico Mellini* [1], tutta
volta niuno di questi quantunque amatori e affetionati di Platone e
del Ficino si e mai risoluto a scriver'la vita di un' tanto huomo. E
questo per avventura, o giudicando tal fatica poco conveniente alla
grandezza di loro intelleti, o fosse più tosto come superflua tralasciata;
potendosi la maggior'parte di quello, che a cio fare appartiene molto
agevolmente raccolti da suoi componimenti stessi et particolarmente
dalle sue lettere. Overo perche desiderandosi in maggior' copia per
scrivere propriamente la vita sua alcune notitie perdutesi per il tempo,
hanno voluto piu tosto lasciar la stare che scriverla imperfettamente.

4 E ben vero che *M. Francesco Patritio* [2], gran'Platonico de nostri
tempi o prima *Benedetto Varchi* [3] diedero intentione di far'questa
fatica a molti amici e fra gl'altri al clarissimo *Sig. Baccio Valori* [4], che
cio desiderava non poco, ma non fu poi, che si sappia, o impediti dalla
morte o da altro, messa ad esecutione altrimenti. Voglio tacere si
potesse essere avvenuto questo, perche molti, che da molti son pre-
giati e amati in vita, non sono poi cosi stimati e honorati come conve-
rebbe doppo la morte; e pero non si scorgendo a chi particolarmente
si faccia cosa grata non si prendra ancora questa impresa. Ma io voglio
aggiungere che essendo stato costume antico di cittadini di questa
città i quali hanno fatti honoratissime fatiche e fra l'altre tradotti molti
libri di sopprimere il proprio nome, havendo piu l'occhio all'altrui giovamento, che alla fama di loro stessi, non curan'molto di cosi fatti memorie.
Questi et altri cagioni possono havere tenuto in dietro una opera tanto
lodevole. 5 Hora perche io habbia tentato far'cio, benche pochissimo
atto, racontero brevemente. E poi vedendo che ella era da alcuni
desiderata e fra gl'altri da *Mon. Signore Reverendissimo di Fiesole* [5],
dal Clarissimo Sign. *Baccio Valori*, che ad ambi due sono obligatissimo
et ambi due oltre l'esser'ripieni di molti e di varie dottrine, sono molto
amatori della setta Platonica. Di poi perche la ricordanza mi pareva
quasi che necessaria, poiche egli havea in tanti scritti lasciato nomi-
nanza di gl'huomini famosi della citta di Firenze dell'età sua, la quale
memoria oltre che potra essere grata a molti, dovera esser' gratissima
fra gli altri al'Signor *Valori*, poiche il Ficino indirizzo a *M. Filippo e
M. Niccolo Valori* buona parte delle sue fatiche e le più importante,
come furono i commenti sopra i singoli dialoghi di Platone e ne compose

---

1. DOMENICO MELLINI (1540?-1620). La Bibliothèque nationale de Florence
possède plusieurs manuscrits de ses œuvres : Poésies (Magliab, VII-1185),
Lettres (*Id.*, VIII, 12). Leçon sur un sonnet de Pétrarque (*Id.*, VIII, 47)
et VIII, 81.

2. FRANCESCO PATRIZZI (1529-1597).

3. BENEDETTO VARCHI (1503-1565).

4. BACCIO VALORI (1535-1606). Conservateur de la Bibliothèque Laurentienne en 1589.

5. L'évêque de Fiesole à cette époque était sans doute Alessandro di
Vincenzo Marzi Medici, qui fut nommé archevêque de Florence où il mourut
le 30 août 1630.

molte altre alle loro ville di Maiano [1]. Non voglio anco tacere l'essermi
messo a far cio, benche poco o punto idoneo per rinfrescare con questa
cosi fatta occasione alla gioventù fiorentina inclinatavi per propria
natura la stima che di queste dottrine far'si dee, cosi nobili, le quali
essendo gia rinate si puo dire in Firenze, benche poi molto mancate
voglino col valersi di gli scritti di Marsilio, del Diacetti [2] e d'altri Platonici ranimarle et illustrarle come elle meritano nella città loro. E
tanto maggiormente poiche hanno mirabilmente sollevata la poesia, alla
quale la dottrina Academica puo porgere quanto a concetti utilità più
che mediocre. **6** Ma havendo raccontate tante cagioni che mi hanno
spinto a questa impresa, non voglio tralasciare questa ultimamente,
che havendo il Ficino la sua antica origine da Fighine di Val d'Arno di
sopra, dove ancora vi si veggono due ville già sue, le quali alcuna volta
nel passare con reverenza ho rimirate, mi é paruto appresentarmi di
avanti l'imagine di questo huomo ammirando, quasi pregandomi con
quella sua lira, la quale si conserva hoggi in detto Castello, e l'ho ancora havuta nelle mani, che io procurassi di ricordare per quanto io
potessi a' giovani Fiorentini a seguire questa dottrina di Platone senza
abbandonar' pero quella d'Aristotele e di fare stima di tanti Platonici
tradotti e commentati da lui. Per queste cagioni e ragioni adunque mi
son'risoluto a far'questo poco di trattato con le notitie parte intese
da altri et parte raccolti da suoi scritti medesimi. Nella qual' descrit-
tione, se io non haro proccurato, ne quella vaghezza di concceti, ne
quella scelta di parole, che a cio pareva, che si richiedessero, scusimi
primo la mia intentione di compiacere alcuni solamente. Di poi perche
non sarebbe stato cosi facile ne l'inventare i pensieri, ne il ripulire il
parlare tanto esattamente, che in ogni modo io havessi potuto con
degnità agguagliare la nobiltà del soggetto. In oltre perche é forse meglio explicare i sentimenti apertamente senza altri abbellimenti, che
con artificiosa locutione proferirgli oscuramente. Senza che io non
habbia da fare molta stima in cio dell'altrui riprensione, havendo tutto
questo scritto a V. S. Clarissima solamente e a suo piacemento. **7** Ma
per venire horamai a raccontare quello, che appartiene alla notitia di
M. Marsilio. Sogliono non pochi di quelli che scrivono le vite d'alcun'
huomo di pregio far'mentione prima intorno alla nascità loro d'alcuni
prodigi o segni veduti, o pure imaginati, o da padre o dalle madre, o
finti da altri, si come viene scritto di Zoroastro, che subito che egli
fu nato rise e che se gli sentiva con modo insolito battere il cervello e
di Platone si racconta che sendo in fascie alcune pecchie gli stillassero
il mele in bocca o parve cosi alla madre di vedere. E che Socrate sogno
si vedersi un'cigno impiumare in grembo. E di Plotino e del Pico ancora

1. FICIN dédia à Ph. Valori son *de Vita producenda*, le huitième Livre de
sa Correspondance et sa traduction du commentaire de Priscien sur Théophraste.

2. (1466-1522), disciple de Ficin, auquel P. O. KRISTELLER a consacré une
étude du plus haut intérêt (*Miscellanea G. Mercati*, IV, p. 260-304. — *Id.*,
Studies, 287-337).

et di molti altri si raccontano cosi fatti prodigi e cio non è al tutto da disprovare, poiche Homero, Platone et Aristotele riconoscono alcuni sogni mandati da Dio. e la nostra Theologia ancora. Oltre che quelli, che sono stati sopra gl'altri ammirandi e buoni, par'conveniente etiam dio che se gli possa attribuire qualche principio più che ordinario e più tosto che habbia non so che di divino che d'humano. Onde i poeti fingevano che gl'heroi erano nati degl'i dei. E di piu si suole fare mentione sotto che aspetto di stelle egli sia nato o di meraviglie simili, le quali lascierei da parte come fosse per lo piu favolose ma perche la stesso Marsilio nel primo libro delle sue lettere par'che si compiaccia di cosi fatti, presagii, o prodigi, raccontandone egli tre avvenuti a Mona Alessandra, sua madre, e di Giovanni suo avolo [1] per questo pottremmo ancora noi dire che non mancarono nella natività di Messer Marsilio tali avvenimenti, poiche parlando di si gran'Platonico platonicamente la venuta della sua anima in questo esilio, segui l'anno stesso e nello stesso mese dell' esilio di Cosimo vecchio de Medici e de piu cari et maggiori fautori del Ficino.

8 Nacque dunque Marsilio l'anno 1433 a di 9 ottobre a hore 21 si come egli stesso racconta nel prohemio di Plotino e nel secundo scrivelo a Filippo Valori e nel nono libro delle sue lettere scribendo a Martino Uranio ove egli pure scrive sottoche ascendente nascesse, e spiega minutamente tutta la sua genesi [2], e venne al mondo 30 anni avanti al Pico et 21 anni innanzi al Politiano come si legge nella sua lettera a Lorenzo de Medici sopra Plotino [3]. E sotto una stessa o simile costellatione di quella del Pico, cioe ritrovandosi Saturno in Aquario con l'altre sue scritte da lui, che non occorre raccontare. Onde i seguaci di Hegidio e di Firmico, per tralasciare Ptolemeo e gl' Arabi, sogliono coniecturare tragl'altri eventi la fertilità del ingegnio e la bontà di costumi altrui, il che se con verita si puo dire di veruno, di Marsilio si puo affirmare sicuramente per verissimo. E si d'alcuna cosa si puo probabilmente pronosticare, questo intorno a la sanita e costumi ha forse manco fallacia che in altro, benche fra tante altre si racconti per cosa vera, che gia fosse avvertito Pier Luigi Farnesi, che si avesse cura il 20 di Dicembre del anno 1547, come giorno infausto, il quale non di meno in quel' di medesimo da Agostino Landi et Jacopo Scoto Vicentini fu ammazzato. Ma lasciando queste vanità da parte. Fu il Padre di Messer Marsilio Ficino per origine da Figline di Val d'Arno di sopra e per questo Marsilio si sottoscrive alle volte di Figline, il quale fu medico molto eccellente, poi che fu eletto fra gli altri al servitio di Cosimo Medici, si come viene raccontato nella medesima lettera sopra Plotino e nel primo libro del sue lettere et nel prohemio del suo libro *della Vita lunga*, dove egli scrive cosi : Io ho havuto due padri, Ficino medico e Cosimo Medici, di quello io son'nato, di questo son'rinato,

1. Ficini *Op.*, I, 615,3.
2. *Id.*, 901,2.
3. *Id.*, II, 1537.

quello mi dedico a Galeno, questo a Platone [1]. Dalle quali parole io credo che si possa raccorre che Ficino fosse, o il nome antico della famiglia, o piu presto il cognome del Padre, che poi si communicasse al casato chi mandosi cosi dalla terra per l'eccellenza sua all'arte medicina, si come e avvenuto del Landi, del Politiano e di molti altri, e cio si puo ancora coniecturare dal suo testamento, perche vi e scritto M. Marsilio di Magistro Ficino dottore d'arte di Medicina d'Agnolo senza l'aggiunta del casato del Ficino o d'altro, ben che havesse vivendo poi un' nipote che fu chiamato Ficino et pochi anni siano, che e morto uno del medesimo nome, al quale io parlai più volte. 9 Ma se il padre fosse poi acasato in Firenze quando nacque Marsilio con gli altri fratelli, o pure in quel tempo habitasse in Figline, contado di Firenze dove haveva ancora una casa, non ho in cosi, breve tempo potuto saperne la certezza. Ma habendo egli preso moglie in Monte Varchi pare da credere piu presto che Marsilio insieme con alcuni alteri filii nascesso in Figline e che di poi il padre per l'eccellenza et per il valore della medicina si riducesse a Firenze con ha fatto non pochi altri medici di Val d'Arno con la famiglia loro e in detta città havendo comprato una casa da S. Pier Maggiore a canto a gl'Albizzi, feci fare ancora in detta chiesa la sua sepoltura di marmo per se e per i suoi descendenti. Sono gli ornamenti dell'animo onde nasce la vera nobiltà, non i titoli o l'antichita delle famiglie, ne le richezze, o gl'honori non bene acquistati, ma le virtu e le scientie e le notitie delle cose piu ascose. Perchioche in questa guisa ci rendiamo simili alle mente divine, pero chi di questa verita andra riguardando non potra dubitare della vera nobilta del Ficino. Conosciuto in Firenze il valore di Magistro Ficino fu eletto da Cosimo Medici il Vecchio per suo medico di casa familiare et accarezzato molto. 10 Ma perche hoggi il Castello di Figline non e quell'medesimo che quell'antico gia posto nel Monte, citta assai antica e nobile e in quei tempi molto forte, e che fu il ricovero talvolta de Ghibellini, la quale contrastando e ribellatasi da Fiorentini fu poi da loro disfatta nel 1252 rimanendo i borghi, come scrive Villani nel sexto libro delle sue cronache e Lionardo Aretino nel secundo libro. Nella qual'terra si era ridotto il conte Guido Norello e buon parte di quei Ferralani condotti a Firenze. Io ancora di questo non ho certezza sicura se egli fu per origine antica sua di quel'Figline vecchio sul Monte, hoggi disfatto o vero di questo moderno nel piano, che gia era un'mercatale. Percioche le due ville di Magistro Ficino che erano su quei colli par'che diano inditio che egli fossi di quell'antico. Oltre che le' possessioni presto e male messe insieme, bene spesso svaniscono in un' tratto e con vergogna, ma poiche questi del Padre di Marsilio si sono continuati tanto tempo e da credere che honestamente fussero acquistati et honoramente conservati. Dall'altra parte vedendosi la sepultura sua con l'arme di Ficini nella chiesa de'Frati di S. Francesco in Fighline

1. *Ibid.*, I, 493-494.

nuovo e perche la maggior parte di quelli antichi furono necessitati a venire a habitare in Firenze, pare che acceni Ficino havere piu tosto l'origine da questo nuovo.

11 La madre di Marsilio fu una Mona Alessandra da Monte Varchi delle prime di quel Castello molto honorato, dove si ridunnavano i Guelfi lontano da Figline per andar'verso Arezzo, mia citta, sette miglia, come si legge nell'epistola nova del primo libro delle sue lettere [1]. La quale visse piu di 80 anni havendone Marsilio gia 60. Ma o nascesse Marsilio in Figline o che credo piu tosto in Firenze e chiaro che da fanciuletto egli visse in Firenze, poiche egli scrive che fino da piu teneri anni egli fu familiare di Naldo Naldi, poeta, e di molti altri nobili Fiorentini [2].

12 Fu il padre di Mr. Marsilio di mediocre fortuna havendo (come ho detto) in Figline una casa nella via di S. Domenico e due poderi, uno chiamato la Torre, l'altro Cellano. Ma si puo credere che vivesse civilmente poiche mandava i figliuoli nati a allevare fuor di casa a balia, il che non sogliono fare i castellani per l'ordinario, se non sono de primi; abuso forse non piccolo di nostri tempi e costume diverso da cittadini Romani. Hebbe Mag. Ficino sei altri figlioli Pagolo, Antonio, Arcangelo Cherubino, Daniello e Piero e delle femine ancora de quali ne nacquero altri della medesima famiglia, come si raccoglie nel ultima lettera del primo libro delle sue pistole e per il testamento medesimo di Mr. Marsilio [3]. Et e durata questa famiglia fino a 10 anni sono, che mori in Figline l'ultimo maschio di questa casata e di questo nome e una bisnepote maritata, gia a un'de Lutii da Terranuova, che per alcuni suoi affari se n'ando in quel di Napoli, la quale due anni sono venuta a Figline e di poi ritornata in quel di Napoli. Si dice ancora lei esser morta. Per il mancamento della qual' famiglia di Ficino hoggi e stata in Firenze ripresa da Mr. Piero Capelli.

13 Ma lasciate queste cose da parte, come poco rilevino alla grandezza di quest'huomo singolare, benche necessarie a sapersi in cosi fatte memorie havendo Mag. Ficino conosciuto da piu inditii e segni la grandezza del'ingegno del figlioglo e la prontezza che si scorgeva in lui a gli studi delle buone lettere non lo volse indirizzare al guadagnio, avvenga che le richezze sogliono fare per lo piu gl'huomini insolenti, massime quando son'male acquistati, e l'insolenza fa arditi et pronti questi tali a commetter' molti eccessi i quali van'poi ricoprendo con 'denari. Per questo Mag. Ficino per la piu sicura lo destino alle scienze, e tanto piu vedendolo di poca e debole complessione. Hora perche la prima cura de padri versi i figli deve essere d'indirizzarle a quella disciplina ove paiono piu inclinati e per questo gl'Indi e i Brachmani solevano con publico consiglio a buon hora andare sco-

---

1. FICINI *Op.*, I, 615,3.
2. *Id.*, 936,2
3. Cette référence ne correspond pas à la dernière lettre du premier Livre de la Correspondance.

prendo la prontezza dei fanciulli. Questo fu con ottimo giudicio osservato primieramente da Mag. Ficino. Percioche havendo cominciato da se stesso a insegnarli leggere, poiche gl'insegnamenti de padri son' piu facili et amorevoli, comincio presto a conescere la grande inclinatione di Marsilio alle buone discipline. E in vero che nessuno ha mai operato cose grandi e degni di somma lode, che da piccolo non habbia prima dato manifesti inditii e contrasegni di futuri avvenimenti degni di somma gloria. **14** Cosi doppo i primi dirozzamenti havuti Marsilio dal padre della lingua latina, lo raccomando a Magistro Luca da San Gimignano che egli insegnasse la grammatica come si legge nel primo libro delle lettere [1] in una sua scritta a Matteo Palmieri, poeta in quei tempi assai celebre e gran platonico. Il quale mieri, poeta in quei tempi assai celebre e gran platonico con il quale Palmieri compose un poema simile a quello di Dante e di simile argomento e scopo in terza rima e di 100 canti ancora come quello di Dante medesimo. [2] Nel quale havendo voluto come poeta seguire piu presto l'opinione platonice che della nostra Theologia non e venuto altrimenti in luce, benche sia poema pieno di grave dottrine et ripieno di molti spiriti poetici. Ma tornando al precettore di Marsilio : conosciuto il mirabile ingegnio del fanciullo in breve tempo lo tiro di maniera innanzi che giovanetto scriveva e parlava la lingua latina molto bene, siche in quella età che gl'altri cominciono a pena a gustare le lettere humane, egli sicuramente le possedeva. Ma come d'alto ingegnio si diletto de poeti e particolarmente di Virgilio. Parmi di videre nel volto di Marsilio fianculletto una certa innata e lodevole vergogna, temendo di non essere superato dalli altri suoi equali nell' imparare. E percio con gran' fervore e studio attendeva a far' si egli non rimanesse dietro a nessuno. Il che tornando di molta lode a Marsilio, gli partoriva una certa emulatione, la quale lo sollicitava e lo eccitava fuor di modo all'acquisto delle belle e honeste discipline. **15** Hora io non voglio qui trapassare con silentio di non accennare di quanto danno sia alla cognitione delle cose la moltitudine e la diversita delle lingue e come i Romani conoscendo questo molto bene ordinassero che in casa e fuori, e da loro e da gl'altri si parlasse solamente latino. Il che ancora fa per quanto puo osservare l'Imperatore ottomano. E questo medesimo fecion' gli Arabi molto saviamente. Onde non fu meraviglia se, havendo in poco tempo fatto tradurre nella lor'lingua tutti i buoni autori, in brevissimo corso fecero si gran'progresso in ogni sorte di dottrina havendo a rivolger l'animo solo alla notitia delle cose e non delle parole. E pero si deve (se io non m'inganno) lodare non poco il parere

---

1. *Id.*, 640,2.
2. M. PALMIERI (1406-1475). Le poème auquel l'auteur fait allusion est dans un manuscrit de la Bibliothèque Laurentienne *(Plut., XL, 53)* avec un commentaire de Dati. Bandini en publia le premier chant *(Catal. codd. lat. V, 74-96)* et M. Rooke publia les deux premiers livres dans *Smith Studies* in *moderns languages*, VIII, 1-2, 1927-1928. Sur cet ouvrage, cf. G. BOFFITO, *L'eresia di M. Palmieri*. Giorn. stor. della Lett. Ital., XXXVII.

di coloro che approvano lo scrivere volgarmente e lodano le tradut-
tioni fatti e da farsi delli autori piu gravi e i quanti ancora nel volgare
fiorentino. E gia con molto giovamento son' fuori molti libri d'Aristotele tradotti e un'Averardo da Filacaia haveva fatto il simile di molti
dialoghi di Platone, i con molta felicita, benche non volesse poi che
si mandassi in luce.

16 Ma tornando al Ficino, mentre che egli apprendeva le lettere
humane da Mag. Luca, il Padre comincio a introdurlo nella logica
e nella rettorica. Percioche Magistro Luca sapeva molto bene che
non conviene a quella disciplina congiungere la rettorica, come fanno
molti grammatici, non so se mi debba dire arditi o troppo o poco
periti. E pero queste due facolta insegno in parte Magistro Ficino al
figliuolo sapendo molti bene di quanto utilita elle siano a conseguire le
scienze e non inutili, come si fece a credere Palemone, Archimede,
Democrite e l'Epicuro, delle quali facolta Mes. Marsilio si seppe poi
molto bene valere, come si vede oltre a tutte l'opere sue in molti orationi e predicationi e non meno in una sua lettera a Gismondo della
Stufa in consolatione di Albirra sua moglie [1], della quale Politiano
scrisse cosi bella elogia [2] che come poeta non potra consolarlo piu dolce-
mente, si come il Ficino come retorico e christiano non poteva far' cio
piu acconciamente. Ma quanto importi che il padre insegni a proprii
figlii potendo, come lo mostra l'esempio di Dama, dottrinata da Pittagora suo padre e di Catone Censorino e di Cesare Augusto, che nel
bene insegnare le prime lettere a proprii figli. **17** Fecelo poi studiare la
philosophia d'Aristotele e la matematica con animo di dedicarlo alla
medicina, ma perche Marsilio era per natura piu inclinato alla dottrina
platonica essendo venuto a Firenze fino del 1438 per conto del Concilio
fra Greci e Romani, fatto sotto Eugenio quarto Papa, molti huomini
dotti di Grecia e massimamente nella dottrina di Platone, come forse
non tanto lontana dalla Theologia Christiana, come la Peripatetica
e fra gli altri un certo Giorgio Gemisto Pletone, gran platonico, il quale
lascio molti scritti nella città delle opinione Academiche. Marsilio per
proprio genio inclinato (come dissi) a questa setta, rivolgendovisi con
tutto l'animo, in breve tempo vi fece tanto profitto, che havendo
Cosimo Medici il Vecchio favorita una Academia Platonica vi propose
Mr. Marsilio che era ancora giovinetto. Cosa in vero che par difficile
a credersi che uno di si poca eta havesse annoverarsi fra primi e fra
tanti huomini vecchi e di tanta dottrina e nella citta di Firenze, la
quale benche fin' da primo aspirando d'ampliare i confini e agran-
dezza di stato, habbia atteso per la maggior' parte alla mercatura ha
pure havuto gran numero d'huomini d'alto valore nell' armi e nelle
lettere quanto altra citta d'Italia e non dimeno cio viene scritto da
lui medesimo nella lettera che egli indirizza a Lorenzo Medici sopra

1. FICINI *Op.*, 617,3.
2. POLITIANO. *Prose volgari inedite*, p. 238-248.

Plotino [1]. **18** Ma scrivendo Eusebio che Origeno fianculetto domandava suo padre Leonida de piu sublimi misteri della Theologia e scrivendo Philostrato che Hermogene Tarsense di 8 anni era tanto grande nelle dottrine divenuto, che celebrato da ciscuno, arrivata la fama del suo sapere a Antonino imperatore lo volle far venir a se, egli dono molti cose di pregio. Possiamo havere la medesima credenza del Ficino. Il quale col suo ingegnio mirabile e con lo studio e diligenza e con la bonta de costumi e con le altre conditioni scritte da Platone nello sexto libro della sua Reppublica e da lui stesso nel quarto delle sue lettere [2] divenuto a ciascuno ammirando e lodato da ciascuno, onde la virtu lodata operando molto a infiammare gl'animi altrui nel conseguire le più alte dottrine in cambio e di molto utile e splendore in una citta nobile, poiche a viva forza del suo ingegno e primo che egli possedesse la lingua greca, con il leggere solamente e udire alcuni platonici che erano in Firenze e conversari con loro, compose giovinetto quarto libri delle *Institutioni Platoniche*, le quale egli chiamo le primitie o vogliamo dire le novellitie de sui studi, come nell' secundo delle sue lettere scrivendo a Filippo Valori [3]. Vedesi che gl' huomini che escono di qualche luogo oscuro e tenebroso non possono cosi subito volger gl'cchi alla luce del sole, ma prima gl'indirizzano in un'lume minore o in alcuno splendore.

Questo conosciuto da Marsilio ottimamente avanti che egli con suoi dotti argumenti o lucidissimi commentari ne scorgerse a piu alti misteri di Platone, volse prima con una cosi fatta preparatione solevarne alle piu sublimi speculationi. Fu questa opera molto lodata dal' Landino suo amicissimo e da Cosimo Vecchio de Medici, si come egli stesso racconta nell'uno libro delle sue lettere scrivendo a Filippo Valori [4], la quale opera come parto non ben' maturo fu confortato a non la dare in luce finche non havesse appreso bene le lettere greche e potesse sicuramente raccorre i dogmi Platonici da proprii scrittori grechi come da proprii fonti, poiche a fare quella introductione si era versato per il piu (oltre alla particolare inclinatione) della lettura di S. Agostino e d'alcuni altri latini platonici. Havendo egli ancora copiato di propria mano Calcidio sopra il Timeo [5], che fu poi stampato piu di 40 anni doppo in Parigi. **19** Fu per questa sua fatica conosciuta la grandezza e la vivacita dell'ingegnio di Marsilio da molti huomini di lettere, che erano in quei tempi in Firenze e la gran' dispositione sua alla setta Academica e fra gli altri da Cosimo Medici. Onde fu da tutti confortato a imparare la lingua greca la quale egli ingozzo in pochissimo tempo. E per cio divenutogli piu caro non solo gli dono un' podere a Monte Vecchio dove si come egli scrive lodendo la vita solitaria, si riduceva talvolta per suo diporto, ma volendolo continuamente ap-

1. FICINI *Op.*, II, 1537.
2. *Id.*, I.
3. *Id.*, 929,2.
4. *Ibid.*
5. *Ambrosianus S 14 sup.*

presso dice lo indusse a tradurre il *Philebo* di Platone e tradottolo, lo invito a Careggi a starsi seco e che portasse la traductione de quel' dialogo [1]. Per questo sendo fatto molto piu grato et amato molto da Cosimo Medici e da primi cittadini della Citta, oltre al volerlo appresso di se a Careggi si compiacque, che il Ficino il di di S. Cosimo et Damiano celebrasse il suo natale, come si legge in una lettera del septimo libro scritta a Lorenzo di Medici [2]. Nel quale tempo egli si misse a tradurre altri dialoghi di Platone e i stessi dialoghi di Mercurio Trismegisto, nel quale si ritrova forse la piu profonda dottrina e la piu alta scienza che in sovrano scrittore desideraresi possa. Compose ancora un' *dialogo fra Dio e l'anima* indirizzato a Michele Mercati da San Miniato, nel quale si ritrovono inserti molti concetti di Mercurio [3]. Ma benche egli fosse cosi rivolto per l'altezza del suo ingegnio a misteri Academici non dimeno egli in Figline compose cosi bello e dotto libro *de Voluptate* indirizzato a Antonio Canigiani, nel quale si vede che in si giovinile eta, non avendo ancora all'eta di 24 anni, egli aveva notitia di tutte le sette de philosophi et Academici, et Cinici, et Stoici e Scettici e Peripatetici, parlando in quello con grande risolutione di ciascuna opinione coloro proprii fondamenti [4]. **20** Io non posso, come io vorrei, per la strettezza del tempo e per le molti altri occupationi raccontare per ordine l'opere fatte, o prima, o poi da Marsilio benche di sotto uno avennera in qualche parte, percioche farebbi di mestiero di leggere tutti i suoi componimenti, che sono due gran' volumi e poi non si farebbe cosa di molto pregio; avvenga che poco rilievo qual' prima o qual doppo delle sue fatiche siano state parturite da lui. Pero mi scusi il lettore di questa negligenza e venendo a quelle che piu rilievo di sapere. Era cosi grande la voglia et ardente il desiderio di Marsilio d'imparare (sendo gia morto Magistro Ficino suo padre) [5] che il Landino suo amicissimo volse [6] che Marsilio per un' poco di ristoro imparasse a sonare di lira, il che fece egli molto voluntieri, havendo molto familiari i poeti latini e fra gl'altri, Virgilio. Ma non potendo a guisa del suo Socrate stare gran' tempo continuo nelle speculatione, percioche egli era e di statura piccola, e come egli dice nel quarto libro delle sue lettere [7] di complessione molto debole, benche d'ingegnio molto veloce, non potendo studiare piu che due hore per volte, ancora che scrivendo a Antonio de Pazzi dica, che per i suoi studi prendeva 4 hore per volte, poi si ristorava e riposava alquanto con prendere in mano la sua lira [8], della quale diro alcuna cosa, fecendone egli molti volte mentione, e poiche lava privilegiando di si belli et alti misteri

1. Ficini *Op.*, 608, I.
2. *Id.*, 843,3.
3. *Id.*, 609,3.
4. *Id.*, 987-1012.
5. Le texte entre parenthèses est raturé.
6. Le mot « volse » est en interligne.
7. Ficini *Op.*, I, 755,3.
8. *Id.*, 617,2.

e favella dell'eruditione sua con 3 cordi, che si attribuino a Mercurio e per tal suono viene celebrato Lino, come figlio d'Apollo e delle Muse et Orfeo viene honorato insieme con Amphione et altri molti. L'una e che io nel fermarmi a desinare una volta a Figline con Mr. Bartolomeo Romuleo [1], gran dottore e lettere di leggi, prima nello studio d'Inglista e poi nello studio di Pisa per suo mezzo mi fu portata questa sua lira nelle mani, ma senza corde. **21** Talora che io voglio raggiungere quello che vien' racontato da lui della musica celeste in un' suo ragionamento *del furore divino* [2]. Pone egli parlando come Platone o piu tosto come Pittagorico un harmonia nella mente di Dio, l'altra ne moti celesti che godono l'anime avanti si accompagnino a corpi secondo alcuni Platonici e di piu unite a due altre harmonie, la Musica e la Poesia, come due imagini delle due musiche divine. Hora a questa credo io che rivolto questo filosofo divino sempre nelle sublime contemplatione Platone et Pittagora et sonando e cantando egli altamente rivolgersi il pensiero. Non harebbe gia potuto Diogene chiamare in giuditio il Ficino con la sua lira, come egli costumo di fare alcuna volta diversi sonatori, accusandoli che sapessero accordare insieme quelle corde senza anima e non sapessero temperare i loro appetiti e i loro sconcertati costumi, percioche per un pocho di rilassamento d'animo Marsilio e non per delicatezza o per lascivia sonava talvolta questa sua lira. **22** E avenga che egli havesse amicitia grande con M. Niccolo del'Tignoso che leggeva in Pisa la philosophia d'Aristotele, del quale habbiamo stampati i Commenti sopra i tre libri dell'anima [3] e vi son' ancora quelli sopra l'Etica, ma non gia stampati nella libreria de Medici in S. Lorenzo [3], ne quali commentari si vedono poche altre dottrine d'Alberto Magno, d'Avicenne, di S. Thomaso ravvivate e dichiarate. E benche questi desiderasse che Marsilio si impiegasse nella dottrina d'Aristotele, tutta volta perche il suo genio lo spingeva dall' Liceo all'Academia, benche per contentare gia il padre havessi atteso non poco alla dottrina d'Aristotele et alla medicina non potesse farsi tanto che egli cambiasse l'Academia per il Liceo. Laonde egli torna con ogni ardore a tradurre alcuni Platonici e a translatare in latino alteri dialoghi di Platone. **23** Nel qual' tempo attese ancora piu gagliardamente alla Matematica e alla Astronomia, nella quale quanto progresso fecese in poco tempo ciacuno da i molti suoi componimenti lo puo agevolmente giudicare. Diede opera ancora alla Prospettiva, di che io ho veduto in penna alcune sue considerationi della visione con alcune altre delli specchi cosi piani, come concavi. Quello poiche egli sentisse veramente della certezza dell'Astrologia, sendo amico del Pico e del Politiano che l'aborrivano fuor di modo, lo manifesto egli medesimo in una sua lettera del quarto libro scritta a

---

1. B. Romuleo, professeur de droit à Ingolstadt et à Pise est mort en 1588 à Figline, où il est inhumé dans l'église S. Francesco. Cf. M. Poccianti. *Catal. Scriptorum florentin. omnis generis.* Florentiae, 1589, p. 26.

2. Ficini *Op.*, I, 612,2.

3. Voir p. 176, n. 1.

Bernardo Bembo [1] nella quale gli dice che quanto diligentemente gl'Astronomi vanno misurando i corpi celesti, tanto gli Astrologi si ingannano intorno alle attioni humane. E in un'tratto che egli scrisse *della providenza di Dio e del libero arbitrio* afferma di levar via tutti i giuditii delli Astrologi che pare che deroghino alla providenza e liberta dell' arbitrio [2]. Questa sua medesima intentione si puo confermare con quello che egli racconta in un' altra sua lettera del duodecimo libro scritta al Politiano [1], nella quale gli dice che i Platonici fuora di loro due scrivono alle occasioni della Astrologia, benche noh facciano gran' forza ne di accettarla, ne di riprovarla [3]. E perche Plotino con pare che la stimi molto, pero Marsilio in quei commentarii si accosta alla intentione dell'autore, ma nel libro poi *de Triplici vita* e in molti altri luoghi pare che si scuopra d'altra opinione e vi si compiaccia dentro piu che mediocremente. 24 Ma quanto piu questo filosofo godeva del possesso di molte dottrine, tanto piu si infiamava all'acquisto dell'altre, onde il progresso maggiore partoriva maggiore amore e questo cresciuto maggiore scienza e bonta, pero con questo ardore e confermato dalli amici e in particolare da Medici e da Valori, non solo seguito di tradurre alcuni Platonici e i dialoghi di Platone ancora, ma per maggiore utilita, dove mostro un'ingegno mirabile, gli arrichi tutti di argomenti e molti di commentarii. Ne quali si scorge tanta risolutione di dottrina, che ben'pare che la setta Academica fosse arrivata al suo colmo per il suo valore havendo cominciato all'hora in Firenze ad havere il suo cominciamento. 25 Fu in Marsilio oltre alla grandezza del suo ingegnio molta carita cristiana, percioche oltre al rivolger' sempre l'animo al culto divino et alla obedienza de santi comandementi e al pregare sempre i suoi amici potenti per ciascuno che ne havea bisogna e oltre a non voler ricevere da poveri huomini quelle poche decime, che gli si venivano di suoi benefitii e di quelle che riceveva domandone per l'amore di Dio a chi ne haveva di necessita. Imito ancora nelle scrivere una bella et buona consuetudine delle Hebrei che nel mietere il grano non racoglievano le spighe che rimanevano, ne mietevano a fatto. Hora questo huomo pieno di carita verso il prossimo ancora che habbia scritto di molte cose e copiosamente, tuttavia lasciava sempre da altri da poter'racorre da suoi componimenti molte belle notitie e dottrine. 26 Ma per dichiararsi il Ficino non men' Platonico che Christiano, mentre che egli andava traducendo e dichiarando alcuni dialoghi di Platone e altri Platonici rinnovellata in quei tempi l'opere d'Alexandro intorno all'anima, compose 18 libri della *Theologia Platonica* e questi avanti al Carneade, al *Cratilo*, al *Fedro*, alle *Leggi* et ad alcuni altri dialoghi nella quale opera delle Theol. Plat. principalmente ragionando dell'immortalita dell'anima, egli va ingegnosamente e destramente accomodando quanto puo il meglio l'opinioni platoniche alla nostra Theologia con la quale opera havendo ripieno di meraviglia

1. FICINI *Op.*, I, 771,1.
2. *Sup. Fic.*, II, 11-76.
3. FICINI *Op.*, I, 958,1.

e di stupore i piu intendenti e dotti chi fussero in Firenze et in Italia
e di piu commentato i libri di Dionisio Areopagita *de divinis nominibus*
e il trattato *de Christiana Religione*. Fu per ricompensa di queste sue
tante fatiche assunto al Canonicato del Duomo, dignita delle prime
che siano nella citta di Firenze e tanto piu havendo havuto quello
stesso, che fu prima di Giovanni Medici, che fu poi Papa Leone. Hora
essendo gia indirizzato al sacerdotio e havendo prima due benefitii;
l'uno de quali fu S. Christoforo e l'altro la pieve di Pomino e di poi
fatto canonico di Duomo per ricognitione e del'utile e dell'honore che
haveva ricevuto di quel grado volse publicamente in quella chiesa
leggere alcune cose di Theologia a farvi alcune predicatione delle quali
ne sono stampati alquante poche solamente [1]. 27 Hebbe non di meno
la mira principalmente alle cose Platoniche, pero senza lasciar' quell'
offitio di sacerdote torna a finire di tradurre i dialoghi di Platone con
aggiungervi gl'argomenti. E per maggior intelligenza loro e perche ne
fu confortato dal Pico e da altri volse il pensiero a traslatare Plotino
che si puo dire che sia l'anima di Platone e volse ancora arrichirlo di
si pieni argomenti che ben possono servire commodamente per copiosi
commentarii. Nei quali egli racchiuse tante belle e alte notitie e tanti
misteri e tanti meraviglie che non pare che si scorga differenza molta
fra l'autore stesso et il commentatore. E veramente che senza questo
scrittore e senza quello che n'ha scritto sopra il Ficino sarebbe molto
poca la notitia che noi havemmo delle notitie Academiche, poiche i
gran' commentarii e scrittori Platonici, come Jamblico, Proclo, Olim-
piodoro, Porphirio et tanti altri, o sono in tutto perduti, o vero si
stanno nelle librerie nascosi di maniera, che si puo dire, che siano
perduti all'universale. E pure sarrebbe forse grande l'honore e l'utile
sendo la dottrina di Platone risucitata si puo dire in Firenze che quindi
ella venisse ancora a ricevere i suoi argumenti e la sua perfetione. Il che
seguirebbe sensa fallo si uscissero fuori alcuni di quelli grandi scrittori
Platonici che la si ritrovano, i quali potrebbono illuminare interamente molte oscurita d'una filosofia cosi divina, cosi mirabile. 28 Il
numero de libri composti e traslati da Marsilio e grandissimo come si
puo vedere ne due volumi stampati gia due volte in Basilea, ma molti
altri piu che non sono stampati ne tradusse e compose de quali egli
stesso ne fa un' catalogo in una sua lettera del primo libro scritta a
Politiano [2], che lo richiedeva de titoli dell'opere sue. Dove e d'avvertire che in quella lettera egli racconta d'haver tradotto gl'*Elementi
naturali e theologali* di Proclo Licio i quali hoggi noi non habbiamo
tra le opere di Marsilio, benche ci siano tradotti da Francesco Patritio.
Fa mentione ancora di 4 libri di Jamblico della setta Pythagorica
i quali non sono questi medesimi che i libri di Jamblico *de Misteri
degl'Egyptii*, essendo il titolo molto diverso e questo de misteri non
e diviso in piu libri, i quali sono poi stati tradotti da Niccolo Rocellio,
perche manchiamo nelle traduzioni di Marsilio. Scrive ancora il Ficino

1. *Id.* 473-493.
2. *Id.*, 619,3

che egli traslato le *Mathematice* di Theone, la quale opera habbiamo perduta con molte altre con l'*Institutione Platonice* et con un' *Commento sopra i Vangeli*. Fa mentione ancora d'haver scritto un' libro di *Fisionomia*, uno dell'*Economica*, uno *delle 4 sette di Filosofi*, uno *della Providenza*, uno *dell' Libero arbitrio* e di molti altri come possa vedere chi legge le sue lettere e l'altre opere sue, le quali con nostro gran' danno sono rimase nelle tenebre. E fosse o per esser libretti piccoli o per qualche altro rispetto non furono fatti stampare da lui, ne dalli amici suoi, ne da gl'altri con le altre sue opere e fatiche.

29 E da considerare che nelle sue compositioni o trattati fatti separatamente senza seguire, comentandi altri, si scorge una vivacita si grande d'ingegnio che egli pare et si possa dire di lui quello che si racconta di Temide Siro che quasi senza maestro egli fu annoverato tra i principali maestri di Pittagora, il che scrive ancora il Petrarca di Vergilio, il quale benche forse non havesse gran'maestri vivi, gli hebbe grandissimi tra morti, le principali opere dunque di questo filosofo sono le tradutioni di Platone e di Plotino, con gl'argomenti e con i commentarii sopra il *Philebo, Phedro, Parmenide,* sopra il *Sophista,* il *Timeo* et sopra il *Convivio* e di piu i 18 Libri della *Theologia Platonica,* il libro della *Christiana Religione,* il commenti sopra Dionisio Areopagita, la *lettura sopra le pistole di S. Paolo* e insieme con le predicationi e i libri di *Triplici vita* la traduzione di Mercurio, di Prisciano Lido, di Alcinoo, di Psello e di alcuni Platonici. Nelle quali tutti si scorge una equalita di scrivere e una conformita di dottrina maravigliosa e una scelta di quelle cognitione che fanno a proposito alla materia di che egli si proponeva di scrivere. Percioche a chi vuole inculcare qualunche dottrina in qualunche luogo agevolmente puo crescere i volumi e in poco tempo e quasi in infinito. Ma tornando a' libri composti e tradotti da Marsilio. Chi fosse desideroso sapere la maggior' parte dell'opere sue legga l'indici ne duoi tomi stampati e ristampati in poco tempo in Basilea [1] è una sua lettera del primo libro come disse di sopra con alcune altre sue lettere [2]. **30** Sono stati molti che hanno composto maggior' quantita di libri del Ficino come fu Origene, Sant'Augustino, S. Thomaso, Alberto Magno, il Petrarca [3], ma nel Ficino vi e da considerare la debile complessione sua, la qualita de libri tanto diversi, i molti dispiaceri, i travagli havuti se non per conto suo e de piu cari amici, gl'impedimenti della vista e della sanita, la poca commodita de libri proprii, l'havere a imparare piu lingue, l'havere a trattare dottrine gia spente e sublime e la perdita di molti libri che non sono con gli altri dati in luce. Il tempo che consumava come buon sacertote nel celebrare i santi officii, si che considerate tutte queste difficulta [tutte] [4] sara stato il numero dell' opere da lui com-

---

1. La première édition est de 1561, la seconde de 1576.
2. *Id.* 619,3-899,2.
3. Un mot raturé : Galeno.
4. Un mot raturé : tutte.

poste pur' troppo grande e di qualita poi molto rari. E perche furono alcuni che non volsero scrivere nulla, come Pittagora, Socrate, Stilphone, altri scrissero ma non comportarono che si videssero, come ancora a tempi nostri ne sono stati non pochi come Giovanni Vincentio *Pinelli* [1], Donato *Gianotti* [2], che di tante opere sue non n'e veduto, senon un'libretto *della Republica di Venezia, Piero Rucellai* [3] e di molti altri, si come questi, come troppo modesti si devon' lodare, cosi quelli come troppo amorevoli si devon' ringratiari. Hora si noi volessimo ridurre l'opere sue e qualche ordine potremmo considerarle, o rispetto a soggetti, o rispetto el modo loro. E quanto a soggetti potremmo dire, o che elle sono, o pure Platoniche, overo pure theologiche, o ultimamente miste. Quanto al modo si potrebbe dire o ch' elle sono tradutioni, o argumenti, o commentari d'altri, o pure tratationi proprie. 31 Quanto poi a dialoghi di Platone, i primi che egli comincio a tradurre furono il *Philebo* e di poi il *Parmenide* a requisitione di Cosimo de Medici. Di poi a preghi di Mr. Otto Niccolini e di Mr. Benedetto Accolti non essendo ancora arrivato a 30 anni i dialoghi delle *Leggi* [4], doppo i quali compose alcune cose da peste [5] e poi ritorno alle tradutioni dell'altri dialoghi. Hebbe il Ficino nelle sue traslationi l'occhio non solo alle parole, ma molto piu a sentimenti e a concetti dell' autore. Ne manco di quella diligenza che a buoni traduttori si conviene, cioe d'havere piu esemplari, percioche havuto un Platone greco da Cosimo vecchio, procuro d'haverne degl'altri, e in particolare uno molto fedele da Amerigo Benci, huomo in quei tempi molto dotto e molto affetionato nella setta Academica [6]. 32 Non fu Marsilio meno impiegato nel tradurre e nello scrivere che egli ancora non facesse copia di se stesso, legendo domesticamente a molti amici e scolari. Il catalogo de quali egli racconta nelle sue lettere [7], percioche altri ne annovera come padroni e suoi protettori, altri come compagni e confilosofi, altri come uditori e puri scolari. E tra i prottettori (e confilosi) principali della prima schiera pone i Medici e i Valori, nella villa de quali a Maiano egli scrive nel fine del commento sopra il *Timeo* havere dato l'ultima mano all'opere di Platone e per opera loro stampate [8]. Nella secunda schiera racconta il Vescovo degl'Agli, che fu Vescovo di Fiesole, il Landino, Leon Batista Alberti e Ben. Accolti. Nella terza che furono veramente scolari Pier Soderini, Pier'

---

1. V. PINELLI, célèbre bibliophile et collectionneur, né à Naples en 1535, mort à Padoue en 1601. Cf. P. GUALDO, *Vita di J. V. Pinelli*, Augusta, 1607. Londres, 1704.

2. D. GIANOTTI, né à Florence en 1494, mort en exil à Venise en 1572. Ses œuvres ont été éditées en 1819 à Pise par Rosini.

3. P. RUCELLAI, voir ci-dessus.

4. FICINI *Op.*, I, 611,2.

5. *Id.*, 576-606.

6. *Id.*, 609,1.

7. *Id.*, 936,2.

8. *Id.*, II, 1466.

del Nero, Pier Guicciardini e Filippo e Niccolo Valori, Bindaccio
Ricasoli et altri molti. E veramente che è segno infallibile della dottrina e bonta del preceptore il produrre gran'numero di buoni scolari
e di valore. E raccontandosi di Thimoteo che voleva la paga doppia
da quelli scolari, che havevano prima havuto un altro maestro, havendo a durare doppia fatica, prima a fargli dimenticare l'imparato,
poi a insegnar' loro di nuovo. Questo non occorre alli scolari di Marsilio perche tale era la sua dottrina e con salda e conforme che quello
che vi era imparato una volta non accorreva dimenticarlo. Il che
avviene non di rado quando si ode un preceptore che muta cosi spesso
le sue opinioni che quelle che ha difese per tutt'un anno riprova per
false l'altro, che segue che è impedimento grandissimo a giovani a
potere imparare [1]. **33** Ne e da fare gran' maraviglia se in quei tempi in
Firenze si fece cosi gran' progresso in ogni sorte di dottrina e visitrovo
cosi buon' numero di intendenti, poiche sendo per piu anni travagliata
quella citta dentro dalle sette e di fuori dalle guerre, pure nel 1454 re-
gnando una pace civile in Italia et in Firenze riformatosi lo stato, visse
la citta unita per buono spatio di tempo mediante la virtu di Cosimo
Medici e il valore di Neri Capponi. Bene è vero che in Toscana l'anno
1456 segui una rovina e tempesta di venti e di turbini il mese d'Agosto
cosi spaventevole abbraciando quasi 2 miglia di spatio, la quale con
tanta furia e impeto e lampi e romori scorreva per tutto che ben' si
credette che fosse venuto la rovina di Toscana, havendo fra s. Cas-
ciano e il borgo di S. Andrea atterrate e rovinate, e gli arbori, e gli
edificii. Cosa veramente digna di memoria e di compassione.

34 Ma per non uscir' tanto della proposta mia, segui intorno a
questi tempi di Marsilio quella gran' contesa fra Giorgio da Trabisonda e il Cardinale Bessarione della precedenza della dottrina tra
Platone e Aristotele della quale il Ficino fu quasi costituito comune
arbitrio, come quello che haveva ancora ottima notitia della setta
Peripatetica. Il che gli partori molta lode e gloria, la quale non tanto
nasce in alcuni per la meraviglia delle virtu acquistate, quanto per
una certa benivolenza e conciliatione delli animi tra loro molto differenti. E havendogli il Card. Bessarione mandata il suo libro, accio
lo vedessi, gli responde sendo d'anni 36 con una lettera cosi dotta et
arguta e sempre con Platone e piena di tanta destrezza che non si puo
imaginare la maggiore [1]. Talche si puo assimigliare quel giuditio di
cosi gran'contesa a quella d'Aristotele dato fra Eudemo e Theophrasto.

35 Ma perche Marsilio era stimato non solo di gran dottrina, ma
d'animo libero e ingenuo e d'ottimo giuditio gli eran' mandate spesso
spesso da molti l'opere loro accio egli ne dicesse il suo parere liberamente et ingenuamente. Come fra gl'altri occorse di Mr. Franco da
Castiglione nelle spositione d'alcuni salmi di Davitti [2] e di Mr. Lorenzo
Pisano nel commento che gli fece sopra la cantica, che commune-

1. *Id.*, 616,4 et 5.
2. *Id.*, 616,2.

mente si ascrive a Salomone [1]. Procuro ancora che dal Pico e da Francesco da Diaceto si cercasse piu presto la concordia tra Platone e Aristotile che la discordia come era seguito tra il Bessarione e il Trabizonda. E veramente che sarebbe stata opera molto utile, se da ciascuno di quei due chiarissimi e felicissimi ingegni si come ella fu promessa e fosse cominciata a fosse ancora conta osservata e condotta a fine, poiche tanti altri dell' antichi la proccurarono e da moderni ancora senza haverla adempiuta e stata scritta solo in alcuna particella, ne con tutta perfettione. Hora perche i dogmi di Platone non furono intesi ne dichiarati nel medesimo modo da Porfirio, da Proclo e da Plutarco, si come furono ricevuti da Plotino e altrimenti ancora da Jamblico e da Numenio da Dionisio Areopagita, i quali pare che meno di i primi si discortino dalla nostra Theologia Cristiana. Quindi avviene che egli (si io non resto ingannato) si accosto piu spesso alle opinioni e dichiarationi di questi che di quell' altri. Il che si puo raccorre dove il considerare l'opere stesse da una lettera scritta nel libro decimo [2] a Pier Leone da Spoletto nella quale ragionando di Dionisio Aeropagita gli dice cosi : A me pare che tu l'intenda molto bene, perche non e sorte alcuna di dottrina che piu mi piaccia della Platonica. Ma io desidero ritrovare Platone in Jamblico, si come io l'ammiro in Plotino e lo riverisco in Dionisio. E nella medesina soggiunge di dubitare spesso in se medesimo che Numenio e Ammonio scrittori piu antichi di Plotino non abbiano letto i libri dell'Areopagita. E si duole altresi par qual disavventura non fussero manifesti in quei tempi alli scrittori ecclesiastici [3]. Di qui forse avviene che delle due traduzioni di Platone, quella di Marsilio sia communemente piu ricevuta dell' altra. E cio forse e seguito perche possedendo Marsilio molto bene i fondamenti e i principi Academici, ne ha messo innanzi i piu veri sentimenti e quelle che ha creduto che siano le piu conformi e proprii opinioni dell'atri. **36** Scrive ancora in una sua epistola del nono libro a Martino Uranio [4] une introdutione Platonica dove gli racconta i libri e gl'autori cosi Greci come Latini che fanno di mestiero per la buona e sicura intelligenza della dottrina Academica. E tra questi racconta un' libro d'Avicebron, che s'intitulato *Fons Vitae*, citate piu volte da Alberto Magno e da S. Thomaso e da altri e l'opere d'Henrigo di Gandavo, cioe la sua *Somma* e i *Quolibeti*, tutti pieni delle dottrine di S. Agostino e per conseguenza l'opere di S. Agostino tutte Platoniche. Fa mentione d'Hermia Platonico, ancora sopra il *Phedro* e dell' opere di Numenio, di Jamblico, della setta Pittagorica, che scrive d'havere tradotti, benche con molti altri perduti. **37** Ma in vero non è da maravigliarsi se il Ficino fu cosi mirabile, parendomi che in lui quelle nove conditioni si ritrovassero che egli scrisse nell' libro *della Vita sana*, cioe necessaria a chiunque vuole all' alto mente arrivare

1. *Id.*, 615,2.
2. *Id.*, 925,2.
3. *Ibid.*
4. *Id.*, 899.

dalle nove Muse habitato et illustrato. Nove dice egli in quel trattato
sono le scorte, che ci conducano a quella altezza sublime : tre celesti,
tre dell' anima, tre terrene[1]. Le tre coelesti sono Mercurio, come cagione dell'inventione, Febo come origine di misteri sublimi e Venere,
come principio di gratia e di leggiadria nel trattarli. Pero ciascuno
conoscera molto bene avanti possiamo all' altre, come queste tre
splendessero in Marsilio mirabilmente. E quanto all'inventione, leg-
gansi i suoi discorsi essi vedrà come con picciola occasione egli sapeva
inventare molte notitie e tutte belle e a proposito. E come scrive
Laertio di Crisippo, scolaro di Cleante, il quale con ogni piccol' principio in virtu sapeva dedurre molte conclusioni e intorno trovarne le
prove e accrescervi molte e molte belle speculationi. Quanto a sublimi
misteri che hanno la dependenza da Febo, io per me non ho letto massime de moderni autori che scriva con più chiarezza, ne con piu gravità, ne con piu profondi sensi di lui. E tanto piu considerandolo il
piu delle volte non come autore, ma come spositore o come dilucidatore
delle altrui scienze. Anzi egli fu sempre cosi ripieno di concetti e di
pensieri profondi che scrivendo ancora le lettere familiari ad amici suoi
ogni giorno egli non sapeva, ne poteva sriverle qualunche sia il carat-
tere delle lettere senza condurle o piu tosto rimpierle di dottrine e di
sententie gravi e di sublimi sentimenti. Vuole Plotino che quattro
sieno i gradi de gli enti : il Mondo intelligibile, l'anima del Mondo, la
natura universale e la prima materia e questi assomiglia a quattro
orbi di cristallo o di vetro racchiusi uno nell'altro. Soggiungne poi
come dal primo continuando negli altri che seguono, trapassino e si
trasfondino in razzi delle Idee e delle forme esemplari, ma pero sempre
mancando in ciascuno de più bassi alquanto della loro prima bellezza
e perfettione. E non di meno in tutti si riconoscono quasi i medesimi
lumi. Hora cosi pare a me quando io leggo, o i commentari, o gli argomenti, o i discorsi, o le lettere di questo huomo ammirabile di vedere
scoprirsi in tutti sempre un' non so che di divino, di meraviglioso, di
sublime e di nobile, ma o piu o meno secondo che egli va trattando
materie o piu o meno alte, o più o manco capaci di tanti misteri e di
altezza di scienza. Della venusta e grazia originata da Venere egli
ha spiegato con tanta dolcezza e con tanta leggiadria senza vanità di
parole, cosi le sue, comme l'altrui scritture, che in questo, benche
havesse potuto scrivere piu romanamente puo non dimeno da ciascuno con più verità e decoro esser ammirato che imitato. **38** Passando
poi al secondo capo dice che alla salita del Monte erano tre altre guide
necessarie che riguardavano l'animo e queste erano l'ardente volere,
l'ingegno stabile e la memoria tenace, le quali par 'soverchio il faticare
per far' chiaro, che queste fiorirno fuor d'ogni evidenza in Marsilio e
con maniera fuor d'ogni uso eminente. E prima della voluntà ardente,
che occorre dir' altro, poichè giovinetto, anzi fanciullo sendo di debole
e di delicata complessione, bisognava per forza levarlo dalli studi e
tener' modo che egli non potesse in cambio di dormire consummare

1. *Id.*, 495.

il tempo del somno nel leggere e nello scrivere. Cresciuto poi alla giovinezza se la voglia dei sapere non fosse stata ardentissima come harebbe potuto cosi presto farsi padrone delle due lingue e cominciare a scrivere e a tradurre in si poco spatio di tempo tante opere de piu alti scrittori e filosofi che si ritrovino. Come sono Platone, Plotino, Jamblico, Proclo, Porfirio, Mercurio Trismegisto e Dionisio, tutti tradotti e la maggior' parte di loro dichiarati da lui. Della stabilità e fermezza dell' ingegnio, ancora che il Ficino ne medesimi tempi si rivolgesse a diverse scienze il che suole nuocere a potersi mantenere i concetti nella memoria, non dimeno era tale e l' bontà del suo ingegnio e l'habito già fermo delle scienze, che ne suoi tanti e tanti componimenti non si ritrovano, che io sappia, ne mutationi di opinioni, ne contraditioni e cio è avvenuto perchè egli prima haveva bene stabilito i fondamenti buoni e sicuri sopra i quali francamente poi haveva fondato le sue dottrine e con quelli misurava l'altre notitie da quelli dependenti. Onde si scorge in tutte l'opere scritte da lui una uniformità mirabile. Della sua tenace memoria acquistata principalmente dal perfetto habito ce ne sono le certezze chiare, poichè nelle compositioni fatte da lui ancora nell' ultima vecchiezza, si vedo che egli si ricordava e se ne sapeva valere molte bene delle cose già imparate da lui fino da fanciullo. Come sono tanti versi di Poeti e d'altre vaghezze già apprese nella piu tenera età. **39** Ultimamente diceva egli che a volere esser' ricevuto nel choro delle nove Muse ci faceva di mestiere d'un padre prudente, d'un maestro buono, e d'un medico perito [1]. Questi finalmente non mancarono a Marsilio ma dioppamente in lui si ritrovarono perciochè non solamente hebbe Marsilio Ficino padre prudente in inviarlo alle notitie per le quali egli era veramente nato, ma l'hebbe ancora per maestro e per medico eccellente. Perciochè il padre di Marsilio visse doppo Cosimo e doppo Piero de Medici fino al tempo di Lorenzo, poichè viene introdotto nel *Convivio* che fu celebrato al tempo del Magnifico Lorenzo. Ma egli stesso si prese per padre Platone, per maestro Platone, per medico e piu del animo che del corpo il medico Platone, il quale fu sopra tutti gl'altri padre prudentissimo, maestro ottimo e medico peritissimo. **40** Doveva dunque cessare ogni meraviglia se Marsilio come tra molti altri afferma il Politiano risucito la dottrina platinica [2], non solo in Firenze viva voce insegnando, ma con gli scritti per tutta l'Italia e nella Francia e nella Germania. E hebbe gran' numero di scolari che impararono da suo libri. Laonde al suo grido concorrevano giovini nobilissimi per udirlo e per imparar' da lui. E quello che è più, poiche la vera fama non nasce dalla lode della moltitudine, ma risulta da una bona approvatione delli huomini grandi e intendenti, onde questi tali son' piu lodati morti che vivi. Non è meraviglia se il Re Mattia d'Ungheria lo chiamo con honoratissimo stipendio, che sen' andasse da lui, benche non volesse partire della sua patria. Il quale Re fu grandissimo e honoro molto e

1. *Ibid.*
2. Politiani *Op., Basilea*, 1553, *Miscellaneae*, in fine.

innalzo sempre tutte le buone arti e scienze et amo in particolare
fuor' di modo gl' huomini Italiani di valore e fra gl'altri tutti il Ficino,
si che si potra credere agevolmente quello che alcuni sono andati
dicendo che essendo una volta con Filippo Valori un' forestiero germano dottissimo rincontrato il Ficino che fu piccolo di statura, ma
d'aspetto grave e di color' palido con fronte un' poco rilevato e fattoli
il Valori l'accoglienze piu che ordinarie e percio domandato dal forestiero chi fosse quell' homicciuolo, Il Valori gli rispose che questo
era un homoccino il maggiore che fussi in Firenze e soggiunse, e da
rimetter' su, e da resucitare la dottrina platonica quando ella fosse
anco morta e spenta interamente. Al quale subito replico il forestiere :
Dunque quello e Mr. Marsilio Ficini. Le quali parole intese e replicate
poi dal Valori al Ficino e tenuto modo che si ritrovasero insieme,
pregato che oltre agl' argomenti facessi qualche commento maggiore
sopra Platone invitato a far' cio ancora dal Valori e da molti altri
con grande ardore e prontezza si propose di scrivere i commentari
sopra 10 dialoghi piu principali di Platone, come egli scrive nel fine del
argumento del Alcibiade primo [1], benche non se ne trovi se non sopra
cinque di quali comincio prima i commenti sopra il *Parmenide* indirizzandolo poi con gl' altri commenti a Niccolo Valori. **41** Il quale
dialogo si come e il piu alto e forse il piu difficile di tutti (sicche il
Ficino dice nell' argomento, che Platone quivi supero se stesso) avvenga che e pare commentasse habbia voluto quasi sotto scherzo dia-
lettico, ma con altro senso nascondere le notitie altissime delle cose
divine. Il che fece primo Aristotele che sotto il tipo della difinitione
nel secundo della metaphysica tratto della sostanza ma piu natural-
mente. Cosi ancora si puo vedere che quelle fatiche fattevi sopra da
Marsilio per quel pocho che io ho potuto comprendere siano delle piu
rare e delle piu alte e necessarie, che per l'intelligenza delle divine sos-
tanze e del primo principio sopra ogni esistenza e sopra ogni sostanza
di gran'lunga piu eminenti desiderar' si possano. Tratto altamente in
quel commento distinto in nove suppositioni come ho detto con gravi
dottrina e misteri. Fa della notitia dell' uno sopra l'ente, di che fu
differenza tra lui e il Pico, che per cio scrisse il libro *de Ente et Uno*,
perche gli toglieva il principale fondamento della concordia fra Platone e Aristotele. Nella secunda suppositione ragiona della cognitione
dell' ente et uno o vogliamo dire del mondo intelligibile. Nella tertia
dell' anima del Mondo e de gl' ordini delle Dii e della moltitudine delle
cose. Di poi passando non so come alla septima et ottava ragiona della
natura e della materia e dell' anima, nella nona et ultima suppose poi
con nobile speculatione come nell' altre mostra che tolta via la prima
unita si corromperebbe ogni cosa.

42 Hora per quello che viene scritto dal Ficino in questo commento
io mi sono tanto piu confermato nella mia opinione che sia interamente falso, quello che alcuni hanno scritto, che la filosofia dell'

1. Ficini *Op.*, I, 1134.

Etnici e quella di Platone sia come una preparatione alle nostra
Theologia nostra christiana, la quale filosofia dicono ancora che e la
pedia della medesima Theologia e talvolta la chiamano un prohemio.
Ma se vogliamo considerarsi come la filosofia Platonica sia utile alla
Theologia, si vede che ella non serve, ne come pedia, ne come prohemio
in alcun' modo, ne come institutione. Pero non mi miraviglio, se poco
appresso alcuni hanno soggiunto che la filosofia sia il viaggio e la
Theologia sia l'albergo, le quali cose tutte paiono a me fra loro molto
sproportionato prohemio, pedia, institutione e viaggio e tutti poi
sproportionate, non poco con la Theologia nostra. E questo si puo racorre da una lettere del libro ottavo dello stesso Ficino [1] oltre che sono
assomigliate queste notitie si sublimi a cosette molto meschine e dette
con poco probabilita, dall' ultima del viaggio in fuori. **43** Ma lasciando
queste considerationi dico che quanto a quella parte di filosofia che
tratta delle virtu e de costumi, benche vi si possino considerare
molte cose, che non repugnano alla theologia, non dimeno pendono le
virtu trattate da queste diverse scienze da diversi principii e sono
indiritte a diversi fini, i quali nelle cose agibili e nelle humane ationi
sono la misura e la ragola loro. E quantunque Filone dicesse che la
Filosofia è alla Theologia come l'antiporta alla casa, non per questo
si deve intendere che dobbiamo penetrare alla verita theologiche per
il mezzo e per la porta della filosofia, poiche i principii della Theologia vengono stabiliti con la fede, e quelli della filosofia per la maggior' parte dal senso e dal' lume naturale dell'intelleto. Ma le parole
di Filone per mio avviso si devono intendere in questo senso, che si
come a ciascuno e lecito entrare nelli antiporte, perche sono aperte,
cosi ogni uno (perche non vi sia impedimento di strumenti o d'altro)
puo conseguire in qualche modo la filosofia, ma come non e lecito
entrare dentro alle porte se non a chi e familiare e domestico, cosi
non si puo capire la verita Theologica, se non da coloro che sono da
divino lume favoriti e illustrati et introdutti finalmenre per il mezzo
dell' lume della nostra fede. Onde soleva dire il Ficino che i vitiosi
camminano di notte e i virtuosi di giorno, perche il male non ha cagione se non privativa, e il bene positiva e non e buono, ma reo quello
che non commette i mali per la paura del gastigo, ma si bene se egli
sara commosso dalla honesta. E pure non mancherebbono forse hoggi
alcuni che comporrebono casa e molto volentieri l'oratione di Carneade
cosi artifitiosa, composta contro la giustitia, poiche tanto si arrestano
e si affaticano di consumare la vita loro contro la giustizia. **44** Ho
voluto principalmente con questa poca di digressione accennare,
quanto sia molto difficile a qualunque ingeno di conciliare la Filosofia
d'Aristotele con quella di Platone e questa con la theologia (benche sia
paruto facile a molti il permetterla). E Marsilio nella sesta oratione
del *Convivio* al capo terzo [2] ponga alcune convenienze de demoni e
degl'angeli custodi fra Platone et Dionisio Areopagita e nel *Critone*

1. *Id.*, 871,3.
2. *Id.*, II, 1342.

altri conformità et in oltre perche non qualunque cosa scritta da chiunque si sia a da accettarsi per autentica e per vera.

Parmi bene da considerare per compimento di quanto fin qui si è detto che essendo i Platonici in un certo modo divisi in due opinioni, altri hann' creduto che i dogmi di Platone habbiano origine dalla dottrina di Pittagora. Altri dalla scrittura sacra di Moise. E pero i primi hanno giudicato che sia cosa non utile ma pericolosa a un' theologo christiano. La scienza dataci da Platone dove che all'incontro gl'altri l'hanno reputato se non necessaria, almeno utile fuor di modo. **45** Hora il Ficino (e cio serve non poco all' intellingenza delle sue opere) e come platonico e come theologico christiano pare che hora a questa e hora a quell' altra opinione adherisca, secondo che egli prende diversi platonici a tradurre o a dichiarare con li suoi argumenti e con le sue consideratione. Tutta volta egli ha per piu sicura e ferma sententia che la filosofia di Platone habbia origine da quella di Mercurio le opinioni del quale pare che piu si accostino alla dottrina d'Orfeo et in qualche modo a nostra Theologia che non fa quella di Pittagora. E pero nel prohemio del *Pimandro* [1] egli dice che in quei componimenti si scoprono misteri e oracoli stupendi e che Marcurio parla il più delle volte non come filosofo, ma come profeta e benchè nel ottavo libro delle sue lettere scrivendo Marsilio a Baccio Martelli della *Concordia di Moise e di Platone* [2] e nel *Menexeno* raccolga alcune cose come simile della creatione del 'huomo di terra, de diluvio di che favella ancora nel *Critia* e nel *Thimeo*, seguendo quivi l'opinioni di Numenio Pyttagorico pare che si conosca gran' parte della nostra Theologia christiana in Platone e scorrendo lo scopo di tutti i dialoghi ne raccolga l'unita di Dio, la bonta, la potentia, la simiglianza del' huomo all'imagine di Dio, la creation' fatta di terra, la beatitudine nostra, la notitia delle tre persone, della ressurectione de morti e altre cose molte, non per questo si puo raccorre una concordia cosi grande che non si nasconda la differenza e la discordia tra la dottrina di Platone e la nostra Theologia. E ben' vero che se si considerasse l'una el' altra cose in e largamente e quanto a certe considerationi molto communi che cio affermare si potrebbe e tanto più interpretando Platone piu tosto come Numenio e Origene e Jamblico che come Proclo e Plotino. Conosco che molte cose dette da me intorno a dogmi di Platone parrano lontane dalla materia propostami dello scriver' la vita di Marsilio Ficino, ma chi andra rimirando in qualche parte il fine principale vedra che non mi sono allontanato forse quanto apparisce di prima vista. **46** Pero accostandomi piu al nostro proponimento dico che non solamente il Ficino di gran' giovamento col tradurre e col dichiarare li scrittori Platonici ma con il leggere altresi continuamente insegnova a principali della citta di Firenze e a molti forestieri di grande affare, che erano concorsi per udire da lui, non pure le dottrine Pla-

1. *Id.*, 1836.
2. *Id.*, I, 866,2 .

toniche, ma ancora i misteri della Theologia, la quale e quanta fosse
la notitia che egli n' haveva si puo agevolmente comprendere dall' libro
della Theologia Christiana che e quasi un centone raccolto dalla scrittura sacra e in particolare si puo ancora vedere nella lettura, che egli
fece sopra la Epistola di S. Paolo a Romani, fatta da lui nel Duomo
con grandissimo concorso. Dove egli ancora fece alcune prediche sopra
diverse materie nelle quali si scorge che egli fu ottimo Theologo e
Platonico ottimo, come si potrebbe piu chiaramente conoscere se
fosse venuto in luce un commento fatta da lui sopra i Vangeli che
insieme con molte altre sue fatiche si sono perdute. **47** Qui si potrebbe
fare particolare consideratione dell' opere di questo huomo cosi famoso
e mostrare quando nel tradurre egli si sia aggiustato col testo e quando
habbia preso certi capi solamente, si come egli fece nella tradutione
di Jamblico. Potrebbe ancora avvertire ne suoi proprii discorsi e
trattati quando egli habbia seguito Jamblico o Numenio, o pure quando
egli habbia seguitato Proclo Siriano, Plutarco et Porfirio. Ma perche
cio sarebbe e troppo lungo e ancora lontano troppo dal nostro inten-
dimento lascero questa consideratione da parte, avvertendo solamente
che egli nello scrivere si ingegno d'esser breve, come egli spesso n'aver-
tisce nelle sue lettere, anzi pone la brevità e la dottrina per contrasegno delle cose sue, si come egli scrive al Politiano nel primo libro
delle sue epistole [1] non dimeno con questa sua brevità piena di concetti fu egli, che è cosa mirabile e rara e fuori d'ogni credenza facile
molto a lasciarsi intendere e molto chiaro ancora che tavolta si solle-
vasse non poco quando richiedeva cio la materia al sublime e si accos-
tasse al Portico. Di che egli rende la ragione in una sua lettera del
terzo libro [2] a uno de suoi tempi rettorico ecellentissimo dicendo li che
a cio fare l'invita prima il cielo et dipoi Mercurio maestro del parlare
e della cetera et in oltre il desiderio d'imitare Platone, il quale nel suo
stile del dialogo s'innalza al Portico in guisa che il suo parlare pare
piu tosto divino che humano. E percio va egli tramettendo de versi de
poeti.

Per il che credo io che Mr. *Chirico Strozzi* ne due libri aggiunti alla
Politica d'Aristotele vi traponesse molti versi. Il che non fa Aristotele
mosso da questa cagione. **48** Gustasi in oltre ne suoi scritti una certa
dolcezza e una proprieta insieme con una equalita di stile e di concetti
mirabile. E benche egli fosse molto grave e concettoso in tutti i suoi
componimenti e in fino nelle sue lettere familiari tutta volta egli le con-
diva spesso con qualche motto o sententia assai piacevole. Ma di che
sapore fussero queste sue sentenze mi piace raccontarmi alcune poche.
Diceva egli che vuole posseder' molti cose, non si lasci possedere da
nissuna; che i filosofi debbono parlare come l'intendino; la sapienza
come dono di Dio è solo concessa a buoni. Cascasi per molti mali per
cercarsi molti beni. Non è cosa piu facile che la patienza. La solitudine
a filosofi augumenta la mente. La Verita gode ignuda, senza veste di

1. *Id.*, 618,1
2. *Id.*, 723,2.

parole. I savi son' felici anco nelle miserie e simili che senza numero
sono a cotali sentenze di che tra ripieno i suoi scritti. **49** E bene spesso
dalla etimologia del nome cavava qualche concetto gratioso come per
esempio rispondando a Cosimo vecchio de Medici che per una sua gli
scriveva egli andasse a starsi seco a Careggi. Gli risponde non poterli
occorrere cosa piu grata che rotrovarsi a Careggi, cioe a un' campo di
gratie con Cosimo Padre delle gratie [1]. Nell' apologo che egli fa al
dialogo *del Regno* indirizzandolo a Federigo, Duca d'Urbino, con tanto
misterio et altezza va scherzando sopra il nome di Federigo e d'Urbino, che non si puo desiderare etimologica piu ingegnosa [2]. A l'un 'altra
volta iscrivendo al Pico Mirandola chiamandolo per virtu ammirando d'una villa sotto Fiesole edificata da Lionardo Aretino molto
bene situata e vicina a una chiesa e a un vagho boschetto della quale
n'era padrone Pier Filippo Pandolfini, disse che quello era veramente
luogo tutto delfico cioe accomodato tutto agl'oracoli scherzando gra-
tiosamente sopre il nome Pandolfini [3]. Raccontasi ancora che sendo
una volta in un' cerchio di galant' huomini e disputandosi che cosa
fosse piu utile e giovevole alla vista, sendosi da molti dette molte
cose, egli soggiunse meglio di tutti esser l'invidia, della quale rispota
maravigliati, conoscendolo non solo per ottimo philosofo ma per
buono medico; replico che non si faccin' beffe della sua riposta percioche l'invidia fa parere maggiori le cose che non sono. Di che non
si puo desiderar' cosa migliore per la vista scherzando gentilmente
nella parola invidia. Ma di questi scherzi et artificii ingegnosi ne sono
come ho detto ripioriti tutti i suoi componimenti e in particolare il
suo volume delle lettere distinto in dodici libri ne quali bene spesso
egli tratta materie gravi di filosofia scrivendo o rispondendo a huomini chiarissimi e di sangue e di dottrina, secondo che gnen'era data
l'occasione. E veramente che questo poteva esser il contrasegno che
quelle lettere fussero le sue, dove fosse inserta qualche bella notitia e
sublime di filosofia o morale o naturale o theologica senza superfluità di
parole, amando egli molto la brevita si come egli scrive al Politiano
nel suo primo libro delle lettere [4]. **50** A tanta felicita e nobilta d'ingegnio a tante e tante sue virtu da ciascuno osservate et ammirate fu
congiunta una gratia e maniera di conversare con gl' amici incredibile.
Percioche egli usando e osservando quel proverbio : Ama se vuoi
esser' amato. Era nella conversatione faceto molto. E nel dire non
austero, come Aristippo, non mordace come Diogene, ma lodava
sempre ciascuno senza sospetto d'adulatione e di simulatione. Percioche non è da credere che Homero volesse lodare tanto Ulisso come
huomo astuto e simulatore perche aveva sembianza di prudenza
militare e di sapienza, cosi nel lodare altrui credo che Marsilio riguar-
dasse la mera verita o almeno qualche sembianza di lei. Andava

1. *Id.*, 608,2.
2. *Id.*, II, 1294.
3. *Id.*, I, 893,2.
4. *Id.*, 618,1.

adunque mescolando ne suoi piacevoli ragionamenti qualche concetto grave ma accomodato in maniera che non pareva tirata per forza. Il che si argomenta dal numero grande che egli hebbi d'amici cari tuttti grandi tutti e tutti domestichi e non solo de primi della citta di Firenze, ma dell' altre citta d'Italia e d'altre parti piu remote e particolarmente de gl' huomini rari di loro de quali ne raccontero qui alcuni. Tra primi e principali furono Cosimo, Piero, Giuliano e Lorenzo de Medici, Bartolomeo, Filippo e Niccolo Valori, Francesco Bandini, Antonio de' Pazzi, Giovanni Cavalcanti, Francesco Soderini, Il vescovo degl' Agli, l'Arcivescovo Niccolini e molti altri de' fiorentini e de forestieri poi. Il re Mattia d'Ungheria, il Cardinale Riario, il Cardinale d'Aragona, il Card. Piccolomini, il Card. Marco Veneto, il Card. di Pavia, il Card. Giovanni de Medici, che fu poi Papa Leone. Federigo, duca d'Urbino e tra questi illustrissimi molti Gentilhuomini Venetiani tra quagli fu Bernardo Bembo, Pietro Molino, Febo Capelli, Hermolao Barbaro che fu patriarca d'Aquileia. Ma per far' mentione piu particolare degl' huomini dotti hebbe per amicissimi il Pico, il Politiano, Francesco da Diacceto, il Landino, Leon' Batista Alberti, Pellegrino degl' Agli, Piero e Antonio de Pazzi e molti altri come dall'Il libro delle sue lettere si puo raccorre. E come Lucio Silla si teneva felice per havere Metello per amico cosi pareva che ciascuno di valore si reputasse a ventura haver' il Ficino per amicissimo. Furon gl' altri molti de quali scrive il catalogo a Martino Uranio nel duodecimo libro delle sue lettere [1] i quali tralascio per brevita, de quali tutti egli era amicissimo e familiare molto, si che in questa parte della amicitia che s'accosta non tanto per le lettere quanto con una gratia particolare. Fu Marsilio felicissimo. **51** E in vero che amando egli et osservando fuor' di modo tutti li studiosi delle buone discipline e lettere procurando e chi di loro ne haveva bisogno ogni aiuto e favore in qualunche occasione e cercando sempre di beneficare ciascuno o per se stesso e col favore d'altri, era ben ragionevole che ci fosse altro tanto amato et osceniato da tutti. E ben vero che fra cosi gran' numero d'amici hebbe per molto domestichi e intrinsechi. Antonio Canacci fiorentino, Antonio Serafico da San Miniato, de quali si racconta publicamente che convennero insieme col Ficino e si diedero la fede che il primo di loro, che mancasse di questa vita desse nuova agl'altri, potendo far' cio dell' immortalita dell' anima, della quale havevono molte e molte volte insieme raggionato e il Ficino n'havea scritto tanto lungamente ne suoi libri della *Theologia Platonica*. Tocco a morire primo al Canacci e dicesi che in su le 6 hore di notte a San Miniato al Tedesco fu picchiata terribilmente una finestra di camera terrena del Serafico che risponde in su la strada maestra e fu sentita una voce che disse : Quella cosa è vera, dove fattosi in un tempo il Serafico alla finestra e veduto uno che piu tosto volava che correva sopra una cavalla bianca non havendo mai potuto intendere ne ritrovare a quell'hora, che havesse battuto alla finestra ne fusse passato di quivi

1. *Id.*, 936,2.

a cavallo e riscontrato poi l'altri giorni che in quella hora stessa il
Canacci era morto in Firenze, ricordatosi della fede data si fra loro,
si tenne all'hora per certo; come si dice ancor hoggi per ciascuno che
fosse stata la promessa osservata dal Canacci. Collocarono gia i Romani nel Capitolio la fede a lato a Giove e con gran venerazione l'ado-
ravano e con questa acquistorono molte cose e ottenero piu vittorie
ma hoggi dove ella habbia il suo reggio, lo sanno coloro che se ne servono per scudo della in fedelta. E a fare quello che io non viglio dire
per la vergogna. Hora se paresse difficile a credersi a qualch'uno
l'avvenimento seguito a San Miniato sappia che cio e stato scritto ne
suoi Annali Ecclesiastici dall'Illustrissimo Cardinale Baronio nel
quinto Tomo a p. 331. Il che ho io veduto poi con poca diversita da
questo sie da noi raccontato, percioche egli fa mentione questo esser
avvenuto a Mr. Michele Mercati e non a Antonio Serafico come s'afferma communemente da tutti in San Miniato. 52 Il qual' Mercati fu
ancora egli amico di Marsilio a cui Marsilio indirizza un' suo *dialogo
Theologico fra Dio e l'Anima*, come si legge nel primo libro delle lettere,
dove si racconta etiamdio un' caso a questo simile di Mona Alessandra sua madre, questa insieme con Giovanni, padre di lei dice che una
notte dormendo vide nella medesima hora Madonna Agnola, madre di
donna Alessandra e moglie di Don. Giovanni a quale ella disse che
fecessero priegare Iddio per lei e subito desti e immaginandosi che ella
fosse morta, sendo loro in Val d'Arno e ella in Firenze riscontrarono
che in quella medesima hora di quella stessa notte ella era spirata [1].
Di queste predittioni non pure in sogno, ma vegliando ne scrive
molte cose il Ficino nel libro nono della sua Theologia, al capitolo
quinto [2] seguendo quello che viene scritto da Platone nell'*Apologia*
e nel *Critone* e in oltre di Theramene di Calano Indo, di Phericide Siro
e d'altri. Ma tornando alla madre di Marsilio, egli di quelli avvenimenti ne cava due conclusioni l'una che l'anima nostre per la purita
della vita e per una certa astratione da sensi ha un' certo modo pos-
senza di predire le cose future, l'altra e che l'anime di morti possono
operare qual cosa ne viventi. Ma io penso che se ne possa agevolmente
raccorre un' altra conclusione e questa sia che Marsilio a cosi profonda
sapienza havesse una gran' bonta divina congiunta. Per non lasciar
di dire della temperanza che un ornamento dell' altre virtu e modera
e regge tutte l'altre particolarmente la prudenza. Questa e ben ragionevole credere che ella fosse in Marsilio fuori d'ogni credenza. Dalla
quale ne nasce ancora la modestia come diceva Platone nel quarto
delle *Leggi* e oltre modo cara a Dio. 53 Ma questo cumulo di virtu si
raccoglie non pur da quanto si e detto, ma da tutti gli scritti suoi e
da precetti che egli va santamente per tutto seminando de quali fa-
cendove mentione in una lettera scritta a Girolamo Pasqualino nel
primo libro mi piace, perche e breve ne e facile trovare il libro delle
sue lettere stampato solo d'inserirla qui intera come ella sta latina :

1. *Id.*, 609,3-615,3.
2. *Id.* 203.

« Queritis quid sit bene vivere? Utilius quaeri nihil potest. Est autem bene vivere velle bonum, agere bona. Primum sapientiae est, secundum prudentiae, tertium justititiae, quartum perseverantiae. Primum a Deo est, secundum a primo, tertio a Deo simul atque homine, quartum est a tertio. Qui ita vivunt, vivunt homines. Qui vivunt aliter animalia vivunt. Vale, ac vive homo ». [1] Hora a me pare che possiamo dire di Marsilio che a guisa d'un nuovo Socrate congiungesse la specolatione con la bonta della vita, percioche il sapere ritrovare le cagioni delle cose senza vivere bene è a pena la meta della vita perfetta. E pero Pittagora, Platone e altri molti non solo vollero adornare gl' intelletti loro di scienze, ma ancora abbellire gl' anime delle virt morali e purgatorie. Dalla lettera scritta a Pasqualino alla quale sono simili e del medesimo sapore, quali tutte l'altre, si puo chiaramente vedere due del medesimo sapore, quali tutte l'altre, si puo chiaramente vedere qual' fosse la gran' bonta di vita e quanta la religione christiana di questo huomo singolare. Scrive egli a Francesco Marescalchi Ferrarese caduto in una gravissima febre non visi trovando rimedio che egli si voti alla Virgine, il che fatto subito prese miglioramento notabile e fu liberato da quel male [2]. **54** Chi legesse poi il suo testamento fatto nel 1499a 29 di ottobre resterebbe pienamente di santimonia della vita di Marsilio a pieno sidisfatto. Il quale sendomi venuto alle mani per mezzo di Mr. Andrea Adriani Canonico [3], ancora egli del Duomo, che e di fertilita d'ingegno e d'integrita di costumi, non fu minore del Padre, ne dello mi ha dato commodita di raccontare alcune cose a questo proposito. E prima egli ordino d'esser sepellito humilmente contro l'usanza e costume degl'alteri Canonici. Lascio alla Chiesa di San Cristofano e alla Chiesa di Pomino sei scudi l'anno per doversi dare a poveri e per i bisogni di detta chiesa. Fece molti altri legati per l'amor di Dio e per benefitio dell' anima sua e a Madonna Antonia sua serva e a molti altri. E scudi 60 a F. Luca di Fabriano che fu suo scrittore e amico come si vede nella lettera a Bastiano Foresi nel quinto libro delle sue lettere [4]. E ne medesimi legati del suo testamento libero detto F. Luca da tutte le spese e alimenti fatti e ricevute in usa sua per tor' via tutte le liti e pretensioni che potessere nascere co nipoti. Lascio in oltre che si consignasse un' suo Platone a Lorenzo di Piero Francesco de Medici e un altro che haveva Francesco Diacetto si dovesse rendere a gl' heredi d'Amerigo Benci. Le quali dispositioni e ordini tutti fan' fede della bonta, della netta e pura conscienza di Marsilio Ficino. Ma se gl'huomini eccellenti si sono allontanati da Dio essendo a lui che si doveva dire o credere degl' huomini buoni e da bene se non che habbiano il Signore sempre ed loro amico e favorevole, come si puo senza contrasto affermare del Ficino, il quale havendo lasciato a

1. *Id.*, 644, 2 : Est autem bene vivere : verum intelligere, consultare bene, velle bonum, agere bona.
2. *Id.*, 644,3.
3. Andrea Adriani fut élu chanoine en 1585 et mourut le 15 juillet 1602.
4. *Id.*, 788,1.

nipoti un podere a Careggi e due altri in Val d'Arno a Figline e alcune
terre spezzate a Monte Varchi. Volse che mancando diretta linea de
Ficini, si come e hoggi mancata tornassero al Capitolo de Canonici di
San Maria del Fiore e ordino che mentre duravano gl' heredi suoi dovessero ogni anno a 19 d'Ottobre pagare a Canonici certa quantita
di denari per fare un' offitio de morti e alla Madonna di Monte Marciano due staia di grano per ciascun' anno per esequiare i medesimi
offitii in suffragio dell' anima sua. Siche e in vita e in morte egli diede
chiarissimamente segni della sua santità e bontà di vita, la quale mi
credo io che lo facessi non meno caro a si gran' cittadini e huomini
segnalati che la sua dottrina incomparabile. **55** Ne deve scemare
l'opinione di tanta bonta l'haver egli scritto tante lettere amatorie a
Giovanni Cavalcanti, unico amico, dove si leggono molti belli scherzi,
ma gravi, molti belli concetti amorosi, ma honesti. Percioche egli
scrive ancora al medesimo quali debbono essere le leggi e i termini
di quelli che amano cosi nel parlare, come nello scrivere [1].

E avvenga che tavolta nelle sue lettere vi si ritrovino concetti
amatorii non sono pero d'Aristippo, ne di Lucretio, ma Platonici e
finalmente conchiude d'imitare in cio il buon' Socrate e il divin' Platone. Del quale scrive che egli visse casto, confermando cio con l'au-
torita di San Agostino e questo racconta in una sua epistola del quarto
libro nella quale scrive lungamente tutta la vita di Platone [2], la quale
poi è stata stampata avanti all' opere di quel divino Filosofo. E perchè
non possa prendere alcuno un minimo sospetto della candidezza di
Marsilio, benchè egli scriva, tante lettere amatorie a Giovanni Cavalcanti. Quale fosse l'amicitia o l'amore di Marsilio verso di questo suo
amico unico legga una lettera scritta allo stesso Giovanni sopra Alcinoo [3], nella quale egli dice chez l'amicitia e una somma concordia di
due animi nel venerare Dio et pero gli amici veri non sono due soli ma
tre necessariamente : due Homini e Dio con loro.

57 Hebbe fra l'altre virtu tutti rari e pregiate una modestia singolare non sublimando mai le cose sue, ne dispregiando l'altrui. Anzi
lodando sempre le fatiche di ciascuno. Onde fra tante altre essendogli
stato mandato certi compositioni sopra i salmi di Davide fatte da un'
Francesco da Castiglione accio' ne dicesse il suo parere. Rispose a
coloro che come Dio haveva trovato David secondo il suo cuore cosi
li pareva che David havesse trovato uno spositore secondo il suo
pensiero [4]. Con questa sua molta modestia vera e non simulata non
pregiando quest' huomo le sue fatiche, ma rivolgendo sempre l'animo a
quelle che non gli pareva di possedere, risplendeva etiamdio in lui
mirabilmente una generosità e grandezza d'animo molto lodevole.
Aggiungnesi a questa una costanza grande, cosi nel giudicare le sue,

1. *Id.*, 631,4.
2. *Id.*, 763,2-711.
3. *Id.*, 633,2. II, 1945.
4. *Id.*, 632,3.

come l'altrui compositioni, percioche si ritrovava in stare molto compita la notitia di quelle dottrine che a far' il giuditio saldo e vero si richiedevano. Onde noi veggiamo non di rado alcuni lodare o celebrare qualche opera, la quale poco doppo biasimano havendo imparati poi molto più che non sapeva prima. E quantunque egli fosse per commune consenso di litterati dichiarato padre della Dottrina Platonica ne tempi suoi, egli pure riconnobbe sempre per maestri gli scrittori Greci, de quali con grandissimo giovamento altrui ne tradusse un buon' numero di megliori. Per il che gli debbono essere gl' huomini chi attendano alle studi Platonici grandemente obligati. **58** E in vero che noi saremmo al buio della maggior' parte delle notitie Academiche e tutte nobili e tutte sublimi senza le molte opere del Ficino e se non ci fosse stato accomunato tanto numero di scrittori Greci fatti da lui latini. Poichè sono pochissimi quelli che habbiano o voglia o commodità d'imparare la lingua greca e molto meno quell'. altri che doppo l'haverla imparata habbino commodità d'havere quelli scrittori che da lui traslati in latino e che poi stampati sono stati communi a ciascuno. E io per me sono di questo parere che non si potesse fare cosa piu utile alle scienze, ne piu gloriosa che il far' quanto prima tradurre e stampare a communi utilita questi libri cosi rari che stanno riposti senza potersi senza difficoltà godere da nissuno nelle librerie. Perciochè si potrebbono havere le piu pure e le piu belle dottrine da i Greci scrittori e da fonti scritti in poco tempo, che forse non si raccolgono in molti dalli scrittori de nostri tempi da i rivi e bene spesso tanto torbidi si che elle non vi si riconoscon' dentro. E per dire quello che è manifesto a ciascuno chi ha recato maggior' grandezza a tutte le scienze o sieno di Filosofia o di Theologia o di Medicina che l'haver noi havuti molti autori Greci tradotti in latino. E tanto piu hoggi che in Firenze e altrove la lingua greca cammina piu presto alla perdita che all'augmento. Considerisi quali erano le scienze da 100 anni a dietro di Filosofia e di Theologia e quali hoggi che tutto e seguito perche sono stati molti Greci autori accomunati nella lingua latina, i quali con manco spesa assai e con più facilità si possono havere o leggere da ogn' uno, dove che prima trovandosi greci in pochissimi luoghi e in penna solamente e pochissimi stampati erano quasi incogniti al Mondo. Io non niego che non fosse molto meglio che si vedessero gl' autori nelle lor' proprie lingue e massime quelli che sono antisignani e maestri dell' altri e che si dovesse molto piu attendere alla lingua greca che non si fa. Ma poichè questo non segue e questi tempi non comportano piu tante fatiche, ne tante spese sarebbe pur meglio, per non dir' nulla de gl' scrittori Arabi pur tradotti in latino con non minor' giovamento che necessità d'haverli men' buoni tradotti che nella lor' lingua in modo scoretto.

59 Ma tornando a Marsilio havendo egli co suoi componimenti e con le sue tante tradutioni recato grandissimo giovamento a chi attende alle studi di filosofia e di theologia, non per questo manco che da qualch' uno o per invidia o per altro non fusse punto in

qualche modo e avvenga che gl' huomini, bechè cattivi sogliono
ammirare le virtù, no dimeno quando la cattivita trapassa nell'
eccesso questi si devon' piu tosto noverarsi tra le fiere, che tra gl'
huomini. **56** Tre vitii principalmente si oppongano a oscurare la vera
dignita e nobilta : l'invidia o l'ignoranza o vero un desiderio scelerato
che non puo sofferire che la propria sceleratezza venga ripresa dall'
altrui bonta. Ma la vera virtu ha tanta forza che gli scaccia tutte dove
che la falsita non ha forza di durare molto tempo. Ma il Ficino sopporto
alcuni morsi molto facilmente affermando che non si riceva mai l'in-
giuria se non da sa stesso [0]. Percioche fra gl'altri beni la sofferenza e
da porgiarsi e da stimarsi molto. La quale fiori diceva egli maraviglio-
samente in Socrate e meglio di tutti in Christo Maestro della vita
nostra. Non essendo cosa piu in fame ne piu laida che l'inguria e tanto
piu fatta altrui a torto. Ne e da credere che cadesse mai in pensiero
d'un huomo tanto buono come fu il Ficino l'ingiurare nessuno onde
per tal cagione egli havesse a esser perseguitato e trafitto. Ma passando ad altre sue virtu. Con quanta destrezza egli scrivesse nel 1478
d'Aprile a un M. Pace, amico suo trovandosi la citta piena di sangue
e di scompiglio, veggasi in una sua lettera del quarto libro dove egli
si scusa non haver' riposto al suo Pace per non l'a ritrovare, ma che
gli rispondera con la guerra, poiche i pianeti soppogono a pianeti, gl'
elementi a gl' elementi, gl' animali a gl' animali e cosi copertamente
racconta le gravi rovine di quei tempi [1]. Ma perche egli fosse da qualch'uno invidiato e insieme morso fu pero dall' altra banda da molti
anzi infiniti piu honorato sempre e celebrato, fra gl' altri suoi honori.
Non fu egli celebrato il suo natale con bellisimo apparato da Martino
Uranio, come se egli fosse stato un' Platone novello [2]. Di che egli pure
sene mostro indegnio e a guisa d'un altro Agatocle, re di Tulia, che
non si dimenticava d'esser figliuolo d'un vasaio. E pero benche abon-
dasse d'oro e d'argento volva sempre vedere in tavola de vasi di terra.
Onde scrisse Ausonio :

> Fama est fictilibus coenasse Agathoclea regem
> Atque abacum Samnio saepe onerasse luto,
> ....
> Quaerenti causam, respondit : Rex ego qui sum
> Sicaniae, figulo sum genitore satus [3].

Con Marsilio lodato da tutti, celebrato da tutti si riconobbe sempre
come disceso da Figline. Non manco a quest' huomo singolare accio
fosse adornato d'ogni virtu nel conversare, come accennai di sopra
una certa piacevolezza e un' trattinimento incredibile percioche nes-
suna natura feroce ha del honesto e del honorato essendo contraria alla
conditione humana e divina. Per il che si ritrovava egli non di rado
in compagnia de piu nobili e de piu litterati alle ville di questo e di

1. *Id.*, 754,4.
2. *Id.*, 929,3.
3. AUSONE, *Opera*, éd. Panckoucke, 1842, t. I, p. 30, Epigr. VIII.

quell' altro gentil' huomo. Dove oltre al trattenersi piacevolmente andava ancora scrivendo alcune cose o platonice o theologiche. Racconta egli stesso d'havere al Ponte a Regnano a poderi di Giov. Cavalcanti composo buona parte della sua Theologia, e a Maiano, villa de Valori, dato componimento all' opere di Platone, e a San. Miniato dal Serafico e dal Mercati d'havere scritto molti opere [1]. Percioche ovunque agli andava senza aiuto d'altri libri si portava sempre seco nella memoria la copia de concetti e delle materie da poterle a sua posta spiegare fuori con gli scritti. Assomigliando il Ficino non poche volte l'anima nostra a uno specchio che renda altrui l'imagine di quei lumi che dentro vi ricevono. Diro ancor io che essendo l'animo di Marsilio ripieno di si barlumi di dottrine platoniche e theologiche, quelle medesime rifletteva poi ne suoi scritti e negl'animi di coloro che l'accoltavano era per tanto l'intelletto di Marsilio in guisa ripieto in ogni habito e in ogni notitia che a piacimento suo sene poteva valere e scrivere come si l'havesse havute scritte dinanzi a gl'occhi si che gl' habiti acquistati e la memoria gli servivano in cambio di libri rivolgendo nell 'animo continuamente quello che egli haveva raccolto di bello e di buono. **60** Hora qui voglio accennare come Homero lodando per tutti Agamennone ornato d'ogni virtu finge che gl'eran mandati a sogni dal cielo per significarci che ancora di notte egli pensava sempre alla salute de suoi, cosi Marsilio ancor dormendo andava sempre con l'intelletto speculando qualche pensiero. Ma fra si gravi considerationi non si dimenticava il giorno un poco di ristoro della sua lira. Onde scrivendo a Francesco Musano da Cesi gli dice che non si meravigli se egli va insieme accozzando la Medicina, la lira et la Theologia [2], poiche la natura ha congiunto in noi il corpo, lo spirito e l'anima e nel libro nono delle sue epistole scrive a Bastiano Foresi, suo compare, che chi non si diletta dell' harmonia non e composto harmonicamente e che chiunque ha ingegno si diletta come Dio dell'harmonia. E per questo Marsilio fu finto donatore dell' ingenio e artifice della cetera. E sopra il terzo dialogo della Reppublica considera nove gradi di consonanze e di dissonanze nelle voci e ne numeri e poi l'applica alla scienzia, all'opinione, all' imaginatione, all'affetti, al parlare, al canto, al ballo, a gesti e alle operationi artificiose [3]. **61** Di che basti qui haver' accennato questo poco e tornando al Ficino e fu Marsilio di gentile spirito e di debole complessione come egli scrive di se stesso in piu luoghi e fra gl' altri in una lettera del quarto libro avvisando gl' amici suoi che non lo domandino se egli sta sano, ma piu tosto, se egli e mai risanato [4], avvenga che e nacque per star' sempre mal sano e cio potette avvenire perche nella medicina valse ancora assai come si puo scorgere nel libro scritto da lui *della vita sana e della vita lunga* e nal libro scritto *della*

1. *Id.*, 628,2-948,2. II, 1466.
2. *Id.*, 609,2.
3. *Id.*, II, 1401.
4. *Id.*, I, 761,1.

peste e in oltre per havere con il suo sapere operato tantoche che un parto del otto mesi visse per alcuni anni, come egli stesso racconta nello libro *de Vita coelitus comparanda* [1]. Medicava ancora non pochi amici ma molto piu per carita e per l'amor' di Dio. Siche quanto alla sanita fu molto differente dal suo Socrate, che visse senza bisogno de medici, come scrive Laertio e Eliano, ma compiacendosi il Ficino di ritrovarsi con gl' amici, si compiaceva ancora di bere poco, ma spesso, e pero costumava portare un'fiaschetto del suo Trebbiano di Val d'Arno. La qual cosa essendo scritto da Mr. Piero Vettori in quel suo gentil trattato *Della cultivatione de gl' ulivi* [2]. Mi e piacuto di trasportare qui le proprie parole di questo huomo a nostri tempi singolare e sono questo : « E si ragiona che Marsilio Ficini (che me l'ha ridotto a memoria a l'havere hora parlato di Platone, tradotto da lui in lingua latina, e dichiarato ne luoghi piu oscuri) resucito ne suoi tempi nelle nostre scuole questa dottrina e porse gran' luce a chi voleva penetrare nelle parti piu segrete nella Academia vecchia con disciplina profonda e non manco leggiadra e degna d'ogni gentile e nobile persona. E si ragiona dico che questo Marsilio fu l'esempio di costumatezza e bonta, niente di meno havendo egli a fare in luogno dove si raccoglie pretioso vino e conservandolo egli con grande studio e cura bevea moderamente con un piccolo bicchieretto e poco per volta, ma con gusto grande, come racconta Zenofonte nel suo Convivio haver bevuto Socrate, dove egli nomina quelle tazze minute e che bridavano a modo di rugiada e percioche Marsilio era spesso invitato a cena da cittadini nobili e honorati che all' hora si trovavano molti piu che hoggi non fa nella citta nostra, i quelli amavano le scienze e accarezzavano le persone dedite a quelle, i quali pigliavan' piacere de suoi gravi ragionamenti e li portavano per la sua bonta molta affetione, quando egli vi andava, portava seco un fiaschetto del suo buon' vino e quivi quasi a ogni boccone pigliava un sorso, potendosi agevolmente vedere per ogn' uno che era quivi quanto diletto ne sentisse. Il che egli faceva forse ancora come medico della qual' arte egli seppe assai l'esercito ancora qualche poco in curare gl'amici e le persone care, perche i medici antichi vogliono che nel cibarsi si beva spesso, ma poco per volta e quasi tanto che ammoli il cibo e lo rinfreschi. » **62** Nelle quelle parole del Vettori si raccoglie la dottrina, l'ingegnio, la bonta, la piacevolezza e la sobrieta di M. Ficino e io soggiungo che la compagnia e i trattenimenti e le conversationi de gl' amici non lo levavano dalle sue speculationi. Perciochè in compagnia degl' amici rivolgeva insieme l'animo a qualche nobile consideratione e chi dicesse di lui quello che scrive Valerio Maximo di Carneade che sendo a tavola si dimenticava di prendere il cibo forse non si allontanerebbe molto (se io non m'inganno) dal vero. E chi coggiugnesse quello che egli stesso scrive nell' argumento del secundo dialogo della Republica della

1. *Id.*, 530.
2. P. VETTORI, *Delle lodi e della coltivatione degl'ulivi*, ed. Bianchini. Firenze, 1718, p. 14-15.

doppia ebrietà, l'una originata dell'acqua del fiume Lethe, biasime-
vole, l'altra stillata sopra la Luna, del nettare celeste [1], potrebbe cosi
riconoscerne una in Marsilio come amica e l'altra lontana, come
nimica. Ma lasciate questi cosi da parte.

Raccontai che egli mangiava e bevea pochissimo e egli stesso per
modo di bisticcio usava dire che chi vuole essere sobrio sia sobrio cioe
separato dall' ebrio. Onde possiamo credere che egli fosse ancora di
poco sonno e non dormisse i sonni d'Endemione e pero Homero nell'
Odissea con raggionamenti rappresenta i Proci stramazzati per terra
dormire di mezzo giorno havendo mangiato e bevuto di soverchio.
Nel quale luogho pare che ci voglia significare che gl' huomini di
grande spirito non si profondano dormendo tanto nel sonno che le
pottare dell' anima cognitorie non operino qualche pocho. E per
questo scrive Homero che Giove mandava i sogni a Agamennone
che dormiva. **63** Credo senza fallo vedendosi in questo huomo tanta
religione, usando egli dire spesse volte che voleva piu tosto credere
alle cose humane che sapere l'humane, che doppo l'havere ristorato
col sonno gli spiriti avanti che egli si mettesse a studiare si rivolgesse
prima co' preghi al Signore e alla Vergine, percioche haveva ferma
opinione che la sapienza primitivamente s' attenga da Dio e da lui si
debba cercare con la fede et con la speranza a domandarla e poi ab-
bracciarla con la carita [2]. Nella quale cosa imitava il suo Platone, che
non confidato ne suoi studi spesso chiedeva con caldi preghi la sapienza a Dio, forse avvertito in cio da Orfeo, che canti altemente la
sapienza esser nata solo dal capo di Giove. Il che ci significarono i
Poeti ancora scrivendo le Muse haver' il lor principio da Giove. Di qui
si puo facilmente raccorre la differenza che è tra quelli che sanno e
gli stolti e questa e che quelli privi delle cose che sono buone o ripu-
tate tali se ne vagliono con il debito modo a benefitio loro. I secondi
le abusavano et se ne servono a lor' danno e vergogna e quello che
è peggio senza gustarle e conoscerle. Cosi non avveniva gia al buon
Ficino sapendo moto bene ridurre le sue fatiche e pensieri alla sua
salute e dignità, il quale nel parlare fu molto grave e sententioso, usando per lo più detti Philosofici e non volgari e con mirabile brevità
de quali egli ha sparso gran' copia ne suoi componimenti. E quella
argutia ne motti e nelli scritti nasceva non solo dall' acutezza del suo
ingegno, ma per l'havere del continuo alle mani scrittori gravi e
concettosi. **64** Oltre fra i motti gravi mescolara ancora de piacevoli,
siche egli si poteva dire di lui quello che disso Horatio d'Aristippo :
Omnis Aristippum decuit color [3]. Non e dunque meraviglia se Lorenzo
de Medici desiderava, non potendo havere Marsilio da presso, havere
almeno ogni giorno lettere da lui, sapendo cosi bene congiungere le
piacevolezze con la gravità, la qual' cosa si dice, che si ritrove a mara-

---

1. Ficini *Op.*, II, 1399.
2. *Id.*, 1355.
3. Horace. *Ep.* I, 17, 23.

viglia in Zenone. Il quale benchè stoico e severo nelle conversationi non dimeno era piacevolissimo e nelle dispute vehemente. Di che maravigliandosi alcuno, gli rispose che i lupini ancora per loro natura sono amari ma con l'acqua macerati addolciscono [1]. Haveva Marsilio nella sua Academia, dove egli leggeva, fatto dipingere la sphera del Mondo e da una parte Democrito che rideva e dall'altra Heraclito che piangeva perciohe Democrito si rideva della pazzia degl' huomini che proccurano di conseguirsi le cose eterne come le richezze e gl' honori, la sanita e bellezza e le proprie che sono i beni dell'anima dispregiano [2]. Heraclito poi piangeva la pazzia degl' huomni per la medesima cagione. Quegli inoltre rideva perche si desiderano le cose che appariscono buone ne si pensa d'usarle bene. Questi perche si cercasse di medicare e corpi e non l'anima e forse rideva l'uno e piangeva l'altro, perciohe se gl'huomini si dovessero honorare e reverire per le richezze e tavolta non bene acquistate, si doverebbe costumare di far' portare loro in fronte una piastra o lama d'oro per come dire una borsa appicata al collo, ma essendo l'honore, come diceva Aristotele e Platone un' premio divino, si doverrebbe dare alle virtu e alle honeste attioni. Ridendo adunque Marsilio con quelli che ridevano e piangendo con quelli che piangevano accomodandosi alle occasioni e alle persone. Non poteva essere la sua pratica se non gioconda e grata. **65** Con tanta domestichezza e familiarità che egli hebbe co' piu grandi e litterati e co piu nobili della citta fu etiamdio molto rispettoso, poiche trovandosi con poche facolta, che non erano bastanti per li suoi nipoti e per le sue nipote da marito havendo piu volte disegnato di scoprire questo suo bisogno ad alcuno de suoi piu cari amici fu non dimeno da una salvatica vergogna sempre ritenuto, Per tanto non è da biasimare questo rispetto e gl' vergogna di Marsilio la quale ha sempre ritrovato albergo negl' animi nobili. Harebbe ancora potuto in queste vie ottenere qualche commodo notabile da alcuni forestiere ricchi si l'havesse pure accennato pero che tal' era il grido e la fama del Ficino che molti signori, principali mandavano a posta i lor' figli a Firenze, racommandoli a Marsilio. Fra gl' altri si legge d'un certo Uranio di Germania e d'un altro signore di Suevia [3]. Ma e tanta dottrina e tanta bonta e tanta felicità fu pure intorno al fine della vita sua da strano accidente offuscata non solo per i travagli e per le dissensioni de maggior' cittadini e de suoi piu cari amici ma ancora per esser stato offeso in guisa dalli humori malinconici. che egli usci di senno a fatto per qualche spatio di tempo. Il che come ottimo medico havendo egli presentito qualche inditio scrisse una lettera a Giovanni Vittorio Soderini e una a Francesco da Diacetto suoi confilosofi [4]. Nella quale dichiarando quel detto delle Scritture : Necesse est ut veniant scandala. Pare che si dolga come possa esser percosso dalla fortuna uno che in

1. FICINI *Op.*, I, 623,1,2.
2. *Id.*, 636,2-637,1.
3. *Id.*, 926,1.
4. *Id.*, 945,2.

tutto si è dato alla vita contemplativa. Ma risolvendo questo dubio dice che in questi tali possono accadere accidenti piu gravi incorrando beni spesso nelle pazzie. Mentre che egli stesso in questo stato fuor' di se si racconta di lui una piacevolezza che mi piace di raccontarla. E questa fu che sendo impazzato un' figlioletto a una donna di Figline ricorrendo a Marsilio pregandolo che gli dicesse come haveva fatto a guarir egli della sua pazzia. dubbitando d'esser burlato, gli rispose alla donna : Lasciatelo stare, perchè non hebbero mai il piu bel tempo, tutta volta procuro poi con molta carita che oltre al commetterle che lo racommandasse alla Vergine di farlo medicare ancora e lo guarir. **66** Ma ritornando il Ficino con i medicamenti e molto piu con l'aiuto divino e con la misericordia di Dio havendola egli usata verso gl' altri, alla primiera sanità benchè fatto e per l'età, e per la poca complessione gia molto debole. Se ne ritorno a Firenze pero che in quella malattia si era ridotto a Figline. E si trattenne per la maggior parte dell'anno fuori della città alle ville d'amici suoi vivendo fra tante sedizioni con assai tranquilla pace sendosi collocato nel sicuro presidio del Signore. Ma perche la somma bonta communica le sue richezze a chi n'è piu capace e a chi ricevendo bene piu al suo fattore si rasomiglia havendo sempre proccurato Marsilio di non repugnare alla divina voglia, ma a tutti suo potere di confermarsi con quella ando terminando pien' e di gloria e di pace la vita sua. Laonde mi pare che si potrebbe dire di Mr. Marsilio Ficini chez la sapienza coeleste, che non puo essere composta dal modo venne contenuta dalla mente di quest' huomo tanto buono e tanto sapio. Perciochè doppo l'haversi egli tradotto tutto Platone e Plotino e fatto gl' argomenti e commentari a molti dialoghi et ultimamente havendo traslato e commentato Dionisio Areopagita si rivolse a far' nuovi commentari a dialoghi di Platone, ma sendo la citta piena di tumulti e di avversità come scrive a Giovan. Cavalcanti nell'ultimo libro delle sue lettere [1] sensa poteregli dare l'ultimo compimento travagliato molto dell' animo che l'corpo fatto informo gli lascio imperfetto. **67** Cosi l'anno 1499 havando fatti un honorato testamento essendo arrivato a 66 anni della vita sua, si come egli era santamente vissuto e glorioso, cosi ricevuti con gran' divotione i santi sacramenti santamente e gloriosamente mori.

E pero si puo dire che muorano gl' huomini vissuti cosi buoni e cosi celebri o non godino piu presto una vita sempiterna in cielo e nel mondo nelle altrui memorie e cosi conseguischino il premio e la merce della bene guidata vita in questo mondo e nell' altro. Oltre che se la vera gloria e beatitudine si possiede solamente fra l'anime state in cielo e da credere che non punto malvolentieri il Ficino abbandonasse questo mondo pieno di travagli per salire a godere il paradiso pieno di pace e di gloria. Il cordoglio della città non dimeno fu grande, ma il danno degl' huomini scienzati maggiore e massimamente delli affetti della dottrina Academica e fu honoramente sepellito nella chiesa Catthedrale di Santa Maria del Fiore secondo il costume dell' altri cano-

1. *Id.*, 961,2.

nici. E fu huomo di tanto merito furono dal Capitolo deputati due di
loro a procedere quanto occorre per il suo funerale, benche nel suo
testamento egli havesse pregato che la spesa della sua sepoltura la
facesse Lorenzo di Piero Francesco de Medici, perche il Magnifico Lorenzo era morto l'anno 1492. La quale poi dovesse esser' moderata da
Giovanni Cavalcanti da F. Jacopo di Martino Martini che rogo il suo
testamento e fu suo amicissimo. **68** Furongli fatti molti epigrammate,
ma io raccontera prima quello del Politiano, il quale soleva chiamare
il Ficino il Principe de filosofi e l'Esculapio di Platon. E è questo :

> Mores, ingenium, Musas sophiamque supremam
> Vis uno dicam nomine? Marsilius.

E poi soggiugnero quell' altro che scrisse Ugolino Verino, poeta nel
secundo libro :

> Nec non Marsilius magno celebrandus honore est,
> Per quem nunc Itali doctum novere Platona.
> Traduxitque etiam Plotinum et dogmata Christi
> Expressit, que vera fides, quis cultus habendus.

Il quale Verino havendo scritto del plusquam com o vogliamo dire [1]
ed fu e gran Filosofo e gran disserto Medico questi versi mi e paruto
aggiugnerli con questi fatti sopra Marsilio :

> Omnes Drusianus adest Valoria proles
> Qui veteres quidquid medici scripsere Pelagi
> Exposuit miro perstringens omnia nexu
> Florentes postquam medicinae tradidit
> Fortis atleta Dei senior recessit in antrum
> Cartusium, ut partem meliorem redderet;

Fu di poi nel medesimo tempio del Duomo con publico consenso
eretta la sua effigie di marmo con nobile inscrittione dirimpetto a
quella di Dante o fosse cio fatto a caso o pure con arte o pure per
divina volunta. Basta che egli si puo dire sicuramente che diede de
maggiori lumi della citta di Firenze, uno e Philosopho e theologo e
Poeta sovrano e l'altro Theologo e filosofo singolare fussero collocati
dirimpetto l'uno e l'altro sulle porte del Duomo perchè per opera e
fatica d'ambedue era in Firenze stata aperta l'entrata a Liceo e a Parnasso e vogliamo dire dall'uno e dall' altro era stata scorta la via, ma
per diversi sentieri di salire gloriosi in Cielo e il Pitafio del Ficino sotto
la sua imagine e questo :

> En hospes, hic est Marsilus sophiae pater,
> Platonicum qui dogma, culpa temporum
> Situ obrutum illustrans et Atticum decus
> Servans Latio dedit; fores primus sacras
> Divino aperiens mentis actus numine
> Vixit beatus ante, Cosmi munere,
> Laurique Medici, nunc revixit publico.

1. Ces derniers mots en surcharge sont donnés sous toute réserve.

APPENDICE III

SOMMARIO DELLA VITA DI MARSILIO FICINO
RACCOLTA DA Ms PIERO CAPONSACCHI FILOSOFO ARETINO

(Ph. VILLANI. *Liber de civitatis Florentiae famosis civibus.*
Florentiae, 1847, p. 264-66.)

Non par che manchi di meraviglia che la vita di Marsilio Ficino cosi benemerito delle scienze, e di gran numero di dottrinati da lui, non fusse distesa prima, o doppo sua morte. La causa puo forse essere, che egli lo proibisse vivamente come cosa repugnante alla modestia filosofica, e umiltà christiana, o perchè da suoi libri, e massimo dalle *Pistole* si veda l'ingresso benissimo e progresso d'essa.

Nacque egli dunque, l'Anno 1433 a, di 19 ottobre di Maestro Ficino Medico, maggior Chirurgo, che fisico, e di Alessandra da Monte Varchi, come racconta nel nono di dette lettere a Martino Uranio con aggiungergli, sotto qual aspetto, e figura del cielo. Et nel proemio della *Vita lunga* diretto a Filippo Valori dove dice aver avuto duo padri Ficino Medico, e Cosimo Medici, di quello esser nato, di questo rinato, l'uno mi raccomando a Galeno, l'altro a Platone. Da fanciulletto fu suo compagno precipuo in Firenze *Naldo Naldi*, riuscito poeta, come li fu primo padrone Cosimo de' Medici Vecchio, che l'aiuto tirar innanzi, inteso il bello spirito, e intelletto suo incomparabile. Il padre voleva inviarlo alle lettere per la medicina, già raccomandatolo a Maestro *Luca di Giumignano* suo maestro in umanità, e avendo appreso la lingua latina imparo la greca cosi in Firenze, come in Pisa, dove si trattenne un certo tempo, riassuntovi lo studio Pubblico; attese poi alla Loica, Rettorica e Filosofia pur Peripatetica, e di questa ebbe per dottore *Niccolo Tignoso* da Fuligno che la leggeva nello studio di Firenze, all'hora riapertasi; di cui sono in luce i Comenti sopra i tre libri dell'Anima; e di 21 anno seppene tanto che posse solvere a Antonio Serafico certi dubbi intorno alla visione e a' raggi del sole, e di 23 comporre quattro libri dell' *Instituzione Platonica*, primizie di questi suoi nuovi studi Accademici, diretti al medesimo Filippo, ma fu bene sconsigliato a darla fuori prima che e' fosse buon maestro di detta lingua greca, per riscontrare in fonte li scrittori e interpreti d'essa, provvistone poi con l'autorità della magnifica casa de' Medici e con la diligenza d'*Amerigo Benci* da varie librerie. Et di 24 anni tradusse i libri delle *Leggi* del medesimo Platone a' preghi di *Otto Niccolini* e *Benedetto Accolti* giureconsulti celebri.

Non uso studiare fino più che due ore per volta, ma rimettevasi spesso su' libri, e intanto con l'esempio di Pittagora s'era *ricreato* con la lira dilettandosi di quel suono pur assai, imparato bene la musica da putto e cantandovi su versi di poeti gustevolie dei composti da sè proprio. Onde conducendosi in ville de' suoi più intrinseci, o altri Nobili erali ricordato talor condur seco la lira per diporto comune; quindi mentova tanto nelle Pistole, la qual lira venuto poi in mano di *Bartolomeo Romuleo* legista di qualche nome ai tempi nostri, si conservo per memoria. Tornando alle sue speculazioni le fermo in *Platone*, traducendone molti libri e quelli arricchi di argomenti e commentarij, e per agevolarne maggior capacità interpetro *Plotino*, poichè de' propri interpreti greci habbiano solo pubbliche alcune poche cose di *Proclo* perdute, o poco meno, le opere a penna che si trovino in librerie difficili a potere farne studio. Et non contento di tante fatiche e vigilie sopra il suo Platone fece più trattati da sè, il Catalogo dei quali si legge in risposta al Poliziano, che ne lo richiese nel IX libro delle quai traduzioni oggi non si trovano quelle degl' Elementi naturali di Proclo Licio, ma leggonsi tradotte da Francesco Patrizio.

Fa anche menzione di quattro libri di *Jamblico* della setta Pittagorica, quali non si tiene, che siano i medesimi, che il libro de' Misteri Egizij, già chè il titolo è diverso, e che questo de' Misteri non è diviso in più libri. Scrive l'istesso d'haver tradotte le Matematiche di *Eone* di *Teone* con altre sue opere che manchiamo come d'un *Comento sopra i Vangeli*, e un *Trattato sopra la Fisonomia*, e un altro de *l'Economia*, et uno *delle quattro sette de' Filosofi*. Tuttavia le principali di lui ci restano, cioè le traduzioni di Platone, di Plotino, co' loro argomenti, e Comentarii, sopra il Philebo, Fedro, Parmenide, Sofista, Convivio e simili, dove tratta ne' 18 libri sopra tutto de' l'Immortalità dell' Anima. Fu oltre modo spirituale e pio, e percio leggesi di suo un libro *De Christiana Religione*, il libro *de Vita cclitus comparanda* diretto a Mattia re d'Ungheria, il comento sopra Dionisio Areopagita, *Lezioni* sopra *l'Epistola di san Paolo ai Romani* insieme con le predicazioni, che s'attendeano e intendeano da lui come canonico, e prima Rettore di S. Cristofano. E in testimonio dell'immensa, e propria bontà di lui si giudica bastare qui copia di sua Pistolina a *Girolamo Pasqualino* nel primo libro.

Quaeris Quid sit bene vivere : utilius quaeri nihil potest. Est autem bene vivere, verum intelligere, consultare bene, velle bonum, agere bona. Primum sapientiae est, secundum Prudentiae, Tertium Justitiae, Quartum Perseverantiae. Primum a Deo est, Secundum a primo, Tertium a Deo simul atque homine, Quartum est a tertio. Qui ita vivunt, vivunt homines, qui vivunt aliter, animalia vivunt. Vale ac vive homo.

Come ancora in più parte di casa sua era scritto questo motto : *A bono in bonum*, e nella parete dell'Accademia, dove leggeva, era dipinto, Democrito, et Eraclito da lato d'una sfera, di che parimente rende la causa nella Pistola 59 al primo libro.

E volendo poi ridurre le opere sue a qualch'ordine potremo dirle, o Platoniche pure, o Teologiche pure, o miste. Fece assai homini di somma erudizione, il numero dei quali mentova nell'undecimo libro delle sue lettere, divisi in tre gradi. Il primo de' Padroni, o Benefattori, l'altro come Compagni e Confilosofi, il terzo come uditori e discepoli, e tra i due primi gradi, oltre a' Magnifici Cosimo, Piero, e Lorenzo de' Medici pone Bartolomeo, Filippo, e Niccolo Valori nella villa de' quali à Maiano, egli scrive sopra i Timeo haver dato l'ùltima mano, e fatica all'opere di Platone, e à loro spese essersi stampate, come egli afferma nel proemio sopra'l Parmenide a detto Niccolo Valori, che e un Libreria di San Lorenzo.

Si reputo da più dotti Marsilio, mirabile non solo ne' tanti propri volumi, ma in dar giudicio de duoi sommi Filosofi, giacche nella comparazione di precedenza fra Platone, e Aristotile con Giorgio da Trabisonda e Card. Bessarione, quale lo faceva suo Arbitro a questo, ma la cosa s'accomodo dal Pico della Mirandola, e da Fracº Cattani da Diacceto; si come da molti vicini, e lontani, li erano mandati libri a rivedere, o difendere, già sparsa la sua fama, non pur in Italia, ma in Francia, e Germania, donde vennero altresi molti studiosi in Firenze per conoscerlo e imparare da lui, stimato da alcuni poter dar soddisfazione a tutti sino co' termini di Medicina, fattovi già studio fermo, e mostronne saggio, ne due primi libri *De Triplici vita*, e non sfuggendo d'esercitarla, ne gran bisogni di diversi amici, anzi fu solito dire ch'haveva per ben fatto accozzare la Medicina, la lira, e la Teologia per havere la Natura congiunto in noi il Corpo, lo Spirito, e l'Anima; e chi ha ingegno dicesi composto d'armonia; pero Mercurio esser finto donatore dell'ingegno, e artefice della Cetera.

Sendosi di più accomodato a' tempi, a' propositi, a' gl'umori, e alle materie da poterlo far meglio appoggiatosi esso à tutti i Platonici senz'addirsi più à un, che à un altro, essendosi già divisi fra loro gli Accedemici in tre opinioni. L'una origina da Mosè, onde il loro Platone fu detto *Mosès Atticus*, l'altra da Pittagora, la terza da detto Mercurio Trismegisto.

Ma per altro quanto a se proprio desiderava trovar Platone in Jamblico come lo ammirava in Plotino e riveriva in Dionisio Areopagita.

Il medesimo per la sanità vivea con regola, sendo massime di piccola statura e robustezza infiacchita dalle gran fatiche dello studio, e smarrimento se non perdita di sonno, e quindi si reputa che e' portasse anco seco quasi sempre dove egli andava a mangiare fuor di casa un fiaschetto del suo buon vino di Valdarno per non variarlo in men dicevole alla sua complessione, e beveva a un bicchieretto spesso si, ma a sorsi per volta.

Et con tutto che si regolasse in questa maniera, per tante vigilie, e diminuzioni di cibo e per l'astrazione fissa, sopragiunse a questo gran e diminuzioni di cibo e per l'attenzione fissa, sopragiunse a questo gran filosofo notabile disgrazia, e malattia d'umori malinconici, pe' quali come s'era già quasi privo del sonno, voleva privarsi del cibo neces-

sario a sostentarsi, onde fu bisogno usar seco gran destrezza, e artificio
per discrederlo e indurlo a nutrirsi debitamente, con la quale insolita
ma a lui debita diligenza ricupero la sanità, e recuperato se ne torno
a Firenze, dove poi mori di 64 anni, e fu sepolto non in San Pier Maggiore dove il Padre haveva la sepoltura propria, ma in Santa Reparata
come Canonico, ma di più come sommo filosofo, ritratto di marmo, e
collocatovi rimpetto all'effigie e tavola di Dante con questo epitaffio.

> En Hospes : hic est Marsilius Sophiae Pater.
> Platonicum, qui dogma culpa temporum
> Situ obrutum, illustrans, et atticum decus
> Servans Latio, dedit fores primus sacras
> Divinae aperiens mentis actus numine.
> Vixit beatus ante Cosmi munere,
> Laurique Medicis nunc revixit pubblico
>
> ### S. P. Q. F. An. MDXXI

Come alla sua morte furono fatti molti epigrammi de' questi bastici
riferire uno solo del Poliziano, che è questo :

> Mores, ingenium, Musas sophumque supremum
> Vis uno dicam nomine? Marsilius.

APPENDICE IV

PIÈCES JUSTIFICATIVES

1. *1433.* — Diotifeci d'Agnolo, scolare di medicina, da Fighline, tiene una casa da Giovanni di Giusto, converso di Vallombrosa. Diotifece 29 — Lorenza, sua madre 65 — Monna Sandra 16 — Carlo di detto mesi 6.

2. *1434-35.* — Magister Diotifece Angelo, medicus habitans in castro Fighini. (Protocole de Ser Aiuto di Feo da Lucolena.)

3. *1446.* — Bocche. Diotifece an. 45 — Sandra, 31 — Marsilio, 12 — Cherubino, 10 — Angiola, 9 — Daniello, 7 — Anselmo, 6 — Beatrice, 3.

4. *1447.* — Beni : Una casa per mio abitare, confin. a Ia piazza, a IIa Antonio di ser Vanni e altri, a IIIa via, a IIIIa Bionda di Nanni e altri.

— Un orto bel castel di Figline.

c. 82 r. Raccolta di notizie provanti gli Ascendenti del celebre Marsilio Ficino il Platonico.

5. *Catasto del 1447 del Quarti S. Maria Novella, Gonf. Lion Bianco, nello stanzone de' Prestanzoni sopra Or San Michele.*

Dietifece d'Agnolo di Giusto medico etc., del Valdarno di sopra. Non era a catasto del 1427 etc.

Beni : Un pezzo di terra luogo detta Acqua Morta, posta nel comune di Montevarchi, a I via, a II Simone di Ceccherino, IIIa Luca del Rosso, IVa Ciullo di Vico etc.

(postille : « da catasto di contado, da Nenni di Lodovico da Montevarchi, Q. redi S. + a c. 710).

Altro pezzo di terra, luogo detto gli Ardimanni, confina tra gli altri Iacopo del Nacchiante, lavoralo Bandino da Montevarchi, etc. I sopradetti tre pezzi di terra ebbi l'anno 1434 da Nonnocio di Lodovico, per parte di dotta della Sandra sua Figliuola e mia donna, etc.

Seguono altri beni, tra i quali : Una casa per suo abitare, posta nel chastello di Figline, con terre poste in detto Comune di Figline, etc.

In postilla dice : Tutte queste cose vengono dal contado, non sopportano verun catasto. — In margine : Si arguisce che anche questi beni furono acquistati dopo al 1434.

Bocce : Maestro Dietifece — Sandra sua donna — Marsilio suo figliuolo — Cherubino suo figliuolo — Daniello suo figliuolo — Anselmo suo figliuolo — Beatrice sua figliuola — Arcangiolo suo figliuolo — Angiola sua figliuola.

Si fa qui nota che del sudetto Maestro Dietifeci Dagnolo di Giusto medico nè de' suoi genitorti, per non avere avuto catasto come egli dice nel 1427, non si puo rintracciare notizia piu antica, finche non si scuopra in quale de' popoli del Valdorno di sopra avesse egli prima la sua abitazione, etc.

6. *Catasto del 1451, Quart. S. Maria Novella, Lion Bianco,* a. c. 212 si legge :

c. 83 r. : Maestro Dietifece d'Agnolo medico, detto Maestro Fecino. Seguono i medesimi beni e bocche, tralasciati per brevità etc.

Catasto del *1457,* Quartiere S. Maria Novella. Lion Bianco c. 186 : Macstro Dietifece d'Agnolo di Giusto medico, etc.

Seguono i medesimi beni descritti, etc.

Bocche : Maestro Dietifece anni 51 — Sandra sua donna, 40 — Marsilio mio figliuolo, 21 — Cherubino, 20 — Daniello, 17 — Anselmo, 16 — Beatrice, 12 — Arcangiolo, 7.

In margine : Marsilio fu detto poi Marsilio Ficino dal nome di Fecino suo padre.

In postilla dice che la Beatrice fu maritata a Maestro Francesco Agnolo. — L'Angiola più non è nominata ; forse maritata o morta.

7. LASTRI : *Elogia di M. F. Elogi degli homini illustri toscani.* LUCCA, 1772, II, c. III, n. 3.

1458. — Truovomi una chasa in Fighine posta in sula piazza nel popolo de la pieve, con chorte. La quale casa tengho votta ispigonata per mia abitazione e per ripore mie richolte.

Una mula la quale adopero per mio sercizio a medichare.

Una chasa nel popolo di Sampiero Maggiore, nella via di Santa Maria Nuova, la quale tengho per mio abitare. Chomperai detta chasa da molino Maghaldi.

8. *Catasto della Decima del 1469, Quartiere S. M. Novella. Gonfalone Lion Bianco,* a c. 232 si legge :

Maestro Dietifece d'Agnolo di Giusto medico, con i medesimi beni. Nel primo catasto non fui scritto perche non ci era. Nel catasto secundi disse in Maestro Dietifece d'Agnolo di Giusto, Lion Rosso. Nel 1451 disse in detto, Lion Bianco. Nel 1458 in Maestro Dietifece detto, Lion Bianco.

1470. — Quartiere S. Maria Novella.

9. — Uno podere posto a Chareggi, popolo di San Piero, chon suoi confini, el quale dono la benedetta anima di Cosimo de' Medici a messer Marsilio, mio figliuolo a sua vita.

Lavorato, Giovanni Barucci rende grano staia 13, vino barili, 4, i paio chapponi.

— Una casa posta in via S. Gillio, che a Ia via, a IIa, S. Maria Nuova, a IIIa, Andrea di Cresci, a IIIIa, orto del Palagio. La quale dono la benedetta anima di Chosimo de' Medici a detto messer Marsilio a sua vita la quale e appigionata a Lorenzo de' Giovanni di ser Giovanni, Gonfalone, Lion Rosso, per fiorini io l'anno.

10. *Archivio di Stato di Firenze. Notarile antecosmiano,* A. 680 (Ser Angiolo di Piero da Terranuova, atti del 1459 al 1462, C. 216 v.-217 r.

1460, 10 Aprile. — Item postea dictis Anno, inditione et die decimo septimo mensis aprilis. Actum Florentiae in populo Sancte Marie in Campo, presentibus ser Iohanne Zenobii, ser Iohanne Gini cive et notario florentino et Iohanne Antonii Francisci Monaldi populi Siletri Maioris de Florentia.

Domine Bartolomee vidue filie quondam Andree Banbacini de Ancisa et uxori quondam Vincentii Lippi de Gaville Vallis Arni superioris comitatis Florentiae, presenti, etc. dedi in mundualum etc. Iohannem quondam Leonardi Bencini civem florentinum ibidem presentem, etc.

Marg. emptio Magistri Fecini a di Bartholomea et fideiussio. Item postea dictis Anno inditione die loco et coram prefatis testibus. Suprescripta dna Bartholomea certificata, etc. cum consensu sui mundualdi suprascripti etc. iure proprio et un perpetuum pro se et suis heredibus, etc. et omni modo vendidit Egregio Artium et medicinae doctori et Magistro Fecino quondam Angeli de Fighino Vallis Arni superiori et comitatus Florentiae civi florentino ibidem presenti etc. et ementi etc. pro se et suis heredibus et pro quibus nominaverit, unam domum cum tecto et palcho et aliis hedifitiis et cum tribus tinis, positam in comitatu Florentiae, in castro Gaville predicto, cui a primo via, a secundo bona hospitalis de Gaville, a tertio via, a quarto domine Antonie uxoris quondam Ridolfi de Mozis, a quinto Antonii Andree Mugnarri. Unum petium terre vineate, stariorum quinque vel circa, positum in communi et curia dicti Gaville, propre muros castri dicti Gaville et lco dicto « a Paggine », cui a I via, a II bona hospitalis de Fighino, a III Christofori Fruosini, a IIII Mei et Berti quondam Lamberti, a V Antonii Simonis. Item unum petium terre boscate et castaneate et pollonate et marronate, et cum terra laboratia, positum in dicto communiet curia Gaville loco decto « Pggio Mozzo », cui a I dicti emptoris, a II dicte Antonie Ridolfi, a III bona plebis de Gaville, a IIII heredum Bernardi de Partinis, a V Nicolai delle Valle, a VI via, infra predictos confines... Et constitui procuratorem... et cessit iura...

Id. c. 454 r-v.

11. *1462.* — Indit. II — Item postea, dictis anno inditione et die quarto mensis decembris. Actum Florentie in populo Sancti Laurentii, presentibus testibus ad hec vocatis habitis et rogatis ser Francisco (lacuna) de Cantansantis de Pistorio cive et notario florentino et

Alexandro quondam Nicollai de Martellis de Florentia et Iohanne de
Gainolo legniauolo cive florentino et aliis quam pluribus.

In margine : nominatio Magistri Marsilii et domine Sandre.

Certum est quod manu ser Ihoannis quondam Zenobii ser Iohannis
civis et notarii florentini, sub die XXII mensis novembris proxime
preteriti presentis anni, Franciscus quondam Pieri Bini camerarius
hospitalis S. Marie Nove de Florentia, vice et nomine Religiosi viri
domini Iacopi quondam Pieri, hospitalarii dicti hospitalis, vendidit
Magnifico viro Cosimo quondam bone memorie Iohannis Averardi
dici Bicci de Medicis de Florentia, ibidem presenti et ementi et reci-
pienti et stipulanti pro se et aliis pronominandis ab eo et quolibet ipsorum pro habentibus et vel habituris ius titulum vel causam ab esi,
infrascripta bona ad vitam tantum infrascriptorum nominatorum,
videlicet : unam domum cum curia, puteo, volta, salis et cameris et
aliis suis habituris, positam Florentia in populo Sancti Michaellis
Vicedominorum, cui a Ia via, a IIa bona dicti hospitalis, a IIIa bona
olim illorum del Palagìo, a IIIIa Andree Cresci, infra predictos confines
vel alios veriores. Et de dictis anno inditione et die XXII mensis
novembris dictus dominus Iacopus hospitalarius predictus ratificavit
dictam vendictio (sic) per manum dicti ser Iohannis. Unde hodie hac
presenti suprascripta die in principio presentis instrumenti apposita,
suprascriptus Cosmus emptor, volens recognoscere bonam fidem, dixit
et asseruit mihi Agnolo notario infrascripto, ut publice persone reci-
pienti et stipulanti, pro et vice nomine Magistri Marsilii studentis in
filosofia, filii egregii magistri Fecini medicine et artium doctoris,
olim Agnoli de Fighino Vallis Arni superioris et civis florentini et
domine Sandre uxoris dicti magistri Fecini et filie olim (lacuna) et
cuiuslibet ipsorum et pro habentibus vel habituris ius titulum vel
causam ab eis dicta bona emisse de danariiis et pecunia propria dicti
magistri Marsilii et domine Sandre et de danariis et pecunia ipsorum,
ideo quod dictam dominam Sandram et Magistrum Marsilium nominavit et nominat in emptores dictorum bonorum et me Agnolum
notarium infracriptum ut publicam personam et supra recipientem
et stipulantem, ad vitam ipsorum et cuiscumque ipsorum domine
Sandre et Magistri Marsilii et non ultra, et prout dictus Cosmus emit.

Item altra casa posta a Gaville fatta gia da Magistro per Andrea
da Terranuova in detto Archivio.

Archivio di Stato di Firenze, Emancipazioni, 8 (1463-1469) c. 66
recto.

12. *1465.* — In Dei nomine amen. Anno Incarnationis Domini nostri
Yhu Xoi millesimo quadringentesimo sexagesimo quinto, indictione
XIII, die trigesima prima mensis maii, in Consilio Communis civitatis
Florentie, in palatio populi Florentini in quo domini priores libertatis
et vexillifer iustitie populi Florentini moram trahunt, in sufficienti
numero more solito congregato et adstantipus sex et ultra de officio

dictorum dominorum et vexillifero : in dicto Consilio personaliter constitutus Bernardus Nicholai publicus approbator et preco Communis Florentie, publice palam alta et intelligibili voce, vice et nomine Magistri Fecini Angeli medici populi S. Petri Maioris de Florentia, notificavit qualiter dictus Magister Fecinus emancippavit et a sacris sue patrie potestatis nexibus liberavit Marsilium filium suum per instrumentum inde confectum per ser Simonem Grazini Iacobi de Staggia notario et cive Florentino sub die vigesima septima presentis mensis maii 1465.

Qui Mgr Fecinus pro dicta notificatione solvit camerario camere armorum palatii Florentini, secundum ordinamenta, florenum unum auri.

Acta fuerunt predicta omnia Florentie in palatio suprascripto, presentibus Iacobo Nannis, Averone Bartholomei et Mariotto Simonis approbatoribus Communis Florentie, testibus ad predicta vocatis et habitis.

Ibidem, fol. 94 verso : émancipation de Cherubino et Daniello (1465-1466, mars 22); fol. 212 recto : émancipation d'Arcangelo (1468, déc. 23), tous les trois fils de Magister Ficino.

13. Nell' *Archivio generale ne' rogiti di ser Andrea di ser Agnolo da Terranuova, protocollo primo del terzo mazzo dal 1476 etc.* c. 172, si legge :

Die 26 novembris. Actum Florentiae. Prudens et discretus vir Giovan Maria olim Nannoccii de Montevarchio, civis florentinus fecit testamentum.

Sepeliri voluit in tumulo et sepultura suorum antecessorum, sita in canonica castri Montis Varchi etc.

Reliquit iure legati domine Sandre eius sorori carnali et filie olim dicti Nannoccii et uxori olim Magistri Fecini cerusici et medici defuncti, dum vixerit usum fructum etc. Heredes universales instituit Petrum Paulum, Ludovicum et Antonium detto Tonino, fratres et filios olim Marchionis Nannoccii predicti, nepotes predicti testatoris etc.

L'anno 1463 il di 17 Agosto nel popolo di S. Pier Maggiore Magister Ficinus Angeli, medicinae doctor dona inter vivos Magistro Marsilio eius filio itidem presente beni nel comune di Montevarchi e altri beni nel comune di Figline e similmente tutta la parte dell'usufruito a lui conseguata del podere e de' beni donati al medesimo Magistro Marsilio da Cosimo de Medici. Tutti i libri che al presente ha nel suo studio detto Magistro Marsiljo comprati da detto.

Item i libri di detto Magistro Fecino dopo sua morte e non prima.

14. Bibliot. Nazionale. Firenze. *MSS. Roselli. Sepoltuario fiorentino* (II. I. 125), p. 138. On lit dans la description des sépultures de l'église de San Pier Maggiore, démolie au xviiie siècle : « Appiè del lastrone de' Canocchi, lastrone antico di marmo e chiusino del medesimo, con quest'arme campo azzurro e pugnale bianco, stelle d'oro e quest'inscrizione consumata. Il sepoltuario del 1580 mette le due stelle d'oro, che non si veggano et questa inscrizione : SEP... FICINO MEDICO...

15. (Firenze, Archivio di Stato, Archivio Notarile, vol. M 239 f. 68). *Testamentum singularissimi et dignissimi filosofi Domini Marsilii Ficini.*

In Dei nomine amen. Anno Domini ab eius salutifera incarnatione millesimi quadringentesimo nonagesimo nono, indictione tertia et die XXVIIII, mensis Settembris actum in populo Sancti Marci de Florentia presentibus venerabilibus religiosis Fratre Georgio Antonio Ser Amerigi de Vespucciis de Florentia, Fratre Vincentio Nicholai de Ranga, Fratre Petro Antonio olim Ser Leornardi de Colle, Fratre Honofrio Petri de Dazis de Florentia, Fratre Bonifatio Landini Iohannis de Florentia, Fratre Donato Bonaventure de Florentia, Fratre Francisco Magistri Antonii de Ghondis de Florentia, omnibus professis in ecclesia prefata Sancti Marci Ordinis Santi Dominici testibus ad infrascritta omnia et singula proprio ore infrascritti testatoris vocatis, habitis, adhibitis et rogatis.

Cuntis pateat evidenter et sit notum qualiter venerabilis et circumspectus vir, summus ac celeberrimus filosophye professor chathedralisque ecclesie Florentine Canonicus, Dominus Marsilius quondam recolende memorie egregii artium et medecine doctoris Magistri Ficini Angeli sapienter et discrete premeditans causas inopinate mortis et propterea cupiens providere saluti anime et corporis per dispositionem suorum bonorum temporalium et potius testatus quam intestatus decedere, sanus per gratiam Domini nostri mente sensu visu et intellectu, licet infirmus corpore per hoc suum nuncupativum testamentum quod dicitur sine scrittis de suis bonis et substantia providere ac disponere procuravit in hunc qui sequitur modum, videlicet : In primis eterna preponens temporalibus et caducis animam suam Redemptori Domino nostro Ihesu Christo eiusque gloriose matri Marie Virgini totique curie triumfantis paradisi humiliter et devote commendavit et in exequiis sui funeris et deputatione loci sue sepulture servari et fieri iussit modus, ordo et voluntas infrascrittorum suorum exequtorum. Expensam vero huiusmodi sepulture, quam omnimodo humilem construi mandavit, rogavit Magnificum Laurentium Pierfrancisci de Medicis amicum suum, quod pro eius solita erga dictum testatorem' benignitate huiusmodi impensam subire velit de eius propria pecunia, non excedendo in tali impensa, quod declarabitur per spectabilem ac nobilem unicum amicum suum Ioannem Nicholai de Chavalcantibus et me Iacobum notarium infrascrittum ab eodem testatore valde dilectum et familiarem suum ambos in concordia.

Item legavit operi maioris ecclesie Florentine in totum libras tres florenorum parvorum.

Item voluit quod statim sequta eius morte celebrentur in ecclesia Santi Marci de Florentia misse que nuncupantur Santi Gregorii expensa dicte sue hereditatis floreni unius largi auri in aurum.

Item amore Dei legavit ecclesie Santi Christofori de Nuovoli comitatus Florentini florenos sex auri in aurum, ecclesie vero plebis de Pomino eiusdem comitatus legavit florenos quatuor similes convertendos hoc modo : videlicet florenum unum ex dictis sex florenis legatis in subsidium pauperum populi eiusdem ecclesie de Nuovoli, et alium similem florenum ex dictis quatuor florenis legatis in subsidium pauperum populi eiusdem plebis de Pomino. Reliquum vero dictarum pecuniarum legatarum converti voluit in necessitatibus dictarum ecclesiarum referendo singula singulis totum ad declarationem infrascrittorum exequtorum.

Item pro remedio anime sue legavit puellis filiabus Domine Antinie sue serventi inter omnes florenos quatuor largi auri in auro, dum tamen convertantur in subsidium dotium talium puellarum unius vel plurium ad electionem et arbitrium eiusdem Domine Antonie earum matris.

Item amore Dei legavit venerabili religioso sacre pagine professori Magistro Bastiano Bartholomei et Ser Luce Fabbiani notario Florentino videlicet cuilibet eorum unam clamidem caputtum et beretium panni novi funis de Santo Martino et nigri coloris et ad usum unius cuiusque eorum pro se induendo in morte dicti testatoris.

Item mandavit librum Platonis in greco in carta bona cum omnibus dyalogis existentem in domo sue habitationis consignari debere Magnifico Laurentio Pierfrancisci de Medicis tanquam de se bene merito et ob certas iustas causas animum et conscientiam suam moventes.

Item similiter mandavit librum Platonis in greco cum certis dyalogis in carta bombicina existentem penes prudentem virum Franciscum Zenobii de Ghiacceto restitui debere heredibus Amerigi de Bencis, ostendendo dicti heredes per scritturas fide dignas dicti Amerigi dictum librum donatum vel comprestitum fuisse ad tempus dicto testatori. Alias ipsum eundem librum legavit eidem Francisco amico suo et de se bene merito.

Item pro exoneratione sue conscientie voluit et iussit satisfieri debere omnibus suis creditoribus et dicte sue hereditatis per infrascrittos suos exequtores et quam citius et commodius fieri poterit et nominatim Domine Antonie sue serventi de omni salario servitutis prestito et prestando dicto testatori, Ser Luce vero Fabbiani notario Florentino de ducatis sexaginta auri et in aurum largum, in quibus asseruit se teneri dicto Ser Luce facto computo cum eo partim ob pecunias mutuo gratis ab eo habitas et partim ob expensas factas in indigentiis domus dicti testatoris.

Item ob fidelia servitia sibi prestita a dicto Ser Luca et in recompensationem huiusmodi servitiorum quitavit et liberavit dictum Ser Lucam ab omnibus expensis et alymentis quibuscumque perceptis et percipiendis in domo dicti testatoris vel alibi contemplatione dicti testatoris et ab omnibus et singulis aliis quibuscumque rebus que quomodolibet et quacumque de causa ab eo peti possunt etiam incognitis et de quibus in genere vel in specie cogitari potuisset. Et ulterius similiter obligavit infrascrittos suos quoscumque heredes sub pena privationum de quibus infra, quatenus directe vel indirecte vel sub aliquo quesito colore non molestent dictum Ser Lucam aliqua de causa premissa nec etiam sub pretextu alterius cuiuscumque cause quam dicerent seu proponere vellent sive possent dictum Ser Lucam alicui eorum teneri vel obligatum fore, quia omnino intendit dictum Ser Lucam ab eisdem heredibus liberare et liberum et quitum remanere omni prorsus obstaculo et oppositione cessantibus et remotis.

Item ad resecandas questiones similiter liberavit et quitavit quoscumque ex infrascrittis suis heredibus ab et de omni et toto eo quod et que aliquis eorum hactenus teneretur vel obligatus esset dicto testatori quacumque de causa etiam incognita et ab omni et toto eo quod magis expendisset aut expossuisset in uno vel occasione unius potius quam pro altero vel alterius, et eos prohibuit quod inter se nullam petitionem faciant aut haequationem petant aliqua de causa expresso iussis sub pena privationum de quibus infra.

Item in recompensationem servitiorum eidem testatori prestitorum per Ficinum nepotem suum carnalem et nonnullarum pecuniarum perventarum ad manus dicti testatoris de pecuniis dicti Ficini reliquit eidem Ficino filio olim Cherubini Magistri Ficini omnes libros et quaternos dicti testatoris cuiuscumque qualitatis et facultatis exceptis libris Platonis superius in speciem legatis, nec non omnia et singula suppellectilia et bona mobilia existentia et que reperiuntur in domo pro domino et pro laboratore predii de Charegio exceptis tinis et tinellis vindemie, de quibus libris et quaternis et aliis legatis dicto Ficino dictus Ficinus libere disponat velle suum.

Item reliquit eidem Ficino nepoti suo donec vixerit predium de Charegio positum in populo Sancti Petri de Charegio comitatus Florentini cum domo pro domino et pro laboratore et cum tinis et tinellis vindemie (infra eius vocabula demonstrata et confinia). Et post mortem dicti Ficini dicta bona legavit filiis masculis primi gradus legitimis et naturalibus dicti Ficini, et post mortem omnium dictorum filiorum masculorum legitimorum et naturalium primi gradus dicti Ficini legavit eadem bona nepotibus dicti Ficini nascituris ex dictis suis filiis legitimis et naturalibus masculis, intelligendo de nepotibus dicti Ficini et non de aliis pronepotibus vel aliis in ulteriori gradu existentibus. Et post mortem dictorum omnium nepotum dicti Ficini et sic finita dicta tertia generatione gradum faciente dicto Ficino dicta eadem bona libere reliquit Capitulo Canonicorum Chathedralis Ecclesie Florentine. Et interim donec dictum predium et bona stabunt in dicto Ficino et descendentibus suis predictis, obligavit eos in quos huiusmodi bona pervenient de gradu in gradum ad solvendum singulo anno die 19. Ottobris nomine census et recognitionis veri directi dominii dictorum bonorum dicto Capitulo Canonicorum libras quatuor florenorum parvorum pro

celebrando dicta die unum officium pro anima dicti testatoris prout
videbitur infrascrittis suis exequtoribus. Et deficiendo in solutione
triennii dicti canonis sive census voluit huiusmodi bona libere reverti
et recidi in dictum Capitulum Canonicorum cui Capitulo in tali casu
dicta bona libere reliquit et legavit cum onere tamen faciendi dictum
officium singulo anno, quod quidem onus iniunxit eidem capitulo
etiam finita dicta tertia generatione et in perpetuum et ultra centum
annos.

Item cum infrascrittis oneribus reliquit Archangelo eiusdem testatoris fratri carnali et filio olim dicti Magistri Ficini et Zenobio filio
olim Cherubini Magistri Ficini et Dietifeci filio olim Danielis Magistri
Ficini nepotibus suis donec vixerint dicti Archangelus, Zenobius et
Dietifeci plura petia terrarum laborativarum posita in communi et
potestaria Montis Varchii, pro quibus singulo anno pro affictu perci-
piuntur sextaria nonaginta duo grani, infra quecumque eorum vocabula demonstrata et confinia. Et post mortem dictorum Archangeli
Zenobii et Dietifeci dicta eadem bona reliquit filiis et nepotibus ex
filiis legitimis et naturalibus masculis dictorum Archangeli Zenobii
et Dietifeci salva tamen prerogativa gradus ut supra dicitur de filiis et
descendentibus dicti Ficini, et post mortem dictorum Archangeli
Zenobii et Dietifeci et eorum filiorum et nepotum predictorum primi
et secundi gradus et non ultra dicta eadem bona reliquit prefato Capitulo Canonicorum Chathedralis Ecclesie Florentine et cum onere quod
dicti Archangelus Zenobius et Dietifeci et eorum descendentes predicti de gradu in gradum in quos pervenient dicta bona solvant singulo
anno donec dicta bona permanebunt penes eos nomine census et recognitionis veri et directi dominii dictorum bonorum dicto Capitulo
libras quatuor florenorum parvorum convertendas in dictum officium
prout supra dicitur de onere imposito dicto Ficino et cum eadem
pena privationis et reversionis dictorum bonorum ad dictum Capitulum Canonicorum, quando cessarent in solutione triennii dicti
canonis sive census. Et cum onere etiam quod dicti Archangelus
Zenobius et Dietifeci et alii legatarii suprascritti in quos pervenient
dicta bona teneantur singulo anno de grano affictus dictorum bonorum
dare et prestare Ser Luce Fabiani notario Florentino donec vixerit
sextaria duodecim grani, de quibus anno quolibet dictus Ser Lucas
teneatur assignare sextaria duo ecclesie Sante Marie sive Sante Lucie
de Monte Marciano pensionarie dicti testatoris pro eius anima. Que duo
sextaria grani declaravit etiam post mortem dicti Ser Luce singulo
anno prestari debere dicte ecclesie per dictos Archangelum Zenobium
et Dietifeci et eorum descendentes predictos, dumtaxat in quos de-
venient dicta bona. Et voluit quod dicti Archangelus Zenobius et
Dietifeci et eorum descendentes predicti teneantur facere et curare
omni difficultatis et impossibilitatis contradictione cessante quod
affictarii tam presentes quam futuri dictorum bonorum per instrumentum publicum promictent et se obligabunt dicto Ser Luce eidem
Ser Luce anno quolibet consignare dicta sextaria XII grani Florentina

prout tenentur dicti affictarii facere de quadam parte dicti affictus
et predicta fieri facere teneantur saltem intra mensem a die obitus
dicti testatoris sub pena privationum de quibus infra.

In omnibus autem aliis suis bonis tam presentibus quam futuris suos
heredes universales instituit prefatos Archangelum Ficinum Zenobium
et Dietifeci equis portionibus quibus suis heredibus imposuit et iniunxit
quod aquiescere et parere debeant omnibus dispositis in presenti testamento et in nullo etiam minimo contraveniant vel se opponant directe
vel indirecte nec unus alterum et e converso turbet aut molestet aut
litem unus contra alterum et e converso inferat vel moveat nec aliud
faciat aut tentet quin predicta omnia disposita per dictum testatorem
et etiam inferius consequantur et sortiantur plenissimum effectum
iuxta eius precisam voluntatem. Contrafacientes vero et non observantes ad declarationem simplicem et exiudicialem et summariam
infrascrittorum exequtorum privavit omni communio et benefitio
sue hereditatis et pro resecandis etiam questionibus declaravit dictus
testator quod omnia relicta facta in presenti testamento dictis suis
heredibus institutis fecit animo compensandi et in recompensationem
cuiuscumque quantitatis vel rei quam unusquisque eorum sub quovis
nomine et colore petere potuisset vel consequi a dicto testatore quacumque de causa volens et volens eos debere omnimodo aquiescere
et stare contentos predictis. Insuper prohibuit dictis suis quibuscumque
legatariis bonorum immobilium de eius familia et domo alienationem
et ad longum tempus locationem dictorum bonorum immobilium et
omnem alienationis speciem et omnem viam actum vel contractum
quibus mediantibus perveniri posset ad aliquam alienationis speciem.
Contrafacientes vero privavit omni comodo et relicto presentis testamenti et aplicavit observantibus equis portionibus superextantibus,
alias dicto Capitulo Canonicorum. Insuper dictus testator voluit et
disposuit quod infrascritti eius executores et videlicet eorum manda-
tarii et provisores in continenti sequta morte dicti testatoris absque
aliquo temporis intervallo capiant et aprehendant omnia et singula
bona mobilia et se moventia suppellectilia vestes et alia quecumque
que reperientur esse dicte sue hereditatis exceptis rebus ut supra in
speciem legatis et excetto equo existenti in domo sue habitationis,
quem declaravit libere spectare ad dictum Ficinum. Et similiter capiant et aprehendant pecunias existentes penes hospitalarium Sante
Marie Nove de Florentia vel alibi attinentes dicto testatori et de premissis omnibus diligentem inventarium conficiant saltem in presentia
duorum ex suprascrittis suis heredibus. Quibus suis quibuscumque
heredibus omnino prohibuit quod citra presentiam eorum in nullo se
impediant aut inmisceant contra premissa, sed premissa fieri et exequi
promictant dictis et infrascrittis suis exequtoribus sub pena privationis dicte sue hereditatis contrafacientibus et se inmiscentibus contra
predicta et aplicando ut supra dictum et declaratum est.

Exequtores autem et fideicommissarios et erogatores suos et huius
sue presentis ultime voluntatis fecit et deputavit prefatum Capitulum

Canonicorum maioris ecclesie Florentine cum plena et plenissima potestate facultate et auctoritate quanta dari et atribui potest huiusmodi
exequtoribus nec non exequendi et exequtioni mandandi et effectua-
liter mandari et exequi procurandi et faciendi omnia et singula per
ipsum testatorem superius puntualiter disposita et ordinata, et dictum
inventarium conficiendi et confici faciendi et huiusmodi mobilia
suppellectilia vestes et alia quecumque que venire debent in dicta
confectione inventarii alienandi et vendendi, prout utilius dicte sue
hereditati viderint expedire, nec non etiam a debitoribus quibuscumque dicte sue hereditatis exigendi et super eos agendi et recuperandi quidquid deberetur dicte sue hereditati nec non recuperandi et
elevandi a dicto Domino hospitalario omnem pecuniarum summam
dicti testatoris que penes eum seu dictum hospitale reperietur tempore
sue mortis et quitantias liberationes et confessiones de receptione
faciendi si opus fuerit, prout eis videbitur, nec non satisfaciendi quibuscumque creditoribus dicte sue hereditatis et legatariis suprescrittis
quantitatum et rerum mobilium et impense sui funeris vacandi et
vacare faciendi et propterea expendendi erogandi quid et quantum et
illis personis et eo modo et forma, prout dicti exequtores volent et
iudicaverint convenire qualitati et conditioni et honori dicti testatoris.
Et insuper etiam occurrend discordiis que oriri possent voluit et declaravit quod si aliqua questio vel controversia in futurum oriretur inter
dictos suos heredes institutos dependens ab hereditate vel bonis here-
ditariis dicti testatoris, quod dicti sui heredes aquiescere stare et parere
debeant omni iuditio et declarationi fiende circa predicta per dictos
suos exequtores summarie et sine figura iuditii et de facto, quos quidem
exequtores exnunc ad predicta elegit dictus testator arbitratores et
amicos communes in procedendo et iudicando inter dictos suos heredes
agravans et oneras conscientias prefatorum exequtorum in premissis
et circa premissa omnia eis commissa et demandata, de quorum tamen
exequtorum bonitate fide et legalitate valde confisus est dictus testator. Insuper imposuit dictus testator dictis suis exequtoribus quod
satisfacto omnibus legatis et oneribus presentis testamenti et impense
funeris et aliis quibus satisfaciendum est per dictos exequtores quod
omne residuum pecuniarum numeratarum et pretii bonorum et rerum
alienandarum ut supra et exactarum seu exigendarum a debitoribus
distribuant et assignent hoc modo, videlicet Ser Luce Fabiani notario
Florentino dimidiam partem, alteram vero dimidiam suprascrittis
suis heredibus institutis equis portionibus. Prohibuit etiam dictus testator omnem falcidiam defalcationem dictorum legatorum et trebellam
et detractionem quod omnino voluit premissa omnia legata integra
et sine defalcatione vel detractione aliqua prestanda fore modo et
ordine prout superius disposuit et ordinavit.

Hanc autem suam ultimam voluntatem dispositionem et iuditium
asseruit fore et esse velle pronominatus testator, quam et quod valere
et tenere et vires habere voluit et declaravit iure testamenti et si
iure testamenti non valet, non valeret seu non valebit, ea et id valere

et tenere voluit iure codicillorum donationis casu mortis vel cuiuscumque alterius ultime voluntatis et omni alio meliori modo et forma et nomine quibus magis et melius de iure valere potest posset seu quomodolibet poterit in futurum.

Chassans irritans et anullans omne et quodcumque aliud testamentum et quamcumque aliam cuiuscumque generis ultimam voluntatem hactenus ab eo quocumque tempore et quandocumque et quomodocumque conditum factum seu conditum et factum seu ordinatum, etiam si in eis vel aliquo eorum essent apposita vel inserta aliqua verba derogatoria universalia penalia vel precisa et seu clausule derogatorie universales penales vel precise, de quibus in presenti testamento debuisset fieri mentio specialis particularis vel precisa. Que omnia et singula verba et quas omnes et singulas clausulas persufficenter particulariter et in individuo hic aposita et inserta in presenti testamento haberi voluit et declaravit dictus testator et quorum omnium et singulorum verborum derogatoriorum asserit dictus testator se penituisse et penitere et ea omnia expresse revocavit et revocat et pro revocatis haberi voluit et vult rogans me Iacobum notarium publicum infrascrittum, quatenus de premissis publicum conficiam instrumentum unum vel plura et totiens quotiens fuerim requisitus.

ESSAI DE BIBLIOGRAPHIE FICINIENNE

I. — TEXTES

OPERA OMNIA — Bâle, 1561-1576 (la seconde édition comporte quelques additions dans divers Commentaires de Platon).
Id — Paris, 1641 (conforme à la première édition).

SUPPLEMENTUM FICINIANUM — *Marsilii Ficini Florentini opuscula inedita et dispersa* — éd. P. O. KRISTELLER Florentiae — L. S. Olschki, 1937.

A) *Œuvres.*

DE CHRISTIANA RELIGIONE — Florence, 1476 — Valence, 1482 — Venise, 1500 — Venise, 1503 — Strasbourg, 1507 — Paris, 1510 — Venise, 1518 — Paris, 1559-1578 — Brême, 1617.

THEOLOGIA PLATONICA de immortalitate animorum — Florence, 1482 — Venise, 1491-1524 — Paris, 1559, trad.

DE TRIPLICI VITA LIBRI TRES. Florence, 1489 — Bologne, 1490 — Venise, 1498 — Florence, 1499 — Strasbourg, 1500 — sans date Paris, G. Wolf — Paris, Jean Petit — Rouen, P. Violette et Noël de Harsy — Basle, J. de Amorbach — Bologne, 1501 — Venise, 1503 — Paris, 1506 — Strasbourg, 1511 — Paris, 1515 — Venise, 1518 — Basle-Froben — Bâle, 1532 — Cracovie, 1536 (Liber prim.) — Basle, 1541 — Paris, 1547 — Venise, 1548 — Basle, 1549 — Paris, 1550 — Lyon, 1560-1566-1567 — Basle, 1569 (Liber prim.) — Lyon, 1576 — Cologne, 1580 (Liber tert.) — Venise, 1584 — Lyon, 1595 — Francfort, 1598 — Lyon, 1616 — Mayence, 1647.

EPISTOLAE LIBRI XII — Venise, 1495-1497 — Bâle, 1497 — Strasbourg, 1497 — Florence, 1497 — Prague, 1500 — Choix de lettres — Bâle, 1519.

DE SOLE ET LUMINE — Florence, 1493 — *id.* s.l.n.d., Nuremberg, 1502 — Venise, 1503.
DE SOLE — Strasbourg, 1508 (J. Adelphis-Margarita facetiarum).
DE LUMINE — Venise, 1516.

DE COMPARATIONE SOLIS AD DEUM — Tubinghen, 1547.

CONSIGLIO CONTRO LA PESTILENZA — Florence, 1481-1522-1523 — Venise, 1556 — Florence, 1576-1713.

B) *Traductions et commentaires.*

MERCURII TRIMEGISTI *Pimander* — Trevise, 1471 — Ferrare, 1472 — Venise, 1481-1483-1491-1493 — Paris, 1494 (avec commentaires de LEFÈVRE D'ÉTAPLES) — Mayence, 1503 — Paris, 1505 (avec préface de LEFÈVRE D'ÉTAPLES à Guillaume Briçonnet) — Florence, 1512 — Paris, 1522 — Bâle, 1532 — Paris, 1554 — Cracovie, 1595 (avec comment. de ROSSETTI). *Id.* Hambourg, 1593.

PLATONIS OPERA — Florence, 1484 — Venise, 1491-1517-1518 — Paris, 1522 — Bâle, 1532 — Paris, 1533 — Bâle, 1539-1546 — Lyon, 1548-1550 — Bâle, 1551 — Lyon, 1556 — Bâle, 1561 — Lyon, 1567-1570-1581-1588-1590 — Genève, 1592 — Francfort, 1602 — Biponti, 1781-1788 — Berlin, 1816-1826-1846 — Paris, 1855.
Alcibiade — Bologne, 1521-1560.
Apologie de Socrate s.l.n.d.
Lettres — Leipzig, 1490.
Minos — Paris, 1558.
Phedon — Paris, 1537-1553.
De la Philosophie — Leipzig, 1490 avec dédicace de Paul Neve à Erasme.
République — Paris, 1544-1556.
Timée — Paris, 1536-1544-1551.

COMMENTARIA IN PLATONEM — Florence, 1496.

PLOTINI ENNEADES — Florence, 1492 — Basle, 1540-1559 (Th. Guérin). 1559 (Perna), 1562-1582-1615 — Oxford, 1835 — Paris, 1855.

DIONYSII AREOPAGITAE *de mystica theologia et de divinis nominibus* — Florence, 1496 — Venise, 1501 — Argentina, 1502-1503 — Strasbourg, 1507 — Argentina, 1511 — Cologne, 1536 — Venise, 1538 — Cologne, 1556.

ALCINOI *de Doctrina Platonis* (avec Speusippe et Xenocrate) Bâle, 1532 — Paris, 1533-1549-1550-1560.

ATHENAGOROE *de Resurrectione* — Paris, 1498 (avec le *de Morte* de Xénocrate) — Bâle, 1516-1520-1522 avec *Aeneae Gazei de immortalite Liber Ambrosio Camaldulensi interprete.*

JAMBLICHI *de mysteriis* — PROCULI *in Alcibiadem* — *De sacrificio et magia* — PORPHYRII *de Occasionibus* — *de Abstinentia* — SYNESII *de Somniis* — PSELLI *de Doemonibus* — PRISCIANI Lydi *in Theophrastum* — ALCINOI *de Doctrina Platonis* — SPEUSIPPI *Definitiones* — PYTHAGORAE *Precepta aurea* — *Symbola* — XENOCRATIS *de Morte* — FICINI *de voluptate* — Venise, 1497-1516 — Lyon, 1549 — Lyon, 1552 — Leyde, 1570 — Lyon, 1577-1607.

SYNESII *de Somniis* — Lyon, 1549.

XENOCRATIS *de Morte* — s.I.n.d. — Augsbourg, 1515 — Nuremberg s.d.

DELLA RELIGIONE CHRISTIANA — Florence, 1474 — Pise, 1484 avec additions — Florence, 1568.

SOPRA LO AMORE O VERO *Convito di Platone* — Florence, 1544 et 1594.

DANTIS *de Monarchia Liber* — Florence, 1839 — Livourne, 1844 — Turin, 1853 — Naples, 1855 — Florence, 1857-1912.

II — TRADUCTIONS DES ŒUVRES DE MARSILE FICIN

LETTRES.

Traduction italienne.
F. FIGLIUCCI, Venise, 1546-1548 et 1563.

DE CHRISTIANA RELIGIONE.

Traduction française.
G. LEFÈVRE DE LA BODERIE, Paris, 1578.

DE TRIPLICI VITA.

Traduction italienne.
LUCIO LANNO, Venise, 1548.

Traduction française.
G. *Le Fèvre de la Boderie*, Paris, 1582.

Traduction du Livre premier par Maistre JEHAN BEAUFILS, Paris, 1541.

Traduction allemande.
Livre I par JEAN ADELPHUS, Argentina, 1505.
Livres I et II — anonyme Biblioth. Heidelberg, Palat. germ., 730 et 452.

IN CONVIVIUM de Amore.

Traduction italienne.
Il commento di M. Ficino sopra il Convito di Platone et esso Convito tradotti in lingua toscana per Hercole Barbarassa da Terni, Roma, 1544.

Traductions françaises.
— *Le Commentaire de Marsille Ficin sur le Banquet d'Amour de Platon faict françois par Symon Sylvius, dit de la Haye, valet de chambre de Marguerite de France, Royne de Navarre* — Achevé d'imprimer le XVI février 1545 avant Pasques. On le vend à Poitiers à l'enseigne du Pélican.

— *Discours de l'honneste amour sur le Banquet de Platon par M. Ficin, Philosophe, Médecin et Théologien très excellent. A la Sérénissime, Royne de Navarre. Traduit du Toscan en Françoys*

*par Guy Le Fevre de la Boderie, Secrétaire et Interprète aux langues
pérégrines*. A Paris, chez Jean Macé, demeurant au mont St-Hy-
laire, à l'enseigne de l'Escu de Bretaigne, 1578. Imprimé à Paris,
par Jean le Blanc le Jeune, Imprimeur parisien.

— *Id.* : « avec *un traité de J. Picus Mirandulanus sur le même
sujet* », A Paris, A l'Angelier, 1588.

— *Commentaire sur le Banquet de Platon* — texte et traduction
R. MARCEL, Paris, Belles-Lettres, 1955.

Traduction allemande.

— MARSILIUS FICINUS : *Über die Liebe oder Platons Gastmahl*,
übersetzt von Karl Paul Hasse, Leipzig, F. Meiner, 1914.

Traduction roumaine.

— MARSILIO FICINO : *Asupra Iubirii san Banchetul lui Platon*,
traducere din italiano cu o introducere si note de Sorin Ionescu.

Traduction anglaise.

— *Marsilio's Commentary on Plato's Sympsium*. The text and
translation, with an Introduction by SEARS REYNOLDS JAYNE.
University of Missouri, Columbia, 1944.

IL PIMANDRO DI MERCURIO TRIMEGISTO tradotto da TOMMASO BENCI
in lingua fiorentina, Florence, 1548 et 1549.

Traduction espagnole.

1485 — DIEGO GUJLLEN, Escorialensis cast. b. IV 29.

Traduction française.
de GABRIEL DU PRÉAU, Paris, 1547-1549.

Traduction hollandaise.
Anonyme, Musée d'Anvers n° 266.

CONSIGLIO CONTRO LA PESTILENZA.

Traduction latine.
par HIERONYMUS RICCI de Turin, Augsbourg, 1516.

Traduction française.
par ISAAC CONSTANS, Caors, 1595.

de SOLE.

Traduction italienne.
E. GARIN dans *Prosatori Latini del Quattrocento*, 970-1009.

QUESTIONES DE MENTE, 675.

Traduction anglaise.
The Renaissance philosophy of man — Cassirer, Kristeller.
J. H. Randall Jr., Chicago, 1945, p. 193-212.

TRADUCTIONS *de Platon faites sur le texte de M. Ficin.*

— *Lysis,* par BONAVENTURE DES PÉRIERS, Lyon, J. de Tournes, 1544.
— *Hipparque,* par E. DOLET, 1544.
— *Ion,* par RICHARD LE BLANC, Paris — Chrestien Wechel, 1546.
— *Criton,* par SIMON VALLAMBERT, Paris, Olivier Mallard, 1542.
— Par PHILIBERT DU VAL, Paris, Vascosan, 1547.
— *Apologie de Socrate,* par FR. HOTMAN, Gryphe, Lyon, 1458.
Phédon, par *Jean de Luxembourg,* Paris — B. N, fonds fr. 1081 avant 1540.

III. ÉTUDES CONSACRÉES A MARSILE FICIN OU TRAITANT DES DIVERS PROBLÈMES POSÉS PAR SA VIE OU SA PENSÉE

E. ANAGNINE. *M. Ficino — La filosofia italiana del Quattrocento —* La Nuova Italia, VI, 1935, 41 et suiv.

G. ANICHINI — *L'umanesimo e il problema della salvezza in M. Ficino* Milano, 1937.
— *Umanesimo e salvezza in M. Ficino.* — Rivista di filosofia neo-scolastica, XXXIII, 1941, p. 205-221.
— *Ancora di M. Ficino, ibid.* — XXXIV, 1942, p. 41-43.

A. BANDINI — *De Platonicae philosophiae post renatas Litteras apud Italos instauratione commentarius sive M. Ficini vita auctore Joanne Corsio cum Angeli Mariae Bandini annotationibus* — Pisa, Pizzorno, 1771 — et Miscellanea di varie Lett. T. VIII, p. 245, Lucca, 1772.

H. BARON — *Willensfreiheit und Astrologie bei M. Ficino und Pico della Mirandola* — Kultur und Universalgeschichte Fetschrift Walter Goetz, Leipzig, Berlin, 1927, p. 145.
— *Lo spondo storico del Rinascimento fiorentino* — La Rinascita, 1938, 3, p. 50-73.
— *Das Erwachen des historichen Denkens in Humanismus des Quattrocento* — Histor. Zeitschrift — CXLVIII.

A. BUCK — *Der Platonismus in den Dichtungen Lorenzo de Medicis,* Berlin, 1936.

J. BURROUGHS — *M. Ficino Platonic Theology* — trad. Liv. III 2. XIII. 3, XIV, 3, 4. Journal of the History of Ideas, V. 1944, p. 227-39.

P. CAPONSACHI — *Sommario della vita di M. Ficino raccolto da Messer P. Caponsachi, filosofo aretino.* — Termini di mezzo rilieve di L. Valori Firenze, 1604, p. 28-32. Archiv. di Stato di Firenze ms 191-V.

C. CARBONARA — *Il secolo XV* — Milano Bocca, 1943, II. *Il plato-nismo cristiano di M. Ficino* 109-251.

E. CASSIRER — *Ficino's place in intellectualy History.* — Journal of the History of Ideas, VI, 1945, p. 483-501.

A. CHASTEL — *L'Apocalypse en 1500* — *La fresque de l'Antéchrist à la chapelle St-Brice d'Orvieto* — Humanisme et Renaissance XIV, 1952, p. 124-40.
— *M. Ficino et l'Art.* E. Droz, Genève, 1954.

CORSI — *J. Marsilii vita* — édit. G. GALETTI dans *Philippi Villani Liber de civitatis Florentiae famosis civibus*, Firenze, 1847, p. 183.

A. CORSINI — *Il « De vita » de M. Ficino* — Rivista di storia critica delle scienze mediche e naturali, X, 1919, p. 5 et suiv.

A. DELLA TORRE — *Storia dell'Academia Platonica di Firenze*, Firenze, 1902.

W. DRESS — *Die mystik des M. Ficino*, Berlin, Leipzig, 1929.

G. V. FANTONI — *Notizie dell'agnazione e cognazione di M. Ficino il filosofo con varie annotazioni aggiunte dopo 1726*, Firenze, Bibl. Maruc. A. 117.

L. FERRI — *Di M. Ficino e delle cause della rinascenza del platonismo nel quattrocento.* — « La filosofia delle scuole italiane », XXVIII, 1883, p. 180.
— *Il platonismo di F. Ficino, ibid.* XXIX, 1884, p. 237.
— *Platonismo di Ficino, dottrina d'amore, Ibid.* XXIX, 1884, p. 869.
— *L'Academia platonica di Firenze et le sue vicende.* — « Nuova Antologia ». S. III, T. XXXIV, 1891, p. 226.

J. FESTUGIÈRE — *La Philosophie de M. Ficin et son influence sur la littérature au xvie s.* — Revista da Universidade de Ciombra, VIII, 1922, p. 396-564. — *Id.*, Paris, Vrin, 1941.
— DANTE ET M. FICIN — Bulletin du Jubilé (sixième centenaire de la mort de Dante). Paris, Art Catholique. 1922, p. 535-543.

F. GABOTTO. *L'Epicureismo di M. Ficino.* — Rivista di filos. scientifica. X, 1891, p. 428-442.

L. GALEOTTI — *Saggio intorno alla vita ed agli scritti di M. Ficino* Archivio stor. ital. S. II. T. IX. 2. 1859, p. 25. X. 1, 1859, p. 3.

E. GALLI — *La morale nelle lettere di M. Ficino*, Pavia, 1897.
— *Lo stato. La famiglia. L'educazione secondo le teorie di M. Ficino*, Pavia, 1899.

E. GARIN — *Aristotelismo e Platonismo del Rinascimento.* La Rinascita, 1939, VIII. IX, p. 641-671.
— *Recenti interpretazioni di M. Ficino.* — Giorn. crit. della filos. ital. XXI, 1940, p. 299-318.

— *S. Agostino e M. Ficino.* — Bolletino stor. Agostiniano XVI, 1940, p. 1-7.

— *A proposito di M. Ficino, ibid.* XXII. 1941, p. 271-273.

— *M. Ficino, Girolamo Benivieni e Giovanni Pico, ibid.* XXIII. 1942, p. 93-99.

— *Marsilio Ficino, G. Benivieni e Giovanni Pico della Mirandola.* Giorn. crit. fil. ital. 1942, I.

— *La Scuola di M. Ficino.* — La Filosofia. T. I. p. 286-337, Milan, 1947.

— *La « Theologia » Ficiniana.* — Umanesimo e Machiavellismo Archiv. di Filosofia. 1949. p. 21-33.

— *La vita di M. Ficino.* — Rinascimento, 1951, I. p. 96-96.

— *Dal medioevo al Rinascimento.* Firenze, Sansoni, 1950.

— *Ritratto di M. Ficino.* — Belfagor. VI, 1951, p. 289-30. —

— *Problemi di religione e filosofia nella cultura fiorentina del Quattrocento.* — Humanisme et Renaissance XIV, 1952, p. 70-82.

— *L'Umanesimo italiano.* Bari, 1952, p. 103-188, ch. III — *Il Platonismo e la dignita dell'uomo.* Ch. IV, *Platonismo e filosofia dell'amore.* Ch. V, *L'aristotelismo e il problema dell'anima.*

— *Medioevo e Rinascimento.* Laterza, 1954. *Immagini e simboli in M. Ficino,* p. 288-311.

— *Ritratto di M. Ficino.* — Il Quattrocento. Firenze Sansoni, 1954, p. 31-48.

B. GIULIANO — *L'idea religiosa di M. Ficino e il concetto di una dottrina esoterica,* Cerignola, 1904.

E. H. GOMBRICH. *Botticelli's mythologies : a Study in the Neoplatonic Symbolism of his Circle* — Journal of Warburg. VIII. 1945, p. 7-60.

H. J. HAK — *Marsilio Ficino.* Amsterdam, 1934.
— *De humanistiche Waardering de H. Schrift in het bijzonder bii M. Ficino en Faber Stapulensis.* — Nederlandsch Archief woor Kerkgeschiedenis — N. S. XXIX. 1937, p. 77-90.

M. HEITZMAN — *Studia nad Akademia platonska we Florencji* — Cracovie, 1933. — *Id.* Bullet. intern. de l'Acad. polon. Classe de philo. hist. et philo., 1932, p. 18, 1933, p. 35.
— *L'agostinismo avicennizante e il punto di partenza della filos. di M. Ficino.* — Giorn. crit. del filos. ital. XVI, 1935, p. 295-322-460-480. XVII, 1936, I-II.
— *La libertà e il fato nella filosofia di M. Ficino.* — Rivista di filos. neo-scolastica. XXVIII, 1936, p. 359-371. XXIX, 1937, p. 59-82.

W. HOBERT. *Metaphysik des M. Ficino,* Koblenz, 1930.

R. HOENIGSWALD — *Denker der italienischen Renaissance.* Basel, 1938. II. Marsilio Ficino, p. 22-29.

CH. HUIT. — *Le Platonisme pendant la Renaissance.* — Annales de Philos. chrét. N. S. XXXIII, 1895-1896, p. 362.

G. Huszti — *La prima redazione del Convito di M. Ficino.* — Giorn. Crit. del. filos. ital. VIII. 1927, p. 68.

N. Ivanoff — *La Beauté dans la philosophie de Marsile Ficin et de Léon Hébreu.* — Humanisme et Renaissance. III. 1936, p. 12-21. — *Remarques sur M. Ficin.* Revue d'Esthétique. T. I. Fas. 4, 1948, p. 381-392.

S. Jayne — *Ficino and the Platonism of the english Renaissance.* — Comparative Literature IV, 1952. p. 214-238.

W. Kahl — *Die alteste Hygiene der geistigen Arbeit. Die Dchrift des M. Ficino. De vita sana sive de cura valetudinis eorum qui incumbunt studio litterarum.* — Neue Jahrbuecher fuer das Klassische Altertum, Geschichte und deutsche Literatur und fuer Paedagogik. XVIII. 1906, p. 482-491-525-546, 599-619.

B. Kieskowski — *Averroismo e Platonismo in Italia negli ultimi decenni del sec. XV.* Giorn. crit. fil. ital. I. 1933, p. 286-301. — *Studi sul Platonismo del Rinascimento in Italia.* Firenze, 1936.

O. Kinkeldey — *Franchino Gafori and M. Ficino.* Harvard Library Bul. I. n⁰ 3. 1947, p. 379.

P. O. Kristeller — *The Philosophy of Marsilio Ficino*, trad. Virg. Conant, Columbia University 1943 — Edition italienne. *Il pensiero filosofico di M. Ficino*, Firenze Sansoni, 1953.
— *Un uomo di stato e umanista fiorentino : Giovanni Corsi* — La Bibliofilia, XXXVIII, 1936, p. 242-257.
— *Per la biografia di M. Ficino.* Civitta moderna, X. 1938, p. 277-298.
— *Marsilio Ficino e Lodovico Lazarelli. Contributo alla diffusione delle idee ermetiche nel rinascimento.* Annali della R.S.N.S. di Pisa, Serie II. VII. 1938, p. 237-262.
— *The Scholastic Background of M. Ficino.* Traditio II, 1944, p. 257-318.
— *Francesco da Diacetto and Florentine Platonisme in Sixteenth Century.* — Miscellanea G. Mercati IV. 1946, p. 260-304.
— *The philosophy of man in the Italian Renaissance.* Italica XXIV. 1947. p. 93-112.
— *Florentine Platonism and its relations with Humanism and Scholasticism.* Church History VIII. 1939. p. 201-211.
— *Augustine and the Early Renaissance.* — Review of Religion VIII. 1944. p. 339-358.
— *Ficino and Pomponazzi of the Place or the man in the Universe.* — Journal of the History of Ideas. V. 1944, p. 220-226.
— *Music and Learning in the Early Italian Renaissance.* — Journal of Renaissance and Baroque Music I. 1947. p. 255-274.
— *Un nuovo Tratello inedito di M. Ficino.* Rinascimento I. 1950. 25-42.
— *Movimenti filosofici del Rinascimento.* — Giorn. crit. del. filos. ital. XXIX. 1950, p. 275-288.

— *Umanesimo e filosofia nel Rinascimento italiano.* — Umanesimo e Scienza politica. Milano, 1951, p. 507-516.
— *Studies in Renaissance Thought and Letters,* Roma. 1956.

M. LASTRI — *Elogi degli uomini illustri toscani.* Lucca 1772. II. p. CIII-CXI.

R. MARCEL — *Les « découvertes » d'Erasme en Angleterre.* Humanisme et Renaissance XIV. 1952, p. 117-123.
— *L'apologétique de Marsile Ficin.* — Pensée et Tradition chrétienne au XVe et au XVIe s., Paris, 1950, p. 159-168.
— *« Saint » Socrate, Patron de l'Humanisme.* — Revue internationale de Phil. n° 16. 1951, fasc. 2. — *Id.* Umanesimo e scienza politica. Milan, 1951, p. 521-528.

R. MARIANO — *La dottrina dell'Amore.* — Nuova Antologia. XV. 1870. p. 93.

G. MASSETANI — *La dottrina filosofica nelle cauzone di G. Benivieni.* Livorno, 1904.

M. MEIER — *Gott und Geist bei M. Ficino,* Beiträge zur Geschichte der Renaissance und Reformation, Munich, 1917, p. 236.

E. MEYLAN — *L'évolution de la notion d'amour platonique.* — Humanisme et Renaissance. V. 1938, p. 418-442.
— *From Ficino to Heroet : the desintegration of Plato's Theory of Love.* Publications of the modern Langu. Assoc. XVIV, 1934, p. 1304.

W. MOCH — *M. Ficino und die Nachwirking Platons in der französischen Literatur und Geistesgeschichte.* — Kant Studien. XV. 1935, p. 165-179.
— *Die italienische Platonrenaissance und ihre Bedeutung für Frankreichs Literatur und Geitesgeschichte.* Berlin, 1936.

R. MONTANO — *Ficiniana.* — La Rinascita III. 3, 1940, p. 71-104.

R. MORÇAY — *Saint Antonin.* Tours, Mame, 1914.

B. NARDI — *M. Ficino.* Enciclopedia cattolica V. 1239-1242.

P. P. NEGULESCU — *Academia Platonica diu Florenta.* Bucarest. 1935, 176 p.

F. OLGIATI — *L'anima dell'umanesimo e del rinascimeto.* Milano, 1924, p. 584-602.

E. PANOFSKY — *Studies in Iconology.* New-York, 1931.

E. PANOFSKY et F. SAXL — *Duerers « Melancolia I ».* Biblioth. Warburg, Leipzig, 1923, p. 49.

L. PASSERINI — *Apologia di M. Ficino pro multis Florentinis.* — Gior. stor. degli acch. toscani. III. p. 113-118.

J. PELADAN — *La pensée de la Renaissance : Marsile Ficin et le Néo-Platonisme.* Revue Bleue, Juin 1909, p. 715-718.

F. Puccinotti — *Di Marsilio Ficino e della Accademia Platonica fio-rentina nel secolo XV*. Prato. 1865, *id. Storia della medicina*. Livorno, 1853. T. III.
— *Della filosofia di M. Ficino*. — Nuova Antologia. V. 1867, p. 211-240.

I. Pusino — *Religjozno, filozofs, Kija vozzrenija M. Ficino*. Moskowskaho Universitiota, 1917.
— *Religioznyja iskania w epochn wozrozdienia* : I. *Marsilii Ficino*. — Berlin, 1923.
— *Ficinos und Picos religiös philosophische Anschauungen*. — Zeitsch. fur Kirchengesch. XLIV. 1925, p. 504-543.

P. G. Ricci — *Studi sull'Umanesimo e sul Rinascimento nel 1950*. Rinascimento. 2. 1951, p. 385-447.

A. N. Robb — *Neoplatonism of the italian Renaissance*. Londres, 1935.

R. Rocholl — *Der Platonismus der Renaissancezeit*. — Zeitsch. für Kirchengesch. XIII. 1892, p. 47-104.

G. Saitta — *M. Ficino e la filosofia dell'umanesimo*. 3° ed. Firenze
— *L'educazione dell'umanesimo in Italia*. Venise, 1928, p. 235-251.
— *Il pensiero italiano nell'Umanesimo e nel Rinascimento*. Bologna, 1949-1951.

E. Sanesi — *Vicari e Canonici fiorentini e il caso Savonarola*. Firenze, 1932.
— *Santo Antonino e l'Umanesimo*. La Rinascita. IX. 1940, p. 105-117.

Fr. Saxl — *A Marsilio Ficino manuscript witten in Bruges in 1575* — Journal of Warburg, I. 1937, p. 61.

N. Scarano — *Il platonismo nelle poesie di Lorenzo dei Medici*. Nuova Antologia, 1893.

J. Schelhorn — *De vita moribus et scriptis M. Ficino commentatio* — Amoenitates Literariae. Francfort 1730. I. p. 18-118.

L. Schoell — *Études sur l'humanisme continental en Angleterre à la fin de la Renaissance* : *M. Ficinus. L. Gyraldus N. Gomse et alii*, Paris, 1926.

G. Semprini — *I platonici italiani*. Milano, 1926.

K. Sieveking — *Die Geschichte der platonischen Akademie zu Florenz* — Goettingen, 1812.

G. Solinas — *Sull'estetica di P. Ficino*. Annali della Faculta delle Lettere di Cagliari. XVI, p. 367-380.

H. von Stein — *Sieben bücher zur Geschichte des Platonismus. Untersuchungen über das System des Plato und sein Verhältnis zu späteren Theologie und Philosophie*. Göttingen, 1875. T. III, p. 129-157.

L. THORNDIKE — *M. Ficino und Pico della Mirandola und die Astrologie.* — Zeitschrift für Kirchengeschichte. XLVI. 1928, p. 584.

G. TOFFANIN — *Storia dell'Umanesimo.* 2 ed. Bologna, 1950, p. 251-272.

L. TONELLI — *L'amore nella poesia e nel pensiero del Rinascimento.* Firenze, Sansoni, 1933.

F. VERNET — *M. Ficin.* Dict. Théol. Cath. V. col. 2277-2291.

J. B. WADSWORTH — *Landino's Disputationes Camaldulenses Ficino's de Felicitate and l'Altercazione of Lorenzo de' Medici.* — Modern Philology. L., 1952-1953, p. 23-31.

D. P. WALKER — *Ficino's « Spiritus » ans Music.* Annales Musicologiques I. Paris, 1953, p. 131-150.
— *Le chant Orphique de Marsile Ficin.* Musique et Poésie au XVIᵉ s., Paris, 1954, p. 17-28.

O. WALZEL — *Von Plotin, Proklos und Ficinus.* — Deutsche Wierteljahrsschrift für Literaturwissenschaft und Geitesgeschichte, XIX. 1941, p. 407-429.

W. R. WEITENWEBER — *Ueber des Marsilius Ficinus Werk De vita studiorum, nebst einigen.* Bemerkungen über den Hellenismus, Praga, 1858.

INDEX DES NOMS

TABLE DES MATIÈRES

Nihil obstat,
Parisiis, 18 mars 1958
R. CADIOU

Imprimatur,
Parisiis, 23 mars 1958
Jacques LE CORDIER.

ACHEVÉ D'IMPRIMER
EN NOVEMBRE 1958
SUR LES PRESSES
DE
L'IMPRIMERIE LETOUZEY & ANÉ
A GENTILLY, SEINE

————

VELIN TEINTÉ
DES
PAPETERIES DE GUYENNE

DÉPÔT LÉGAL : 4ᵉ TRIM. 1958.
IMPR. N. 274, ÉDIT. N. 683.